Vos ressources numériques en ligne !

Un ensemble d'outils numériques spécialement conçus pour vous aider dans l'acquisition des connaissances liées à

FONDEMENTS COMPTABILITÉ FINANCIÈRE

3e édition

- Documents de référence complets de toutes les entreprises étudiées dans les rubriques « Point de mire » et des deux entreprises présentées en annexe du manuel

- Hyperliens vers des organismes et des sites de référence canadiens et internationaux

Achetez en ligne

En tout temps, simple et rapide !

www.cheneliere.ca

FONDEMENTS DE LA
COMPTABILITÉ FINANCIÈRE

3e édition

Libby | Libby | Short
Traduction et adaptation Carole Lafond-Lavallée | Denise Lanthier

AF 13,48	BOI 26,70	ML 52,30
LG 6,13	BN 43,58	TFI 11,34	MC 117,59

Chenelière
McGraw-Hill
CHENELIÈRE ÉDUCATION

Accédez à ces outils en un clic !
www.cheneliere.ca/libby

CHENELIÈRE
ÉDUCATION

FONDEMENTS DE LA COMPTABILITÉ FINANCIÈRE

3e édition

Robert Libby
Cornell University

Patricia A. Libby
Ithaca College

Daniel G. Short
Texas Christian University

Traduction et adaptation française

Carole Lafond-Lavallée, M.A., CA
École des sciences de la gestion – UQÀM

Denise Lanthier, MBA, CA
École des sciences de la gestion – UQÀM

Révision scientifique

Maurice Gosselin, DBA, CA, FCMA
École de comptabilité – Université Laval

Achetez en ligne
En tout temps, simple et rapide !
www.chenelière.ca

Chenelière
McGraw-Hill

CHENELIÈRE ÉDUCATION

Fondements de la comptabilité financière
3e édition

Traduction et adaptation de la sixième édition de : *Financial Accounting* de Robert Libby, Patricia A. Libby et Daniel G. Short © 2009 McGraw-Hill/Irwin (ISBN 978-0-07-352688-1)

© 2012, 2007 Chenelière Éducation inc.
© 2003 Les Éditions de la Chenelière inc.

Conception éditoriale : Sophie Jaillot
Édition : Marie Victoire Martin
Coordination : Jean Boilard et Frédérique Coulombe
Révision linguistique : Marie Auclair (Communications Texto)
Correction d'épreuves : Martine Senécal et Caroline Bouffard
Conception graphique : Philippe Brochard et Josée Bégin
Coordination du matériel complémentaire Web : Julie Pinson et Magali Blein

**Catalogage avant publication
de Bibliothèque et Archives nationales du Québec
et Bibliothèque et Archives Canada**

Libby, Robert

Fondements de la comptabilité financière

3e éd.

Traduction de la 6e éd. de : Financial Accounting.
Comprend des réf. bibliogr. et un index.

ISBN 978-2-7651-0660-9

1. Comptabilité. 2. Entreprises – Comptabilité. 3. États financiers.
4. Analyse financière. 5. Comptabilité – Problèmes et exercices.
I. Libby, Patricia A. II. Short, Daniel G. III. Titre.

HF5635.L6214 2011   657'.046   C2011-942247-6

CHENELIÈRE ÉDUCATION

5800, rue Saint-Denis, bureau 900
Montréal (Québec) H2S 3L5 Canada
Téléphone : 514 273-1066
Télécopieur : 450 461-3834 ou 1 888 460-3834
info@cheneliere.ca

ISBN 978-2-7651-0660-9

Dépôt légal : 1er trimestre 2012
Bibliothèque et Archives nationales du Québec
Bibliothèque et Archives Canada

Imprimé au Canada

2 3 4 5 6 IMG 16 15 14 13 12

Nous reconnaissons l'aide financière du gouvernement du Canada par l'entremise du Fonds du livre du Canada (FLC) pour nos activités d'édition.

Gouvernement du Québec – Programme de crédit d'impôt pour l'édition de livres – Gestion SODEC.

Sources iconographiques

Couverture : © Lilyana Vynogradova/iStockphoto ; © zxcynosure/iStockphoto ; © Michael Krinke/iStockphoto ; © craftvision/iStockphoto ; © PLAINVIEW/iStockphoto ; © photovideostock/iStockphoto ; © Bart Sadowski/iStockphoto ; © dra_schwartz/iStockphoto ; **p. 2 :** © LdF/iStockphoto ; **p. 54 :** © runamock/iStockphoto ; **p. 124 :** © Bronxgebiet/iStockphoto ; **p. 198 :** © Hans Van Ijzendoorn/iStockphoto ; **p. 274 :** © Grafissimo/iStockphoto ; **p. 338 :** © Leonid Nyshko/iStockphoto ; **p. 398 :** © Denis Vorob\'yev/iStockphoto ; **p. 466 :** © Gennady Poddubny/Dreamstime.com ; **p. 544 :** © nostroom/iStockphoto ; **p. 642 :** © Oleg Prikhodko/iStockphoto ; **p. 712 :** © luminis/iStockphoto ; **p. 782 :** © Alexey Dudoladov/iStockphoto ; **p. 860 :** © paul prescott/iStockphoto.

Dans cet ouvrage, le masculin est utilisé comme représentant des deux sexes, sans discrimination à l'égard des hommes et des femmes, et dans le seul but d'alléger le texte.

Des marques de commerce sont mentionnées ou illustrées dans cet ouvrage. L'Éditeur tient à préciser qu'il n'a reçu aucun revenu ni avantage conséquemment à la présence de ces marques. Celles-ci sont reproduites à la demande de l'auteur ou de l'adaptateur en vue d'appuyer le propos pédagogique ou scientifique de l'ouvrage.

Le matériel complémentaire mis en ligne dans notre site Web est réservé aux résidants du Canada, et ce, à des fins d'enseignement uniquement.

L'achat en ligne est réservé aux résidants du Canada.

Présentation des auteurs

Robert Libby

Robert Libby est professeur de comptabilité à l'Université Cornell, où il enseigne l'introduction à la comptabilité générale. Avant d'oeuvrer dans cet établissement scolaire, il a enseigné à l'Université d'Illinois, à l'Université d'État de Pennsylvanie, à l'Univesité du Texas à Austin, à l'Univesité de Chicago et à l'Université du Michigan. M. Libby possède un baccalauréat de l'Université d'État de Pennsylvanie ainsi qu'une maîtrise et un doctorat de l'Université d'Illinois. Il porte également le titre de CPA (*certified public accountant*).

En outre, M. Libby est un auteur maintes fois publié ainsi qu'un chercheur spécialisé en comptabilité behavioriste.

Patricia A. Libby

Patricia A. Libby est professeure agrégée de comptabilité au Collège Ithaca, où elle enseigne aux étudiants du premier cycle. Avant d'œuvrer dans cet établissement scolaire, elle enseignait la comptabilité générale à l'Université Eastern Michigan ainsi qu'à l'Université du Texas, et ce, tant au premier cycle qu'aux cycles supérieurs. Mme Libby possède un baccalauréat de l'Université d'État de Pennsylvanie, un MBA de l'Université DePaul ainsi qu'un doctorat de l'Université du Michigan. Elle possède elle aussi le titre de CPA.

Les recherches de Mme Libby portent sur le recours aux études de cas dans les cours d'introduction ou dans toute autre partie du programme de comptabilité.

Daniel G. Short

Daniel G. Short est professeur de comptabilité à l'École de gestion M. J. Neeley de l'Université Texas Christian de Fort Worth, au Texas, où il a également agi à titre de doyen. M. Short possède un diplôme de premier cycle de l'Université de Boston ainsi qu'une maîtrise en administration des affaires (MBA) et un doctorat de l'Université du Michigan.

Actuellement, il siège au comité de développement économique de la Chambre de commerce de Fort Worth.

Présentation des adaptatrices

Carole Lafond-Lavallée

Carole Lafond-Lavallée, M.A., CA, est professeure à l'École des sciences de la gestion (ESG) de l'Université du Québec à Montréal (UQÀM). Spécialisée en comptabilité financière, elle y a été responsable des cours de comptabilité financière de base pendant de nombreuses années. Détentrice d'une maîtrise en sciences de l'éducation, elle s'intéresse de façon particulière à la pédagogie universitaire et à la persévérance aux études. Durant plusieurs années, elle a travaillé à la révision des programmes de certificats et de baccalauréats en comptabilité à l'ESG, où elle a occupé le poste de directrice de programmes. Avant son arrivée à l'UQÀM, Mme Lafond-Lavallée a travaillé durant quelques années dans un cabinet d'experts-comptables et en entreprise.

Denise Lanthier

Denise Lanthier, M.B.A, CA, est professeure à l'ESG de l'UQÀM. Spécialisée en comptabilité financière, elle est responsable du premier cours de comptabilité financière s'adressant à l'ensemble des étudiants en sciences de la gestion. Pendant de nombreuses années, elle a occupé le poste de directrice de programmes (certificat en comptabilité et baccalauréat). Par ailleurs, elle est l'auteure de *Comptabilité financière approfondie,* paru aux Éditions Savoir d'Aujourd'hui (2001). Avant son arrivée à l'UQÀM, Mme Lanthier a travaillé pendant cinq ans pour KPMG, comptables agréés, où elle a assumé des fonctions d'audit et de contrôle de la qualité. Elle est également formatrice en entreprise.

Avant-propos
de l'édition originale

Un chef de file de confiance

Depuis sa première parution, l'édition américaine de *Fondements de la comptabilité financière* est devenue l'un des manuels de comptabilité financière les plus populaires auprès des étudiants comme des enseignants. Robert Libby, Patricia Libby et Daniel Short forment une équipe d'auteurs primée qui a fait de ce manuel un succès de librairie en faisant de l'enseignant et de ses étudiants des partenaires en matière d'apprentissage. Ces auteurs ont en effet adopté une approche qui invite les étudiants à participer, c'est-à-dire à prendre part à la matière qui leur est enseignée, et ce, dès le premier jour de classe.

L'approche novatrice de ce manuel, qui utilise de réelles entreprises pour appuyer la théorie, fait participer les étudiants aux décisions d'affaires prises par de vraies entreprises en vue de leur montrer comment la comptabilité financière peut faire une différence dans la réussite. Cette approche, combinée à divers outils pédagogiques répondant aux besoins d'une multitude de styles d'apprentissage, fait de *Fondements de la comptabilité financière* le meilleur manuel en son genre.

Un manuel tant pour les étudiants que pour les enseignants

Le manuel *Fondements de la comptabilité financière*, de Libby, Libby et Short a bâti son succès en se concentrant sur deux éléments d'une importance cruciale :

La pertinence – une approche novatrice

Les auteurs de ce manuel ont axé leur approche sur l'étude d'entreprises réelles, ce qui s'avère la meilleure méthode pour aider les étudiants à comprendre les états financiers et les implications concrètes de la comptabilité financière dans la vie des gestionnaires. **En leur expliquant ce qu'est la comptabilité dans un contexte réaliste, cette approche démontre aux étudiants que la comptabilité est pertinente, ce qui tend à les motiver.** Tout au long des chapitres, la matière est donc abordée sous l'angle d'une entreprise réelle, de ses décisions d'affaires et de ses états financiers, ce qui offre un cadre idéal pour traiter de l'importance de la comptabilité et de la façon dont les entreprises ont recours à l'information comptable et aux renseignements comptables. Mais l'application de cette méthode ne s'arrête pas là. En effet, les études de cas proposées à la fin des chapitres renvoient aux documents de référence de deux entreprises, présentés en annexe. Les étudiants peuvent ainsi s'exercer à lire et à interpréter de véritables données financières. De plus, les extraits illustrant divers thèmes importants du chapitre à l'étude donnent une bonne idée de la façon dont de véritables entreprises tirent parti de la comptabilité financière.

La clarté – une approche modulaire de l'enseignement de l'analyse des transactions

La plupart des professeurs s'entendent pour dire que la maîtrise du cycle comptable fait partie intégrante de la réussite d'un étudiant en comptabilité financière. Pourtant, tous les manuels états-uniens portant sur la comptabilité financière font le tour de l'analyse des transactions en un seul chapitre. Ils bombardent aussi les étudiants de concepts et de termes techniques. Il semble pourtant que la plupart des professeurs consacrent plus de temps au cycle comptable, ce que les autres manuels de comptabilité financière ne font pas. **Ainsi, en consacrant plus de temps à traiter des transactions et en donnant aux étudiants du temps pour s'exercer et maîtriser ce sujet, l'approche modulaire des auteurs de ce manuel permet aux étudiants de comprendre plus aisément les thèmes abordés par la suite.**

Fondements de la comptabilité financière s'avère donc le choix tout indiqué pour présenter la comptabilité financière de manière claire, et ce, en suscitant la participation des étudiants tout au long du programme. Au fil de votre lecture, vous en apprendrez davantage au sujet de ce qui a fait de ce manuel un véritable succès, tant auprès des étudiants que des enseignants.

Une approche éprouvée pour l'analyse financière et l'étude du cycle comptable

Les étudiants éprouvent généralement certaines difficultés dans leur apprentissage du cycle comptable. Selon les auteurs de *Fondements de la comptabilité financière,* cela est d'autant plus vrai lorsque l'analyse des transactions ne fait l'objet que d'un seul chapitre. En étudiant en un même chapitre l'équation comptable et l'écriture de journal pour l'état de la situation financière comme pour l'état du résultat global, bon nombre d'étudiants se trouvent incapables de suivre et de comprendre ce qui a trait à l'ajustement et à la préparation des états financiers.

L'approche révolutionnaire de ce manuel consiste à couvrir la matière relative à l'analyse des transactions en deux chapitres plutôt qu'en un seul, de manière que les étudiants aient le temps de bien maîtriser le sujet. Dans le chapitre 2, ceux-ci voient donc l'équation comptable et l'analyse des transactions relatives aux opérations d'investissement et de financement qui influencent uniquement les comptes de l'état de la situation financière. Ils ont ainsi l'occasion de découvrir, dans un contexte relativement simple, la structure et les outils de base utilisés en comptabilité. Au chapitre 3, ils touchent ensuite à certaines transactions plus complexes qui influent également sur l'état des résultats. Quelle est la conséquence de cette approche modulaire graduelle ? Les étudiants sont mieux préparés à comprendre en quoi consistent l'ajustement, la préparation des états financiers et les autres sujets de niveau plus avancé. Finalement, une fois qu'ils ont acquis une certaine compréhension du cycle comptable complet et des états qui en découlent, le chapitre 5 les guide dans l'étude du rapport annuel et de son analyse.

Ce manuel adopte donc une approche pédagogique centrée sur l'apprentissage de l'étudiant. Cette approche est garante de succès, car :

- elle accorde plus de temps aux étudiants et à leur maîtrise de l'analyse des transactions ;
- elle leur donne plus de temps pour s'exercer, ce qui leur permet de se sentir moins dépassés par la matière ;
- elle leur permet de se familiariser d'abord avec les transactions les plus simples avant de passer aux transactions plus complexes ;
- elle découle d'une approche intuitive adaptée à la création et à l'exploitation d'une entreprise ;
- elle offre aux étudiants la possibilité de tester leurs habiletés et leurs connaissances lorsqu'ils en ont besoin.

Robert Libby
Patricia A. Libby
Daniel G. Short

Avant-propos
de l'adaptation française

Bien comprendre l'information financière est d'une importance majeure pour tous les étudiants qui se destinent à une carrière en marketing, en finance, en comptabilité ou dans tout autre domaine de la gestion. Les gestionnaires et les comptables doivent savoir utiliser les états financiers pour prendre des décisions pertinentes et atteindre leur objectif de réussite. Ce manuel se veut avant tout un outil pratique qui saura susciter l'intérêt des étudiants en les plongeant dès le début dans le monde stimulant des affaires.

Une approche dynamique

Dans cette troisième édition française, chaque chapitre est structuré autour d'une société ouverte qui évolue dans un secteur d'activité économique précis. Les états financiers et les rapports de gestion des dirigeants de cette société servent de base à l'étude des concepts abordés. Ils permettent aux étudiants d'exercer leur jugement dans un contexte pratique et actuel où l'information est continuellement mise à jour. Cette approche intégrée au monde réel montre que les décisions ne relèvent pas seulement d'un concept en particulier, mais doivent tenir compte d'un ensemble de facteurs. C'est pourquoi chaque chapitre intègre quelques questions d'analyse financière, les ratios financiers et les flux monétaires de façon à adopter une approche globale des problématiques financières. Des problèmes et des cas, présentés à la fin de chaque chapitre, portent sur plusieurs entreprises canadiennes et états-uniennes, et permettent aux étudiants d'accroître leurs habiletés. De plus, le recours à Internet donne la possibilité d'accentuer le réalisme des notions abordées. On trouve aussi dans ce manuel du matériel qui favorise le travail d'équipe, puisque cette approche moderne simule efficacement le monde réel des affaires.

Les entreprises à capital fermé qui ne sont pas tenues d'utiliser les normes IFRS pour établir leurs états financiers n'ont pas pour autant été oubliées. En effet, chaque chapitre présente un tableau comparant les normes comptables pour les entreprises à capital fermé (NCECF) aux normes IFRS. Cette comparaison tient compte, bien sûr, du niveau d'apprentissage des étudiants.

Nouveau!
Les normes internationales d'information financière (IFRS)

Les normes comptables canadiennes ont connu en 2011 un changement majeur. Le Canada a adopté, pour toutes les entreprises ayant une obligation d'information du public, les normes internationales d'information financière (IFRS). Ce nouveau référentiel comptable, entré en vigueur le 1er janvier 2011, a obligé toute la profession comptable à revoir son savoir-faire. Cette troisième édition de *Fondements de la comptabilité financière* présente donc la comptabilité dans ce nouvel environnement international. Au moment de la publication de ce manuel, les entreprises canadiennes commencent tout juste à utiliser les normes IFRS. Les premiers rapports annuels canadiens établis selon ces normes devraient être publiés au début de l'année 2012. Pour illustrer notre propos, nous avons donc utilisé les états financiers de sociétés européennes qui appliquent les normes IFRS depuis quelques années. Pour donner certains repères aux étudiants québécois, nous avons pris soin de choisir des entreprises qu'ils connaissent : L'Oréal, Air France, Michelin, etc. Par ailleurs, les normes IFRS sont en constante évolution, certaines normes sont modifiées et d'autres s'ajoutent au fur et à mesure des travaux des normalisateurs. Nous présentons les normes IFRS en vigueur au moment de la rédaction de ce manuel.

Carole Lafond-Lavallée
Denise Lanthier

Aux étudiants qui nous liront

Ce manuel s'adresse à deux lectorats :

- *Aux futurs gestionnaires,* qui seront appelés à interpréter et à utiliser l'information des états financiers dans leurs décisions d'affaires ;
- *Aux futurs comptables,* qui devront préparer les états financiers demandés par ces gestionnaires.

Les futurs gestionnaires ont besoin de savoir lire les états financiers de manière à pouvoir y avoir recours durant leur carrière, que ce soit dans le domaine bancaire, dans celui du marketing, de la finance, de la production, des ressources humaines, des ventes, des systèmes d'information ou de toute autre activité de gestion. De leur côté, les futurs comptables ont également besoin d'une base solide en vue de poursuivre des études professionnelles plus avancées.

En outre, tant les gestionnaires que les comptables doivent comprendre comment avoir recours aux états financiers dans le cadre des décisions d'affaires de l'entreprise s'ils veulent accomplir leur devoir avec succès. La meilleure façon d'y arriver est donc d'étudier la comptabilité dans un contexte commercial réel. Voilà le concept clé derrière cette approche axée sur l'entreprise, approche qui établit un parallèle entre la matière de chacun des chapitres et une entreprise donnée, ses décisions d'affaires ainsi que ses états financiers. Les entreprises choisies sont issues de secteurs d'activités différents afin d'élargir le champ d'expertise et toucher à diverses pratiques en comptabilité financière. Dans chacun des chapitres, vous serez donc amenés à travailler avec les états financiers de ces entreprises réelles ainsi qu'avec ceux d'autres entreprises.

Finalement, au terme de ce manuel, vous serez en mesure de lire et de comprendre les états financiers de véritables entreprises. Nous vous aiderons d'ailleurs à y parvenir, et ce, de plusieurs façons :

- En établissant des objectifs d'apprentissage et en sélectionnant des contenus axés sur la façon dont les gestionnaires chevronnés ont recours aux états financiers des entreprises d'aujourd'hui, l'accent étant mis sur les thèmes les plus importants ;
- En tenant pour acquis que les étudiants qui utilisent ce manuel n'ont aucune expérience de la comptabilité ou du domaine des états financiers et souvent une faible connaissance du monde des affaires. C'est pourquoi vous serez guidés à travers les états financiers de façon graduelle. C'est là le secret de notre approche modulaire ;

- En vous aidant à «apprendre à apprendre» grâce à une méthodologie efficace et productive. Gardez ces astuces à l'esprit lorsque vous évoluerez de chapitre en chapitre;
- En vous fournissant régulièrement des rétroactions sous forme d'autoévaluations, lesquelles figurent dans tous les chapitres. Nous vous recommandons de faire ces évaluations avant de poursuivre votre étude du chapitre, puis de vérifier vos réponses en consultant le corrigé se trouvant au bas de la page. Si vous n'êtes toujours pas sûr de l'une de vos réponses, retournez consulter le chapitre en question avant de poursuivre votre étude;
- En écrivant les concepts clés en **caractères gras** et en les définissant dans la marge. Accordez une attention particulière à ces définitions et n'hésitez pas à les revoir au terme des chapitres. De plus, un glossaire général utile est présenté à la fin du manuel. N'hésitez pas à le consulter à tout moment si vous avez oublié la signification d'un terme jugé important;
- En présentant les principaux ratios financiers qui servent à évaluer divers éléments de la performance financière, et ce, au moment même où vous apprenez à mesurer et à transmettre ces éléments. C'est de cette façon que vous verrez à quels renseignements comptables les gestionnaires ont recours et comment ils s'y prennent pour les interpréter;
- En vous offrant l'occasion d'évaluer votre apprentissage et de réaliser des études de cas à la fin de chacun des chapitres. Ces problèmes constituent en effet l'un des meilleurs moyens de comprendre la comptabilité.

Nous vous souhaitons donc bonne chance et bon succès dans votre premier cours de comptabilité!

Présentation du manuel

Les composantes de début de chapitre

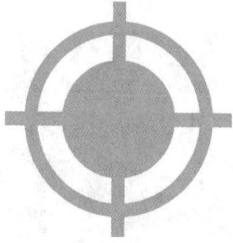

OBJECTIFS D'APPRENTISSAGE
Au terme de ce chapitre, vous pourrez :

1. comprendre l'information présentée dans chacun des principaux états financiers et son utilité pour différents décideurs, soit les investisseurs, les créanciers et les gestionnaires (*voir la page 7*) ;
2. définir le rôle que jouent les normes comptables dans la préparation et la présentation des états financiers (*voir la page 21*) ;
3. distinguer le rôle des gestionnaires de celui des auditeurs dans le processus de communication de l'information comptable (*voir la page 23*) ;
4. réaliser l'importance de l'éthique en comptabilité, de l'intégrité ainsi que de la responsabilité professionnelle de l'expert-comptable (*voir la page 25*).

Les **objectifs d'apprentissage** sont énoncés au début de chaque chapitre, puis repris au fil de celui-ci lorsque la matière est abordée.

Une entreprise est présentée au début de chaque chapitre dans la rubrique **Point de mire**. Cette même entreprise servira à illustrer, tout au long du chapitre, la matière théorique à l'aide d'extraits de différents documents.

point de mire

UBISOFT ENTERTAINMENT
L'excellente gestion des flux de trésorerie
www.ubisoftgroup.com

Un schéma visuel de la **structure du chapitre** amène les étudiants à trouver facilement les concepts qui y sont étudiés.

STRUCTURE DU CHAPITRE 2

- Un aperçu du cadre conceptuel
- Quelles opérations commerciales provoquent des changements dans les états financiers d'une période à l'autre ?
- Comment les opérations commerciales influent-elles sur les comptes de l'entreprise ?
- Comment dresser et analyser l'état de la situation financière ?
- Comment les entreprises conservent-elles une trace de leurs opérations ?
- La comparaison des IFRS et des normes comptables pour les entreprises à capital fermé

- L'objectif de l'information financière
- La nature des opérations commerciales
- Le processus d'analyse des opérations
- L'état de la situation financière
- Les notions de débit et de crédit

- Les éléments de l'état de la situation financière
- Les comptes
- L'analyse des opérations de LVMH
- Le taux d'adéquation du capital
- Des outils d'analyse
- Un exemple d'analyse des opérations

Les nombreuses rubriques

Les recherches en éducation montrent que les étudiants apprennent mieux lorsqu'ils sont engagés activement dans leur processus d'apprentissage. Cette rubrique les incite à vérifier leurs connaissances avant de poursuivre plus avant leur étude. Insérés en des endroits stratégiques du chapitre, les « Tests d'autoévaluation » renforcent la compréhension des notions apprises.

TEST D'AUTOÉVALUATION

Le solde du compte Provision pour dépréciation – clients de la société Vélomotrice est de 4 910 000 $ au 1er janvier 2012. Au cours de l'année 2012, la société a radié des comptes clients d'un montant total de 1 480 000 $.

1. Indiquez l'effet de l'opération sur l'équation comptable et passez l'écriture de radiation des comptes clients de Vélomotrice.

2. Calculez le solde du compte Provision pour dépréciation – clients à la fin de la période.

Vérifiez vos réponses à l'aide des solutions présentées en bas de page*.

---

analyse financière

Cette rubrique établit le lien entre les concepts abordés dans le chapitre et les exemples de prises de décision tirés du milieu des affaires. On y met aussi en évidence d'autres approches tout en soulignant l'importance d'une analyse critique et éthique.

Dans un contexte de mondialisation de l'économie et des affaires, cette rubrique permet aux étudiants d'être plus conscients des différences financières ou économiques qui existent dans le monde. L'adoption des normes IFRS par un plus grand nombre de pays contribue à amoindrir ces différences et améliore la comparabilité de l'information financière.

perspective internationale

question d'éthique

Pour souligner l'importance d'adopter un comportement exemplaire en affaires, des questions relatives à l'éthique en comptabilité sont soulevées dans cette rubrique, tout au long du manuel. Les étudiants apprennent ainsi à connaître le genre de dilemmes auquel les décideurs des entreprises font face.

La rubrique «Analysons les ratios», présentée dans chaque chapitre, vise à rendre les étudiants plus aptes à utiliser l'information financière. En effet, nous croyons qu'ils ont avantage à analyser les éléments de la performance financière au moment même où ils apprennent à les mesurer et à les présenter sous la forme d'états financiers. Chaque ratio clé est appliqué à la société présentée dans la rubrique «Point de mire» du chapitre ainsi qu'à ses compétiteurs. Quelques judicieux conseils sont aussi donnés pour aider les étudiants à comprendre les limites de l'utilisation des ratios.

analysons les ratios

Chacun des 12 premiers chapitres comprend une rubrique qui fait l'analyse des changements survenus dans les flux de trésorerie de l'entreprise présentée dans la rubrique «Point de mire» et des décisions qui ont provoqué ces changements. La couverture systématique des flux de trésorerie dès les premiers chapitres permet aux étudiants de se familiariser avec les types de décisions qu'ils devront prendre à titre de gestionnaires. Cette rubrique leur permet aussi de comprendre les conséquences de ces décisions sur les flux de trésorerie.

incidence sur les flux de trésorerie

entreprises à capital fermé

Cette rubrique, présentée en fin de chapitre, permet de comparer les normes comptables s'appliquant aux entreprises à capital fermé à celles des entreprises qui ont une obligation d'information du public.

coup d'œil sur
UBISOFT
DOCUMENT DE RÉFÉRENCE

dans l'actualité
BANQUE ROYALE

Ces rubriques présentent, sous forme d'extraits insérés dans le texte, de l'information tirée de rapports annuels d'entreprises québécoises, canadiennes ou européennes, d'articles de journaux ou de communiqués de presse. Grâce à la pertinence de ces extraits, les étudiants réalisent à quel point les questions financières sont bien ancrées dans l'actualité.

Les autres composantes pédagogiques

Les effets des opérations sur l'équation comptable sont présentés parallèlement à leurs effets sur l'écriture de journal.
Les comptes sont identifiés par des lettres :
A (actif), Pa (passif), CP (capitaux propres), Pr (produit), C (charges) et X (compte de sens contraire).
En outre, dans les premiers chapitres, l'ajout du signe + ou – aide les étudiants à mieux saisir les opérations.
Les professeurs qui choisissent de ne pas aborder les écritures de journal dans un cours d'introduction peuvent
tout à fait se concentrer sur l'équation comptable.

ÉQUATION COMPTABLE

a)   **Actif**   =   **Passif**   +   **Capitaux propres**

Trésorerie   + 50   Capital social   + 50

ÉCRITURE DE JOURNAL

a) Trésorerie (+A) 50
     Capital social (+CP) 50

Vérifications :   1. Actif (+50 M€) = Passif + Capitaux propres (+50 M€)
                      2. Débits 50 M€ = Crédits 50 M€

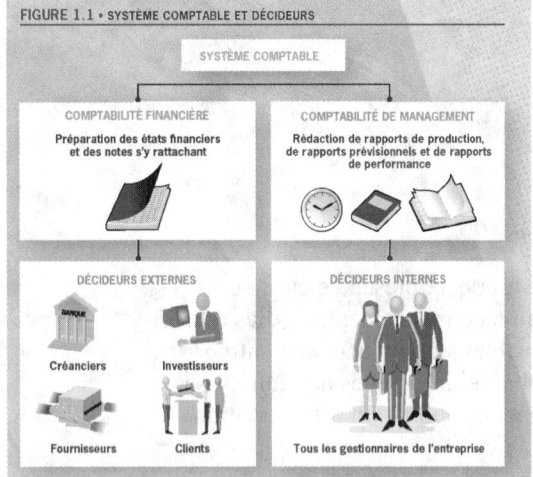

FIGURE 1.1 • SYSTÈME COMPTABLE ET DÉCIDEURS

TABLEAU 13.4 • RATIOS FINANCIERS SÉLECTIONNÉS DE BRANIFF INTERNATIONAL

	Années avant la faillite				
	5	4	3	2	1
Fonds de roulement	1,20	0,91	0,74	0,60	0,49
Capitaux empruntés sur les capitaux propres	2,03	2,45	4,88	15,67	s.o.*

* s.o.: sans objet. Au cours de la période précédant sa faillite, Braniff a déclaré des capitaux propres négatifs par suite d'une importante perte nette qui a entraîné un solde négatif dans les résultats non distribués (un déficit). Les dettes aux créanciers excédaient le total des capitaux propres.

De nombreuses figures et tableaux apportent un complément d'information ou illustrent de façon concrète certains aspects particuliers de la matière présentée.

Dans chacun des chapitres, les étudiants sont encouragés à explorer des sites Web. Ils apprennent ainsi à intégrer cette ressource incontournable à leur pratique quotidienne.

CARNET D'ADRESSES

www.lautorite.qc.ca

Les pages de fin de chapitre

Chaque fin de chapitre présente aux étudiants un certain nombre de rubriques permettant de faire le point sur leur apprentissage :

- **Ratios clés** présente le résumé des ratios étudiés dans le chapitre ;
- **Pour trouver l'information financière** dresse la liste des différents éléments des états financiers étudiés dans le chapitre ;
- **Mots clés** dresse la liste de tous les termes définis dans le chapitre ;
- **Points saillants du chapitre** reprend les éléments importants du chapitre en fonction de chacun des objectifs d'apprentissage présentés en début de chapitre.

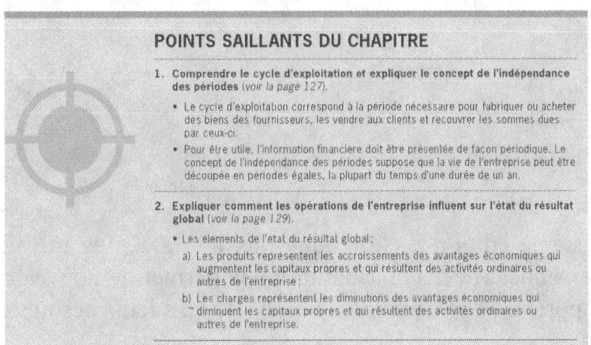

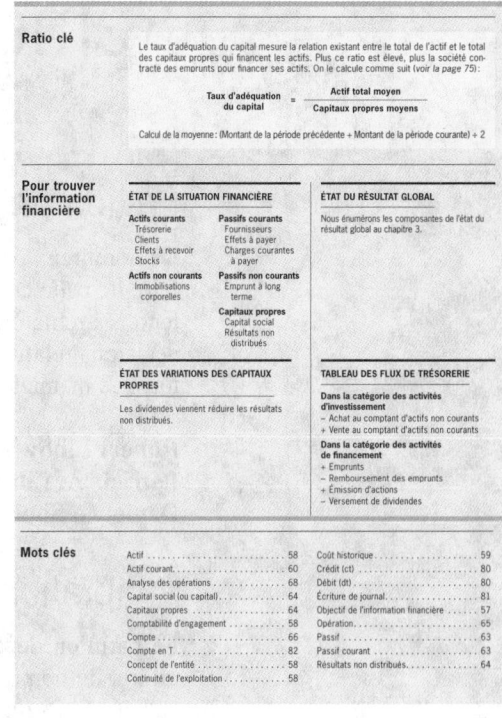

Les activités d'apprentissage

Chaque chapitre se termine par une sélection de travaux dans lesquels sont abordés un ou plusieurs concepts présentés dans le chapitre. Ces travaux sont conçus de manière graduelle en fonction du degré de difficulté et des objectifs d'apprentissage (OA) visés en début de chapitre. Ils ont souvent pour sujet de véritables sociétés (nationales ou internationales). Ils favorisent donc l'exercice de certaines habiletés (notamment la capacité d'analyse, la compréhension des concepts fondamentaux, les calculs, la communication écrite, le travail d'équipe et la recherche dans Internet). Certaines questions font appel au tableur électronique Excel, outil fort utile dans le milieu de la comptabilité et de la finance.

Les activités d'apprentissage comprennent plusieurs rubriques, soit :

- Questions ;
- Questions à choix multiples ;
- Mini-exercices ;
- Exercices ;
- Problèmes (avec référence dans la marge aux problèmes supplémentaires correspondants) ;
- Problèmes supplémentaires ;
- Cas et projets (analyse de l'information financière publiée, analyse financière, analyse critique, projet d'équipe, etc.).

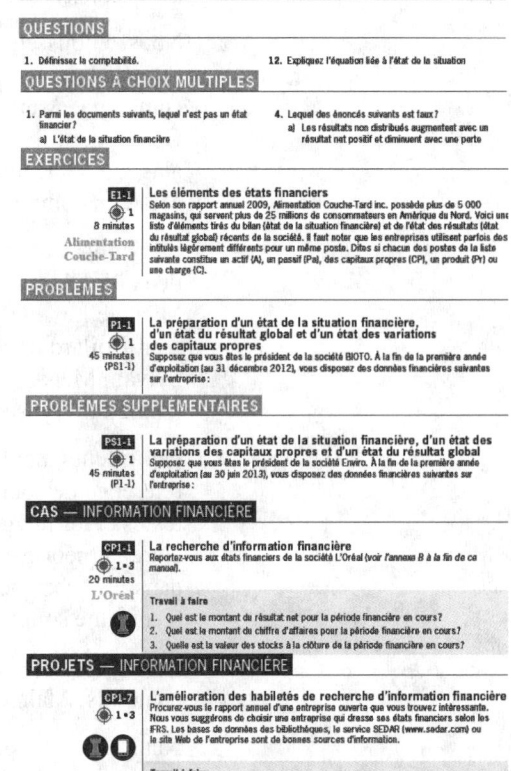

Remerciements

Édition originale

De nombreux pédagogues dévoués ont consacré temps et effort en vue de nous aider à faire de cette édition la meilleure à ce jour. Nous leur sommes donc reconnaissants et tenons à remercier chaleureusement tous nos collègues qui nous ont aidés à prendre les décisions relatives à cette édition ainsi qu'aux éditions précédentes. Sans votre aide à tous, ce manuel n'aurait jamais remporté le succès qu'il connaît actuellement.

Robert Libby
Patricia A. Libby
Daniel G. Short

Adaptation française

La parution de cette troisième édition a été rendue possible grâce au travail et aux efforts de nombreuses personnes. Leur contribution nous permet de nouveau d'offrir aux étudiants un outil d'apprentissage de pointe et bien adapté à leurs besoins.

Nous tenons à remercier en premier lieu les auteurs du volume états-unien, Robert Libby, Patricia A. Libby et Daniel G. Short. Leur approche dynamique et stimulante de la comptabilité nous a permis de travailler à partir d'un ouvrage dont nous espérons avoir conservé la qualité et l'originalité.

Nous tenons également à exprimer notre reconnaissance aux collaborateurs qui ont assumé la révision scientifique de ce manuel et celle du recueil de solutions qui l'accompagne. Merci à Danièle Pérusse, chargée de formation à HEC-Montréal, à Maurice Gosselin, professeur à la Faculté des sciences de l'administration de l'Université Laval, ainsi qu'à Claudine Turcotte, auxiliaire d'enseignement et de recherche et étudiante au MBA en comptabilité à l'Université Laval.

La publication de ce manuel n'aurait pu être réalisée sans le travail constant et minutieux de l'équipe de la maison d'édition Chenelière Éducation. Nous remercions Michèle Levert, Martine Senécal, Marie Auclair, Julie Pinson, Frédérique Coulombe et Jean Boilard pour leur minutieux travail de correction et d'édition, et particulièrement Sylvain Ménard, Marie Victoire Martin, Sophie Jaillot et Mélanie Bergeron qui, tout au long du processus d'écriture et d'édition, nous ont apporté soutien et encouragement.

Par ailleurs, nous avons utilisé dans ce manuel de nombreux extraits de documents de référence de sociétés européennes et de rapports annuels de sociétés canadiennes. Les textes et les images contribuent au dynamisme de ce manuel et servent à créer des liens entre la théorie et le monde des affaires. Nous remercions donc les sociétés présentées dans les rubriques « Point de mire ». Ces sociétés ont mis à la disposition de nos étudiants une somme d'information qui contribue grandement à leur formation.

Enfin, nous ne pouvons passer sous silence les encouragements et l'appui que nos conjoints, Alain et François, nous ont accordés durant tous ces mois de travail.

Nous espérons sincèrement que ce manuel permettra aux étudiants francophones d'apprécier la vraie valeur de la comptabilité et d'en découvrir le plein potentiel.

Carole Lafond-Lavallée
Denise Lanthier

TABLE DES MATIÈRES

Chapitre

1

LES ÉTATS FINANCIERS
ET LES DÉCISIONS
ÉCONOMIQUES

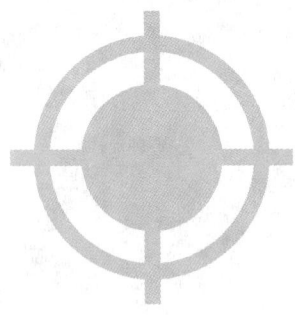

**OBJECTIFS
D'APPRENTISSAGE**
**Au terme de ce chapitre,
vous pourrez :**

1. comprendre l'information présentée dans chacun des principaux états financiers et son utilité pour différents décideurs, soit les investisseurs, les créanciers et les gestionnaires (*voir la page 7*) ;

2. définir le rôle que jouent les normes comptables dans la préparation et la présentation des états financiers (*voir la page 21*) ;

3. distinguer le rôle des gestionnaires de celui des auditeurs dans le processus de communication de l'information comptable (*voir la page 23*) ;

4. réaliser l'importance de l'éthique en comptabilité, de l'intégrité ainsi que de la responsabilité professionnelle de l'expert-comptable (*voir la page 25*).

DISCUS INC.
L'évaluation d'une acquisition

Au mois de janvier, le groupe Alpha inc. a fait l'acquisition de Discus inc.[1], une entreprise qui fabrique des unités de disques pour ordinateurs personnels et dont la croissance a été très rapide. Cette acquisition a coûté plus de 33 millions de dollars. Le groupe Alpha a déterminé le prix d'achat en tenant compte des éléments suivants : la valeur des ressources économiques de la société Discus, ses dettes, sa capacité à vendre des biens à un prix supérieur aux coûts engagés pour les produire et sa capacité à générer l'argent nécessaire pour régler ses factures courantes. Une bonne part de cette évaluation a été basée sur l'information financière que Discus a fournie. Cette information était présentée sous forme d'états financiers. Au mois de juillet, le groupe Alpha a découvert plusieurs problèmes tant dans les activités opérationnelles de Discus que dans ses états financiers. Il s'est ainsi rendu compte que Discus ne valait que la moitié du prix payé. De plus, Discus ne disposait pas de suffisamment de trésorerie pour rembourser ses dettes à la Banque d'investissement. En réaction, le groupe Alpha a engagé des poursuites judiciaires contre les anciens propriétaires et les autres personnes responsables de la préparation des états financiers de Discus pour recouvrer le paiement excédentaire.

• Parlons affaires

Les joueurs en présence

Discus a été fondée par deux ingénieurs qui avaient auparavant travaillé pour une importante entreprise fabriquant des ordinateurs. Prévoyant la hausse de la demande pour les ordinateurs personnels comprenant des unités de disques, ces deux ingénieurs ont formé Discus, société spécialisée dans la fabrication de cette composante essentielle. Pour ce faire, ils ont investi une part importante de leurs épargnes, devenant ainsi les propriétaires exclusifs de Discus. Comme c'est généralement le cas dans les nouvelles entreprises, les fondateurs en étaient aussi les gestionnaires (ils étaient les **propriétaires exploitants**).

---

1 Le cas de Discus inc. est une représentation réaliste d'un vrai cas de fraude. Aucun des noms mentionnés dans ce cas n'est réel. Nous revenons sur la fraude qui a véritablement été commise dans la conclusion du présent chapitre.

Les fondateurs ont rapidement réalisé qu'ils avaient besoin de fonds supplémentaires pour faire croître la société. Écoutant la recommandation d'un ami proche, ils se sont tournés vers la Banque d'investissement pour emprunter de l'argent.

Au fil des ans, Discus a emprunté auprès de nombreux bailleurs de fonds, et la Banque d'investissement a continué à lui prêter les sommes nécessaires à son exploitation, devenant ainsi son principal prêteur, ou **créancier.** Au début de l'an dernier, l'un des fondateurs de la société a été très malade. Cet événement, combiné au stress lié à l'exploitation de l'entreprise dans ce secteur d'activité très concurrentiel, les a amenés à vouloir vendre Discus. En janvier dernier, les propriétaires exploitants ont conclu un contrat de vente de la société avec le groupe Alpha inc., qui est composé de quelques riches investisseurs privés. Les deux fondateurs ont pris leur retraite, et un nouveau gestionnaire a été embauché pour diriger Discus au nom des nouveaux propriétaires. Le nouveau **gestionnaire** avait déjà travaillé pour une société qui appartenait au groupe Alpha, mais il n'était pas propriétaire de la société.

Les propriétaires sont souvent appelés «investisseurs» ou «actionnaires». Il peut s'agir de groupes comme Alpha (qui a récemment acquis Discus) ou de personnes qui achètent de faibles pourcentages de participation dans de grandes sociétés. Ils effectuent leurs investissements en espérant en tirer profit, et ce, de deux manières : ils souhaitent soit revendre leurs investissements à un prix plus élevé que celui qu'ils ont payé, soit recevoir une portion de ce que gagne la société sous forme de paiements en espèces, appelés «dividendes». Comme le suggère le cas de Discus, ce ne sont pas toutes les sociétés qui prennent de la valeur avec le temps ou qui disposent de suffisamment de trésorerie pour pouvoir verser des dividendes. Les créanciers (qu'il s'agisse de personnes, d'entreprises commerciales ou d'établissements financiers comme les banques) prêtent de l'argent à une société pour une période précise. Ils espèrent faire des gains en recevant des intérêts sur les sommes prêtées. Comme la Banque d'investissement, principal créancier de Discus, l'a appris, certains emprunteurs sont par la suite incapables de rembourser leurs dettes. Les opérations de Discus avec ses créanciers ou ses propriétaires sont des *activités de financement.* Par contre, lorsque Discus achète ou vend des biens tels des équipements pour produire ses unités de disques, ces opérations sont des *activités d'investissement.*

Les activités opérationnelles de l'entreprise

Pour comprendre les états financiers d'une société, il faut d'abord connaître ses *activités opérationnelles.* Comme nous l'avons mentionné plus haut, Discus conçoit et fabrique des unités de disques pour ordinateurs personnels. Les principaux composants de ces unités incluent les disques sur lesquels les données sont stockées, les moteurs qui font tourner les disques, les têtes qui lisent et écrivent sur les disques ainsi que les puces d'ordinateurs qui commandent les opérations de l'unité. Discus achète les disques et les moteurs auprès d'autres sociétés, qu'on appelle «**fournisseurs**». La société conçoit et fabrique les têtes, de même que les puces, puis assemble les unités. Discus ne vend pas les unités de disques directement au grand public. Ses **clients** sont plutôt des fabricants d'ordinateurs, comme Hewlett-Packard et Apple, qui installent les unités de disques dans les ordinateurs qu'ils vendent aux détaillants (les entreprises qui vendent aux consommateurs) comme Bureau en gros ou Future Shop. Ainsi, Discus est un fournisseur de Hewlett-Packard et d'Apple.

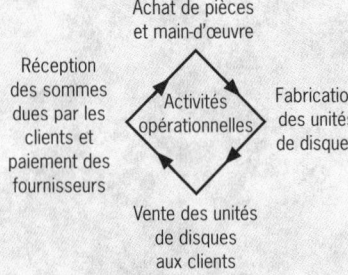

Le système comptable

Comme toutes les entreprises, Discus dispose d'un système de comptabilité qui rassemble et traite (analyse, évalue et enregistre) les données financières portant sur l'entreprise et communique ces renseignements aux décideurs. Les gestionnaires de Discus (souvent appelés « **décideurs internes** ») et les parties externes à l'entreprise, comme les investisseurs tels que le groupe Alpha et la Banque d'investissement (souvent appelés « **décideurs externes** »), utilisent les rapports produits par ce système. La figure 1.1 présente deux composantes du système comptable. En général, les gestionnaires internes ont besoin d'une information détaillée de manière continue, car ils doivent planifier les activités opérationnelles quotidiennes de l'entreprise et prendre des décisions rapidement. L'élaboration d'un système d'information comptable pour les décideurs internes relève de la comptabilité de gestion, ou **comptabilité de management.** Ce sujet fait l'objet de cours de comptabilité distincts. Dans le présent manuel, nous nous attardons sur le système d'information comptable destiné aux décideurs externes, appelé « **comptabilité financière** », ainsi que sur les principaux états financiers qui constituent le produit de ce système.

Comptabilité
Système d'information permettant de rassembler et de communiquer des informations à caractère essentiellement financier, le plus souvent chiffrées en unités monétaires, concernant l'activité économique des entreprises et des organismes. Ces informations sont destinées à aider les personnes intéressées à prendre des décisions économiques, notamment en matière de répartition des ressources[2].

FIGURE 1.1 • SYSTÈME COMPTABLE ET DÉCIDEURS

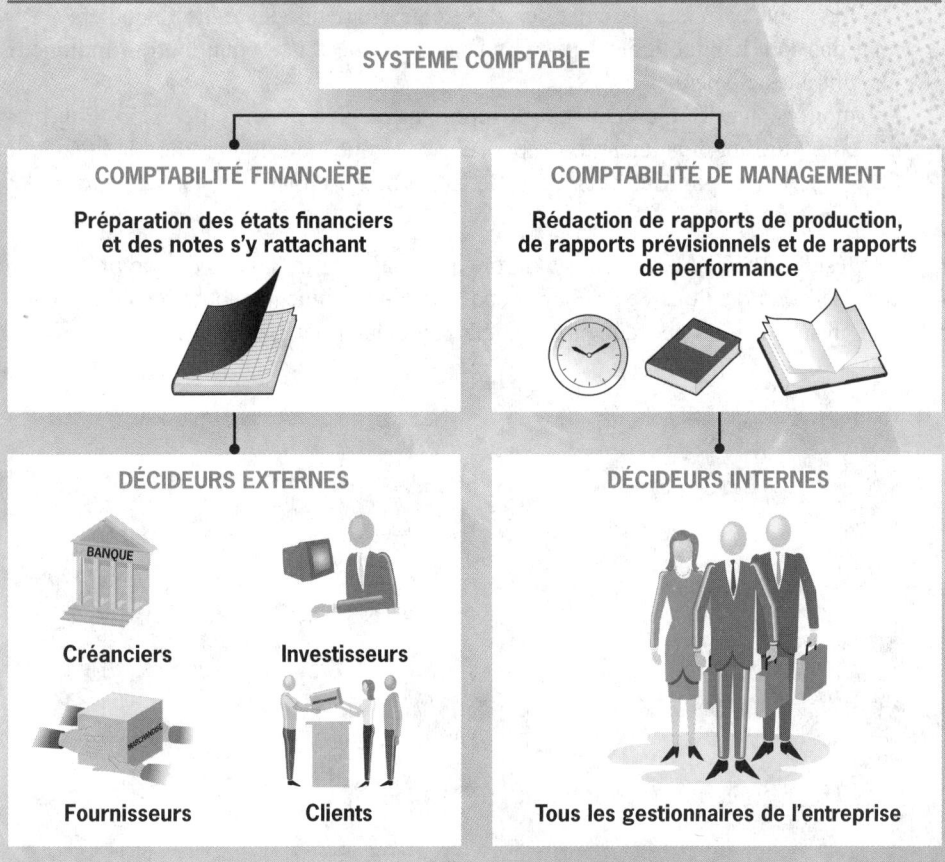

2 Louis MÉNARD et al., Dictionnaire de la comptabilité et de la gestion financière, 3ᵉ éd., Toronto, Institut canadien des comptables agréés, 2011.

Nous commençons notre étude par un bref aperçu des principaux états financiers ainsi que des personnes et entreprises qui participent à leur élaboration ou qui utilisent l'information fournie dans ces états. Cet aperçu présente le contexte général qui sera par la suite repris de façon plus détaillée dans les chapitres suivants. En particulier, nous nous concentrons sur la manière dont les principaux utilisateurs des états financiers, soit les investisseurs (les propriétaires) et les créanciers (les prêteurs), se sont fiés à chacun des états financiers de Discus pour prendre leur malheureuse décision d'acheter cette société et de lui prêter de l'argent. Par la suite, nous abordons les enjeux éthiques soulevés par ce cas et les responsabilités légales des diverses parties à ce dossier.

Pour saisir comment le groupe Alpha a utilisé l'information présentée dans les états financiers pour prendre sa décision et comment il a été induit en erreur, il faut d'abord comprendre l'information que l'on trouve dans les principaux états financiers d'une société comme Discus. Plutôt que d'essayer de mémoriser les définitions de chaque terme utilisé dans le présent chapitre, vous devez concentrer votre attention sur la structure générale des états financiers et leur contenu[3].

Plus précisément, nous nous attardons sur les trois questions suivantes :

1. Quelles sont les principaux éléments de chacun des états financiers ? Ainsi, vous apprendrez, en tant que lecteur d'états financiers, où trouver chaque type d'information.

2. Quelles sont les relations entre les différents éléments des états financiers ? Ces relations sont habituellement décrites sous la forme d'une équation qui indique le lien entre les éléments.

3. En quoi chacun des éléments est-il important pour la prise de décision d'un propriétaire ou d'un créancier ? La réponse à cette question donne une idée générale de l'importance, pour les décideurs, de l'information financière présentée dans les états financiers.

Des tests d'autoévaluation vous aideront à connaître votre niveau de compréhension des thèmes à l'étude. Puisque ce chapitre ne constitue qu'une introduction, chacune des notions présentées sera abordée plus en détail aux chapitres 2 à 5 et 12.

---

3 Comme dans bon nombre de professions, la terminologie comptable est technique. Dans ce chapitre, nous présentons les définitions générales des mots clés utilisés en comptabilité et dans le monde des affaires et que l'on trouvera tout au long de ce manuel. Pour certains termes comptables, nous ajoutons plus de détails aux définitions dans les chapitres ultérieurs. Il faut toutefois prendre note que plusieurs expressions peuvent être utilisées pour désigner une même réalité et que les entreprises adaptent parfois la terminologie à leur propre réalité.

STRUCTURE DU CHAPITRE 1

Les principaux états financiers

- L'état de la situation financière
- L'état du résultat global
- L'état des variations des capitaux propres
- Le tableau des flux de trésorerie
- Les liens entre les états financiers
- Les notes
- Le sommaire des états financiers

Le processus de communication de l'information comptable

- Les normes comptables
- La responsabilité de la direction et l'audit
- L'éthique, l'intégrité et la responsabilité légale

1.1 Les principaux états financiers

Le groupe Alpha (le nouveau propriétaire de Discus) et la Banque d'investissement (le principal créancier de Discus) ont tous deux utilisé les états financiers de Discus pour en apprendre davantage sur celle-ci avant de prendre leur décision d'achat pour l'un et de prêt pour l'autre. Ce faisant, le groupe Alpha et la Banque d'investissement ont supposé que ces états financiers représentaient fidèlement la situation financière de Discus. Cependant, comme ils ont tôt fait de l'apprendre, ces états financiers étaient erronés :

1. À l'**état de la situation financière,** Discus avait surévalué les ressources économiques qu'elle possédait et sous-évalué ses obligations envers des tierces parties.
2. À l'**état du résultat global,** Discus avait surévalué sa capacité de vendre des biens à un prix supérieur aux coûts qu'elle devait payer pour les produire et les vendre.
3. À l'**état des variations des capitaux propres,** Discus avait surévalué le montant des résultats non distribués disponibles pour une croissance future.
4. Dans le **tableau des flux de trésorerie,** Discus avait surestimé sa capacité de générer, à même ses ventes, les sommes nécessaires pour honorer ses dettes.

Les organisations à but lucratif établissent normalement ces quatre états financiers pour diffuser l'information financière destinée aux propriétaires, aux investisseurs potentiels, aux créanciers et aux autres décideurs.

Ces états financiers résument les activités financières de l'entreprise. On peut les dresser à n'importe quel moment (par exemple, à la fin de l'année financière, du trimestre ou du mois), et ils peuvent porter sur n'importe quelle période (un an, un trimestre ou un mois, par exemple). Comme la plupart des sociétés ouvertes[4], Discus dresse ses

OBJECTIF D'APPRENTISSAGE

Comprendre l'information présentée dans chacun des principaux états financiers et son utilité pour différents décideurs, soit les investisseurs, les créanciers et les gestionnaires.

---

4 Une société ouverte est une société de capitaux dont les actions sont inscrites à une Bourse de valeurs mobilières. Une société ouverte est une société de capitaux qui fait des appels publics à l'épargne.

états financiers pour les investisseurs et les créanciers à la fin de chaque trimestre (ce qu'on appelle « **rapports intermédiaires** ») et de chaque période financière (ce qu'on appelle « **rapports annuels** »).

1.1.1 L'état de la situation financière

L'**état de la situation financière** (souvent appelé « **bilan** ») a pour objectif de présenter la situation financière (l'actif, le passif et les capitaux propres) d'une entité comptable à un moment donné. Il est possible de découvrir plusieurs renseignements sur cet état financier uniquement en en lisant l'intitulé ou l'en-tête. Le tableau 1.1 présente l'état de la situation financière de Discus, que ses anciens propriétaires ont soumis au groupe Alpha.

État de la situation
financière

Actif = Passif
+
Capitaux
propres

La structure

Il faut noter que l'**intitulé** permet de préciser quatre éléments :
1. la **raison sociale de l'entité** : Discus inc. ;
2. le **titre de l'état financier** : État de la situation financière ;
3. la **date de l'état financier** : au 31 décembre 2012 ;
4. l'**unité de mesure** : (en milliers de dollars canadiens).

TABLEAU 1.1 • ÉTAT DE LA SITUATION FINANCIÈRE

	Discus inc.
Raison sociale de l'entité	**État de la situation financière**
Titre de l'état financier	**au 31 décembre 2012**
Date de l'état financier	
Unité de mesure	(en milliers de dollars canadiens)

	Actif	
Sommes d'argent dans les comptes bancaires de la société	Trésorerie	4 895
Sommes dues par les clients pour les ventes antérieures	Clients	5 714
Pièces et unités de disques non vendues	Stocks	8 517
Usine et outillage de production	Usine et matériel	7 154
Terrain sur lequel l'usine est construite	Terrain	981
	Total de l'actif	**27 261**
	Passif	
Sommes dues aux fournisseurs pour les achats antérieurs	Fournisseurs	7 156
Sommes à payer à la suite des engagements signés par l'entreprise	Effets à payer	9 000
	Total du passif	**16 156**
	Capitaux propres	
Sommes investies dans l'entreprise par les actionnaires	Capital social	2 000
Résultats non distribués aux actionnaires	Résultats non distribués	9 105
	Total des capitaux propres	**11 105**
	Total du passif et des capitaux propres	**27 261**

Les notes font partie intégrante des états financiers.

---

5 L. MÉNARD *et al.*, *op. cit.*

Pour chaque état financier, il faut clairement identifier l'organisation pour laquelle les données financières sont rassemblées. Une fois l'entreprise ou le groupe d'entreprises bien identifié, on parle alors d'une « **entité comptable** ». L'entreprise elle-même, et non le propriétaire de l'entreprise, possède les ressources économiques qu'elle utilise et est responsable des dettes qu'elle contracte.

L'intitulé de chaque état indique la dimension temporelle de celui-ci. L'état de la situation financière ressemble à un portrait révélant la situation financière de l'entité à un moment précis, en l'occurrence au 31 décembre 2012, date qui doit être clairement mentionnée.

Les entreprises libellent normalement leurs états financiers en utilisant la devise du pays où elles ont leur siège social ; dans le cas de Discus, en dollars canadiens. De même, les sociétés états-uniennes présentent leurs états financiers en dollars US et les sociétés européennes, en euros. Les sociétés de taille moyenne, comme Discus, et les entreprises beaucoup plus grandes, comme Cascades, présentent souvent l'information financière en milliers ou en millions de dollars. Autrement dit, les derniers chiffres sont arrondis au millier ou au million de dollars près. Conséquemment, dans l'état de la situation financière de Discus, le poste Trésorerie, 4 895 $, signifie véritablement 4 895 000 $.

L'état de la situation financière de Discus présente en premier lieu les actifs de l'entreprise. Les actifs sont les ressources économiques qui appartiennent à l'entité. L'état de la situation financière de Discus détaille ensuite les comptes de passif et de capitaux propres. Ceux-ci représentent les diverses sources de financement de l'entité. Le financement fourni par les créanciers forme le passif de l'entreprise, alors que le financement apporté par les propriétaires ou généré par l'exploitation constitue les capitaux propres[7]. Comme l'acquisition de chaque actif nécessite une source de financement, l'actif d'une société doit, en tout temps, être égal à son passif et ses capitaux propres. Cette **équation comptable**, parfois appelée « identité fondamentale » ou « équation comptable fondamentale », s'énonce ainsi :

$$\textbf{Actif} \quad = \quad \textbf{Passif} \quad + \quad \textbf{Capitaux propres}$$

L'équation comptable montre ce qu'on entend par la **situation financière** d'une entreprise, soit les ressources économiques qu'elle possède et les sources de financement de ces ressources.

Les éléments

Les **actifs** représentent les ressources économiques qui appartiennent à l'entité. Discus décrit cinq postes sous cet élément. Les postes présentés sous l'actif dans l'état de la situation financière d'une entreprise dépendent de la nature de ses activités opérationnelles. Les cinq postes mentionnés par Discus sont les ressources économiques nécessaires pour fabriquer les unités de disques et les vendre à des sociétés comme Apple. Chacune de ces ressources doit présenter des avantages économiques futurs pour l'entreprise. Pour se préparer à fabriquer les unités de disques, Discus avait d'abord besoin d'argent, ou d'une trésorerie, pour acheter le terrain sur lequel construire son usine et installer son outillage de production (les immobilisations). Discus a ensuite acheté des pièces et produit des unités de disques, ce qui a entraîné la création du poste Stocks. Quand la société vend ses stocks à Apple et à d'autres sociétés, elle le fait à crédit et reçoit en contrepartie une promesse de paiement, présentée dans le poste Clients (ou Débiteurs), cette somme

Entité comptable
Unité comptable ou ensemble d'unités comptables formant un tout aux fins de la publication des états financiers[6].

Équation comptable
Actif = Passif + Capitaux propres

....

6 L. MÉNARD *et al.*, *op. cit.*
7 Discus est une société de capitaux. Une société de capitaux est une société constituée en vertu des lois canadiennes fédérales ou provinciales. Ses propriétaires sont appelés « actionnaires ». La propriété est représentée par des actions que l'on peut acheter et vendre sur le marché financier. La société de capitaux est exploitée à titre d'entité juridique, séparément et indépendamment de ses actionnaires, qui jouissent d'une responsabilité limitée. Les actionnaires ne sont responsables des dettes de la société que jusqu'à concurrence du capital investi. Nous revenons sur les formes de propriété à l'annexe 1-A (*voir la page 30*).

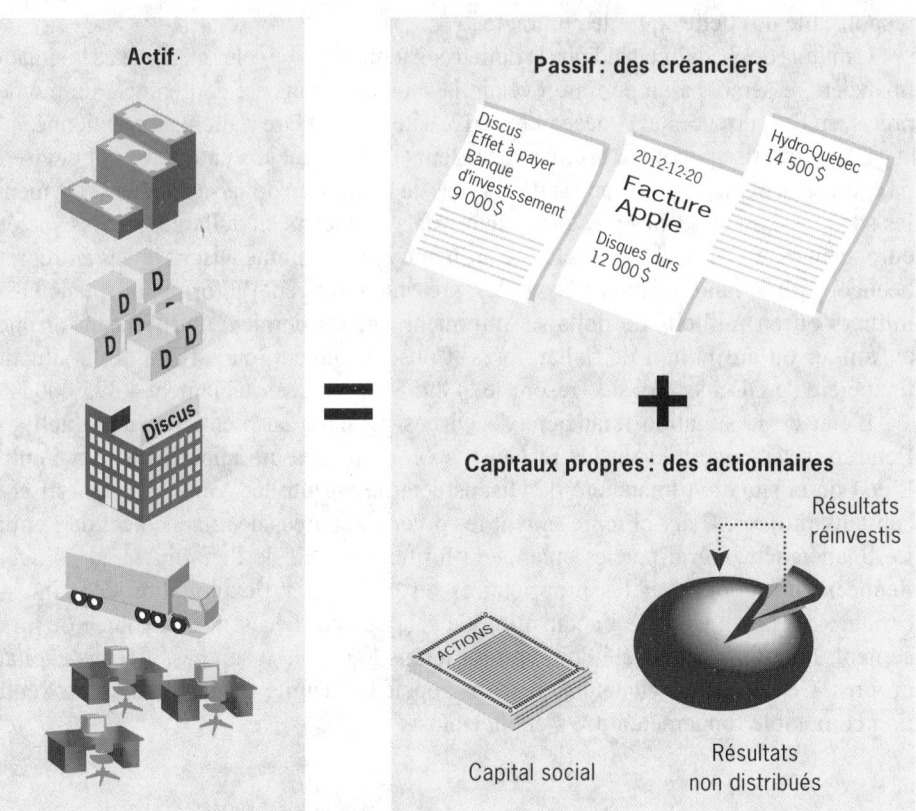

Actif $=$ **Passif** $+$ **Capitaux propres**

Ressources économiques (par exemple, la trésorerie et les stocks)

Sources de financement des ressources économiques

étant recouvrée en espèces à une date ultérieure. Discus inscrit dans le poste Trésorerie le montant qui se trouve dans ses comptes bancaires à la date de clôture, montant qu'elle utilisera pour payer ses propres factures.

Tous les actifs sont évalués en fonction du total des frais engagés pour les acquérir. Par exemple, l'état de la situation financière de Discus montre un poste Terrain, 981 $; il s'agit du montant versé (en milliers de dollars) pour le terrain au moment de son acquisition, ce qu'on appelle «coût historique». Cette convention d'évaluation est la plus utilisée par les entreprises pour établir leurs états financiers. D'autres conventions d'évaluation seront présentées lors de l'étude de certains postes des états financiers dans les chapitres ultérieurs.

Les **passifs** sont les dettes et obligations d'une entité qui découlent d'opérations effectuées antérieurement. Sous l'élément Passif, Discus présente deux postes : Fournisseurs et Effets à payer. Bon nombre d'entreprises achètent à crédit des biens et services auprès de leurs fournisseurs, sans signer de contrat officiel. Cette opération crée un passif qu'on appelle «Fournisseurs» (ou «Dettes fournisseurs», ou «Créditeurs»). Les entités commerciales empruntent souvent de l'argent, principalement des établissements de prêt comme les banques, en concluant des engagements officiels écrits. Dans ce cas, un passif appelé «Effets à payer» est créé.

Les **capitaux propres** indiquent le montant de financement provenant des propriétaires de l'entreprise ou de l'exploitation de celle-ci. Les capitaux propres proviennent principalement de deux sources : 1) le capital social (ou capital actions), soit la valeur des investissements apportés dans l'entreprise par les propriétaires ; 2) les résultats non distribués, soit le montant des résultats réalisés et réinvestis dans l'entreprise (qui n'ont donc pas été distribués aux actionnaires sous forme de dividendes).

Dans le tableau 1.1 (*voir la page 8*), la section des capitaux propres de Discus présente deux postes. L'apport de 2 000 000 $ des deux fondateurs de Discus constitue le poste Capital social. La somme totale des résultats (ou des pertes subies), de 9 105 000 $, déduite de tous les dividendes versés aux actionnaires depuis la constitution de la société de capitaux, est inscrite à titre de Résultats non distribués.

analyse financière

L'INTERPRÉTATION DES ACTIFS, DES PASSIFS ET DES CAPITAUX PROPRES FIGURANT À L'ÉTAT DE LA SITUATION FINANCIÈRE

L'évaluation des actifs de Discus était une information importante pour son créancier, la Banque d'investissement, et son investisseur potentiel, le groupe Alpha. En effet, la valeur des actifs permet de juger si l'entreprise dispose de ressources suffisantes pour régler ses dettes. Elle est également importante parce que les actifs pourraient être vendus en contrepartie d'espèces si Discus faisait faillite.

Le groupe Alpha était aussi intéressé par les données concernant les dettes de Discus. En effet, il se demandait si la société disposait de suffisamment de ressources en espèces pour rembourser ses dettes. Les dettes actuelles de Discus étaient aussi une information pertinente pour la prise de décision de la Banque d'investissement de lui prêter de l'argent, car les créanciers partagent les droits sur l'actif de la société. Lorsqu'une entreprise ne rembourse pas ses créanciers, la loi peut donner à ceux-ci le droit d'obliger cette société à vendre une quantité suffisante d'actifs pour recouvrer les sommes prêtées. La vente d'actifs est souvent insuffisante pour rembourser tous les créanciers, qui subissent alors une perte.

Enfin, le total des capitaux propres est aussi important pour la Banque d'investissement, car les droits des créanciers sur l'actif ont légalement priorité sur ceux des propriétaires. Ce fait revêt aussi de l'importance si Discus fait faillite et doit vendre ses actifs. Dans ces circonstances, les résultats de la vente doivent servir à rembourser les créanciers, comme la Banque d'investissement, avant que les propriétaires ne reçoivent quoi que ce soit. Ainsi, les capitaux propres sont considérés comme un « coussin » qui protège les créanciers si l'entité fait faillite.

TEST D'AUTOÉVALUATION

1. Les actifs de Discus sont énumérés dans une section de l'état de la situation financière, et ses passifs ainsi que ses capitaux propres, dans une autre. Il faut noter que ces deux sections s'équilibrent, conformément à l'équation comptable. Dans les chapitres suivants, on verra que l'équation comptable constitue le fondement de tout le processus comptable. Votre tâche consiste maintenant à vérifier si le montant des actifs de 27 261 000 $ est juste en utilisant le total du passif et des capitaux propres présentés dans le tableau 1.1 (*voir la page 8*). Rappelez-vous l'équation comptable fondamentale :

$$\text{Actif} = \text{Passif} + \text{Capitaux propres}$$

2. Il est important d'apprendre quels postes appartiennent à chacun des éléments de l'état de la situation financière pour comprendre leur signification. Précisez si chacun des postes de la liste suivante constitue un actif (A), des capitaux propres (CP) ou un passif (Pa), sans consulter le tableau 1.1.

a) _____ Clients   d) _____ Capital social   g) _____ Terrain

b) _____ Fournisseurs   e) _____ Usine et matériel   h) _____ Effets à payer

c) _____ Trésorerie   f) _____ Stocks   i) _____ Résultats non distribués

Vérifiez vos réponses à l'aide des solutions présentées en bas de page*.

1.1.2 L'état du résultat global

La structure

L'**état du résultat global** présente la principale mesure comptable du rendement d'une entreprise, soit les produits déduits des charges de la période. Le mot « profit » est largement utilisé dans le langage courant pour exprimer cette mesure du rendement.

État du résultat global
État financier où figurent les produits et les charges d'une période ; il fait également ressortir d'autres éléments qui augmentent ou diminuent le résultat global de l'entreprise.

---

* **Solutions du test d'autoévaluation**

1. Actif (27 261 000 $) = Passif (16 156 000 $) + Capitaux propres (11 105 000 $)

2. a) A ; b) Pa ; c) A ; d) CP ; e) A ; f) A ; g) A ; h) Pa ; i) CP.

Toutefois, les comptables préfèrent employer les expressions techniques « résultat net » ou « bénéfice net ». Le résultat net de Discus mesure son efficacité à vendre des unités de disques à un prix supérieur aux coûts qu'elle a engagés pour générer ces ventes. D'autres éléments viennent augmenter ou diminuer le résultat global. Nous les étudions dans les chapitres ultérieurs.

Une lecture rapide de l'état du résultat global de Discus (*voir le tableau 1.2*) révèle une grande quantité d'informations concernant l'objectif et le contenu de ce document. L'intitulé de l'état du résultat global précise de nouveau la raison sociale de l'entité, le titre de l'état financier, ainsi que l'unité de mesure et la monnaie utilisées. Toutefois, contrairement à l'état de la situation financière, lequel présente l'information financière à une date donnée, l'état du résultat global couvre une période précise (la période close le 31 décembre 2012). La période couverte par les états financiers (dans ce cas, un an) s'appelle « **période financière** » ou « **année financière** ».

Il faut noter que l'état du résultat global comporte quatre sections principales : les produits, les charges, le résultat net et les autres éléments du résultat global. L'équation qui décrit cette relation est la suivante :

Période financière
Période, généralement d'une durée d'un an, au terme de laquelle l'entité procède à la clôture de ses comptes et à l'établissement de ses états financiers annuels[8].

Résultat net	=	Produits	–	Charges
Résultat global	=	Résultat net	+/–	Autres éléments du résultat global

TABLEAU 1.2 • ÉTAT DU RÉSULTAT GLOBAL

Discus inc. État du résultat global période close le 31 décembre 2012 (en milliers de dollars canadiens)		
		Raison sociale de l'entité
		Titre de l'état financier
		Période couverte par l'état financier
		Unité de mesure
Produits		
Ventes	37 436	Produits tirés de la vente des unités de disques
Charges		
Coût des ventes	26 980	Coûts engagés pour produire les unités de disques vendues
Charges administratives	3 624	Charges non directement liées à la production
Frais de recherche et développement	1 982	Charges engagées pour créer de nouveaux produits
Charges financières	450	Charges rattachées à l'utilisation des fonds empruntés
Résultat avant impôts	4 400	
Impôts sur le résultat	1 100	Impôts sur le résultat pour la période couverte[9]
Résultat net	3 300	

Les notes font partie intégrante des états financiers.

8 L. MÉNARD *et al.*, *op. cit.* Ce libellé correspond à la définition du terme « exercice financier ». La terminologie française adoptée par les Normes internationales d'information financière utilise plutôt le terme « période financière » ou « année financière » pour définir la même réalité.
9 Au moment de préparer ce manuel, le taux d'imposition effectif pour les sociétés ouvertes était de 18 % au fédéral et de 11,9 % au Québec. Dans ce manuel, nous utilisons un taux combiné de 25 % pour illustrer nos exemples.

Les éléments

LES PRODUITS

Les **produits** sont gagnés à la suite de la vente de biens ou services à des clients (dans le cas de Discus, la vente d'unités de disques). Ils sont normalement comptabilisés à l'état du résultat global au moment où les biens ou services sont vendus aux clients, qui les ont payés en espèces ou ont promis de les payer dans un avenir rapproché. Lorsqu'une entreprise vend des biens ou rend des services, elle peut obtenir de l'argent immédiatement. Il s'agit alors d'une vente au comptant. Toutefois, ce cas est plutôt rare, à l'exception des magasins de vente au détail comme Couche-Tard ou Simons. Dans la plupart des entreprises, les biens ou services sont normalement vendus à crédit. Quand Discus vend ses unités de disques à Hewlett-Packard ou à Apple, elle reçoit une promesse de paiement futur, par la suite recouvré en espèces. Dans l'un ou l'autre cas, l'entreprise constate le total des ventes (l'argent et le crédit) à titre de produits de la période. On utilise plusieurs termes dans les états financiers pour décrire les diverses sources de produits (par exemple, les honoraires, la vente de biens et la location de propriétés). Discus en précise uniquement un, « Ventes », pour les unités de disques livrées aux clients.

LES CHARGES

Les **charges** représentent les ressources que l'entité a utilisées pour gagner des produits au cours d'une période. Les charges comptabilisées durant une période peuvent être payées durant une autre période. Les charges peuvent entraîner le versement immédiat d'argent, un paiement en espèces à une date ultérieure ou le recours à une autre ressource comme un article du stock. Discus inscrit cinq postes, incluant les impôts sur le résultat, à titre de charges à l'état du résultat global présenté au tableau 1.2.

LE RÉSULTAT NET

Le **résultat net,** ou bénéfice net, représente l'excédent du total des produits sur le total des charges. Si le total des charges excède le total des produits, on comptabilise une perte nette. (Les pertes nettes sont normalement présentées entre parenthèses.) Nous présentons les autres éléments de l'état du résultat global aux chapitres 3 et 5.

Nous avons mentionné plus haut que les produits n'étaient pas nécessairement les mêmes que les encaissements enregistrés auprès des clients et que les charges n'étaient pas nécessairement les mêmes que les paiements faits aux fournisseurs. Par conséquent, le résultat net **n'est pas, en général, égal** aux flux de trésorerie provenant des activités opérationnelles. Ce dernier montant est inscrit au tableau des flux de trésorerie, que nous abordons plus loin dans ce chapitre.

Discus ne présente aucun autre élément du résultat global.

L'ANALYSE DU RÉSULTAT NET

Les investisseurs (par exemple, le groupe Alpha) et les créanciers (par exemple, la Banque d'investissement) surveillent étroitement le résultat net de l'entreprise. En effet, celui-ci indique la capacité de la société à vendre des biens et services à un prix supérieur aux coûts qu'elle a engagés pour les produire et les livrer. Les investisseurs achètent des actions quand ils sont convaincus que les résultats futurs feront augmenter le prix de leurs actions. De leur côté, les créanciers s'appuient sur les résultats pour évaluer la capacité de l'entreprise à générer des ressources qui serviront à rembourser ses dettes. Les détails figurant à l'état du résultat global sont également importants. Par exemple, Discus devait vendre pour plus de 37 millions de dollars en unités de disques pour générer un peu plus de 3 millions de dollars de résultat net. Si Discus est obligée de vendre ses unités au même prix qu'un compétiteur qui diminue les siens de 10%, son résultat net positif peut facilement se transformer en résultat net négatif. Cette analyse permet aux investisseurs et créanciers d'évaluer la capacité de l'entreprise à générer des résultats futurs positifs.

analyse financière

TEST D'AUTOÉVALUATION

1. Il est important de savoir quels postes appartiennent à chacun des éléments de l'état du résultat global afin de comprendre leur signification. Précisez si chacun des postes de la liste suivante est un produit (Pr) ou une charge (C), sans consulter le tableau 1.2.

   a) _____ Coût des ventes

   b) _____ Impôts sur le résultat

   c) _____ Ventes

   d) _____ Charges administratives

2. Durant l'année 2012, Discus a livré au total 37 436 000 $ d'unités de disques à ses clients, qui les ont payées ou ont promis de les payer dans le futur. Durant la même période, elle a recouvré 33 563 000 $ en espèces auprès de ses clients. Sans consulter le tableau 1.2, indiquez lequel des deux montants apparaîtra à l'état du résultat global de Discus à titre de ventes pour l'année financière 2012. Expliquez votre réponse.

3. Durant l'année 2012, Discus a produit des unités de disques dont le coût de production s'est élevé à 27 130 000 $. Au cours de la même période, elle a livré à ses clients des unités de disques qui lui avaient coûté 26 980 000 $ en tout. Sans consulter le tableau 1.2, précisez lequel des deux montants figurera à l'état du résultat global de Discus en tant que coût des ventes pour l'année financière 2012. Expliquez votre réponse.

Vérifiez vos réponses à l'aide des solutions présentées en bas de page*.

1.1.3 L'état des variations des capitaux propres

La structure

État des variations des capitaux propres
État financier résumant les changements survenus dans chacune des composantes des capitaux propres de la société au cours de la période.

Discus a dressé un **état des variations des capitaux propres** (*voir le tableau 1.3*). L'intitulé de l'état des variations des capitaux propres précise de nouveau la raison sociale de l'entreprise, le titre de l'état financier, ainsi que l'unité de mesure et la monnaie utilisées. Comme l'état du résultat global, l'état des variations des capitaux propres présente l'information financière d'une période donnée, dans ce cas-ci un an. L'état des variations des capitaux propres résume les changements qui sont survenus dans chacune des composantes des capitaux propres de la société au cours de la période. L'état des variations des capitaux propres débute par la valeur comptable de chaque composante au début de la période, indique tout élément de variation qui est survenu au cours de la période, puis présente la valeur comptable de chaque composante à la fin de la période. Comme nous l'avons vu lors de l'examen de l'état de la situation financière, deux principaux facteurs provoquent des changements dans les résultats non distribués. Le résultat net enregistré durant la période fait augmenter le solde des résultats non distribués, ce qui illustre la relation existant entre l'état du résultat global et l'état de la situation financière. Par contre, la déclaration des dividendes aux actionnaires vient diminuer les résultats non distribués[10].

L'équation qui décrit cette relation est la suivante :

Solde des capitaux propres à la clôture de la période	=	Solde des capitaux propres à l'ouverture de la période	+/−	Résultat net de la période	−	Dividendes déclarés au cours de la période	+/−	Autres variations des capitaux propres

10 Les pertes nettes sont aussi déduites des résultats non distribués. Nous expliquons le processus complet de déclaration et de versement des dividendes au chapitre 10.

* **Solutions du test d'autoévaluation**

1. a) C ; b) C ; c) Pr ; d) C.
2. Des ventes de 37 436 000 $ sont comptabilisées, car les produits tirés des ventes sont normalement inscrits à l'état du résultat global lorsque les biens ou services ont été livrés au client, peu importe si celui-ci les a déjà payés ou a promis de les payer sous peu.
3. Le coût des ventes est de 26 980 000 $, car les charges représentent les ressources utilisées pour gagner des produits durant la période. Seul le coût des unités de disques livrées au client est utilisé. Les unités de disques toujours en magasin font partie du stock de marchandises dans l'actif de Discus.

TABLEAU 1.3 • ÉTAT DES VARIATIONS DES CAPITAUX PROPRES

Discus inc.
État des variations des capitaux propres
période close le 31 décembre 2012
(en milliers de dollars canadiens)

	Capital social	Résultats non distribués	Total des capitaux propres	
Solde au 1er janvier 2012	2 000	6 805	8 805	Soldes à la clôture de la période financière précédente
Résultat net de la période		3 300	3 300	Résultat net inscrit à l'état du résultat global
Dividendes		(1 000)	(1 000)	Dividendes déclarés durant la période
Solde au 31 décembre 2012	2 000	9 105	11 105	Soldes à la clôture de la période financière reportés à l'état de la situation financière

Les notes font partie intégrante des états financiers.

Raison sociale de l'entité
Titre de l'état financier
Période couverte par l'état financier
Unité de mesure

Les éléments

Les principaux postes des capitaux propres sont le capital social, c'est-à-dire les apports de capitaux des propriétaires, et les résultats non distribués. D'autres éléments des capitaux propres sont étudiés au chapitre 10.

L'état de Discus commence par le capital social et les résultats non distribués à l'ouverture de la période. Le résultat net de la période en cours inscrit à l'état du résultat global est ajouté, puis les dividendes déclarés de la période sont soustraits de ce montant.

Durant l'année 2012, aucun changement n'est survenu dans le capital social. Discus a réalisé un résultat net de 3 300 000 $, comme le montre l'état du résultat global (*voir le tableau 1.2 à la page 12*). Ce montant a été ajouté aux résultats non distribués à l'ouverture de la période. Durant l'année 2012, Discus a déclaré et versé un million de dollars en dividendes à ses deux actionnaires fondateurs. Ce montant a été déduit du calcul des résultats non distribués à la fin de la période. Le montant de ceux-ci est le même que celui qui est inscrit à l'état de la situation financière de Discus (*voir le tableau 1.1 à la page 8*). Ainsi, l'état des variations des capitaux propres indique la relation qui existe entre l'état du résultat global et l'état de la situation financière.

L'INTERPRÉTATION DES RÉSULTATS NON DISTRIBUÉS

Le réinvestissement des résultats constitue une importante source de financement pour Discus. Les résultats non distribués représentent plus du tiers de son financement. Les créanciers comme la Banque d'investissement surveillent étroitement les résultats non distribués de l'entreprise, car sa politique concernant le versement des dividendes aux actionnaires affecte sa capacité à rembourser ses dettes. Chaque dollar que Discus verse à ses actionnaires à titre de dividendes n'est plus disponible pour rembourser sa dette ou les intérêts sur cette dette contractée auprès de la Banque d'investissement. Les investisseurs surveillent également les résultats non distribués afin de s'assurer que l'entreprise réinvestit une partie suffisante de ses résultats pour soutenir sa croissance future.

analyse financière

1.1.4 Le tableau des flux de trésorerie

La structure

Tableau des flux de trésorerie
État financier présentant les encaissements et décaissements survenus au cours d'une période, et qui sont attribuables aux activités opérationnelles, aux activités d'investissement et aux activités de financement.

Le tableau 1.4 présente le tableau des flux de trésorerie de Discus. Dans cet état financier, les encaissements et décaissements de l'entreprise (les entrées et les sorties de fonds) se divisent en trois catégories principales: les flux de trésorerie liés aux activités opérationnelles, aux activités d'investissement et aux activités de financement. L'intitulé précise la raison sociale de l'entreprise, le titre de l'état financier, ainsi que l'unité de mesure et la monnaie utilisées. À l'instar de l'état du résultat global, le tableau des flux de trésorerie présente l'information financière d'une période donnée, dans ce cas-ci un an. Comme nous l'avons vu précédemment dans ce chapitre, les produits comptabilisés ne sont pas toujours égaux aux sommes recouvrées des clients, car certaines ventes se font à crédit. De plus, les charges déclarées à l'état du résultat global ne sont pas nécessairement égales aux sommes versées en espèces au cours de la période, car ces charges peuvent être engagées au cours d'une période et réglées durant une autre. En conséquence, le résultat net (les produits déduits des charges) ne correspond pas aux recettes moins les sommes déboursées au cours de la période. Puisque l'état du résultat global ne contient pas d'information sur les entrées et sorties de fonds, les comptables dressent un tableau des flux de trésorerie afin de présenter les encaissements et décaissements qui sont survenus à la suite des activités opérationnelles, des activités d'investissement et des activités de financement de l'entreprise.

L'équation qui décrit les variations qui sont survenues dans la trésorerie de l'entreprise telle qu'elle est présentée à l'état de la situation financière depuis la fin de la dernière période financière jusqu'à la fin de la période en cours est celle-ci:

	+/–	**Flux de trésorerie liés aux activités opérationnelles**
Variation de la trésorerie =	+/–	**Flux de trésorerie liés aux activités d'investissement**
	+/–	**Flux de trésorerie liés aux activités de financement**

Notons que chacune des trois sources de trésorerie peut être positive ou négative.

Les éléments

Les **flux de trésorerie liés aux activités opérationnelles** sont ceux qui sont directement rattachés aux résultats de l'entreprise (les activités commerciales ordinaires incluant les intérêts versés et les impôts payés). Par exemple, lorsque Hewlett-Packard, Apple ou d'autres clients paient à Discus les unités de disques qui leur ont été livrées, les sommes recouvrées se retrouvent dans le poste Sommes reçues des clients. Lorsque Discus paie leur salaire à ses 36 employés travaillant en recherche et développement ou paie ses factures provenant de ses fournisseurs de pièces, les sommes sont incluses dans le poste Sommes payées aux fournisseurs et aux employés[11].

....

11 Nous aborderons les autres manières de présenter les flux de trésorerie liés aux activités opérationnelles au chapitre 5 et plus en profondeur au chapitre 12.

---

* **Solution du test d'autoévaluation**
Résultats non distribués à l'ouverture + Résultat net − Dividendes = Résultats non distribués à la clôture:
5 510 $ + 1 780 $ − 900 $ = 6 390 $

TABLEAU 1.4 • TABLEAU DES FLUX DE TRÉSORERIE

<table>
<tr><td colspan="2">Discus inc.
Tableau des flux de trésorerie
période close le 31 décembre 2012
(en milliers de dollars canadiens)</td><td>Raison sociale de l'entité
Titre de l'état financier
Période couverte par l'état financier
Unité de mesure</td></tr>
</table>

Activités opérationnelles		Sommes directement liées aux produits gagnés
Sommes reçues des clients	33 563	
Sommes payées aux fournisseurs et aux employés	(30 854)	
Intérêts payés	(450)	
Impôts payés	(1 190)	
Flux de trésorerie nets liés aux activités opérationnelles	1 069	
Activités d'investissement		Vente ou achat des actifs productifs
Achat d'outillage de production	(1 625)	
Flux de trésorerie nets liés aux activités d'investissement	(1 625)	
Activités de financement		Sommes provenant des créanciers ou versées aux investisseurs
Emprunt bancaire	1 400	
Dividendes versés	(1 000)	
Flux de trésorerie nets liés aux activités de financement	400	
Variation nette de la trésorerie	(156)	Variation de la trésorerie durant la période
Trésorerie à l'ouverture de la période	5 051	Solde du compte Trésorerie à la clôture de la période précédente
Trésorerie à la clôture de la période	4 895	Trésorerie figurant à l'état de la situation financière au 31 décembre 2012

Les notes font partie intégrante des états financiers.

Les **flux de trésorerie liés aux activités d'investissement** comprennent les entrées et les sorties de fonds rattachées à l'acquisition ou à la vente des actifs liés à la production. Cette année, Discus ne présente qu'un décaissement dans cette catégorie, soit l'achat d'outillage de production, qui vise à répondre à la demande croissante pour ses unités de disques.

L'INTERPRÉTATION DU TABLEAU DES FLUX DE TRÉSORERIE

Plusieurs analystes estiment que le tableau des flux de trésorerie est particulièrement utile pour prédire les entrées nettes de fonds futurs disponibles pour le paiement des dettes aux créanciers et le versement des dividendes aux investisseurs. Les banquiers considèrent souvent la section des activités opérationnelles comme la plus importante, car elle indique la capacité de l'entreprise à générer de la trésorerie à partir de ses ventes afin de répondre à ses besoins. Tout excédent de trésorerie peut servir à rembourser la dette bancaire ou contribuer à l'expansion de l'entreprise. Les actionnaires investiront dans une société uniquement s'ils croient qu'elle finira par produire plus de trésorerie grâce à son exploitation qu'elle n'en utilise, car seules ces sommes peuvent servir au versement de dividendes éventuels.

analyse financière

Les **flux de trésorerie liés aux activités de financement** sont directement liés au financement de l'entreprise elle-même. Ils rendent compte des entrées ou des sorties de fonds réalisées avec les investisseurs et les créanciers (à l'exception des fournisseurs). Cette année, Discus a emprunté 1 400 000 $ à la banque pour acheter du matériel de fabrication. Elle a également versé 1 000 000 $ en dividendes aux actionnaires fondateurs avant que la société ne soit vendue.

dans l'actualité
BANQUE ROYALE

« L'entreprise qui ne fait pas de profits se meurt lentement, mais l'entreprise qui n'a pas de liquidités disparaît rapidement. »

Source : RBC BANQUE ROYALE, « Expansion de l'entreprise », [en ligne], www.rbcbanqueroyale.com/expansentreprise/financement/be_cashflow.html (page consultée le 6 mai 2011).

TEST D'AUTOÉVALUATION

1. Durant la période financière 2012, Discus a livré 37 436 000 $ en unités de disques à ses clients, qui les ont payées ou ont promis de le faire. Au cours de la même période, elle a recouvré 33 563 000 $ en espèces de ses clients. Sans consulter le tableau 1.4, indiquez lequel des deux montants figurera au tableau des flux de trésorerie de Discus pour la période financière 2012.

2. Il est important de savoir quels éléments appartiennent à chacune des sections du tableau des flux de trésorerie afin de comprendre leur signification. Précisez si chacun des éléments suivants est un flux de trésorerie lié aux activités opérationnelles (O), aux activités d'investissement (I) ou aux activités de financement (F), sans consulter le tableau 1.4. De plus, placez la lettre entre parenthèses uniquement s'il s'agit d'un décaissement.

   a) _____ Dividendes versés

   b) _____ Intérêts payés

   c) _____ Emprunt bancaire

   d) _____ Impôts payés

   e) _____ Achat d'outillage de production

   f) _____ Sommes payées aux fournisseurs et aux employés

   g) _____ Sommes reçues des clients

Vérifiez vos réponses à l'aide des solutions présentées en bas de page*.

1.1.5 Les liens entre les états financiers

L'étude des états financiers a permis de déterminer les éléments qui sont inclus dans chaque état financier, la façon qu'ils s'inscrivent dans l'équation propre à chaque état et, finalement, leur importance dans le processus de décision des investisseurs et des créanciers. Nous avons aussi découvert comment les états, chacun étant issu du même système comptable, sont interreliés. En particulier, nous avons acquis les connaissances suivantes :

1. Le résultat net calculé à l'état du résultat global augmente les résultats non distribués calculés à l'état des variations des capitaux propres.
2. Les résultats non distribués à la clôture de la période présentés à l'état des variations des capitaux propres constituent l'une des composantes des capitaux propres à l'état de la situation financière.
3. En ajoutant la variation de la trésorerie calculée au tableau des flux de trésorerie au solde de la trésorerie à l'ouverture de la période, on obtient le montant de trésorerie à l'état de la situation financière.

En somme, on peut dire que l'état du résultat global explique, au moyen de l'état des variations des capitaux propres, comment les opérations de l'entreprise ont amélioré ou

---

* **Solutions du test d'autoévaluation**
1. On a présenté 33 563 000 $ au tableau des flux de trésorerie, car ce montant représente l'argent effectivement recouvré des clients sur les ventes de la période en cours et de la période précédente.
2. a) (F) ; b) (O) ; c) F ; d) (O) ; e) (I) ; f) (O) ; g) O.

détérioré sa situation financière au cours de la période financière. Le tableau des flux de trésorerie explique comment les activités opérationnelles, les activités d'investissement et les activités de financement de l'entreprise ont influé (durant l'année) sur la trésorerie présentée à l'état de la situation financière. Ces liens sont illustrés dans le tableau 1.5, conjointement avec les états financiers de Discus.

TABLEAU 1.5 • LIENS ENTRE LES ÉTATS FINANCIERS DE DISCUS INC.*

État du résultat global

Produits	37 436
Charges	34 136
Résultat net	**3 300**

État des variations des capitaux propres

	Capital social	Résultats non distribués	Total des capitaux propres
Solde au 1er janvier 2012	2 000	6 805	8 805
Résultat net de la période		3 300	3 300
Dividendes		(1 000)	(1 000)
Solde au 31 décembre 2012	2 000	9 105	11 105

Tableau des flux de trésorerie

+/– Flux de trésorerie liés aux activités opérationnelles	1 069
+/– Flux de trésorerie liés aux activités d'investissement	(1 625)
+/– Flux de trésorerie liés aux activités de financement	400
Variation nette de la trésorerie	**(156)**
Trésorerie à l'ouverture de la période	**5 051**
Trésorerie à la clôture de la période	**4 895**

État de la situation financière

Trésorerie	4 895
Autres actifs	22 366
Total de l'actif	**27 261**
Total du passif	**16 156**
Capital social	2 000
Résultats non distribués	9 105
Total du passif et des capitaux propres	**27 261**

* Tous les montants sont en milliers de dollars canadiens.

L'UTILISATION DES ÉTATS FINANCIERS PAR LA DIRECTION

Sous la rubrique « Analyse financière », nous nous sommes concentrés jusqu'à maintenant sur l'analyse du point de vue des investisseurs et des créanciers. Toutefois, les gestionnaires d'une société utilisent souvent les états financiers. Par exemple, la direction du marketing de Discus ainsi que la direction du crédit recourent aux états financiers de leurs clients pour décider s'ils doivent ou non leur accorder un prêt pour acheter des unités de disques. La direction des achats de Discus doit aussi analyser certaines parties des états financiers des fournisseurs. Cela lui permet de juger s'ils disposent de suffisamment de ressources pour répondre à la demande actuelle de pièces de Discus et investir dans la production de nouvelles pièces à l'avenir. Le syndicat des employés ainsi que les gestionnaires des ressources humaines de Discus utilisent aussi les états financiers de la société afin de négocier leurs contrats et de déterminer les taux de rémunération que la société est en mesure de leur offrir. Le montant du résultat net sert même de base au versement de primes non seulement aux dirigeants, mais aussi aux employés dans le cadre des régimes de participation aux résultats. Peu importe le secteur fonctionnel dans lequel vous serez employé, vous utiliserez les données des états financiers. Vous serez également évalué en fonction des conséquences de vos décisions sur les résultats de la société pour laquelle vous travaillerez.

analyse financière

1.1.6 Les notes

L'énoncé suivant est inscrit au bas de chacun des états financiers de Discus : « Les notes font partie intégrante des états financiers. » Il s'agit de l'équivalent comptable de l'avertissement inscrit sur les paquets de cigarettes par Santé Canada. Il prévient les utilisateurs du fait que s'ils ne lisent pas les **notes**, ils n'auront pas une idée claire de la santé financière de la société. Les notes contiennent des renseignements supplémentaires sur la situation financière d'une société, sans lesquelles les états financiers seraient incomplets.

Il existe quatre principaux types de notes. Le premier type est une déclaration de conformité aux Normes internationales d'information financière (IFRS). Le deuxième type décrit les principales méthodes comptables employées pour dresser les états financiers d'une société. Le troisième type présente des renseignements supplémentaires sur un élément particulier des états financiers. Par exemple, une note sur les stocks de Discus indique la valeur des pièces, des unités de disques en voie de fabrication et des unités de disques terminées comprises dans le montant total du stock de marchandises figurant à l'état de la situation financière. Le quatrième type contient de l'information financière supplémentaire relative à certains éléments non comptabilisés dans les états financiers. Par exemple, Discus loue une de ses installations de production. Les modalités du bail sont divulguées dans cette note. Nous expliquons plusieurs de ces renseignements figurant dans les notes ici et là dans ce manuel, car leur contenu est essentiel pour comprendre le fonctionnement d'une entreprise.

1.1.7 Le sommaire des états financiers

Nous avons discuté d'un grand nombre d'éléments concernant les états financiers. Le tableau 1.6 résume cette information. Prenez quelques minutes pour réviser les notions apprises avant de poursuivre votre étude.

TABLEAU 1.6 • SOMMAIRE DES ÉTATS FINANCIERS

État financier	Objectif	Structure	Exemples
État de la situation financière	Présenter la situation financière d'une entité à un moment donné.	Actif = Passif + Capitaux propres	Trésorerie, Clients, Usine et matériel, Capital social
État du résultat global	Présenter la principale mesure comptable de rendement d'une entreprise pour une période donnée.	Produits − Charges Résultat net +/− Autres éléments du résultat global	Ventes, Coût des ventes, Charges administratives, Frais de recherche et développement
État des variations des capitaux propres	Expliquer comment les différents éléments des capitaux propres influent sur la situation financière de l'entreprise pour une période donnée.	Solde à l'ouverture de la période +/− Résultat net +/− Autres variations des capitaux propres − Dividendes Solde à la clôture de la période	Résultat net, Dividendes
Tableau des flux de trésorerie	Présenter les entrées et les sorties de fonds pour une période donnée.	+/− Activités opérationnelles +/− Activités d'investissement +/− Activités de financement Variation nette de la trésorerie	Sommes reçues des clients, Sommes payées aux fournisseurs et aux employés

1.2 Le processus de communication de l'information comptable

Une communication efficace signifie que la personne qui reçoit l'information comprend ce que l'émetteur tente de lui dire. Pour que les décideurs du groupe Alpha utilisent efficacement l'information que fournissent les états financiers de Discus, ils doivent comprendre les renseignements contenus dans chacun des états. C'est d'ailleurs la raison de cette explication du contenu des états financiers. Cependant, la fraude qui a été commise laisse entendre que cette compréhension n'est pas suffisante. Le groupe Alpha était également en droit de croire que les montants inscrits aux états financiers étaient fiables. Les montants qui ne reflètent pas la réalité économique de l'entreprise sont sans signification. Par exemple, si l'état de la situation financière présente un montant de 6 500 000 $ pour une usine inexistante, cette partie de l'état financier ne transmet pas une information utile ou fidèle.

Les décideurs doivent également comprendre les normes et règles appliquées pour le calcul des montants figurant aux états financiers ; ils doivent être sûrs que ces montants représentent fidèlement la situation financière de l'entreprise. Un entraîneur de natation ne tenterait jamais d'évaluer le temps d'un nageur pour une course de style libre sans d'abord se demander si le temps s'applique à une course de 100 ou de 200 mètres. De même, un décideur ne doit jamais tenter d'utiliser l'information comptable sans d'abord comprendre les **normes comptables** utilisées pour élaborer cette information.

Normes comptables
Normes et règles utilisées pour déterminer les renseignements qui figurent aux états financiers.

1.2.1 Les normes comptables

Comment déterminer les normes comptables ?

Comme le suggère l'explication précédente, il faut comprendre les normes et règles utilisées pour dresser les états financiers afin de bien saisir la signification des montants qui y apparaissent. Le système de comptabilité en usage à l'heure actuelle a une longue histoire.

Dès l'âge de bronze, soit vers 3500 avant Jésus-Christ, les habitants de la vallée du Nil (Égypte) et de la Mésopotamie (Moyen-Orient) vivaient en communauté dans des villes et villages où le commerce florissait et où l'État avait une grande importance.

Pour bien gérer cet environnement économique, les habitants ont peu à peu élaboré des outils et instruments qui leur permettaient d'obtenir une information utile pour répertorier leurs biens et leurs dettes, et déterminer les impôts.

Au fil du temps, la comptabilité s'est développée selon les besoins des utilisateurs, mais aussi selon l'environnement économique, social et politique. Un fait marquant dans l'histoire de la comptabilité concerne les travaux d'un moine italien, un mathématicien du nom de Luca Pacioli. En 1494, Pacioli a rédigé le premier livre sur la comptabilité en partie double décrivant l'approche des commerçants italiens pour rendre compte de leurs activités à titre de propriétaires exploitants d'entreprises commerciales. Malgré le fait que bien d'autres ont écrit des ouvrages sur la comptabilité après Pacioli, il a fallu attendre le xxᵉ siècle pour que soit instauré un peu d'uniformité dans les pratiques comptables des différentes entreprises.

Aux États-Unis, le krach boursier de 1929 a été l'événement qui a déclenché une série de mesures visant à réglementer l'information financière présentée par les entreprises faisant un appel public à l'épargne. On a donc créé la Securities and Exchange Commission (SEC), agence gouvernementale états-unienne responsable d'établir les principes et pratiques comptables de ces entreprises ainsi que de déterminer quels renseignements et quels rapports les entreprises publiques doivent publier. Depuis sa création, la SEC a toujours travaillé en étroite collaboration avec les organismes comptables. Depuis plusieurs années, le Financial Accounting Standards Board (FASB) est l'organisme du secteur privé auquel on a confié la responsabilité d'élaborer les normes et règles comptables qui sont appliquées par les sociétés de capitaux états-uniennes.

Plus près de nous, l'Institut canadien des comptables agréés (ICCA), créé en 1902 sous le nom de Dominion Association of Chartered Accountants, est l'organisme privé chargé de définir les normes comptables canadiennes. Le Conseil des normes comptables (CNC) est responsable de la publication de ces normes dans le *Manuel de l'ICCA*. Les organismes juridiques donnent à celles-ci force de loi. En effet, on trouve dans la *Loi canadienne sur les sociétés par actions* (ou dans la *Loi sur les sociétés par actions* au Québec) un article promulguant expressément que les états financiers des entreprises canadiennes doivent être dressés selon les normes contenues dans le *Manuel de l'ICCA.*

Normes internationales d'information financière (IFRS)
Ensemble de normes adoptées par une centaine de pays en vue d'harmoniser la présentation de l'information financière partout dans le monde.

Sur le plan international, l'International Accounting Standards Board (IASB) est responsable de l'établissement des **Normes internationales d'information financière (IFRS)**. L'IASB est composé de 14 membres provenant de différents pays et dont le but est d'harmoniser les normes comptables utilisées dans le monde entier. Lorsqu'on fait référence aux IFRS, il faut considérer les éléments suivants :

- IFRS : Normes internationales d'information financière publiées depuis 2001 (*International Financial Reporting Standards*) ;
- IAS : Normes comptables internationales publiées avant 2001 ;
- IFRIC : Interprétations des normes publiées depuis 2001 ;
- SIC : Interprétations des normes publiées avant 2001.

Au Canada, après plusieurs années de consultation, le CNC a décidé d'adopter les IFRS à titre de référentiel canadien pour toutes les entreprises ayant une obligation d'information du public (principalement les entreprises cotées en Bourse). L'adoption des IFRS est donc obligatoire pour ces entreprises depuis le 1er janvier 2011. Le CNC a aussi prévu d'autres normes comptables pour les autres catégories d'entreprises. Ainsi, les normes comptables canadiennes comprennent dorénavant l'ensemble des normes suivantes :

- Les IFRS pour les entreprises à but lucratif ayant une obligation d'information du public ;
- Les normes comptables pour les entreprises à capital fermé, c'est-à-dire les entités à but lucratif sans obligation d'information du public ;
- Les normes comptables pour les organismes sans but lucratif ;
- Les normes comptables pour les régimes de retraite.

La plupart des gestionnaires n'ont pas besoin de connaître de façon approfondie les normes comptables. L'approche présentée ici consiste à s'attarder sur les aspects qui ont le plus d'incidence sur les montants présentés dans les états financiers et qui sont appropriés à un cours d'introduction aux sciences comptables.

Pourquoi les gestionnaires, les comptables et les utilisateurs se soucient-ils des normes comptables ?

Les normes comptables ont beaucoup d'importance pour les sociétés qui doivent dresser des états financiers, les auditeurs et les lecteurs des états financiers. Les sociétés et leurs gestionnaires sont directement touchés par l'information présentée dans les états financiers. Les sociétés engagent les coûts liés à l'établissement des états financiers et sont responsables des principales conséquences économiques de leur publication. Ces conséquences économiques incluent notamment :
1. les effets potentiels sur le prix de vente des actions d'une société ;
2. les conséquences potentielles sur le montant des primes obtenues par la direction et les employés ;
3. la perte potentielle d'un avantage concurrentiel sur d'autres entreprises.

Le groupe Alpha était prêt à payer un certain montant pour acquérir Discus. Toutefois, il ne faut pas oublier que ce montant avait été déterminé en partie en fonction du résultat net calculé en vertu des normes comptables canadiennes. Il est donc possible que des changements survenant dans les normes comptables puissent influer sur le prix que les acheteurs sont prêts à payer pour acquérir des entreprises.

Les employés reçoivent souvent une partie de leur rémunération en fonction de l'atteinte d'objectifs prédéterminés en ce qui concerne le résultat net. Par conséquent, ils se préoccupent des changements dans les normes comptables qui influent sur le calcul du résultat net. Les gestionnaires et propriétaires s'inquiètent également de publier trop d'information dans les états financiers et d'ainsi révéler les détails de leurs succès ou de leurs échecs, ce qui pourrait aider les sociétés concurrentes. Par conséquent, toute modification des normes comptables est largement débattue dans le milieu économique, et même politique.

L'importance des normes comptables est également liée à tous les scandales financiers qui ont été dévoilés au cours des dernières années et qui ont perturbé l'économie mondiale. Pensons à la fraude record du financier états-unien Bernard Madoff, à la crise des *subprimes,* ou aux affaires Earl Jones et Norbourg.

1.2.2 La responsabilité de la direction et l'audit

Les propriétaires et gestionnaires du groupe Alpha étaient bien informés des normes comptables, mais ils ont tout de même été trompés. Malgré le fait que les règles utilisées par Discus pour produire ses états financiers concordaient avec les normes comptables canadiennes, les montants sous-jacents de son système de comptabilité étaient fictifs. Autrement dit, ils ne représentaient pas fidèlement la réalité. Qui est responsable de la précision des montants figurant aux états financiers de Discus ? Deux documents tirés du rapport annuel de la société permettent de répondre partiellement à cette question.

Le **rapport de la direction** (*voir l'encadré 1.1*) souligne deux aspects importants. D'abord, la responsabilité première au regard de l'information qui apparaît dans les états financiers appartient à la direction de la société, laquelle est représentée par le président du conseil d'administration et le directeur des finances. Ensuite, l'entreprise doit aussi adopter trois mesures importantes pour s'assurer de l'exactitude de ses livres : 1) Elle doit employer un système de contrôle de ses livres et actifs ; 2) Elle doit embaucher des auditeurs externes pour vérifier la fidélité de l'information présentée dans ses états ; 3) Elle doit en référer à un comité d'audit ayant pour tâche d'examiner le contrôle interne. Ces trois règles et le rapport de la direction sont obligatoires pour toute entreprise ayant une obligation d'information du public. Dans le cas de Discus, ces mesures semblent avoir été inefficaces. Les gestionnaires qui publient des états financiers frauduleux sont passibles de poursuites judiciaires.

Distinguer le rôle des gestionnaires de celui des auditeurs dans le processus de communication de l'information comptable.

Rapport de la direction
Rapport faisant état de la responsabilité première de la direction à l'égard des états financiers et autre information financière contenue dans le rapport annuel, ainsi que du processus permettant d'assurer la fiabilité de cette information.

ENCADRÉ 1.1 • RAPPORT DE LA DIRECTION

La direction de Discus inc. a dressé les états financiers ci-joints, que le conseil d'administration de la société a approuvés. La direction est responsable de la préparation et de la présentation des données, de même que des déclarations contenues dans les états financiers et les autres rubriques du présent rapport annuel. Les états financiers ont été dressés selon les Normes internationales d'information financière.

Pour s'acquitter de ses responsabilités, la société maintient un système de contrôle interne. Celui-ci fournit à la direction un degré raisonnable de certitude selon lequel les données financières sont fiables. C'est l'équipe d'audit interne qui surveille ce système de contrôle interne.

Le conseil d'administration, par l'intermédiaire d'un comité d'audit composé entièrement d'administrateurs externes, s'assure que la direction assume ses responsabilités quant à la présentation de l'information financière et au contrôle interne. Ce comité rencontre les auditeurs indépendants, l'auditeur interne et la direction afin de s'assurer que chaque groupe s'acquitte dûment de ses responsabilités. De plus, le comité passe en revue les états financiers et le rapport de gestion. Le comité d'audit transmet ses observations au Conseil, qui en tient compte dans son approbation des états financiers devant être remis aux actionnaires.

Les auditeurs indépendants de la société, Bélanger et associés, dont le rapport figure ci-après, sont nommés par les actionnaires pour exprimer leur opinion professionnelle quant à la présentation fidèle des états financiers.

Le chef des opérations financières,
Patrick Béliveau

Le président du conseil
et chef de la direction,
Robert Melbourne

Le 7 février 2013

Rapport de l'auditeur
Rapport contenant essentiellement l'opinion de l'auditeur
sur la fidélité des déclarations
figurant aux états financiers
et une description sommaire
du travail effectué pour fonder
cette opinion.

Le deuxième rapport (*voir l'encadré 1.2*), soit le **rapport de l'auditeur**, décrit de façon plus explicite le rôle des auditeurs externes. Il contient essentiellement l'opinion des auditeurs sur la fidélité de l'image que les états financiers donnent de la situation financière de l'entreprise et une description du travail effectué pour fonder cette opinion. Au Québec, les comptables agréés (CA) ainsi que les comptables en management accrédités (CMA) et les comptables généraux accrédités (CGA) qui détiennent un permis d'auditeur peuvent exercer la comptabilité publique et auditer les états financiers des entreprises commerciales. L'annexe 1-B (*voir la page 31*) présente la profession comptable au Canada.

Dans ce rôle, l'expert-comptable est considéré comme un auditeur externe indépendant, puisqu'il doit assumer certaines responsabilités vis-à-vis du grand public en plus des responsabilités directement liées à l'entreprise qui paie pour obtenir ses services. Les auditeurs externes, bien qu'ils soient payés par leurs clients, ne sont pas leurs employés. Ils sont nommés par les actionnaires de l'entreprise et doivent leur soumettre le résultat de leur travail.

Audit
Examen des rapports financiers
pour s'assurer qu'ils reflètent
fidèlement la situation financière
de l'entreprise et ses résultats,
et qu'ils sont conformes aux
normes comptables.

L'**audit** comporte l'examen des rapports financiers (établis par la direction de l'entité) pour s'assurer qu'ils représentent fidèlement la situation financière et les résultats de l'entreprise, et sont conformes aux normes comptables canadiennes. En effectuant un

ENCADRÉ 1.2 • RAPPORT DE L'AUDITEUR INDÉPENDANT[12]

Aux actionnaires de Discus inc.

Nous avons effectué l'audit des états financiers de Discus inc., lesquels comportent l'état de la situation financière au 31 décembre 2012, l'état du résultat global, l'état des variations des capitaux propres et le tableau des flux de trésorerie pour la période close à cette date, ainsi qu'un résumé des principales méthodes comptables et d'autres renseignements explicatifs. La direction est responsable de la préparation et de la présentation fidèle de ces états financiers conformément aux IFRS ainsi que du contrôle interne qu'elle considère comme nécessaire pour permettre la préparation d'états financiers exempts d'anomalies significatives, que celles-ci résultent de fraudes ou d'erreurs.

Notre responsabilité consiste à exprimer une opinion sur les états financiers, sur la base de notre audit. Nous avons effectué notre audit selon les normes d'audit généralement reconnues au Canada. Ces normes requièrent que nous nous conformions aux règles de déontologie, et que nous planifiions et réalisions l'audit de façon à obtenir l'assurance raisonnable que les états financiers ne comportent pas d'anomalies significatives.

L'audit implique la mise en œuvre de procédures en vue de recueillir des éléments probants concernant les montants et renseignements fournis dans les états financiers. Le choix des procédures relève du jugement de l'auditeur, notamment de son évaluation des risques que les états financiers comportent des anomalies significatives, que celles-ci résultent de fraudes ou d'erreurs. Dans l'évaluation de ces risques, l'auditeur prend en considération le contrôle interne de l'entité en ce qui a trait à la préparation et à la présentation fidèle des états financiers afin de concevoir des procédures d'audit appropriées aux circonstances, et non dans le but d'exprimer une opinion sur l'efficacité du contrôle interne de l'entité. L'audit comporte également l'appréciation du caractère approprié des méthodes comptables retenues et du caractère raisonnable des estimations comptables faites par la direction, de même que l'appréciation de la présentation d'ensemble des états financiers.

Nous estimons que les éléments probants que nous avons obtenus sont suffisants et appropriés pour fonder notre opinion d'audit.

À notre avis, les états financiers donnent, pour tous leurs aspects significatifs, une image fidèle de la situation financière de la société Discus inc. au 31 décembre 2012, ainsi que de sa performance financière et de ses flux de trésorerie pour la période close à cette date, conformément aux IFRS.

Bélanger et associés
Comptables agréés
Québec, Canada

Le 7 février 2013

---

12 Ce rapport de l'auditeur est un exemple de rapport présenté dans la norme NCA 700 du *Manuel de l'ICCA*.

audit, l'auditeur externe analyse les opérations sous-jacentes, notamment la collecte, le classement et la préparation des données financières intégrées aux rapports financiers. Pour apprécier l'ampleur de ces responsabilités, il faut tenir compte de la multitude d'opérations conclues dans une grande entreprise comme Bombardier, laquelle comptabilise des milliards de dollars chaque année. L'auditeur n'analyse pas chacune de ces opérations, mais utilise plutôt des techniques d'audit qui lui permettent d'obtenir l'assurance que les opérations ont été mesurées et présentées de manière appropriée. Il existe un grand nombre d'occasions non intentionnelles (ou intentionnelles, comme dans le cas de Discus) pour dresser des rapports financiers trompeurs. La fonction d'audit assumée par un auditeur externe constitue la meilleure protection offerte au grand public. Lorsque cette protection est inefficace, l'auditeur externe est souvent tenu responsable des pertes subies par ceux qui se sont fiés aux états financiers.

Trois mesures pour s'assurer de la fidélité des livres comptables

Contrôle interne   Auditeurs externes   Conseil d'administration

1.2.3 L'éthique, l'intégrité et la responsabilité légale

Les utilisateurs doivent avoir l'assurance que l'information qui figure dans les états financiers est fiable. Leur confiance sera d'autant plus grande s'ils savent que les experts-comptables responsables de l'audit des états financiers respectent les normes professionnelles en matière d'éthique et de compétence adoptées par la profession.

Les ordres comptables provinciaux exigent de tous leurs membres l'adhésion à un code de déontologie professionnel. De plus, les auditeurs doivent se conformer aux normes d'audit établies par le Conseil des normes de vérification et de certification (CNVC) de l'ICCA. Le non-respect de ces règles peut entraîner des sanctions professionnelles sérieuses. Pire encore, la négligence professionnelle a des conséquences économiques très importantes pour les auditeurs, et malheureusement aussi pour les investisseurs.

L'intégrité de l'expert-comptable, sa compétence et son objectivité constituent ses principaux actifs. Si le cabinet Bélanger et associés a été jugé négligent ou malhonnête au cours de l'audit de Discus, la Banque d'investissement et les autres créanciers refuseront de faire confiance aux états financiers audités par ce cabinet. En outre, ses autres clients choisiront rapidement de nouveaux auditeurs. Des états financiers frauduleux constituent un événement relativement rare, en partie grâce aux efforts déployés par les experts-comptables. En fait, bon nombre de ces fraudes sont d'abord mises en évidence dans le cours de l'audit annuel. Cependant, même les audits les plus soignés peuvent ne pas immédiatement permettre de dévoiler les résultats d'une fraude comportant la collusion des principaux directeurs d'une société, comme dans le cas de Discus.

Même si le cabinet d'experts-comptables Bélanger et associés ignorait que le groupe Alpha utilisait les états financiers de Discus pour déterminer s'il devait ou non l'acheter, si le manquement de l'auditeur à détecter les erreurs dans les états financiers découle d'une négligence professionnelle, le cabinet pourrait être tenu responsable des pertes subies par le groupe Alpha.

OBJECTIF D'APPRENTISSAGE

Réaliser l'importance de l'éthique en comptabilité, de l'intégrité ainsi que de la responsabilité professionnelle de l'expert-comptable.

analyse financière

LA DÉTERMINATION DE LA VALEUR DE DISCUS À PARTIR DES ÉTATS FINANCIERS

L'état du résultat global de la période actuelle et les états du résultat global des périodes précédentes de Discus ont joué un rôle particulièrement important dans l'évaluation du groupe Alpha. À l'examen des résultats des périodes précédentes (qui n'ont pas été présentés dans ce chapitre), on s'aperçoit que la société avait réalisé des résultats positifs chaque année depuis sa formation, sauf durant la première année d'exploitation. De plus, le chiffre d'affaires ainsi que le résultat net augmentaient rapidement chaque année.

En général, les investisseurs utilisent les états financiers des années antérieures pour évaluer le potentiel de l'entreprise. Ils seront prêts à payer davantage pour une firme qui a réalisé des profits élevés dans le passé s'ils jugent que le rendement futur sera supérieur. Pour calculer la valeur d'une entreprise, les investisseurs utilisent le ratio cours-bénéfice.

Le ratio cours-bénéfice mesure le montant des résultats de la période que les investisseurs sont prêts à payer pour acheter les actions de la société. Toutes choses étant égales par ailleurs, un ratio cours-bénéfice élevé signifie que les investisseurs ont confiance en la capacité de la société d'obtenir des résultats plus élevés au cours des périodes à venir.

Le ratio cours-bénéfice fournit une première approximation très réelle de la perte du groupe Alpha, selon la formule suivante :

$$\text{Surévaluation du résultat} \times \text{Ratio cours-bénéfice} = \text{Paiement excédentaire}$$

Si les résultats ont été surévalués de 1 650 000 $ et que le ratio cours-bénéfice de Discus est de 10, le groupe Alpha a versé un montant de 16,5 millions de dollars en trop. Le rôle du résultat net relativement à la détermination de la valeur d'une société est abordé dans les cours de finance.

Par suite de la fraude, Discus a déclaré faillite et a été vendue pour rembourser ses créanciers. Le groupe Alpha et la Banque d'investissement ont intenté des poursuites civiles d'une valeur respective de 16,5 et de 9 millions de dollars. Les deux entreprises prétendent que les directeurs de Discus ont « commis une fraude considérable » et

**dans
l'actualité
LEHMAN BROTHERS**

UN RAPPORT D'ENQUÊTE RÉVÈLE QUE LE GÉANT FINANCIER AMÉRICAIN, DONT LA FAILLITE A MARQUÉ LE DÉBUT DE LA CRISE, MAQUILLAIT SES COMPTES À L'AIDE DE TRANSACTIONS FINANCIÈRES DOUTEUSES

« En septembre 2008, la grande banque d'investissement annonçait sa faillite, entraînant l'économie mondiale dans la crise. Un an et demi après les faits, un rapport d'enquête de la justice américaine [...] fait la lumière sur une énorme machination qui a permis à la grande banque d'affaires déchue de maquiller ses comptes durant la période qui a précédé sa faillite historique [...] Les montants en cause, soit 140 milliards de dollars de titres toxiques évaporés artificiellement des comptes de Lehman en 2007 et 2008, consternent les experts [...]

Le rapport met en cause directement l'ex-PDG de l'établissement bancaire, Richard Fuld, et deux des anciens directeurs financiers, accusés d'avoir "supervisé et certifié les déclarations trompeuses". Ce que les intéressés réfutent. Visé également, le cabinet d'audit Ernst & Young, mis sur la sellette pour son manquement à déceler ces pratiques douteuses. Une situation qui n'est pas sans rappeler le scandale Enron. En décembre 2001, cette énorme compagnie avait fait faillite en raison des pertes occasionnées par ses opérations spéculatives sur le marché de l'électricité. Elles avaient été masquées et inscrites en bénéfices au moyen de manipulations comptables. Cette faillite entraîna dans son sillage celle d'Arthur Andersen, le cabinet qui auditait les comptes d'Enron.

"Il y a un parallèle à faire car, dans les deux cas, ces compagnies essayaient par tous les moyens de ne pas sombrer. Elles se sont donc engagées dans des transactions douteuses pour afficher de meilleurs résultats. La nature des transactions est très différente, mais il y a chez Lehman comme chez Enron la possibilité d'une fraude boursière", indique Peter J. Henning. En se basant sur cette enquête approfondie de 2 200 pages, la justice américaine pourrait lancer des poursuites judiciaires. L'affaire est donc loin d'être close. »

Source : Stéphanie FONTENOY, « Lehman Brothers trichait sur son bilan financier », *La Croix*, 17 mars 2010, p. 12.

que les auditeurs ont «fermé les yeux sur les erreurs[13]». Le groupe Alpha et la Banque d'investissement ont également demandé des dommages et intérêts punitifs pour négligence grave. Le président et le directeur financier de Discus doivent aussi répondre à ces trois chefs d'accusation de fraude, pour lesquels ils risquent d'être frappés d'amendes et d'être condamnés à purger une peine d'emprisonnement.

Un autre cas, bien réel celui-ci, concerne la grande banque d'affaires Lehman Brothers et est résumé dans l'encadré précédent.

Conclusion

Bien que les cas de fraude dans les états financiers soient relativement rares, l'interprétation erronée des états financiers de Discus illustre avec justesse l'importance de la présentation fidèle des états financiers pour les investisseurs et créanciers. Cet exemple illustre également l'importance cruciale de la profession d'expert-comptable pour assurer l'intégrité du système de présentation de l'information financière.

Comme nous l'avons précisé au début de ce chapitre, Discus n'est pas une société réelle, mais les données sont basées sur le cas d'une véritable société qui a commis une fraude similaire. (Les exemples de sociétés présentées dans les autres chapitres sont ceux d'entreprises réelles.)

Le cas de Discus est basé essentiellement sur la fraude commise par l'entreprise états-unienne MiniScribe. Toutefois, la véritable fraude était 10 fois plus importante que celle du cas fictif, tout comme les pertes subies et les montants exigés dans les poursuites qui ont suivi. (Bon nombre des montants figurant aux états financiers représentent simplement le dixième des montants contenus dans les états financiers frauduleux de MiniScribe.) La nature de la fraude était aussi très similaire. Dans le cas de MiniScribe, des gestionnaires ont surévalué le chiffre d'affaires en transférant des marchandises fictives entre deux divisions de l'entreprise et en créant de faux documents pour faire croire que les marchandises avaient été remises aux clients. MiniScribe avait même emballé des briques, les avait livrées aux distributeurs et les avait inscrites en tant que ventes. On avait sous-estimé le coût des ventes en tenant compte des pièces inutilisables et des unités de disques endommagées dans le stock de marchandises. De plus, certains membres de la direction avaient même forcé les coffres-forts des auditeurs pour modifier les montants contenus dans les documents de l'audit.

En conséquence, MiniScribe a pu comptabiliser un résultat net de 31 millions de dollars, qui a par la suite été corrigé à 9 millions de dollars. Les investisseurs et créanciers de MiniScribe ont intenté des poursuites supérieures à un milliard de dollars en dommages. En réalité, les responsables de l'escroquerie ont versé des dédommagements qui se sont élevés à des centaines de millions de dollars. Le président et le directeur financier de MiniScribe ont été reconnus coupables de fraude et condamnés à l'emprisonnement. Bien que la plupart des directeurs et propriétaires agissent de manière honnête et responsable, cet exemple nous rappelle clairement les conséquences économiques désastreuses qui peuvent découler de la publication d'une information intentionnellement erronée dans les états financiers.

Bon nombre d'entreprises ont été acculées à la faillite lorsque leurs pratiques comptables frauduleuses ont été dévoilées. La plus importante fraude de l'histoire de Wall Street, de 50 milliards de dollars US, est l'œuvre du conseiller financier Bernard Madoff, condamné en 2009 à 150 ans de prison. Un autre exemple de fraude concerne l'ex-patron de Parmalat, important groupe laitier italien, qui a été condamné à 10 ans de prison pour manipulation de cours et complicité de faux à l'état de la situation financière dans un scandale financier évalué à 14 milliards d'euros.

---

13 La norme canadienne d'audit NCA 240 du *Manuel de l'ICCA* traite de la responsabilité de l'auditeur concernant la détection des fraudes lors d'un audit d'états financiers. Ce chapitre rappelle qu'un audit ne garantit pas que toutes les anomalies seront détectées, mais plutôt que l'auditeur utilise toutes les mesures et tous les procédés nécessaires en vue de détecter les anomalies importantes, et fait preuve d'un scepticisme professionnel tout au long de son mandat.

ANALYSONS UN CAS

À la fin de la plupart des chapitres, nous vous présentons un ou plusieurs cas. Ces derniers contiennent un aperçu des principaux sujets qui ont été abordés dans le chapitre. Chacun est suivi d'une suggestion de solution. Vous devriez lire l'exemple attentivement et trouver ensuite votre propre solution avant d'étudier celle que nous suggérons. Cette forme d'autoévaluation est fortement recommandée.

Le cas présenté ici vous aidera à revoir les différents éléments contenus dans l'état du résultat global et l'état de la situation financière.

Le Château

Le Château est un détaillant spécialisé qui vend des vêtements, chaussures et accessoires pour hommes et femmes. La société exploite 230 boutiques au Canada et 13 à l'extérieur du pays. Une liste non ordonnée de postes tirés des états financiers de l'entreprise au 31 janvier 2010 est présentée ci-dessous. Pour respecter les objectifs du chapitre, nous en avons simplifié la présentation en faisant des regroupements et en modifiant le nom de certains d'entre eux. Tous les chiffres sont en milliers de dollars canadiens.

Autres actifs	57 969
Autres éléments des capitaux propres	2 199
Autres passifs	30 196
Capital social	34 335
Chiffre d'affaires	321 733
Clients	2 454
Coût des ventes et charges	278 487
Dette non courante	21 464
Fournisseurs et charges à payer	27 151
Immobilisations	90 964
Impôts sur le résultat	13 409
Résultat net	29 837
Résultats non distribués	120 687
Stocks	61 234
Total de l'actif	236 032
Trésorerie	23 411

Travail à faire

1. Établissez l'état de la situation financière et l'état du résultat global selon les modèles présentés dans les tableaux 1.1 et 1.2 (*voir les pages 8 et 12*).
2. Précisez les objectifs de chacun de ces états financiers.
3. Indiquez deux autres états financiers que l'on trouve dans un rapport annuel.
4. Donnez les raisons pour lesquelles la société soumet ses états financiers à un auditeur externe.

Solutions suggérées

1.

Le Château
État de la situation financière
au 31 janvier 2010
(en milliers de dollars canadiens)

Actif

Trésorerie	23 411
Clients	2 454
Stocks	61 234
Autres actifs	57 969
Immobilisations	90 964
Total de l'actif	**236 032**

Passif

Fournisseurs et charges à payer	27 151
Autres passifs	30 196
Dette non courante	21 464
Total du passif	**78 811**

Capitaux propres

Capital social	34 335
Résultats non distribués	120 687
Autres éléments des capitaux propres	2 199
Total des capitaux propres	**157 221**
Total du passif et des capitaux propres	**236 032**

Le Château
État du résultat global
période close le 31 janvier 2010
(en milliers de dollars canadiens)

Chiffre d'affaires	321 733
Coût des ventes et charges	278 487
Résultat avant impôts	**43 246**
Impôts sur le résultat	13 409
Résultat net	**29 837**

---

2. L'état de la situation financière présente les actifs, les passifs et les capitaux propres d'une entité à une date donnée. L'état du résultat global présente principalement les produits et les charges d'une entité pour une période donnée.

3. L'état des variations des capitaux propres et le tableau des flux de trésorerie.

4. Les utilisateurs auront davantage confiance à l'information contenue dans les états financiers s'ils savent qu'elle a été auditée par des experts-comptables indépendants. Ceux-ci doivent respecter des normes de compétence et se soumettre à un code de déontologie.

Annexe 1-A Les formes juridiques de l'entreprise

Dans le présent manuel, nous mettons l'accent sur la comptabilisation des entreprises à but lucratif. Les quatre principaux types d'entreprises à but lucratif sont les entreprises individuelles, les sociétés de personnes, les sociétés de capitaux et les coopératives.

Une entreprise individuelle, ou entreprise à propriétaire unique, est une société appartenant à une seule personne, qui en retire tous les avantages. Le propriétaire a le contrôle total de son entreprise et prend seul toutes les décisions relatives à son exploitation. Il est aussi entièrement et personnellement responsable de tous les engagements de son entreprise. De fait, les créanciers peuvent saisir les biens personnels du propriétaire pour se rembourser. On trouve des entreprises individuelles principalement chez les travailleurs autonomes ou les entrepreneurs qui n'ont pas d'employé. Légalement, l'entreprise et le propriétaire ne sont pas des entités distinctes. Toutefois, du point de vue comptable, l'entreprise est une entité distincte de son propriétaire. Il faut donc comptabiliser les ressources, les dettes et les activités de l'entreprise dans des livres comptables séparés de ceux de son propriétaire.

Une société de personnes est une «entreprise dans laquelle plusieurs personnes (les associés) conviennent de mettre en commun des biens, leur crédit ou leur industrie en vue de partager les bénéfices qui pourront en résulter[14]». Les associés mettent ainsi des ressources en commun en vue d'exploiter ensemble une entreprise. Ils sont liés par un contrat de société. Ce contrat contient un certain nombre de clauses, traitant entre autres du mode de partage des résultats, de la gestion des affaires de la société, et des règles à suivre en cas de dissolution ou de liquidation de la société. Il existe deux types de sociétés: la société en nom collectif (SENC, ou SENCRL) et la société en commandite. Vous apprendrez à les distinguer dans vos cours portant sur le droit des affaires; de plus, nous y reviendrons brièvement au chapitre 10. Certaines sociétés sont particulièrement importantes. Il suffit de penser aux grands cabinets d'experts-comptables ou aux cabinets internationaux d'avocats. Une société n'est pas légalement distincte de ses propriétaires. En effet, chaque associé est personnellement responsable de toutes ou d'une partie des dettes de l'entreprise. Cependant, du point de vue comptable, la société est une entité distincte, et ses opérations doivent être comptabilisées séparément de celles de ses multiples propriétaires.

La société de capitaux (ou société par actions, ou compagnie) est une société constituée en vertu de la loi fédérale (*Loi canadienne sur les sociétés par actions*) ou provinciale (*Loi sur les sociétés par actions,* nouvelle loi en vigueur depuis 2011). Les propriétaires sont appelés «actionnaires». La mise de fonds des actionnaires est représentée par des titres de propriété que l'on appelle «actions», regroupées dans les capitaux propres de la société. Lorsqu'une demande de constitution en société de capitaux est déposée par les fondateurs et acceptée par le législateur, ce dernier signe les statuts de constitution. L'entreprise existe officiellement à partir de la date inscrite sur les statuts de constitution. Une société de capitaux est une entité juridique distincte de ses actionnaires: c'est une personne «morale». Les actionnaires jouissent d'une responsabilité limitée, en ce sens qu'ils sont responsables des dettes de la société jusqu'à concurrence du capital investi. Les statuts de constitution précisent les diverses catégories d'actions que l'entreprise pourra émettre.

Au Québec, une société de capitaux peut être constituée par un seul ou plusieurs actionnaires. Au départ, les actionnaires élisent les administrateurs permanents de l'entreprise, qui, à leur tour, nomment les gestionnaires. Tout comme l'entreprise à propriétaire unique et la société de personnes, et selon le concept de l'entité, la société de capitaux est une entité commerciale distincte de ses actionnaires et possède ses propres livres comptables.

La société de capitaux est la forme juridique la plus connue et, sur le plan économique, la plus importante. Cette prédominance provient des nombreux avantages de cette forme d'entreprise: 1) la responsabilité limitée des actionnaires; 2) la continuité de l'exploitation; 3) la facilité de transfert de la propriété (des actions); 4) un taux

---

14 L. MÉNARD *et al., op. cit.*

d'imposition inférieur à celui des particuliers ; 5) la possibilité d'amasser d'importantes sommes d'argent en vendant des actions à un grand nombre de personnes. La société de capitaux peut être ouverte ou fermée. La société ouverte émet des actions sur le marché boursier, alors que la société fermée ne fait aucun appel public à l'épargne.

La coopérative est une entreprise créée dans le but de satisfaire les besoins de ses membres au moindre coût possible. Une coopérative est constituée en vertu de la *Loi québécoise sur les coopératives* et est administrée de façon démocratique sous le principe un membre, un vote. Comme la société de capitaux, la coopérative est une entité juridique distincte de ses membres, dont la responsabilité est limitée à la valeur des parts qu'ils détiennent. Le mouvement coopératif est très répandu au Québec, où l'on compte environ 3 300 coopératives dans différents secteurs d'activité tels que les services financiers et les assurances (Mouvement Desjardins), l'industrie agroalimentaire (Agropur) et le milieu scolaire (Coopsco).

Dans le présent manuel, nous mettons l'accent sur les sociétés de capitaux. Néanmoins, les concepts et les procédures comptables que nous abordons touchent également les autres types d'entreprises.

La profession comptable au Canada Annexe 1-B

Au Canada, trois associations professionnelles regroupent les membres exerçant la profession comptable.

L'Ordre des comptables agréés du Québec, membre de l'ICCA, décerne le titre de comptable agréé (CA) aux candidats ayant achevé un programme de formation universitaire de premier cycle, ayant reçu un diplôme d'études supérieures spécialisées (DESS, deuxième cycle), puis ayant réussi l'Évaluation uniforme (EFU) et achevé un stage pratique professionnel de 24 mois. On compte plus de 74 000 CA au Canada, dont 17 400 au Québec.

Les comptables agréés exercent la comptabilité publique, c'est-à-dire qu'ils peuvent émettre une opinion sur les états financiers des entreprises. Ils exercent leurs activités soit dans un cabinet d'experts-comptables, soit en entreprise, dans la fonction publique ou dans l'enseignement.

L'Ordre des comptables en management accrédités du Québec, partenaire de la Société des comptables en management du Canada, décerne le titre de CMA aux candidats ayant obtenu un diplôme de premier cycle en sciences comptables, réussi l'examen national d'admission, achevé un stage de deux ans en entreprise, et réussi l'Épreuve d'analyse de cas et le Programme de leadership stratégique. L'expertise du comptable en management lui permet d'intervenir efficacement dans la gestion stratégique et financière de l'entreprise. Depuis 2010, l'Ordre des CMA peut aussi accorder un permis de comptabilité publique à ses membres qui satisfont à l'ensemble des exigences règlementaires, en s'assurant qu'ils possèdent toutes les compétences requises. Fondé en 1920, CMA Canada représente aujourd'hui plus de 47 000 comptables en management, dont 9 300 membres et candidats au Québec. Enfin, CMA Canada définit les pratiques utilisées en comptabilité de management.

L'Ordre des comptables généraux accrédités du Québec, affilié à l'Association des comptables généraux accrédités du Canada, décerne le titre de CGA aux candidats ayant terminé un programme universitaire de premier cycle, réussi deux examens nationaux, achevé un stage d'expérience pratique de 24 mois et un programme court de deuxième cycle en expertise professionnelle.

Les CGA acquièrent ainsi des compétences qui leur permettent de travailler principalement en entreprise, dans les secteurs public et parapublic, mais aussi en cabinet privé. CGA Canada compte 71 000 membres CGA et étudiants à l'échelle nationale, dont plus de 8 000 au Québec. Depuis 2009, l'Ordre des CGA peut également accorder des permis de comptabilité publique à ses membres qui possèdent toutes les compétences définies par les règlements de l'Ordre.

La pratique de l'expertise comptable

Bien qu'une personne seule puisse pratiquer l'expertise comptable, habituellement deux ou plusieurs personnes constituent un cabinet d'expertise comptable sous la forme d'une société de personnes. Les cabinets d'expertise comptable varient sur le plan de la taille, allant du cabinet à un seul comptable aux cabinets régionaux jusqu'aux « quatre grands » (Deloitte & Touche, Ernst & Young, KPMG et PricewaterhouseCoopers), lesquels comptent des centaines de bureaux partout dans le monde. Les cabinets d'expertise comptable offrent généralement trois types de services : les services de certification, les services de conseil de gestion et les services fiscaux.

LES SERVICES DE CERTIFICATION

Les services de certification sont des services professionnels indépendants qui visent à assurer la qualité de l'information financière dont les utilisateurs ont besoin pour prendre des décisions. Le principal service de certification offert par les experts-comptables est l'audit des états financiers. L'audit a pour objectif d'établir la crédibilité des rapports financiers, autrement dit de s'assurer qu'ils représentent fidèlement la situation financière et les résultats de l'entreprise. Il comporte l'examen des rapports financiers (établis par la direction de l'entité) pour s'assurer qu'ils se conforment aux normes comptables canadiennes. Parmi les autres services de certification, certains portent particulièrement sur la sécurité du commerce électronique, la fiabilité des systèmes d'information et les acquisitions d'entreprises.

LES SERVICES DE CONSEIL DE GESTION

Bon nombre de cabinets d'expertise comptable offrent des services de conseil de gestion. Ces services sont habituellement axés sur la comptabilité et englobent des activités telles que : 1) la conception et l'installation de système d'information comptable ainsi que le processus de traitement des données ; 2) la planification et le contrôle budgétaires ; 3) les conseils financiers ; 4) les prévisions financières ; 5) le contrôle du stock ; 6) les études de rentabilité ; 7) les analyses opérationnelles. Les services de conseil de gestion ont pris beaucoup d'importance ces dernières années.

LES SERVICES FISCAUX

Les experts-comptables offrent habituellement des services fiscaux à leurs clients. Ces services incluent la planification fiscale, tant dans le cadre du processus de prise de décision que dans celui de la détermination des impôts à payer sur le résultat (inscrits dans la déclaration annuelle). En raison de la complexité croissante des lois fiscales fédérales et provinciales et de leur évolution rapide, un degré élevé de compétence est exigé de la part des experts-comptables, car leur participation à la planification fiscale est souvent très grande. La plupart des décisions d'affaires importantes ont des conséquences fiscales considérables.

L'emploi au sein des organisations

Plusieurs comptables, y compris les CA, les CMA et les CGA, sont engagés par des entreprises à but lucratif ou sans but lucratif. Une entreprise, selon sa taille et sa complexité, peut embaucher jusqu'à quelques dizaines d'experts-comptables. Dans une entreprise commerciale, le directeur financier (habituellement un vice-président ou un contrôleur de gestion) est membre de l'équipe de gestion. Cette responsabilité comporte en général une vaste gamme de tâches en gestion, en finances et en comptabilité.

Dans une entité commerciale, les comptables pratiquent normalement une grande variété d'activités telles que la gestion générale, la comptabilité générale, la comptabilité de management, la planification budgétaire, le contrôle des coûts, l'audit interne ainsi que le traitement informatisé des données. Les comptables travaillant au sein des entreprises ont pour principale fonction de fournir des données utiles à la prise de décision pour la gestion courante ainsi que pour le contrôle des activités opérationnelles. Les tâches telles que la présentation de l'information financière externe, la planification fiscale, le contrôle des actifs et la multitude de responsabilités connexes sont aussi effectuées par des comptables travaillant dans l'industrie.

Les emplois dans le secteur public et au sein des organismes sans but lucratif

Les opérations vastes et complexes des autorités gouvernementales, à l'échelle régionale ou nationale, créent une demande pour les services des experts-comptables. La même chose peut être dite des organismes sans but lucratif, comme les fondations ou les musées. Les comptables travaillant dans le secteur public et celui des organismes sans but lucratif exécutent des tâches similaires à celles de leurs collègues travaillant dans l'entreprise privée.

POINTS SAILLANTS DU CHAPITRE

1. **Comprendre l'information présentée dans chacun des principaux états financiers et son utilité pour différents décideurs, soit les investisseurs, les créanciers et les gestionnaires** (voir la page 7).

   - L'état de la situation financière est un état financier qui décrit la situation financière d'une entreprise en présentant la valeur de l'actif, du passif et des capitaux propres à un moment précis.
   - L'état du résultat global est un état financier qui résume les activités opérationnelles de l'entreprise en présentant les produits, les charges et le résultat net d'une période donnée ainsi que d'autres éléments du résultat global.
   - L'état des variations des capitaux propres explique les changements qui sont survenus dans les différentes composantes des capitaux propres au cours d'une période donnée.
   - Le tableau des flux de trésorerie présente les encaissements et décaissements d'une période précise.
   - Les états financiers sont utilisés par les investisseurs et les créanciers pour évaluer différents aspects de la situation financière d'une entreprise ainsi que son rendement.

2. **Définir le rôle que jouent les normes comptables dans la préparation et la présentation des états financiers** (voir la page 21).

   Les normes comptables canadiennes sont les normes et règles utilisées pour élaborer l'information figurant aux états financiers. Il est nécessaire de connaître les normes comptables pour interpréter avec justesse les montants apparaissant dans les états financiers. Les normes comptables canadiennes comprennent les IFRS, les normes comptables pour les entreprises à capital fermé, les normes comptables pour les organismes sans but lucratif et les normes comptables pour les régimes de retraite. Toutes ces normes sont publiées dans le *Manuel de l'ICCA*.

3. **Distinguer le rôle des gestionnaires de celui des auditeurs dans le processus de communication de l'information comptable** (voir la page 23).

   D'un côté, la direction de l'entreprise est la principale responsable de l'information présentée dans les états financiers. De l'autre côté, les auditeurs doivent exprimer une opinion sur la fidélité de l'information contenue dans les états financiers en fonction de leur analyse des rapports et livres de la société. Les auditeurs sont responsables du jugement qu'ils portent.

4. **Réaliser l'importance de l'éthique en comptabilité, de l'intégrité ainsi que de la responsabilité professionnelle de l'expert-comptable** (voir la page 25).

   Les utilisateurs auront confiance aux états financiers uniquement si les personnes responsables de la préparation et de l'audit de ces états ont la réputation d'avoir un comportement conforme à l'éthique et celle d'être compétentes. La direction et les auditeurs peuvent être légalement déclarés responsables pour les états financiers frauduleux et déclarés coupables de négligence professionnelle.

Dans ce chapitre, nous avons étudié les principaux états financiers qui servent à communiquer l'information financière aux utilisateurs externes. Aux chapitres 2, 3 et 4, nous examinons plus en détail les états financiers, et étudions comment la comptabilité transforme les faits financiers et les opérations commerciales pour pouvoir les communiquer de façon compréhensible et utile dans les états financiers. En comprenant la façon dont une opération commerciale se retrouve dans les états financiers, et inversement quelles sont les opérations commerciales que décrivent les états financiers, vous pourrez mieux utiliser cette information afin de prendre des décisions justes et éclairées. Nous entamons le chapitre 2 par une explication de la manière dont le système comptable collecte des données sur les opérations commerciales et les traite pour dresser des états financiers périodiques tout en mettant l'accent sur l'état de la situation financière. Nous expliquons de plus le cadre conceptuel, le modèle comptable, l'analyse des opérations et les outils analytiques. Nous examinons les activités commerciales typiques d'une véritable société pour illustrer les concepts présentés aux chapitres 2, 3 et 4.

Pour trouver l'information financière

ÉTAT DE LA SITUATION FINANCIÈRE

Actif = Passif + Capitaux propres

ÉTAT DES VARIATIONS DES CAPITAUX PROPRES

	Solde à l'ouverture de la période
+/−	Résultat net
+/−	Autres variations des capitaux propres
−	Dividendes
	Solde à la clôture de la période

ÉTAT DU RÉSULTAT GLOBAL

	Produits
−	Charges
	Résultat net
+/−	Autres éléments du résultat global

TABLEAU DES FLUX DE TRÉSORERIE

+/−	Flux de trésorerie liés aux activités opérationnelles
+/−	Flux de trésorerie liés aux activités d'investissement
+/−	Flux de trésorerie liés aux activités de financement
	Variation nette de la trésorerie

NOTES

Les notes contiennent de l'information supplémentaire sur la situation financière d'une société.

Quatre types de notes sont expliquées au chapitre 5.

Mots clés

ACTIVITÉS D'APPRENTISSAGE

QUESTIONS

1. Définissez la comptabilité.

2. Distinguez brièvement la comptabilité financière de la comptabilité de management.

3. Le processus comptable mène à la production de rapports financiers dont se servent les utilisateurs internes et externes. Nommez certains de ces groupes d'utilisateurs.

4. Distinguez brièvement les investisseurs des créanciers.

5. Qu'est-ce qu'une entité comptable? Pourquoi, à des fins comptables, traite-t-on l'entreprise comme une entité distincte?

6. Nommez quatre états financiers.

7. Quelle information doit-on inclure dans l'intitulé de chacun des états financiers?

8. Quels sont les objectifs a) de l'état du résultat global, b) de l'état de la situation financière, c) du tableau des flux de trésorerie et d) de l'état des variations des capitaux propres?

9. Expliquez la raison pour laquelle l'état du résultat global et le tableau des flux de trésorerie sont datés «période close le 31 décembre 2012», tandis que l'état de la situation financière est daté «au 31 décembre 2012».

10. Expliquez brièvement l'importance des actifs et des passifs pour le processus de prise de décision des investisseurs et des créanciers.

11. Expliquez l'équation liée à l'état du résultat global. Quelles sont les principales composantes inscrites à l'état du résultat global?

12. Expliquez l'équation liée à l'état de la situation financière. Définissez les trois principaux éléments figurant à l'état de la situation financière.

13. Expliquez l'équation liée au tableau des flux de trésorerie. Quelles sont les trois principales composantes figurant dans cet état?

14. Expliquez l'équation liée à l'état des variations des capitaux propres. Expliquez les principales composantes apparaissant à l'état des variations des capitaux propres.

15. Les états financiers dont nous avons traité dans ce chapitre s'adressent principalement aux utilisateurs externes. Expliquez brièvement comment les utilisateurs internes d'une société assumant diverses fonctions (par exemple, aux services du marketing, des achats et des ressources humaines) peuvent recourir à l'information contenue dans les états financiers.

16. Les normes comptables canadiennes comprennent un ensemble de normes. Quelles sont-elles?

17. Définissez les Normes internationales d'information financière. Au Canada, quelles sont les entreprises qui doivent les appliquer?

18. Expliquez brièvement la responsabilité de la direction de l'entreprise et des auditeurs externes dans le processus de communication de l'information comptable.

19. Distinguez brièvement l'entreprise individuelle, la société de personnes, la société de capitaux et la coopérative. (Annexe 1-A)

20. Qui peut exercer la comptabilité publique au Québec? (Annexe 1-B)

QUESTIONS À CHOIX MULTIPLES

1. Parmi les documents suivants, lequel n'est pas un état financier?
   a) L'état de la situation financière
   b) L'état du résultat global
   c) Le rapport de l'auditeur
   d) Le tableau des flux de trésorerie

2. Comme le précise le rapport de l'auditeur, à qui revient la responsabilité première des états financiers?
   a) Aux actionnaires de l'entreprise
   b) À la direction de l'entreprise
   c) Aux analystes financiers indépendants
   d) Aux auditeurs indépendants

3. Lequel des énoncés suivants est vrai?
   a) CNC signifie «Conseil national de comptabilité».
   b) CGA signifie «comptabilité générale acceptée».
   c) ICCA signifie «Institut canadien des comptables agréés».
   d) CMA signifie «comptabilité de management».

4. Lequel des énoncés suivants est faux?
   a) Les résultats non distribués augmentent avec un résultat net positif et diminuent avec une perte nette.
   b) Les résultats non distribués sont un actif à l'état de la situation financière.
   c) Les résultats non distribués sont l'une des composantes des capitaux propres à l'état de la situation financière.
   d) Les résultats non distribués représentent les résultats nets réalisés et non distribués aux actionnaires sous forme de dividendes.

5. Parmi les éléments suivants, lequel ne fait pas partie de l'intitulé d'un état financier?
   a) Le titre de l'état financier
   b) L'unité de mesure
   c) La dénomination de l'entité
   d) Le nom du responsable de l'état financier

6. Parmi les énoncés suivants concernant le tableau des flux de trésorerie, combien sont vrais?

Le tableau des flux de trésorerie présente les entrées et les sorties de fonds selon trois catégories : les activités opérationnelles, les activités d'investissement et les activités de financement.

Le montant de trésorerie à l'ouverture de la période inscrit au tableau des flux de trésorerie doit correspondre au montant de trésorerie à l'état de la situation financière de la période précédente.

La variation nette de la trésorerie au tableau des flux de trésorerie doit correspondre au résultat net présenté à l'état du résultat global.

  a) Aucun

  b) Un

  c) Deux

  d) Trois

7. Parmi les énoncés suivants, lequel n'est pas une note aux états financiers?

  a) Une note qui décrit l'opinion de l'auditeur sur les perspectives de l'entreprise

  b) Une note qui décrit les règles comptables employées pour dresser les états financiers

  c) Une note qui contient des renseignements supplémentaires sur certains éléments non comptabilisés dans les états financiers

  d) Une note qui donne des détails supplémentaires sur un poste particulier des états financiers

8. Parmi les énoncés suivants concernant l'état du résultat global, lequel est vrai?

  a) L'état du résultat global est la mesure comptable du rendement de l'entreprise pour une période donnée.

  b) L'état du résultat global présente uniquement les produits qui ont été encaissés.

  c) L'état du résultat global présente la situation financière de l'entreprise à une date donnée.

  d) L'état du résultat global contient les produits, les charges et les passifs.

9. Parmi les énoncés suivants concernant l'état de la situation financière, lequel est faux?

  a) L'état de la situation financière présente les actifs, les passifs et les capitaux propres d'une entité à une date précise.

  b) Les résultats non distribués présentés à l'état de la situation financière correspondent aux résultats non distribués de clôture à l'état des variations des capitaux propres.

  c) L'état de la situation financière présente la variation de certains actifs pour une période donnée.

  d) L'état de la situation financière est basé sur l'équation fondamentale en comptabilité.

10. Parmi les énoncés suivants, lequel est faux?

  a) Les normes comptables canadiennes pour les entreprises ayant une obligation d'information du public sont basées sur les IFRS.

  b) Un changement dans les normes comptables n'a aucune importance pour les gestionnaires.

  c) Les normes comptables canadiennes sont publiées dans le *Manuel de l'ICCA*.

  d) Les normes comptables canadiennes comprennent les normes comptables pour les entreprises à capital fermé.

MINI-EXERCICES

M1-1

5 minutes

Les différentes composantes des états financiers

Associez chaque composante à son état financier en inscrivant la lettre appropriée dans l'espace prévu.

Composante	État financier
_____ 1. Charges	A. État de la situation financière
_____ 2. Flux de trésorerie liés aux activités d'investissement	B. État du résultat global
_____ 3. Actif	C. État des variations des capitaux propres
_____ 4. Dividendes	D. Tableau des flux de trésorerie
_____ 5. Produits	
_____ 6. Flux de trésorerie liés aux activités opérationnelles	
_____ 7. Passif	
_____ 8. Flux de trésorerie liés aux activités de financement	

M1-2

1

5 minutes

Les éléments des états financiers

Dites si chacun des postes de la liste suivante constitue un actif (A), un passif (Pa), des capitaux propres (CP), un produit (Pr) ou une charge (C).

_____ 1. Résultats non distribués   _____ 6. Stock de marchandises

_____ 2. Clients   _____ 7. Charges financières

_____ 3. Ventes   _____ 8. Fournisseurs

_____ 4. Usine et matériel   _____ 9. Terrain

_____ 5. Coût des ventes

M1-3

2

5 minutes

La définition des principaux sigles utilisés en comptabilité

Voici une liste des principaux sigles employés dans ce chapitre. On les utilise également dans le monde des affaires. Pour chaque abréviation, donnez la désignation complète. La première est résolue à titre d'exemple.

Sigle	Désignation complète
1. CA	Comptable agréé
2. CNC	_____
3. CMA	_____
4. IFRS	_____
5. CGA	_____

EXERCICES

E1-1

1

8 minutes

Alimentation Couche-Tard

Les éléments des états financiers

Selon son rapport annuel 2009, Alimentation Couche-Tard inc. possède plus de 5 000 magasins, qui servent plus de 25 millions de consommateurs en Amérique du Nord. Voici une liste d'éléments tirés du bilan (état de la situation financière) et de l'état des résultats (état du résultat global) récents de la société. Il faut noter que les entreprises utilisent parfois des intitulés légèrement différents pour un même poste. Dites si chacun des postes de la liste suivante constitue un actif (A), un passif (Pa), des capitaux propres (CP), un produit (Pr) ou une charge (C).

_____ 1. Créditeurs et charges à payer (Fournisseurs)   _____ 7. Frais financiers

     _____ 8. Stocks

_____ 2. Débiteurs (Clients)   _____ 9. Capital-actions (Capital social)

_____ 3. Trésorerie et équivalents de trésorerie   _____ 10. Frais d'exploitation (Charges opérationnelles)

_____ 4. Coût des ventes

_____ 5. Immobilisations   _____ 11. Dette à long terme (Dette non courante)

_____ 6. Impôts sur les bénéfices (Impôts sur le résultat)   _____ 12. Chiffre d'affaires

E1-2

1•2

12 minutes

La définition des termes ou des sigles

Associez sa définition à chaque terme ou sigle en inscrivant la lettre appropriée dans l'espace prévu.

Terme ou sigle	Définition
_____ 1. Audit	A. Système qui assemble, traite et communique l'information financière d'une entreprise.
_____ 2. Entreprise individuelle	
_____ 3. Société de capitaux	
_____ 4. Comptabilité	B. Mesure de l'information relative à une entité selon l'unité monétaire appropriée, en dollars canadiens ou dans une autre devise.
_____ 5. IFRS	

Terme ou sigle	Définition
_____ 6. Rapport de l'auditeur	C. Entreprise non constituée en société de capitaux et appartenant à deux ou à plusieurs personnes.
_____ 7. Coopérative	
_____ 8. Société de personnes	D. Ensemble de normes adoptées par une centaine de pays en vue d'harmoniser la présentation de l'information financière partout dans le monde.
_____ 9. ICCA	
_____ 10. Unité de mesure	
_____ 11. Normes comptables	E. Société constituée en vertu de la *Loi sur les sociétés par actions* et qui émet des actions en guise de titres de propriété.
_____ 12. Société ayant une obligation d'information du public	

F. Entreprise créée dans le but de satisfaire les besoins de ses membres au moindre coût possible.

G. Examen des rapports financiers permettant de s'assurer que ceux-ci représentent fidèlement la situation financière et les résultats de l'entreprise, et sont conformes aux normes comptables canadiennes.

H. Société non constituée en société de capitaux et appartenant à une seule personne.

I. Rapport qui décrit l'opinion des auditeurs sur la fidélité de l'information financière présentée dans les états financiers et le travail réalisé pour fonder cette opinion.

J. Entreprise à but lucratif qui émet des titres financiers sur le marché boursier.

K. Ensemble de normes utilisées pour élaborer l'information figurant aux états financiers.

L. Institut canadien des comptables agréés

E1-3

1
12 minutes

Les Industries Dorel

Les éléments des états financiers

Les Industries Dorel inc. conçoit, fabrique et met en marché une vaste gamme de biens de consommation dans les secteurs des produits de puériculture, des bicyclettes et du mobilier de maison. Les postes suivants étaient énumérés dans l'état des résultats (état du résultat global) ainsi que dans un bilan (état de la situation financière) récents de la société. Dites si chacun des postes constitue un actif (A), un passif (Pa), des capitaux propres (CP), un produit (Pr) ou une charge (C).

_____	1. Créditeurs et charges à payer (Fournisseurs)	_____	6. Dette à long terme (Dette non courante)
_____	2. Débiteurs (Clients)	_____	7. Stocks
_____	3. Coût des produits vendus (Coût des ventes)	_____	8. Immobilisations corporelles
_____	4. Frais de vente, généraux et administratifs	_____	9. Impôts sur les bénéfices (Impôts sur le résultat)
_____	5. Trésorerie et équivalents de trésorerie	_____	10. Ventes

E1-4

1
20 minutes

Groupe Renault

La préparation de l'état de la situation financière

Le Groupe Renault est un constructeur automobile français établi depuis 1898. Il a conclu une alliance, en 1999, avec le constructeur japonais Nissan pour le développement de nouveaux projets. En tant que société française, Renault respecte les IFRS et présente ses états financiers en millions d'euros (le symbole de l'euro est €). Un état de la situation financière récent contenait les postes suivants (en millions d'euros). Dressez un état de la situation financière au 31 décembre et déterminez les sommes manquantes. (Note : Pour respecter les objectifs du présent chapitre, nous avons simplifié la présentation en faisant des regroupements ou en modifiant certains intitulés de postes.)

Trésorerie et équivalents de trésorerie	8 023
Fournisseurs	5 911
Stocks	3 932
Passifs non courants	11 651
Immobilisations	16 187
Autres actifs non courants	13 813
Autres passifs courants	29 890
Capitaux propres	16 472
Autres actifs courants	2 683
Total de l'actif	63 978
Dette d'impôts courants	54
Total du passif et des capitaux propres	?
Créances (Clients)	?

La préparation d'un état de la situation financière

E1-5

1

20 minutes

T. Leblanc et J. Lopez ont ouvert leur magasin, Lecture à volonté, constitué en société de capitaux. Chacun a apporté 50 000 $ en espèces pour lancer l'entreprise et a reçu 4 000 actions. Le magasin a terminé sa première année d'exploitation le 31 décembre 2012. À cette date, on a déterminé le solde des postes suivants : argent en main et en banque, 50 900 $; sommes que doivent les clients pour les ventes de livres, 26 000 $; portion inutilisée du matériel de magasin et de bureau, 48 000 $; sommes dues aux éditeurs pour les livres achetés, 10 000 $; effets à payer de 2 000 $ sur un an à une banque de la région. Aucun dividende n'a été déclaré ou versé aux actionnaires au cours de la période.

Travail à faire

1. Complétez l'état de la situation financière de Lecture à volonté à la fin de l'année 2012.

Actif		**Passif et capitaux propres**	
		Passif	
Trésorerie	_____	Fournisseurs	_____
Clients	_____	Effets à payer	_____
Matériel de magasin et de bureau	_____	Intérêts à payer	120
		Total du passif	_____
		Capitaux propres	
		Capital social	_____
		Résultats non distribués	12 780
		Total des capitaux propres	_____
		Total du passif et des capitaux propres	_____
Total de l'actif	_____		

2. Quel est le montant du résultat net pour la période ?

E1-6

1

20 minutes

L'analyse des produits et des charges et la préparation de l'état du résultat global

Supposez que vous êtes propriétaire du magasin L'Intellectuel, lequel se spécialise dans la vente d'articles destinés aux étudiants. À la fin de janvier 2013, vous recueillez les renseignements suivants (qui concernent uniquement le mois de janvier) :

a) Les ventes, selon le ruban de la caisse-enregistreuse, ont été de 120 000 $, en plus d'une vente à crédit (situation particulière) de 3 000 $.

b) Avec l'aide d'un ami (qui s'est spécialisé en comptabilité), vous déterminez que tous les biens vendus en janvier ont coûté 40 000 $ à l'achat.

c) Durant le mois, selon le chéquier, vous avez versé 38 000 $ en salaires, en loyer, en fournitures, en publicité et en d'autres frais. Cependant, vous n'avez pas encore payé la facture de 600 $ d'électricité pour le mois de janvier.

Travail à faire

En fonction des données présentées, quel est le montant du résultat pour le mois de janvier (sans tenir compte des impôts) ? Présentez vos calculs. (Conseil : Rappelez-vous l'équation comptable liée à l'état du résultat global.)

E1-7

1

15 minutes

Bombardier

La préparation d'un état du résultat global

Bombardier est un leader mondial dans le secteur de l'aéronautique et du transport sur rail. L'état du résultat global de son dernier rapport annuel contenait les postes suivants (en millions de dollars états-uniens). Trouvez les montants manquants et dressez un état du résultat global pour la période close le 31 janvier. (Note : Pour respecter les objectifs du présent chapitre, nous avons simplifié la présentation en faisant des regroupements ou en modifiant certains intitulés de postes.)

Coût des ventes	16 202
Dépenses de financement	183
Résultat net	?
Revenus de fabrication	14 739
Frais de recherche et développement	141
Frais de vente et d'administration	1 453
Impôts sur le résultat	208
Autres revenus	4 627
Autres charges	472
Total des charges	?
Total des produits	?
Résultat avant impôts	?

E1-8

1

20 minutes

L'analyse des produits et des charges et la préparation d'un état du résultat global

La société Maisonnée inc. est active depuis trois ans et appartient à trois investisseurs. G. Beau, qui possède 60 % de la totalité des 9 000 actions en circulation, en est l'administrateur délégué. Le 31 décembre 2013, on a déterminé le solde des comptes suivants : commissions gagnées et recouvrées en espèces, 150 000 $, plus 16 000 $ non recouvrés ; services de location gagnés et recouvrés, 20 000 $; salaires versés, 62 000 $; frais de commissions payés, 35 000 $; charges sociales payées, 2 500 $; loyer payé, 8 800 $ (hormis le loyer de décembre, à payer) ; frais de services publics payés, 1 600 $; promotion et publicité payées, 8 000 $; impôts payés, 18 500 $ et frais divers payés, 500 $. Il n'y avait aucune autre charge impayée au 31 décembre.

Ajoutez les éléments manquants à l'état du résultat global suivant:

Produits	
Commissions	
Services de location	
Charges	
Salaires	
Commissions	
Charges sociales	
Frais de location	
Services publics	
Promotion et publicité	
Charges diverses	
Résultat avant impôts	
Impôts sur le résultat	
Résultat net	48 300

E1-9

L'équation comptable

1

20 minutes

Révisez les explications données dans ce chapitre sur l'équation comptable et l'équation liée à l'état du résultat global. Utilisez ces équations dans chacun des cas suivants (chaque cas est indépendant) pour calculer les deux montants manquants. Supposez qu'il s'agit de la clôture de la période financière 2013, soit la première année complète d'exploitation pour l'entreprise. (Indice: Organisez les postes énumérés tels qu'ils sont présentés dans l'équation comptable et l'équation liée à l'état du résultat global, puis calculez les sommes manquantes.)

Cas	Total des produits	Total des charges	Résultat net	Total de l'actif	Total du passif	Capitaux propres
A	100 000 $	82 000 $		150 000 $	70 000 $	
B		80 000	12 000 $	112 000		60 000 $
C	80 000	86 000		104 000	26 000	
D	50 000		13 000		22 000	77 000
E		81 000	(6 000)	99 000		28 000

E1-10

La préparation d'un état de la situation financière et d'un état du résultat global

La société Boisclair a été formée par cinq personnes le 1er janvier 2013. À la fin du mois de janvier, on disposait des données financières mensuelles suivantes :

Total des produits	130 000 $
Total des charges (hormis les impôts)	80 000
Impôts sur le résultat (non payés au 31 janvier)	14 000
Trésorerie au 31 janvier 2013	30 000
Clients (tous considérés comme recouvrables)	16 000
Stocks (selon un dénombrement)	42 000
Fournisseurs pour les marchandises achetées (qui seront payées en février 2013)	11 000
Capital social (2 600 actions)	26 000

Aucun dividende n'a été déclaré ou versé durant le mois.

Travail à faire

Ajoutez les éléments manquants aux deux états financiers suivants :

Boisclair
État du résultat global
mois de janvier 2013
(en dollars canadiens)

Total des produits	
Total des charges	
Résultat avant impôts	
Impôts sur le résultat	
Résultat net	

Boisclair
État de la situation financière
au 31 janvier 2013
(en dollars canadiens)

Actif	
Trésorerie	
Clients	
Stocks	
Total de l'actif	
Passif	
Fournisseurs	
Impôts à payer	15 000
Total du passif	
Capitaux propres	
Capital social	
Résultats non distribués	
Total des capitaux propres	
Total du passif et des capitaux propres	

E1-11

1

20 minutes

La préparation d'un état des variations des capitaux propres

La société Médiatique a été créée le 1er janvier 2011. Pour ses deux premières années d'exploitation, la société rapporte les données suivantes :

Résultat net en 2011	36 000 $
Résultat net en 2012	45 000
Dividendes déclarés et versés en 2011	15 000
Dividendes déclarés et versés en 2012	20 000
Total des actifs au 31 décembre 2011	125 000
Total des actifs au 31 décembre 2012	242 000
Capital social au 31 décembre 2011	120 000
Capital social au 31 décembre 2012	120 000

Travail à faire

Dressez l'état des variations des capitaux propres pour la période financière 2012.

E1-12

1

20 minutes

L'analyse et l'interprétation de l'état du résultat global

La société Mort aux rats a été formée par trois personnes le 1er janvier 2013 pour fournir des services d'extermination. À la fin de l'année 2013, l'état du résultat global suivant a été dressé :

Mort aux rats État du résultat global période close le 31 décembre 2013 (en dollars canadiens)	
Produits	
Prestation de services (en espèces)	192 000
Prestation de services (à crédit)	24 000
	216 000
Charges	
Salaires	76 000
Charges locatives	21 000
Frais de services	12 000
Frais de publicité	14 000
Fournitures	25 000
Charges financières	8 000
	156 000
Résultat avant impôts	60 000
Impôts sur le résultat	15 000
Résultat net	45 000

Travail à faire

1. Quel est le montant du résultat net mensuel moyen ?
2. Quel est le montant du loyer mensuel ?
3. Expliquez la raison pour laquelle les fournitures sont comptabilisées à titre de charges.
4. Que représentent les charges financières ?
5. Pouvez-vous déterminer le montant de liquidités dont disposait la société au 31 décembre 2013 ? Expliquez votre réponse.

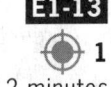

Le tableau des flux de trésorerie

La société Briseglace est un important concepteur et fabricant de bateaux. Les postes suivants ont été tirés d'un tableau des flux de trésorerie récent de l'entreprise. Sans vous reporter au tableau 1.4, dites si chacun des postes est un flux de trésorerie lié aux activités opérationnelles (O), aux activités d'investissement (I) ou aux activités de financement (F). Mettez les décaissements entre parenthèses.

_____ 1. Sommes versées aux fournisseurs et aux employés

_____ 2. Encaissements tirés de la vente d'un placement

_____ 3. Impôts payés

_____ 4. Intérêts et dividendes reçus

_____ 5. Achats d'immobilisations

_____ 6. Sommes reçues des clients

_____ 7. Intérêts payés

_____ 8. Remboursement des emprunts

La préparation d'un tableau des flux de trésorerie

La société Équitable dresse ses états financiers annuels pour ses actionnaires, notamment un tableau des flux de trésorerie. Elle a collecté les données suivantes sur les flux de trésorerie pour la période financière terminée le 31 décembre 2013 : flux de trésorerie provenant des produits de la société, 370 000 $; flux de trésorerie utilisés pour les charges opérationnelles, 180 000 $; vente au comptant d'actions d'Équitable, 30 000 $; dividendes en espèces déclarés et versés aux actionnaires au cours de la période, 22 000 $; paiement des effets à payer à long terme, 80 000 $. Durant l'année, un terrain a été vendu 15 000 $ au comptant (soit le prix que la société Équitable avait payé pour le terrain en 2011), et 38 000 $ en espèces ont été déboursés pour deux nouvelles machines. Celles-ci ont été utilisées dans l'usine. Le solde de trésorerie à l'ouverture de la période s'élevait à 23 000 $.

Travail à faire

Dressez le tableau des flux de trésorerie pour la période financière 2013. Respectez le format présenté dans le présent chapitre.

L'analyse des flux de trésorerie liés aux activités opérationnelles

La société Peinture Paul, entreprise de services, a rédigé le rapport spécial suivant pour le mois de janvier 2014 :

Prestation de services, charges et résultat	
Prestation de services	
Services rendus et encaissés (selon le ruban de la caisse enregistreuse)	95 000 $
Services rendus à crédit (selon les factures des cartes de crédit, sommes non encore recouvrées à la fin de janvier)	30 500
	125 500 $
Charges	
Salaires (payés par chèques)	50 000 $
Salaires de janvier non encore payés	3 000
Fournitures utilisées (achetées au comptant en décembre)	2 000
Autres charges (payées par chèques)	26 000
	81 000 $
Résultat avant impôts	44 500 $
Impôts sur le résultat (non encore payés)	13 625
Résultat net pour le mois de janvier	30 875 $

PROBLÈMES

P1-1

45 minutes
(PS1-1)

La préparation d'un état de la situation financière, d'un état du résultat global et d'un état des variations des capitaux propres

Supposez que vous êtes le président de la société BIOTO. À la fin de la première année d'exploitation (au 31 décembre 2012), vous disposez des données financières suivantes sur l'entreprise :

Trésorerie	20 000 $
Clients (tous considérés comme recouvrables)	12 000
Stock de marchandises (basé sur le dénombrement)	90 000
Matériel, au coût amorti	45 000
Fournisseurs	49 825
Salaires à payer pour 2012 (Au 31 décembre 2012, ces salaires étaient payables à un employé qui était en congé ; ce dernier sera de retour aux environs du 10 janvier 2013, date à laquelle le paiement sera effectué.)	2 000
Ventes	155 000
Charges, y compris le coût des ventes (hormis les impôts)	104 100
Impôts sur le résultat (25 % × résultat avant impôts) payés durant 2012	?
Capital social, 7 000 actions en circulation	87 000
Dividendes déclarés et versés en 2012	10 000

Travail à faire (montrez tous vos calculs)

1. Dressez un état du résultat global condensé pour 2012.
2. Dressez un état des variations des capitaux propres pour 2012.
3. Dressez un état de la situation financière au 31 décembre 2012.

P1-2

1

45 minutes
(PS1-2)

La préparation d'un état du résultat global

Durant l'été, au cours de ses années d'études universitaires, Sylvie Marion avait besoin de gagner suffisamment d'argent pour payer ses études. Incapable de se trouver un emploi offrant un salaire raisonnable, elle a décidé de se lancer dans l'entretien des pelouses. Après avoir effectué une étude du marché pour déterminer le potentiel de son entreprise, Sylvie Marion a acheté un camion d'occasion le 1er juin 2013 pour 4 500 $. Sur chaque portière, elle a peint « Entretien paysager Marion, 818 471-4487 ». Elle a aussi dépensé 2 700 $ pour l'achat de tondeuses, de coupe-bordures et d'outils. Afin d'acquérir ces articles, Sylvie Marion a emprunté 8 000 $ en signant un effet à payer par lequel elle promettait de rembourser le plein montant en plus des intérêts de 100 $ à la fin des trois mois (se terminant le 31 août).

À la fin de l'été, Sylvie Marion estimait qu'elle avait accompli beaucoup de travail et que le solde de son compte en banque était satisfaisant. Elle a alors voulu connaître les profits réalisés à ce jour par son entreprise.

Une analyse des talons de chèque montre ce qui suit: les dépôts bancaires provenant de la prestation de ses services totalisent 37 800 $. Les chèques suivants ont été inscrits: essence, huile et lubrification, 2 760 $; réparation du camion, 630 $; réparation des tondeuses, 225 $; fournitures diverses utilisées, 240 $; salaires, 13 500 $; charges sociales, 525 $; paiement de l'employé engagé pour rédiger les formulaires des charges sociales, 75 $; assurances, 375 $; téléphone, 330 $; 8 100 $ pour régler l'effet, y compris les intérêts (le 31 août). Un cahier de notes conservé dans le camion, en plus de certaines factures impayées, laisse entendre que certains clients lui doivent toujours 2 700 $ pour les services d'entretien des pelouses rendus, et que Sylvie Marion a payé 600 $ pour l'essence et l'huile (montant qu'elle avait porté à sa carte de crédit). Elle estime que les coûts rattachés à l'utilisation du camion et du matériel (appelé « amortissement ») pour les trois mois totalisent 1 500 $.

Travail à faire

1. Dressez un état du résultat global pour l'entreprise Entretien paysager Marion pour les mois de juin, juillet et août 2013. Utilisez les intitulés suivants: Prestation de services, Charges et Résultat net. Puisqu'il s'agit d'une entreprise individuelle, celle-ci n'est pas soumise aux règles fiscales.

2. Croyez-vous qu'un ou plusieurs rapports financiers supplémentaires sont nécessaires pour la période financière 2013 et les années suivantes? Expliquez votre réponse.

P1-3

1

30 minutes
Défi

La comparaison du résultat et des flux de trésorerie

La société Nouvelle Livraison a été formée le 1er janvier 2012. À la fin du premier trimestre, le propriétaire a rédigé un résumé de ses activités, présenté dans le tableau suivant:

Résumé des activités	Résultat	Trésorerie
a) Services rendus à des clients, 66 000 $; le sixième demeurait impayé à la fin du trimestre.	+66 000 $	+55 000 $
b) Sommes empruntées à une banque de la région, 30 000 $ (effet à payer sur un an).		
c) Petit camion de service acheté pour l'entreprise: coût, 32 000 $, payé comptant.		
d) Charges, 36 000 $, dont 6 000 $ demeuraient impayés à la fin du trimestre.		
e) Fournitures achetées pour l'entreprise, 3 000 $, le quart demeurait impayé (à crédit) à la fin du trimestre. De plus, le cinquième de ces fournitures était inutilisé (toujours en magasin) à la fin du trimestre.		
f) Salaires gagnés par les employés, 21 000 $; la moitié demeurait impayée à la fin du trimestre.		

Travail à faire

1. Pour chacune des activités présentées dans ce tableau, inscrivez les montants appropriés. Inscrivez « 0 » lorsque nécessaire. La première activité est indiquée à titre d'exemple.

2. Pour chacune des activités, expliquez votre réponse.

3. Calculez le résultat net et le total des encaissements du trimestre.

P1-4

1

45 minutes
Défi

L'évaluation de l'information nécessaire pour présenter une demande de prêt

Le 1er janvier 2014, trois personnes ont formé la Société Lettré inc. Chacune a investi 30 000 $ en espèces dans l'entreprise. Le 31 décembre 2014, elles ont dressé une liste (*voir la page suivante*) des ressources (les actifs) et des dettes (les passifs) pour présenter une demande de prêt de 210 000 $ à une banque de la région. Aucun des propriétaires n'a étudié la comptabilité.

Ressources de l'entreprise	
Trésorerie	36 000 $
Stock de fournitures (en magasin)	21 000
Camions (quatre, presque neufs)	135 000
Résidences personnelles des propriétaires (trois maisons)	570 000
Matériel utilisé par l'entreprise (presque neuf)	65 000
Sommes dues par les clients (pour les services déjà rendus)	45 000
Total des ressources	872 000 $
Dettes de l'entreprise	
Salaires impayés aux employés	39 000 $
Impôts impayés	21 000
Montants à payer aux fournisseurs	22 000
Montants à payer pour les camions et le matériel (à une société de financement)	115 000
Prêt d'un propriétaire	20 000
Total des dettes	217 000 $

Travail à faire

Rédigez une note brève précisant les renseignements suivants :

1. Lequel de ces éléments n'appartient pas à l'état de la situation financière (n'oubliez pas que la société est considérée comme distincte de ses propriétaires)?

2. Que pensez-vous de l'évaluation des éléments qui figurent sur cette liste?

3. Si vous conseilliez la banque de la région pour sa prise de décision de prêt, quels montants figurant sur cette liste poseraient un problème particulier? Expliquez votre opinion pour chaque problème soulevé et faites vos recommandations.

4. En fonction de vos réponses aux questions 1 et 2, quel serait le montant des capitaux propres (les actifs déduits des passifs) de la société? Montrez tous vos calculs.

PROBLÈMES SUPPLÉMENTAIRES

PS1-1

45 minutes
(P1-1)

La préparation d'un état de la situation financière, d'un état des variations des capitaux propres et d'un état du résultat global

Supposez que vous êtes le président de la société Enviro. À la fin de la première année d'exploitation (au 30 juin 2013), vous disposez des données financières suivantes sur l'entreprise :

Trésorerie	13 150 $
Clients (tous considérés comme recouvrables)	9 500
Stock de marchandises (basé sur le dénombrement et établi au coût)	27 000
Matériel	66 000
Fournisseurs	30 025
Salaires à payer pour 2013 (Au 30 juin 2013, ces salaires étaient payables à un employé qui était en congé ; il sera de retour aux environs du 27 juillet 2013, date à laquelle le paiement sera effectué.)	1 500
Ventes	100 000
Charges, y compris le coût des ventes (hormis les impôts)	70 500
Charge d'impôts (25 % × Résultat avant impôts) payée durant l'année 2013	?
Capital social, 5 000 actions en circulation	62 000

Aucun dividende n'a été déclaré ou versé durant l'année 2013.

PS1-2

⊕ 1

45 minutes
(P1-2)

La préparation d'un état du résultat global

Après avoir obtenu son diplôme d'études secondaires, Jean Abel a immédiatement accepté un emploi à titre d'électricien adjoint pour une grande société de réparation électrique. Après trois ans de dur labeur, Jean a obtenu son permis d'électricien et a décidé de lancer sa propre entreprise. Il avait épargné 19 000 $, qu'il a investis dans son entreprise. Premièrement, il a transféré ce montant de son compte d'épargne à un compte commercial ouvert au nom de la société Réparation électrique Abel inc. Son avocat lui a conseillé de constituer une société de capitaux. Il a ensuite acheté une camionnette d'occasion pour 12 000 $ au comptant et des outils usagés pour 3 500 $; il a loué un espace dans un petit édifice, publié une annonce dans un journal de la région et ouvert son entreprise le 1er octobre 2012. Immédiatement, Jean Abel a été très occupé et, un mois plus tard, il a engagé un adjoint.

Bien que Jean Abel soit peu familier avec l'aspect financier de son entreprise, il s'est rendu compte que plusieurs rapports étaient nécessaires, et que les coûts ainsi que les recettes devaient être contrôlés attentivement. À la fin de la période financière, préoccupé par sa situation fiscale (auparavant, il ne devait déclarer que son salaire), Jean Abel a réalisé qu'il avait besoin d'états financiers. Sa femme, Jeanne, a dressé certains des états financiers de l'entreprise. Le 31 décembre 2012, avec l'aide d'un ami, elle a collecté les données suivantes pour les trois mois qui venaient de se terminer. Les dépôts des recettes en banque pour les services de réparation électrique totalisaient 64 000 $. Les chèques suivants avaient été libellés : électricien adjoint, 17 000 $; charges sociales, 350 $; fournitures achetées et utilisées pour les travaux, 9 500 $; huile, essence et entretien du camion, 1 200 $; assurances, 700 $; loyer, 1 000 $; électricité et téléphone, 425 $; frais divers (comprenant la publicité), 300 $. De plus, les factures non recouvrées des clients pour les services de réparation électrique totalisaient 3 000 $. Le loyer de 500 $ pour le mois de décembre n'avait pas encore été payé. Jean Abel estime que le coût d'utilisation du camion et des outils (l'amortissement) durant les trois mois est de 1 200 $. La charge d'impôt pour la période de trois mois est de 8 700 $.

PS1-3

⊕ 1

30 minutes
Défi
(P1-3)

La comparaison du résultat et des flux de trésorerie

La société Durablo a été formée le 1er janvier 2013. À la fin du premier trimestre, le propriétaire a rédigé un résumé de ses activités opérationnelles, présenté dans le tableau de la page suivante.

Résumé des activités	Résultat	Trésorerie
a) Services rendus à des clients, 98 000 $, dont 16 000 $ demeuraient impayés à la fin du trimestre.	+98 000 $	+82 000 $
b) Somme empruntée à la banque de la région, 50 000 $ (effet à payer sur un an).		
c) Petit camion de service acheté à la fin du trimestre: coût, 28 000 $, payé comptant.		
d) Salaires gagnés par les employés, 36 000 $, dont le quart était impayé à la fin du trimestre.		
e) Fournitures achetées pour l'entreprise, 4 000 $, payées comptant. La moitié de ces fournitures était inutilisées à la fin du trimestre.		
f) Charges diverses, 12 000 $, dont le quart demeurait impayé à la fin du trimestre.		

Travail à faire

1. Pour chacune des activités présentées dans ce tableau, inscrivez les montants appropriés. Inscrivez « 0 » lorsque nécessaire. La première activité est indiquée à titre d'exemple.
2. Pour chacune des activités, expliquez votre réponse.
3. Calculez le résultat net et le total des encaissements du trimestre.

CAS — INFORMATION FINANCIÈRE

20 minutes

L'Oréal

La recherche d'information financière

Reportez-vous aux états financiers de la société L'Oréal (*voir l'annexe B à la fin de ce manuel*).

Travail à faire

1. Quel est le montant du résultat net pour la période financière en cours?
2. Quel est le montant du chiffre d'affaires pour la période financière en cours?
3. Quelle est la valeur des stocks à la clôture de la période financière en cours?
4. Quel est le montant de la variation nette de la trésorerie durant la dernière période financière?
5. Qui sont les auditeurs de la société?

20 minutes

Inter Parfums

La recherche d'information financière

Reportez-vous aux états financiers de la société Inter Parfums (*voir l'annexe C à la fin de ce manuel*).

Travail à faire

Examinez attentivement l'état du résultat global, l'état de la situation financière et le tableau des flux de trésorerie, puis tentez de déterminer quel type d'information ils contiennent. Ensuite, répondez aux questions suivantes en fonction du rapport approprié.

1. Quels types de produits vend cette société?
2. À quelle date la période financière se termine-t-elle?

3. Pour combien d'années l'entreprise présente-t-elle :
   a) un état de la situation financière ?
   b) un état du résultat global ?
   c) un état des variations des capitaux propres ?
4. Ces états financiers sont-ils audités par des auditeurs externes ? Comment le savez-vous ?
5. Le total de l'actif a-t-il augmenté ou diminué au cours de la dernière période financière ?
6. Quel est le solde de clôture des stocks pour la dernière période financière ?
7. Écrivez l'équation comptable (en euros) à la clôture de la période financière.

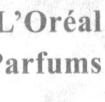

CP1-3

1

30 minutes

L'Oréal

Inter Parfums

La comparaison de sociétés évoluant dans le même secteur d'activité

Reportez-vous aux états financiers de la société L'Oréal et à ceux de la société Inter Parfums (*voir les annexes B et C à la fin de ce manuel*).

Travail à faire

1. Le total de l'actif représente une bonne évaluation de l'importance d'une entreprise. Quelle entreprise détient l'actif total le plus élevé à la clôture de sa dernière période financière ?
2. Le chiffre d'affaires est aussi un bon indice de l'importance d'une entreprise. Quelle entreprise a réalisé le chiffre d'affaires le plus élevé au cours de la période financière la plus récente ?
3. La croissance d'une entreprise au cours d'une période se calcule ainsi :

$$\frac{\text{Montant à la clôture} - \text{Montant à l'ouverture}}{\text{Montant à l'ouverture}} \times 100 = \text{Taux de croissance}$$

   a) Quelle entreprise a vu son actif croître le plus rapidement au cours de la dernière année ?
   b) Quelle entreprise a réalisé la plus forte croissance de son chiffre d'affaires au cours de la dernière année ?

CP1-4

1

45 minutes

L'utilisation des rapports financiers : la correction d'erreurs

La société Méli Mélo a été formée le 1er janvier 2013. À la fin de 2013, elle n'avait pas encore embauché de comptable. Cependant, un employé qui avait l'habitude des chiffres a dressé les états financiers suivants à cette date :

Méli Mélo au 31 décembre 2013	
Ventes de marchandises	175 000 $
Montant total versé pour les marchandises vendues durant la période	(90 000)
Frais de vente	(25 000)
Amortissement (sur les véhicules de service utilisés)	(10 000)
Produits tirés des services rendus	52 000
Salaires et traitements versés	(62 000)

Méli Mélo au 31 décembre 2013	
Ressources	
Trésorerie	32 000 $
Stock de marchandises (gardées pour la revente)	42 000
Véhicules de service	50 000
Résultats non distribués (gagnés en 2013)	30 000
Total des ressources	154 000 $
Dettes	
Fournisseurs	22 000 $
Effet à payer à la banque	25 000
Sommes dues par les clients	13 000
Total des dettes	60 000 $
Fournitures de magasin (à utiliser pour la prestation de service)	15 000 $
Amortissement cumulé* (sur les véhicules de service)	10 000
Capital social, 6 500 actions	65 000
Total	90 000 $
Total général	150 000 $

* L'*amortissement cumulé* représente la portion utilisée des actifs immobilisés et doit être déduit du solde de l'actif.

Travail à faire

1. Énumérez tous les problèmes que vous pouvez relever dans ces états. Donnez une brève explication de chacun.

2. Dressez un état du résultat global (le montant juste du résultat net est de 30 000 $ et la charge d'impôts, de 10 000 $) et un état de la situation financière appropriés (le juste total de l'actif est de 142 000 $).

CAS — ANALYSE CRITIQUE

3•4

30 minutes

La prise de décision à titre de propriétaire

Vous êtes l'un des trois associés qui possèdent et exploitent le Service d'entretien ménager Marie. Cette société est en affaires depuis sept ans. L'un des associés a toujours dressé les états financiers annuels de l'entreprise. Récemment, vous avez proposé de faire auditer les états financiers, car cela serait avantageux pour les associés et préviendrait les mésententes possibles quant à la répartition des profits. L'associé qui a toujours dressé les états propose que son oncle, qui a beaucoup d'expérience en finances, effectue la tâche, à un coût peu élevé. L'autre associé demeure silencieux.

Travail à faire

1. Quelle position adopteriez-vous par rapport à cette proposition ? Expliquez votre réponse.

2. Que recommanderiez-vous ? Expliquez votre réponse.

CP1-6

3•4
30 minutes

L'éthique et les responsabilités de l'auditeur

L'une des principales qualités de l'auditeur est son indépendance. Le code de déontologie stipule qu'un membre pratiquant l'expertise comptable doit être indépendant de fait et en apparence lorsqu'il fournit des services d'audit et d'autres services d'attestation.

Travail à faire

Considérez-vous que les circonstances suivantes suggèrent un manque d'indépendance? Expliquez votre réponse. (Utilisez votre jugement. Les réponses précises ne sont pas données dans ce chapitre.)

1. Christian Jules est associé dans un important cabinet d'experts-comptables. Il a pour tâche d'auditer la société Quebecor. M. Jules possède 10 actions dans cette entreprise.

2. Josée Talon a investi dans une société de fonds mutuels qui possède 500 000 actions de la société Sears. Elle est l'auditrice de la société Sears.

3. Robert Champagne est commis dans un bureau d'experts-comptables; il travaille sur l'audit de la société Apple. Il vient tout juste d'hériter de 100 000 actions d'Apple. (Robert Champagne aime son travail et a l'intention de le conserver en dépit de sa nouvelle richesse.)

4. Nathalie Sirois a travaillé à temps partiel en tant que contrôleure pour l'entreprise d'un ami. Elle a quitté cet emploi au milieu de l'année et n'a depuis aucun lien avec cette entreprise. Elle travaille à temps plein pour un grand cabinet d'experts-comptables et a reçu pour tâche d'auditer l'entreprise de son ami.

5. Michel Bertrand a emprunté 100 000$ à la Banque Royale sous forme de prêt hypothécaire. Cette hypothèque lui a été accordée selon des modalités de crédit normales. Michel Bertrand est l'associé chargé de l'audit de cette banque.

PROJETS — INFORMATION FINANCIÈRE

CP1-7

1•3

L'amélioration des habiletés de recherche d'information financière

Procurez-vous le rapport annuel d'une entreprise ouverte que vous trouvez intéressante. Nous vous suggérons de choisir une entreprise qui dresse ses états financiers selon les IFRS. Les bases de données des bibliothèques, le service SEDAR (www.sedar.com) ou le site Web de l'entreprise sont de bonnes sources d'information.

Travail à faire

Lisez le rapport annuel. Examinez attentivement l'état du résultat global, l'état des variations des capitaux propres, l'état de la situation financière ainsi que le tableau des flux de trésorerie et tentez de déterminer quel type d'information ils contiennent. Ensuite, répondez aux questions suivantes en vous basant sur ce rapport.

1. Quels types de produits ou services vend cette entreprise?

2. Le président ou directeur général croit-il que la société a connu une année prospère?

3. À quelle date la période financière se termine-t-elle?

4. Pour combien d'années l'entreprise présente-t-elle:
   a) un état de la situation financière?
   b) un état du résultat global?
   c) un état des variations des capitaux propres?
   d) un tableau des flux de trésorerie?

5. Ces états financiers sont-ils audités par des auditeurs externes? Comment le savez-vous?

6. Le total de l'actif a-t-il augmenté ou diminué au cours de la dernière période financière?

7. Quel est le solde de clôture des stocks?

8. Écrivez l'équation comptable (en monnaie) à la clôture de la période financière.

CP1-8 L'utilisation des rapports financiers : le tableau des flux de trésorerie

Procurez-vous le rapport annuel d'une entreprise que vous trouvez intéressante. Nous vous suggérons de choisir une entreprise dont les états financiers sont dressés selon les IFRS. Les bases de données des bibliothèques, le service SEDAR (www.sedar.com) ou le site Web de l'entreprise sont de bonnes sources d'information.

Travail à faire

Examinez attentivement le tableau des flux de trésorerie. Ensuite, répondez aux questions suivantes en vous basant sur ce rapport.

1. Les flux de trésorerie liés aux activités opérationnelles sont-ils égaux au résultat net ? S'il y a écart entre ces montants, quelles en sont les causes ? (Indice : Tenez compte de la différence existant entre les encaissements et les décaissements ainsi qu'entre les produits et les charges.)

2. Mentionnez et expliquez deux postes figurant sous les intitulés « Flux de trésorerie liés aux activités d'investissement » et « Flux de trésorerie liés aux activités de financement ».

CP1-9 Un projet d'équipe : l'examen d'un rapport annuel

En équipe, choisissez un secteur d'activité que vous étudierez. Une liste des secteurs est fournie sur le site SEDAR (www.sedar.com). Le journal *Les Affaires* présente aussi un classement des entreprises par secteur.

Travail à faire

Chaque membre de l'équipe doit se procurer le rapport annuel d'une société ouverte évoluant dans ce secteur d'activité et choisir une entreprise différente. Individuellement, chaque membre doit rédiger un rapport en répondant aux questions suivantes concernant l'entreprise choisie.

1. Quels types de produits l'entreprise choisie vend-elle ?

2. À quelle date la période financière se termine-t-elle ?

3. Pour combien d'années l'entreprise présente-t-elle :
   a) un état de la situation financière ?
   b) un état du résultat global ?
   c) un état des variations des capitaux propres ?
   d) un tableau des flux de trésorerie ?

4. Ces états financiers sont-ils audités par des auditeurs externes ? Le cas échéant, qui sont-ils ?

5. Le total de l'actif a-t-il augmenté ou diminué au cours de la période ?

6. Le résultat net a-t-il augmenté ou diminué au cours de la période ?

7. Par la suite, en équipe, rédigez un bref rapport où vous comparez les entreprises en fonction des six questions énumérées plus haut.

Chapitre

2

LES DÉCISIONS
D'INVESTISSEMENT
ET DE FINANCEMENT
ET L'ÉTAT DE LA SITUATION
FINANCIÈRE

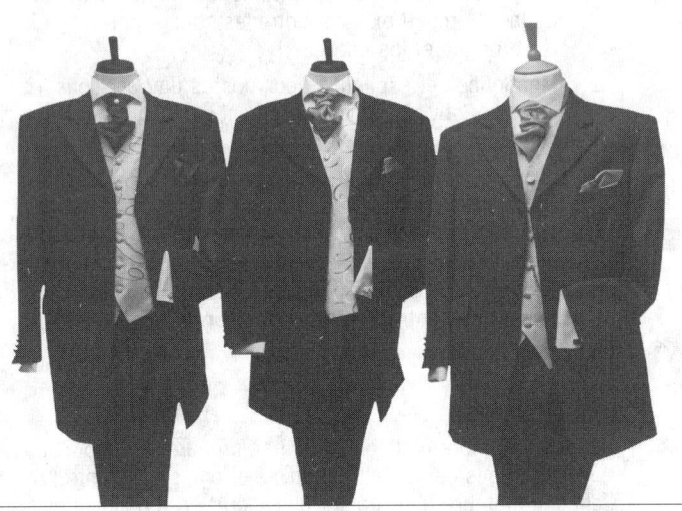

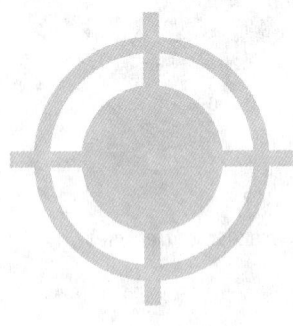

**OBJECTIFS
D'APPRENTISSAGE**
**Au terme de ce chapitre,
vous pourrez :**

1. comprendre l'objectif de l'information financière, le cadre conceptuel de la comptabilité et les éléments de l'état de la situation financière (*voir la page 57*) ;

2. reconnaître une opération commerciale et définir les principaux postes qui apparaissent à l'état de la situation financière (*voir la page 65*) ;

3. analyser de simples opérations commerciales en fonction de l'équation comptable : Actif = Passif + Capitaux propres (*voir la page 68*) ;

4. dresser un état de la situation financière simple (*voir la page 73*) ;

5. calculer et interpréter le taux d'adéquation du capital (*voir la page 75*) ;

6. reconnaître les opérations relatives aux activités d'investissement et aux activités de financement, et la manière dont elles sont présentées dans le tableau des flux de trésorerie (*voir la page 78*) ;

7. comprendre et utiliser les écritures de journal et les comptes en T (*voir la page 79*) ;

8. comparer les normes internationales d'information financière (IFRS) et les normes comptables pour les entreprises à capital fermé (*voir la page 89*).

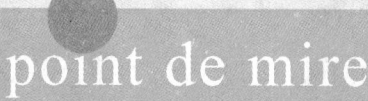

LVMH MOËT HENNESSY – LOUIS VUITTON
Le marché du luxe
www.lvmh.fr

Qu'ont en commun un sac Vuitton, une bouteille de champagne Dom Pérignon, un parfum Christian Dior et une montre TAG? Quatre lettres, LVMH, leader mondial du luxe. Que ce soit au XVIIIe siècle en Champagne avec Claude Moët, au XIXe siècle à Paris avec Louis Vuitton ou encore au XXe siècle avec Christian Dior, le groupe français LVMH Moët Hennessy – Louis Vuitton s'est peu à peu construit, au fil des alliances et du talent des créateurs, pour devenir aujourd'hui la référence mondiale du marché du luxe. LVMH exerce ses activités dans les secteurs des vins et spiritueux avec ses marques de prestige de champagne (Dom Pérignon, Moët & Chandon et Veuve Clicquot), du cognac (Hennessy) et de la vodka (Belvedere); de la mode et de la maroquinerie haut de gamme avec la première marque de luxe mondiale, Louis Vuitton, et bien d'autres; des parfums et cosmétiques avec les grandes maisons françaises Christian Dior, Givenchy, Guerlain et Kenzo; des montres et de la joaillerie avec entre autres le leader mondial des montres et chronographes de sport de prestige TAG Heuer; enfin, LVMH a développé un secteur de distribution sélective afin de créer un réseau adapté à l'image et au statut de ses marques luxueuses. Toutes ces activités exigent des investissements énormes pour soutenir le processus de création et de fabrication de ces produits de luxe. L'état de la situation financière du groupe au 31 décembre 2009, comparé à celui du 31 décembre 2005 met en évidence cette croissance. L'actif de LVMH se chiffre à plus de 32 milliards d'euros, soit une augmentation de 4 milliards d'euros en cinq ans, alors que sa dette de l'ordre de 17 milliards d'euros a diminué de près de 250 millions d'euros.

	Actif	=	Passif	+	Capitaux propres
31 déc. 2009	32 106 M€		17 321 M€		14 785 M€
31 déc. 2005	28 053		17 569		10 484
Variation	4 053 M€		(248) M€		4 301 M€

Malgré la crise financière mondiale de 2008-2009, le marché des grandes marques de luxe a résisté à la récession et LVMH a consolidé ses parts de marché. La diversité des activités du groupe lui permet d'évoluer avec confiance.

• Parlons affaires

La passion créative. Voilà le leitmotiv de LVMH au cours des années. Le groupe mise sur la passion créative de toutes ses équipes pour assurer sa croissance. Toutefois, le talent de ses créateurs et l'excellence de ses produits ne peuvent se matérialiser sans des gestionnaires capables de construire un environnement financier et commercial approprié. LVMH possède des vignobles, des ateliers de fabrication, des installations de recherche et développement, des entrepôts, des magasins, des réseaux de distribution de même que des réseaux de fournisseurs, et peut aussi s'appuyer sur plus de 77 000 employés qui collaborent à la stratégie de développement du groupe.

LVMH rayonne à travers le monde. On trouve ses produits en France, bien sûr, mais aussi partout en Europe, aux États-Unis, au Japon et dans bien d'autres pays. LVMH possède aussi un réseau de plus de 2 400 magasins répartis sur la planète. Au 31 décembre 2009, la capitalisation boursière du groupe s'élevait à 38 milliards d'euros à la Bourse de Paris, soit une hausse de 64 % par rapport au 31 décembre 2008. Cette hausse impressionnante montre que le marché financier fait confiance aux orientations stratégiques adoptées par les dirigeants de LVMH, lesquelles se reflètent dans les états financiers.

Afin de comprendre comment les résultats de la stratégie de croissance de LVMH sont transmis par ses états financiers, vous devez pouvoir répondre aux questions suivantes :

- Quelles opérations commerciales provoquent des changements à l'état de la situation financière d'une période financière à l'autre ?
- Comment les opérations commerciales influent-elles sur les postes de l'état de la situation financière de l'entreprise ?
- Comment les entreprises conservent-elles une trace de leurs opérations ?

Après avoir répondu à ces questions, vous pourrez effectuer deux types d'analyse :
1. Analyser et prédire les effets des décisions d'affaires sur les états financiers d'une entreprise ;
2. Utiliser les états financiers d'entreprises pour cerner et évaluer les décisions que les gestionnaires ont prises durant une période. Il s'agit d'une tâche essentielle du processus d'analyse des états financiers.

Dans le présent chapitre, nous nous attardons sur des activités commerciales particulières telles que les activités d'investissement (l'acquisition d'immobilisations) et les activités de financement qui s'ensuivent, telles qu'emprunter de l'argent aux créanciers ou recueillir du capital auprès des investisseurs. Nous examinons les activités qui influent uniquement sur les montants figurant à l'état de la situation financière. Aux chapitres 3 et 4, nous expliquons les activités opérationnelles qui ont une incidence à la fois sur les montants qui apparaissent à l'état du résultat global et à l'état de la situation financière.

STRUCTURE DU CHAPITRE 2

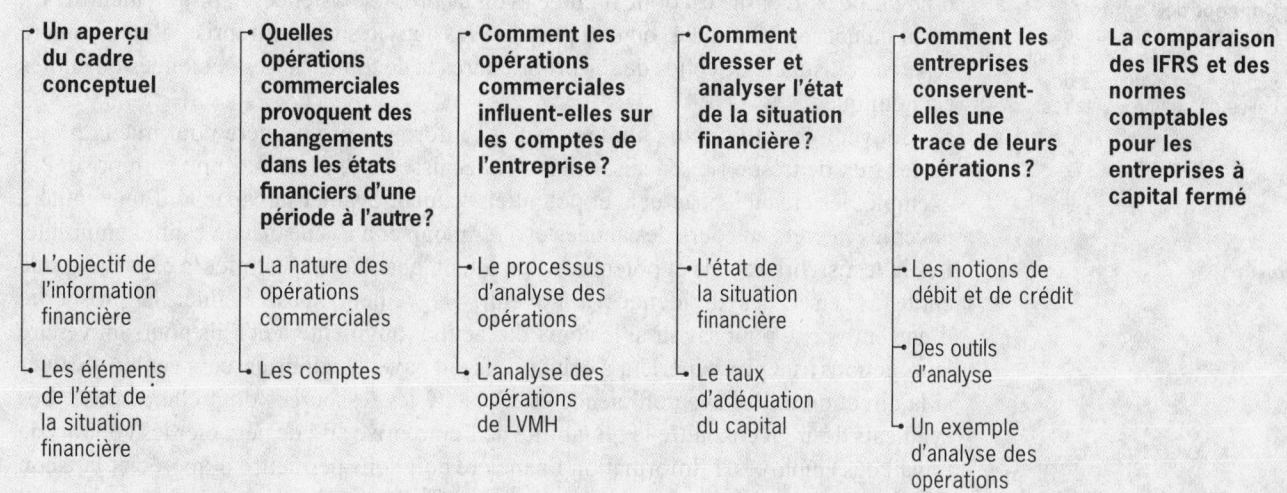

2.1 Un aperçu du cadre conceptuel

Nous avons vu au chapitre 1 les normes comptables canadiennes, lesquelles ont été grandement modifiées au cours des dernières années, principalement lors de l'adoption, au Canada, des Normes internationales d'information financière (IFRS). Ces changements ont amené l'Institut canadien des comptables agréés (ICCA) à adopter du même coup le cadre conceptuel tel que conçu par l'International Accounting Standards Board (IASB). Pour produire une information financière utile, l'ensemble des normes doit reposer sur certains concepts fondamentaux afin d'assurer leur cohérence et de guider les entreprises dans la préparation de leurs états financiers. Tel est le rôle du cadre conceptuel de l'information financière. La figure 2.1 (*voir la page 59*) présente le cadre conceptuel publié dans le *Manuel de l'ICCA* et régulièrement mis à jour par les organismes de réglementation des normes comptables. Nous expliquons le cadre conceptuel de la comptabilité dans ce chapitre et les trois suivants (le numéro du chapitre en question est indiqué dans la figure à côté de chaque mot ou concept). Il est important que vous connaissiez bien ce cadre conceptuel, car vous comprendrez plus facilement le fonctionnement du processus comptable si vous savez pourquoi il fonctionne ainsi. Une compréhension éclairée vous aidera aussi, dans les chapitres ultérieurs, à comprendre des opérations commerciales plus complexes.

2.1.1 L'objectif de l'information financière

Tout en haut de la pyramide de la figure 2.1, on trouve l'**objectif de l'information financière**, lequel oriente tous les autres concepts du cadre conceptuel. La comptabilité financière a pour principal objectif de fournir de l'information utile sur une entité pour aider les investisseurs, prêteurs et créanciers (fournisseurs de capitaux) à prendre des décisions financières éclairées. L'information financière publiée est donc avant tout axée sur les besoins des fournisseurs de capitaux, mais du même coup satisfait les besoins communs des autres utilisateurs, tels que les clients ou les employés. De plus, on s'attend à ce que les utilisateurs des états financiers aient une compréhension raisonnable des concepts et processus comptables utilisés par l'entreprise pour produire l'information financière.

OBJECTIF D'APPRENTISSAGE 1

Comprendre l'objectif de l'information financière, le cadre conceptuel de la comptabilité et les éléments de l'état de la situation financière.

Objectif de l'information financière
Communication de l'information utile sur une entité pour aider les utilisateurs externes à prendre des décisions financières éclairées.

L'information financière porte sur une entité. On définit l'entité comme un «ensemble circonscrit d'activités économiques dont l'information financière est susceptible d'être utile[1]». L'entité est donc réputée avoir sa propre existence, sa propre identité. En vertu du **concept de l'entité**, on comptabilise les activités de l'entreprise d'une manière séparée et distincte de celles de ses propriétaires et de toutes autres personnes ou entités économiques.

Souvent, les utilisateurs s'intéressent à l'information financière pour mieux projeter les flux de trésorerie (encaissements et décaissements) futurs d'une entreprise. Par exemple, les créanciers actuels et potentiels veulent évaluer la capacité d'une entité à payer les intérêts au cours des années et à rembourser à l'échéance le capital emprunté. Les investisseurs actuels et potentiels souhaitent, quant à eux, estimer la capacité d'une entité à verser des dividendes à l'avenir. Ils veulent aussi évaluer la prospérité d'une entreprise pour savoir si le cours des actions augmentera et s'ils pourront vendre leurs actions à un prix supérieur à celui qu'ils ont payé. Les fournisseurs veulent évaluer si la direction utilise avec efficience et efficacité les ressources dont elle dispose. Les syndicats désirent connaître la rentabilité de l'entreprise afin de négocier les contrats de travail des employés. L'information financière doit donc permettre d'apprécier la façon dont la direction s'acquitte de ses responsabilités.

Pour atteindre ces objectifs, l'information financière est établie sur la base de la comptabilité d'engagement. La méthode de la **comptabilité d'engagement** consiste à enregistrer les transactions au moment où elles se produisent, peu importe le moment où les entrées ou sorties de fonds ont lieu. Selon cette méthode, les états financiers fournissent une information plus complète que s'ils étaient limités aux encaissements et décaissements d'une période. Autrement dit, sans la méthode de la comptabilité d'engagement, des éléments importants des ressources et des engagements de l'entreprise seraient absents des états financiers.

Le cadre conceptuel de l'information financière nous indique également que les états financiers sont préparés selon l'hypothèse de la **continuité de l'exploitation**. Selon cette hypothèse, on présume qu'une entreprise poursuivra ses activités assez longtemps pour satisfaire à ses engagements contractuels et atteindre ses objectifs. On suppose donc que l'entreprise n'a pas l'intention de cesser ses activités. La violation de cette hypothèse signifierait qu'on devrait évaluer et inscrire les actifs et passifs à l'état de la situation financière comme si la société était liquidée (autrement dit, on présenterait les actifs et passifs à leur valeur nette de réalisation). Dans tous les chapitres, à moins d'indication contraire, nous supposons que les entreprises respectent l'hypothèse de la continuité de l'exploitation.

2.1.2 Les éléments de l'état de la situation financière

Les **actifs** sont les ressources économiques qu'une entité possède ou sur lesquelles elle exerce un contrôle, et qu'elle peut utiliser pour poursuivre ses activités. Autrement dit, les actifs représentent des avantages économiques futurs, en ce sens qu'ils contribuent à générer des flux monétaires. Pour comptabiliser un actif, il faut que celui-ci procure des avantages futurs à l'entreprise, mais aussi qu'il ait un coût ou une valeur que l'on peut évaluer de façon fiable. Les gestionnaires se servent de leur jugement (et des expériences passées) pour déterminer l'avantage futur le plus probable. Par exemple, une entreprise peut avoir une liste de clients qui lui doivent 10 000 $. Cependant, l'histoire de cette entreprise permet de croire que 98 % de ces dettes, donc seulement 9 800 $, seront recouvrées. Le montant le plus probable sera présenté aux utilisateurs pour qu'ils puissent prévoir les flux de trésorerie futurs.

---

1 CONSEIL DES NORMES COMPTABLES, *Cadre conceptuel de l'information financière : l'entité comptable, Exposé-sondage*, Toronto, Institut canadien des comptables agréés, avril 2010, p. i.

2 Louis MÉNARD et al., *Dictionnaire de la comptabilité et de la gestion financière*, 3ᵉ éd., Toronto, Institut canadien des comptables agréés, 2011.

3 *Manuel de l'ICCA*, partie I : Cadre conceptuel de l'information financière, paragr. 4.4a.

FIGURE 2.1 • CADRE CONCEPTUEL DE L'INFORMATION FINANCIÈRE

2

OBJECTIF DE L'INFORMATION FINANCIÈRE (chap. 2)
Fournir de l'information utile aux investisseurs, aux prêteurs et aux autres créanciers pour les aider à prendre des décisions éclairées.

CARACTÉRISTIQUES QUALITATIVES ESSENTIELLES (chap. 5)
Pertinence – L'information est pertinente lorsqu'elle peut influencer les décisions des utilisateurs.
• Valeur prédictive (extrapolation dans le futur)
• Valeur de confirmation (évaluation des attentes passées)
• Importance relative (caractère significatif de l'information)
Fidélité – L'information dépeint un phénomène économique.
• Information complète (toutes les opérations)
• Neutralité (information dénuée de parti pris)
• Information exempte d'erreurs

CARACTÉRISTIQUES QUALITATIVES AUXILIAIRES (chap. 5)
Comparabilité – Cohérence et permanence des méthodes comptables
Vérifiabilité – Information vérifiable par des observateurs indépendants
Rapidité – Accessibilité de l'information au moment opportun
Compréhensibilité – Information présentée de façon claire et concise

CONTRAINTE (chap. 5)
Coût – Les avantages de la production d'information doivent justifier les coûts qui s'y rattachent.

ÉLÉMENTS DES ÉTATS FINANCIERS
Actif – Ressource contrôlée par l'entité et susceptible de produire des avantages économiques futurs (chap. 2).
Passif – Obligation de l'entité, dont le règlement pourra nécessiter l'utilisation de ressources économiques (chap. 2).
Capitaux propres – Fonds fournis par les propriétaires et les activités de l'entité (chap. 2).
Produits – Augmentation des ressources économiques qui résulte des activités de l'entité (chap. 3).
Charges – Diminution des ressources économiques qui résulte des activités de l'entité (chap. 3).

COMPTABILISATION DES ÉLÉMENTS DES ÉTATS FINANCIERS (chap. 2 et 3)
Deux critères :
• Probabilité d'augmentation ou de diminution d'avantages économiques futurs
• Évaluation fiable du coût ou de la valeur

ÉVALUATION DES ÉLÉMENTS DES ÉTATS FINANCIERS
Conventions d'évaluation :
• Coût historique (chap. 2)
• Coût actuel
• Valeur de réalisation
• Valeur actuelle

La convention d'évaluation des actifs la plus utilisée par les entreprises est celle du **coût historique**. Cette convention stipule qu'il faut utiliser la valeur d'acquisition pour comptabiliser les éléments figurant aux états financiers. Selon cette convention, on mesure le coût d'un actif à la date de l'opération d'échange sur la base des liquidités versées et de la juste valeur de toute contrepartie autre que des espèces (actifs, privilèges ou droits) également échangée. Par exemple, si vous achetez une voiture en versant une somme d'argent et en donnant un ordinateur, le coût de la voiture est égal à l'argent versé plus la juste valeur de l'ordinateur au moment de la transaction. Ainsi, dans la plupart des cas, on peut facilement déterminer le coût d'acquisition. Cette convention

Coût historique
Convention exigeant que les actifs soient comptabilisés pour le montant de trésorerie payé ou pour la juste valeur de la contrepartie donnée au moment de leur acquisition[4].

4 *Ibid.*, paragr. 4.55a.

d'évaluation est à la fois objective et vérifiable. Toutefois, il faut être conscient que le coût historique ne permet pas de refléter à l'état de la situation financière les changements qui sont survenus dans la juste valeur de l'actif. Au fil des ans, la juste valeur d'un actif peut différer de son coût inscrit à l'état de la situation financière au moment de son acquisition. C'est pourquoi d'autres conventions d'évaluation peuvent être utilisées, comme nous l'étudions dans les prochains chapitres.

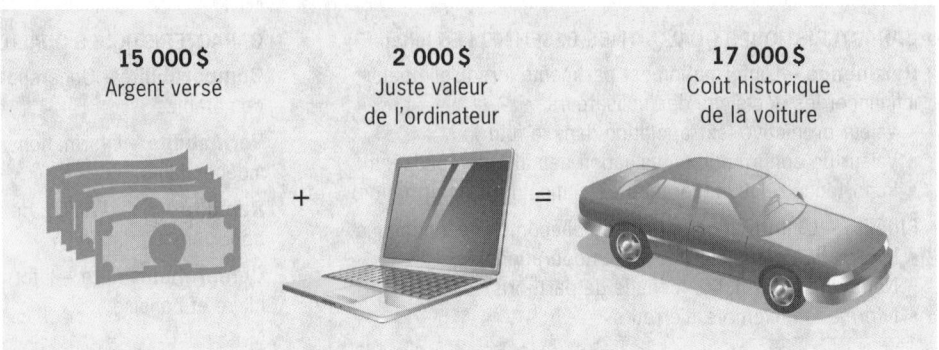

| 15 000 $ | 2 000 $ | 17 000 $ |
| Argent versé | Juste valeur de l'ordinateur | Coût historique de la voiture |

Le tableau 2.1 présente l'état de la situation financière de LVMH, les montants étant arrondis au million d'euros près. Il faut noter que l'exercice financier de la société LVMH se termine le 31 décembre. Nous expliquons le choix de la date de fin de période au chapitre 4.

Tout au long du présent ouvrage, nous adoptons la terminologie proposée par les IFRS. Toutefois, il arrive souvent que les entreprises utilisent des termes différents pour décrire la même réalité. Par exemple, LVMH utilise le terme « Bilan » au lieu de l'expression « État de la situation financière ». Tous ces termes sont aussi acceptables, bien qu'ils peuvent amener de la confusion pour quiconque commence dans l'étude de la comptabilité. Nous tentons d'y remédier au fur et à mesure en indiquant le terme générique utilisé par les IFRS.

De plus, LVMH étant une société française, elle doit respecter un certain nombre de règlements légaux propres à son pays ainsi qu'une certaine tradition européenne dans la présentation de ses états financiers. Ces deux éléments font que les états financiers des sociétés françaises diffèrent quelque peu quant au contenu et à la forme de ceux des entreprises canadiennes. Pour en faciliter l'étude, nous avons simplifié, dans un premier temps, les états financiers de LVMH en regroupant certains comptes.

Il convient de noter que l'on catégorise bon nombre des actifs sous la rubrique de l'**actif courant**. Cette catégorie représente les ressources que LVMH utilisera ou convertira en argent au cours du prochain exercice financier. De plus, les stocks sont toujours considérés comme un actif courant, peu importe le temps qu'on met à les produire et à les vendre. Comme l'indique l'état de la situation financière de LVMH, dans le tableau 2.1, l'actif courant inclut la trésorerie, les comptes clients (créances clients), les stocks, les impôts et d'autres actifs non précisés.

Tous les autres actifs sont considérés comme non courants, c'est-à-dire qu'ils seront utilisés ou conservés d'une manière durable. Pour LVMH, les actifs non courants englobent les immobilisations corporelles, les écarts d'acquisition, les immobilisations incorporelles, les autres éléments d'actifs et les impôts futurs (causés par des écarts temporaires entre le résultat fiscal et le résultat comptable). Nous étudions plus en détail chacun de ces éléments d'actif à partir du chapitre 6.

Actif courant
Moyen financier qu'une entité peut utiliser sans restriction pour son exploitation, ainsi que tout autre actif qui, dans le cours normal des activités, sera converti en trésorerie ou équivalent de trésorerie, vendu, consommé ou réalisé d'ici un an ou au cours du cycle d'exploitation normal de l'entité s'il excède douze mois[5].

5 L. MÉNARD et al., op. cit.

TABLEAU 2.1 • BILAN CONSOLIDÉ DE LVMH

**LVMH
Bilan consolidé
au 31 décembre**
(en millions d'euros)

	Notes	2009	2008
Actif			
marques et autres immobilisations incorporelles, nettes	3	8 697	8 523
Écarts d'acquisition, nets	4	4 270	4 423
Immobilisations corporelles, nettes	6	6 140	6 081
Autres actifs non courants	7 et 8	1 503	1 432
Impôts différés	26	521	670
Actifs non courants		21 131	21 129
Stocks et en-cours	9	5 644	5 764
Créances clients et comptes rattachés	10	1 455	1 650
Impôts sur les résultats		217	229
Autres actifs courants	11	1 213	1 698
Trésorerie et équivalents de trésorerie	13	2 446	1 013
Actifs courants		10 975	10 354
Total de l'actif		32 106	31 483
Passif et capitaux propres			
Capital		147	147
Primes		1 763	1 737
Résultats non distribués		12 439	11 456
Autres éléments des capitaux propres		(553)	(536)
Capitaux propres, part du groupe	14	13 796	12 804
Intérêts minoritaires	16	989	989
Capitaux propres		14 785	13 793
Dette financière à plus d'un an	17	4 077	3 738
Provisions à plus d'un an	18	990	971
Impôts différés	26	3 117	3 113
Autres passifs non courants	19	3 089	3 253
Passifs non courants		11 273	11 075
Dette financière à moins d'un an	17	1 708	1 847
Fournisseurs et comptes rattachés		1 911	2 292
Impôts sur les résultats		221	304
Provisions à moins d'un an	18	334	306
Autres passifs courants	20	1 874	1 866
Passifs courants		6 048	6 615
Total du passif et des capitaux propres		32 106	31 483

TABLEAU 2.2 • ÉTAT DE LA SITUATION FINANCIÈRE CONSOLIDÉ DE LVMH (SELON LE MODÈLE CANADIEN)

LVMH
État de la situation financière consolidé
au 31 décembre
(en millions d'euros)

	Notes	2009	2008
Actif			
Courants			
Trésorerie et équivalents de trésorerie	13	2 446	1 013
Créances clients et comptes rattachés	10	1 455	1 650
Stocks et en-cours	9	5 644	5 764
Impôts sur les résultats		217	229
Autres actifs courants	11	1 213	1 698
Actifs courants		10 975	10 354
Non courants			
Immobilisations corporelles, nettes	6	6 140	6 081
Marques et autres immobilisations incorporelles, nettes	3	8 697	8 523
Écarts d'acquisition, nets	4	4 270	4 423
Impôts différés	26	521	670
Autres actifs non courants	7 et 8	1 503	1 432
Actifs non courants		21 131	21 129
Total de l'actif		32 106	31 483
Passif et capitaux propres			
Passif			
Courants			
Fournisseurs et comptes rattachés		1 911	2 292
Dette financière à moins d'un an	17	1 708	1 847
Impôts sur les résultats		221	304
Provisions à moins d'un an	18	334	306
Autres passifs courants	20	1 874	1 866
Passifs courants		6 048	6 615
Non courants			
Dette financière à plus d'un an	17	4 077	3 738
Provisions à plus d'un an	18	990	971
Impôts différés	26	3 117	3 113
Autres passifs non courants	19	3 089	3 253
Passifs non courants		11 273	11 075
Total du passif		17 321	17 690
Capitaux propres			
Capitaux propres attribuables aux propriétaires			
Capital		147	147
Primes		1 763	1 737
Résultats non distribués		12 439	11 456
Autres éléments des capitaux propres		(553)	(536)
	14	13 796	12 804

Intérêts minoritaires	16	989	989
Total des capitaux propres		14 785	13 793
Total du passif et des capitaux propres		32 106	31 483

analyse financière

LES ACTIFS NON COMPTABILISÉS

Les gestionnaires et analystes financiers utilisent l'état de la situation financière pour prendre des décisions au sujet de la gestion des actifs de l'entreprise ou de l'évaluation de celle-ci. Parallèlement, ils constatent que certains actifs de grande valeur ne sont pas inscrits à l'état de la situation financière, puisqu'ils n'ont pas de «valeur comptable*». L'un de ces actifs est la dénomination sociale ou la marque de produit d'une entreprise. L'état de la situation financière de la société Bombardier produits récréatifs inc. ne révèle aucune composante concernant sa marque de commerce Ski-Doo. Sa valeur comptable est nulle, puisque ce produit a été créé par l'entreprise dans le passé (grâce à la recherche, au développement et à la publicité) et n'est le résultat d'aucune opération d'échange déterminable (il n'a pas été acheté). Plusieurs immobilisations incorporelles précieuses, comme les marques de commerce, les brevets et les droits d'auteur qui sont mis au point par l'entreprise n'ont aucune valeur comptable et ne sont pas, par conséquent, divulgués dans les états financiers**.

* La valeur comptable d'un actif est le montant inscrit à l'état de la situation financière, basé sur la convention d'évaluation pertinente retenue.

** Il peut arriver qu'une entreprise comptabilise une immobilisation incorporelle qu'elle a elle-même développée. Nous reviendrons sur cette question au chapitre 8.

Comme la grande majorité des sociétés européennes, LVMH présente ses actifs par ordre de liquidité croissante, c'est-à-dire que les actifs les moins susceptibles d'être convertis en argent sont présentés en premier, des moins liquides aux plus liquides. Le tableau 2.2 reprend donc l'état de la situation financière de LVMH en adoptant cette fois la forme de présentation qui a cours au Canada. À l'inverse des sociétés européennes, on présente au Canada les actifs par ordre de liquidité décroissante, c'est-à-dire que les actifs courants sont présentés avant les actifs non courants. On présente ensuite, dans l'ordre, les passifs courants, les passifs non courants et, enfin, les capitaux propres.

Les **passifs** représentent les dettes ou obligations d'une entreprise, par suite d'opérations ou de faits passés, dont le règlement se fera à l'aide de l'utilisation d'actifs ou la prestation de services. Ces entités auxquelles la société doit de l'argent s'appellent «créanciers». Ceux-ci recevront les montants qui leur sont dus plus des intérêts sur ces montants, s'il y a lieu. L'état de la situation financière de LVMH inclut: 1) les comptes fournisseurs et les comptes qui y sont rattachés (obligations vis-à-vis de ses fournisseurs, de ses employés et autres); 2) les dettes financières; 3) les impôts; 4) les provisions; 5) les autres passifs courants et non courants. Nous expliquons ces passifs dans des chapitres ultérieurs.

Les passifs sont présentés à l'état de la situation financière selon leur ordre d'exigibilité, soit selon la date à laquelle ils doivent être réglés (*voir le tableau 2.2*). Les passifs que doit payer LVMH (en espèces, en services ou au moyen d'autres actifs courants) dans les 12 mois qui suivent la date de clôture sont classés dans le **passif courant**. L'information fournie sur l'actif courant et le passif courant aide les utilisateurs externes à évaluer les flux de trésorerie futurs. La plupart des entreprises inscrivent séparément les

Passif
Obligation actuelle de l'entité résultant d'événements passés et dont l'extinction devrait se traduire pour l'entité par une sortie de ressources représentatives d'avantages économiques[6].

Passif courant
Obligation dont l'entité devra s'acquitter dans un délai relativement court, généralement de moins d'un an, ou au cours du cycle normal d'exploitation de l'entité s'il excède douze mois[7].

6 *Manuel de l'ICCA, op. cit.*, paragr. 4.4b.

7 L. MÉNARD *et al., op. cit.*

actifs et les passifs courants. D'autres, comme la société Bombardier, énumèrent tous leurs actifs et passifs les uns à la suite des autres sans distinction des éléments courants et des éléments non courants. Dans une note aux états financiers, Bombardier justifie cette présentation en arguant que ses filiales comportent des cycles d'exploitation trop différents les uns des autres.

Capitaux propres
Fonds provenant des actionnaires et des activités de l'entreprise.

Capital social (ou capital)
Capital investi par les actionnaires dans l'entreprise.

Bien que les **capitaux propres** soient souvent définis comme un solde résiduel (Actif – Passif), on y trouve des composantes bien distinctes. Le **capital social** (ou **capital**) est la valeur du capital investi dans l'entreprise (argent ou autres actifs) par les actionnaires. Il comprend les actions ordinaires, les actions privilégiées et toute autre catégorie d'actions émises par l'entreprise. Les actionnaires apportent des fonds dans l'entreprise, et la société leur vend ou émet des actions. Le principal actionnaire de LVMH est le groupe Arnault, qui possède 47,4 % du capital et 63,6 % des droits de vote. Les employés, les cadres ainsi que le grand public détiennent le reste des actions de l'entreprise, soit 52,6 %.

Les actionnaires investissent (ou achètent des actions) dans une entreprise dans l'espoir de recevoir deux types de revenus : des dividendes, lesquels consistent en une distribution des résultats de l'entreprise (rendement du capital investi par les actionnaires) et des gains provenant de la vente de leurs actions à un prix supérieur à celui qu'ils ont payé (gains en capital).

Résultats non distribués
Résultats cumulatifs qui n'ont pas été distribués aux actionnaires et qui sont réinvestis dans l'entreprise.

Les résultats qui ne sont pas distribués aux actionnaires et qui sont réinvestis dans l'entreprise s'appellent « **résultats non distribués**[8] ». Un examen de l'état de la situation financière de LVMH (*voir le tableau 2.2 aux pages 62 et 63*) révèle que la croissance de l'entreprise a été financée par un réinvestissement de ses résultats. En effet, 84 % des capitaux propres du groupe sont des résultats non distribués (résultats non distribués de 12 439 millions d'euros sur un total de capitaux propres de 14 785 millions d'euros). D'autres éléments faisant partie des capitaux propres d'une entreprise sont étudiés dans les prochains chapitres.

Jusqu'à présent, nous avons examiné plusieurs concepts et termes utilisés en comptabilité. Nous pouvons maintenant analyser les activités économiques qui entraînent des changements dans les états financiers de l'entreprise.

question d'éthique

LA PROTECTION DE L'ENVIRONNEMENT

Face aux pressions sociales et aux nombreuses exigences légales, les entreprises sont de plus en plus conscientes de leur obligation de rendre compte de l'incidence de leurs activités sur l'environnement et de leur performance dans ce domaine.

De leur côté, les utilisateurs des états financiers ont besoin d'information pour évaluer dans quelle mesure les charges et les risques liés à l'environnement peuvent avoir des conséquences sur la santé financière et les résultats de l'entreprise. Ils doivent pouvoir juger jusqu'à quel point la protection de l'environnement fait partie des objectifs de l'entreprise, et estimer les coûts et avantages qui y sont associés. Ils doivent aussi savoir dans quelle mesure l'entreprise respecte les réglementations environnementales, ce qui limite les risques d'éventuelles amendes ou de possibles dédommagements à verser à des tiers.

Même lorsque l'entreprise publie de l'information environnementale, l'absence d'un ensemble de règles comptables rend difficiles non seulement la comparaison des sociétés entre elles, mais également l'appréciation de la valeur de ces données financières.

Un grand nombre d'entreprises telles que Cascades décrivent, par voie de notes aux états financiers, leur pratique comptable concernant les coûts environnementaux. Dans son rapport de gestion, LVMH rapporte les conséquences de ses activités sur l'environnement. Le groupe analyse sa consommation d'eau, d'énergie et de matières premières ; ses conditions d'utilisation des sols ; ses émissions dans l'air de gaz à effet de serre ; sa gestion des déchets et aussi toutes les mesures de protection qu'il a mises en place pour protéger l'environnement.

8 Les résultats non distribués ne peuvent augmenter qu'à la suite d'activités rentables.

2.2 Quelles opérations commerciales provoquent des changements dans les états financiers d'une période à l'autre ?

OBJECTIF D'APPRENTISSAGE

Reconnaître une opération commerciale et définir les principaux postes qui apparaissent à l'état de la situation financière.

Opération
1) Échange d'actifs, de services ou de promesses de payer entre une entreprise et une ou plusieurs tierces parties ; *ou* 2) Événement interne mesurable, comme l'utilisation des actifs pour les activités opérationnelles.

2.2.1 La nature des opérations commerciales

La comptabilité se concentre sur certains événements qui ont une incidence économique sur l'entité. Ces événements, comptabilisés dans le cadre du processus comptable, s'appellent « **opérations** », ou transactions. La première étape pour traduire les événements commerciaux en montants figurant aux états financiers consiste à déterminer quelles opérations sont reflétées dans les états. Il faut noter que les définitions des actifs et des passifs indiquent que seules les ressources économiques et les dettes provenant d'opérations passées sont inscrites à l'état de la situation financière. Les opérations peuvent être classées en deux catégories :

1. Les **événements extérieurs** consistent en l'**échange** d'actifs, de biens ou de services par une entité contre des actifs, services ou promesses de payer d'une ou de plusieurs autres entités. L'achat de machinerie d'un fournisseur, la vente de marchandises à un client, l'emprunt d'argent à une banque et l'investissement dans une nouvelle entreprise par les propriétaires en sont des exemples.

2. Les **événements internes** consistent en des opérations qui ne sont pas le résultat d'échanges entre l'entreprise et d'autres parties, mais qui ont tout de même un effet direct et mesurable sur l'entité comptable. Les pertes découlant d'un incendie, l'utilisation des équipements et les intérêts sur les sommes empruntées en sont des exemples.

Dans le présent manuel, nous utilisons le mot « opération » au sens large afin d'inclure ces deux types d'événements.

Par ailleurs, certains événements importants qui ont un effet économique sur la société ne sont pas reflétés dans les états financiers. Le plus souvent, la signature d'un contrat qui ne comporte aucun échange d'argent, de biens, de services ou de propriétés n'est pas considérée comme une opération, puisqu'elle ne constitue que l'échange d'une promesse. Par exemple, si LVMH engage un nouveau directeur et signe un contrat de travail, aucune opération n'a lieu du point de vue comptable, car aucun échange d'actifs ou de passifs ne se produit. Chacune des parties au contrat fait une promesse (le directeur convient de travailler, et LVMH accepte de lui payer un salaire

---

* **Solutions du test d'autoévaluation**
a) PC ; b) ANC ; c) PNC ; d) CP ; e) AC ; f) AC ; g) CP ; h) AC.

en contrepartie de son travail). Cependant, pour chaque journée où le nouveau directeur travaille, l'échange de services par l'employé entraîne une opération que LVMH doit inscrire (à titre d'obligation de payer le salaire du directeur). Toutefois, compte tenu de leur importance, certains contrats, baux ou engagements doivent tout de même être divulgués par voie de notes aux états financiers, du fait qu'ils peuvent influer sur les décisions des utilisateurs.

2.2.2 Les comptes

Pour prendre en considération les effets monétaires des opérations sur chacun des postes figurant aux états financiers, les entreprises utilisent un tableau normalisé que l'on appelle « compte ». Les soldes qui en découlent servent à établir les états financiers. L'ensemble des comptes d'une entreprise s'appelle « plan de comptes ». Un plan de comptes est une liste codifiée de tous les comptes classés selon les éléments des états financiers. Autrement dit, les comptes de l'actif sont d'abord énumérés, suivis des comptes du passif, des comptes des capitaux propres, des comptes des produits et des comptes des charges.

Le plan de comptes prévoit aussi un numéro unique pour chaque compte qui est utilisé au moment de la saisie des données dans le système comptable. Par exemple, 1-100 pourrait être le numéro du compte Trésorerie, 1-146 Stock de fournitures, 2-261 Effets à payer, 3-111 Capital social, 4-115 Revenus de location et 5-210 Salaires. Le nombre de comptes dépend du degré de précision que les gestionnaires de l'entreprise désirent obtenir. Le tableau 2.3 donne un exemple d'un plan de comptes.

Lorsque vous hésitez sur la façon de classer un compte, aidez-vous des éléments suivants :

1. Un compte dont l'intitulé comprend l'expression « à recevoir » est toujours un compte d'actif.
2. Un compte dont l'intitulé comprend l'expression « à payer » est toujours un compte de passif.
3. Un compte « payé d'avance » est un actif, car il représente un montant payé à des tiers en vue d'avantages futurs telle une couverture d'assurance pour une période à venir.
4. Un compte « différé » est un passif, car il représente un montant reçu par l'entreprise, qui engage celle-ci à fournir des biens ou des services à l'avenir.

Chaque société a un plan de comptes qui lui est propre, selon la nature de ses activités. Par exemple, un petit service d'entretien de pelouse peut disposer d'un compte d'actif intitulé Matériel de tonte de pelouse, mais il est peu probable que LVMH ait besoin de ce compte. Ces différences deviendront plus apparentes au cours de l'examen de l'état de la situation financière de plusieurs entreprises.

Puisque chaque société dispose d'un plan de comptes différent, vous ne devez pas tenter de mémoriser un plan de comptes typique. Dans les problèmes se trouvant à la fin des chapitres, l'intitulé du compte que l'entreprise utilise est donné ou vous devez choisir les intitulés appropriés. Une fois l'intitulé choisi pour un compte, vous devez l'utiliser pour toutes les opérations qui influent sur ce compte.

Les postes que vous voyez dans les états financiers sont en fait des sommations d'une quantité de comptes plus détaillés dans le système de comptabilité d'une entreprise. Par exemple, LVMH conserve des comptes distincts pour les terrains, les vignobles, les immeubles, le matériel et l'outillage, mais, dans l'état de la situation financière, elle les regroupe sous le poste Immobilisations corporelles. Puisqu'on cherche à comprendre les états financiers, on se concentre pour l'instant sur les postes qui sont présentés dans les états financiers.

Compte
Tableau normalisé que les entreprises utilisent pour accumuler les effets monétaires des opérations sur chacun des postes des états financiers.

TABLEAU 2.3 • EXEMPLE D'UN PLAN DE COMPTES

Plan de comptes   page 1

Actif

1-100	Trésorerie
1-111	Petite caisse
1-120	Placements
1-121	Clients
1-122	Provision pour dépréciation – clients
1-131	Intérêts à recevoir
1-132	Loyer à recevoir
1-141	Stocks
1-145	Charges payées d'avance
1-146	Stock de fournitures
1-151	Mobilier de bureau
1-152	Amortissement cumulé – mobilier de bureau
1-153	Équipement de bureau
1-154	Amortissement cumulé – équipement de bureau
1-155	Immeuble
1-156	Amortissement cumulé – immeuble
1-159	Terrain

Passif

2-211	Emprunt bancaire
2-221	Fournisseurs
2-231	Salaires à payer
2-232	Charges courantes à payer
2-235	Dividendes à payer
2-236	Impôts à payer
2-241	Taxes de vente à payer
2-251	Intérêts à payer
2-261	Effets à payer
2-262	Hypothèques à payer

Capitaux propres

3-111	Capital social
3-112	Résultats non distribués
3-121	Dividendes

Plan de comptes   page 2

Produits

4-110	Ventes
4-115	Revenus de location
4-120	Rendus et rabais sur ventes
4-130	Escomptes sur ventes
4-140	Produits financiers

Charges

5-110	Coût des ventes
5-210	Salaires
5-220	Charges sociales et avantages sociaux
5-320	Publicité
5-330	Assurances
5-340	Fournitures de bureau utilisées
5-345	Frais postaux
5-350	Frais de représentation
5-360	Impôts fonciers
5-370	Taxes, licences et permis
5-380	Honoraires professionnels
5-385	Téléphone
5-390	Électricité
5-440	Charges financières
5-470	Dépréciation des comptes clients
5-480	Impôts sur le résultat
5-515	Amortissement – mobilier de bureau
5-525	Amortissement – équipement de bureau
5-535	Amortissement – immeuble

2

LA COMPRÉHENSION DES INTITULÉS DE POSTES D'ENTREPRISES ÉTRANGÈRES

Bien que plus d'une centaine de pays aient adopté les IFRS, les entreprises européennes utilisent souvent des intitulés différents de ceux qu'emploient les entreprises canadiennes. Nous avons vu aussi, dans le bilan de LVMH, que les actifs non courants sont placés avant les actifs courants, les capitaux propres avant les passifs, et les passifs non courants avant les passifs courants. La clé pour éliminer toute confusion est de porter une attention particulière aux sous-titres dans l'état financier. Un poste placé sous l'élément « Actif », quel qu'en soit le titre, reste un actif et correspond à la définition que nous avons vue.

perspective internationale

Analyser de simples
opérations commerciales
en fonction de l'équation
comptable : Actif = Passif
+ Capitaux propres.

2

2.3 Comment les opérations commerciales influent-elles sur les comptes de l'entreprise ?

Les gestionnaires prennent des décisions d'affaires qui donnent souvent lieu à des opérations modifiant les états financiers. Par exemple, les décisions concernant l'achat de nouveaux vignobles, la publicité pour un nouveau produit, la modification du régime de retraite des employés ou l'investissement de trésorerie modifient les états financiers. Certaines décisions ont même des effets non voulus. Par exemple, la décision d'acheter comptant des stocks supplémentaires en prévision de ventes importantes fait augmenter les stocks et diminuer la trésorerie. Si ces prévisions ne se réalisent pas, une trésorerie peu élevée réduit la souplesse de l'entreprise et sa capacité à faire face à ses autres obligations. Les décisions d'affaires comportent souvent un élément de risque qu'il faut évaluer. Par conséquent, les gestionnaires doivent bien comprendre comment les opérations influent sur les postes figurant aux états financiers. Ce processus s'appelle « analyse des opérations ».

2.3.1 Le processus d'analyse des opérations

Analyse des opérations
Étude des opérations en vue de déterminer leurs effets économiques sur l'entreprise et sur l'équation comptable.

L'**analyse des opérations** est l'étude des opérations en vue de déterminer leurs effets économiques sur l'entité, particulièrement sur l'équation comptable. Le modèle d'analyse des opérations repose sur l'équation comptable et sur deux règles fondamentales. Dans le chapitre 1, nous avons vu que l'équation comptable de l'entreprise est la suivante :

$$\text{Actif (A)} = \text{Passif (Pa)} + \text{Capitaux propres (CP)}$$

Les deux règles à la base du processus d'analyse des opérations sont les suivantes :
1. Chaque opération influe au moins sur deux comptes (dualité des effets) ; il est important de déterminer correctement les comptes touchés par l'opération et l'orientation de l'effet (augmentation ou diminution) ;
2. L'équation comptable doit demeurer en équilibre après chaque opération.

Le succès de l'analyse des opérations dépend de la compréhension éclairée de la manière dont ce modèle est conçu. Étudiez-le bien.

La dualité des effets

La première règle fait en sorte que toutes les opérations ont un double effet sur l'équation comptable. Il s'agit de l'effet de dualité. À partir de cette notion de dualité, le système de comptabilité en partie double (*voir « Un peu d'histoire » à la page 70*) a été créé. La plupart des opérations conclues avec des tierces parties comportent un échange selon lequel chaque entité renonce à quelque chose et reçoit quelque chose en retour. Par exemple, supposez que LVMH achète au comptant des bouchons de liège (stock de fournitures).

Opération	LVMH reçoit	LVMH donne
Achat au comptant de bouchons de liège	Stock de fournitures (augmentation)	Trésorerie (diminution)

En analysant cette opération, on a déterminé les comptes qui ont été touchés, soit Stock de fournitures et Trésorerie.

Comme nous l'avons vu au chapitre 1, la plupart des stocks sont achetés à crédit (sommes à payer aux fournisseurs). Dans ce cas, LVMH aurait conclu deux opérations :

1. L'achat d'un actif à crédit   Au moment de la première opération, la société reçoit des fournitures (augmentation de l'actif) et, en retour, fait une promesse de paiement ultérieur appelée « Fournisseurs » (augmentation du passif).

2. Le paiement final   Au moment de la deuxième opération, LVMH exécute la promesse de paiement inscrite dans les comptes fournisseurs (diminution du passif) et renonce à une partie de sa trésorerie (diminution de l'actif).

Opération	LVMH reçoit	LVMH donne
1. Achat à crédit de bouchons de liège	Stock de fournitures	Fournisseurs (une promesse de paiement)
2. Paiement de la dette	Fournisseurs (la promesse a été tenue)	Trésorerie

Comme nous l'avons mentionné précédemment, ce ne sont pas toutes les activités commerciales importantes qui entraînent une opération influant sur les états financiers. La signature d'un contrat de service n'entraîne pas d'inscription immédiate dans les comptes de l'entreprise. Par exemple, si LVMH envoie une commande à son fournisseur de bouchons pour en obtenir une plus grande quantité et si le fournisseur accepte la commande, laquelle sera remplie la semaine suivante, aucune opération n'a lieu à des fins comptables. Seules deux promesses ont été échangées. Cependant, aussitôt que les biens sont livrés à LVMH, le fournisseur a renoncé à ses stocks en contrepartie d'une promesse de paiement de LVMH ; de son côté, LVMH a échangé une promesse de paiement contre les biens qu'elle reçoit. Une promesse a été échangée contre des biens, donc une opération a eu lieu, et les états financiers de LVMH ainsi que ceux de son fournisseur doivent être modifiés.

L'équation comptable en équilibre

La deuxième règle à la base du processus d'analyse des opérations précise que l'équation comptable doit demeurer en équilibre après chaque opération. Le total de l'actif doit égaler le total du passif et des capitaux propres. Si tous les comptes et l'orientation de l'effet sur chaque compte ont été bien déterminés, l'équation devrait demeurer en équilibre.

un peu d'histoire

LA COMPTABILITÉ EN PARTIE DOUBLE

Bon nombre de chercheurs se sont penchés sur l'histoire de la comptabilité. Ils ont retracé l'évolution de ce système d'information qui a su, au fil du temps, s'adapter au développement économique et répondre aux besoins d'information des gens. Pour en savoir plus, vous pouvez consulter des sources diverses telles que des monographies et des articles de périodiques, notamment l'*Accounting Historians Journal*, revue consacrée exclusivement à l'histoire de la comptabilité.

Depuis la nuit des temps, le commerce signifie « échange ». Que ce soit au temps des pharaons, de l'Empire grec ou de l'Empire romain, l'État avait besoin de tenir des registres pour établir ses possessions, inscrire les impôts et traiter avec les commerçants. On dressait alors de simples listes : des listes de biens, mais aussi des listes d'obligations liées au commerce. Cette pratique est l'ancêtre de l'état de la situation financière que l'on connaît aujourd'hui. La période du Moyen Âge et de la Renaissance (du ve au xviie siècle) a pour sa part été une période de prospérité permettant aux villes italiennes comme Florence, Gênes et Venise de se développer ; la découverte de l'Amérique a entraîné l'essor de la navigation et du commerce ; les grands marchands et la bourgeoisie ont contribué à la remise en question du système féodal (pensons aux Médicis, famille italienne de marchands et de banquiers qui a joué un rôle de premier plan dans l'histoire de Florence du xve au xviiie siècle), et de nouvelles structures financières et commerciales ont vu le jour (lettres de change et contrats d'assurance rendus nécessaires pour financer les grandes expéditions vers le Nouveau Monde). Tous ces bouleversements sociaux, politiques et économiques ont nécessité la conception d'un système d'information plus élaboré dans le but d'inscrire les promesses ou les biens échangés, les marchandises détenues par chacun, les dettes et les obligations des intéressés. Ce besoin d'information plus précise a donné naissance à un système de tenue des livres qu'on appelle « en partie double » et qu'on utilise encore aujourd'hui. En 1494, Fra Luca Pacioli a publié l'ouvrage *Summa de arithmetica, geometria, proportioni et proportionalita*, sorte d'encyclopédie mathématique considérée comme le premier traité à exposer les fondements de la comptabilité en partie double. Dans ce système, chaque opération commerciale est inscrite deux fois (dualité), d'abord pour enregistrer ce qu'une partie reçoit, puis pour inscrire ce qu'elle cède. Ainsi, on établissait un lien entre les listes de biens (ressources) et les listes d'obligations (engagements). Par la suite, la comptabilité en partie double s'est enrichie du concept de compte, de la notion de débit et de crédit, de l'équilibre entre les ressources et leur provenance, ainsi que des livres comptables.

Le processus d'analyse des opérations exige de respecter les étapes suivantes, dans cet ordre :

1. Déterminez et classez les comptes.
   a) Déterminez les comptes touchés par l'opération. Assurez-vous que le principe de la dualité est respecté (au moins deux comptes sont touchés). Demandez-vous ce à quoi l'entreprise renonce et ce qu'elle reçoit en échange.
   b) Classez chaque compte à titre d'actif (A), de passif (Pa) ou de capitaux propres (CP).
   c) Déterminez le sens du changement (montant de l'augmentation [+] ou de la diminution [−]) pour chaque compte.

2. Vérifiez que l'équation comptable (A = Pa + CP) demeure en équilibre après chaque opération.

2.3.2 L'analyse des opérations de LVMH

Considérons maintenant les opérations typiques de LVMH et celles de la plupart des entreprises pour illustrer ce processus. Seules les opérations influant sur les postes de l'état de la situation financière sont étudiées dans le présent chapitre. Nous supposons que LVMH a conclu les opérations suivantes en janvier 2010 (mois suivant l'état de la situation financière du tableau 2.2 aux pages 62 et 63). N'oubliez pas que les montants sont exprimés en millions d'euros. (Il est important de rappeler que toutes les opérations qui seront traitées sont fictives et n'ont pas réellement eu lieu à la société LVMH.)

a) LVMH émet au comptant une valeur de 50 millions d'euros d'actions à de nouveaux investisseurs.

1. Déterminez et classez les comptes touchés par l'opération.

   Reçu : Trésorerie (+A) 50 M€

   Donné : Des certificats d'actions supplémentaires, Capital social (+CP) 50 M€

2. L'équation comptable est-elle en équilibre ?

   Oui. Il y a une augmentation de 50 M€ du côté gauche de l'équation et une augmentation de 50 M€ du côté droit.

ÉQUATION COMPTABLE

a)	**Actif**		=	**Passif**		+	**Capitaux propres**	
	Trésorerie	+50					Capital social	+50

b) LVMH emprunte 100 millions d'euros d'une banque ; elle signe un effet à payer venant à échéance dans trois ans.

1. Déterminez et classez les comptes touchés par l'opération.

   Reçu : Trésorerie (+A) 100 M€

   Donné : Une promesse écrite de paiement à la banque, Effets à payer (+Pa) 100 M€

2. L'équation comptable est-elle en équilibre ?

   Oui. Il y a une augmentation de 100 M€ du côté gauche de l'équation et une augmentation de 100 M€ du côté droit.

ÉQUATION COMPTABLE

b)	**Actif**		=	**Passif**		+	**Capitaux propres**	
	Trésorerie	+100		Effets à payer	+100			

Les opérations a) et b) sont des opérations de financement. Les sociétés qui ont besoin de trésorerie à des fins d'investissement (pour acquérir des immobilisations supplémentaires dans le contexte de leurs plans de croissance) cherchent souvent à amasser des fonds en vendant des actions aux investisseurs, comme c'est le cas dans l'opération a), ou en empruntant auprès de leurs créanciers, habituellement des banques, comme c'est le cas dans l'opération b).

c) Voulant prendre de l'expansion, LVMH a ouvert 10 nouvelles boutiques au Japon pour vendre ses produits de marque du groupe Mode et maroquinerie. La société a acheté de nouveaux immeubles, des comptoirs, des ordinateurs et d'autre matériel (immobilisations) pour une somme de 120 millions d'euros, payant 70 millions d'euros en espèces et signant un effet à payer au fabricant du matériel pour le solde dû, payable dans deux ans.

1. Déterminez et classez les comptes touchés par l'opération.

   Reçu : Immobilisations (+A) 120 M€

   Donné : (1) Trésorerie (−A) 70 M€

          (2) Effets à payer (+Pa) 50 M€

2. L'équation comptable est-elle en équilibre ?

   Oui. Il y a une augmentation nette de 50 M€ du côté gauche de l'équation et une augmentation de 50 M€ du côté droit.

   Il faut noter que plus de deux comptes ont été touchés par l'opération c).

ÉQUATION COMPTABLE

c)	**Actif**		=	**Passif**		+	**Capitaux propres**
	Immobilisations corporelles	+120		Effets à payer	+50		
	Trésorerie	−70					

2

La manière la plus efficace d'améliorer vos habiletés d'analyse des opérations consiste à vous exercer à en analyser plusieurs. Par conséquent, analysez les opérations d), e) et f), puis remplissez le tableau des effets sur l'équation comptable dans lequel nous avons repris les opérations a), b) et c). La clé de l'apprentissage est de répéter ces étapes jusqu'à ce qu'elles fassent naturellement partie de votre processus cognitif.

d) **LVMH prête 20 millions d'euros à de nouveaux partenaires qui signent des effets, convenant de rembourser le prêt dans cinq ans.**

1. Déterminez et classez les comptes touchés par l'opération.
   Reçu : Effets à recevoir (+A) 20 M€
   Donné : _____

2. L'équation comptable est-elle en équilibre?
   Oui. L'équation demeure la même, puisque les actifs augmentent et diminuent du même montant.

e) **LVMH achète au comptant pour 300 millions d'euros d'actions d'autres entreprises à titre de placement financier.**

1. Déterminez et classez les comptes touchés par l'opération.
   Reçu : Placements (+A) 300 M€
   Donné : Trésorerie (–A) 300 M€

2. L'équation comptable est-elle en équilibre?
   Oui ou non? _____ Pourquoi? _____

f) **Le conseil d'administration de LVMH a déclaré un dividende aux actionnaires d'un montant de 400 millions d'euros, qui sera versé dans un mois.**

Dans cette opération, une partie des résultats non distribués de l'entreprise sera versée aux actionnaires. D'un côté, quand le conseil d'administration d'une entreprise déclare un dividende en argent, les résultats non distribués diminuent. L'entreprise reçoit le droit d'attribuer aux actionnaires ses résultats disponibles. De l'autre côté, l'entreprise, jusqu'à ce que le dividende soit payé, fait à ses actionnaires une promesse de leur verser un dividende.

1. Déterminez et classez les comptes touchés par l'opération.
   Reçu : Résultats non distribués (–CP) 400 M€
   Donné : _____

2. L'équation comptable est-elle en équilibre?
   Oui ou non? _____ Pourquoi? _____

Remplissez le tableau suivant en y inscrivant les opérations d), e) et f).

	ACTIF				=	PASSIF		+	CAPITAUX PROPRES	
	Trésorerie	Placements	Immobilisations corporelles	Effets à recevoir		Effets à payer	Dividendes à payer		Capital social	Résultats non distribués
a)	+50								+50	
b)	+100					+100				
c)	−70		+120			+50				
d)	_____			_____		Aucun changement				
e)	_____	_____				Aucun changement				
f)	Aucun changement						_____			_____
Total	_____	_____	_____	_____		_____			_____	_____

Vérifiez vos réponses à l'aide des solutions présentées au bas de la page suivante*.

2.4 Comment dresser et analyser l'état de la situation financière?

L'état de la situation financière est l'un des quatre états financiers qui sont communiqués aux utilisateurs externes. Il est possible de dresser un état de la situation financière à n'importe quel moment de l'année à partir des soldes des comptes.

2.4.1 L'état de la situation financière

L'état de la situation financière du tableau 2.4 (*voir les pages 74 et 75*) a été préparé en utilisant l'état de la situation financière de LVMH au 31 décembre 2009 (*voir le tableau 2.2 aux pages 62 et 63*), auquel on a ajouté les modifications apportées à l'équation comptable à la suite des opérations précédentes de janvier 2010, lesquelles sont résumées dans le tableau sommaire du test d'autoévaluation (*voir les solutions en bas de page*).

En premier lieu, il faut s'assurer d'intituler correctement l'état (nom de l'entreprise, titre de l'état financier, date et unité de mesure). On peut aussi observer d'autres particularités présentées dans le tableau 2.4.

*   Les actifs et passifs sont classés en deux catégories – courants et non courants. Les actifs courants comprennent les actifs qui seront réalisés au cours de la prochaine année, alors que les actifs non courants comprennent tous les autres actifs. Les passifs courants sont ceux qui seront réglés au cours de la prochaine année, alors que les passifs non courants comprennent tous les autres passifs[9].

*   Les soldes des comptes au 31 janvier 2010 sont comparés à ceux du 31 décembre 2009. Il faut noter que lorsqu'on présente plusieurs périodes, les montants de l'état de la situation financière le plus récent sont généralement placés à gauche.

Il convient aussi de rappeler que toutes les opérations analysées jusqu'ici étaient fictives et qu'elles ne se sont pas réellement produites chez LVMH. Les lignes ombragées montrent les comptes touchés par les opérations de janvier 2010.

Au début du chapitre, un encadré présente les changements qui étaient survenus dans les états de la situation financière de LVMH entre 2005 et 2009. On s'est interrogé sur ce qui avait provoqué la modification des postes et sur le processus utilisé pour refléter ces changements. On peut voir à la page suivante que les comptes ont de nouveau changé en un mois par suite des opérations décrites dans le présent chapitre.

....

9 On trouve les explications concernant les actifs et les passifs courants et non courants dans le *Manuel de l'ICCA*, partie I, IAS 1 : Présentation des états financiers, paragr. 60 à 65.

*   **Solutions du test d'autoévaluation**
    d) Donné : Trésorerie (–A) 20 M€
    e) Oui. L'équation demeure la même puisque les actifs augmentent et diminuent du même montant.
    f) Donné : Dividendes à payer (+Pa) 400 M€
       Oui. Il y a une augmentation et une diminution de 400 M€ du côté droit de l'équation.

		ACTIF			=	**PASSIF**		+	**CAPITAUX PROPRES**	
	Trésorerie	Placements	Immobilisations corporelles	Effets à recevoir		Effets à payer	Dividendes à payer		Capital social	Résultats non distribués
a)	+50								+50	
b)	+100					+100				
c)	–70		+120			+50				
d)	–20			+20		Aucun changement				
e)	–300	+300				Aucun changement				
f)	Aucun changement						+400			–400
Total	–240	+300	+120	+20		+150	+400		+50	–400

Si vos réponses ne correspondent pas à celles qui sont fournies, vous avez avantage à revoir chacune des opérations pour vous assurer que vous avez suivi toutes les étapes.

	Actif	=	Passif	+	Capitaux propres
31 janvier 2010	32 306 M€		17 871 M€		14 435 M€
31 décembre 2009	32 106		17 321		14 785
Variation	200 M€		550 M€		(350) M€

TABLEAU 2.4 • ÉTAT DE LA SITUATION FINANCIÈRE DE LVMH (INCLUANT LES OPÉRATIONS DE JANVIER 2011)

LVMH
État de la situation financière consolidé
(en millions d'euros)

	Au 31 janvier 2010	Au 31 décembre 2009
Actif		
Courants		
Trésorerie et équivalents de trésorerie	2 206	2 446
Créances clients et comptes rattachés	1 475	1 455
Stocks et en-cours	5 644	5 644
Impôts sur les résultats	217	217
Autres actifs courants	1 513	1 213
Actifs courants	11 055	10 975
Non courants		
Immobilisations corporelles, nettes	6 260	6 140
Marques et autres immobilisations incorporelles, nettes	8 697	8 697
Écarts d'acquisition, nets	4 270	4 270
Impôts différés	521	521
Autres actifs non courants	1 503	1 503
Actifs non courants	21 251	21 131
Total de l'actif	32 306	32 106
Passif et capitaux propres		
Passif		
Courants		
Fournisseurs et comptes rattachés	1 911	1 911
Dette financière à moins d'un an	1 708	1 708
Impôts sur les résultats	221	221
Dividendes à payer	400	–
Provisions à moins d'un an	334	334
Autres passifs courants	1 874	1 874
Passifs courants	6 448	6 048
Non courants		
Dette financière à plus d'un an	4 227	4 077
Provisions à plus d'un an	990	990
Impôts différés	3 117	3 117
Autres passifs non courants	3 089	3 089
Passifs non courants	11 423	11 273
Total du passif	17 871	17 321

Capitaux propres
Capitaux propres attribuables aux propriétaires

Capital	197	147
Primes	1 763	1 763
Résultats non distribués	12 039	12 439
Autres éléments des capitaux propres	(553)	(553)
	13 446	13 796
Intérêts minoritaires	989	989
Total des capitaux propres	14 435	14 785
Total du passif et des capitaux propres	32 306	32 106

analysons les ratios

LE TAUX D'ADÉQUATION DU CAPITAL

Les utilisateurs des états financiers calculent un certain nombre de ratios pour analyser la performance d'une entreprise et sa condition financière dans le but de prévoir son potentiel futur. Ils analysent la façon dont les ratios ont évolué au cours des dernières années, et les comparent à ceux des compétiteurs ou à la moyenne de l'industrie. Ces calculs et comparaisons fournissent une information pertinente sur les stratégies de l'entreprise en matière d'activités opérationnelles, d'investissement et de financement.

Tout au long des chapitres suivants, nous présentons l'étude des ratios, puis en faisons une synthèse au chapitre 13. Aux chapitres 2, 3 et 4, nous présentons trois ratios qui permettent d'analyser l'efficacité de la direction à gérer ses sources de financement (taux d'adéquation du capital), ses actifs (taux de rendement de l'actif), et ses produits et charges (pourcentage de la marge nette). Au chapitre 5, nous expliquons l'effet combiné de ces trois ratios.

Comme nous l'avons vu plus tôt, les entreprises se procurent des fonds pour acheter des actifs soit en émettant de nouvelles actions aux investisseurs, soit en empruntant de l'argent à des créanciers. Ces actifs sont ensuite utilisés pour gagner des revenus. Toutefois, comme il faut rembourser la dette, l'augmentation du passif accroît par le fait même les risques financiers. Le taux d'adéquation du capital fournit aux analystes de l'information sur la stratégie d'investissement et de financement de l'entreprise.

OBJECTIF D'APPRENTISSAGE ⑤

Calculer et interpréter le taux d'adéquation du capital.

1. **Question d'analyse**

   Comment la direction a-t-elle recours à l'endettement pour accroître les actifs qu'elle utilise afin de gagner des revenus pour ses actionnaires ?

2. **Ratio et comparaison**

$$\text{Taux d'adéquation du capital} = \frac{\text{Actif total moyen}}{\text{Capitaux propres moyens}}$$

Lorsqu'il est question de moyenne, on la calcule en additionnant les montants des actifs ou des capitaux propres à l'ouverture et à la clôture de la période, puis en divisant le tout par deux : (Montant de la période précédente + Montant de la période courante) ÷ 2.

Calculer la moyenne des éléments de l'état de la situation financière permet d'obtenir un juste milieu de la valeur de ces éléments durant la période.

En 2009, le taux d'adéquation du capital de LVMH est le suivant (les soldes de l'actif et des capitaux propres sont en millions d'euros) :

$$\frac{(31\ 483\ +\ 32\ 106) \div 2}{(13\ 793\ +\ 14\ 785) \div 2} = 2,23$$

Comparons

Taux d'adéquation du capital en 2009

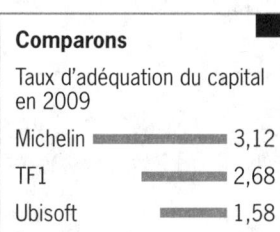

Michelin — 3,12
TF1 — 2,68
Ubisoft — 1,58

Analyse de la tendance dans le temps		
LVMH		
2007	2008	2009
2,44	2,36	2,23

Comparaison avec les compétiteurs	
PPR	Richemont
2009	2010
2,38	1,44

Richemont est le troisième groupe mondial du luxe après LVMH et PPR, avec des produits tels que les montres Cartier et les stylos Montblanc. Il possède un réseau de plus de 1 300 boutiques en Europe, en Asie et dans les Amériques.

Avec un chiffre d'affaires de 16 milliards d'euros, PPR possède un portefeuille de marques de luxe telles que Gucci, Yves Saint-Laurent et Bottega Veneta, et évolue dans les secteurs de la maroquinerie, du prêt-à-porter, de la joaillerie et autres.

3. Interprétation des résultats

EN GÉNÉRAL ◊ Le taux d'adéquation du capital mesure la relation qui existe entre le total de l'actif et le total des capitaux propres qui financent les actifs. Comme on l'a mentionné, les sociétés financent leurs actifs à l'aide des capitaux propres et de la dette. Plus la proportion des actifs financés par la dette est élevée, plus le taux d'adéquation du capital le sera aussi. Inversement, plus la proportion des actifs financés à l'aide des capitaux propres est élevée, plus le ratio sera faible. Un ratio de 1,00 indique que l'entreprise n'a aucune dette. Un ratio de 2,00 signifie que l'entreprise utilise également la dette et les capitaux propres pour acheter ses actifs. Un ratio supérieur suggère une plus grande dépendance face à la dette. Voici un exemple :

	Actif	=	Passif	+	Capitaux propres	
Si l'entreprise n'a aucune dette,	10	=	0	+	10	le ratio est de 1,00.
Si l'entreprise a une dette égale à ses capitaux propres,	20	=	10	+	10	le ratio est de 2,00.

Dans ce cas, deux fois plus d'actifs sont disponibles pour générer des revenus pour les actionnaires.

Si l'entreprise a plus de dette que de capitaux propres,	30	=	20	+	10	le ratio est de 3,00.

Dans ce dernier cas, même si plus de revenus peuvent être générés avec ces actifs additionnels, l'entreprise a deux fois plus de dettes que de capitaux propres. Les créanciers vont juger l'entreprise plus risquée et décider de demander un taux d'intérêt plus élevé pour compenser ce risque accru.

En d'autres mots, l'augmentation de la dette (et du taux d'adéquation du capital) fait augmenter le montant d'actif que la société utilise afin de générer des revenus pour les actionnaires, ce qui fait augmenter les chances d'avoir un chiffre d'affaires plus élevé. Cependant, cela fait aussi augmenter les risques. Le financement au moyen de la dette est plus risqué que le financement au moyen des capitaux propres, car les versements d'intérêts sur la dette doivent être faits régulièrement (il s'agit d'obligations légales), tandis que les dividendes sur les actions peuvent être reportés (puisqu'il s'agit d'une décision du conseil d'administration). Un ratio qui augmente dans le temps reflète une plus grande dépendance du financement à la dette et donc des risques accrus.

Les créanciers et les analystes en valeurs mobilières utilisent ce ratio pour évaluer le niveau de risque d'une entreprise, tandis que les gestionnaires y recourent pour déterminer si elle doit prendre de l'expansion en contractant de nouveaux emprunts. Tant et aussi longtemps que les intérêts sur les emprunts sont inférieurs aux produits supplémentaires engendrés par les projets de la direction, le recours au financement au moyen de la dette permet d'améliorer les revenus des actionnaires.

LVMH ◊ Le taux d'adéquation du capital de LVMH a légèrement diminué au cours des trois dernières années. D'un côté, on remarque que la société a accru de façon sensible ses capitaux propres et diminué son endettement, en particulier en raison de l'ampleur de ses résultats nets au cours des dernières années. Par ailleurs, comme les résultats non distribués représentent 84 % du total des capitaux propres de LVMH au 31 décembre 2009, on peut en déduire que la société réinvestit une part très importante de ses résultats nets. Ainsi, LVMH réussit à financer son expansion à même ses activités opérationnelles.

D'un autre côté, lorsque l'on compare LVMH à ses compétiteurs, on s'aperçoit que son ratio moyen des trois dernières années est sensiblement le même que celui de la société française PPR, laquelle a eu, en 2009, un chiffre d'affaires de plus de 16 milliards d'euros. La société suisse Richemont montre un taux d'adéquation du capital beaucoup plus faible par rapport à ses compétiteurs. Richemont est une société plus petite que LVMH et PPR, avec un chiffre d'affaires en 2010 de 5 milliards d'euros, engagée dans un programme de restructuration plutôt que d'expansion.

QUELQUES PRÉCAUTIONS ◊ Un taux d'adéquation du capital de près de 1,00 indique que l'entreprise choisit de ne pas recourir au financement au moyen de la dette pour prendre de l'expansion. Cela laisse entendre qu'elle présente des risques plus faibles, mais qu'elle n'améliore pas son rendement pour les actionnaires en empruntant pour augmenter son chiffre d'affaires. Quand on compare le ratio d'une entreprise avec celui de ses compétiteurs, il faut garder à l'esprit que les différences entre les stratégies d'affaires peuvent influer sur le ratio, comme le fait de louer ou d'acheter ses installations.

BOMBARDIER

TEST D'AUTOÉVALUATION
....

Les soldes suivants figuraient à l'état de la situation financière de la société Bombardier (en millions de dollars états-uniens) :

	Actif	**Passif**	**Capitaux propres**
31 janvier 2009	21 306	18 696	2 610
31 janvier 2010	21 273	17 504	3 769

Calculez le taux d'adéquation du capital de la société Bombardier. Que vous révèle ce ratio au sujet du niveau de risque financier et de la stratégie financière de Bombardier ?

Vérifiez votre réponse à l'aide de la solution présentée en bas de page*.

LES ACTIVITÉS D'INVESTISSEMENT ET DE FINANCEMENT

Au chapitre 1, nous avons vu que les entreprises inscrivaient les encaissements et décaissements de la période dans le tableau des flux de trésorerie. Les opérations qui entraînent des flux de trésorerie sont divisées en trois catégories : les activités opérationnelles, les activités d'investissement et les activités de financement.

Les activités opérationnelles sont abordées au chapitre 3. Les activités d'investissement incluent l'achat et la vente d'éléments d'actifs non courants ; les activités de financement comprennent l'emprunt et le remboursement de la dette, l'émission et le rachat d'actions ainsi que la distribution des dividendes. Quand une opération implique une entrée ou une sortie de fonds, elle est inscrite dans le tableau des flux de trésorerie. Quand aucun encaissement ou décaissement n'est inclus dans une opération (comme l'acquisition d'un immeuble avec emprunt hypothécaire), il n'y a aucun effet sur le tableau des flux de trésorerie.

incidence sur les flux de trésorerie

* **Solution du test d'autoévaluation**

$$\text{Taux d'adéquation du capital} = \frac{(21\ 306\ \text{M\$} + 21\ 273\ \text{M\$}) \div 2}{(2\ 610\ \text{M\$} + 3\ 769\ \text{M\$}) \div 2} = 6{,}67$$

Bombardier applique une stratégie de financement beaucoup plus risquée que LVMH. Son ratio est très élevé, ce qui indique un haut niveau d'endettement et un niveau de risque financier beaucoup plus élevé pour les fournisseurs de capitaux. Toutefois, il faut tenir compte du fait que Bombardier évolue dans un secteur industriel très capitalisé, qui nécessite beaucoup d'actifs pour produire des revenus.

6

OBJECTIF
D'APPRENTISSAGE

Reconnaître les opérations
relatives aux activités
d'investissement et aux
activités de financement,
et la manière dont elles
sont présentées dans
le tableau des flux de
trésorerie.

EN GÉNÉRAL ◊ Voici l'effet de certaines opérations sur le tableau des flux de trésorerie :

	Effet sur les flux de trésorerie
Flux de trésorerie liés aux activités opérationnelles (Dans le présent chapitre, aucune opération n'était une activité opérationnelle.)	
Flux de trésorerie liés aux activités d'investissement	
Achat d'immobilisations	–
Vente d'immobilisations	+
Acquisition de placements	–
Vente de placements	+
Prêt à des tiers	–
Flux de trésorerie liés aux activités de financement	
Augmentation de la dette non courante (emprunt)	+
Diminution de la dette non courante (remboursement)	–
Émission d'actions	+
Rachat d'actions	–
Versement de dividendes	–

LVMH ◊ Le tableau 2.5 présente le tableau des flux de trésorerie de LVMH pour le mois de janvier 2010, basé sur les opérations décrites dans le présent chapitre. Il montre les entrées et les sorties de fonds qui ont amené une diminution de la trésorerie de 240 millions d'euros (le compte Trésorerie est passé de 2 446 à 2 206 millions d'euros). N'oubliez pas que seules les opérations touchant le compte Trésorerie sont présentées dans cet état.

TABLEAU 2.5 • TABLEAU DES FLUX DE TRÉSORERIE DE LVMH

LVMH
Tableau des flux de trésorerie
Mois de janvier 2010
(en millions d'euros)

Activités opérationnelles	
(Aucune dans le présent chapitre)	–
Activités d'investissement	
Achat d'immobilisations c)	(70)
Achat de placements e)	(300)
Prêt à des partenaires d)	(20)
Flux de trésorerie liés aux activités d'investissement	(390)
Activités de financement	
Émission d'actions a)	50
Emprunt b)	100
Flux de trésorerie liés aux activités de financement	150
Variation nette de la trésorerie	(240)
Trésorerie à l'ouverture de la période	2 446
Trésorerie à la clôture de la période	2 206

Chacun des postes concerne une opération présentée dans ce chapitre.

Ce total concorde avec le montant qui figure à l'état de la situation financière sous le poste Trésorerie et équivalents de trésorerie (*voir le tableau 2.4 à la page 74*).

TEST D'AUTOÉVALUATION

La société Kilo fabrique et vend des friandises. Voici quelques éléments du tableau des flux de trésorerie de cette société. Pour chacun, indiquez si l'opération a eu un effet sur les flux de trésorerie liés aux activités d'investissement (I) ou aux activités de financement (F), et précisez l'effet sur la trésorerie (+ signifie que l'opération a fait augmenter la trésorerie ; – signifie que l'opération a fait diminuer la trésorerie).

Opération	Type d'activité (I ou F)	Effet sur les flux de trésorerie (+ ou –)
1. Versement de dividendes		
2. Vente d'un terrain au comptant		
3. Remboursement de la dette		
4. Achat d'équipements au comptant		
5. Émission d'actions		

Vérifiez vos réponses à l'aide des solutions présentées en bas de page*.

2.5 Comment les entreprises conservent-elles une trace de leurs opérations ?

OBJECTIF D'APPRENTISSAGE

Comprendre et utiliser les écritures de journal et les comptes en T.

Pour la plupart des entreprises, la comptabilisation des opérations et le suivi des comptes, comme on l'a illustré dans les exemples avec LVMH, est impraticable. En effet, pour prendre en considération ses multiples opérations quotidiennes, une entreprise doit établir un système comptable, la plupart du temps informatisé. Le cycle comptable (*voir la figure 2.2 à la page suivante*) présente le processus complet d'analyse, d'enregistrement et de présentation de l'information financière. Aux chapitres 2 et 3, nous étudions le processus qui se déroule pendant la période financière. Au chapitre 4, nous terminons le cycle comptable avec les opérations à la fin de la période pour régulariser les comptes, établir les états financiers et préparer les livres comptables pour la période suivante. Au cours d'une période financière, les opérations d'échange entre l'entreprise et les tierces parties sont analysées et enregistrées dans le **journal général** par ordre chronologique et les comptes sont mis à jour dans le **grand livre général.** Les comptables utilisent pour ce faire deux outils très importants : les écritures de journal et les comptes en T.

Ces outils d'analyse sont des mécanismes efficaces pour refléter les effets des opérations et déterminer les soldes des comptes nécessaires à l'établissement des états financiers. Ils sont aussi importants pour la conception des systèmes comptables. En tant que futurs gestionnaires d'entreprise, vous devrez approfondir votre compréhension et votre utilisation de ces outils dans un contexte d'analyse financière. Chez ceux qui étudient la comptabilité, cette connaissance est fondamentale à la compréhension du système comptable et des futurs cours de comptabilité. Après avoir expliqué l'analyse des opérations à l'aide de ces outils, nous illustrons leur utilisation.

---

* **Solutions du test d'autoévaluation**
 1. F – ; 2. I + ; 3. F – ; 4. I – ; 5. F +.

FIGURE 2.2 • CYCLE COMPTABLE

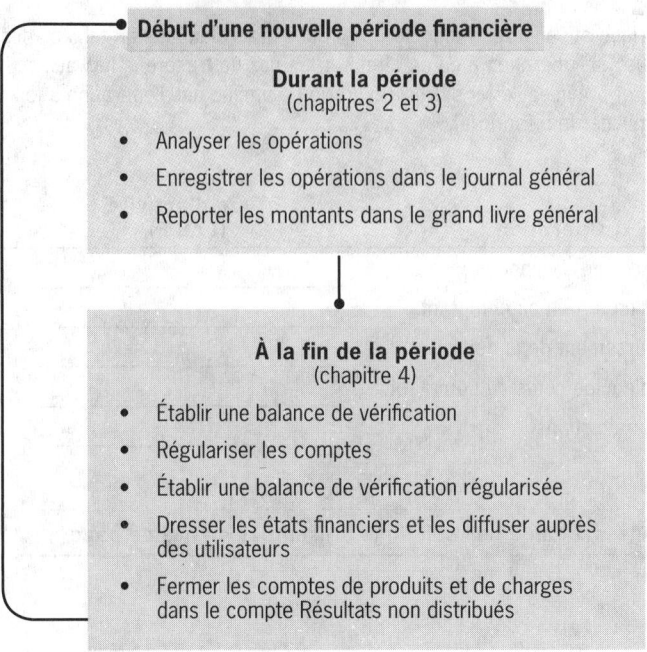

2.5.1 Les notions de débit et de crédit

Comme nous l'avons vu précédemment, les soldes des comptes de l'actif, du passif et des capitaux propres augmentent et diminuent par suite des opérations. Pour apprendre comment refléter ces changements de manière efficace, il faut d'abord structurer le modèle d'analyse des opérations afin de montrer le sens de ces changements. À la lecture du tableau 2.6, on peut noter ce qui suit :

Débit (dt)
Le côté gauche d'un compte.

Crédit (ct)
Le côté droit d'un compte.

- Le symbole de l'augmentation (+) est inscrit à gauche lorsqu'on se trouve du côté gauche de l'équation comptable et à droite lorsqu'on se trouve du côté droit de l'équation.
- Un **débit (dt)** se situe toujours à gauche de chaque compte. Un **crédit (ct)** se situe toujours à droite. « Débit » signifie le côté gauche d'un compte et « crédit », le côté droit.

À partir de ce modèle d'analyse des opérations, on observe que :

1. les comptes de l'actif augmentent du côté gauche ; ils ont des soldes débiteurs ; il est très inhabituel qu'un compte d'actif, tel que les stocks, ait un solde créditeur.
2. les comptes du passif et des capitaux propres augmentent du côté droit ; ils ont des soldes créditeurs.

Pour ne pas oublier quels comptes les débits font augmenter et quels comptes les crédits font augmenter, rappelez-vous qu'un débit (à gauche) fait augmenter les comptes de l'actif, car les actifs se trouvent du côté gauche de l'équation comptable (A = Pa + CP). De même, un crédit (à droite) fait augmenter les comptes du passif et des capitaux propres puisqu'ils se trouvent du côté droit de l'équation comptable.

En résumé :

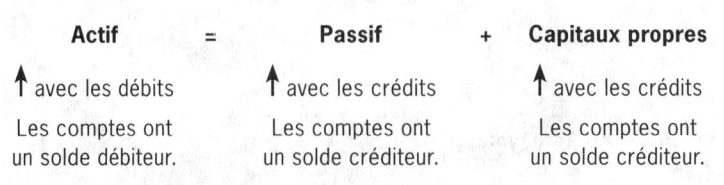

TABLEAU 2.6 • MODÈLE D'ANALYSE DES OPÉRATIONS

Actif		= Passif		+		Capitaux propres		
+	−	−	+					
dt	ct	dt	ct					
					Capital social		Résultats non distribués	
				−	+		−	+
				dt	ct		dt	ct
					Investissement des actionnaires		Dividendes déclarés	Résultat net

Au fur et à mesure que vous apprenez à effectuer l'analyse des opérations, vous devrez vous reporter à ce modèle jusqu'à ce que vous puissiez le construire de manière autonome, sans aide.

Plusieurs étudiants ont de la difficulté à comprendre la comptabilité, car ils oublient que la seule signification du mot « débit » est « le côté gauche d'un compte » et la seule signification du mot « crédit » est « le côté droit d'un compte ».

Si notre analyse a permis de déterminer les bons montants et le juste sens des changements qui sont survenus, l'équation comptable demeure en équilibre. De plus, dans une opération, la valeur monétaire totale de tous les débits est égale à la valeur monétaire totale de tous les crédits. Par conséquent, il faut inclure cette vérification (débits = crédits) dans le processus d'analyse des opérations.

2.5.2 Des outils d'analyse

L'écriture de journal

Dans un système de tenue des livres simple, on inscrit d'abord les opérations par ordre chronologique dans un livre comptable qu'on appelle « journal général ». Après avoir analysé les documents d'affaires (pièces justificatives) qui décrivent une opération, le commis comptable passe l'écriture comptable pour enregistrer cette opération à l'aide des débits et des crédits. L'**écriture de journal** est une méthode comptable qui permet d'enregistrer une opération dans les comptes de l'entreprise. L'écriture de journal se présente dans le format « débit égale crédit ». L'écriture de journal pour l'opération c) de l'exemple de LVMH est la suivante (en millions d'euros) :

Voici quelques remarques au sujet de l'écriture de journal :

Écriture de journal
Méthode comptable qui permet d'enregistrer une opération dans les comptes de l'entreprise sous la forme « débit égale crédit ».

- Il est nécessaire d'inclure une date ou une forme quelconque de référence pour chaque opération de façon à bien suivre l'ordre chronologique des transactions.
- On présente en premier tous les débits à gauche, puis tous les crédits en retrait à droite (intitulé des comptes et montants). L'ordre des débits ou des crédits n'a pas d'importance, pour autant que les débits se trouvent en premier et les crédits ensuite, en retrait.

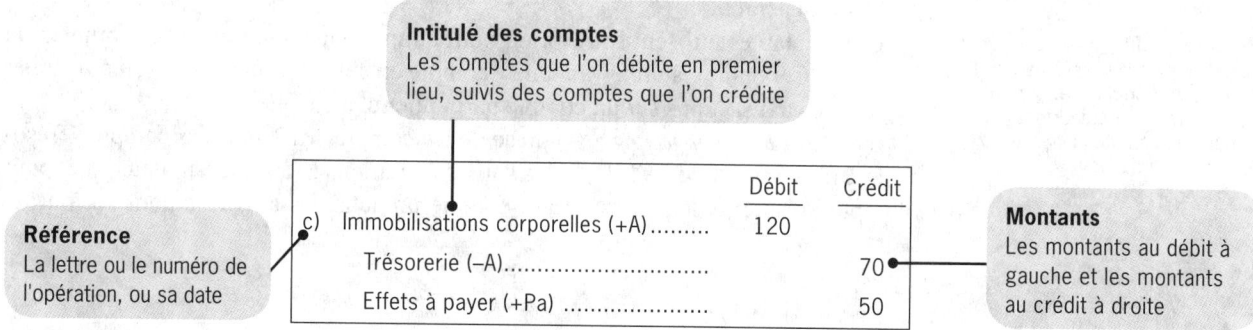

Intitulé des comptes
Les comptes que l'on débite en premier lieu, suivis des comptes que l'on crédite

	Débit	Crédit
c) Immobilisations corporelles (+A).........	120	
Trésorerie (–A)............................		70
Effets à payer (+Pa)		50

Référence
La lettre ou le numéro de l'opération, ou sa date

Montants
Les montants au débit à gauche et les montants au crédit à droite

- Le total des débits (120 M€) est égal au total des crédits (70 M€ + 50 M€).
- Une écriture de journal peut toucher plus de deux comptes. Dans notre exemple, l'opération influe sur trois comptes. Bien qu'il s'agisse de la seule opération qui, dans l'exemple de LVMH, touche plus de deux comptes, bon nombre d'opérations que nous présentons dans les chapitres futurs exigent ce genre d'écriture de journal.
- Parfois, il peut être utile d'écrire une courte explication au-dessous de l'écriture pour décrire la nature de l'opération.

Pour vous aider à effectuer l'analyse des opérations, utilisez les symboles A, Pa et CP près de l'intitulé de chaque compte, comme nous l'avons fait pour l'écriture de journal précédente. L'identification des comptes comme actif (A), passif (Pa) ou capitaux propres (CP) clarifie l'utilisation du modèle d'analyse des opérations et facilite les écritures de journal. Nous incluons également le sens du changement qui est survenu dans le compte en employant le symbole approprié. Par exemple, s'il faut diminuer le compte Trésorerie, nous écrivons Trésorerie (−A). Dans tous les chapitres, nous incluons le sens du changement en employant le symbole pour vous aider à comprendre les effets de chaque transaction sur les états financiers. Pour l'opération c) que nous venons d'étudier, nous pouvons constater que les actifs ont augmenté de 50 millions d'euros (augmentation des immobilisations de 120 millions d'euros et diminution de la trésorerie de 70 millions d'euros) et que les passifs ont aussi augmenté de 50 millions d'euros. L'équation comptable A = Pa + CP est donc toujours en équilibre.

Nous avons constaté que bon nombre d'étudiants tentaient de mémoriser les écritures de journal sans comprendre ou utiliser le modèle d'analyse des opérations. Cette tâche deviendra de plus en plus difficile alors que de nouvelles opérations seront présentées dans les chapitres ultérieurs. Ainsi, la compréhension et l'utilisation du modèle d'analyse des opérations décrit dans le présent chapitre est un moyen efficace pour vous sauver du temps durant votre analyse des transactions qui sont abordées tout au long de ce volume.

Le compte en T

En elles-mêmes, les écritures de journal ne nous donnent pas le solde des comptes. De ce fait, après avoir passé les écritures de journal, le commis comptable reporte (transfère) les montants dans chacun des comptes qui ont été touchés par l'opération de façon à en déterminer le solde. Dans la plupart des systèmes de comptabilité informatisés, ce processus se fait automatiquement au moment de la passation de l'écriture de journal.

L'ensemble des comptes d'une entreprise est regroupé dans le **grand livre général.** Lorsque de petites entreprises utilisent un système de comptabilité manuel, le grand livre se présente sous forme d'une reliure avec une page distincte pour chaque compte. Dans un système de comptabilité informatisé, les comptes sont gardés dans un fichier et ont visuellement souvent la même forme. Le grand livre général comprend tous les comptes faisant partie du plan comptable de l'entreprise et sert directement à dresser les états financiers.

La figure 2.3 illustre une page du journal général et les comptes correspondants du grand livre général.

Les comptables utilisent souvent un outil simple pour représenter les comptes du grand livre. Cet outil très utile s'appelle « compte en T ». Le **compte en T** sert à résumer les effets des transactions sur un compte particulier et à en déterminer le solde.

Le tableau 2.7 (*voir la page 84*) présente les comptes en T pour les comptes Trésorerie et Effets à payer de LVMH, basés sur les opérations a) à c). Il faut noter que, pour le compte Trésorerie, lequel est classé comme un actif, les augmentations se font du

Compte en T
Mode simplifié de présentation d'un compte prenant la forme de la lettre *T* et comportant l'intitulé du compte au-dessus de la ligne horizontale[10].

---

10 L. MÉNARD *et al., op. cit.*

FIGURE 2.3 • DU JOURNAL GÉNÉRAL AU GRAND LIVRE GÉNÉRAL

Journal général page 1

Date	Intitulé des comptes	Réf.	Débit	Crédit
4 janv.	Trésorerie	101	2 000	
	Capital social	301		2 000
	(Émission d'actions)			
6 janv.	Trésorerie	101	6 000	
	Effets à payer	201		6 000
	(Emprunt à la banque)			
10 janv.	Équipement	140	10 000	
	Trésorerie	101		2 000
	Effets à payer	201		8 000
	(Achat d'outils)			

Grand livre général

Compte : Trésorerie   N° de compte : 101

Date	Explications	Réf.	Débit	Crédit	Solde
	Solde				13 000
4 janv.	Émission d'actions	G1	2 000		15 000
6 janv.	Emprunt à la banque	G1	6 000		21 000
10 janv.	Achat d'outils	G1		2 000	19 000

Grand livre général

Compte : Équipement   N° de compte : 140

Date	Explications	Réf.	Débit	Crédit	Solde
	Solde				198 000
10 janv.	Achat d'outils	G1	10 000		208 000

Grand livre général

Compte : Effets à payer   N° de compte : 201

Date	Explications	Réf.	Débit	Crédit	Solde
	Solde				96 000
6 janv.	Emprunt à la banque	G1		6 000	102 000
10 janv.	Achat d'outils	G1		8 000	110 000

côté gauche et les diminutions, du côté droit du compte en T. Cependant, pour le compte Effets à payer, les augmentations se situent à droite et les diminutions, à gauche, puisque ce compte est un passif. Les petites entreprises utilisent parfois des comptes écrits à la main ou tenus manuellement dans le format du compte en T. Les systèmes informatisés conservent le concept du compte, mais pas cette présentation visuelle.

Dans le tableau 2.7, à la page suivante, il faut remarquer que le solde de clôture est indiqué du côté positif et est présenté avec un double soulignement.

TABLEAU 2.7 • **EXEMPLE DE COMPTES EN T***

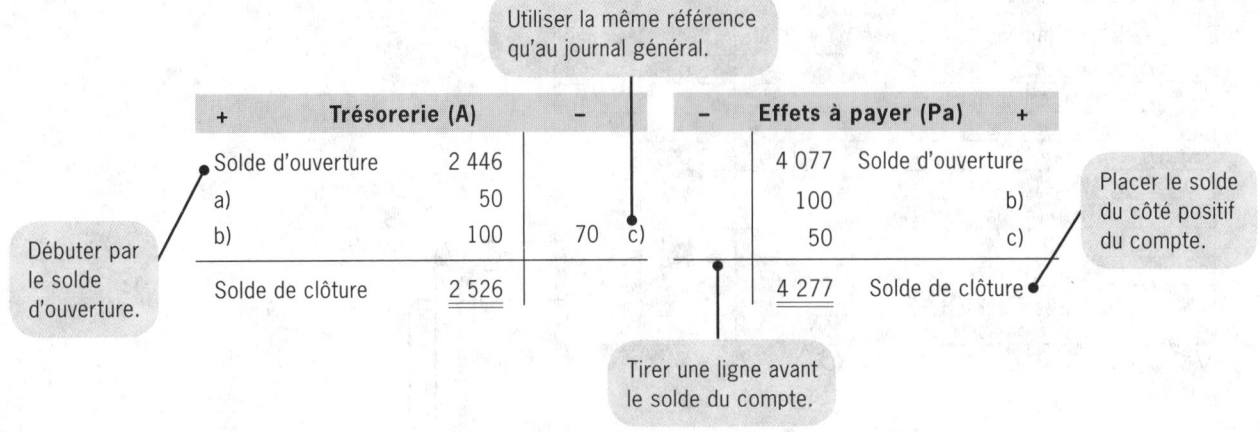

* Tous les montants sont en millions d'euros.

On peut aussi résumer les comptes en T sous forme d'équations :

	Trésorerie	Effets à payer (Dette financière à plus d'un an)
Solde d'ouverture	2 446 M€	4 077 M€
+ côté « positif »	150	150
– côté « négatif »	70	0
Solde de clôture	2 526 M€	4 227 M€

Un mot sur la terminologie

Les mots «débit» et «crédit» peuvent être utilisés sous forme de verbes, de noms et d'adjectifs. Par exemple, on peut dire que : 1) le compte Trésorerie de LVMH a été débité (verbe) quand les actions ont été émises aux investisseurs ; 2) si l'on crédite (verbe) un compte, on inscrit le montant du côté gauche du compte en T ; 3) un débit (nom) est le côté gauche d'un compte ; 4) les Effets à payer sont un compte créditeur (adjectif). Dorénavant, dans cet ouvrage, nous utilisons ces mots plutôt que «gauche» et «droit». Dans la section suivante, nous illustrons les étapes que vous devrez suivre en utilisant le modèle pour analyser les opérations, passer les écritures de journal et déterminer le solde des comptes en utilisant les comptes en T.

2.5.3 Un exemple d'analyse des opérations

Nous reprenons les opérations fictives de LVMH en janvier 2010 pour illustrer l'analyse des opérations, et le recours aux écritures de journal et aux comptes en T. Nous analysons chacune des opérations en vérifiant si l'équation comptable demeure en équilibre et si les débits égalent les crédits. Dans les comptes en T, les montants de l'état de la situation financière de LVMH au 31 décembre 2009 ont été indiqués en tant que solde d'ouverture de chaque compte. Après avoir revu ou rédigé chacune des écritures de journal, faites les reports dans les comptes en T appropriés en utilisant la lettre de l'opération à titre de référence.

Vous devriez étudier cet exemple attentivement (y compris les explications de l'analyse des opérations) pour comprendre : 1) le modèle comptable ; 2) le processus d'analyse des opérations ; 3) le double effet de chaque opération ; et 4) l'équilibre du système comptable. La manière la plus efficace d'apprendre ces concepts critiques qui constituent le fondement du système comptable est de vous exercer sans relâche.

a) LVMH émet au comptant une valeur de 50 millions d'euros d'actions à de nouveaux investisseurs.

ÉQUATION COMPTABLE

a)	**Actif**	=	**Passif**	+	**Capitaux propres**
	Trésorerie + 50				Capital social +50

ÉCRITURE DE JOURNAL

a) Trésorerie (+A) 50
        Capital social (+CP) 50

Vérifications :   1. Actif (+50 M€) = Passif + Capitaux propres (+50 M€)
                   2. Débits 50 M€ = Crédits 50 M€

Cette écriture est ensuite inscrite dans les comptes en T appropriés, que vous trouverez à la fin de l'exemple (*voir la page 88*). Pour faire le report, transférez ou copiez le montant du débit ou du crédit sur chaque ligne du compte en T approprié. Par exemple, le débit de 50 M€ est inscrit dans la colonne des débits (augmentation) du compte en T Trésorerie.

b) LVMH emprunte 100 millions d'euros d'une banque ; elle signe un effet à payer venant à échéance dans trois ans.

ÉQUATION COMPTABLE

b)	**Actif**	=	**Passif**	+	**Capitaux propres**
	Trésorerie +100		Effets à payer +100		

ÉCRITURE DE JOURNAL

b) Trésorerie (+A) 100
        Effets à payer (+Pa) 100

Vérifications :   1. Actif (+100 M€) = Passif (+100 M€) + Capitaux propres
                   2. Débits 100 M€ = Crédits 100 M€

c) Voulant prendre de l'expansion, LVMH a ouvert 10 nouvelles boutiques au Japon pour vendre ses produits de marque du groupe Mode et maroquinerie. La société a acheté de nouveaux immeubles, des comptoirs, des ordinateurs et d'autre matériel (immobilisations) pour une somme de 120 millions d'euros, payant 70 millions d'euros en espèces et signant un effet à payer au fabricant pour le solde dû, payable dans deux ans.

ÉQUATION COMPTABLE

c)	**Actif**	=	**Passif**	+	**Capitaux propres**
	Immobilisations corporelles +120		Effets à payer +50		
	Trésorerie −70				

ÉCRITURE DE JOURNAL

c) Immobilisations corporelles (+A) 120
      Trésorerie (−A)   70
      Effets à payer (+Pa)   50

Vérifications :   1. Actif (+50 M€) = Passif (+50 M€) + Capitaux propres
                   2. Débits 120 M€ = Crédits 120 M€

TEST D'AUTOÉVALUATION

Pour les opérations d), e) et f), inscrivez les données manquantes, y compris les inscriptions aux comptes en T.

d) LVMH prête 20 millions d'euros à de nouveaux partenaires qui signent des effets, convenant de rembourser le prêt dans cinq ans.

Passez l'écriture de journal, reportez les montants dans les comptes en T et vérifiez l'équilibre de l'équation.

ÉQUATION COMPTABLE

d)	**Actif**	=	**Passif**	+	**Capitaux propres**
Trésorerie	−20				
Effets à recevoir	+20				

ÉCRITURE DE JOURNAL

d) _____ ( ) ....
                     ( ) ....

Vérifications :   1. Actif (+20 M€, −20 M€) = Passif + Capitaux propres
                 2. Débits _____ M€ = Crédits _____ M€

e) LVMH achète au comptant pour 300 millions d'euros d'actions d'autres entreprises à titre de placement financier.

Déterminez l'effet sur l'équation comptable en indiquant les comptes touchés, les montants et l'orientation du changement. Reportez les montants dans les comptes en T et vérifiez l'équilibre de l'équation comptable.

ÉQUATION COMPTABLE

e)	**Actif**	=	**Passif**	+	**Capitaux propres**
_____	_____		_____		_____
_____	_____				

ÉCRITURE DE JOURNAL

e) Placements (+A) 300
      Trésorerie (−A)   300

Vérifications :   1. L'équation comptable est-elle en équilibre ?
                 2. Débits 300 M€ = Crédits 300 M€

f) Le conseil d'administration de LVMH a déclaré un dividende aux actionnaires d'un montant de 400 millions d'euros, qui sera versé dans un mois.

Déterminez l'effet sur l'équation comptable, passez l'écriture de journal, reportez les montants dans les comptes en T et vérifiez l'équilibre de l'équation.

Vérifiez vos réponses à l'aide des solutions présentées en bas de page*.

ÉQUATION COMPTABLE

f)	**Actif**	=	**Passif**	+	**Capitaux propres**
			+ 400		+ 400

ÉCRITURE DE JOURNAL

f) _____ ( ) . . . . _____
_____ ( ) . . . . _____

Voici les comptes en T qui ont changé durant le mois de janvier par suite de ces opérations. Les soldes de tous les autres comptes demeurent les mêmes. Les soldes au 31 décembre 2009 tirés de l'état de la situation financière de LVMH ont été inscrits à titre de soldes d'ouverture.

+	Trésorerie (A)			–
Solde d'ouverture	2 446			
a)	50	70		c)
b)	100	_____		d)
		_____		e)
Solde de clôture	2 206			

+	Placements (A)		–
Solde d'ouverture	1 213		
e)	_____		
Solde de clôture	1 513		

---

* **Solutions du test d'autoévaluation**

d)
ÉCRITURE DE JOURNAL

d) Effets à recevoir (+A) 20
    Trésorerie (–A) 20

Débits 20 M€ = Crédits 20 M€

e)
ÉQUATION COMPTABLE

e)	**Actif**	=	**Passif**	+	**Capitaux propres**
Trésorerie	–300				
Placements	+300				

Oui. Actif (+300 M€, –300 M€) = Passif + Capitaux propres

f)
ÉQUATION COMPTABLE

f)	**Actif**	=	**Passif**	+	**Capitaux propres**
			Dividendes à payer +400		Résultats non distribués –400

ÉCRITURE DE JOURNAL

f) Résultats non distribués (–CP) 400
    Dividendes à payer (+Pa) 400

Actif = Passif (+400 M€) + Capitaux propres (–400 M€)
Débits 400 M€ = Crédits 400 M€

+	Immobilisations corporelles (A)	–
Solde d'ouverture	6 140	
c)	120	
Solde de clôture	6 260	

+	Effets à recevoir (A)	–
Solde d'ouverture	1 455	
d)		
Solde de clôture	1 475	

+	Effets à payer (Pa)	–
	4 077	Solde d'ouverture
	100	b)
	50	c)
	4 227	Solde de clôture

–	Dividendes à payer (Pa)	+
	0	Solde d'ouverture
		f)
	400	Solde de clôture

–	Capital social (CP)	+
	147	Solde d'ouverture
	50	a)
	197	Solde de clôture

–	Résultats non distribués (CP)	+
	12 439	Solde d'ouverture
f)		
	12 039	Solde de clôture

Vous pouvez vérifier si vous avez bien reporté les écritures en additionnant le côté de l'augmentation et en soustrayant le côté de la diminution. Ensuite, comparez vos réponses avec le solde de clôture donné dans chacun des comptes en T. Une fois toutes les opérations comptabilisées et reportées dans le grand livre général, vous pouvez établir l'état de la situation financière en prenant le solde de clôture de chaque compte.

analyse financière

LA DÉTERMINATION DES ACTIVITÉS COMMERCIALES À PARTIR DES COMPTES EN T

Les comptes en T sont avant tout utiles à des fins éducatives et en tant qu'outils d'analyse financière. Dans plusieurs cas, nous les utilisons pour déterminer quelles opérations une entreprise a conclues durant une période donnée. Par exemple, les principales opérations touchant le compte Fournisseurs sont les achats d'actifs à crédit et les paiements en espèces aux fournisseurs. Si l'on connaît les soldes d'ouverture et de clôture du compte, et tous les achats qui ont été faits à crédit durant cette période, on peut déterminer la somme versée aux fournisseurs. Le compte en T se présente alors comme suit :

–	Fournisseurs (Pa)		+
		600	Solde d'ouverture
Paiements en espèces	?	1 500	Achats à crédit
		300	Solde de clôture

Solution :

Solde d'ouverture	+	Achats	–	Paiements	=	Solde de clôture
600 $	+	1 500 $	–	?	=	300 $
		2 100	–	?	=	300
				?	=	1 800 $

LA COMPARAISON DES IFRS ET DES NORMES COMPTABLES POUR LES ENTREPRISES À CAPITAL FERMÉ

Depuis le 1er janvier 2011, les IFRS ont été intégrées aux normes comptables canadiennes pour les entreprises qui ont une obligation d'information du public. Les normes IFRS sont donc devenues obligatoires pour les entreprises à but lucratif inscrites à la Bourse, pour celles qui ont fait un appel public à l'épargne ou pour celles dont l'activité principale est d'agir à titre de fiduciaire, comme le Mouvement Desjardins, par exemple.

Quant aux autres entreprises à but lucratif, elles ont le choix d'adopter les normes IFRS ou les normes comptables pour les entreprises à capital fermé (NCECF). L'ICCA définit l'entreprise à capital fermé comme suit : « Une entreprise à capital fermé est une entité à but lucratif qui n'a pas d'obligation d'information du public, et qui n'est pas une entité du secteur public[11]. »

Dans l'optique qu'un même référentiel comptable peut difficilement convenir à toutes les entités, le Conseil des normes comptables du Canada a élaboré un ensemble de normes pour les sociétés à capital fermé afin de mieux répondre à leurs besoins d'information financière. Les normes pour les entreprises à capital fermé sont publiées dans la partie II du *Manuel de l'ICCA*.

Le présent ouvrage traite essentiellement des normes IFRS. Toutefois, à la fin de chaque chapitre, nous présentons un tableau comparant les normes IFRS aux normes comptables pour les entreprises à capital fermé pour les différents sujets étudiés dans le chapitre. Nous tentons d'y faire ressortir les similitudes et les différences entre les deux ensembles de normes.

entreprises à capital fermé

2

OBJECTIF D'APPRENTISSAGE

8

Comparer les normes IFRS et les normes comptables pour les entreprises à capital fermé.

NORMES INTERNATIONALES D'INFORMATION FINANCIÈRE	NORMES COMPTABLES POUR LES ENTREPRISES À CAPITAL FERMÉ
Objectif de l'information financière L'objectif de l'information financière est de fournir de l'information utile sur une entreprise pour aider principalement les fournisseurs de capitaux à prendre des décisions.	**Objectif des états financiers** L'objectif des états financiers est de communiquer de l'information utile aux utilisateurs. Les états financiers fournissent de l'information sur les ressources, les obligations et les capitaux propres de l'entité, sur leur évolution et la performance économique de l'entité.
Concept de l'entité Une entité est un ensemble circonscrit d'activités économiques dont l'information financière est susceptible d'être utile.	**Personnalité de l'entreprise** Une entreprise est distincte de son ou ses propriétaires.
Comptabilité d'engagement Comptabilisation des transactions au moment où elles se produisent sans considération du moment où les entrées et sorties de fonds ont lieu.	**Comptabilité d'exercice** *Idem*
Continuité de l'exploitation Hypothèse selon laquelle l'entreprise poursuivra ses activités pour une durée indéfinie.	**Continuité de l'exploitation** *Idem*
Éléments des états financiers • Actifs • Passifs • Capitaux propres	**Composantes des états financiers** *Idem*
Conventions d'évaluation Les IFRS présentent quatre bases d'évaluation, sans en privilégier une en particulier : coût historique, coût actuel, valeur de réalisation et valeur actuelle.	**Mesure** Les états financiers sont établis sur la base du coût historique. D'autres bases peuvent être utilisées dans certaines circonstances : coût de remplacement, valeur de réalisation et valeur actualisée.

→

---

11 INSTITUT CANADIEN DES COMPTABLES AGRÉÉS, *Guide de l'ICCA sur les normes comptables pour les entreprises à capital fermé du Canada*; Toronto, ICCA, 2010, p. 3.

État de la situation financière	Bilan
• Actif courant, Actif non courant • Passif courant, Passif non courant • Capitaux propres : capital social et résultats non distribués	• Actif à court terme, Actif à long terme • Passif à court terme, Passif à long terme • Capitaux propres : Capital-actions, Surplus d'apport et Bénéfices non répartis

Pour les sujets étudiés dans le présent chapitre, on note principalement des différences terminologiques entre les deux référentiels comptables. Par contre, les normes pour les entreprises à capital fermé exigent que les états financiers soient principalement établis sur la base du coût historique, alors que les normes IFRS présentent quatre conventions d'évaluation, sans en privilégier une en particulier.

ANALYSONS UN CAS

Le 1er juin 2012, trois étudiants universitaires dynamiques ont créé la société Efficacité, spécialisée dans l'entretien des pelouses. L'un de leur ami, étudiant en sciences comptables, leur a suggéré de tenir leurs livres comptables selon les normes IFRS. Voici un résumé des opérations qui ont été conclues au cours du mois de juin 2012 :

a) Émission au comptant de 9 000 $ d'actions aux trois fondateurs de l'entreprise. Chaque fondateur reçoit 500 actions (totalisant 1 500 actions émises).

b) Acquisition de râteaux et d'autres outils manuels (matériel) ayant un prix de détail de 690 $ pour un montant de 600 $; paiement de 200 $ en espèces et signature d'un effet à payer pour le solde.

c) Commande de trois tondeuses et de deux coupe-bordures à l'entreprise Fournitures de pelouse XYZ au prix de 4 000 $.

d) Achat de quatre terrains pour le futur emplacement d'un entrepôt ; paiement de 5 000 $ en espèces.

e) Réception des tondeuses et des coupe-bordures qui avaient été commandés et signature d'un effet à payer à Fournitures de pelouse XYZ.

f) Vente de un terrain à la Ville au même prix qu'il avait été payé. La Ville a signé un effet de 1 250 $ à la société Efficacité, payable à la fin du mois de juin.

g) Emprunt de 3 000 $ d'un des propriétaires à la banque pour usage personnel.

Travail à faire

1. Analysez chacune des opérations selon le processus expliqué dans le chapitre. Montrez l'effet de chaque opération sur l'équation comptable.

2. Passez les écritures de journal par ordre chronologique. Reportez-les dans les comptes en T appropriés. Établissez les comptes en T des comptes Trésorerie, Effets à recevoir (de la Ville), Matériel (pour les outils manuels et le matériel de tonte), Terrain, Effets à payer et Capital social. Les soldes d'ouverture sont de 0 $; indiquez-les dans les comptes en T.

3. Dressez un état de la situation financière en bonne et due forme de la société Efficacité au 30 juin 2012. Utilisez :

    • les changements qui sont survenus dans l'équation comptable pendant le mois de juin 2012 ;

    ou

    • les comptes en T.

    À cette date, l'état de la situation financière requiert d'avoir recours aux soldes des comptes pour tous les actifs, passifs et capitaux propres. Le modèle d'analyse des opérations est présenté ci-après.

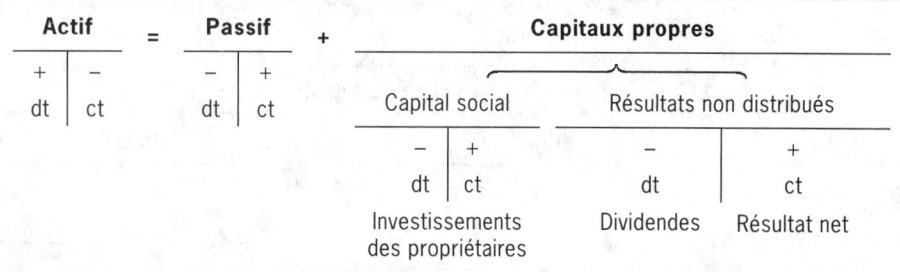

Actif		=	Passif		+	Capitaux propres			
+	–		–	+					
dt	ct		dt	ct					

Capitaux propres:

Capital social		Résultats non distribués	
–	+	–	+
dt	ct	dt	ct
Investissements des propriétaires		Dividendes	Résultat net

4. Préparez les sections des activités d'investissement et de financement du tableau des flux de trésorerie.

Solutions suggérées

1. Équation comptable et écritures de journal

ÉQUATION COMPTABLE

a)

Actif		=	Passif	+	Capitaux propres	
Trésorerie	+9 000				Capital social	+9 000

ÉCRITURE DE JOURNAL

Trésorerie (+A) 9 000
    Capital social (+CP) 9 000

Vérifications : 1. Actif (+9 000 $) = Passif + Capitaux propres (+9 000 $)
                2. Débits 9 000 $ = Crédits 9 000 $

ÉQUATION COMPTABLE

b)

Actif		=	Passif		+	Capitaux propres
Matériel	+600		Effets à payer	+400		
Trésorerie	–200					

ÉCRITURE DE JOURNAL

Matériel (+A) 600
    Trésorerie (–A) 200
    Effets à payer (+Pa) 400

Vérifications : 1. Actif (+400 $) = Passif (+400 $) + Capitaux propres
                2. Débits 600 $ = Crédits 600 $

Le coût historique établit que les actifs doivent être comptabilisés au montant payé à la date de l'opération. Il s'agit du prix payé de 600 $ et non du prix de détail de 690 $.

c) Il ne s'agit pas d'une opération comptable ; aucun échange n'a eu lieu. Aucun compte n'est modifié.

ÉQUATION COMPTABLE

d)	Actif		=	Passif	+	Capitaux propres
	Terrains	+5 000				
	Trésorerie	−5 000				

ÉCRITURE DE JOURNAL

Terrains (+A) 5 000
    Trésorerie (−A) 5 000

Vérifications : 1. Actif (+5 000 $, −5 000 $) = Passif + Capitaux propres
                     2. Débits 5 000 $ = Crédits 5 000 $

ÉQUATION COMPTABLE

e)	Actif		=	Passif		+	Capitaux propres
	Matériel	+4 000		Effets à payer	+4 000		

ÉCRITURE DE JOURNAL

Matériel (+A) 4 000
    Effets à payer (+Pa) 4 000

Vérifications : 1. Actif (+4 000 $) = Passif (+4 000 $) + Capitaux propres
                     2. Débits 4 000 $ = Crédits 4 000 $

ÉQUATION COMPTABLE

f)	Actif		=	Passif	+	Capitaux propres
	Effets à recevoir	+1 250				
	Terrains	−1 250				

ÉCRITURE DE JOURNAL

Effets à recevoir (+A) 1 250
    Terrains (−A) 1 250

Vérifications : 1. Actif (+1 250 $, −1 250 $) = Passif + Capitaux propres
                     2. Débits 1 250 $ = Crédits 1 250 $

g) Il n'y a aucune opération pour l'entreprise. Selon le concept de l'entité, toute entreprise est distincte de ses propriétaires.

2. Comptes en T

+dt	Trésorerie (A)		−ct
Solde d'ouverture	0		
a)	9 000	200	b)
		5 000	d)
Solde de clôture	3 800		

+dt	Effets à recevoir (A)		−ct
Solde d'ouverture	0		
f)		1 250	
Solde de clôture	1 250		

+dt	Matériel (A)		−ct
Solde d'ouverture	0		
b)	600		
e)	4 000		
Solde de clôture	4 600		

+dt	Terrains (A)		−ct
Solde d'ouverture	0		
d)	5 000		
		1 250	f)
Solde de clôture	3 750		

−dt	Effets à payer (Pa)		+ct
		0	Solde d'ouverture
		400	b)
		4 000	e)
		4 400	Solde de clôture

−dt	Capital social (CP)		+ct
		0	Solde d'ouverture
		9 000	a)
		9 000	Solde de clôture

3. Voici le résumé des opérations qui touchent l'équation comptable :

	ACTIF				=	PASSIF	+	CAPITAUX PROPRES
	Trésorerie	Effets à recevoir	Matériel	Terrains		Effets à payer		Capital social
a)	+9 000							+9 000
b)	−200		+600			+400		
c)								
d)	−5 000			+5 000				
e)			+4 000			+4 000		
f)		+1 250		−1 250				
g)								
Total	+3 800	+1 250	+4 600	+3 750		+4 400		+9 000

Efficacité
État de la situation financière
au 30 juin 2012
(en dollars canadiens)

Actif		**Passif**	
Courants		**Courants**	
Trésorerie	3 800	Effets à payer	4 400
Effets à recevoir	1 250	**Total du passif**	4 400
Actifs courants	5 050		
Non courants		**Capitaux propres**	
Matériel	4 600	Capital social	9 000
Terrains	3 750	**Total des capitaux propres**	9 000
Actifs non courants	8 350		
Total de l'actif	13 400	**Total du passif et des capitaux propres**	13 400

Il faut noter que les états de la situation financière présentés plus tôt dans ce chapitre énuméraient dans l'ordre les actifs, les passifs et les capitaux propres. Il s'agit de la présentation sous forme de liste, ou verticale. L'établissement d'un état de la situation financière comme celui-ci, avec les actifs du côté gauche, puis les passifs et les capitaux propres du côté droit, est une présentation en compte ou en tableau, ou horizontale. En pratique, on peut utiliser les deux formes de présentation.

Le même état de la situation financière est obtenu en utilisant les soldes des comptes en T.

4. Activités d'investissement et de financement du tableau des flux de trésorerie

Efficacité	
Tableau des flux de trésorerie	
Mois de juin 2012	
(en dollars canadiens)	
Activités opérationnelles	
(Aucune activité dans ce cas)	
Activités d'investissement	
Achat de terrains d)	(5 000)
Achat de matériel b)	(200)
Flux de trésorerie liés aux activités d'investissement	(5 200)
Activités de financement	
Émission d'actions a)	9 000
Flux de trésorerie liés aux activités de financement	9 000
Variation de la trésorerie	3 800
Trésorerie à l'ouverture du mois	0
Trésorerie à la clôture du mois	3 800

POINTS SAILLANTS DU CHAPITRE

1. **Comprendre l'objectif de l'information financière, le cadre conceptuel de la comptabilité et les éléments de l'état de la situation financière** (*voir la page 57*).

   - L'information financière a pour principal objectif de fournir aux fournisseurs de capitaux de l'information financière utile sur l'entreprise pour les aider à prendre des décisions financières éclairées.
   - Le cadre conceptuel de la comptabilité :
     a) Le concept de l'entité – Une entité est réputée avoir sa propre existence, sa propre identité distincte de celle de ses propriétaires.
     b) La comptabilité d'engagement – On comptabilise les transactions au moment où elles se produisent, sans considération des entrées ou sorties de fonds.
     c) La continuité de l'exploitation – L'entité poursuivra ses activités dans un avenir prévisible.
     d) Le coût historique – En vertu de cette convention d'évaluation, on doit comptabiliser les éléments des états financiers selon la juste valeur de la contrepartie donnée ou reçue à la date d'acquisition.
   - Les éléments de l'état de la situation financière :
     a) L'actif – Les ressources économiques qui sont susceptibles de produire des avantages économiques futurs.

b) Le passif – Les obligations qui découlent d'opérations passées et dont le règlement pourra nécessiter l'utilisation de ressources économiques.

c) Les capitaux propres – Le financement fourni par les propriétaires et les activités de l'entreprise.

2. **Reconnaître une opération commerciale et définir les principaux postes qui apparaissent à l'état de la situation financière** (*voir la page 65*).

Une opération inclut :

- un échange entre une entreprise et une ou plusieurs tierces parties ;
  ou

- un événement interne mesurable, comme l'utilisation des actifs au cours des activités opérationnelles.

Un compte est un tableau normalisé qu'utilisent les entreprises pour accumuler les effets monétaires des opérations sur chacun des éléments des états financiers. Les intitulés des postes de l'état de la situation financière typiques englobent :

- Actif : Trésorerie, Clients, Stocks, Effets à recevoir, Placements et Immobilisations ;

- Passif : Fournisseurs, Effets à payer, Charges courantes à payer et Impôts à payer ;

- Capitaux propres : Capital social et Résultats non distribués.

3. **Analyser de simples opérations commerciales en fonction de l'équation comptable : Actif = Passif + Capitaux propres** (*voir la page 68*).

Pour déterminer l'effet économique d'une opération sur l'entité, on doit déterminer quels comptes (au moins deux) cette opération touche. Dans un échange, l'entreprise reçoit une chose et renonce à une autre. Si l'analyse des transactions est faite correctement, l'équation comptable demeure en équilibre. Le modèle d'analyse des opérations est le suivant :

1. Déterminer les comptes touchés par l'opération et le sens du changement.

2. Vérifier l'équilibre de l'équation comptable.

4. **Dresser un état de la situation financière simple** (*voir la page 73*).

Un état de la situation financière est structuré de la façon suivante :

- L'actif courant (comprenant les actifs qui seront utilisés ou convertis en espèces à l'intérieur d'une période financière et les stocks) et l'actif non courant (comme les immobilisations corporelles et les immobilisations incorporelles) ;

- Le passif courant (comprenant les passifs qui seront payés au moyen de l'actif courant), le passif non courant et les capitaux propres.

5. **Calculer et interpréter le taux d'adéquation du capital** (*voir la page 75*).

Le taux d'adéquation du capital (Actif total moyen ÷ Capitaux propres moyens) mesure la relation qui existe entre le total de l'actif et les capitaux propres qui financent les actifs. Plus le ratio est élevé, plus l'entreprise contracte de dettes pour financer ses actifs. À mesure que le ratio augmente (et donc les dettes), les risques augmentent également.

6. **Reconnaître les opérations relatives aux activités d'investissement et aux activités de financement, et la manière dont elles sont présentées dans le tableau des flux de trésorerie** (*voir la page 78*).

Le tableau des flux de trésorerie présente les entrées et les sorties de fonds de la période selon trois catégories d'activités : les activités opérationnelles, les activités d'investissement et les activités de financement. Les activités d'investissement englobent l'achat et la vente d'actifs non courants, l'octroi de prêts et la réception de paiements liés aux prêts consentis à des tiers. Les activités de financement incluent l'emprunt et le remboursement de la dette à long terme, l'émission et le rachat des actions de même que le versement de dividendes.

7. Comprendre et utiliser les écritures de journal et les comptes en T (*voir la page 79*).

- Les écritures de journal permettent d'enregistrer une opération dans les comptes de l'entreprise dans un format «débit égale crédit». Les comptes et les montants à débiter sont énumérés en premier. Ensuite, les comptes et les montants à créditer sont énumérés sous les débits puis mis en retrait, ce qui fait que les débits se trouvent à gauche et les crédits, à droite.

		Débit	Crédit
(Date ou référence)	Équipement (+A)	10 000	
	Trésorerie (–A).		8 000
	Effets à payer (+Pa)		2 000

- Le compte en T est un outil simplifié de présentation d'un compte et prend la forme de la lettre *T*. On peut l'utiliser pour déterminer le solde des comptes.

+dt	Actif	–ct		–dt	Passif et Capitaux propres	+ct
Solde d'ouverture						Solde d'ouverture
Augmentations	Diminutions				Diminutions	Augmentations
Solde de clôture						Solde de clôture

- Le modèle d'analyse se présente ainsi lorsqu'on y ajoute les notions de débit et de crédit :

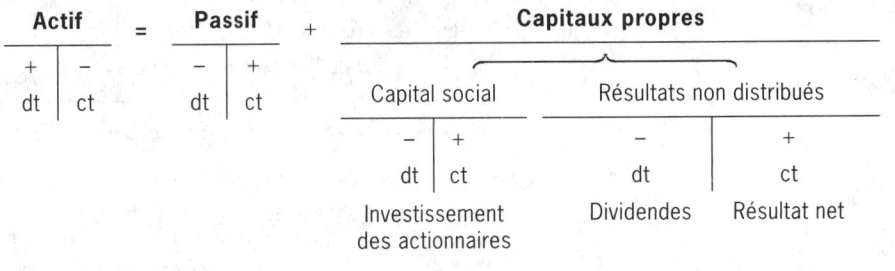

8. Comparer les IFRS et les normes comptables pour les entreprises à capital fermé (*voir la page 89*).

La partie II du *Manuel de l'ICCA* présente les normes comptables pour les entreprises à capital fermé, c'est-à-dire les entreprises qui n'ont pas d'obligation d'information du public. Pour les sujets étudiés dans le présent chapitre, on note principalement des différences terminologiques entre les deux référentiels comptables. Aussi, les normes pour les entreprises à capital fermé exigent que les états financiers soient principalement établis sur la base du coût historique, alors que les normes IFRS présentent quatre conventions d'évaluation, sans en privilégier une en particulier.

Dans le présent chapitre, nous avons étudié l'équation fondamentale en comptabilité et le modèle d'analyse des opérations. Nous avons utilisé les écritures de journal et les comptes en T pour enregistrer les opérations d'investissement et de financement qui influent sur les comptes de l'état de la situation financière. Au chapitre 3, nous continuons d'examiner en détail les états financiers, plus particulièrement l'état du résultat global. De plus, nous cherchons à élargir vos connaissances en expliquant les concepts relatifs à la comptabilisation des produits et des charges, et en illustrant l'analyse des opérations relatives aux activités opérationnelles.

Ratio clé

Le taux d'adéquation du capital mesure la relation existant entre le total de l'actif et le total des capitaux propres qui financent les actifs. Plus ce ratio est élevé, plus la société contracte des emprunts pour financer ses actifs. On le calcule comme suit (*voir la page 75*) :

$$\text{Taux d'adéquation du capital} = \frac{\text{Actif total moyen}}{\text{Capitaux propres moyens}}$$

Calcul de la moyenne : (Montant de la période précédente + Montant de la période courante) ÷ 2

Pour trouver l'information financière

ÉTAT DE LA SITUATION FINANCIÈRE

Actifs courants
Trésorerie
Clients
Effets à recevoir
Stocks

Actifs non courants
Immobilisations
  corporelles

Passifs courants
Fournisseurs
Effets à payer
Charges courantes
  à payer

Passifs non courants
Emprunt à long
  terme

Capitaux propres
Capital social
Résultats non
  distribués

ÉTAT DU RÉSULTAT GLOBAL

Nous énumérons les composantes de l'état du résultat global au chapitre 3.

ÉTAT DES VARIATIONS DES CAPITAUX PROPRES

Les dividendes viennent réduire les résultats non distribués.

TABLEAU DES FLUX DE TRÉSORERIE

Dans la catégorie des activités d'investissement
– Achat au comptant d'actifs non courants
+ Vente au comptant d'actifs non courants

Dans la catégorie des activités de financement
+ Emprunts
– Remboursement des emprunts
+ Émission d'actions
– Versement de dividendes

NOTES

Nous expliquons les notes au chapitre 5.

Mots clés

2

ACTIVITÉS D'APPRENTISSAGE

QUESTIONS

1. Quel est le principal objectif de l'information financière?

2. Définissez les expressions qui suivent.
   a) L'actif
   b) L'actif courant
   c) Le passif
   d) Le passif courant
   e) Le capital social
   f) Les résultats non distribués

3. Expliquez ce que signifient les concepts suivants.
   a) Le concept de l'entité
   b) La comptabilité d'engagement
   c) La continuité de l'exploitation
   d) Le coût historique

4. Définissez l'opération commerciale au sens large et donnez un exemple des deux différents types d'opérations.

5. Définissez l'équation fondamentale en comptabilité.

6. À des fins comptables, qu'est-ce qu'un compte? Expliquez la raison pour laquelle on utilise des comptes dans le système comptable.

7. Quelles sont les deux règles de l'analyse des opérations?

8. Comment calcule-t-on le taux d'adéquation du capital et comment l'interprète-t-on?

9. Quels types de transactions sont présentés dans les activités d'investissement du tableau des flux de trésorerie? dans les activités de financement?

10. Expliquez ce que signifient le débit et le crédit.

11. Qu'est-ce qu'une écriture de journal?

12. Qu'est-ce qu'une entreprise à capital fermé?

QUESTIONS À CHOIX MULTIPLES

1. Parmi les comptes suivants, lequel n'est pas un actif?
   a) Placements
   b) Terrain
   c) Capital social
   d) Clients

2. À l'état de la situation financière, le total de l'actif est égal:
   a) à la somme du passif et du résultat net;
   b) à la somme du passif et du capital social;
   c) à la somme du passif et des résultats non distribués;
   d) à la somme du passif et des capitaux propres.

3. Comment sont énumérés les actifs à l'état de la situation financière des sociétés canadiennes?
   a) Par ordre alphabétique
   b) Par ordre numérique, du plus petit montant au plus grand
   c) Par ordre de liquidité décroissante (du plus liquide au moins liquide)
   d) Par ordre de liquidité croissante (du moins liquide au plus liquide)

4. Combien d'énoncés ci-dessous sont vrais?

   On ne peut déterminer la juste valeur d'une entreprise en regardant son état de la situation financière.

   L'état de la situation financière montre le solde d'un certain nombre de comptes à une date donnée.

   L'état de la situation financière sert à déterminer le résultat net de la période.

   a) Un
   b) Deux
   c) Trois
   d) Aucun

5. La « dualité des effets » signifie que:
   a) chaque opération a un double effet sur l'équation comptable;
   b) chaque opération doit être enregistrée par les deux parties prenant part à l'échange;
   c) chaque opération influe sur l'état de la situation financière et l'état du résultat global;
   d) chaque opération implique qu'un compte augmente et qu'un autre diminue.

6. Lorsqu'une entreprise achète un terrain au comptant, l'équation comptable est modifiée comme suit:
   a) Il n'y a aucun changement au total de l'actif.
   b) L'actif augmente et le passif diminue.
   c) L'actif augmente et le passif augmente.
   d) L'actif ne change pas, mais le passif diminue.

7. Quel énoncé est faux lorsque le taux d'adéquation du capital augmente au cours des années?
   a) Le montant des capitaux propres moyens diminue par rapport à l'actif total moyen.
   b) Le montant du passif total moyen augmente par rapport à l'actif total moyen.
   c) L'entreprise diminue le risque lié à sa dette.
   d) L'entreprise augmente le risque lié à sa dette.

8. Quelle opération n'est pas une activité de financement du tableau des flux de trésorerie?

   a) Quand l'entreprise achète au comptant un actif à long terme.

   b) Quand l'entreprise emprunte de l'argent.

   c) Quand l'entreprise verse un dividende.

   d) Quand l'entreprise émet de nouvelles actions.

9. Combien d'énoncés ci-dessous sont vrais?

   Dans toute opération, le total des débits est égal au total des crédits.

   Les débits augmentent certains comptes et les crédits diminuent certains comptes.

   Le passif et les capitaux propres ont normalement des soldes créditeurs, alors que les actifs ont normalement des soldes débiteurs.

   a) Un

   b) Deux

   c) Trois

   d) Aucun

10. Le compte en T est un outil utilisé pour analyser:

    a) les augmentations et les diminutions de chaque compte du système comptable;

    b) les débits et les crédits enregistrés dans chaque compte du système comptable;

    c) les changements qui sont survenus dans le solde des comptes;

    d) Toutes ces réponses correspondent à l'utilisation des comptes en T.

MINI-EXERCICES

M2-1
1
5 minutes

L'association de définitions et de termes

Faites correspondre chacune des définitions au terme approprié en écrivant la lettre correspondante dans l'espace prévu à cet effet. Il ne doit y avoir qu'une définition par terme (autrement dit, il y a davantage de définitions que de termes).

Terme	Définition
_____ 1. Concept de l'entité	a) = Passif + Capitaux propres
_____ 2. Coût historique	b) Présente l'actif, le passif et les capitaux propres.
_____ 3. Continuité de l'exploitation	c) Activités de l'entreprise distinctes de celles de ses propriétaires.
_____ 4. Actif	d) Augmentation des actifs, et diminution des passifs et des capitaux propres.
_____ 5. Compte	e) Tableau normalisé pour accumuler les effets monétaires des opérations sur chacun des éléments figurant aux états financiers.
	f) Notion selon laquelle les entreprises seront toujours exploitées dans un avenir prévisible.
	g) Diminution des actifs, et augmentation des passifs et des capitaux propres.
	h) Notion selon laquelle un actif doit être comptabilisé sur la base de la trésorerie versée et de la juste valeur de toute autre contrepartie à la date de l'opération d'échange.

M2-2
1
5 minutes

L'association de définitions et de termes

Faites correspondre chacune des définitions au terme approprié en écrivant la lettre correspondante dans l'espace prévu à cet effet. Il ne doit y avoir qu'une définition par terme (autrement dit, il y a davantage de définitions que de termes).

Terme	Définition
_____ 1. Écriture de journal	a) Équation comptable.
_____ 2. Dualité des effets	b) Quatre états financiers.
_____ 3. Actif = Passif + Capitaux propres	c) Résultat de l'analyse des opérations dans un format comptable.
_____ 4. Passif	d) Compte qui est affecté lorsqu'on emprunte de l'argent à la banque.
_____ 5. État du résultat global, état de la situation financière, état des variations des capitaux propres et tableau des flux de trésorerie	e) Ressources économiques sur lesquelles l'entreprise exerce un contrôle.
	f) Résultats cumulatifs d'une entreprise non distribués aux actionnaires.
	g) Toutes les opérations ont un double effet sur l'équation comptable.
	h) Obligations actuelles de l'entité dont le règlement nécessitera l'utilisation d'actifs ou la prestation de services.

2

L'analyse des opérations

M2-3

 2

5 minutes

Pour chacun des événements suivants, précisez s'il s'agit d'une opération d'échange pour la société Tremblay (O pour oui et N pour non).

_____ 1. La société a commandé des fournitures de bureau qui seront livrées la semaine prochaine.

_____ 2. Six investisseurs de la société Tremblay ont vendu leurs actions à un autre investisseur.

_____ 3. La société a prêté 150 000 $ à un membre de son conseil d'administration.

_____ 4. La société Tremblay a acheté une machine qu'elle a payée en signant un effet à payer.

_____ 5. Le propriétaire fondateur, Georges Tremblay, a acquis des actions supplémentaires d'une autre entreprise.

_____ 6. La société a emprunté 1 000 000 $ à la banque.

Le classement des comptes à l'état de la situation financière

M2-4

 2

5 minutes

Voici quelques-uns des comptes de la société Gomez-Sanchez :

_____ 1. Fournisseurs	_____ 10. Effets à payer (dans trois ans)
_____ 2. Clients	
_____ 3. Immeubles	_____ 11. Effets à recevoir (dans six mois)
_____ 4. Trésorerie	
_____ 5. Capital social	_____ 12. Résultats non distribués
_____ 6. Terrain	_____ 13. Stock de fournitures
_____ 7. Stocks	_____ 14. Charges courantes à payer
_____ 8. Impôts à payer	_____ 15. Salaires à payer
_____ 9. Immobilisations	

Dans l'espace prévu à cet effet, classez chacun des comptes à l'état de la situation financière. Utilisez les codes suivants :

AC : actif courant   PC : passif courant   CP : capitaux propres
ANC : actif non courant   PNC : passif non courant

L'effet de plusieurs opérations sur les états financiers

M2-5

 3

10 minutes

Pour chacune des opérations suivantes conclues par Nardozzi inc. au mois de janvier 2013, indiquez les comptes touchés, les montants et l'effet sur l'équation comptable. Un exemple est présenté.

a) (Exemple) Emprunt de 20 000 $ à une banque de la région.

b) Vente au comptant de 30 000 $ d'actions à des investisseurs.

c) Achat de 15 000 $ d'équipement, paiement de 5 000 $ comptant et signature d'un effet à payer venant à échéance dans un an.

d) Déclaration et versement d'un dividende de 2 000 $ aux actionnaires.

e) Prêt de 7 000 $ à un administrateur ; signature d'un effet à recevoir venant à échéance en janvier 2014.

Actif	=	Passif	+	Capitaux propres
a) (Exemple) Trésorerie + 20 000		Effets à payer + 20 000		

7
3 minutes

Les notions de débit et de crédit

Remplissez le tableau suivant en inscrivant «Augmentation» ou «Diminution» dans chacune des colonnes.

	Débit	Crédit
Actif	_____	_____
Passif	_____	_____
Capitaux propres	_____	_____

7
3 minutes

Les notions de débit et de crédit

Remplissez le tableau suivant en indiquant «Débit» ou «Crédit» dans chaque colonne.

	Augmentation	Diminution
Actif	_____	_____
Passif	_____	_____
Capitaux propres	_____	_____

7
10 minutes

L'inscription d'opérations simples au journal général

Pour chacune des opérations effectuées à l'exercice M2-5 (y compris l'exemple), passez l'écriture de journal nécessaire.

7
10 minutes

Les comptes en T

Pour chacune des opérations enregistrées à l'exercice M2-8, reportez les écritures dans les comptes en T appropriés et déterminez le solde de clôture des comptes. Les soldes d'ouverture sont indiqués.

+	Trésorerie	−
Solde d'ouverture 2 000		

+	Effets à recevoir	−
Solde d'ouverture 0		

+	Équipement	−
Solde d'ouverture 16 300		

−	Effets à payer	+
	3 000 Solde d'ouverture	

	–	Capital social	+		–	Résultats non distribués	+
		5 500	Solde d'ouverture			9 800	Solde d'ouverture

4

10 minutes

L'établissement d'un état de la situation financière

En vous basant sur les comptes en T de l'exercice M2-9, dressez un état de la situation financière pour la société Nardozzi inc. au 31 janvier 2013.

5

5 minutes

Le calcul et l'interprétation du taux d'adéquation du capital

1. Calculez le taux d'adéquation du capital de la société Tanguay à partir des données suivantes.

	Actif	Passif	Capitaux propres
Fin de 2012	240 000 $	100 000 $	140 000 $
Fin de 2011	280 000	120 000	160 000

2. Quels renseignements les résultats vous fournissent-ils au sujet de cette entreprise? Comment pouvez-vous qualifier le ratio de la société Tanguay si vous le comparez à celui de la société LVMH en 2009?

6

5 minutes

Le tableau des flux de trésorerie

Pour chacune des opérations de l'exercice M2-5, indiquez s'il s'agit d'une activité d'investissement (I) ou de financement (F) du tableau des flux de trésorerie.

EXERCICES

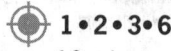

1•2•3•6

10 minutes

L'association de définitions et de termes

Trouvez la définition qui correspond à chaque terme. Une seule définition correspond à chaque terme (il y a donc plus de définitions que de termes).

Terme

_____ 1. Opération

_____ 2. Comptabilité d'engagement

_____ 3. État de la situation financière

_____ 4. Passif

_____ 5. Objectif de l'information financière

_____ 6. Actif courant

_____ 7. Effets à payer

_____ 8. Capital social

_____ 9. Résultats non distribués

_____ 10. Activités d'investissement

Définition

a) Ressources économiques qui doivent être réalisées, vendues ou consommées durant l'année qui suit la date de l'état de la situation financière.

b) Présente l'actif, le passif et les capitaux propres.

c) Comptabilise les opérations de l'entreprise distinctement de celles de ses propriétaires.

d) Communication de l'information utile au sujet de l'entité pour aider les fournisseurs de capitaux à prendre des décisions.

e) Échange d'actifs, de services ou de promesses de payer entre une entité et d'autres parties.

f) Concept selon lequel une entreprise poursuivra ses activités dans un avenir prévisible.

Terme	Définition
	g) Diminution de l'actif, et augmentation du passif et des capitaux propres.
	h) Capital investi par les actionnaires de l'entreprise.
	i) Achat et vente d'actifs non courants.
	j) Équation comptable.
	k) Toutes les opérations ont un double effet sur l'équation comptable.
	l) Compte affecté lorsqu'une entité s'engage par écrit à payer une certaine somme d'argent.
	m) Résultats cumulatifs d'une entreprise non distribués aux actionnaires.
	n) Méthode selon laquelle on constate les faits économiques au moment où ils se produisent, peu importe les entrées ou sorties de fonds.
	o) Obligations actuelles de l'entité devant être réglées au moyen d'actifs ou de services.

E2-2

 2

15 minutes

La détermination des comptes

Les situations suivantes sont indépendantes les unes des autres.

a) Une société commande et reçoit 10 ordinateurs personnels destinés à ses bureaux et elle signe une promesse de paiement de 25 000 $ échéant dans trois mois.

b) Une société achète au comptant un nouveau camion de livraison au prix de 51 000 $ au lieu des 54 000 $ indiqués sur l'étiquette.

c) Un détaillant de vêtements pour dames commande 30 nouveaux présentoirs au prix de 3 000 $ chacun, pour livraison future.

d) Une nouvelle société est constituée et vend au comptant à des investisseurs 14 000 actions ordinaires au prix de 5 $ l'action.

e) Une société signe un contrat de 500 000 $ pour la construction d'un nouvel entrepôt. À la signature, elle émet un chèque de 50 000 $ en guise de dépôt pour la construction.

f) Une maison d'édition achète 40 000 $ comptant les droits d'auteur (immobilisations incorporelles) du manuscrit d'un manuel d'introduction à la comptabilité.

g) Une société achète au comptant 500 actions de la société Bombardier pour 2 000 $.

h) Une société paie un terrain 150 000 $ comptant. Un expert avait évalué le terrain à 152 500 $.

i) Un fabricant achète un nouveau système satellite numérique de réception télévisée. Il paie 100 000 $ au comptant et porte le solde de 400 000 $ sur un effet à payer échéant dans un an au taux d'intérêt de 6 %.

j) Le propriétaire d'une entreprise individuelle de la région (propriétaire unique) achète pour son usage personnel une voiture qu'il paie 30 000 $. (Répondez en empruntant le point de vue de l'entreprise.)

k) Le 30 juin 2013, une entreprise emprunte à la banque 100 000 $ qu'elle s'engage à rembourser dans six mois.

l) Une entreprise verse 1 500 $ en remboursement d'un effet à payer.

Travail à faire

1. Indiquez, le cas échéant, les comptes touchés par chacun des événements précédents. Considérez ce que l'on donne et ce que l'on reçoit.

2. À quel montant comptabiliseriez-vous le camion de l'événement b) et le terrain de l'événement h)? Quels sont les concepts que vous appliqueriez?

3. Quels concepts comptables avez-vous appliqués pour les événements c) et j)?

E2-3

1

10 minutes

Polaroid

Le classement des postes

Comme elle l'explique dans son rapport annuel, Polaroid Corporation dessine, fabrique et distribue dans le monde entier une large gamme de produits, essentiellement dans le domaine de l'image. Elle vend notamment des appareils photo et des films à développement instantané, des appareils d'enregistrement d'images électroniques, des films conventionnels, et des filtres et objectifs polarisants.

Travail à faire

Pour chacun des postes suivants de l'état de la situation financière de Polaroid, indiquez s'il s'agit d'un actif courant (AC), d'un actif non courant (ANC), d'un passif courant (PC), d'un passif non courant (PNC) ou de capitaux propres (CP).

_____	1. Terrain	_____	6. Capital social
_____	2. Résultats non distribués	_____	7. Matériel et outillage
_____	3. Impôts à payer	_____	8. Fournisseurs
_____	4. Charges payées d'avance	_____	9. Clients
_____	5. Stocks	_____	10. Effets à payer (dans trois ans)

E2-4

3

10 minutes

L'analyse des opérations

Les événements suivants concernent la société Baklava.

a) Vente d'actions de 200 000 $ comptant à de nouveaux actionnaires.

b) Emprunt bancaire de 60 000 $.

c) Achat d'un terrain de 120 000 $, versement de 10 000 $ comptant; le solde est porté à un prêt hypothécaire de 15 ans contracté auprès d'une banque de la région.

d) Prêt de 3 000 $ à un employé qui signe un effet payable dans trois mois.

e) Achat de 80 000 $ de matériel, paiement de 10 000 $ comptant au fabricant; le solde est porté sur un effet à payer.

Travail à faire

Pour chacun des événements a) à e), effectuez une analyse des opérations, et indiquez le compte, le montant et l'effet (+ signifie une augmentation et – une diminution) sur l'équation comptable. Assurez-vous que l'équation demeure en équilibre après chaque opération. Dressez un tableau et utilisez les intitulés suivants :
Actif   =   Passif   +   Capitaux propres

E2-5

3

10 minutes

Nike

L'analyse des opérations

Nike inc., qui a son siège social en Oregon, aux États-Unis, est l'un des principaux fabricants de chaussures et de vêtements de sport. Les opérations suivantes se sont produites dernièrement. Les montants sont en dollars des États-Unis.

a) Achat de 203,9 M$ d'immobilisations corporelles, dont 182,0 M$ pour un immeuble et 21,9 M$ pour de l'équipement; 48,1 M$ ont été payés en espèces, le reste a été emprunté à long terme.

b) Émission de 253,6 M$ d'actions au comptant.

c) Déclaration de 179,2 M$ de dividendes devant être payés dans un mois.

d) Achat au comptant de 400,8 M$ en placements venant à échéance dans trois mois.

e) Vente par plusieurs actionnaires de Nike de leurs propres actions à d'autres investisseurs à la Bourse pour 36 M$.

f) Encaissement d'un effet à recevoir au montant de 1,4 M$.

Travail à faire

1. Pour chaque événement, effectuez une analyse des opérations, et indiquez le compte, le montant et l'effet sur l'équation comptable. Assurez-vous que celle-ci demeure en équilibre après chaque opération. Dressez un tableau et utilisez les intitulés suivants :

   Actif = Passif + Capitaux propres

2. Expliquez votre réponse pour l'opération e).

La comptabilisation des opérations
Reportez-vous à l'exercice E2-4.

Passez les écritures de journal pour chacune des opérations de l'exercice E2-4 en vous assurant que les débits égalent les crédits.

10 minutes

La comptabilisation des opérations
Reportez-vous à l'exercice E2-5.

1. Passez les écritures de journal pour chacune des opérations de l'exercice E2-5 en vous assurant que les débits égalent les crédits.

2. Expliquez votre réponse pour l'opération e).

10 minutes

L'analyse des opérations et les comptes en T
La société Leblanc et frères a été créée par Édouard Leblanc et cinq autres investisseurs. Cette année, les activités suivantes ont eu lieu :

15 minutes

a) Encaissement de 60 000 $ provenant des investisseurs – chacun a reçu 1 000 actions.

b) Achat de matériel au prix de 12 000 $ – un quart a été payé au comptant, le solde devant être remboursé dans six mois (la société a signé un effet à payer).

c) Signature d'un accord avec une société de nettoyage qui recevra 350 $ par semaine pour nettoyer les bureaux de la société.

d) Prêt de 2 000 $ à un investisseur qui a signé un effet venant à échéance dans six mois.

e) Émission d'actions à de nouveaux investisseurs qui ont apporté 4 000 $ au comptant et un terrain évalué à 10 000 $ en échange d'actions de la société.

f) Emprunt d'Édouard Leblanc de 10 000 $ à une banque de la région à des fins personnelles sur signature d'un effet payable dans un an.

Travail à faire

1. Établissez les comptes en T pour les comptes suivants : Trésorerie, Effets à recevoir, Matériel, Terrain, Effets à payer et Capital social. Les soldes d'ouverture sont à zéro. Enregistrez chaque opération dans le compte en T correspondant.

2. En utilisant les soldes des comptes en T, inscrivez les montants manquants dans l'équation comptable.

   Actif _____ $ = Passif _____ $ + Capitaux propres _____ $

3. Expliquez vos réponses pour les opérations c) et f).

L'analyse des opérations et l'établissement d'un état de la situation financière
Pendant sa première semaine d'exploitation, du 1er au 7 janvier 2012, la société de fabrication de meubles Lito a effectué six opérations dont les effets monétaires sont présentés dans le tableau ci-après (en dollars canadiens).

20 minutes

Compte	Effet monétaire de chacune des opérations						Solde de clôture
	1	2	3	4	5	6	
Trésorerie	16 000	70 000	(5 000)	(4 000)	(9 000)		
Effets à recevoir courants				4 000			
Matériel					9 000		
Terrain			16 000			4 000	
Effets à payer courants		70 000	11 000			4 000	
Capital social	16 000						

Travail à faire

1. Décrivez brièvement chacune des opérations présentées ci-dessus. Expliquez les hypothèses que vous avez formulées.

2. Pour chaque compte, calculez le solde de clôture et dressez un état de la situation financière en date du 7 janvier 2012 pour la société de fabrication de meubles Lito.

E2-10

3•4

20 minutes

L'analyse des opérations et l'établissement d'un état de la situation financière

Pendant son premier mois d'exploitation, en mars 2013, la société Bébé mode a effectué six opérations dont les effets monétaires sont présentés dans le tableau ci-dessous (en dollars canadiens).

Compte	Effet monétaire de chacune des opérations						Solde de clôture
	1	2	3	4	5	6	
Trésorerie	60 000	(4 000)	(4 000)	(7 000)	2 000		
Placements				7 000	(2 000)		
Effets à recevoir courants			4 000				
Matériel informatique						4 000	
Camion de livraison		30 000					
Effets à payer courants		26 000					
Capital social	60 000					4 000	

Travail à faire

1. Décrivez brièvement chacune des opérations présentées ci-dessus. Expliquez les hypothèses que vous avez formulées.

2. Pour chaque compte, calculez le solde de clôture et dressez un état de la situation financière en date du 31 mars 2013 pour la société Bébé mode.

E2-11

3•7

15 minutes

La passation d'écritures de journal

La société Poulain a été créée le 1er mai 2012. Les opérations suivantes ont été effectuées au cours de son premier mois d'activité :

a) Encaissement de 60 000 $ à la suite de l'émission de nouvelles actions aux fondateurs de la société Poulain.

b) Emprunt de 80 000 $ et signature d'un effet à payer remboursable dans un an.

c) Achat de matériel au montant de 40 000 $, paiement de 10 000 $ au comptant et signature d'un effet à payer échéant dans six mois.

d) Commande d'outillage au montant de 20 000 $.

e) Prêt de 4 000 $ à un employé qui a signé un effet remboursable dans trois mois.

f) Réception et paiement de l'outillage commandé en d).

Travail à faire

1. Montrez l'effet de chaque opération sur l'équation comptable (indiquez les comptes qui sont touchés, le montant et l'effet).

2. Passez les écritures de journal requises pour enregistrer chaque opération. (N'oubliez pas que les débits se trouvent en premier et les crédits ensuite, en retrait.) Assurez-vous d'utiliser de bonnes références et classez chaque compte comme actif (A), passif (Pa) ou capitaux propres (CP). Si vous ne passez pas d'écriture de journal pour une opération, expliquez pourquoi.

E2-12

5•7

20 minutes

L'analyse des opérations à l'aide de comptes en T et l'interprétation du taux d'adéquation du capital

La société Drago a été fondée il y a un an, le 1er janvier 2012. Vous êtes membre de la direction et avez étudié divers projets d'expansion exigeant tous des emprunts bancaires. Au début de l'exercice 2013, les soldes des comptes en T de la société Drago se présentent comme suit (en dollars canadiens).

Actif

+	Trésorerie	–
3 000		

+	Placements	–
2 000		

+	Immobilisations corporelles	–
4 000		

Passif

–	Effets à payer courants	+
		2 000

Capitaux propres

–	Capital social	+
		5 000

–	Résultats non distribués	+
		2 000

Travail à faire

1. À l'aide des données qui figurent dans les comptes en T, déterminez les montants suivants au 1er janvier 2013.

    Actif _____ $ = Passif _____ $ + Capitaux propres _____ $

2. Ajoutez les opérations suivantes pour l'exercice 2013 dans les comptes en T.

    a) Vente au comptant d'actions d'un montant de 1 000 $.

    b) Vente au comptant du quart des immobilisations corporelles d'un montant de 1 000 $.

    c) Emprunt bancaire de 2 000 $ payable dans six mois.

    d) Versement d'un dividende de 300 $ aux actionnaires.

3. Calculez les soldes de clôture des comptes en T pour déterminer les montants suivants au 31 décembre 2013.

    Actif _____ $ = Passif _____ $ + Capitaux propres _____ $

4. Calculez le taux d'adéquation du capital au 31 décembre 2013. En admettant que la moyenne industrielle de ce ratio est de 2,00, que pouvez-vous dire au sujet de la société Drago ? Est-ce que vous lui suggérez de se lancer dans des projets d'expansion en augmentant sa dette ? Expliquez votre réponse.

E2-13

4

10 minutes

L'établissement d'un état de la situation financière

Reportez-vous à l'exercice E2-12.

En vous basant sur les soldes de clôture des comptes en T de l'exercice E2-12, dressez un état de la situation financière au 31 décembre 2013.

E2-14

3•4•5

20 minutes

L'analyse des opérations à l'aide de l'équation comptable, l'établissement d'un état de la situation financière et l'évaluation du taux d'adéquation du capital

En début d'année 2014, la société Legault, créée en 2012, a sollicité auprès de votre banque un prêt de 100 000 $ pour réaliser ses projets d'expansion. Le directeur adjoint de la banque vous a demandé d'analyser la situation et de faire une recommandation quant au prêt demandé par la société Legault. Les opérations suivantes ont été effectuées en 2012 (première année d'exploitation) :

a) Investissement par les fondateurs de la société de 40 000 $ en échange d'actions de la société.

b) Achat d'un terrain de 12 000 $ et signature d'un effet à payer échéant dans un an.

c) Achat de deux camions de livraison usagés au prix de 10 000 $ chacun ; 2 000 $ ont été payés au comptant et un effet payable dans trois ans a été signé pour le solde.

d) Vente du quart du terrain pour 3 000 $ à Déménagements Légaré, qui a signé un effet remboursable dans six mois.

e) Versement au garagiste de 2 000 $ pour l'achat d'un nouveau moteur de camion. (Indice : Augmentez le compte utilisé pour comptabiliser l'achat du camion, puisque celui-ci a été amélioré.)

f) Paiement de 22 000 $ de l'actionnaire Raymond Legault pour l'achat personnel d'un terrain.

Travail à faire

1. Pour chaque opération, montrez l'effet sur l'équation comptable (indiquez les comptes qui sont touchés, le montant et l'effet) en utilisant les comptes suivants : Trésorerie, Effets à recevoir, Terrain, Matériel roulant, Effets à payer courants, Effets à payer non courants et Capital social.

2. Dressez l'état de la situation financière de la société Legault au 31 décembre 2012.

3. À la fin des deux années suivantes, la société Legault a inscrit les montants suivants dans son état de la situation financière :

	Fin 2013	Fin 2014
Actif	90 000 $	120 000 $
Passif	40 000	60 000
Capitaux propres	50 000	60 000

   Calculez le taux d'adéquation du capital de la société pour les années 2013 et 2014. Quelle tendance constatez-vous et quelles conclusions pouvez-vous tirer concernant la société ?

4. Quelles recommandations feriez-vous au directeur adjoint de la banque relativement au prêt sollicité par la société Legault ?

E2-15

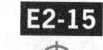 **7**

15 minutes

L'analyse des opérations à partir des comptes en T

La société Les Services de réparation de meubles Mondoux est la propriété de deux actionnaires. Elle a commencé ses activités le 1er juin 2012. Les comptes en T suivants indiquent les activités du mois de juin.

+	Trésorerie (A)		–
a)	17 000	10 000	b)
d)	800	1 500	c)

+	Effets à recevoir (A)		–
c)	1 500		

+	Équipement (A)		–
a)	3 000	800	d)

+	Immeuble (A)		–
b)	50 000		

–	Effets à payer (Pa)		+
		40 000	b)

–	Capital social (CP)		+
		20 000	a)

Travail à faire

Décrivez les opérations a) à d) qui ont entraîné un enregistrement dans les comptes en T. Autrement dit, quelles activités ont fait augmenter et diminuer les comptes de l'état de la situation financière?

L'analyse des opérations à partir des comptes en T

Les comptes en T suivants reflètent des opérations commerciales types:

+	Matériel		–
01-01	500		
	200	___	
12-31	150		

+	Effets à recevoir		–
01-01	150		
		___	225
12-31	150		

–	Effets à payer		+
		100	01-01
	___	170	
		160	12-31

Travail à faire

1. Décrivez quelles opérations portant sur les investissements et le financement ont été enregistrées dans chaque compte en T. Autrement dit, expliquez quels événements économiques ont fait augmenter ou diminuer ces comptes.

2. Calculez les montants manquants pour chaque compte en T.

Le tableau des flux de trésorerie

Dans son rapport annuel 2009, Cascades se décrit ainsi: «Fondée en 1964, Cascades œuvre dans les domaines de la fabrication, de la transformation et de la commercialisation de produits d'emballage et de papier tissu composés principalement de fibres recyclés. Cascades regroupe près de 12 500 femmes et hommes travaillant dans plus d'une centaine d'unités d'exploitation situés en Amérique du Nord et en Europe.»

Voici quelques-unes des activités d'investissement et de financement réalisées par Cascades, qui ont été inscrites dans son dernier tableau des flux de trésorerie:

a) Acquisitions d'immobilisations corporelles

b) Dividende payé aux actionnaires

c) Produit de la cession d'immobilisations corporelles

d) Emprunts et avances bancaires

e) Rachat d'actions ordinaires

f) Cessions d'entreprises

g) Produit net de l'émission d'actions

Travail à faire

Pour chaque opération, indiquez s'il s'agit d'une activité d'investissement (I) ou d'une activité de financement (F) ainsi que l'effet sur les flux de trésorerie (+ signifie une augmentation de la trésorerie et – une diminution de la trésorerie).

L'établissement du tableau des flux de trésorerie

La société Hôtel Paris construit, exploite et franchise des hôtels et des casinos partout dans le monde. Des données tirées d'un récent tableau des flux de trésorerie indiquent que les activités d'investissement et de financement présentées ci-après (en millions de dollars des États-Unis) ont été réalisées au cours de la dernière année.

Emprunts bancaires	992
Achat de placements	139
Produits de la vente d'immobilisations	230
Émission d'actions	6
Achat d'immobilisations corporelles	370
Remboursement de la dette à long terme	24

Travail à faire

Préparez les sections «Activités d'investissement» et «Activités de financement» du tableau des flux de trésorerie d'Hôtel Paris. Supposez que la période financière se termine le 31 décembre 2013.

E2-19

⊕ **2•4•6**

15 minutes

La recherche d'information financière

Vous envisagez d'investir l'argent dont vous venez d'hériter de votre grand-père dans différentes actions. Vous avez à votre disposition les rapports annuels de quelques sociétés importantes.

Travail à faire

Indiquez où se trouve chacun des éléments suivants dans le rapport annuel. (Indice : L'information se trouve parfois à différents endroits.)

1. Total de l'actif courant
2. Montant de la dette à long terme remboursé au cours de la période
3. Trésorerie reçue pour la vente d'actifs non courants
4. Dividendes payés durant la période
5. Fournisseurs
6. Date de l'état de la situation financière

PROBLÈMES

P2-1

⊕ **1•2**

10 minutes
(PS2-1)

**Le Groupe
Jean Coutu (PJC)**

La détermination des postes de l'état de la situation financière

Le Groupe Jean Coutu (PJC) inc. exerce ses activités dans le secteur de la pharmacie au détail et possède l'une des plus importantes chaînes de pharmacies au Canada. Vous trouverez ci-dessous une liste de comptes apparaissant dans un récent état de la situation financière du Groupe Jean Coutu.

_____ 1. Découvert bancaire

_____ 2. Charges payées d'avance

_____ 3. Stocks

_____ 4. Immobilisations corporelles

_____ 5. Capital-actions (Capital social)

_____ 6. Créditeurs et charges à payer (Fournisseurs)

_____ 7. Placements

_____ 8. Écarts d'acquisition (Goodwill)

_____ 9. Dette à long terme

_____ 10. Impôts à payer

_____ 11. Débiteurs (Clients)

Travail à faire

Indiquez dans quelle section de l'état de la situation financière chaque compte devrait être classé. Utilisez les lettres AC (actif courant), ANC (actif non courant), PC (passif courant), PNC (passif non courant) et CP (capitaux propres). Indiquez également si le compte a un solde débiteur ou créditeur.

L'analyse des opérations

P2-2

2•3•5

25 minutes

Quatre amis ont créé la société Santé Paré le 1er janvier 2011. Chacun a investi 10 000 $ dans la société et a reçu 8 000 actions en contrepartie. Actuellement, ce sont les seuls actionnaires. Au 31 décembre 2012, les livres comptables indiquaient des actifs totaux de 400 000 $ (Trésorerie, 30 000 $; Terrain, 80 000 $; Matériel, 90 000 $; Immeuble, 200 000 $), des passifs totaux de 210 000 $ (composés exclusivement d'emprunts à long terme) et des capitaux propres de 190 000 $ (Capital social, 120 000 $; Résultats non distribués, 70 000 $). Durant l'année 2013, la société a effectué les opérations suivantes :

a) Vente de 10 000 actions aux actionnaires fondateurs de la société au montant de 100 000 $, payé comptant.

b) Achat d'un immeuble pour la somme de 265 000 $, de matériel au prix de 16 000 $ et d'un terrain de trois acres pour 72 000 $. La société a versé 73 000 $ au comptant et a obtenu un emprunt hypothécaire pour le solde dû dans 15 ans. (Indice : Cinq comptes différents sont touchés.)

c) Vente de 500 actions d'un actionnaire de la société à un autre actionnaire pour la somme de 5 000 $.

d) Achat au comptant de placements venant à échéance dans trois mois d'une valeur de 12 000 $.

e) Vente de un acre de terrain, acheté en b), contre un chèque de 24 000 $.

f) Prêt de 5 000 $ à un actionnaire pour ses frais de déménagement ; il a signé un effet remboursable dans six mois.

Travail à faire

1. Est-ce que la société Santé Paré est une entreprise individuelle, une société de personnes ou une société de capitaux ? Expliquez sur quoi vous basez votre réponse.

2. Durant l'année 2013, les livres de la société étaient incorrects. On vous a demandé de rédiger un résumé des opérations précédentes. Pour être capable d'évaluer rapidement leurs effets économiques sur la société, vous décidez d'effectuer le calcul ci-dessous en indiquant, pour chaque compte, le signe approprié (+ signifie une augmentation et – une diminution). La première opération est présentée à titre d'exemple.

	ACTIF						=	PASSIF	+	CAPITAUX PROPRES	
	Trésorerie	Placements	Effets à recevoir	Terrain	Immeuble	Matériel		Effets à payer		Capital social	Résultats non distribués
Solde	30 000			80 000	200 000	90 000		210 000		120 000	70 000
a)	+100 000									+100 000	

3. Avez-vous inclus l'opération conclue entre les deux actionnaires [l'opération c)] dans votre calcul ? Expliquez votre réponse.

4. En vous basant sur votre analyse, fournissez les montants suivants (présentez vos calculs) :
   a) Total de l'actif à la fin de l'année 2013
   b) Total du passif à la fin de l'année 2013
   c) Total des capitaux propres à la fin de l'année 2013
   d) Solde de la trésorerie à la fin de l'année 2013
   e) Total de l'actif courant à la fin de l'année 2013

5. Calculez le taux d'adéquation du capital. Quelle conclusion pouvez-vous en tirer ?

P2-3

3•4•5•7

40 minutes

(PS2-3)

L'analyse des opérations, l'établissement d'un état de la situation financière et l'évaluation du taux d'adéquation du capital

La société Plastiques Lévesque existe depuis trois ans. Le tableau ci-après indique ce qu'on pouvait trouver dans ses comptes au 31 décembre 2012.

Trésorerie	35 000 $	Effets à payer courants	12 000 $
Immobilisations incorporelles	5 000	Effets à recevoir non courants	2 000
Placements	3 000	Effets à payer non courants	80 000
Fournisseurs	25 000	Matériel	80 000
Clients	5 000	Capital social	150 000
Charges à payer	3 000	Usine	150 000
Stocks	40 000	Résultats non distribués	50 000

Au cours de l'année 2013, les opérations suivantes ont été effectuées :

a) Achat de matériel d'une valeur de 30 000 $ contre un versement comptant de 10 000 $ et la signature d'un effet payable dans un an.

b) Émission de 2 000 actions pour la somme de 20 000 $ au comptant.

c) Prêt de 10 000 $ à un fournisseur qui, en retour, signe un effet remboursable dans deux ans.

d) Achat au comptant de placements venant à échéance dans un mois pour la somme de 15 000 $.

e) Le 31 décembre 2013, emprunt bancaire de 20 000 $. Cet emprunt est remboursable le 30 juin 2014.

f) Achat au comptant d'un brevet (immobilisation incorporelle) au coût de 6 000 $.

g) Construction d'un ajout à l'usine au coût de 42 000 $ contre un versement comptant de 15 000 $ et la signature d'un effet à long terme.

h) À la fin de l'année, embauche d'un nouveau président. Le contrat stipule que ce dernier recevra un salaire annuel de 285 000 $ et bénéficiera d'un régime d'option d'achat d'actions de la société à un prix variant selon le rendement de l'entreprise.

i) Retour au fabricant du matériel que la société juge défectueux et réception d'un remboursement de 2 000 $.

Travail à faire

1. Pour chaque opération, montrez l'effet sur l'équation comptable en indiquant les comptes touchés et le sens de l'effet (augmentation ou diminution)

   ou

   Établissez des comptes en T pour chacun des comptes figurant à l'état de la situation financière en indiquant les soldes de clôture de 2012. Comptabilisez toutes les opérations de 2013 et calculez les soldes de clôture.

2. Expliquez votre traitement de l'opération h).

3. Dressez un état de la situation financière au 31 décembre 2013.

4. Calculez le taux d'adéquation du capital pour 2013. Que vous suggère ce ratio concernant la société Plastiques Lévesque ?

P2-4

6

20 minutes
(PS2-4)

Les incidences sur le tableau des flux de trésorerie

Reportez-vous au problème P2-3.

En vous basant sur les opérations a) à i) du problème P2-3, indiquez, pour chaque opération, s'il s'agit d'une activité d'investissement (I) ou de financement (F) pour la période financière et si cette activité entraîne une augmentation (+) ou une diminution (–) des flux de trésorerie. Si elle n'a aucun effet sur les flux de trésorerie, indiquez AE.

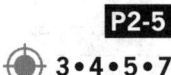

P2-5

3•4•5•7

40 minutes

L'analyse des opérations, la passation des écritures de journal, le report dans les comptes en T, l'établissement d'un état de la situation financière et l'évaluation du taux d'adéquation du capital

La société Cardinal inc. évolue dans le domaine de la communication, notamment l'édition de revues spécialisées en environnement. Vous trouverez ci-après l'état de la situation financière de Cardinal inc. au 31 décembre 2012.

Cardinal inc.
État de la situation financière
au 31 décembre 2012
(en milliers de dollars canadiens)

Actif	
Courants	
Trésorerie	96,5
Placements	40,6
Clients	916,0
Stocks	579,3
Charges payées d'avance	45,0
Autres actifs courants	138,7
Actifs courants	1 816,1
Non courants	
Placements	332,5
Immobilisations	4 318,0
Autres actifs non courants	492,3
Goodwill	2 944,9
Actifs non courants	8 087,7
Total de l'actif	9 903,8
Passif et capitaux propres	
Passif	
Courants	
Emprunts bancaires	13,6
Fournisseurs et charges courantes à payer	1 804,0
Dividendes à payer	27,0
Autres passifs courants	111,7
Partie courante des emprunts à long terme	17,6
Passifs courants	1 973,9
Non courants	
Emprunts à long terme	4 687,7
Autres passifs non courants	1 610,1
Passifs non courants	6 297,8
Total du passif	8 271,7
Capitaux propres	
Capital social	346,6
Résultats non distribués	1 285,5
Total des capitaux propres	1 632,1
Total du passif et des capitaux propres	9 903,8

Au cours du mois de janvier 2013, la société a effectué les opérations suivantes (toutes les transactions sont exprimées en milliers de dollars):

a) Versement aux actionnaires du dividende de 27 $.

b) Émission de nouvelles actions pour la somme de 200 $ au comptant.

c) Acquisition au comptant de placements venant à échéance dans six mois d'une valeur de 10 $.

d) Acquisition d'immobilisations moyennant le versement de la somme de 261 $ et signature d'un emprunt à long terme de 279 $.

e) Prêt de 25 $ à une filiale, laquelle signe un billet remboursable dans six mois.

f) Emprunt bancaire de 30 $, payable dans un an.

Travail à faire

1. Indiquez l'effet de chaque opération sur l'équation comptable.

2. Passez une écriture de journal pour chaque opération.

3. Établissez des comptes en T pour chaque compte touché, en n'oubliant pas d'y inscrire les soldes au 31 décembre 2012. Reportez chaque écriture de journal dans le compte en T correspondant.

4. En vous basant sur ces opérations, dressez un état de la situation financière de la société Cardinal au 31 janvier 2013. Utilisez un format identique à celui qui est présenté à la page précédente.

5. Calculez le taux d'adéquation du capital de la société à la fin du mois de janvier. Interprétez ce résultat.

P2-6

 6

20 minutes

L'établissement d'un tableau partiel des flux de trésorerie

Reportez-vous au problème P2-5.

En vous basant sur les activités du mois de janvier, préparez les sections concernant les activités d'investissement et de financement du tableau des flux de trésorerie.

PROBLÈMES SUPPLÉMENTAIRES

PS2-1

1 • 2

20 minutes
(P2-1)

Transat A.T.

La détermination des postes de l'état de la situation financière

D'après un rapport annuel récent, la société Transat A.T. inc. est « une société intégrée de l'industrie du tourisme. Elle exerce ses activités dans tous les secteurs de l'organisation et de la distribution de voyages vacances : vente au détail par les agences de voyages, organisation et distribution de forfaits par les voyagistes, transport aérien et gestion hôtelière ». Voici quelques postes apparaissant dans un état de la situation financière récent de l'entreprise.

_____ 1. Débiteurs (Clients)	_____ 7. Trésorerie et équivalents de trésorerie
_____ 2. Capital-actions (Capital social)	_____ 8. Dette à long terme
_____ 3. Charges payées d'avance	_____ 9. Stocks
_____ 4. Immobilisations corporelles	_____ 10. Impôts sur les bénéfices à payer
_____ 5. Bénéfices non répartis (Résultats non distribués)	
_____ 6. Créditeurs et charges à payer (Fournisseurs)	

Travail à faire

Indiquez dans quelle section de l'état de la situation financière chaque compte devrait être classé. Utilisez les sigles AC (actif courant), ANC (actif non courant), PC (passif courant), PNC (passif non courant) et CP (capitaux propres). Indiquez également si le solde du compte est créditeur ou débiteur.

PS2-2

◉ **2•3•5**

25 minutes
(P2-2)

L'analyse des opérations et l'interprétation du taux d'adéquation du capital

Une petite société, Boulamite inc., fabrique des trains électriques pour les magasins de jouets et offre un service de réparation. Cette société existe depuis cinq ans. À la fin de l'année 2012, ses livres indiquaient un total de l'actif de 500 000 $ (Trésorerie, 130 000 $; Immeuble, 300 000 $; Équipement, 70 000 $), un total du passif de 200 000 $ (Effets à payer courants, 150 000 $; Effets à payer non courants, 50 000 $) et des capitaux propres de 300 000 $ (Capital social, 200 000 $; Résultats non distribués, 100 000 $).

Au cours de l'année 2013, les opérations suivantes ont été effectuées :

a) Émission de 10 000 actions pour la somme de 100 000 $ au comptant.

b) Emprunt bancaire de 120 000 $ et signature d'un effet à payer venant à échéance dans 10 ans.

c) Construction d'un ajout à l'usine d'une valeur de 200 000 $, somme immédiatement versée à l'entrepreneur.

d) Achat d'équipement pour le nouvel ajout au coût de 30 000 $ contre un versement comptant de 3 000 $ et la signature d'un billet remboursable dans six mois.

e) Achat au comptant de placements venant à échéance dans cinq mois d'une valeur de 85 000 $.

f) Retour d'une pièce de l'équipement achetée en d), d'une valeur de 3 000 $ pour défaut de fabrication, ce qui vient réduire le solde.

g) Achat d'un camion de livraison (équipement) au prix de 10 000 $ contre un versement comptant de 5 000 $ et la signature d'un effet payable dans six mois.

h) Prêt de 2 000 $ à la présidente de la société, Julie Aubin. Cette dernière a signé un effet dont les modalités prévoient le remboursement dans un an.

i) Vente d'action d'un actionnaire à sa voisine au montant de 5 000 $.

Travail à faire

1. Est-ce que la société Boulamite est une entreprise individuelle, une société de personnes ou une société de capitaux ? Expliquez votre réponse.

2. On vous demande de rédiger un résumé des opérations précédentes. Pour être capable d'évaluer rapidement les effets économiques des opérations de la société Boulamite inc., vous avez décidé d'effectuer les calculs ci-dessous en indiquant, pour chaque compte, un signe (+) en cas d'augmentation et (–) en cas de diminution. La première opération est présentée à titre d'exemple.

	ACTIF					=	PASSIF		+	CAPITAUX PROPRES	
	Trésorerie	Placements	Effets à recevoir	Immeuble	Équipement		Effets à payer courants	Effets à payer non courants		Capital social	Résultats non distribués
Solde	130 000			300 000	70 000		150 000	50 000		200 000	100 000
a)	+100 000									+100 000	

3. Avez-vous inclus l'opération i) dans votre calcul ? Expliquez votre réponse.

4. En vous basant sur les soldes d'ouverture et les opérations précédentes, calculez les montants suivants (présentez tous vos calculs) :

a) Total de l'actif à la fin de l'année 2013

b) Total du passif à la fin de l'année 2013

c) Total des capitaux propres à la fin de l'année 2013

d) Solde de la trésorerie à la fin de l'année 2013

e) Total de l'actif courant à la fin de l'année 2013

5. Calculez le taux d'adéquation de capital de la société. Quelles conclusions pouvez-vous tirer concernant Boulamite inc. ?

PS2-3

3•4•5•7

40 minutes
(P2-3)

L'utilisation des comptes en T, l'établissement d'un état de la situation financière et l'évaluation du taux d'adéquation du capital

La société Glouglou est un fabricant de jus de fruits et de boissons énergisantes. Les comptes suivants sont tirés de son dernier état de la situation financière (au 1er avril 2012). Les montants sont exprimés en milliers de dollars.

Placements courants	1 984	Autres actifs non courants	16 617
Clients	31 378	Impôts à payer	73
Stocks	69 954	Fournisseurs et charges à payer	35 369
Trésorerie	2 143	Autres passifs courants	4 686
Charges payées d'avance	1 095	Emprunts à long terme	30 446
Placements non courants	23	Capital social	19 778
Immobilisations corporelles	85 792	Résultats non distribués	118 634

Supposez que les opérations suivantes ont été effectuées au deuxième trimestre, terminé le 30 juin 2012 (toutes les opérations sont en milliers de dollars).

a) Acquisition d'une marque de commerce (immobilisation incorporelle) au prix de 400 $, versés au comptant.

b) Vente au comptant de matériel d'une valeur de 20 $ correspondant au coût d'acquisition.

c) Achat à crédit de 980 $ de marchandises.

d) Émission au comptant d'actions de la société d'une valeur de 520 $.

e) Acquisition d'immobilisations contre un versement comptant de 200 $ et la prise en charge d'une hypothèque de 800 $.

f) Déclaration et paiement d'un dividende de 300 $.

g) Commande de contenants d'une valeur de 500 $ pour la production de jus.

Travail à faire

1. Pour chaque opération, montrez l'effet sur l'équation comptable en indiquant les comptes qui sont touchés et le type d'effet (augmentation ou diminution).

   ou

   Établissez des comptes en T pour chacun des comptes figurant à l'état de la situation financière en indiquant les soldes de clôture au 1er avril 2012. Inscrivez toutes les opérations effectuées au cours du deuxième trimestre, terminé le 30 juin 2012, et calculez les soldes de clôture.

2. Dressez en bonne et due forme un état de la situation financière au 30 juin 2012.

3. Calculez le taux d'adéquation du capital pour le deuxième trimestre se terminant le 30 juin 2012. Que vous apprend ce ratio au sujet de la société Glouglou?

PS2-4

 6

20 minutes
(P2-4)

Les incidences sur le tableau des flux de trésorerie

Reportez-vous au problème PS2-3.

En vous basant sur les opérations a) à g) du problème PS2-3, indiquez, pour chaque opération, s'il s'agit d'une activité d'investissement (I) ou de financement (F) pour la période financière et si cette activité entraîne une augmentation (+) ou une diminution (–) des flux de trésorerie. Si elle n'a aucun effet sur les flux de trésorerie, indiquez AE.

CP2-1

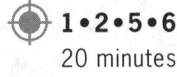
1•2•5•6
20 minutes

L'Oréal

La recherche d'information financière

Reportez-vous aux états financiers et aux notes de la société L'Oréal (*voir l'annexe B à la fin de ce manuel*).

Travail à faire

1. La société L'Oréal est-elle une entreprise individuelle, une société de personnes ou une société de capitaux? Dites sur quoi vous basez votre réponse.

2. Utilisez le bilan (état de la situation financière) de la société pour résoudre l'équation comptable: $A = Pa + CP$.

3. Dans son bilan, la société L'Oréal présente ses immobilisations corporelles d'une valeur de 2 599 millions d'euros. Cette somme équivaut-elle à la juste valeur de ces actifs à la date de clôture des comptes? Expliquez votre réponse.

4. Calculez le taux d'adéquation du capital de la société pour l'année 2009 et expliquez ce qu'il signifie.

5. Combien d'argent la société a-t-elle consacré annuellement à l'achat d'immobilisations? Où avez-vous trouvé cette information?

CP2-2

1•2•5•6
20 minutes

Inter Parfums

La recherche d'information financière

Reportez-vous aux états financiers et aux notes de la société Inter Parfums (*voir l'annexe C à la fin de ce manuel*).

Travail à faire

1. Utilisez l'état de la situation financière de la société Inter Parfums pour résoudre l'équation comptable: $A = Pa + CP$.

2. Quel est le total de l'actif courant au 31 décembre 2009?

3. Quel est le total du passif non courant au 31 décembre 2009?

4. Calculez le taux d'adéquation du capital de la société pour l'année 2009 et expliquez ce qu'il signifie.

5. La société a-t-elle versé un dividende à ses actionnaires au cours de l'année financière 2009? Où avez-vous trouvé cette information?

CP2-3

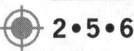
2•5•6
30 minutes

L'Oréal
Inter Parfums

La comparaison de différentes sociétés évoluant dans le même secteur

Reportez-vous aux états financiers et aux notes des sociétés L'Oréal et Inter Parfums ainsi qu'au rapport sur les ratios de ce secteur d'activité (*voir les annexes B, C et D à la fin de ce manuel*).

Travail à faire

1. Calculez le taux d'adéquation du capital des deux sociétés. Quelle société prend le plus de risques? Expliquez votre réponse.

2. Comparez le taux d'adéquation du capital de ces deux sociétés à la moyenne de leur secteur d'activité, que vous trouverez dans le rapport portant sur les ratios de ce secteur. Ces deux sociétés financent-elles leurs actifs au moyen de la dette à un rythme supérieur ou inférieur à la moyenne industrielle?

3. Pour la plus récente période financière, déterminez les flux de trésorerie qui ont servi au remboursement de la dette à long terme par chacune des sociétés.

4. Quel montant de dividendes chaque société a-t-elle payé au cours de la période la plus récente?

5. Les deux sociétés utilisent-elles les mêmes termes pour désigner les différents éléments de l'état de la situation financière et du tableau des flux de trésorerie?

4•5

20 minutes

LVMH

La recherche d'information financière

Toutes les entreprises publiques publient leurs états financiers sur leur site Internet. À l'aide de votre navigateur Web, accédez au site Internet de la société LVMH (www.lvmh.fr) et cliquez sur la section « Communication financière, Information règlementée ». Vous aurez alors accès au dernier rapport annuel. Il arrive parfois, dans le cas des sociétés européennes, que les états financiers soient inclus dans le Document de référence plutôt que dans le rapport annuel.

Travail à faire

Consultez les états financiers et répondez aux questions suivantes :

1. À combien se chiffre le total de l'actif de LVMH à la fin de la période la plus récente ?
2. La dette non courante a-t-elle augmenté ou diminué durant cette dernière période ?
3. Calculez le taux d'adéquation du capital. Comparez-le avec le ratio déjà calculé dans ce chapitre pour LVMH. Comment interprétez-vous ces résultats ?
4. Quel montant de trésorerie LVMH a-t-elle investi en immobilisations au cours de la période la plus récente ?
5. Quel est le montant total des flux de trésorerie provenant des activités de financement ?

CP2-5

1

20 minutes

L'utilisation de rapports financiers : l'évaluation de la fiabilité d'un état de la situation financière

Michel Lussier a sollicité un emprunt bancaire de 50 000 $ pour donner de l'expansion à sa petite entreprise. La banque lui a demandé de lui fournir un état financier de son entreprise pour mieux évaluer la possibilité de lui accorder le prêt. Michel Lussier a présenté l'état de la situation financière suivant.

Travail à faire

Cet état de la situation financière comporte plusieurs anomalies et au moins une erreur importante. Trouvez cette erreur et expliquez son effet sur l'état financier.

État de la situation financière au 30 juin 2013 (en dollars canadiens)	
Actif	
Trésorerie	9 000
Stocks	30 000
Matériel	46 000
Résidence personnelle (paiement mensuel de 2 800 $)	300 000
Autres actifs	20 000
Total de l'actif	405 000
Passif	
Dette courante due à des fournisseurs	62 000
Dette non courante sur le matériel	38 000
Total du passif	100 000
Capitaux propres	305 000
Total du passif et des capitaux propres	405 000

CP2-6

2•4•5

20 minutes

Michelin

L'utilisation de rapports financiers : l'analyse d'un état de la situation financière

Un bilan (état de la situation financière) récent de la société Michelin (fabricant français de pneus) est présenté ci-après.

Michelin Bilan consolidé au 31 Décembre (en millions d'euros)	Note	2009	2008
Goodwill	13	403	401
Autres immobilisations incorporelles	13	321	310
Immobilisations corporelles	14	6 782	7 046
Actifs financiers et autres actifs à long terme	15	712	382
Titres mis en équivalence	17	71	65
Impôts différés actifs	18	942	896
Actifs non courants		9 231	9 100
Stocks	19	2 994	3 677
Créances commerciales	20	2 314	2 456
Actifs financiers à court terme	21	165	173
Autres actifs à court terme	22	583	732
Trésorerie	23	1 231	456
Actifs courants		7 287	7 494
Total de l'actif		16 518	16 594
Capital social	24	295	290
Primes liées au capital	24	1 987	1 944
Réserves	25	3 210	2 874
Intérêts non assortis de contrôle		3	5
Capitaux propres		5 495	5 113
Dettes financières à long terme	26	3 568	3 446
Provisions pour avantages du personnel	27.1	2 374	2 448
Provisions et autres passifs à long terme	29	1 105	760
Impôts différés passifs	18	40	39
Passifs non courants		7 087	6 693
Dettes financières à court terme	26	760	1 440
Dettes fournisseurs		1 249	1 504
Autres passifs à court terme	30	1 927	1 844
Passifs courants		3 936	4 788
Total des capitaux propres et du passif		16 518	16 594

Les notes 1 à 36 font partie intégrante des états financiers consolidés.

2

CP2-7

4•5

25 minutes

McDonald's

L'utilisation de rapports financiers: l'établissement d'un état de la situation financière et l'analyse du taux d'adéquation du capital

Vous trouverez ci-dessous, classés par ordre alphabétique, les comptes adaptés d'un état de la situation financière récent de McDonald's Corporation (les montants sont exprimés en millions de dollars des États-Unis).

	Période en cours	Période précédente
Autres actifs courants	323,5	246,9
Autres actifs non courants	538,3	608,5
Autres passifs non courants	1 574,5	1 491,0
Capital social	1 065,3	787,8
Charges à payer	783,3	503,5
Clients et effets à recevoir	609,4	483,5
Emprunts à long terme	6 188,6	4 834,1
Effets à payer (courants)	686,8	1 293,8
Effets à recevoir (non courants)	67,9	67,0
Fournisseurs	621,3	650,6
Immobilisations corporelles	16 041,6	14 961,4
Immobilisations incorporelles	973,1	827,5
Impôts sur le résultat à payer	237,7	201,0
Partie courante des emprunts à long terme	168,0	335,6
Placements (non courants)	854,1	634,8
Résultats non distribués	8 458,9	8 144,1
Stocks	77,3	70,5
Trésorerie	299,2	341,4

Travail à faire

1. Dressez un état de la situation financière de la société McDonald's.

2. Calculez le taux d'adéquation du capital de la société pour la période en cours.

3. Si le ratio de l'industrie est de 1,72, comment interprétez-vous ce ratio?

2

⊕ **1•4**

30 minutes

La prise de décision à titre d'analyste financier

Votre meilleure amie vous écrit une lettre dans laquelle elle décrit une occasion d'investissement qui lui a été offerte. Une société recueille de l'argent en émettant des actions et souhaite qu'elle investisse 20 000 $ (somme qu'elle vient d'hériter de son oncle). Votre amie n'a jamais investi d'argent dans une société auparavant et, sachant que vous êtes analyste financier, elle vous demande de jeter un coup d'œil à l'état de la situation financière et de lui donner votre avis. Elle vous fournit l'état de la situation financière non audité ci-après.

Le document ne comprend qu'une note de bas de page mentionnant que l'immeuble a été acheté au coût de 65 000 $, qu'il a été amorti de 5 000 $ dans les livres et qu'il fait toujours l'objet d'une hypothèque (présentée dans la section du passif). La note de bas de page précise aussi que l'immeuble vaut « au moins 98 000 $ » selon le président de la société.

Travail à faire

1. Dressez un nouvel état de la situation financière pour votre amie en corrigeant toutes les erreurs que vous relevez. (Attention : Si vous apportez une correction aux soldes des comptes, vous devrez peut-être corriger le solde des résultats non distribués en conséquence.) S'il n'y a pas d'erreur ou d'omission, mentionnez-le.

Archambault, Benoît et Lévesque	
État de la situation financière	
période close le 31 décembre 2013	
(en dollars canadiens)	
Clients	8 000
Trésorerie	1 000
Stocks	8 000
Mobilier et agencements	52 000
Camion de livraison	12 000
Immeuble (valeur marchande estimative)	98 000
Total de l'actif	**179 000**
Fournisseurs	16 000
Charges à payer	13 000
Effets à payer non courants	15 000
Hypothèque à payer	50 000
Total du passif	**94 000**
Capital social	80 000
Résultats non distribués	5 000
Total des capitaux propres	**85 000**

2. Écrivez à votre amie une lettre dans laquelle vous expliquez les changements, le cas échéant, que vous avez apportés à l'état de la situation financière. En vous basant sur cette information, donnez-lui votre avis sur la situation financière de la société. Mentionnez à votre amie toute autre information dont elle pourrait avoir besoin pour prendre sa décision finale relativement à un éventuel investissement dans ce projet.

La comparaison d'entreprises d'un même secteur d'activité

À l'aide de votre navigateur Web, consultez les sites de trois sociétés évoluant dans un même secteur d'activité. Vous en trouverez des listes aux adresses suivantes : www.boursorama.com/tableaux/cours_az.phtml?MARCHE=SRD (entreprises françaises), www.sedar.com (entreprises canadiennes), www.reuters.com (entreprises états-uniennes). Procurez-vous les rapports annuels de ces sociétés et examinez principalement leur état de la situation financière.

Certaines ne partagent pas leur information financière dans Internet. Vous pouvez alors la trouver sur le site de SEDAR (www.sedar.com) dans le cas des entreprises canadiennes. Cliquez sur «Recherche dans la base de données», puis sur «Sociétés ouvertes». Écrivez le nom d'une entreprise, puis cliquez sur «Rechercher» (vous pouvez aussi préciser une date). Lorsque les documents apparaissent, recherchez les états financiers les plus récents et cliquez dessus pour les afficher.

Travail à faire

Rédigez un bref rapport indiquant les similarités et les différences, le cas échéant, entre les éléments d'actif et de passif des trois entreprises et leur présentation à l'état de la situation financière.

Un projet d'équipe : l'analyse des états de la situation financière et des ratios

Chaque équipe doit choisir un secteur d'activité à analyser. Vous en trouverez des listes aux adresses suivantes : www.boursorama.com/tableaux/cours_az.phtml?MARCHE=SRD (entreprises françaises), www.sedar.com (entreprises canadiennes), www.reuters.com (entreprises états-uniennes). À l'aide de votre navigateur Web, vous devez vous procurer le rapport annuel d'une société ayant une obligation d'information du public dans le secteur choisi. Chaque membre de l'équipe doit choisir une entreprise différente.

Travail à faire

1. Sur une base individuelle, chaque membre de l'équipe doit rédiger un rapport qui répond aux questions suivantes :

    a) Pour la période la plus récente, déterminez les trois actifs les plus importants. Quel pourcentage chacun de ces actifs représente-t-il par rapport au total des actifs ?

    b) Précisez la principale activité d'investissement et de financement de la période la plus récente.

    c) En ce qui concerne les ratios :

        1) Déterminez le taux d'adéquation du capital pour les trois dernières années.

        2) Quelles conclusions pouvez-vous tirer de ces chiffres ?

2. En équipe, rédigez un bref rapport comparant les entreprises en fonction des caractéristiques que vous avez trouvées en 1. Discutez entre vous des similitudes que vous avez observées et donnez des explications possibles au sujet des différences ayant été relevées.

LES ACTIVITÉS OPÉRATIONNELLES ET L'ÉTAT DU RÉSULTAT GLOBAL

OBJECTIFS D'APPRENTISSAGE
Au terme de ce chapitre, vous pourrez :

1. comprendre le cycle d'exploitation et expliquer le concept de l'indépendance des périodes (*voir la page 127*) ;

2. expliquer comment les opérations de l'entreprise influent sur l'état du résultat global (*voir la page 129*) ;

3. expliquer la méthode de la comptabilité d'engagement et appliquer le processus de rattachement des charges aux produits (*voir la page 132*) ;

4. utiliser le modèle d'analyse des opérations pour enregistrer les activités opérationnelles (*voir la page 138*) ;

5. établir les états financiers (*voir la page 147*) ;

6. calculer et interpréter le taux de rotation de l'actif total (*voir la page 154*) ;

7. comparer les normes internationales d'information financière (IFRS) et les normes comptables pour les entreprises à capital fermé (*voir la page 155*).

LVMH MOËT HENNESSY – LOUIS VUITTON
Un chiffre d'affaires en croissance
www.lvmh.fr

3

LVMH possède un portefeuille de 60 marques prestigieuses réparties dans cinq secteurs d'activités. Déjà leader mondial du marché du luxe, la société veut renforcer sa position de tête et augmenter ses parts de marché. Pour y parvenir, elle prévoit lancer de nouveaux produits, poursuivre son expansion géographique aux marchés ciblés comme les plus prometteurs et pratiquer une gestion rigoureuse de ses ressources.

La stratégie globale de LVMH se traduit dans chacun de ces secteurs par des objectifs précis. En voici quelques-uns.

1. **Vins et spiritueux.** Dom Pérignon a établi un programme de communication promotionnelle tablant sur l'histoire de la marque, laquelle remonte à la cour de Louis XIV. Hennessy veut accroître sa présence en Chine, à Taiwan et au Vietnam. Afin d'augmenter la visibilité de sa marque, Moët & Chandon a choisi de la présenter dans un luxueux coffret et opté pour une communication promotionnelle liée à de grands événements cinématographiques. Tout le secteur poursuit un contrôle rigoureux des coûts.

2. **Mode et maroquinerie.** Louis Vuitton prévoit lancer une nouvelle ligne de maroquinerie en cuir souple et une nouvelle collection de haute joaillerie. L'entreprise prévoit également ouvrir d'autres magasins en s'installant dans de nouveaux territoires comme la Mongolie, le Liban et la République dominicaine. Fendi veut augmenter la productivité de son réseau de distribution et améliorer la notoriété de son image de marque. Marc Jacobs prévoit renouveler les accessoires de sa collection afin d'offrir des articles à prix plus accessibles.

3. **Parfums et cosmétiques.** Parfums Christian Dior continue de tabler sur ses produits vedettes, dont J'adore et Eau Sauvage. L'entreprise lancera une nouvelle marque, Capture Totale One Essential, issue des efforts de ses chercheurs. Parfums Givenchy travaille également au développement et au lancement d'une nouvelle ligne de produits anti-âge, Play.

4. **Montres et joaillerie.** TAG Heuer a célébré ses 150 ans en 2010 et réédité à cette occasion son produit emblématique, Silverstone. Son association avec Leonardo DiCaprio est un élément clé de son programme de communication promotionnelle. Hublot se concentre sur l'industrialisation de son mouvement horloger UNICO. Pour l'ensemble des marques, on prévoit maintenir un contrôle rigoureux des coûts et des stocks.

5. **Distribution sélective.** Tout en poursuivant l'ouverture de nouveaux magasins en Asie et en Amérique, Sephora entreprend un vaste programme de vente en ligne en Europe. Ce secteur veut aussi accroître son offre de service aux voyageurs asiatiques, à Hong Kong, Macao et Singapour.

En somme, avec un chiffre d'affaires de 17,1 milliards d'euros en 2009, LVMH a mis en avant une stratégie de croissance qui repose sur l'excellence de ses produits, la créativité de ses artisans et la rigueur de ses politiques de gestion.

• Parlons affaires

Pour demeurer le leader mondial du luxe, LVMH se fixe des objectifs, établit une stratégie et réévalue régulièrement sa performance.

En juillet 2010, M. Bernard Arnault, président-directeur général de LVMH, déclarait à la suite de la présentation des résultats semestriels :

Les résultats du premier semestre illustrent, une fois de plus, l'exceptionnel pouvoir d'attraction de nos marques et l'efficacité de notre stratégie, aussi pertinente dans l'environnement de crise économique mondiale de 2009 que dans le contexte de sortie de crise de 2010. L'ensemble de nos métiers contribue à cet excellent semestre. La marge opérationnelle s'améliore grâce à la croissance soutenue de nos ventes et à la maîtrise de l'évolution des coûts. Les efforts de gestion se poursuivront au second semestre malgré le dynamisme des marchés. Le Groupe aborde la seconde partie de l'année avec confiance et compte sur la créativité et la qualité de ses produits, ainsi que sur l'efficacité de ses équipes, pour poursuivre ses gains de parts de marché dans ses pays historiques et dans les territoires émergents à fort potentiel[1].

En résumé, les dirigeants de LVMH semblent satisfaits des résultats de l'entreprise. Ils ont atteint leurs objectifs et sont confiants d'accroître sa performance grâce à leur stratégie bien définie.

Les analystes financiers des grandes firmes de placement élaborent eux aussi leurs propres prévisions sur le rendement futur de LVMH. Ils utilisent entre autres l'état du résultat global publié par l'entreprise comme outil de base leur permettant de comparer leurs prévisions aux performances de l'entreprise. Dans ce chapitre, nous expliquons ces prévisions ainsi que les réactions des marchés boursiers à la publication des résultats de LVMH, et ce, à mesure que nous abordons le processus de comptabilisation et d'évaluation des produits et des charges. Pour comprendre comment les décisions de la direction influent sur l'état du résultat global, nous devons répondre aux questions suivantes :

1. Quelles activités influent sur l'état du résultat global ?
2. Comment peut-on comptabiliser et évaluer ces activités ?
3. Comment présente-t-on ces activités à l'état du résultat global ?

Nous nous attardons aux activités opérationnelles de LVMH, c'est-à-dire la vente de produits de luxe. Les résultats de ces activités sont comptabilisés à l'état du résultat global.

---

1 LVMH, *Lettre aux actionnaires*, juillet 2010.

Les activités opérationnelles influant sur l'état du résultat global

→ Le cycle d'exploitation

→ Les éléments de l'état du résultat global

La comptabilisation et l'évaluation des activités opérationnelles

→ La méthode de la comptabilité d'engagement

→ La comptabilisation et l'évaluation des produits

→ Le rattachement des charges aux produits

Le modèle d'analyse des opérations

→ Les règles d'analyse des opérations

→ L'analyse des opérations de LVMH

L'analyse et l'établissement des états financiers

→ L'état du résultat global

→ L'état des variations des capitaux propres

→ L'état de la situation financière

→ Le tableau des flux de trésorerie

→ Le taux de rotation de l'actif total

La comparaison des IFRS et des normes comptables pour les entreprises à capital fermé

3

3.1 Les activités opérationnelles influant sur l'état du résultat global[2]

OBJECTIF D'APPRENTISSAGE

Comprendre le cycle d'exploitation et expliquer le concept de l'indépendance des périodes.

3.1.1 Le cycle d'exploitation

De façon générale, toute entreprise a pour objectif de faire fructifier sa trésorerie. Pour qu'elle demeure en affaires, elle doit réaliser des entrées de fonds à partir de ses activités commerciales (autrement dit, à partir des activités pour lesquelles elle a été établie), et non au moyen des emprunts ou de la vente d'actifs non courants. Les gestionnaires savent que s'ils consacrent le temps nécessaire pour faire fructifier la trésorerie de l'entreprise, ils en facilitent la croissance et en améliorent les résultats.

Une entreprise 1) achète ou fabrique, et entrepose des marchandises, 2) paie ses fournisseurs, 3) vend ses marchandises et, 4) finalement, recouvre les sommes dues de ses clients. Et le même cycle se répète ainsi de façon continue.

Le **cycle d'exploitation** est la période qui s'écoule entre l'achat de matières premières ou de marchandises auprès des fournisseurs, la vente de ces biens aux clients et le recouvrement des sommes dues par les clients (*voir la figure 3.1 à la page suivante*).

Le temps requis pour boucler le cycle d'exploitation est fonction de la nature des activités de l'entreprise. Par exemple, dans le secteur des vins et spiritueux, LVMH cultive les vignes, récolte le raisin et mène à bien les processus de vinification. Par la

Cycle d'exploitation
Période qui s'écoule entre l'achat de matières premières ou de marchandises et le recouvrement du prix des produits ou des marchandises vendues[3].

---

2 Dans l'exposé-sondage *Présentation des autres éléments du résultat global*, publié en mai 2010, l'Institut canadien des comptables agréés (ICCA) propose de changer le titre de l'état du résultat global et de le remplacer par « État du résultat net et des autres éléments du résultat global » tout en permettant l'utilisation d'autres titres pour cet état. Dans ce contexte, tout au long de ce manuel, nous utilisons le titre « État du résultat global ».

3 Louis MÉNARD *et al.*, *Dictionnaire de la comptabilité et de la gestion financière*, 3ᵉ éd., Toronto, Institut canadien des comptables agréés, 2011.

FIGURE 3.1 • CYCLE D'EXPLOITATION DE LVMH

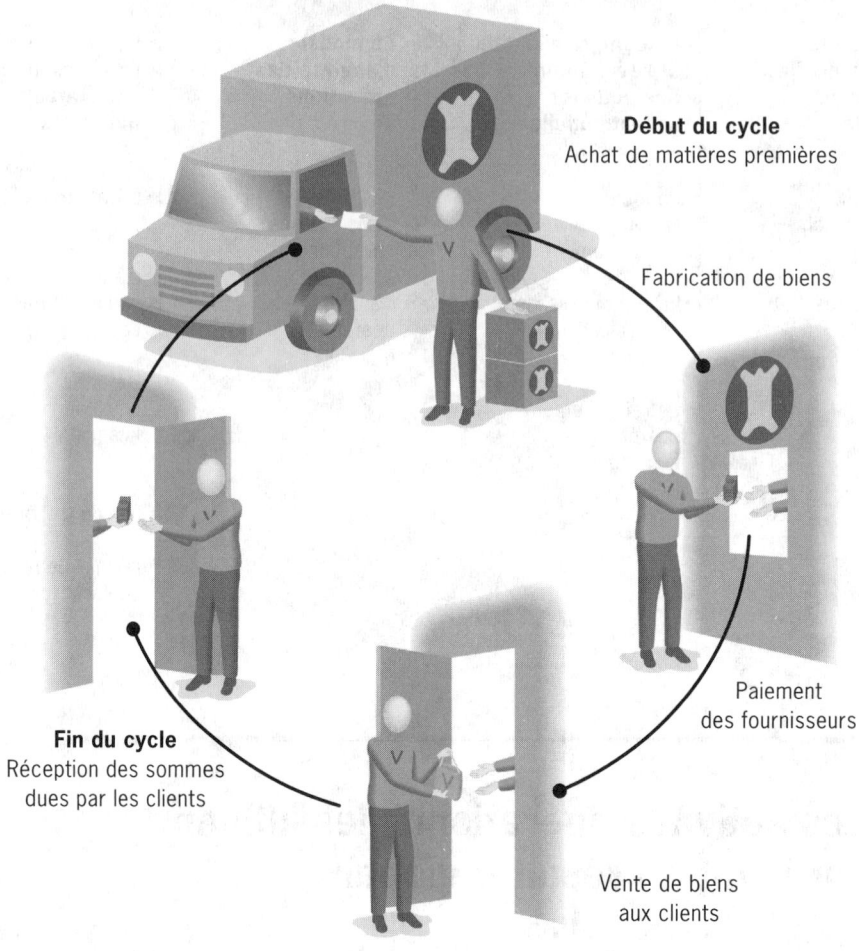

suite, la société entrepose ses vins et spiritueux dans des barils pour le vieillissement, procède à l'embouteillage et, enfin, met en vente ses vins et spiritueux après un certain nombre de mois ou d'années, selon le type d'alcool. L'ensemble de ces étapes peut prendre quelques années. À l'inverse, dans le secteur de la mode et maroquinerie, le temps qui s'écoule entre la fabrication et la vente d'un sac à main peut être relativement court. On peut donc en déduire que la production de vins et spiritueux exige des sorties de trésorerie bien avant que le produit ne soit vendu et que la vente ne soit encaissée. LVMH doit donc emprunter de l'argent pour assurer ses activités, puis rembourser ses emprunts quand elle reçoit l'argent du consommateur. Pour une entreprise, la réduction du cycle d'exploitation occasionnée par des initiatives visant à encourager les clients à acheter ou à régler leur facture plus rapidement améliore la trésorerie.

Les gestionnaires savent que réduire le délai nécessaire pour convertir de l'argent en davantage d'argent (c'est-à-dire en réduisant le cycle d'exploitation) signifie des bénéfices accrus et une croissance plus rapide, car avec les fonds excédentaires qu'ils ont en main, ils peuvent acheter d'autres actifs (ressources de l'entreprise), payer les dettes ou verser des dividendes aux actionnaires.

Jusqu'à ce que l'entreprise mette fin à ses activités, le cycle d'exploitation se répète continuellement. Cependant, les décideurs ont besoin d'information périodique sur la situation financière et le rendement de la société. Pour mesurer les résultats de l'entreprise pour une période précise, les comptables s'appuient sur le concept de l'**indépendance des périodes**. Celui-ci suppose que la vie de l'entreprise peut être découpée en périodes plus courtes, habituellement en mois, en trimestres, en semestres ou en années[5]. Cette notion implique toutefois l'application de règles dans le but de répondre à deux questions essentielles :

1. Comptabilisation – Quand doit-on comptabiliser les opérations commerciales ?
2. Évaluation – Quels montants doit-on comptabiliser ?

Avant d'étudier les règles comptables que nous devons appliquer pour répondre à ces deux questions, examinons d'abord les éléments des états financiers qui sont touchées par les activités opérationnelles.

3.1.2 Les éléments de l'état du résultat global

Le tableau 3.1 (*voir la page suivante*) présente l'état du résultat global (Compte de résultat consolidé[6]) de la société LVMH pour l'année 2009. Dans notre explication, nous ne présentons l'état du résultat global que d'une seule période. Les sociétés européennes ayant une obligation d'information du public, comme LVMH, doivent présenter les états financiers comparatifs de trois périodes (deux périodes pour les sociétés canadiennes) pour aider les utilisateurs à évaluer les changements qui sont survenus dans le temps.

En étudiant les composantes de l'état du résultat global, vous pouvez vous reporter au cadre conceptuel présenté dans la figure 2.1 du chapitre 2 (*voir la page 59*).

Les produits

Les **produits** regroupent à la fois les produits des activités ordinaires de l'entreprise et les profits. Les produits (revenus ou chiffre d'affaires) qui proviennent des activités ordinaires de l'entreprise peuvent prendre différents noms : ventes, honoraires, intérêts, dividendes, redevances ou loyers. Les produits qui ne proviennent pas des activités ordinaires de l'entreprise (autrement dit ceux découlant d'activités qui se produisent de façon sporadique et qui ne constituent pas la cible d'exploitation principale de l'entreprise) sont souvent appelés « profits ». Par exemple, la vente d'un terrain à un prix supérieur à celui que la société a payé entraîne un profit.

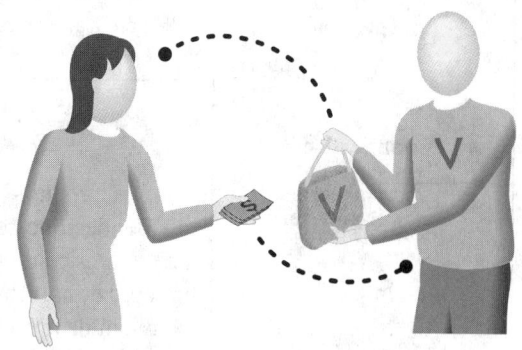

Quand LVMH vend des sacs à main, elle réalise des produits. Dans ce cas, les actifs (habituellement la trésorerie ou les comptes clients) augmentent. Il arrive parfois, lorsqu'un client paie d'avance des biens ou des services, qu'un poste de passif soit créé (en général, les produits différés). À ce moment, aucun produit n'est gagné. Il y a simplement réception de trésorerie (un actif) en contrepartie d'une promesse de fournir des biens ou des services à l'avenir (un passif). Quand l'entreprise fournit les biens ou les services promis au client, un produit est comptabilisé et le passif est réglé. On peut alors dire que les produits constituent une augmentation des actifs ou un règlement des passifs.

Indépendance des périodes
Hypothèse fondamentale selon laquelle l'activité économique d'une entité peut être découpée en périodes égales et arbitraires qu'on appelle « exercices »[4].

OBJECTIF D'APPRENTISSAGE

Expliquer comment les opérations de l'entreprise influent sur l'état du résultat global.

Produits
Accroissements des avantages économiques au cours d'une période qui donnent lieu à des augmentations des capitaux propres autres que les augmentations provenant des propriétaires[7].

---

4 *Ibid.*

5 En plus des états financiers annuels, bon nombre d'entreprises dressent des états financiers périodiques pour les utilisateurs externes. L'Autorité des marchés financiers (AMF) du Québec exige que les sociétés ayant une obligation d'information du public publient des rapports trimestriels (également appelés « rapports intermédiaires »). L'AMF française exige quant à elle que les sociétés françaises publient des états financiers semestriels et rendent publics leurs résultats trimestriels par voie de communiqué.

6 De fait, LVMH publie deux états financiers : un état détaillant les composantes du résultat net, appelé « Compte de résultat consolidé », et un second, appelé « État global des gains et des pertes consolidés », débutant par le résultat net et présentant les autres éléments du résultat global. Pour les besoins du chapitre 3, nous utilisons uniquement le premier état, « Compte de résultat consolidé ». Les autres éléments du résultat global seront étudiés au chapitre 5.

7 *Manuel de l'ICCA*, partie I : Cadre conceptuel de l'information financière, paragr. 4.25a.

3

TABLEAU 3.1 • ÉTAT DU RÉSULTAT GLOBAL DE LVMH

**LVMH
Compte de résultat consolidé
au 31 décembre 2009**
(en millions d'euros)

Ventes	17 053
Coût des ventes	(6 164)
Marge brute	10 889
Charges commerciales	(6 051)
Charges administratives	(1 486)
Résultat opérationnel courant	3 352
Autres produits et charges opérationnels	(191)
Résultat opérationnel	3 161
Coût de la dette financière nette	(187)
Autres produits et charges financiers	(155)
Résultat financier	(342)
Impôts sur le résultat	(849)
Part dans les résultats des sociétés mises en équivalence	3
Résultat net avant part des minoritaires	1 973
Part des minoritaires	(218)
Résultat net, part du groupe	1 755
Résultat net, part du groupe par action (en euros)	3,71
Nombre d'actions retenu pour le calcul	473 597 075

**Principales activités
opérationnelles de LVMH**

Fabrication et
vente de vins
et spiritueux

Fabrication
et vente de
maroquinerie
et prêt-à-porter

Fabrication
et vente de
parfums et
cosmétiques

Fabrication
et vente
de montres
et bijoux

Distribution des
produits

Les produits des activités ordinaires comprennent également les intérêts ou les dividendes que reçoit l'entité. Par exemple, quand LVMH fait fructifier ses surplus de trésorerie au moyen de placements, il s'agit d'une activité d'investissement qui lui procure des revenus d'intérêts ou de dividendes. Nous verrons au chapitre 5 comment il convient de présenter ces différents types de produits à l'état du résultat global.

Comme la plupart des entreprises, LVMH génère des revenus en provenance d'une variété de sources, bien que l'état du résultat global ne montre qu'un chiffre d'ensemble. Toutefois, on trouve dans les notes aux états financiers (notes 22 et 23) de la société une analyse sectorielle de ses ventes, dont voici quelques éléments :

1. Les ventes de LVMH s'élèvent à 17 053 millions d'euros, en baisse de 1 % par rapport à la période précédente. De ce montant, 98 % proviennent des ventes réalisées par ses marques et enseignes. Le reste provient principalement de revenus locatifs, de redevances et de revenus de licence.

2. Les marques et enseignes de LVMH sont divisées en cinq secteurs. Quatre secteurs, soit Vins et spiritueux, Mode et maroquinerie, Parfums et cosmétiques ainsi que Montres et joaillerie regroupent des marques de même nature. Ces quatre secteurs ont réalisé en 2009 des ventes de 12 547 millions d'euros. Le secteur Distribution sélective réunit les activités de distribution sous enseigne et a réalisé en 2009 un chiffre d'affaires de 4 533 millions d'euros. Enfin, toutes les autres activités de LVMH, dont celles des sociétés immobilières, ont réalisé un chiffre d'affaires de 278 millions d'euros.

Les charges

Certains étudiants confondent les termes « dépense » et « charge ». Une dépense est une sortie de trésorerie, y compris l'achat d'équipement ou le remboursement d'un emprunt bancaire. Une charge a une définition plus étroite.

1. Lorsqu'un actif, comme une machinerie ou des fournitures, est utilisé pour générer un produit durant une période, le coût ou une partie du coût de cet actif devient une charge.
2. Lorsque des frais, tels que les frais d'électricité et les salaires, sont engagés pour générer un produit durant une période, ces montants payés ou à payer deviennent une charge.

Par conséquent, toutes les dépenses ne sont pas des charges et les charges sont nécessaires pour engendrer des produits. Elles entraînent une diminution de l'actif ou une augmentation du passif en vue d'engendrer des produits durant la période. Les **charges** résultent des activités ordinaires de l'entreprise et comprennent, par exemple, le coût des ventes, les salaires et les impôts. Elles comprennent aussi les pertes qui résultent ou non des activités ordinaires de l'entreprise, par exemple les pertes résultant d'inondations et d'incendies, mais aussi des pertes causées par la vente d'un actif immobilisé.

LVMH paie ses employés, utilise de l'électricité pour faire fonctionner son matériel et éclairer ses installations, fait de la publicité et utilise des fournitures tel le papier. Si elle n'engageait pas ces frais, l'entreprise ne pourrait engendrer de produits. Ainsi, ces activités sont des exemples de charges.

Voici les principales charges de LVMH :

1. **Le coût des ventes.** Les éléments qui constituent le coût des ventes diffèrent selon le secteur d'activité de LVMH. Prenons le secteur des vins et spiritueux. LVMH possède des terres qui fournissent le quart des besoins en raisin du groupe. Le reste du raisin est acheté de vignerons et de coopératives. L'élaboration des vins et champagnes requiert ensuite un processus de transformation et un vieillissement en cave effectué grâce à une main-d'œuvre qualifiée et à un équipement spécialisé. LVMH doit acheter des bouteilles, des bouchons, des étiquettes et des emballages auprès de ses fournisseurs. Tout ce processus entraîne des coûts qui, lorsque la bouteille de vin ou de champagne est vendue, deviennent une charge qu'on appelle « coût des ventes ». Dans les sociétés axées sur la fabrication ou le commerce, le coût des ventes représente habituellement la charge la plus importante à l'état du résultat global.
2. **Les charges commerciales et administratives.** L'état du résultat global de LVMH présente deux montants globaux pour les charges commerciales et administratives. Cette présentation des charges par fonction nous apprend que le processus commercial du groupe a coûté 6 051 millions d'euros, alors que la gestion du groupe a coûté plus de 1,4 milliard d'euros. Toutefois, dans les notes aux états financiers, on peut obtenir certains renseignements sur la nature de ces charges. On y apprend que les charges de personnel (salaires et avantages sociaux) s'élèvent à plus de 3 milliards d'euros ; que les frais de publicité et de promotion sont de l'ordre de 1,8 milliard d'euros ; que les loyers commerciaux ont coûté plus de 1 milliard d'euros, alors que les frais de recherche et développement se chiffrent à 45 millions d'euros.
3. **L'amortissement.** Pour produire et vendre ses marques de luxe, LVMH utilise des actifs non courants. Ses immobilisations comprennent entre autres des terrains, des vignobles, des immeubles, des installations techniques, du matériel et de l'outillage, ainsi que des marques, enseignes et autres immobilisations incorporelles. Tous ces actifs contribuent à engendrer des produits, et l'amortissement représente le coût d'utilisation de ces actifs durant une période donnée. En 2009, LVMH a enregistré une charge d'amortissement de 703 millions d'euros. Le concept d'amortissement sera étudié au chapitre 8.

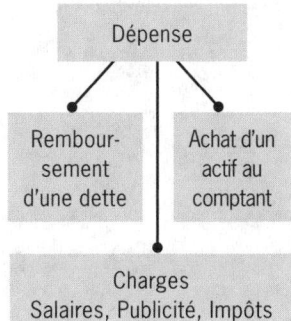

Charges
Diminutions d'avantages économiques au cours d'une période qui ont pour résultat de diminuer les capitaux propres autrement que par une distribution aux propriétaires[8].

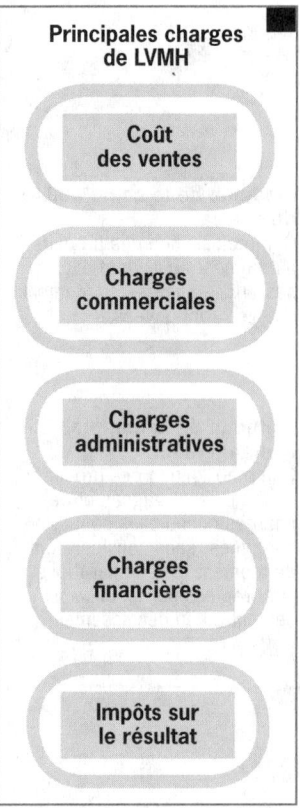

Principales charges de LVMH

- Coût des ventes
- Charges commerciales
- Charges administratives
- Charges financières
- Impôts sur le résultat

---

8 *Ibid.*, paragr. 4.25b.

4. **Les charges financières.** Les charges financières sont constituées principalement des intérêts sur la dette.
5. **Les impôts.** Les impôts sont les dernières charges considérées dans le calcul du résultat net. Toutes les sociétés à but lucratif doivent calculer les impôts sur le résultat qu'elles doivent verser aux gouvernements fédéral, provinciaux ou étrangers. Cette question sera traitée plus en détail au chapitre 9. Toutefois, nous pouvons préciser que le taux d'imposition effectif de LVMH en 2009 était de 30,1 %. Autrement dit, pour chaque euro de profit réalisé par LVMH en 2009, la société a versé 0,30 euro aux autorités fiscales.

Le résultat par action

Les entreprises sont tenues de dévoiler le résultat par action à l'état du résultat global. Ce ratio est largement utilisé pour évaluer leur performance et rentabilité. Pour calculer ce ratio, il s'agit de diviser le résultat net par le nombre moyen pondéré d'actions ordinaires en circulation durant la période. En 2009, LVMH affichait un résultat par action de 3,71 euros. Pour chaque action détenue par ses actionnaires, LVMH avait réalisé un résultat net de 3,71 euros. Nous reviendrons sur ce sujet au chapitre 10.

OBJECTIF D'APPRENTISSAGE

Expliquer la méthode de la comptabilité d'engagement et appliquer le processus de rattachement des charges aux produits.

Méthode de la comptabilité de caisse
Comptabilisation des produits au moment où ils sont encaissés et des charges au moment où elles sont payées.

Méthode de la comptabilité d'engagement
Comptabilisation des produits quand ils sont gagnés et des charges quand elles sont engagées, sans considération du moment où les opérations sont réglées par un encaissement ou un décaissement.

3.2 La comptabilisation et l'évaluation des activités opérationnelles

Vous déterminez probablement votre situation financière en fonction de votre solde bancaire, en faisant la différence entre votre solde au début de l'année et votre solde à la fin de l'année (en d'autres mots, en calculant si vous avez plus ou moins d'argent à la fin de l'année). Si vous obtenez un solde plus élevé, vos encaissements ont excédé vos décaissements de l'année. Cette façon d'évaluer votre enrichissement correspond à la méthode de la comptabilité de caisse. Selon celle-ci, on comptabilise les produits au moment de recevoir de l'argent et on inscrit les charges au moment d'en verser.

3.2.1 La méthode de la comptabilité d'engagement

Comme la méthode de la comptabilité de caisse est basée uniquement sur les encaissements et les décaissements, les états financiers qui en découlent ne reflètent pas nécessairement tous les actifs et passifs, produits et charges de l'entreprise à une date donnée. Pour ces raisons, les états financiers basés sur la comptabilité de caisse ne sont pas pertinents pour les utilisateurs externes. Par conséquent, les normes comptables exigent le recours à la méthode de la comptabilité d'engagement à des fins de présentation de l'information financière.

Selon la méthode de la comptabilité d'engagement, il faut constater les actifs, les passifs, les produits et les charges quand l'opération qui les entraîne survient et non pas quand un encaissement ou un décaissement a lieu. On constate les produits quand ils sont gagnés et les charges quand elles sont engagées. Le *Cadre conceptuel de l'information financière*[9] établit les critères généraux devant nous guider dans la comptabilisation et l'évaluation des produits et des charges. La norme IAS 18 précise quant à elle les conditions devant être respectées pour comptabiliser un produit au moment de la vente de biens ou de la prestation de services, ou dans le cas d'intérêts, redevances et dividendes.

....

9 *Ibid.*, paragr. 4.47 à 4.53.

3.2.2 La comptabilisation et l'évaluation des produits

Le critère général énoncé dans le *Cadre conceptuel de l'information financière* se lit comme suit :

> Un produit est comptabilisé au compte de résultat lorsqu'un accroissement d'avantages économiques futurs lié à un accroissement d'actif ou à une diminution de passif s'est produit et peut être évalué de façon fiable[10].

En d'autres termes, on comptabilise un produit en même temps que l'on comptabilise une augmentation d'actif ou une diminution du passif. Par exemple, si l'entreprise vend un bien au comptant à un client, on enregistre une augmentation de l'actif (Trésorerie) et on enregistre en même temps le produit (Ventes).

Quant à l'évaluation du produit, on peut lire dans l'IAS 18, *Produit des activités ordinaires,* que « les produits des activités ordinaires doivent être évalués à la juste valeur de la contrepartie reçue ou à recevoir[11] ». Dans l'exemple de la vente au comptant, la contrepartie est le montant de trésorerie reçu.

Comme les activités commerciales des entreprises sont de plus en plus complexes et ne se limitent pas à la vente au comptant, la norme internationale IAS 18 précise les critères de comptabilisation et d'évaluation d'un produit dans différentes circonstances. Dans le cas de la vente de biens, on peut lire ce qui suit :

> Les produits des activités ordinaires provenant de la vente de biens doivent être comptabilisés lorsqu'il a été satisfait à l'ensemble des conditions suivantes :
>
> a) l'entité a transféré à l'acheteur les risques et avantages importants inhérents à la propriété des biens ;
> b) l'entité ne continue ni à être impliquée dans la gestion telle qu'elle incombe normalement au propriétaire, ni dans le contrôle effectif des biens cédés ;
> c) le montant des produits des activités ordinaires peut être évalué de façon fiable ;
> d) il est probable que les avantages économiques associés à la transaction iront à l'entité ; et
> e) les coûts engagés ou à engager concernant la transaction peuvent être évalués de façon fiable[12].

Dans la majorité des cas, le transfert des risques et avantages se fait au moment où l'acheteur prend possession du bien acheté. C'est le cas dans le secteur de la vente au détail comme la pratique LVMH. En effet, les ventes de cette entreprise proviennent en très grande partie de la vente directe au consommateur dans ses nombreux points de vente à travers le monde. Au moment de la vente, tous ces critères sont alors respectés : la propriété du bien est transférée (a) ; LVMH n'exerce plus de contrôle sur le bien (b) ; le montant de la vente est connu et le prix est fixé (c) ; la probabilité d'encaisser le montant de la vente est élevée (d) et les coûts liés à la vente sont connus (e).

LVMH vend aussi ses biens à des distributeurs (principalement dans le secteur des vins et spiritueux, et des parfums et cosmétiques). Pour comptabiliser un produit, il faut alors porter une attention particulière aux conditions de vente (consignation, droit de retour, etc.) et au moment où les biens sont livrés afin de respecter chacune des cinq conditions. Par exemple, si un distributeur paie d'avance une commande de caisses de cognac qui sera livrée dans quelques semaines, aucun produit ne sera comptabilisé tant que le cognac ne sera pas livré. Au moment de l'encaissement, LVMH crée alors un compte de passif Produits différés. Ce compte de produits non gagnés représente la valeur des biens que la société doit au distributeur. Par la suite, quand LVMH livre la marchandise, elle comptabilise les produits en réduisant le compte de passif.

Mesure du résultat selon la comptabilité de caisse ■

Encaissements
− Décaissements
Résultat net

Mesure du résultat selon la comptabilité d'engagement ■

Produits
− Charges
Résultat net

3

---

10 *Ibid.*, paragr. 4.47.
11 *Ibid.*, partie 1, IAS18 : Produits *des* activités ordinaires, paragr. 9.
12 *Ibid.*, paragr. 14.

Dans le cas d'une entreprise de services telle qu'une agence de publicité ou un cabinet d'experts-comptables, la question du transfert des risques et avantages n'intervient plus dans le processus. Les normes comptables nous indiquent plutôt qu'il faut comptabiliser un produit découlant de la prestation de services en fonction du degré d'avancement de la transaction et lorsque la valeur des services peut être évaluée de façon fiable.

Les produits comprennent également les intérêts, redevances et dividendes que l'entreprise peut gagner au moyen de ses placements ou licences. Tous ces produits doivent être comptabilisés lorsque le montant peut être évalué de façon fiable et qu'il est probable que la société pourra le récupérer.

En somme, les produits sont comptabilisés quand toutes les conditions sont respectées, sans considération du moment où l'argent est reçu. Il peut l'être avant, durant ou après la comptabilisation du produit. Comme l'illustre la figure 3.2, une entrée comptable est faite au moment où le produit est gagné et une autre, à la date où l'argent est reçu.

FIGURE 3.2 • COMPTABILISATION DES PRODUITS ET ENCAISSEMENT

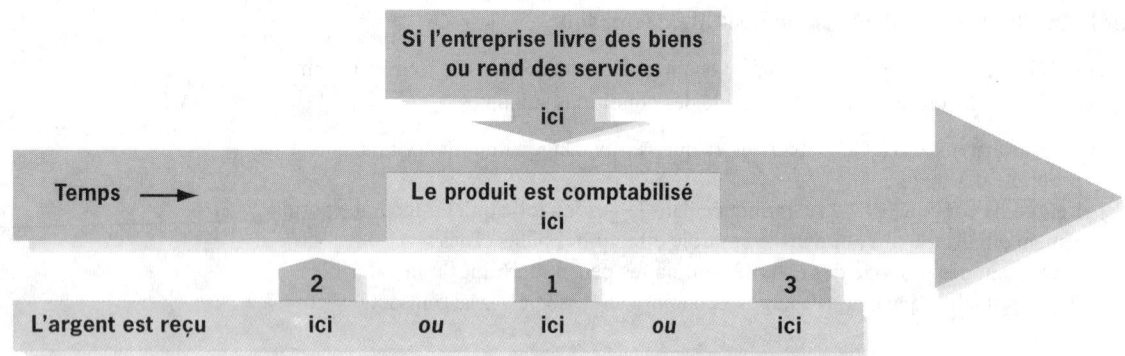

1. L'argent est reçu au moment où le service est rendu ou la marchandise, livrée. C'est la situation la plus courante chez LVMH. Les clients paient au moment de leur achat. Dans le secteur de la vente au détail, il s'agit d'une transaction habituelle.

2. L'argent est reçu avant que l'entreprise ait livré la marchandise ou rendu le service. LVMH vend aussi ses biens à des distributeurs. Tant que ces biens ne sont pas livrés, il n'y a aucun produit. Ce cas peut aussi être celui d'une entreprise qui vend des abonnements à une revue ou des assurances. Les universités encaissent elles aussi les frais de scolarité avant que le service ne soit rendu, donc avant que le produit ne soit comptabilisé.

3. L'argent est reçu après que la marchandise est livrée ou le service, rendu. La plupart du temps, LVMH vend à crédit aux distributeurs et le produit est comptabilisé au moment de la livraison. Un montant à recevoir est alors créé pour refléter ce que le client doit à l'entreprise. Quand le distributeur paie la facture, LVMH augmente sa trésorerie et diminue ses comptes clients.

Les sociétés présentent habituellement leur politique en matière de comptabilisation des produits dans une note aux états financiers. Voici un extrait de la note 1.23 des états financiers de LVMH :

coup d'œil sur LVMH

DOCUMENT DE RÉFÉRENCE

1. Principes comptables

1.23 Comptabilisation des ventes

Définition des ventes

Les ventes au détail proviennent des activités Mode et maroquinerie, de certaines marques des Parfums et cosmétiques ou des Montres et joaillerie ainsi que de la Distribution sélective. Ces ventes sont comptabilisées lors de l'achat par la clientèle.

Les ventes de gros proviennent des activités Vins et spiritueux et de certaines marques des Parfums et cosmétiques ou des Montres et joaillerie. Ces ventes sont comptabilisées lors du transfert de propriété, c'est-à-dire le plus souvent lors de l'expédition.

Provision pour retours de produits

Les sociétés du groupe d'activités Parfums et cosmétiques, et dans une moindre mesure des activités Mode et maroquinerie ou Montres et joaillerie, peuvent reprendre auprès de leurs clients et distributeurs les produits invendus ou périmés.

Lorsque cette pratique est établie, les ventes enregistrées sont diminuées d'un montant correspondant à une estimation de ces retours, en contrepartie de la réduction des créances clients et d'une inscription en stocks. Le taux de retour retenu pour l'établissement de ces estimations est calculé sur la base de statistiques historiques.

3

TEST D'AUTOÉVALUATION

Ce test d'autoévaluation permet de vous exercer à mettre en application le processus de comptabilisation des produits selon la méthode de la comptabilité d'engagement. Nous vous conseillons de vous reporter aux cinq critères de comptabilisation des produits (*voir la page 133*) pour répondre à chacune de ces questions. Il est important d'effectuer ce test pour vous assurer de bien comprendre ce processus. Pour chaque opération, indiquez l'intitulé du compte qui est touché et le montant du produit gagné en janvier.

Opération	Compte touché	Produit gagné en janvier
a) En janvier, les restaurants Vendanges ont servi des repas à leurs clients pour la somme de 32 000 $.		
b) En janvier, Vendanges, qui fait aussi office de traiteur, a encaissé 625 $ dans le cadre d'un contrat de service conclu avec une école. Vendanges a fourni en janvier des repas d'une valeur de 400 $. Les repas non encore fournis le seront au cours du prochain mois.		
c) En janvier, une école a versé 2 750 $ à Vendanges, dont 750 $ concernaient des repas fournis en décembre et 2 000 $, des repas fournis en janvier.		
d) En janvier, Vendanges a vendu et livré des sauces et des pâtes à des restaurants pour la somme de 30 000 $, dont 20 000 $ ont été encaissés et le solde, porté aux comptes clients.		
e) En janvier, un client a versé 1 200 $ à Vendanges pour payer son banquet de Noël.		

Vérifiez vos réponses à l'aide des solutions présentées en bas de page*.

---

* Solutions du test d'autoévaluation

Compte touché	Produit gagné en janvier
a) Ventes	32 000 $
b) Ventes	400
c) Ventes	2 000
d) Ventes	30 000
e) Aucun	Le produit a été gagné en décembre.

DES DÉROGATIONS AU PROCESSUS DE COMPTABILISATION DES PRODUITS

Les décisions des investisseurs sur le marché boursier sont liées aux résultats prévus par l'entreprise et annoncés sur le marché financier. Quand les sociétés publient leurs résultats trimestriels et annuels, les investisseurs évaluent à quel point celles-ci ont répondu à leurs attentes et à leurs prévisions puis adaptent leurs décisions d'investissement en fonction de leur analyse. Les sociétés qui ne satisfont pas aux attentes connaissent souvent un déclin du prix de leurs actions. Dans ce contexte, la direction cherche à produire des résultats qui satisfont à ces attentes, ou même les surpassent, pour maintenir la valeur boursière de leurs titres. Parfois, cette incitation amène les gestionnaires à prendre des décisions contraires à l'éthique. Il arrive même que ceux-ci falsifient les montants des produits et des charges. Les scandales financiers d'Enron, de WorldCom et de bien d'autres grandes entreprises ont amené les législateurs à vouloir punir sévèrement ces crimes économiques. De lourdes peines d'emprisonnement ont été prononcées aux États-Unis contre un bon nombre de gestionnaires reconnus coupables de fraude. L'ex-P. D. G. de WorldCom, Bernard Ebbers, a été condamné à 25 ans de prison, tout comme l'ex-P. D. G. de Tyco, Dennis Kozlowsky. La palme revient à l'ex-dirigeant d'Enron, Jeff Skilling, passible de 185 ans de prison, qui a été reconnu coupable de 19 chefs d'accusation.

Outre le fait que certains se retrouvent en prison, bon nombre d'individus sont touchés par ces malversations. Les actions perdent de leur valeur, les employés risquent de perdre leur emploi (et leur régime de retraite lorsqu'il est investi dans les titres de l'entreprise, comme c'est le cas d'Enron), alors que les clients et les fournisseurs deviennent méfiants. À titre de futurs gestionnaires, vous pourriez faire face à un problème d'éthique dans votre milieu de travail. Une décision éthique est celle dont vous serez toujours fier des années plus tard.

L'ÉVOLUTION DES NORMES INTERNATIONALES D'INFORMATION FINANCIÈRE (IFRS)

Au mois d'août 2010, le Conseil des normes comptables (CNC) a publié un nouvel exposé-sondage intitulé *Produits des activités ordinaires tirés de contrats avec des clients* faisant suite à l'exposé-sondage publié par l'International Accounting Standards Board (IASB) sur le même sujet. Une fois adoptées, ces nouvelles recommandations devraient entrer en vigueur en 2013 et remplacer l'IAS 18, *Produit des activités ordinaires*. Ce projet vise à harmoniser les principes de comptabilisation des produits des activités ordinaires entre les IFRS et les normes en vigueur aux États-Unis, en plus de fournir un cadre de référence plus solide en matière de comptabilisation des produits. Pour les transactions de vente au détail, les normes proposées auraient peu d'effet sur la pratique actuelle. Dans d'autres situations, ces propositions modifieraient la façon dont l'entreprise comptabilise certains coûts ou produits. De façon générale, voici comment l'IASB présente son projet :

> La présente norme [en projet] pose comme principe fondamental que la comptabilisation des produits des activités ordinaires doit refléter le moment où les biens ou services sont fournis aux clients et se faire au montant correspondant à la contrepartie que l'entité reçoit, ou prévoit recevoir, en échange de ces biens ou services. Pour appliquer la présente norme [en projet], l'entité doit :
>
> a) identifier le ou les contrats conclus avec un client ;
>
> b) identifier les différentes obligations de prestation prévues au contrat ;
>
> c) déterminer le prix de transaction ;
>
> d) répartir le prix de transaction entre les différentes obligations de prestation ;
>
> e) comptabiliser des produits des activités ordinaires lorsque chaque obligation de prestation est remplie[13].

Rattachement des charges aux produits
Concept déterminant le moment où les coûts doivent être passés en charges et rapprochés des produits qu'ils ont contribué à créer.

3.2.3 Le rattachement des charges aux produits

Selon le processus de **rattachement des charges aux produits**, les charges sont comptabilisées dans la même période que les produits qu'elles ont contribué à créer. De façon générale, selon le *Cadre conceptuel de l'information financière,* « les charges sont comptabilisées au compte de résultat sur la base d'une association directe entre

....

13 INTERNATIONAL ACCOUNTING STANDARDS BOARD, *Produits des activités ordinaires tirés des contrats avec des clients, Exposé-sondage*, Londres, IASB Committee Foundation, juin 2010, paragr. 2.

les coûts engagés et l'obtention d'éléments particuliers de produits[14]». Par exemple, lorsque LVMH vend une montre, un produit est comptabilisé et on doit enregistrer le coût de la montre vendue en charge.

Lorsque l'association aux produits est indirecte, les charges sont comptabilisées selon une procédure de répartition systématique. C'est la méthode que l'on utilise pour comptabiliser les charges liées à l'utilisation d'actifs tels que les immobilisations corporelles, les brevets, etc. Dans ces cas, la charge est appelée «amortissement».

Outre le coût des ventes et l'amortissement, les charges comprennent toutes les dépenses qui ne produiront plus d'avantages économiques pour l'entreprise. Par exemple:

- les salaires gagnés par les employés au cours d'une période donnée;
- les frais de l'électricité consommée durant une période donnée;
- les loyers versés pour des immeubles loués au cours d'une période donnée;
- les frais de couverture d'assurance pour une période donnée.

Comme c'est le cas pour les produits et les encaissements, les charges sont comptabilisées lorsqu'elles sont engagées, c'est-à-dire au moment où elles servent à gagner un produit, peu importe la date du décaissement. L'argent peut être versé avant, pendant ou après que la charge a été engagée. Une entrée comptable est faite au moment où la charge est engagée et une autre au moment où l'argent est versé. La figure 3.3 montre comment traiter chacune de ces situations pour respecter le processus de rattachement des charges aux produits.

FIGURE 3.3 • COMPTABILISATION DES CHARGES ET ENCAISSEMENTS

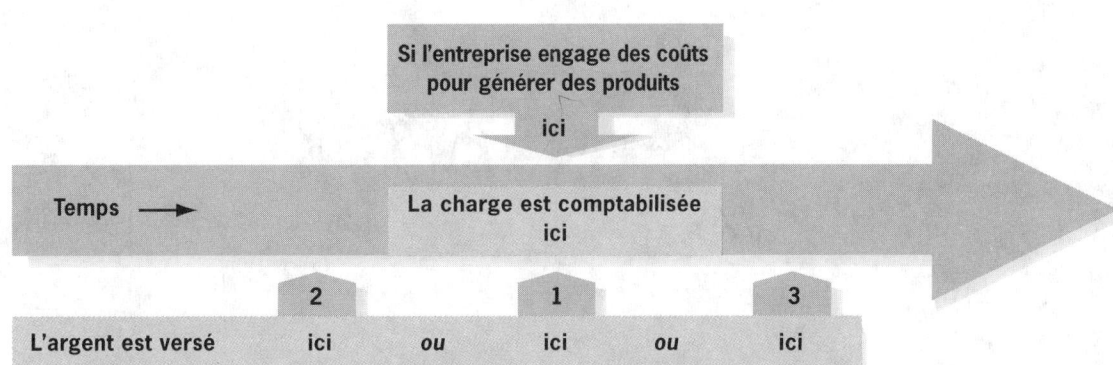

1. L'argent est versé à la même période que celle où la charge est comptabilisée. Par exemple, LVMH paie 1 500 € pour faire paraître dans un magazine une publicité annonçant l'ouverture d'un magasin le même jour. Le coût de la publicité sera comptabilisé en charge parce qu'il a servi à générer des produits à la même période.

2. L'argent est versé avant que la dépense ne procure un produit. Par exemple, LVMH paie, en décembre 2010, les loyers des immeubles du mois de janvier 2011. Selon le processus de rattachement des charges aux produits, la charge sera comptabilisée uniquement en janvier 2011, soit à la période financière où les locaux sont utilisés et servent à gagner des produits. En décembre, LVMH enregistre le décaissement dans un compte d'actif Charges payées d'avance qui représente des avantages futurs pour l'entreprise.

3. L'argent est versé après que la charge a été comptabilisée. Par exemple, LVMH utilise au cours du mois de décembre de l'électricité pour faire fonctionner ses équipements, régler la température de ses ateliers, etc. Pourtant, elle ne recevra la facture et ne paiera le compte qu'en janvier. Parce que le coût de l'électricité est une charge au moment où l'énergie est consommée, elle devra être comptabilisée à la bonne période, soit en décembre. Comme cette charge n'a pas encore été payée, LVMH comptabilisera un passif appelé «Charges courantes à payer». La même situation se produit lorsque des employés travaillent au cours d'une période financière mais sont payés à la période suivante.

14 *Manuel de l'ICCA*, partie I: Cadre conceptuel de l'information financière, paragr. 4.50.

analyse financière

L'INFORMATION COMPTABLE ET LA RÉACTION DU MARCHÉ BOURSIER

Les analystes en valeurs mobilières et les investisseurs utilisent l'information comptable pour prendre des décisions en matière d'investissement. Le marché boursier, basé sur les attentes des investisseurs quant au rendement futur de l'entreprise, réagit souvent aux écarts de performance de manière négative ou positive selon l'écart (le prix des actions de l'entreprise peut bondir ou au contraire subir une baisse plus ou moins importante selon l'évaluation des analystes). Tout écart imprévu entre le rendement réalisé par l'entreprise et les performances qui étaient visées, comme un résultat net plus bas que prévu, doit être justifié.

   La période financière 2009 de la société LVMH s'est soldée par un résultat net de 1 755 millions d'euros, en baisse de 13 % par rapport à l'année précédente. Pourtant, l'action de la société a clôturé au 31 décembre 2009 à 78,38 euros, en hausse de 64 % par rapport au 31 décembre 2008. Comment interpréter cette situation ? Nous serions portés à croire que les analystes financiers, qui prévoyaient des résultats plus catastrophiques, sont heureux des résultats obtenus et confiants quant au potentiel de rendement futur de la société. D'ailleurs, les chiffres du troisième trimestre de 2010 indiquent que les ventes de l'année sont en hausse de 19 %, ce qui tend à renforcer leur pronostic, alors que le prix de l'action est en hausse de plus de 40 % depuis le 1er janvier 2010, comme nous pouvons le constater dans ce graphique sur la valeur boursière du titre de LVMH.

LVMH
Symbole boursier : MC.PA
de septembre 2009 à septembre 2010
Prix de l'action

Source : Yahoo ! Finance, [en ligne], http://fr.finance.yahoo.com (page consultée le 15 septembre 2010).

3.3 Le modèle d'analyse des opérations

OBJECTIF D'APPRENTISSAGE

Utiliser le modèle d'analyse des opérations pour enregistrer les activités opérationnelles.

Nous avons étudié les activités qui avaient une incidence sur l'état du résultat global de même que leur comptabilisation et leur évaluation. Nous devons maintenant déterminer comment ces activités sont comptabilisées dans les livres comptables de l'entreprise et présentées aux états financiers. Au chapitre 2, nous avons analysé les activités d'investissement et de financement touchant l'actif, le passif et les capitaux propres. Nous élargissons maintenant le modèle d'analyse des opérations pour y inclure les activités opérationnelles.

Ce test d'autoévaluation permet de vous exercer à mettre en application le processus de rattachement des charges aux produits. Il est important d'effectuer ce test maintenant pour vous assurer de bien comprendre ce processus.

Si la charge est comptabilisée en janvier, indiquez l'intitulé du compte qui est touché ainsi que le montant de la charge.

	Opération	Compte touché	Charge engagée en janvier
a)	Au début janvier, les restaurants Vendanges ont versé 3 000 $ pour le loyer de janvier, février et mars.		
b)	En janvier, Vendanges a versé 10 000 $ en règlement de ses comptes fournisseurs pour des fournitures reçues en décembre.		
c)	En janvier, le coût des ventes s'élevait à 9 500 $.		
d)	Au début du mois de février, Vendanges a reçu une facture d'électricité de 500 $, qui sera acquittée en février, pour l'électricité consommée en janvier.		

Vérifiez vos réponses à l'aide des solutions présentées en bas de page*.

3.3.1 Les règles d'analyse des opérations
Les règles d'analyse des opérations appliquées à l'équation comptable

Le modèle d'analyse des opérations présenté dans la figure 3.4 inclut maintenant cinq éléments : l'actif, le passif, les capitaux propres, les produits et les charges. Il ne faut pas oublier que le compte Résultats non distribués représente le total des résultats nets (les produits moins les charges) réalisés par l'entreprise depuis sa constitution moins les dividendes versés aux actionnaires. Lorsque le résultat net est positif, les résultats non distribués augmentent ; quand l'entreprise réalise plutôt un résultat net négatif, les résultats non distribués diminuent.

FIGURE 3.4 • RÈGLES D'ANALYSE DES OPÉRATIONS ET ÉQUATION COMPTABLE

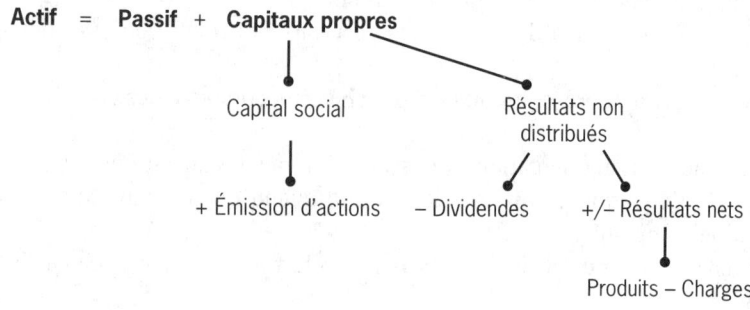

Compte touché	Charge engagée en janvier
a) Loyer	1 000 $ (3 000 $ ÷ 3)
b) Aucun	Les fournitures sont imputées au résultat au moment où elles sont utilisées.
c) Coût des ventes	9 500 $
d) Électricité	500 $

Avant d'illustrer l'utilisation du modèle d'analyse des opérations, il faut insister sur les points suivants :

- Les produits font augmenter les résultats non distribués.
- Les charges font diminuer le résultat net, donc les résultats non distribués. En somme, lorsque les charges augmentent, le résultat net, les résultats non distribués ainsi que le total des capitaux propres diminuent.
- Quand les produits excèdent les charges, la société inscrit un résultat net positif qui fait augmenter les résultats non distribués et, par conséquent, les capitaux propres. Cependant, quand les charges dépassent les produits, le résultat net est négatif, ce qui fait diminuer les résultats non distribués et donc les capitaux propres.
- Chaque opération a un double effet, touchant au moins deux comptes (en vertu de la dualité des effets). Dans l'analyse des opérations, il faut :

    a) déterminer correctement les comptes qui sont touchés et les classer par type de compte, en s'assurant qu'au moins deux comptes sont modifiés. Il faut alors se demander ce qu'on a reçu et ce qu'on a donné, puis classer les comptes comme un actif (A), un passif (Pa), des capitaux propres (CP), un produit (Pr) ou une charge (C) ;

    b) déterminer l'effet de l'opération (une augmentation [+] ou une diminution [–]) sur chaque compte ;

    c) vérifier que l'équation comptable (A = Pa + CP) demeure en équilibre après chaque opération.

Puisque les produits constituent un accroissement d'avantages économiques pour l'entreprise, par définition, pour comptabiliser un produit, il faut habituellement qu'un actif s'accroisse ou qu'un passif diminue. De manière similaire, si une charge est comptabilisée, il faut normalement qu'un actif diminue ou qu'un passif augmente.

Les règles d'analyse des opérations appliquées aux écritures comptables

En plus des règles que nous venons d'énumérer concernant l'équation comptable, nous pouvons ajouter les points suivants, résumés dans la figure 3.5 :

- Les produits ont un solde créditeur. Autrement dit, pour augmenter un produit, il faut le créditer, et pour diminuer un produit, il faut le débiter.
- Les charges ont un solde débiteur. Pour augmenter une charge, il faut la débiter, et pour diminuer une charge, il faut la créditer.
- Comme les dividendes diminuent les résultats non distribués, ils ont un solde débiteur.
- Les débits (dt) sont présentés du côté gauche d'un compte et les crédits (ct), du côté droit.
- Le symbole de l'augmentation (+) est placé à gauche quand on se trouve du côté gauche de l'équation comptable et à droite quand on se trouve du côté droit de l'équation comptable.
- Après chaque opération, il faut vérifier que le total des débits égale le total des crédits.

Il est important de bien comprendre le modèle d'analyse des opérations qui est proposé, et ce, jusqu'à ce que vous puissiez le construire vous-même, sans aide. Étudiez attentivement la figure 3.5 pour vous assurer de bien saisir les conséquences des activités opérationnelles sur l'état de la situation financière et l'état du résultat global. Il s'agit là de conventions qu'il faut mémoriser pour mieux comprendre le processus de comptabilisation.

FIGURE 3.5 • MODÈLE D'ANALYSE DES OPÉRATIONS

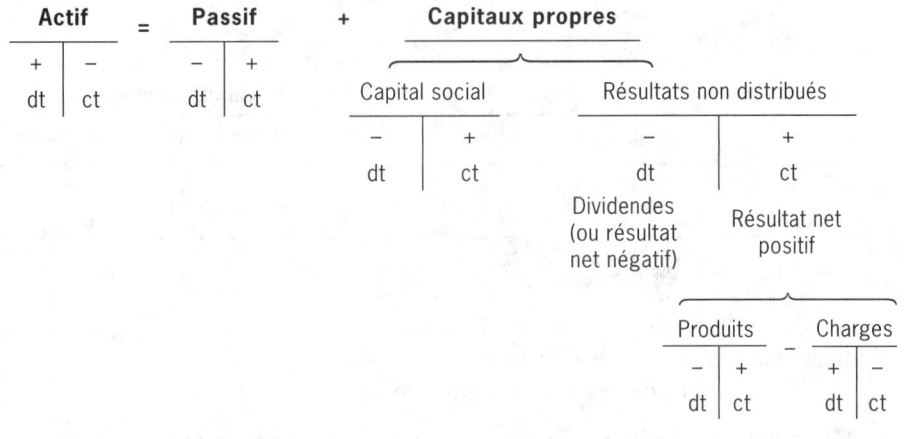

3.3.2 L'analyse des opérations de LVMH

Reprenons l'exemple de LVMH présenté au chapitre 2 (*voir la section 2.5.3*). Cet exemple comportait des opérations d'investissement et de financement pouvant se produire au cours d'une période donnée. Reprenons le même processus d'analyse, de comptabilisation et de report dans les comptes en T pour les activités opérationnelles. Au chapitre 4, nous terminerons le cycle comptable en enregistrant les régularisations de fin de période. Nous supposons que toutes les opérations décrites se sont produites au cours du mois de janvier 2010. (Il est important de rappeler que les opérations présentées ci-après sont fictives et n'ont pas réellement eu lieu.) Tous les montants sont exprimés en millions d'euros et sont reportés dans les comptes en T à la fin de l'illustration (*voir le tableau 3.3 aux pages 146 et 147*).

a) **LVMH a vendu 160 millions d'euros de parfums au comptant. Elle a également vendu des vins et spiritueux à ses distributeurs pour la somme de 100 millions d'euros, dont 80 millions ont été encaissés, le solde devant être payé dans 30 jours.**

ÉQUATION COMPTABLE

a)	**Actif**		=	**Passif**	+	**Capitaux propres**	
	Trésorerie (160 + 80)	+240				Ventes	+260
	Clients	+20					

ÉCRITURE DE JOURNAL

a) Trésorerie (+A) 240
  Clients (+A) 20
    Ventes (+Pr, +CP) 260

Vérifications : 1. Actif (+260 M€) = Passif + Capitaux propres (+260 M€)
        2. Débits 260 M€ = Crédits 260 M€

b) Le coût des ventes des parfums vendus en a) s'élevait à 60 millions d'euros, alors que le coût des ventes des vins et spiritueux était de 36 millions d'euros.

ÉQUATION COMPTABLE

b)	Actif		=	Passif		+	Capitaux propres	
	Stocks	−96					Coût des ventes	−96

ÉCRITURE DE JOURNAL

b) Coût des ventes (+C, −CP) 96
     Stocks (−A) 96

Vérifications :   1. Actif (−96 M€) = Passif + Capitaux propres (−96 M€)
                          2. Débits 96 M€ = Crédits 96 M€

c) LVMH a reçu 300 millions d'euros pour une commande de sacs et accessoires Vuitton. La société ne peut livrer la marchandise immédiatement.

ÉQUATION COMPTABLE

c)	Actif		=	Passif		+	Capitaux propres
	Trésorerie	+300		Produits différés	+300		

ÉCRITURE DE JOURNAL

c) Trésorerie (+A) 300
     Produits différés (+Pa) 300

Vérifications :   1. Actif (+300 M€) = Passif (+300 M€) + Capitaux propres
                          2. Débits 300 M€ = Crédits 300 M€

d) LVMH a payé 7 millions d'euros pour différentes factures, les services publics, les réparations et l'essence des véhicules de livraison, tous considérés comme des charges commerciales.

ÉQUATION COMPTABLE

d)	Actif		=	Passif		+	Capitaux propres	
	Trésorerie	−7					Charges commerciales	−7

ÉCRITURE DE JOURNAL

d) Charges commerciales (+C, −CP) 7
     Trésorerie (−A). 7

Vérifications :   1. Actif (−7 M€) = Passif + Capitaux propres (−7 M€)
                          2. Débits 7 M€ = Crédits 7 M€

e) LVMH a commandé et reçu 14 millions d'euros de bouteilles de vins. La société a versé 9 millions d'euros comptant et porté le solde aux comptes fournisseurs.

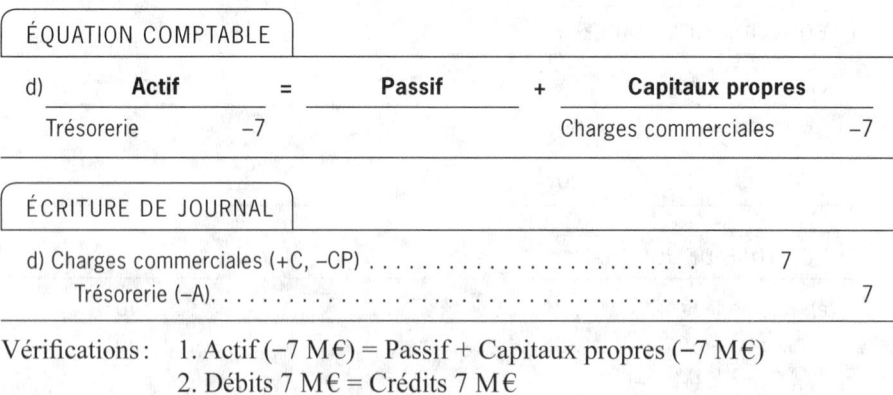

ÉQUATION COMPTABLE

e)	Actif		=	Passif		+	Capitaux propres
	Trésorerie	−9		Fournisseurs	+5		
	Fournitures	+14					

ÉCRITURE DE JOURNAL

e) Fournitures (+A)   14

    Trésorerie (–A).   9

    Fournisseurs (+Pa).   5

Vérifications :   1. Actif (+5 M€) = Passif (+5 M€) + Capitaux propres
                  2. Débits 14 M€ = Crédits 14 M€

f) LVMH verse les salaires du mois de janvier, lesquels s'élèvent à 40 millions d'euros.

ÉQUATION COMPTABLE

f)	**Actif**		**=**	**Passif**	**+**	**Capitaux propres**	
	Trésorerie	–40				Salaires	–40

ÉCRITURE DE JOURNAL

f) Salaires (+C, –CP)   40

    Trésorerie (–A)   40

Vérifications :   1. Actif (–40 M€) = Passif + Capitaux propres (–40 M€)
                  2. Débits 40 M€ = Crédits 40 M€

g) Au début du mois de janvier, LVMH a versé 77 millions d'euros pour certains services qui seront rendus au cours des prochains mois : 60 millions d'euros en paiement de la prime d'assurances couvrant les quatre premiers mois de l'année, 12 millions d'euros pour la location d'un local pour les mois de janvier, février et mars, et 5 millions d'euros en frais de publicité pour le mois de février.

ÉQUATION COMPTABLE

g)	**Actif**		**=**	**Passif**	**+**	**Capitaux propres**
	Trésorerie	–77				
	Charges payées d'avance	+77				

ÉCRITURE DE JOURNAL

g) Charges payées d'avance (+A)   77

    Trésorerie (–A).   77

Vérifications :   1. Actif (+77 M€, –77 M€) = Passif + Capitaux propres
                  2. Débits 77 M€ = Crédits 77 M€

h) LVMH a vendu un terrain 23 millions d'euros comptant. Le coût de ce terrain était de 12 millions d'euros.

ÉQUATION COMPTABLE

h)	**Actif**		**=**	**Passif**	**+**	**Capitaux propres**	
	Trésorerie	+23				Profit sur sortie d'immobilisations	+11
	Terrain	–12					

h) Trésorerie (+A)	23	
Terrain (–A)		12
Profit sur sortie d'immobilisations (+Pr, +CP)		11

Vérifications : 1. Actif (+11 M€) = Passif + Capitaux propres (+11 M€)
2. Débits 23 M€ = Crédits 23 M€

Le tableau 3.2 (*voir la page 146*) présente tous les comptes touchés par les opérations a) à h), ainsi que par les opérations i) à k), qui sont présentées dans le test d'autoévaluation ci-dessous. Il faut toutefois y ajouter les chiffres manquants pour les opérations i) à k).

Le tableau 3.3 (*voir les pages 146 et 147*) présente les comptes en T de tous les comptes touchés par les opérations a) à k). Il faut toutefois y ajouter les chiffres manquants pour l'opération j). On a utilisé l'état de la situation financière **fictif** de LVMH (*voir le tableau 2.4 aux pages 74 et 75*) pour déterminer le solde d'ouverture des comptes d'actif et de passif. Au début de chaque période financière, les comptes de l'état du résultat global (produits et charges) ont un solde d'ouverture de zéro. Tous les autres comptes demeurent inchangés.

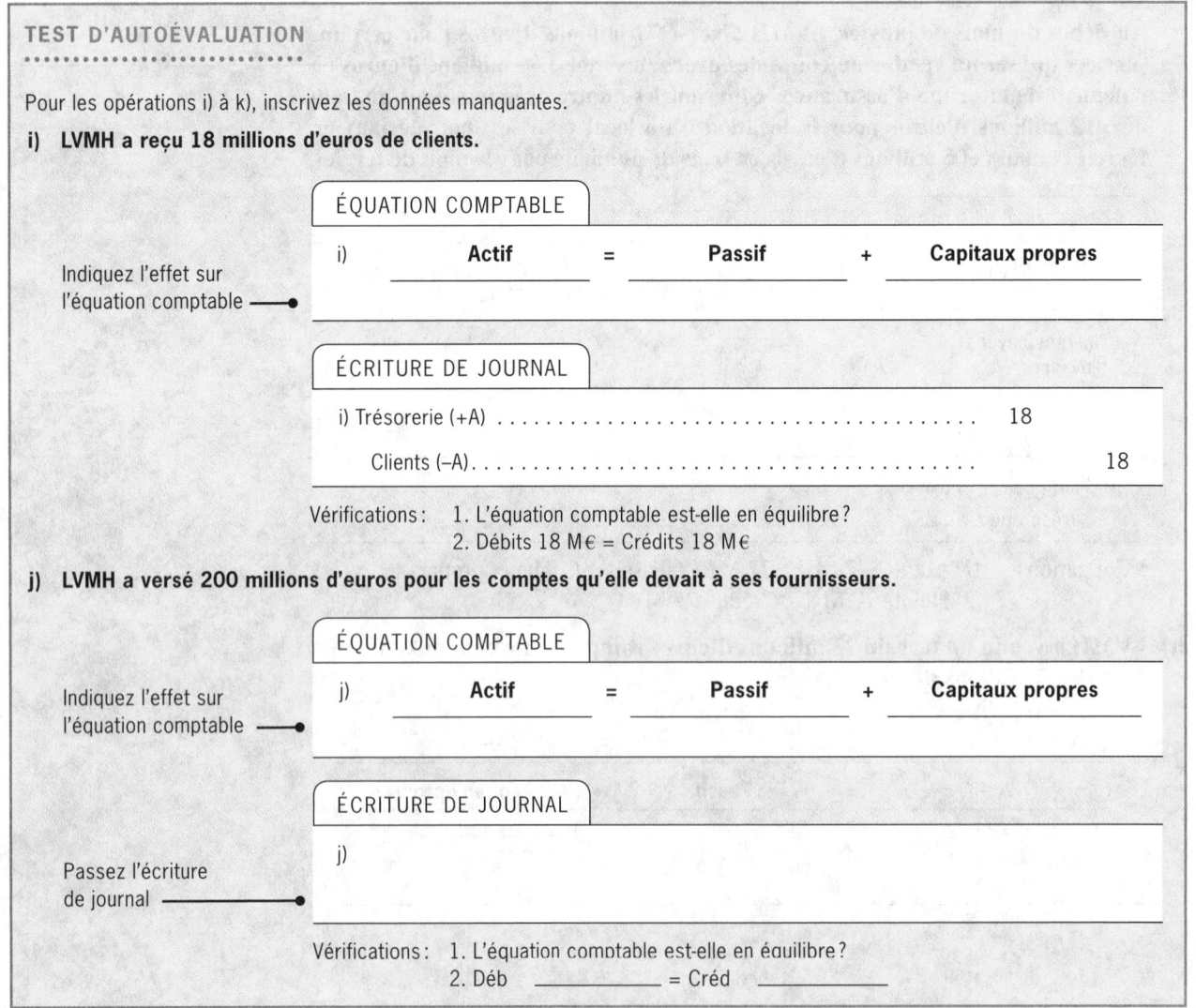

TEST D'AUTOÉVALUATION

Pour les opérations i) à k), inscrivez les données manquantes.

i) LVMH a reçu 18 millions d'euros de clients.

Indiquez l'effet sur l'équation comptable ⟶

ÉQUATION COMPTABLE

i)	**Actif**	=	**Passif**	+	**Capitaux propres**
	_____		_____		_____

ÉCRITURE DE JOURNAL

i) Trésorerie (+A)	18	
Clients (–A)...		18

Vérifications : 1. L'équation comptable est-elle en équilibre ?
2. Débits 18 M€ = Crédits 18 M€

j) LVMH a versé 200 millions d'euros pour les comptes qu'elle devait à ses fournisseurs.

Indiquez l'effet sur l'équation comptable ⟶

ÉQUATION COMPTABLE

j)	**Actif**	=	**Passif**	+	**Capitaux propres**
	_____		_____		_____

Passez l'écriture de journal ⟶

ÉCRITURE DE JOURNAL

j)

Vérifications : 1. L'équation comptable est-elle en équilibre ?
2. Déb _____ = Créd _____

k) LVMH a reçu la somme de 22 millions d'euros, représentant les intérêts gagnés sur les placements.

Indiquez l'effet sur l'équation comptable ———•

ÉQUATION COMPTABLE

k)	**Actif**	=	**Passif**	+	**Capitaux propres**

ÉCRITURE DE JOURNAL

k) Trésorerie (+A) 22

      Produits financiers (+Pr, +CP) 22

Vérifications :   1. L'équation comptable est-elle en équilibre?

                 2. Déb _____ = Créd _____

3

Vérifiez vos réponses à l'aide des solutions présentées en bas de page*.

---

* Solutions du test d'autoévaluation

i)   ÉQUATION COMPTABLE

i)	**Actif**		=	**Passif**	+	**Capitaux propres**
	Trésorerie	+18				
	Clients	−18				

Vérifications :   1. Actif (+18 M€, −18 M€) = Passif + Capitaux propres

j)   ÉQUATION COMPTABLE

j)	**Actif**		=	**Passif**		+	**Capitaux propres**
	Trésorerie	−200		Fournisseurs	−200		

ÉCRITURE DE JOURNAL

j) Fournisseurs (−Pa) 200

    Trésorerie (−A) 200

Vérifications :   1. Actif (−200 M€) = Passif (−200 M€) + Capitaux propres

                2. Débits 200 M€ = Crédits 200 M€

k)   ÉQUATION COMPTABLE

k)	**Actif**		=	**Passif**	+	**Capitaux propres**	
	Trésorerie	+22				Produits financiers	+22

Vérifications :   1. Actif (+22 M€) = Passif + Capitaux propres (+22 M€)

                2. Débits 22 M€ = Crédits 22 M€

TABLEAU 3.2 • RÉSUMÉ DES OPÉRATIONS INFLUANT SUR L'ÉQUATION COMPTABLE*

	a)	b)	c)	d)	e)	f)	g)	h)	i)	j)	k)	Total
Actif												
Trésorerie	+240		+300	–7	–9	–40	–77	+23	___	___	___	270
Clients	+20								___			2
Stocks		–96										–96
Fournitures					+14							+14
Charges payées d'avance							+77					+77
Terrain								–12				–12
Passif												
Fournisseurs					+5					___		–195
Produits différés			+300									+300
Capitaux propres												
Ventes	+260											+260
Coût des ventes		–96										–96
Salaires						–40						–40
Charges commerciales				–7								–7
Profit sur sortie d'immobilisations								+11				+11
Produits financiers											___	+22

* Tous les montants sont en millions d'euros.

TABLEAU 3.3 • COMPTES EN T*

Comptes de l'état de la situation financière

+	Trésorerie (A)		–
Solde (*voir le chapitre 2*)	2 206		
a)	240	7	d)
c)	300	9	e)
h)	23	40	f)
i)	18	77	g)
k)	22		j)
Solde de clôture	2 476		

+	Clients (A)		–
Solde (*voir le chapitre 2*)	1 475		
a)	20	18	i)
Solde de clôture	1 477		

+	Charges payées d'avance (A) (Autres actifs courants)		–
Solde (*voir le chapitre 2*)	1 513		
g)	77		
Solde de clôture	1 590		

+	Stocks (A)		–
Solde (*voir le chapitre 2*)	5 644		
		96	b)
Solde de clôture	5 548		

+	Fournitures (A) (Autres actifs courants)		–
Solde (*voir le chapitre 2*)			
e)	14		
Solde de clôture	14		

+	Terrain (A) (Immobilisations)	–
Solde (*voir le chapitre 2*) 6 260		
	12	h)
Solde de clôture 6 248		

–	Fournisseurs (Pa)	+
	1 911	Solde (*voir le chapitre 2*)
i)	5	e)
	1 716	Solde de clôture

–	Produits différés (Pa) (Autres passifs courants)	+
	1 874	Solde (*voir le chapitre 2*)
	300	c)
	2 174	Solde de clôture

Comptes de l'état du résultat global

–	Ventes (Pr)	+
	260	a)
	260	Solde de clôture

–	Produits financiers (Pr)	+
	22	k)
	22	Solde de clôture

+	Coût des ventes (C)	–
b)	96	
Solde de clôture	96	

+	Salaires (C)	–
f)	40	
Solde de clôture	40	

+	Charges commerciales (C)	–
d)	7	
Solde de clôture	7	

–	Profit sur sortie d'immobilisations (Pr)	+
	11	h)
	11	Solde de clôture

* Tous les montants sont en millions d'euros.

3.4 L'analyse et l'établissement des états financiers

En tenant compte des opérations qui ont été comptabilisées en janvier, nous pouvons maintenant établir les états financiers du mois de janvier 2010. Mais d'abord, faisons un petit rappel de ce que nous avons vu jusqu'à présent au sujet de la composition des états financiers.

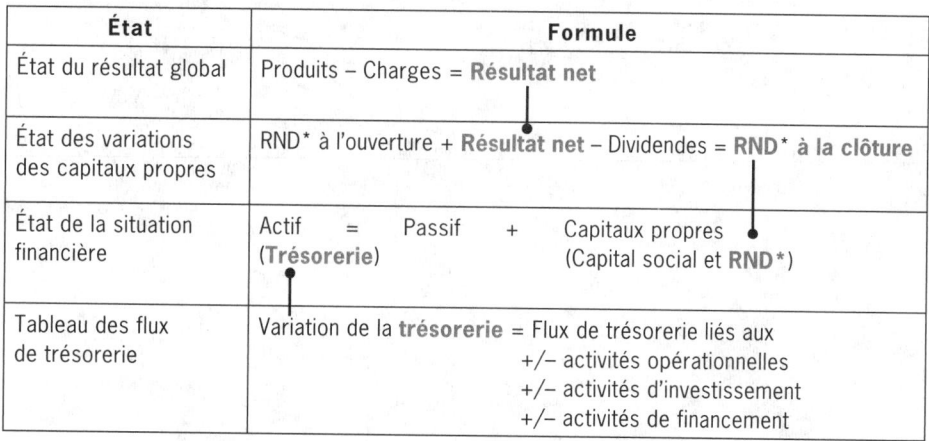

État	Formule
État du résultat global	Produits – Charges = **Résultat net**
État des variations des capitaux propres	RND* à l'ouverture + **Résultat net** – Dividendes = **RND* à la clôture**
État de la situation financière	Actif = Passif + Capitaux propres **(Trésorerie)** (Capital social et **RND***)
Tableau des flux de trésorerie	Variation de la **trésorerie** = Flux de trésorerie liés aux +/– activités opérationnelles +/– activités d'investissement +/– activités de financement

* RND : Résultats non distribués

Comme le résultat net à l'état du résultat global est une composante des résultats non distribués de l'état des variations des capitaux propres, il faut commencer par dresser l'état du résultat global. Ensuite, l'état des variations des capitaux propres fait le lien avec l'état de la situation financière. Finalement, les variations des flux de trésorerie présentés dans le tableau des flux de trésorerie expliquent la variation du montant de la trésorerie présentée à l'état de la situation financière.

Il faut noter que les états financiers que nous pouvons établir maintenant ne tiennent pas compte de tous les produits gagnés en janvier ni de toutes les charges engagées pendant ce mois. Par exemple, bon nombre de charges importantes n'y sont pas encore incluses, dont l'amortissement des immobilisations utilisées durant le mois. De plus, la charge d'impôts n'a pas encore été calculée. Ces états ne respectent pas, à cette étape-ci, le cadre conceptuel et la comptabilité d'engagement. Nous ajustons les comptes et dressons des états financiers complets au chapitre 4.

Pour établir les états financiers à partir du résumé des opérations influant sur l'équation comptable (*voir le tableau 3.2 à la page 146*), il faut trouver le solde de chaque poste et ajouter la variation totale influant sur le poste à la suite des opérations :

Solde	xxx
+/− Variation du poste	xxx
Solde de clôture	xxx

Pour les postes de l'état de la situation financière, les soldes se retrouvent à l'état de la situation financière fictif de LVMH (*voir le tableau 2.4 aux pages 74 et 75*). Pour les postes de l'état du résultat global, tous les soldes d'ouverture sont à zéro au début de chaque période. Par exemple, pour déterminer le montant qui sera présenté à l'état de la situation financière pour le poste Trésorerie, nous faisons le calcul suivant :

Solde	2 206 M€	(*voir le tableau 2.4*)
Variation totale à la suite des opérations	270	(*voir le tableau 3.2*)
Solde de clôture	2 476 M€	

3.4.1 L'état du résultat global

L'état du résultat global comprend tous les produits et les charges d'une période donnée, et sert à déterminer le résultat net. D'autres éléments viendront s'ajouter au résultat net ; nous les étudions au chapitre 5.

LVMH
État du résultat global (fictif)
mois de janvier 2010
(en millions d'euros)

Produits des activités ordinaires	260
Coût des ventes	(96)
Marge brute	164
Charges commerciales	(47)
Résultat opérationnel	117
Produits financiers	22
Autre profit	11
Résultat avant impôts	150
Résultat net	150

Selon notre état financier, LVMH a réalisé un résultat avant impôts de 150 millions d'euros pour le mois de janvier 2010. Le résultat net est une composante de l'état des variations des capitaux propres.

L'INFORMATION SECTORIELLE

Plusieurs entreprises font des affaires dans plus d'un pays. Ces entreprises sont souvent appelées « multinationales ». L'état du résultat global de LVMH (*voir le tableau 3.1 à la page 130*), basé sur des données globales, peut ne pas s'avérer aussi utile pour les investisseurs cherchant à évaluer les risques et le rendement des entreprises qui évoluent sur les marchés étrangers. Par ailleurs, LVMH et bon nombre d'entreprises exercent également leurs activités dans plusieurs secteurs. Là encore, les analystes financiers et les investisseurs veulent une information qui leur permettra de juger du rendement de l'entreprise pour chaque secteur d'activité dans laquelle elle intervient. Dans une note aux états financiers, les entreprises publient des données supplémentaires classées par secteurs d'activité et secteurs géographiques. C'est ce qu'on appelle l'« information sur les secteurs opérationnels ». Voici un extrait d'une note aux états financiers de LVMH donnant plus d'information sur ses activités.

22. Information sectorielle

Les marques et enseignes du Groupe sont organisées en six groupes d'activités. Quatre groupes d'activités – Vins et spiritueux, Mode et maroquinerie, Parfums et cosmétiques, Montres et joaillerie – regroupent les marques de produits de même nature, ayant des modes de production et de distribution similaires. Le groupe d'activités Distribution sélective regroupe les activités de distribution sous enseigne. Le groupe Autres et holdings réunit les marques et activités ne relevant pas des groupes précités, le plus souvent les activités nouvelles pour le Groupe, ainsi que l'activité des sociétés holdings ou immobilières.

analyse financière

coup d'œil sur
LVMH

DOCUMENT DE RÉFÉRENCE

Période financière 2009 (en millions d'euros)	Vins et spiritueux	Mode et maroquinerie	Parfums et cosmétiques	Montres et joaillerie	Distribution sélective	Autres et holdings	Éliminations et non affectés	Total
Ventes hors Groupe	2 732	6 274	2 520	752	4 517	258	–	17 053
Ventes entre groupes d'activités	8	28	221	12	16	20	(305)	–
Total des ventes	2 740	6 302	2 741	764	4 533	278	(305)	17 053
Résultat opérationnel courant	760	1 986	291	63	388	(135)	(1)	3 352
Autres produits et charges opérationnels	(41)	(71)	(17)	(32)	(19)	(13)	2	(191)
Investissement d'exploitation	96	284	96	26	182	90	–	774
Charges d'amortissement	92	268	99	27	175	40	–	701
Charges de dépréciation	–	20	20	–	5	11	–	56
Marques, enseignes, licences et écarts d'acquisition	2 254	4 612	918	1 450	2 522	897	–	12 653
Stocks	3 548	701	226	369	738	128	(66)	5 644
Autres actifs opérationnels	2 540	1 855	644	257	1 342	2 389	4 782	13 809
Total de l'actif	8 342	7 168	1 788	2 076	4 602	3 414	4 716	32 106
Capitaux propres	–	–	–	–	–	–	14 785	14 785
Passifs opérationnels	1 013	1 137	805	176	1 001	614	12 575	17 321
Total du passif et des capitaux propres	1 013	1 137	805	176	1 001	614	27 360	32 106

3

22.2 Informations par zone géographique

La répartition des ventes par zone géographique de destination est la suivante :

(en millions d'euros)	2009	2008	2007
France	2 478	2 464	2 348
Europe (hors France)	3 664	4 095	3 790
États-Unis	3 840	3 925	4 124
Japon	1 683	1 779	1 856
Asie (hors Japon)	3 850	3 404	3 044
Autres pays	1 538	1 526	1 319
Ventes	17 053	17 193	16 481

3.4.2 L'état des variations des capitaux propres

L'état des variations des capitaux propres permet d'établir un lien entre l'état du résultat global et l'état de la situation financière. Les opérations qui touchent les résultats non distribués (principalement le résultat net et la déclaration des dividendes) et le capital social sont résumées dans cet état. D'autres éléments sont aussi inclus dans l'état des variations des capitaux propres ; nous les étudions au chapitre 10. Pour l'instant, limitons notre étude de l'état des variations des capitaux propres aux variations qui surviennent dans ces deux postes.

LVMH
État des variations des capitaux propres (fictif)
mois de janvier 2010
(en millions d'euros)

	Capital social	Résultats non distribués	Total
Solde au 1er janvier 2010	147	12 439	12 586
Résultat net		150	15⌐
Dividendes		400	4C
Émission d'actions	50		5
Solde au 31 janvier 2010	197	12 189	12 38

de l'état du résultat global
artir du chapitre 2)

senté à l'état de
ituation financière

3.4.3 L'état de la situation financière

Il est maintenant possible de réviser l'état de la situation financière qui a été établi au chapitre 2 pour refléter l'effet des activités opérationnelles qui sont illustrées dans ce chapitre. Les postes qui n'ont pas été affectés par les opérations du mois de janvier demeurent les mêmes que ceux du tableau 2.4 (*voir les pages 74 et 75*). Les relations qui existent entre chacun des états financiers sont de nouveau explorées dans le prochain chapitre.

LVMH
État de la situation financière
au 31 janvier 2010
(en millions d'euros)

Actif
Courants

Trésorerie et équivalents de trésorerie	2 476
Créances clients et comptes rattachés	1 477
Stocks et en-cours	5 548
Impôts sur les résultats	217
Autres actifs courants	1 604
Actifs courants	**11 322**

Non courants

Immobilisations corporelles, nettes	6 248
Marques et autres immobilisations incorporelles, nettes	8 697
Écarts d'acquisition, nets	4 270
Impôts différés	521
Autres actifs non courants	1 503
Actifs non courants	**21 239**
Total de l'actif	**32 561**

Passifs et capitaux propres
Passif
Courants

Fournisseurs et comptes rattachés	1 716
Dette financière à moins d'un an	1 708
Impôts sur les résultats	221
Dividende à payer	400
Provisions à moins d'un an	334
Autres passifs courants	2 174
Passifs courants	**6 553**

Non courants

Dette financière à plus d'un an	4 227
Provisions à plus d'un an	990
Impôts différés	3 117
Autres passifs non courants	3 089
Passifs non courants	**11 423**
Total du passif	**17 976**

Capitaux propres
Capitaux propres attribuables aux propriétaires

Capital	197
Primes	1 763
Résultats non distribués	12 189
Autres éléments des capitaux propres	(553)
	13 596
Intérêts minoritaires	989
Total des capitaux propres	**14 585**
Total du passif et des capitaux propres	**32 561**

Tiré de l'état des variations des capitaux propres

LE TABLEAU DES FLUX DE TRÉSORERIE

Au chapitre 2, nous avons présenté le tableau des flux de trésorerie de LVMH pour les activités d'investissement et de financement du mois de janvier 2010. Il ne faut pas oublier que les activités d'investissement concernent principalement les opérations touchant l'actif non courant, alors que les activités de financement sont celles qui découlent généralement des emprunts bancaires, des émissions d'actions et du versement des dividendes aux actionnaires. Dans le présent chapitre, nous avons étudié les activités opérationnelles.

Les flux de trésorerie liés aux activités opérationnelles comprennent les entrées de trésorerie découlant de la vente de biens et de la prestation de services, ainsi que les sorties de trésorerie servant au paiement de biens et de services reçus de fournisseurs ou d'employés. Ils peuvent aussi inclure les encaissements et les paiements d'intérêts ou d'impôts. Les postes que l'on peut associer le plus souvent aux activités opérationnelles sont les actifs courants tels que les comptes clients, les stocks, les charges payées d'avance, et les passifs courants, par exemple les comptes fournisseurs, les salaires à payer et les produits différés.

Selon la norme internationale IAS 7, *Tableau des flux de trésorerie,* l'entreprise peut présenter les flux de trésorerie liés aux activités opérationnelles selon deux méthodes : la méthode directe et la méthode indirecte. Bien que la norme les encourage à utiliser la méthode directe, la plupart des entreprises choisissent la méthode indirecte ; ce sujet sera étudié au chapitre 12.

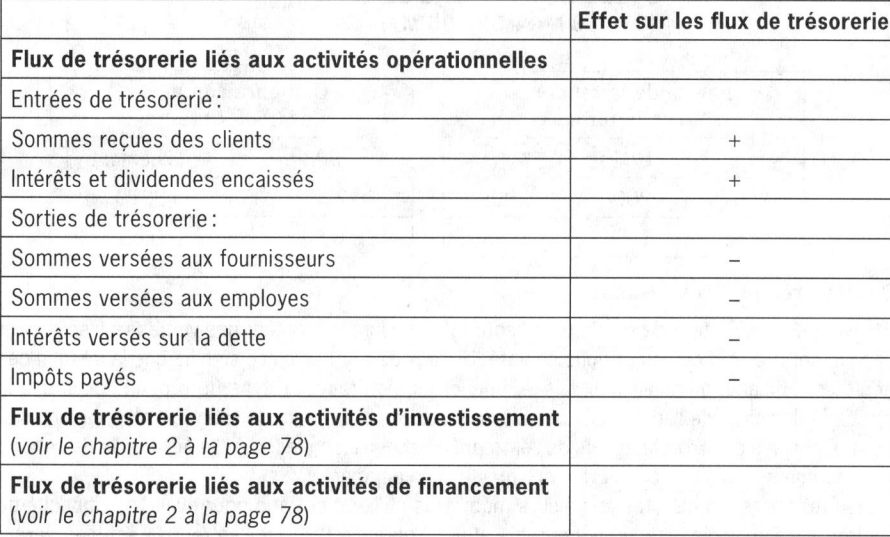

	Effet sur les flux de trésorerie
Flux de trésorerie liés aux activités opérationnelles	
Entrées de trésorerie :	
Sommes reçues des clients	+
Intérêts et dividendes encaissés	+
Sorties de trésorerie :	
Sommes versées aux fournisseurs	−
Sommes versées aux employes	−
Intérêts versés sur la dette	−
Impôts payés	−
Flux de trésorerie liés aux activités d'investissement (*voir le chapitre 2 à la page 78*)	
Flux de trésorerie liés aux activités de financement (*voir le chapitre 2 à la page 78*)	

Quand une opération met en cause un montant d'argent, elle fait partie du tableau des flux de trésorerie. Quand une opération ne met pas en cause un montant d'argent, comme acheter un immeuble à l'aide d'une hypothèque ou vendre des biens à crédit, elle ne fait pas partie du tableau des flux de trésorerie.

Ainsi, quand le poste Trésorerie est affecté par une transaction, celle-ci apparaît au tableau des flux de trésorerie. Pour préparer la section des activités opérationnelles du tableau des flux de trésorerie selon la méthode directe, le plus facile est de prendre le compte de trésorerie et d'en analyser chaque opération (*voir le tableau 3.2 ou le compte en T Trésorerie à la page 146*).

Trésorerie

Solde au 1er janvier 2010	2 206	
a)	240	Somme reçue des clients
c)	300	Somme reçue des clients
d)	(7)	Somme versée aux fournisseurs
e)	(9)	Somme versée aux fournisseurs
f)	(40)	Somme versée aux employés
g)	(77)	Somme versée aux fournisseurs
h)	23	Activité d'investissement
i)	18	Somme reçue des clients
j)	(200)	Somme versée aux fournisseurs
k)	22	Somme reçue des placements
Solde au 31 janvier 2010	2 476	

6 OBJECTIF
D'APPRENTISSAGE

3

Calculer et interpréter
le taux de rotation de
l'actif total.

LE TAUX DE ROTATION DE L'ACTIF TOTAL

Au chapitre 2, nous avons étudié un premier ratio, le taux d'adéquation du capital. Celui-ci s'est avéré un bon outil pour évaluer l'efficacité de la direction à gérer ses sources de financement. Nous étudions maintenant un nouveau ratio permettant d'évaluer l'efficacité de la direction à gérer ses actifs dans le but d'accroître ses revenus. D'autres ratios portant sur des actifs particuliers sont abordés dans les chapitres ultérieurs.

1. Question d'analyse

Quelle est l'efficacité de la direction à générer des ventes à partir de ses actifs (ses ressources)?

2. Ratio et comparaison

$$\text{Taux de rotation de l'actif total} = \frac{\text{Chiffre d'affaires net}}{\text{Actif total moyen}}$$

Le taux de LVMH pour 2009 est le suivant:

$$\frac{17\ 053\ \text{M}€}{(31\ 483\ \text{M}€ + 32\ 106\ \text{M}€) \div 2} = 0{,}54$$

Analyse de la tendance dans le temps			Comparaison avec les compétiteurs	
LVMH			PPR	Richemont
2007	2008	2009	2009	2010
0,56	0,56	0,54	0,64	0,68

3. Interprétation des résultats

EN GÉNÉRAL ◊ Le taux de rotation de l'actif total mesure le montant des ventes réalisées pour chaque dollar d'actif détenu par une société. Un taux de rotation élevé signifie que la gestion des actifs est efficace, un faible taux laisse entendre le contraire. Le type de produits ainsi que la stratégie d'affaires de l'entreprise influent de façon importante sur le ratio. De plus, la capacité de la direction à contrôler les actifs de l'entreprise est également essentielle au succès de celle-ci. Le rendement financier s'améliore alors que le ratio augmente.

Les créanciers et analystes en valeurs mobilières utilisent ce ratio pour évaluer l'efficacité de l'entreprise à contrôler ses actifs courants et non courants. Lorsque l'entreprise est bien gérée, les créanciers s'attendent à des fluctuations du ratio dues aux hausses et aux baisses saisonnières. Par exemple, pour accumuler des stocks avant une saison où les ventes s'annoncent élevées, les sociétés doivent emprunter des fonds. Le taux de rotation de l'actif déclinera à cause de l'augmentation de l'actif. Ensuite, les ventes en haute saison fournissent les sommes nécessaires pour rembourser les emprunts. Le taux de rotation de l'actif augmente alors avec la hausse des ventes.

LVMH ◊ Le taux de rotation de l'actif total de LVMH est demeuré relativement stable au cours des trois dernières années. Ce taux indique que la société réalise 0,54 € de ventes pour chaque euro investi dans l'actif, alors que ses concurrents affichent des taux légèrement supérieurs, soit 0,64 pour PPR et 0,68 pour Richemont. La situation de LVMH peut s'expliquer en partie par le programme d'expansion qu'elle poursuit depuis quelques années et qui a fait augmenter ses actifs de 6 %, alors que le chiffre d'affaires n'augmentait que de 3 % au cours des trois dernières années compte tenu de la crise économique mondiale.

QUELQUES PRÉCAUTIONS ◊ Le taux de rotation de l'actif total peut diminuer en raison des fluctuations saisonnières. Cependant, une baisse du taux peut aussi être provoquée par des changements apportés aux politiques opérationnelles, par exemple une politique de recouvrement des comptes clients moins stricte, ce qui entraîne une augmentation de l'actif. Une analyse détaillée des variations des composantes clés de l'actif procure des renseignements supplémentaires sur la nature des variations du taux de rotation de l'actif total et donc sur les décisions de la direction en matière de gestion des ressources.

Comparons

Taux de rotation
de l'actif total

Carrefour	1,66
Danone	0,56
Michelin	0,89

LA COMPARAISON DES IFRS ET DES NORMES COMPTABLES POUR LES ENTREPRISES À CAPITAL FERMÉ

Le cadre conceptuel à partir duquel sont établies les normes comptables diffère selon que l'on fait référence aux IFRS ou aux normes comptables pour les entreprises à capital fermé (NCECF). Le *Cadre conceptuel de l'information financière* publié dans la partie I du *Manuel de l'ICCA* représente le cadre de référence des organismes internationaux chargés d'établir les IFRS. Pour les entreprises à capital fermé, le cadre de référence à partir duquel travaille le CNC canadien est publié dans la partie II du *Manuel de l'ICCA*, chapitre 1000 : *Fondements conceptuels des états financiers*.

Nous avons déjà établi, au chapitre 2, quelques différences et similitudes entre ces deux référentiels comptables. Nous poursuivons notre comparaison dans le prochain tableau. Nous avons également traité dans ce chapitre-ci de l'IAS 18, *Produit des activités ordinaires*, que nous comparons ci-dessous au chapitre 3400 *Produits* pour les entreprises à capital fermé.

entreprises à capital fermé

OBJECTIF D'APPRENTISSAGE

7

Comparer les IFRS et les normes comptables pour les entreprises à capital fermé.

3

IFRS NORMES INTERNATIONALES D'INFORMATION FINANCIÈRE	NCECF NORMES COMPTABLES POUR LES ENTREPRISES À CAPITAL FERMÉ
Définition des produits • Accroissement des avantages économiques Les produits résultent des activités ordinaires ou autres de l'entité.	**Définition des produits** • Augmentation des ressources économiques Les produits résultent des activités courantes de l'entité.
Définition des charges • Diminution des avantages économiques Les charges résultent des activités ordinaires ou autres de l'entité.	**Définition des charges** • Diminution des ressources économiques Les charges résultent des activités courantes de l'entité.
	Gains Les gains résultent des activités périphériques de l'entité.
	Pertes Les pertes résultent des activités périphériques de l'entité.
Comptabilisation des produits Cinq conditions : • Tous les risques et avantages transférés à l'acheteur • Aucun droit de gestion ou contrôle effectif • Montant évalué de façon fiable • Recouvrement probable • Coûts concernant la transaction évalués de façon fiable	**Comptabilisation des produits** Deux conditions : • Tous les risques et avantages transférés à l'acheteur, aucun droit de gestion ou contrôle effectif • Mesure du montant raisonnablement sûre
Rattachement des charges aux produits Une charge est comptabilisée si : • on constate une association directe avec les produits ; • on constate une association indirecte ; on la comptabilise alors selon une méthode de répartition systématique et rationnelle ; • une dépense ne procure plus d'avantage économique.	**Rattachement des charges aux produits** *Idem*

En résumé, les NCECF font une distinction entre les produits et les gains ainsi qu'entre les charges et les pertes. Les IFRS regroupent tous les produits, peu importe qu'ils proviennent des activités ordinaires ou d'autres activités, ainsi que toutes les charges, peu importe leur provenance. Les IFRS définissent cinq conditions pour la comptabilisation des produits, alors que les NCECF ne font pas mention de l'évaluation des coûts qu'implique la transaction.

ANALYSONS UN CAS

Reprenons l'exemple de la société Efficacité, que nous avons utilisé au chapitre 2. Cette société, spécialisée dans l'entretien de pelouses, a démarré ses activités avec un montant de trésorerie, du matériel et un terrain. L'état de la situation financière au 30 juin 2012, basé sur les activités d'investissement et de financement (provenant du chapitre 2), se présente comme suit :

Efficacité	
État de la situation financière	
au 30 juin 2012	
(en dollars canadiens)	
Actif	
Courants	
Trésorerie	3 800
Effets à recevoir	1 250
Actifs courants	5 050
Non courants	
Matériel	4 600
Terrain	3 750
Actifs non courants	8 350
Total de l'actif	13 400
Passif	
Courants	
Effets à payer	4 400
Total du passif	4 400
Capitaux propres	
Capital social	9 000
Total des capitaux propres	9 000
Total du passif et des capitaux propres	13 400

Les activités suivantes ont aussi eu lieu au cours du mois de juin 2012 :

a) La société a acheté et consommé de l'essence pour ses tondeuses et coupe-bordures, qu'elle a payée 90 $ en espèces à une station-service de la région.

b) Au début du mois de juin, la société a reçu la somme de 1 600 $ de la Ville pour les services d'entretien de pelouses des mois de juin à septembre (400 $ par mois). À cette date, le montant complet a été comptabilisé dans le compte Produits différés.

c) Au début du mois de juin, la société a contracté une assurance au coût de 300 $ pour une période de six mois, soit de juin à novembre. À cette date, le paiement complet a été inscrit à titre de charges payées d'avance.

d) Les employés d'Efficacité ont procédé à la tonte de terrains pour des clients résidentiels qui sont facturés toutes les deux semaines. Au total, la société a facturé 5 200 $ pour les services qu'elle a rendus en juin.

e) Les clients résidentiels ont versé une somme de 3 500 $ en paiement de leur compte.

f) La société paie ses employés aux deux semaines. En juin, elle a versé au total 3 900 $ à ses employés.

g) Efficacité a reçu une facture de 320 $ d'une station-service de la région pour l'essence supplémentaire qu'elle a achetée à crédit et consommée en juin.

h) Un versement de 740 $ a été effectué en remboursement partiel de l'effet à payer. Les intérêts s'élèvent à 40 $.

i) Un versement de 100 $ a été effectué en règlement de comptes dus aux fournisseurs.

j) La société a encaissé un effet à recevoir de 1 250 $ plus les intérêts gagnés de 12 $.

Travail à faire

1. Analysez chacune des opérations selon le processus expliqué aux chapitres 2 et 3. Montrez l'effet de chaque opération sur l'équation comptable.

2. Concevez un tableau résumant l'effet des opérations sur l'équation comptable.

3. Passez les écritures de journal à la suite de chacune des équations comptables demandées en 1. Reportez-les dans les comptes en T appropriés. Les soldes des postes de l'état de la situation financière doivent être tirés de l'état de la situation financière précédent, alors que les soldes d'ouverture des postes de produits et de charges étaient à zéro. Indiquez ces soldes dans les comptes en T.

4. Dressez les états financiers : l'état du résultat global, l'état des variations des capitaux propres, l'état de la situation financière et le tableau des flux de trésorerie de la société Efficacité au 30 juin 2012 en utilisant :

   a) les changements qui sont survenus dans l'équation comptable pendant le mois de juin 2012 ;

   ou

   b) le solde des comptes en T.

   Reportez-vous au tableau des flux de trésorerie présenté au chapitre 2 (*voir la page 94*) pour les activités d'investissement et de financement.

Solutions suggérées

1 et 3. Effets sur l'équation comptable et écritures de journal

ÉQUATION COMPTABLE

a)	**Actif**		=	**Passif**	+	**Capitaux propres**	
	Trésorerie	−90				Essence	−90

ÉCRITURE DE JOURNAL

Essence (+C, −CP) 90
  Trésorerie (−A) 90

Vérifications : 1. Actif (−90 $) = Passif + Capitaux propres (−90 $)
2. Débits 90 $ = Crédits 90 $

ÉQUATION COMPTABLE

b)	**Actif**		=	**Passif**		+	**Capitaux propres**
	Trésorerie	+1 600		Produits différés	+1 600		

ÉCRITURE DE JOURNAL

Trésorerie (+A) 1 600
  Produits différés (+Pa) 1 600

Vérifications : 1. Actif (+1 600 $) = Passif (+1 600 $) + Capitaux propres
2. Débits 1 600 $ = Crédits 1 600 $

ÉQUATION COMPTABLE

c) | Actif | = | Passif | + | Capitaux propres |
|---|---|---|---|---|
| Trésorerie | −300 | | | |
| Charges payées d'avance | +300 | | | |

ÉCRITURE DE JOURNAL

Charges payées d'avance (+A) 300
    Trésorerie (−A) 300

Vérifications :   1. Actif (−300 $, +300 $)= Passif + Capitaux propres
                    2. Débits 300 $ = Crédits 300 $

ÉQUATION COMPTABLE

d) | Actif | = | Passif | + | Capitaux propres |
|---|---|---|---|---|
| Clients | +5 200 | | | Services d'entretien de pelouses +5 200 |

ÉCRITURE DE JOURNAL

Clients (+A) 5 200
    Services d'entretien de pelouses (+Pr, +CP) 5 200

Vérifications :   1. Actif (+5 200 $) = Passif + Capitaux propres (+5 200 $)
                    2. Débits 5 200 $ = Crédits 5 200 $

ÉQUATION COMPTABLE

e) | Actif | = | Passif | + | Capitaux propres |
|---|---|---|---|---|
| Trésorerie | +3 500 | | | |
| Clients | −3 500 | | | |

ÉCRITURE DE JOURNAL

Trésorerie (+A) 3 500
    Clients (−A) 3 500

Vérifications :   1. Actif (+3 500 $, −3 500 $) = Passif + Capitaux propres
                    2. Débits 3 500 $ = Crédits 3 500 $

ÉQUATION COMPTABLE

f) | Actif | = | Passif | + | Capitaux propres |
|---|---|---|---|---|
| Trésorerie | −3 900 | | | Salaires −3 900 |

ÉCRITURE DE JOURNAL

Salaires (+C, −CP) 3 900
    Trésorerie (−A) 3 900

Vérifications :   1. Actif (−3 900 $) = Passif + Capitaux propres (−3 900 $)
                    2. Débits 3 900 $ = Crédits 3 900 $

ÉQUATION COMPTABLE

g)	Actif		=	Passif		+	Capitaux propres	
				Fournisseurs	+320		Essence	−320

ÉCRITURE DE JOURNAL

Essence (+C, −CP) 320

    Fournisseurs (+Pa)   320

Vérifications :   1. Actif = Passif (+320 $) + Capitaux propres (−320 $)
                 2. Débits 320 $ = Crédits 320 $

ÉQUATION COMPTABLE

h)	Actif		=	Passif		+	Capitaux propres	
	Trésorerie	−740		Effets à payer	−700		Charges financières	−40

ÉCRITURE DE JOURNAL

Effets à payer (−Pa) 700

Charges financières (+C, −CP)   40

    Trésorerie (−A)   740

Vérifications :   1. Actif (−740 $) = Passif (−700 $) + Capitaux propres (−40 $)
                 2. Débits 740 $ = Crédits 740 $

ÉQUATION COMPTABLE

i)	Actif		=	Passif		+	Capitaux propres	
	Trésorerie	−100		Fournisseurs	−100			

ÉCRITURE DE JOURNAL

Fournisseurs (−Pa) 100

    Trésorerie (−A)   100

Vérifications :   1. Actif (−100 $) = Passif (−100 $) + Capitaux propres
                 2. Débits 100 $ = Crédits 100 $

ÉQUATION COMPTABLE

j)	Actif		=	Passif		+	Capitaux propres	
	Trésorerie	+1 262					Produits financiers	+12
	Effets à recevoir	−1 250						

ÉCRITURE DE JOURNAL

Trésorerie (+A) 1 262

    Effets à recevoir (−A) 1 250

    Produits financiers (+Pr, +CP)   12

Vérifications :   1. Actif (+12 $) = Passif + Capitaux propres (+12 $)
                 2. Débits 1 262 $ = Crédits 1 262 $

2. Résumé des opérations sur l'équation comptable

	a)	b)	c)	d)	e)	f)	g)	h)	i)	j)	Total
Actif											
Trésorerie	–90	+1 600	–300		+3 500	–3 900		–740	–100	+1 262	+1 232
Effets à recevoir										–1 250	–1 250
Clients				+5 200	–3 500						+1 700
Charges payées d'avance			+300								+300
Passif											
Fournisseurs							+320		–100		+220
Effets à payer								–700			–700
Produits différés		+1 600									+1 600
Capitaux propres											
Services d'entretien de pelouses				+5 200							+5 200
Produits financiers										+12	+12
Salaires						–3 900					–3 900
Essence	–90							–320			–410
Charges financières								–40			–40

Le total de chaque ligne indique le montant de la variation des postes pour le mois de juin 2012. Afin de dresser l'état de la situation financière, on doit alors utiliser les soldes des postes déjà établis à la suite des opérations du chapitre 2 et les ajuster selon le montant de la variation. Tous les autres postes demeurent inchangés.

3. Comptes en T

Actif

+	Trésorerie (A)		–
Solde	3 800		
b)	1 600	90	a)
e)	3 500	300	c)
j)	1 262	3 900	f)
		740	h)
		100	i)
Solde de clôture	5 032		

+	Clients (A)		–
Solde	0		
d)	5 200	3 500	e)
Solde de clôture	1 700		

+	Effets à recevoir (A)		–
Solde	1 250	1 250	j)
Solde de clôture	0		

+	Matériel (A)		–
Solde	4 600		
Solde de clôture	4 600		

+	Charges payées d'avance (A)		–
Solde	0		
c)	300		
Solde de clôture	300		

+	Terrain (A)		–
Solde	3 750		
Solde de clôture	3 750		

3

Passif

–	Fournisseurs (Pa)		+
		0	Solde
i)	100	320	g)
		220	Solde de clôture

–	Produits différés (Pa)		+
		0	Solde
		1 600	b)
		1 600	Solde de clôture

–	Effets à payer (Pa)		+
		4 400	Solde
h)	700		
		3 700	Solde de clôture

Capitaux propres

–	Capital social (CP)		+
		9 000	Solde
		9 000	Solde de clôture

–	Résultats non distribués (CP)		+
		0	Solde
		0	Solde de clôture

Produits

–	Services d'entretien de pelouses (Pr)		+
		0	Solde d'ouverture
		5 200	d)
		5 200	Solde de clôture

–	Produits financiers (Pr)		+
		0	Solde d'ouverture
		12	j)
		12	Solde de clôture

Charges

+	Salaires (C)		–
Solde d'ouverture	0		
f)	3 900		
Solde de clôture	3 900		

+	Essence (C)		–
Solde d'ouverture	0		
a)	90		
g)	320		
Solde de clôture	410		

+	Charges financières (C)		–
Solde d'ouverture	0		
h)	40		
Solde de clôture	40		

4. États financiers

Efficacité
État du résultat global
mois de juin 2012
(en dollars canadiens)

Produits

Services d'entretien de pelouses	5 200

Charges

Essence	410
Salaires	3 900
Résultat opérationnel	89
Produits financiers	12

Efficacité
État des variations des capitaux propres
mois de juin 2012
(en dollars canadiens)

	Capital social	Résultats non distribués	Total
Solde au 1ᵉʳ juin 2012	–	–	–
Résultat net		862	862
Émission d'actions	9 000		9 000
Solde au 30 juin 2012	9 000	862	9 86

(862 $ divisé par 1 500 actions en circulation)

Efficacité
Tableau des flux de trésorerie
mois de juin 2012
(en dollars canadiens)

Activités opérationnelles

Entrées de fonds :	Clients (b, e)	5 100
	Intérêts (j)	12
Sorties de fonds :	Fournisseurs (a, c, i)	(490)
	Salaires (f)	(3 900)
	Intérêts (h)	(40)
Flux de trésorerie liés aux activités opérationnelles		682

Activités d'investissement

Achat d'un terrain (*voir le chapitre 2*)	(5 000)
Achat de matériel (*voir le chapitre 2*)	(200)
Encaissement d'un effet à recevoir	1 250
Flux de trésorerie liés aux activités d'investissement	(3 950)

Activités de financement

Émission d'actions (*voir le chapitre 2*)	9 000
Paiement des effets à payer	(700)
Flux de trésorerie liés aux activités de financement	8 300
Variation nette de la trésorerie	5 032
Trésorerie à l'ouverture de la période	0
Trésorerie à la clôture de la période	5 032

Efficacité
État de la situation financière
au 30 juin 2012
(en dollars canadiens)

Actif		Passif	
Courants		**Courants**	
Trésorerie	5 032	Fournisseurs	220
Clients	1 700	Produits différés	1 600
Charges payées d'avance	300	Effets à payer	3 700
Actifs courants	7 032	Passifs courants	5 520
		Total du passif	5 5
Non courants		**Capitaux propres**	
Matériel	4 600	Capital social	9 0
Terrain	3 750	Résultats non distribués	8
Actifs non courants	8 350	**Total des capitaux propres**	9 8
		Total du passif et des capitaux propres	
Total de l'actif	15 382		15 382

162 • CHAPITRE 3

POINTS SAILLANTS DU CHAPITRE

1. **Comprendre le cycle d'exploitation et expliquer le concept de l'indépendance des périodes** (*voir la page 127*).

   • Le cycle d'exploitation correspond à la période nécessaire pour fabriquer ou acheter des biens des fournisseurs, les vendre aux clients et recouvrer les sommes dues par ceux-ci.

   • Pour être utile, l'information financière doit être présentée de façon périodique. Le concept de l'indépendance des périodes suppose que la vie de l'entreprise peut être découpée en périodes égales, la plupart du temps d'une durée de un an.

2. **Expliquer comment les opérations de l'entreprise influent sur l'état du résultat global** (*voir la page 129*).

   • Les éléments de l'état du résultat global :

   a) Les produits représentent les accroissements des avantages économiques qui augmentent les capitaux propres et qui résultent des activités ordinaires ou autres de l'entreprise ;

   b) Les charges représentent les diminutions des avantages économiques qui diminuent les capitaux propres et qui résultent des activités ordinaires ou autres de l'entreprise.

3. **Expliquer la méthode de la comptabilité d'engagement et appliquer le processus du rattachement des charges aux produits** (*voir la page 132*).

   Selon la méthode de la comptabilité d'engagement, on comptabilise : 1) les produits quand ils sont gagnés ; et 2) les charges lorsqu'elles sont engagées pour gagner des produits.

   • La comptabilisation des produits tels que ceux provenant de la vente de biens survient lorsque : 1) l'entité a transféré à l'acheteur les risques et avantages ; 2) l'entité n'exerce plus de gestion ou de contrôle ; 3) le montant peut être évalué de façon fiable ; 4) le recouvrement ira probablement à l'entité ; 5) les coûts engagés peuvent être évalués de façon fiable.

   • Le processus de rattachement des charges aux produits exige de comptabiliser les charges quand elles sont engagées pour gagner des produits.

4. **Utiliser le modèle d'analyse des opérations pour enregistrer les activités opérationnelles** (*voir la page 138*).

   Le modèle d'analyse des opérations élargi inclut les produits et les charges.

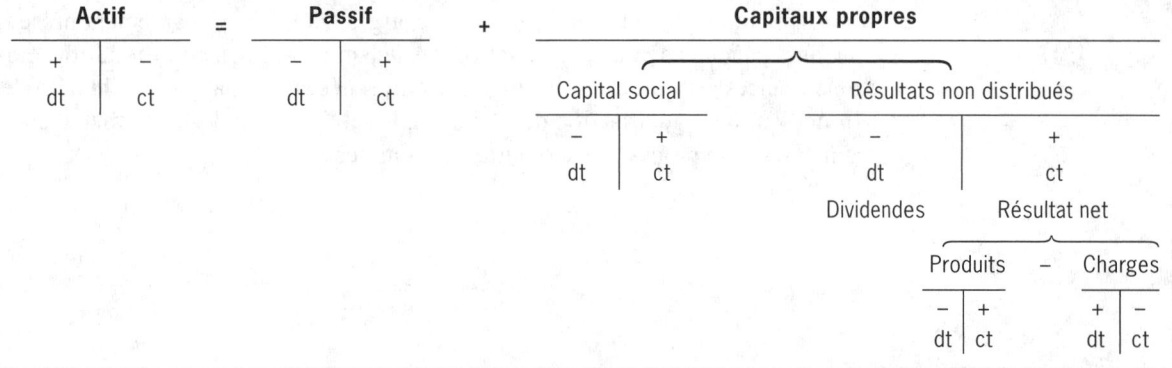

5. Établir les états financiers (*voir la page 147*).

Jusqu'à ce que les comptes soient redressés pour tenir compte de tous les produits gagnés et de toutes les charges engagées au cours d'une période (peu importe le moment où l'argent est reçu ou versé), on dit que les états financiers sont «non régularisés».

- L'état du résultat global doit être dressé en premier, car le résultat net est nécessaire pour calculer les résultats non distribués, qui apparaissent à l'état des variations des capitaux propres;
- L'état des variations des capitaux propres fait le lien entre l'état du résultat global et l'état de la situation financière;
- L'état de la situation financière comprend les actifs courants et non courants, les passifs courants et non courants, et les capitaux propres;
- Le tableau des flux de trésorerie explique la variation du poste Trésorerie qui est présentée à l'état de la situation financière.

6. Calculer et interpréter le taux de rotation de l'actif total (*voir la page 154*).

Le taux de rotation de l'actif total (Chiffre d'affaires net ÷ Actif total moyen) permet de calculer le montant du chiffre d'affaires réalisé par l'entreprise pour chaque dollar d'actif qu'elle détient. Plus ce taux est élevé, plus l'entreprise gère efficacement ses actifs.

7. Comparer les IFRS et les normes comptables pour les entreprises à capital fermé (*voir la page 155*).

Les NCECF font une distinction entre les produits et les gains ainsi qu'entre les charges et les pertes. Les IFRS regroupent tous les produits peu importe s'ils proviennent des activités ordinaires et d'autres activités, de même que toutes les charges peu importe leur provenance. Les IFRS définissent cinq conditions pour la comptabilisation des produits, alors que les NCECF ne font pas mention de l'évaluation des coûts qu'implique une transaction.

Dans ce chapitre, nous avons étudié le cycle d'exploitation ainsi que les concepts relatifs à la détermination des résultats, notamment le concept de l'indépendance des périodes, les définitions des éléments de l'état du résultat global (les produits et les charges), la comptabilisation des produits ainsi que le processus de rattachement des charges aux produits. Nous avons également défini la méthode de la comptabilité d'engagement, laquelle exige que les produits soient inscrits quand ils sont gagnés et les charges, quand elles sont engagées pour engendrer des produits. Le modèle d'analyse des opérations présenté au chapitre 2 a été élargi, et nous y avons ajouté les produits et les charges. Nous avons également présenté les états financiers avant régularisations. Au chapitre 4, nous approfondirons nos connaissances et aborderons les régularisations nécessaires à la fin de la période: le processus de régularisation des comptes, l'établissement des états financiers régularisés et le processus de clôture des comptes.

Ratio clé

Le taux de rotation de l'actif total permet de calculer le montant du chiffre d'affaires pour chaque dollar d'actif. Plus ce taux est élevé, plus la société utilise efficacement ses actifs (ressources utilisées pour engendrer des produits). On le calcule comme suit (*voir la page 154*) :

$$\text{Taux de rotation de l'actif total} = \frac{\text{Chiffre d'affaires net}}{\text{Actif total moyen}}$$

Calcul de l'actif total moyen :
(Actif total de la période précédente + Actif total de la période en cours) ÷ 2

Pour trouver l'information financière

ÉTAT DE LA SITUATION FINANCIÈRE

Actifs courants
Trésorerie
Clients et effets
à recevoir
Stocks
Charges payées
d'avance

Actifs non courants
Immobilisations
corporelles

Passifs courants
Fournisseurs
Effets à payer
Charges courantes
à payer
Produits différés

Passifs non courants
Dette non courante

Capitaux propres
Capital social
Résultats non
distribués

ÉTAT DU RÉSULTAT GLOBAL

Produits
Ventes

Charges
Coût des ventes
Loyers, salaires,
intérêts,
amortissement,
assurances, etc.

**Résultat
opérationnel**

Autres éléments
Charges financières
Produits financiers
Autres profits
(pertes)

**Résultat avant
impôts**

**Impôts sur
le résultat**

Résultat net
Résultat par action

ÉTAT DES VARIATIONS DES CAPITAUX PROPRES

Résultats non distribués à l'ouverture
+/– Résultat net
– Dividendes déclarés

NOTES

Information sur les secteurs opérationnels

Principales conventions comptables
Description de la politique de la société en matière de comptabilisation des produits

TABLEAU DES FLUX DE TRÉSORERIE

Dans la catégorie des activités opérationnelles
+ Sommes reçues des clients
+ Intérêts et dividendes reçus
– Sommes versées aux fournisseurs
– Sommes versées aux employés
– Intérêts versés
– Impôts payés

Mots clés

ACTIVITÉS D'APPRENTISSAGE

QUESTIONS

1. Expliquez ce qu'est le cycle d'exploitation.
2. Expliquez le concept de l'indépendance des périodes.
3. Donnez l'équation de l'état du résultat global et définissez-en chacun des éléments.
4. Quelle est la différence entre une dépense et une charge?
5. Définissez la méthode de la comptabilité d'engagement. Comparez-la à la méthode de la comptabilité de caisse.
6. Quelles conditions doit-on satisfaire pour comptabiliser les produits en cas de vente de biens?
7. Expliquez le concept du rattachement des charges aux produits.
8. Expliquez la raison pour laquelle les capitaux propres augmentent avec les produits et diminuent avec les charges.
9. Expliquez la raison pour laquelle les produits sont des comptes créditeurs et les charges, des comptes débiteurs.
10. Remplissez le tableau suivant en inscrivant «Débit» ou «Crédit» dans chaque cellule:

Poste	Augmentation	Diminution
Produits		
Charges		

11. Déterminez si chacune des opérations ci-après entraîne un flux de trésorerie lié aux activités opérationnelles, aux activités d'investissement ou aux activités de financement. Ensuite, indiquez l'effet sur la trésorerie (+ pour une augmentation et – pour une diminution). S'il n'y a aucun effet sur les flux de trésorerie, écrivez AE.

Opération	Activités opérationnelles, d'investissement ou de financement	Effet sur la trésorerie
Sommes versées aux fournisseurs		
Vente de biens à crédit		
Sommes reçues des clients		
Achat de placements		
Intérêts payés		
Émission d'actions au comptant		

12. Comment calcule-t-on le taux de rotation de l'actif total? Expliquez comment on doit l'interpréter.
13. Quelle est la principale différence entre les IFRS et les NCECF quant aux éléments de l'état du résultat global?

QUESTIONS À CHOIX MULTIPLES

1. Quel est l'objectif principal de l'entreprise au regard de son cycle d'exploitation?
   a) Maintenir la durée de son cycle d'exploitation
   b) Augmenter la durée de son cycle d'exploitation
   c) Diminuer la durée de son cycle d'exploitation
   d) Ignorer la durée de son cycle d'exploitation
2. Parmi les énoncés suivants, lequel ne correspond pas à l'une des conditions à respecter pour comptabiliser un produit?
   a) Le recouvrement est probable.
   b) L'argent est encaissé.
   c) Les risques sont transférés.
   d) Le vendeur n'a plus de contrôle sur le bien.
3. Le concept du rattachement des charges aux produits nous indique:
   a) comment les charges doivent être présentées à l'état du résultat global;
   b) comment répartir les charges entre le coût des ventes et les charges commerciales;
   c) quand comptabiliser les charges à l'état du résultat global;
   d) l'ordre de présentation de l'actif et du passif courant.
4. Complétez la phrase suivante: Quand les charges sont supérieures aux produits durant une période donnée,
   a) les résultats non distribués ne sont pas modifiés;
   b) les résultats non distribués diminuent;
   c) les résultats non distribués augmentent;
   d) on ne peut déterminer l'effet sur les résultats non distribués.

3

5. Quel compte est le moins susceptible d'être affecté quand un produit est comptabilisé ?

a) Les comptes fournisseurs

b) Les comptes clients

c) La trésorerie

d) Les produits différés

6. Un cabinet d'avocats reçoit une avance au cours d'une première rencontre avec un nouveau client. Quel est l'effet de cette avance sur l'équation comptable ?

a) Les comptes clients augmentent ; les produits augmentent.

b) Les produits différés diminuent ; les produits augmentent.

c) La trésorerie augmente ; les produits différés augmentent.

d) Les produits différés diminuent ; la trésorerie diminue.

7. Durant l'année financière 2012, Bactérite a engagé des charges de 500 000 $, dont 350 000 $ ont été payés comptant alors que le solde sera versé en janvier 2013. L'analyse des opérations pour l'année 2012 montre :

a) une diminution des capitaux propres de 350 000 $ et une diminution des actifs de 350 000 $;

b) une diminution des actifs de 500 000 $ et une diminution des capitaux propres de 500 000 $;

c) une diminution des actifs de 500 000 $, une augmentation des passifs de 150 000 $ et une diminution des capitaux propres de 350 000 $;

d) une diminution des capitaux propres de 500 000 $, une diminution des actifs de 350 000 $ et une augmentation des passifs de 150 000 $.

8. Vous avez observé que le taux de rotation de l'actif total d'une entreprise de détail a augmenté régulièrement au cours des trois dernières années.

Parmi les explications suivantes, laquelle vous semble la meilleure ?

a) L'entreprise a commencé, il y a trois ans, la construction d'un nouvel édifice administratif. Celui-ci est en service depuis la fin de la deuxième année.

b) Les salaires des hauts dirigeants ont diminué au cours des trois dernières années par rapport aux charges totales.

c) De nouveaux magasins ont ouvert leurs portes au cours des trois dernières années, ce qui a entraîné une augmentation des ventes.

d) Une campagne de publicité réussie a fait augmenter les ventes de l'entreprise ; aucun nouveau magasin n'a été ouvert au cours des trois dernières années.

9. Dans quelle section du tableau des flux de trésorerie les sommes versées aux employés sont-elles présentées ?

a) Activités opérationnelles

b) Activités de financement

c) Activités d'investissement

d) Aucune de ces réponses

10. Une entreprise a encaissé la somme de 100 $ d'un client pour une vente qui avait été réalisée durant la période précédente. Quel est l'effet de cet encaissement sur les deux états financiers de la période en cours ?

	État du résultat global	Tableau des flux de trésorerie
a)	Produits +100 $	Entrée de trésorerie – activités d'investissement
b)	Aucun effet	Entrée de trésorerie – activités de financement
c)	Produits –100 $	Entrée de trésorerie – activités opérationnelles
d)	Aucun effet	Entrée de trésorerie – activités opérationnelles

MINI-EXERCICES

M3-1

1 • 2 • 3

5 minutes

L'association de définitions et de termes

Associez chaque définition au terme correspondant en écrivant la lettre appropriée dans l'espace disponible. Il n'y a qu'une seule définition par terme (autrement dit, il y a plus de définitions que de termes).

Terme

_____ 1. Charges

_____ 2. Rattachement des charges aux produits

_____ 3. Produits

_____ 4. Concept de l'indépendance des périodes

_____ 5. Cycle d'exploitation

Définition

A. Diminution des avantages économiques liée à une diminution des capitaux propres.

B. Comptabiliser les produits quand ils sont gagnés et les charges quand elles sont engagées.

C. Découper la vie d'une entreprise en périodes plus courtes.

D. Comptabiliser les charges dans la même période que les produits qu'elles ont contribué à créer.

Terme	Définition
	E. Période qui s'écoule entre l'achat de biens aux fournisseurs, leur vente aux clients et le recouvrement des sommes dues par ceux-ci.
	F. Accroissement des avantages économiques lié à une augmentation des capitaux propres.
	G. Comptabiliser les encaissements et les décaissements.

M3-2

3

10 minutes

La méthode de la comptabilité de caisse et la méthode de la comptabilité d'engagement

La société Arthur Musique a effectué les opérations suivantes au cours du mois de mars :

a) Vente d'instruments de musique pour la somme de 12 000 $. La société a encaissé 7 000 $, le solde devant être versé dans quelques jours. Le coût des instruments vendus est de 8 000 $.

b) Achat de nouveaux stocks d'instruments de musique au coût de 4 000 $. La société verse immédiatement 1 000 $, le solde étant porté aux comptes fournisseurs.

c) Paiement de 600 $ en salaires pour le mois de mars.

d) Réception d'une facture d'électricité de 400 $, qui sera payée en avril.

e) Réception d'un acompte de 2 000 $ pour une commande de nouveaux instruments, qui seront livrés aux clients au mois d'avril.

Complétez les états financiers :

État du résultat global selon la méthode de la comptabilité de caisse		État du résultat global selon la méthode de la comptabilité d'engagement	
Produits		**Produits**	
Ventes au comptant	_____	Ventes	_____
Acompte des clients	_____		
Charges		**Charges**	
Achats de stocks	_____	Coût des ventes	_____
Salaires payés	_____	Salaires	_____
		Électricité	_____
Résultat net	_____	**Résultat net**	_____

M3-3

2•3

10 minutes

La détermination des produits

Voici une description des activités du mois de juillet 2012 de la société Quilles Robert, laquelle exploite diverses salles de quilles. Déterminez si vous devez comptabiliser des produits en juillet, puis précisez le compte de produit touché par chaque opération et le montant. Si vous ne pouvez comptabiliser de produit, expliquez-en la raison.

Opération	Compte touché	Produit gagné en juillet
a) La société Quilles Robert a encaissé la somme de 11 000 $ pour des parties jouées en juillet.		
b) La société a vendu du matériel de jeu de quilles d'une valeur de 6 000 $, dont 4 000 $ au comptant et le solde à crédit.		

c)	La société a reçu un chèque de 1 500 $ en règlement partiel des marchandises vendues en juin.	
d)	La ligue féminine de quilles a remis à la société Quilles Robert un dépôt de 1 600 $ pour la prochaine saison d'automne.	

2 • 3

10 minutes

La détermination des charges

Voici une description des activités du mois de juillet 2012 de la société Quilles Robert, laquelle exploite diverses salles de quilles. Déterminez si vous devez comptabiliser des charges en juillet, puis précisez le compte de charge touché par chaque opération et le montant. Si vous ne pouvez comptabiliser de charge, expliquez-en la raison.

Opération	Compte touché	Charge engagée en juillet
e) La société Quilles Robert a vendu des marchandises de jeu de quilles dont le coût était de 2 190 $.		
f) La société a versé 1 800 $ en paiement du compte d'électricité du mois de juin.		
g) La société a versé 3 800 $ à ses employés pour le travail accompli au mois de juillet.		
h) La société a acheté et payé une police d'assurance de 1 800 $ qui couvre la période allant du 1er juillet au 1er octobre.		
i) La société a payé 1 200 $ au plombier pour la réparation d'un tuyau brisé dans les toilettes.		
j) La société a reçu un compte de 2 300 $ pour l'électricité du mois de juillet, qui sera payé en août.		

4

10 minutes

La comptabilisation des produits

Pour chacune des opérations de l'exercice M3-3, écrivez l'effet sur l'équation comptable et passez l'écriture de journal appropriée.

4

10 minutes

La comptabilisation des charges

Pour chacune des opérations de l'exercice M3-4, écrivez l'effet sur l'équation comptable et passez l'écriture de journal appropriée.

4

10 minutes

L'effet des produits sur les états financiers

Voici une description des activités du mois de juillet 2012 de la société Quilles Robert, laquelle exploite diverses salles de quilles. Remplissez le tableau ci-après en indiquant le montant et l'effet (+ pour une augmentation et − pour une diminution) de chaque opération. (Rappelez-vous que A = Pa + CP, Pr − C = RN [Résultat net] et que le RN touche les CP à cause des résultats non distribués). Écrivez AE s'il n'y a aucun effet. La première opération est donnée à titre d'exemple.

Opération	État de la situation financière			État du résultat global		
	Actif	Passif	Capitaux propres	Produits	Charges	Résultat net
a) La société Quilles Robert a encaissé la somme de 11 000 $ pour des parties jouées en juillet.	+11 000	AE	+11 000	+11 000	AE	+11 000
b) La société a vendu du matériel de jeu de quilles d'une valeur de 6 000 $, dont 4 000 $ au comptant et le solde à crédit.						
c) La société a reçu un chèque de 1 500 $ en règlement partiel des marchandises vendues en juin.						
d) La ligue féminine de quilles a remis à la société Quilles Robert un dépôt de 1 600 $ pour la prochaine saison d'automne.						

M3-8   L'effet des charges sur les états financiers

4

10 minutes

Voici une description des activités du mois de juillet 2012 de la société Quilles Robert, laquelle exploite diverses salles de quilles. Remplissez le tableau ci-dessous en indiquant le montant et l'effet (+ pour une augmentation et – pour une diminution) de chaque opération. (Rappelez-vous que A = Pa + CP, Pr – C = RN et que le RN touche les CP à cause des résultats non distribués). Écrivez AE s'il n'y a aucun effet. La première opération est donnée à titre d'exemple.

Opération	État de la situation financière			État du résultat global		
	Actif	Passif	Capitaux propres	Produits	Charges	Résultat net
e) La société Quilles Robert a vendu des marchandises de jeu de quilles dont le coût était de 2 190 $.	–2 190	AE	–2 190	AE	+2 190	–2 190
f) La société a versé 1 800 $ en paiement du compte d'électricité du mois de juin.						
g) La société a versé 3 800 $ à ses employés pour le travail accompli au mois de juillet.						
h) La société a acheté et payé une police d'assurance de 1 800 $ qui couvre la période allant du 1er juillet au 1er octobre.						
i) La société a payé 1 200 $ au plombier pour réparer un tuyau dans les toilettes.						
j) La société a reçu un compte de 2 300 $ pour l'électricité du mois de juillet, qui sera payé en août.						

L'état du résultat global

M3-9

5

10 minutes

En vous basant sur les opérations des exercices M3-7 et M3-8 (y compris les exemples), dressez l'état du résultat global de la société Quilles Robert pour le mois de juillet 2012.

Le tableau des flux de trésorerie

M3-10

5

10 minutes

En vous basant sur les opérations des exercices M3-7 et M3-8 (y compris les exemples), préparez la section des activités opérationnelles du tableau des flux de trésorerie de la société Quilles Robert pour le mois de juillet 2012.

Le taux de rotation de l'actif total

M3-11

6

10 minutes

Les données suivantes sont tirées des rapports annuels de la bijouterie Justin :

	2013	2012	2011
Total de l'actif	60 000 $	53 000 $	41 000 $
Total du passif	14 000	11 000	6 000
Total des capitaux propres	46 000	42 000	35 000
Ventes	156 000	147 000	130 000
Résultat net	51 000	40 000	25 000

Calculez le taux de rotation de l'actif total de la bijouterie Justin pour les périodes financières 2012 et 2013. Comment interprétez-vous ces résultats ?

EXERCICES

L'association de définitions et de termes

E3-1

1 • 2 • 3

10 minutes

Associez chaque définition au terme correspondant en écrivant la lettre appropriée dans l'espace disponible. Il n'y a qu'une seule définition par terme (autrement dit, il y a plus de définitions que de termes).

Terme

_____ 1. Chiffre d'affaires net ÷ Actif total moyen

_____ 2. Flux de trésorerie liés aux activités opérationnelles

_____ 3. NCECF

_____ 4. Comptabilité de caisse

_____ 5. Produit différé

_____ 6. Cycle d'exploitation

_____ 7. Comptabilité d'engagement

_____ 8. Charges payées d'avance

_____ 9. Produits – Charges = Résultat net

_____ 10. Résultats non distribués à la clôture de la période

= Résultats non distribués à l'ouverture de la période

+/– Résultat net

– Dividendes

Définition

A. Découper la vie d'une entreprise en périodes plus courtes.

B. Comptabiliser les charges quand elles sont engagées.

C. Période qui s'écoule entre l'achat des biens aux fournisseurs, leur vente aux clients et le recouvrement des sommes dues par ceux-ci.

D. Compte de passif utilisé pour comptabiliser un encaissement avant que le produit n'ait été gagné.

E. Calcul du taux de rotation de l'actif total.

F. Normes comptables pour les entreprises à capital fermé.

G. Sommes reçues des clients – sommes versées aux employés – sommes versées aux fournisseurs

H. Écritures qu'il faut passer à la fin de la période pour bien comptabiliser tous les produits et toutes les charges de la période.

Terme	Définition
	I. Comptabiliser les produits quand ils sont encaissés et les charges quand elles sont payées.
	J. Équation de l'état du résultat global.
	K. Compte de l'actif utilisé pour comptabiliser un décaissement avant que la charge ne soit engagée.
	L. Équation des résultats non distribués.
	M. Comptabiliser les produits quand ils sont gagnés et les charges quand elles sont engagées.

E3-2

 3

15 minutes

La méthode de la comptabilité de caisse et la méthode de la comptabilité d'engagement

La société Xavier Sports inc. vend des articles de sport aux consommateurs. La période financière annuelle se termine le 31 décembre. La société a effectué les opérations suivantes en 2012 :

a) Paiement de 54 200 $ en salaires pour l'année 2012 ; un montant additionnel de 4 800 $ sera versé en janvier 2013 pour des salaires de 2012.

b) Achat de nouveaux stocks d'équipements de sport au coût de 334 000 $. La société a payé 90 000 $ comptant, le solde étant porté au compte Fournisseurs.

c) Vente d'équipements de sport pour la somme de 410 000 $; la société a encaissé 340 000 $, le reste étant porté au compte Clients. Le coût de l'équipement vendu est de 287 000 $.

d) Paiement de 7 200 $ pour l'électricité consommée en 2012.

e) Réception d'un acompte de 21 000 $ pour une commande de nouveaux équipements de sport qui seront livrés aux clients en janvier 2013.

f) Reception d'une facture de 680 $ pour des services d'entretien reçus en décembre 2012. Cette facture sera payée en janvier 2013.

Travail à faire

1. Complétez les états financiers suivants.

État du résultat global selon la méthode de la comptabilité de caisse		État du résultat global selon la méthode de la comptabilité d'engagement	
Produits		**Produits**	
Ventes au comptant	_____	Ventes	_____
Acompte des clients	_____		
Charges		**Charges**	
Achats de stocks	_____	Coût des ventes	_____
Salaires payés	_____	Salaires	_____
Électricité payée	_____	Électricité	_____
		Entretien	_____
Résultat net	_____	**Résultat net**	_____

2. Quelle méthode donne davantage d'information pertinente aux investisseurs, aux créanciers ou aux autres utilisateurs ? Expliquez votre réponse.

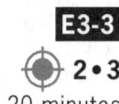

E3-3

2•3

20 minutes

La détermination des produits

En général, un produit est comptabilisé quand l'entreprise vend et livre un bien à un client. À ce moment, toutes les conditions de comptabilisation des produits sont respectées. Le montant inscrit est le prix de vente en dollars. Les opérations suivantes ont eu lieu durant le mois de septembre 2013 :

a) Un client a commandé et reçu 10 ordinateurs personnels de Sony ; il promet de verser 18 400 $ dans les trois mois suivants. (Répondez selon le point de vue de la société Sony.)

b) La société Samuel Leblanc Honda vend un camion au prix de catalogue de 54 000 $ pour la somme de 48 000 $ versés comptant.

c) Le magasin à rayons BONO commande 1 000 chemises pour homme à la société Tricots verts à 15 $ chacune pour livraison future. Les modalités exigent un paiement en totalité dans les 30 jours suivant la livraison. (Répondez selon le point de vue de la société Tricots verts.)

d) La société Tricots verts termine la production des chemises décrite en c) et livre la commande. (Répondez selon le point de vue de la société Tricots verts.)

e) La société Tricots verts reçoit du magasin BONO le règlement de la commande décrite en c). (Répondez selon le point de vue de la société Tricots verts.)

f) Un client achète au comptant un billet d'une valeur de 900 $ de l'entreprise Air Transat pour un voyage qu'il effectuera en janvier prochain. (Répondez selon le point de vue de l'entreprise Air Transat.)

g) La société Quebecor émet pour 20 millions de dollars de nouvelles actions.

h) L'Université du Québec reçoit la somme de 2 millions de dollars pour la vente de 80 000 billets pour la saison de cinq matchs de football.

i) Les Citadins jouent le premier match de football mentionné en h).

j) La société Construction Raymond signe un contrat avec un client pour l'édification d'un nouvel entrepôt au prix de 500 000 $. À la signature du contrat, la société Construction Raymond reçoit un chèque de 50 000 $ en dépôt pour la future construction. (Répondez selon le point de vue de la société Construction Raymond.)

k) Au 1er septembre 2013, une banque prête 100 000 $ à une entreprise. Le capital et les intérêts de 5 000 $ (5 % × 100 000 $) sont exigibles le 31 août 2014. (Répondez selon le point de vue de la banque.)

l) L'éditeur d'un populaire magazine de ski reçoit aujourd'hui la somme de 12 800 $ de la part de ses abonnés. Les abonnements commencent au début de la prochaine période financière. (Répondez selon le point de vue de l'éditeur du magazine.)

m) La Baie, magasin de vente au détail, vend une lampe 100 $ à un client qui porte le coût d'achat à sa carte de crédit du magasin. (Répondez selon le point de vue de La Baie.)

Travail à faire

Pour chaque opération, déterminez si vous devez comptabiliser des produits en septembre, précisez le compte de produit touché et le montant du produit. Si vous ne pouvez comptabiliser le produit, indiquez quel critère n'est pas respecté.

E3-4

2•3

20 minutes

La détermination des charges

On comptabilise normalement les charges quand les biens et les services ont été fournis, et quand le paiement ou la promesse de paiement a été fait. La comptabilisation des charges est liée à celle des produits d'une même période. Les opérations suivantes se sont produites au mois de janvier 2013 :

a) La société Sony verse à ses techniciens du service informatique 97 000 $ en salaire pour les deux semaines se terminant le 7 janvier. (Répondez selon le point de vue de la société Sony.)

b) La société Construction Raymond verse 6 534 $ pour un régime d'assurance-indemnité pour les trois premiers mois de la période financière.

c) La maison d'édition Chenelière a utilisé 2 750 $ d'électricité et de gaz naturel pour son siège social et n'a pas encore été facturée.

d) La société Tricots verts termine la production des 1 000 chemises pour homme commandées par le magasin à rayons BONO au coût de 10 $ chacune et livre la commande. (Répondez selon le point de vue de la société Tricots verts.)

e) La librairie du campus reçoit 500 manuels de comptabilité au coût de 90 $ chacun. Les modalités indiquent que le paiement est exigible dans les 30 jours suivant la livraison.

f) Durant la dernière semaine de janvier, la librairie du campus vend 450 manuels de comptabilité reçus en e) au prix de vente de 120 $ chacun.

g) La société Samuel Leblanc Honda verse 13 500 $ en commissions à ses vendeurs pour les ventes de voitures réalisées en décembre. (Répondez selon le point de vue de la société Samuel Leblanc Honda.)

h) Le 31 janvier, la société Samuel Leblanc Honda détermine qu'elle versera à ses vendeurs 8 200 $ en commissions pour les ventes réalisées en janvier. Le paiement sera fait au début du mois de février. (Répondez selon le point de vue de la société Leblanc Honda.)

i) On achète et installe un nouveau four au restaurant La Belle Poutine le 31 janvier. Le même jour, on fait un paiement de 8 750 $.

j) L'Université Laval commande à son imprimeur 60 000 billets d'entrée pour les matchs de football et paie 3 000 $ à l'avance pour cette impression. Le premier match sera joué en septembre. (Répondez selon le point de vue de l'université.)

k) La société Carrousel avait en entrepôt des fournitures de conciergerie s'élevant à 4 000 $. Elle a acheté pour 2 600 $ de plus de fournitures en janvier. À la fin de ce mois, il restait 1 800 $ de fournitures de conciergerie en entrepôt.

l) Une employée de l'Université du Québec travaille huit heures à 18 $ l'heure le 31 janvier ; cependant, le jour de paie est le 3 février. (Répondez selon le point de vue de l'université.)

m) La société Wang verse 6 600 $ pour une police d'assurance-incendie le 2 janvier. La police couvre le mois courant et les 11 prochains mois. (Répondez selon le point de vue de la société Wang.)

n) En janvier, la société Ambre a fait réparer son camion de livraison au coût de 680 $. La facture n'a pas encore été payée.

o) La société Zoé, fournisseur de matériel agricole, reçoit son compte de téléphone à la fin du mois de janvier ; ce compte s'élève à 230 $ pour les appels de janvier. Il n'a pas encore été payé.

p) En janvier, la société Spina reçoit et paie une facture de 1 285 $ provenant d'un cabinet de conseillers pour des services reçus en janvier.

q) La société de taxi Diamond paie une facture de 600 $ provenant d'un cabinet de conseillers pour des services reçus et comptabilisés en décembre.

Travail à faire

Pour chaque opération, déterminez si vous devez comptabiliser une charge en janvier, précisez le compte de charge touché et le montant de la charge. Si vous ne pouvez le faire, expliquez pourquoi.

20 minutes

E3-5 L'effet de diverses opérations sur les états financiers

Les opérations suivantes se sont produites au cours d'une période récente :

a) Émission d'actions en contrepartie d'un paiement comptant

b) Achat de matériel à crédit

c) Emprunt auprès d'une banque

d) Produits gagnés et encaissés

e) Charges engagées non payées

f) Produits gagnés non encaissés

g) Paiement d'un compte fournisseur

h) Charges engagées et payées

i) Produits gagnés, encaissement des trois quarts, solde à crédit

j) Dividendes en espèces déclarés et payés

k) Sommes reçues des clients

l) Vol de 100 $ en espèces

m) Charges engagées, paiement des quatre cinquièmes, solde à crédit

n) Charge d'impôts payée pour la période

Travail à faire

Remplissez le tableau en indiquant l'effet (+ pour une augmentation et – pour une diminution) de chaque opération. (Rappelez-vous que A = Pa + CP, Pr – C = RN et que le RN influe sur les CP à cause des Résultats non distribués). Écrivez AE s'il n'y a aucun effet. La première opération est donnée à titre d'exemple.

Opération	État de la situation financière			État du résultat global		
	Actif	Passif	Capitaux propres	Produits	Charges	Résultat net
a) (exemple)	+	AE	+	AE	AE	AE

E3-6 L'effet de diverses opérations sur les états financiers

20 minutes

La société Bon Pied inc. fabrique des chaussures de travail ainsi que quelques articles en cuir. Les opérations suivantes se sont déroulées au cours d'une période récente.

a) Émission d'actions aux propriétaires contre un montant de 135 000 $ en espèces.

b) Achat à crédit de stocks de matières premières d'une valeur de 23 261 $.

c) Emprunt de 50 000 $ et signature d'effets à payer à long terme.

d) Vente à crédit de marchandises pour la somme de 114 188 $; le coût des ventes s'élevait à 70 034 $.

e) Versement de dividendes en espèces d'une valeur de 5 000 $.

f) Achat au comptant d'immobilisations corporelles au prix de 92 200 $.

g) Charges commerciales engagées de 31 824 $, dont la moitié a été payée en espèces, solde à crédit.

h) Revenu de 1 170 $ en intérêts sur des investissements ; 90 % du revenu a été encaissé.

i) Charges d'intérêts engagées, d'un montant de 970 $, qui seront payées au début de la prochaine année.

Travail à faire

Remplissez le tableau en indiquant l'effet (+ pour une augmentation et – pour une diminution) de chaque opération. (Rappelez-vous que A = Pa + CP, Pr – C = RN et que le RN touche les CP à cause des Résultats non distribués). Écrivez AE s'il n'y a aucun effet. La première opération est donnée à titre d'exemple.

Opération	État de la situation financière			État du résultat global		
	Actif	Passif	Capitaux propres	Produits	Charges	Résultat net
a) (exemple)	+135 000	AE	+135 000	AE	AE	AE

E3-7 L'équation comptable et les écritures de journal

20 minutes

La société Bisco est un distributeur de produits de services alimentaires pour des restaurants, des hôtels, des écoles, des hôpitaux et d'autres établissements. Les opérations décrites ci-après sont typiques de celles qui se produisent régulièrement dans ce genre d'entreprise au cours d'une période donnée. Tous les chiffres sont en milliers de dollars.

a) Emprunt bancaire de 185 000 $ et signature d'un effet à payer courant.

b) Prestation de services au montant de 29 335 $ durant la période financière, dont 21 300 $ à crédit et le solde au comptant.

c) Achat au comptant d'une usine au coût de 530 000 $.

d) Achat à crédit de marchandises au coût de 23 836 $.

e) Versement des salaires de l'année d'un montant total de 3 102 $.

f) Encaissement de comptes clients d'une somme de 21 120 $.

g) Achat et consommation de carburant au prix de 730 $ pour les véhicules de livraison durant la période (payé en espèces).

h) Déclaration et paiement d'un dividende d'une valeur de 310 $.

i) Paiement des comptes fournisseurs d'un montant total de 4 035 $.

j) Charges liées à l'utilisation des services de communication de la période s'élevant à 6 100 $, dont 5 300 $ ont été payés comptant, solde à crédit.

Travail à faire

1. Pour chaque opération, indiquez l'effet sur l'équation comptable.

2. Pour chaque opération, passez l'écriture de journal en vérifiant si les débits sont égaux aux crédits.

E3-8

4

20 minutes

Intrawest

L'équation comptable et les écritures de journal

La société Intrawest possède la station de ski Tremblant, au Québec. Elle vend des billets de remonte-pentes, offre des leçons de ski et vend de l'équipement de ski. De plus, elle exploite divers restaurants et loue des condos aux skieurs. Les opérations hypothétiques suivantes pour le mois de décembre sont typiques de celles qui se produisent à la station de ski :

a) Le 1er décembre, la société emprunte 2 500 000 $ auprès d'une banque et signe un effet de six mois au taux d'intérêt annuel de 6 % pour financer le début de la nouvelle saison. Le capital et les intérêts sont payables à la date d'échéance.

b) Le 31 décembre, la société achète au comptant un nouveau chasse-neige au coût de 90 000 $.

c) La société achète à crédit du matériel de ski qui sera mis en vente dans sa boutique. Le coût de l'équipement est de 40 000 $ et celui-ci est livré le jour de la commande.

d) La société paie les frais d'entretien normaux des remonte-pentes d'un montant de 62 000 $.

e) La société vend au comptant des abonnements pour la saison totalisant un montant de 372 000 $.

f) La société vend également au comptant des laissez-passer quotidiens pour un total de 270 000 $.

g) La boutique vend à crédit une paire de skis d'une valeur de 750 $. (Le coût d'une paire de skis est de 450 $.)

h) La société encaisse un montant de 3 200 $ qui représente le dépôt pour la location d'un condo durant 15 jours en janvier.

i) La société paie la moitié des comptes fournisseurs enregistrés en c).

j) La boutique reçoit un chèque de 200 $ en règlement partiel du compte client enregistré en g).

k) La société verse à ses employés 278 000 $ en salaires pour le mois de décembre.

Travail à faire

1. Pour chaque opération, indiquez l'effet sur l'équation comptable.

2. Passez les écritures de journal pour chaque opération. (Vérifiez que les débits égalent les crédits.)

3. Supposez qu'Intrawest avait un solde de 1 200 $ dans ses comptes clients à l'ouverture de la période financière. Déterminez le solde de clôture du compte Clients.

E3-9

4

20 minutes

L'équation comptable et les écritures de journal

La société Occident Air inc. est en activité depuis trois ans. Les opérations suivantes se sont produites au cours du mois de février:

02-01   Paiement de 525 $ pour la location d'un espace de hangar pour le mois de février.

02-02   Achat à crédit de carburant au coût de 590 $ pour un vol vers Val-d'Or.

02-04   Réception d'un chèque de 820 $ en prévision d'une livraison à Baie-Comeau le mois prochain.

02-07   Envoi d'une cargaison de Québec à Toronto; le client a payé 910 $ pour le transport aérien.

02-10   Paiement du salaire de 1 300 $ au pilote pour les vols qu'il a effectués en janvier. La charge a été comptabilisée en janvier.

02-14   Paiement de 75 $ pour une publicité qui sera publiée dans un journal local le 19 février.

02-18   Expédition à deux clients d'une cargaison de Toronto à la Baie-James pour la somme de 1 800 $; un client a payé 600 $ en espèces et l'autre paiera sa facture au début du mois de mars

02-25   Achat à crédit de pièces de rechange pour les avions au coût de 1 550 $.

02-27   Déclaration d'un dividende en espèces payable en mars d'une valeur de 250 $.

Travail à faire

1.   Pour chaque opération, indiquez l'effet sur l'équation comptable.

2.   Passez les écritures de journal pour chaque opération. Assurez-vous de classer chaque compte comme un actif (A), un passif (Pa), des capitaux propres (CP), un produit (Pr) ou une charge (C).

E3-10

3•4

20 minutes

L'équation comptable, les comptes en T et le calcul du résultat net

La société Piano Alpha est en activité depuis le 1er janvier 2012. Au début de l'année 2013, les postes de l'état du résultat global avaient des soldes nuls et les soldes des postes de l'état de la situation financière étaient les suivants:

Trésorerie	7 200 $
Clients	30 000
Fournitures	1 440
Matériel	9 600
Terrain	7 200
Immeuble	26 400
Fournisseurs et charges courantes à payer	9 600
Produits différés	3 840
Dette non courante	48 000
Capital social	9 600
Résultats non distribués	10 800

Les opérations suivantes sont survenues au mois de janvier 2013:

a)   Réception d'un dépôt de 600 $ d'un client voulant faire rénover son piano.

b)   Location d'une partie de l'immeuble à un atelier de réparation de bicyclettes; encaissement du loyer de 360 $ pour le mois de janvier.

c)   Livraison de 10 pianos rénovés à des clients qui ont payé 17 400 $ en espèces.

d)   Encaissement de chèques d'un montant total de 7 200 $ en règlement de comptes dus par les clients.

e)   Réception des comptes d'électricité et de gaz. Les frais de 420 $ seront payés en février.

f)   Commande de fournitures au coût de 960 $.

g)   Paiement d'un compte fournisseur de 2 040 $.

h)   Apport d'un outil d'une valeur de 720 $ (matériel) de la part du principal actionnaire en échange de nouvelles actions.

i)   Paiement des salaires du mois de janvier, s'élevant à 12 000 $.

j)   Déclaration et paiement d'un dividende de 3 600 $.

k)   Réception des fournitures commandées en f) et règlement de la facture.

Travail à faire

1. Pour chaque opération, indiquez l'effet sur l'équation comptable.

2. Présentez des comptes en T pour les postes de l'état de la situation financière et les comptes suivants : Produits tirés de rénovations, Revenus de location, Salaires, et Électricité et gaz. Inscrivez les soldes d'ouverture.

3. Inscrivez les opérations du mois de janvier 2013 dans les comptes en T en utilisant la lettre de chaque opération en guise de référence. Calculez les soldes de clôture.

4. En utilisant les données des comptes en T, déterminez les montants manquants.

   Produits _____ $ – Charges _____ $ = Résultat net _____ $

   Actif _____ $ = Passif _____ $ + Capitaux propres _____ $

5. Quel aurait été le résultat net si Piano Alpha avait utilisé la méthode de la comptabilité de caisse ?

L'établissement d'un état du résultat global, d'un état des variations des capitaux propres et d'un état de la situation financière

Reportez-vous à l'exercice E3-10.

Travail à faire

Utilisez les soldes de clôture des comptes en T de l'exercice E3-10 ou le tableau résumant l'effet des opérations sur l'équation comptable pour dresser les états financiers suivants :

1. Un état du résultat global pour le mois de janvier 2013

2. Un état des variations des capitaux propres pour le mois de janvier 2013

3. Un état de la situation financière au 31 janvier 2013

L'établissement du tableau des flux de trésorerie

Reportez-vous à l'exercice E3-10.

Travail à faire

Utilisez les opérations de l'exercice E3-10 pour dresser un tableau des flux de trésorerie.

L'équation comptable et les comptes en T

Sylvie Burelle et Patrice Bergeron exploitent le service de traiteur Bon Appétit depuis plusieurs années. En mars 2012, ces associés ont planifié de prendre de l'expansion en ouvrant une boutique de vente au détail. De plus, ils ont décidé de transformer l'entreprise en une société de capitaux appelée Gourmet Express inc. Les opérations suivantes se sont produites au cours du mois de mars 2012 :

a) Réception de la somme de 20 000 $ de chacun des actionnaires pour former la société de capitaux. Ils apportent également à la nouvelle société des comptes clients de 2 000 $, du matériel d'une valeur de 5 300 $, une fourgonnette évaluée à une juste valeur de 13 000 $ et des fournitures s'élevant à 1 200 $.

b) Achat d'un immeuble bien situé au prix de 360 000 $ avec une mise de fonds de 20 000 $ et une hypothèque pour le solde.

c) Emprunt bancaire de 75 000 $ et signature d'un effet de 5 % payable dans un an.

d) Achat au comptant de fournitures au coût de 8 830 $. Toutes ces fournitures ont été utilisées au cours du mois de mars.

e) Préparation et vente au comptant de nourriture pour la somme de 21 900 $.

f) Prestation de services de traiteur pour quatre fêtes. La facture s'élevait à 3 200 $, dont 1 700 $ ont été encaissés et le reste a été porté au crédit du client.

g) Réception du compte de téléphone de 320 $ pour le mois de mars, compte qui sera payé en avril.

h) Paiement d'une facture de 163 $ en essence pour l'utilisation de la fourgonnette durant le mois de mars.

i) Paiement des salaires du mois de mars, s'élevant à 5 080 $.

j) Paiement d'un dividende de 300 $ à chaque actionnaire.

k) Achat de matériel (comptoirs de présentation réfrigérés, comptoirs, tables et chaises) au prix de 35 000 $. Rénovation du nouveau magasin au montant de 20 000 $ (ajouté au coût de l'immeuble). Le tout a été payé comptant.

Travail à faire

1. Pour chaque opération, indiquez l'effet sur l'équation comptable.

2. Présentez des comptes en T pour les comptes suivants : Trésorerie, Clients, Stock de fournitures, Matériel, Véhicule, Immeuble, Charges courantes à payer, Effets à payer courants, Hypothèque à payer, Capital social, Résultats non distribués, Ventes de nourriture, Services de traiteur, Fournitures utilisées, Téléphone, Salaires et Carburant.

3. Inscrivez dans les comptes en T les opérations de Gourmet Express pour le mois de mars en utilisant la lettre de chaque opération en guise de référence.

20 minutes

L'établissement d'un état du résultat global, d'un état des variations des capitaux propres et d'un état de la situation financière
Reportez-vous à l'exercice E3-13.

Travail à faire

Utilisez les soldes des comptes en T qui ont été établis à l'exercice E3-13 ou le tableau indiquant l'effet des opérations sur l'équation comptable pour répondre aux demandes suivantes :

1. Dressez un état du résultat global pour le mois de mars 2012.

2. Dressez un état des variations des capitaux propres pour le mois de mars 2012.

3. Dressez un état de la situation financière au 31 mars 2012.

4. Dites ce que vous pensez du succès de cette entreprise en vous basant sur les résultats du premier mois d'activité.

20 minutes

L'établissement d'un tableau des flux de trésorerie
Reportez-vous à l'exercice E3-13.

Travail à faire

Utilisez les opérations décrites à l'exercice E3-13 pour dresser un tableau des flux de trésorerie.

30 minutes

L'établissement d'un état du résultat global et d'un état de la situation financière
La société Cerfs-volants (société de capitaux) vend et répare des cerfs-volants pour des fabricants du monde entier. Ses magasins sont situés dans des locaux loués dans les centres commerciaux. Durant son premier mois d'activité se terminant le 30 avril 2014, la société Cerfs-volants a effectué huit opérations, présentées dans le tableau de la page suivante (en dollars canadiens).

Compte	Opérations								Solde de clôture
	a)	b)	c)	d)	e)	f)	g)	h)	
Trésorerie	62 000	(12 400)	(6 200)	8 680	(2 480)	(1 240)		3 720	
Clients				3 720					
Stocks			24 800	(3 720)					
Charges payées d'avance				1 860					
Matériel de magasin		12 400							
Fournisseurs			18 600				480		
Produits différés								2 480	
Capital social	62 000								
Ventes				12 400				1 240	
Coût des ventes				3 720					
Salaires						1 240			
Frais de location					620				
Téléphone							480		

Travail à faire

1. Rédigez une brève explication des opérations a) à h). Expliquez toutes vos hypothèses.
2. Calculez le solde de clôture de chaque compte et dressez un état du résultat global ainsi qu'un état de la situation financière de la société Cerfs-volants pour le mois d'avril 2014.

L'utilisation des comptes en T

4

30 minutes

Les livres comptables de la société Zona comprennent les comptes suivants. Les montants sont exprimés en milliers de dollars.

Clients		
01-01	313	
	2 573	?
12-31	295	

Charges payées d'avance		
01-01	25	
	43	?
12-31	26	

Produits différés		
		240	01-01
?	328	
	253	12-31

Travail à faire

1. Pour chaque compte en T, décrivez les opérations qui touchent chaque compte (autrement dit, les événements économiques qui se produisent pour augmenter ou diminuer ces comptes).
2. Pour chaque compte en T, calculez les montants manquants.

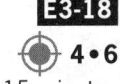

L'utilisation des comptes en T et l'interprétation du taux de rotation de l'actif total

4 • 6

15 minutes

La société Image, en activité depuis trois ans, offre des services de consultation en marketing pour les entreprises du secteur technologique. Vous êtes l'analyste financier chargé de faire un rapport sur l'efficacité de l'équipe de direction à gérer ses actifs. Au début de l'année 2014 (quatrième période financière), les soldes des comptes en T de la société Image étaient les suivants. Les montants sont exprimés en milliers de dollars.

Actif

Trésorerie	Clients	Placements
3 200	8 000	6 400

Passif

Fournisseurs et charges courantes à payer	Produits différés	Dette non courante
2 400	5 600	1 600

Capitaux propres

Capital social	Résultats non distribués
4 800	3 200

Produits

Honoraires de consultation	Produits financiers

Charges

Salaires	Frais de déplacement	Entretien et réparation

Frais de location

Travail à faire

1. En utilisant les données de ces comptes en T, complétez l'équation ci-dessous au 1er janvier 2014.

   Actif _____ $ = Passif _____ $ + Capitaux propres _____ $

2. Présentez les opérations suivantes de l'année 2014 dans les comptes en T :

   a) Réception de 5 600 $ en règlement de comptes clients.

   b) Prestation de services à des clients d'une valeur de 56 000 $, dont 48 000 $ ont été encaissés et dont le solde a été porté aux comptes des clients.

   c) Réception d'un chèque de 400 $ représentant les revenus sur les placements.

   d) Paiement de certaines factures : frais de déplacements, 16 000 $; loyer, 9 600 $; comptes fournisseurs, 1 600 $; salaires d'un total de 16 000 $.

   e) Réception d'une facture de 800 $ représentant le coût de la réparation des photocopieuses en 2014.

   f) Paiement d'un dividende de 480 $ aux actionnaires.

   g) Réception d'un acompte de 1 600 $ pour des services que la société Image fournira l'an prochain.

3. Calculez les soldes de clôture des comptes en T et complétez ces équations au 31 décembre 2014.

   Produits _____ $ – Charges _____ $ = Résultat net _____ $
   Actif _____ $ = Passif _____ $ + Capitaux propres _____ $

4. Calculez le taux de rotation de l'actif total de l'année 2014. Si le taux de rotation de la société était de 2,00 en 2013 et de 1,80 en 2012, que vous indiquent vos calculs au sujet de la société Image ?

3

P3-1

 4

20 minutes
(PS3-1)

Les comptes

La liste ci-dessous comprend une série de comptes de la société Maya, en activité depuis trois ans. À la suite des comptes, vous trouverez une série d'opérations. Pour chaque opération, indiquez le ou les comptes qui doivent être augmentés, diminués, débités ou crédités en inscrivant le numéro de compte approprié à la droite de chaque opération. La première opération est donnée à titre d'exemple.

Numéro de compte	Nom du compte	Numéro de compte	Nom du compte
1	Trésorerie	22	Salaires à payer
2	Clients	23	Impôts à payer
3	Stock de fournitures	30	Capital social
4	Charges payées d'avance	31	Résultats non distribués
5	Matériel	40	Prestation de services
6	Brevets	50	Charges opérationnelles
20	Fournisseurs	51	Charge d'impôts
21	Effets à payer	52	Charges financières

	Opération	Augmentation	Diminution	Débit	Crédit
a)	Exemple : Achat de matériel dont le tiers est payé comptant et le solde fait l'objet d'un effet à payer.	5, 21	1	5	1, 21
b)	Émission au comptant d'actions aux nouveaux investisseurs.				
c)	Paiement en espèces des salaires.				
d)	Encaissement pour les services rendus durant la période en cours.				
e)	Encaissement de comptes clients pour les services rendus durant la période précédente.				
f)	Services rendus pendant la période en cours, portés aux comptes clients.				
g)	Paiement des charges opérationnelles engagées pendant la période en cours.				
h)	Paiement des comptes fournisseurs pour des charges engagées durant la période précédente.				
i)	Charges opérationnelles engagées pendant la période en cours et qui seront payées durant la période suivante.				
j)	Achat au comptant de fournitures.				
k)	Utilisation de fournitures pour les activités opérationnelles.				
l)	Achat au comptant d'un brevet d'invention (immobilisation incorporelle).				
m)	Paiement de l'effet à payer pour le matériel acheté en a); le paiement comprenait le capital et les intérêts.				
n)	Paiement d'une partie de la charge d'impôts de la période ; le solde sera payé l'an prochain.				
o)	Achat au comptant d'une police d'assurance couvrant les deux prochaines années, contractée le dernier jour de la période en cours.				

P3-2

 **4**

30 minutes
(PS3-2)

L'équation comptable et les écritures de journal

Sylvie Quintal a mis sur pied une nouvelle entreprise, Unitête inc. qui exploite un petit magasin situé dans un centre commercial. Elle est spécialisée dans la vente de casquettes de baseball agrémentées d'un logo. Sylvie, qui ne sort jamais sans casquette, croit que son marché cible est constitué d'étudiants universitaires. On vous a engagé pour comptabiliser les opérations qui se sont produites au cours des deux premières semaines d'activité:

05-01 Émission au comptant de 1 000 actions ordinaires à 30 $ l'action.

05-01 Emprunt bancaire de 50 000 $ pour lancer les activités opérationnelles. Le taux d'intérêt annuel est de 4 %; le capital et les intérêts sont exigibles dans 24 mois.

05-01 Paiement de 4 400 $, représentant le loyer des mois de mai et juin.

05-01 Paiement de la police d'assurance couvrant une période de un an au coût de 2 400 $ (comptabilisé dans le compte Charges payées d'avance).

05-03 Achat à crédit de matériel pour le magasin au prix de 25 000 $. Ce montant est payable dans les 30 jours.

05-04 Achat au comptant de casquettes de baseball avec les logos des universités Laval, Sherbrooke et UQAM au montant de 2 800 $.

05-05 Achat d'un espace publicitaire dans les journaux universitaires au coût de 450 $, montant versé comptant.

05-09 Vente de casquettes d'une valeur de 1 400 $ dont la moitié est encaissée au comptant. Le coût des casquettes vendues était de 400 $.

05-10 Paiement du matériel acheté à crédit le 3 mai.

05-14 Encaissement d'un chèque de 250 $ reçu d'une cliente.

Travail à faire

1. Indiquez l'effet sur l'équation comptable pour chaque opération.

2. Passez les écritures de journal pour enregistrer les opérations du mois de mai. Assurez-vous de classer chaque compte comme actif (A), passif (Pa), capitaux propres (CP), produits (Pr) ou charges (C).

P3-3

 4

30 minutes
(PS3-3)

L'analyse de diverses opérations

Selon leur rapport annuel, les restaurants BOUFI servent «les meilleurs hamburgers sur le marché» et d'autres aliments frais comme des salades, des sandwichs au poulet et des pommes de terre au four. Les activités suivantes ont été déduites à partir d'un récent rapport annuel:

a) Achat au comptant de placements.

b) Vente au comptant de repas.

c) Utilisation de nourriture et de produits d'emballage.

d) Paiement de dividendes en espèces.

e) Charges opérationnelles du restaurant engagées durant la période. Une partie de ces charges ont été payées en espèces, le solde étant inscrit dans le compte Fournisseurs.

f) Émission d'actions au comptant.

g) Paiement des intérêts sur la dette.

h) Achat de nourriture et de produits d'emballage. Paiement d'une partie en espèces et le reste, à crédit.

Travail à faire

1. Remplissez un tableau selon le modèle de la page suivante en indiquant l'effet (+ pour une augmentation et – pour une diminution) de chaque opération. (Rappelez-vous que A = Pa + CP, Pr – C = RN et que le RN touche les CP à cause des Résultats non distribués). Inscrivez AE s'il n'y a aucun effet. La première opération est donnée à titre d'exemple.

	État de la situation financière			État du résultat global		
Opération	Actif	Passif	Capitaux propres	Produits	Charges	Résultat net
a) (exemple)	+/−	AE	AE	AE	AE	AE

2. Pour chaque opération, indiquez à quel endroit, le cas échéant, celle-ci devrait être présentée dans le tableau des flux de trésorerie. Utilisez O pour les activités opérationnelles, I pour les activités d'investissement, F pour les activités de financement et AE (pour aucun effet) si l'opération n'est pas présentée dans le tableau des flux de trésorerie

P3-4

⊕ **4•5•6**

40 minutes
(PS3-4)

L'équation comptable, l'utilisation des comptes en T, l'établissement des états financiers et l'analyse du taux de rotation de l'actif total

Paul Michaud, amateur de chocolat fin, a ouvert une boutique le 1er février 2012, Les Passions de Nathalie. Cette société de capitaux située à Saint-Charles-sur-Richelieu est spécialisée dans la vente de friandises et de crèmes glacées de luxe. On vous a engagée comme gérante, et vos tâches comprennent la tenue des livres de la boutique. Les opérations suivantes se sont produites au cours du mois de février 2012 :

a) Encaissement de 16 000 $ représentant la mise de fonds des quatre actionnaires pour démarrer l'entreprise.

b) Paiement de trois mois de loyer à 1 800 $ par mois (comptabilisés dans le compte Charges payées d'avance).

c) Achat au comptant de fournitures au prix de 900 $.

d) Achat à crédit et réception de friandises d'un montant de 5 000 $, exigible dans 60 jours.

e) Négociation d'un prêt bancaire de 20 000 $, au taux d'intérêt annuel de 5 %. Le capital et les intérêts sont exigibles dans deux ans.

f) Grâce à cet emprunt décrit en e), achat d'un ordinateur de 3 500 $ (pour la tenue des livres et le suivi des stocks), le solde servant à acheter du mobilier et à payer les frais d'aménagement de la boutique.

g) Achat au comptant d'un espace publicitaire pour annoncer dans un journal de la région, au prix de 250 $, la grande ouverture de la boutique.

h) Ventes totalisant 5 800 $ pour la Saint-Valentin ; 4 925 $ ont été encaissés, et le solde a été versé aux comptes des clients. Le coût des friandises vendues était de 3 000 $.

i) Paiement de 500 $ en règlement de comptes fournisseurs.

j) Paiement des salaires au montant de 1 420 $.

k) Sommes reçues des clients au montant de 250 $.

l) Paiement des frais de réparation de l'un des présentoirs au coût de 315 $.

m) Ventes au comptant de 3 000 $. Le coût des ventes s'élevait à 1 700 $.

Travail à faire

1. Dressez un tableau montrant l'effet de chaque opération sur l'équation comptable.

2. Présentez les comptes en T suivants : Trésorerie, Clients, Fournitures, Stocks, Charges payées d'avance, Matériel, Mobilier et aménagement, Fournisseurs, Effets à payer, Capital social, Ventes, Coût des ventes, Frais de publicité, Salaires et Frais de réparation. Tous les comptes ont au départ un solde nul. Présentez les opérations du mois de février dans les comptes en T. Calculez le solde de clôture de tous les comptes en T.

3. Dressez les états financiers à la fin du mois de février (l'état du résultat global, l'état des variations des capitaux propres et l'état de la situation financière).

4. Rédigez une note brève à Paul pour lui faire part de votre opinion sur les résultats du premier mois d'activité.

5. Après trois ans, on vous évalue pour vous offrir une promotion. L'un des critères d'évaluation est l'efficacité de votre gestion des actifs de l'entreprise. Les données suivantes sont disponibles:

	2014*	2013	2012
Total de l'actif	80 000 $	45 000 $	35 000 $
Total du passif	45 000	20 000	15 000
Total des capitaux propres	35 000	25 000	20 000
Total des ventes	85 000	75 000	50 000
Résultat net	20 000	10 000	4 000

* À la fin de l'année 2014, Paul a décidé d'ouvrir une deuxième boutique et a besoin de fonds pour acheter des stocks avant l'ouverture, au début de 2015.

Calculez le taux de rotation de l'actif total des périodes 2013 et 2014. Croyez-vous mériter une promotion? Expliquez votre réponse.

P3-5

5

40 minutes
(PS3-5)

L'établissement d'un tableau des flux de trésorerie
Reportez-vous au problème P3-4.

Travail à faire

À partir des opérations décrites au problème P3-4, dressez un tableau des flux de trésorerie pour le mois de février 2012.

P3-6

4•5•6

40 minutes
(PS3-6)

L'utilisation des comptes en T, l'établissement des états financiers et l'analyse du taux de rotation de l'actif total
Voici les soldes des comptes au 30 juin 2012 (en millions de dollars) provenant d'un récent rapport annuel d'une société spécialisée dans le transport du courrier, suivis de diverses opérations types de cette entreprise.

Compte	Solde	Compte	Solde
Équipement de transport aérien et de transport au sol	3 476	Trésorerie	155
Capital social	702	Charges payées d'avance	64
Clients	923	Pièces de rechange, fournitures et carburant	164
Résultats non distribués	970	Charges courantes à payer	761
Autres actifs non courants	1 011	Effets à payer non courants	2 016
Fournisseurs	554	Autres passifs non courants	790

Ces comptes ne sont pas nécessairement dans le bon ordre ; ils ont des soldes créditeurs ou débiteurs normaux. Les opérations suivantes (en millions de dollars) se sont produites au cours de la période finissant le 30 juin 2013 :

a) Prestation de services de livraison pour la somme de 7 800 $, dont 600 $ ont été encaissés.

b) Achat d'un nouvel équipement au coût de 816 $. Signature d'un effet payable dans cinq ans.

c) Paiement de 744 $ pour la location de matériel et d'un avion, dont 648 $ concernent la présente période et le solde, la période suivante.

d) Décaissement de 396 $ pour l'entretien et la réparation des locaux et du matériel au cours de la période.

e) Recouvrement de 6 524 $ provenant des comptes clients.

f) Emprunt de 900 $ et signature d'un effet payable dans cinq ans.

g) Émission au comptant de 240 $ d'actions.

h) Paiement des salaires des employés d'un montant total de 3 804 $ pour la période financière.

i) Achat au comptant, et utilisation de carburant pour les avions et le matériel au coût de 492 $.

j) Paiement de 384 $ pour les comptes fournisseurs.

k) Commande de 72 $ en pièces de rechange et en fournitures.

Travail à faire

1. Présentez les comptes en T en vous servant de la liste des comptes donnée plus haut ; inscrivez les soldes respectifs. Vous aurez besoin de comptes en T additionnels pour les comptes de produits et de charges.

2. Inscrivez chaque opération dans les comptes en T. Précisez la nature de chaque opération en utilisant la lettre de référence. Calculez le solde de clôture de chaque compte.

3. Dressez en bonne et due forme un état du résultat global, un état des variations des capitaux propres, un état de la situation financière et un tableau des flux de trésorerie.

4. Calculez le taux de rotation de l'actif total. Que vous révèle-t-il au sujet de cette société ?

P3-7

4 • 5

30 minutes

L'équation comptable, les écritures de journal et les flux de trésorerie

Tornade inc. possède et exploite quatre parcs d'amusement saisonniers. Voici quelques opérations qui se sont produites au cours de l'année 2013 :

a) Les clients des parcs ont payé 459 475 $ en frais d'admission.

b) Les charges opérationnelles de base (comme le salaire des employés, les installations, les réparations et l'entretien) de l'année 2013 ont été de 430 967 $, dont 402 200 $ ont été réglés comptant.

c) Les intérêts versés sur la dette non courante se sont élevés à 88 294 $.

d) Les parcs vendent de la nourriture et des produits, et exploitent des jeux. L'argent reçu en 2013 pour ces activités combinées totalisait 306 914 $. Le coût des produits vendus durant l'exercice était de 80 202 $.

e) Tornade a acheté et construit des immeubles additionnels, des manèges et du matériel durant l'année 2013, les payant 1 312 919 $ au comptant.

f) Les clients peuvent séjourner dans les chambres situées à l'intérieur des parcs qui appartiennent à l'entreprise. En 2013, les produits tirés de la location de chambres étaient de 65 000 $; 62 910 $ ont été encaissés, le solde étant porté aux comptes des clients.

g) Tornade a versé 64 962 $ en règlement partiel des effets à payer.

h) L'entreprise a acheté pour 146 100 $ de nourriture et de stock de marchandises durant l'année, dont 118 000 $ ont été payés comptant.

i) Les charges administratives (comme le salaire du président et la publicité pour les parcs, non classés comme des charges opérationnelles) de l'année 2013 totalisaient 100 724 $; 95 500 $ ont été versés au comptant, le solde restant à payer.

j) Tornade a payé 29 600 $ pour ses comptes fournisseurs durant l'année.

Travail à faire

1. Montrez l'effet de chaque opération sur l'équation comptable.

2. Passez les écritures de journal requises pour comptabiliser les opérations.

3. Utilisez le tableau suivant pour déterminer si chaque opération produit un effet sur les flux de trésorerie liés aux activités opérationnelles (O), d'investissement (I) ou de financement (F). De plus, indiquez l'effet sur la trésorerie (+ pour une augmentation et – pour une diminution). S'il n'y a aucun effet sur le flux de trésorerie, écrivez AE. La première opération est donnée à titre d'exemple.

Opération	Activités opérationnelles, d'investissement ou de financement	Effet sur la trésorerie
a)	O	+459 475

PROBLÈMES SUPPLÉMENTAIRES

PS3-1

 4

30 minutes
(P3-1)

Les comptes

La liste ci-dessous comprend une série de comptes de la société Otis inc., laquelle est en activité depuis deux ans. À la suite des comptes, vous trouverez une série d'opérations. Pour chaque opération, indiquez le ou les comptes qui doivent être augmentés, diminués, débités ou crédités en inscrivant le numéro de compte approprié à la droite de chaque opération. La première opération est donnée à titre d'exemple.

Numéro de compte	Nom du compte	Numéro de compte	Nom du compte
1	Trésorerie	22	Salaires à payer
2	Clients	23	Impôts à payer
3	Stock de fournitures	30	Capital social
4	Charges payées d'avance	31	Résultats non distribués
5	Immeubles	40	Prestation de services
6	Terrain	50	Charges opérationnelles
20	Fournisseurs	51	Charge d'impôts
21	Hypothèque à payer	52	Charges financières

Opération	Augmentation	Diminution	Débit	Crédit
a) Exemple : Émission d'actions au comptant aux nouveaux investisseurs.	1, 30	–	1	30
b) Services rendus à crédit pendant la période en cours.				
c) Achat à crédit de fournitures.				
d) Paiement d'avance d'une police d'assurance contre l'incendie couvrant les 12 prochains mois.				
e) Achat d'un immeuble avec une mise de fonds de 20 % et l'obtention d'un prêt hypothécaire.				
f) Encaissement de comptes clients se rapportant à des services rendus au cours de la période précédente.				
g) Paiement des salaires gagnés et comptabilisés au cours de la période précédente.				
h) Paiement des charges opérationnelles engagées et comptabilisées au cours de la période précédente.				
i) Paiement des charges opérationnelles engagées et comptabilisées pendant la période en cours.				
j) Comptabilisation des charges opérationnelles qui sont déjà engagées et qui seront payées durant la prochaine période.				
k) Services rendus au comptant.				
l) Utilisation de fournitures pour nettoyer les bureaux.				
m) Comptabilisation de la charge d'impôts à payer pour la période en cours.				
n) Déclaration et paiement d'un dividende en espèces.				
o) Versement sur l'hypothèque à payer, comprenant le capital et les intérêts.				
p) Au cours de la période, vente d'actions d'un actionnaire à une autre personne à un montant inférieur au prix d'émission initial.				

PS3-2

4

30 minutes
(P3-2)

L'équation comptable et les écritures de journal

Alexandre Lesbros est président de ServicePro inc., entreprise qui offre du personnel temporaire aux organismes sans but lucratif. ServicePro est en activité depuis cinq ans, et ses revenus augmentent chaque année. On vous a engagé pour aider Alexandre à analyser les opérations qui ont eu lieu au cours des deux premières semaines du mois d'avril.

04-02 Achat à crédit de fournitures de bureau au prix de 1 500 $.
04-05 Facturation de la société Belair au montant de 13 950 $ pour services rendus.
04-07 Paiement d'un compte fournisseur de 1 250 $.
04-08 Achat d'un espace publicitaire dans le journal local au coût de 600 $, payés comptant.
04-09 Achat au comptant d'un nouvel ordinateur pour le bureau au coût de 2 300 $.
04-10 Paiement des salaires des employés au montant de 8 200 $. De ce montant, 1 200 $ ont été comptabilisés au cours de la période précédente.
04-11 Réception de 10 000 $ de la société Belair en règlement partiel de son compte.
04-12 Achat d'un terrain pour le futur emplacement d'un nouvel édifice au prix de 100 000 $. Mise de fonds de 20 000 $ et signature d'un effet à payer pour le solde.
04-13 Émission au comptant de 2 000 actions au prix de 40 $ l'action en prévision de la construction de nouveaux bureaux.
04-14 Facturation de Services Famille au montant de 12 000 $ pour la prestation de services.
04-15 Réception de la facture de téléphone d'un montant de 1 245 $.

Travail à faire

1. Pour chaque opération, indiquez l'effet sur l'équation comptable.

2. Passez les écritures de journal pour enregistrer les opérations du mois d'avril. Assurez-vous de classer chaque compte comme actif (A), passif (Pa), capitaux propres (CP), produits (Pr) ou charges (C).

PS3-3

4

35 minutes
(P3-3)

L'analyse de diverses opérations

La société Écover fabrique des produits biologiques pour le jardin. Voici quelques opérations susceptibles de se produire au cours d'une période financière :

a) Charges administratives engagées, dont une partie a été réglée en espèces, le solde devant être versé ultérieurement.

b) Vente à crédit de marchandises. (Conseil : Réduisez aussi les stocks des quantités vendues.)

c) Vente au comptant de placements d'une valeur supérieure à leur coût.

d) Encaissement de comptes clients.

e) Frais de publicité engagés pour la période en cours. Le montant sera payé au cours de la prochaine période.

f) Remboursement d'une partie de la dette non courante et des intérêts.

g) Achat à crédit de matériel informatique.

h) Paiement de comptes fournisseurs.

i) Émission d'actions au comptant.

j) Paiement des salaires aux employés.

k) Encaissement de dividendes et d'intérêts sur les placements.

Travail à faire

1. Remplissez un tableau selon le modèle suivant en indiquant l'effet (+ pour une augmentation et – pour une diminution) de chaque opération. (Rappelez-vous que A = Pa + CP, Pr – C = RN et que le RN influe sur les CP à cause des Résultats non distribués.) Inscrivez AE s'il n'y a aucun effet. La première opération est donnée à titre d'exemple.

Opération	État de la situation financière			État du résultat global		
	Actif	Passif	Capitaux propres	Produits	Charges	Résultat net
a) (exemple)	–	+	–	AE	+	–

2. Pour chaque opération, indiquez à quel endroit, le cas échéant, celle-ci devrait être présentée dans le tableau des flux de trésorerie. Indiquez O pour les activités opérationnelles, I pour les activités d'investissement, F pour les activités de financement et AE (pour aucun effet) si l'opération n'est pas présentée dans le tableau des flux de trésorerie.

PS3-4

4•5•6

40 minutes
(P3-4)

L'équation comptable, l'utilisation des comptes en T, l'établissement des états financiers et l'analyse du taux de rotation de l'actif total

La société Les Granges vertes inc. a été fondée à Bromont le 1er avril 2012. Elle fournit des écuries, des soins vétérinaires et des terrains pour dresser des chevaux et présenter des compétitions équestres. On vous a engagé comme contrôleur adjoint. Les opérations suivantes ont eu lieu au mois d'avril 2012 :

a) Investissement par les cinq fondateurs de la société des actifs suivants : 60 000 $ en espèces (12 000 $ chacun), une écurie évaluée à 100 000 $, un terrain évalué à 90 000 $ et des fournitures évaluées à 12 000 $. Chaque investisseur a reçu 3 000 actions.

b) Construction d'une petite écurie au montant de 62 000 $. La société a payé la moitié de cette somme en espèces et signé un effet à payer de trois ans pour le solde en date du 1er avril 2012.

c) Prestation à crédit de services de soins aux animaux d'une valeur de 35 260 $.

d) Location d'écuries aux clients qui prennent soin eux-mêmes de leurs animaux et réception d'un paiement en espèces de 13 200 $.

e) Encaissement de 2 400 $ pour loger un cheval en mai, juin et juillet (comptabilisés comme des produits différés).

f) Achat à crédit de paille (stock de fournitures) au prix de 3 210 $.

g) Émission d'un chèque de 1 240 $ pour les services de sécurité utilisés durant le mois.

h) Paiement de 2 700 $ de comptes fournisseurs concernant des achats déjà effectués.

i) Réception de chèques d'une valeur de 10 000 $ en règlement de comptes clients.

j) Paiement des salaires de 6 000 $ aux employés qui ont travaillé au cours du mois.

k) À la fin du mois, achat d'une police d'assurance pour une période de deux ans au coût de 3 600 $.

l) Réception d'un compte d'électricité de 1 200 $ pour le mois d'avril ; la facture sera payée au mois de mai.

m) Paiement d'un dividende de 100 $ à chaque actionnaire.

Travail à faire

1. Dressez un tableau montrant l'effet de chaque opération sur l'équation comptable.

2. Présentez les comptes en T nécessaires. Tous les comptes commencent par un solde nul. Inscrivez dans les comptes en T les opérations du mois d'avril. Calculez le solde de clôture de tous les comptes en T.

3. Dressez les états financiers à la fin du mois d'avril (l'état du résultat global, l'état des variations des capitaux propres et l'état de la situation financière).

4. Rédigez une note brève aux propriétaires pour leur faire part de votre opinion sur les résultats du premier mois d'activité.

5. Après trois années, on vous évalue pour vous offrir une promotion au poste de directeur des finances. L'un des critères d'évaluation est votre efficacité à gérer les actifs de l'entreprise. Voici les données disponibles :

	2014*	2013	2012
Total de l'actif	480 000 $	320 000 $	300 000 $
Total du passif	125 000	28 000	30 000
Total des capitaux propres	355 000	292 000	270 000
Total des ventes	450 000	400 000	360 000
Résultat net	50 000	30 000	(10 000)

* À la fin de l'année 2014, Les Granges vertes décident de construire un manège intérieur pour donner des leçons d'équitation durant toute l'année. La société contracte un emprunt auprès d'une banque de la région pour financer la construction. On a ouvert le manège au début de l'année 2015.

Calculez et interprétez le taux de rotation de l'actif total des années 2013 et 2014. Pensez-vous mériter cette promotion ? Expliquez votre réponse.

PS3-5

L'établissement d'un tableau des flux de trésorerie
Reportez-vous au problème PS3-4.

5

40 minutes
(P3-5)

Travail à faire

À partir des opérations décrites dans le problème PS3-4, dressez un tableau des flux de trésorerie pour le mois d'avril 2012.

PS3-6

4 • 5 • 6

40 minutes
(P3-6)

L'utilisation des comptes en T, l'établissement des états financiers et l'analyse du taux de rotation de l'actif total

Voici le résumé des soldes de comptes tirés d'un récent état de la situation financière de la société Giboulée inc. Les comptes sont accompagnés d'une liste d'opérations hypothétiques pour le mois de janvier 2013.

Compte	Solde	Compte	Solde
Trésorerie	3 740 $	Capital social	20 000 $
Effets à payer courants	3 858	Résultats non distribués	17 415
Clients	8 073	Fournisseurs	13 391
Stocks	5 541	Impôts à payer	2 244
Dette non courante	30 954	Charges payées d'avance	1 071
Immobilisations corporelles	63 425	Placements	6 012

Les comptes ont des soldes débiteurs ou créditeurs normaux, mais ils ne sont pas nécessairement énumérés dans le bon ordre.

a) Achat à crédit de nouveau matériel au coût de 150 $.

b) Encaissement de 500 $ des comptes clients.

c) Réception et paiement des comptes de téléphone au montant de 450 $.

d) Ventes au comptant de 15 000 $; le coût des ventes s'élevait à 3 000 $.

e) Paiement aux employés des salaires gagnés en janvier, au montant total de 4 500 $.

f) Paiement de la moitié des impôts à payer.

g) Achat à crédit de marchandises au prix de 7 800 $.

h) Loyer de février d'un entrepôt au montant de 1 200 $ payé d'avance.

i) Remboursement d'un effet à payer courant de 3 858 $ et des intérêts de 152 $ sur cette dette.

j) Paiement de comptes fournisseurs de 6 200 $.

Travail à faire

1. Présentez les comptes en T au 1er janvier 2013 en vous servant de la liste précédente. Inscrivez les soldes respectifs. Vous aurez besoin de comptes en T additionnels pour les comptes de produits et de charges.

2. Enregistrez les opérations dans les comptes en T. Calculez les soldes de clôture.

3. Dressez en bonne et due forme un état du résultat global, un état des variations des capitaux propres, un état de la situation financière et un tableau des flux de trésorerie.

4. Calculez le taux de rotation de l'actif total. Que vous révèle-t-il au sujet de cette société ?

CAS — INFORMATION FINANCIÈRE

CP3-1

2 • 3 • 6

30 minutes

L'Oréal

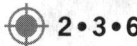

La recherche d'information financière

Reportez-vous aux états financiers et aux notes de la société L'Oréal (*voir l'annexe B à la fin de ce manuel*).

Travail à faire

1. Quelle est la charge la plus importante de l'état du résultat global (Comptes de résultat consolidés comparés) de la période la plus récente ? Que comprend ce montant ?

2. En supposant que toutes les ventes sont des ventes à crédit, calculez le montant recouvré des clients durant la période close le 31 décembre 2009.

3. Expliquez pourquoi le résultat net de la période à l'état du résultat global (Comptes de résultat consolidés comparés) ne correspond pas à la variation de la trésorerie du tableau des flux de trésorerie.

4. Quelle est la politique de la société en matière de comptabilisation des produits ? (Conseil : Consultez les notes aux états financiers.)

5. Calculez le taux de rotation de l'actif total de la société pour la période la plus récente. Expliquez-en la signification.

CP3-2

2 • 3 • 6

30 minutes

Inter Parfums

La recherche d'information financière

Reportez-vous aux états financiers et aux notes de la société Inter Parfums (*voir l'annexe C à la fin de ce manuel*).

Travail à faire

1. Quelle est la politique de la société en matière de comptabilisation des produits ? (Conseil : Consultez les notes aux états financiers.)

2. Outre son chiffre d'affaires, la société Inter Parfums a-t-elle réalisé d'autres produits au cours de la période la plus récente ? Précisez votre réponse.

3. Décrivez et comparez l'objectif d'un état du résultat global par rapport à un état de la situation financière.

4. Calculez le taux de rotation de l'actif total de la société pour la période la plus récente. Expliquez-en la signification.

CP3-3

5 • 6

30 minutes

**L'Oréal
Inter Parfums**

La comparaison d'entreprises au sein d'un même secteur d'activité

Reportez-vous aux états financiers de la société L'Oréal et de la société Inter Parfums ainsi qu'aux ratios de ce secteur d'activité (*voir les annexes B, C et D à la fin de ce manuel*).

Travail à faire

1. Quel titre chaque société donne-t-elle à son état du résultat global ?

2. Quelle société a le résultat net le plus élevé ?

3. Calculez le taux de rotation de l'actif total de ces deux sociétés pour la période la plus récente. Quelle société utilise le plus efficacement ses actifs pour obtenir des ventes ? Expliquez votre réponse.

4. Comparez le taux de rotation de l'actif total des deux sociétés à la moyenne de l'industrie. En général, ces deux sociétés utilisent-elles leurs actifs pour obtenir des ventes de manière plus ou moins efficace que leurs concurrents ?

5. À combien s'élève la trésorerie provenant des activités opérationnelles de chacune des sociétés pour la période close le 31 décembre 2009 ?

CP3-4

6

30 minutes

Inter Parfums

L'analyse d'une société dans le temps

Reportez-vous au rapport annuel de la société Inter Parfums (*voir l'annexe C à la fin de ce manuel*).

Travail à faire

1. À la page 4 de son rapport annuel, la société Inter Parfums fournit des données financières concernant les cinq dernières périodes. Calculez le taux de rotation de l'actif total des périodes se terminant en 2006, en 2007, en 2008 et en 2009.

2. Au chapitre 2, nous avons expliqué le taux d'adéquation du capital. Calculez ce ratio pour les périodes se terminant en 2006, en 2007, en 2008 et en 2009.

3. Que vous suggèrent vos résultats au sujet des tendances de ces deux ratios ?

CP3-5

◈ **4•5**

40 minutes

L'utilisation des rapports financiers : l'analyse des changements survenus dans les comptes et l'établissement des états financiers

La société Service de peinture Beauchemin a été mise sur pied par trois personnes au cours du mois de janvier 2012. Le 20 janvier 2012, elle a émis 10 000 actions ordinaires à chacun de ses fondateurs. Voici un tableau du solde des comptes de la société immédiatement après chacune des 10 premières opérations, soit au 31 janvier 2012 :

Compte	Soldes cumulatifs									
	a)	b)	c)	d)	e)	f)	g)	h)	i)	j)
Trésorerie	90 000 $	80 000 $	90 000 $	85 000 $	73 000 $	73 000 $	70 000 $	58 000 $	55 000 $	77 000 $
Clients			27 000	27 000	27 000	40 000	40 000	40 000	40 000	18 000
Matériel		20 000	20 000	20 000	20 000	20 000	20 000	20 000	20 000	20 000
Terrain				58 000	58 000	58 000	58 000	58 000	58 000	58 000
Fournisseurs					1 000	1 000	1 000	4 000	1 000	1 000
Effets à payer non courants		10 000	10 000	63 000	63 000	63 000	63 000	63 000	63 000	63 000
Capital social	90 000	90 000	90 000	90 000	90 000	90 000	90 000	90 000	90 000	90 000
Résultats non distribués							(3 000)	(3 000)	(3 000)	(3 000)
Produits tirés des travaux de peinture			37 000	37 000	37 000	50 000	50 000	50 000	50 000	50 000
Frais de fournitures					4 000	4 000	4 000	7 000	7 000	7 000
Salaires					9 000	9 000	9 000	21 000	21 000	21 000

3

Travail à faire

1. Analysez les changements qui sont présentés dans ce tableau relativement à chacune des opérations. Ensuite, expliquez chaque opération. Les opérations a) et b) sont présentées à titre d'exemples.

   a) La trésorerie a augmenté de 90 000 $ et le capital social s'est accru de 90 000 $. Par conséquent, l'opération a) était une émission d'actions de la société de 90 000 $ en espèces.

   b) La trésorerie a diminué de 10 000 $, le matériel (actif) a augmenté de 20 000 $ et les effets à payer (passif) se sont accrus de 10 000 $. Par conséquent, l'opération b) est un achat de matériel au coût de 20 000 $. Le paiement a été effectué comme suit : comptant, 10 000 $; signature d'un effet à payer, 10 000 $.

2. En vous basant sur le tableau précédent, dressez un état du résultat global, un état des variations des capitaux propres et un état de la situation financière.

3. Pour chaque opération, indiquez l'effet sur les flux de trésorerie : O pour les activités opérationnelles, I pour les activités d'investissement, F pour les activités de financement ou AE s'il n'y a aucun effet sur les flux de trésorerie. Précisez également l'orientation (+ pour une augmentation et – pour une diminution) et le montant de l'effet. La première opération est donnée à titre d'exemple.

Opération	Activités opérationnelles, d'investissement ou de financement	Effet sur la trésorerie
a)	F	+90 000

La recherche d'information financière

◈ 5•6

15 minutes

À titre d'investisseur, vous évaluez votre portefeuille de placements actuel pour déterminer ceux qui n'affichent pas la performance attendue. Vous avez entre les mains tous les plus récents rapports annuels des sociétés.

Travail à faire

Pour chaque élément suivant, indiquez où vous pourriez trouver l'information dans un rapport annuel. (Conseil : L'information peut se trouver à plus d'un endroit.)

1. Description de la mission de l'entreprise
2. Impôts payés
3. Comptes clients
4. Flux de trésorerie liés aux activités opérationnelles
5. Description de la politique de comptabilisation des produits
6. Stocks vendus durant la période
7. Données nécessaires pour calculer le taux de rotation de l'actif total

CAS — ANALYSE CRITIQUE

L'analyse et le redressement des états financiers

◈ 3•4•5

40 minutes

Laurie Roberge a fondé Marebo, petite entreprise de réparation de bateaux, au cours de l'année 2013. Elle aimerait obtenir un prêt de 100 000 $ de votre banque pour construire une cale sèche afin d'y entreposer les bateaux de ses clients durant l'hiver. À la fin de l'année, elle a dressé les états financiers suivants en se basant sur l'information conservée dans un grand classeur :

Marebo		
Profit pour 2013		
Recouvrement d'honoraires durant 2013		57 500 $
Encaissement de dividendes		12 500
Total		70 000
Frais opérationnels payés en 2013	24 500 $	
Argent volé	200	
Achat de nouveaux outils durant 2013 (payés au comptant)	2 500	
Achat de fournitures pour les réparations (payées au comptant)	3 400	
Total		30 600
Profit		39 400 $
Actifs détenus à la fin de 2013		
Solde du compte bancaire		27 900 $
Garage de service (à la valeur marchande actuelle)		38 000
Outils et matériel		20 100
Terrain (à la valeur marchande actuelle)		30 000
Placements		123 000
Total		239 000 $

Voici un résumé des opérations effectuées durant l'année 2013:

a) Contributions de la propriétaire au moment de la fondation de l'entreprise en échange de 1 000 actions.

Immeuble	31 000 $	Terrain	20 000 $
Outils et matériel	17 600	Trésorerie	1 000

b) Honoraires gagnés durant l'année 2013 de 87 000 $. Parmi les sommes encaissées, un montant de 20 000 $ représentait les dépôts des clients pour des services que la société Marebo offrira au cours de la prochaine année.

c) Encaissement des dividendes concernant les placements achetés par Laurie Roberge six ans plus tôt.

d) Frais opérationnels engagés durant l'année 2013: 61 000 $.

e) Stock de fournitures non utilisées à la fin de l'année 2013: 900 $.

Travail à faire

1. L'état financier présenté a-t-il été dressé selon la méthode de la comptabilité de caisse ou la méthode de la comptabilité d'engagement? Expliquez comment vous en êtes arrivé à cette conclusion. Quelle méthode cette entreprise devrait-elle utiliser? Expliquez votre réponse.

2. Dressez un état du résultat global, un état de la situation financière et un tableau des flux de trésorerie selon la méthode de la comptabilité d'engagement. Expliquez (en utilisant les notes de bas de page) la raison de chaque changement que vous avez effectué à l'état du résultat global et à l'état de la situation financière.

3. Quels renseignements supplémentaires vous aideraient à prendre votre décision en ce qui concerne la demande de prêt de Laurie Roberge?

4. En vous basant sur les états financiers révisés et l'information additionnelle nécessaire, rédigez une lettre à l'attention de Laurie Roberge pour lui expliquer votre décision en ce qui concerne le prêt.

3

20 minutes

Une question d'éthique

Michel Proulx est directeur du bureau régional de Montréal d'une compagnie d'assurances. À titre de directeur régional, sa rémunération comprend un salaire de base, des commissions et une prime quand la région vend un nombre de nouvelles polices supérieur à son quota. Depuis quelque temps, Michel travaille sous pression en raison de deux facteurs. Premièrement, il voit sa dette personnelle grossir à cause de problèmes familiaux. Deuxièmement, pour ajouter à ses inquiétudes, les ventes de nouvelles polices dans la région ont chuté sous le quota normal pour la première fois depuis des années.

Vous travaillez pour Michel depuis deux ans et, comme tout le monde au bureau, vous vous considérez chanceuse de travailler pour un patron aussi encourageant. Vous compatissez aussi avec lui pour ce qui est des problèmes personnels qu'il éprouve depuis quelques mois. À titre de comptable du bureau régional, vous êtes au courant de la dégringolade des ventes de nouvelles polices et des conséquences que cette situation aura sur la prime de votre patron.

Alors que vous travaillez tard en fin de période, Michel passe à votre bureau. Il vous demande de changer la manière dont vous avez comptabilisé la nouvelle police d'assurance d'un important commerce de la région. Un chèque d'un montant considérable est arrivé par la poste le 31 décembre, dernier jour de la période financière. Ce chèque représente la prime de la police pour une période débutant le 5 janvier. Vous avez déposé le chèque et correctement augmenté la trésorerie, puis vous avez créé un compte de produits différés. Michel vous explique: «Nous avons l'argent cette année, alors pourquoi ne pas comptabiliser les produits maintenant? De toute façon, je n'ai jamais compris la raison pour laquelle les comptables sont si méticuleux à ce sujet. J'aimerais que vous changiez votre manière d'enregistrer l'opération et que vous comptabilisiez le produit durant la période en cours. Et, de toute manière, je vous ai déjà rendu des services par le passé et je vous demande très peu en retour.» Ensuite, il quitte le bureau pour la journée.

Travail à faire

Comment devriez-vous régler cette situation? Quelles sont les conséquences de la demande de Michel sur le plan éthique? Quelles parties seraient avantagées ou désavantagées si vous satisfaisiez à sa demande? Si vous refusez d'acquiescer à sa demande, comment allez-vous justifier votre refus le lendemain matin?

PROJETS — INFORMATION FINANCIÈRE

Le perfectionnement des habiletés en recherche financière : l'observation de la réaction des marchés boursiers aux nouvelles d'une entreprise

Dans le présent chapitre, nous avons vu comment les investisseurs réagissent aux événements qui touchent directement une entreprise et qui modifient leurs attentes quant à son rendement futur. Leurs décisions influent sur le prix des actions de la société.

Travail à faire

1. À l'aide de votre navigateur Web, consultez le site d'une entreprise qui vous intéresse et les services de nouvelles financières pour trouver un article portant sur cette entreprise ou des communiqués faits par celle-ci.

2. Consultez les sites Internet présentant le prix des actions cotées en Bourse (par exemple, Yahoo! Finance) et trouvez le prix de clôture des actions de cette entreprise cinq jours ouvrables avant la date de parution de l'article ou de l'annonce de l'entreprise, la journée même et cinq jours ouvrables après cette date.

3. Tracez le graphe des données du cours des actions, et rédigez un bref rapport sur la nature de l'article ou de l'annonce (autrement dit le sujet traité) et sur la façon dont les investisseurs ont réagi à cette nouvelle.

Un projet d'équipe : l'analyse des états financiers

En équipe, choisissez un secteur que vous analyserez. À l'aide d'un navigateur Web, chaque membre de l'équipe doit trouver le rapport annuel d'une société de ce secteur. Chacun doit choisir une société différente.

Travail à faire

De façon individuelle, chaque membre de l'équipe doit rédiger un court rapport qui énumère les renseignements suivants concernant son entreprise. Ensuite, en équipe, rédigez un rapport dans lequel vous comparez les entreprises choisies. Vous devez donner des explications de toutes les différences que vous observez.

1. Pour l'année la plus récente, déterminez le ou les principaux comptes de produits. Quel pourcentage représente chacun de ces comptes par rapport au chiffre d'affaires total?

2. Pour l'année la plus récente, déterminez le ou les principaux comptes de charges. Quel pourcentage représente chacun de ces comptes par rapport aux charges totales?

3. Analyse des ratios :

   a) De façon générale, que mesure le taux de rotation de l'actif total ?

   b) Calculez le taux de rotation de l'actif total des trois dernières années.

   c) Que suggèrent ces résultats ?

   d) Trouvez le taux moyen de l'industrie que vous avez choisie et comparez-le avec vos résultats. Amorcez une discussion à ce sujet.

4. Décrivez la politique de vos sociétés en matière de comptabilisation des produits.

5. Le pourcentage des flux de trésorerie liés aux activités opérationnelles par rapport au résultat net permet d'évaluer à quel point la gestion d'une entreprise est laxiste (autrement dit, comment la société accélère la comptabilisation des produits ou ralentit la comptabilisation des charges) ou prudente (le fait de ne pas comptabiliser les produits trop tôt ou les charges trop tard) en choisissant parmi diverses politiques en matière de comptabilisation des produits et des charges. Un ratio supérieur à 1,00 suggère des politiques plus conservatrices, un ratio inférieur à 1,00 suggère des politiques moins strictes. Calculez ce pourcentage pour les trois dernières années. Que suggèrent vos résultats ?

3

LE PROCESSUS
DE RÉGULARISATION
DES COMPTES

**OBJECTIFS
D'APPRENTISSAGE**
**Au terme de ce chapitre,
vous pourrez :**

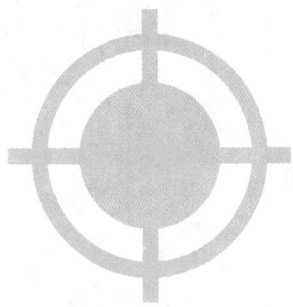

1. expliquer l'objectif du processus de régularisation des comptes, et analyser les écritures nécessaires pour régulariser les postes de l'état de la situation financière et de l'état du résultat global à la fin d'une période financière (*voir la page 201*);

2. reconnaître l'utilité de la balance de vérification (*voir la page 203*);

3. présenter l'état du résultat global (incluant le résultat par action), l'état des variations des capitaux propres, l'état de la situation financière et les renseignements supplémentaires sur les flux de trésorerie (*voir la page 215*);

4. calculer et interpréter le pourcentage de la marge nette (*voir la page 221*);

5. expliquer le processus de clôture des comptes (*voir la page 221*).

LVMH MOËT HENNESSY – LOUIS VUITTON
L'estimation des produits et des charges à la fin d'une période financière
www.lvmh.fr

4

La fin d'une période financière est un moment très occupé du point de vue comptable pour toutes les entreprises. Bien que la période financière de LVMH se termine le 31 décembre, les états financiers ne sont pas publiés officiellement tant que la direction et les auditeurs externes n'ont pas terminé leur travail d'audit.

- La direction doit s'assurer que les bons montants sont reportés à l'état de la situation financière et à l'état du résultat global. Ainsi, elle doit souvent s'appuyer sur des estimations et sur son jugement pour évaluer la valeur des actifs et des passifs, mais aussi pour déterminer le moment de comptabiliser les produits et les charges.
- Les auditeurs doivent, de leur côté : 1) déterminer la valeur des contrôles que l'entreprise met en place pour sauvegarder les actifs et garantir la fiabilité de l'information financière ; 2) évaluer si les estimations que fait la direction sont fiables et si les normes comptables sont respectées.

Les gestionnaires comprennent la nécessité de présenter une information pertinente et fidèle pour ne pas tromper les utilisateurs externes. Par contre, comme les régularisations de fin de période constituent la portion la plus complexe du processus de comptabilisation, elles tendent à comporter davantage d'erreurs. Les auditeurs externes examinent les livres de la société à l'aide de tests et de sondages statistiques. Pour accroître au maximum les chances de détecter des inexactitudes suffisamment importantes pour influer sur les décisions des utilisateurs, ils portent une attention particulière aux opérations les plus significatives.

Plusieurs recherches en comptabilité ont déterminé quelles opérations ont tendance à comporter le plus d'erreurs dans les entreprises de fabrication de taille moyenne. Le processus de régularisation des comptes de fin de période arrive en tête, comme le fait de ne pas inclure des charges ou de comptabiliser des opérations à la mauvaise période (ce qu'on appelle « erreurs de démarcation »), et reçoit donc beaucoup d'attention de la part des auditeurs.

Pour l'année financière 2009, le processus d'audit des états financiers de LVMH s'est terminé le 3 mars 2010, date à laquelle les auditeurs Deloitte & Associés et Ernst & Young ont signé leur rapport d'audit[1], dans lequel ils ont émis leur opinion sur ces états financiers. À partir de cette date, les états financiers ont été rendus disponibles à la publication.

•

La responsabilité d'établir les états financiers incombe à la direction de l'entreprise. L'information financière est plus utile pour analyser le passé et prédire l'avenir quand les investisseurs, les créanciers ou les autres utilisateurs la jugent de haute qualité. Une telle information doit être pertinente (permettre d'améliorer la prise de décision) et fidèle (être complète, neutre et exempte d'erreurs).

Les utilisateurs s'attendent à ce que les produits et les charges soient comptabilisés à la bonne période, en fonction du concept de la comptabilisation des produits et du processus de rattachement des charges aux produits (*voir le chapitre 3*). Les produits doivent être comptabilisés quand ils sont gagnés et les charges quand elles sont engagées, peu importe le moment de l'encaissement ou du décaissement. Plusieurs activités opérationnelles peuvent chevaucher plus d'une période, par exemple une police d'assurance payée d'avance ou des salaires versés quelques jours après le travail accompli. Durant l'année, LVMH achète des bouteilles pour ses parfums ou des bouchons de liège pour ses vins. À la fin de la période, elle doit déterminer quelle part de ses stocks de fournitures a été utilisée et ce qui lui reste pour la prochaine période. Comme la détermination des produits et des charges de façon quotidienne serait trop coûteuse, la plupart des entreprises attendent la fin de la période[2] pour ajuster leurs comptes et comptabiliser les produits et les charges à la bonne période. Ces ajustements permettent de mettre les livres comptables à jour et constituent le sujet de ce chapitre.

Les analystes évaluent la qualité de l'information financière en déterminant le degré de prudence des gestionnaires dans leurs évaluations de fin de période. La prudence demande de ne pas surévaluer les actifs et les produits, et de ne pas sous-évaluer les passifs et les charges. Les analystes considèrent que l'information financière basée sur des estimations ou un jugement prudents est de plus haute qualité. L'information financière publiée par les entreprises ne doit pas tromper les utilisateurs externes en leur laissant croire à une meilleure situation financière ou à un potentiel de profit plus élevé que ce qui existe réellement. Les effets des choix faits par la direction, que ce soit pour les méthodes comptables ou pour les estimations, sont évalués tout au long du présent manuel.

Dans ce chapitre, nous insistons sur l'utilisation des mêmes outils d'analyse qui ont été employés dans les chapitres 2 et 3 (l'effet sur l'équation comptable, les comptes en T et les écritures de journal) pour comprendre comment les comptes sont analysés et comment les écritures de régularisation sont inscrites dans les livres comptables à la fin d'une période. Une fois que cette étape est effectuée, il est alors possible de dresser, à partir des comptes régularisés, les états financiers. De plus, nous verrons comment préparer les livres comptables pour le début de la période suivante. Cette dernière étape s'appelle « clôture des comptes ».

---

1 En France, on utilise plutôt le libellé suivant : « Rapport des commissaires aux comptes sur les comptes consolidés ». Ce rapport comprend l'opinion des auditeurs sur les comptes consolidés, la justification des appréciations et la vérification spécifique prévue par la loi.

2 Une période peut correspondre à un mois, à un trimestre ou à un an. Dès que l'entreprise décide de dresser ses états financiers, elle doit ajuster ses comptes pour respecter les normes comptables.

**La régularisation
des comptes**

Le cycle comptable

L'objectif et les
types d'écritures
de régularisation

Le processus
de régularisation

- Les produits différés
- Les produits
  à recevoir
- Les charges payées
  d'avance
- Les charges
  estimatives
- Les charges
  courantes à payer

**L'établissement
des états financiers**

L'état du résultat global

L'état des variations
des capitaux propres

L'état de la situation
financière

Le pourcentage
de la marge nette

**La clôture
des comptes**

La fin du cycle
comptable

La balance de
vérification après la
clôture des comptes

4

4.1 La régularisation des comptes

4.1.1 Le cycle comptable

Comme nous l'avons vu au chapitre 2, le cycle comptable est le processus que suivent les entreprises pour analyser et enregistrer les opérations, régulariser les comptes en fin de période, dresser les états financiers et préparer les comptes pour la période suivante. La figure 4.1 (*voir la page suivante*) présente les différentes étapes du cycle comptable. Au cours d'une période, les opérations qui résultent d'échanges entre l'entreprise et d'autres parties externes sont analysées et enregistrées par ordre chronologique dans le journal général (écritures de journal), puis les comptes sont mis à jour dans le grand livre général (comptes en T), processus que nous avons étudié aux chapitres 2 et 3. Dans ce chapitre, nous examinons les différentes étapes du cycle comptable qui se situent à la fin de la période financière. Ces étapes sont principalement axées sur l'enregistrement des produits et des charges à la bonne période ainsi que sur la mise à jour des comptes de l'état de la situation financière à des fins de présentation de l'information financière.

Cycle comptable
Processus que suit l'entreprise pour analyser et comptabiliser les opérations, régulariser les comptes en fin de période, dresser les états financiers et préparer les comptes pour la période suivante.

4.1.2 L'objectif et les types d'écritures de régularisation
L'objectif des écritures de régularisation

Le système comptable est conçu pour enregistrer les opérations quotidiennes de l'entreprise, particulièrement celles qui impliquent un flux de trésorerie. Aussitôt que survient un encaissement ou un décaissement, l'opération est enregistrée dans le système comptable. En général, ce procédé fonctionne bien, surtout si l'encaissement ou le décaissement survient au moment où les biens sont livrés, où les services sont rendus ou où une charge est engagée. Cependant, il arrive que l'encaissement n'ait pas lieu à la même période où le produit est gagné ; de même, il arrive que le décaissement n'ait pas lieu à la même période où la charge est engagée.

**OBJECTIF
D'APPRENTISSAGE**

Expliquer l'objectif du processus de régularisation des comptes, et analyser les écritures nécessaires pour régulariser les postes de l'état de la situation financière et de l'état du résultat global à la fin d'une période financière.

FIGURE 4.1 • CYCLE COMPTABLE

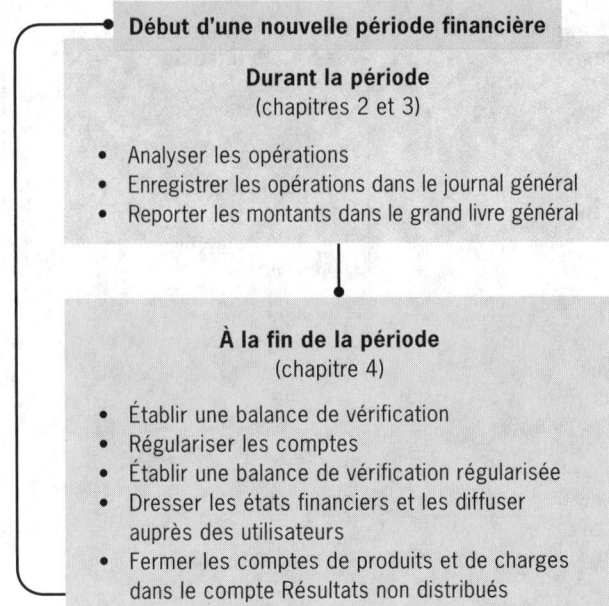

Début d'une nouvelle période financière

Durant la période
(chapitres 2 et 3)

- Analyser les opérations
- Enregistrer les opérations dans le journal général
- Reporter les montants dans le grand livre général

À la fin de la période
(chapitre 4)

- Établir une balance de vérification
- Régulariser les comptes
- Établir une balance de vérification régularisée
- Dresser les états financiers et les diffuser auprès des utilisateurs
- Fermer les comptes de produits et de charges dans le compte Résultats non distribués

Comment alors concilier l'enregistrement des encaissements et des décaissements avec la comptabilisation des produits et des charges? La solution à ce problème créé par ce délai entre l'entrée de trésorerie et la comptabilisation d'un produit ou entre la sortie de trésorerie et la comptabilisation des charges consiste à régulariser les comptes à la fin de chaque période financière de façon à ce que:

- les produits soient comptabilisés quand ils sont gagnés (comptabilisation des produits);
- les charges soient comptabilisées à la même période que les produits qu'elles ont contribué à gagner (rattachement des charges aux produits);
- les actifs représentent bien les avantages économiques futurs pour l'entreprise;
- les passifs représentent bien les obligations actuelles de l'entreprise.

Écriture de régularisation
Écriture qu'il faut passer à la fin d'une période financière pour bien mesurer tous les produits et toutes les charges de cette période.

Les entreprises attendent la fin de la période pour régulariser leurs comptes, car l'enregistrement des produits et des charges au fur et à mesure qu'ils sont gagnés ou engagés n'est pas toujours possible. C'est pourquoi la régularisation des comptes est nécessaire chaque fois que l'entreprise veut dresser ses états financiers à des fins de publication. En pratique, presque tous les comptes peuvent nécessiter une **écriture de régularisation**.

Au lieu d'essayer de mémoriser tous les exemples donnés dans ce chapitre, vous devez plutôt comprendre les différents types d'écritures de régularisation et le processus que l'on suit pour déterminer comment ajuster les comptes.

Les types d'écritures de régularisation

Il existe cinq types d'écritures de régularisation, que l'on peut classer dans deux grandes catégories. Dans la catégorie des produits, deux types d'écritures de régularisation peuvent être nécessaires concernant les produits différés et les produits à recevoir. Dans la catégorie des charges, des ajustements peuvent devoir être apportés aux charges payées d'avance, aux charges estimatives et aux charges courantes à payer.

Produits

- Produits différés — Passif résultant d'un produit encaissé mais non gagné et qui doit être ajusté pour comptabiliser les produits gagnés durant la période financière.
- Produits à recevoir — Produits gagnés mais non comptabilisés et dont l'encaissement aura lieu à la période suivante.

Charges

- Charges payées d'avance — Actif résultant d'une charge payée mais non engagée et qui doit être ajusté pour comptabiliser les charges engagées durant la période (assurances, loyer et fournitures).
- Charges estimatives — Charges qui découlent de l'utilisation d'actifs (amortissement) ou de la perte de valeur de certains actifs (dépréciation des comptes clients).
- Charges courantes à payer — Charges engagées durant une période financière et dont le décaissement aura lieu à la période suivante (salaires, impôts, électricité).

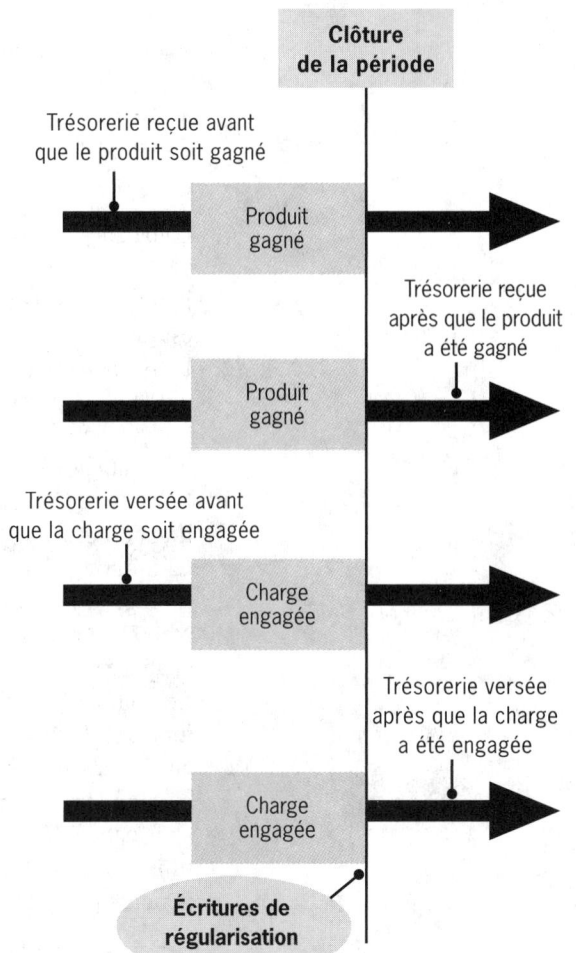

Chaque opération décrite ci-dessus nécessite deux écritures :
1. l'une au moment de l'encaissement ou du décaissement ;
2. l'autre pour comptabiliser le produit ou la charge à la bonne période financière.

Nous illustrons le processus de régularisation en analysant les comptes de LVMH et en déterminant les ajustements nécessaires avant l'établissement des états financiers du mois de janvier 2010.

La balance de vérification non régularisée

La première étape qui doit normalement être effectuée à la fin d'une période financière consiste à créer une **balance de vérification**, aussi appelée « balance de vérification non régularisée ». La balance de vérification est une liste des comptes du grand livre, habituellement présentés dans l'ordre où ils figurent aux états financiers, accompagnés de leur solde débiteur ou créditeur. Dans un format à deux colonnes, on indique les soldes débiteurs dans la colonne de gauche et les soldes créditeurs dans celle de droite. Ensuite, on fait le total des colonnes pour vérifier l'égalité des débits et des crédits. Toutefois, même s'il y a égalité entre les débits et les crédits, des erreurs peuvent toujours subsister. Même si les systèmes de comptabilité informatisés réduisent le nombre de ces erreurs potentielles, l'utilisation de comptes inappropriés ou de montants égaux mais incorrects risque tout de même de se produire[3].

OBJECTIF D'APPRENTISSAGE

Reconnaître l'utilité de la balance de vérification.

Balance de vérification
Liste de tous les comptes du grand livre, avec leur solde débiteur ou créditeur. Elle permet de vérifier l'égalité des débits et des crédits.

---

3 Dans un système de comptabilité manuelle, lorsque les deux colonnes ne sont pas égales, diverses erreurs ont pu se produire. →

La balance de vérification non régularisée de LVMH est présentée dans le tableau 4.1. Elle a été établie à partir des soldes des comptes en T présentés au chapitre 3 (*voir le tableau 3.3 aux pages 146 et 147*) et des autres postes de l'état de la situation financière (*voir la page 152*). Nous y avons ajouté quelques comptes qui seront utiles pour la suite des explications et dont le solde est nul pour l'instant.

La balance de vérification, telle qu'elle est présentée, exige quelques précisions :

1. La balance de vérification est établie à partir des soldes des comptes du grand livre. Dans notre exemple, les montants sont exprimés en millions d'euros, ce qui n'est jamais le cas dans la réalité. Le chiffre exact, y compris les cents ou les centimes, est plutôt inscrit.

2. Le plan de comptes de LVMH est beaucoup plus détaillé que celui qui est présenté ici. De fait, plusieurs comptes sont regroupés pour l'établissement des états financiers. Dans notre exemple, seuls les postes apparaissant dans les états financiers figurent dans la balance de vérification.

3. Le compte Clients de la balance de vérification présente un montant de 1 539 millions d'euros, alors qu'il était de 1 477 dans les comptes en T. La différence de 62 millions d'euros s'explique par le compte Provision pour dépréciation – clients. Il s'agit d'une estimation des comptes clients dont le recouvrement est incertain. Nous reviendrons sur cette notion un peu plus loin dans le chapitre, puis surtout au chapitre 6.

4. Le compte Immobilisations corporelles de la balance de vérification présente un montant de 10 332 millions d'euros, alors qu'il était de 6 248 dans les comptes en T. La différence de 4 084 millions d'euros s'explique par l'amortissement cumulé sur les immobilisations corporelles. Contrairement aux fournitures, qui sont achetées et utilisées dans un laps de temps relativement court, les immobilisations corporelles et incorporelles représentent des dépenses qui serviront pendant plusieurs années.

Les actifs immobilisés augmentent en cas d'acquisition et diminuent en cas de vente. De plus, ces actifs sont utilisés pour les activités opérationnelles et servent à gagner des produits. Aussi, une partie de leur coût doit se refléter dans les charges afin de respecter le concept de rattachement des charges aux produits. On dit alors que les actifs sont amortis au fur et à mesure qu'ils sont exploités. En comptabilité, l'amortissement est le processus de répartition du coût des actifs au cours de leur durée d'utilité pour l'entreprise.

Compte de sens contraire
Compte dans lequel on inscrit les sommes à défalquer du solde d'un compte correspondant[4].

Pour conserver une trace du coût d'acquisition des immobilisations, le montant de l'amortissement n'est pas soustrait directement du compte de l'actif. On crée plutôt un nouveau type de compte, qu'on appelle **compte de sens contraire**.

Tout compte de sens contraire est rattaché directement à un autre compte et affiche un solde opposé. Pour les immobilisations, le compte de sens contraire s'appelle «Amortissement cumulé». Nous expliquons plusieurs comptes de sens contraire dans les prochains chapitres. Nous les désignons à l'aide d'un X placé devant le type de compte auquel ils correspondent (par exemple, Amortissement cumulé [XA] signifie qu'il s'agit d'un compte de sens contraire d'un actif).

---

3 (*Suite*) Elles ont pu survenir au moment :
- de la passation des écritures de journal, alors que les débits ne sont pas égaux aux crédits ;
- du report des écritures de journal dans le grand livre ;
- du calcul du solde des comptes ;
- de l'inscription du solde des comptes du grand livre dans la balance de vérification.

Ces erreurs doivent être repérées et corrigées avant de procéder à la régularisation des comptes. Lorsqu'il y a égalité entre les deux colonnes, on peut alors analyser les comptes de la balance de vérification pour déterminer si certaines écritures de régularisation doivent être faites.

4 Louis MÉNARD et al., *Dictionnaire de la comptabilité et de la gestion financière*, 3e éd., Toronto, Institut canadien des comptables agréés, 2011.

TABLEAU 4.1 • BALANCE DE VÉRIFICATION NON RÉGULARISÉE

	A	B	C
1	LVMH		
2	Balance de vérification		
3	au 31 janvier 2010		
4	(en millions d'euros)		
5		Non régularisée	
6		Débit	Crédit
7	Trésorerie	2 476	
8	Clients	1 539	
9	Provision pour dépréciation – clients		62
10	Intérêts à recevoir	0	
11	Stocks	5 548	
12	Impôts sur le résultat	217	
13	Charges payées d'avance	1 590	
14	Fournitures	14	
15	Immobilisations corporelles	10 332	
16	Amortissement cumulé – immobilisations corporelles		4 084
17	Marques et autres immobilisations incorporelles, nettes	8 697	
18	Écarts d'acquisition, nets	4 270	
19	Impôts différés	521	
20	Autres actifs non courants	1 503	
21	Fournisseurs et charges à payer		1 716
22	Dette financière à moins d'un an		1 708
23	Impôts sur le résultat		221
24	Dividendes à payer		400
25	Provisions à moins d'un an		334
26	Produits différés		2 174
27	Dette financière à plus d'un an		4 227
28	Provisions à plus d'un an		990
29	Impôts différés		3 117
30	Autres passifs non courants		3 089
31	Capital social		197
32	Primes		1 763
33	Résultats non distribués		12 439
34	Autres éléments des capitaux propres	553	
35	Intérêts minoritaires		989
36	Dividendes	400	
37	Ventes		260
38	Produits financiers		22
39	Profit sur sortie d'immobilisation		11
40	Coût des ventes	96	
41	Charges commerciales	7	
42	Salaires	40	
43	Frais de location	0	
44	Fournitures utilisées	0	
45	Dépréciation des comptes clients	0	
46	Assurances	0	
47	Services publics	0	
48	Amortissement	0	
49	Charges financières	0	
50	Impôts sur le résultat	0	
51	**Total**	37 803	37 803

Actif (lignes 7-20)
Passif (lignes 21-30)
Capitaux propres (lignes 31-36)
Produits (lignes 37-39)
Charges (lignes 40-50)

Produit à recevoir – Produit gagné, mais non encore encaissé

Estimation des mauvaises créances

Charges payées d'avance – Montant du loyer et des assurances de la prochaine période

Fournitures – Montant des fournitures non utilisées durant la période

Coût des immobilisations corporelles

Partie du coût des immobilisations corporelles utilisée depuis leur acquisition

À des fins de présentation

Immobilisations corporelles	10 332
– Amortissement cumulé	4 084
Valeur comptable	6 248

Charges courantes à payer – Montant des salaires, services publics et intérêts engagés durant la période

Charges courantes à payer – Montant des impôts engagés durant la période

Produits différés – Produit encaissé mais non gagné durant la période

Résultats non distribués à l'ouverture de la période

Produits provenant des ventes de marchandises

Produits provenant des placements gagnés durant la période

Charges commerciales de la période

Charges de salaires engagées durant la période

Charges de loyers engagés durant la période

Charges de fournitures utilisées durant la période

Mauvaises créances de la période

Charges d'assurances couvrant la période

Charges de services publics couvrant la période

Partie du coût des immobilisations utilisées durant la période

Charge d'intérêts sur la dette engagée durant la période

Charge d'impôt engagée durant la période

Débits = Crédits

4

Comme les actifs ont un solde débiteur, le compte Amortissement cumulé a un solde créditeur. Dans l'état de la situation financière, le montant inscrit pour les immobilisations corporelles correspond à la **valeur comptable**, laquelle est égale au solde de clôture du compte Immobilisations corporelles moins le solde de clôture du compte Amortissement cumulé – immobilisations corporelles.

+ Immobilisations (A) –		– Amortissement cumulé – immobilisations corporelles (XA) +		
Solde d'ouverture			Solde d'ouverture	
Achats	Sorties	Sorties	Utilisation des actifs	
Solde de clôture			Solde de clôture	= Valeur comptable (reportée à l'état de la situation financière)

Pour LVMH, l'amortissement cumulé sur les immobilisations corporelles présente un solde créditeur de 4 084 millions d'euros.

À l'état de la situation financière :	
Immobilisations corporelles, nettes	6 248 M€

Le concept d'amortissement sera étudié en détail au chapitre 8. Nous présentons maintenant le processus de régularisation en mettant à jour les comptes de LVMH à la fin du mois de janvier 2010.

4.1.3 Le processus de régularisation

Pour déterminer quelles sont les régularisations nécessaires à la fin d'une période, il faut suivre les trois étapes suivantes :

Étape 1 : Déterminer quel **type de régularisation** est nécessaire. D'un côté, les comptes Produits différés et Charges payées d'avance ont été créés au cours de la période et sont probablement surévalués à la fin de celle-ci. De l'autre côté, certains produits gagnés et certaines charges engagées ne sont pas encore comptabilisés et entraînent une sous-évaluation des produits et des charges.

Étape 2 : Déterminer quel est le **montant** du produit gagné ou de la charge engagée durant la période. Il arrive que ce montant soit connu, ou qu'il faille le calculer ou l'estimer.

Étape 3 : Passer **l'écriture de régularisation (ER)** et la répartir dans les comptes appropriés. Dans toutes les écritures de régularisation, au moins un poste de l'état de la situation financière et un poste de l'état du résultat global sont affectés.

Lorsqu'on examine la balance de vérification de LVMH, présentée dans le tableau 4.1 (*voir la page précédente*), on peut déterminer les postes qu'il faudra analyser et régulariser :

- Produits différés
- Produits à recevoir : Clients et Intérêts à recevoir
- Charges payées d'avance : Fournitures et Charges payées d'avance
- Charges estimatives : Amortissement cumulé-Immobilisations corporelles et Provision pour dépréciation – clients
- Charges courantes à payer : Salaires, Services publics, Impôts sur le résultat, Charges financières, etc.

....

5 *Ibid.*

Les produits différés

Quand un client paie pour un service ou un bien avant que l'entreprise ne livre la marchandise ou ne rende le service, la société comptabilise l'encaissement dans un compte qu'on appelle **Produits différés**. Un produit différé est un passif qui représente l'obligation pour l'entreprise de livrer des marchandises ou de rendre des services à l'avenir. La comptabilisation du produit gagné est reportée jusqu'au moment où l'entreprise remplit ses obligations.

Produits différés
Produits encaissés qui figurent au passif et qui doivent être régularisés à la fin de la période financière pour refléter les produits gagnés.

Écriture de régularisation 1

Étape 1 : Produits différés LVMH a reçu en janvier un montant de 300 millions d'euros pour une commande de sacs et accessoires Vuitton. L'encaissement a été comptabilisé dans le compte Produits différés, lequel est un passif, pour reconnaître l'engagement de l'entreprise à livrer la marchandise dans le futur. À la fin du mois, LVMH a livré une partie de cette marchandise pour une valeur de 130 millions d'euros.

Étape 2 : Montant Il arrive à l'occasion que le montant du produit gagné doive faire l'objet d'un calcul. Dans ce cas-ci, le montant est donné, soit 130 M€. Cela signifie que le poste Produits différés est surévalué de 130 M€ à la fin du mois de janvier et que le poste Ventes est sous-évalué de 130 M€.

Étape 3 : ER Une écriture de régularisation est donc nécessaire pour diminuer le poste Produits différés et augmenter le poste Ventes de 130 M€.

ÉQUATION COMPTABLE					
Actif	=	**Passif**	+	**Capitaux propres**	
		Produits différés	−130	Ventes	+130

ÉCRITURE DE JOURNAL		
Produits différés (−Pa)	130	
Ventes (+Pr, +CP)		130

Vérifications : 1. Actif = Passif (−130 M€) + Capitaux propres (+130 M€)
2. Débits 130 M€ = Crédits 130 M€

On peut penser à d'autres cas où il faut ajuster le compte Produits différés ; par exemple, lorsque le journal *Le Devoir* vend des abonnements annuels, lorsque le Canadien de Montréal vend des abonnements, lorsque Air Transat vend des billets d'avion ou lorsqu'un propriétaire reçoit des loyers en avance. Chacune de ces opérations demandera une écriture de régularisation à la fin de la période financière pour comptabiliser le produit gagné durant la période qui vient de se terminer.

Les produits à recevoir

Il arrive souvent qu'une entreprise livre des biens ou rende des services avant que le client paie. Comme l'argent n'a pas encore été encaissé, il arrive que le produit gagné ne soit pas encore comptabilisé.

Les produits gagnés qui n'ont pas encore été inscrits à la fin de la période financière sont des **produits à recevoir**.

Produits à recevoir
Produits qui ont été gagnés avant la fin de la période financière en cours, mais qui seront encaissés à une période future.

Écriture de régularisation 2

Étape 1 : Produits à recevoir : Clients Le 29 janvier, LVMH a vendu pour 10 millions d'euros de parfums à un client qui est venu immédiatement en prendre livraison après la fermeture des bureaux administratifs.

Étape 2 : Montant Le montant est donné, soit 10 M€. Comme aucune entrée comptable n'a encore été faite au 31 janvier, les comptes Clients et Ventes sont sous-évalués de 10 M€.

Étape 3 : ER Une écriture de régularisation est nécessaire pour augmenter les comptes Ventes et Clients de 10 M€. Cette écriture permettra de comptabiliser le produit gagné à la bonne période.

ÉQUATION COMPTABLE

Actif		=	**Passif**	+	**Capitaux propres**	
Clients	+10				Ventes	+10

ÉCRITURE DE JOURNAL

Clients (+A) 10	
Ventes (+Pr, +CP)	10

Vérifications : 1. Actif (+10 M€) = Passif + Capitaux propres (+10 M€)
2. Débits 10 M€ = Crédits 10 M€

Écriture de régularisation 3

Étape 1 : Produits à recevoir : Intérêts LVMH a prêté 20 millions d'euros à de nouveaux partenaires au taux d'intérêt de 6 % payable à la fin de chaque année. L'effet à recevoir a été comptabilisé au moment du prêt. Toutefois, le produit financier est gagné en fonction du temps écoulé.

Étape 2 : Montant Il est important de noter que le taux d'intérêt est toujours un pourcentage annuel. Pour calculer le produit financier gagné durant une période inférieure à un an, il faut alors tenir compte du nombre de jours ou de mois écoulés. La formule est la suivante :

Capital	×	**Taux**	×	**Temps**	=	**Produit financier**
20 M€	×	0,06	×	1/12	=	100 000 €

Le montant de 100 000 € est un produit gagné en janvier qui n'a pas encore été comptabilisé.

Étape 3 : ER Une écriture de régularisation est nécessaire pour augmenter les comptes Produits financiers et Intérêts à recevoir de 100 000 € (ou 0,1 M€). Cette écriture permettra de comptabiliser le produit financier du mois de janvier.

ÉQUATION COMPTABLE

Actif		=	**Passif**	+	**Capitaux propres**	
Intérêts à recevoir	+ 0,1				Produits financiers	+0,1

ÉCRITURE DE JOURNAL

Intérêts à recevoir (+A) 0,1	
Produits financiers (+Pr, +CP)	0,1

Vérifications : 1. Actif (+0,1 M€) = Passif + Capitaux propres (+ 0,1 M€)
2. Débits 0,1 M€ = Crédits 0,1 M€

Les charges payées d'avance

Charges payées d'avance
Sommes versées et comptabilisées dans un compte d'actif à titre d'avantages futurs pour l'entreprise jusqu'à ce qu'elles soient utilisées.

Nous avons vu au chapitre 2 que les actifs représentent des avantages économiques futurs. Certains actifs sont des **charges payées d'avance** ; l'entreprise les utilise au fur et à mesure que la période financière avance. Les primes d'assurance, les fournitures, les loyers ou la publicité sont des exemples de charges payées d'avance. À la fin d'une période financière, une écriture de régularisation doit être faite pour comptabiliser la charge qui a été engagée durant la période.

Écriture de régularisation 4

Étape 1 : **Charges payées d'avance : Fournitures** À la fin du mois de janvier, un dénombrement des fournitures montre que LVMH possède des bouteilles d'une valeur de 11 millions d'euros. Le poste Fournitures affiche un solde de 14 millions d'euros. La différence représente les fournitures qui ont été utilisées durant le mois.

Étape 2 : **Montant** Pour calculer le montant des fournitures utilisées, il faut prendre le solde du compte Fournitures à l'ouverture de la période, additionner les fournitures achetées durant la période, puis soustraire la valeur des fournitures en main à la fin de la période :

> Solde des fournitures à l'ouverture de la période
> + Achats de fournitures
> − Solde des fournitures en main à la clôture de la période
> _____
> Fournitures utilisées durant la période

La balance de vérification de LVMH montre un solde de 14 M€ pour le poste Fournitures. Comme la valeur des fournitures en main à la fin du mois de janvier est de 11 M€, la valeur des fournitures utilisées durant la période est de 3 M€.

Étape 3 : **ER** Une écriture de régularisation est nécessaire pour comptabiliser la charge de fournitures de 3 M€ du mois de janvier. Le poste Fournitures à l'état de la situation financière doit représenter le montant des fournitures en main à la fin de la période, et le poste Fournitures utilisées de l'état du résultat global doit augmenter pour reconnaître la charge à la bonne période financière.

ÉQUATION COMPTABLE

Actif		=	Passif	+	Capitaux propres	
Fournitures	−3				Fournitures utilisées	−3

ÉCRITURE DE JOURNAL

Fournitures utilisées (+C, −CP) 3
    Fournitures (−A) 3

Vérifications :   1. Actif (3 M€) = Passif + Capitaux propres (3 M€)
                    2. Débits 3 M€ = Crédits 3 M€

Écriture de régularisation 5

Étape 1 : **Charges payées d'avance : Frais de location (loyer) et Assurances** Les charges payées d'avance incluent la somme de 60 millions d'euros versée en paiement d'une prime d'assurance couvrant les quatre premiers mois de l'année et la somme de 12 millions d'euros pour la location d'un local pour les mois de janvier, février et mars 2010.

Étape 2 : **Montant** Un mois s'est écoulé depuis le paiement de chacun de ces montants :

> Assurances : 60 M€ × 1/4 = 15 M€ par mois
> Loyer :   12 M€ × 1/3 = 4 M€ par mois

Tant que les charges d'assurances et de loyer du mois de janvier ne sont pas comptabilisées, le poste Charges payées d'avance est surévalué et les charges sont sous-évaluées.

Étape 3 : **ER** Une écriture de régularisation est nécessaire pour diminuer le poste Charges payées d'avance de 19 M€, puis augmenter la charge d'assurances de 15 M€ et la charge de location de 4 M€.

ÉQUATION COMPTABLE

Actif	=	**Passif**	+	**Capitaux propres**	
Charges payées d'avance −19				Assurances	−15
				Frais de location	−4

ÉCRITURE DE JOURNAL

Assurances (+C, −CP) 15	
Frais de location (+C, −CP) 4	
Charges payées d'avance (−A)	19

Vérifications :   1. Actif (−19 M€) = Passif + Capitaux propres (−19 M€)
                   2. Débits 19 M€ = Crédits 19 M€

Les charges estimatives

Charges estimatives
Charges découlant de la dépréciation d'un actif ou de son utilisation durant une période financière.

Afin de respecter le concept de rattachement des charges aux produits, nous devons nous assurer que toutes les charges sont comptabilisées à la bonne période financière. Pour cela, certaines charges doivent être estimées. Comme les entreprises utilisent leurs immobilisations corporelles pour mener à bien leurs activités, une partie du coût de ces immobilisations doit être imputée à chaque période durant laquelle elles servent à engendrer des produits. La charge d'amortissement reflète le coût d'utilisation d'un bien. Les **charges estimatives** comprennent également la dépréciation de certains actifs au cours d'une période.

Écriture de régularisation 6

Étape 1 : **Charges estimatives : Amortissement** Comme nous l'avons expliqué précédemment, on utilise un compte de sens contraire, Amortissement cumulé, pour calculer le montant du coût ventilé sur les périodes précédentes. Il est directement lié au compte Immobilisations, mais il affiche un solde opposé (solde créditeur). La charge d'amortissement annuelle des immobilisations corporelles de LVMH est d'environ 574 millions d'euros (estimation tirée des états financiers de 2009).

Étape 2 : **Montant** Les immobilisations corporelles ont été utilisées au cours du mois de janvier pour générer des produits. Aussi, nous devons estimer le coût d'utilisation de ces actifs durant la période :

$$574 \text{ M€ par année} \quad \times \quad 1/12 \quad = \quad 47,8 \text{ M€ par mois}$$

La valeur comptable (Coût − Amortissement cumulé) des immobilisations corporelles de LVMH est surévaluée de 47,8 M€, et les charges sont sous-évaluées du même montant tant que la charge d'amortissement du mois de janvier n'est pas comptabilisée.

Étape 3 : **ER** Une écriture de régularisation est nécessaire pour comptabiliser la charge d'amortissement des immobilisations corporelles (47,8 M€).

ÉQUATION COMPTABLE

Actif	=	**Passif**	+	**Capitaux propres**	
Amortissement cumulé −				Amortissement	−47,8
immobilisations −47,8					

Amortissement (+C, –CP)	47,8	
Amortissement cumulé – immobilisations (+XA, –A)		47,8

Vérifications :   1. Actif (–47,8 M€) = Passif + Capitaux propres (–47,8 M€)
   2. Débits 47,8 M€ = Crédits 47,8 M€

Écriture de régularisation 7

Étape 1 : **Charges estimatives : Dépréciation des comptes clients** Lorsqu'une entreprise vend sa marchandise à crédit, elle s'expose à ce que certains clients ne puissent lui rembourser leurs dettes. Elle subit alors une perte de valeur qu'on appelle « dépréciation des comptes clients ». À la fin de la période financière, ces pertes de valeur doivent être estimées afin de présenter le poste Clients au montant que l'entreprise espère pouvoir récupérer au cours de la période suivante. Pour cela, comme dans le cas des immobilisations, on utilise un compte de sens contraire « Provision pour dépréciation – clients » pour présenter le montant net des comptes clients à l'état de la situation financière.

Étape 2 : **Montant** L'un des clients de LVMH est en difficulté financière, et le recouvrement de sa créance de 7 M€ est incertain. Dans ce cas-ci, le montant est donné. Toutefois nous verrons au chapitre 6 les différentes techniques permettant d'évaluer la provision pour dépréciation. Le montant des comptes clients est surévalué de 7 M€ et les charges sont sous-évaluées de 7 M€.

Étape 3 : **ER** Une écriture de régularisation est nécessaire pour comptabiliser la perte de valeur des comptes clients de 7 M€ et la charge correspondante.

ÉQUATION COMPTABLE

Actif	=	Passif	+	Capitaux propres
Provision pour dépréciation – clients –7				Dépréciation des comptes clients –7

ÉCRITURE DE JOURNAL

Dépréciation des comptes clients (+C, –CP)	7	
Provision pour dépréciation – clients (+XA, –A)		7

Vérifications :   1. Actif (–7 M€) = Passif + Capitaux propres (–7 M€)
   2. Débits 7 M€ = Crédits 7 M€

Écriture de régularisation 8

Étape 1 : **Charges estimatives : Stocks** Les écritures de régularisation 1 et 2 ont permis de comptabiliser des ventes de 140 millions d'euros pour des sacs et accessoires Vuitton et des parfums Dior. Selon le processus de rattachement des charges aux produits, il faut donc comptabiliser le coût de ces ventes, soit 35 millions d'euros.

Étape 2 : **Montant** Le montant nous est donné, soit 35 M€. Cela signifie que les stocks en fin de période sont surévalués de 35 M€ et que les charges sont sous-évaluées du même montant.

Étape 3 : **ER** Une écriture de régularisation est nécessaire pour comptabiliser la charge de 35 M€ dans le compte Coût des ventes.

ÉQUATION COMPTABLE

Actif	=	Passif	+	Capitaux propres
Stocks –35				Coût des ventes –35

```
┌─────────────────────────┐
│ ÉCRITURE DE JOURNAL      │
└─────────────────────────┘
```

Coût des ventes (+C, –CP) 35

    Stocks (–A) 35

Vérifications :   1. Actif (–35 M€) = Passif + Capitaux propres (–35 M€)

                  2. Débits 35 M€ = Crédits 35 M€

Les charges courantes à payer

Charges courantes à payer
Charges qui font l'objet d'une écriture de régularisation en fin de période pour comptabiliser la charge engagée et le décaissement futur.

Certaines charges sont engagées à une période, mais ne seront réglées qu'à la période suivante. On peut penser, à titre d'exemples, aux intérêts sur la dette, aux salaires à verser aux employés, aux services publics (électricité et téléphone) utilisés durant une période mais pour lesquels l'entreprise n'a pas encore été facturée. Ces **charges courantes à payer** nécessitent donc une écriture de régularisation à la fin de la période financière pour enregistrer le passif et la charge correspondante.

Écriture de régularisation 9

Étape 1 : **Charges courantes à payer : Salaires, Services publics et Charges financières (intérêts)** LVMH estime : 1) que les salaires gagnés par ses employés au dernier jour du mois, soit le vendredi 29 janvier, s'élèvent à 3 millions d'euros ; 2) que les services de communication utilisés durant le mois de janvier seront de l'ordre de 2 millions d'euros ; 3) que le taux d'intérêt sur sa dette non courante est de 2 %.

Étape 2 : **Montant**
    1. Salaires : 3 M€
    2. Services publics : 2 M€
    3. Intérêts : On utilise la même formule que celle qui sert au calcul des intérêts à recevoir :

Capital	×	Taux	×	Temps	=	Charges financières
4 227 M€	×	0,02	×	1/12	=	7 M€

    Les charges et le passif sont sous-évalués de 12 M€ (3 + 2 + 7).

Étape 3 : **ER** Une écriture de régularisation est nécessaire pour augmenter les charges de 12 M€ et le passif courant de 12 M€.

```
┌─────────────────────────┐
│ ÉQUATION COMPTABLE       │
└─────────────────────────┘
```

Actif	=	Passif		+	Capitaux propres	
		Charges courantes à payer	+12		Salaires	–3
					Services publics	–2
					Charges financières	–7

```
┌─────────────────────────┐
│ ÉCRITURE DE JOURNAL      │
└─────────────────────────┘
```

Salaires (+C, –CP) 3

Services publics (+C, –CP) 2

Charges financières (+C, –CP) 7

    Charges courantes à payer (+Pa) 12

Vérifications :   1. Actif = Passif (+12 M€) + Capitaux propres (–12 M€)

                  2. Débits 12 M€ = Crédits 12 M€

Écriture de régularisation 10

Étape 1 : **Charges courantes à payer : Impôts sur le résultat** L'écriture de régularisation finale consiste à comptabiliser les impôts à payer. Pour ce faire, on doit calculer le résultat avant impôts en fonction des soldes après régularisation (en millions d'euros).

	Produits	Charges	
Totaux non régularisés	293	143	*(voir le tableau 4.1 à la page 205)*
ER1	130		
ER2	10		
ER3	0,1		
ER4		3	
ER5		19	
ER6		47,8	
ER7		7	
ER8		35	
ER9		12	
	433,1 −	266,8 =	166,3 Résultat avant impôts

Étape 2 : **Montant** Sachant que le taux d'imposition effectif de LVMH est de 30,1 %, on calcule ainsi la charge d'impôts :

$$166{,}3 \text{ M€} \times 0{,}301 = 50 \text{ M€}$$

Les charges et le passif sont sous-évalués de 50 M€.

Étape 3 : **ER** Une écriture de régularisation est nécessaire pour augmenter les charges et le passif courant de 50 M€.

ÉQUATION COMPTABLE

Actif	=	Passif	+	Capitaux propres	
		Impôts à payer	+50	Impôts sur le résultat	−50

ÉCRITURE DE JOURNAL

Impôts sur le résultat (+C, −CP)	50	
Impôts à payer (+Pa)		50

Vérifications : 1. Actif = Passif (+50 M€) + Capitaux propres (−50 M€)
2. Débits 50 M€ = Crédits 50 M€

Vous remarquerez que dans toutes les écritures de régularisation que nous avons faites jusqu'ici, le compte Trésorerie n'a jamais été touché. L'argent a été enregistré s'il a été reçu ou versé avant la fin de la période, ou il le sera au moment de l'encaissement ou du décaissement à la période suivante. Les écritures de régularisation sont nécessaires pour comptabiliser les produits et les charges à la bonne période financière, quel que soit le moment de l'encaissement ou du décaissement.

....

La société Blanche Planche, spécialiste de la planche à neige, termine sa première année d'activité le 31 décembre 2012. Suivez les trois étapes du processus de régularisation des comptes (déterminez le type de régularisation, déterminez le montant et passez l'écriture de régularisation) pour chacune des situations suivantes.

ER1 : Blanche Planche a reçu 6 000 $ d'un client le 15 novembre 2012 pour un voyage de planche à neige à Chamonix en décembre et janvier prochains. L'encaissement a été comptabilisé dans le compte Produits différés. À la fin du mois de décembre, le tiers du voyage avait été fait.

ER2 : Au 31 décembre 2012, Blanche Planche avait donné des cours de planche à neige à 10 clients qui paieront 80 $ chacun en janvier. Aucune écriture n'a été enregistrée pour ces formations.

ER3 : Le 1er septembre 2012, Blanche Planche a payé la prime d'assurance de 24 000 $ couvrant les 12 prochains mois. Le décaissement a été enregistré dans le compte Charges payées d'avance.

ER4 : Le 1er mars 2012, Blanche Planche a emprunté 300 000 $ au taux d'intérêt de 5 %. Les intérêts sont payables le 1er mars de chacune des trois prochaines années.

	Type de régularisation	Montant	Écriture de journal	Débit	Crédit
ER1					
ER2					
ER3					
ER4					

Vérifiez vos réponses à l'aide des solutions présentées en bas de page*.

question d'éthique

LES RÉGULARISATIONS ET L'ÉTHIQUE

Les gestionnaires et les propriétaires des entreprises sont directement touchés par les données présentées dans les états financiers. Si le rendement financier et la situation de l'entreprise semblent solides, le cours des actions de celle-ci augmentera. Les actionnaires reçoivent habituellement des dividendes, ce qui fait croître la valeur de leurs placements. De leur côté, les gestionnaires obtiennent souvent des primes en fonction de l'atteinte d'objectifs de rendement de l'entreprise, et bon nombre de cadres supérieurs sont rémunérés au moyen d'options d'achat d'actions de l'entreprise. Ces options leur permettent d'obtenir des actions à des prix inférieurs à la valeur du marché. Plus la valeur du marché des actions est élevée, plus la rémunération de ces gestionnaires l'est. Lorsque le rendement réel de l'entreprise est inférieur aux attentes, les gestionnaires et les propriétaires sont parfois tentés de manipuler le processus de régularisation pour compenser cet écart. Par exemple, les gestionnaires peuvent comptabiliser l'argent recu à titre de produits de la période en cours avant

* Solutions du test d'autoévaluation

	Type de régularisation	Montant	Écriture de journal	Débit	Crédit
ER1	Produits différés	6 000 $ × 1/3 = 2 000 $	Produits différés (–Pa) Produits (+Pr, +CP)	2 000	2 000
ER2	Produits à recevoir	80 $ × 10 = 800 $	Clients (+A) Produits (+Pr, +CP)	800	800
ER3	Charges payées d'avance	24 000 $ × 1/12 = 2 000 $ 2 000 $ × 4 mois = 8 000 $	Assurances (+C, –CP) Charges payées d'avance (–A)	8 000	8 000
ER4	Charges courantes à payer	300 000 $ × 0,05 × 10/12 = 12 500 $	Charges financières (+C, –CP) Intérêts à payer (+Pa)	12 500	12 500

de l'avoir gagné. Ils peuvent aussi ne pas inscrire certaines charges à la fin de la période de façon à augmenter le résultat net.

Aux États-Unis, des études effectuées sur un grand nombre d'entreprises indiquent que certaines adoptent ce comportement. Cette recherche a vu le jour à la suite des poursuites qu'a entamées la Securities and Exchange Commission (SEC) contre des entreprises, et parfois contre leurs vérificateurs. Ces poursuites de la SEC concernent généralement l'inscription de produits qui devraient être reportés à des périodes futures. Dans bon nombre de cas, les entreprises en cause, leurs gestionnaires et leurs vérificateurs sont pénalisés pour ces gestes. De plus, les propriétaires en souffrent, puisque le cours des actions de l'entreprise est touché (à la baisse) à la suite de l'annonce d'une enquête menée par la SEC.

4.2 L'établissement des états financiers

OBJECTIF D'APPRENTISSAGE

3

Présenter l'état du résultat global (incluant le résultat par action), l'état des variations des capitaux propres, l'état de la situation financière et les renseignements supplémentaires sur les flux de trésorerie.

Avant de préparer les états financiers, il faut mettre à jour la balance de vérification afin d'y inclure les régularisations et de déterminer les soldes régularisés des comptes. Dans le tableau 4.2 (*voir la page suivante*) nous avons ajouté quatre nouvelles colonnes. Deux colonnes sont utilisées pour inscrire les régularisations de chacun des comptes touchés. Les deux autres colonnes présentent le solde régularisé de chaque compte, calculé en additionnant (ou en soustrayant) les montants sur chaque ligne. Nous pouvons alors vérifier de nouveau que le total des débits égale le total des crédits. C'est à partir de cette balance de vérification régularisée que nous pouvons préparer l'état du résultat global, l'état des variations des capitaux propres et l'état de la situation financière. Ce tableau nous donne également des renseignements supplémentaires qui sont utiles pour dresser le tableau des flux de trésorerie.

Comme nous l'avons vu au chapitre 1, les états financiers sont interreliés, c'est-à-dire que certains montants d'un état financier se retrouvent dans un autre. Le tableau 4.3 (*voir la page 217*) illustre la manière dont l'information circule entre les états financiers. En partant de la droite, nous pouvons observer :

1. que les produits moins les charges donnent le résultat net de l'état du résultat global ;
2. que le résultat net et les dividendes sont des composantes des résultats non distribués de l'état des variations des capitaux propres ;
3. que les capitaux propres font partie de l'état de la situation financière.

Le tableau 4.3 introduit également une nouvelle notion touchant les comptes du grand livre. Les postes de l'état de la situation financière sont considérés comme des comptes permanents, ce qui signifie que le solde de clôture d'une période devient le solde d'ouverture de la période suivante. Quant à eux, les produits et les charges sont considérés comme des comptes temporaires, c'est-à-dire qu'ils servent durant une période donnée et sont remis à zéro au début de la période suivante. Nous revenons sur cette question dans la section portant sur la clôture des comptes.

TABLEAU 4.2 • **BALANCE DE VÉRIFICATION RÉGULARISÉE**

Pour calculer les soldes régularisés, il faut additionner ou soustraire les montants sur chaque ligne : solde non régularisé +/– régularisation.

LVMH
Balance de vérification
au 31 janvier 2010
(en millions d'euros)

	A	B	C	D	E	F	G
		Non régularisée		Régularisations		Régularisée	
		Débit	Crédit	Débit	Crédit	Débit	Crédit
8	Trésorerie	2 476				2 476	
9	Clients	1 539		ER2 10		1 549	
10	Provision pour dépréciation – clients		62		ER7 7		69
11	Intérêts à recevoir	0		ER3 0,1		0,1	
12	Stocks	5 548			ER8 35	5 513	
13	Impôts sur le résultat	217				217	
14	Charges payées d'avance	1 590			ER5 19	1 571	
15	Fournitures	14			ER4 3	11	
16	Immobilisations corporelles	10 332				10 332	
17	Amortissement cumulé – immobilisations corporelles		4 084		ER6 47,8		4 131,8
18	Marques et autres immobilisations incorporelles, nettes	8 697				8 697	
19	Écarts d'acquisition, nets	4 270				4 270	
20	Impôts différés	521				521	
21	Autres actifs non courants	1 503				1 503	
22	Fournisseurs et charges à payer		1 716		ER9 12		1 728
23	Dette financière à moins d'un an		1 708				1 708
24	Impôts sur le résultat		221		ER10 50		271
25	Dividendes à payer		400				400
26	Provisions à moins d'un an		334				334
27	Produits différés		2 174	ER1 130			2 044
28	Dette financière à plus d'un an		4 227				4 227
29	Provisions à plus d'un an		990				990
30	Impôts différés		3 117				3 117
31	Autres passifs non courants		3 089				3 089
32	Capital social		197				197
33	Primes		1 763				1 763
34	Résultats non distribués		12 439				12 439
35	Autres éléments des capitaux propres	553				553	
36	Intérêts minoritaires		989				989
37	Dividendes	400				400	
38	Ventes		260		ER1 130 ER2 10		400
39	Produits financiers		22		ER3 0,1		22,1
40	Profit sur sortie d'immobilisation		11				11
41	Coût des ventes	96		ER8 35		131	
42	Charges commerciales	7				7	
43	Salaires	40		ER9 3		43	
44	Frais de location	0		ER5 4		4	
45	Fournitures utilisées	0		ER4 3		3	
46	Assurances	0		ER5 15		15	
47	Dépréciation des comptes clients	0		ER7 7		7	
48	Services publics	0		ER9 2		2	
49	Amortissement	0		ER6 47,8		47,8	
50	Charges financières	0		ER9 7		7	
51	Impôts sur le résultat	0		ER10 50		50	
52	**Total**	37 803	37 803	313,9	313,9	37 929,9	37 929,9

TABLEAU 4.3 • RELATIONS ENTRE LES ÉTATS FINANCIERS

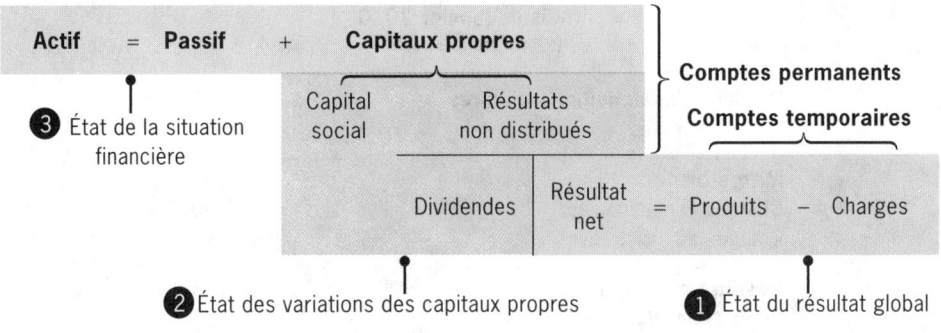

Nous pouvons aussi remarquer que si un montant de l'état du résultat global change, cela a un effet sur les autres états financiers.

Voici une autre façon d'illustrer les relations existant entre les états financiers.

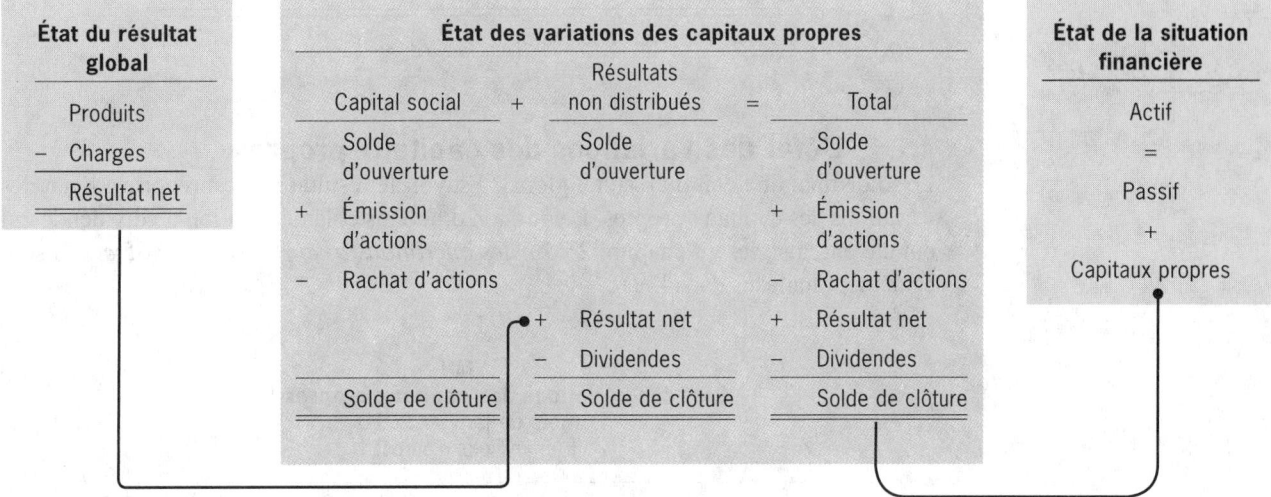

4.2.1 L'état du résultat global

On prépare en tout premier lieu l'état du résultat global, car le résultat net est une composante des résultats non distribués. L'état du résultat global de LVMH pour le mois de janvier 2010 tient compte des opérations qui ont été enregistrées aux chapitres 2 et 3, et des régularisations faites dans le présent chapitre.

Il faut noter que le résultat par action est inscrit à l'état du résultat global. Il est largement utilisé pour évaluer le rendement et la rentabilité de l'entreprise. De plus, il constitue le seul ratio que l'on doit obligatoirement divulguer dans les états financiers ou dans les notes aux états financiers. Le calcul de ce ratio est plutôt complexe, et nous y revenons au chapitre 10. Nous simplifions donc le calcul du résultat par action comme suit :

$$\text{Résultat par action} = \frac{\text{Résultat net}}{\substack{\text{Nombre moyen pondéré d'actions ordinaires} \\ \text{en circulation au cours de la période}}}$$

En fonction du rapport annuel de LVMH pour la période financière 2009, le nombre moyen pondéré d'actions ordinaires en circulation s'élevait à 473 597 075. Pour simplifier, on utilise ce même dénominateur dans le calcul du résultat par action présenté à l'état du résultat global :

Résultat net de 116,3 M€ ÷ 473 597 075 actions = Résultat par action de 0,25 € pour le mois de janvier

LVMH
État du résultat global (fictif)
mois de janvier 2010
(en millions d'euros)

Produits des activités ordinaires	400
Coût des ventes	131
Marge brute	269
Charges commerciales	50
Charges administratives	78,8
Résultat opérationnel	140,2
Produits financiers	22,1
Charges financières	(7)
Autre profit	11
Résultat avant impôts	166,3
Impôts sur le résultat	50
Résultat net	116,3
Résultat par action (en euro)	0,25

4.2.2 L'état des variations des capitaux propres

Le solde final de l'état du résultat global, à savoir le résultat net, est reporté à l'état des variations des capitaux propres. L'émission d'actions et la déclaration du dividende qui ont été enregistrées au chapitre 2 [*voir les opérations a) et f) aux pages 85 et 87*] sont également incluses dans l'état.

LVMH
État des variations des capitaux propres (fictif)
mois de janvier 2010
(en millions d'euros)

	Capital social	Résultats non distribués	Total des capitaux propres
Solde au 1er janvier 2010	147	12 439	12 586
Résultat net		116,3	116,3
Dividendes		(400)	(400)
Émission d'actions	50		50
Solde au 31 janvier 2010	197	12 155,3	12 352,3

4.2.3 L'état de la situation financière

Le solde de clôture du capital social et des résultats non distribués de l'état des variations des capitaux propres se trouvent dans l'état de la situation financière. On remarque aussi que les comptes de sens contraire Amortissement cumulé et Provision pour dépréciation – clients ont été déduits du compte d'actif auquel ils se rapportent afin de refléter la valeur comptable à la fin du mois. Il faut se rappeler que les actifs sont présentés par ordre de trésorerie décroissante et les passifs, par ordre d'exigibilité. Les actifs courants seront transformés en trésorerie au cours de la prochaine période, alors que les passifs courants seront payés.

LVMH
État de la situation financière (fictif)
au 31 janvier 2010
(en millions d'euros)

Actif
Courants

Trésorerie et équivalents de trésorerie	2 476
Créances clients et comptes rattachés	1 480
Stocks et en-cours	5 513
Impôts sur le résultat	217
Autres actifs courants	1 582,1
Actifs courants	11 268,1

Non courants

Immobilisations corporelles, nettes	6 200,2
Marques et autres immobilisations incorporelles, nettes	8 697
Écarts d'acquisition, nets	4 270
Impôts différés	521
Autres actifs non courants	1 503
Actifs non courants	21 191,2
Total de l'actif	**32 459,3**

Passif et capitaux propres
Passif
Courants

Fournisseurs et comptes rattachés	1 728
Dette financière à moins d'un an	1 708
Impôts sur le résultat	271
Dividende à payer	400
Provisions à moins d'un an	334
Autres passifs courants	2 044
Passifs courants	6 485

Non courants

Dette financière à plus d'un an	4 227
Provisions à plus d'un an	990
Impôts différés	3 117
Autres passifs non courants	3 089
Passifs non courants	11 423
Total du passif	**17 908**

Capitaux propres
Capitaux propres attribuables aux propriétaires

Capital	197
Primes	1 763
Résultats non distribués	12 155,3
Autres éléments des capitaux propres	(553)
	13 562,3
Intérêts minoritaires	989
Total des capitaux propres	**14 551,3**
Total du passif et des capitaux propres	**32 459,3**

incidence sur les flux de trésorerie

DES RENSEIGNEMENTS SUPPLÉMENTAIRES SUR LES FLUX DE TRÉSORERIE

Tel que nous l'avons vu dans les chapitres précédents, le tableau des flux de trésorerie explique la différence existant entre les soldes d'ouverture et de clôture du poste Trésorerie de l'état de la situation financière au cours d'une période financière. Plus simplement, le tableau des flux de trésorerie est une liste ordonnée de toutes les opérations qui ont été effectuées au cours d'une période et qui ont influé sur le poste Trésorerie. Les trois composantes du tableau des flux de trésorerie sont les activités opérationnelles, les activités d'investissement et les activités de financement. Comme aucune régularisation faite dans ce chapitre n'a modifié le poste Trésorerie, la variation des flux de trésorerie qui a été calculée au chapitre 3 (*voir la page 153*) n'a pas changé. Toutefois, l'entreprise doit fournir des renseignements supplémentaires sur ses flux de trésorerie. En effet, selon la norme internationale IAS 7 portant sur le tableau des flux de trésorerie, elle doit présenter séparément certains renseignements, dont :

1. les intérêts perçus ou versés ;

2. les dividendes perçus ou versés ;

3. les impôts payés ;

4. les soldes de trésorerie non disponibles pour le groupe.

LVMH divulgue les flux de trésorerie liés à ses intérêts, dividendes reçus et impôts dans la section des activités opérationnelles, alors que les dividendes versés sont classés dans les activités de financement. Aucune note ne mentionne si le montant de la trésorerie est grevé d'une affectation en 2009.

D'autres éléments doivent également être divulgués au sujet des flux de trésorerie. Ils sont étudiés davantage au chapitre 12.

analyse financière

LES FLUX DE TRÉSORERIE PROVENANT DES ACTIVITÉS OPÉRATIONNELLES, LE RÉSULTAT NET ET LA QUALITÉ DU RÉSULTAT

Plusieurs manuels traitant d'analyse financière expliquent aux analystes qu'ils doivent rechercher les comptes de régularisation inhabituels lorsqu'ils tentent de prédire les résultats des périodes financières futures. Ils suggèrent également que d'importantes disparités entre le résultat net et les flux de trésorerie liés aux activités opérationnelles représentent en général un avertissement. Par exemple, Wild et ses collaborateurs précisent ceci :

> Les flux de trésorerie font moins souvent l'objet d'erreurs que le résultat net. Les comptes de régularisation qui déterminent le résultat net dépendent des estimations, des reports, des ventilations et des évaluations. Ces estimations amènent généralement plus de subjectivité que les facteurs qui déterminent les flux de trésorerie. Pour cette raison, nous établissons régulièrement un lien entre les flux de trésorerie et le résultat net lorsque nous évaluons la qualité de celui-ci. Certains utilisateurs considèrent que les résultats sont de qualité supérieure quand le ratio des flux de trésorerie liés aux activités opérationnelles divisés par le résultat net est élevé. Cela provient du fait que l'entreprise pourrait utiliser des critères de comptabilisation des produits ou des charges produisant un résultat net élevé, mais des flux de trésorerie faibles*.

Le ratio de la qualité du résultat sera expliqué au chapitre 12.

* John J. WILD, K. R. SUBRAMANYAM, Robert F. HALSEY, *Financial Statement Analysis*, 8th ed., New York, McGraw-Hill/Irwin, 2004, p. 394. [Traduction libre]

analysons les ratios

LE POURCENTAGE DE LA MARGE NETTE

Au chapitre 2, nous avons expliqué le taux d'adéquation du capital pour comprendre comment la direction a recours à la dette pour accroître ses actifs, lesquels lui permettront d'augmenter son chiffre d'affaires. Au chapitre 3, nous avons étudié le taux de rotation de l'actif total pour analyser l'efficacité de la direction à générer un chiffre d'affaires à partir de ses actifs. À présent, examinons un troisième ratio, à savoir le pourcentage de la marge nette, pour vérifier l'efficacité de la direction à contrôler ses produits et ses charges dans le but de générer davantage de revenus pour ses actionnaires. Nous regroupons ensuite ces trois ratios pour faire une analyse globale du rendement des capitaux propres au chapitre 5.

1. **Question d'analyse**

Quelle est l'efficacité de la direction à engendrer un résultat positif pour chaque dollar de vente ?

2. **Ratio et comparaison**

OBJECTIF
D'APPRENTISSAGE

Calculer et interpréter le pourcentage de la marge nette.

$$\text{Pourcentage de la marge nette} = \frac{\text{Résultat net}}{\text{Chiffre d'affaires net}}$$

Le pourcentage de LVMH pour la période financière 2009 est le suivant :

$$\frac{1\ 755\ \text{M€}}{17\ 053\ \text{M€}} = 0,103\ (10,3\%)$$

Analyse de la tendance dans le temps			Comparaison avec les compétiteurs	
LVMH			PPR	Richemont
2007	2008	2009	2009	2010
12,2 %	11,8 %	10,3 %	6,0 %	11,7 %

Comparons	
Pourcentage de la marge nette	
Quebecor	7,3 %
Rogers	12,6 %
Telus	10,4 %

3. **Interprétation des résultats**

EN GÉNÉRAL ◊ La marge nette mesure combien rapporte chaque dollar de ventes. Une marge nette qui augmente révèle une gestion plus efficace des ventes et des charges. Les différences que l'on peut observer entre les secteurs proviennent de la nature des produits ou des services ; et de l'intensité de la concurrence. Par ailleurs, les différences entre les entreprises d'un même secteur reflètent la manière dont chaque entreprise réagit aux changements en ce qui concerne la demande de produits ou de services ainsi qu'aux changements qui surviennent dans la gestion du volume des ventes, du prix de vente et des coûts. Les analystes financiers s'attendent à ce que les entreprises bien gérées maintiennent ou améliorent leur marge nette avec le temps.

LVMH ◊ La marge nette de LVMH a diminué depuis 2007, ce qui suggère des difficultés liées au contrôle des ventes et des charges qui s'y rattachent. Dans son rapport de gestion, la direction de LVMH explique cette situation par différents facteurs, selon le secteur d'activité, dont l'effet du taux de change, la hausse des charges administratives, les coûts de réorganisation commerciale et la dépréciation d'investissements.

PPR, plus important concurrent de LVMH dans le secteur des produits de luxe, a une marge nette moins élevée (6,0 %). Cette différence suppose une plus grande efficacité de LVMH dans ses activités de gestion que PPR. Par contre, LVMH a une marge nette moins élevée que Richemont, entreprise plus petite que ses deux concurrents, et dont les activités sont moins diversifiées que celles de LVMH et PPR. Ces écarts s'expliquent également en raison des stratégies d'affaires différentes adoptées par chacune des entreprises.

QUELQUES PRÉCAUTIONS ◊ Les décisions que prend la direction pour maintenir la marge nette de l'entreprise peuvent avoir des conséquences négatives à long terme. Les analystes doivent décortiquer davantage le ratio pour cerner les tendances concernant chacune des composantes des produits et des charges, en divisant chaque élément de l'état du résultat global par les ventes nettes. Les changements qui surviennent dans le pourcentage des composantes individuelles du résultat net procurent de l'information additionnelle sur les stratégies de la direction.

4.3 La clôture des comptes

4.3.1 La fin du cycle comptable

Le solde de clôture de chaque compte de l'état de la situation financière (actif, passif et capitaux propres) devient le solde d'ouverture de la période suivante. Ces comptes ne sont pas soldés (mis à zéro) à la fin du cycle comptable. Par exemple, le solde de clôture du compte Trésorerie d'une période doit être égal au solde d'ouverture du compte Trésorerie de la période suivante. La seule occasion où un compte de l'état de la

OBJECTIF
D'APPRENTISSAGE

Expliquer le processus de clôture des comptes.

Comptes permanents
Comptes d'actif, de passif et de capitaux propres. Leur solde est reporté d'une période à l'autre.

Comptes temporaires
Comptes servant à l'enregistrement des produits et des charges d'une période financière. Ces comptes sont soldés à la fin de chaque période.

Sommaire des résultats
Compte temporaire où sont virés les soldes des comptes de produits et de charges à la fin d'une période en vue de déterminer le résultat net de la période.

Écritures de clôture
Écritures journalisées à la fin de l'exercice afin de virer les soldes des comptes de produits et de charges au compte Sommaire des résultats et, de là, au compte Résultats non distribués ou Capital[6].

situation financière a un solde nul est quand celui-ci ne représente plus une dette ou une ressource. Les comptes de l'état de la situation financière sont considérés comme des **comptes permanents**.

De leur côté, les comptes de produits et de charges sont souvent appelés « comptes de résultats » ou « **comptes temporaires** », puisqu'on les utilise afin d'accumuler des données sur la seule période en cours. À la fin de chaque période financière, leurs soldes sont virés (ou clôturés) dans le compte **Sommaire des résultats**. Ce virement périodique des soldes des comptes de résultats dans le compte Sommaire des résultats et, de là, dans le compte Résultats non distribués, s'effectue à l'aide des écritures de clôture.

Les **écritures de clôture** ont deux objectifs :
1. Transférer le résultat net dans le compte Sommaire des résultats et, de là, dans le compte Résultats non distribués ;
2. Établir un solde nul dans chacun des comptes temporaires pour commencer la période suivante.

Ainsi, les comptes de l'état du résultat global sont de nouveau prêts pour que soient enregistrées les opérations de la période suivante. Les écritures de clôture se font à la date du dernier jour de la période au journal général et sont immédiatement reportées dans le grand livre (ou dans les comptes en T). Les comptes temporaires ayant un solde créditeur sont clôturés en les débitant ; les comptes temporaires ayant un solde débiteur sont clôturés en les créditant. La différence entre le total des soldes créditeurs et le total des soldes débiteurs représente le résultat net de la période.

Ce processus de clôture des comptes comporte quatre étapes :
1. La clôture de chacun des comptes de produits (les comptes de l'état du résultat global ayant un solde créditeur) ;
2. La clôture de chacun des comptes de charges (les comptes de l'état du résultat global ayant un solde débiteur) ;
3. La clôture du compte Sommaire des résultats ;
4. La clôture du compte Dividendes.

Pour illustrer le processus de clôture, passons les écritures de clôture pour LVMH au 31 janvier 2010, bien que les entreprises ne procèdent à la clôture des comptes qu'à la fin de la période financière annuelle et non chaque mois. Tous les montants proviennent de la balance de vérification régularisée (*voir le tableau 4.2 à la page 216*).
1. La clôture de chacun des comptes de produits

Ventes (–Pr)	400	
Produits financiers (–Pr)	22,1	
Profit sur sortie d'immobilisation (–Pr)	11	
Sommaire des résultats		433,1

---

6 *Ibid.*

2. La clôture de chacun des comptes de charges

Sommaire des résultats	316,8	
Coût des ventes (–C)		131
Charges commerciales (–C)		7
Salaires (–C)		43
Frais de location (–C)		4
Fournitures utilisées (–C)		3
Assurances (–C)		15
Dépréciation des comptes clients (–C)		7
Services publics (–C)		2
Amortissement (–C)		47,8
Charges financières (–C)		7
Impôts sur le résultat (–C)		50

3. La clôture du compte Sommaire des résultats

Sommaire des résultats	116,3*	
Résultats non distribués (+CP)		116,3

* 433,1 M€ – 316,8 M€ = 116,3 M€

4. La clôture du compte Dividendes

Résultats non distribués	400	
Dividendes		400

Les comptes Dividendes (pour les sociétés par actions) et Retraits (pour les autres sociétés) sont également des comptes temporaires qu'il faut fermer dans le compte Résultats non distribués ou Capital des propriétaires à la fin de l'année financière.

4.3.2 La balance de vérification après la clôture des comptes

Après avoir achevé le processus de clôture, tous les comptes de résultats ont un solde nul. Ces comptes sont ainsi prêts pour l'inscription des produits et des charges de la nouvelle période financière. Le solde de clôture du compte Résultats non distribués est maintenant à jour; il correspond au montant apparaissant à l'état de la situation financière et devient le solde d'ouverture de la période financière suivante. La dernière étape du cycle comptable consiste à dresser une **balance de vérification après clôture** (*voir le tableau 4.4 à la page 225*) pour vérifier l'égalité des débits et des crédits ainsi que la clôture de tous les comptes temporaires.

Balance de vérification après clôture
Liste des comptes du grand livre établie après avoir procédé à la clôture des comptes afin de vérifier que les crédits sont égaux aux débits et que tous les comptes temporaires ont un solde de zéro.

4

Voici une balance de vérification régularisée d'une société de jouets. Tous les montants sont en millions de dollars. Inscrivez les écritures de clôture à la fin du cycle comptable.

	Débit	Crédit
Trésorerie	2 003	
Clients	146	
Bâtiment	6 719	
Amortissement cumulé		1 984
Autres actifs	3 334	
Fournisseurs		991
Effets à payer		1 349
Autres passifs		2 656
Capital social		437
Résultats non distribués		3 698
Ventes		11 565
Produits financiers		15
Profit sur sortie d'actif		3
Coût des ventes	7 849	
Charges commerciales et administratives	3 022	
Amortissement	348	
Autres charges opérationnelles	85	
Charges financières	142	
Impôts sur le résultat	50	
Total	23 698	23 698

Vérifiez votre réponse à l'aide de la solution présentée en bas de page*.

---

* Solution du test d'autoévaluation

ÉCRITURE DE JOURNAL

Ventes...	11 565	
Produits financiers	15	
Profit sur sortie d'actif.........................	3	
Sommaire des résultats		11 583

ÉCRITURE DE JOURNAL

Sommaire des résultats........................	11 496	
Coût des ventes		7 849
Charges commerciales et administratives		3 022
Amortissement.............................		348
Autres charges opérationnelles..............		85
Charges financières.........................		142
Impôts sur le résultat		50

ÉCRITURE DE JOURNAL

Sommaire des résultats........................	87*	
Résultats non distribués.....................		87

* 11 583 M$ – 11 496 M$ = 87 M$

TABLEAU 4.4 • BALANCE DE VÉRIFICATION APRÈS CLÔTURE

	A	F	G	H	I
1			LVMH		
2			Balance de vérification		
3			au 31 janvier 2010		
4			(en millions d'euros)		
5					
6		Régularisée		Après clôture	
7		Débit	Crédit	Débit	Crédit
8	Trésorerie	2 476		2 476	
9	Clients	1 549		1 549	
10	Provision pour dépréciation – clients		69		69
11	Intérêts à recevoir	0,1		0,1	
12	Stocks	5 513		5 513	
13	Impôts sur le résultat	217		217	
14	Charges payées d'avance	1 571		1 571	
15	Fournitures	11		11	
16	Immobilisations corporelles	10 332		10 332	
17	Amortissement cumulé – immobilisations corporelles		4 131,8		4 131,8
18	Marques et autres immobilisations incorporelles, nettes	8 697		8 697	
19	Écarts d'acquisition, nets	4 270		4 270	
20	Impôts différés	521		521	
21	Autres actifs non courants	1 503		1 503	
22	Fournisseurs et charges à payer		1 728		1 728
23	Dette financière à moins d'un an		1 708		1 708
24	Impôts sur le résultat		271		271
25	Dividendes à payer		400		400
26	Provisions à moins d'un an		334		334
27	Produits différés		2 044		2 044
28	Dette financière à plus d'un an		4 227		4 227
29	Provisions à plus d'un an		990		990
30	Impôts différés		3 117		3 117
31	Autres passifs non courants		3 089		3 089
32	Capital social		197		197
33	Primes		1 763		1 763
34	Résultats non distribués		12 439		12 155,3
35	Autres éléments des capitaux propres	553		553	
36	Intérêts minoritaires		989		989
37	Dividendes	400		0	
38	Ventes		400		0
39	Produits financiers		22,1		0
40	Profit sur sortie d'immobilisation		11		0
41	Coût des ventes	131		0	
42	Charges commerciales	7		0	
43	Salaires	43		0	
44	Frais de location	4		0	
45	Fournitures utilisées	3		0	
46	Assurances	15		0	
47	Dépréciation des comptes clients	7		0	
48	Services publics	2		0	
49	Amortissement	47,8		0	
50	Charges financières	7		0	
51	Impôts sur le résultat	50		0	
52	**Total**	37 929,9	37 929,9	37 213,1	37 213,1

Actif (lignes 8 à 21)

Passif (lignes 22 à 31)

Capitaux propres (lignes 32 à 37)

Produits (lignes 38 à 40)

Charges (lignes 41 à 51)

Le résultat net de 116,3 M€ et le dividende de 400 M€ sont clôturés dans le compte Résultats non distribués.

analyse financière

LES PRODUITS DIFFÉRÉS ET LES CHARGES PAYÉES D'AVANCE : LA STRATÉGIE DE PRÉSENTATION DE L'INFORMATION FINANCIÈRE

La plupart des régularisations que nous avons étudiées dans ce chapitre (par exemple, la ventilation des assurances payées d'avance ou la détermination des produits financiers) comportent des calculs directs et exigent peu de jugement de la part des comptables de l'entreprise. Aux chapitres suivants, nous abordons de nombreuses autres régularisations qui demandent des estimations difficiles et complexes concernant l'avenir. Elles incluent notamment l'évaluation de la capacité des clients à rembourser leurs créances, la durée d'utilité des nouvelles machines ainsi que les montants futurs qu'une entreprise peut devoir sur les garanties des marchandises qu'elle a vendues. Chacune de ces estimations et plusieurs autres peuvent avoir des effets importants sur le résultat net que présentent les entreprises.

Quand les analystes tentent d'évaluer les entreprises en fonction des données de l'état de la situation financière et de l'état du résultat global, ils jugent la valeur des estimations utilisées pour évaluer les produits et les charges. Les entreprises qui formulent des estimations relativement pessimistes ayant pour effet de réduire le résultat net actuel respectent des stratégies prudentes de présentation de l'information financière. Les analystes chevronnés accordent plus de crédibilité à ces rapports prudents portant sur le rendement. Les montants des résultats que ces entreprises inscrivent sont souvent dits «de qualité supérieure», car ils subissent moins l'influence de l'optimisme naturel de la direction. On estime que les entreprises qui formulent régulièrement des estimations optimistes entraînant la présentation d'un résultat net plus élevé sont plus dynamiques. Les analystes considèrent toutefois que la mesure des résultats de ces entreprises est moins fiable.

ANALYSONS UN CAS

On examine pour la dernière fois les activités de la société Efficacité à la fin du cycle comptable : le processus de régularisation des comptes, l'établissement des états financiers et le processus de clôture des comptes. Aucune régularisation n'a été apportée aux comptes pour refléter tous les produits gagnés et les charges engagées au cours du mois de juin. La balance de vérification de la société Efficacité au 30 juin 2012, basée sur les soldes avant régularisations (provenant du chapitre 3), est la suivante :

	A	B	C
1	**Efficacité**		
2	**Balance de vérification non régularisée**		
3	**au 30 juin 2012** (en dollars canadiens)		
4		**Non régularisée**	
5		**Débit**	**Crédit**
6	Trésorerie	5 032	
7	Clients	1 700	
8	Charges payées d'avance	300	
9	Terrain	3 750	
10	Matériel	4 600	
11	Amortissement cumulé – matériel		0
12	Fournisseurs		220
13	Salaires à payer		0
14	Charges courantes à payer		0
15	Intérêts à payer		0
16	Effets à payer		3 700

17	Impôts à payer		0
18	Produits différés		1 600
19	Capital social		9 000
20	Résultats non distribués		0
21	Services d'entretien de pelouses		5 200
22	Produits financiers		12
23	Salaires	3 900	
24	Essence	410	
25	Assurances	0	
26	Services publics	0	
27	Amortissement – matériel	0	
28	Charges financières	40	
29	Impôts sur le résultat	0	
30	**Total**	19 732	19 732

L'information suivante est fournie à la fin du cycle comptable :

a) Un montant de 1 600 $, reçu de la Ville au début du mois de juin (inscrit à titre de Produits différés) pour quatre mois de service (de juin à septembre), est partiellement gagné à la fin du mois de juin.

b) Une assurance coûtant 300 $ et couvrant une période de six mois (de juin à novembre) payée par la société Efficacité au début du mois de juin (Charges payées d'avance) a été partiellement utilisée en juin.

c) Les tondeuses, les coupe-bordures, les râteaux et les outils manuels (Matériel) ont été utilisés et doivent être amortis. La société évalue à 300 $ la charge d'amortissement annuel.

d) Les salaires ont été payés jusqu'au 28 juin inclusivement. Les salaires gagnés en juin par les employés, mais que la société n'a pas encore payés, s'élèvent à 200 $ la journée.

e) Une ligne téléphonique supplémentaire a été installée au mois de juin. La facture de téléphone de 52 $ (y compris le raccordement et les frais d'utilisation) a été reçue et payée en juillet.

f) Les intérêts se sont accumulés sur l'effet à payer au taux annuel de 6 %.

g) Le taux d'imposition estimatif de la société Efficacité est de 25 % pour les impôts fédéraux et provinciaux combinés.

Travail à faire

1. Pour chaque information fournie de a) à g), déterminez le type de régularisation requise, le montant de la régularisation et passez les écritures de régularisation pour le mois de juin 2012.

2. Préparez une balance de vérification régularisée.

3. Utilisez les montants régularisés pour dresser l'état du résultat global, l'état des variations des capitaux propres et l'état de la situation financière. Présentez le résultat par action. La société a 1 500 actions en circulation.

4. Passez les écritures de clôture au 30 juin 2012.

5. Calculez le pourcentage de la marge nette de l'entreprise pour le mois de juin.

Solutions suggérées

1. La passation des écritures de régularisation

a) Un montant de 1 600 $, reçu de la Ville au début du mois de juin (inscrit à titre de Produits différés) pour quatre mois de service (de juin à septembre), est partiellement gagné à la fin du mois de juin.

Étape 1 : Déterminez le type de régularisation.

Étape 2 : Calculez le montant.

Étape 3 : Passez l'écriture de régularisation.

Produits différés

1 600 $ ÷ 4 mois = 400 $ gagnés
par mois

Les produits différés sont surévalués de 400 $ et les services d'entretien de pelouses sont sous-évalués de 400 $.

ÉQUATION COMPTABLE

Actif	=	Passif	+	Capitaux propres	
		Produits différés	−400	Services d'entretien de pelouses	+400

ÉCRITURE DE JOURNAL

Produits différés (−Pa). 400

    Services d'entretien de pelouses (+Pr, +CP). 400

Vérifications :   Actif = Passif (−400 $) + Capitaux propres (+400 $)
               Débits 400 $ = Crédits 400 $

b) Une assurance coûtant 300 $ et couvrant une période de six mois (de juin à novembre) payée par la société Efficacité au début du mois de juin (Charges payées d'avance) a été partiellement utilisée en juin.

Étape 1 : Déterminez le type de régularisation.

Étape 2 : Calculez le montant.

Étape 3 : Passez l'écriture de régularisation.

Charges payées d'avance

300 $ ÷ 6 mois = 50 $ engagés
par mois

Les charges payées d'avance sont surévaluées de 50 $ et les charges d'assurances sont sous-évaluées du même montant.

ÉQUATION COMPTABLE

Actif		=	Passif	+	Capitaux propres	
Charges payées d'avance	−50				Assurances	−50

ÉCRITURE DE JOURNAL

Assurances (+C, −CP) 50

    Charges payées d'avance (−A) 50

Vérifications :   Actif (−50 $) = Passif + Capitaux propres (−50 $)
               Débits 50 $ = Crédits 50 $

c) Les tondeuses, les coupe-bordures, les râteaux et les outils manuels (Matériel) ont été utilisés et doivent être amortis. La société évalue à 300 $ la charge d'amortissement annuelle.

Étape 1 : Déterminez le type de régularisation.

Étape 2 : Calculez le montant.

Étape 3 : Passez l'écriture de régularisation.

Charges estimatives

300 $ × 1/12 = 25 $ d'amortissement
par mois

Le coût d'utilisation des immobilisations doit être imputé à chaque période.

ÉQUATION COMPTABLE

Actif	=	Passif	+	Capitaux propres
Amortissement cumulé – matériel −25				Amortissement −25

ÉCRITURE DE JOURNAL

Amortissement (+C, –CP)................................	25	
Amortissement cumulé – matériel (+XA, –A)..................		25

Vérifications :   Actif (–25 $) = Passif + Capitaux propres (–25 $)
Débits 25 $ = Crédits 25 $

d)   Les salaires ont été payés jusqu'au 28 juin inclusivement. Les salaires gagnés en juin par les employés, mais que la société n'a pas encore payés, s'élèvent à 200 $ la journée.

Étape 1 : Déterminez le type de régularisation.   Charges courantes à payer
Étape 2 : Calculez le montant.   2 jours × 200 $/jour = 400 $
                                                    engagés en juin
Étape 3 : Passez l'écriture de régularisation.   Les salaires et les salaires à payer sont sous-évalués de 400 $.

ÉQUATION COMPTABLE

Actif	=	Passif	+	Capitaux propres
		Salaires à payer +400		Salaires −400

ÉCRITURE DE JOURNAL

Salaires (+C, –CP).................................	400	
Salaires à payer (+Pa)..................................		400

Vérifications :   Actif = Passif (+400 $) + Capitaux propres (–400 $)
Débits 400 $ = Crédits 400 $

e)   Une ligne téléphonique supplémentaire a été installée au mois de juin. La facture de téléphone de 52 $ (y compris le raccordement et les frais d'utilisation) a été reçue et payée en juillet.

Étape 1 : Déterminez le type de régularisation.   Charges courantes à payer
Étape 2 : Calculez le montant.   Information donnée : 52 $
Étape 3 : Passez l'écriture de régularisation.   Les charges de téléphone et les charges courantes à payer sont sous-évaluées de 52 $.

ÉQUATION COMPTABLE

Actif	=	Passif	+	Capitaux propres
		Charges courantes à payer +52		Services publics −52

ÉCRITURE DE JOURNAL

Services publics (+C, –CP)..............................	52	
Charges courantes à payer (+Pa)		52

Vérifications :   Actif = Passif (+52 $) + Capitaux propres (–52 $)
Débits 52 $ = Crédits 52 $

f) Les intérêts se sont accumulés sur l'effet à payer au taux annuel de 6 %.

Étape 1 : Déterminez le type de régularisation.   Charges courantes à payer
Étape 2 : Calculez le montant.   Emprunt × Taux × Durée = Intérêts
3 700 $ × 6 % × 1/12 = 18 $
(arrondi)

Étape 3 : Passez l'écriture de régularisation.

ÉQUATION COMPTABLE

Actif	=	**Passif**	+	**Capitaux propres**
		Intérêts à payer +18		Charges financières −18

ÉCRITURE DE JOURNAL

Charges financières (+C, −CP) 18		
Intérêts à payer (+Pa)		18

Vérifications :   Actif = Passif (+18 $) + Capitaux propres (−18 $)
                  Débits 18 $ = Crédits 18 $

g) Le taux d'imposition estimatif pour la société Efficacité est de 25 % pour les impôts fédéraux et provinciaux combinés.

Étape 1 : Déterminez le type de régularisation.   Charges courantes à payer
Étape 2 : Calculez le montant.

	Produits	**Charges**	
Totaux non régularisés	5 212 $	4 350 $	(voir le chapitre 3)
a)	400		
b)		50	
c)		25	
d)		400	
e)		52	
f)		18	
	5 612 $	− 4 895 $	= 717 $

717 $ × 25 % = 179 $ (arrondi)

Étape 3 : Passez l'écriture de régularisation.   La charge d'impôts et les impôts à payer sont sous-évalués de 179 $.

ÉQUATION COMPTABLE

Actif	=	**Passif**	+	**Capitaux propres**
		Impôts à payer +179		Impôts sur le résultat −179

ÉCRITURE DE JOURNAL

Impôts sur le résultat (+C, −CP) 179		
Impôts à payer (+Pa)		179

Vérifications :   Actif = Passif (+179 $) + Capitaux propres (−179 $)
                  Débits 179 $ = Crédits 179 $

2. La balance de vérification régularisée

	A	B	C	D	E	F	G
1		Efficacité					
2		Balance de vérification					
3		au 30 juin 2012					
		(en dollars canadiens)					
4		Non régularisée		Régularisations		Régularisée	
5		Débit	Crédit	Débit	Crédit	Débit	Crédit
6	Trésorerie	5 032				5 032	
7	Clients	1 700				1 700	
8	Charges payées d'avance	300			b) 50	250	
9	Terrain	3 750				3 750	
10	Matériel	4 600				4 600	
11	Amortissement cumulé – matériel		0		c) 25		25
12	Fournisseurs		220				220
13	Salaires à payer		0		d) 400		400
14	Charges courantes à payer		0		e) 52		52
15	Intérêts à payer		0		f) 18		18
16	Effets à payer		3 700				3 700
17	Impôts à payer		0		g) 179		179
18	Produits différés		1 600	a) 400			1 200
19	Capital social		9 000				9 000
20	Résultats non distribués		0				0
21	Services d'entretien de pelouses		5 200		a) 400		5 600
22	Produits financiers		12				12
23	Salaires	3 900		d) 400		4 300	
24	Essence	410				410	
25	Assurances	0		b) 50		50	
26	Services publics	0		e) 52		52	
27	Amortissement – matériel	0		c) 25		25	
28	Charges financières	40		f) 18		58	
29	Impôts sur le résultat	0		g) 179		179	
30	**Total**	19 732	19 732	1 124	1 124	20 406	20 406

3. Les états financiers

Efficacité
État du résultat global
mois de juin 2012
(en dollars canadiens)

Produits	
Services d'entretien de pelouses	5 600
Charges	
Salaires	4 300
Essence	410
Assurances	50
Services publics	52
Amortissement	25
Résultat opérationnel	763
Produits financiers	12
Charges financières	(58)
Résultat avant impôts	717
Impôts sur le résultat	179
Résultat par action	0,36

→ (538 $ divisé par 1 500 actions en circulation)

Efficacité
État des variations des capitaux propres
mois de juin 2012
(en dollars canadiens)

	Capital social	Résultats non distribués	Total des capitaux propres
Solde au 1er juin 2012	–	–	–
Résultat net		538	538
Émission d'actions	9 000		9 000
Solde au 30 juin 2012	9 000	538	9 538

Efficacité
État de la situation financière
au 30 juin 2012
(en dollars canadiens)

Actif		Passif	
Courants		**Courants**	
Trésorerie	5 032	Fournisseurs	220
Clients	1 700	Impôts à payer	179
Charges payées d'avance	250	Intérêts à payer	18
Actifs courants	6 982	Charges courantes à payer	52
		Salaires à payer	400
Non courants		Produits différés	1 200
Matériel, net	4 575	Effets à payer	3 700
Terrain	3 750	Passifs courants	5 769
Actifs non courants	8 325	**Total du passif**	5 769
		Capitaux propres	
		Capital social	9 000
		Résultats non distribués	538
		Total des capitaux propres	9 538
Total de l'actif	15 307	**Total du passif et des capitaux propres**	15 307

4. Les écritures de clôture
   a) La clôture des comptes de produits

Services d'entretien de pelouses (–Pr)	5 600	
Produits financiers (–Pr)	12	
Sommaire des résultats		5 612

   b) La clôture des comptes de charges

Sommaire des résultats	5 074	
Essence (–C)		410
Salaires (–C)		4 300
Assurances (–C)		50
Services publics (–C)		52
Amortissement – matériel (–C)		25
Charges financières (–C)		58
Impôts sur le résultat (–C)		179

   c) La clôture du compte Sommaire des résultats

Sommaire des résultats	538	
Résultats non distribués (5 612 $ – 5 074 $)		538

Quand ces écritures sont reportées dans le grand livre, tous les comptes temporaires ont un solde nul et sont prêts pour l'enregistrement de la période suivante. Il faut toutefois se rappeler que le processus de clôture des comptes survient uniquement à la fin de la période financière annuelle et non chaque mois.

5. Le pourcentage de la marge nette

$$\frac{\text{Résultat net}}{\text{Chiffre d'affaires net}} = 538\,\$ \div 5\,600\,\$ = 9{,}6\,\% \text{ pour le mois de juin}$$

POINTS SAILLANTS DU CHAPITRE

1. Expliquer l'objectif du processus de régularisation des comptes, et analyser les écritures nécessaires pour régulariser les postes de l'état de la situation financière et de l'état du résultat global à la fin d'une période financière (*voir la page 201*).

Il faut passer les écritures de régularisation à la fin de la période financière pour bien mesurer le résultat de la période, corriger les erreurs et assurer une évaluation appropriée des comptes figurant à l'état de la situation financière. L'analyse comporte trois étapes :

Étape 1   Déterminer le type de régularisation :
- Produits différés – Encaissements comptabilisés dans un compte de passif et qui doivent être régularisés en fonction des produits gagnés durant la période.

- **Produits à recevoir** – Produits gagnés durant une période mais non encore comptabilisés (l'encaissement aura lieu plus tard).
- **Charges payées d'avance** – Décaissements comptabilisés dans un compte d'actif qui doivent être régularisés pour comptabiliser les charges engagées durant la période.
- **Charges estimatives** – Charges engagées durant la période et qui doivent faire l'objet d'une estimation pour en déterminer le montant.
- **Charges courantes à payer** – Charges engagées durant une période mais non encore comptabilisées (le décaissement aura lieu plus tard).

Étape 2 Calculer le montant du produit gagné ou de la charge engagée.

Étape 3 Passer l'écriture de régularisation nécessaire pour régulariser les soldes des comptes.

---

2. **Reconnaître l'utilité de la balance de vérification** (*voir la page 203*).

La balance de vérification est une liste de tous les comptes du grand livre ainsi que de leur solde créditeur ou débiteur, présentée dans un format à deux colonnes. Elle permet de vérifier l'égalité des débits et des crédits. La balance de vérification peut être donnée :
- non régularisée (avant que les régularisations soient apportées) ;
- régularisée (après que les régularisations ont été effectuées) ;
- après clôture (après que les comptes temporaires ont été soldés).

La passation des écritures de régularisation n'a aucun effet sur le compte Trésorerie.

---

3. **Présenter l'état du résultat global (incluant le résultat par action), l'état des variations des capitaux propres, l'état de la situation financière et les renseignements supplémentaires sur les flux de trésorerie** (*voir la page 215*).

On utilise les soldes des comptes après régularisation pour dresser les états financiers :
- État du résultat global : Produits – Charges = Résultat net (y compris le résultat par action calculé au moyen du résultat net divisé par le nombre moyen pondéré d'actions ordinaires en circulation au cours de la période)
- État des variations des capitaux propres : (Résultats non distribués à l'ouverture + Résultat net – Dividendes) + (Capital social à l'ouverture + Émission d'actions – Rachat d'actions) = Solde des capitaux propres
- État de la situation financière : Actif = Passif + Capitaux propres
- Renseignements sur les flux de trésorerie : intérêts payés, impôts payés et dividendes versés

---

4. **Calculer et interpréter le pourcentage de la marge nette** (*voir la page 221*).

Le pourcentage de la marge nette (Résultat net ÷ Chiffre d'affaires net) permet de mesurer l'efficacité de la direction à produire un résultat positif pour chaque dollar de vente. Un pourcentage de la marge nette à la hausse révèle une gestion plus efficace des ventes et des charges.

---

5. **Expliquer le processus de clôture des comptes** (*voir la page 221*).

Les comptes temporaires (produits et charges) sont clôturés à la fin de la période pour mettre leur solde à zéro. Ainsi, ils deviennent disponibles pour enregistrer les opérations de la période suivante. Pour clôturer ces comptes, il faut :
- débiter chacun des comptes de produits et créditer le compte Sommaire des résultats ;
- créditer chacun des comptes de charges et débiter le compte Sommaire des résultats ;
- verser le solde du compte Sommaire des résultats au compte Résultats non distribués ;
- créditer le compte Dividendes et débiter le compte Résultats non distribués.

Dans ce chapitre, nous avons expliqué les principales étapes du cycle comptable qui se déroulent à la fin de chaque période financière. Ces étapes incluent les processus de régularisation des comptes, d'établissement des états financiers et de clôture des comptes, ce dernier permettant de préparer les livres pour la période suivante. Cette fin du cycle comptable interne marque le début du processus de communication de l'information comptable aux utilisateurs externes.

Au chapitre 5, nous étudierons de plus près les états financiers. Nous examinerons également le processus de diffusion de l'information financière auprès des analystes financiers, des investisseurs, des organismes de réglementation et du public en général, ainsi que le rôle de chacun dans l'analyse et l'interprétation de l'information. Ces explications vous aideront à consolider une bonne partie des connaissances que vous avez acquises dans les chapitres précédents au sujet du processus de présentation de l'information financière.

Ratio clé

Le pourcentage de la marge nette permet de mesurer l'efficacité de la direction à produire un résultat positif pour chaque dollar de vente. Un pourcentage en hausse ou élevé révèle que l'entreprise gère ses ventes et ses charges efficacement. On le calcule ainsi (*voir les pages 220 et 221*):

$$\text{Pourcentage de la marge nette} = \frac{\text{Résultat net}}{\text{Chiffre d'affaires net}}$$

Pour trouver l'information financière

ÉTAT DE LA SITUATION FINANCIÈRE

Actifs courants
Produits à recevoir :
  Intérêts à recevoir
  Loyer à recevoir
Charges payées
  d'avance :
  Fournitures
  Assurances payées
    d'avance
Charges estimatives :
  Provision pour
    dépréciation –
    comptes clients
  Amortissement
    cumulé

Passifs courants
Charges courantes
  à payer :
  Intérêts à payer
  Salaires à payer
  Services publics
    à payer
  Impôts à payer
Produits différés

ÉTAT DU RÉSULTAT GLOBAL

Produits
Augmentés par les écritures de régularisation

Charges
Augmentées par les écritures de régularisation

Résultat avant impôts
Calcul de la charge d'impôts de la période

Résultat net

ÉTAT DES VARIATIONS DES CAPITAUX PROPRES

Le processus de régularisation des comptes n'a aucune incidence particulière sur cet état financier.

NOTES

Renseignements supplémentaires sur les flux de trésorerie
Intérêts payés, impôts payés et dividendes versés

TABLEAU DES FLUX DE TRÉSORERIE

Les écritures de régularisation n'ont pas d'effet sur la trésorerie.

Mots clés

4

ACTIVITÉS D'APPRENTISSAGE

QUESTIONS

1. Quel est l'objectif des écritures de régularisation?
2. Qu'est-ce qu'une balance de vérification? Quel en est l'objectif?
3. Décrivez cinq types d'écritures de régularisation et donnez un exemple de chacun.
4. Qu'est-ce qu'un compte de sens contraire? Donnez-en un exemple.
5. Décrivez la relation existant entre les états financiers.
6. Quelle est l'équation correspondant à chacun des états suivants: a) l'état du résultat global, b) l'état de la situation financière, c) le tableau des flux de trésorerie d) l'état des variations des capitaux propres?
7. Expliquez l'effet des écritures de régularisation sur la trésorerie.
8. Comment calcule-t-on le résultat par action et comment l'interprète-t-on?
9. Comment calcule-t-on le pourcentage de la marge nette et comment l'interprète-t-on?
10. Comparez une balance de vérification non régularisée et une balance de vérification régularisée. Quel est l'objectif de chacune?
11. Quel est l'objectif des écritures de clôture?
12. Établissez la différence entre les comptes permanents et les comptes temporaires.
13. Pourquoi les comptes de l'état du résultat global sont-ils clôturés alors que ceux de l'état de la situation financière ne le sont pas?
14. Qu'est-ce qu'une balance de vérification après clôture? Constitue-t-elle une partie utile du cycle comptable? Expliquez votre réponse.

QUESTIONS À CHOIX MULTIPLES

1. Parmi les comptes suivants, lequel n'apparaît pas dans une écriture de clôture?
   a) Produits financiers
   b) Amortissement cumulé
   c) Résultats non distribués
   d) Salaires

2. Parmi les comptes suivants, lequel est le moins susceptible d'apparaître dans une écriture de régularisation?
   a) Trésorerie
   b) Intérêts à recevoir
   c) Charges payées d'avance
   d) Salaires à payer

3. Le 1er octobre 2011, la société Surtou paie la prime d'assurance annuelle de 6 000 $ pour son immeuble et enregistre l'opération dans le compte Assurances payées d'avance. À la fin de sa période financière, le 31 décembre, quelle écriture de régularisation devra-t-elle comptabiliser?
   a) Assurances (+C) 4 500
       Assurances payées d'avance (–A) ...   4 500
   b) Assurances payées d'avance (+A) 1 500
       Assurances (–C) 1 500
   c) Assurances (+C) 1 500
       Assurances payées d'avance (–A) ...   1 500
   d) Assurances payées d'avance (+A) 4 500
       Assurances (–C) 4 500

4. Le 1er mars 2012, la société Crocolait a signé un effet à payer de 100 000 $ au taux de 4 %, payable dans trois ans. Les intérêts sont versés le 1er mars de chaque année à compter de 2013. Quelle est la charge financière qui devra être comptabilisée le 31 décembre 2012?
   a) 4 000 $
   b) 3 333 $
   c) 3 000 $
   d) 1 500 $

5. Quel effet aura l'absence d'une écriture de régularisation pour enregistrer la charge salariale engagée à la fin de la période financière?
   a) Une surévaluation de l'actif et des capitaux propres
   b) Une surévaluation de l'actif et du passif
   c) Une sous-évaluation des charges, du passif et des capitaux propres
   d) Une sous-évaluation des charges et du passif, et une surévaluation des capitaux propres

6. Complétez l'énoncé. Une balance de vérification régularisée:
   a) montre les soldes débiteurs et créditeurs des comptes avant l'enregistrement des écritures de régularisation;
   b) est préparée après l'enregistrement des écritures de clôture;
   c) est un outil qu'utilisent les analystes financiers pour évaluer la performance des entreprises publiques;
   d) montre les soldes débiteurs et créditeurs des comptes après l'enregistrement des écritures de régularisation.

7. Parmi les énoncés suivants au sujet de l'amortissement, lequel est faux?
   a) Puisque la valeur d'un immeuble diminue avec le temps, il faut le déprécier.
   b) L'amortissement est une charge estimative permettant de répartir le coût d'un immeuble sur la durée d'utilité de celui-ci.
   c) L'amortissement réduit les capitaux propres.
   d) L'amortissement cumulé réduit la valeur comptable de l'actif.

8. Au début de l'année 2012, la société Beauplan avait en main des fournitures d'une valeur de 1 000 $. Durant l'année 2012, la société a acheté des fournitures au montant de 6 200 $ (payées comptant et comptabilisées dans le compte Fournitures). Au 31 décembre 2012, un dénombrement des fournitures en main révèle que la société détient des fournitures d'un montant de 1 600 $. L'écriture de régularisation que la société Beauplan devra comptabiliser au 31 décembre 2012 pour ajuster le compte Fournitures comprend un:
   a) crédit de 5 600 $ au compte Fournitures utilisées;
   b) crédit de 1 600 $ au compte Fournitures;
   c) débit de 1 600 $ au compte Fournitures;
   d) débit de 5 600 $ au compte Fournitures utilisées.

9. Quel ratio les entreprises doivent-elles obligatoirement divulguer dans leurs états financiers?
   a) Le taux d'adéquation du capital
   b) Le pourcentage de la marge nette
   c) Le taux de rotation de l'actif total
   d) Le résultat par action

10. Si une entreprise réussit à réduire ses charges opérationnelles tout en maintenant son chiffre d'affaires, quel sera l'effet sur le pourcentage de la marge nette?
    a) Le pourcentage ne changera pas.
    b) Le pourcentage augmentera.
    c) Le pourcentage diminuera.
    d) a) ou c)

MINI-EXERCICES

L'établissement d'une balance de vérification

M4-1
2
10 minutes

Le grand livre de la société Leblanc présentait les comptes régularisés suivants au 30 juin 2012 (en milliers de dollars canadiens):

Fournisseurs	200	Charges financières	70
Clients	370	Produits financiers	60
Charges courantes à payer	160	Stocks	660
Amortissement cumulé	250	Terrain	300
Immeubles et matériel	1 400	Dette non courante	1 360
Trésorerie	150	Charges payées d'avance	30
Capital social	400	Salaires	640
Coût des ventes	880	Ventes	2 500
Amortissement	150	Frais de location	460
Impôts sur le résultat	110	Résultats non distribués	150
Impôts à payer	50	Produits différés	90

Travail à faire

Établissez une balance de vérification régularisée selon le format approprié pour la société Leblanc au 30 juin 2012.

L'association de définitions et de termes

M4-2
1
10 minutes

Associez chacune des définitions au terme correspondant. Écrivez la lettre appropriée dans l'espace prévu.

Définition		Terme
_____	1. Produit non gagné, mais déjà encaissé	A. Charge courante à payer
_____	2. Fournitures de bureau en magasin à utiliser au cours de la prochaine période financière	B. Charge payée d'avance
_____	3. Produit de location encaissé, mais non gagné	C. Charge estimative
_____	4. Charge due à la dépréciation des comptes clients	D. Produit à recevoir
_____	5. Loyer non recouvré, mais déjà gagné	E. Produit différé
_____	6. Charge engagée, mais non payée	
_____	7. Charge non engagée, mais déjà payée	
_____	8. Impôts fonciers engagés, mais non payés	
_____	9. Produit gagné, mais non encaissé	
_____	10. Charge due à l'utilisation des immobilisations	

M4-3
 1
5 minutes

L'association d'opérations et de types de régularisation

Associez chacune des opérations au type de régularisation correspondant. Écrivez la lettre appropriée dans l'espace prévu.

Opération		Type de régularisation
_____	1. À la fin de la période financière, une partie des salaires gagnés par les employés, d'un montant de 5 600 $, n'avaient pas encore été comptabilisés et payés.	A. Charge courante à payer
_____	2. Des intérêts de 250 $ sur un effet à recevoir avaient été gagnés à la fin de la période, bien que le recouvrement des intérêts ne soit pas exigible avant la prochaine période.	B. Charge payée d'avance
_____	3. À la fin de la période financière, un amortissement de 3 000 $ a été calculé pour refléter l'utilisation des immobilisations.	C. Charge estimative
_____	4. À la fin de la période, la somme de 2 000 $ avait été encaissée pour des services non rendus.	D. Produit à recevoir
_____	5. Des fournitures de bureau d'une valeur de 500 $ avaient été achetées durant la période. À la fin de la période, des fournitures d'une valeur de 100 $ n'avaient pas encore été utilisées.	E. Produit différé

M4-4
 1
10 minutes

La passation d'écritures de régularisation

Pour chacune des opérations suivantes de la société Linéaire, passez l'écriture de régularisation requise pour la période financière terminée le 31 décembre 2012 en utilisant la démarche décrite dans ce chapitre.

a) Encaissement d'un loyer de 2 700 $ pour la période allant du 1er décembre 2012 au 1er mars 2013, encaissement qui a été crédité au compte Produits différés le 1er décembre 2012.

b) Paiement de 3 800 $ pour une prime d'assurance de deux ans à partir du 1er juillet 2012 ; le compte Charges payées d'avance a été débité de ce montant.

c) Achat au comptant d'une machine d'une valeur de 32 000 $ le 1er janvier 2010. La société évalue la charge annuelle d'amortissement à 3 000 $.

5 minutes

L'effet des écritures de régularisation sur les états financiers

Pour chacune des opérations de l'exercice M4-4, indiquez le montant et l'effet des écritures de régularisation sur les éléments de l'état de la situation financière et de l'état du résultat global. (Écrivez + pour une augmentation et – pour une diminution. S'il n'y a aucun effet, écrivez AE.)

Opération	État de la situation financière			État du résultat global		
	Actif	Passif	Capitaux propres	Produits	Charges	Résultat net
a)						
b)						
c)						

10 minutes

La passation d'écritures de régularisation

Pour chacune des opérations suivantes de la société Linéaire, passez l'écriture de régularisation requise pour la période financière terminée le 31 décembre 2012 en utilisant la démarche décrite dans ce chapitre.

a) Réception d'une facture de 320 $ pour l'électricité consommée en décembre. Cette facture sera payée en janvier 2013.

b) Salaires à payer à 10 employés qui ont travaillé trois jours à la fin du mois de décembre pour 150 $ par jour pour chacun. L'entreprise paiera ces employés à la fin de la première semaine de janvier 2013.

c) Le 1er septembre 2012, l'entreprise a prêté 5 000 $ à un cadre qui remboursera ce prêt dans un an au taux d'intérêt annuel de 3 %.

5 minutes

L'effet des écritures de régularisation sur les états financiers

Pour chacune des opérations de l'exercice M4-6, indiquez le montant et l'effet des écritures de régularisation sur les éléments de l'état de la situation financière et de l'état du résultat global. (Écrivez + pour une augmentation et – pour une diminution. S'il n'y a aucun effet, écrivez AE).

Opération	État de la situation financière			État du résultat global		
	Actif	Passif	Capitaux propres	Produits	Charges	Résultat net
a)						
b)						
c)						

10 minutes

L'établissement d'un état du résultat global

La balance de vérification régularisée de la société Verticale au 31 décembre 2012 apparaît ci-dessous. Aucun dividende n'a été déclaré. Cependant, 500 actions supplémentaires ont été émises le 1er juillet 2012, et ce, pour un montant de 3 000 $.

	Débit	Crédit
Trésorerie	1 500 $	
Clients	2 000	
Intérêts à recevoir	100	
Charges payées d'avance	1 600	
Effets à recevoir non courants	2 800	
Matériel	15 000	
Amortissement cumulé – matériel		3 000 $
Fournisseurs		2 400

	Débit	Crédit
Charges courantes à payer		3 920 $
Impôts à payer		2 700
Produits différés		500
Capital social (800 actions)		3 700
Résultats non distribués		2 000
Ventes		37 450
Produits financiers		100
Produits de location		750
Salaires	19 000 $	
Amortissement	1 800	
Services publics	320	
Assurances	700	
Loyer	9 000	
Impôts sur le résultat	2 700	
Total	56 520 $	56 520 $

Travail à faire
Dressez l'état du résultat global pour la période close le 31 décembre 2012. Calculez le résultat par action.

10 minutes

L'établissement d'un état des variations des capitaux propres
Reportez-vous à l'exercice M4-8. Dressez un état des variations des capitaux propres pour la période close le 31 décembre 2012.

10 minutes

L'établissement d'un état de la situation financière et l'effet des régularisations sur les flux de trésorerie
1. Reportez-vous à l'exercice M4-8 et dressez un état de la situation financière au 31 décembre 2012.
2. Expliquez de quelle manière les régularisations qui ont été effectuées aux exercices M4-4 et M4-6 influent sur les activités opérationnelles, les activités d'investissement et les activités de financement du tableau des flux de trésorerie.

10 minutes

L'analyse du pourcentage de la marge nette
Calculez le résultat net en vous basant sur la balance de vérification de l'exercice M4-8. Calculez le pourcentage de la marge nette de la société Verticale.

10 minutes

La passation des écritures de clôture
Reportez-vous à la balance de vérification régularisée de l'exercice M4-8 et passez les écritures de clôture nécessaires au 31 décembre 2012.

EXERCICES

15 minutes

L'établissement d'une balance de vérification
La société Mada Marketing offre des services de recherche en marketing aux entreprises du secteur de la vente au détail. Les soldes des comptes de la société avant régularisation en date du 30 septembre 2013 sont présentés à la page suivante.

Amortissement cumulé – immeubles et matériel		Charges courantes à payer	
	18 100		25 650

Trésorerie		Charges administratives		Stock de fournitures	
163 000		320 050		12 200	

Salaires		Charges payées d'avance		Charges financières	
1 590 000		10 200		17 200	

Clients		Honoraires gagnés		Résultats non distribués	
225 400		2 564 200			?

Impôts à payer		Frais de déplacement		Immeubles et matériel	
	2 030	23 990		323 040	

Services publics		Profit sur sortie d'immobilisation		Produits différés	
25 230			5 000		32 500

Produits financiers		Fournisseurs		Terrain	
	10 800		86 830	60 000	

Charges commerciales		Capital social		Frais de développement	
188 000			223 370	18 600	

Effets à payer		Frais de location (pour les ordinateurs)		Placements	
	160 000	152 080		145 000	

Travail à faire

Dressez une balance de vérification non régularisée pour la société Mada Marketing en date du 30 septembre 2013.

E4-2

⊕ 1•2•5

15 minutes

Hewlett-Packard

La balance de vérification non régularisée

Hewlett-Packard Company est une société qui évolue dans le secteur des technologies de l'information. Elle conçoit et distribue du matériel, des logiciels, des solutions et des services aux consommateurs et aux entreprises. Vous trouverez ci-après une balance de vérification dans laquelle sont énumérés les comptes de la société. Supposez que ces comptes n'ont pas été régularisés à la fin de la récente période financière qui s'est terminée le 31 octobre.

Hewlett-Packard Company Balance de vérification non régularisée au 31 octobre (en millions de dollars)		
	Débit	**Crédit**
Trésorerie	14 200	
Placements	400	
Clients	11 900	
Stocks	6 000	
Autres actifs courants	8 500	
Immobilisations	13 300	
Amortissement cumulé – immobilisations		6 800
Immobilisations incorporelles	16 300	
Autres actifs non courants	10 900	
Effets à payer courants		1 000
Fournisseurs		9 300
Charges courantes à payer		11 000
Produits différés		3 700
Impôts à payer		1 600
Dette non courante		6 500
Autres passifs non courants		3 800
Capital social		24 600
Résultats non distribués		10 700
Ventes de marchandises		58 900
Produits tirés des services		13 700
Produits financiers		500
Coût des ventes	43 700	
Coût des services rendus	10 000	
Charges financières	200	
Charges commerciales et administratives	11 000	
Frais de recherche et développement	3 700	
Autres frais opérationnels	1 600	
Perte sur sortie de placements	100	
Impôts sur le résultat	300	
Total	**152 100**	**152 100**

Travail à faire

1. En vous basant sur l'information fournie par la balance de vérification non régularisée, déterminez quels sont les types de régularisation nécessaires, et nommez les comptes de l'état de la situation financière et de l'état du résultat global qui devront être ajustés au 31 octobre (aucun calcul n'est requis). Vous devrez formuler certaines hypothèses.

2. Quels comptes devront être clôturés à la fin de la période? Expliquez votre réponse.

La passation d'écritures de régularisation

La première année d'activité de la société Levant s'est terminée le 31 décembre 2012. Toutes les écritures de la période financière 2012 ont été passées, sauf les suivantes :

a) À la fin de la période financière, les employés ont gagné des salaires s'élevant à 6 000 $, salaires qui leur seront versés à la prochaine paie, le 6 janvier 2013.

b) À la fin de la période financière, l'entreprise a gagné 3 000 $ en intérêts. Elle recevra cet argent le 1er mars 2013.

Travail à faire

1. Quelle est la période financière de cette entreprise ?

2. En utilisant la démarche décrite dans ce chapitre, analysez chaque opération et passez l'écriture de régularisation requise. Pour chaque écriture, indiquez les dates et rédigez une brève explication.

3. Pourquoi a-t-on effectué ces régularisations ?

La passation d'écritures de régularisation

La comptable de la société Chiasson passe des écritures de régularisation pour la période financière qui s'est terminée le 31 décembre 2013. Lorsqu'elle a recueilli de l'information à ce sujet, elle a appris ce qui suit :

a) La société a payé 3 600 $ une prime d'assurance de deux ans commençant le 1er septembre 2013.

b) Le 31 décembre 2013, dans les livres et les autres documents de l'entreprise, la comptable a trouvé les données suivantes relatives aux fournitures :

Fournitures en magasin au 1er janvier 2013	9 000 $
Achat de fournitures au cours de 2013	60 000
Fournitures en magasin selon l'inventaire, au 31 décembre 2013	20 000

Travail à faire

1. En utilisant la démarche décrite dans ce chapitre, passez l'écriture de régularisation au 31 décembre 2013 pour ajuster les comptes liés aux assurances. Supposez que la prime a été payée le 1er septembre 2013 et que le commis-comptable a alors débité la totalité du montant du compte Charges payées d'avance.

2. En utilisant la démarche décrite dans ce chapitre, passez l'écriture de régularisation au 31 décembre 2013 pour ajuster les comptes liés aux fournitures. Supposez que les achats de fournitures ont été débités au compte Stock de fournitures.

3. Quels montants devraient apparaître à l'état du résultat global de la période financière 2013 pour les comptes Assurances et Fournitures ?

4. Quels montants devraient être inscrits pour les postes Charges payées d'avance et Stock de fournitures de l'état de la situation financière au 31 décembre 2013 ?

L'effet des écritures de régularisation sur les états financiers
Reportez-vous aux exercices E4-3 et E4-4.

Travail à faire

Pour chacune des opérations des exercices E4-3 et E4-4, indiquez le montant et l'effet des écritures de régularisation sur les postes de l'état de la situation financière et de l'état du résultat global. Remplissez le tableau ci-après. (Écrivez + pour une augmentation et − pour une diminution. S'il n'y a aucun effet, écrivez AE.)

	État de la situation financière			État du résultat global		
Opération	Actif	Passif	Capitaux propres	Produits	Charges	Résultat net
E4-3 a)						
E4-3 b)						
E4-4 a)						
E4-4 b)						

E4-6

20 minutes

La passation d'écritures de régularisation

La période financière du magasin Véronique se termine le 31 décembre 2013. Les opérations qui ont été effectuées au cours de 2013 ont été passées dans le journal général et reportées dans les comptes du grand livre. En ce qui concerne les écritures de régularisation, les données suivantes sont disponibles :

a) Le compte Stock de fournitures de bureau au 1er janvier 2013 était de 350 $. Les fournitures de bureau achetées et débitées du compte Stock de fournitures de bureau pendant la période s'élevaient à 500 $. Les fournitures en magasin à la fin de la période s'élevaient à 275 $.

b) Les salaires gagnés au cours du mois de décembre 2013, non payés et non inscrits le 31 décembre ; 2013, s'élevaient à 2 500 $. La dernière paie a été effectuée le 28 décembre, et la prochaine aura lieu le 6 janvier 2014.

c) Les trois quarts du sous-sol du magasin sont loués 1 600 $ par mois à un autre commerçant, Marc Rondeau. Celui-ci vend des produits compatibles, mais non concurrents, avec ceux du magasin Véronique. Le 1er novembre 2013, le magasin Véronique a reçu de Marc Rondeau une avance de 9 600 $ pour six mois de loyer. La totalité de la somme a été créditée au compte Produits différés.

d) Le reste du sous-sol est loué à la boutique Rita 480 $, payables chaque mois. Le 31 décembre 2013, les loyers de novembre et de décembre 2013 n'avaient été ni perçus, ni inscrits. Le paiement est prévu le 10 janvier 2014.

e) Le magasin utilise du matériel de livraison d'une valeur de 30 000 $. On estime la charge d'amortissement annuelle à 5 000 $.

f) Le 1er juillet 2013, une prime d'assurance de deux ans s'élevant à 2 200 $ a été payée au comptant et débitée en totalité du compte Charges payées d'avance. L'assurance en question a pris effet le 1er juillet 2013.

g) Le magasin Véronique dispose d'un atelier de réparation pour ses propres besoins. Cet atelier dépanne également Marc Rondeau. Le 31 décembre 2013, ce dernier devait 800 $ à l'atelier. Cette somme n'a toujours pas été inscrite dans le compte Produits tirés de l'atelier de réparation. Marc Rondeau devrait payer sa dette au cours du mois de janvier 2014.

Travail à faire

1. Pour chaque opération, indiquez s'il s'agit d'un produit différé, d'un produit à recevoir, d'une charge payée d'avance, d'une charge estimative ou d'une charge courante à payer.

2. En vous basant sur la démarche décrite dans ce chapitre, pour chaque situation, passez l'écriture de régularisation requise au 31 décembre 2013.

E4-7

20 minutes

La passation d'écritures de régularisation

La période financière de la société Au fil de l'eau se termine le 30 novembre 2012. Les opérations qui ont été effectuées au cours de la période 2012 ont été passées dans le journal général et reportées dans les comptes du grand livre. En ce qui concerne les écritures de régularisation, les données suivantes sont disponibles :

a) À la fin du mois de novembre, la société a rangé pour l'hiver (nettoyé et enveloppé) trois bateaux. Elle n'a facturé ses clients qu'en décembre, pour la somme de 2 100 $.

b) La famille Bédard a versé 3 400 $ le 1er novembre 2012 à la société pour entreposer son voilier jusqu'au 1er mai 2013. La totalité de la somme a été créditée au compte Produits différés.

c) Les salaires gagnés au cours du mois de novembre 2012, non payés et non inscrits le 30 novembre 2012, s'élevaient à 2 800 $. La prochaine paie aura lieu le 6 décembre 2012.

d) Le 1er octobre 2012, la société a payé 1 200 $ une publicité de 12 semaines dans le journal local ; elle a débité le compte Charges payées d'avance de la totalité de la somme. À la fin du mois de novembre, il reste encore trois semaines de parution.

e) La société utilise de l'équipement ayant coûté 230 000 $ pour manipuler les bateaux. On estime la charge d'amortissement annuelle à 23 000 $.

f) Le compte Stock de fournitures au 1er décembre 2011 était de 15 500 $. Les fournitures achetées et débitées de ce compte pendant la période s'élevaient à 46 000 $. Les fournitures en main à la fin de la période s'élevaient à 12 400 $.

g) Le 1er avril 2012, la société a emprunté de 150 000 $ au taux d'intérêt annuel de 5 % pour agrandir son entrepôt. Elle doit payer les intérêts chaque trimestre. Elle en a déjà versé le 1er juillet et le 1er octobre.

Travail à faire

1. Pour chaque opération, indiquez s'il s'agit d'un produit différé, d'un produit à recevoir, d'une charge payée d'avance, d'une charge estimative ou d'une charge courante à payer.

2. En vous basant sur la démarche décrite dans ce chapitre, pour chaque situation, passez l'écriture de régularisation requise au 30 novembre 2012.

E4-8
1
15 minutes

L'effet des écritures de régularisation sur les états financiers
Reportez-vous à l'exercice E4-6.

Travail à faire

Pour chacune des opérations de l'exercice E4-6, indiquez le montant et l'effet des écritures de régularisation sur les éléments de l'état de la situation financière et de l'état du résultat global. Remplissez le tableau ci-dessous. (Écrivez + pour une augmentation et − pour une diminution. S'il n'y a aucun effet, écrivez AE.)

| Opération | État de la situation financière | | | État du résultat global | | |
	Actif	Passif	Capitaux propres	Produits	Charges	Résultat net
a)						
b)						
c)						
etc.						

E4-9
1
15 minutes

L'effet des écritures de régularisation sur les états financiers
Reportez-vous à l'exercice E4-7.

Travail à faire

Pour chacune des opérations de l'exercice E4-7, indiquez le montant et l'effet des écritures de régularisation sur les éléments de l'état de la situation financière et de l'état du résultat global. Remplissez le tableau ci-dessous. (Écrivez + pour une augmentation et – pour une diminution. S'il n'y a aucun effet, écrivez AE.)

| Opération | État de la situation financière | | | État du résultat global | | |
	Actif	Passif	Capitaux propres	Produits	Charges	Résultat net
a)						
b)						
c)						
etc.						

La passation d'écritures de régularisation et d'écritures de clôture

La société Cuisine Robert utilise les comptes suivants :

Code	Compte	Code	Compte
A	Trésorerie	J	Capital social
B	Stock de fournitures de bureau	K	Résultats non distribués
C	Clients	L	Services rendus
D	Matériel de bureau	M	Produits financiers
E	Amortissement cumulé – matériel	N	Salaires
F	Effets à payer	O	Amortissement – matériel
G	Salaires à payer	P	Charges financières
H	Intérêts à payer	Q	Fournitures
I	Produits différés	R	Sommaire des résultats

Travail à faire

Pour chacune des neuf situations indépendantes décrites ci-dessous, passez une écriture de journal en utilisant le ou les codes, et le ou les montants appropriés. La première opération est donnée à titre d'exemple.

Opération	Débit Code	Débit Montant	Crédit Code	Crédit Montant
a) Salaires gagnés par les employés, non inscrits et non payés à la fin de la période, 400 $.	N	400	G	400
b) Services encaissés, mais non rendus, 800 $.				
c) Dividendes déclarés et payés pendant la période, 900 $.				
d) Amortissement de la période, 1 000 $.				
e) Services gagnés, mais non perçus à la fin de la période, 600 $.				
f) Stock de fournitures de bureau à l'ouverture, 400 $; stock de fournitures de bureau à la clôture, 150 $.				
g) À la fin de la période financière, intérêts sur effets à payer non inscrits, non payés, 220 $.				
h) Solde du compte Services rendus à la clôture, 62 000 $; passez l'écriture de clôture en fin de période.				
i) Solde du compte Charges financières à la clôture, 420 $; passez l'écriture de clôture en fin de période.				

L'effet des écritures de régularisation sur les états financiers

La société Montréal Cité a commencé ses activités le 1er janvier 2013. Nous sommes aujourd'hui le 31 décembre 2013, fin de la période financière. Le commis-comptable qui travaille à temps partiel a besoin de votre aide pour analyser les trois opérations suivantes :

a) Le 1er janvier 2013, la société a acheté une machine spéciale qu'elle a payée 12 000 $ comptant. On a estimé la charge d'amortissement à 1 200 $ par année.

b) Au cours de la période financière 2013, la société a acheté des fournitures de bureau coûtant 1 400 $. En fin de période, il restait 400 $ de fournitures de bureau en main.

c) Le 1er juillet 2013, la société a payé 400 $ au comptant une prime d'assurance de deux ans pour la machine spéciale. La couverture d'assurance a pris effet le jour même.

Travail à faire

Remplissez le tableau ci-dessous en y écrivant les montants appropriés.

Postes de l'état de la situation financière au 31 décembre 2013	Montant
Actif	
Matériel	_____ $
Amortissement cumulé – matériel	_____
Valeur comptable du matériel	_____
Stock de fournitures de bureau	_____
Assurances payées d'avance	_____
Postes de l'état du résultat global pour la période close le 31 décembre 2013	
Charges	
Amortissement	_____ $
Fournitures de bureau	_____
Assurances	_____

L'effet des écritures de régularisation sur les états financiers

Opération 1 : Le 1er avril 2012, l'entreprise Brières et Filles a reçu d'un client, en règlement d'une créance, un effet de 20 000 $ portant intérêt au taux de 6 %. Selon les modalités du contrat, le capital et les intérêts sont payables dans un an. La période financière de Brières et Filles se termine le 31 décembre 2012.

Opération 2 : Le 1er août 2012, pour pallier un découvert de trésorerie, Brières et Filles a obtenu un prêt bancaire de 20 000 $ au taux d'intérêt de 5 %. Le capital et les intérêts sont payables dans six mois.

Travail à faire

Pour chaque date mentionnée, indiquez le montant et l'effet des opérations sur les éléments de l'état de la situation financière et de l'état du résultat global. Remplissez le tableau ci-dessous. (Écrivez + pour une augmentation et – pour une diminution. S'il n'y a aucun effet, écrivez AE.)

	État de la situation financière			État du résultat global		
Date	Actif	Passif	Capitaux propres	Produits	Charges	Résultat net
Opération 1 : 2012-04-01						
2012-12-31						
2013-03-31						
Opération 2 : 2012-08-01						
2012-12-31						
2013-01-31						

E4-13

1

15 minutes

La déduction des opérations

L'un de vos amis vous demande de l'aider à bien comprendre les différentes opérations pouvant toucher certains comptes de passif. Il vous communique les données suivantes :

Impôts à payer			
	71	Solde d'ouverture	
a) ?	332		b)
	80	Solde de clôture	

Dividendes à payer			
	43	Solde d'ouverture	
c) ?	176		d)
	48	Solde de clôture	

Intérêts à payer			
	45	Solde d'ouverture	
e) 297	?		f)
	51	Solde de clôture	

Travail à faire

1. Déterminez la nature de chaque opération, de a) à f). En somme, quelles activités font augmenter ou diminuer ces comptes?

2. Calculez les chiffres manquants pour les opérations a), c) et f).

E4-14

1 • 3

30 minutes

L'effet des erreurs sur les états financiers

La société Neville publie des livres sur le cinéma et la chanson. Voici la liste des erreurs qui ont été commises lors de la régularisation de ses comptes à la fin de la période financière (le 31 décembre), erreurs qui ont pu être retracées :

a) On estime l'amortissement du matériel, dont le coût est de 150 000 $, à 15 000 $. Cet amortissement n'a pas été comptabilisé.

b) On a omis de régulariser le compte Produits différés pour refléter le montant de 1 500 $ gagné à la fin de la période.

c) On a comptabilisé une année complète d'intérêts sur un effet à payer de 15 000 $ au taux d'intérêt de 4 %. Cet effet a été signé le 1er novembre.

d) On a omis de régulariser le compte Assurances payées d'avance pour refléter qu'un montant de 600 $ représente la prime d'assurance utilisée en décembre.

e) On n'a pas enregistré le loyer de 1 400 $ dû par la société Epsilon, laquelle loue une partie de l'immeuble de la société Neville.

Travail à faire

1. Pour chaque erreur, rédigez l'écriture de régularisation qui a été passée, s'il y a lieu, et celle qui aurait dû être passée à la fin de la période financière.

2. Remplissez le tableau ci-après en indiquant le montant et l'effet de chaque erreur, c'est-à-dire la différence entre l'écriture qui a été passée ou non et l'écriture qui aurait dû être passée. (Écrivez SU si l'effet surévalue le poste, SO si l'effet sous-évalue le poste et AE s'il n'y a aucun effet.)

Opération	État de la situation financière			État du résultat global		
	Actif	Passif	Capitaux propres	Produits	Charges	Résultat net
a)						
b)						
c)						
etc.						

E4-15

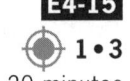

1•3

20 minutes

L'effet des écritures de régularisation sur l'état du résultat global et l'état de la situation financière

Le 31 décembre 2012, la société Ferland a dressé un état du résultat global et un état de la situation financière, mais elle a omis quatre écritures de régularisation. Établi à partir de ces données incorrectes, l'état du résultat global présentait un résultat avant impôts de 60 000 $. L'état de la situation financière (avant l'effet des impôts) reflétait un actif total de 180 000 $, un passif de 80 000 $ et des capitaux propres de 100 000 $. Vous trouverez ci-dessous les données relatives aux quatre écritures de régularisation.

a) La charge d'amortissement de 16 000 $ sur le matériel, dont le coût est de 170 000 $, n'a pas été enregistrée.

b) Des salaires totalisant 34 000 $ pour les trois derniers jours de décembre 2012 n'ont été ni payés, ni inscrits (la prochaine paie sera versée le 10 janvier 2013).

c) Des revenus de location de 9 600 $ pour des bureaux loués du 1er décembre 2012 au 28 février 2013 ont été perçus le 1er décembre 2012. La totalité de cette somme, soit 9 600 $, a été créditée au compte Produits différés.

d) Les impôts n'ont pas été inscrits. Le taux d'imposition de cette société est de 25 %.

Travail à faire

Remplissez le tableau ci-dessous pour corriger les quatre erreurs qui ont été commises (indiquez les déductions entre parenthèses).

Compte	Résultat net	Total de l'actif	Total du passif	Capitaux propres
Soldes reportés	60 000 $	180 000 $	80 000 $	100 000 $
a) Amortissement				
b) Salaires				
c) Produits de location				
Soldes régularisés				
d) Impôts				
Soldes corrigés				

E4-16

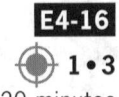

1•3

20 minutes

La passation d'écritures de régularisation et l'établissement d'un état du résultat global et d'un état de la situation financière

Le 31 décembre 2013, la commis-comptable de la société Médor a dressé l'état du résultat global et l'état de la situation financière ci-après, mais elle a négligé de tenir compte de trois écritures de régularisation.

	Montant inscrit	Effet des écritures de régularisation	Montant corrigé
État du résultat global			
Produits	98 000 $	_____	_____
Charges	(72 000)	_____	_____
Impôts sur le résultat	_____	_____	_____
Résultat net	26 000	_____	_____
État de la situation financière			
Actif			
Trésorerie	20 000	_____	_____
Clients	22 000	_____	_____
Loyers à recevoir		_____	_____
Matériel	50 000	_____	_____
Amortissement cumulé – matériel	(10 000)	_____	_____
	82 000	_____	_____
Passif			
Fournisseurs	10 000	_____	_____
Impôts à payer		_____	_____
Capitaux propres			
Capital social	40 000	_____	_____
Résultats non distribués	32 000	_____	_____
	82 000	_____	_____

Voici quelques précisions concernant les trois écritures de régularisation :

a) L'amortissement de 4 500 $ du matériel n'a pas été inscrit pour la période financière 2013.

b) Les produits de location de 1 500 $ gagnés en décembre 2013 n'ont été ni perçus, ni inscrits.

c) La charge d'impôts pour l'exercice 2013 n'a été ni payée, ni inscrite. Elle s'élevait à 5 100 $.

Travail à faire

1. Passez les trois écritures de régularisation qui ont été omises. Utilisez les postes apparaissant à l'état du résultat global et à l'état de la situation financière.

2. Remplissez les deux colonnes de droite du tableau précédent pour présenter les montants justes à l'état du résultat global et à l'état de la situation financière.

E4-17

1•3•4

30 minutes

L'établissement d'un état du résultat global, le résultat par action et le pourcentage de la marge nette

La société Xéna inc. a terminé sa première année d'activité le 31 décembre 2012. Puisqu'il s'agit de la fin de la période financière, le commis-comptable de l'entreprise a dressé l'état du résultat global provisoire de la page suivante.

État du résultat global, 2012	
Produits de location	109 000 $
Charges	
Salaires	26 500
Frais d'entretien	12 000
Frais de gestion	8 800
Services publics	4 300
Gaz et essence	3 000
Autres charges	1 000
Total des charges	55 600
Résultat	53 400 $

Vous êtes un expert-comptable engagé par l'entreprise pour analyser son système comptable et examiner ses états financiers. Au cours de votre vérification, vous avez relevé les données suivantes :

a) Les salaires des trois derniers jours du mois de décembre, totalisant 560 $, n'ont été ni inscrits, ni payés.

b) La facture de téléphone de décembre 2012, de 440 $, n'a été ni inscrite, ni payée.

c) L'amortissement des voitures de location, totalisant 24 000 $ pour l'année 2012, n'a pas été inscrit.

d) Les intérêts sur un effet à payer de 15 000 $ daté du 1er octobre 2012 et échéant dans un an n'ont pas été inscrits. Les intérêts de 4 % doivent être payés à la date d'échéance de l'effet.

e) Le compte Produits différés comprend un montant de 4 100 $ représentant les loyers du mois de janvier 2013.

f) Les frais d'entretien ne comprennent pas les fournitures de 1 100 $ utilisées durant l'année 2012.

g) La charge d'impôts s'élève à 5 800 $ et sera versée durant l'année 2013.

Travail à faire

1. Selon vous, pour chaque élément, quelle écriture de régularisation la société Xéna devrait-elle passer au journal général au 31 décembre 2012 ? Si vous n'en voyez aucune, expliquez votre réponse.

2. Dressez un état du résultat global pour la période close le 31 décembre 2012, incluant le résultat par action. Supposez que 7 000 actions sont en circulation. Présentez vos calculs.

3. Calculez le pourcentage de la marge nette en vous basant sur les données corrigées. Qu'est-ce que ce ratio vous indique ? Si le pourcentage de la marge nette moyenne de ce secteur est de 18 %, que pouvez-vous conclure à propos de la société Xéna ?

E4-18

 **1•2**
20 minutes

La passation d'écritures de régularisation et la balance de vérification régularisée

La société Cacouna a dressé la balance de vérification suivante à la fin de sa première année d'activité, se terminant le 31 décembre 2013. Pour simplifier ce cas, les montants sont exprimés en milliers de dollars.

Voici les données non inscrites au 31 décembre 2013 :

a) Assurance arrivée à échéance le 31 décembre 2013 : 5 $

b) Amortissement de la période financière 2013 : 7 $

c) Salaires à payer : 5 $

d) Impôts sur le résultat : 9 $

Balance de vérification au 31 décembre 2013						
	Non régularisée		Régularisations		Régularisée	
Compte	Débit	Crédit	Débit	Crédit	Débit	Crédit
Trésorerie	38					
Clients	9					
Assurances payées d'avance	6					
Machinerie	80					
Amortissement cumulé – machinerie						
Fournisseurs		9				
Salaires à payer						
Impôts à payer						
Capital social (4 000 actions)		76				
Résultats non distribués	4					
Produits (non détaillés)		84				
Charges (non détaillées)	32					
Total	169	169				

Travail à faire

1. Passez les écritures de régularisation au 31 décembre 2013.
2. Remplissez le tableau ci-dessus.

 E4-19

 3

20 minutes

L'établissement d'un état du résultat global, d'un état des variations des capitaux propres et d'un état de la situation financière
Reportez-vous à l'exercice E4-18.

Travail à faire

À l'aide des soldes régularisés de l'exercice E4-18, dressez l'état du résultat global, l'état des variations des capitaux propres et l'état de la situation financière de l'année 2013.

 E4-20

5

15 minutes

La passation des écritures de clôture
Reportez-vous à l'exercice E4-18.

Travail à faire

1. Quelle est l'utilité de la clôture des livres à la fin de la période financière?
2. À l'aide des soldes régularisés de l'exercice E4-18, passez les écritures de clôture au 31 décembre 2013.
3. Préparez une balance de vérification après la clôture des comptes.

PROBLÈMES

 P4-1

2

30 minutes
(PS4-1)

L'établissement d'une balance de vérification
Mediaprint est un fabricant de systèmes informatiques vendus directement aux clients. Ses produits comprennent des serveurs de réseau, des produits de stockage ainsi que des périphériques. Voici une liste des comptes régularisés de la société et leurs montants. Les comptes ont des soldes débiteurs ou créditeurs normaux, et les montants sont arrondis au millier de dollars près. Supposez que la période financière se termine le 31 janvier.

Fournisseurs	2 397	Amortissement cumulé – immobilisations	252
Clients	2 094	Autres actifs non courants	806
Charges courantes à payer	1 298	Autres charges	38
Trésorerie	520	Autres passifs non courants	349
Capital social	1 781	Immobilisations corporelles	775
Coût des ventes	14 137	Résultats non distribués	?
Impôts sur le résultat	624	Ventes	18 243
Stocks	273	Charges commerciales et administratives	1 788
Dette non courante	512	Frais de recherche et développement	272
Placements	2 661		

Travail à faire

1. Dressez une balance de vérification régularisée au 31 janvier.
2. Comment avez-vous déterminé le montant des résultats non distribués?

P4-2

 **1**

30 minutes
(PS4-2)

La passation d'écritures de régularisation

La période financière de la société Médaille inc. se termine le 31 décembre. Au 31 décembre 2013, toutes les écritures de la période 2013 ont été passées, sauf les écritures de régularisation suivantes:

a) Le 1er septembre 2013, la société a encaissé six mois de loyer pour un espace de rangement: 7 200 $. À cette date, elle a débité le compte Trésorerie et crédité le compte Produits différés de cette somme.

b) Le 31 décembre 2013, le montant des salaires non versés aux employés s'élevait à 14 000 $. Les employés seront payés le 15 janvier 2014.

c) La société a réalisé un travail spécial, d'une valeur de 3 000 $, qui a été terminé le 29 décembre 2013. Le montant sera encaissé au courant du mois de janvier 2014. Aucune écriture n'a été passée.

d) Le 1er octobre 2013, la société a emprunté 18 000 $ auprès de un banque et signé un effet au taux d'intérêt de 3 %. Le capital et les intérêts doivent être payés à la date d'échéance, le 30 septembre 2014.

e) Le 1er novembre 2013, la société a payé 6 000 $ une prime d'assurance de un an sur la propriété. La couverture a pris effet immédiatement. Le compte Trésorerie a été crédité, et le compte Charges payées d'avance a été débité de cette somme.

f) Un amortissement de 4 000 $ doit être comptabilisé pour un camion qui a été acheté le 1er juillet 2011 au prix de 32 000 $.

g) Un montant de 3 000 $ a été encaissé le 1er novembre 2013 pour des services à rendre tout au long de la prochaine période financière débutant le 1er novembre (le compte Produits différés a été crédité).

h) Le 31 décembre 2013, la société a reçu de la Ville un compte d'impôts fonciers s'élevant à 1 200 $ pour la période 2013. Cette facture doit être payée au mois de janvier 2014.

Travail à faire

1. Pour chaque opération, indiquez s'il s'agit d'un produit différé, d'un produit à recevoir, d'une charge payée d'avance, d'une charge estimative ou d'une charge courante à payer.
2. Pour chaque opération, passez les écritures de régularisation requises au 31 décembre 2013.

P4-3

1

30 minutes
(PS4-3)

La passation d'écritures de régularisation

La période financière de la société Dominique inc. se termine le 31 décembre 2012. Les données suivantes proviennent des livres et des documents de l'entreprise :

a) Le 1er juillet 2012, une prime d'assurance sur le matériel d'une durée de trois ans a été payée 1 200 $, débités en totalité au compte Charges payées d'avance. La couverture prenait effet le 1er juillet.

b) Au cours de 2012, des fournitures de bureau de 1 000 $ ont été achetées comptant et débitées entièrement au compte Stock de fournitures. À la fin de la période financière 2011, le dénombrement des fournitures en magasin (non utilisées) indiquait un montant de 400 $. Au 31 décembre 2012, le montant des fournitures en main s'élevait à 300 $.

c) Le 31 décembre 2012, le garage Jocelyn terminait les réparations de 800 $ à un camion de l'entreprise. Ce montant n'est pas encore inscrit aux livres et sera payé au cours du mois de janvier 2013.

d) Le 31 décembre 2012, on estime les impôts fonciers de l'année 2012 à 1 500 $. Ces impôts n'ont pas encore été inscrits aux livres et seront payés à la réception de la facture en 2013.

e) Le 31 décembre 2012, la société a rempli un mandat pour une entreprise située dans une autre province. La facture était de 6 000 $, payables dans les 30 jours. Aucune somme d'argent n'a été perçue pour cette opération et aucune écriture n'a été passée.

f) Le 1er janvier 2012, la société a acheté un nouveau véhicule de remorquage au prix de 43 600 $. L'amortissement, estimé à 6 200 $, n'a pas été inscrit durant la période financière 2012.

g) Le 1er octobre 2012, la société a emprunté 11 000 $ auprès de la banque en signant un effet de un an à un taux d'intérêt de 6 %. Le capital et les intérêts sont remboursables dans un an.

h) Le résultat avant régularisation et impôts était de 30 000 $. Le taux d'imposition de l'entreprise est de 28 %. Pour déterminer la charge d'impôts, calculez le résultat régularisé en vous basant sur les opérations a) à g).

4

Travail à faire

1. Pour chaque opération, indiquez s'il s'agit d'un produit différé, d'un produit à recevoir, d'une charge payée d'avance, d'une charge estimative ou d'une charge courante à payer.

2. Passez l'écriture de régularisation requise pour tenir compte de chaque opération au 31 décembre 2012.

P4-4

1 • 3

30 minutes
(PS4-4)

L'effet des écritures de régularisation sur les états financiers
Reportez-vous au problème P4-2.

Travail à faire

1. Pour chaque opération, indiquez s'il s'agit d'un produit différé, d'un produit à recevoir, d'une charge payée d'avance, d'une charge estimative ou d'une charge courante à payer.

2. Remplissez le tableau ci-après en indiquant le montant et l'effet des écritures de régularisation. Écrivez + pour une augmentation et – pour une diminution. S'il n'y a aucun effet, écrivez AE. (Note : Actif = Passif + Capitaux propres ; Produits – Charges = Résultat net ; le Résultat net est fermé dans les Résultats non distribués, composante des capitaux propres.)

	État de la situation financière			État du résultat global		
Opération	Actif	Passif	Capitaux propres	Produits	Charges	Résultat net
a)						
b)						
c)						
etc.						

P4-5 L'effet des écritures de régularisation sur les états financiers

1•3
30 minutes
(PS4-5)

Reportez-vous au problème P4-3.

Travail à faire

1. Pour chaque opération, indiquez s'il s'agit d'un produit différé, d'un produit à recevoir, d'une charge payée d'avance, d'une charge estimative ou d'une charge courante à payer.

2. Remplissez le tableau ci-après en indiquant le montant et l'effet des écritures de régularisation. Écrivez + pour une augmentation et – pour une diminution. S'il n'y a aucun effet, écrivez AE. (Note : Actif = Passif + Capitaux propres ; Produits – Charges = Résultat net ; le Résultat net est fermé dans les Résultats non distribués, composante des capitaux propres.)

	État de la situation financière			État du résultat global		
Opération	Actif	Passif	Capitaux propres	Produits	Charges	Résultat net
a)						
b)						
c)						
etc.						

P4-6 Le processus de régularisation des comptes

1•3
30 minutes

Les données suivantes ont été trouvées dans les livres de la société de capitaux Appartements de la côte Sud à la fin de la période financière, soit le 31 décembre 2013.

Loyers	
a) Produits de location encaissés et gagnés au cours de la période 2013	512 000 $
b) Produits de location gagnés en décembre 2013, mais non encaissés avant 2014	16 000
c) En décembre 2013, produits de location encaissés, mais non gagnés	12 000
Salaires	
d) Salaires gagnés en décembre 2012 et payés en janvier 2013	4 000
e) Salaires engagés et payés au cours de 2013	62 000
f) Salaires gagnés par les employés au mois de décembre 2013 et qui seront payés en janvier 2014	3 000
g) En décembre 2013, avances en espèces aux employés pour leurs salaires de janvier 2014	1 500
Fournitures	
h) Stock de fournitures d'entretien au 1er janvier 2013 (solde en magasin)	3 000
i) Fournitures d'entretien achetées au cours de 2013	8 000
j) Stock de fournitures d'entretien au 31 décembre 2013	1 700

Travail à faire

Pour chacun des comptes ci-dessous, calculez le solde à la fin de la période financière 2013, indiquez dans quel état financier chaque compte est présenté ainsi que l'effet (le sens et le montant) sur les flux de trésorerie.

Compte	Solde	État financier	Effet sur la trésorerie
1. Produits de location			
2. Salaires			
3. Fournitures d'entretien			
4. Loyers à recevoir			
5. Sommes à recevoir des employés			
6. Stock de fournitures d'entretien			
7. Produits différés			
8. Salaires à payer			

4

P4-7

1•2•4•5

40 minutes
(PS4-6)

Le processus de régularisation des comptes, le résultat par action, le pourcentage de la marge nette et la passation des écritures de clôture

Le cycle comptable de la société Grenon se termine le 31 décembre 2012. Vous trouverez ci-après les soldes des comptes à cette date, avant et après les écritures de régularisation pour la période financière 2012.

Balance de vérification au 31 décembre 2012						
	Avant régularisations		Régularisations		Après régularisations	
Compte	Débit	Crédit	Débit	Crédit	Débit	Crédit
a) Trésorerie	12 600 $				12 600 $	
b) Clients					560	
c) Assurances payées d'avance	840				560	
d) Matériel	168 280				168 280	
e) Amortissement cumulé – matériel		44 100 $				56 000 $
f) Impôts à payer						6 580
g) Capital social		112 000				112 000
h) Résultats non distribués au 1er janvier 2012		19 600				19 600
i) Produits tirés des services		64 400				64 960
j) Salaires	58 380				58 380	
k) Amortissement					11 900	
l) Assurances					280	
m) Impôts sur le résultat					6 580	
Total	240 100 $	240 100 $			259 140 $	259 140 $

Travail à faire

1. Comparez les chiffres indiqués dans les colonnes avant et après les écritures de régularisation pour reconstituer les écritures de régularisation enregistrées au 31 décembre 2012. Expliquez chacune de ces écritures.

2. Calculez le résultat net en vous basant, d'une part, sur les chiffres avant les écritures de régularisation et, d'autre part, sur les données après les écritures de régularisation. Quel montant du résultat net est correct? Expliquez votre réponse.

3. Calculez le résultat par action en supposant que 3 000 actions étaient en circulation durant toute la période financière.

4. Calculez le pourcentage de la marge nette. Qu'est-ce qu'il vous indique au sujet de la société?

5. Passez les écritures de clôture au 31 décembre 2012.

6. Dressez une balance de vérification après la clôture des comptes en date du 31 décembre 2012.

P4-8
1 • 2 • 3 • 5
40 minutes
(PS4-7)

La passation des écritures de régularisation et des écritures de clôture, et l'établissement d'un état de la situation financière et d'un état du résultat global

Gabrielle inc. est une petite société de service. Après un long travail, un comptable externe a dressé la balance de vérification avant régularisation suivante au 31 décembre 2013:

Compte	Débit	Crédit
Trésorerie	48 000 $	
Clients	10 400	
Stock de fournitures	640	
Charges payées d'avance	800	
Véhicules de service	36 000	
Amortissement cumulé – véhicules de service		9 600 $
Autres actifs non courants	8 960	
Fournisseurs		2 400
Salaires à payer		
Impôts à payer		
Effets à payer (trois ans; 7% au 31 décembre de chaque année)		16 000
Capital social (5 000 actions en circulation)		22 560
Résultats non distribués		26 000
Produits tirés des services		61 600
Autres charges (non détaillées, excluant les impôts)	33 360	
Impôts sur le résultat		
Total	138 160 $	138 160 $

Voici les données non inscrites au 31 décembre 2013:

a) Le stock de fournitures en magasin s'élève à 240 $.

b) Le compte Charges payées d'avance comprend une prime d'assurance de 400 $ se rapportant à la période 2013.

c) L'amortissement de la période financière 2013 est de 3 200 $.

d) Les salaires non payés au 31 décembre 2013 s'élèvent à 720 $.

e) La charge d'impôts à payer est de 5 880 $.

Travail à faire

1. Passez les écritures de régularisation au 31 décembre 2013.

2. Préparez un état du résultat global et un état de la situation financière en tenant compte des cinq opérations décrites ci-dessus.

3. Passez les écritures de clôture au 31 décembre 2013.

P4-9

⊕ 1•2•3•4•5
60 minutes
Problème de révision
(voir les chapitres 2, 3 et 4)
(PS4-8)

L'enregistrement des opérations (y compris les écritures de régularisation et de clôture), l'établissement des états financiers et une analyse de rendement au moyen de ratios

Un frère et une sœur, Louis et Dominique Jumeaux, ont entrepris leurs activités d'outilleurs-ajusteurs le 1er janvier 2011. La raison sociale de leur société est LD Outils inc. Leur période financière se termine le 31 décembre. Au 1er janvier 2012, la balance de vérification se présentait comme suit :

Compte	Débit	Crédit
Trésorerie	4 000 $	
Clients	7 000	
Stock de fournitures	16 000	
Terrain		
Matériel	78 000	
Amortissement cumulé – matériel		8 000 $
Autres actifs non courants	5 000	
Fournisseurs		
Impôts à payer		
Salaires à payer		
Intérêts à payer		
Effets à payer non courants		
Capital social (85 000 actions)		85 000
Résultats non distribués		17 000
Produits tirés des services		
Amortissement		
Salaires		
Fournitures		
Impôts sur le résultat		
Charges financières		
Autres charges		
Total	110 000 $	110 000 $

Les opérations réalisées au cours de la période financière 2012 sont décrites ci-après.

a) Signature d'un effet à payer de deux ans d'un montant de 24 000 $ au taux de 5 % et daté du 1er mars 2012.

b) Achat d'un terrain, payé 12 000 $ comptant, pour la construction à venir d'un immeuble.

c) Produits gagnés durant 2012 : 208 000 $, dont 52 000 $ à crédit.

d) Émission au comptant de 4 000 actions au coût de 1 $ l'action le 1er janvier 2012.

e) Autres charges comptabilisées en 2012 : 111 000 $, dont 20 000 $ à crédit.

f) Encaissement des comptes clients : 31 000 $.

g) Achat d'actifs supplémentaires : 13 000 $ comptant (débités du compte Autres actifs non courants).

h) Paiement des comptes fournisseurs : 17 000 $.

i) Achats à crédit de fournitures : 23 000 $.

j) Signature d'un contrat de service de trois ans, qui doit débuter le 1er février 2013, d'une valeur de 33 000 $.

k) Déclaration et paiement de dividendes : 22 000 $.

Les données concernant les écritures de régularisation sont les suivantes :

l) Stock de fournitures en magasin au 31 décembre 2012 : 18 000 $.

m) Amortissement du matériel : 8 000 $ pour la période financière 2012.

n) Intérêts à payer sur les effets à payer (à calculer).

o) Salaires gagnés depuis le 24 décembre, mais non payés : 16 000 $.

p) Charge d'impôts de 10 000 $ à payer au début de 2013.

Travail à faire

1. Créez des comptes en T pour chaque compte de la balance de vérification et indiquez les soldes d'ouverture.

2. Passez les écritures de journal pour enregistrer les opérations a) à k) et reportez-les dans les comptes en T.

3. Passez les écritures de régularisation l) à p) et reportez-les dans les comptes en T.

4. Dressez un état du résultat global (y compris le résultat par action), un état des variations des capitaux propres, un état de la situation financière et un tableau des flux de trésorerie.

5. Passez les écritures de clôture et reportez-les dans les comptes en T.

6. Dressez une balance de vérification après la clôture des comptes.

7. Calculez les ratios suivants pour 2012 et expliquez ce que les résultats suggèrent :

   a) Le taux d'adéquation du capital ;

   b) Le taux de rotation de l'actif total ;

   c) Le pourcentage de la marge nette.

PROBLÈMES SUPPLÉMENTAIRES

PS4-1

 2

30 minutes
(P4-1)

Starbucks

L'établissement d'une balance de vérification

Starbucks Corporation est une entreprise états-unienne qui achète, torréfie et vend des grains de café entiers. Elle offre aussi plusieurs variétés de cafés, différentes pâtisseries, des accessoires, du matériel lié au café ainsi qu'une gamme de thés de première qualité. Outre le fait qu'elle vende au détail par l'entremise de ses propres magasins, Starbucks utilise également un vaste réseau de distribution. Voici une liste simplifiée des comptes inscrits dans les états financiers récents de la société. Ces comptes ont des soldes débiteurs et créditeurs normaux, et les montants sont arrondis au million de dollars états-uniens près. Supposez que la période financière se termine le 30 septembre.

Fournisseurs	56	Stocks	181
Clients	48	Placements	119
Charges courantes à payer	131	Dette non courante	40
Amortissement cumulé – immobilisations	321	Ventes	1 680
Trésorerie	66	Autres actifs courants	21
Capital social	647	Autres actifs non courants	38
Coût des ventes	741	Autres charges opérationnelles	51
Amortissement – immobilisations	98	Charges payées d'avance	19
Charges administratives	90	Immobilisations corporelles	1 081
Impôts sur le résultat	62	Résultats non distribués	?
Charges financières	1	Dette bancaire courante	64
Produits financiers	9	Charges commerciales	544

Travail à faire

1. Dressez une balance de vérification au 30 septembre.

2. Comment avez-vous déterminé le montant des résultats non distribués ?

La passation des écritures de régularisation

La période financière de la société Camille se termine le 30 juin. Nous sommes le 30 juin 2012, et toutes les écritures de la période 2012 ont été passées, sauf les écritures de régularisation suivantes :

a) Le 30 mars 2012, la société a payé 3 200 $ une prime d'assurance de six mois pour sa propriété. La couverture a pris effet immédiatement. Le compte Trésorerie a été crédité et le compte Charges payées d'avance a été débité de cette somme.

b) Le 30 juin 2012, les employés avaient gagné 900 $ en salaires, mais ils n'avaient pas encore été payés. Les employés seront payés le 15 juillet 2012.

c) Le 1er juin 2012, la société a encaissé la somme de 450 $, représentant les deux prochains mois d'entretien. À cette date, elle a débité le compte Trésorerie et crédité le compte Produits différés de 450 $.

d) Un amortissement de 3 000 $ doit être comptabilisé pour un camion de service qui a coûté 15 000 $ le 1er juillet 2011.

e) La somme de 4 200 $ a été encaissée le 1er mai 2012 pour des services à rendre au cours des 12 prochains mois, commençant le 1er mai (le compte Produits différés a été crédité).

f) Le 1er février 2012, la société a emprunté 16 000 $ auprès d'une banque et a signé un effet pour ce montant. Le capital et les intérêts de 4 % doivent être payés à la date d'échéance, le 31 janvier 2013.

g) Le 30 juin 2012, la société estime que ses impôts fonciers s'élèveront à 500 $ pour le premier semestre de 2012. Ce montant sera payé à la réception de la facture en août 2012.

h) La société a terminé un contrat de services d'entretien d'une valeur de 2 000 $ le 29 juin 2012. Ce montant sera encaissé au mois de juillet 2012. Aucune écriture n'a été passée.

Travail à faire

1. Pour chaque opération, indiquez s'il s'agit d'un produit différé, d'un produit à recevoir, d'une charge payée d'avance, d'une charge estimative ou d'une charge courante à payer.

2. Pour chaque opération, passez les écritures de régularisation au 30 juin 2012.

La passation des écritures de régularisation

La période financière de la société Traiteurs Jean-François se termine le 31 décembre 2013. Les données suivantes proviennent des livres et des documents de l'entreprise :

a) Au cours de 2013, des fournitures de bureau ont été achetées pour un montant de 1 200 $ comptant et débitées entièrement au compte Stock de fournitures de bureau. Le dénombrement des fournitures en magasin (non utilisées) s'élevait à 350 $ au début de la période et à 400 $ au 31 décembre 2013.

b) Le 31 décembre 2013, la société a offert des services de traiteur pour une soirée de gala donnée en l'honneur d'une vedette de la région. La facture était de 7 500 $, payables à la fin du mois de janvier 2014. Aucun montant n'a été perçu pour cette opération et aucune écriture n'a été passée.

c) Le 31 décembre 2013, un garage terminait des réparations de 600 $ à un camion de l'entreprise. Ce montant n'est pas encore inscrit et sera payé au début du mois de janvier 2014.

d) Le 1er octobre 2013, une prime d'assurance sur le matériel d'une durée de un an a été payée 1 200 $ et débitée en totalité au compte Charges payées d'avance. La couverture prenait effet le 1er novembre.

e) En novembre 2013, la société a signé un bail pour la location d'un nouveau magasin de vente au détail ; elle a versé un acompte de 2 100 $ pour les trois premiers mois de loyer et a entièrement débité ce montant au compte Charges payées d'avance. Le bail prenait effet le 1er décembre 2013.

f) Le 1er juillet 2013, la société a acheté au comptant un nouveau comptoir d'étalage réfrigéré de 18 000 $. L'amortissement de 1 600 $ n'a pas été inscrit pour la période 2013.

g) Le 1er novembre 2013, la société a prêté 4 000 $ à une employée au taux d'intérêt de 3 %. Le capital et les intérêts sont remboursables dans un an.

h) Le résultat avant régularisation et impôts était de 22 400 $. Le taux d'imposition de l'entreprise est de 26 %. Pour déterminer sa charge d'impôts, calculez le résultat régularisé en vous basant sur les opérations a) à g).

Travail à faire

1. Pour chaque opération, indiquez s'il s'agit d'un produit différé, d'un produit à recevoir, d'une charge payée d'avance, d'une charge estimative ou d'une charge courante à payer.

2. Passez les écritures de régularisation au 31 décembre 2013.

PS4-4

1 • 3

30 minutes
(P4-4)

L'effet des écritures de régularisation sur les états financiers
Reportez-vous au problème PS4-2.

Travail à faire

1. Pour chaque opération, indiquez s'il s'agit d'un produit différé, d'un produit à recevoir, d'une charge payée d'avance, d'une charge estimative ou d'une charge courante à payer.

2. Remplissez le tableau ci-après en indiquant le montant et l'effet des écritures de régularisation. Écrivez + pour une augmentation et – pour une diminution. S'il n'y a aucun effet, écrivez AE. (Note : Actif = Passif + Capitaux propres ; Produits – Charges = Résultat net ; le Résultat net est fermé dans les Résultats non distribués, composante des capitaux propres.)

	État de la situation financière			État du résultat global		
Opération	Actif	Passif	Capitaux propres	Produits	Charges	Résultat net
a)						
b)						
c)						
etc.						

PS4-5

1 • 3

30 minutes
(P4-5)

L'effet des écritures de régularisation sur les états financiers
Reportez-vous au problème PS4-3.

Travail à faire

1. Pour chaque opération, indiquez s'il s'agit d'un produit différé, d'un produit à recevoir, d'une charge payée d'avance, d'une charge estimative ou d'une charge courante à payer.

2. Remplissez le tableau ci-après en indiquant le montant et l'effet des écritures de régularisation. Écrivez + pour une augmentation et – pour une diminution. S'il n'y a aucun effet, écrivez AE. (Note : Actif = Passif + Capitaux propres ; Produits – Charges = Résultat net ; le Résultat net est fermé dans les Résultats non distribués, composante des capitaux propres.)

	État de la situation financière			État du résultat global		
Opération	Actif	Passif	Capitaux propres	Produits	Charges	Résultat net
a)						
b)						
c)						
etc.						

Le processus comptable en fin de période

Le cycle comptable de la société Tournesol se termine le 31 décembre. Vous trouverez ci-après le solde des comptes au 31 décembre 2012 avant et après les écritures de régularisation.

Balance de vérification au 31 décembre 2012						
	Non régularisée		Régularisations		Régularisée	
Compte	Débit	Crédit	Débit	Crédit	Débit	Crédit
a) Trésorerie	18 000 $				18 000 $	
b) Clients					1 500	
c) Loyer payé d'avance	1 200				800	
d) Immobilisations	210 000				210 000	
e) Amortissement cumulé – immobilisations		52 500 $				70 000 $
f) Impôts à payer						6 500
g) Produits différés		16 000				8 000
h) Capital social		110 000				110 000
i) Résultats non distribués au 1er janvier 2012		21 700				21 700
j) Produits tirés des services		83 000				92 500
k) Salaires	54 000				54 000	
l) Amortissement – immobilisations					17 500	
m) Loyer					400	
n) Impôts sur le résultat					6 500	
Total	283 200 $	283 200 $			308 700 $	308 700 $

Travail à faire

1. Comparez les chiffres qui sont inscrits dans les colonnes avant et après les écritures de régularisation pour reconstituer les écritures de régularisation du 31 décembre 2012. Donnez une explication pour chacune.

2. Calculez le résultat net en vous basant, d'une part, sur les chiffres avant les écritures de régularisation et, d'autre part, sur les données après les écritures de régularisation. Quel montant du résultat net est juste? Expliquez votre réponse.

3. Calculez le résultat par action en supposant que 5 000 actions sont en circulation.

4. Calculez le pourcentage de la marge nette. Qu'est-ce qu'il vous indique au sujet de la société?

5. Passez les écritures de clôture au 31 décembre 2012.

6. Dressez la balance de vérification après la clôture des comptes.

La passation des écritures de régularisation et des écritures de clôture, et l'établissement d'un état de la situation financière et d'un état du résultat global

Vivaldi inc. est une petite société de services de réparation qui s'occupe elle-même de sa comptabilité. Après un long travail, un comptable externe a dressé la balance de vérification avant régularisation ci-après, au 31 décembre 2013.

Compte	Débit	Crédit
Trésorerie	19 600 $	
Clients	7 000	
Stock de fournitures	1 300	
Charges payées d'avance	900	
Équipement	27 000	
Amortissement cumulé – équipement		12 000 $
Autres actifs non courants	5 100	
Fournisseurs		2 500
Salaires à payer		
Impôts à payer		
Effets à payer (deux ans ; 8 % au 31 décembre de chaque année)		5 000
Capital social (4 000 actions en circulation)		16 000
Résultats non distribués au 1er janvier 2013		10 300
Produits tirés des services		48 000
Autres charges (non détaillées, excluant les impôts)	32 900	
Impôts sur le résultat	———	———
Total	93 800 $	93 800 $

Voici les données non inscrites au 31 décembre 2013 :

a) L'amortissement de 2013 est de 3 000 $.

b) Le compte Charges payées d'avance comprend une prime d'assurance de 450 $ se rapportant à la période 2013.

c) Les salaires non payés au 31 décembre 2013 s'élèvent à 1 100 $.

d) Au 31 décembre 2013, le compte Stock de fournitures en magasin s'élève à 600 $.

e) La charge d'impôts de 2013 est de 2 950 $.

Travail à faire

1. Passez les écritures de régularisation au 31 décembre 2013.

2. Dressez l'état du résultat global et l'état de la situation financière en tenant compte des cinq opérations ci-dessus.

3. Passez les écritures de clôture au 31 décembre 2013.

PS4-8

◈ 1 • 2 • 3 • 4 • 5

60 minutes
Problème de révision
(*voir les chapitres 2, 3 et 4*)
(P4-9)

L'enregistrement des opérations (y compris les écritures de régularisation et de clôture), l'établissement des états financiers et une analyse de rendement au moyen de ratios

Carole et Alain Plante ont commencé leurs activités de réparation de meubles (Meubles Rumeurs inc.) le 1er janvier 2011. Leur période financière se termine le 31 décembre.
Au 1er janvier 2012, la balance de vérification se présentait comme suit :

Compte	Débit	Crédit
Trésorerie	5 000 $	
Clients	4 000	
Stock de fournitures	2 000	
Stock de petits outils	6 000	
Matériel		
Amortissement cumulé – matériel		

Autres actifs non courants	9 000 $	
Fournisseurs		7 000 $
Effets à payer		
Salaires à payer		
Intérêts à payer		
Impôts à payer		
Produits différés		
Capital social (15 000 actions)		15 000
Résultats non distribués		4 000
Produits tirés des services		
Amortissement – matériel		
Salaires		
Impôts sur le résultat		
charges financières		
Autres charges (non détaillées)		
Total	26 000 $	26 000 $

Les opérations réalisées au cours de 2012 sont décrites ci-après.

a)   Signature d'un effet à payer de 40 000 $, au taux de 5 %, daté du 1er juillet 2012 et remboursable dans 8 mois.

b)   Achat au comptant de matériel d'une valeur de 18 000 $ le 1er juillet 2012.

c)   Émission au comptant, le 1er juillet 2012, de 5 000 actions supplémentaires au coût de 1 $ l'action.

d)   Produits gagnés durant l'année 2012 : 65 000 $, dont 9 000 $ à crédit.

e)   Autres charges comptabilisées en 2012 : 35 000 $, dont 7 000 $ à crédit.

f)   Achat au comptant de petits outils supplémentaires : 3 000 $.

g)   Encaissement des comptes clients : 8 000 $.

h)   Paiement des comptes fournisseurs : 11 000 $.

i)   Achat de fournitures à crédit : 10 000 $.

j)   Réception d'un acompte de 3 000 $ pour des travaux à entreprendre le 15 janvier 2013.

k)   Déclaration et paiement de dividendes : 10 000 $.

Les données concernant les écritures de régularisation sont les suivantes :

l)   Stock de fournitures en main au 31 décembre 2012 : 4 000 $; stock de petits outils en main au 31 décembre 2012 : 8 000 $.

m)   Amortissement du matériel pour la période : 2 000 $.

n)   Intérêts à payer sur l'effet à payer (à calculer).

o)   Salaires gagnés depuis le 24 décembre, mais non payés : 3 000 $.

p)   Charge d'impôts de 4 000 $, à payer au début de 2013.

Travail à faire

1.   Créez des comptes en T pour chaque compte de la balance de vérification et indiquez les soldes d'ouverture.

2.   Passez les écritures de journal nécessaires pour enregistrer les opérations a) à k) et reportez-les dans les comptes en T.

3.   Passez les écritures de régularisation l) à p) et reportez-les dans les comptes en T.

4.   Dressez un état du résultat global (y compris le résultat par action), un état des variations des capitaux propres, un état de la situation financière et un tableau des flux de trésorerie.

5. Passez les écritures de clôture et reportez-les dans les comptes en T.
6. Dressez une balance de vérification après la clôture des comptes.
7. Calculez les ratios suivants pour 2012 et expliquez ce que les résultats vous suggèrent:
   a) Le taux d'adéquation du capital;
   b) Le taux de rotation de l'actif total;
   c) Le pourcentage de la marge nette.

CAS — INFORMATION FINANCIÈRE

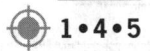

1•4•5

30 minutes

L'Oréal

La recherche d'information financière

Reportez-vous aux états financiers et aux notes de la société L'Oréal, (*voir l'annexe B à la fin de ce manuel*).

Travail à faire

1. À combien s'élèvent les charges payées d'avance au 31 décembre 2009? Où avez-vous trouvé cette information?
2. Quel est le montant des impôts payés par L'Oréal pour l'année 2009? Où avez-vous trouvé cette information?
3. S'il y a lieu, passez l'écriture de clôture pour le compte Charges payées d'avance.
4. Quel est le résultat par action de l'entreprise au cours des deux dernières années?
5. Calculez le pourcentage de la marge nette de l'entreprise au cours des deux dernières années. Que vous suggère cette tendance à propos de L'Oréal?

1•4•5

30 minutes

Inter Parfums

La recherche d'information financière

Reportez-vous aux états financiers et aux notes de la société Inter Parfums (*voir l'annexe C à la fin de ce manuel*).

Travail à faire

1. À combien s'élèvent les charges payées d'avance au 31 décembre 2009? Où avez-vous trouvé cette information?
2. Quel est le montant d'amortissement des immobilisations corporelles de la dernière période financière? Où avez-vous trouvé cette information?
3. Quelle est la différence entre un loyer payé d'avance et un loyer différé?
4. Quels comptes de l'entreprise ne devraient pas figurer dans la balance de vérification après clôture?
5. Passez l'écriture de clôture pour le compte Produits financiers au 31 décembre 2009.
6. Quel est le résultat par action des deux dernières périodes financières?
7. Calculez le pourcentage de la marge nette de l'entreprise des deux dernières périodes. Que vous suggèrent ces résultats à propos de la société Inter Parfums?

1•4

30 minutes

L'Oréal
Inter Parfums

La comparaison d'entreprises d'un même secteur d'activité

Reportez-vous aux états financiers de la société L'Oréal et de la société Inter Parfums ainsi qu'aux ratios financiers de l'industrie (*voir les annexes B, C et D à la fin de ce manuel*).

Travail à faire

1. À combien s'élèvent les frais de publicité de chaque société pour la période financière 2009? Où avez-vous trouvé cette information?

2. Calculez le pourcentage que représentent les frais de publicité par rapport au chiffre d'affaires net de chaque société. Quelle société a le plus haut pourcentage?

3. Calculez le pourcentage de la marge nette des deux dernières périodes financières de chacune des sociétés. Que vous suggèrent vos résultats concernant chacune des entreprises dans le temps et l'une par rapport à l'autre?

4. Comparez le pourcentage de la marge nette de la période 2009 des deux sociétés à la moyenne de l'industrie. Que constatez-vous?

CAS — ANALYSE FINANCIÈRE

CP4-4

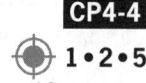

1•2•5

40 minutes

L'utilisation des rapports financiers: les écritures de régularisation et les écritures de clôture

Les comptes en T de la société Bêtise, à la fin de sa troisième année d'activité, soit au 31 décembre 2013 (avant les écritures de clôture), sont les suivants. Les écritures de régularisation du 31 décembre 2013 sont précisées par des lettres.

Trésorerie		
Solde	20 000	

Prestation de services		
c)	6 000	220 000 Solde

Effets à payer, 8%		
	10 000	Solde

Amortissement cumulé – matériel		
	18 000	Solde
	9 000	d)

Capital social (8 000 actions)		
	56 000	Solde

Salaires à payer		
	500	e)

Stock de fournitures d'entretien		
Solde	500	300 a)

Charges		
Solde	160 000	
a)	300	
b)	800	
d)	9 000	
e)	500	
f)	13 020	

Intérêts à payer		
	800	b)

Résultats non distribués		
	9 000	Solde

Autres actifs non courants		
Solde	42 500	

Matériel		
Solde	90 000	

Impôts à payer		
	13 020	f)

Produits différés		
	6 000	c)

Travail à faire

1. Dressez les trois balances de vérification au 31 décembre 2013 pour la société Bêtise en respectant le format ci-après.

Balance de vérification au 31 décembre 2013						
	Non régularisée		Régularisée		Après clôture	
Compte	Débit	Crédit	Débit	Crédit	Débit	Crédit

2. Rédigez une explication pour chacune des écritures de régularisation.

3. Passez les écritures de clôture.

4. Quel est le taux d'imposition moyen de la période financière 2013?

5. Quel est le prix d'émission moyen par action?

L'utilisation des rapports financiers: l'analyse des régularisations

1 • 3

40 minutes

La société de capitaux SANACO investit dans des propriétés locatives commerciales. Sa période financière se termine le 31 décembre. À la fin de chacune des périodes, la société doit passer plusieurs écritures de régularisation, car bon nombre des opérations chevauchent plus d'une période financière. Supposez que la période financière en cours est 2012.

Travail à faire

Vous devez analyser les quatre opérations qui sont comprises dans ce cas. Répondez aux questions pour chacune d'elles.

Opération 1: Le 1er janvier 2010, la société a acheté du matériel de bureau coûtant 14 000 $ pour ses locaux. Elle estime que l'amortissement annuel est de 1 400 $.

1. Pendant combien de périodes cette opération aura-t-elle un effet sur les états financiers de SANACO? Expliquez votre réponse.

2. Quel est le montant de l'amortissement inscrit à l'état du résultat global de la période 2010 et de la période 2011?

3. Comment doit-on présenter le matériel de bureau à l'état de la situation financière en date du 31 décembre 2012?

4. SANACO doit-elle passer une écriture de régularisation à la fin de chaque période pour le matériel de bureau? Expliquez votre réponse.

Opération 2: Le 1er septembre 2012, la société SANACO a encaissé 24 000 $ de loyer pour ses propriétés. Ce montant représente le loyer d'une période de six mois allant du 1er septembre 2012 au 28 février 2013. Les comptes Produits différés (crédit) et Trésorerie (débit) ont augmenté de 24 000 $.

1. Pendant combien de périodes cette opération aura-t-elle un effet sur les états financiers de SANACO? Expliquez votre réponse.

2. Quel montant de produits de location SANACO devrait-elle inscrire à l'état du résultat global de 2012? Expliquez votre réponse.

3. Cette opération a-t-elle créé un passif pour SANACO au 31 décembre 2012? Expliquez votre réponse. Si oui, quel est le montant de ce passif?

4. La société doit-elle passer une écriture de régularisation le 31 décembre 2012? Expliquez votre réponse. Si votre réponse est oui, passez l'écriture de régularisation appropriée.

Opération 3: Le 31 décembre 2012, SANACO devait des salaires de 7 500 $ à ses employés, puisque ceux-ci avaient travaillé les trois derniers jours de décembre 2012. La prochaine date de paie est le 5 janvier 2013.

1. Pendant combien de périodes cette opération aura-t-elle un effet sur les états financiers de SANACO? Expliquez votre réponse.

2. Comment ces 7 500 $ influent-ils sur l'état du résultat global et l'état de la situation financière de 2012 et de 2013 de SANACO?

3. La société doit-t-elle passer une écriture de régularisation le 31 décembre 2012? Expliquez votre réponse. Si votre réponse est oui, passez l'écriture de régularisation appropriée.

Opération 4: Le 1ᵉʳ janvier 2012, SANACO a convenu de superviser la planification et la subdivision d'un important terrain pour un client, J. Raymond. Ce contrat de service effectué par SANACO comporte quatre phases. Le 31 décembre 2012, trois phases avaient été achevées, à la satisfaction de J. Raymond. La phase restante sera exécutée au cours de 2013. Le prix total des quatre phases (convenu par les deux parties) est de 60 000 $. Chaque phase comporte environ la même quantité de services. Le 31 décembre 2012, SANACO n'avait recouvré aucune somme pour les services déjà rendus.

1. SANACO devrait-elle inscrire des produits gagnés relativement à ce contrat pour la période 2012? Expliquez votre réponse. Si oui, quel montant devrait-elle inscrire?

2. Si vous avez répondu oui à la première question, SANACO doit-elle passer une écriture de régularisation le 31 décembre 2012? Si votre réponse est de nouveau oui, passez l'écriture de régularisation appropriée. Expliquez votre réponse.

3. Quelle écriture SANACO devra-t-elle passer lorsqu'elle achèvera la dernière phase? Supposez que le montant total du contrat est recouvré à la date d'achèvement, soit le 15 février 2013.

4

CP4-6
1•2•4•5
40 minutes

L'utilisation des rapports financiers: les écritures de régularisation et les écritures de clôture

La société Rosalie a été constituée le 1ᵉʳ janvier 2012. À la fin de la première année d'activité, le 31 décembre 2012, le commis-comptable a dressé les balances de vérification suivantes (les montants sont exprimés en milliers de dollars).

Balance de vérification au 31 décembre 2012						
	Non régularisée		Régularisations		Régularisée	
Compte	Débit	Crédit	Débit	Crédit	Débit	Crédit
Trésorerie	40				40	
Clients	17				17	
Assurances payées d'avance	2				1	
Loyer à recevoir					2	
Immobilisations	46				46	
Amortissement cumulé – immobilisations						11
Autres actifs non courants	6				6	
Fournisseurs		27				27
Salaires à payer						3
Impôts à payer						5
Produits différés (loyers)		7				4
Effet à payer (6 %, 1ᵉʳ janvier 2012)		20				20
Capital social (1 000 actions)		30				30
Résultats non distribués	3				3	
Produits de location (total)		98				103
Charges	68				83	
Impôts sur le résultat					5	
Total	182	182			203	203

Travail à faire

1. En fonction de l'examen des deux balances de vérification, essayez de reconstituer les écritures de régularisation passées par le commis-comptable au 31 décembre 2012 (donnez de brèves explications pour chacune).

2. En fonction de ces données, passez les écritures de clôture.

3. Répondez aux questions suivantes (présentez tous vos calculs):

a) Combien d'actions sont en circulation à la fin de la période financière?

b) Quel est le montant des charges financières inclus dans le total des charges?

c) Quel est le solde des Résultats non distribués au 31 décembre 2012 après la clôture des comptes?

d) Comment les deux comptes Loyers à recevoir et Produits différés (loyers) sont-ils présentés à l'état de la situation financière?

e) Expliquez la raison pour laquelle la trésorerie a augmenté de 40 000 $ durant l'année même si, en comparaison, le résultat net était très faible.

f) Quel est le montant du résultat par action de la période 2012?

g) Quel est le prix de vente moyen des actions?

h) Quand la prime d'assurance a-t-elle été versée et sur quelle période la couverture s'étend-elle?

i) Quel est le pourcentage de la marge nette de la période?

CP4-7

1•3

45 minutes

L'analyse de l'information financière en cas de vente d'une entreprise

Silvia Paradis, massothérapeute, a décidé de vendre sa société et de prendre sa retraite. Elle a discuté avec un collègue d'une autre province, Jean Dumoulin, qui souhaite acheter son entreprise. Les discussions portent maintenant sur la détermination du prix. Parmi les facteurs importants, ils ont discuté des états financiers de la société Clinique anti-stress Paradis. Ces états sont dressés selon les directives de Silvia Paradis par sa secrétaire, Joanne. Chaque année, on a dressé un état du résultat global au moyen de la méthode de la comptabilité de caisse. Aucun état de la situation financière n'a été dressé. À la demande de Jean, Silvia Paradis fait préparer par sa secrétaire les états suivants pour la période financière 2013:

Clinique anti-stress Paradis État du résultat global 2013		
Honoraires encaissés		1 115 000 $
Charges payées		
Loyer	130 000 $	
Services publics	43 600	
Frais de téléphone	12 200	
Salaires du personnel	522 000	
Fournitures de bureau	31 900	
Frais divers	12 400	
Total des charges		752 100
Profit pour l'année		362 900 $

Avec l'accord des deux parties, on vous a demandé d'examiner les montants de la période financière 2013. Le futur acheteur vous donne cette explication: «Je doute des montants présentés, car ils semblent basés à 100 % sur la méthode de la comptabilité de caisse.» Votre analyse vous révèle les données supplémentaires suivantes au 31 décembre 2013:

a) Des honoraires de 1 115 000 $ encaissés en 2013, 132 000 $ provenaient de services rendus en 2012.

b) À la fin de 2013, des honoraires de 29 000 $ pour des services rendus durant l'année n'avaient pas encore été encaissés.

c) Le matériel de bureau utilisé par la société avait coûté 205 000 $. L'amortissement annuel est estimé à 20 500 $.

d) Le stock de fournitures de bureau au 31 décembre 2013, provenant d'articles achetés durant l'année, s'élevait à 5 200 $. De plus, les livres de la période financière 2012 indiquaient que les fournitures en magasin à la fin de la période s'élevaient à environ 3 125 $.

e) À la fin de 2013, la secrétaire, dont le salaire était de 18 000 $ par année, n'avait pas été payée pour le mois de décembre.

f) La facture de téléphone du mois de décembre 2013, de 1 400 $, n'a pas été payée avant le 11 janvier 2014.

g) Le loyer de 130 000 $ couvrait une période de 13 mois (il incluait le loyer de janvier 2014).

Travail à faire

1. À partir de ces données, dressez l'état du résultat global corrigé de la période financière 2013. Présentez vos calculs pour tous les montants que vous modifiez. (Le format de solution suggéré comprend les titres de colonnes suivants : Compte ; Comptabilité de caisse [montant] ; Explication des modifications ; Montant corrigé.)

2. Rédigez un rapport pour expliquer le tableau que vous avez dressé en 1. Vous devez tenter d'expliquer les raisons pour lesquelles vous avez effectué des modifications et suggérer d'autres éléments importants à prendre en considération dans la décision relative à la détermination du prix.

4

CAS — ANALYSE CRITIQUE

CP4-8

⊕ **1 • 3 • 4**

50 minutes

L'analyse de l'information financière

La société Merlin est en activité depuis un peu plus d'un an, soit depuis le 1er janvier 2012. Elle n'a pas eu de bons résultats financiers durant la période, bien que ses revenus aient été relativement élevés. Ses trois actionnaires gèrent l'entreprise, mais ils ne se sont pas attardés à la tenue des livres. En prévision d'un découvert de trésorerie important, ils font une demande de prêt de 20 000 $ à votre banque. Vous avez exigé un ensemble complet d'états financiers. Les états financiers annuels suivants pour la période financière 2012 ont été dressés par une commis et vous ont été remis :

Merlin	
État de la situation financière	
au 31 décembre 2012	
(en dollars canadiens)	
Actif	
Trésorerie	2 000
Clients	3 000
Stock de fournitures	6 000
Matériel	40 000
Assurances payées d'avance	4 000
Autres actifs non courants	27 000
Total de l'actif	82 000
Passif	
Fournisseurs	9 000
Capitaux propres	
Capital social (10 000 actions en circulation)	35 000
Résultats non distribués	38 000
Total du passif et des capitaux propres	82 000

Merlin			
État du résultat global			
période close le 31 décembre 2012			
(en dollars canadiens)			

Produits de transport		85 000
Charges		
Salaires	17 000	
Fournitures	12 000	
Autres charges	18 000	
		47 000
Résultat net		38 000

Après avoir examiné brièvement ces états financiers et analysé la situation, vous demandez qu'on redresse les résultats en tenant compte de l'amortissement, des montants à recevoir et à payer, des stocks et des impôts. À la suite de l'examen des livres et des pièces justificatives, vous obtenez les données supplémentaires suivantes :

a) Le stock de fournitures de 6 000 $ présenté à l'état de la situation financière n'a pas été ajusté pour les fournitures utilisées durant la période. Un dénombrement des fournitures en magasin (inutilisées), le 31 décembre 2012, révélait une valeur de 1 800 $.

b) La prime d'assurance payée durant l'année 2012 couvrait les périodes 2012 et 2013. Le coût de cette prime a été débité en totalité au compte Assurances payées d'avance lorsqu'elle a été réglée.

c) Le matériel a coûté 40 000 $ quand on l'a acheté le 1er janvier 2012. L'amortissement annuel de 2012, estimé à 8 000 $, n'a pas été inscrit.

d) Les salaires impayés (et non inscrits) au 31 décembre 2012 s'élevaient à 2 200 $.

e) Au 31 décembre 2012, les produits encaissés mais non gagnés atteignaient 7 000 $. Ce montant a été crédité en totalité au compte Produits de transport quand l'argent a été reçu, plus tôt en 2012.

f) La charge d'impôts est de 3 650 $.

Travail à faire

1. Passez les six écritures de régularisation requises au 31 décembre 2012 en fonction des données supplémentaires précédentes.

2. Corrigez les états financiers précédents en tenant compte des écritures de régularisation. Voici la forme suggérée pour présenter votre solution :

		Changement		
Élément	**Montant inscrit**	**Plus**	**Moins**	**Montant corrigé**

3. L'omission des écritures de régularisation a causé :

   a) une surévaluation ou une sous-évaluation du résultat net (choisissez) de _____ $;

   b) une surévaluation ou une sous-évaluation du total de l'actif (choisissez) de _____ $.

4. En utilisant les soldes avant et après régularisation, calculez ces ratios pour l'entreprise : a) le résultat par action et b) le pourcentage de la marge nette. Expliquez les conséquences des régularisations sur ces ratios.

5. Écrivez une lettre à l'entreprise dans laquelle vous présentez les résultats des régularisations qui ont été effectuées, votre analyse et votre décision concernant le prêt.

4

 **CP4-9**

 ◈ **1 • 3**

20 minutes

L'effet des produits différés sur les flux de trésorerie

Vous êtes le directeur régional des ventes de la société Nouvelles. Votre entreprise passe actuellement des écritures de régularisation pour la fin de la période financière, fixée au 31 mars 2013. Le 1er septembre 2012, vous avez encaissé la somme de 18 000 $ pour des abonnements de trois ans à des magazines, qui commencent à cette même date (le 1er septembre). Ces magazines sont publiés et envoyés aux abonnés une fois par mois. Ces abonnements sont les seuls que vous ayez vendus dans votre région au cours de la période.

Travail à faire

1. Quel montant devez-vous inscrire à titre de flux de trésorerie liés aux activités opérationnelles au tableau des flux de trésorerie?

2. Quel montant devez-vous inscrire à titre de produits tirés des abonnements à l'état du résultat global de la période 2013?

3. Quel montant devez-vous inscrire à titre de produits différés (abonnements) à l'état de la situation financière au 31 mars 2013?

4. Passez l'écriture de régularisation au 31 mars 2013, en supposant que les abonnements reçus le 1er septembre 2012 ont été comptabilisés dans le compte Produits différés.

5. La société s'attend à ce que les revenus annuels de votre région atteignent 4 000 $.

    a) Évaluez le rendement de votre région, en supposant que cet objectif est basé sur les ventes au comptant.

    b) Évaluez le rendement de votre région, en supposant que cet objectif est basé sur la méthode de la comptabilité d'engagement.

PROJET — INFORMATION FINANCIÈRE

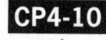 **CP4-10**

 ◈ **4**

Un projet d'équipe: L'examen et la comparaison de rapports annuels

Chaque équipe choisit un secteur d'activité à analyser. Chaque membre de l'équipe doit ensuite, dans Internet, obtenir le rapport annuel d'une société ayant une obligation d'information du public dans ce secteur. Chaque membre de l'équipe doit choisir une entreprise différente.

Travail à faire

De façon individuelle, chaque membre rédige un bref rapport en répondant aux questions ci-dessous. Ensuite, en équipe, les membres rédigent un rapport dans lequel ils comparent les entreprises choisies, en fonction des deux questions. Les équipes donnent des explications possibles des différences qu'elles ont observées.

1. Quel est le résultat par action de l'entreprise pour chaque période financière présentée?

2. Les ratios:

    a) De façon générale, que mesure le pourcentage de la marge nette?

    b) Calculez le pourcentage de la marge nette de l'entreprise pour chaque période financière présentée.

    c) Que vous suggèrent les résultats obtenus quant à la situation de votre entreprise? (Vous pouvez consulter le rapport de gestion rédigé par la direction de l'entreprise et présenté dans le rapport annuel.)

    d) Si les données sont disponibles, comparez la moyenne de l'industrie avec les résultats de votre entreprise, et discutez des différences et des similitudes que vous observez.

LE PROCESSUS DE RÉGULARISATION DES COMPTES • 273

Chapitre

5 LA PUBLICATION
DE L'INFORMATION
FINANCIÈRE

**OBJECTIFS
D'APPRENTISSAGE**
**Au terme de ce chapitre,
vous pourrez :**

1. déterminer quels sont les principaux intervenants du processus d'établissement et de communication de l'information financière, leur rôle dans ce processus, et les normes juridiques et comptables à respecter (*voir la page 278*) ;

2. reconnaître les étapes du processus de publication de l'information financière, notamment la publication de communiqués de presse, de rapports annuels et intermédiaires, et de prospectus (*voir la page 287*) ;

3. comprendre et utiliser le mode de présentation des états financiers (*voir la page 291*) ;

4. analyser la performance d'une entreprise d'après le rendement des capitaux propres (*voir la page 304*) ;

5. comparer les normes internationales d'information financières (IFRS) et les normes comptables pour les entreprises à capital fermé (*voir la page 308*).

TÉLÉVISION FRANÇAISE **TF1**
Une stratégie d'affaires intégrée
« On se retrouve sur TF1 »
www.groupe-tf1.fr

Créée en 1935, TF1 a été pendant 28 ans l'unique chaîne de télévision française. Elle était, à ses débuts, un service public expérimental dont la première émission de 15 minutes a été diffusée le 10 novembre 1935 depuis l'émetteur de la tour Eiffel et a pu être captée dans un rayon de 100 km autour de Paris. En 1939, la radiodiffusion et TF1 sont devenues monopole d'État. TF1 a alors diffusé plus de 10 heures d'émission par semaine. La Seconde Guerre mondiale a mis un frein à ses activités, qui n'ont repris de façon normale qu'en octobre 1947. La programmation s'est alors enrichie au fil des ans, et on a vu apparaître le journal télévisé, les émissions jeunesse, les retransmissions d'événements sportifs, culturels ou politiques, les émissions de divertissement, les jeux télévisés, etc. Par la suite, d'autres chaînes françaises ont été créées, soit Antenne 2 (A2) et France Régions (FR3), aussi sous monopole d'État. Ce n'est qu'en 1987 que le gouvernement français a décidé de privatiser l'une des trois chaînes qu'il administrait. Il a choisi TF1, laquelle a été achetée par le groupe Bouygues, détenant encore aujourd'hui plus de 43 % du capital-actions de la société.

Depuis le début des années 1990, TF1 est la première chaîne française, et même européenne, pour l'audience. Sa grille de programmes est diversifiée, mais l'information y est toujours très présente, avec les journaux télévisés, les différents magazines littéraires et sportifs, les émissions de découverte, et bien d'autres. Le divertissement y occupe une place privilégiée, principalement avec les jeux télévisés et les émissions de téléréalité. Enfin, TF1 diffuse de nombreuses séries ou feuilletons, en majorité français ou états-uniens.

Aujourd'hui, le Groupe TF1 encadre tout le développement qui se fait autour de la chaîne de télévision. Entrons donc au cœur de la stratégie de développement du Groupe TF1. Après une année 2009 difficile compte tenu de l'environnement économique mondial instable, le Groupe TF1 a établi une stratégie de croissance à partir des priorités suivantes :

1. Renforcer son créneau principal, soit la télévision. TF1 envisage de créer de nouveaux programmes originaux de façon à offrir aux annonceurs une audience élargie.

2. Miser sur la synergie avec les nouveaux médias. Le Groupe entend aussi coordonner ses programmes aux nouvelles plateformes technologiques médiatiques que sont Internet et les réseaux de téléphonie mobile.
3. Explorer de nouveaux territoires. TF1 prévoit exploiter la légalisation des jeux et paris en ligne en créant des partenariats et de nouveaux produits.
4. Poursuivre l'effort de gestion. Enfin, TF1 prévoit maintenir tous ses efforts de croissance dans un cadre de rigueur managériale et contrôler ses coûts afin d'assurer sa rentabilité.

Pour financer ses activités, TF1 a recours, depuis sa privatisation en 1987, aux investisseurs. Plus de 213 millions d'actions ont été émises, dont plus de 51 % sont détenues par le public. Dans ce contexte, TF1 doit respecter les plus hauts standards de qualité en matière de gouvernance d'entreprise, de conformité aux lois et règlements, et de fiabilité de l'information financière.

TF1 se conforme aux réglementations françaises et européennes pour les sociétés qui ont une obligation d'information du public en publiant régulièrement, à l'intention de ses actionnaires et du milieu financier, toute l'information financière nécessaire à leurs prises de décision. Les titres de TF1 se négocient sur le marché Euronext sous le symbole TF1.FP à la Bourse de Paris. En janvier 2011, le titre de TF1 faisait partie de nombreux indices boursiers[1], dont le SBF 80 (Société des Bourses Françaises) et l'Euro Stoxx (indice boursier de la zone euro).

• Parlons affaires

Au fil des ans, les activités du Groupe TF1 se sont diversifiées, bien qu'elles aient toutes pour objectif d'informer ou de divertir. Aujourd'hui, on pourrait classer ces activités dans quatre secteurs : les antennes France, les droits audiovisuels, les antennes internationales et les activités diverses.

Les antennes France regroupent, entre autres, la chaîne TF1, chaîne familiale généraliste qui détient 96 % des records d'audience, et Eurosport France, la chaîne sportive de référence. Le secteur des droits audiovisuels acquiert et distribue des droits en France et à l'international. C'est aussi un important éditeur de DVD. Le secteur des antennes internationales réunit la chaîne Eurosport, diffusée dans 59 pays, et Eurosport 2, traduite en 14 langues dans 46 pays, 10 sites Internet, et SPS (Société de paris sportifs), société évoluant sur le marché des jeux et paris en ligne. Enfin, dans le secteur des activités diverses, le Groupe TF1 détient une participation dans Métro France, quotidien gratuit distribué à Paris, Marseille, Lyon et quelques autres villes françaises.

Les entreprises comme TF1 ont vite appris à conjuguer leur stratégie d'affaires et leur stratégie en matière de communication de l'information financière. Le marketing et les communications constituent des éléments essentiels dans les deux cas, particulièrement lorsqu'une entreprise recourt aux marchés boursiers pour son financement. TF1 doit faire preuve d'intégrité dans la publication de ses résultats financiers tout comme dans ses relations avec ses annonceurs, ses fournisseurs et ses employés. Comme toute entreprise qui veut garder la confiance des médias financiers, des analystes et de l'ensemble des investisseurs, TF1 doit présenter des états financiers fiables qui donnent une image fidèle de ses opérations.

---

1 Un indice boursier est un baromètre des titres listés en Bourse. Cet indice est basé sur un ensemble d'entreprises représentatives du marché.

Dans ce but, TF1 a adopté des pratiques de gouvernance d'entreprise conformes au *Code de gouvernement d'entreprise* publié conjointement par le Mouvement des entreprises de France et l'Association française des entreprises privées. Ces lignes directrices portent essentiellement sur la composition, le fonctionnement, les pouvoirs et les attributions du conseil d'administration et de ses différents comités, soit le Comité d'audit, le Comité des rémunérations et le Comité de sélection des administrateurs. Ces mesures de contrôle visent à augmenter la confiance des investisseurs et du public en général envers les dirigeants, administrateurs et auditeurs des entreprises, et à améliorer la fiabilité de l'information financière divulguée par les entreprises.

LA GOUVERNANCE D'ENTREPRISE

perspective internationale

«Depuis que les scandales financiers et comptables ont éclaté aux États-Unis, nos voisins ont adopté la loi Sarbanes-Oxley (loi SOX), qui impose une discipline de fer aux pratiques de gouvernance des entreprises américaines. Et le procureur de l'État de New York, Elliot Spilzer, a récolté plus d'un milliard de dollars américains en amendes infligées aux entreprises qui n'avaient pas respecté certaines règles comptables et règles de gouvernance.

La gouvernance est constituée d'une série de règles qui assurent que l'entreprise agit en toute légalité et selon l'éthique. C'est aussi le fer de lance de la responsabilité sociale d'une organisation, car [les règles de gouvernance couvrent] les rapports avec les actionnaires, les employés et les fournisseurs de l'entreprise, de même que les relations avec les collectivités dans lesquelles les entreprises sont établies.

Au Canada, la version [de la loi] Sarbanes-Oxley est [le projet de loi 198, adopté] le 1er janvier 2006 en Ontario et régissant toutes les sociétés inscrites à la Bourse de Toronto.»

Source : Gilles des ROBERTS, «L'excellence en gouvernance d'entreprise : Korn/Ferry», *Commerce*, vol. 105, no 9 (septembre 2004), p. 49.

Au Canada, les règles de gouvernance comprennent tant les lignes directrices des Bourses que les exigences des lois et celles des règlements promulgués par l'Autorité canadienne des valeurs mobilières. Toutes ces règles visent à assurer la protection des actionnaires en définissant avec précision la nature et la forme de l'information qui doit leur être communiquée, et en clarifiant la composition et les responsabilités des conseils d'administration et comités.

Aux chapitres 2, 3 et 4, nous avons examiné les techniques comptables qui ont permis de dresser l'état du résultat global, l'état de la situation financière, l'état des variations des capitaux propres et le tableau des flux de trésorerie. Dans ce chapitre, notre intérêt porte sur les personnes qui interviennent dans le processus de diffusion et de publication de l'information financière. Nous traitons également des modes de présentation des états financiers et des données supplémentaires contenues dans les rapports annuels et autres documents financiers pour mieux comprendre comment y trouver les renseignements pertinents. Enfin, nous examinons la façon d'évaluer le rendement d'une entreprise d'après ces documents.

Les intervenants du processus d'établissement et de communication de l'information financière	La publication de l'information financière	Un examen minutieux des états financiers et des notes	L'analyse du rendement des capitaux propres	La comparaison des IFRS et des normes comptables pour les entreprises à capital fermé
• Les autorités de réglementation	• Les communiqués	• Les caractéristiques qualitatives de l'information financière	• Le rendement des capitaux propres	
• Les gestionnaires	• Les rapports annuels	• L'état de la situation financière	• L'analyse globale du rendement des capitaux propres	
• Le conseil d'administration	• Les rapports intermédiaires	• L'état du résultat global	• L'analyse du rendement et la stratégie d'affaires	
• Les auditeurs	• Les prospectus	• L'état des variations des capitaux propres		
• Les intermédiaires de l'information financière : les analystes financiers et les services d'information		• Le tableau des flux de trésorerie		
• Les utilisateurs : les investisseurs institutionnels et privés, les créanciers et autres		• Les notes aux états financiers		

5

OBJECTIF D'APPRENTISSAGE

Déterminer quels sont les principaux intervenants du processus d'établissement et de communication de l'information financière, leur rôle dans ce processus, et les normes juridiques et comptables à respecter.

CARNET D'ADRESSES

www.lautorite.qc.ca

5.1 Les intervenants du processus d'établissement et de communication de l'information financière

Plusieurs intervenants assurent l'intégrité du processus d'établissement de l'information financière. La figure 5.1 présente les principaux d'entre eux et leurs rôles.

5.1.1 Les autorités de réglementation

L'Autorité des marchés financiers (AMF) est l'organisme de réglementation et de surveillance du marché des valeurs mobilières au Québec. Chaque province ou territoire canadien possède sa propre autorité. Les 13 autorités provinciales et territoriales se sont associées afin de former les Autorités canadiennes en valeurs mobilières (ACVM), dont le but est d'harmoniser et de coordonner la réglementation des marchés financiers canadiens.

L'AMF a pour mission d'assurer la protection des investisseurs, de veiller à ce que les institutions financières se conforment aux obligations que la loi leur impose, de réglementer et de surveiller l'information diffusée par les sociétés qui font un appel public à l'épargne, et de favoriser le bon fonctionnement des marchés financiers grâce à son encadrement des spécialistes et des organismes qui interviennent sur le marché des valeurs mobilières. Dans ce but, l'AMF édicte des règles devant être respectées par les émetteurs qui font un appel public à l'épargne et les intermédiaires tels que les courtiers et les conseillers en valeurs mobilières ainsi que les Bourses. En 2010, l'AMF encadrait 5 416 entreprises qui font des appels publics à l'épargne, 750 courtiers et conseillers en

FIGURE 5.1 • INTÉGRITÉ DU PROCESSUS D'ÉTABLISSEMENT DE L'INFORMATION FINANCIÈRE

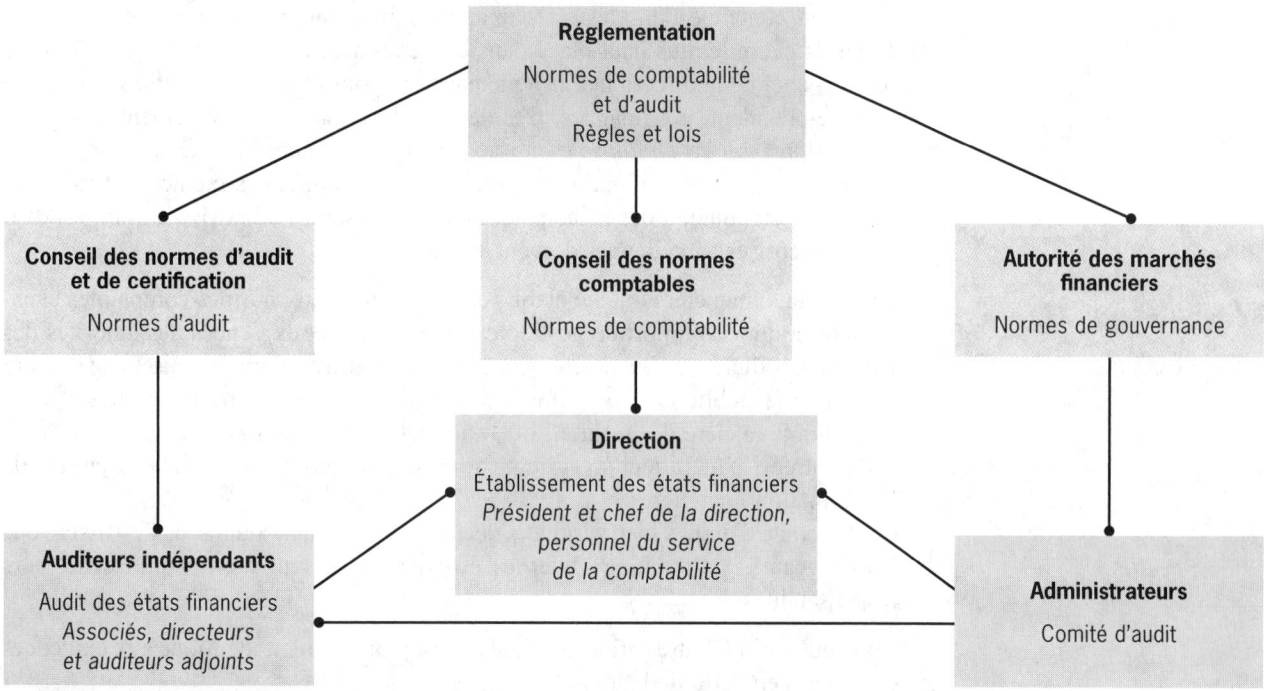

valeurs mobilières ainsi que leurs 34 000 représentants et 8 000 dirigeants, sans compter les organismes d'autoréglementation et les Bourses.

L'AMF mène régulièrement des enquêtes pour déterminer si des infractions ont été commises et punit les entreprises fautives. Dans son rapport annuel 2009-2010, on peut lire qu'elle a analysé 1 740 plaintes provenant de consommateurs de produits financiers. Elle a effectué plus d'une centaine d'inspections et mené à terme plus de 550 enquêtes qui ont abouti à 187 recours judiciaires ou administratifs.

De son côté, comme nous l'avons vu au chapitre 1, l'Institut canadien des comptables agréés (ICCA) est l'organisme privé chargé de définir les normes comptables canadiennes qui guident la présentation de l'information financière. Le Conseil des normes comptables (CNC) est responsable de la publication de ces normes dans le *Manuel de l'ICCA*. Ces normes ont force de loi au Canada. Par ailleurs, le Conseil des normes d'audit et de certification (CNAC) est responsable de déterminer les normes canadiennes pour les audits d'états financiers. Le CNAC a adopté depuis 2010 les Normes internationales d'audit (*International Standards on Auditing* [ISA]).

Manipulation de marché – Yvan Guyon plaide coupable

« Montréal, le 1er avril 2010 – Le 22 mars dernier, l'honorable juge Louis A. Legault de la Cour du Québec du district de Montréal a déclaré Yvan Guyon coupable d'une infraction de manipulation de marché.

Yvan Guyon a reconnu sa culpabilité à l'égard de cette infraction à la *Loi sur les valeurs mobilières*, relevée par l'Autorité des marchés financiers. L'Autorité reprochait à M. Guyon d'avoir, entre le 13 et le 24 janvier 2006, influencé ou tenté d'influencer le cours ou la valeur des actions de la société Peterborough Capital Corporation par des pratiques déloyales, abusives ou frauduleuses.

M. Guyon suscitait l'intérêt d'investisseurs potentiels afin qu'ils acquièrent des titres de la société Peterborough Capital Corporation pour faire progresser le cours de cette action. »

Source : AUTORITÉ DES MARCHÉS FINANCIERS, *Manipulation de marché – Yvan Guyon plaide coupable*, 1er avril 2010 [communiqué de presse, en ligne], www.lautorite.qc.ca (page consultée le 1er février 2011).

dans l'actualité
AUTORITÉ DES MARCHÉS FINANCIERS

COMMUNIQUÉ DE PRESSE

5.1.2 Les gestionnaires

C'est à la direction de l'entreprise qu'incombe principalement la responsabilité de l'information contenue dans les états financiers et les notes. La direction est représentée par le cadre le plus haut placé dans la hiérarchie de l'entreprise, c'est-à-dire le président et chef de la direction, ainsi que par le responsable de la direction financière, soit le vice-président aux finances. Ces deux cadres signent normalement le rapport de la direction (*voir le chapitre 1*) qui accompagne les états financiers. Dans le cas des sociétés qui ont une obligation d'information du public, ces mêmes cadres ont la responsabilité du contenu des principaux rapports présentés à l'AMF. En fait, les dirigeants d'entreprises canadiennes doivent attester :

- que les états financiers ont été établis conformément aux normes comptables canadiennes et que le rapport de gestion est conforme aux exigences des autorités des valeurs mobilières, qu'ils ne contiennent aucune affirmation ou omission de nature à tromper le public et que l'information financière donne une image fidèle de la condition financière des résultats opérationnels et des flux financiers ;
- que l'entreprise maintient un système de contrôle interne garantissant la fiabilité de l'information financière ;
- que le comité d'audit a bien vérifié les documents financiers soumis, et s'est assuré que les dirigeants, les auditeurs internes et externes se sont bien acquittés de leurs responsabilités.

Cette obligation d'attestation, au Canada, est pratiquement identique aux exigences états-uniennes en vertu de la loi SOX.

Chez TF1, seul le président-directeur général Nonce Paolini a signé le document de référence pour l'année financière 2009. En France, ce document contient toute l'information pertinente sur la société et ses résultats de l'année. Le document de référence de TF1 contient les éléments suivants : la présentation du groupe TF1, le rapport du président du conseil d'administration sur le gouvernement d'entreprise et le contrôle interne, le rapport de gestion du conseil d'administration, les états financiers, les rapports des commissaires aux comptes (auditeurs) et l'information juridique requise.

Même si leur responsabilité juridique est moindre, les membres du service de la comptabilité qui recueillent les renseignements permettant d'établir les rapports ont également une responsabilité professionnelle en ce qui a trait à l'exactitude de ces données. Leur carrière professionnelle future dépend grandement de leur réputation en matière d'honnêteté et de compétence. La condamnation des directeurs de la comptabilité d'Enron et de WorldCom aux États-Unis montre bien que cette responsabilité est partagée.

5.1.3 Le conseil d'administration

Le **conseil d'administration** (dont les membres sont élus par l'assemblée générale des actionnaires) est responsable de s'assurer que les systèmes de contrôle en place au sein de l'entreprise fournissent une certitude raisonnable que les biens de la société sont protégés, et que les registres comptables produisent une information financière fiable et montrent une image fidèle de la situation financière. Le comité d'audit issu du Conseil, composé d'administrateurs indépendants, a pour rôle d'aider celui-ci à exercer sa responsabilité de surveillance à l'égard de la qualité et de l'intégrité de l'information financière.

5.1.4 Les auditeurs

Comme nous l'avons vu au chapitre 1, l'AMF exige des sociétés cotées en Bourse que leurs états financiers soient audités par des experts-comptables auditeurs selon les Normes d'audit généralement reconnues (NAGR).

Un grand nombre de sociétés à capital fermé font également auditer leurs états financiers. En signant une **opinion non modifiée**, un cabinet d'experts-comptables renforce la crédibilité de ces documents, et rassure les prêteurs et les investisseurs privés

Conseil d'administration
Groupe de représentants élus par les actionnaires pour défendre leurs intérêts, il est responsable de maintenir un système de contrôle interne garantissant la fiabilité des rapports financiers.

Opinion non modifiée
Déclaration des auditeurs énonçant, sans aucune restriction, que les états financiers donnent une image fidèle de la situation financière et des résultats de l'entreprise conformément aux normes comptables en vigueur.

qui ne participent pas de façon active à la gestion des entreprises. Pour ces derniers, lorsqu'une entreprise soumet ses états financiers à un audit d'experts-comptables indépendants, le risque que la situation financière soit mal représentée dans ces états est considérablement réduit.

KPMG et Mazars sont les auditeurs externes de la société TF1. KPMG est l'un des quatre plus importants cabinets d'experts-comptables au monde avec PricewaterhouseCoopers, Ernst & Young et Deloitte & Touche, que l'on appelle familièrement les «*Big 4*». Ces grands cabinets emploient des milliers d'experts-comptables dans des bureaux répartis un peu partout à travers le monde. Ils effectuent l'audit d'un grand nombre de sociétés ayant une obligation d'information du public et même de sociétés à capital fermé. D'autres cabinets d'experts-comptables auditent les entreprises québécoises et canadiennes. Raymond Chabot Grant Thornton est le plus important cabinet d'experts-comptables et de conseillers en administration à contrôle québécois. Il compte plus de 2 000 personnes réparties dans plus de 90 bureaux au Québec. Voici une liste d'entreprises bien connues, accompagnées du nom du cabinet d'experts-comptables qui était chargé de l'audit de leurs livres au moment de la rédaction du présent manuel.

Société	Industrie	Auditeur
Bombardier inc.	Aéronautique et transport	Ernst & Young
Cascades inc.	Papiers et cartons	PricewaterhouseCoopers
Le Groupe Jean Coutu (PJC) inc.	Pharmacie	Deloitte & Touche
RONA inc.	Commerce de détail	Raymond Chabot Grant Thornton

Les cabinets d'experts-comptables font eux-mêmes l'objet d'une vérification afin de s'assurer que leurs services sont de haute qualité. Le Conseil canadien sur la reddition de comptes (CCRC) est un organisme indépendant créé par les ACVM et dont la mission est : «Contribuer à la confiance du public envers l'intégrité de l'information financière des émetteurs assujettis au Canada par une réglementation efficace et en favorisant une vérification indépendante de haute qualité[2].» Le CCRC a mis en place un système de surveillance qui prévoit une inspection rigoureuse des auditeurs de sociétés cotées en Bourse, des règles strictes en matière d'indépendance de ces auditeurs et des procédures de contrôle de la qualité pour les cabinets auditeurs de ces sociétés. Voici ce qu'on pouvait lire dans un rapport public du CCRC sur les inspections de la qualité des cabinets d'experts-comptables :

> En 2009, le CCRC a inspecté 53 cabinets et examiné 212 missions de vérification. Parmi ces inspections, soulignons celle des six cabinets nationaux du Canada ainsi que des inspections récurrentes auprès de 28 cabinets régionaux ou locaux (34 inspections au total) et 19 inspections de suivi.
>
> Les inspections du CCRC en 2009 montrent que l'état de la vérification au Canada est sain, bien que certains domaines doivent être améliorés. Dans ses rapports d'inspection en 2009 remis aux cabinets de vérification, le CCRC a identifié les trois à cinq domaines les plus importants nécessitant une attention particulière de la direction et qui auront, si résolus, l'impact le plus important sur l'amélioration de la qualité de la vérification[3].

---

2 CONSEIL CANADIEN SUR LA REDDITION DE COMPTES, [en ligne], www.cpab-ccrc.ca (page consultée le 2 février 2011).

3 CONSEIL CANADIEN SUR LA REDDITION DE COMPTES, *Rapport sur les inspections de 2009 : Inspections de la qualité de la vérification effectuée par les cabinets d'experts-comptables*, Toronto, CCRC, avril 2010, p. 2.

5.1.5 Les intermédiaires de l'information financière : les analystes financiers et les services d'information

De nombreuses personnes s'imaginent souvent que la communication entre les entreprises et les utilisateurs des états financiers se limite à un processus simple. Celui-ci consisterait à expédier un rapport par la poste ou par courriel à chaque actionnaire qui, après avoir lu ce document, prendrait des décisions en matière d'investissement d'après ce qu'il vient d'apprendre. Cette vision simpliste de la situation ne représente en rien la réalité. De nos jours, les investisseurs font appel à des analystes financiers expérimentés et à des services d'information qui collectent et analysent les données. La figure 5.2 présente un résumé du processus de communication.

Les analystes financiers

Les **analystes financiers** reçoivent des communiqués et des documents comptables diffusés par les entreprises ainsi que d'autres renseignements grâce aux services d'information en ligne. Ils collectent aussi des données au cours de conversations téléphoniques avec les dirigeants des entreprises, de visites dans les locaux de celles-ci et de téléconférences. Ils combinent ensuite les résultats de leurs analyses aux renseignements qu'ils rassemblent sur les sociétés concurrentes, l'économie dans son ensemble et même les tendances observées au sein de la population afin de faire des prévisions concernant l'évolution du chiffre d'affaires et celle des marges bénéficiaires des entreprises. Ils s'aventurent même à prévoir un prix cible que devrait atteindre l'action au cours du trimestre ou de l'année à venir. Cette **prévision de résultats** sert de base à leurs recommandations relativement à l'achat, la vente ou la conservation des titres d'une entreprise.

La plupart des grandes maisons de courtage (Valeurs mobilières Desjardins, Financière Banque Nationale, RBC Dominion valeurs mobilières et BMO Nesbitt Burns) ont des services de recherche dont les analystes publient régulièrement un bulletin d'information financière à l'intention de leurs clients. Des analystes financiers évoluent aussi au sein des sociétés de gestion de portefeuille et des sociétés de fonds de placement. D'autres vendent leurs recherches à des investisseurs sous la forme de lettres d'information financière imprimées ou électroniques. Par exemple, au Québec, la firme Cote 100, qui regroupe plusieurs analystes, publie mensuellement depuis 1988 une lettre financière qu'elle vend à ses abonnés.

Les analystes financiers se spécialisent généralement dans un secteur d'activité précis, par exemple les entreprises aéronautiques ou le secteur des télécommunications. Ainsi, Benoît Poirier, de Valeurs mobilières Desjardins, fait partie de ceux qui

Prévision de résultats
Détermination, par anticipation, des résultats d'exploitation les plus probables de l'entité pour un ou plusieurs exercices futurs[4].

FIGURE 5.2 • PROCESSUS DE COMMUNICATION DE L'INFORMATION

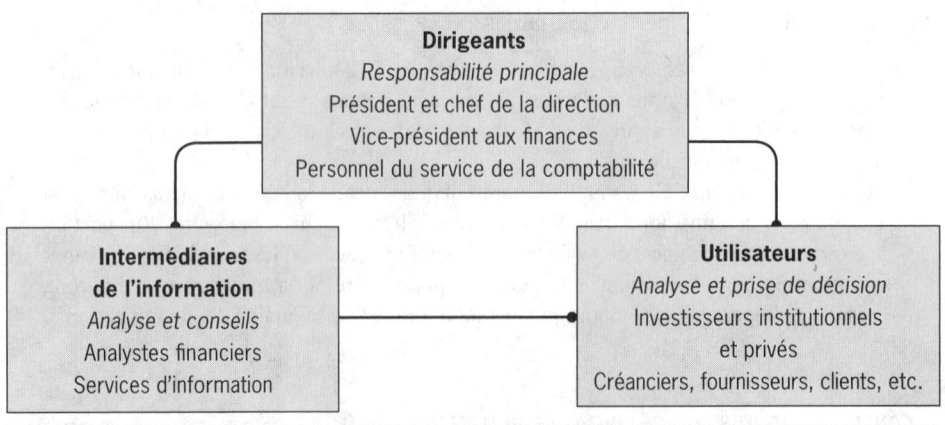

4 Louis MÉNARD et al., *Dictionnaire de la comptabilité et de la gestion financière*, 3e éd., Toronto, Institut canadien des comptables agréés, 2011.

s'intéressent à Bombardier, alors qu'Éric Ravary, de Crédit Mutuel – CIC, analyse les résultats de TF1. Avec d'autres analystes faisant partie de leur société, ils rédigent des rapports sur les perspectives d'avenir de différentes entreprises. Dans leurs rapports, les analystes ont l'habitude d'inclure leurs estimations ou leurs prévisions du résultat par action de l'entreprise étudiée ainsi que du cours de l'action pour le prochain trimestre et la période financière en cours. Les maisons de courtage utilisent directement ces rapports afin d'orienter les achats de titres par leur clientèle d'investisseurs.

Ainsi, les analystes transmettent leurs connaissances sur les entreprises ou un secteur d'activité à ceux qui ne possèdent pas cette expertise. Bon nombre de personnes croient que les conseils de certains analystes influents de maisons de courtage importantes ont pour effet de faire réagir rapidement le cours de la Bourse à l'annonce de leurs recommandations d'achat sur des titres particuliers. Pourtant, tous les analystes ne tirent pas nécessairement les mêmes conclusions à la suite de leur analyse, ce qui suggère qu'il y a une bonne part d'incertitude dans le processus de prévision.

Voici un exemple de différentes opinions concernant les prévisions du cours de l'action de la société TF1. Ces prévisions ont été établies par des analystes de trois établissements financiers au début de l'année 2011.

Établissement financier	Recommandation	Prévision du cours de l'action sur un an
UBS	Conserver	14,5€
Crédit Mutuel – CIC	Accumuler	16,0
Barclay Capital	Pondérer	15,0

Les services d'information

Les services d'information permettent aux investisseurs d'avoir accès aux recommandations de différents analystes. Ceux-ci obtiennent une grande partie des renseignements qu'ils utilisent d'une multitude de services d'information, généralement offerts dans Internet. Certains communiquent de l'information financière spécialisée, d'autres des renseignements plus généraux.

En premier lieu, toutes les sociétés canadiennes qui ont une obligation d'information du public sont tenues de déposer les documents exigés par les ACVM dans le Système électronique de données, d'analyse et de recherche (SEDAR). Ce système électronique a aussi été mis au point pour faciliter la diffusion au public de l'information financière sur les

question d'éthique

LES INVESTISSEURS AURAIENT AVANTAGE À ÊTRE CIRCONSPECTS!

La crise financière qui a touché tous les marchés financiers en 2008 a prouvé que les investisseurs doivent être très prudents. Non seulement doivent-ils se baser sur leurs connaissances en comptabilité, mais ils doivent aussi faire preuve d'une bonne dose de scepticisme lorsqu'ils lisent ou écoutent des conseils en matière d'investissement. Des manquements à l'éthique, des pratiques commerciales douteuses et des activités illégales ont fait la manchette aux États-Unis, au Canada et au Québec. Par exemple, on note les infractions suivantes : 1) des délits d'initiés ; 2) des recommandations d'achat d'un titre de la part des courtiers afin d'en maintenir le cours boursier, alors que les initiés le vendaient ou que la maison de courtage souhaitait faire une émission d'actions ; 3) un nombre abusif d'opérations dans les comptes clients dans le but d'augmenter la commission ; 4) la vente de titres sans information préalable sur les risques qu'ils représentaient ; 5) la conclusion de transactions à des coûts plus avantageux pour certains clients que pour d'autres. La plupart des analystes, des courtiers et des conseillers se comportent de façon honnête et respectent les règles d'éthique. Toutefois, il faut savoir que courtiers et conseillers sont payés à commission pour chaque transaction de titres. Aussi, s'ils laissent leur appétit du gain influer sur les conseils qu'ils donnent en matière de placements, leur comportement cesse d'être conforme à l'éthique de leur profession.

entreprises. Les renseignements qui s'y trouvent sont accessibles aux utilisateurs 24 heures après avoir été déposés à l'AMF et bien avant que ceux-ci ne les reçoivent par la poste sous forme d'exemplaire papier. En ce moment, SEDAR est un service en ligne gratuit.

Pour consulter le site de SEDAR, il suffit d'en saisir l'adresse dans votre navigateur Web, de faire une recherche dans la base de données des sociétés ouvertes et d'y indiquer le nom de la société qui vous intéresse. Ainsi, vous accéderez aux documents les plus récents déposés au dossier de l'entreprise. On y trouve les communiqués de presse, les états financiers intermédiaires et annuels, le rapport annuel, les prospectus et toute autre déclaration exigée par les organismes de réglementation. Il existe également un équivalent de ce service pour les sociétés états-uniennes. Il s'agit de l'*Electronic Data Gathering and Retrieval Service* (EDGAR), parrainé par la Securities and Exchange Commission (SEC).

La plupart des entreprises permettent au public d'accéder directement à leurs états financiers et à d'autres renseignements les concernant sur leur site Web. Ainsi, TF1 publie son information financière dans son site Internet. Vous y trouverez une description de la société et de ses activités. Une section réservée à l'information financière présente les communiqués, les rapports financiers intermédiaires et annuels, les données boursières ainsi que de l'information financière pertinente. À l'occasion, TF1 diffuse aussi dans son site Internet des conférences audio ou des téléconférences en direct avec des analystes et des investisseurs institutionnels.

Parmi les services d'information plus générale, on peut mentionner le site de la Bourse de Toronto et celui du *Globe and Mail*. Ces sites donnent accès à des nouvelles concernant les entreprises, aux cours des actions actuels et historiques, et aux communiqués publiés par les entreprises. Ces communiqués comprennent notamment les premières annonces des résultats financiers du trimestre et de la période financière. Ces sites rassemblent aussi de l'information provenant des différents fils de presse des agences de nouvelles (par exemple, Reuters et CNW Group). Cette information et ces nouvelles sont aussi accessibles dans le site de la plupart des maisons de courtage. Pour obtenir plus de détails sur ces services, visitez-en les sites Web.

D'autres sites tels que Les Affaires.com, Yahoo! Finance et Bloomberg rendent aussi accessible en ligne l'information bien avant que les actionnaires et autres parties ne reçoivent leur exemplaire papier des rapports financiers. Ils publient aussi les résultats de différentes analyses des entreprises répertoriées (certaines analyses sont disponibles moyennant paiement).

Le site Argent est aussi une bonne source d'information financière. Non seulement fournit-il les cotes boursières et de l'information sur les indices en temps réel, mais il présente différentes rubriques, par exemple des résultats financiers, des conseils d'experts, des forums de discussion, la liste des titres les plus actifs sur le marché canadien ainsi que différentes nouvelles sur les entreprises et les marchés boursiers. De plus, on peut visionner une vidéo quotidienne à l'ouverture et à la clôture des marchés pour connaître les dernières nouvelles de la journée.

Pour les sociétés françaises, d'autres sites présentent essentiellement le même type d'information. Les sites financiers des journaux *Les Échos* et *L'Express* sont particulièrement intéressants. La figure 5.3 montre d'ailleurs une page tirée du site VotreArgent portant sur la société TF1.

À l'occasion, ces services d'information présentent un résumé des recommandations des analystes financiers sur les titres boursiers. On trouve alors soit le nombre d'analystes pour chaque type de recommandation, soit le consensus moyen des recommandations des analystes. C'est ce que nous propose le journal français *Les Échos* en établissant le consensus de 18 analystes sur TF1. En janvier 2011, la recommandation est de « conserver » le titre, alors que la prévision du cours de l'action est fixée à 14,55 € et est déjà atteinte à la fin du mois.

Une autre initiative fort intéressante en matière de services d'information est la présentation de renseignements à caractère financier sous formes audio et vidéo. Vous pouvez accéder à des enregistrements de conférences téléphoniques et à des vidéos de

CARNET D'ADRESSES

www.sedar.com
www.sec.gov
www.groupe-tf1.fr/finance
www.tmx.com
www.globeinvestor.com
www.reuters.com
www.newswire.ca
www.lesaffaires.com
finance.yahoo.com
www.bloomberg.com
argent.canoe.ca
bourse.lesechos.fr
votreargent.lexpress.fr

* Page consultée le 2 février 2011.

réunions entre des analystes financiers et la direction d'une entreprise. L'écoute de ces enregistrements est un excellent moyen de se renseigner sur la stratégie d'ensemble d'une entreprise, ses perspectives d'avenir ainsi que les principaux facteurs pris en compte par les analystes dans leur évaluation de cette entreprise. Vous pouvez trouver ces documents audio ou vidéo soit dans le site de l'entreprise même, soit dans les sites d'information financière déjà mentionnés.

5.1.6 Les utilisateurs : les investisseurs institutionnels et privés, les créanciers et autres

Parmi les **investisseurs institutionnels**, on compte les gestionnaires de caisses de retraite privées, de régimes de retraite universels (pour les employés de l'État), de fonds communs de placement, de fondations privées ou publiques, et de sociétés de gestion de portefeuille. Ces actionnaires institutionnels emploient généralement leurs propres

Investisseur institutionnel
Gestionnaire d'une caisse de retraite, d'un fonds commun de placement, d'une fondation privée ou publique, ou d'une autre société de gestion de portefeuille qui investit pour le compte d'autres personnes.

analyse financière

analystes et utilisent les services d'information déjà mentionnés. Ce type d'investisseurs contrôlent la majorité des actions émises au public. Par exemple, à la fin de la période financière 2009, les investisseurs institutionnels détenaient plus de 8,1 millions d'actions de TF1, ce qui représentait plus de 38 % des titres en circulation.

Les **investisseurs privés** sont, entre autres, des investisseurs individuels qui possèdent un capital personnel. Ils investissent directement leur argent soit dans une entreprise à capital fermé, soit dans les sociétés cotées sur les marchés boursiers. Ce sont parfois de petits investisseurs individuels qui, comme beaucoup de gens, achètent un nombre limité d'actions de sociétés cotées en Bourse par l'intermédiaire de courtiers en valeurs mobilières. Ces petits investisseurs ne possèdent en général ni l'expertise indispensable pour comprendre les états financiers, ni les ressources indispensable pour collecter d'autres données importantes de façon efficace. Il en résulte qu'ils se fient souvent aux conseils des courtiers ou des conseillers en valeurs mobilières, ou confient leur argent à des gestionnaires de fonds communs de placement (investisseurs institutionnels).

Dans la catégorie des **créanciers**, on trouve les fournisseurs, les établissements bancaires et les autres institutions financières qui prêtent de l'argent aux entreprises. Les responsables du prêt et les analystes financiers de ces organismes utilisent les mêmes sources publiques d'information pour faire leurs analyses. En outre, lorsqu'une entreprise veut emprunter de l'argent à ces établissements, elle accepte souvent de fournir des renseignements financiers supplémentaires (par exemple, des états financiers mensuels). Les prêteurs forment fréquemment le principal groupe d'utilisateurs externes des états financiers des sociétés à capital fermé. Des investisseurs individuels et institutionnels deviennent aussi des créanciers lorsqu'ils achètent des obligations garanties ou des « débentures » émises par des sociétés qui ont une obligation d'information du public[5].

Les états financiers occupent une place importante dans les relations entre les clients et les fournisseurs. Les clients s'en servent pour évaluer la santé financière des fournisseurs et déterminer si ces derniers seront en mesure de constituer une source d'approvisionnement fiable et à la fine pointe du progrès. Les fournisseurs, de leur côté, évaluent leurs clients afin d'estimer leurs besoins futurs et leur capacité à régler leurs dettes.

Toute entreprise peut aussi tenter d'obtenir des renseignements utiles sur ses concurrents à partir des états financiers. La perte potentielle d'un avantage concurrentiel est l'un des risques inhérents à la présentation publique de l'information financière. Les autorités de réglementation prennent en considération ces coûts de même que les coûts directs d'établissement de ces documents lorsqu'ils envisagent de demander de l'information supplémentaire. Ils cherchent donc à établir ce qu'on appelle le « **rapport coûts-avantages** », selon lequel les avantages qu'il y a à communiquer de l'information devraient justifier les coûts associés à cette opération.

Investisseur privé
Personne qui achète et vend des actions de sociétés.

Créancier
Fournisseur ou établissement financier qui prête de l'argent aux entreprises.

Rapport coûts-avantages
L'information financière entraîne des coûts ; les avantages qu'elle procure devraient justifier ces coûts. C'est ce qu'on appelle « rapport coûts-avantages ».

---

5 Les « débentures » (ou obligations non garanties) sont des titres de créance dont le remboursement n'est pas garanti par des biens désignés à cet effet, alors que les obligations sont garanties par des actifs précis. Nous y revenons au chapitre 9.

question d'éthique

LES DIVERGENCES D'INTÉRÊTS

Les intérêts économiques des dirigeants d'entreprises, des actionnaires et des créanciers peuvent différer. Par exemple, le paiement de dividendes aux actionnaires profite à ceux-ci, mais il diminue les fonds disponibles pour payer les créanciers. Inversement, les projets de développement des dirigeants diminuent le montant affecté au paiement des dividendes.

Les attentes en matière d'éthique et la confiance mutuelle des intervenants ont une importance primordiale dans le maintien de l'équilibre entre ces intérêts divergents.

La comptabilité et les états financiers jouent également un rôle de premier plan quand il s'agit de protéger ces relations de confiance*.

* La « théorie de la délégation » est en comptabilité un domaine de recherche qui sert à prévoir et à expliquer le comportement des différents intervenants de l'entreprise.

TEST D'AUTOÉVALUATION

Associez les définitions de la colonne de droite aux termes de la colonne de gauche auxquels ils correspondent.

1. SEDAR
2. Président et chef de la direction et vice-président aux finances
3. Analyste financier
4. Auditeur
5. Rapport coûts-avantages

A. Les dirigeants à qui incombe principalement la responsabilité de l'information comptable.
B. Une partie indépendante qui audite les états financiers.
C. Système électronique de données dans lequel on retrouve tous les documents exigés par l'AMF aux entreprises.
D. Les avantages de présenter une information devraient en justifier les coûts.
E. Une personne qui analyse l'information financière et donne des conseils.

Vérifiez vos réponses à l'aide des solutions présentées en bas de page*.

5.2 La publication de l'information financière

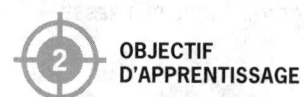

OBJECTIF D'APPRENTISSAGE

Reconnaître les étapes du processus de publication de l'information financière, notamment la publication de communiqués de presse, de rapports annuels et intermédiaires, et de prospectus.

Comme nous l'avons vu dans la section portant sur les intermédiaires de l'information, le processus de diffusion de l'information financière comprend plus d'étapes et de participants qu'on pourrait être porté à le croire. Ce processus ne se limite pas à l'expédition par la poste des rapports annuels et intermédiaires aux actionnaires. Les organismes de réglementation exigent que les entreprises s'assurent que les investisseurs ont tous accès aux nouvelles importantes qui les concernent. Les gestionnaires ne peuvent utiliser l'information privilégiée qu'ils acquièrent dans le cadre de leur travail pour vendre les titres qu'ils possèdent avant que cette information ne soit rendue publique. Les règles concernant les « initiés[6] » sont très claires.

Dans son document de référence de 2009, TF1 décrit très bien tout son processus de diffusion de l'information. Voici ce qu'on peut y lire :

Afin de garantir l'égalité d'accès à l'information des investisseurs, les différents supports de communication sont également disponibles en anglais et empruntent les canaux de diffusion suivants :

- les informations à destination d'un public extérieur sont mises en ligne directement au moment de leur publication sur le site internet : www.tf1finance.fr. Néanmoins, toute personne souhaitant recevoir ces informations par courrier peut en faire la demande au service de Communication Financière qui les lui adressera gratuitement.

---

* **Solutions du test d'autoévaluation**
  1. C ; 2. A ; 3. E ; 4. B ; 5. D.

---

6 Un initié est une personne qui possède, en vertu de son statut dans l'entreprise, une information privilégiée non connue du public et dont elle pourrait tirer profit.

- tous les communiqués de presse sont diffusés *a minima* dans un quotidien économique national ainsi que sur un site Internet financier grand public et sur celui de l'AMF. Depuis janvier 2007, TF1 se conforme à la directive européenne dite « Transparence » relative aux nouvelles obligations de publications de l'information financière.
- les réunions d'analystes sont retransmises dans leur intégralité et en direct sur Internet ou accessibles par téléphone, sans restriction d'accès. Un enregistrement de ces réunions est mis en ligne sur le site Internet de TF1.
- les déplacements à l'étranger ou les entretiens avec les acteurs du marché sont généralement menés par deux personnes du groupe TF1 afin de garantir l'exactitude des informations délivrées et leur stricte égalité d'accès. Les documents présentés à ces occasions sont publiés immédiatement sur le site Internet www.tf1finance.fr[7].

5.2.1 Les communiqués

Communiqué
Annonce publique écrite, diffusée par l'entreprise et généralement distribuée aux principaux services de nouvelles.

TF1 et la plupart des sociétés qui ont une obligation d'information du public annoncent leurs résultats intermédiaires et annuels dans un **communiqué** aussitôt que les chiffres sont disponibles. Ainsi, ils diffusent rapidement (en temps utile) les renseignements aux utilisateurs externes et évitent la possibilité de fuites sélectives de l'information. En général, TF1 publie ce type de communiqué de cinq à sept semaines après la fin de la période qu'il couvre. Ces annonces sont transmises par courriel aux grands services de nouvelles électroniques, qui les transmettent immédiatement à leurs abonnés. Ces communiqués sont également accessibles sur le site Web de TF1. Un extrait d'un communiqué type de TF1 est reproduit ci-dessous. On y trouve d'importantes données financières et une analyse des résultats par la direction. Ce texte est généralement accompagné des états financiers intermédiaires (non audités).

coup d'œil sur TF1

COMMUNIQUÉ DE PRESSE

9 novembre 2010

Un chiffre d'affaires consolidé en croissance de +12 % sur les 9 mois

Un résultat opérationnel courant multiplié par 4 à 125 millions d'euros

« Le Conseil d'administration de TF1, réuni le 9 novembre 2010 sous la Présidence de Nonce Paolini, a arrêté les comptes des neuf premiers mois 2010.

Sur les neuf premiers mois de l'année 2010, le chiffre d'affaires consolidé du groupe TF1 s'établit à 1 826 millions d'euros, soit une croissance de 12 % par rapport aux neuf premiers mois de l'année 2009.

La chaîne TF1 enregistre une croissance de 11 % de son chiffre d'affaires publicitaire, qui s'élève à 1 071 millions d'euros.

Le chiffre d'affaires des activités de diversification progresse de 14 % pour atteindre 755 millions d'euros. Il intègre 33 millions d'euros de revente des droits de la Coupe du Monde de la FIFA 2010, ainsi que le chiffre d'affaires de TMC et NT1 à 100 % à compter du 1er juillet 2010 [...]

Une situation financière solide

Au 30 septembre 2010, les capitaux propres de TF1 sont de 1 485 millions d'euros pour un total bilan de 3 729 millions d'euros.

Sur neuf mois, les actifs non courants augmentent de 323 millions d'euros, à 1 466 millions d'euros, l'essentiel de la variation provenant de l'acquisition complémentaire de TMC et de NT1.

L'endettement financier net à fin septembre 2010 est de 8 millions d'euros.

L'emprunt obligataire de 500 millions d'euros, arrivant à échéance le 12 novembre 2010, sera remboursé à partir de la trésorerie disponible du Groupe.

Perspectives 2010

La croissance des activités au troisième trimestre, meilleure qu'attendue, permet au Groupe de relever sa prévision de chiffre d'affaires consolidé, pour l'année 2010, de 2 530 millions d'euros (+7 %) à 2 555 millions d'euros (+8 % par rapport à 2009). »

Source : TF1, *Résultat des 9 mois 2010*, 9 novembre 2010 [communiqué de presse, en ligne], www.groupe-tf1.fr/presse (page consultée le 28 juillet 2011).

7 TF1, *Document de référence 2009*, Boulogne-Billancourt (France), 2009, p. 47.

La plupart des entreprises, y compris TF1, tiennent des conférences téléphoniques ou des téléconférences à la suite de la publication de leurs communiqués. Durant ces conférences, les gestionnaires répondent aux questions des analystes financiers. Ces conférences sont aussi accessibles aux investisseurs ; leur écoute est d'ailleurs une bonne façon de connaître les stratégies de l'entreprise et ses perspectives futures. Sur le site de TF1, on peut visionner et écouter les conférences tenues à la suite de la publication des résultats intermédiaires et en consulter les textes de présentation.

Pour les titres activement négociés comme ceux de la société TF1, l'essentiel de la réaction du marché (l'augmentation et la diminution du cours du titre à la suite des transactions des investisseurs) face à l'information contenue dans le communiqué se produit en général très vite. Il ne faut pas oublier que de nombreux analystes surveillent TF1 et prédisent régulièrement quels seront les résultats de l'entreprise. Lorsque les chiffres sont connus, le marché réagit rapidement, surtout s'il y a un écart entre les prévisions des analystes et les résultats réels. Cet écart crée un effet de surprise qui peut faire fluctuer le cours du titre boursier. Quelques jours avant la publication par TF1 de ses résultats de l'année 2010, voici ce qu'on pouvait lire sur le site Bourse direct :

TF1 : à regarder !

« L'action TF1 se reprend de 1,13 % (14,71 euros) en cette fin de matinée, après déjà 2,6 % de reprise hier. CM–CIC est en de meilleures dispositions sur le dossier et considère dans une étude que le groupe a "encore une capacité de surprendre en 2011". Le bureau d'études demeure à "Accumuler", mais relève de 14,5 euros à 16 euros son objectif de cours. Le potentiel de hausse est inférieur à 9 %, mais laisse un peu de marge d'appréciation au marché. »

Source : BOURSE DIRECT, *TF1 : à regarder !*, 2 février 2011 [en ligne], www.boursedirect.fr (page consultée le 3 février 2011).

Les communiqués portant sur les résultats financiers annuels et intermédiaires précèdent souvent de quelques semaines la publication papier des rapports. Un tel délai est nécessaire afin de permettre l'insertion de renseignements supplémentaires, l'impression et la distribution des rapports.

Des entreprises telle TF1 publient des communiqués concernant d'autres événements importants, y compris l'annonce de nouveaux investissements, la signature d'ententes avec de nouveaux partenaires ou la nomination d'un nouveau dirigeant. Le marché boursier semble souvent réagir aux annonces de ce type. Voici, par exemple, un extrait d'un autre communiqué de la société TF1 publié en janvier 2011 :

14 janvier 2011

Augmentation de capital chez Publications Metro France

« Metro International et TF1 ont procédé à une augmentation de capital de leur filiale commune "Publications Metro France". Cette opération est destinée à conforter la stratégie de croissance du journal tant au plan de sa diffusion [qu'au plan] de son foisonnement géographique.

L'objectif est également de donner des moyens supplémentaires au titre afin d'élargir son offre de services et développer la pluralité ainsi que la qualité de ses contenus.

"C'est une décision importante des actionnaires de Metro qui démontre si nécessaire leur attachement au titre et qui va nous permettre de relever au mieux les enjeux qui se présentent à nous cette année pour que Metro demeure le quotidien préféré des Français" a déclaré Jean-Michel Arnaud, Président de Metro. »

Source : TF1, *Augmentation de capital chez Publications Metro France*, 14 janvier 2011 [communiqué de presse, en ligne], www.groupe-tf1.fr/presse (page consultée le 28 juillet 2011).

5.2.2 **Les rapports annuels**

Dans le cas des sociétés à capital fermé, les rapports annuels sont des documents relativement simples. En général, ils ne renferment que les éléments suivants :

1. Les états financiers de base : l'état du résultat global, l'état de la situation financière, l'état des variations des capitaux propres et le tableau des flux de trésorerie ;
2. Toutes les notes aux états financiers ;
3. Le rapport de l'auditeur.

Les sociétés qui ont une obligation d'information du public doivent présenter des rapports annuels beaucoup plus détaillés ; des exigences supplémentaires leur sont imposées par l'AMF. Elles concernent la présentation de l'information et le fait qu'un grand nombre d'entreprises utilisent ces documents comme instruments de relations publiques pour communiquer des renseignements non comptables à leurs actionnaires, à leurs clients, aux médias, etc.

Les sociétés françaises sont soumises à une réglementation différente de celle qui est en vigueur au Canada. En France, le rapport annuel est plutôt un outil de marketing comprenant une description très sommaire des résultats de la période, et une présentation visuelle et colorée des services et produits. Les rapports financiers sont plutôt publiés dans un document appelé « Document de référence ».

En général, les rapports annuels des sociétés canadiennes ayant une obligation d'information du public se divisent en deux sections :

1. La première section, non financière, comporte habituellement un message aux actionnaires de la part du président du conseil ou du président et chef de la direction (ou des deux), une présentation de la mission et de la philosophie de la direction, une description des produits, et un aperçu des perspectives et des possibilités stimulantes qui s'offrent à l'entreprise. On y ajoute souvent de magnifiques photographies des produits, des locaux et du personnel.
2. La seconde section, de nature financière, comprend l'essentiel du rapport. Dans cette section est présentée l'information exigée par l'AMF, celle qu'exige la SEC pour les entreprises canadiennes cotées en Bourse aux États-Unis et toute autre information financière jugée pertinente par la direction de l'entreprise. Voici les principaux éléments présentés dans cette section :

   - Un rapport de gestion, souvent intitulé « Commentaires et analyse par la direction de la situation financière et des résultats opérationnels » ;
   - Les états financiers, présentés sur une base comparative avec ceux de la période précédente ;
   - Les notes aux états financiers ;
   - Le rapport de l'auditeur ;
   - Le rapport de la direction concernant sa responsabilité à l'égard de la présentation de l'information financière ;
   - Une rétrospective financière des 5 à 10 dernières années ;
   - La liste des membres du conseil d'administration et de l'équipe de direction ;
   - Des renseignements généraux sur la société, à l'intention des investisseurs.

L'ordre de présentation de ces éléments peut varier.

Le rapport annuel doit être transmis aux actionnaires dans les six mois suivant la fin de la période financière. De plus, les états financiers doivent être approuvés par le conseil d'administration de l'entreprise. Un ou deux administrateurs du conseil ont pour mandat de signer ces états.

Le rapport de gestion présente une analyse historique et prospective des activités de l'entreprise, ainsi qu'une analyse de la situation financière et des résultats opérationnels. Cette analyse permet aux utilisateurs d'évaluer la performance et les perspectives d'avenir de la société.

5.2.3 Les rapports intermédiaires

En général, les rapports intermédiaires commencent par un message aux actionnaires et une analyse, par la direction, des activités et résultats de la période. Ce message est suivi des états financiers, présentés en comparaison avec ceux de la période précédente. Ces états financiers portent la mention «non audités», car l'audit des états financiers intermédiaires n'est pas légalement requis. De plus en plus d'entreprises fournissent dans leurs rapports intermédiaires un jeu complet d'états financiers et quelques notes complémentaires. Les sociétés à capital fermé préparent elles aussi des rapports intermédiaires destinés aux créanciers. Au Canada, les sociétés ayant une obligation d'information du public doivent publier un rapport complet sur leur situation financière chaque trimestre. De leur côté, les sociétés françaises ne sont tenues de présenter ces rapports qu'à chaque semestre, bien que certaines sociétés comme TF1 publient une information financière complète chaque trimestre également. Les rapports intermédiaires de TF1 sont publiés quelques semaines après la fin de chacun des trimestres, lesquels se terminent les 31 mars, 30 juin, 30 septembre et 31 décembre.

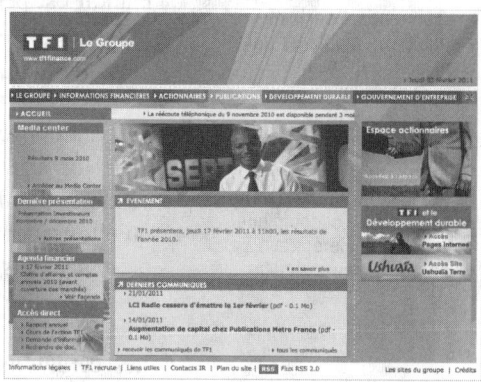

Source: TF1, [en ligne], www.tf1finance.fr (page consultée le 3 février 2011).

5.2.4 Les prospectus

Toute entreprise qui veut procéder à un appel public à l'épargne doit soumettre, pour approbation, un prospectus à l'AMF. Le prospectus est un document d'information à l'intention des investisseurs. Il présente tous les faits importants et toutes les données financières susceptibles d'influer sur la valeur ou le cours des titres qui font l'objet du placement. De façon générale, le prospectus comprend une description du placement proposé, une évaluation des facteurs de risque liés à ce titre, une description de l'utilisation du produit de la vente du placement, de l'information sur les dirigeants et leur rémunération ainsi que sur les actionnaires principaux de l'entreprise, une analyse par la direction de la situation financière et des résultats opérationnels, des états financiers audités, et une foule d'autres renseignements pertinents. Au cours des dernières années, TF1 n'a fait aucun appel public à l'épargne et n'a pas publié de prospectus. Tous les prospectus des sociétés canadiennes sont déposés dans le système SEDAR et sont ainsi accessibles au public.

5.3 Un examen minutieux des états financiers et des notes

OBJECTIF D'APPRENTISSAGE

Comprendre et utiliser le mode de présentation des états financiers.

Nous avons déjà vu que les données financières contenues dans les rapports comptables constituent des éléments importants qui aident les investisseurs, les créanciers et les analystes à prendre leurs décisions. Pour faciliter aux décideurs l'utilisation de ces états financiers, l'information y est présentée dans un certain ordre, que suivent la majorité des entreprises. Toutefois, il peut exister des disparités, car les sociétés adoptent un mode de présentation adapté à leurs activités. Malgré ces différences, chacun de ces rapports est conforme aux normes comptables étudiées dans le présent manuel. Avant d'examiner quelques-uns de ces états financiers, revoyons les caractéristiques qualitatives de l'information financière.

5.3.1 Les caractéristiques qualitatives de l'information financière

Selon le cadre conceptuel présenté à la figure 2.1 (*voir la page 59*), les caractéristiques qualitatives de l'information financière se divisent en deux catégories: les caractéristiques qualitatives essentielles et les caractéristiques qualitatives auxiliaires. Les caractéristiques qualitatives essentielles sont la pertinence et la fidélité.

Les caractéristiques qualitatives essentielles

La décision de divulguer ou non une information repose en tout premier lieu sur sa **pertinence**. Une information pertinente peut influer sur les décisions économiques parce

Pertinence
La pertinence d'une information dépend de sa valeur prédictive et de sa valeur de confirmation. Une information pertinente peut influer sur les décisions économiques que les utilisateurs sont appelés à prendre.

qu'elle permet aux utilisateurs d'évaluer les activités passées d'une entreprise (valeur de confirmation) ou de prévoir ses activités futures (valeur prédictive). La notion d'**importance relative** entre aussi en ligne de compte lorsqu'on évalue si une information est pertinente ou non. Si la nature ou le montant d'un élément financier peut influencer les décisions que les utilisateurs prennent, cet élément revêt alors une importance relative et sa divulgation est pertinente.

Pour être utile, l'information doit donner une image fidèle de la situation financière de l'entreprise. La **fidélité** implique que l'information est complète, neutre et exempte d'erreurs significatives. Une information complète fournit tous les renseignements susceptibles d'influer sur le jugement d'un utilisateur, alors qu'une information neutre signifie qu'elle est dépourvue de toute orientation. La fidélité ne signifie pas qu'aucune erreur n'est présente, mais plutôt que l'information est basée sur les meilleures données disponibles.

Les caractéristiques qualitatives auxiliaires

Les caractéristiques qualitatives auxiliaires sont la comparabilité, la vérifiabilité, la rapidité et la compréhensibilité. Toutes ces caractéristiques servent à augmenter l'utilité de l'information financière et à assurer sa pertinence ainsi que sa fidélité.

Dans nos analyses de ratios, nous soulignons toujours l'importance de pouvoir comparer les ratios d'une même entreprise dans le temps de même que les entreprises d'un même secteur entre elles. Toutefois, de telles comparaisons ne sont valables que si l'information est basée sur les mêmes règles. La **comparabilité** permet d'examiner deux faits économiques et d'en comprendre les ressemblances et les différences. L'application des mêmes méthodes comptables d'une période à l'autre ou d'une entreprise à l'autre facilite cette comparaison.

La notion de **vérifiabilité** est une assurance que l'information financière fournit une image fidèle de la réalité économique, puisqu'elle sous-entend que des parties indépendantes pourraient en venir aux mêmes conclusions quant à la nature ou à l'évaluation d'un phénomène économique.

Pour être utile, une information doit être disponible à temps. La **rapidité** est une autre caractéristique de l'information qui augmente sa valeur pour les utilisateurs au moment de la prise de décision.

Enfin, la dernière caractéristique qualitative auxiliaire est la **compréhensibilité**. L'information fournie dans les états financiers doit être compréhensible pour les utilisateurs, qui, de leur côté, doivent avoir une bonne connaissance des activités commerciales et économiques ainsi que de la comptabilité. Pour être compréhensible, l'information doit aussi être classée, définie et présentée de façon claire et précise.

Toutes ces caractéristiques qualitatives auxiliaires augmentent l'utilité de l'information financière pour autant que les données soient avant tout pertinentes et fidèles. Ce sont les caractéristiques essentielles qui doivent nous guider en premier lieu pour déterminer si un phénomène économique doit être divulgué (pertinence) et la façon dont il sera présenté dans les rapports financiers (fidélité). Dans le respect de ces concepts, le cadre conceptuel inclut une contrainte à la divulgation de l'information financière, à savoir le coût. Nous avons vu qu'il est nécessaire d'établir un équilibre entre les coûts et les avantages de l'information. Les organismes de normalisation et de réglementation constatent depuis longtemps la nécessité de tenir compte de cet élément dans leurs demandes d'information auprès des entreprises.

5.3.2 L'état de la situation financière

Comme nous l'avons déjà mentionné au chapitre 2, les sociétés françaises présentent leur état de la situation financière dans un ordre inversé par rapport aux sociétés canadiennes. Les éléments non courants y sont présentés avant les éléments courants, alors qu'au Canada, les éléments courants viennent en premier. Pour les besoins de notre analyse, nous avons modifié la présentation de l'état de la situation financière de TF1 (qui utilise le terme «Bilan») pour la rendre conforme au modèle canadien. Le tableau 5.1 présente le bilan de TF1 au 31 décembre 2009. Il faut d'abord noter le titre de ce document: «État de la situation financière consolidé». Le terme «consolidé» signifie que ces états financiers

---

Importance relative
La notion d'importance relative fait référence à certains éléments ou montants dont l'omission peut influencer les décisions des utilisateurs.

Fidélité
La fidélité permet de décrire un phénomène économique de façon complète, neutre et exempte d'erreurs significatives.

Comparabilité
La comparabilité permet de comparer deux phénomènes économiques, et d'en relever les ressemblances et les différences.

Vérifiabilité
La vérifiabilité suppose que différents observateurs informés et indépendants pourraient en venir à un consensus quant à la façon de représenter un phénomène économique.

Rapidité
La rapidité répond au besoin de rendre l'information accessible aux décideurs rapidement.

Compréhensibilité
La compréhensibilité est possible si l'information est classée, définie et présentée de façon claire et concise.

incluent les comptes de l'entreprise et de ses filiales, c'est-à-dire les sociétés sur lesquelles elle exerce un contrôle. Les comptes de l'entreprise et de ses filiales ont été additionnés par un processus de consolidation qui consiste à enregistrer un seul chiffre pour chaque élément. (Il sera question du processus de consolidation au chapitre 11.) Les états financiers de TF1 sont présentés en millions d'euros. L'état de la situation financière de l'entreprise est très similaire à celui de LVMH présenté au chapitre 4 (*voir la page 219*).

La grande majorité des sociétés canadiennes présentent leur état de la situation financière dans l'ordre suivant :

Actif (par ordre décroissant de liquidité)
Actif courant
Actif non courant
Total de l'actif

Passif (par ordre d'échéance)
Passif courant
Passif non courant
Total du passif

Capitaux propres
Capital social
Réserves
Autres éléments des capitaux propres
Total des capitaux propres – part du groupe
Participation ne donnant pas le contrôle
Total des capitaux propres
Total du passif et des capitaux propres

TABLEAU 5.1 • ÉTAT DE LA SITUATION FINANCIÈRE CONSOLIDÉ DE TF1

TF1
État de la situation financière consolidé
au 31 décembre
(en millions d'euros)

	Notes	2009	2008
Actif			
Courants			
Trésorerie et équivalents de trésorerie	12.3	570,5	9,8
Clients et autres débiteurs	12.2	1 350,2	1 226,8
Stocks et en-cours	11	600,6	558,4
Actifs d'impôt courants		9,5	46,8
Autres actifs financiers courants	12	8,9	14,0
Actifs courants		2 539,7	1 855,8
Non courants			
Immobilisations corporelles	9	191,4	178,0
Immobilisations incorporelles	8.1 et 8.2	137,7	168,0
Goodwill	7	506,9	506,1
Actifs d'impôt non courants		11,5	17,2
Actifs financiers non courants	12.1	20,2	741,0
Participations dans les entreprises associées	10	275,4	259,3
Actifs non courants		1 143,1	1 869,6
Actifs en cours de cession	4	–	14,8
Total de l'actif		3 682,8	3 740,2

TABLEAU 5.1 • ÉTAT DE LA SITUATION FINANCIÈRE CONSOLIDÉ DE TF1 (*SUITE*)

	Notes	2009	2008
Passif et capitaux propres			
Passif			
Courants			
Fournisseurs et autres créditeurs	14	1 696,0	1 514,9
Dettes financières à court terme	15	505,5	22,9
Passifs d'impôt courants		1,1	1,2
Provisions courantes	16.2	36,4	43,5
Autres passifs financiers courants	14	1,4	10,2
Passifs courants		2 240,4	1 592,7
Non courants			
Passifs d'impôt non courants		1,3	2,9
Provisions non courantes	16.1	44,0	57,2
Emprunts long terme	14 et 15	0,5	695,5
Passifs non courants		45,8	755,6
Passifs liés aux actifs en cours de cession	4	–	15,0
Total du passif		2 286,2	2 363,3
Capitaux propres			
Capitaux propres attribuables aux propriétaires			
Capital	13.1	42,7	42,7
Primes et réserves		1 353,7	1 334,2
	13	1 396,4	1 376,9
Intérêts minoritaires		0,2	
Total des capitaux propres		1 396,6	1 376,9
Total du passif et des capitaux propres		3 682,8	3 740,2

Nous avons étudié, aux chapitres précédents, la différence existant entre un actif ou un passif courant et non courant. Nous étudions plus en profondeur, aux prochains chapitres, certains postes particuliers tels que la trésorerie, les créances, les stocks, les immobilisations et le passif de l'état de la situation financière. Pour les capitaux propres, nous avons jusqu'à présent concentré notre étude sur deux composantes : le capital social et les résultats non distribués. TF1 utilise plutôt le terme « Réserves » pour identifier les résultats non distribués.

D'autres composantes telles que les primes d'émission, les résultats non distribués affectés et le cumul des autres éléments du résultat global peuvent également faire partie des capitaux propres de l'entreprise. Les primes d'émission représentent les montants versés par les porteurs de titres de capitaux propres non comptabilisés dans le poste Capital social. Les résultats non distribués affectés représentent des montants qui ne peuvent être distribués aux actionnaires pour des raisons légales ou autres. Le cumul des autres éléments du résultat global comprend les produits et les charges qui n'ont pas été comptabilisés dans le calcul du résultat net au cours de la période. La participation ne donnant pas le contrôle représente la quote-part des actionnaires minoritaires dans l'actif net de l'entreprise. Nous revenons sur ces sujets aux chapitres 10 et 11.

5.3.3 L'état du résultat global
L'état du résultat global consolidé de TF1 pour la période financière 2009 est reproduit dans le tableau 5.2.

Cet état est parfois appelé «compte de résultat». L'état du résultat global peut comporter les sections suivantes :
1. Les activités ordinaires poursuivies ;
2. Les charges financières ;
3. La charge d'impôts sur le résultat ;
4. Les activités abandonnées ;
5. Le résultat net ;
6. Les autres éléments du résultat global ;
7. Le résultat global.

Les états du résultat global de toutes les entreprises comportent les sections 1 (activités ordinaires poursuivies) et 5 (résultat net). Selon les circonstances propres à chacune, les entreprises peuvent ajouter une ou plusieurs des sections restantes. La somme des montants enregistrés dans les quatre premières sections (+/−) doit être égale au résultat net. Examinons d'abord la section que l'on trouve le plus couramment et qui est la plus importante : la section des activités ordinaires poursuivies.

TABLEAU 5.2 • ÉTAT DU RÉSULTAT GLOBAL CONSOLIDÉ DE TF1 (PARTIE 1)

TF1
État du résultat global consolidé (partie 1)
période close le 31 décembre
(en millions d'euros)

	Notes	2009	2008
Chiffre d'affaires	17	2 364,7	2 594,7
Autres produits de l'activité		–	0,2
Consommation de production externe	18	(645,5)	(641,2)
Autres achats consommés et variation des stocks	19	(436,1)	(524,6)
Charges de personnel	20	(445,2)	(445,3)
Charges externes	21	(487,7)	(527,4)
Impôts et taxes	22	(136,2)	(138,4)
Dotation nette aux amortissements		(99,9)	(94,5)
Dotation nette aux provisions		(14,0)	(52,6)
Autres produits opérationnels	23	109,3	123,3
Autres produits de l'activité	23	(108,1)	(117,7)
Résultat opérationnel		101,3	176,5
Coût de l'endettement financier net	24	(22,3)	(22,4)
Autres produits financiers	25	51,2	50,3
Autres charges financières	25	(15,0)	(9,4)
Charge d'impôts	27.1	(15,3)	(40,8)
Quote-part dans les résultats des entreprises associées	10	14,6	9,6
Résultat net des activités poursuivies		114,5	163,8
Résultat net des activités abandonnées ou en cours de cession		–	–
Résultat net		114,5	163,8
Attribuable au Groupe		114,4	163,8
Attribuable aux intérêts minoritaires		0,1	–
Nombre moyen pondéré d'actions en circulation (en milliers)	28	213 396	213 400
Résultat net par action (en euros)	28	0,54	0,77
Résultat net dilué par action (en euros)	28	0,53	0,77

Les activités ordinaires poursuivies

La première section de l'état du résultat global donne les résultats des activités ordinaires de l'entreprise, soit les chiffre d'affaires et les charges opérationnelles. Il est possible de présenter cette section de l'une des deux manières suivantes :

1. L'entreprise peut présenter les charges selon leur nature (par exemple, l'amortissement, les salaires, la publicité, etc.). Cette méthode est simple ; c'est celle qu'a adoptée la société TF1.
2. L'entreprise peut adopter une présentation des charges selon leur fonction (par exemple, le coût des ventes, les charges administratives, les charges commerciales, etc.). C'est la méthode qu'a utilisée la société LVMH (*voir le chapitre 4*).

Par contre, lorsqu'une entreprise adopte la méthode de présentation des charges par fonction, elle doit fournir de l'information supplémentaire sur la nature des charges (par exemple, indiquer le montant de l'amortissement).

Marge brute
Excédent du chiffre d'affaires sur le coût des ventes.

La **marge brute** est un total partiel et non un poste. Il s'agit de la différence entre le chiffre d'affaires net et le coût des ventes. Elle peut être utile pour calculer certains ratios financiers. Il faut noter que la société TF1 n'effectue pas ce calcul dans le tableau 5.2 (*voir la page précédente*). Toutefois, elle donne la possibilité de le faire, puisqu'elle précise le montant du Coût des ventes (Consommation de production externe et Autres achats consommés et variation des stocks). De son côté, LVMH présentait la marge brute dans son état du résultat global. Les normes comptables internationales n'exigent pas le calcul de la marge brute, puisqu'elles permettent la présentation des charges par nature ou par fonction. En outre, il est plus fréquent de voir la présentation de la marge brute pour les entreprises manufacturières (LVMH) que pour les entreprises de services (TF1).

Résultat opérationnel
Excédent du chiffre d'affaires sur les charges opérationnelles.

Un autre total partiel, le **résultat opérationnel**, est calculé après qu'on a soustrait toutes les charges opérationnelles des produits des activités ordinaires.

Résultat avant impôts
Excédent des produits sur toutes les charges à l'exception des impôts.

Selon l'IAS 1, *Présentation des états financiers,* quelle que soit la méthode utilisée pour présenter ses charges, l'entreprise doit montrer de façon distincte ses charges financières et sa charge d'impôts sur le résultat. En règle générale, on soustrait les charges financières du résultat opérationnel pour calculer le **résultat avant impôts**, auquel on soustrait ensuite la charge d'impôts pour calculer le résultat net des activités ordinaires poursuivies. TF1 ne présente pas ce sous-total, mais permet aux lecteurs de le calculer en donnant le montant de la charge d'impôts.

TEST D'AUTOÉVALUATION

Remplissez le tableau suivant en y indiquant le montant et l'effet de chacune des opérations. (Écrivez un + pour une augmentation et un – pour une diminution. S'il n'y a aucun effet, écrivez AE.) Considérez que ces deux opérations sont indépendantes.

a) Enregistrement et paiement du loyer de 2 000 $.

b) Enregistrement de la vente à crédit de marchandises de 400 $ et d'un coût des ventes de 300 $.

Opération	Actif courant	Marge brute	Résultat opérationnel
a)			
b)			

Vérifiez vos réponses à l'aide des solutions présentées en bas de page*.

---

* Solutions du test d'autoévaluation

Opération	Actif courant	Marge brute	Résultat opérationnel
a)	–2 000	AE	–2 000
b)	+100	+100	+100

Les activités abandonnées

Il peut arriver qu'une entreprise procède à la fermeture ou à la cession de l'une de ses composantes (ligne d'activité ou région géographique). Ce sont les **activités abandonnées**. La norme IFRS 5, *Actifs non courants en vue de la vente et activités abandonnées,* définit les critères de classification, d'évaluation et de présentation des activités abandonnées. Selon cette norme, l'entreprise doit présenter un seul montant à l'état du résultat global, comprenant le total des produits, charges, profits et pertes après impôts pour ces activités abandonnées. Elle doit aussi donner certains renseignements supplémentaires, le plus souvent dans les notes aux états financiers, expliquant ce montant unique et les flux de trésorerie attribuables à ces activités. Le fait de présenter les résultats des activités abandonnées de façon distincte des résultats des activités ordinaires poursuivies informe les utilisateurs que ces résultats ont une utilité moindre pour prédire les flux de trésorerie futurs et comme indicateurs du rendement à venir de l'entreprise.

Activités abandonnées
Résultat net provenant de l'abandon ou de la cession-vente d'une partie des activités de l'entreprise.

Les éléments de produits et de charges significatifs

Les normes internationales (IAS 1) demandent que les éléments de produits et de charges significatifs soient présentés séparément à l'état du résultat global. Par exemple, les dépréciations des stocks (*voir le chapitre 7*), les coûts de restructuration de l'entreprise, les règlements de litiges, etc. sont des circonstances qui entraînent une présentation distincte à l'état du résultat global. De plus, de l'information supplémentaire sur la nature et le montant de ces éléments significatifs est fournie dans les notes aux états financiers.

Le résultat net

Enfin, on arrive au résultat net, lequel comprend à la fois le résultat des activités poursuivies, le résultat des activités abandonnées et les éléments significatifs. Le résultat net est alors scindé en deux parties : le résultat net attribuable aux propriétaires de la société mère (part du groupe) et le résultat net attribuable aux participations ne donnant pas le contrôle. Il s'agit de la quote-part des actionnaires minoritaires dans le résultat de l'entreprise. Par exemple, TF1 affiche un résultat net de 114,5 millions d'euros en 2009, dont 114,4 sont attribuables au Groupe et 0,1, aux actionnaires minoritaires. Nous revenons sur ce sujet au chapitre 11.

Le résultat global

D'autres éléments font aussi partie du calcul du résultat global. Ce sont les profits et les pertes qui n'ont pas été inclus dans le calcul du résultat net. Le **résultat global** inclut le résultat net de l'entreprise, auquel s'ajoutent tous les éléments de variation des capitaux propres découlant d'opérations ou d'autres événements et circonstances sans rapport avec les actionnaires et qui se sont déroulés durant la période. Par exemple, si une entreprise détient des actions d'une autre société qu'elle classe comme disponibles à la vente[8], on doit évaluer ces titres à leur juste valeur. Chaque année, la valeur de ces placements est redressée, et un profit ou une perte est comptabilisé. Comme ce profit ou cette perte n'est pas matérialisé (les titres ne sont pas vendus), on ne saurait le présenter dans le calcul du résultat net. Ce profit ou cette perte est classé comme « latent » et fait partie du résultat global. Il en va de même des profits et pertes découlant de la conversion d'éléments libellés en devises étrangères.

Résultat global
Résultat net plus tous les autres éléments qui ont contribué à l'augmentation ou à la diminution des capitaux propres désignés comme « autres éléments du résultat global ».

Tout comme le résultat net, le résultat global doit être scindé, s'il y a lieu, en deux montants : la part attribuable au groupe et la part attribuable aux actionnaires minoritaires.

Dans un exposé-sondage publié en 2010 concernant la présentation des autres éléments du résultat global, l'International Accounting Standards Board (IASB) suggère de présenter ceux-ci dans une section distincte à la suite du résultat net. Actuellement, les entreprises peuvent les présenter dans un état financier distinct, comme le fait TF1 (*voir le tableau 5.3 à la page suivante*).

Finalement, un état du résultat global n'est pas complet sans les renseignements qui portent sur le résultat par action.

---

8 Un placement disponible à la vente est un titre acheté en vue d'être revendu.

TABLEAU 5.3 • ÉTAT DU RÉSULTAT GLOBAL CONSOLIDÉ DE TF1 (PARTIE 2)

TF1
État du résultat global consolidé (partie 2)
période close le 31 décembre
(en millions d'euros)

	2009	2008
Résultat net consolidé	114,5	163,8
Réévaluation des instruments dérivés de couverture	2,7	1,0
Réévaluation des actifs financiers disponibles à la vente	–	–
Réévaluation des immobilisations	–	–
Variation des écarts de conversion	0,2	(0,6)
Gains/pertes actuariels sur avantages de personnel	3,2	0,3
Impôts relatifs aux éléments directement crédités ou débités dans les capitaux propres	(2,1)	(0,9)
Quote-part des produits et des charges des entités associées comptabilisés en capitaux propres	–	–
Autres variations nettes	–	–
Résultat global consolidé	118,5	163,6
Attribuable au Groupe	118,4	163,6
Attribuable aux intérêts minoritaires	0,1	–

Le résultat par action

Comme nous l'avons vu au chapitre 4, il existe une façon simple de calculer le résultat par action.

$$\text{Résultat par action} = \frac{\text{Résultat net}}{\text{Nombre moyen pondéré d'actions ordinaires en circulation au cours de la période}}$$

TF1 publie ce montant dans son état du résultat global (*voir le tableau 5.2 à la page 295*) sous le titre « Résultat net par action (en euros) ».

5.3.4 L'état des variations des capitaux propres

L'état des variations des capitaux propres indique les changements qui sont survenus dans les capitaux propres au cours d'une période. L'état des variations des capitaux propres consolidé de la société TF1 pour l'exercice 2009 est reproduit dans le tableau 5.4. Jusqu'à présent, les états des variations des capitaux propres que nous avons étudiés montraient uniquement les changements à être survenus dans le capital social et les résultats non distribués au cours d'une période. Comme il est possible de le constater avec TF1, ces deux postes ne sont qu'une partie des composantes de l'état des variations des capitaux propres. Nous analysons cet état financier plus en détail au chapitre 10.

5.3.5 Le tableau des flux de trésorerie

Aux chapitres précédents, nous avons expliqué les différentes composantes du tableau des flux de trésorerie, à savoir :

- les flux de trésorerie liés aux activités opérationnelles, soit ceux relatifs aux opérations qui entrent dans le calcul du résultat net ;
- les flux de trésorerie liés aux activités d'investissement, comme l'acquisition et la cession d'actifs destinés à engendrer des produits et des flux de trésorerie futurs ;
- les flux de trésorerie liés aux activités de financement, donc le financement de l'entreprise au moyen des capitaux propres et de la dette.

TABLEAU 5.4 • ÉTAT DES VARIATIONS DES CAPITAUX PROPRES CONSOLIDÉ DE TF1

État des variations des capitaux propres
Période close le 31 décembre 2009
(en millions d'euros)

	Capital	Primes	Actions d'auto-contrôle	Réserves	Produits et charges directement en capitaux propres	Capitaux propres part du Groupe	Intérêts minoritaires	Capitaux propres de l'ensemble consolidé
Solde au 31 décembre 2007	42,7	2,8	(4,7)	1 358,0	(4,8)	1 394,0	–	1 394,0
Paiements fondés sur des actions	–	–	4,3	(3,6)	–	0,7	–	0,7
Dividendes versés	–	–	–	(181,4)	–	(181,4)	–	(181,4)
Résultat net consolidé (part du Groupe)	–	–	–	163,8	–	163,8	–	163,8
Produits et charges comptabilisés directement en capitaux propres	–	–	–	–	(0,2)	(0,2)	–	(0,2)
Solde au 31 décembre 2008	42,7	2,8	(0,4)	1 336,8	(5,0)	1 376,9	–	1 376,9
Paiements fondés sur des actions	–	–	–	1,4	–	1,4	–	1,4
Dividendes versés	–	–	–	(100,3)	–	(100,3)	–	(100,3)
Résultat net consolidé (part du Groupe)	–	–	–	114,4	–	114,4	0,1	114,5
Produits et charges comptabilisés directement en capitaux propres	–	–	–	–	4,0	4,0	0,1	4,0
Solde au 31 décembre 2009	42,7	2,8	(0,4)	1 352,3	(1,0)	1 396,4	0,2	1 396,6

Le tableau des flux de trésorerie consolidé de la société TF1 pour l'année 2009 est reproduit dans le tableau 5.5 (*voir la page suivante*). Il contient les sections énumérées précédemment, bien que certains intitulés soient différents. On peut présenter la première section (flux de trésorerie liés aux activités opérationnelles) au moyen de la méthode directe ou de la méthode indirecte (*voir le chapitre 3*). La société TF1 utilise la méthode indirecte, laquelle consiste à ajuster le résultat net, calculé au moyen de la méthode de la comptabilité d'engagement, pour tenir compte des éléments sans effet sur la trésorerie et des variations qui sont survenues dans les éléments du fonds de roulement. La méthode indirecte est la plus utilisée par les entreprises canadiennes.

5.3.6 Les notes aux états financiers

Les montants inscrits dans les différents états financiers fournissent de l'information importante pour les décideurs, mais la plupart des utilisateurs ont besoin de renseignements supplémentaires pour mener à bien leur analyse. Selon l'IAS 1, les notes visent à fournir des précisions sur l'information présentée dans les états financiers, à fournir les renseignements exigés par les normes IFRS ou de l'information pertinente qui n'apparaît pas ailleurs dans les états financiers.

L'IAS 1 demande que ces notes soient présentées de façon organisée. L'entreprise doit indiquer vis-à-vis de chaque élément des états financiers la référence à la note s'y rattachant. L'IAS 1 suggère même un ordre de présentation :
1. La déclaration de conformité aux normes IFRS ;
2. Le résumé des principales méthodes comptables utilisées ;
3. Des précisions supplémentaires sur les éléments figurant aux états financiers, dans l'ordre selon lequel ils apparaissent ;
4. D'autres renseignements sur les passifs éventuels, les engagements non comptabilisés et autre information non financière pertinente.

TABLEAU 5.5 • TABLEAU DES FLUX DE TRÉSORERIE CONSOLIDÉ DE TF1*

**TF1
Tableau des flux de trésorerie consolidé
période close le 31 décembre**
(en millions d'euros)

	Notes	2009	2008
Activités opérationnelles			
Résultat net consolidé (y compris les intérêts minoritaires)		114,5	163,8
Dotations nettes aux amortissements et aux provisions		103,1	110,0
Autres produits et charges sans incidence sur la trésorerie		(18,5)	(18,7)
Variations de juste valeur		(36,6)	(43,7)
Paiements fondés sur des actions		1,4	0,7
Résultat de cessions d'actifs		0,3	1,3
Quote-part dans les résultats d'entreprises associées et dividendes		(14,6)	(4,7)
Produits de dividendes (titres non consolidés)		(1,4)	(2,0)
Coût de l'endettement financier net		22,3	22,4
Charge d'impôts (y compris impôts différés)		15,3	40,8
Impôts versés (–)/remboursés (+)		32,3	(68,0)
Variation du BFR** liée à l'activité		23,8	5,8
Flux de trésorerie nets liés aux activités opérationnelles		241,9	207,7
Activités d'investissement			
Décaissements liés aux acquisitions d'immobilisations corporelles et incorporelles		(98,3)	(87,7)
Encaissements liés aux cessions d'immobilisations corporelles et incorporelles		4,0	1,3
Décaissements liés aux acquisitions d'immobilisations financières		(5,7)	(4,6)
Encaissements liés aux cessions d'immobilisations financières	29.2	747,9	0,3
Incidence des variations de périmètre	29.3	(7,0)	(3,4)
Dividendes reçus		1,4	2,0
Variation des prêts et avances consentis		12,5	(12,3)
Flux de trésorerie nets liés aux activités d'investissement		654,8	(104,4)
Activités de financement			
Dividendes mis en paiement au cours de l'exercice		(100,3)	(181,4)
Encaissements liés aux nouveaux emprunts		–	197,0
Remboursements d'emprunts	29.4	(198,5)	(126,0)
Intérêts financiers nets versés		(26,9)	(27,0)
Flux de trésorerie nets liés aux activités de financement		(325,7)	(137,4)
Variation nette de la trésorerie		571,0	(34,1)
Trésorerie à l'ouverture de la période		(4,2)	29,9
Trésorerie à la clôture de la période	29.1	566,8	(4,2)

* Certains postes de cet état financier sont complexes et dépassent largement les cours de comptabilité de base.
** BRF : Besoin en fonds de roulement

incidence sur les flux de trésorerie

LES ACTIVITÉS OPÉRATIONNELLES (SELON LA MÉTHODE INDIRECTE)

La section des activités opérationnelles du tableau des flux de trésorerie établie au moyen de la méthode indirecte permet à l'analyste de comprendre la différence entre le résultat net et les flux de trésorerie liés aux opérations d'une entreprise. En fait, il peut s'agir de montants très différents. Il ne faut pas oublier que l'état du résultat global est établi au moyen de la méthode de la comptabilité d'engagement. On enregistre donc les produits lorsqu'ils sont réalisés, sans tenir compte du moment où les flux de trésorerie qui s'y rapportent sont reçus. Les charges sont rapprochées des produits et enregistrées à la même période que ceux-ci, encore une fois sans considération du moment où les sorties de trésorerie correspondantes ont lieu.

Selon la méthode indirecte, le premier élément des flux de trésorerie provenant des activités opérationnelles est le résultat net qui a été calculé au moyen de la méthode de la comptabilité d'engagement et que l'on doit transformer en flux de trésorerie.

Résultat net
+/– Redressements des éléments sans effet sur la trésorerie
+/– Variation des actifs et passifs courants hors trésorerie

Flux de trésorerie liés aux activités opérationnelles

Reprenons l'exemple de la société TF1. Comme aucune sortie de trésorerie n'a eu lieu au cours de la période concernant la charge d'amortissement inscrite à l'état du résultat global, ce montant est ajouté au résultat net de façon à en éliminer l'impact. De même, les augmentations et les diminutions des actifs et des passifs courants justifient une fraction de la différence entre le résultat net et les flux de trésorerie provenant des activités opérationnelles. Par exemple, les ventes à crédit font augmenter le résultat net et l'actif courant (le poste Clients), mais pas la trésorerie. À mesure que nous examinons plus en détail différents éléments de l'état du résultat global et de l'état de la situation financière (*voir les chapitres 6 à 11*), nous traitons également de leur incidence sur le tableau des flux de trésorerie. Nous faisons l'étude de tous les aspects de cet état financier au chapitre 12.

TF1 a choisi de présenter, dans sa première note, un résumé des faits marquants de l'année 2009 : les signatures de nouveaux accords, de nouvelles associations et la cession de participation dans certaines entités. La note 2 présente sa déclaration de conformité aux normes IFRS et un résumé des principales méthodes comptables utilisées.

Le résumé des principales méthodes comptables

Comme vous pourrez le constater à la lecture des chapitres suivants, les normes comptables permettent aux entreprises de choisir parmi différentes méthodes pour évaluer certains éléments.

Le résumé des principales méthodes comptables indique à l'utilisateur lesquelles l'entreprise a adoptées. Il est impossible d'analyser efficacement les résultats financiers d'une entreprise si l'on ne possède pas au départ une bonne connaissance des différentes méthodes utilisées. Ainsi, l'IAS 1 demande à l'entreprise d'indiquer les bases d'évaluation qu'elle a retenues pour établir ses états financiers (le coût historique, le coût actuel, la valeur nette de réalisation, la juste valeur ou la valeur recouvrable). L'entreprise doit aussi fournir de l'information sur les directives adoptées par la direction pour l'utilisation de certaines méthodes et qui ont un effet sur les montants comptabilisés. Un extrait de la note portant sur les méthodes comptables adoptées par TF1 concernant ses immobilisations incorporelles est présenté ci-après.

2. Principes et méthodes comptables

2.8.1. Droits audiovisuels

Dans cette rubrique figurent essentiellement les parts de films et de programmes audiovisuels produits ou coproduits par TF1 Films Production, TF1 Vidéo Production et Téléma, les droits audiovisuels de distribution et de négoce de TF1 DA et TF1 Entreprises, ainsi que les droits musicaux détenus par Une Musique et Baxter.

Les droits audiovisuels sont comptabilisés à l'actif du bilan dans la rubrique Droits audiovisuels à leur coût historique à compter des faits générateurs suivants :

- La date du dernier tour de manivelle ou la date du visa d'exploitation pour les parts de coproductions cinématographiques ;
- La date de signature des contrats pour les droits audiovisuels de distribution ou de négoce et les droits musicaux acquis.

Les modalités d'amortissement des différentes catégories de droits audiovisuels sont les suivantes :

- Parts de coproduction cinématographiques : elles sont amorties en fonction des recettes sur 8 ans,
- Droits audiovisuels « distribution » : ils sont amortis en fonction des recettes, avec un minimum linéaire de 3 ans ;
- Droits audiovisuels « négoce » : ils sont amortis de façon linéaire sur une durée de 5 ans,
- Droits musicaux : ils sont amortis sur 2 ans et l'amortissement comptabilisé la première année correspond à 75 % de leur valeur brute, les 25 % restants étant amortis au cours de la deuxième année.

La modalité d'amortissement retenue pour les films coproduits par TF1 Films Production et Téléma est conforme à la pratique du secteur.

Une dépréciation des droits audiovisuels est comptabilisée individuellement, le cas échéant, lorsque les prévisions de recettes ne couvrent pas la valeur comptable nette.

Des précisions sur les éléments présentés dans les états financiers

Un autre type de notes fournit de l'information supplémentaire et des précisions sur différents postes présentés aux états financiers. Entre autres renseignements, ces notes peuvent présenter séparément les produits par région géographique ou secteur d'activité, décrire certaines opérations importantes telle l'acquisition d'une entreprise ou donner de plus amples détails sur un poste en particulier. Par exemple, dans sa note 6, la société TF1 indique la contribution de chaque secteur d'activité aux comptes du Groupe ainsi que celle de chaque secteur géographique. Dans sa note 20, dont voici un extrait, elle précise la composition du poste Charges de personnel, qui figure à l'état du résultat global.

20. Charges de personnel

Les charges de personnel peuvent être analysées de la façon suivante :

(en millions d'euros)	2009	2008
Rémunérations du personnel	(299,7)	(316,6)
Charges sociales	(117,8)	(121,4)
Autres charges de personnel	(21,9)	(1,4)
Participation des salariés	(4,4)	(5,2)
Rémunérations dont le paiement est fondé sur des actions	(1,4)	(0,7)
Charges de personnel	(445,2)	(445,3)

LES DIFFÉRENTES MÉTHODES COMPTABLES ET LES NORMES COMPTABLES

De nombreuses personnes ont de fausses impressions concernant la nature des règles que sont les normes comptables. Elles croient notamment que celles-ci exigent l'utilisation d'une seule méthode comptable pour calculer chaque valeur inscrite aux états financiers (par exemple, la valeur du stock). En fait, les normes comptables permettent souvent de choisir une méthode comptable parmi plusieurs acceptables. Une entreprise peut alors adopter les méthodes qui correspondent le mieux à sa situation économique. Toutefois, cette possibilité complique la tâche des utilisateurs des états financiers, car ils doivent comprendre comment le choix des méthodes comptables d'une entreprise influe sur la présentation de ses états financiers.

Par exemple, avant d'analyser les états financiers de deux entreprises qui utilisent des méthodes comptables différentes, on doit convertir les états de l'une en utilisant les méthodes adoptées par l'autre pour pouvoir les comparer. Autrement, le lecteur se retrouve dans la situation d'une personne qui comparerait des distances en kilomètres avec des distances en milles sans les convertir en une échelle commune. Dans certains des chapitres à venir, nous voyons comment acquérir les habiletés nécessaires pour effectuer de telles conversions. Toutefois, on peut d'ores et déjà croire que l'adoption des normes internationales d'information financière par un ensemble de pays facilitera la comparaison des entreprises à l'échelle mondiale.

D'autres renseignements

D'autres renseignements peuvent avoir des répercussions financières sur l'entreprise, mais n'apparaissent pas comme tels dans les états financiers. Il s'agit notamment de renseignements concernant un passif éventuel, les engagements contractuels, les hypothèses et les sources majeures d'incertitude relatives aux estimations que la direction a effectuées ou de tout événement important qui a eu lieu après la fin de la période, mais avant la publication des états financiers. La note 36 qui suit en est un exemple.

36. Événements postérieurs à la clôture

36.1. Augmentation de la participation détenue dans SPS

Le groupe TF1, qui détenait déjà, [grâce à] sa filiale Eurosport, 50 % du capital de la société SPS, devrait porter sa participation à 100 %, après accord des autorités compétentes, en rachetant les 50 % détenus par le fonds d'investissement Serendipity.

36.2. Accord de l'autorité de la concurrence reçu sur l'acquisition du groupe AB

Le 26 janvier 2010, l'Autorité de la concurrence a donné son accord pour la réalisation de l'acquisition du Groupe AB par le groupe TF1.

Le groupe TF1 est à ce jour en attente de la décision du Conseil Supérieur de l'Audiovisuel, qui doit se prononcer sur cette opération.

La plupart des normes exigent la divulgation de renseignements par voie de notes aux états financiers ; nous les abordons en partie dans les prochains chapitres. De l'information plus générale est aussi demandée par l'IAS 1, entre autres le domicile et la forme juridique de l'entité, la description de la nature de ses activités, etc.

La plupart des entreprises présentent dans leur rapport de gestion leur bilan environnemental. Bien que cette information ne soit pas soumise aux normes comptables, elle n'en demeure pas moins utile à certains utilisateurs qui veulent prendre une décision d'affaires conforme à leurs valeurs sociales. TF1 présente son bilan environnemental résumé en cinq pages dans son document de référence. On y trouve une description du système de management environnemental mis en place pour l'ensemble des immeubles du Groupe ; des données sur la consommation d'eau, de matières premières et d'énergie ainsi que les mesures prises pour améliorer l'efficacité énergétique ; d'autres données sur les rejets de gaz à effet de serre dans l'air, l'eau et le sol, sur les nuisances sonores et olfactives, et sur le traitement des déchets. TF1 décrit également les multiples programmes qu'elle diffuse pour sensibiliser les téléspectateurs au respect de l'environnement.

5.4 L'analyse du rendement des capitaux propres

L'objectif principal de l'analyse des états financiers est d'évaluer la performance de l'entreprise. Les dirigeants d'une entreprise (ainsi que ses concurrents) utilisent les états financiers pour mieux comprendre et évaluer les stratégies d'affaires. De leur côté, les analystes, les investisseurs et les créanciers s'en servent pour évaluer la performance de l'entité dans le cadre de l'évaluation de ses titres et de son crédit. À ce stade de notre étude des données contenues dans les rapports financiers, nous sommes en mesure d'utiliser ces chiffres pour évaluer le rendement des entreprises à l'aide d'un outil d'analyse, soit le calcul du rendement des capitaux propres (appelé aussi le « taux de rendement sur le capital investi »).

analysons les ratios

OBJECTIF D'APPRENTISSAGE

4

Analyser la performance d'une entreprise d'après le rendement des capitaux propres.

Cogeco inc. est une importante entreprise canadienne de câblodistribution qui offre, entre autres, des services de télévision, d'Internet haute vitesse et de téléphonie.

TVA inc. est une société canadienne qui exploite un réseau de télévision, publie des magazines, et distribue des produits télévisuels et des films.

LE RENDEMENT DES CAPITAUX PROPRES

1. Question d'analyse

Avec quel succès la direction a-t-elle utilisé l'investissement des actionnaires au cours de la période financière ?

2. Ratio et comparaison

$$\text{Rendement des capitaux propres} = \frac{\text{Résultat net}}{\text{Capitaux propres moyens*}}$$

* Capitaux propres moyens = (Capitaux propres à l'ouverture de la période + Capitaux propres à la clôture de la période) ÷ 2

Pour TF1, en 2009, ce rapport était le suivant :

$$\frac{114,4 \text{ M€}}{(1\ 396,4 \text{ M€} + 1\ 376,9 \text{ M€}) \div 2} = 0,082\ (8,2\%)$$

Analyse de la tendance dans le temps			Comparaison avec les compétiteurs	
TF1			Cogeco inc.	TVA inc.
2007	2008	2009	2010	2009
16,5 %	11,8 %	8,2 %	15,8 %	22,4 %

3. Interprétation des résultats

EN GÉNÉRAL ◊ Le rendement des capitaux propres sert à mesurer le résultat réalisé pour chaque dollar de capitaux propres. À long terme, on s'attend à ce que les actions des entreprises dont le rendement des capitaux propres est supérieur à la moyenne se négocient à des prix plus élevés que les actions des entreprises dont le rendement est inférieur, toutes choses étant égales par ailleurs. Les gestionnaires, les analystes et les créanciers utilisent ce ratio pour évaluer la capacité de l'entreprise à atteindre un rendement adéquat pour les actionnaires.

TF1 ◊ Le rendement des capitaux propres de la société TF1 a diminué au cours des trois dernières années, passant de 16,5 % à 8,2 %. Le résultat net de l'entreprise a diminué d'année en année alors que les capitaux propres demeuraient stables, d'où la baisse de rendement. TF1 note dans son analyse des résultats une forte baisse (13,2 %) des recettes publicitaires sur la chaîne TF1 en raison d'un environnement économique peu favorable et d'une concurrence accrue de la part des chaînes spécialisées.

Si l'on compare TF1 à ses concurrents du domaine des télécommunications, on s'aperçoit que son rendement des capitaux propres est très inférieur à ceux de Cogeco et TVA, deux sociétés canadiennes. Cogeco a réalisé en 2010 un résultat net de 56,3 millions de dollars, alors qu'elle avait connu une perte l'année précédente résultant d'une dévaluation d'un investissement au Portugal. TVA a connu une bonne année 2009, avec une hausse de son résultat net de 9 %. C'est la société qui réalise le meilleur rendement des capitaux propres. Il faut toutefois faire attention lorsqu'on compare ainsi des sociétés canadiennes et européennes, puisque ces entreprises n'ont pas les mêmes marchés, les mêmes règles à respecter, ni le même environnement économique.

> **QUELQUES PRÉCAUTIONS** ◊ Un rendement des capitaux propres croissant peut aussi indiquer que l'entreprise n'investit pas assez dans la recherche et développement ou dans la modernisation de ses immobilisations corporelles. Bien qu'une telle stratégie tende à faire diminuer les coûts et, par le fait même, à augmenter le rendement des capitaux propres à court terme, elle entraîne normalement des baisses de ce taux à mesure que les produits et les immobilisations corporelles de l'entité atteignent la fin de leur cycle de vie. En conséquence, les décideurs expérimentés évaluent le rendement des capitaux propres dans le contexte plus global de la stratégie d'affaires de l'entreprise.

5.4.1 L'analyse globale du rendement des capitaux propres

Pour analyser le rendement de la société TF1 de façon efficace, il faut comprendre pourquoi son taux de rendement des capitaux propres en 2009 diffère de celui des périodes financières précédentes et de celui de ses concurrents. L'analyse globale du rendement des capitaux propres permet de décomposer ce taux en trois indicateurs, précisés dans la figure 5.4. Ces indicateurs décrivent les trois moyens dont dispose la direction d'une entreprise pour améliorer le taux de rendement de ses capitaux propres. On les mesure en se servant des ratios clés que nous avons étudiés dans les trois chapitres précédents : le pourcentage de la marge nette, le taux de rotation de l'actif total et le taux d'adéquation du capital.

FIGURE 5.4 • INDICATEURS DU RENDEMENT DES CAPITAUX PROPRES

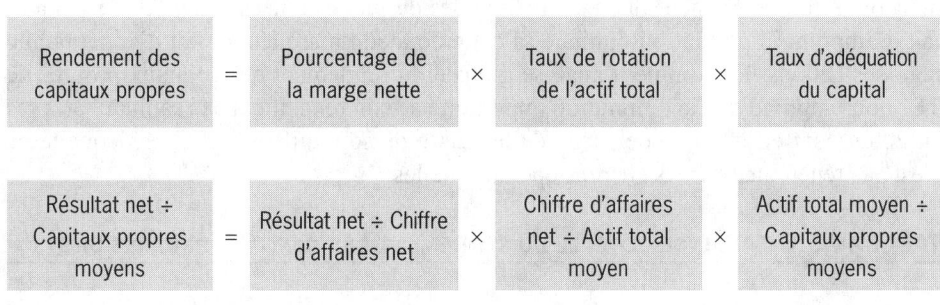

Le pourcentage de la marge nette

Le pourcentage de la marge nette correspond au quotient obtenu en divisant le résultat net par le chiffre d'affaires net. Il sert à mesurer combien rapporte chaque dollar de vente. On peut l'augmenter ainsi :
1. En accroissant le volume des ventes ;
2. En augmentant le prix de vente ;
3. En diminuant les charges.

Le taux de rotation de l'actif total

Le taux de rotation de l'actif total correspond au quotient obtenu en divisant le chiffre d'affaires net par l'actif total moyen. Il sert à évaluer l'efficacité de la direction à réaliser des ventes à partir de ses ressources. On peut l'augmenter ainsi :
1. En accroissant le volume des ventes ;
2. En diminuant le nombre d'actifs moins productifs.

Le taux d'adéquation du capital

Le taux d'adéquation du capital correspond au quotient obtenu en divisant l'actif total moyen par les capitaux propres moyens. Il sert à mesurer dans quelle proportion l'entreprise finance ses actifs à même ses capitaux propres ou sa dette.

On peut l'accroître ainsi :
1. En augmentant la dette ;
2. En rachetant (ou en diminuant) le nombre d'actions en circulation.

Ces trois ratios permettent d'évaluer l'efficacité de l'entreprise dans ses activités opérationnelles, d'investissement et de financement, respectivement.

5.4.2 L'analyse du rendement et la stratégie d'affaires

Les dirigeants avisés ont souvent recours à l'une ou l'autre des stratégies d'affaires suivantes. Dans le premier cas, il s'agit d'une stratégie de haute valeur ou de différenciation du produit. L'entreprise compte sur la recherche et développement ainsi que sur les activités de promotion pour persuader la clientèle de la supériorité ou de l'originalité d'un produit. Elle peut alors exiger un prix plus élevé et réaliser une marge plus importante. Dans le second cas, il s'agit d'une stratégie de diminution des coûts qui mise sur une gestion efficace des comptes clients, des stocks et des actifs productifs pour favoriser l'obtention d'un taux de rotation élevé de l'actif total.

L'analyse globale du rendement des capitaux propres présentée dans le tableau 5.6 indique à quoi on peut attribuer la fluctuation de ce taux chez TF1 au cours des trois dernières années. Le chiffre d'affaires de l'entreprise a diminué de façon régulière au cours de ces années, de même que sa marge nette, passée de 8,3 % à 4,8 %. D'un côté, ce résultat est attribuable à une baisse de 13 % des recettes publicitaires de TF1, alors que ses charges diminuaient de 10 %. De l'autre côté, on constate également une baisse du taux de rotation de l'actif total, attribuable au fait que la baisse du chiffre d'affaires a été accompagnée d'une augmentation des actifs. Quant au taux d'adéquation du capital, il a légèrement fluctué au cours des dernières années. En effet, TF1 n'a ni fait d'emprunt important, ni diminué sa dette de façon marquée, ni fait d'appel public pour ses actions. En somme, l'analyse globale du rendement des capitaux propres de TF1 nous apprend que la diminution importante de son rendement des capitaux propres en 2009 vient en très grande partie de la baisse de son chiffre d'affaires, laquelle ne s'est pas répercutée sur les charges opérationnelles.

TABLEAU 5.6 • ANALYSE GLOBALE DU RENDEMENT DES CAPITAUX PROPRES DE TF1

	2009	2008	2007
Résultat net ÷ Chiffre d'affaires net	0,048	0,063	0,083
× Chiffre d'affaires net ÷ Actif total moyen	0,637	0,702	0,749
× Actif total moyen ÷ Capitaux propres moyens	2,676	2,667	2,656
Résultat net ÷ Capitaux propres moyens	0,082	0,118	0,165

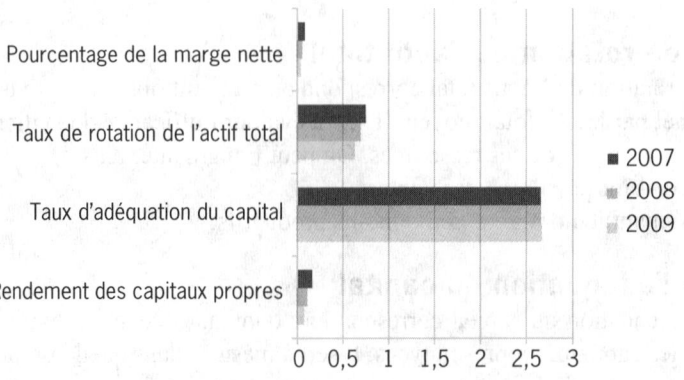

Les entreprises peuvent utiliser une variété de mesures pour augmenter leur taux de rendement, dont :

- l'augmentation du chiffre d'affaires et la réduction des charges opérationnelles pour augmenter la marge nette ;
- l'encaissement plus rapide des comptes clients, une meilleure gestion des marchandises en inventaire, une meilleure utilisation des actifs pour accroître leur efficacité et générer davantage de revenus ;
- l'emprunt pour acheter des actifs et ainsi générer plus de revenus pour les actionnaires.

Dans son rapport annuel de 2009, TF1 entend innover et créer de nouveaux programmes afin de faire face à la situation économique incertaine et de se démarquer par rapport à ses concurrents. Si elle atteint ses objectifs, nul doute que son taux de rendement s'améliorera.

Les entreprises prospères qui adoptent une stratégie de diminution des coûts affichent généralement un rendement des capitaux propres élevé ainsi qu'un taux de rotation de l'actif total et un taux d'adéquation du capital plus élevés que la moyenne. Un exemple de la stratégie de ces entreprises est présenté dans le test d'autoévaluation suivant.

Comme nous venons de le voir, les entreprises peuvent avoir recours à différentes mesures pour tenter de modifier chacune des composantes du rendement des capitaux propres. Afin de comprendre les répercussions de ces mesures, les analystes financiers décomposent chacun de ces indicateurs en des rapports encore plus détaillés. Ainsi, le taux de rotation de l'actif total se subdivise en taux de rotation d'actifs plus précis tels que les comptes clients, le stock et les immobilisations. Nous approfondissons notre compréhension de ces ratios dans les sept prochains chapitres. Ensuite, au chapitre 13, nous rassemblons ces ratios pour effectuer une analyse globale.

TEST D'AUTOÉVALUATION

L'analyse du tableau 5.6 visait à comprendre les raisons de la fluctuation du rendement des capitaux propres de la société TF1 au cours des trois dernières périodes financières. Ce type d'analyse est souvent appelé « analyse chronologique ». On peut aussi s'en servir afin d'expliquer pourquoi le taux d'une entreprise est différent de celui de ses concurrents à un moment précis. On parle alors d'« analyse sectorielle ». Voici une analyse des rendements des capitaux propres de la période en cours des sociétés Apple et HP, deux grands fabricants d'ordinateurs qui vendent directement leurs produits à leur clientèle. Apple utilise une stratégie de haute valeur basée sur l'innovation et l'originalité de ses produits. De son côté, HP a plutôt adopté une stratégie de réduction des coûts, se bâtissant ainsi une réputation de produits de qualité et de services à bas prix. Apple a eu un rendement des capitaux propres plus élevé que celui de HP, et le cours de ses actions en a profité. Servez-vous de l'analyse globale du rendement des capitaux propres pour expliquer comment Apple a obtenu un rendement plus élevé que celui de HP.

		Apple	HP
	Résultat net ÷ Chiffre d'affaires net	0,103	0,068
×	Chiffre d'affaires net ÷ Actif total moyen	1,35	1,15
×	Actif total moyen ÷ Capitaux propres moyens	1,65	2,11
	Résultat net ÷ Capitaux propres moyens	0,23	0,17

Vérifiez votre réponse à l'aide de la solution présentée en bas de page*.

---

* **Solution du test d'autoévaluation**

Les sociétés Apple et HP ont un pourcentage de marge nette élevé, mais la stratégie de produits uniques d'Apple se traduit par un pourcentage nettement plus élevé que celui de HP. Les deux entreprises sont aussi reconnues pour l'efficacité de leurs activités, ce qui se traduit par des taux de rotation de l'actif total élevés, mais Apple a encore une avance à ce chapitre. Par contre, HP utilise davantage l'effet de levier financier en utilisant la dette, ce qui pourrait un jour lui nuire si le marché de l'ordinateur personnel connaissait un ralentissement.

OBJECTIF
D'APPRENTISSAGE

Comparer les IFRS et les
normes comptables pour
les entreprises à capital
fermé.

**LA COMPARAISON DES IFRS ET DES NORMES COMPTABLES
POUR LES ENTREPRISES À CAPITAL FERMÉ**

Nous poursuivons notre analyse comparative des normes IFRS et des normes canadiennes pour les entreprises à capital fermé (NCECF). Dans le présent chapitre, nous avons de nouveau abordé le cadre conceptuel propre aux normes IFRS. Nous présentons ci-dessous les similitudes et les différences avec le cadre conceptuel des entreprises à capital fermé. Nous avons aussi étudié la présentation de quelques postes des états financiers. Pour ceux-ci, comme nous n'avons pas étudié les normes s'y rattachant, nous ne faisons pas la comparaison entre les normes IFRS et NCECF.

NORMES INTERNATIONALES D'INFORMATION FINANCIÈRE Cadre conceptuel de l'information	NORMES COMPTABLES POUR LES ENTREPRISES À CAPITAL FERMÉ Chapitre 1000 du *Manuel de l'ICCA*

Caractéristiques qualitatives de l'information
Caractéristiques qualitatives essentielles
• Pertinence
• Fidélité
	Qualités de l'information
	• Compréhensibilité
	• Pertinence
	• Fiabilité
	  – Image fidèle
	  – Vérifiabilité
	  – Neutralité
	  – Prudence
	• Comparabilité

Caractéristiques qualitatives auxiliaires
• Comparabilité
• Vérifiabilité
• Rapidité
• Compréhensibilité
• Contrainte
  – Coût
	• Contraintes
	  – Équilibre avantages/coûts
	  – Importance relative

De façon générale, le cadre conceptuel des entreprises à capital fermé est sensiblement le même que celui qui est à la base des normes IFRS. Bien que présentées différemment, les caractéristiques qualitatives de l'information financière selon les normes IFRS sont toutes incluses dans les qualités de l'information financières selon les NCECF.

La rapidité de divulgation de l'information, qui est une caractéristique qualitative auxiliaire pour les normes IFRS, fait partie de la notion de pertinence présentée au chapitre 1000 du *Manuel de l'ICCA*. Une information pertinente y est décrite comme une information utile et disponible au moment où elle peut influencer les décisions des utilisateurs.

De plus, la notion de neutralité présentée au chapitre 1000 est incluse dans une caractéristique qualitative essentielle, à savoir la fidélité. Une information fidèle est une information complète, neutre et exempte d'erreurs significatives.

Par ailleurs, la notion d'importance relative n'est pas une contrainte dans le cadre conceptuel des normes IFRS, mais fait plutôt partie de la caractéristique essentielle qu'est la pertinence. Lorsqu'on analyse si une information est pertinente, on doit juger si la nature ou le montant du phénomène économique décrit peut influer sur la décision des utilisateurs.

Enfin, la notion de prudence n'est pas incluse dans le cadre conceptuel des normes IFRS. On juge que cette notion entre en conflit avec le concept de neutralité. En effet, la prudence peut entraîner un biais, un parti pris dans la présentation de l'information financière. Selon le chapitre 1000, en cas d'incertitude, on doit procéder à une estimation prudente de façon à éviter une surévaluation des actifs ou produits, ou une sous-évaluation des passifs et des charges.

Conclusion

Au cours de l'année 2010, la société TF1 a augmenté son chiffre d'affaires de plus de 12 %. La croissance de ses activités a été plus forte que prévue, et on peut s'attendre à ce que TF1 améliore son taux de rendement des capitaux propres.

Les résultats du premier semestre de 2011 montrent également une nette amélioration de la rentabilité de TF1 grâce à une réduction des coûts et à une croissance des recettes publicitaires. Dès la parution de ces résultats, le cours de l'action de TF1 a fait un bond de 8,6 %.

ANALYSONS UN CAS

Enlair inc. est une société de l'industrie du tourisme. Elle se spécialise dans l'organisation, la commercialisation et la distribution de voyages de vacances. Voici une liste de postes non classés tirés des états financiers de cette société. Il s'agit d'éléments qui ont des soldes normaux et qui sont enregistrés en milliers de dollars canadiens. Pour la période étudiée, 37 849 834 actions étaient en circulation. La période financière d'Enlair se termine le 31 octobre.

Fournisseurs et charges à payer	300 355
Clients	146 944
Trésorerie et équivalents de trésorerie	501 055
Capital	226 694
Coût des ventes	2 047 713
Salaires et avantages sociaux	349 323
Impôts à payer	14 608
Charges opérationnelles	671 926
Amortissement	48 662
Part des actionnaires minoritaires dans les résultats	724
Chiffre d'affaires	3 498 877
Participation sans contrôle	1 850
Autres actifs courants	71 352
Autres passifs courants	349 986
Autres profits ou pertes	(15 765)
Cumul des autres éléments du résultat global	(18 325)
Autres actifs non courants	321 400
Immobilisations corporelles	88 376
Impôts sur le résultat	23 806
Carburant d'aéronefs	302 333
Résultats non distribués	230 703
Charges financières	1 548
Stocks	9 867
Immobilisations incorporelles	50 464
Dette à long terme	15 291
Autres passifs non courants	68 296

Travail à faire

1. Dressez un état du résultat global ainsi qu'un état de la situation financière pour la période se terminant le 31 octobre.

2. Effectuez une analyse globale du rendement des capitaux propres. Expliquez brièvement sa signification et comparez les résultats que vous avez obtenus à ceux de la société TF1 pour l'exercice 2009. (Le total des actifs et le total des capitaux propres de la société Enlair étaient, à l'ouverture de la période, respectivement de 1 129 503 milliers de dollars et de 367 361 milliers de dollars.)

1.

Enlair inc.
État du résultat global
période close le 31 octobre
(en milliers de dollars canadiens)

Chiffre d'affaires	3 498 877
Coût des ventes	2 047 713
Marge brute	1 451 164
Salaires et avantages sociaux	349 323
Amortissement des immobilisations	48 662
Carburant d'aéronefs	302 333
Charges opérationnelles	671 926
Résultat opérationnel	78 920
Charges financières	1 548
Autres profits ou pertes	(15 765)
Résultat avant impôts	93 137
Impôts sur le résultat	23 806
Résultat net	69 331
Part des actionnaires minoritaires	724
Part du Groupe	68 607
Résultat par action (en dollars canadiens)	1,81

Enlair inc.
État de la situation financière consolidé
au 31 octobre
(en milliers de dollars canadiens)

Actif	
Courants	
Trésorerie et équivalents de trésorerie	501 055
Clients	146 944
Stocks	9 867
Autres actifs courants	71 352
Actifs courants	729 218
Non courants	
Immobilisations corporelles	88 376
Immobilisations incorporelles	50 464
Autres actifs non courants	321 400
Actifs non courants	460 240
Total de l'actif	1 189 458

Passif et capitaux propres	
Passif	
Courants	
Fournisseurs et charges à payer	300 355
Impôts à payer	14 608
Autres passifs courants	349 986
Passifs courants	664 949
Non courants	
Dette à long terme	15 291
Autres passifs non courants	68 296
Passifs non courants	83 587
Total du passif	748 536
Capitaux propres	
Capital	226 694
Résultats non distribués	230 703
Cumul des autres éléments du résultat global	(18 325)
Total des capitaux propres – part du Groupe	439 072
Participation sans contrôle	1 850
Total des capitaux propres	440 922
Total du passif et des capitaux propres	1 189 458

2.

	au 31 octobre
Résultat net ÷ Chiffre d'affaires net	0,02
× Chiffre d'affaires net ÷ Actif total moyen	3,02
× Actif total moyen ÷ Capitaux propres moyens	2,88
Résultat net ÷ Capitaux propres moyens	0,17

Pour la période se terminant le 31 octobre, les actionnaires de la société Enlair ont obtenu un rendement de leurs capitaux propres de 17 %. Ce taux est plus élevé que celui de TF1 en 2009 (*voir les résultats de 2009 dans le tableau 5.4 à la page 299*). TF1 présente une marge nette plus élevée, réalisant 0,05 € de résultat net pour chaque euro de vente, comparativement à 0,02 $ (environ 0,015 €) pour Enlair. Par contre, le taux de rotation de l'actif total est nettement plus élevé chez Enlair, avec un taux de 3,02 comparativement à 0,64 pour TF1. Son taux d'adéquation du capital, comme celui de la société TF1, indique que ses ressources proviennent davantage de sa dette que de ses capitaux propres. Avec 2,88 $ d'actifs pour chaque dollar de capitaux propres, l'entreprise présente un risque financier plus élevé pour ses créanciers que TF1. Il faut comprendre de cela qu'Enlair est une entreprise qui a besoin d'investir davantage dans ses immobilisations (aéronefs) que TF1.

POINTS SAILLANTS DU CHAPITRE

1. **Déterminer les principaux intervenants du processus d'établissement et de communication de l'information financière, leur rôle dans ce processus, et les normes juridiques et comptables à respecter** (*voir la page 278*).

   La direction de l'entreprise est responsable de l'information contenue dans les états financiers et les notes. Le recours aux auditeurs indépendants donne de la crédibilité à ces renseignements. Les annonces que font les sociétés ayant une obligation d'information du public concernant leurs états financiers sont transmises aux utilisateurs au moyen des services d'information en ligne et des sites Web. Les analystes financiers jouent un rôle primordial dans la communication de l'information financière grâce à leur analyse des entreprises, leurs recommandations en matière de placements et leurs prévisions de résultats.

2. **Reconnaître les étapes du processus de publication de l'information financière, notamment la publication de communiqués de presse, de rapports annuels et intermédiaires, et de prospectus** (*voir la page 287*).

   Les entreprises font d'abord connaître leurs résultats par voie de communiqués. Elles publient ensuite des rapports annuels et intermédiaires contenant les états financiers et de l'information supplémentaire. Les sites Web des entreprises et les services d'information constituent le principal moyen de diffusion de ce type d'information auprès des utilisateurs spécialisés.

3. **Comprendre et utiliser le mode de présentation des états financiers** (*voir la page 291*).

   La plupart des états financiers sont dressés selon un ordre déterminé. À l'état de la situation financière, les catégories les plus importantes concernent les actifs et les passifs courants et non courants. À l'état du résultat global et au tableau des flux de trésorerie, c'est la distinction entre les activités opérationnelles et les éléments hors exploitation qui est essentielle. Les notes aux états financiers fournissent la description des méthodes comptables utilisées par l'entreprise, des précisions sur les éléments présentés dans les états financiers ainsi que de l'information sur les événements à portée économique qui n'y sont pas mentionnés.

4. **Analyser la performance d'une entreprise d'après le rendement des capitaux propres** (*voir la page 304*).

   Le rendement des capitaux propres sert à mesurer jusqu'à quel point la direction a su tirer parti des investissements de ses actionnaires au cours d'une période. Trois indicateurs (le pourcentage de la marge nette, le taux de rotation de l'actif total et le taux d'adéquation du capital) permettent d'expliquer pourquoi le rendement des capitaux propres d'une entreprise diffère d'une année à l'autre ou de celui de ses concurrents. De tels indicateurs donnent aussi une idée des stratégies à adopter pour améliorer le rendement des capitaux propres à l'avenir.

5. **Comparer les IFRS et les normes comptables pour les entreprises à capital fermé** (*voir la page 308*).

   Les caractéristiques qualitatives de l'information financière, d'après les normes IFRS, correspondent de façon générale aux qualités de l'information financière selon les NCECF, bien qu'elles soient présentées de façon différente. Le seul élément qui diverge est la notion de prudence, laquelle est exclue du cadre conceptuel des normes IFRS.

Dès le chapitre 6, nous entreprenons une étude en profondeur des états financiers. Nous commençons par deux des actifs les plus liquides, soit la trésorerie et les comptes clients, puis nous examinons les opérations relatives aux produits des activités ordinaires. De nombreux analystes considèrent la comptabilisation des produits et la notion de rattachement des charges aux produits qui s'y rapportent comme les principaux facteurs de l'exactitude et, par conséquent, de l'utilité des différents types d'états financiers. Nous présentons aussi des concepts relatifs à la gestion et au contrôle de la trésorerie, puisqu'il s'agit de fonctions essentielles dans l'entreprise. Il est indispensable que les futurs gestionnaires, comptables et analystes financiers comprennent bien tous les aspects de ces sujets.

Ratio clé

Le rendement des capitaux propres sert à mesurer le résultat réalisé pour chaque dollar de capitaux propres. Ce taux se calcule comme suit (*voir la page 304*) :

$$\text{Rendement des capitaux propres} = \frac{\text{Résultat net}}{\text{Capitaux propres moyens}}$$

Capitaux propres moyens = (Capitaux propres à l'ouverture de la période + Capitaux propres à la clôture de la période) ÷ 2

Pour trouver de l'information financière

ÉTAT DE LA SITUATION FINANCIÈRE

Principales catégories

Actifs et passifs courants et non courants
Capitaux propres

ÉTAT DU RÉSULTAT GLOBAL

Totaux partiels principaux
Marge brute
Résultat opérationnel
Résultat avant impôts
Résultat net – part du groupe
          – participation sans contrôle
Résultat par action

ÉTAT DES VARIATIONS DES CAPITAUX PROPRES

Capital social
Résultats non distribués
Et plusieurs autres composantes étudiées au chapitre 10

TABLEAU DES FLUX DE TRÉSORERIE

Dans la catégorie des activités opérationnelles (méthode indirecte)

    Résultat net
+/– Redressements des éléments sans effets sur la trésorerie
+/– Variation des actifs et passifs courants hors trésorerie
    Flux de trésorerie liés aux activités opérationnelles

NOTES

Principales catégories
Description des méthodes comptables utilisées pour dresser les états financiers
Précisions sur certains éléments présentés dans les états financiers
Information financière pertinente non comptabilisée dans les états financiers

Mots clés

ACTIVITÉS D'APPRENTISSAGE

QUESTIONS

1. Décrivez les rôles et les responsabilités de la direction des entreprises et des auditeurs dans le processus d'établissement et de communication de l'information financière.

2. Définissez les trois types d'utilisateurs de l'information financière et les relations qui existent entre eux : les analystes financiers, les investisseurs privés et les investisseurs institutionnels.

3. Décrivez brièvement le rôle des services d'information dans la diffusion de l'information financière.

4. Expliquez pourquoi l'utilité d'une information dépend de sa pertinence et de sa fidélité.

5. Quelle méthode comptable est utilisée pour dresser : a) l'état du résultat global et b) le tableau des flux de trésorerie ?

6. Expliquez brièvement les différentes publications que doivent diffuser, au cours d'une période financière, les sociétés qui ont une obligation d'information du public.

7. Quelles sont les grandes sections de l'état du résultat global ?

8. Définissez l'expression « activités abandonnées ». Pourquoi ces éléments devraient-ils être présentés dans une section distincte à l'état du résultat global ?

9. Comment doit-on présenter les « éléments de produits et de charges significatifs ».

10. Énumérez les cinq grandes sections qui apparaissent dans l'état de la situation financière.

11. Expliquez brièvement les composantes des capitaux propres d'une société.

12. Quelles sont les trois grandes sections du tableau des flux de trésorerie ?

13. Quelles sont les grandes catégories de notes qui accompagnent les états financiers ? Donnez un exemple de chacune d'entre elles.

14. Définissez brièvement le rendement des capitaux propres et expliquez ce qu'il permet de mesurer.

15. Comment calcule-t-on le rendement des capitaux propres ?

QUESTIONS À CHOIX MULTIPLES

1. Si l'actif total moyen augmente, et que le résultat net, le chiffre d'affaires net et les capitaux propres ne changent pas, quel sera l'effet sur le rendement des capitaux propres ?
   a) Une augmentation
   b) Une diminution
   c) Aucun effet
   d) Impossible à déterminer

2. Une entreprise divulgue les renseignements suivants à l'état du résultat global : Coût des ventes, 5 000 $; Impôts sur le résultat, 2 000 $; Charges financières, 500 $; Charges opérationnelles, 3 500 $; Ventes, 14 000 $. Quel sera le résultat opérationnel ?
   a) 9 000 $
   b) 3 000 $
   c) 5 000 $
   d) 5 500 $

3. Parmi les éléments suivants, lequel ne doit pas être présenté après le résultat opérationnel à l'état du résultat global ?
   a) L'amortissement
   b) Les activités abandonnées
   c) Le résultat par action
   d) La charge d'impôts sur le résultat

4. Parmi les fonctions suivantes, laquelle n'est pas assumée par les analystes financiers ?

   a) Établir des prévisions de résultats
   b) Auditer les états financiers
   c) Recommander l'achat, la vente ou la conservation des titres boursiers
   d) Conseiller les investisseurs sur leur portefeuille

5. Quel type d'opinion une entreprise souhaite-t-elle recevoir sur ses états financiers de la part des auditeurs ?
   a) Raisonnable
   b) Avec réserve
   c) Comparable
   d) Non modifiée

6. Parmi les éléments suivants, lequel ne fait pas partie du rapport annuel d'une entreprise ?
   a) Le rapport des auditeurs
   b) Les états financiers
   c) Les communiqués
   d) Le rapport de la direction

7. L'Autorité des marchés financiers est l'organisme de réglementation chargé :
   a) d'émettre une opinion sur les états financiers ;
   b) d'élaborer les normes comptables internationales ;
   c) d'assurer la protection des investisseurs ;
   d) de vendre et d'acheter les actions cotées en Bourse.

8. Parmi les cabinets d'experts-comptables suivants, lequel ne fait pas partie des *Big 4*?

 a) Ernst & Young

 b) Raymond Chabot Grant Thornton

 c) Deloitte & Touche

 d) KPMG

9. Les caractéristiques qualitatives auxiliaires de l'information financière sont :

 a) la pertinence et la fidélité ;

 b) la pertinence, la fidélité, la comparabilité et la compréhensibilité ;

 c) la fidélité, la rapidité, la compréhensibilité et la comparabilité ;

 d) la comparabilité, la compréhensibilité, la vérifiabilité et la rapidité.

10. Les activités abandonnées sont présentées :

 a) à l'état de la situation financière ;

 b) à l'état du résultat global ;

 c) à l'état des variations des capitaux propres ;

 d) aucune de ces réponses.

MINI-EXERCICES

M5-1

 2

5 minutes

L'association de définitions et de termes

Faites correspondre chacune des définitions à l'intervenant du processus d'établissement et de communication de l'information financière qu'elle présente. Écrivez la lettre appropriée dans l'espace prévu à cet effet.

Intervenant

_____ 1. Le président et chef de la direction et le directeur des services financiers

_____ 2. L'auditeur

_____ 3. Les utilisateurs

_____ 4. L'analyste financier

Définition

A. Un conseiller qui analyse l'information financière et les autres renseignements économiques pour faire des prévisions et des recommandations en matière de placements.

B. Notamment des investisseurs institutionnels et privés ainsi que des créanciers.

C. Les principaux responsables de l'information présentée dans les états financiers.

D. Un expert-comptable indépendant qui examine les états financiers et formule une opinion sur ceux-ci.

M5-2

 2

5 minutes

L'ordre des publications

Indiquez l'ordre dans lequel les publications ou les rapports suivants sont généralement diffusés par les sociétés qui ont une obligation d'information du public.

Numéro   Publication

_____   Rapport annuel

_____   Rapport intermédiaire

_____   Communiqué de presse

M5-3

 3

10 minutes

Les éléments des états financiers

Indiquez dans quel état financier on trouve ces différents éléments en écrivant la lettre appropriée dans l'espace prévu à cet effet.

Élément

_____ 1. Le passif

_____ 2. Les flux de trésorerie liés aux activités opérationnelles

_____ 3. Les activités abandonnées

État financier

A. L'état du résultat global

B. L'état de la situation financière

C. Le tableau des flux de trésorerie

D. Aucun de ces documents

	Élément		État financier
_____	4.	Les actifs	
_____	5.	Les produits des activités ordinaires poursuivies	
_____	6.	Les flux de trésorerie liés aux activités de financement	
_____	7.	La participation ne donnant pas le contrôle	
_____	8.	Les capitaux propres	
_____	9.	Les charges	
_____	10.	Les actifs qu'un actionnaire possède	

3

10 minutes

L'effet d'opérations sur les états financiers

Remplissez le tableau suivant en indiquant le montant et l'effet de chacune des opérations suivantes. (Écrivez un + pour une augmentation et un – pour une diminution. S'il n'y a aucun effet, écrivez AE.) Considérez chaque élément séparément.

a) Inscription des ventes à crédit de 100 $

b) Inscription du coût des ventes de 60 $

c) Inscription des charges de publicité de 10 $ engagées, mais non payées

Opération	Actif courant	Marge brute	Passif courant
a)			
b)			
c)			

3

10 minutes

L'effet d'opérations sur l'équation comptable

Indiquez l'effet des opérations suivantes sur l'équation comptable. (Écrivez un + pour une augmentation et un – pour une diminution.) Précisez les comptes qui sont modifiés et de quels montants.

a) Ventes à crédit de 500 $ et coût des ventes qui s'y rapporte de 360 $

b) Émission au comptant de 10 000 actions ordinaires au montant de 90 000 $

Opération	Actif	=	Passif	+	Capitaux propres

3

10 minutes

Les écritures de journal

Passez les écritures de journal pour enregistrer chacune des opérations de l'exercice M5-5.

4

10 minutes

Le rendement des capitaux propres

La société Sumac a récemment enregistré les montants suivants (en milliers de dollars) dans ses états financiers en date du 31 décembre :

	Période en cours	Période précédente
Marge brute	150	110
Résultat net	80	40
Total des actifs	1 000	900
Total des capitaux propres	800	600

Calculez le rendement des capitaux propres de la période en cours. Qu'est-ce que ce ratio sert à mesurer?

E5-1

1

10 minutes

L'association de définitions et de termes

Faites correspondre chacune des définitions à l'intervenant du processus d'établissement et de communication de l'information financière qu'elle présente. Écrivez la lettre appropriée dans l'espace prévu à cet effet.

Intervenant

_____ 1. L'Autorité des marchés financiers

_____ 2. Un auditeur

_____ 3. Un investisseur institutionnel

_____ 4. Un président et chef de la direction et un directeur des services financiers

_____ 5. Un créancier

_____ 6. Un analyste financier

_____ 7. Un investisseur privé

_____ 8. Un service d'information

Définition

A. Un conseiller qui analyse l'information ayant un caractère financier ou économique pour faire des prévisions et des recommandations en matière de placements.

B. Un établissement financier ou un fournisseur qui prête de l'argent à une entreprise.

C. Des personnes qui ont la responsabilité de l'information présentée dans les états financiers.

D. Un expert-comptable indépendant qui examine les états financiers et formule une opinion sur ceux-ci.

E. Un organisme de surveillance des marchés boursiers.

F. Une entreprise qui collecte, analyse et transmet (sur papier et de façon électronique) de l'information financière.

G. Une personne qui achète des actions d'une société.

H. Un gestionnaire de caisse de retraite, de fonds commun de placement et de fonds d'investissement qui investit sur le marché boursier pour le compte d'autres personnes.

E5-2

2

5 minutes

L'association de définitions et de termes

Faites correspondre chacune des définitions au type de publication contenant de l'information financière qu'elle présente. Écrivez la lettre appropriée dans l'espace prévu à cet effet.

Publication

_____ 1. Un rapport annuel

_____ 2. Un communiqué

_____ 3. Un rapport intermédiaire

Définition

A. Une annonce publique écrite, générale-ment distribuée aux principales agences de presse.

B. Un rapport contenant les états financiers d'une période financière, les notes, le rapport de gestion de la direction et le rapport des auditeurs.

C. Un rapport non audité au sujet d'un trimestre, et qui renferme en général les états financiers et un message aux actionnaires.

E5-3

2

15 minutes

Les éléments d'information contenus dans les publications

Les éléments d'information ci-après apparaissent dans différents documents financiers. Pour chacun, indiquez dans quelle publication on a le plus de chance de le trouver. Écrivez la lettre appropriée dans l'espace prévu à cet effet.

5

Élément d'information		Publication
_____	1. Un résumé des données financières pour une période allant de 5 à 10 ans	A. Un rapport annuel
_____	2. La première annonce des résultats trimestriels	B. Un communiqué
_____	3. L'annonce d'un changement d'auditeurs	C. Un rapport intermédiaire
_____	4. Les états financiers audités d'une période financière	D. Aucun de ces documents
_____	5. Un résumé de l'information contenue dans l'état du résultat global du trimestre	
_____	6. Des notes aux états financiers	
_____	7. La description des personnes responsables du contenu des états financiers	
_____	8. La première annonce de l'engagement d'un nouveau vice-président des ventes	

E5-4

3

10 minutes

Le classement des éléments d'un état de la situation financière

Voici une liste d'éléments d'un état de la situation financière. Numérotez-les dans l'ordre où, au Canada, ils apparaissent normalement à l'état de la situation financière.

Numéro	Élément
_____	Passif courant
_____	Passif non courant
_____	Clients
_____	Immobilisations incorporelles
_____	Immobilisations corporelles
_____	Stocks
_____	Résultats non distribués
_____	Capital social
_____	Autres actifs non courants

E5-5

3

30 minutes

RONA

L'établissement d'un état de la situation financière

RONA inc. est un important distributeur de produits liés à l'habitation. La société possède un réseau de 686 magasins et réalise des ventes au détail de plus de 6 milliards de dollars canadiens. Près de 3 000 employés travaillent chez RONA. En 2009, la société a fêté son 70e anniversaire et procédé à une importante émission d'actions d'une valeur de 172,5 millions de dollars. Voici des éléments de son état de la situation financière consolidé au 27 décembre (en milliers de dollars), énumérés dans l'ordre alphabétique. (Note : Certains titres de comptes ont été modifiés et des regroupements ont été effectués pour les besoins de cet exercice.)

Autres actifs courants	19 151
Autres éléments des capitaux propres	13 475
Autres passifs courants	5 676
Autres passifs non courants	58 859
Capital social	603 756

Charges payées d'avance	18 114
Clients	250 845
Emprunt bancaire	5 211
Emprunts à long terme	430 524
Fournisseurs et charges à payer	427 817
Goodwill	455 572
Immobilisations corporelles	868 359
Immobilisations incorporelles	89 828
Part des actionnaires sans contrôle	32 761
Partie courante des emprunts à long terme	9 996
Placements et autres actifs non courants	82 495
Résultats non distribués	1 161 808
Stocks	726 262
Trésorerie	239 257

Travail à faire

Dressez un état de la situation financière consolidé de la société RONA inc. au 27 décembre 2009 à l'aide des éléments présentés ci-dessus.

E5-6

 3

30 minutes

Le Devoir

L'établissement d'un état de la situation financière

Le Devoir inc. est un journal d'information publié six jours par semaine et diffusé partout au Québec. Le journal a fêté son centième anniversaire en janvier 2010, et l'a souligné par de nombreux événements artistiques et politiques. Voici les éléments de l'état de la situation financière de cette entreprise au 31 décembre 2009, présentés dans l'ordre alphabétique. (Note : Certains titres de comptes ont été modifiés et des regroupements ont été effectués pour les besoins de cet exercice.)

Autres éléments des capitaux propres	437 261 $
Autres éléments du passif courant	898 184
Capital social	4 277 856
Charges payées d'avance	58 715
Clients et autres créances	1 677 879
Emprunts à long terme	55 183
Fournisseurs et charges à payer	1 248 782
Goodwill	983 185
Immobilisations corporelles	149 308
Immobilisations incorporelles	336 482
Partie courante des emprunts à long terme	40 756
Placements courants	560 635
Produits différés	1 388 001
Résultats non distribués	(3 178 023)
Trésorerie	1 401 796

Travail à faire

Dressez l'état de la situation financière de l'entreprise au 31 décembre 2009 en vous servant des éléments présentés ci-dessus.

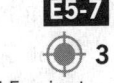

L'association de définitions et de termes

3

15 minutes

Voici une série de termes relatifs à l'état du résultat global. Faites correspondre chaque définition au terme auquel elle se rapporte en écrivant la lettre appropriée dans l'espace prévu à cet effet.

Terme	Définition

Terme

_____ 1. Le coût des ventes

_____ 2. Les charges financières

_____ 3. Les éléments de produits et de charges significatifs

_____ 4. Les activités ordinaires poursuivies

_____ 5. Le résultat global

_____ 6. Les activités abandonnées

_____ 7. Le résultat net

_____ 8. La marge brute

_____ 9. Le résultat par action

_____ 10. Les charges opérationnelles

_____ 11. Le résultat avant impôts

Définition

A. Chiffre d'affaires – Coût des ventes

B. Des éléments significatifs qui doivent être présentés séparément à l'état du résultat global.

C. Des produits ou des charges découlant des opérations ordinaires de l'entreprise.

D. Produits des activités ordinaires poursuivies – Charges opérationnelles + Résultat des activités abandonnées et des éléments significatifs – Impôts sur le résultat

E. Le montant des ressources utilisées pour acheter ou produire les marchandises qui ont été vendues au cours de la période.

F. Résultat net + Autres éléments du résultat global

G. Le coût d'emprunt dans le temps.

H. Le résultat net divisé par le nombre moyen d'actions ordinaires en circulation.

I. Produits et charges découlant de l'abandon ou de la cession-vente d'une partie des activités de l'entreprise.

J. Les charges totales directement liées aux activités opérationnelles.

K. Produits dont on soustrait toutes les charges à l'exception des impôts sur le résultat.

L. Aucune de ces définitions.

L'état du résultat global

3

20 minutes

Trouvez les montants (en dollars) qui manquent dans l'état du résultat global de l'année 2013 de la société SupraStyle. Considérez chaque cas indépendamment. (Indice : Reconstruisez ce tableau en respectant l'ordre des postes de l'état du résultat global.)

	Cas A	Cas B	Cas C	Cas D	Cas E
Chiffre d'affaires	900 $	700 $	420 $	? $	? $
Charges commerciales	?	100	80	390	240
Coût des ventes	?	300	?	500	320
Impôts sur le résultat	?	30	20	50	20
Marge brute	400	?	?	?	430
Résultat avant impôts	200	200	?	190	?
Charges administratives	150	?	70	120	90
Résultat net	120	?	60	?	80

E5-9

3

20 minutes

L'établissement d'un état du résultat global

Les données suivantes proviennent des livres de la société Cornouiller en date du 31 décembre 2012 :

Chiffre d'affaires	79 000 $
Marge brute	28 000
Charges commerciales	7 000
Charges administratives	?
Résultat avant impôts	13 000
Taux d'imposition	25 %
Nombre d'actions en circulation	3 500

Travail à faire

Dressez un état du résultat global (en indiquant à la fois la marge brute et le résultat net). Montrez tous vos calculs. (Conseil : Servez-vous des montants et des pourcentages qui sont fournis pour déduire les valeurs manquantes.)

E5-10

3

20 minutes

L'établissement d'un état du résultat global

Voici des données tirées des livres de la société Amélanchier au 31 décembre 2013 :

Chiffre d'affaires	130 000 $
Charges administratives	16 000
Charges commerciales	18 000
Marge brute	60 000
Taux d'imposition	25 %
Nombre d'actions en circulation	2 500

Travail à faire

Dressez un état du résultat global. Montrez tous vos calculs. (Conseil : Servez-vous des montants et des pourcentages qui sont fournis pour calculer les valeurs manquantes.)

E5-11

3

15 minutes

L'effet d'opérations sur l'état de la situation financière et l'état du résultat global

Voici un résumé de quelques opérations qui se sont produites au cours de l'année 2013. Remplissez le tableau suivant. (Écrivez un + pour une augmentation et un – pour une diminution. S'il n'y a aucun effet, écrivez AE. Inscrivez également le montant de chaque opération.) Considérez chaque élément indépendamment. Tous les chiffres sont en millions de dollars.

a) L'enregistrement de ventes à crédit de 325,4 $ et du coût des ventes qui y est associé de 198,6 $.

b) Un emprunt bancaire de 346,5 $; le capital est remboursable dans un délai d'un an.

c) Des frais de recherche et développement de 90 $ payés comptant.

Opération	Actif courant	Marge brute	Passif courant
a)			
b)			
c)			

E5-12

3

15 minutes

L'effet d'opérations sur l'état de la situation financière, l'état du résultat global et le tableau des flux de trésorerie

La société Focus est une entreprise de fabrication de meubles située à Sherbrooke. Voici deux opérations tirées de ses livres pour le premier trimestre de la période financière 2013. Remplissez le tableau ci-dessous. (Écrivez un + pour une augmentation et un – pour une diminution. S'il n'y a aucun effet, écrivez AE. Inscrivez également le montant de chaque opération.) Considérez chaque cas indépendamment. Tous les chiffres sont en millions de dollars.

a) Encaissement d'un compte client, 32,2 $.

b) Remboursement d'une partie du capital, soit 2,1 $, d'un emprunt ; le solde du capital doit être payé en totalité dans un an.

Opération	Actif courant	Marge brute	Passif courant	Flux de trésorerie liés aux activités opérationnelles
a)				
b)				

E5-13

3

30 minutes

L'établissement d'un tableau des flux de trésorerie

La société Chèvrefeuille dresse actuellement ses états financiers au 31 décembre 2013. Voici les éléments de son tableau des flux de trésorerie. Les soldes à l'ouverture et à la clôture du compte Trésorerie s'élèvent respectivement à 30 000 $ et à 50 000 $.

Signature d'un effet à payer de trois ans	30 000 $
Diminution des stocks	1 000
Diminution des comptes fournisseurs	(3 000)
Augmentation des comptes clients	(9 000)
Résultat net	20 000
Émission d'actions au comptant	24 000
Achat d'un nouveau camion de livraison au comptant	(7 000)
Achat d'un terrain au comptant	(36 000)

Travail à faire

Dressez le tableau des flux de trésorerie de la société Chèvrefeuille pour la période financière 2013. Établissez la section des flux de trésorerie liés aux activités opérationnelles au moyen de la méthode indirecte.

E5-14

3

30 minutes

H₂O Innovation

L'analyse et l'interprétation du rendement des capitaux propres

H₂O Innovation inc. est une jeune entreprise qui conçoit, développe et met en marché des produits novateurs pour la production d'eau potable. Son siège social est situé à Québec, alors que ses activités de production sont concentrées à son usine de Ham-Nord, dans la région des Bois-Francs. Voici quelques montants tirés de son état du résultat global et de son état de la situation financière :

	Période en cours	Période précédente
Chiffre d'affaires	27 727 556 $	31 215 790 $
Résultat net	(9 997 917)	(65 148)
Capitaux propres moyens	32 196 576	30 095 518
Actif total moyen	44 416 922	40 536 219

Travail à faire

1. Calculez le rendement des capitaux propres de la période en cours et de la période précédente, puis expliquez la signification du changement que vous observez.

2. Expliquez ce changement à l'aide d'une analyse globale du rendement des capitaux propres.

E5-15

4

30 minutes

Héroux-Devtek

L'analyse et l'interprétation du rendement des capitaux propres

Héroux-Devtek, dont le siège social est situé à Longueuil, est l'un des plus importants fabricants de l'industrie aérospatiale canadienne. La société fabrique entre autres des trains d'atterrissage pour des entreprises telles que Bombardier et Boeing, mais aussi pour les armées canadienne et états-unienne. Voici quelques montants tirés de son état du résultat global et de son état de la situation financière (en milliers de dollars canadiens):

	Période en cours	Période précédente
Chiffre d'affaires	320 354	337 635
Résultat net	16 003	21 363
Capitaux propres moyens	206 791	188 634
Actif total moyen	406 010	386 814

Travail à faire

1. Calculez le rendement des capitaux propres de la période en cours et de la période précédente, puis expliquez la variation que vous constatez.

2. Expliquez la variation en faisant l'analyse globale du rendement des capitaux propres.

3. S'ils se basaient sur cette variation, les analystes financiers seraient-ils plus susceptibles d'augmenter ou de diminuer leurs estimations de la valeur des actions de l'entreprise? Expliquez votre réponse.

PROBLÈMES

P5-1

1•2

30 minutes

Problème de révision
(voir les chapitres 2 à 5)

L'association de définitions et de termes

Faites correspondre chaque définition ou opération au concept qui s'y rapporte en écrivant la lettre appropriée dans l'espace prévu à cet effet. Utilisez une seule lettre pour chaque espace.

Terme

_____ 1. Les utilisateurs des états financiers

_____ 2. L'objectif des états financiers

_____ 3. La pertinence

_____ 4. La fidélité

_____ 5. La comparabilité

_____ 6. La vérifiabilité

_____ 7. La rapidité

_____ 8. La compréhensibilité

_____ 9. Les produits

_____ 10. Les charges

_____ 11. L'actif

_____ 12. Le passif

Définition ou opération

A. L'enregistrement d'une vente de marchandises de 1 000 $.

B. L'enregistrement d'une charge s'appuyant sur des pièces justificatives.

C. L'acquisition d'un véhicule utile aux opérations de l'entreprise.

D. L'enregistrement d'une charge d'amortissement parce qu'elle est susceptible d'influer sur les décisions importantes des utilisateurs des états financiers.

E. Des investisseurs, des créanciers et d'autres personnes qui s'intéressent à l'entreprise.

Terme		Définition ou opération
_____	13. Les capitaux propres	F. L'utilisation des mêmes méthodes comptables d'une période à l'autre.
_____	14. Le coût historique	G. Les emprunts bancaires de 1 million de dollars.
_____	15. La comptabilisation des produits	H. L'achat d'un camion de 30 000 $.
_____	16. Le rattachement des charges aux produits	I. L'information est disponible le plus tôt possible.
_____	17. Le rapport coûts-avantages	J. L'enregistrement du coût des ventes et du coût de prestation des services rendus.

K. Le concept comptable selon lequel les produits ne sont comptabilisés que lorsque la propriété des marchandises vendues est transmise au client.

L. La conception et l'établissement des états financiers pour aider les utilisateurs à prendre des décisions.

M. Des notes aux états financiers pour rendre l'information claire.

N. Les avantages de la divulgation d'une information en justifient les coûts.

O. L'actif moins le passif.

P. L'achat de fournitures utilisées au cours de la période.

Q. Une information neutre, sans parti pris.

P5-2

⊕ 3

15 minutes

Problème de révision
(voir les chapitres 2 à 5)

L'association de définitions et de termes

Associez chaque définition au terme qui s'y rapporte en écrivant la lettre appropriée dans l'espace prévu à cet effet.

Terme		Définition
_____	1. Les résultats non distribués	A. Les terrains, les immeubles, le mobilier, etc.
_____	2. Le passif courant	B. Les obligations actuelles découlant d'événements passés, qui seront réglées au moyen d'une sortie de ressources.
_____	3. La trésorerie	
_____	4. Le capital social	
_____	5. L'amortissement cumulé	C. Les fonds provenant des actionnaires et des activités de l'entreprise.
_____	6. Les immobilisations incorporelles	D. Les sommes d'argent ou les valeurs que l'on peut utiliser immédiatement pour effectuer des paiements.
_____	7. Les actions en circulation	
_____	8. Le passif non courant	E. Les actifs qu'on s'attend à réaliser, vendre ou consommer au cours de la prochaine période.
_____	9. Le cycle d'exploitation	
_____	10. La valeur comptable	F. Le coût moins l'amortissement cumulé.
_____	11. Le passif	G. Les résultats cumulatifs non distribués aux actionnaires et réinvestis dans l'entreprise.
_____	12. Les immobilisations corporelles	
_____	13. Les capitaux propres	H. Le capital investi par les actionnaires dans l'entreprise.
_____	14. L'actif courant	I. Le nombre d'actions émises et en circulation.
_____	15. L'actif	J. Les immobilisations qui n'ont pas de substance physique.

Terme	Définition
	K. Les ressources économiques que possède l'entreprise à la suite d'événements passés.
	L. Les obligations qui devront être réglés au cours de l'année qui suit la date de l'état de la situation financière.
	M. La période qui s'écoule entre l'achat de biens et services auprès des fournisseurs et le recouvrement des ventes auprès des clients.
	N. Le total des charges d'amortissement pour un actif depuis sa date d'acquisition à ce jour.
	O. Tous les éléments du passif non classés dans la catégorie du passif courant.
	P. Aucune de ces définitions.

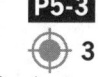

30 minutes
(PS5-1)

L'établissement d'un état de la situation financière

La Bijouterie Brillant dresse ses états financiers annuels pour la période financière 2012. Les montants suivants étaient exacts au 31 décembre 2012: Trésorerie, 67 000 $; Clients, 71 000 $; Stocks, 154 000 $; Charges payées d'avance, 1 000 $; Placements courants, 36 000 $; Matériel de magasin, 67 000 $; Amortissement cumulé – matériel de magasin, 13 000 $; Fournisseurs, 58 000 $; Effet à payer non courant, 42 000 $; Impôts à payer, 9 000 $; Résultats non distribués, 164 000 $; Capital social, 100 000 actions ordinaires en circulation (vendues et émises, 1,10 $ par action).

Travail à faire

1. En vous servant de ces données, dressez un état de la situation financière au 31 décembre 2012. Utilisez les catégories suivantes (écrivez chaque élément sous l'une d'elles):

   Actif: Actif courant et Actif non courant

   Passif: Passif courant et Passif non courant

   Capitaux propres: Capital social et Résultats non distribués

2. Quelle est la valeur comptable du matériel de magasin? Donnez une brève explication de cette valeur.

20 minutes
(PS5-2)

Les capitaux propres

À la fin de l'année 2013, l'état de la situation financière de la société Forsythia comprenait les données suivantes:

Forsythia État de la situation financière (partiel) au 31 décembre 2013 (en dollars canadiens)	
Capitaux propres	
Capital social (6 000 actions ordinaires)	90 000
Résultats non distribués	44 000
Autres éléments des capitaux propres	16 000
Total des capitaux propres	150 000

Au cours de l'exercice 2014, l'entreprise a effectué les opérations suivantes:

a) Vente et émission de 1 000 actions ordinaires à 25 $ par action.

b) Calcul du résultat net de 43 000 $.

c) Déclaration et paiement d'un dividende en argent de 2 $ par action sur les 6 000 actions en circulation au début de la période.

P5-5

⊕ 3

30 minutes

Le Groupe Jean Coutu (PJC)

L'établissement d'un état du résultat global

Fondé en 1969 par l'actuel président du conseil, M. Jean Coutu, Le Groupe Jean Coutu (PJC) inc. fait partie des 10 plus importants réseaux de distribution et de vente au détail de produits pharmaceutiques et parapharmaceutiques en Amérique du Nord. Voici, par ordre alphabétique, les éléments présentés à l'état du résultat global consolidé d'une période close le 27 février (en millions de dollars canadiens):

Amortissements des immobilisations corporelles	17,6
Autres éléments du résultat global	(23,1)
Autres produits	244,7
Charges opérationnelles	218,1
Chiffre d'affaires	2 298,4
Coût des ventes	2 068,9
Impôts sur le résultat	74,9
Produits financiers	4,2
Quote-part de la perte dans la société satellite Rite Aid	55,2

Travail à faire

Dressez un état du résultat global consolidé. PJC utilise la méthode de présentation des charges par fonction.

P5-6

⊕ 3

40 minutes
(PS5-3)

L'établissement d'un état du résultat global et d'un état de la situation financière à partir d'une balance de vérification

La société Mamaison (constituée en société de capitaux le 1er avril 2011) a terminé sa deuxième année financière le 31 mars 2013. La balance de vérification qu'elle a établie à cette occasion est présentée à la page suivante.

Travail à faire

Dressez les états financiers suivants:

1. L'état du résultat global pour la période close le 31 mars 2013. Indiquez la charge d'impôts en supposant un taux d'imposition de 25 %. Servez-vous des totaux partiels suivants: Marge brute, Résultat avant impôts, Résultat net et Résultat par action.

2. L'état de la situation financière au 31 mars 2013. Présentez la charge d'impôts de la période sous forme d'impôts à payer et les dividendes dans la section des résultats non distribués. Utilisez les catégories suivantes et écrivez chaque élément sous l'une d'elles:

    Actif: Actif courant et Actif non courant

    Passif: Passif courant et Passif non courant

    Capitaux propres: Capital social et Résultats non distribués

Mamaison Balance de vérification au 31 mars 2012 (en dollars canadiens)		
	Débit	**Crédit**
Trésorerie	58 000	
Clients	49 000	
Stock de fournitures de bureau	1 000	
Matériel roulant	33 000	
Amortissement cumulé – matériel roulant		11 000
Mobilier de bureau	3 000	
Amortissement cumulé – mobilier de bureau		1 000
Fournisseurs		22 000
Impôts à payer		0
Salaires à payer		2 000
Effet à payer non courant		33 000
Capital social (33 000 actions)		38 000
Résultats non distribués (au 1er avril 2012)		7 500
Dividendes déclarés et versés au cours de la période	8 500	
Ventes		99 000
Coût des ventes	33 000	
Charges opérationnelles (détails omis)	19 000	
Amortissements (sur le matériel roulant et 500 $ sur le mobilier de bureau)	6 000	
Charges financières	3 000	
Impôts sur le résultat		
Total	213 500	213 500

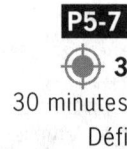

P5-7

3

30 minutes

Défi

L'établissement d'un état du résultat global

Voici un état du résultat global incomplet de la société Rhododendron pour la période financière close le 31 décembre 2013 :

Chiffre d'affaires	260 000 $
Coût des ventes	___
Marge brute (35 % des ventes)	
Charges commerciales	
Charges administratives	28 000
Charges financières	4 000
Total des charges	___
Résultat avant impôts	
Impôts sur le résultat	
Résultat net	
Autres éléments du résultat global	(9 600)
Résultat global	
Résultat par action	1,20

P5-8

3 • 4

35 minutes
(PS5-4)

Alimentation Couche-Tard

L'effet de certaines opérations sur l'état du résultat global et le rendement des capitaux propres

Alimentation Couche-Tard inc. exploite un réseau de plus de 5 000 magasins en Amérique du Nord. La société génère des revenus qui proviennent principalement de la vente de produits d'alimentation, de boissons, de carburant et d'autres marchandises. Voici un état du résultat global récent de cette société (en millions de dollars des États-Unis).

Les capitaux propres se chiffraient respectivement à 728 M$ et à 905,4 M$ à l'ouverture et à clôture de la période.

Alimentation Couche-Tard inc. État du résultat global consolidé période close le 25 avril 2010 (en millions de dollars états-uniens)	
Chiffre d'affaires	16 439,6
Coût des ventes	13 886,3
Marge brute	2 553,3
Charges opérationnelles	1 906,7
Amortissements	204,5
Résultat opérationnel	442,1
Charges financières	29,9
Résultat avant impôts	412,2
Impôts sur le résultat	109,3
Résultat net	302,9
Autres éléments du résultat global	62,4
Résultat global	365,3

Travail à faire

1. Voici une liste d'opérations supplémentaires hypothétiques. Supposez qu'elles ont également été effectuées au cours de la période en question, et remplissez le tableau ci-après en indiquant le montant et l'effet de chacune d'entre elles. (Écrivez un + pour une augmentation et un – pour une diminution. S'il n'y a aucun effet, écrivez AE.) Considérez chaque élément indépendamment et ne tenez pas compte des impôts. Tous les chiffres sont en millions de dollars états-uniens.

   a) L'enregistrement de ventes à crédit de 500 $ et du coût des ventes correspondant de 475 $.

   b) L'engagement d'une charge de 100 $ pour une campagne publicitaire, payée comptant.

   c) L'émission d'actions ordinaires de 200 $.

   d) La déclaration et le paiement d'un dividende de 90 $.

Opération	Marge brute	Résultat opérationnel	Rendement des capitaux propres
a)			
b)			
c)			
d)			

2. Supposez qu'au cours de la période suivante, Alimentation Couche-Tard ne verse aucun dividende, n'émet ou ne rachète aucune action, et réalise le même résultat net que durant la période examinée ici. Le rendement de ses capitaux propres sera-t-il plus élevé, moins élevé ou sera-t-il le même que celui de la présente période ? Expliquez votre réponse.

PROBLÈMES SUPPLÉMENTAIRES

PS5-1

3

30 minutes
(P5-3)

L'établissement d'un état de la situation financière

L'entreprise Tapis volant dresse actuellement ses états financiers annuels pour la période financière 2013. Les montants suivants sont exacts en date du 31 décembre 2013 : Trésorerie, 58 800 $; Placements courants, 36 400 $; Matériel de magasin, 67 200 $; Clients, 71 820 $; Stocks, 154 000 $; Charges payées d'avance, 1 120 $; Amortissement cumulé – matériel de magasin, 13 440 $; Impôts à payer, 9 800 $; Effet à payer non courant, 42 000 $; Fournisseurs, 58 800 $; Résultats non distribués, 155 300 $ et Capital social, 100 000 actions ordinaires en circulation vendues et émises initialement à 1,10 $ l'action.

Travail à faire

1. D'après ces données, dressez un état de la situation financière au 31 décembre 2013. Servez-vous des catégories suivantes (écrivez chaque élément sous l'une d'elles) :

   Actif : Actif courant et Actif non courant

   Passif : Passif courant et Passif non courant

   Capitaux propres : Capital social et Résultats non distribués

2. Quelle est la valeur comptable du matériel de magasin ? Donnez une brève explication de cette valeur.

PS5-2

3

20 minutes
(P5-4)

Les capitaux propres

À la fin de l'année 2013, l'état de la situation financière de la société Le Potiron comprenait les données suivantes :

Le Potiron État de la situation financière (partiel) au 31 décembre 2013 (en dollars canadiens)	
Capitaux propres	
Capital social (7 000 actions ordinaires)	105 000
Résultats non distribués	57 000
Total des capitaux propres	162 000

Voici, en résumé, quelques opérations effectuées au cours de la période 2014 :

a) Vente au comptant et émission de 1 500 actions ordinaires à 24 $ l'action.

b) Évaluation du résultat net à 46 000 $.

c) Déclaration et paiement d'un dividende en espèces de 1 $ l'action sur les 7 000 actions en circulation à l'ouverture de la période.

Travail à faire

1. Établissez la section des capitaux propres à l'état de la situation financière de cette société en date du 31 décembre 2014.

2. Passez l'écriture de journal nécessaire pour comptabiliser l'émission des 1 500 actions ordinaires.

PS5-3

3

40 minutes
(P5-6)

L'établissement d'un état du résultat global et d'un état de la situation financière à partir d'une balance de vérification

Les Services d'extermination Cataire (constitués en société par actions le 1er septembre 2012) ont terminé leur deuxième période financière le 31 août 2014. L'entreprise a dressé une balance de vérification comprenant les données présentées ci-dessous.

Services d'extermination Cataire Balance de vérification au 31 août 2014 (en dollars canadiens)	Débit	Crédit
Trésorerie	47 700	
Clients	40 320	
Stock de fournitures	270	
Véhicules de service	27 000	
Amortissement cumulé – véhicules de service		9 000
Matériel	2 700	
Amortissement cumulé – matériel		900
Fournisseurs		18 225
Impôts à payer		0
Salaires à payer		1 350
Effet à payer non courant		25 000
Capital social (10 000 actions)		33 500
Résultats non distribués (au 1er septembre 2013)		6 615
Dividendes déclarés et versés au cours de la période	7 200	
Ventes		81 000
Coût des ventes	27 000	
Charges opérationnelles (détails omis)	16 200	
Amortissements	4 950	
Charges financières	2 250	
Impôts sur le résultat		
Total	175 590	175 590

Travail à faire

Dressez les états suivants :

1. L'état du résultat global pour la période close le 31 août 2014. Calculez la charge d'impôts en supposant que le taux d'imposition s'élève à 25 %. Servez-vous des totaux partiels suivants : Marge brute, Résultat opérationnel, Résultat avant impôts, Résultat net et Résultat par action.

2. L'état de la situation financière au 31 août 2014. Présentez la charge d'impôts pour la période en cours sous forme d'impôts à payer et les dividendes dans la section des résultats non distribués. Utilisez les catégories suivantes (et écrivez chaque élément sous l'une d'elles) :

   Actif : Actif courant et Actif non courant

   Passif : Passif courant et Passif non courant

   Capitaux propres : Capital social et Résultats non distribués

PS5-4

L'effet de certaines opérations sur l'état du résultat global et le rendement des capitaux propres

La société Livresque a complètement transformé le commerce du livre en faisant de ses magasins des espaces publics et des établissements communautaires où les clients peuvent naviguer sur le Web, chercher un livre, se détendre en prenant une tasse de café, bavarder avec des auteurs ou participer à des discussions en groupes. Cette entreprise doit maintenant lutter contre une concurrence croissante non seulement de la part des librairies traditionnelles, mais aussi de la part des librairies en ligne. Voici un extrait d'un état du résultat global récent (en milliers de dollars):

Chiffre d'affaires	8 763
Coût des ventes	3 435
Charges opérationnelles	4 368
Amortissement des immobilisations corporelles	200
Résultat opérationnel	760
Charges financières, nettes	(58)
Résultat avant impôts	702
Impôts sur le résultat	223
Résultat net	479

Les capitaux propres s'élevaient à 794 000 $ à l'ouverture de la période et à 760 000 $ à la clôture de la période.

Travail à faire

1. Voici une liste d'opérations supplémentaires hypothétiques. Supposez qu'elles ont également été effectuées au cours de la période en question, et remplissez le tableau ci-dessous en indiquant le montant et l'effet de chacune d'entre elles. (Écrivez un + pour une augmentation et un – pour une diminution. S'il n'y a aucun effet, écrivez AE.) Considérez chaque élément indépendamment et ne tenez pas compte des impôts. Tous les chiffres sont en milliers de dollars canadiens.

   a) Enregistrement et encaissement de produits financiers de 7 $.

   b) Achat à crédit de stocks de 80 $.

   c) Enregistrement et paiement de frais de publicité de 16 $.

   d) Émission d'actions ordinaires de 40 $.

Opération	Résultat opérationnel	Résultat net	Rendement des capitaux propres
a)			
b)			
c)			
d)			

2. Supposez qu'au cours de la période suivante, l'entreprise ne verse aucun dividende, n'émet ou ne rachète aucune action, et réalise un résultat net plus élevé de 20 % qu'au cours de la période actuelle. Son rendement des capitaux propres sera-t-il plus élevé, moins élevé ou sera-t-il le même que le taux de la période en cours? Expliquez votre réponse.

5

2•3

30 minutes

L'Oréal

La recherche d'information financière

Reportez-vous aux états financiers de la société L'Oréal (*voir l'annexe B à la fin de ce manuel*) ainsi qu'aux notes aux états financiers. Les questions suivantes sont des exemples de renseignements que l'on peut trouver dans les états financiers et les notes qui les accompagnent. (Conseil : Pour chaque question, indiquez où vous avez trouvé l'information.)

Travail à faire

1. Quels sont les postes présentés dans les actifs courants de l'état de la situation financière de la société ?

2. Quelle est la valeur des terrains et constructions à la fin de la dernière période financière ?

3. Que comprend le coût des ventes ?

4. D'un côté, la société a réalisé des flux de trésorerie liés aux activités opérationnelles de 3 224,5 millions d'euros. De l'autre côté, à l'état de la situation financière, le poste Trésorerie présente un solde de 1 173,1 millions d'euros. Expliquez comment une telle différence est possible.

5. La société a-t-elle versé des dividendes au cours de la dernière période financière ?

6. Calculez le rendement des capitaux propres des deux dernières périodes financières. A-t-il augmenté ou diminué ?

2•3

30 minutes

Inter Parfums

La recherche d'information financière

Reportez-vous aux états financiers de la société Inter Parfums (*voir l'annexe C à la fin de ce manuel*) ainsi qu'aux notes s'y rattachant. Les questions suivantes mettent en lumière les renseignements que l'on peut trouver dans les états financiers et les notes qui les accompagnent. (Conseil : Pour chaque question, indiquez où vous avez trouvé l'information.)

Travail à faire

1. Quels sont les totaux partiels utilisés à l'état du résultat global consolidé de la société Inter Parfums ?

2. Quel est l'actif non courant le plus important de la dernière période financière ?

3. Quel a été le résultat net par action de la dernière période ?

4. Combien d'actions étaient en circulation à la fin de la dernière période financière ?

5. Quel est le montant des ventes effectuées en Amérique du Nord durant la dernière période financière ?

6. Calculez le rendement des capitaux propres des deux dernières périodes financières. A-t-il augmenté ou diminué ?

4

40 minutes

**L'Oréal
Inter Parfums**

La comparaison d'entreprises d'un même secteur d'activité

Reportez-vous aux états financiers des sociétés L'Oréal et Inter Parfums ainsi qu'aux ratios financiers du secteur industriel (*voir les annexes B, C et D à la fin de ce manuel*).

Travail à faire

1. Calculez le rendement des capitaux propres de la dernière période de chacune des sociétés. Quelle entreprise présente le taux le plus élevé ?

2. Procédez à une analyse globale du rendement des capitaux propres pour déterminer la ou les raisons qui expliquent les différences que vous observez.

3. Comparez les différents indicateurs du rendement des capitaux propres des deux entreprises à ceux de leur secteur d'activité. Dans quels domaines la société L'Oréal réussit-elle mieux ou moins bien que ses concurrents ? Et dans le cas de la société Inter Parfums ?

L'utilisation des états financiers

Voici quelques données extraites des états financiers annuels de la société Genévrier à la fin de sa troisième période financière, le 31 décembre 2012 :

Données de l'état du résultat global pour l'année 2012	
Chiffre d'affaires	275 000 $
Coût des ventes	(170 000)
Toutes les autres charges (y compris les impôts)	(95 000)
Résultat net	10 000 $

Données de l'état de la situation financière au 31 décembre 2012	
Actif courant	90 000 $
Tous les autres actifs	212 000
Total des actifs	302 000
Passif courant	40 000
Passif non courant	66 000
Capital social (10 000 actions)	116 000
Résultats non distribués	80 000
Total du passif et des capitaux propres	302 000 $

Travail à faire

Analysez les données des états financiers de la société Genévrier pour l'année 2012 en répondant aux questions suivantes. Présentez tous vos calculs.

1. Quelle est la marge brute ?

2. Quel est le montant du résultat par action ?

3. Si le taux d'imposition est de 25 %, quel est le résultat avant impôts ?

4. Quel est le prix moyen de vente par action ?

5. En supposant que l'entreprise n'a ni déclaré, ni versé de dividende au cours de l'année 2012, quel était le solde initial (au 1er janvier 2012) des résultats non distribués ?

CAS — ANALYSE CRITIQUE

La prise de décision à titre de gestionnaire

Sony est le chef de file mondial dans le domaine de la fabrication de produits électroniques pour les entreprises et le grand public, ainsi que dans les secteurs du divertissement et de l'assurance. Le taux de rendement de ses capitaux propres a augmenté de 9 % à 14 % au cours des trois dernières années.

Travail à faire

Indiquez l'effet le plus probable de chacun des changements de stratégie énumérés ci-après sur le taux de rendement des capitaux propres de Sony au cours de la prochaine période et des périodes à venir. (Écrivez un + pour une augmentation et un – pour une diminution. S'il n'y a aucun effet, écrivez AE.) Supposez qu'aucun autre facteur ne varie. Expliquez chacune de vos réponses et traitez chaque élément indépendamment.

a) L'entreprise diminue ses investissements en recherche et développement de produits qui seront mis sur le marché dans plus d'un an.

b) L'entreprise entreprend une nouvelle campagne de publicité pour un film qui sortira en salle au cours de la prochaine année.

c) L'entreprise émet des actions supplémentaires ; le produit de cette émission permettra d'acquérir d'autres entreprises de haute technologie au cours des périodes à venir.

Changement de stratégie	Rendement des capitaux propres de la période en cours	Rendement des capitaux propres des périodes à venir
a)		
b)		
c)		

CP5-6

1

45 minutes

La prise de décision à titre d'auditeur

L'entreprise Malvina n'a pas tenu ses livres comptables avec exactitude pendant sa première année d'activité, soit 2013. Nous sommes le 31 décembre 2013, date de la fin de la période financière. Un expert-comptable indépendant examine les livres de l'entreprise et découvre de nombreuses erreurs, décrites ci-après. Supposez que ces erreurs n'influent pas les unes sur les autres.

Travail à faire

Analysez chaque erreur et déterminez quel serait son effet sur le résultat net, l'actif et le passif des périodes financières 2013 et 2014 si personne ne la corrigeait. Posez l'hypothèse qu'il n'y a aucune autre erreur. Pour indiquer le montant et l'effet de chaque erreur, écrivez un + pour une surévaluation et un – pour une sous-évaluation. S'il n'y a aucun effet, écrivez AE. Rédigez une explication de votre analyse de chaque opération à l'appui de votre réponse. La première erreur est donnée à titre d'exemple.

Erreur	Résultat net		Actif		Passif	
	2013	2014	2013	2014	2013	2014
1. Une charge d'amortissement non enregistrée au cours de la période 2013, 950 $.	+950 $	AE	+950 $	+950 $	AE	AE
2. Des salaires gagnés en 2013, ni enregistrés, ni versés, mais qui seront versés aux employés en 2014, 500 $.						
3. Des produits des activités ordinaires gagnés au cours de l'année 2013, mais non recouvrés, ni enregistrés jusqu'en 2014, 600 $.						
4. Un montant payé et enregistré à titre de charge en 2013, mais ne constituant pas une charge avant 2014, 200 $.						
5. Des ventes encaissées et enregistrées comme produits en 2013, mais qui ne seront pas gagnés avant 2014, 900 $.						
6. Une vente de services au comptant effectuée en 2013 et dont le montant est enregistré ainsi : le compte Trésorerie est augmenté et le compte Clients est diminué, 300 $.						
7. Un achat à crédit, effectué le 31 décembre 2013, d'un terrain de 8 000 $, non enregistré jusqu'au moment du paiement, le 1er février 2014.						

Voici l'explication que l'on pourrait donner de la première erreur:

1. Le fait de ne pas avoir enregistré l'amortissement de l'année 2013 sous-évalue la charge d'amortissement à l'état du résultat global; par conséquent, le résultat net est surévalué de 950$. À l'état de la situation financière, l'amortissement cumulé est sous-évalué de 950$, de sorte que les actifs seront surévalués de 950$ jusqu'à ce que l'erreur soit corrigée.

PROJETS — INFORMATION FINANCIÈRE

 CP5-7
 4

La comparaison d'entreprises dans le temps

À l'aide de votre navigateur Web, visitez le site de la société TF1 (www.groupe-tf1.fr) et trouvez le rapport annuel le plus récent de cette entreprise.

Travail à faire

1. Quel est le rendement des capitaux propres de l'entreprise au cours de la période la plus récente et comment se compare-t-il aux taux fournis dans le présent chapitre? Quelle est l'explication de la direction concernant cette variation (s'il y a lieu)?

2. Utilisez l'analyse globale du rendement des capitaux propres pour déterminer ce qui a causé l'essentiel de la variation.

 CP5-8
 4

Cogeco

La recherche d'information financière: les sites Web des entreprises

Consultez le site Web de Cogeco inc. (www.cogeco.ca).

Travail à faire

Répondez aux questions suivantes à l'aide de l'information fournie sur le site de l'entreprise:

1. À quel endroit pouvez-vous trouver des renseignements sur les résultats du dernier trimestre?

2. Pour le dernier trimestre, quel changement observez-vous dans le chiffre d'affaires par rapport au même trimestre de la période précédente? De quelle façon la direction explique-t-elle ce changement (s'il y a lieu)?

3. Quel est le résultat par action et le prix par action le jour du communiqué le plus récent concernant les résultats du dernier trimestre?

 CP5-9
 4

Un projet d'équipe: le processus de communication de l'information financière

Chaque équipe doit choisir un secteur d'activité à analyser. Chaque membre de l'équipe devra se procurer le rapport annuel d'une société de ce secteur, cette société devant être différente de celles qui ont été choisies par les autres membres.

Travail à faire

Sur une base individuelle, chaque membre de l'équipe devra rédiger un bref rapport répondant aux questions suivantes au sujet de l'entreprise choisie:

1. Trouvez une note qui décrit la convention comptable utilisée pour dresser les états financiers de l'entreprise, une autre qui donne des précisions sur un élément présenté dans un état financier et une dernière qui communique de l'information financière n'apparaissant pas dans les états financiers. Quelle information chacune de ces notes vous fournit-elle?

2. Consultez le site Web de l'entreprise ou encore le site d'un service d'information financière pour trouver un article présentant l'annonce des résultats annuels de l'entreprise. À quel moment cette annonce a-t-elle été faite par rapport à la date du rapport annuel?

3. Calculez le rendement des capitaux propres de la période en cours.

4. Procédez à une analyse globale du rendement des capitaux propres.

5. Par la suite, en équipe, rédigez un bref rapport dans lequel vous soulignerez les ressemblances et les différences entre ces entreprises en fonction des éléments étudiés. Donnez des explications possibles des différences que vous aurez relevées.

La publication de l'information financière

Ce projet a pour but de vous familiariser avec les états financiers et les notes qui les accompagnent. Vous devez aussi suivre la réaction du cours des actions à l'annonce des résultats financiers d'une société cotée sur le marché boursier. Votre professeur vous assignera peut-être une entreprise particulière à analyser ou vous pourriez choisir l'une des entreprises présentées dans ce manuel, une entreprise concurrente du même secteur d'activité ou encore une entreprise qui vous intéresse.

Travail à faire

Consultez le site Web de l'entreprise ou tout autre service mentionné dans le présent chapitre pour trouver un article qui publie l'annonce des résultats annuels de l'entreprise. Trouvez également la cote en Bourse de l'entreprise.

1. Construisez un diagramme illustrant le prix de clôture de l'action de votre entreprise à la date de l'annonce des résultats ainsi que cinq jours avant et cinq jours après cette date.

2. Décrivez l'effet apparent de l'annonce sur le prix de l'action de cette société.

3. Donnez les explications fournies dans l'article au sujet des résultats enregistrés ou des variations du cours des actions. Trouvez-vous ces explications convaincantes? Expliquez votre réponse.

La publication de l'information financière (approfondissement)

Ce projet a pour but de suivre le processus de publication de l'information financière d'une société qui a une obligation d'information du public trois mois après la fin de sa dernière période financière. Votre professeur vous attribuera peut-être une société particulière à analyser ou vous pourriez choisir l'une des entreprises présentées dans ce manuel, une entreprise concurrente du même secteur d'activité ou encore une entreprise qui vous intéresse.

Travail à faire

1. Collectez l'information qui vous sera utile.

   a) Procurez-vous le dernier rapport annuel de l'entreprise choisie ainsi qu'un communiqué concernant les derniers résultats.

   b) Trouvez un article annonçant un événement important non lié aux résultats financiers (le lancement d'un nouveau produit, un regroupement d'entreprises, etc.) qui s'est produit au cours de la dernière période.

   c) Construisez deux diagrammes distincts illustrant: 1) le prix de clôture de l'action de votre entreprise le jour du communiqué portant sur ses résultats ainsi que cinq jours avant et après la publication de ce communiqué; 2) le prix de clôture de l'action la semaine où l'article choisi en b) est paru ainsi que cinq jours avant et après la parution de cet article.

2. Analysez les communiqués.

a) En vous basant sur le rapport de l'entreprise, déterminez les principaux secteurs d'activité de la société, nommez son président et chef de la direction, son directeur des finances, ses auditeurs et ses principaux concurrents.

b) Comparez les ratios suivants : le taux d'adéquation du capital, le taux de rotation de l'actif total, la marge nette et le rendement des capitaux propres de la période choisie avec ceux de la période précédente.

3. Présentez les résultats de votre analyse. Rédigez un rapport incluant les éléments suivants :

a) Une brève description de l'entreprise et de ses activités, des personnes qui y jouent un rôle important et de ses concurrents ;

b) Une brève analyse de l'information collectée à la question 1. Ajoutez toute explication des événements rapportés ou des fluctuations du cours de l'action fournie par les médias ;

c) Un résumé de votre analyse comparative du rendement de l'entreprise basée sur les différents ratios calculés à la question 2 b).

5

LE CHIFFRE D'AFFAIRES,
LES COMPTES CLIENTS
ET LA TRÉSORERIE

OBJECTIFS
D'APPRENTISSAGE
Au terme de ce chapitre,
vous pourrez :

1. appliquer les critères de comptabilisation des produits afin de déterminer à quel moment il convient d'enregistrer la vente de marchandises ou la prestation de services (*voir la page 341*) ;

2. analyser l'effet des ventes par cartes de crédit, des escomptes et des rendus et rabais sur ventes sur le chiffre d'affaires de l'entreprise (*voir la page 342*) ;

3. analyser et interpréter le pourcentage de la marge brute (*voir la page 345*) ;

4. estimer, enregistrer et évaluer l'effet des mauvaises créances sur les états financiers (*voir la page 348*) ;

5. analyser et interpréter le taux de rotation des comptes clients et l'effet de ces comptes sur les flux de trésorerie (*voir la page 353*) ;

6. définir, gérer et protéger la trésorerie (*voir la page 356*) ;

7. comparer les normes internationales d'information financière (IFRS) et les normes comptables pour les entreprises à capital fermé (*voir la page 364*).

DANONE
La conception, la fabrication et la mise en marché de produits alimentaires
www.danone.com

Voici le numéro un mondial des produits laitiers frais. Avec un chiffre d'affaires total de 17 milliards d'euros en 2010, Danone transforme et commercialise de nombreux produits alimentaires qui se retrouvent infailliblement sur votre table à dîner. Qui ne connaît pas le yogourt Activia ou l'eau minérale naturelle Evian, pour ne nommer que ces deux marques ?

Rien, à l'origine, ne présageait un tel parcours. En effet, en 1966, deux entreprises verrières, la Verrerie Souchon-Neuvesel et les Glaces de Boussois, fusionnent pour former BSN, spécialisée dans le verre plat (vitrage pour le bâtiment et l'automobile) et le verre creux d'emballage (bouteilles, pots et flacons). Puis, voulant assurer un marché à ses produits de verre, la société BSN achète simultanément Evian, la brasserie Kronenbourg et la Société européenne de brasserie. De son côté, la société Gervais-Danone est, au début des années 1970, la première entreprise française de l'industrie alimentaire, née de la fusion de Gervais, fabricant de fromages frais, et de Danone, spécialisée dans le yogourt. En 1919, en Espagne, Isaac Carasso avait conçu la première marque mondiale de yogourt, Danone, nom inspiré de son fils Daniel (Danone signifie « petit Daniel »).

En 1973, BSN fusionne avec Gervais-Danone pour devenir un géant de l'alimentation, ce qui l'amènera peu à peu à se départir de ses produits industriels liés au verre plat (en 1981) et au verre creux (en 1999). S'ensuivra une stratégie de développement axée sur l'acquisition d'entreprises du domaine alimentaire, d'abord au sein des pays de la Communauté européenne, principalement en Espagne et en Italie, puis, après la chute du mur de Berlin en 1989, dans les pays de l'Europe centrale et orientale : la Russie, la Hongrie, la Pologne et bien d'autres. Enfin, dans la mouvance de la mondialisation, BSN, devenue Groupe Danone en 1994, puis simplement Danone en 2009, met le cap sur le monde, et s'installe en Asie, en Amérique latine et bien sûr en Amérique du Nord.

Danone a évolué au fil des ans grâce à ses nombreuses acquisitions et restructurations, lesquelles lui ont permis de recentrer ses activités autour de quatre grands pôles :
1. Les produits laitiers frais, soit la production et la commercialisation de yogourts et autres spécialités laitières. Les marques les plus connues sont Activia, Actimel et Danacol ;

2. Les eaux en bouteille, soit la commercialisation des eaux minérales naturelles telles qu'Evian et Volvic, mais aussi des eaux aromatisées ou enrichies de vitamines ;
3. La nutrition infantile, soit les produits alimentaires spécialisés pour nourrissons et jeunes enfants ;
4. La nutrition médicale, soit la fabrication et la commercialisation de produits qui répondent à des besoins alimentaires spécifiques pour les personnes malades ou âgées.

La mission de Danone se lit ainsi : «Apporter la santé par l'alimentation au plus grand nombre[1].» Depuis ses débuts, Danone s'est dotée d'un projet économique et social pour appuyer sa croissance et assurer la cohérence de son développement. L'entreprise s'est résolument engagée à offrir des produits bénéfiques pour la santé au plus grand nombre de consommateurs partout dans le monde, quel que soit leur pouvoir d'achat.

Au cours des années, la croissance de Danone s'est donc fondée sur une stratégie basée sur les éléments suivants : le développement de nouveaux produits aux effets bénéfiques pour la santé, soutenu par une recherche scientifique rigoureuse ; l'acquisition d'entreprises capables de contribuer au renforcement de ses pôles d'activités ; la sécurité alimentaire de ses produits ainsi qu'un étiquetage nutritionnel fiable et responsable ; la notoriété de ses marques auprès des consommateurs. Tous ces éléments, combinés à des méthodes de gestion rigoureuses, ont permis à Danone de devenir le numéro un mondial des produits laitiers, le numéro deux mondial de l'eau en bouteille et de la nutrition infantile, et le numéro trois mondial de la nutrition médicale.

• Parlons affaires

Les renseignements tirés des résultats consolidés (*voir le tableau 6.1*) montrent la croissance soutenue de Danone au cours des cinq dernières années. Le chiffre d'affaires, dont on a soustrait le coût des ventes, est présenté ici séparément des autres charges opérationnelles. Il permet de déterminer la marge brute.

L'élaboration de la stratégie de croissance de l'entreprise nécessite la coordination minutieuse des activités de vente et de production, mais aussi des activités liées à la trésorerie et au recouvrement des créances auprès des clients. Ce processus de coordination sert, entre autres, à l'élaboration d'une politique de crédit concernant les rabais et les escomptes sur ventes, à la gestion des retours de marchandises et à celle des mauvaises créances, et, dans certains cas, à l'utilisation des cartes de crédit. Ces questions, qui influent tant sur le chiffre d'affaires à l'état du résultat global que sur la trésorerie et les comptes clients à l'état de la situation financière, font l'objet du présent chapitre.

Nous analysons aussi le pourcentage de la marge brute comme mesure de la rentabilité et de l'efficacité des activités de vente ainsi que le taux de rotation des comptes clients comme mesure de l'efficacité des activités d'autorisation de crédit et de recouvrement des créances. Finalement, comme la trésorerie peut aussi facilement faire l'objet de fraude et de détournement de fonds, nous expliquons la façon dont les systèmes comptables comportent généralement des mesures de contrôle qui aident à prévenir et à déceler de tels délits.

**coup d'œil sur
DANONE**
DOCUMENT DE RÉFÉRENCE

TABLEAU 6.1 • EXTRAIT DES RÉSULTATS CONSOLIDÉS*

	2010	2009	2008	2007	2006
Chiffre d'affaires	17 010	14 982	15 220	12 776	12 068
Coût des ventes	7 959	6 749	7 172	6 380	6 163
Marge brute	9 051	8 233	8 048	6 396	5 905

* Tous les montants sont en millions d'euros.

....

1. DANONE, « La santé par l'alimentation : des enjeux liés à nos métiers », [en ligne], www.danone.com/axes-strategiques/la-sante-par-l-alimentation.html (page consultée le 2 septembre 2011).

STRUCTURE DU CHAPITRE 6

Le chiffre d'affaires

- Les ventes aux consommateurs
- Les ventes aux entreprises
- Les rendus et rabais sur ventes
- La présentation du chiffre d'affaires
- Le pourcentage de la marge brute

L'évaluation et la présentation des comptes clients

- La classification des créances et la comptabilisation des comptes clients
- La comptabilisation des mauvaises créances
- La présentation des comptes clients
- La dépréciation des comptes clients
- Les mesures de contrôle des comptes clients
- Le taux de rotation des comptes clients

La présentation et la protection de la trésorerie

- La trésorerie : définition
- La gestion de la trésorerie
- Le contrôle de la trésorerie
- Le rapprochement bancaire

La comparaison des IFRS et des normes comptables pour les entreprises à capital fermé

6

6.1 Le chiffre d'affaires

OBJECTIF D'APPRENTISSAGE

Appliquer les critères de comptabilisation des produits afin de déterminer à quel moment il convient d'enregistrer la vente de marchandises ou la prestation de services.

Comme nous l'avons vu au chapitre 3, le processus de comptabilisation des produits demande d'enregistrer les produits lorsque certains critères sont satisfaits, à savoir :

1. la propriété du bien a été transférée à l'acheteur ;
2. le vendeur n'exerce plus de contrôle sur le bien vendu ;
3. le montant de l'échange est connu et fiable ;
4. le recouvrement du montant de la vente par le vendeur est probable ;
5. les coûts liés à la vente sont connus.

Dans la plupart des cas de ventes de marchandises, le transfert des risques et avantages se fait au moment où l'acheteur prend possession du bien. Par contre, le moment où le titre de propriété change de mains dépend des modalités d'expédition prévues au contrat de vente. Lorsque l'entreprise expédie des marchandises franco à bord (FAB) au lieu d'expédition, le titre de propriété change de mains au moment de l'expédition et, normalement, l'acheteur paie les frais de transport. Le vendeur constate le produit au moment de l'expédition. Au contraire, lorsque l'entreprise expédie ses marchandises FAB au lieu de destination, le titre de propriété change de mains au moment de la livraison. Dans ce cas, le vendeur paie les frais d'expédition. Le vendeur constate le produit au moment de la livraison à l'acheteur. De leur côté, les entreprises de service comptabilisent les produits en fonction du degré d'avancement de l'opération, c'est-à-dire au fur et à mesure que les services sont rendus et que leur valeur peut être évaluée de façon fiable.

Les entreprises doivent expliquer leur méthode de comptabilisation des produits dans une note aux états financiers. C'est ce que fait Danone dans sa note 1, *Principes comptables*.

1. Principes comptables

18. Chiffre d'affaires et créances clients

Le chiffre d'affaires du Groupe est principalement composé de ventes de produits finis. Il est constaté dans le compte de résultat au moment du transfert des risques et avantages inhérents à la propriété des produits [...]

Dans cette note, Danone indique à quel moment elle comptabilise les produits provenant de la vente de biens. Comme Danone, un grand nombre de fabricants, de grossistes et de détaillants présentent le même type de note dans leurs états financiers. Par la suite, les auditeurs s'assurent que les produits sont comptabilisés à la bonne période afin de bien mesurer le résultat net.

Le montant du chiffre d'affaires qu'il faut enregistrer aux livres correspond au montant d'argent équivalant au prix de vente. Toutefois, certaines pratiques commerciales relatives aux ventes diffèrent selon qu'elles s'appliquent aux entreprises ou aux consommateurs. Dans le cas de Danone, celle-ci vend sa marchandise à des distributeurs qui, eux, la vendent aux consommateurs. Elle vend aussi directement aux consommateurs dans des espaces de dégustation et même dans ce qu'elle appelle des «bars à yogourt».

La plupart des entreprises utilisent diverses approches pour inciter les clients à acheter leurs produits et à payer leurs achats. Parmi les principales méthodes, on peut mentionner : 1) l'autorisation d'utiliser des cartes de crédit pour payer les achats ; 2) l'offre de conditions de crédit avantageuses en cas de paiement rapide des entreprises clientes ; 3) la possibilité de retourner la marchandise dans certaines circonstances. Ces méthodes, à leur tour, modifient la façon de calculer le chiffre d'affaires net.

6.1.1 Les ventes aux consommateurs

OBJECTIF D'APPRENTISSAGE

Analyser l'effet des ventes par cartes de crédit, des escomptes et des rendus et rabais sur ventes sur le chiffre d'affaires de l'entreprise.

Dans les différents magasins de détail, les consommateurs paient leurs achats en argent comptant ou par carte de crédit (par exemple, Visa ou MasterCard). L'entreprise accepte les paiements par carte de crédit pour différentes raisons : 1) Elle pense qu'en offrant ce service, elle accroît la clientèle de ses magasins ; 2) Elle évite ainsi les coûts du crédit accordé directement aux clients (y compris la comptabilité et les pertes dues au non-paiement des clients) ; 3) En acceptant les cartes de crédit plutôt que les chèques, l'entreprise évite les pertes qu'occasionnent les chèques sans provision ; 4) Les sociétés émettrices de cartes de crédit (par exemple, Visa) absorbent toute perte liée aux achats effectués de façon frauduleuse au moyen de cartes de crédit, à la condition, bien sûr, que l'entreprise accepte d'appliquer les mesures de vérification et d'autorisation obligatoires sur les achats par cartes de crédit ; 5) L'entreprise peut ainsi récupérer son argent plus rapidement qu'elle ne le ferait en offrant directement du crédit à ses clients, car elle peut déposer les reçus de cartes de crédit directement dans son compte bancaire.

Escompte sur carte de crédit
Frais réclamés par la société émettrice de la carte pour ses services.

Néanmoins, les sociétés émettrices de cartes de crédit réclament des frais pour ce service ; c'est ce qu'on appelle «escompte sur carte de crédit». Ainsi, lorsque les reçus de cartes de crédit sont déposés à la banque ou transmis directement de façon électronique, l'entreprise reçoit une somme inférieure au prix de vente. Par exemple, si les ventes par cartes de crédit rapportent 3 000 $ à un magasin pour la journée et que les sociétés émettrices de cartes de crédit imposent des frais de 3 %, l'entreprise enregistrera les résultats suivants :

Chiffre d'affaires	3 000 $
Moins : Escompte sur cartes de crédit (0,03 × 3 000 $)	90
Chiffre d'affaires net (présenté à l'état du résultat global)	2 910 $

6.1.2 Les ventes aux entreprises

La plupart des ventes que fait Danone aux entreprises sont des ventes à crédit. Lorsqu'elle vend des caisses de yogourt à des grossistes, les modalités de paiement sont imprimées sur chacun des documents de vente et les factures sont envoyées aux clients. On se sert souvent de symboles pour abréger le texte. Par exemple, si la somme totale est due dans les 30 jours suivant la date de facturation, on écrit n/30 comme modalité de paiement. Le «n» désigne le montant net de la vente.

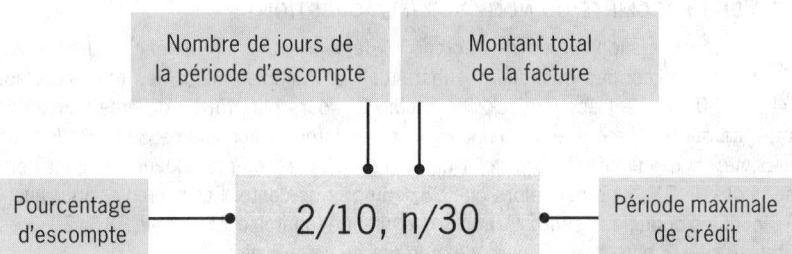

Incitatif à un paiement rapide

Nombre de jours de la période d'escompte

Montant total de la facture

Pourcentage d'escompte

2/10, n/30

Période maximale de crédit

Escompte sur vente (ou escompte de caisse)
Escompte en argent offert aux acheteurs pour encourager le paiement rapide des comptes clients.

Bien souvent, l'entreprise consent un **escompte sur vente** (ou **escompte de caisse**) au client pour l'inciter à payer plus vite[2]. Supposons que l'entreprise offre des modalités de paiement standard de 2/10, n/30. Cela signifie que le client peut soustraire 2 % du montant de la facture s'il paie dans un délai de 10 jours suivant la date de la vente. Si le client n'effectue pas son paiement dans ce délai, il devra payer le prix total au plus tard 30 jours après la date de la vente.

Les entreprises offrent des escomptes sur ventes pour encourager leurs clients à régler rapidement leur compte en argent comptant. Une telle tactique profite à l'entreprise :

1. Elle lui permet d'emprunter moins d'argent aux banques pour satisfaire ses besoins de trésorerie ;
2. En outre, si un client paie la facture avant celles de ses autres fournisseurs, les risques que ce client manque de fonds pour payer cette facture sont moindres.

Les entreprises enregistrent habituellement les escomptes sur ventes en les déduisant de leur chiffre d'affaires lorsque le paiement est effectué dans le délai prévu pour obtenir l'escompte (ce qui est le cas le plus fréquent)[3]. Par exemple, si l'on enregistre une vente à crédit de 1 000 $, assortie de modalités de paiement de 2/10, n/30, et que le paiement est effectué dans le délai de l'escompte, on inscrit le montant suivant au chiffre d'affaires :

Chiffre d'affaires	1 000 $
Moins : Escompte sur vente (0,02 × 1 000 $)	20
Chiffre d'affaires net (présenté à l'état du résultat global)	980 $

Si le paiement est effectué après le délai d'escompte, on indique le montant total de 1 000 $ comme chiffre d'affaires net.

---

2   Il est important de ne pas confondre l'escompte sur vente et la remise. Les vendeurs utilisent parfois la remise pour fixer un prix de vente ; ce prix correspond alors au prix courant ou au prix de catalogue, dont on soustrait la remise. Par exemple, si le prix d'un article est établi à 10 $ l'unité, mais qu'il y a une remise de 20 % sur les commandes de 100 unités et plus, le prix à l'unité pour une grosse commande sera alors de 8 $. Ainsi, pour diminuer le prix d'une gamme de produits dont l'écoulement est lent, il suffit d'augmenter la remise. On doit toujours déduire les remises du montant du chiffre d'affaires.

3   Nous utilisons la méthode du montant brut dans tous les exemples du présent manuel. Certaines entreprises se servent de la méthode du montant net, laquelle consiste à enregistrer immédiatement le produit de la vente au montant net, c'est-à-dire après en avoir soustrait le montant de l'escompte sur vente. Comme le choix de la méthode influe peu sur les états financiers, l'étude de la méthode du montant net est réservée à un cours plus avancé.

Il faut noter que l'objectif des escomptes sur ventes et la façon de les comptabiliser ressemblent beaucoup à l'objectif et à la façon de comptabiliser les escomptes sur cartes de crédit. Ces deux types d'escomptes constituent une option intéressante pour les clients et favorisent la rentrée rapide de fonds pour l'entreprise en réduisant les coûts liés à la comptabilisation et en minimisant les risques de non-paiement par les clients. La comptabilisation des escomptes sur ventes est abordée plus en détail à l'annexe 6-A du présent chapitre (*voir la page 366*).

analyse financière

PROFITER DE L'ESCOMPTE OU NON? VOILÀ LA QUESTION!

En général, les clients paient en respectant le délai prévu pour bénéficier de l'escompte, puisqu'ils réalisent ainsi des économies substantielles. Par exemple, si les modalités sont du type 2/10, n/30, le client économise 2% s'il paie 20 jours plus tôt (le dixième jour au lieu du trentième), ce qui représente approximativement des intérêts annuels de 37%. Pour connaître ce taux d'intérêt, calculons d'abord celui de la période d'escompte. Quand le client bénéficie d'un escompte de 2%, il ne paie alors que 98% du prix de vente. Par exemple, pour une vente de 100$ dont les conditions sont 2/10, n/30, le client économise 2$ et paie 98$, 20 jours plus tôt. Le taux d'intérêt pour ces 20 jours d'escompte se calcule ainsi:

$$\frac{\text{Montant économisé}}{\text{Montant payé}} = \text{Taux d'intérêt pour 20 jours}$$

$$\text{——} \quad 2,04\% \text{ pour 20 jours}$$

On calcule alors le taux d'intérêt annuel ainsi:

$$\text{Taux d'intérêt pour 20 jours} \times (365 \text{ jours} \div 20 \text{ jours}) = \text{Taux d'intérêt annuel}$$
$$2,04\% \times (365 \text{ jours} \div 20 \text{ jours}) = 37,23\%$$

Tant et aussi longtemps que le taux d'intérêt bancaire est inférieur au taux d'intérêt associé au fait de ne pas se prévaloir de l'escompte sur vente, le client économise, même s'il doit emprunter à la banque à un taux d'intérêt de 10% pour profiter de ces escomptes.

6.1.3 Les rendus et rabais sur ventes

Rendus et rabais sur ventes
Réduction du chiffre d'affaires due aux retours ou aux rabais consentis sur des marchandises pour diverses raisons.

Les clients ont le droit de retourner la marchandise si elle n'est pas conforme à leur commande ou si elle a été endommagée. Par la suite, ils reçoivent un remboursement ou une facture modifiée. Ces retours sont souvent additionnés dans un compte distinct appelé «Rendus et rabais sur ventes» et doivent être déduits du chiffre d'affaires au moment du calcul du chiffre d'affaires net. Ce compte joue un rôle important, car il renseigne la direction de l'entreprise sur le volume des retours et des rabais, lui fournissant ainsi une indication de la qualité du service offert aux clients. Supposons qu'une entreprise québécoise achète 100 caisses de bouteilles d'eau Evian à crédit chez un distributeur canadien pour la somme de 1 200$. Avant de régler sa facture, l'entreprise constate que 10 caisses (soit 10% de la commande) ne contiennent pas de l'eau Evian, mais de l'eau Volvic, et les retourne au distributeur[4]. Celui-ci calculera alors son chiffre d'affaires ainsi:

Chiffre d'affaires	1 200$
Moins: Rendus et rabais sur ventes (0,10 × 1 200$)	120
Chiffre d'affaires net (présenté à l'état du résultat global)	1 080$

---

4 Le distributeur pourrait aussi proposer à son client un rabais pour garder les caisses. Si son client accepte son offre, le distributeur enregistrera le rabais accordé comme un rendu et rabais sur vente.

6.1.4 La présentation du chiffre d'affaires

Dans ses livres, l'entreprise comptabilise séparément les escomptes sur cartes de crédit, les escomptes sur ventes ainsi que les rendus et rabais sur ventes pour permettre aux gestionnaires de contrôler les coûts d'utilisation des cartes de crédit, les escomptes sur ventes, et le retour de marchandises non conformes aux commandes des clients ou encore endommagées. Si l'on utilise les exemples précédents, le montant du chiffre d'affaires net qui figure à l'état du résultat global serait alors calculé comme suit :

Chiffre d'affaires	5 200 $
Moins : Escomptes sur cartes de crédit	90
Escomptes sur ventes	20
Rendus et rabais sur ventes	120
Chiffre d'affaires net (présenté à l'état du résultat global)	4 970 $

Dans sa note sur son chiffre d'affaires, Danone indique que toute remise ou ristourne accordée aux clients est déduite du chiffre d'affaires. Cependant, aucune information n'est fournie concernant les escomptes de même que les rendus et rabais sur ventes.

Comme nous l'avons indiqué précédemment, le chiffre d'affaires dont on soustrait le coût des ventes est égal à la marge brute. Les analystes traitent souvent cette marge brute comme un pourcentage du chiffre d'affaires (pourcentage de la marge brute).

coup d'œil sur DANONE

DOCUMENT DE RÉFÉRENCE

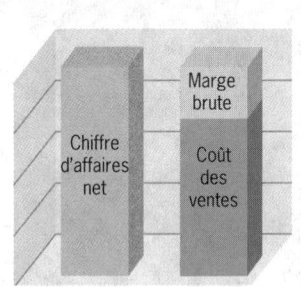

6

LE POURCENTAGE DE LA MARGE BRUTE

1. Question d'analyse

Quel est le degré d'efficacité de la direction à vendre des marchandises ou à rendre des services à un prix excédant leur coût d'achat ou de production ?

2. Ratio et comparaison

Le pourcentage de la marge brute se calcule ainsi :

$$\text{Pourcentage de la marge brute} = \frac{\text{Marge brute}}{\text{Chiffre d'affaires net}}$$

Le pourcentage de Danone pour l'année 2010 est le suivant :

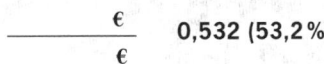

$$\frac{\text{€}}{\text{€}} \quad 0{,}532\ (53{,}2\,\%)$$

analysons les ratios

OBJECTIF D'APPRENTISSAGE

Analyser et interpréter le pourcentage de la marge brute.

Comparons	
Pourcentage de la marge brute en 2010	
Ubisoft	58,9 %
Michelin	30,7 %
LVMH	64,6 %

Analyse de la tendance dans le temps		
Danone		
2008	2009	2010
52,8 %	54,9 %	53,2 %

Comparaison avec les compétiteurs	
Nestlé	PepsiCo
2010	2010
57,2 %	54,0 %

Principal concurrent de Danone, la compagnie suisse Nestlé commercialise des produits très connus tels que la tablette de chocolat Kit Kat ou les petits pots pour bébé Gerber.

PepsiCo est surtout connue pour sa boisson gazeuse Pepsi, mais commercialise également des marques telles que Gatorade, Tropicana et les céréales Quaker.

3. Interprétation des résultats

EN GÉNÉRAL ◊ Le pourcentage de la marge brute permet de mesurer la capacité d'une entreprise d'exiger un prix de vente assez élevé, et de produire des marchandises et des services à un coût moindre. Une marge brute plus élevée favorise normalement un résultat net plus élevé. Les stratégies d'affaires de même que la concurrence ont un effet sur le pourcentage de cette marge. Les entreprises qui privilégient un produit distinctif de qualité ont recours à des activités telles que la recherche et le développement ainsi que la promotion pour convaincre les consommateurs de la supériorité et du caractère distinct de leurs produits. Cette stratégie leur permet d'exiger des prix plus élevés et d'accroître ainsi le pourcentage de leur marge brute. Par contre, les entreprises qui adoptent une stratégie basée sur des coûts peu élevés comptent sur une gestion plus efficace de la production pour diminuer les coûts et augmenter le pourcentage de la marge brute. Les gestionnaires, les analystes et les créanciers se servent de ce ratio pour évaluer l'efficacité des stratégies des entreprises sur le plan du développement de produits, de la mise en marché et de la production.

DANONE ◊ Le pourcentage de la marge brute de Danone a fluctué au cours de ces trois dernières années, passant de 52,8 % en 2008 à 54,9 % en 2009 et à 53,2 % au cours de la plus récente période. En 2010, l'entreprise a dû faire face à une forte inflation des matières premières, notamment le lait. Comme les matières premières sont l'un des éléments du coût des ventes, la marge brute en a subi le contrecoup. Le pourcentage de la marge brute de Danone est aussi inférieur à celui de ses deux principaux concurrents, Nestlé et PepsiCo. Ces deux entreprises commercialisent beaucoup de produits totalement différents de ceux de Danone, ce qui peut rendre la comparaison moins probante.

QUELQUES PRÉCAUTIONS ◊ Il est important de connaître les raisons de toute variation survenant dans le pourcentage de la marge brute afin de pouvoir évaluer la capacité d'une entreprise à maintenir cette marge. Par exemple, l'augmentation de la marge brute qui résulte d'une augmentation de la vente d'eau en bouteille au cours d'un été particulièrement chaud et sec sera jugée plus difficile à maintenir qu'une augmentation due à l'apparition de nouveaux produits. De plus, pour pouvoir justifier des prix plus élevés, on doit souvent investir en recherche et développement de même qu'en publicité, ces coûts pouvant éliminer l'effet positif d'une augmentation de la marge brute. Enfin, il faut savoir qu'une légère variation du pourcentage de cette marge peut entraîner une variation importante du résultat net.

6.2 L'évaluation et la présentation des comptes clients

6.2.1 La classification des créances et la comptabilisation des comptes clients

De façon générale, on peut dire que les créances donnent le droit d'exiger d'une personne ou d'une entreprise une certaine somme d'argent. C'est ce qu'on appelle « actif financier », c'est-à-dire « un droit contractuel de recevoir d'une autre entité de la trésorerie ou un autre actif financier[5] ». Les actifs financiers comprennent entre autres la trésorerie, les créances et les placements.

5 *Manuel de l'ICCA*, partie I, IAS 32 : Instruments financiers : présentation, paragr. 11.

On peut classer les créances de plusieurs façons. Il peut entre autres s'agir d'un **compte client**, que l'on crée normalement au moment de la vente de marchandises ou de la prestation de services à crédit. Par exemple, on crée un compte client lorsque Danone vend des caisses de yogourt à Provigo, laquelle s'engage alors à verser une certaine somme d'argent à Danone. D'un autre côté, un **effet à recevoir** est une promesse écrite (c'est-à-dire un document en bonne et due forme) de recevoir : 1) une certaine somme d'argent (que l'on appelle « capital ») à une date ultérieure précisée (connue sous le nom d'« échéance ») ; 2) des intérêts déterminés d'avance à une ou à plusieurs dates ultérieures. Les intérêts sont le montant exigé pour le capital prêté. Nous étudions le calcul des intérêts en même temps que les effets à payer au chapitre 9.

Quant aux créances diverses, elles résultent d'opérations autres que la vente de marchandises ou la prestation de services. Par exemple, si une entreprise prête de l'argent à un nouveau vice-président chargé des activités internationales pour l'aider à s'acheter une maison près de son nouveau lieu de travail, elle classe ce prêt dans la catégorie des créances diverses (avances aux employés).

À l'état de la situation financière, on classe les créances soit dans les actifs courants, soit dans les actifs non courants, selon le moment où l'on s'attend à recouvrer le montant en question.

Danone présente dans ses actifs courants deux postes de créances : Clients et comptes rattachés et Autres comptes débiteurs. Dans la note 11 aux états financiers, elle donne des renseignements supplémentaires sur ces postes (*voir le tableau 6.2 à la page 351*).

Nous avons étudié, au chapitre 3, la comptabilisation des produits et leur effet sur les livres comptables de l'entreprise. Pour une vente à crédit, la comptabilisation est la suivante :

Comptes clients (ou Clients)
Comptes d'actif où figurent les sommes à recouvrer des clients à la suite de la vente de marchandises ou de la prestation de services.

Effet à recevoir
Promesse écrite par laquelle une partie s'engage à payer ce qu'elle doit à une entreprise en respectant des conditions précises (montant, échéance et intérêts).

ÉQUATION COMPTABLE

Actif		=	Passif	+	Capitaux propres	
Clients	+ XXX				Ventes	+ XXX

> **ÉCRITURE DE JOURNAL**
>
> Clients (+A) XXX
>   Ventes (+Pr, +CP) XXX

Dans le cas de la prestation de services, la comptabilisation est la suivante :

> **ÉQUATION COMPTABLE**
>
> | **Actif** | | = | **Passif** | + | **Capitaux propres** | |
> |---|---|---|---|---|---|---|
> | Clients | +XXX | | | | Honoraires | +XXX |

> **ÉCRITURE DE JOURNAL**
>
> Clients (+A) XXX
>   Honoraires (+Pr, +CP) XXX

Selon les normes internationales[6], les comptes clients sont comptabilisés à leur juste valeur, c'est-à-dire au montant que l'on prévoit encaisser à l'échéance. Dans le cas des comptes clients, compte tenu du court laps de temps entre le moment de la vente et celui où l'entreprise encaisse le montant de la vente, la juste valeur correspond au montant de la vente le jour de la transaction.

Par la suite, au moment de la clôture de sa période financière, l'entreprise doit estimer si ses comptes clients ont subi une perte de valeur et, si c'est le cas, enregistrer cette dépréciation.

Taux de change des différentes monnaies
(en dollars canadiens, le 20 juin 2011)

Dollar des États-Unis	0,9790 $
Peso mexicain	0,0825 $
Euro	1,4017 $

perspective internationale

LES COMPTES CLIENTS EN MONNAIE ÉTRANGÈRE

Les ventes à l'étranger (ou exportations) prennent de plus en plus d'importance dans l'économie canadienne. La plupart des ventes aux entreprises, sur le marché international comme sur le marché intérieur, se font à crédit. Lorsque l'acheteur a convenu de payer en se servant de sa devise plutôt qu'en dollars canadiens, on ne peut additionner directement ces comptes clients libellés en devises étrangères aux comptes clients en dollars canadiens. On doit d'abord les convertir en dollars canadiens en se servant du taux de change en vigueur à la date de l'opération. Par exemple, si un grand magasin français devait 20 000 € à une société canadienne le 20 juin 2011 et que 1 € valait 1,4017 $ CA à cette date, l'entreprise devrait alors inscrire 28 034 $ aux comptes clients dans son état de la situation financière.

OBJECTIF D'APPRENTISSAGE
④

Estimer, enregistrer et évaluer l'effet des mauvaises créances sur les états financiers.

Mauvaises créances
Créances douteuses et créances irrécouvrables.

6.2.2 La comptabilisation des mauvaises créances

Danone garde un compte client distinct pour chaque client auquel elle vend des marchandises. Ces comptes sont regroupés dans un livre comptable appelé « auxiliaire des comptes clients ». Le montant des comptes clients qui figure à l'état de la situation financière est le total de tous ces comptes distincts.

Toute entreprise qui offre des marchandises à crédit sait qu'un certain nombre de ses clients ne pourront payer leur solde. Pourtant, elle est prête à assumer le risque d'avoir de **mauvaises créances** si le fait de vendre à crédit augmente son chiffre d'affaires. Selon le concept du rattachement des charges aux produits, il faut enregistrer les mauvaises créances à la période comptable au cours de laquelle les ventes dont elles découlent ont été effectuées. Les mauvaises créances regroupent à la fois les créances irrécouvrables, c'est-à-dire les comptes clients dont le recouvrement est jugé improbable, et les créances douteuses, c'est-à-dire les comptes clients dont le recouvrement est incertain. Toutefois, à la fin d'une période, l'entreprise ne sait pas toujours précisément quel compte client est une créance irrécouvrable ou douteuse.

....

6 *Manuel de l'ICCA*, partie I, IFRS 9 : Instruments financiers, paragr. 5.1.1.

Danone résout ce problème en enregistrant une provision pour dépréciation. La **provision pour dépréciation** permet d'estimer la perte de valeur des comptes clients à la fin d'une période financière. En fait, l'entreprise doit procéder à un test de dépréciation de ses comptes clients afin de bien en évaluer la juste valeur. Elle peut effectuer un test de dépréciation particulier pour certains comptes clients significatifs ou un test de dépréciation collectif pour un groupe de comptes clients. La perte de valeur estimée est comptabilisée dans un compte de résultat (Dépréciation des comptes clients) pour respecter le concept de rattachement des charges aux produits et dans un compte de correction de valeur (Provision pour dépréciation – clients) afin de présenter les comptes clients à leur juste valeur à l'état de la situation financière.

Provision pour dépréciation
Estimation de la perte de valeur des comptes clients.

Les créances douteuses

Les **créances douteuses** sont les charges relatives aux comptes clients dont le recouvrement est jugé incertain. À la fin de la période financière, on doit enregistrer le montant estimé des créances douteuses. Pour la période close le 31 décembre 2012, supposons que les créances douteuses de Danone s'élèvent à 300 000 €. Voici l'effet sur l'équation comptable et les écritures de journal que l'on doit passer :

Créances douteuses
Comptes clients dont le recouvrement est jugé incertain.

ÉQUATION COMPTABLE

Actif	=	Passif	+	Capitaux propres
Provision pour dépréciation – clients −300 000				Dépréciation des comptes clients −300 000

ÉCRITURE DE JOURNAL

Dépréciation des comptes clients (+C, −CP)	300 000	
Provision pour dépréciation – clients (+XA, −A)		300 000

Danone enregistrerait alors un montant de créances douteuses de 300 000 € à son état du résultat global de la période close le 31 décembre 2012. On inclut normalement ce montant dans la catégorie « charges opérationnelles ». Ces charges font diminuer le résultat net et les capitaux propres. On crée aussi un compte de sens contraire appelé « Provision pour dépréciation ». Selon les normes IFRS, il s'agit aussi d'un compte de correction de valeur. On doit toujours soustraire le solde de la provision pour dépréciation du solde des comptes clients. Ainsi, on réduit à la fois la valeur nette des comptes clients et le total de l'actif.

Les créances irrécouvrables

Tout au long de l'année financière, dès que l'on a déterminé qu'un client ne paiera pas ses dettes (par exemple, à cause d'une faillite), on doit radier cette **créance irrécouvrable**. La radiation élimine le compte client en question et réduit le compte de sens contraire, Provision pour dépréciation, du même montant. Par exemple, si l'on veut radier un montant total de 100 000 € au cours d'une période, voici quel sera l'effet sur l'équation comptable et l'écriture de journal correspondante :

Créances irrécouvrables
Comptes clients qui ne seront pas encaissés en raison de l'insolvabilité du client.

ÉQUATION COMPTABLE

Actif	=	Passif	+	Capitaux propres
Provision pour dépréciation – clients +100 000				
Clients −100 000				

Provision pour dépréciation – clients (–XA, +A) 100 000

    Clients (–A) 100 000

Il faut noter que cette radiation n'a aucun effet sur les comptes de l'état du résultat global. Aucune créance douteuse n'est enregistrée, puisque la charge estimée a déjà été inscrite à la période où la vente a eu lieu. En outre, la valeur comptable des comptes clients n'a pas changé, car la diminution du compte d'actif (Clients) a été compensée par une diminution du compte de sens contraire Provision pour dépréciation, de sorte que le total de l'actif reste le même.

Lorsqu'un client effectue le paiement d'un compte précédemment radié, on annule l'écriture de journal qui a servi à radier ce compte du montant à percevoir et on enregistre le recouvrement de la somme en question.

Un résumé du processus comptable

Il importe de se rappeler que la comptabilisation des mauvaises créances est un processus comprenant deux étapes.

Étape	Moment	Comptes touchés	États financiers touchés
1. Enregistrer les créances douteuses	À la fin de la période où la vente a eu lieu	Dépréciation des comptes clients (C) ↑ Provision pour dépréciation – clients (XA) ↑	État du résultat global : Résultat net ↓ État de la situation financière : Actif (valeur comptable des comptes clients) ↓
2. Radier les créances irrécouvrables	Tout au long de la période	Clients (A) ↓ Provision pour dépréciation – clients (XA) ↓	État de la situation financière : Actif (valeur comptable des comptes clients) **AE**[*]

[*] Aucun effet

On peut aussi illustrer le processus comptable complet concernant les mauvaises créances à l'aide des comptes en T des comptes clients et de la provision pour dépréciation.

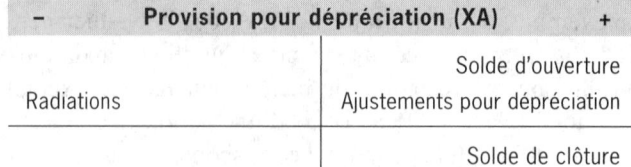

+	Clients (A)	–
Solde d'ouverture		Encaissements
Ventes à crédit		Radiations
Solde de clôture		

–	Provision pour dépréciation (XA)	+
		Solde d'ouverture
Radiations		Ajustements pour dépréciation
		Solde de clôture

Le compte Clients comprend à la fois les comptes clients recouvrables et les comptes clients irrécouvrables. Le solde du compte Provision pour dépréciation – clients correspond à la partie des comptes clients qui sont estimés irrécouvrables. Le montant des comptes clients nets (Comptes clients moins Provision pour dépréciation – clients) reporté à l'état de la situation financière représente la valeur que l'entreprise espère récupérer au cours de la période suivante.

6.2.3 La présentation des comptes clients

Les analystes qui veulent obtenir davantage d'information au sujet des comptes clients de Danone peuvent se reporter à la note 11 des états financiers. On y donne le montant des comptes clients, des effets à recevoir et des provisions qui s'y rattachent (*voir le tableau 6.2*). Au 31 décembre 2010, le montant net du poste Clients et comptes rattachés s'élève à 1 924 millions d'euros, alors que la provision pour dépréciation est de 63 millions d'euros.

Les montants des créances douteuses et des comptes clients radiés pour la période terminée ne figurent généralement pas de façon distincte à l'état du résultat global, mais sont plutôt inclus dans les charges opérationnelles (Frais de vente ou Frais généraux).

TABLEAU 6.2 • COMPTES CLIENTS À L'ÉTAT DE LA SITUATION FINANCIÈRE

coup d'œil sur
DANONE
DOCUMENT DE RÉFÉRENCE

11. Clients et comptes rattachés – Autres comptes débiteurs (extrait de la note)

Clients et comptes rattachés
(en millions d'euros)

	2009	2010
Clients et comptes rattachés	1 686	1 936
Effets à recevoir	47	51
Provision pour dépréciation des créances douteuses	(51)	(63)
Montant net	1 682	1 924

L'augmentation des Clients et comptes rattachés en 2010 s'explique principalement par la hausse de l'activité et par les mouvements de périmètre (dont Unimilk pour 69 millions d'euros).

La juste valeur des clients et comptes rattachés est considérée comme identique à leur valeur nette comptable en raison du fort degré de liquidité de ces postes.

Au 31 décembre 2010, le montant des créances clients en retard de paiement et non encore dépréciées représente 3 % et 2 % du montant des Clients et comptes rattachés pour des retards respectifs de moins de 90 jours et de plus de 90 jours.

6.2.4 La dépréciation des comptes clients

Comme nous l'avons vu précédemment, pour estimer ses créances douteuses, l'entreprise doit d'abord évaluer la dépréciation ou la perte de valeur qu'ont pu subir certains comptes clients significatifs. Elle doit ensuite estimer la dépréciation de ses comptes clients pris collectivement (en excluant les comptes clients particuliers déjà soumis à un test de dépréciation). La méthode de regroupement la plus utilisée est la **méthode fondée sur le classement chronologique des comptes clients**.

Selon cette méthode, les comptes clients sont classés selon le nombre de jours écoulés depuis la date de la vente ou de la prestation de service. Par exemple, si l'entreprise a des conditions de crédit de n/30, elle pourrait regrouper ses comptes clients selon les catégories suivantes : moins de 30 jours, de 30 à 60 jours, de 61 à 90 jours et plus de 90 jours. Les comptes clients les plus vieux sont généralement ceux qui sont le moins susceptibles d'être recouvrés. Un compte client payable dans un délai de 30 jours et qui n'a pas été réglé après 45 jours est plus susceptible, en moyenne, d'être recouvré que le même type de compte client encore en souffrance après 120 jours. En se basant sur son expérience antérieure, l'entreprise peut estimer quelle proportion de ses comptes clients datant de différentes périodes demeurera impayée.

Supposons que la société Tricotou répartit ses comptes clients de 60 000 $ en trois catégories distinctes. Dans un premier temps, les gestionnaires examinent les comptes clients et les trient selon le temps écoulé depuis leur enregistrement aux livres. Par la suite, ils estiment les taux probables de dépréciation de chaque catégorie : par exemple, les comptes courants, 2 % ; les comptes ayant de 30 à 90 jours, 10 % ; les comptes ayant plus de 90 jours, 30 %. Comme on peut le voir dans le classement chronologique présenté ci-dessous, ce calcul donne le montant total de la dépréciation des comptes clients, soit 6 000 $. Ce montant doit correspondre au solde de clôture du compte Provision pour dépréciation – clients. On parle alors d'un « solde estimé ».

Par conséquent, on doit ajuster la provision pour dépréciation – clients selon la différence existant entre le solde réel du compte et le solde estimé. Le montant de la dépréciation de la période correspond à la différence entre l'estimation de la dépréciation (que l'on vient de calculer) et le solde de la provision pour dépréciation.

Classement chronologique des comptes clients

Âge des comptes	Montant		Pourcentage estimé de pertes		Montant estimé de la provision
Comptes courants	30 000 $	×	2 %	=	600 $
De 30 à 90 jours	18 000	×	10 %	=	1 800
Plus de 90 jours	12 000	×	30 %	=	3 600
Solde estimé de la provision pour dépréciation					6 000
Moins : Solde réel de la provision pour dépréciation					4 500
Dépréciation de la période					1 500 $

–	**Provision pour dépréciation – clients (XA)**	+
	6 100	Solde d'ouverture
Radiation 1 600	1 500	Dépréciation
	6 000	Solde de clôture

Selon la norme internationale IFRS 7, *Instruments financiers : informations à fournir,* l'entreprise doit décrire les méthodes comptables utilisées et présenter l'évaluation du risque de crédit pouvant provenir de ses créances.

Danone donne cette information dans deux notes distinctes.

1. Principes comptables
18. Chiffre d'affaires et créances clients
[...] Les créances clients sont comptabilisées à leur valeur nominale, des provisions pour dépréciation sont constatées lorsque leur recouvrement est jugé improbable. Les modalités de détermination des provisions sont basées sur une analyse historique.

15. Risques de marché et instruments dérivés
Exposition au risque de crédit
Le risque de crédit représente le risque de perte financière pour le Groupe dans le cas où un client ou une contrepartie viendrait à manquer à ses obligations de paiement contractuelles. L'échéance de paiement des créances clients est généralement de 30 jours et les clients principaux sont essentiellement présents dans le secteur de la grande distribution pour lequel le risque de crédit est faible. Le montant des créances clients en retard de paiement et non encore dépréciées figure à la note 11.

6.2.5 Les mesures de contrôle des comptes clients

Un grand nombre de directeurs des ventes tournés vers la mise en marché oublient que s'ils peuvent augmenter leur volume de ventes en assouplissant leur politique de crédit, ils n'en tireront aucun avantage si leurs clients ne les paient jamais. Une bonne partie des entreprises qui mettent l'accent sur les ventes sans contrôler le recouvrement des ventes faites à crédit se retrouvent rapidement dans une impasse par rapport à leurs comptes clients. Voici trois façons de procéder qui peuvent aider à minimiser le nombre de créances irrécouvrables:

1. Faire établir les antécédents des clients en matière de crédit par une personne indépendante du Service des ventes et du recouvrement;
2. Procéder périodiquement à un classement chronologique des comptes clients et communiquer avec les clients dont les paiements sont en retard;
3. Récompenser à la fois le personnel des ventes et celui du recouvrement pour toute récupération rapide des comptes, de façon que les deux groupes travaillent conjointement.

Afin d'évaluer de façon globale l'efficacité des personnes responsables des évaluations de crédit et des recouvrements, les gestionnaires et les analystes financiers calculent souvent le taux de rotation des comptes clients.

analysons les ratios

OBJECTIF D'APPRENTISSAGE

Analyser et interpréter le taux de rotation des comptes clients et l'effet de ces comptes sur les flux de trésorerie.

LE TAUX DE ROTATION DES COMPTES CLIENTS

1. Question d'analyse

Jusqu'à quel point les activités liées à l'autorisation de crédit et au recouvrement sont-elles efficaces?

2. Ratio et comparaison

Le taux de rotation des comptes clients se calcule ainsi:

$$\text{Taux de rotation des comptes clients} = \frac{\text{Chiffre d'affaires net}}{\text{Comptes clients nets moyens*}}$$

* Comptes clients nets moyens = (Comptes clients nets à l'ouverture de la période + Comptes clients nets à la clôture de la période) ÷ 2

Dans le cas de Danone, le taux est le suivant en 2010:

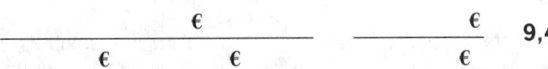

Analyse de la tendance dans le temps			Comparaison avec les compétiteurs	
Danone			Nestlé	PepsiCo
2008	2009	2010	2010	2010
9,9	9,3	9,4	8,6	10,6

3. Interprétation des résultats

EN GÉNÉRAL ◊ Le taux de rotation des comptes clients reflète le nombre moyen de fois où les comptes clients nets (Comptes clients – Provision pour dépréciation) ont été enregistrés et recouvrés au cours d'une période donnée. Un taux plus élevé indique un recouvrement plus rapide des comptes clients. L'entreprise en bénéficie, car elle peut investir l'argent recouvré et ainsi en tirer des produits d'intérêts, réduire ses emprunts ou diminuer ses charges d'intérêts. Par contre, l'autorisation de crédit comportant des échéances de paiement de plus en plus éloignées et l'emploi de méthodes de recouvrement inefficaces entraînent nécessairement un taux moins élevé. Les analystes et les créanciers surveillent ce taux, sachant qu'une baisse soudaine pourrait signifier que l'entreprise accorde des délais de paiement plus longs afin d'augmenter ses ventes, en perte de vitesse, ou même d'enregistrer des ventes qui feront plus tard l'objet de retours. Plusieurs gestionnaires et analystes calculent également le délai moyen de recouvrement des comptes clients, lequel est égal à 365 divisé par le taux de rotation des comptes clients. Ce calcul indique le temps moyen que prennent les clients pour payer leurs comptes. Dans le cas de Danone, le calcul est le suivant :

$$\text{Délai de recouvrement} = \frac{365}{\text{Taux de rotation des comptes clients}} = \frac{365}{9,4} = 38,8 \text{ jours}$$

DANONE ◊ Le taux de rotation des comptes clients de Danone s'est sensiblement maintenu au cours des trois dernières années, passant de 9,9 en 2008 à 9,3 en 2009 et à 9,4 au cours de la plus récente période. Si on la compare aux entreprises du même secteur d'activité, Danone fait bonne figure par rapport à Nestlé, mais son taux de rotation est inférieur à celui de PepsiCo.

QUELQUES PRÉCAUTIONS ◊ Les différences qui existent entre les secteurs d'activité et les entreprises quant aux modalités de crédit accordées aux clients peuvent créer des variations importantes dans le taux de rotation des comptes clients. Ainsi, le taux de rotation d'une entreprise en particulier ne devrait être comparé qu'avec celui des années antérieures de cette même entreprise ou avec ceux d'autres entreprises du même secteur utilisant les mêmes modalités de crédit. On peut d'ailleurs remarquer, dans l'encadré ci-contre, que le secteur des ventes au détail affiche un taux de rotation des comptes clients nettement plus élevé que les autres secteurs, et ce, parce qu'une très grande partie des ventes y sont faites au comptant, ou par cartes de débit ou cartes de crédit.

6

Comparons

Taux de rotation des comptes clients d'industries diverses

Bois et matériaux de construction	14,7
Brasseries	21,4
Ventes au détail	46,1

incidence sur les flux de trésorerie

LES COMPTES CLIENTS

La variation des comptes clients peut devenir un facteur important en ce qui concerne les flux de trésorerie liés aux activités opérationnelles d'une entreprise. Alors que l'état du résultat global reflète les produits des activités ordinaires d'une période, les flux de trésorerie liés aux activités opérationnelles montrent le recouvrement en espèces des sommes dues par les clients pour la même période. Les ventes à crédit font augmenter le solde des comptes clients. Le recouvrement des sommes dues par les clients fait diminuer ce solde. De plus, la variation des comptes clients de l'ouverture à la clôture d'une période correspond en grande partie à la différence existant entre les ventes et les encaissements.

L'EFFET DES COMPTES CLIENTS SUR LE TABLEAU DES FLUX DE TRÉSORERIE (MÉTHODE INDIRECTE)

EN GÉNÉRAL ◊ D'un côté, lorsqu'on observe une diminution des comptes clients durant une période donnée, cela suppose que les montants en espèces recueillis auprès des clients sont supérieurs aux ventes. Par conséquent, on doit ajouter le montant de la diminution dans le calcul des flux de trésorerie liés aux activités opérationnelles.

D'un autre côté, lorsque les comptes clients augmentent durant une période donnée, cela suppose que les montants en espèces recueillis auprès des clients sont inférieurs aux ventes. Par conséquent, on doit soustraire le montant de cette augmentation dans le calcul des flux de trésorerie liés aux activités opérationnelles*.

	Effet sur les flux de trésorerie
Flux de trésorerie liés aux activités opérationnelles (méthode indirecte)	
Résultat net	XXX $
Ajustements :	
Ajouter la diminution des comptes clients	+
Soustraire l'augmentation des comptes clients	–

DANONE ◊ Le tableau 6.3 reproduit une partie de la section liée aux activités opérationnelles du tableau des flux de trésorerie de Danone. La croissance des ventes en 2010 s'est traduite par une augmentation des comptes clients. Cette augmentation est déduite du résultat net au tableau des flux de trésorerie, car les produits sont plus élevés que les encaissements reçus des clients. Quand les comptes clients diminuent, le montant de la variation est ajouté au résultat net, car les encaissements sont alors supérieurs aux produits comptabilisés.

TABLEAU 6.3 • COMPTES CLIENTS AU TABLEAU DES FLUX DE TRÉSORERIE

Danone
Tableau des flux de trésorerie consolidé partie I
périodes closes le 31 décembre
(en millions d'euros)

	2009	2010
Activités opérationnelles		
Résultat net	1 361	1 870
Variation des créances clients	(112)	(54)

* Pour les entreprises qui ont des comptes clients en monnaie étrangère ou qui font des acquisitions-cessions d'entreprises, le total des variations enregistré au tableau des flux de trésorerie n'est pas nécessairement égal aux variations qui sont survenues dans les comptes clients, lesquelles figurent à l'état de la situation financière.

TEST D'AUTOÉVALUATION

1. À la fin de la période précédente, la société Crochetou présentait le montant de 723 000 $ dans son compte Provision pour dépréciation – clients. Durant la période courante, elle a radié 648 000 $ de créances irrécouvrables. À la fin de cette période, elle a calculé, au moyen de la méthode d'estimation fondée sur le classement chronologique des comptes clients, que le solde estimé de la provision pour dépréciation devait s'élever à 904 000 $. Quel sera le montant de la dépréciation des comptes clients de la période ?

2. Déterminez si, en consentant des échéances de règlement plus longues (par exemple, de 60 jours au lieu de 30), une entreprise est susceptible d'accroître ou de diminuer son taux de rotation des comptes clients. Expliquez votre réponse.

Vérifiez vos réponses à l'aide des solutions présentées en bas de page*.

* Solutions du test d'autoévaluation

1.

–	**Provision pour dépréciation (XA)**		+
		723 000	Solde d'ouverture
Radiation	648 000	829 000	Dépréciation
		904 000	Solde de clôture

Solde estimé du compte Provision pour dépréciation	904 000 $
Moins : Solde réel (723 000 $ – 648 000 $)	75 000
Dépréciation des comptes clients pour la période	829 000 $

2. Le fait de repousser les échéances de paiement fera probablement diminuer le taux de rotation des comptes clients. En effet, en retardant le recouvrement des créances, on augmente le solde moyen des comptes clients (dénominateur), ce qui réduit le taux.

OBJECTIF D'APPRENTISSAGE

Définir, gérer et protéger la trésorerie.

Trésorerie
Poste du bilan où figure l'ensemble des moyens de paiement qu'une entité peut utiliser immédiatement pour effectuer des règlements et qui comprennent en général les fonds en caisse et les dépôts à vue auprès d'établissements financiers[7].

Équivalents de trésorerie
Placements à court terme très liquides, qui sont facilement convertibles en trésorerie pour un montant connu dont la valeur ne risque pas de changer de façon significative[8].

Contrôle interne
Ensemble des moyens conçus et mis en œuvre par les responsables de la gouvernance, par la direction, et par d'autres membres du personnel afin de procurer un certain niveau d'assurance quant à l'atteinte des objectifs de l'entité en matière de fiabilité de l'information financière, d'efficacité et d'efficience du fonctionnement et de conformité aux lois et aux règlements applicables[9].

6.3 La présentation et la protection de la trésorerie

6.3.1 La trésorerie : définition

La **trésorerie** comprend les sommes d'argent et tout autre instrument financier (tel qu'un chèque, un mandat ou une traite bancaire) que les banques acceptent en dépôt et ajoutent immédiatement au compte bancaire de l'entreprise.

Les **équivalents de trésorerie** sont des placements facilement convertibles à court terme en un montant connu de trésorerie et dont la valeur est peu susceptible de varier de façon significative. Parmi les éléments que l'on trouve dans cette catégorie, mentionnons les certificats de dépôt encaissables en tout temps et les bons du Trésor émis par les gouvernements.

L'expression « Trésorerie et équivalents de trésorerie » est quelquefois utilisée pour désigner l'ensemble des actifs liquides de l'entreprise, bien que le terme « Trésorerie », employé seul, suffise.

Une entreprise peut avoir plusieurs comptes bancaires et différents types de trésoreries, mais tous ses comptes sont habituellement combinés en un seul montant à des fins de présentation de l'information financière. La société Danone, par exemple, inscrit un seul poste à l'état de la situation financière, qu'elle appelle « Disponibilités ». Dans une note aux états financiers (1.11), elle explique que les disponibilités regroupent les comptes bancaires et les liquidités.

Il peut arriver qu'une entreprise ait plutôt un découvert bancaire. Dans ce cas, le solde de ses comptes bancaires est négatif et l'entreprise est en dette avec la banque. La plupart du temps, un solde négatif survient à la suite d'une entente avec la banque. Le découvert bancaire est présenté dans le passif courant.

6.3.2 La gestion de la trésorerie

De nombreuses entreprises reçoivent chaque jour de leurs clients d'importantes sommes d'argent, des chèques et des reçus de cartes de crédit. Puisque les employés pourraient facilement s'approprier cet argent, la direction doit prévoir des mesures visant à protéger les liquidités qu'elle reçoit et utilise pour ses opérations. Afin de gérer efficacement la trésorerie, il ne suffit pas de protéger celle-ci contre le vol, les fraudes ou les pertes causées par la négligence. La gestion de la trésorerie comporte plusieurs autres volets, notamment :

1. La comptabilisation des opérations de manière appropriée afin de pouvoir dresser le tableau des flux de trésorerie et l'état de la situation financière ;

2. L'instauration de mesures de contrôle permettant de s'assurer qu'il y a suffisamment de liquidités pour : a) répondre aux besoins des activités poursuivies, b) payer les dettes qui arrivent à échéance et c) faire face aux imprévus ;

3. La prévention de l'accumulation de quantités excessives de liquidités. Les liquidités superflues ne rapportent rien à l'entreprise si elles sont laissées dans le compte courant. On les investit donc souvent dans des titres de placements temporaires afin d'en tirer des produits sous forme de dividendes ou d'intérêts en attendant le moment de s'en servir.

6.3.3 Le contrôle de la trésorerie

L'expression « **contrôle interne** » désigne les diverses mesures mises en place par la direction de l'entreprise pour assurer la protection des actifs ; procurer une assurance raisonnable quant à la fiabilité de l'information financière de cette entreprise,

---

7 Louis MÉNARD *et al., Dictionnaire de la comptabilité et de la gestion financière*, 3ᵉ éd., Toronto, Institut canadien des comptables agréés, 2011.

8 *Ibid.*

9 *Ibid.*

à l'efficacité et à l'utilisation optimale de ses ressources ; prévenir les erreurs et les fraudes de même que respecter les lois et les règlements auxquels la société doit se conformer. Les mesures de contrôle doivent s'appliquer à tous les actifs : la trésorerie, les comptes clients, les investissements, les biens utilisés dans les activités courantes, etc. Les contrôles visant à s'assurer de l'exactitude des registres comptables d'une entreprise ont pour but de prévenir les erreurs d'inattention et les fraudes telles que celle qui a été décrite dans l'exemple de Discus (*voir le chapitre 1*). Un bon contrôle interne, faisant l'objet d'un examen par un auditeur indépendant, accroît la fiabilité des états financiers d'une entreprise.

Comme la trésorerie est le poste le plus sujet au vol ou à la fraude, il doit faire l'objet d'un nombre élevé de mesures de contrôle. Tous ont sans doute déjà observé l'application de mesures de ce type sans réellement savoir de quoi il s'agissait. Par exemple, dans la plupart des cinémas, un employé est chargé de vendre les billets d'admission et un autre, de vérifier si les clients ont un billet en leur possession avant de leur permettre d'avoir accès à la salle. Il serait sans aucun doute beaucoup moins coûteux de faire accomplir ces deux tâches par la même personne. Toutefois, un seul employé pourrait alors facilement voler de l'argent en laissant entrer des clients sans leur donner de billet à la suite de l'encaissement de l'argent. Si des employés différents effectuent ces deux tâches, la coopération de ces deux personnes est alors nécessaire pour réussir ce type de vol. La présence de deux employés permet donc de réduire un tel risque.

Un système de contrôle efficace permettant de bien gérer et de protéger les liquidités de l'entreprise devrait inclure les éléments suivants :

1. *La répartition des tâches*
   - Répartir les tâches liées à l'encaissement et au décaissement.
   - Répartir les tâches liées à l'enregistrement comptable des encaissements et des décaissements.
   - Répartir les tâches liées à la manipulation de l'argent des tâches liées à l'enregistrement aux livres.

2. *Les procédures administratives*
   - Exiger que toutes les recettes soient déposées à la banque, et ce, quotidiennement.
   - Exiger une répartition des tâches entre la personne qui est responsable de l'approbation des achats et autres décaissements et celle qui est responsable des paiements. Utiliser des chèques prénumérotés et accorder une attention particulière aux paiements effectués par transfert électronique de fonds, car il n'existe parfois aucun document qui confirme un tel paiement (comme dans le cas des chèques).
   - Attribuer la responsabilité de l'approbation des paiements et celle de la signature des chèques ou de la transmission électronique de fonds à des personnes différentes.
   - Exiger un rapprochement mensuel des comptes bancaires avec les soldes aux livres de l'entreprise (il en est question dans la section suivante).

La répartition des tâches et l'application de procédures précises constituent des étapes importantes du contrôle de la trésorerie. La répartition des tâches décourage le vol, car elle requiert la collusion de deux personnes ou plus pour le commettre et le dissimuler ensuite dans les registres comptables.

Les procédures administratives permettent de s'assurer que le travail d'une personne est corroboré par les résultats enregistrés par d'autres personnes. Par exemple, le montant d'argent déposé dans une caisse enregistreuse par un vendeur peut être comparé au montant d'argent déposé à la banque par un autre employé. Le rapprochement des comptes de trésorerie et des relevés bancaires constitue un contrôle supplémentaire des dépôts.

L'ÉTHIQUE ET LA NÉCESSITÉ DE CONTRÔLE

Certaines personnes s'inquiètent de la recommandation selon laquelle toutes les entreprises faisant l'objet d'une saine gestion devraient mettre en place d'importantes mesures de contrôle. À leur avis, de telles mesures donnent l'impression que la direction de l'entreprise ne fait pas confiance à ses employés. Malheureusement, même si la grande majorité de ceux-ci sont dignes de confiance, on ne peut nier le fait que, chaque année, des entreprises perdent des milliards de dollars qui leur sont volés par les employés. Dans bien des cas, les auteurs de ces actes criminels avouent avoir volé leur employeur parce qu'il leur paraissait facile de le faire et que personne ne semblait y accorder une grande importance par la suite (il n'y avait pas de mesures de contrôle interne en place).

Nombre d'entreprises fournissent à leur personnel un code d'éthique établissant les standards à respecter et les comportements à adopter en ce qui a trait aux transactions avec les clients, les fournisseurs et les autres employés, mais aussi en ce qui concerne l'utilisation des biens de l'entreprise. Même si, dans les faits, chacun est responsable de son propre comportement, les mesures de contrôle interne peuvent être perçues comme représentatives des valeurs importantes véhiculées par la direction de l'entreprise.

6.3.4 Le rapprochement bancaire
Le contenu d'un relevé bancaire

Relevé bancaire
Rapport mensuel émis par les banques indiquant les dépôts enregistrés, les chèques compensés, d'autres retraits ou dépôts, ainsi que le solde en banque à la fin de la période couverte par le relevé.

L'utilisation appropriée des comptes bancaires d'une entreprise peut constituer une mesure de contrôle importante des liquidités de l'entreprise. Chaque mois, la banque envoie à l'entreprise (déposant) un **relevé bancaire**, c'est-à-dire la liste : 1) de chaque dépôt enregistré à la banque au cours de cette période ; 2) de chaque chèque compensé par la banque pendant cette période ; et 3) du solde du compte de l'entreprise. Ce relevé indique aussi les frais bancaires ou les retenues (tels les frais de service) prélevés directement dans le compte de l'entreprise par la banque. Un exemple de relevé bancaire est présenté dans l'encadré 6.1.

L'encadré 6.1 comprend quatre éléments qui requièrent une explication. Les 2 et 9 juin, dans la colonne des retraits, les montants de 500 $ et de 100 $ sont codés TEF[10]. Ce code signifie « transfert électronique de fonds ». L'entreprise BeauVitrail paie son compte d'électricité et ses assurances par voie électronique. Comme elle enregistre ces charges dans ses livres au moment où elle transmet l'autorisation de paiement, aucun ajustement des livres n'est nécessaire par la suite. Le 25 juin, on a prélevé, dans la colonne Retraits, un montant de 18 $ dont le code est CSP (chèque sans provision). BeauVitrail a reçu un chèque provenant de l'un de ses clients et l'a déposé à sa banque, Transquébec. Suivant la procédure habituelle, la banque Transquébec a ensuite traité le chèque et l'a fait parvenir à la banque du client. Toutefois, le compte de ce client ne contenait pas les liquidités suffisantes pour couvrir le chèque. La banque du client l'a donc retourné à la banque Transquébec, laquelle a diminué le solde bancaire de l'entreprise BeauVitrail. Ce type de chèque est souvent désigné par le code CSP. Dans ce cas-ci, le chèque sans provision oblige l'entreprise à augmenter les comptes clients et à diminuer la trésorerie de 18 $.

Par ailleurs, le 30 juin, on a inscrit un montant de 26 $ dans la colonne Retraits, accompagné du code FS (frais de service). Le relevé bancaire comprend une note de la banque expliquant ces frais (lesquels ne correspondent pas à un chèque). L'entreprise doit, à son tour, inscrire cette charge dans le compte de charge approprié, par exemple Charges financières, puis diminuer la trésorerie de 26 $.

10 Ces codes varient selon les établissements bancaires.

Banque Transquébec
123, rue Commerciale, Villesage (Belleprovince) Z1B 2C3
Téléphone : 450 356-4567

Relevé bancaire

Entreprise BeauVitrail
1000, rue Déserte
Villesage (Belleprovince) Z9Y 8X7

Date du relevé	
2012-06-30	
Numéro de compte	**Numéro de page**
877-95861	1

À cette date	Solde	Dépôts	Retraits	Solde final
2012-06-01	7 762,40	4 050,00	3 510,20	8 302,20

Retraits			Dépôts		Solde quotidien	
Date	Nº	Montant	Date	Montant	Date	Montant
					06-01	7 762,40
06-02		500,00 TEF	06-02	3 000,00	06-02	10 262,40
06-03	102	55,00			06-03	10 207,40
06-09		100,00 TEF	06-09	500,00	06-09	10 607,40
06-10	122	8,20			06-10	10 599,20
06-11	124	2 150,00			06-11	8 449,20
06-18	125	46,80	06-18	20,00 INT	06-18	8 422,40
06-19	127	208,00			06-19	8 214,40
06-24	128	82,70	06-24	230,00	06-24	8 361,70
06-25		18,00 CSP			06-25	8 343,70
06-25	129	144,40			06-25	8 199,30
06-26	132	22,52	06-26	300,00	06-26	8 476,78
06-27	130	96,50			06-27	8 380,28
06-30	126	52,08			06-30	8 328,20
06-30		26,00 FS			06-30	8 302,20

Codes :
  INT   Intérêts versés au compte
  CSP   Chèque sans provision
  FS   Frais de service
  TEF   Transfert électronique de fonds

Enfin, le 18 juin, un montant de 20 $ figure dans la colonne Dépôts et est accompagné du code INT (intérêts versés au compte). La banque a payé des intérêts sur le solde bancaire de l'entreprise. Celle-ci doit enregistrer ce produit en augmentant la trésorerie et les produits financiers de 20 $.

La nécessité du rapprochement bancaire

Le **rapprochement bancaire** est le procédé par lequel on compare (en expliquant les différences) le solde du compte Trésorerie inscrit aux livres de l'entreprise avec le solde selon la banque tel qu'il figure sur le relevé bancaire mensuel. Il faut effectuer ce

Rapprochement bancaire
Processus qui consiste à vérifier l'exactitude du relevé bancaire et des comptes de trésorerie d'une entreprise.

rapprochement bancaire pour chaque compte bancaire (c'est-à-dire pour chaque relevé bancaire que fournit chacune des banques) à la fin de tous les mois.

En général, le solde figurant sur le relevé bancaire ne concorde pas avec celui que l'on trouve dans le compte Trésorerie du grand livre de l'entreprise.

Par exemple, on trouve les chiffres suivants dans le compte Trésorerie du grand livre de l'entreprise BeauVitrail à la fin de juin (l'entreprise ne possède qu'un seul compte bancaire) :

+	Trésorerie			–
Solde au 1er juin	7 090,00			
Juin – dépôts	5 750,00	3 800,00	Juin – chèques émis	
Solde au 30 juin	9 040,00			

Le solde final de 8 302,20 $ inscrit sur le relevé bancaire (*voir l'encadré 6.1 à la page précédente*) diffère du montant de 9 040,00 $ qui figure dans les livres de l'entreprise. La plupart du temps, cette différence est due à un délai d'enregistrement des mêmes transactions entre la banque et l'entreprise :

1. Certaines transactions relatives à la trésorerie ont été enregistrées dans les livres de l'entreprise, mais ne sont pas encore inscrites sur le relevé bancaire ;
2. Certaines transactions figurent sur le relevé bancaire, mais n'ont pas été encore inscrites dans les livres de l'entreprise.

D'autres différences peuvent provenir d'erreurs d'enregistrement des transactions, tant par la banque que par l'entreprise. Voici quelques-unes des causes les plus fréquentes des différences existant entre le solde selon le relevé bancaire et celui qui est indiqué dans les livres de l'entreprise :

1. *Les chèques en circulation.* L'entreprise a émis des chèques qui ont été enregistrés aux livres en diminuant le compte Trésorerie. Cependant, la banque n'a pas encore compensé ces chèques (ils ne figurent donc pas sur le relevé bancaire en tant que déduction du solde). On retrace les chèques en circulation ainsi : on compare les chèques que la banque a compensés avec le registre des chèques (par exemple, les talons de chèque ou le journal des décaissements) de l'entreprise.

2. *Les dépôts en circulation.* L'entreprise expédie les dépôts à la banque et enregistre cette opération aux livres en augmentant le compte Trésorerie. Toutefois, la banque ne les a pas encore enregistrés (ils ne figurent donc pas sur le relevé bancaire sous forme d'augmentation du solde bancaire). Les dépôts en circulation sont généralement des dépôts effectués un ou deux jours avant la fin de la période couverte par le relevé bancaire. On les retrace en comparant la liste des dépôts qui figurent sur le relevé bancaire aux copies des bordereaux de dépôt que conserve l'entreprise.

3. *Les frais bancaires.* Les frais engagés pour des services bancaires sont inscrits sur le relevé bancaire. Ces frais doivent être enregistrés aux livres de l'entreprise en augmentant le compte de charge approprié et en diminuant la trésorerie.

4. *Les chèques sans provision.* L'entreprise a déposé des chèques sans se douter qu'ils allaient «rebondir» et qu'ils ne seront pas encaissés. Elle doit donc réinscrire le compte client. Dans les livres de l'entreprise, on doit alors augmenter les comptes clients et diminuer la trésorerie.

5. *Les intérêts.* Les intérêts payés à l'entreprise par la banque viennent augmenter la trésorerie et les produits de l'entreprise.

6. *Les erreurs.* La banque et l'entreprise peuvent commettre des erreurs, en particulier lorsque le volume des opérations effectuées dans le compte Trésorerie est très élevé.

Une illustration de rapprochement bancaire

L'entreprise devrait procéder à un rapprochement bancaire dès la réception d'un relevé de compte de son institution financière. Voici l'aspect que prend généralement le rapprochement bancaire :

	Solde de clôture selon les livres	XXX $			Solde de clôture selon le relevé bancaire	XXX $
+	Intérêts payés par la banque	XXX		+	Dépôts en circulation	XXX
–	Chèques sans provision et frais de service	XXX		–	Chèques en circulation	XXX
+/–	Erreurs de l'entreprise	XXX		+/–	Erreurs de la banque	XXX
	Solde de clôture corrigé	XXX $			Solde de clôture corrigé	XXX $

Le tableau 6.4 (*voir la page suivante*) présente le rapprochement bancaire entre le solde bancaire (8 302,20 $ selon l'encadré 6.1) et le solde final aux livres (9 040,00 $) de l'entreprise BeauVitrail pour le mois de juin. Selon ce tableau, une fois le rapprochement bancaire effectué, on constate que le solde de trésorerie corrigé s'élève à 9 025,00 $. Ce solde corrigé est le montant qui devra figurer au compte Trésorerie à la suite du rapprochement. Dans notre exemple, il s'agit également du montant de trésorerie qui devrait être présenté à l'état de la situation financière, étant donné que l'entreprise n'a qu'un seul compte bancaire.

Voici les étapes que suit l'entreprise afin d'établir le rapprochement bancaire :

1. *Retracer les chèques en circulation.* En comparant la liste des chèques compensés par la banque au registre de tous les chèques émis par l'entreprise, on constate que les chèques suivants sont encore en circulation (non compensés par la banque) à la fin de juin :

Numéro du chèque	Montant
101	145,00 $
123	815,00
131	117,20
	1 077,20 $

On inscrit ce total dans le rapprochement bancaire sous la forme d'une diminution du solde bancaire. Ces chèques seront déduits par la banque lorsque celle-ci les aura compensés.

2. *Retracer les dépôts en circulation.* En comparant les bordereaux de dépôt à la liste des dépôts inscrits sur le relevé bancaire, on constate qu'un dépôt de 1 800 $, effectué le 30 juin, ne figure pas sur le relevé bancaire. Ce montant est inscrit dans le rapprochement bancaire sous la forme d'une augmentation du solde bancaire. La banque l'ajoutera au relevé lorsqu'elle aura enregistré le dépôt.

3. *Enregistrer les frais de service et les crédits bancaires.*
   a) Les intérêts payés par la banque, soit 20 $, figurent dans le rapprochement bancaire sous la forme d'une augmentation du solde aux livres. Ce montant a déjà été inclus dans le solde bancaire, mais n'a pas été inscrit dans les registres de l'entreprise.
   b) Le chèque sans provision de P. Lajoie, de 18 $, figure dans le rapprochement bancaire sous la forme d'une diminution du solde aux livres. Il a déjà été soustrait du solde bancaire.

c) On inscrit les frais de service de 26 $ dans le rapprochement bancaire sous la forme d'une diminution du solde aux livres. Ces frais ont déjà été soustraits du solde bancaire.

4. *Évaluer l'effet des erreurs.* À ce stade, l'entreprise constate qu'il y a une différence de 9 $ entre les soldes à la suite du rapprochement. En vérifiant les écritures de journal passées au cours du mois, on a retracé le chèque n° 124, de 1 250 $, pour payer un compte fournisseur. Or, le montant enregistré au compte de l'entreprise s'élevait à 1 259 $. Par conséquent, on doit additionner la différence de 9 $ (1 259 $ – 1 250 $) au solde aux livres de l'entreprise. De son côté, la banque a compensé le chèque au bon montant, soit 1 250 $.

Il faut noter que dans le tableau 6.4, les soldes selon les registres comptables de l'entreprise et selon le relevé bancaire à la suite du rapprochement bancaire concordent et que le solde corrigé du compte Trésorerie s'élève à 9 025,00 $.

Un rapprochement bancaire comme celui du tableau 6.4 vise deux objectifs :

1. Il permet de vérifier l'exactitude du solde bancaire et des registres comptables de l'entreprise, et de déterminer le solde exact du compte Trésorerie. Ce solde (auquel on ajoute celui de la petite caisse s'il y en a une) correspond au montant de trésorerie présenté à l'état de la situation financière ;

2. Il permet de déterminer toutes les transactions ou toutes les variations qui n'ont pas encore été enregistrées, mais qui doivent figurer dans les livres de l'entreprise afin que le solde de sa trésorerie soit exact. Toutes les transactions (ou variations) se trouvant du côté du solde aux livres dans le rapprochement bancaire doivent être enregistrées dans les livres de l'entreprise.

En résumé, toutes les augmentations et diminutions qui figurent du côté des registres comptables de l'entreprise requièrent des ajustements aux livres pour mettre le compte Trésorerie à jour. Les augmentations et diminutions qui se trouvent du côté du relevé bancaire ne requièrent pas d'ajustements, car les transactions seront enregistrées automatiquement par la banque.

TABLEAU 6.4 • ILLUSTRATION DU RAPPROCHEMENT BANCAIRE

BeauVitrail
Rapprochement bancaire
mois se terminant le 30 juin 2012

Registres comptables		Relevé bancaire	
Solde aux livres	9 040,00 $	Solde bancaire	8 302,20 $ [3]
Plus :		Plus :	
Intérêts payés par la banque [3a]	20,00	Dépôts en circulation [2]	1 800,00
Erreur dans l'enregistrement du chèque n° 124 [4]	9,00		
	9 069,00		10 102,20
Moins :		Moins :	
Chèque sans provision de P. Lajoie [3b]	18,00	Chèques en circulation [1]	1 077,20
Frais de service [3c]	26,00		
Solde aux livres corrigé	9 025,00 $	Solde bancaire corrigé	9 025,00 $

Comptes de l'entreprise BeauVitrail

Actif		=	Passif		+	Capitaux propres	
Trésorerie			Fournisseurs	+9		Produits financiers	+20
(+20, −18, −26, +9)	−15					Charges	
Clients	+18					financières	−26

ÉCRITURE DE JOURNAL

a) Trésorerie (+A) 20

    Produits financiers (+Pr, +CP) 20

    Pour enregistrer les intérêts payés par la banque

b) Clients (+A) 18

    Trésorerie (−A) 18

    Pour enregistrer le chèque sans provision de P. Lajoie

c) Charges financières (+C, −CP) 26

    Trésorerie (−A) 26

    Pour enregistrer les frais de service

d) Trésorerie (+A) 9

    Fournisseurs (+Pa) 9

    Pour corriger une erreur commise lors de l'enregistrement
    d'un chèque émis à un fournisseur

TEST D'AUTOÉVALUATION

Parmi les éléments suivants, découverts au cours du rapprochement bancaire, indiquez lesquels entraîneront une correction du solde du compte Trésorerie :

1. Les chèques en circulation;

2. Les dépôts en circulation;

3. Les frais de service;

4. Les chèques sans provision qui ont été déposés.

Vérifiez vos réponses à l'aide des solutions présentées en bas de page*.

---

* **Solutions du test d'autoévaluation**

1. Aucune correction

2. Aucune correction

3. Comme les frais de service doivent être déduits du compte de l'entreprise, il faut diminuer la trésorerie et enregistrer une charge.

4. Les chèques sans provision que l'entreprise a déposés ont été enregistrés aux livres comme une augmentation de la trésorerie. Il faut donc diminuer la trésorerie et augmenter le compte client si l'on peut raisonnablement s'attendre à être payé.

**OBJECTIF
D'APPRENTISSAGE**

Comparer les IFRS et les normes comptables pour les entreprises à capital fermé.

**LA COMPARAISON DES IFRS ET DES NORMES COMPTABLES
POUR LES ENTREPRISES À CAPITAL FERMÉ**

Au chapitre 3 (*voir la page 155*), nous avons étudié le processus de comptabilisation des produits selon les normes IFRS et les normes comptables pour les entreprises à capital fermé (NCECF). Nous vous invitons à consulter de nouveau la comparaison des normes à ce sujet. Nous poursuivons notre analyse comparative dans le cas des créances et de la trésorerie. Aucune norme internationale ni aucune norme pour les entreprises à capital fermé ne traite uniquement des créances ou de la trésorerie. Comme ce sont deux actifs financiers, nous utilisons plutôt les normes portant sur les instruments financiers pour guider notre étude de ces deux postes de l'état de la situation financière. À ce sujet, nous avons utilisé l'IAS 32, *Instruments financiers : présentation*, l'IAS 39, *Instruments financiers : comptabilisation et évaluation* (ainsi que l'IFRS 9, *Instruments financiers*, laquelle remplacera l'IAS 39 en 2013) et finalement l'IFRS 7, *Instruments financiers : informations à fournir* (partie I du *Manuel de l'ICCA*). Du côté des entreprises à capital fermé, le chapitre 3856, « Instruments financiers » (partie II du *Manuel de l'ICCA*), traite entre autres des actifs financiers, dont la trésorerie et les créances.

NORMES INTERNATIONALES D'INFORMATION FINANCIÈRE IAS 32, IAS 39, IFRS 7 ET IFRS 9	NORMES COMPTABLES POUR LES ENTREPRISES À CAPITAL FERMÉ CHAPITRE 3856
La trésorerie et les créances sont des actifs financiers.	*Idem*
Les créances sont comptabilisées à leur juste valeur.	*Idem*
Les créances doivent faire l'objet d'un test de dépréciation à la fin de la période financière.	*Idem*
L'information à fournir dans les états financiers est la suivante : • Les méthodes comptables ; • La valeur comptable ; • La provision pour dépréciation.	*Idem*

Comme nous pouvons le constater, il n'y a aucune différence significative entre les deux référentiels concernant les comptes clients. Il en va de même pour la trésorerie.

Conclusion

Comme nous l'avons vu dans le présent chapitre, une entreprise doit s'assurer que la croissance dont elle bénéficie entraîne aussi une augmentation de ses résultats. Pour ce faire, elle doit réaliser rapidement ce qui suit : 1) Renouveler continuellement ses gammes de produits tout en utilisant les nouvelles technologies liées à la fabrication ; 2) Tendre vers une production à moindre coût ; 3) Accorder plus d'attention à la gestion des stocks et au recouvrement des comptes clients, puisqu'une créance non recouvrée n'a aucune valeur pour l'entreprise. Chacun de ces objectifs vise à augmenter le chiffre d'affaires net ou à diminuer le coût des ventes, c'est-à-dire à accroître la marge brute.

ANALYSONS UN CAS

CAS 6-A

Au cours de l'année 2013, les magasins Entrepôts en gros ont vendu pour 950 000 $ de marchandises, dont 400 000 $ l'ont été à crédit, les modalités de paiement étant de 2/10, n/30 (75 % du montant a été payé dans le délai de l'escompte), 500 000 $ ayant été payés par cartes de crédit (avec un escompte de 3 %) et le reste, en argent comptant. Le 31 décembre 2013, le solde des comptes clients s'élevait à 80 000 $. La provision pour dépréciation – clients était de 9 000 $ au début de l'année, et des créances irrécouvrables de 6 000 $ ont été radiées durant la période.

Travail à faire

1. Calculez le chiffre d'affaires net de l'année 2013.

2. Supposez que l'entreprise effectue une analyse chronologique pour estimer la dépréciation de ses comptes clients et qu'elle estime qu'une valeur de 10 000 $ des comptes clients est incertaine. Enregistrez la dépréciation des comptes clients de la période 2013.

Solutions suggérées

1. On doit soustraire à la fois les escomptes sur ventes et les escomptes sur cartes de crédit du chiffre d'affaires lorsqu'on calcule le chiffre d'affaires net.

Chiffre d'affaires	950 000 $
Moins : Escomptes sur ventes (0,02 × 0,75 × 400 000 $)	6 000
Escomptes sur cartes de crédit (0,03 × 500 000 $)	15 000
Chiffre d'affaires net	929 000 $

2. Lorsqu'on a recours au classement chronologique des comptes clients, l'écriture qui en résulte correspond au solde estimé moins le solde aux livres.

Solde estimé de la provision pour dépréciation	10 000 $
Moins : Solde aux livres de la provision pour dépréciation (9 000 $ − 6 000 $)	3 000 $
Dépréciation des comptes clients	7 000 $

ÉQUATION COMPTABLE

Actif	=	Passif	+	Capitaux propres
Provision pour dépréciation – clients −7 000				Dépréciation des comptes clients −7 000

ÉCRITURE DE JOURNAL

Dépréciation des comptes clients (+C, −CP)	7 000	
Provision pour dépréciation − clients (+XA,−A)		7 000

CAS 6-B

Un étudiant de première année à l'université vient de recevoir le premier relevé bancaire de son compte de chèques. C'est la première fois qu'il établit un rapprochement bancaire. Voici les renseignements dont il dispose :

Solde bancaire au 1er septembre	1 150 $
Dépôts du mois de septembre	650
Chèques compensés en septembre	900
Frais bancaires	5
Solde bancaire au 30 septembre	895

Cet étudiant est surpris de constater qu'un dépôt de 50 $, effectué le 29 septembre, ne figure pas dans son compte. Toutefois, il se réjouit du fait que le chèque de 200 $ destiné à payer son loyer n'a pas encore été compensé. Le solde de son carnet de chèques s'élève à 750 $.

Travail à faire

1. Établissez le rapprochement bancaire.
2. Pourquoi est-il important que les individus comme cet étudiant, de même que les entreprises, établissent un rapprochement bancaire chaque mois ?

Solutions suggérées

1. Le rapprochement bancaire ressemble à ce qui suit :

Livre de l'étudiant		Relevé bancaire	
Solde au livre	750 $	Solde bancaire	895 $
Plus : –		Plus : Dépôt en circulation	50
Moins : Frais bancaires	(5)	Moins : Chèque en circulation	(200)
Solde corrigé	745 $	Solde corrigé	745 $

2. Les individus ainsi que les entreprises devraient procéder mensuellement à la vérification de leur relevé bancaire et établir un rapprochement bancaire. Cela permet de déterminer le solde réel des liquidités disponibles. En ne procédant pas à un tel rapprochement, on accroît les risques qu'une erreur ne soit pas découverte et que l'on finisse par émettre des chèques sans provision. Les entreprises ont une raison supplémentaire d'effectuer cette opération : le solde corrigé, calculé dans le rapprochement, doit figurer à l'état de la situation financière à la fin de la période.

Annexe 6-A L'enregistrement des escomptes et des rendus et rabais sur ventes

Comme nous l'avons vu précédemment, les escomptes sur cartes de crédit et les escomptes sur ventes sont présentés en diminution du chiffre d'affaires. Par exemple, si une société émettrice de cartes de crédit réclame des frais de 3 % pour ses services et que les ventes par cartes de crédit s'élèvent à 3 000 $ au 2 janvier, l'entreprise enregistre ce qui suit :

ÉQUATION COMPTABLE						
Actif		=	**Passif**	+	**Capitaux propres**	
Trésorerie	+2 910				Ventes	+3 000
					Escomptes sur cartes de crédit	–90

ÉCRITURE DE JOURNAL		
Trésorerie (+A)	2 910	
Escomptes sur cartes de crédit (+XPr, –Pr, –CP)	90	
Ventes (+Pr, +CP)		3 000

De plus, si les ventes à crédit sont comptabilisées suivant des modalités de paiement de 2/10, n/30 et que le paiement a lieu dans le délai d'escompte, l'entreprise enregistrera les éléments ci-après pour des ventes de 1 000 $.

Comptabilisation de la vente :

ÉQUATION COMPTABLE

	Actif		=	Passif		+	Capitaux propres	
Clients		+1 000					Ventes	+1 000

ÉCRITURE DE JOURNAL

Clients (+A) 1 000
   Ventes (+Pr, +CP) 1 000

Comptabilisation de l'encaissement :

ÉQUATION COMPTABLE

	Actif		=	Passif		+	Capitaux propres	
Trésorerie		+980					Escomptes sur ventes	−20
Clients		−1 000						

ÉCRITURE DE JOURNAL

Trésorerie (+A) 980
Escomptes sur ventes (+XPr, −Pr, −CP) 20
   Clients (−A) 1 000

On devrait toujours traiter les rendus et rabais sur ventes comme des comptes de sens contraire. Supposons qu'une entreprise achète à crédit de la compagnie Dorbien 20 tables à langer pour 2 000 $. Le jour de la vente, Dorbien enregistre cette opération de la façon suivante :

ÉQUATION COMPTABLE

	Actif		=	Passif		+	Capitaux propres	
Clients		+2 000					Ventes	+2 000

ÉCRITURE DE JOURNAL

Clients (+A) 2 000
   Ventes (+Pr, +CP) 2 000

Avant d'avoir payé les tables à langer, l'entreprise découvre que cinq de celles qui lui ont été livrées sont un peu endommagées. Elle les renvoie donc à Dorbien, où, le même jour, on enregistre ce qui suit :

ÉQUATION COMPTABLE

	Actif		=	Passif		+	Capitaux propres	
Clients		−500					Rendus et rabais sur ventes	−500

ÉCRITURE DE JOURNAL

Rendus et rabais sur ventes (+XPr, −Pr, −CP) 500
   Clients (−A) 500

POINTS SAILLANTS DU CHAPITRE

1. **Appliquer les critères de comptabilisation des produits afin de déterminer à quel moment il convient d'enregistrer la vente de marchandises ou la prestation de services** (*voir la page 341*).

   On considère généralement les critères de comptabilisation des produits comme l'un des principaux déterminants d'une présentation fidèle des états financiers. Pour la plupart des marchands et des fabricants, le moment recommandé pour effectuer la comptabilisation des produits est celui de l'expédition ou de la livraison des marchandises. Dans le cas des entreprises de service, il s'agit du moment suivant la prestation du service.

2. **Analyser l'effet des ventes par cartes de crédit, des escomptes et des rendus et rabais sur ventes sur le chiffre d'affaires de l'entreprise** (*voir la page 342*).

   On présente les escomptes sur cartes de crédit et les escomptes sur ventes en diminution du chiffre d'affaires. Les rendus et rabais sur ventes, qui devraient toujours être traités comme un compte de sens contraire, font également diminuer le chiffre d'affaires.

3. **Analyser et interpréter le pourcentage de la marge brute** (*voir la page 345*).

   Le pourcentage de la marge brute sert à mesurer la capacité d'une entreprise à vendre des produits ou des services à un prix plus élevé que le coût de leur production ou de leur achat. Les gestionnaires, les analystes et les créanciers se servent de ce ratio pour évaluer l'efficacité des stratégies d'une entreprise sur le plan du développement de produits, de la mise en marché et de la production.

4. **Estimer, enregistrer et évaluer l'effet des mauvaises créances sur les états financiers** (*voir la page 348*).

   Les comptes clients doivent être comptabilisés à leur juste valeur. À la clôture de la période financière, l'entreprise doit estimer et enregistrer la perte de valeur subie par ses créances en procédant à un test de dépréciation individuel et collectif de ses comptes clients. Elle doit aussi radier certains comptes qui ont été jugés irrécouvrables au cours de la période.

   La comptabilisation d'une provision pour dépréciation réduit le résultat net de même que le montant net des comptes clients.

5. **Analyser et interpréter le taux de rotation des comptes clients et l'effet de ces comptes sur les flux de trésorerie** (*voir la page 353*).

   - Le taux de rotation des comptes clients – Ce taux sert à mesurer l'efficacité des activités d'autorisation de crédit et de recouvrement des créances. Il indique combien de fois, en moyenne, on a enregistré et recouvré des comptes clients durant une période donnée. Les analystes et les créanciers l'examinent attentivement, car une diminution majeure et soudaine pourrait signifier qu'une entreprise repousse les échéances de paiement dans le but de soutenir des ventes au ralenti ou encore qu'elle enregistre la vente de biens qui feront plus tard l'objet de retours.

   - Les effets des comptes clients sur les flux de trésorerie (méthode indirecte) – Lorsqu'il y a une diminution nette des comptes clients au cours d'une période financière donnée, le montant des espèces recouvrées auprès des clients excède toujours le chiffre d'affaires, et les flux de trésorerie provenant des activités opérationnelles augmentent. Dans le cas d'une augmentation des comptes clients, le montant des espèces recouvrées est toujours inférieur au chiffre d'affaires. Ainsi, les flux de trésorerie provenant des activités opérationnelles diminuent.

6. Définir, gérer et protéger la trésorerie (*voir la page 356*).

La trésorerie est l'actif financier le plus liquide. Il circule constamment de l'intérieur vers l'extérieur de l'entreprise et inversement. Par conséquent, on doit mettre en place de nombreuses mesures de contrôle, y compris le rapprochement bancaire. En outre, la gestion de la trésorerie revêt une importance capitale pour les gestionnaires, qui doivent toujours disposer de l'argent nécessaire afin de répondre aux besoins de l'entreprise tout en évitant de conserver des montants superflus qui ne produisent aucun revenu.

7. Comparer les IFRS et les normes comptables pour les entreprises à capital fermé (*voir la page 364*).

Il n'y a aucune différence significative entre les deux référentiels comptables concernant les créances et la trésorerie. Ces deux sujets sont traités dans les normes portant sur les instruments financiers.

La comptabilisation du coût des ventes est étroitement liée au processus de comptabilisation des produits. Le chapitre 7 porte sur les opérations liées aux stocks et au coût des marchandises destinées à la vente. Ce sujet est important, car le coût des ventes établi par une entreprise a un effet considérable sur sa marge brute et son résultat net, éléments qui font l'objet d'un suivi attentif de la part des investisseurs, des analystes financiers et de divers autres utilisateurs des états financiers. L'importance accrue accordée à la qualité, à la productivité et aux coûts oriente de plus en plus l'attention des directeurs de production vers le coût des ventes et les stocks. Les coûts de détention des stocks jouent un rôle considérable en cas de lancement de nouveaux produits et dans la prise de décisions concernant l'établissement des prix. Les directeurs du marketing et les gestionnaires s'y intéressent donc aussi de façon particulière. Enfin, comme la comptabilisation des stocks a un effet direct sur les impôts à payer de nombreuses entreprises, nous en profitons pour explorer l'effet de la fiscalité sur les prises de décisions des gestionnaires et sur la communication de l'information financière.

Ratios clés

Le pourcentage de la marge brute sert à mesurer l'excédent des prix de vente sur les coûts d'achat ou de production des marchandises vendues ou les coûts liés à la prestation des services rendus. On le calcule ainsi (*voir la page 345*) :

$$\text{Pourcentage de la marge brute} = \frac{\text{Marge brute}}{\text{Chiffre d'affaires net}}$$

Le taux de rotation des comptes clients sert à mesurer l'efficacité des activités d'autorisation de crédit et de recouvrement des créances. On le calcule ainsi (*voir la page 353*) :

$$\text{Taux de rotation des comptes clients} = \frac{\text{Chiffre d'affaires net}}{\text{Comptes clients nets moyens}}$$

Calcul de la moyenne : (Comptes clients nets à l'ouverture de la période + Comptes clients nets à la clôture de la période) ÷ 2

Pour trouver l'information financière

ÉTAT DE LA SITUATION FINANCIÈRE

Actifs courants
Trésorerie
Clients, nets (après déduction de la provision
   pour dépréciation)

ÉTAT DES VARIATIONS DES CAPITAUX PROPRES

Les sujets abordés dans ce chapitre n'ont
aucune incidence sur l'état des variations
des capitaux propres.

NOTES

Principales conventions comptables
Politique de comptabilisation des produits
Méthode d'évaluation des créances

Autre information
Évaluation du risque de crédit

ÉTAT DU RÉSULTAT GLOBAL

Produits
Chiffre d'affaires net (le chiffre d'affaires
   moins les escomptes et les rendus et rabais
   sur ventes)

Charges
Charges opérationnelles (y compris la
   dépréciation des comptes clients)

TABLEAU DES FLUX DE TRÉSORERIE

Dans la catégorie des activités opérationnelles (méthode indirecte)
   Résultat net
+ Diminution des comptes clients nets
− Augmentation des comptes clients nets

Mots clés

ACTIVITÉS D'APPRENTISSAGE

QUESTIONS

1. Expliquez la différence entre le chiffre d'affaires et le chiffre d'affaires net.

2. Qu'est-ce que la marge brute? Comment calcule-t-on le pourcentage de la marge brute? Dans votre explication, supposez que le chiffre d'affaires net est de 100 000 $ et que le coût des ventes s'élève à 60 000 $.

3. Qu'est-ce qu'un escompte sur carte de crédit? Comment cet escompte influe-t-il sur les montants qui figurent à l'état du résultat global?

4. Qu'est-ce qu'un escompte sur vente? Utilisez les modalités de 1/10, n/30 dans votre explication.

5. Quelle est la distinction entre un rendu et rabais sur vente et un escompte sur vente?

6. Expliquez la différence entre les comptes clients et les effets à recevoir.

7. Pourquoi les entreprises doivent-elles effectuer un test de dépréciation de leurs comptes clients en fin de période?

8. Comment l'entreprise évalue-t-elle la perte de valeur de ses comptes clients en fin de période?

9. Quel est l'effet de la comptabilisation d'une dépréciation des comptes clients sur:

   a) le résultat net?

   b) les comptes clients nets?

10. En général, une augmentation du taux de rotation des comptes clients indique-t-elle un recouvrement plus rapide ou plus lent des comptes clients? Expliquez votre réponse.

11. Définissez le terme «trésorerie» et l'expression «équivalents de trésorerie» dans le contexte de la comptabilité.

12. Résumez les principales caractéristiques d'un contrôle interne efficace de la trésorerie.

13. Pourquoi la manipulation de l'argent et la comptabilisation de la trésorerie devraient-elles être des activités séparées? Comment procède-t-on à une telle répartition des tâches?

14. Quels sont les objectifs du rapprochement bancaire? Quels soldes cherche-t-on à rapprocher?

15. Expliquez brièvement la façon de calculer le montant total du compte Trésorerie avant de l'inscrire à l'état de la situation financière.

16. Selon la méthode du montant brut, doit-on comptabiliser le montant des escomptes sur ventes: au moment où la vente est enregistrée; ou au moment où le recouvrement du compte est enregistré? (Annexe 6-A)

QUESTIONS À CHOIX MULTIPLES

1. Quelle est la meilleure description d'un escompte sur carte de crédit?

   a) L'escompte offert par un vendeur à un consommateur pour l'inciter à utiliser une carte de crédit comme Visa

   b) Les frais qu'exige un vendeur de la part d'un consommateur pour accepter que ce dernier utilise une carte de crédit

   c) L'escompte offert par un vendeur à un consommateur pour le paiement rapide de son compte

   d) Les frais qu'exige une entreprise de cartes de crédit (comme Visa) de la part d'un vendeur

2. Un escompte sur vente dont les termes sont de 2/10, n/30 signifie:

   a) un escompte de 10 % pour un paiement effectué avant 30 jours;

   b) un escompte de 2 % pour un paiement effectué avant 10 jours ou le montant total pour un paiement effectué avant 30 jours;

   c) 2/10 de 1 % d'escompte pour un paiement effectué avant 30 jours;

   d) aucune de ces réponses.

3. Une entreprise a réduit ses coûts de fabrication en déplaçant son usine dans un autre pays. Quel effet ce déplacement aura-t-il sur le pourcentage de la marge brute, toutes choses étant égales par ailleurs?

   a) Le pourcentage ne changera pas.

   b) Le pourcentage augmentera.

   c) Le pourcentage diminuera.

   d) b) ou c)

4. Lorsqu'une entreprise radie un compte client, quels énoncés sont vrais?

   1) Le total des capitaux propres ne change pas.

   2) Le total des actifs ne change pas.

   3) Le total des charges ne change pas.

   a) 2

   b) 1 et 3

   c) 1 et 2

   d) 1, 2 et 3

5. L'entreprise Malouin procède à un test de dépréciation au moyen de la méthode fondée sur le classement chronologique des comptes clients. Elle détermine ainsi:

   a) le montant de la dépréciation de la période;

   b) le solde du compte Provision pour dépréciation – clients à la fin de la période;

c) la variation du compte Provision pour dépréciation – clients de la période;

d) a) et c)

6. En étudiant votre relevé bancaire, vous constatez que l'un de vos clients vous a remis un chèque sans provision. Au moment d'effectuer votre rapprochement bancaire, vous devez procéder ainsi:

	Solde aux livres	Solde bancaire
a)	Aucun effet	Diminuer
b)	Diminuer	Augmenter
c)	Diminuer	Aucun effet
d)	Augmenter	Diminuer

7. Quel énoncé n'est pas une mesure de contrôle efficace de la trésorerie?

a) Exiger que chaque chèque comporte la signature de deux gestionnaires.

b) Exiger que l'argent soit déposé à la banque chaque jour.

c) Exiger que la personne qui manipule l'argent n'ait aucun accès à la comptabilisation de la trésorerie.

d) Toutes ces exigences font partie d'un système de contrôle efficace de la trésorerie.

8. Lorsqu'on enregistre la dépréciation des comptes clients:

a) le total des actifs et le total des capitaux propres ne changent pas;

b) le total des actifs et le total des capitaux propres diminuent;

c) le total des actifs augmente et le total des capitaux propres diminue;

d) le total des passifs augmente et le total des capitaux propres augmente.

9. Quelle est la meilleure présentation des comptes clients aux états financiers?

a) À l'état de la situation financière, dans l'actif courant, les comptes clients plus la provision pour dépréciation – clients

b) À l'état de la situation financière, dans l'actif courant, les comptes clients; à l'état du résultat global, dans les charges, la provision pour dépréciation – clients

c) À l'état de la situation financière, dans l'actif courant, les comptes clients moins la dépréciation des comptes clients

d) À l'état de la situation financière, dans l'actif courant, les comptes clients moins la provision pour dépréciation – clients

10. Quel élément ne fait pas partie du calcul du chiffre d'affaires net?

a) Les rendus et rabais sur ventes

b) Les escomptes sur ventes

c) Le coût des ventes

d) Les escomptes sur cartes de crédit

MINI-EXERCICES

M6-1
1
5 minutes

La comptabilisation des produits

Indiquez le moment le plus probable où, selon vous, on devrait enregistrer le produit d'une vente pour chacune des opérations ci-dessous.

Opération	Point A	Point B
a) Une vente par carte de crédit de billets d'avion qu'effectue une compagnie d'aviation.	_____ Au lieu de la vente	_____ À la fin du vol
b) Une vente par carte de crédit d'un ordinateur qu'effectue une entreprise de vente par correspondance.	_____ À l'expédition	_____ À la livraison
c) Une vente à crédit de marchandises à un client commercial	_____ À l'expédition	_____ À l'encaissement

M6-2
2
5 minutes

Le chiffre d'affaires et les escomptes sur ventes

Des marchandises dont le coût s'élève à 9 500 $ ont été vendues suivant des modalités de paiement de 1/10, n/30. Si l'acheteur paie dans le délai prévu pour bénéficier de l'escompte, quel montant l'entreprise inscrira-t-elle en guise de chiffre d'affaires net à son état du résultat global?

M6-3
2
10 minutes

Le chiffre d'affaires et les escomptes sur ventes, les escomptes sur cartes de crédit et les retours sur ventes

Le chiffre d'affaires brut total d'une entreprise pour une période donnée inclut les éléments suivants:

Ventes par cartes de crédit (escompte de 3 %)	8 400 $
Ventes à crédit (1/15, n/60)	10 500

Les retours sur ventes liés aux ventes à crédit se chiffrent à 500 $. Tous les retours sont effectués avant le paiement des marchandises. La moitié des marchandises vendues à crédit ont été payées en respectant le délai d'escompte. Cette entreprise considère tous les escomptes et les retours comme des comptes de sens contraire. Quel montant inscrira-t-elle à son état du résultat global en guise de chiffre d'affaires net ?

Le calcul et l'interprétation du pourcentage de la marge brute

Le chiffre d'affaires net de la période s'élève à 49 000 $, et le coût des ventes est de 28 000 $. Calculez le pourcentage de la marge brute de l'année en cours. Qu'indique ce pourcentage ?

La comptabilisation de la dépréciation des comptes clients

Passez les écritures de journal nécessaires pour chacune des opérations suivantes :

a) Au cours de sa période financière, l'entreprise a radié des créances irrécouvrables de 13 000 $.

b) À la fin de cette période, on estime que la provision pour dépréciation – clients devrait s'élever à 22 000 $. Le solde du compte est actuellement de 12 000 $.

L'effet de la dépréciation des comptes clients sur les états financiers

À l'aide des choix suivants, indiquez l'effet des opérations proposées sur l'équation comptable. Écrivez un + pour une augmentation et un – pour une diminution. S'il n'y a aucun effet, écrivez AE. Précisez les comptes qui subissent un changement et les montants en cause.

a) À la fin de sa première année d'activité, l'entreprise estime la provision pour dépréciation – clients à 17 000 $.

b) Au cours de cette année, on a radié un montant de 7 000 $ en créances irrécouvrables.

Opération	Actif	=	Passif	+	Capitaux propres

6

L'effet de la politique de crédit sur le taux de rotation des comptes clients

Déterminez l'effet le plus probable que les changements suivants, apportés à la politique de crédit d'une entreprise, pourraient avoir sur son taux de rotation des comptes clients. (Écrivez un + pour une augmentation et un – pour une diminution. S'il n'y a aucun effet, écrivez AE.)

_____ a) Le crédit offert est assorti d'échéances de paiement plus courtes.

_____ b) L'efficacité des méthodes de recouvrement a été améliorée.

_____ c) Du crédit est accordé à des clients moins fiables.

Le rapprochement bancaire

Indiquez s'il faut, au moment d'effectuer un rapprochement bancaire, additionner (+) les éléments suivants aux registres comptables de l'entreprise ou au relevé bancaire, ou les en soustraire (–).

Élément du rapprochement	Registres comptables	Relevé bancaire
a) Chèques en circulation		
b) Frais bancaires		
c) Dépôts en circulation		

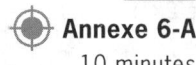

La comptabilisation des escomptes sur ventes

On effectue une vente de 8 000 $, assortie de modalités de paiement de 1/10, n/30. À quel montant la vente devrait-elle être enregistrée ? Passez l'écriture de journal requise. Passez aussi l'écriture correspondant au recouvrement, en supposant que celui-ci se fait dans le délai prévu pour bénéficier de l'escompte.

E6-1

2

15 minutes

Les ventes à crédit et les escomptes sur ventes

Au cours des mois de janvier et de février, la société Bronze ltée a vendu des marchandises à trois clients. Voici les opérations, dans l'ordre où elles ont été effectuées :

01-06   Vente de 950 $ de marchandises à M. Leblanc et facturation suivant des modalités de 2/10, n/30.

01-06   Vente de 600 $ de marchandises à M. Lenoir et facturation suivant des modalités de 2/10, n/30.

01-14   Recouvrement de la somme due par M. Leblanc.

02-02   Recouvrement de la somme due par M. Lenoir.

02-28   Vente de 450 $ de marchandises à M. Raymond et facturation suivant des modalités de 2/10, n/45.

Travail à faire

Calculez le chiffre d'affaires net de la période de deux mois se terminant le 28 février.

E6-2

2

15 minutes

Les ventes à crédit, les escomptes sur ventes et les ventes par cartes de crédit

On a tiré les opérations suivantes des livres de la société Verdure :

07-12   Vente de marchandises au client R pour un total de 2 000 $, portés au compte de sa carte de crédit Visa ; Visa réclame à l'entreprise des frais de 2 % sur les cartes de crédit.

07-15   Vente de marchandises au client S, dont la facture s'élève à 7 000 $; modalités de paiement de 3/10, n/30.

07-20   Vente de marchandises au client T ; la facture est de 5 000 $; modalités de paiement de 3/10, n/30.

07-23   Recouvrement de la somme due par le client S pour la vente qui est survenue le 15 juillet.

08-25   Recouvrement de la somme due par le client T pour la vente qui a eu lieu le 20 juillet.

Travail à faire

Calculez le chiffre d'affaires net de la période de deux mois se terminant le 31 août.

E6-3

2

15 minutes

Les ventes à crédit, les escomptes sur ventes, les retours sur ventes et les ventes par cartes de crédit

Les opérations suivantes sont inscrites aux livres du détaillant Hébert pour la période financière 2013 :

11-20   Vente de deux articles au client B, qui règle la facture de 350 $ avec sa carte de crédit Visa ; Visa réclame à Hébert des frais de 2 % sur les cartes de crédit.

11-25   Vente de 20 articles au client C, dont la facture totale s'élève à 4 500 $; modalités de paiement de 3/10, n/30.

11-28   Vente de 10 articles identiques au client D ; la facture totale est de 9 000 $; modalités de paiement de 3/10, n/30.

11-30   Retour par le client D d'un des articles qu'il a achetés le 28 novembre ; le client juge que cet article est défectueux ; il obtient un crédit.

12-06   Paiement par le client D du solde de son compte en entier.

12-30   Règlement par le client C du montant total de sa facture du 25 novembre 2013.

Travail à faire

Calculez le chiffre d'affaires net de la période de deux mois se terminant le 31 décembre 2013.

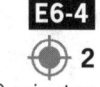

E6-4

2

20 minutes

L'effet des ventes à crédit, des escomptes sur ventes, des ventes par cartes de crédit et des rendus et rabais sur ventes sur l'état du résultat global

L'entreprise de chaussures Sandale enregistre les rendus et rabais sur ventes, les escomptes sur ventes et sur cartes de crédit comme des comptes de sens contraire. Remplissez le tableau ci-dessous en indiquant l'effet et le montant de chacune des opérations. (Écrivez un + pour une augmentation et un – pour une diminution. S'il n'y a aucun effet, écrivez AE.)

07-12   Vente de marchandises à un client au magasin de l'usine ; l'achat de 400 $ est porté à la carte MasterCard du client ; la société émettrice réclame des frais de service de 1 %. Le coût des ventes est de 250 $.

07-15   Vente de marchandises au client T ; la facture totale est de 4 000 $; modalités de paiement de 3/10, n/30. Le coût des ventes est de 2 000 $.

07-20   Recouvrement de la somme due par le client T.

07-21   Retour de chaussures par un client avant le règlement de sa facture ; le prix de ces marchandises s'élève à 1 000 $ et le coût des ventes, à 600 $.

Opération	Chiffre d'affaires net	Coût des ventes	Marge brute
12 juillet			
15 juillet			
20 juillet			
21 juillet			

E6-5

2

20 minutes

L'évaluation du taux d'intérêt implicite annuel de l'escompte sur vente

La société Paysagistes Papineau offre des modalités de paiement de 4/10, n/60 à ses clients.

Travail à faire

1.   Calculez le taux d'intérêt implicite annuel de son escompte sur vente.

2.   Si la banque d'un client exige des intérêts de 10 %, est-il avantageux de contracter un emprunt pour profiter de l'escompte ? Expliquez votre réponse.

E6-6

3

30 minutes

L'analyse du pourcentage de la marge brute

Le tableau ci-dessous résume les données des registres de la société Salaberry pour la période close le 31 décembre 2012.

Ventes de marchandises au comptant	223 000 $
Ventes de marchandises à crédit	40 000
Coût des ventes	143 000
Charges commerciales	45 200
Charges administratives	20 000
Rendus et rabais sur ventes	8 000
Dépréciation des comptes clients	1 200
Éléments non inclus dans les postes ci-dessus :	
Taux moyen d'impôts sur le résultat : 30 %	
Nombre d'actions ordinaires en circulation : 4 000	

E6-7
3
30 minutes

L'analyse du pourcentage de la marge brute

La société D'un Océan à l'autre inc. s'enorgueillit d'être l'un des chefs de file mondiaux des distributeurs de chaussures non destinées aux athlètes. L'entreprise fait face à une forte concurrence dans un grand nombre de marchés et offre souvent ses produits à un prix inférieur à celui de ses concurrents. Les données qui suivent proviennent de son plus récent rapport annuel (en milliers de dollars):

Chiffre d'affaires net	1 141 887
Impôts sur le résultat	38 645
Dividendes en espèces déclarés	16 504
Charges commerciales et administratives	318 243
Coût des ventes	700 349
Charges financières	2 973
Autres produits	1 970
Éléments non inclus dans les postes ci-dessus:	
Nombre d'actions ordinaires en circulation: 55 030	

Travail à faire

1. À partir des données qui sont fournies, dressez un état du résultat global (indiquant à la fois la marge brute, le résultat opérationnel et le résultat net). Ajoutez une colonne et présentez aussi les montants sous forme de pourcentages du chiffre d'affaires.

2. Quel est le montant de la marge brute? Quel est le pourcentage de la marge brute? Expliquez la signification de ces deux montants. Comparez le pourcentage de la marge brute de cette entreprise à celui de Danone (53,2 %). À votre avis, comment la différence entre les deux entreprises s'explique-t-elle?

E6-8
4
15 minutes

Le calcul de la dépréciation des comptes clients à l'aide du classement chronologique des comptes clients

À la laiterie Les Vaches rieuses, on utilise la méthode fondée sur le classement chronologique des comptes clients pour en estimer la dépréciation. On classe le solde de chacun des comptes clients en se basant sur les trois catégories suivantes: 1) 14 000 $ pour les comptes courants; 2) 4 500 $ pour les comptes de moins de 120 jours; 3) 2 500 $ pour les comptes de 120 jours et plus. L'expérience a démontré que les taux moyens de perte de valeur due au non-recouvrement des comptes clients à la fin de la période sont respectivement de 2 %, de 12 % et de 30 % pour chacune des catégories. Le 31 décembre 2013 (date de la fin de la période en cours), le solde de la provision pour dépréciation – clients était de 800 $ avant que l'on enregistre la dépréciation calculée à la fin de l'année.

Travail à faire

Quel montant l'entreprise devrait-elle comptabiliser à titre de dépréciation de la période en cours?

E6-9

30 minutes

La comptabilisation et la présentation de la dépréciation des comptes clients à l'aide du classement chronologique des comptes clients

L'entreprise Rubine utilise la méthode fondée sur le classement chronologique des comptes clients pour déterminer leur perte de valeur en fin de période. Elle classe le solde de chacun des comptes clients en se basant sur les trois catégories suivantes : 1) 60 000 $ pour les comptes courants ; 2) 12 000 $ pour les comptes de moins de 180 jours ; 3) 4 000 $ pour les comptes de 180 jours et plus. L'expérience a démontré que les taux de perte de valeur due au non-recouvrement des comptes clients à la fin de la période sont respectivement de 3 %, de 15 % et de 35 % pour chacune des catégories. Le 31 décembre 2012 (date de la fin de la période en cours), le solde de la provision pour dépréciation – clients est de 200 $ avant le calcul de la perte de valeur des comptes clients de l'année en cours.

Travail à faire

1. Calculez le montant auquel devrait s'élever la provision pour déprécation – clients au 31 décembre 2012.

2. Quel sera le montant de la dépréciation des comptes clients en 2012 ?

3. Présentez la section des comptes clients à l'état de la situation financière.

E6-10

30 minutes

La comptabilisation et la présentation de la dépréciation à l'aide du classement chronologique des comptes clients

L'entreprise Lady utilise la méthode fondée sur le classement chronologique des comptes clients pour déterminer leur perte de valeur en fin de période. Elle classe le solde de chacun des comptes clients en se basant sur les trois catégories suivantes : 1) 250 000 $ pour les comptes courants ; 2) 50 000 $ pour les comptes de moins de 120 jours ; 3) 30 000 $ pour les comptes de 120 jours et plus. L'expérience a démontré que les taux de perte due au non-recouvrement des comptes clients à la fin de la période sont respectivement de 3,5 %, de 10 % et de 30 % pour chacune des catégories. Le 31 décembre 2014 (date de la fin de la période en cours), le solde de la provision pour dépréciation – clients est de 400 $ avant les ajustements de fin d'année.

Travail à faire

1. Calculez le montant auquel devrait s'élever la provision pour déprécation – clients au 31 décembre 2014.

2. Quel sera le montant de la dépréciation des comptes clients en 2014 ?

3. Présentez la section des comptes clients à l'état de la situation financière.

E6-11

20 minutes

DaimlerChrysler AG

L'interprétation de renseignements concernant la dépréciation des comptes clients

DaimlerChrysler est l'un des plus importants groupes industriels établis en Allemagne. L'entreprise est bien connue, puisqu'elle est le constructeur des voitures Mercedes-Benz ainsi que des voitures et camions Chrysler. Elle construit aussi différents produits liés aux domaines du transport (ferroviaire et aérospatial), de la propulsion, de la défense et des technologies de l'information. Lors de sa demande d'inscription à la Bourse de New York, la société s'est conformée aux exigences de cet organisme en divulguant les renseignements suivants concernant sa provision pour dépréciation – clients (en millions d'euros) :

Solde à l'ouverture de la période	Dépréciation de la période	Montants radiés	Solde à la clôture de la période
629	23	(48)	604

Travail à faire

1. Rédigez un résumé des écritures de journal relatives à la dépréciation des comptes clients de la période en cours.

2. Si DaimlerChrysler avait radié un montant supplémentaire de 10 millions d'euros de ses comptes clients au cours de cette période, quels auraient été les effets sur les comptes clients nets et le résultat net de l'entreprise? Expliquez votre réponse.

20 minutes

La radiation de créances irrécouvrables et le recouvrement ultérieur des montants dus par les clients

Microtechnique conçoit, produit et met en marché une vaste gamme de logiciels. Dans un récent état de la situation financière, l'entreprise présentait les renseignements qui suivent concernant son chiffre d'affaires et ses comptes clients (en milliers de dollars):

	Période en cours	Période précédente
Comptes clients, déduction faite d'une provision de 117 000 $ et de 142 000 $	11 338 000 $	9 316 000 $
Chiffre d'affaires	51 122 000	44 282 000

Selon d'autres renseignements disponibles, l'entreprise a aussi comptabilisé une dépréciation des comptes clients de 64 000 $ et n'a réinscrit aucun des comptes précédemment radiés durant la période en cours.

Travail à faire

1. Quel montant de créances irrécouvrables l'entreprise a-t-elle radié durant la période en cours?

2. En supposant que toutes les ventes qu'a effectuées Microtechnique durant cette période ont été faites à crédit, déterminez le montant des encaissements de la période en cours.

30 minutes

L'effet de la dépréciation des comptes clients sur le résultat net et le fonds de roulement

Un rapport annuel récent de la société Rave présente les renseignements qui suivent:

	Période 1	Période 2
Clients	5 992 000 $	5 964 000 $
Moins: Provision pour dépréciation – clients	399 000	419 000
Clients, nets	5 593 000 $	5 545 000 $

Une note aux états financiers indique que l'entreprise a aussi radié des comptes clients irrécouvrables de 322 000 $ au cours de la période 1 et de 512 000 $ au cours de la période 2.

Travail à faire

1. Déterminez le montant de la dépréciation des comptes clients de la période 2 en vous basant sur les renseignements ci-dessus.

2. Le fonds de roulement est défini comme l'actif courant dont on soustrait le passif courant. Quel est l'effet de la radiation des comptes clients de 512 000 $ sur le fonds de roulement de la société au cours de la période 2? Durant cette deuxième année, quel effet la comptabilisation de la dépréciation des comptes clients a-t-elle eu sur le fonds de roulement de l'entreprise?

3. De quelle façon cette radiation de 512 000 $ a-t-elle modifié le résultat net de l'entreprise au cours de la période 2? Quel effet l'enregistrement de la dépréciation des comptes a-t-il eu sur le résultat net de la période 2?

E6-14

 4

30 minutes

L'enregistrement, la comptabilisation et l'estimation d'une provision pour dépréciation – clients

Au cours de la période financière 2013, le magasin Caméra MIL a enregistré un chiffre d'affaires de 150 000 $, dont 75 000 $ provenaient de ventes à crédit. Au début de l'année 2013, le solde des comptes clients s'élevait à 13 000 $ et la provision pour dépréciation – clients présentait un solde de 800 $. Le recouvrement des comptes clients au cours de l'année 2013 a rapporté 60 000 $.

Voici quelques renseignements concernant l'année 2013 :

a) Le 31 décembre 2013, l'entreprise a décidé qu'un compte client de 1 700 $ (celui de J. Dupont), datant de la période précédente, était irrécouvrable. Elle l'a donc immédiatement radié à titre de créance irrécouvrable.

b) Le 31 décembre 2013, en se basant sur leur expérience, les gestionnaires de l'entreprise ont déterminé, à la suite de leur analyse chronologique des comptes clients, que la provision pour dépréciation – clients devait s'élever à 225 $.

Travail à faire

1. Passez les écritures de journal correspondant aux deux décisions prises le 31 décembre 2013 (c'est-à-dire à la fin de la période financière).

2. Montrez comment les montants relatifs aux comptes clients et à la dépréciation des comptes clients seront présentés à l'état du résultat global et à l'état de la situation financière de la période 2013.

E6-15

 5

15 minutes

Federal Express

L'analyse et l'interprétation du taux de rotation des comptes clients

Un récent rapport annuel de Federal Express présente les renseignements suivants (en milliers de dollars états-uniens) :

	Période en cours	Période précédente
Clients	3 178 000	2 776 000
Moins : Provision pour dépréciation – clients	151 000	149 000
Clients, nets	3 027 000	2 627 000

Federal Express a réalisé un chiffre d'affaires pour la période en cours de 24 710 000 milliers de dollars états-uniens provenant exclusivement de ventes à crédit.

Travail à faire

1. Calculez le taux de rotation des comptes clients et le délai moyen de recouvrement de ces comptes pour la période en cours.

2. Expliquez ce que vous révèle chacun des montants.

E6-16

 5

15 minutes

Dell

Le calcul et l'interprétation du taux de rotation des comptes clients

Un récent rapport annuel de Dell présente les renseignements suivants (en milliers de dollars états-uniens) :

	Période en cours	Période précédente
Clients	4 748 000	4 179 000
Moins : Provision pour dépréciation – clients	126 000	97 000
Clients, nets	4 622 000	4 082 000

Dell a réalisé un chiffre d'affaires pour la période en cours de 57 420 000 milliers de dollars états-uniens provenant exclusivement de ventes à crédit.

6

Travail à faire

1. Calculez le taux de rotation des comptes clients et le délai moyen de recouvrement de ces comptes pour la période en cours.

2. Expliquez ce que vous révèle chacun des montants.

L'effet de la baisse du chiffre d'affaires et des comptes clients sur les flux de trésorerie

Chaussures Bibeau inc. fabrique et met en marché des chaussures sous les marques Bibeau, Bellevue et Basta. On a observé, au cours des trois dernières périodes financières, une diminution du chiffre d'affaires et du résultat net, le tout s'étant terminé par une perte nette de 8 430 000 $. Toutefois, à chaque période, l'entreprise enregistrait des flux de trésorerie positifs liés à ses activités opérationnelles.

Les variations qui sont survenues dans les comptes clients contribuent à expliquer ce résultat positif. Voici ce que présentent les états de la situation financière de la période en cours et de la période précédente (en milliers de dollars états-uniens):

	Période en cours	Période précédente
Clients et effets à recevoir, déduction faite de la provision pour dépréciation	48 066	63 403

Travail à faire

1. Comment les variations survenant dans les comptes clients peuvent-elles modifier les flux de trésorerie liés aux activités opérationnelles? Expliquez pourquoi ces variations ont un tel effet.

2. Expliquez comment la diminution du chiffre d'affaires entraîne souvent:

   a) une diminution des comptes clients;

   b) un encaissement des comptes clients qui est plus élevé que le chiffre d'affaires.

Apple

L'effet de l'augmentation du chiffre d'affaires et des variations des comptes clients sur les flux de trésorerie

Apple est bien connue pour ses produits iPhone et iPod. Au cours des dernières années, son chiffre d'affaires et son résultat net ont tous deux augmenté de façon spectaculaire. Toutefois, les flux de trésorerie liés à ses activités opérationnelles ont diminué au cours de la même période. Cette diminution s'explique en partie par une variation qui est survenue dans le solde des comptes clients. Voici ce que présentent les états de la situation financière de la période en cours et de la période précédente (en milliers de dollars états-uniens):

	Période en cours	Période précédente
Clients moins la provision pour dépréciation	707 000	534 000

Travail à faire

1. Comment les variations survenant dans les comptes clients peuvent-elles modifier les flux de trésorerie liés aux activités opérationnelles? Expliquez pourquoi ces variations ont un tel effet.

2. Expliquez comment l'augmentation du chiffre d'affaires entraîne souvent:

   a) une augmentation des comptes clients;

   b) des recouvrements auprès des clients, recouvrements qui totalisent une somme moins élevée que le chiffre d'affaires.

E6-19

⊕ 6

20 minutes

L'établissement du rapprochement bancaire et les écritures de journal

Voici un résumé du relevé bancaire et le solde du compte Trésorerie au grand livre de l'entreprise Pivoine en date du 30 juin 2013:

Relevé bancaire			
	Retraits	Dépôts	Solde
Solde au 1er juin 2013			6 900$
Dépôts enregistrés en juin		16 200$	23 100
Chèques compensés en juin	17 000$		6 100
Frais bancaires	40		6 060
Solde au 30 juin 2013			6 060

+	Trésorerie (A)				−
06-01	Solde	6 900			
Juin	Dépôts	19 100	18 000	Chèques émis	Juin

Travail à faire

1. Établissez le rapprochement bancaire. Une comparaison entre les chèques émis et les chèques compensés par la banque indique que 1 000$ de chèques sont en circulation. Un dépôt de 2 900$ est en circulation à la fin de juin.

2. Passez toutes les écritures de journal nécessaires à la suite du rapprochement bancaire.

3. Quel montant total faudrait-il inscrire au poste Trésorerie à l'état de la situation financière au 30 juin?

E6-20

⊕ 6

30 minutes

L'établissement du rapprochement bancaire et les écritures de journal

Voici le résumé du relevé bancaire et le solde du compte Trésorerie de l'entreprise Cisaille pour le mois de septembre 2012:

Relevé bancaire			
	Retraits	Dépôts	Solde
Solde au 1er septembre 2012			6 000$
Dépôts enregistrés en septembre		27 400$	33 400
Chèques compensés en septembre	28 400$		5 000
Chèque sans provision – V. Lee	170		4 830
Frais bancaires	60		4 770
Solde au 30 septembre 2012			4 770

+	Trésorerie (A)				−
09-01	Solde	6 000			
Septembre	Dépôts	28 600	28 900	Chèques émis	Septembre

Aucun chèque en circulation ni dépôt en circulation n'a fait l'objet d'un report après le mois d'août. Toutefois, il y a encore des dépôts et des chèques en circulation à la fin de septembre.

Travail à faire

1. Établissez le rapprochement bancaire.
2. Passez toutes les écritures de journal nécessaires à la suite de ce rapprochement bancaire.
3. Quel montant faudrait-il inscrire au poste Trésorerie à l'état de la situation financière au 30 septembre ?

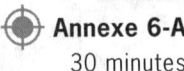
Annexe 6-A
30 minutes

L'enregistrement des ventes à crédit, des escomptes sur ventes, des retours sur ventes et des ventes par cartes de crédit

Voici quelques-unes des opérations qu'ont réalisées les détaillants Hortense au cours de la période 2013 :

11-20   Vente de deux articles au client B ; le prix de vente de 450 $ est porté au compte Visa du client ; Visa exige d'Hortense des frais de 2 % sur les cartes de crédit.

11-25   Vente de 14 articles au client C ; la facture totale s'élève à 2 800 $; modalités de paiement de 2/10, n/30.

11-28   Vente de 12 articles identiques au client D ; la facture totale est de 7 200 $; modalités de paiement de 2/10, n/30.

11-30   Retour par le client D d'un des articles qu'il a achetés le 28 novembre parce que celui-ci est défectueux ; le client obtient un crédit.

12-06   Paiement par le client D du solde de son compte en entier.

12-30   Règlement par le client C du montant total de sa facture du 25 novembre 2008.

Travail à faire

Passez les écritures de journal correspondant à chacune de ces opérations ; supposez que l'entreprise enregistre son chiffre d'affaires en employant la méthode du montant brut.

PROBLÈMES

P6-1
1
25 minutes

L'application des critères de comptabilisation des produits

À quel moment doit-on comptabiliser les produits dans chacune des situations suivantes ?

Cas A   Un établissement de restauration rapide vend, en guise de cadeaux de Noël, des carnets de bons de réduction de 10 $. On pourra échanger chaque bon de 1 $ en tout temps au cours des 12 mois à venir. Les clients doivent payer comptant pour pouvoir se procurer les carnets.

Cas B   La société de construction Hugo a vendu un terrain à l'entreprise Finition pour la construction d'une nouvelle maison. Le prix du lot est de 50 000 $. Finition a versé un acompte de 100 $ et a convenu de payer le reste de la somme dans six mois. Après avoir conclu la vente, la société Hugo apprend que l'entreprise Finition passe fréquemment de tels contrats, mais refuse de payer le solde lorsqu'elle ne trouve pas de client qui accepte de construire une maison sur les lots en question.

Cas C   L'entreprise Frigoplus a toujours comptabilisé ses produits au moment de la vente de ses réfrigérateurs. Récemment, elle a augmenté la durée de ses garanties prolongées afin de couvrir toutes les réparations pendant sept ans. Le comptable se demande si l'entreprise a terminé son processus de génération de produits lorsqu'elle vend ses réfrigérateurs. Selon lui, la provision pour garanties de sept ans signifie qu'une quantité importante de travail supplémentaire pourrait devoir être effectuée au cours de cette période.

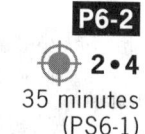

P6-2

2 • 4

35 minutes
(PS6-1)

Les escomptes, les retours et la dépréciation des comptes clients

Voici les soldes au 1ᵉʳ janvier 2013 tirés des registres comptables de la société Juvénile :

Clients	115 000 $
Provision pour dépréciation – clients	7 000

Pendant la période financière 2013 (close le 31 décembre), mises à part les ventes faites au comptant, l'entreprise a aussi vendu des marchandises et effectué des recouvrements selon des modalités de paiement de 2/10, n/30. (Supposez que la société Juvénile vend un seul produit, au coût unitaire de 500 $, et qu'elle emploie la méthode du montant brut pour enregistrer son chiffre d'affaires.)

Opérations effectuées au cours de l'année 2013 :

a) Vente de marchandises au comptant : 234 000 $.

b) Vente de marchandises à R. Jeunet ; montant de la facture : 13 000 $.

c) Vente de marchandises à K. Noiret ; montant de la facture : 25 000 $.

d) Retour par R. Jeunet, deux jours après la date de son achat, de l'un des articles achetés en b) ; un crédit est inscrit au compte du client.

e) Vente de marchandises à B. Serrault ; montant de la facture : 24 500 $.

f) Paiement de R. Jeunet, qui règle son compte en entier dans le délai prévu pour bénéficier de l'escompte.

g) Recouvrement par l'entreprise de 98 000 $ en espèces sur les ventes de l'année précédente faites à crédit aux clients ; tous les paiements ont été faits dans les délais prévus pour obtenir l'escompte.

h) Paiement de K. Noiret, qui règle la facture des marchandises qu'il a achetées en c) ; il paie à temps pour bénéficier de l'escompte.

i) Vente de marchandises à R. Roy ; montant de la facture : 17 500 $.

j) Retour par K. Noiret de sept articles défectueux trois jours après le règlement intégral du compte ; le client reçoit un remboursement en espèces.

k) Recouvrement par l'entreprise de 6 000 $ en espèces sur un compte client pour des ventes effectuées l'année précédente, donc après le délai prévu pour profiter de l'escompte.

l) Radiation par l'entreprise d'un compte de 3 000 $ qu'elle juge irrécouvrable.

m) Provision pour dépréciation estimée à 6 000 $ à la suite d'une analyse chronologique des comptes clients de l'entreprise.

Travail à faire

1. À l'aide des comptes suivants, indiquez l'effet et le montant de chacune des opérations énumérées ci-dessus, y compris la radiation de la créance irrécouvrable et la correction relative à l'estimation de la provision pour dépréciation. Écrivez un + pour une augmentation et un – pour une diminution. S'il n'y a aucun effet, écrivez AE. La première opération est donnée à titre d'exemple.

	Chiffre d'affaires brut	Escomptes sur ventes	Rendus et rabais sur ventes	Dépréciation des comptes clients
a)	+234 000	AE	AE	AE

2. Indiquez comment on devrait présenter les comptes relatifs aux activités de vente et de recouvrement à l'état du résultat global de l'entreprise pour l'année 2013. (Note : Considérez les escomptes sur ventes comme un compte de sens contraire.)

6

P6-3

3

30 minutes

Le pourcentage de la marge brute

Les données suivantes proviennent de l'état du résultat global de la société d'exportation Namur. Pour chacun des cas pris indépendamment, calculez les montants manquants et présentez vos calculs. (Conseil: Pour le cas B, commencez par la fin.)

	Cas A	Cas B
Chiffre d'affaires brut	239 000 $	165 000 $
Rendus et rabais sur ventes	20 000	?
Chiffre d'affaires net	?	?
Coût des ventes	?	(70%)
Marge brute	(30%)	?
Charges opérationnelles	?	18 600
Résultat avant impôts	22 000	?
Impôts sur le résultat (20%)	?	?
Résultat net	?	?
Résultat par action (10 000 actions)	?	2,30 $

P6-4

4

30 minutes
(PS6-2)

L'interprétation de l'information disponible sur la provision pour dépréciation

La société Papierfin fabrique et met en marché différents produits du papier et des fibres synthétiques. L'entreprise a récemment publié, dans son rapport annuel, les renseignements qui suivent concernant sa provision pour dépréciation – clients (en millions de dollars):

Provision pour dépréciation	Solde à l'ouverture	Dépréciation	Radiation des comptes clients	Solde à la clôture
Période 1	61	?	15	69
Période 2	69	30	?	58
Période 3	58	162	145	75

Travail à faire

1. Passez les écritures de journal relatives à la dépréciation des comptes clients pour la période 3.

2. Calculez les montants manquants, indiqués par des points d'interrogation, pour les périodes 1 et 2.

P6-5

4

50 minutes
(PS6-3)

L'estimation de la dépréciation des comptes clients selon le classement chronologique des comptes clients

La société de fabrication de matériel Prévert utilise la méthode du classement chronologique des comptes clients pour en estimer la dépréciation à la fin de chaque période financière. Les ventes sont faites à crédit et sont assorties de modalités de paiement de n/60. On classe le solde de chacun des comptes clients de l'entreprise dans trois catégories: 1) les comptes courants; 2) les comptes en souffrance depuis moins d'une année; 3) les comptes en souffrance depuis plus d'une année. L'expérience prouve qu'en fin de période, les taux moyens de perte due à l'impossibilité de recouvrer le montant d'une créance sont, selon chacune des catégories, respectivement de 2%, de 7% et de 30%.

Le 31 décembre 2013 (à la fin de la période en cours), le solde des comptes clients s'élevait à 46 700 $ et celui de la provision pour dépréciation – clients, à 920 $. Pour déterminer quelles factures sont payées, l'entreprise applique le recouvrement aux plus anciennes factures en premier lieu. Voici les renseignements concernant ces comptes en date du 31 décembre 2013 (en dollars canadiens) :

Date	Description	Vente	Recouvrement	Solde
V. Lebrun – compte client				
2012-03-11	Vente	13 000		13 000
2012-06-30	Recouvrement		4 000	9 000
2013-01-31	Recouvrement		3 800	5 200
D. David – compte client				
2013-02-28	Vente	21 000		21 000
2013-04-15	Recouvrement		8 000	13 000
2013-11-30	Recouvrement		5 000	8 000
N. Leblanc – compte client				
2013-11-30	Vente	8 000		8 000
2013-12-15	Recouvrement		1 000	7 000
S. Strapontin – compte client				
2011-03-02	Vente	4 000		4 000
2011-04-15	Recouvrement		4 000	0
2012-09-01	Vente	9 000		9 000
2012-10-15	Recouvrement		4 500	4 500
2013-02-01	Vente	21 000		25 500
2013-03-01	Recouvrement		5 000	20 500
2013-12-31	Vente	2 000		22 500
T. Thomas – compte client				
2013-12-30	Vente	4 000		4 000

Travail à faire

1. Calculez le montant total des comptes clients de chaque catégorie d'âge utilisée par la société Prévert.

2. Calculez le montant estimé de la dépréciation des comptes clients de chacune des catégories et présentez un tableau comme celui de la page 352 de ce chapitre.

3. Passez l'écriture de régularisation correspondant à la dépréciation des comptes clients en date du 31 décembre 2013.

4. Indiquez comment il faudrait présenter les montants relatifs aux comptes clients à l'état du résultat global et à l'état de la situation financière de la période 2013.

P6-6

2 • 3 • 4 • 5

40 minutes
(PS6-4)

L'établissement d'un état du résultat global et le calcul du pourcentage de la marge brute et du taux de rotation des comptes clients en tenant compte des escomptes, des retours et de la dépréciation des comptes clients

La société Bidule vend de l'équipement lourd servant à la construction. Ses états financiers de la période financière close le 31 décembre indiquent que son capital social est composé de 10 000 actions en circulation.

Voici un extrait de la balance de vérification provenant du grand livre de l'entreprise en date du 31 décembre 2013 :

	Débit	Crédit
Trésorerie	33 600 $	
Clients	14 400	
Stocks (en fin de période)	52 000	
Immobilisations corporelles, nettes	23 200	
Passifs		24 000 $
Capital social		72 000
Résultats non distribués, au 1er janvier 2013		9 280
Chiffre d'affaires		145 600
Rendus et rabais sur ventes	5 600	
Coût des ventes	78 400	
Charges commerciales	13 600	
Charges administratives	14 400	
Dépréciation des comptes clients	1 600	
Escomptes sur ventes	6 400	
Impôts sur le résultat	7 680	
Total	**250 880 $**	**250 880 $**

Travail à faire

1. En commençant par le chiffre d'affaires net, dressez un état du résultat global (indiquant à la fois la marge brute et le résultat net). Considérez les escomptes et les rendus et rabais sur ventes comme des comptes de sens contraire.

2. Le solde des comptes clients au 1er janvier 2013 était de 16 000 $. Calculez le pourcentage de la marge brute et le taux de rotation des comptes clients. Expliquez leur signification.

P6-7

6

45 minutes

L'établissement d'un rapprochement bancaire et les écritures de journal correspondantes

Prétextant le manque de temps, le comptable de la Maison Hocquart n'a pas établi le rapprochement de son relevé bancaire et de son compte de trésorerie au mois d'avril 2014. On vous demande d'établir ce rapprochement et de revoir les procédures à suivre avec le comptable.

Le 30 avril 2014, le relevé bancaire et le compte Trésorerie indiquaient les opérations suivantes pour le mois d'avril :

Relevé bancaire			
	Retraits	Dépôts	Solde
Solde au 1er avril 2014			31 000 $
Dépôts enregistrés en avril		36 100 $	67 100
Intérêts encaissés		1 180	68 280
Chèques compensés en avril	44 500 $		23 780
Chèque sans provision – A.B. Ray	160		23 620
Frais bancaires	70		23 550
Solde au 30 avril 2014			23 550

+	Trésorerie (A)					−
04-01	Solde	23 500				
Avril	Dépôts	41 500	41 100	Chèques émis		Avril

La comparaison effectuée entre les chèques émis avant et durant le mois d'avril, ainsi que les chèques compensés par la banque au cours de la même période, indiquent que le montant des chèques en circulation à la fin de ce mois s'élève à 4 100 $. Aucun dépôt en circulation n'a été reporté depuis le mois de mars, mais il y en a un qui est en circulation à la fin d'avril.

Travail à faire

1. Établissez un rapprochement bancaire détaillé pour le mois d'avril.
2. Passez les écritures de journal qui s'imposent à la suite de ce rapprochement. Pourquoi sont-elles nécessaires?
3. Quel est le solde du compte Trésorerie au 1er mai 2014?
4. Quel montant de trésorerie devrait-on inscrire à l'état de la situation financière à la fin d'avril?

P6-8

 6

45 minutes
(PS6-5)

L'établissement d'un rapprochement bancaire et les écritures de journal correspondantes

Voici ce que le relevé bancaire et le solde au compte Trésorerie de l'entreprise Marthe et Marie indiquent pour le mois d'août 2013:

Relevé bancaire			
Date	Retraits	Dépôts	Solde
08-01			17 510 $
08-02	320 $		17 190
08-03		11 700 $	28 890
08-04	430		28 460
08-05	270		28 190
08-09	880		27 310
08-10	250		27 060
08-15		4 000	31 060
08-21	350		30 710
08-24	20 400		10 310
08-25		6 500	16 810
08-30	850		15 960
08-30		2 150*	18 110
08-31	120**		17 990

* Intérêts encaissés
** Frais bancaires

+		Trésorerie (A)				–
08-01	Solde	16 490				
Dépôts						Chèques émis
08-02		11 700	250			08-02
08-12		4 000	880			08-04
08-24		6 500	280			08-15
08-31		5 200	510			08-17
			850			08-18
			350			08-20
			20 400			08-23

À la fin de juillet, trois chèques étaient en circulation pour des montants de 270 $, de 430 $ et de 320 $. Il n'y avait aucun dépôt en circulation à ce moment-là.

Travail à faire

1. Calculez les dépôts en circulation à la fin du mois d'août en comparant les dépôts inscrits sur le relevé bancaire et ceux inscrits dans le compte Trésorerie.
2. Calculez le total des chèques en circulation à la fin du mois d'août en comparant la liste des chèques inscrits sur le relevé bancaire, la liste des chèques inscrits dans le compte Trésorerie et la liste des chèques en circulation à la fin du mois de juillet.
3. Établissez le rapprochement bancaire du mois d'août.
4. Passez les écritures de journal nécessaires à la suite de ce rapprochement bancaire. Pourquoi sont-elles nécessaires?
5. Quel montant total de trésorerie devrait-on présenter à l'état de la situation financière au 31 août 2013?

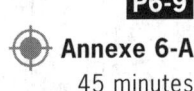

P6-9
Annexe 6-A
45 minutes

L'enregistrement du chiffre d'affaires, des retours et de la dépréciation des comptes clients

Servez-vous des données fournies pour le problème P6-2, lesquelles proviennent des registres comptables de la société Juvénile pour la période close le 31 décembre 2013.

Travail à faire

1. Passez les écritures de journal relatives à ces opérations, y compris la radiation des créances irrécouvrables et l'écriture de régularisation pour l'estimation de la dépréciation des comptes clients.
2. Précisez comment on devrait présenter les comptes relatifs à ces activités de vente et de recouvrement à l'état du résultat global pour la période 2013. (Note: Considérez les escomptes sur ventes comme un compte de sens contraire.)

PROBLÈMES SUPPLÉMENTAIRES

PS6-1
2•4
35 minutes
(P6-2)

Le chiffre d'affaires et le montant des escomptes, des retours et de la dépréciation des comptes clients

Voici les soldes au 1er janvier 2014 tirés des registres comptables de la société Floubec:

Clients	116 000 $
Provision pour dépréciation – clients	5 200

Pendant la période financière close le 31 décembre 2014, l'entreprise a vendu des marchandises et effectué des recouvrements selon des modalités de paiement de 2/10, n/30 (sauf pour les ventes au comptant). (Supposez que la société Floubec vend un seul produit, au coût unitaire de 500 $, et qu'elle utilise la méthode du montant brut pour enregistrer son chiffre d'affaires.)

Opérations effectuées au cours de l'année 2014 :

a) Vente de marchandises au comptant, 227 000 $.

b) Vente de marchandises à la société L'Abbaye ; montant de la facture, 12 000 $.

c) Vente de marchandises à la société Brunet ; montant de la facture, 23 500 $.

d) Paiement par la société l'Abbaye des marchandises qu'elle a achetées en b) dans le délai prévu pour bénéficier de l'escompte.

e) Vente de marchandises à Caroline inc. ; montant de la facture, 26 000 $.

f) Retour par la société L'Abbaye d'un article défectueux deux jours après le règlement intégral du compte ; elle reçoit un remboursement en espèces.

g) Recouvrement de 78 400 $ en espèces sur des ventes à crédit réalisées au cours de l'année précédente, soit avant l'échéance des délais prévus pour obtenir les escomptes.

h) Retour par la société Brunet, trois jours après la date de son achat, de sept articles achetés en c) ; un crédit est inscrit au compte du client.

i) Paiement par la société Brunet de son compte en entier avant l'échéance de l'escompte.

j) Vente de marchandises à la société DEC ; montant de la facture, 18 500 $.

k) Paiement par la société Caroline de son compte en entier, mais après le délai prévu pour bénéficier de l'escompte.

l) Radiation d'un compte irrécouvrable de 2 400 $.

m) Provision pour dépréciation estimée à 3 800 $ à la suite d'une analyse chronologique des comptes clients de l'entreprise.

Travail à faire

1. À l'aide des comptes suivants, indiquez l'effet et le montant de chacune des opérations énumérées ci-dessus, y compris la radiation de la créance irrécouvrable et la correction relative à l'estimation de la provision pour dépréciation. Écrivez un + pour une augmentation et un − pour une diminution. S'il n'y a aucun effet, écrivez AE. La première opération est donnée à titre d'exemple.

	Chiffre d'affaires brut	Escomptes sur ventes	Rendus et rabais sur ventes	Dépréciation des comptes clients
a)	+227 000	AE	AE	AE

2. Indiquez comment les comptes précédents relatifs aux activités de vente et de recouvrement devraient figurer à l'état du résultat global de 2014. (Note : Considérez les escomptes sur ventes comme un compte de sens contraire.)

PS6-2

4

30 minutes
(P6-4)

Saucony

L'interprétation de l'information disponible sur la provision pour dépréciation

Sous diverses marques de commerce, la société Saucony inc. et ses filiales conçoivent, fabriquent et vendent des bicyclettes et leurs pièces, ainsi que des vêtements et des chaussures pour athlètes. L'entreprise a récemment publié les renseignements qui sont présentés à la page suivante au sujet de sa provision pour dépréciation – clients (en millions de dollars).

Provision pour dépréciation	Solde à l'ouverture	Dépréciation	Radiation des comptes clients	Solde à la clôture
Période 3	2 032	4 908	5 060	?
Période 2	1 234	?	4 677	2 032
Période 1	940	5 269	?	1 234

Travail à faire

1. Passez les écritures de journal relatives à la dépréciation des comptes clients de la période 3.
2. Déterminez les montants manquants, indiqués par des points d'interrogation, pour les périodes 1, 2 et 3.

PS6-3

 4

50 minutes
(P6-5)

L'estimation de la dépréciation des comptes clients selon le classement chronologique des comptes clients

La société Moteurs Sirois utilise la méthode du classement chronologique des comptes clients afin d'en estimer la dépréciation à la fin de chaque période financière. Elle offre des modalités de paiement de n/45 sur les ventes à crédit. Le solde de chaque compte client est classé dans l'une des quatre catégories suivantes : 1) les comptes courants ; 2) les comptes en souffrance depuis moins de 6 mois ; 3) les comptes en souffrance depuis 6 à 12 mois ; 4) les comptes en souffrance depuis plus d'un an. L'expérience démontre qu'en fin de période, les taux moyens de perte due à l'impossibilité de recouvrer le montant des comptes clients sont, selon les catégories, de 1 %, de 5 %, de 20 % et de 50 %, respectivement.

À la fin de la période close le 31 décembre 2013, le solde des comptes clients s'élevait à 39 500 $ et celui de la provision pour dépréciation – clients, à 1 550 $. Pour déterminer quelles factures ont été payées, l'entreprise effectue le recouvrement des factures les plus anciennes en premier lieu. Voici les renseignements concernant chacun de ces comptes en date du 31 décembre 2013 :

Date	Description	Vente	Recouvrement	Solde
R. Damien – compte client				
2013-03-13	Vente	19 000		19 000
2013-05-12	Recouvrement		10 000	9 000
2013-09-30	Recouvrement		7 000	2 000
C. Huot – compte client				
2012-11-01	Vente	31 000		31 000
2013-06-01	Recouvrement		20 000	11 000
2013-12-01	Recouvrement		5 000	6 000
J. Giono – compte client				
2013-10-31	Vente	12 000		12 000
2013-12-10	Recouvrement		8 000	4 000
M. Laberge – compte client				
2013-05-02	Vente	15 000		15 000
2013-06-01	Vente	10 000		25 000
2013-06-15	Recouvrement		15 000	10 000
2013-07-15	Recouvrement		10 000	0
2013-10-01	Vente	26 000		26 000
2013-11-15	Recouvrement		16 000	10 000
2013-12-15	Vente	4 500		14 500
H. Wu – compte client				
2013-12-30	Vente	13 000		13 000

Travail à faire

1. Calculez le montant total des comptes clients de chaque catégorie d'âge utilisée par la société Moteurs Sirois. Dressez un tableau selon l'âge chronologique des comptes clients.

2. Calculez le montant estimé de la dépréciation des comptes clients de chacune des catégories et présentez un tableau comme celui de la page 352 de ce chapitre.

3. Passez les écritures de correction requises pour la dépréciation au 31 décembre 2013.

4. Indiquez comment on devrait présenter les montants relatifs aux comptes clients à l'état du résultat global et à l'état de la situation financière de 2013.

2 • 3 • 4 • 5

40 minutes
(P6-6)

L'établissement d'un état du résultat global et le calcul du pourcentage de la marge brute et du taux de rotation des comptes clients en tenant compte des escomptes, des retours et de la dépréciation des comptes clients

L'entreprise Gargantua a été constituée en société par actions il y a sept ans et exploite une épicerie locale. Lors de la constitution, 10 000 actions ordinaires ont été émises au nom des trois propriétaires. L'emplacement du magasin a été si bien choisi que le chiffre d'affaires s'est accru chaque année. À la fin de 2012, le comptable a dressé l'état des profits et pertes suivant. (Supposez que tous les montants sont exacts, même si la terminologie et la présentation sont erronées.)

Gargantua Profits et pertes au 31 décembre 2012		
	Débit	**Crédit**
Chiffre d'affaires		182 000 $
Coût des ventes	98 000 $	
Rendus et rabais sur ventes	7 000	
Charges commerciales	17 000	
Charges administratives	18 000	
Dépréciation	2 000	
Escomptes sur ventes	8 000	
Impôts sur le résultat	9 600	
Profit net	22 400	
Total	182 000 $	182 000 $

Travail à faire

1. En commençant par le chiffre d'affaires net, dressez un état du résultat global (indiquant à la fois la marge brute et le résultat net).

2. Les soldes des comptes clients à l'ouverture et à la clôture de la période sont respectivement de 16 000 $ et de 18 000 $. Calculez le pourcentage de la marge brute et le taux de rotation des comptes clients. Expliquez leur signification.

PS6-5

 **6**

45 minutes
(P6-8)

L'établissement d'un rapprochement bancaire et les écritures de journal correspondantes

Le relevé bancaire de la société Padoue au 31 décembre 2013 ainsi que le compte Trésorerie tiré de son grand livre en décembre 2013 sont présentés à la page suivante.

Relevé bancaire			
Date	Retraits	Dépôts	Solde
12-01			48 000 $
12-02	400 ; 300 $	17 000 $	64 300
12-04	7 000 ; 90		57 210
12-06	120 ; 180 ; 1 600		55 310
12-11	500 ; 1 200 ; 70	28 000	81 540
12-13	480 ; 700 ; 1 900		78 460
12-17	12 000 ; 8 000		58 460
12-23	60 ; 23 500	36 000	70 900
12-26	900 ; 2 650		67 350
12-28	2 200 ; 5 200		59 950
12-30	17 000 ; 1 890 ; 300 *	19 000	59 760
12-31	1 650 ; 1 350 ; 150 **	5 250 ***	61 860

*   Chèque sans provision de J. Gaucher, un client
**   Frais bancaires
***   Intérêts encaissés

+	Trésorerie (A)				−
12-01	Solde	64 100			
Dépôts			Chèques émis		
12-11		28 000	60	5 000	2 650
12-23		36 000	17 000	5 200	1 650
12-30		19 000	700	1 890	2 200
12-31		13 000	3 300	1 600	7 000
			1 350	120	300
			180	90	480
			12 000	23 500	8 000
			70	500	1 900
			900	1 200	

Le rapprochement bancaire du mois de novembre 2013 présentait les renseignements suivants : en date du 30 novembre, un solde de trésorerie s'élevant à 64 100 $; des dépôts en circulation d'un total de 17 000 $ et deux chèques en circulation, respectivement de 400 $ et de 500 $.

Travail à faire

1. Calculez les dépôts en circulation au 31 décembre 2013 en comparant la liste des dépôts inscrits sur le relevé bancaire, la liste des dépôts inscrits aux livres et la liste des dépôts en circulation au 30 novembre.

2. Calculez le montant des chèques en circulation au 31 décembre 2013 en comparant la liste des chèques inscrits sur le relevé bancaire, la liste des chèques inscrits aux livres et la liste des chèques en circulation au 30 novembre.

3. Établissez un rapprochement bancaire en date du 31 décembre 2013.

4. Passez toutes les écritures de journal nécessaires à la suite du rapprochement bancaire de l'entreprise. Pourquoi sont-elles nécessaires ?

5. Quel montant total de trésorerie devrait être présenté à l'état de la situation financière au 31 décembre 2013 ?

1•4•5•6

30 minutes

L'Oréal

La recherche d'information financière

Reportez-vous aux états financiers de la société L'Oréal (*voir l'annexe B à la fin de ce manuel*).

Travail à faire

1. Quel montant de trésorerie l'entreprise présente-t-elle à la fin de la période la plus récente? Que comprennent la trésorerie et les équivalents de trésorerie?

2. L'entreprise fait-elle mention d'une provision pour dépréciation – clients au bilan (état de la situation financière) ou dans les notes?

3. Calculez le taux de rotation des comptes clients de la période la plus récente. Commentez votre résultat.

4. L'entreprise divulgue-t-elle sa politique de comptabilisation des produits?

CP6-2

3•5•6

30 minutes

Inter Parfums

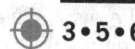

La recherche d'information financière

Reportez-vous aux états financiers de la société Inter Parfums (*voir l'annexe C à la fin de ce manuel*).

Travail à faire

1. Qu'est-ce que l'entreprise révèle au sujet de la valeur de sa trésorerie et de ses équivalents de trésorerie?

2. Calculez le pourcentage de la marge brute des deux périodes les plus récentes. Commentez le résultat.

3. Calculez le taux de rotation des comptes clients de la société Inter Parfums pour la période financière close le 31 décembre 2009.

4. Quelle est la variation des comptes clients au cours de la dernière période financière? Quel effet cette variation a-t-elle eu sur les flux de trésorerie liés aux activités opérationnelles de la période en cours?

6

CP6-3

3•5

35 minutes

L'Oréal

Inter Parfums

La comparaison d'entreprises d'un même secteur d'activité

Reportez-vous aux états financiers de L'Oréal, à ceux de la société Inter Parfums et aux ratios de ce secteur d'activité (*voir les annexes B, C et D à la fin de ce manuel*).

Travail à faire

1. Calculez le pourcentage de la marge brute des deux entreprises pour la période la plus récente.

2. Comparez le pourcentage de la marge brute de chacune des deux entreprises à la moyenne de leur secteur d'activité. Réussissent-elles mieux ou moins bien que la moyenne?

3. Calculez le taux de rotation des comptes clients des deux entreprises pour la période la plus récente. Comparez vos résultats à la moyenne de leur secteur d'activité. Réussissent-elles mieux ou moins bien que la moyenne?

20 minutes
UPS
Airborne
Federal Express

Une prise de décision d'un directeur financier : le choix entre quelques méthodes de comptabilisation des produits

UPS, Airborne et Federal Express comptent parmi les plus grandes entreprises du domaine très concurrentiel de la livraison de colis. La comparabilité est une qualité essentielle des chiffres comptables, notamment afin de permettre aux analystes de comparer les entreprises d'un secteur d'activité. Toutefois, les notes aux états financiers portant sur la comptabilisation des produits de ces trois concurrents indiquent trois périodes différentes pour la comptabilisation des produits provenant de la livraison de colis, soit à la livraison des colis, selon le degré d'avancement de la prestation du service et au moment où le colis est pris en charge par le client. Ces méthodes correspondent respectivement à la fin, à la comptabilisation progressive et au début du processus permettant d'engendrer des produits.

United Parcel Service of America inc.

La comptabilisation des produits s'effectue à la livraison du colis.

Airborne Freight Corp.

La comptabilisation des produits d'activités ordinaires et de la plupart des charges relatives aux activités ordinaires se fait lorsque les colis à envoyer sont pris en charge par le client.

Une note aux états financiers d'Airborne Freight indique aussi : « Le résultat net obtenu selon la politique de comptabilisation actuelle n'est pas réellement différent de celui qu'on obtiendrait au moyen d'une comptabilisation basée sur la date de livraison. » [Traduction libre]

Federal Express Corporation

La comptabilisation des produits est généralement effectuée au moment de la livraison des envois. Pour les envois en cours de transport, on enregistre le produit d'après le degré d'avancement de la prestation du service.

Travail à faire

1. À votre avis, la différence entre les politiques de comptabilisation des produits d'Airborne et d'UPS influe-t-elle sur le résultat net qu'enregistrent ces entreprises ? Expliquez votre réponse.

2. Supposez que ces trois entreprises collectent des colis chez leurs clients, qu'elles reçoivent chaque jour un million de dollars en paiement pour leurs services et que chaque colis est livré le lendemain. Quels seraient les produits comptabilisés par chacune d'entre elles pour une année, compte tenu de leurs politiques respectives de comptabilisation des produits ?

3. Dans quelles circonstances les réponses que vous avez données en 2 pourraient-elles changer ?

4. Si vous dirigiez une telle entreprise, laquelle de ces règles de comptabilisation des produits préféreriez-vous ? Expliquez votre réponse.

 1

35 minutes
Symbol Technologies

La façon d'évaluer un dilemme sur le plan éthique : les mesures incitatives de la direction, la comptabilisation des produits et les ventes avec droit de retour

L'entreprise Symbol Technologies était un fabricant de logiciels de codes à barres en pleine expansion. Selon les accusations que le gouvernement fédéral états-unien a portées contre la société lorsque ses affaires ont ralenti, et puisque l'entreprise n'a pu satisfaire les attentes de croissance constante exigées par le marché boursier, l'ancien président du conseil d'administration et directeur général, de même que le directeur des finances et le contrôleur, ont réagi ainsi : ils ont enregistré des produits et des provisions pour retours non justifiés. Cette politique a eu pour résultat d'entraîner une surévaluation des produits de 230 millions de dollars. Cette fraude revêt un caractère unique, en ce sens que tous les hauts dirigeants de l'entreprise y ont pris part. L'extrait d'article présenté ci-après décrit la nature exacte de la fraude qu'ils ont commise.

Les ex-dirigeants de Symbol plaident coupable

« Un ancien cadre supérieur en finances à l'emploi de Symbol Technologies inc. a plaidé coupable à l'accusation d'avoir participé à une vaste fraude comptable qui a fait monter les revenus du fabricant de lecteurs de codes à barres de 10 %, soit d'environ 100 millions de dollars par année, entre 1999 et 2001.

La dénonciation et la plainte civile déposées hier ont accusé M. Asti et d'autres cadres supérieurs d'avoir submergé le réseau commercial de Symbol de fausses commandes à la fin de chaque trimestre pour atteindre des cibles de revenus et de résultat net. En vertu des pratiques comptables généralement acceptées, les revenus peuvent être comptabilisés seulement lorsque des produits sont livrés à des clients. Parmi les clients de Symbol, on compte des fournisseurs de services et des épiceries.

Les enquêteurs ont allégué que M. Asti et les autres inculpés ont réalisé des transactions factices visant à soudoyer des revendeurs en leur offrant une redevance de 1 % pour « acheter » des produits d'un distributeur à la fin d'un trimestre, que Symbol pouvait par la suite racheter. La compagnie pouvait alors convaincre prétendument les distributeurs de commander d'autres produits afin de combler le vide d'inventaire nouvellement créé.

La Securities and Exchange Commission (SEC) a déclaré que les revenus gonflés ont contribué à faire grimper le cours de l'action de Symbol et à enrichir M. Asti. Ce cadre supérieur aurait prétendument vendu des milliers d'actions de la compagnie, pour lesquelles il aurait reçu des options sur actions, alors que l'action était négociée à des niveaux artificiellement élevés. »

Source : Kara SCANNELL, « Les ex-dirigeants de Symbol plaident coupable », *The Wall Street Journal*, 26 mars 2003. [Traduction libre]

6

Travail à faire

1. Croyez-vous que Symbol a respecté les critères de comptabilisation des produits ? Expliquez pourquoi.

2. En supposant que Symbol procédait à la comptabilisation des produits lors de la livraison de la marchandise, comment croyez-vous que l'entreprise aurait pu présenter aux états financiers le fait que ses clients avaient le droit d'annuler leurs contrats ? (Établissez le lien avec la comptabilisation de la dépréciation des comptes clients.)

3. À votre avis, qu'est-ce qui pourrait avoir incité la direction à falsifier ses états financiers ? Pourquoi tenait-elle à afficher une croissance constante de son résultat net ?

4. Déterminez qui a souffert de la conduite frauduleuse de la direction.

5. Supposez que vous êtes l'auditeur d'entreprises similaires. Après vous être renseigné sur cette fraude, quels types d'opérations surveilleriez-vous avec plus d'attention au moment d'auditer les états financiers de vos clients ?

CP6-6

6

45 minutes

L'évaluation du contrôle interne

L'entreprise Le Petit Ruisseau compte un employé en qui la direction a une confiance absolue et qui, selon le propriétaire, « s'occupe de toutes les facettes de la comptabilité ». Cet employé a ainsi la responsabilité de compter, de vérifier et d'enregistrer les encaissements et les paiements en espèces. Il effectue les dépôts bancaires hebdomadaires, émet les chèques (signés par le propriétaire) pour les charges importantes, effectue de petits retraits de la caisse enregistreuse pour les dépenses quotidiennes et s'occupe du recouvrement des comptes clients. Le propriétaire a demandé un prêt de 20 000 $ à la banque locale, laquelle a alors exigé un audit des états financiers de la période venant de se terminer.

Au cours d'un entretien avec le propriétaire, l'auditeur externe (un expert-comptable) lui a présenté des preuves de certaines opérations effectuées au cours de la période par cet employé censé être digne de confiance.

a) Certaines ventes au comptant n'ont pas été versées à la caisse enregistreuse, et l'employé a ainsi empoché environ 50 $ par mois.

b) L'argent que cet employé a pris dans la caisse enregistreuse a été remplacé par des notes de frais comportant de fausses signatures (pour environ 12 $ par jour).

c) L'employé a empoché 300 $, recouvrés du compte d'un client important. Il a dissimulé son vol au moyen de l'écriture suivante, du même montant : une augmentation des retours sur ventes et une diminution du compte Clients.

d) L'employé a également empoché 800 $ provenant du recouvrement du compte d'un autre client. Il a dissimulé son vol au moyen de l'écriture suivante, du même montant : une diminution du compte Provision pour dépréciation – clients et une diminution du compte Clients.

Travail à faire

1. Quel est le montant approximatif volé par l'employé au cours de la dernière période financière ?

2. Quelles recommandations feriez-vous au propriétaire ?

PROJETS — INFORMATION FINANCIÈRE

6

Danone

La comparaison des entreprises dans le temps : le pourcentage de la marge brute et le taux de rotation des comptes clients

Procurez-vous les états financiers des trois dernières années de Danone. (Ces renseignements sont disponibles sur le site Internet de l'entreprise : www.danone.com)

Travail à faire

Rédigez un court texte dans lequel vous comparez le pourcentage de la marge brute et le taux de rotation des comptes clients de l'entreprise au cours des trois dernières années. Indiquez les modifications relatives aux activités qui pourraient expliquer les variations des ratios.

Un projet d'équipe : l'analyse des produits et des comptes clients

Formez une équipe et choisissez un secteur d'activité à analyser. Vous pouvez aller sur le site de SEDAR (www.sedar.com), cliquer sur « Recherche dans la base de données » et ensuite « sociétés ouvertes ». Vous pouvez alors accéder à une liste de secteurs et demander les rapports annuels pour toutes les entreprises de ce secteur. Chaque membre de l'équipe doit se procurer le rapport annuel d'une société ouverte de ce secteur, différente de celles qui ont été choisies par les autres membres. (Au besoin, consultez les sites Web de chaque entreprise.)

Travail à faire

Sur une base individuelle, chacun doit rédiger un bref rapport répondant aux questions ci-dessous au sujet de l'entreprise choisie. En équipe, rédigez ensuite un rapport dans lequel vous soulignez les ressemblances et les différences existant entre ces entreprises pour chacune des questions traitées. Donnez des explications possibles des différences observées entre les diverses entreprises.

1. Quel est le pourcentage des comptes clients par rapport au total de l'actif des deux dernières années ?

2. L'analyse des ratios :

   a) Calculez le pourcentage de la marge brute. Comparez-le avec la moyenne du secteur. Expliquez les résultats.

   b) Calculez le taux de rotation des comptes clients. Comparez-le avec la moyenne du secteur. Expliquez les résultats.

3. Déterminez quels renseignements sont disponibles concernant la provision pour dépréciation – clients. Si les renseignements dont vous avez besoin sont fournis, calculez le pourcentage de la dépréciation des comptes clients par rapport au chiffre d'affaires.

4. Quel effet la variation qui est survenue dans les comptes clients a-t-elle eu sur les flux de trésorerie liés aux activités opérationnelles ? Expliquez votre réponse.

6

LES STOCKS

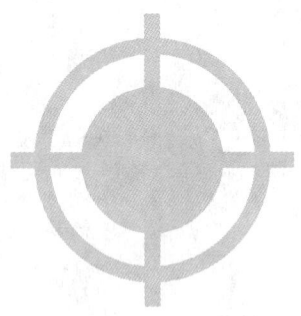

1. appliquer aux stocks la convention d'évaluation basée sur le coût historique afin de connaître les montants qui en font partie, et le concept de rattachement des charges aux produits afin de déterminer le coût des ventes (*voir la page 402*) ;

2. déterminer le coût des stocks et le coût des ventes à l'aide de trois méthodes (*voir la page 407*) ;

3. déterminer dans quelles circonstances il est plus avantageux pour une entreprise d'utiliser l'une ou l'autre des méthodes de détermination du coût des stocks (*voir la page 412*) ;

4. évaluer les stocks au plus faible du coût et de la valeur nette de réalisation (*voir la page 416*) ;

5. évaluer la performance des gestionnaires des stocks à l'aide du taux de rotation des stocks et de l'effet des stocks sur les flux de trésorerie (*voir la page 419*) ;

6. comprendre les méthodes de contrôle et de suivi des stocks, et analyser l'incidence d'erreurs relatives aux stocks sur les états financiers (*voir la page 423*) ;

7. comparer les normes internationales d'information financière (IFRS) et les normes comptables pour les entreprises à capital fermé (*voir la page 426*).

MICHELIN
Le succès d'un fabricant international de pneus
www.michelin.com

Qui de nous ne reconnaît pas le petit bonhomme Michelin? Le logo représente fort bien le produit fabriqué par l'entreprise, et est devenu un symbole de qualité, de durabilité et de fiabilité. Fabriquant, distributeur et vendeur de pneus, Michelin est l'un des premiers producteurs sur la scène mondiale (avec 16,3 % du marché en 2008), se relayant à la première place avec ses plus grands compétiteurs, soit la société états-unienne Goodyear (13,2 %) et la société japonaise Bridgestone (16,7 %). L'entreprise compte 72 lieux de production dans 19 pays (dont 3 au Canada), des implantations commerciales dans 170 pays et 109 193 employés à travers le monde.

Michelin divise ses activités en six groupes: automobiles et camionnettes, poids lourds (camions et autobus), aviation (commerciale, régionale et militaire), génie civil (mines et infrastructures), motos et vélos, ainsi que le secteur agricole. Elle dessert tant les fabricants que les distributeurs. Michelin compte parmi sa gamme de produits des marques très connues telles que BFGoodrich, Uniroyal, Kleber (Europe) et Warrior (Chine), et le tout nouveau Michelin Energy Saver, promettant économies de carburant et d'émissions de gaz carbonique. Pour les rigoureux hivers canadiens, les pneus Michelin X-Ice et Alpin sont devenus très populaires. Outre la fabrication de pneus, l'entreprise offre également un service de rechapage de pneus de poids lourds, pouvant ainsi leur donner quatre vies. S'ajoute à cela la vente de plus de 1 500 produits différents (accessoires pour cycles et automobiles, vêtements, chaussures et articles de collection) de marque Michelin dans 30 000 points de vente sous la bannière Michelin Lifestyle et représentant un chiffre d'affaires annuel de 20 millions d'euros. Michelin produit également des cartes géographiques et guides touristiques en format papier ou numérique, et l'on peut, entre autres, utiliser ses guides sur le iPhone d'Apple.

En 2009, la phase de déstockage des constructeurs d'automobiles a grandement affecté le marché des pneus, et Michelin a dû y faire face. Sa priorité a été de renforcer sa compétitivité en réduisant ses coûts d'achat, de structure et de production, et en accentuant son leadership technologique pour offrir à ses clients plus de valeur que ses concurrents. Plus précisément, Michelin a effectué un pilotage resserré des productions pour maîtriser ses stocks et a élaboré un plan de restructuration. Ainsi, malgré une diminution des ventes de près de 10 % de 2008 à 2009, son pourcentage de la marge brute s'est accru de plus de 3 %.

Dans un contexte économique difficile, Michelin doit relever le défi de contrôler la qualité et le coût de ses stocks tout en conservant sa place au premier rang mondial et en maintenant sa performance. Lorsqu'on sait que le coût des matières premières de Michelin représente près de 40 % des achats ou 23 % des ventes, un suivi serré des marchés et des fournisseurs s'impose. Le contrôle des coûts de la main-d'œuvre directe et des frais généraux de fabrication, sans altérer la qualité des produits, est également important. Ainsi, Michelin pourra répondre à la demande pour ses produits et en développer de nouveaux afin de suivre l'évolution du marché.

● Parlons affaires

De nos jours, tous les fabricants et marchands doivent se préoccuper du coût et de la qualité de leurs stocks. Nous nous intéressons donc ici de plus près au coût des ventes[1] présenté à l'état du résultat global, de même qu'aux stocks présentés à l'état de la situation financière (bilan). Le tableau 7.1 présente des extraits des états financiers de la société Michelin qui montrent ces deux principaux comptes. Il faut noter que le coût des ventes (intitulé «coût de revient des ventes» dans le cas de Michelin) est déduit du chiffre des ventes afin de déterminer la marge brute à l'état du résultat global.

TABLEAU 7.1 • EXTRAITS DU COMPTE DE RÉSULTAT ET DU BILAN CONSOLIDÉ[2]

Michelin Compte de résultat (partiel) (en millions d'euros)	2009	2008
Ventes	14 807	16 408
Coût de revient des ventes	(10 527)	(12 024)
Marge brute	4 280	4 384

Michelin Bilan consolidé (partiel) au 31 décembre (en millions d'euros)	Notes	2009	2008
Stocks	19	2 994	3 677
Créances commerciales	20	2 314	2 456
Actifs financiers à court terme	21	165	173
Autres actifs à court terme	22	583	732
Trésorerie	23	1 231	456
Actifs courants		7 287	7 494

1 L'expression «coût des ventes» prend souvent différentes formes, telles que «coût des produits vendus», «coût des biens vendus», «coût des marchandises vendues», «coût de revient des ventes», etc.

2 Michelin utilise ces deux intitulés pour désigner l'état du résultat global et l'état de la situation financière.

Les stocks sont considérés comme un élément d'actif courant à l'état de la situation financière. On les présente normalement après la trésorerie et les comptes clients (créances commerciales), puisqu'il s'agit d'un actif moins liquide que ces deux derniers. Toutefois, Michelin présente ses actifs courants à l'état de la situation financière dans l'ordre inverse (du moins liquide au plus liquide, les stocks étant présentés avant la trésorerie). Comme nous l'avons vu au chapitre 2, il s'agit d'une pratique actuelle des sociétés européennes. Cette présentation est aussi acceptable au Canada, quoique moins utilisée.

Pour faire une bonne gestion des stocks, il est important de s'assurer que l'entreprise dispose toujours de quantités suffisantes de stocks de haute qualité afin de répondre aux besoins de ses clients tout en minimisant les coûts de détention liés aux stocks non vendus (c'est-à-dire les coûts de production, d'entreposage, de produits périmés et de financement). Voilà des objectifs qui peuvent sembler contradictoires, mais qui doivent quand même être pris en compte simultanément.

Par exemple, la production d'une quantité insuffisante d'un type de pneus très en demande entraîne une pénurie de stocks. Cette insuffisance se traduit par des pertes sur le plan des ventes et une diminution du degré de satisfaction de la clientèle. À l'opposé, la production d'une trop grande quantité de pneus qui se vendent moins augmente les coûts d'entreposage et les charges afférentes au paiement des intérêts sur la marge de crédit servant à financer les stocks. Cette situation peut aussi entraîner des pertes importantes si l'entreprise ne parvient pas, par la suite, à écouler la marchandise avant qu'elle ne soit périmée. Par exemple, Michelin peut évaluer sa production en fonction de l'analyse du marché : elle peut augmenter sa production en vue d'une demande plus forte, mais une trop grande production de pneus peut entraîner des coûts de stockage importants si les prévisions s'avèrent surévaluées. En 2009, Michelin a dû réduire ses stocks de pneus pour s'ajuster à la phase de déstockage des constructeurs d'automobiles en Europe et en Amérique du Nord. Par ailleurs, le marché de l'Asie et celui des pays en voie de développement offrent des croissances potentielles intéressantes, et Michelin doit aussi ajuster ses niveaux de stocks pour répondre à la demande de ces marchés tout en restant compétitive. Même dans un marché à forte compétition, l'entreprise ne peut réduire ses prix de façon importante, car la qualité de ses produits est prioritaire. Dans tout domaine, les produits de moindre qualité créent de l'insatisfaction chez la clientèle, et entraînent des retours de marchandises et une diminution des ventes par la suite.

Dans le processus de gestion des stocks, le système comptable joue trois rôles. Ce dernier doit pouvoir fournir : 1) les renseignements nécessaires pour dresser les états financiers et faire les déclarations de revenus ; 2) une information à jour et continue sur les quantités et le coût des stocks afin de faciliter les décisions relatives aux achats et à la fabrication ; 3) les renseignements permettant d'aider à protéger ce bien important, car les stocks peuvent faire l'objet de vols et d'autres formes de mauvaise utilisation.

La qualité de la production et de la gestion des stocks, la diversité des marques de pneus fabriqués (Michelin X-Ice, BFGoodrich, Uniroyal, etc.) et la diversité de sa clientèle (les constructeurs d'automobiles et de poids lourds, les distributeurs, les sociétés d'aviation, etc.) font de Michelin un exemple particulièrement intéressant pour traiter des sujets du présent chapitre.

Nous examinons d'abord les composantes principales des stocks et les choix les plus importants que les gestionnaires doivent effectuer au cours du processus d'établissement des rapports financiers. Nous voyons ensuite brièvement comment les systèmes comptables permettent de suivre les quantités et le coût des stocks dans le but de favoriser la prise de décision et le contrôle. Nous examinons aussi l'efficacité de la gestion des stocks à l'aide du calcul d'un ratio financier. Notons que les cours de comptabilité de management traitent plus particulièrement de la gestion des stocks et que les cours de comptabilité intermédiaires abordent le sujet des stocks plus en profondeur.

7

La nature des stocks et le coût des ventes	Les méthodes de détermination du coût des stocks	L'évaluation des stocks au plus faible du coût et de la valeur nette de réalisation	L'évaluation des gestionnaires des stocks	Le contrôle et le suivi des stocks	La comparaison des IFRS et des normes comptables pour les entreprises à capital fermé
→ Les éléments inclus dans les stocks	→ La méthode de l'identification spécifique du coût		→ Le taux de rotation des stocks	→ Le contrôle interne des stocks	
→ Le coût des stocks	→ La méthode de l'épuisement successif		→ Les stocks et les flux de trésorerie	→ Le système d'inventaire permanent et le système d'inventaire périodique	
→ Le cheminement des coûts relatifs aux stocks	→ La méthode du coût moyen pondéré			→ Les erreurs relatives à la mesure des stocks de clôture	
→ Le coût des ventes	→ L'incidence des méthodes de détermination du coût des stocks sur les états financiers				
	→ Le choix des gestionnaires quant à la méthode de détermination du coût des stocks				

7

OBJECTIF D'APPRENTISSAGE

Appliquer aux stocks la convention d'évaluation basée sur le coût historique afin de connaître les montants qui en font partie, et le concept de rattachement des charges aux produits afin de déterminer le coût des ventes.

Stocks
Actifs que détient une entreprise en vue de la vente dans le cours normal des activités, en cours de production pour une telle vente, ou sous forme de matières premières ou de fournitures devant être consommées dans le processus de production ou de prestation de services.

Stock de marchandises (ou de biens)
Actif comprenant les biens achetés et détenus en vue de la revente dans le cours normal des activités.

7.1 La nature des stocks et le coût des ventes

7.1.1 Les éléments inclus dans les stocks

Les **stocks** se composent d'articles qui sont détenus pour être vendus dans le cours normal de l'activité ou en cours de production pour une telle vente, ou encore utilisés pour produire des biens en vue de les revendre ou de fournir des services[3]. À l'état de la situation financière, on présente les stocks comme un élément d'actif courant, puisqu'ils sont généralement utilisés ou transformés en trésorerie au cours d'une période n'excédant pas 12 mois ou au cours du prochain cycle d'exploitation comptable de l'entreprise. Les types de stocks que détient une entreprise varient selon les caractéristiques de ses opérations.

Chez les grossistes ou les détaillants, on trouve habituellement :

- le **stock de marchandises**, soit les biens (ou les marchandises) détenus pour la revente dans le cours normal des activités. Les biens sont normalement acquis comme produits finis et prêts à être vendus sans autre transformation.

Michelin détient un stock de plus de 1 500 articles de marchandises (accessoires, coupe-vents et autres vêtements, articles promotionnels, etc.), qu'elle achète et revend à ses clients, et qui représentent un chiffre d'affaires annuel de 200 millions d'euros. Pourtant, cela ne constitue pas son activité principale, puisqu'elle est essentiellement

....

3 *Manuel de l'ICCA*, partie I, IAS 2 : Stocks, paragr. 6.

une entreprise de fabrication. Par contre, la société RONA est une entreprise qui n'achète que des biens des manufacturiers et les revend aux consommateurs.

Les entreprises de fabrication détiennent les stocks décrits ci-après.

- Le **stock de matières premières** comprend les éléments achetés à des fins de transformation en produits finis. Ils sont inclus dans le stock de matières premières jusqu'à ce qu'on les utilise. Ils sont alors transférés au stock de produits en cours.
- Le **stock de produits en cours** comprend les produits en cours de fabrication qui ne sont pas encore terminés. À la fin des opérations de transformation, ces produits font partie du stock de produits finis. Il peut aussi être question de « travaux en cours », surtout dans le cas des entreprises de services où l'on cumule les coûts par projet.
- Le **stock de produits finis** comprend les produits manufacturés par l'entreprise de fabrication, dont la transformation est entièrement terminée et qui sont prêts à être vendus.

Chez Michelin, les stocks liés aux activités de fabrication des pneus sont enregistrés dans le type de comptes décrits ci-dessous.

Stock de matières premières
Actif comprenant les éléments achetés à des fins de transformation en produits finis.

Stock de produits en cours
Actif comprenant les produits qui sont en cours de transformation dans le processus de fabrication.

Stock de produits finis
Actif comprenant les produits fabriqués dont la transformation est terminée et qui sont prêts à être vendus.

19. Stocks (extrait de la note aux états financiers consolidés)

(en millions d'euros)	31 décembre 2009	31 décembre 2008
Matières premières et autres fournitures	801	975
Travaux en cours	241	272
Produits finis	2 058	2 549
Provisions pour dépréciation	(106)	(119)
Stocks nets	2 994	3 677

coup d'œil sur MICHELIN
DOCUMENT DE RÉFÉRENCE

7

Pour Michelin, les matières premières comprennent le caoutchouc naturel de la plante hévéa (l'industrie en consomme près de 70 % de la production mondiale), le caoutchouc synthétique (dérivé du pétrole), les produits chimiques (butadiène et styrène), les charges renforçantes, les câbles métalliques et le textile. Les travaux en cours comprennent les pneus qui sont en cours de production à la fin de la période et pour lesquels des coûts ont été cumulés (matières premières, main-d'œuvre directe et frais généraux de production). Les produits finis comptent les pneus de diverses bannières qui sont prêts à être livrés aux clients. Les provisions pour dépréciation sont expliquées un peu plus loin.

7.1.2 Le coût des stocks

Michelin comptabilise ses stocks au coût historique (coût d'origine ou valeur d'acquisition). Le coût historique des stocks comprend les sommes engagées pour amener un élément à un stade où il est utilisable ou vendable ainsi que les frais nécessaires pour expédier l'article à l'endroit où il sera utilisé ou vendu. Lorsque Michelin achète des matières premières pour fabriquer ses pneus ou achète des articles pour ses outils promotionnels afin de les revendre aux consommateurs, le montant enregistré en tant que coût historique comprend le prix facturé par le fournisseur et les charges directes liées à cet achat, par exemple les frais de transport pour la livraison des articles aux entrepôts, les droits de douane pour les matières importées, les frais de manutention, ainsi que les frais d'inspection et de préparation. En général, l'entreprise devrait cesser d'accumuler les coûts lorsque les matières premières sont **prêtes à être utilisées,** ou lorsque le stock de marchandises se trouve dans un état et dans un lieu où il est **prêt à être vendu** ou livré aux consommateurs. Toute dépense additionnelle liée à la vente des stocks aux grossistes, par exemple le salaire des employés du service de la vente, est engagée après que les stocks sont prêts à être vendus. Cette dépense fait alors partie des frais de

analyse financière

commercialisation de la période et est passée en charge. Il en est de même des frais d'emprunt liés au financement des achats de stocks, qui sont des charges de la période à moins que les stocks exigent une longue période de préparation avant d'être utilisés ou vendus ; dans ce cas, ces frais peuvent être ajoutés au coût des stocks. Sous réserve de certaines exceptions, on permet aussi d'incorporer au coût des stocks l'intérêt directement attribuable à l'acquisition, à la construction ou à la production de stocks. Les charges de stockage en sont généralement exclues, à moins qu'elles soient nécessaires au processus de production. Par exemple, le bois d'œuvre doit subir une période de séchage assez longue avant de pouvoir servir à la fabrication de meubles. Dans ce cas, les coûts de stockage sont inclus. Les rabais commerciaux et les retours sont déduits pour déterminer le coût historique. La comptabilité des retours et rabais sur achats est expliquée en détail à l'annexe 7-A (*voir la page 429*).

Il peut être approprié d'inclure au coût des stocks les coûts de conception de produits qui répondent à des besoins particuliers d'un client. On permet aussi d'inclure les coûts de démantèlement et de remise en état relativement à la production de stocks au moment de leur comptabilisation initiale.

Pour les prestataires de services qui comptabilisent des stocks, ceux-ci sont évalués au coût de production. On y trouve essentiellement les coûts de la main-d'œuvre et les autres frais de personnel ainsi que les fournitures directement engagées pour fournir le service. On en exclut les salaires relatifs aux ventes et au personnel administratif, lesquels sont passés en charges durant la période au cours de laquelle ils sont engagés.

7.1.3 Le cheminement des coûts relatifs aux stocks

Le cheminement des coûts relatifs aux stocks, aussi bien pour les grossistes que pour les détaillants, est relativement simple (*voir la figure 7.1A*). En achetant des marchandises, ces entreprises voient leurs stocks augmenter. En en vendant, elles font augmenter le coût des ventes et diminuer les stocks.

La figure 7.1B donne un aperçu du cheminement des coûts relatifs aux stocks propre au secteur de la fabrication, processus semblant plus complexe. En premier lieu, l'entreprise doit acheter les **matières premières** (aussi appelées « **matières directes** »). Dans le cas des activités de fabrication de pneus, Michelin doit acheter des matières premières telles que le caoutchouc, les produits chimiques et l'acier. Lorsque ces matières sont utilisées, le coût de chacune est déduit du stock de matières premières et ajouté au stock de produits finis.

Deux autres éléments du coût de production, soit le coût de la main-d'œuvre directe et les coûts indirects de production, sont ajoutés au **stock de produits en cours** lorsqu'ils sont engagés durant le processus de fabrication. Le **coût de la main-d'œuvre directe** correspond aux salaires des employés qui travaillent directement à la transformation des matières premières. Les **frais généraux de production** (en fonction d'une production standard ou normale) comprennent tous les autres coûts de production. Par exemple, le salaire du contremaître, et les coûts du chauffage, de l'éclairage et de l'électricité servant à faire fonctionner l'usine entrent dans les frais généraux de production. Lorsque les pneus sont prêts à la vente, les montants cumulés au stock de produits en cours sont

Coût de la main-d'œuvre directe
Salaire des employés qui travaillent directement au processus de transformation des produits.

Frais généraux de production
Coûts de production qui ne sont pas des matières premières ou des coûts de main-d'œuvre directe.

FIGURE 7.1 • CHEMINEMENT DES COÛTS RELATIFS AUX STOCKS

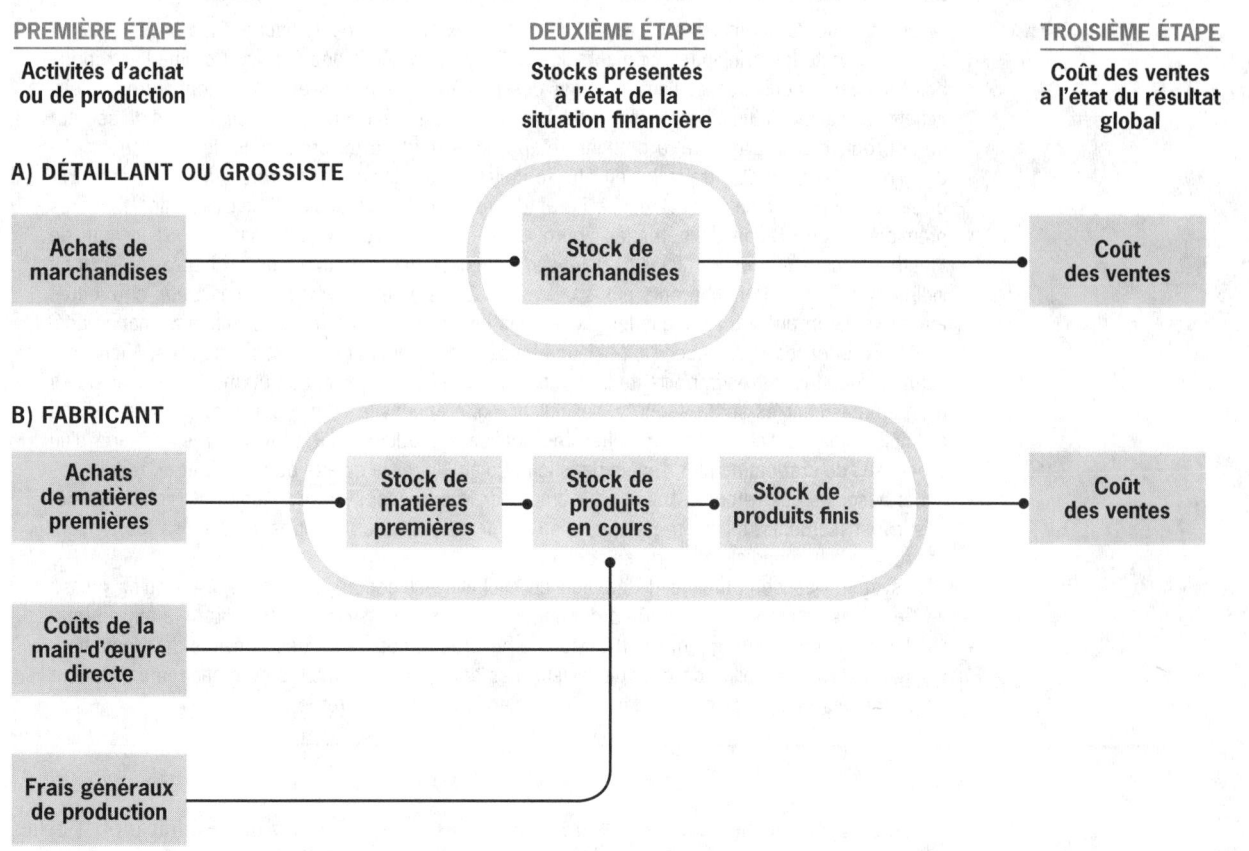

transférés au stock de produits finis. Lorsque les biens finis sont vendus, le coût des ventes augmente et le stock de produits finis diminue.

Dans la figure 7.1, on remarque que, pour les détaillants, grossistes et fabricants, les coûts sont inclus aux stocks en suivant trois étapes : 1) La première étape a trait aux activités d'achat ou de production ; 2) la deuxième étape comprend les ajouts aux différents postes de stocks à l'état de la situation financière ; 3) à la troisième étape, celle de la vente, les montants relatifs aux stocks (produits finis ou marchandises) sont passés en charges au coût des ventes à l'état du résultat global au moment de déterminer la marge brute. Puisque le cheminement des coûts relatifs aux stocks jusqu'au coût des ventes est semblable pour les détaillants, les grossistes et les fabricants, et dans le but de simplifier nos exemples, nous concentrerons notre analyse future sur le stock de marchandises. La comptabilisation et la gestion des stocks des entreprises de fabrication font l'objet d'études plus approfondies dans les cours de comptabilité de management.

7.1.4 Le coût des ventes

Le coût des ventes représente une charge importante pour la plupart des entreprises (sauf pour la majorité des entreprises de service). De plus, il est directement lié aux ventes. Le montant du chiffre d'affaires (les ventes) au cours d'une période correspond au nombre d'unités vendues multiplié par leur prix de vente, alors que le coût des ventes équivaut au même nombre d'unités multiplié par leur coût unitaire. L'évaluation du coût des ventes est un excellent exemple d'application du rattachement des charges aux produits, car seuls les coûts engagés pour les articles vendus sont comptabilisés en charges. Les coûts relatifs aux articles toujours en stock ne sont pas des charges de la période, mais font partie du stock de clôture présenté à l'actif courant à l'état de la situation financière.

analyse financière

LES MÉTHODES MODERNES DE FABRICATION ET LE COÛT DES STOCKS

Le diagramme du cheminement des coûts relatifs aux stocks (*voir la figure 7.1 à la page précédente*) présente les principaux éléments liés au contrôle du coût des stocks. Comme l'entreprise doit financer l'acquisition et l'entreposage des matières premières et autres fournitures qu'elle achète, le maintien d'un niveau minimal de stocks, tout en prévoyant les besoins futurs du secteur de la production, représente la première étape de la réussite du processus de production. Afin d'y arriver, Michelin doit travailler en étroite collaboration avec ses fournisseurs pour s'assurer de la production et de la qualité des intrants ainsi que pour planifier la livraison des matières premières. Cette façon de gérer les approvisionnements en stock est connue sous le nom de « méthode juste-à-temps ». Afin de minimiser les coûts de la main-d'œuvre directe et les frais indirects de production inhérents aux stocks, il faut également revoir sans cesse les différentes étapes de la production ainsi que les tâches des employés, puis offrir à ceux-ci la formation adéquate. En effet, pour diminuer l'impact des baisses de production sur ses employés, Michelin a augmenté de façon très importante le nombre de journées de formation en mettant sur pied des programmes centrés sur la sécurité, l'excellence opérationnelle et le progrès continu visant ainsi à améliorer la qualité de ses produits. Les nouveaux produits sont souvent créés à l'aide d'un processus de production plus simple dans le but d'améliorer la qualité du produit et de réduire les coûts associés aux retours. Aussi, pour améliorer le processus de production et réduire le coût des investissements, Michelin a standardisé les procédés et les composantes de sa fabrication, et procédé à la mondialisation de ses achats.

Le système de comptabilité de gestion de Michelin est conçu de manière à ce qu'on puisse vérifier si les changements apportés ont engendré les résultats escomptés, outre le fait de fournir des renseignements qui permettront une amélioration constante des activités de production. Il s'agit de la comptabilité de coût de revient. Les cours de comptabilité de management traitent en profondeur des problèmes que pose la conception de tels systèmes.

Examinons le lien existant entre le coût des ventes à l'état du résultat global et les stocks à l'état de la situation financière. Afin de simplifier notre analyse, nous nous concentrons sur la vente de coupe-vents par Michelin. L'entreprise commence chaque période financière avec un stock en main de coupe-vents appelé « **stock d'ouverture** » **(SO)** (ou stock au début). Durant la période, le stock d'ouverture augmente à la suite de l'**achat (A)** de nouveaux coupe-vents. Le total du stock d'ouverture et des achats de nouveaux coupe-vents au cours d'une période représente le **coût des biens disponibles à la vente**. Ce qui n'a pu être vendu à la fin de la période constitue le **stock de clôture (SC)** (ou stock à la fin, ou stock de fermeture) à l'état de la situation financière. La portion des biens disponibles à la vente qui est vendue au cours de la période devient le **coût des ventes (CV)** à l'état du résultat global. Le stock de clôture d'une période correspond automatiquement au stock d'ouverture de la période suivante. Les liens entre ces divers montants relatifs aux stocks sont présentés dans l'**équation du coût des ventes**, qui est présentée dans l'exemple suivant.

Ainsi, on suppose que Michelin : 1) a un stock d'ouverture de 400 000 € ; 2) achète, au cours de cette période, des coupe-vents pour un montant de 2 500 000 € ; 3) que son stock de clôture a une valeur de 500 000 €. À l'aide de l'équation, on peut déterminer que l'entreprise enregistrera un coût des ventes de 2 400 000 €, calculé de la façon suivante :

Coût des biens disponibles à la vente
Coût des stocks au début de la période plus les achats (ou les éléments transférés aux produits finis) de la période.

Équation du coût des ventes
SO + A − SC = CV

Équation du coût des ventes
(en milliers d'euros)

Stock d'ouverture (SO)	400
Plus : Achats (A) de biens au cours de la période	2 500
Biens disponibles à la vente	2 900
Moins : Stock de clôture (SC)	(500)
Coût des ventes (CV)	2 400

On peut présenter la même information au sujet des stocks sous forme de compte en T, comme ci-dessous, ou comme dans la figure 7.2.

+	Stock de coupe-vents (en milliers d'euros)		–	
Solde d'ouverture	400			
Achats	2 500	Coût des ventes	2 400	
Solde de clôture	500			

Dès que trois de ces quatre valeurs sont connues, on peut se servir de l'équation afin de déterminer la quatrième. Le compte en T peut également être utilisé à cette fin.

Plus loin dans ce chapitre, nous voyons comment cette équation du coût des ventes peut servir d'outil pour analyser les erreurs relatives à la mesure des stocks et évaluer l'effet de différentes méthodes comptables sur les états financiers.

FIGURE 7.2 • ÉLÉMENTS DU COÛT DES VENTES (STOCK DE BIENS)

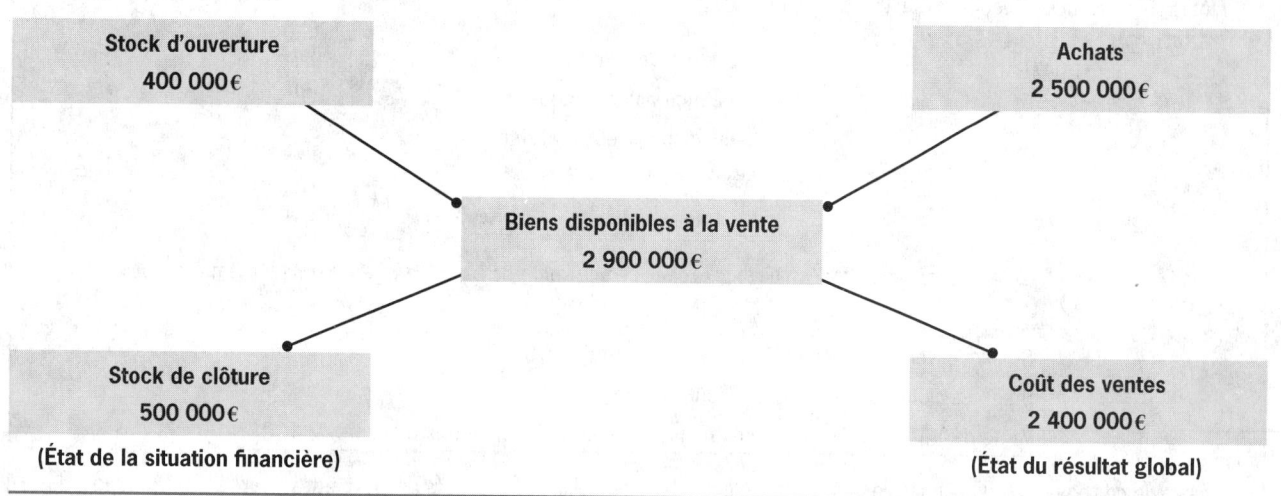

7

7.2 Les méthodes de détermination du coût des stocks

OBJECTIF
D'APPRENTISSAGE

Déterminer le coût des stocks et le coût des ventes à l'aide de trois méthodes.

Si les détaillants se procuraient toujours leurs marchandises au même coût unitaire (comme c'est le cas dans l'exemple du test d'autoévaluation de la page suivante), il n'y aurait plus rien à dire au sujet de la détermination du coût des stocks. Toutefois, on sait que le prix de la plupart des biens varie. Le coût d'un grand nombre de produits manufacturés tels que les automobiles et les bicyclettes, et même les pneus, a augmenté au cours des dernières années. Cependant, dans d'autres secteurs comme celui de l'informatique, les coûts de production (et les prix de vente au détail) ont diminué de façon spectaculaire.

Lorsque le coût des stocks varie beaucoup, le fait de déterminer quels éléments il faut considérer comme vendus ou encore comme faisant partie du stock de clôture peut transformer les profits en pertes (ou inversement). Un exemple fort simple permet d'illustrer ces effets.

Supposez que la société La Cordée a fait les achats suivants :

1er janvier	Stock d'ouverture : 2 bicyclettes du modèle A au coût unitaire de 70 $
12 mars	Achat de 4 bicyclettes du modèle A au coût unitaire de 80 $
9 juin	Achat de 1 bicyclette du modèle A au coût unitaire de 100 $
5 juillet	Vente de 4 bicyclettes du modèle A au prix de vente unitaire de 120 $

TEST D'AUTOÉVALUATION

1. Prenez pour hypothèse de travail les données suivantes concernant une gamme de bicyclettes vendue par une société de vente au détail, soit la société La Cordée, et ce, pour 2012.

> Stock d'ouverture : 400 unités au coût unitaire de 75 $
>
> Achat de 600 unités au coût unitaire de 75 $
>
> Vente de 700 unités (dont le coût unitaire était de 75 $) au prix de vente de 100 $

À l'aide de l'équation du coût des ventes, calculez le montant (en dollars) des biens disponibles à la vente, du stock de clôture et du coût des ventes des bicyclettes pour 2012.

	Stock d'ouverture
+	Achats durant la période
	Biens disponibles à la vente
−	Stock de clôture
	Coût des ventes

2. Prenez pour hypothèse de travail les données suivantes relatives à la vente de bicyclettes en 2013 du même magasin, soit La Cordée.

> Stock d'ouverture : 300 unités au coût unitaire de 75 $
>
> Stock de clôture : 600 unités au coût unitaire de 75 $
>
> Vente de 1 100 unités (dont le coût unitaire était de 75 $) au prix de vente de 100 $

À l'aide de l'équation du coût des ventes, calculez le montant (en dollars) des *achats* de bicyclettes pour l'année 2013. Gardez en mémoire que si trois des quatre montants sont connus, l'équation du coût des ventes peut servir à déterminer le quatrième montant.

	Stock d'ouverture
+	Achats durant la période
−	Stock de clôture
	Coût des ventes

Vérifiez vos réponses à l'aide des solutions présentées en bas de page*.

---

* **Solutions du test d'autoévaluation**

1.	Stock d'ouverture	(400 × 75 $)	30 000 $
	+ Achats durant la période	(600 × 75 $)	45 000
	Biens disponibles à la vente		75 000
	− Stock de clôture	(300 × 75 $)	(22 500)
	Coût des ventes	(700 × 75 $)	52 500 $

2. SO : 300 × 75 $ = 22 500 $ SO + A − SC = CV

SC : 600 × 75 $ = 45 000 $ 22 500 $ + A − 45 000 $ = 82 500 $

CV : 1 100 × 75 $ = 82 500 $ A = 105 000 $

7

Remarquez que le coût des bicyclettes a augmenté rapidement de janvier à juin. Le 5 juillet, quatre bicyclettes sont vendues 120 $ chacune et on inscrit un chiffre d'affaires de 480 $. Quel montant sera inscrit à titre de coût des ventes ? La réponse dépend de la méthode comptable utilisée pour évaluer le coût des bicyclettes vendues. Trois méthodes sont permises pour déterminer le coût des ventes et le coût des stocks :

1. La méthode de l'identification spécifique du coût ;
2. La méthode de l'épuisement successif ;
3. La méthode du coût moyen pondéré.

Ces trois méthodes permettent de répartir le montant total, en dollars, des biens disponibles à la vente (SO + A) entre le stock de clôture (SC) à l'état de la situation financière comme actif et le coût des ventes (CV) à l'état du résultat global comme charge. Les entreprises doivent faire un choix parmi ces méthodes. La première détermine les éléments précis qui restent en stock et qui sont vendus. Les deux autres reposent sur un traitement différent des coûts relatifs aux stocks.

7.2.1 La méthode de l'identification spécifique du coût

Selon la **méthode de l'identification spécifique du coût** (aussi appelé « méthode du coût distinct », « du coût propre » ou « du coût d'achat réel »), le coût de chaque article vendu est déterminé de façon précise et enregistré à titre de coût des ventes. Cette méthode nécessite donc que le coût d'achat de chaque article soit comptabilisé distinctement. Pour ce faire, on attribue un code à chaque unité avant de l'inclure aux stocks ou on conserve un compte distinct pour chacune des unités, que l'on codifie à l'aide d'un numéro de série. Dans l'exemple de La Cordée, n'importe laquelle des sept bicyclettes en magasin aurait pu être vendue. Si l'on suppose qu'une bicyclette à 70 $, deux bicyclettes à 80 $ et une bicyclette à 100 $ ont été vendues, le coût total de ces quatre unités (70 $ + 80 $ + 80 $ + 100 $) correspondrait au coût des ventes (330 $). Le coût des unités invendues représenterait alors le stock de clôture.

La méthode de l'identification spécifique du coût se révèle peu pratique lorsque le stock se compose d'une grande variété d'articles identiques. Par contre, lorsqu'il s'agit d'articles différents les uns des autres et ayant un coût unitaire très élevé, par exemple les maisons, les automobiles ou les bijoux de grande qualité, elle est appropriée, car il s'agit de biens non fongibles (non interchangeables). Dans le cas d'articles interchangeables, cette méthode pourrait amener des gestionnaires peu scrupuleux à modifier de façon intentionnelle l'information présentée aux états financiers. En effet, il leur devient alors possible de manipuler le coût des ventes et le stock à la fin en choisissant, parmi plusieurs coûts unitaires, ceux qui leur conviennent, même si les biens ne diffèrent d'aucune façon. Il en résulte que la majorité des entreprises utilisent peu cette méthode, car rares sont celles qui ont des biens non fongibles à coût unitaire élevé. Elles évaluent donc les unités en stock selon l'une des deux autres méthodes.

7.2.2 La méthode de l'épuisement successif

Le **choix d'une méthode pour déterminer le coût des stocks n'est pas basé sur le mouvement ou le cheminement physique des biens** sur les étagères. Pour illustrer la méthode de l'épuisement successif, on suppose l'utilisation d'un bac (*voir la figure 7.3 à la page suivante*). Il suffit alors d'observer les coûts des marchandises qui entrent et qui sortent du bac. Pour fins d'illustration, nous posons l'hypothèse que **tous les achats de la période se font avant que les ventes et le coût des ventes soient inscrits aux livres.**

Selon la **méthode de l'épuisement successif** (ou **méthode du premier entré, premier sorti – PEPS**), on pose l'hypothèse que les articles achetés en premier sont les premiers articles à être vendus et que les derniers articles achetés resteront en stock. On détermine alors le coût des ventes et le stock de clôture en posant l'hypothèse que le mouvement ou le cheminement d'entrée et de sortie des articles du bac se fait comme c'est le cas dans la figure 7.3. Premièrement, on considère que le prix de chaque achat est déposé dans le bac par le haut, selon l'ordre chronologique des transactions, l'un

Méthode de l'identification spécifique du coût
Méthode qui permet d'évaluer le coût précis de chacun des articles qui ont été vendus.

Méthode de l'épuisement successif (ou méthode du premier entré, premier sorti – PEPS)
Méthode selon laquelle on pose l'hypothèse que les premiers biens achetés (premiers entrés) sont les premiers biens vendus (premiers sortis).

7

FIGURE 7.3 • **BAC DU STOCK**

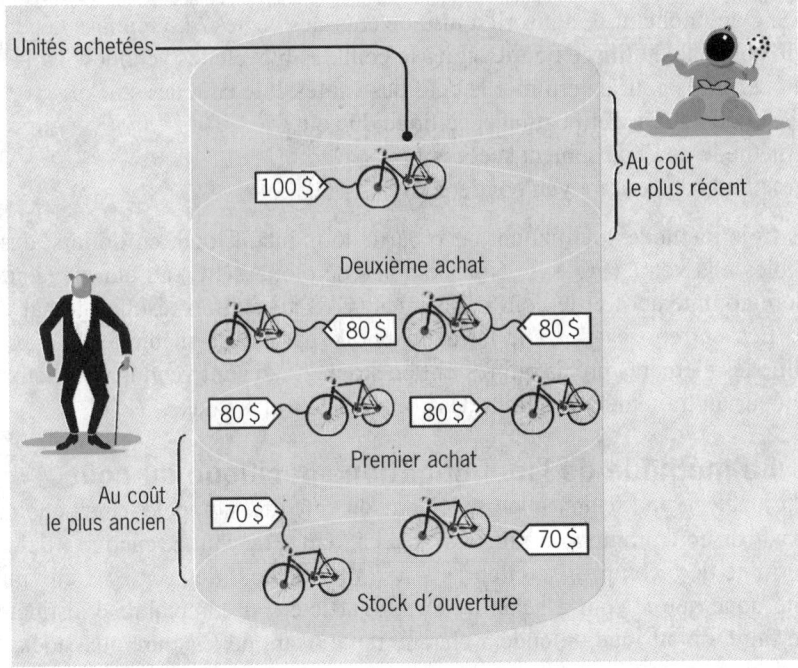

par-dessus l'autre (2 unités de stock à l'ouverture à 70 $, suivies des achats de 4 unités à 80 $ et de 1 unité à 100 $), ce qui donne un total de biens disponibles à la vente de 560 $. Chaque article vendu est soustrait à partir du **fond** du bac, par ordre chronologique d'entrée (2 unités à 70 $ et 2 à 80 $); **premier entré, premier sorti.** Ces éléments, qui totalisent 300 $, constituent le coût des ventes (CV). Les articles restants (2 unités à 80 $ et 1 à 100 $ = 260 $) représentent le stock de clôture. La méthode PEPS attribue les coûts les plus **anciens** au **coût des ventes** et les coûts les plus **récents** au **stock de clôture.** Elle part du principe selon lequel les coûts les plus anciens doivent être ceux qu'on doit tenter de rattacher aux produits. Aussi, le montant inscrit comme actif à l'état de la situation financière se rapproche plus de sa juste valeur à la date de l'état. La méthode PEPS est illustrée dans la figure 7.4A (*voir la page 412*).

Calcul du coût des ventes selon la méthode PEPS		
Stock d'ouverture	(2 unités à 70 $ chacune)	140 $
+ Achats de la période	(4 unités à 80 $ chacune)	320
	(1 unité à 100 $)	100
Biens disponibles à la vente		560
− Stock de clôture	(2 unités à 80 $ chacune et 1 unité à 100 $)	(260)
Coût des ventes	(2 unités à 70 $ chacune et 2 unités à 80 $ chacune)	300 $

Méthode du coût moyen pondéré (CMP)
Méthode qui utilise le coût unitaire moyen pondéré des biens disponibles à la vente afin de déterminer à la fois le coût des ventes et le stock de clôture.

7.2.3 La méthode du coût moyen pondéré

Selon la **méthode du coût moyen pondéré (CMP)**, on calcule le coût unitaire moyen pondéré[4] des biens disponibles à la vente. On utilise cette méthode pour déterminer le coût des ventes et le stock de clôture.

---

4 On doit utiliser un coût unitaire moyen pondéré plutôt qu'une simple moyenne des coûts unitaires. Dans la plupart des cas, une moyenne simple est erronée, car elle ne tient pas compte du nombre d'unités qui correspondent à chaque coût unitaire. Par exemple, si l'on achète une unité 2 $, une autre unité 3 $ et trois unités 5 $, le coût moyen pondéré est de 4 $ ([2 $ + 3 $ + 5 $ + 5 $ + 5 $] ÷ 5 unités) comparativement au coût moyen simple de 3,33 $ ([2 $ + 3 $ + 5 $] ÷ 3).

Le calcul du coût unitaire moyen pondéré des biens disponibles à la vente s'effectue comme suit :

Nombre d'unités	×	Coût unitaire	=	Coût total
2	×	70 $	=	140 $
4	×	80 $	=	320
1	×	100 $	=	100
7				560 $

$$\text{Coût moyen pondéré (CMP)} = \frac{\text{Coût des biens disponibles à la vente}}{\text{Nombre d'unités disponibles à la vente}}$$

$$= \frac{560\,\$}{7 \text{ unités}} = 80\,\$ \text{ l'unité}$$

Selon cette approche, on attribue le même coût moyen à chacune des unités, soit un montant de 80 $, au coût des ventes et au stock de clôture. Cette méthode est illustrée dans la figure 7.4B.

Calcul du coût des ventes selon la méthode CMP		
Stock d'ouverture	(2 unités à 70 $ chacune)	140 $
+ Achats de la période	(4 unités à 80 $ chacune)	320
	(1 unité à 100 $)	100
Biens disponibles à la vente	(7 unités au coût unitaire moyen pondéré de 80 $)	560
− Stock de clôture	(3 unités à 80 $ chacune, coût unitaire moyen pondéré)	(240)
Coût des ventes	(4 unités à 80 $ chacune, coût unitaire moyen pondéré)	320 $

7.2.4 L'incidence des méthodes de détermination du coût des stocks sur les états financiers

Puisque les trois méthodes précédentes peuvent être utilisées, selon les normes comptable internationales (IAS 2), pour calculer le coût des stocks, le choix doit reposer sur celle qui permet le meilleur rattachement des charges aux produits.

Le tableau 7.2 (*voir la page 413*), basé sur notre exemple, présente un sommaire de l'incidence des méthodes PEPS et CMP sur les états financiers. Il est important de se rappeler que les méthodes ne diffèrent qu'en ce qui concerne la répartition du coût des biens disponibles à la vente entre le coût des ventes et stock de clôture. Pour cette raison, la méthode dont le stock de clôture est le plus élevé présente le montant le moins élevé du coût des ventes et, par conséquent, une marge brute plus élevée ainsi qu'une charge fiscale plus importante.

L'exemple illustré dans le tableau 7.2 présente des coûts qui augmentent dans le temps. Lorsque les coûts unitaires augmentent, la méthode CMP produit un résultat net moins élevé et des stocks de clôture moins élevés que la méthode PEPS, et, par conséquent, une charge d'impôts moins élevée.

Notons qu'il existe une quatrième méthode pour évaluer le coût des stocks, soit la méthode de l'épuisement à rebours, ou méthode du **d**ernier **e**ntré, **p**remier **s**orti (DEPS). Cette méthode est défendue au Canada par les normes comptables et par le fisc, mais est souvent utilisée aux États-Unis. Elle consiste à passer au coût des ventes les coûts les plus récents et à évaluer les stocks à l'état de la situation financière aux coûts les plus anciens, ce qui est exactement le contraire de la méthode PEPS.

FIGURE 7.4 • CHEMINEMENT DES COÛTS SELON LES MÉTHODES PEPS ET CMP

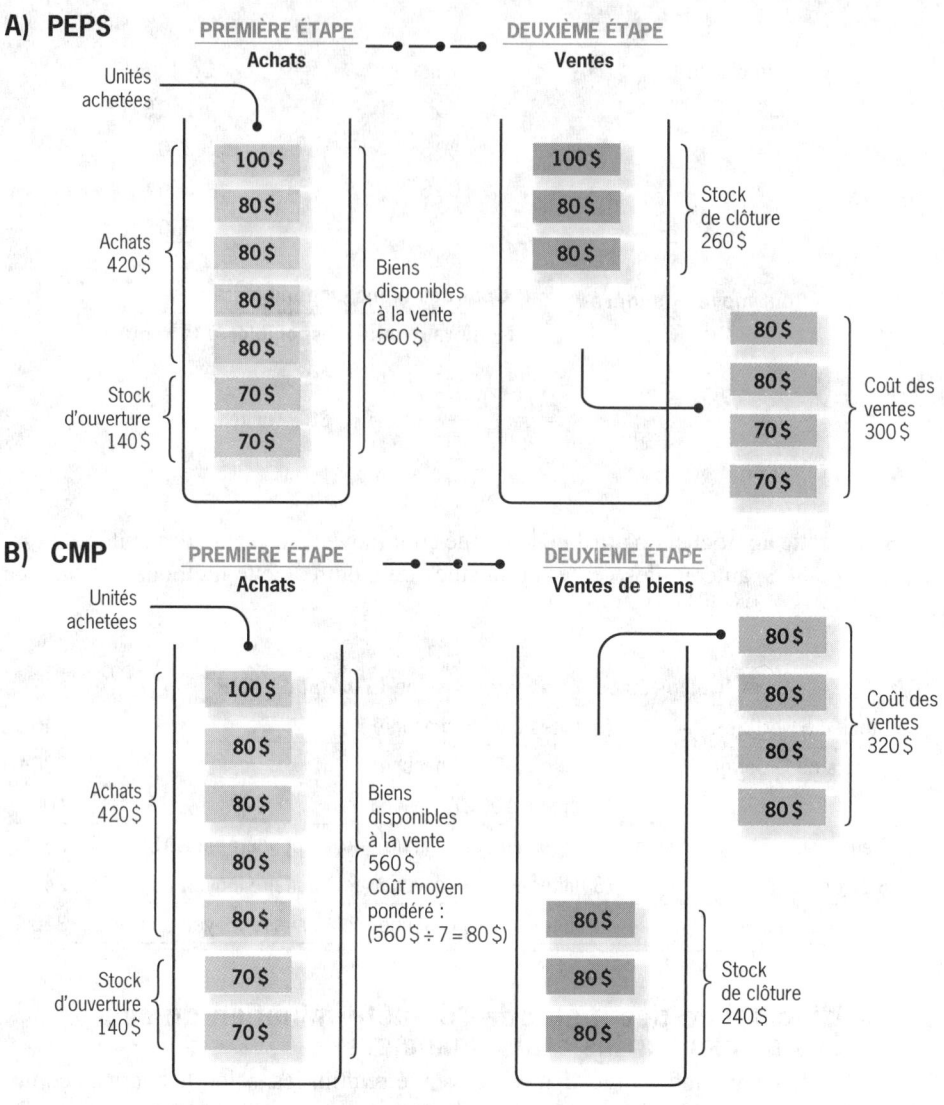

Dans le but de permettre la comparaison des états financiers sur une base internationale, les normes américaines exigent des entreprises qui utilisent la méthode DEPS qu'elles divulguent aussi l'information complémentaire présentant les stocks évalués selon la méthode PEPS de même que les incidences sur le résultat et les stocks. Ainsi, les calculs de ratios financiers, pour lesquels on utilise la marge brute, le coût des ventes, le résultat net, les résultats non distribués, les capitaux propres, les stocks, l'actif courant ou l'actif total, doivent en tenir compte. Nous expliquons cette méthode plus en détail à l'annexe 7-C (*voir la page 431*).

OBJECTIF D'APPRENTISSAGE

Déterminer dans quelles circonstances il est plus avantageux pour une entreprise d'utiliser l'une ou l'autre des méthodes de détermination du coût des stocks.

7.2.5 Le choix des gestionnaires quant à la méthode de détermination du coût des stocks

Qu'est-ce qui incite les entreprises à choisir l'une ou l'autre des méthodes d'évaluation du coût des stocks ? D'après ce que nous avons vu au chapitre 5, la direction doit opter pour une méthode qui respecte les normes comptables en vigueur au Canada. Cette méthode devrait être celle qui, aux fins de publication des états financiers, reflète le mieux la situation économique et financière de l'entreprise.

Alors, quelle méthode reflète le mieux la situation financière de l'entreprise ? Le choix de la méthode de détermination du coût des stocks est important car, comme on

	PEPS		CMP	
Incidence sur l'état du résultat global				
Ventes		480$		480$
Coût des ventes :				
Stock d'ouverture	140$		140$	
Achats	420		420	
Biens disponibles à la vente	560		560	
Stock de clôture	(260)		(240)	
		(300)		(320)
Marge brute		180		160
Autres frais		(80)		(80)
Résultat avant impôts		100		80
Impôts sur le résultat (25 %)		(25)		(20)
Résultat net		75$		60$
Incidence sur l'état de la situation financière				
Stocks		260$		240$

peut le voir ci-après, il influe sur le résultat et sur d'autres postes importants des états financiers, et, par conséquent, sur le calcul des ratios financiers. En se basant sur le tableau 7.2, voici ce que nous pouvons déduire :

Coûts à la hausse : effets normaux sur les états financiers

	PEPS	CMP
Coût des ventes à l'état du résultat global	Moins élevé	Plus élevé
Marge brute	Plus élevée	Moins élevée
Stock à l'état de la situation financière	Plus élevé	Moins élevé

Coûts à la baisse : effets normaux sur les états financiers

	PEPS	CMP
Coût des ventes à l'état du résultat global	Plus élevé	Moins élevé
Marge brute	Moins élevée	Plus élevée
Stock à l'état de la situation financière	Moins élevé	Plus élevé

En somme, plus le coût des achats varie au cours de la période, plus il y aura de différence entre le coût des ventes à l'état du résultat global et les stocks à l'état de la situation financière, selon la méthode choisie. La plupart des gestionnaires choisissent une méthode comptable qui présente un résultat net plus élevé. Aussi, ils adoptent une méthode qui résulte en une charge fiscale moins élevée. Pour atteindre ces deux objectifs, le choix entre la méthode CMP et la méthode PEPS peut s'avérer important. L'entreprise doit également tenir compte du contexte économique ainsi que des avantages et inconvénients de chaque méthode selon sa situation particulière. Il est à noter que la méthode DEPS donne des écarts beaucoup plus importants, comme nous l'expliquons à l'annexe 7-C.

Si l'on suppose un contexte d'inflation :

1. La méthode de l'identification spécifique du coût permet de connaître la marge brute de chaque article et est par conséquent la meilleure méthode. Cependant, lorsque les biens vendus sont fongibles, elle n'est pas appropriée, car elle permet la manipulation des résultats.

2. La méthode PEPS permet d'évaluer les stocks à l'état de la situation financière aux coûts les plus récents, donc plus près de leur valeur réelle. Par contre, le coût des

ventes est évalué selon les coûts les plus anciens, et cela peut fausser certains ratios financiers qui permettent de comparer les stocks au coût des ventes, par exemple le taux de rotation des stocks, que nous abordons plus loin.

3. La méthode CMP élimine la possibilité de toute manipulation du résultat, car elle est objective. Les stocks et le coût des ventes sont évalués selon le coût moyen. Cependant, l'évaluation des stocks à l'état de la situation financière ne représente pas une valeur près de leur valeur réelle et peut permettre de fausser certains ratios financiers tel le fonds de roulement.

Les normes comptables internationales (IAS 2) demandent que la même méthode soit utilisée pour tous les stocks de l'entité ayant une nature et un usage similaires. Une différence dans la situation géographique des stocks ou dans les règles fiscales applicables ne justifie pas l'utilisation de méthodes différentes pour évaluer le coût des stocks. Par contre, lorsque l'usage et la nature sont différents, on permet l'utilisation d'autres méthodes pour déterminer le coût des stocks. Il peut en être ainsi dans un certain secteur d'activité, comparativement à un autre secteur.

Du fait que la plupart des entreprises d'un même secteur d'activité doivent s'approvisionner auprès des mêmes sources et ainsi composer avec des structures de prix similaires, on observe que la plupart choisissent souvent la même méthode de détermination du coût des stocks, ce qui permet d'éviter les problèmes de comparaison.

L'application uniforme des méthodes de détermination du coût des stocks

Il est important de noter que le choix d'une méthode de détermination du coût des stocks n'est pas nécessairement basé sur le mouvement réel des articles sur les étagères, comme nous l'avons déjà dit. Une société n'est pas tenue d'utiliser la même méthode pour tous les éléments en stock. De plus, il semble qu'aucune justification particulière ne soit requise pour choisir une ou plusieurs méthodes acceptables, hormis le fait que la méthode choisie doit permettre de refléter le plus fidèlement possible la situation économique et financière de l'entreprise.

Afin de faciliter la comparaison des données présentées dans les états financiers, les normes comptables exigent que les entreprises appliquent les méthodes comptables de façon uniforme d'une période à l'autre. Ainsi, il ne leur est pas permis d'employer la méthode CMP pour une période, PEPS pour la période suivante et, finalement, de revenir à la première méthode à la troisième période. Un changement de méthode comptable n'est permis que dans les cas où il peut améliorer la mesure des résultats financiers et ainsi mieux refléter la réalité des opérations de l'entreprise. Passer d'une méthode de détermination du coût des stocks à l'autre constitue ainsi un événement en soi assez rare, et, si cela se produisait, l'entreprise devrait expliquer les raisons justifiant ce changement de même que l'effet du changement de méthode sur les données financières présentées dans les états financiers.

analyse financière

LES MÉTHODES DE DÉTERMINATION DU COÛT DES STOCKS ET L'ANALYSE DES ÉTATS FINANCIERS

Que fait l'analyste financier qui souhaite comparer deux entreprises dont les états financiers ont été dressés à l'aide de méthodes différentes pour comptabiliser les stocks? Si l'on voulait effectuer une analyse comparative entre une entreprise canadienne qui utilise la méthode PEPS et une entreprise états-unienne qui utilise la méthode DEPS, la conversion d'une méthode à l'autre serait facile. En effet, les règles de présentation de l'information financière aux États-Unis exigent que les entreprises présentent également leurs stocks d'ouverture et de clôture selon la méthode PEPS dans les notes aux états financiers si les différences sont importantes. On peut donc utiliser cette information ainsi que l'équation du coût des ventes pour convertir l'état de la situation financière et l'état du résultat global d'une base DEPS à une base PEPS.

1. Calculez le coût des ventes et le résultat avant impôts en 2012 selon les méthodes comptables PEPS et CMP. Posez l'hypothèse que le stock d'ouverture et les achats effectués en 2012 comprennent ce qui suit:

Stock d'ouverture	10 unités au coût unitaire de 6$
Achats en janvier	5 unités au coût unitaire de 10$
Achats en mai	5 unités au coût unitaire de 12$

Durant l'année 2012, la société a vendu 15 unités au prix de vente de 20$ chacune. Les autres charges opérationnelles se sont élevées à 100$.

2. Calculez le coût des ventes et le résultat avant impôts en 2013 selon les méthodes comptables PEPS et CMP. (Indice: Le montant du stock de clôture de 2012 devient le montant du stock d'ouverture de 2013.) Supposez que les achats de 2013 comprennent les éléments suivants:

Achats en mars	6 unités au coût unitaire de 13$
Achats en novembre	5 unités au coût unitaire de 14$

Durant l'année 2013, la société a vendu 10 unités au prix de vente de 24$ chacune et le total des charges opérationnelles s'est élevé à 70$.

3. Laquelle de ces méthodes recommanderiez-vous à la société? Expliquez votre réponse.

Vérifiez vos réponses à l'aide des solutions présentées en bas de page*.

---

* **Solutions du test d'autoévaluation**

1. **2012**

	PEPS	CMP
Stock d'ouverture	60$	60,00$
Achats [(5 × 10$) + (5 × 12$)]	110	110,00
Biens disponibles à la vente	170	170,00
Stock de clôture*	(60)	(42,50)
Coût des ventes	110$	127,50$
Ventes (15 × 20$)	300$	300,00$
Coût des ventes	(110)	(127,50)
Marge brute	190	172,50
Charges opérationnelles	(100)	(100,00)
Résultat avant impôts	90$	72,50$

* PEPS   Stock de clôture: 5 × 12$ = 60$
    Coût des ventes: (10 × 6$) + (5 × 10$) = 110$
  CMP   Calcul du coût unitaire moyen pondéré: [(10 × 6$) + (5 × 10$) + (5 × 12$)] ÷ 20 = 8,50$
    Stock de clôture: 5 × 8,50$ = 42,50$
    Coût des ventes: 15 × 8,50$ = 127,50$

2. **2013**

	PEPS	CMP
Stock d'ouverture	60$	42,50$
Achats [(6 × 13$) + (5 × 14$)]	148	148,00
Biens disponibles à la vente	208	190,50
Stock de clôture*	(83)	(71,40)
Coût des ventes	125$	119,10$
Ventes (10 × 24$)	240$	240,00$
Coût des ventes	(125)	(119,10)
Marge brute	115	120,90
Charges opérationnelles	(70)	(70,00)
Résultat avant impôts	45$	50,90$

* PEPS   Stock de clôture: (5 × 14$) + (1 × 13$) = 83$
    Coût des ventes: (5 × 12$) + (5 × 13$) = 125$
  CMP   Calcul du coût unitaire moyen pondéré: [(5 × 8,50$) + (6 × 13$) + (5 × 14$)] ÷ 16 = 11,90$ (arrondi)
    Stock de clôture: 6 × 11,90$ = 71,40$
    Coût des ventes: 10 × 11,90$ = 119,00$ (arrondi)

3. La méthode choisie doit être celle qui présente le plus fidèlement la situation financière de la société. Bien que la méthode CMP offre un avantage fiscal en 2012 comparativement à la méthode PEPS, cet avantage est renversé en 2013. Cependant, la société a bénéficié d'un report d'impôts d'une année.

OBJECTIF D'APPRENTISSAGE

Évaluer les stocks au plus faible du coût et de la valeur nette de réalisation.

Valeur nette de réalisation
Prix de vente estimé dans le cours normal des activités, diminué des coûts estimés pour l'achèvement et des coûts estimés nécessaires pour réaliser la vente.

Évaluation au plus faible du coût et de la valeur nette de réalisation
Méthode d'évaluation qui diffère de la convention du coût historique. Elle sert à constater une perte lorsque la valeur nette de réalisation devient inférieure au coût historique.

Coût de remplacement
Prix d'achat qu'il faudrait payer aujourd'hui afin de se procurer des articles identiques à ceux en stock.

Provision pour dépréciation des stocks
Montant de l'excédent du coût historique sur la valeur nette de réalisation des biens.

7.3 L'évaluation des stocks au plus faible du coût et de la valeur nette de réalisation

À la fin de la période et aux fins de la présentation aux états financiers, on doit comparer la valeur nette de réalisation des stocks avec leur coût historique. La norme comptable exige la présentation des stocks au coût historique. Toutefois, les situations économiques du marché peuvent engendrer des pertes de valeur des stocks. Par ailleurs, il faudrait attribuer aux articles endommagés, désuets ou invendables toujours en stock un coût unitaire qui représente leur valeur nette de réalisation estimative si celle-ci est inférieure à leur coût d'origine. La valeur nette de réalisation est le prix de vente estimé dans le cours normal de l'activité, diminué des coûts estimés pour l'achèvement et des coûts estimés nécessaires pour réaliser la vente. Cette règle porte le nom de « méthode d'évaluation des stocks au plus faible du coût et de la valeur nette de réalisation » (ou « règle de la valeur minimale », ou « moindre du coût et de la valeur nette de réalisation »). Les estimations de la valeur nette de réalisation sont basées sur les éléments probants les plus fiables en tenant compte de la fluctuation des prix et tiennent également compte du but dans lequel les stocks sont détenus (par exemple, contrats de ventes à prix fixe). Lorsqu'une baisse du prix des matières premières fait que le coût des produits finis est supérieur à la valeur nette de réalisation, celles-ci doivent être dépréciées. Dans ces circonstances, le coût de remplacement des matières premières peut être le meilleur indice de leur valeur nette de réalisation. Le coût de remplacement est le prix d'achat qu'il faudrait payer aujourd'hui afin de se procurer des articles identiques à ceux en stock.

Cette méthode basée sur la valeur minimale s'éloigne de la convention du coût historique, car, selon la caractéristique de fidélité (*voir le chapitre 5*), il faut présenter l'information selon les meilleures données disponibles. Cette méthode est particulièrement utilisée dans le cas de deux types d'entreprises : 1) les entreprises de technologie de pointe, comme Microsoft, qui fabriquent des produits dont le coût de production et le prix de vente sont souvent en baisse ; et 2) les entreprises comme Le Château inc., qui vendent des produits saisonniers, tels des vêtements, dont la valeur diminue de façon spectaculaire à la fin de chaque saison de vente.

La méthode de la valeur minimale permet de constater une dépréciation (ou moins-value) dans la période au cours de laquelle le coût ou la valeur d'un article a diminué plutôt que dans la période au cours de laquelle le bien a été vendu. La provision pour dépréciation des stocks est la différence entre le coût historique de ceux-ci et leur valeur nette de réalisation ; il est ajouté au coût des ventes pour cette période à l'état du résultat global et est soustrait aux stocks à l'état de la situation financière. Cette pratique de dépréciation des stocks à leur valeur minimale est cohérente avec le principe suivant lequel les actifs ne doivent pas être comptabilisés à un montant supérieur à celui que l'on s'attend à obtenir de leur vente ou utilisation. Afin d'illustrer ce concept, supposons que le stock de produits de la société Hewlett-Packard comprend les articles suivants à la fin de 2012 (la période en cours) :

Article	Quantité	Coût unitaire	Valeur nette de réalisation par unité	Plus faible du coût et de la valeur nette de réalisation par unité	Plus faible du coût et de la valeur nette de réalisation
Puces	1 000	250 $	200 $	200 $	1 000 × 200 $ = 200 000 $
Lecteurs de disques	400	100	110	100	400 × 100 $ = 40 000 $

Il faudrait comptabiliser les 1 000 puces du stock de clôture au prix courant du marché (200 $), puisque ce dernier est moins élevé que le coût historique (250 $). Chez Hewlett-Packard, on enregistrerait cette moins-value ainsi :

ÉQUATION COMPTABLE

Actif	=	Passif	+	Capitaux propres
Stocks −50 000				Coût des ventes −50 000

ÉCRITURE DE JOURNAL

Dépréciation des stocks* (+C, −CP) (1 000 × 50 $) 50 000
   Provision pour dépréciation des stocks** (+XA, −A) 50 000

* Compte présenté à titre d'élément du coût des ventes à l'état du résultat global
** Compte de contrepartie présenté en diminution du compte Stocks à l'état de la situation financière

Comme le coût des lecteurs de disques (100 $) est inférieur au coût du marché (110 $), il n'est pas nécessaire de dévaluer ces articles. Ceux-ci sont donc laissés aux livres à leur coût d'acquisition, soit 100 $ l'unité (40 000 $ au total).

La réduction du coût des puces entraîne les effets suivants à l'état du résultat global et à l'état de la situation financière :

Effets de la dépréciation	Période en cours (2012)	Période de la vente (2013*)
Coût des ventes	Augmentation de 50 000 $	Diminution de 50 000 $
Résultat avant impôts	Diminution de 50 000 $	Augmentation de 50 000 $
Stocks de clôture à l'état de la situation financière	Diminution de 50 000 $	Aucune incidence

* On suppose que la vente aura lieu en 2013.

Comme on peut le remarquer, les effets de la dépréciation qui est survenue durant la période de vente sont à l'opposé des effets relatifs à la période où la moins-value est constatée. La méthode d'évaluation à la valeur minimale ne laisse anticiper que le moment de la constatation au coût des ventes. On ne fait que transférer le coût des ventes de la période de vente (2013) à la période où la moins-value est constatée (2012).

Selon les normes comptables internationales (IAS 2), on doit appliquer la règle de la valeur minimale aux stocks, et ce, peu importe laquelle des trois méthodes de détermination du coût des stocks a été utilisée. Il faut remarquer que, dans la note qui suit, la société Michelin, qui utilise uniquement la méthode du coût moyen pondéré, indique qu'elle emploie la méthode du moindre coût et de la valeur nette de réalisation dans l'établissement de ses états financiers.

3. Principes comptables (extrait de la note aux états financiers consolidés)

3.18. Stocks

Les stocks sont évalués au plus faible du coût et de la valeur nette de réalisation.

Le coût des achats des matières premières, fournitures et produits finis achetés comprend le prix d'achat et les autres coûts directement attribuables à l'acquisition. Le coût des travaux en cours et des produits finis manufacturés comprend les charges de main-d'œuvre directe ainsi que les autres coûts directement liés aux unités produites et les frais généraux de production, basés sur la capacité normale des installations de production. Les frais financiers ne sont pas intégrés dans le coût. Les stocks sont calculés selon la méthode du coût moyen pondéré.

La valeur nette réalisable correspond au prix de vente attendu, après déduction des coûts estimés pour l'achèvement et la commercialisation.

Les stocks sont ramenés à leur valeur nette réalisable dès lors qu'il existe un indice que cette valeur est inférieure aux coûts, et la dépréciation est reprise dès que les circonstances ayant conduit à déprécier la valeur des stocks cessent d'exister.

Reprise de dépréciation des stocks
Montant qui renverse une dépréciation précédente lorsque les circonstances font en sorte que la valeur nette de réalisation augmente. La reprise est limitée au montant de la dépréciation initiale.

Les normes comptables internationales (IAS 2) ne permettent pas la constatation des plus-values non matérialisées, et ce, afin de respecter la fidélité de l'information. Toutefois, elles permettent la reprise de dépréciation des stocks si les circonstances ayant conduit à déprécier la valeur des stocks antérieurement cessent d'exister. La **reprise de dépréciation des stocks** est le montant qui renverse une dépréciation précédente lorsque les circonstances font en sorte que la valeur nette de réalisation augmente. Notons que la reprise est limitée au montant de la dépréciation initiale.

Si l'on reprend l'exemple de la société Hewlett-Packard, on peut supposer que pendant le premier trimestre de 2013, une pénurie de puces survient et que leur valeur nette de réalisation unitaire est maintenant estimée à 300 $. S'il reste 200 articles à la fin du premier trimestre et que les autres articles ont étés vendus, voici les effets de cette reprise sur les états financiers de Hewlett-Packard.

Calcul de la reprise :

$$200 \text{ articles} \times 50\$ = 10\,000\$$$

Notons que même si les articles valent 300 $ chacun, la reprise ne peut être supérieure à la dépréciation constatée, soit 50 $ par article.

Ainsi, chez Hewlett-Packard, on enregistrerait la reprise de dépréciation des stocks comme suit :

ÉQUATION COMPTABLE

	Actif	=	Passif	+	Capitaux propres	
Stocks	+10 000				Coût des ventes	+10 000

ÉCRITURE DE JOURNAL

Provision pour dépréciation des stocks* (–XA, +A)	10 000	
Dépréciation des stocks** (–C, +CP) (200 × 50 $)		10 000

* Compte de contrepartie présenté en diminution du compte Stocks à l'état de la situation financière
** Compte présenté à titre d'élément du coût des ventes à l'état du résultat global

19. Stocks (extrait de la note aux états financiers consolidés)

Les provisions pour dépréciation des stocks se décomposent comme suit:

(en millions d'euros)	2009	2008
Provisions pour dépréciation sur les matières premières et autres fournitures	38	37
Provisions pour dépréciation sur travaux en cours	1	1
Provisions pour dépréciation sur produits finis	67	81
Total	106	119

Dans un contexte de crise économique, Michelin procède périodiquement, et de manière centralisée par grandes zones géographiques, à un calcul de la valeur nette de réalisation de ses produits en stock. Les hypothèses utilisées pour faire l'estimation des prix de vente intègrent l'évaluation des marchés, les déstockages des distributeurs, la marge observée et le niveau des stocks détenus par catégorie de produits finis.

7.4 L'évaluation des gestionnaires des stocks

Comme nous l'avons dit au début du chapitre, pour arriver à une bonne gestion des stocks, il est important de s'assurer que l'entreprise dispose toujours de quantités suffisantes de stocks de haute qualité afin de répondre aux besoins de ses clients tout en minimisant les coûts de détention liés aux stocks non vendus (c'est-à-dire les coûts de production, d'entreposage, de produits périmés et de financement). Le taux de rotation des stocks est une mesure qui démontre l'efficacité de l'entreprise à atteindre ces deux objectifs opposés.

OBJECTIF D'APPRENTISSAGE

Évaluer la performance des gestionnaires des stocks à l'aide du taux de rotation des stocks et de l'effet des stocks sur les flux de trésorerie.

7.4.1 Le taux de rotation des stocks

LE TAUX DE ROTATION DES STOCKS

1. Question d'analyse

Jusqu'à quel point les activités de gestion des stocks sont-elles efficaces?

2. Ratio et comparaison

$$\text{Taux de rotation des stocks} = \frac{\text{Coût des ventes}}{\text{Stocks moyens*}}$$

* Stocks moyens = (Stocks d'ouverture + Stocks de clôture) ÷ 2

En 2009, le taux de rotation des stocks de Michelin était le suivant (*voir le tableau 7.1 à la page 400 pour les données de l'équation*):

$$\frac{10\ 527\ M€}{(2\ 994\ M€ + 3\ 677\ M€) ÷ 2} = 3,16$$

Aanalyse de la tendance dans le temps			Comparaison avec les compétiteurs	
Michelin			Goodyear	Bridgestone
2007	2008	2009	2009	2009
3,53	3,42	3,16	4,53	3,49

Goodyear est un société qui développe, fabrique, distribue et vend des pneus ainsi que des produits et services reliés, à l'échelle mondiale.

Bridgestone est une société qui fabrique et distribue des pneus et tubes en caoutchouc et d'autres produits diversifiés dont les bicyclettes et les bâtons de golf, à l'échelle mondiale.

3. Interprétation des résultats

EN GÉNÉRAL ◊ Le taux de rotation des stocks indique le nombre de fois où l'on a produit et vendu une quantité d'articles correspondant aux stocks moyens durant une période donnée.

analysons les ratios

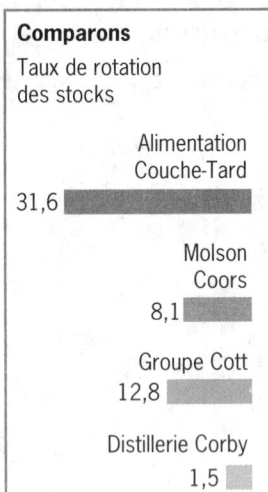

Comparons

Taux de rotation
des stocks

Alimentation
Couche-Tard

31,6

Molson
Coors

8,1

Groupe Cott

12,8

Distillerie Corby

1,5

Un taux élevé révèle que les stocks passent plus rapidement du processus de fabrication jusqu'à l'acheteur final. Une telle situation profite à l'entreprise, puisqu'elle lui permet de réduire ses coûts d'entreposage et les coûts potentiels de désuétude des stocks. Cela signifie également que moins d'argent est investi dans les stocks. L'entreprise peut ainsi se servir de ce surplus ou l'investir pour gagner des intérêts, ou encore réduire ses emprunts et, par le fait même, diminuer sa charge d'intérêts. Des politiques efficaces d'achat et de production, comme la méthode juste-à-temps, de même qu'une forte demande pour un produit auront tendance à faire augmenter le taux. Les analystes et créanciers surveillent de près ce ratio, car une baisse soudaine pourrait signifier que l'entreprise connaît une diminution imprévue dans la demande de ses produits ou qu'il existe des problèmes liés à la gestion de la production. De nombreux gestionnaires et analystes calculent aussi un autre indice, soit celui du délai moyen d'écoulement des stocks, qui, pour la société Michelin, s'obtient de la façon suivante :

$$\text{Délai moyen d'écoulement des stocks} = \frac{365}{\text{Taux de rotation des stocks}} = \frac{365}{3,16} = 115,5 \text{ jours}$$

Cela nous indique la durée moyenne que l'entreprise met à produire et livrer la marchandise à ses clients, soit 115,5 jours.

MICHELIN ◊ Le taux de rotation des stocks de Michelin a diminué entre 2007 et 2009, passant de 3,53 à 3,16. Cette baisse est due à la forte compétition que les entreprises du secteur se livrent, à l'augmentation du coût des matières premières et des coûts fixes ainsi qu'à la diminution des stocks. Le chiffre d'affaires a diminué d'un peu plus de 12 % au cours de cette même période en raison d'une phase de déstockage des constructeurs d'automobiles et de poids lourds en Europe et en Amérique du Nord. On peut observer que Michelin affiche un taux de rotation des stocks légèrement inférieur à Goodyear (entreprise états-unienne) et Bridgestone (entreprise japonaise). La comparaison avec ces deux entreprises comporte quand même certaines lacunes quant aux méthodes utilisées pour déterminer le coût des stocks et le coût des ventes. Michelin utilise la méthode CMP, Goodyear utilise la méthode CMP pour certains éléments de stocks et la méthode PEPS pour d'autres, et Bridgestone utilise la méthode CMP pour ses stocks, à l'exception des stocks se trouvant États-Unis, évalués selon la méthode DEPS (aucune information des états financiers ne permet de convertir cette évaluation des stocks à la méthode PEPS, comme le requièrent les normes états-uniennes, laissant supposer que les différences ne sont pas importantes). Par ailleurs, Goodyear et Bridgestone n'utilisent pas les IFRS pour présenter leurs états financiers, ce qui peut avoir d'autres conséquences sur les chiffres qui y sont rapportés. Pour terminer, rappelons qu'au début de ce chapitre nous avons examiné la stratégie de Michelin, laquelle consiste à renforcer sa compétitivité en diminuant ses coûts de production, et à accentuer son leadership technologique pour offrir à ses clients plus de valeur que ses concurrents et accroître sa présence sur les nouveaux marchés en croissance. La phase de déstockage terminée, cette stratégie devrait s'avérer fructueuse pour la société.

QUELQUES PRÉCAUTIONS ◊ Les écarts qui existent entre les différents secteurs d'activité en matière de processus d'achat, de production et de vente peuvent entraîner des différences importantes entre les ratios calculés. Par exemple, les restaurants qui doivent renouveler très rapidement leur stock de produits périssables ont tendance à présenter un taux de rotation des stocks plus élevé que ceux d'autres secteurs d'activité. On devrait comparer le taux d'une entreprise uniquement à ceux qui sont obtenus au cours des périodes antérieures ou à ceux d'autres entreprises appartenant au même secteur d'activité. Toutefois, la comparaison est difficile lorsque les sociétés utilisent des méthodes différentes pour déterminer le coût des stocks et le coût des ventes.

7.4.2 Les stocks et les flux de trésorerie

Lorsque les entreprises augmentent leur production afin de respecter la croissance de la demande d'un produit, le niveau des stocks à l'état de la situation financière devrait augmenter. Toutefois, lorsqu'elles surestiment la demande d'un produit, elles en fabriquent trop. Il en résulte une augmentation des coûts d'entreposage ainsi que des coûts d'intérêts sur les emprunts courants servant à financer les stocks. Il peut même en résulter une perte si les stocks excédentaires ne peuvent être vendus à des prix normaux. L'analyse du tableau des flux de trésorerie peut nous indiquer si de tels problèmes existent.

LES STOCKS

Comme il en a été question pour la variation des comptes clients, la variation des stocks peut devenir un facteur important pour les flux de trésorerie liés aux activités opérationnelles d'une entreprise. Le coût des ventes à l'état du résultat global peut être supérieur ou inférieur au montant en espèces payé aux fournisseurs au cours de la période. Comme la plus grande partie des stocks est achetée à crédit auprès des fournisseurs (on appelle généralement ce type de dette «Fournisseurs» à l'état de la situation financière, dans le passif), le rapprochement du coût des ventes et des espèces versées aux fournisseurs doit se faire en tenant compte des variations au compte Stocks et au compte Fournisseurs.

La façon la plus simple de déterminer l'effet de la variation des stocks est de se dire que l'achat de marchandises (l'augmentation des stocks) fait diminuer la trésorerie, alors que la vente de marchandises (la diminution des stocks) la fait augmenter. De même, l'emprunt aux fournisseurs (l'augmentation des comptes fournisseurs) augmente la trésorerie, tandis que le paiement aux fournisseurs (la diminution des comptes fournisseurs) la diminue.

L'INCIDENCE SUR LE TABLEAU DES FLUX DE TRÉSORERIE (MÉTHODE INDIRECTE)

EN GÉNÉRAL ◊ Lorsqu'il y a diminution nette des stocks au cours d'une période, les ventes sont supérieures aux achats. Par conséquent, on doit additionner le montant de cette diminution dans le calcul des flux de trésorerie liés aux activités opérationnelles, selon la méthode indirecte.

Lorsqu'il y a augmentation nette des stocks au cours d'une période, les ventes sont inférieures aux achats. Par conséquent, on doit soustraire le montant de cette augmentation dans le calcul des flux de trésorerie liés aux activités opérationnelles, selon la méthode indirecte.

Lorsqu'il y a diminution nette des comptes fournisseurs au cours d'une période, les paiements aux fournisseurs sont supérieurs aux nouveaux achats. Par conséquent, on doit soustraire le montant de cette diminution dans le calcul des flux de trésorerie liés aux activités opérationnelles, selon la méthode indirecte.

À l'inverse, lorsqu'il y a augmentation nette des comptes fournisseurs au cours d'une période, les paiements aux fournisseurs sont alors inférieurs aux nouveaux achats. Par conséquent, on doit additionner cette augmentation au calcul des flux de trésorerie liés aux activités opérationnelles, selon la méthode indirecte.

	Effet sur les flux de trésorerie
Flux de trésorerie liés aux activités opérationnelles (méthode indirecte)	
Résultat net	XXX $
Ajustements:	
Diminution des stocks	+
Augmentation des stocks	−
Augmentation des comptes fournisseurs	+
Diminution des comptes fournisseurs	−

MICHELIN ◊ Le tableau 7.3 (*voir la page suivante*) présente une partie de la section des activités opérationnelles du tableau des flux de trésorerie de Michelin. Lorsque le solde du compte Stocks diminue au cours d'une période, comme c'était le cas pour Michelin en 2009, cela signifie que l'entreprise a produit moins de stocks qu'elle n'en a vendus au cours de la période. On doit ajouter cette diminution dans le calcul des flux de trésorerie liés aux activités opérationnelles. Au cours de la même période, si le solde des comptes fournisseurs a diminué, c'est que l'entreprise a effectué moins d'emprunts auprès de ses fournisseurs que de remboursements. On doit alors soustraire cette diminution dans le calcul des flux de trésorerie liés aux activités opérationnelles présentés selon la méthode indirecte.

Lorsque les ventes diminuent, comme c'était le cas pour Michelin en 2009, on observe généralement une diminution des stocks qui entraîne une augmentation des flux de trésorerie liés aux activités opérationnelles (759 millions d'euros). On observe également une diminution des comptes clients (créances commerciales), ce qui entraîne aussi une augmentation des flux de trésorerie liés aux activités opérationnelles (182 millions d'euros). Toutefois, la diminution des emprunts auprès des fournisseurs (255 millions d'euros) peut compenser cette augmentation. Il en résulte quand même une augmentation nette des flux de trésorerie de 947 millions d'euros.

incidence sur les flux de trésorerie

7

1. L'analyse du taux de rotation des stocks de Michelin a été présentée à la page 419. En vous basant sur les calculs pour 2009, répondez à la question qui suit. Si Michelin avait pu gérer ses stocks de façon plus efficace et avait diminué ses achats ainsi que ses stocks de clôture en 2009 de 100 millions d'euros, son taux de rotation des stocks aurait-il augmenté ou diminué? Expliquez votre réponse.

2. Répondez à la question suivante en vous reportant à la rubrique «Incidence sur les flux de trésorerie» (*voir la page précédente*). Si Michelin avait géré ses stocks de façon moins efficace et avait augmenté ses stocks de clôture, ses flux de trésorerie liés aux activités opérationnelles auraient-ils augmenté ou diminué?

Vérifiez vos réponses à l'aide des solutions présentées en bas de page*.

coup d'œil sur MICHELIN
DOCUMENT DE RÉFÉRENCE

TABLEAU 7.3 • STOCKS AU TABLEAU DES FLUX DE TRÉSORERIE

Tableau *partiel et simplifié* des flux de trésorerie consolidés et note 31 aux états financiers
(en millions d'euros)

	2009	2008
Résultat net	104	357
Ajustements :		
Amortissement et pertes de valeur des actifs incorporels et corporels	940	928
Résultats net des sociétés mises en équivalence	(9)	(10)
Divers autres postes n'affectant pas la trésorerie*	141	(226)
Variation des besoins en fonds de roulement nets (note 31)	947	(134)
Flux de trésorerie sur activités opérationnelles	2 123	915
31. Détail des flux de trésorerie		
Variation des besoins en fonds de roulement nets** :		
Variation des stocks	759	(419)
Variation des créances commerciales	182	478
Variation des dettes fournisseurs	(255)	(138)
Variation des autres créances et dettes d'exploitation	261	(55)
Variation des flux de trésorerie	947	(134)

* Certains postes du tableau des flux de trésorerie de la société ont été regroupés afin de simplifier la présentation pour les besoins de ce manuel.
** Pour les entreprises qui ont des comptes en devises étrangères, ou qui effectuent des acquisitions ou cessions d'entreprises, le montant de la variation inscrit au tableau des flux de trésorerie n'est pas toujours égal à celui de la variation des comptes enregistrés à l'état de la situation financière.

* **Solutions du test d'autoévaluation**

1. Le taux de rotation des stocks augmentera, puisque le dénominateur du ratio (stocks moyens) diminuera de 50 millions d'euros.
$$\frac{10\,527\,\text{M€}}{(2\,894\,\text{M€} + 3\,677\,\text{M€}) \div 2} = 3,20$$

2. Une augmentation des stocks entraînera une diminution des flux de trésorerie liés aux activités opérationnelles.

7.5 Le contrôle et le suivi des stocks

OBJECTIF
D'APPRENTISSAGE

6

Comprendre les méthodes
de contrôle et de suivi
des stocks, et analyser
l'incidence d'erreurs
relatives aux stocks sur
les états financiers.

Après la trésorerie, les stocks sont l'actif le plus susceptible de faire l'objet de vol ou de fraude. Il est également très important d'instaurer une bonne gestion des quantités en stock pour éviter les coûts de pénurie ou d'excédent de stocks. La profitabilité de l'entreprise en dépend. Par conséquent, une série de mesures de contrôle et un système d'information à jour s'avèrent primordiaux pour la bonne gestion des stocks.

7.5.1 Le contrôle interne des stocks

Une série de mesures de contrôle interne des stocks s'avère donc nécessaire pour protéger cet actif contre le vol, les pertes et la négligence. Voici cinq mesures essentielles à cet effet :

1. La séparation des responsabilités pour la gestion physique des stocks et l'enregistrement aux livres ;
2. L'entreposage des marchandises de manière à les protéger du vol et des dommages ;
3. L'accès limité aux marchandises au personnel autorisé ;
4. Le maintien d'un système d'inventaire permanent (décrit ci-après) ;
5. La comparaison des dénombrements physiques des stocks avec les registres permanents.

7.5.2 Le système d'inventaire permanent et le système d'inventaire périodique

Le montant des achats de la période figure toujours dans les registres comptables. Par contre, le montant du coût des ventes et celui des stocks de clôture peuvent être déterminés à l'aide de deux systèmes d'inventaire différents : permanent et périodique.

Le système d'inventaire permanent

Le **système d'inventaire permanent** consiste à tenir à jour un compte Stocks (ou Inventaire) dans les livres comptables au cours de la période financière. Pour chaque type de biens en main, ce compte détaillé indique : 1) le nombre d'unités et le coût des stocks au début ; 2) le nombre d'unités et le coût de chaque achat ; 3) le nombre d'unités et le coût des biens pour chaque vente ; 4) le nombre d'unités et le coût des biens disponibles à la vente à n'importe quel moment. On le tient à jour en enregistrant chacune des transactions à mesure qu'elles ont lieu au cours de la période. Dans un système d'inventaire permanent complet, le compte Stocks donne à la fois le montant des stocks de clôture et le montant du coût des ventes à tout moment. Il faut cependant procéder à un dénombrement des stocks de temps à autre pour s'assurer que ce compte est exact et pouvoir y apporter les corrections nécessaires en cas d'erreur ou de vol.

Ce type d'inventaire requiert normalement un système informatique lorsque plusieurs articles sont vendus. Il est généralement nécessaire de tenir un compte Stocks distinct pour chaque type de bien en main, basé sur l'enregistrement de chaque opération, pour prendre des décisions concernant les achats, la fabrication et la distribution. Des entreprises comme La Cordée se fient grandement à leur système d'inventaire permanent et partagent même par voie électronique avec leurs fournisseurs une partie des renseignements qu'elles en tirent.

Toutes les écritures de journal concernant les activités d'achat et de vente dont il a été question jusqu'ici étaient enregistrées à l'aide d'un système d'inventaire permanent. Dans ce type de système, on inscrit directement les achats dans le compte Stocks. En outre, au moment d'enregistrer chaque vente, on entre en contrepartie le coût de l'article cédé, ce qui permet de comptabiliser la diminution des stocks existants et le coût des ventes. Il en résulte qu'on dispose à tout moment des renseignements sur le coût des ventes et les stocks de clôture.

Système d'inventaire permanent
Système qui consiste à tenir un registre d'inventaire détaillé dans lequel sont inscrits, au cours de la période financière, chacun des achats et chacune des ventes.

7

Système d'inventaire
périodique
Système qui prévoit un dénombrement des stocks afin de déterminer
les stocks de clôture et le coût
des ventes à la fin de la période
financière.

Le système d'inventaire périodique

Selon le **système d'inventaire périodique**, on ne tient pas à jour le compte Stocks au cours de la période. Il faut donc procéder à un véritable dénombrement (décompte ou prise d'inventaire) des marchandises qui sont toujours en main **à la fin de chaque période financière.** On calcule alors la valeur (en dollars) des stocks de clôture en multipliant le nombre d'unités de chaque type de marchandise que l'entreprise possède par son coût unitaire. On détermine ensuite le coût des ventes à l'aide de **l'équation comptable du coût des ventes.**

Ainsi, on ne connaît la valeur des stocks qu'à la fin de la période, c'est-à-dire au moment de procéder à leur dénombrement physique. Il est ainsi impossible de déterminer de façon précise le coût des ventes tant que ce dénombrement n'est pas terminé. On inscrit les achats de stocks dans un compte temporaire (ou compte de résultats) appelé « **Achats** » (au lieu de Stocks), puis on enregistre les revenus ou les ventes au moment de chaque vente. Toutefois, le coût des ventes n'est pas comptabilisé avant que le dénombrement des stocks ne soit achevé. Le reste du temps (par exemple, pour dresser des états financiers trimestriels), les entreprises qui utilisent le système d'inventaire périodique doivent estimer la quantité des stocks qu'elles possèdent. Les méthodes permettant d'estimer les quantités de stocks en main, telles la méthode de l'inventaire au prix de détail et la méthode de la marge brute, sont abordées dans les cours de comptabilité intermédiaires.

Avant que les entreprises n'aient pu se procurer des ordinateurs et des lecteurs de codes à barres à prix abordables, la raison fondamentale pour laquelle elles utilisaient le système d'inventaire périodique était son coût peu élevé. Ce type de système a pour principal inconvénient le manque de renseignements à jour au sujet des stocks. Les gestionnaires qui l'utilisent ne disposent alors d'aucun moyen de savoir s'il y a surstockage ou risque de pénurie. De nos jours, la plupart des entreprises ne pourraient survivre sans cette information. Les pressions en matière de coût et de qualité qu'amène la concurrence croissante, combinées à la baisse spectaculaire du prix des ordinateurs, ont presque obligé toutes les entreprises, sauf les plus petites, à se doter de systèmes d'inventaire permanent assez sophistiqués. Les entrées comptables nécessaires à la tenue de chaque système d'inventaire sont présentées à l'annexe 7-B (*voir la page 431*).

7.5.3 Les erreurs relatives à la mesure des stocks de clôture

Comme le montre l'équation du coût des ventes, il existe un lien entre les stocks de clôture et le coût des ventes. En effet, les éléments non inclus aux stocks de clôture sont présumés avoir été vendus au cours de la période. Ainsi, l'évaluation des quantités et des coûts relatifs aux stocks de clôture aura un effet à la fois sur l'état de la situation financière (l'actif courant) et sur l'état du résultat global (le coût des ventes, la marge brute et le résultat net). La détermination du coût des stocks de clôture a non seulement un effet sur le résultat net de la période en cours, mais aussi sur celui de la période suivante. Cet effet sur deux périodes s'explique par le fait que les stocks de clôture d'une période deviennent les stocks d'ouverture de la période suivante.

Selon un article tiré du *Wall Street Journal*[5], le fabricant de cartes de souhaits Gibson Greetings (maintenant une filiale d'American Greetings inc.) avait surévalué de 20 % son résultat net, car l'une de ses divisions avait surestimé les stocks de clôture de la période. Il est possible de calculer l'effet d'une telle erreur sur les bénéfices nets avant impôts de la période en cours et de la période suivante à l'aide de l'équation du coût des ventes.

5 *The Wall Street Journal*, 3 avril 1995, p. B5.

Supposez que nous sommes à la fin de 2012 et que, pour la première fois, l'entreprise se soumet à une vérification effectuée par un cabinet d'experts-comptables. Posez également l'hypothèse que l'auditeur a découvert que les stocks de clôture de 2012 étaient sous-estimés de 15 000 $. Corrigez la situation et refaites l'état du résultat global dans l'espace ci-dessous.

État du résultat global
période close le 31 décembre 2012

	Avant correction		Corrigé
Chiffre d'affaires		750 000 $	
Coût des ventes :			
Stocks d'ouverture	45 000 $		
Achats	460 000		
Biens disponibles à la vente	505 000		
Stocks de clôture	(40 000)	(465 000)	
Marge brute		285 000	
Frais opérationnels		(275 000)	
Résultat avant impôts		10 000	
Impôts sur le résultat (25 %)		(2 500)	
Résultat net		7 500 $	

Vérifiez votre réponse à l'aide de la solution présentée en bas de page*.

Supposons que les stocks de clôture sont surévalués de 10 000 $ à cause d'une erreur d'écriture qui n'a pas été découverte. Voici quel serait l'effet de cette surévaluation pour la période en cours et la période suivante :

Période en cours

Stocks d'ouverture	
+ Achats de la période	
− Stocks de clôture	Surévaluation de 10 000 $
Coût des ventes	Sous-évaluation de 10 000 $

Période suivante

Stocks d'ouverture	Surévaluation de 10 000 $
+ Achats de la période	
− Stocks de clôture	
Coût des ventes	Surévaluation de 10 000 $

---

* Solution du test d'autoévaluation

Chiffre d'affaires		750 000 $
Coût des ventes :		
Stocks d'ouverture	45 000 $	
Achats	460 000	
Biens disponibles à la vente	505 000	
Stocks de clôture	(55 000)	(450 000)
Marge brute		300 000
Frais opérationnels		(275 000)
Résultat avant impôts		25 000
Impôts sur le résultat (25 %)		(6 250)
Résultat net		18 750 $

Le coût des ventes étant sous-évalué, **le résultat avant impôts sera surévalué** de 10 000 $ pour la période en cours. De plus, comme les stocks à la fin de la période en cours deviennent les stocks au début de la période suivante, voici l'effet obtenu pour la période suivante : du fait que le coût des ventes est surévalué, **le résultat avant impôts sera alors sous-évalué** du même montant.

Comme le résultat net est reporté aux résultats non distribués, ces erreurs seront imputées aux résultats non distribués. Ainsi, à la fin de la période en cours, les résultats seront surévalués de 10 000 $ (moins la charge fiscale correspondante). Cette erreur se trouvera toutefois compensée au cours de la période suivante, de telle façon qu'à la fin de cette dernière, le montant des résultats non distribués de même que la valeur des stocks seront exacts. Il faut donc une période de deux ans pour qu'une erreur dans les stocks se corrige d'elle-même dans les comptes cumulatifs des stocks et des résultats non distribués.

Dans cet exemple, on a supposé que la surévaluation des stocks de clôture était due à une erreur d'inattention ayant résulté en une erreur d'écriture. Toutefois, les manipulations relatives aux stocks constituent l'une des deux formes les plus courantes de fraudes dans les états financiers. Il faut se rappeler que c'est d'ailleurs ce qui s'est produit dans l'affaire MiniScribe (qui est explicitée par le cas fictif de Discus au chapitre 1).

OBJECTIF D'APPRENTISSAGE

Comparer les IFRS et les normes comptables pour les entreprises à capital fermé.

entreprises à capital fermé

LA COMPARAISON DES IFRS ET DES NORMES COMPTABLES POUR LES ENTREPRISES À CAPITAL FERMÉ

Dans le cas des stocks, peu de différences existent entre la norme comptable internationale (IAS 2 – Partie I du *Manuel de l'ICCA*) appliquée aux entreprises canadiennes qui ont une obligation d'information du public et la norme comptable canadienne qui s'adresse aux entreprises à capital fermé (chapitre 3031 – Partie II du *Manuel de l'ICCA*). Le tableau suivant présente une comparaison sommaire entre les deux référentiels.

SIMILARITÉS ENTRE LES NORMES
Les stocks sont évalués au plus faible (au moindre) du coût et de la valeur nette de réalisation.
Le coût comprend toutes les dépenses directement engagées pour préparer les stocks en vue de la vente, y compris les frais généraux attribuables ou imputables.
Les méthodes pour déterminer le coût des stocks sont : l'identification spécifique, la méthode PEPS ou la méthode CMP. La méthode DEPS est interdite.
D'autres méthodes telles la méthode du coût standard et la méthode du prix de détail peuvent être utilisées si elles donnent des résultats proches du coût.
La même méthode de détermination du coût doit être utilisée pour tous les stocks de l'entreprise ayant une nature et un usage semblables.
La valeur nette de réalisation est le prix de vente estimé, diminué des coûts nécessaires estimés pour achever la production des biens et les coûts que l'on doit engager pour réaliser la vente.
La dépréciation doit être comptabilisée à l'état du résultat global durant l'année où elle est constatée. Les reprises de dépréciation doivent aussi être comptabilisées à l'état du résultat global durant l'année où elles sont constatées, et ce, jusqu'à concurrence de la dépréciation initiale.

DIFFÉRENCES ENTRE LES NORMES	
Norme internationale (IAS 2) **(entreprises canadiennes qui ont** **une obligation d'information du public)**	**Norme canadienne (3031)** **(entreprises canadiennes** **à capital fermé)**
L'intérêt directement attribuable à l'acquisition, à la construction ou à la production de stocks est inclus dans les coûts des stocks.	Ces intérêts sont capitalisés lorsque le choix comptable de l'entité consiste à capitaliser les coûts financiers.
Les coûts de démantèlement et de remise en état pour la production de stocks sont compris dans le coût au moment de leur comptabilisation initiale.	Ces coûts sont ajoutés à la valeur comptable de l'actif non courant connexe au moment de leur comptabilisation initiale. On prend en compte ces coûts d'une façon indirecte dans l'amortissement de ces actifs connexes au coût des ventes.
Les renseignements à inclure aux états financiers sont plus nombreux. Les voici, selon IAS 2.36 : a) Les méthodes comptables adoptées pour évaluer les stocks, y compris la méthode de détermination du coût utilisée ; b) La valeur comptable totale des stocks et la valeur comptable par catégories appropriées à l'entité ; c) La valeur comptable des stocks comptabilisés à la juste valeur diminuée des coûts de vente ; d) Le montant des stocks comptabilisé en charges dans la période ; e) Le montant de toute dépréciation des stocks comptabilisée en charges de la période ; f) Le montant de toute reprise de dépréciation comptabilisée en réduction du montant des stocks comptabilisé en charges de la période. g) Les circonstances ou événements ayant conduit à la reprise de la dépréciation des stocks ; h) La valeur comptable des stocks donnés en nantissement de passifs.	Selon le paragraphe 3031.35, les états financiers doivent contenir l'information suivante : a) Les méthodes comptables adoptées pour évaluer les stocks, y compris la méthode de détermination du coût utilisée ; b) La valeur comptable totale des stocks et la valeur comptable par catégories appropriées à l'entité ; c) Le montant des stocks comptabilisé en charges dans la période.

ANALYSONS UN CAS

Ce cas permet de réviser l'application des méthodes de détermination du coût des stocks, PEPS et CMP, de même que le calcul du taux de rotation des stocks.

La société Appareils Belmont distribue un certain nombre d'appareils électroménagers coûteux. Dans cet exemple, l'appareil choisi est le four à micro-ondes. Supposez que les opérations résumées ci-dessous ont été effectuées au cours de la période 2012, dans l'ordre chronologique indiqué. Supposez aussi que toutes les opérations ont été effectuées en argent comptant.

	Unités	Coût unitaire
a) Stock d'ouverture	11	200 $
b) Achats de la période	9	220
c) Ventes (prix de vente : 420 $)	8	?

Travail à faire

1. Calculez les montants suivants en supposant que l'entreprise utilise la méthode PEPS ou la méthode CMP.

	Stock de clôture		Coût des ventes	
	Unités	Dollars	Unités	Dollars
PEPS				
CMP				

2. Calculez le taux de rotation des stocks de la période en cours selon chacune des méthodes d'évaluation des stocks. Que vous indiquent ces taux?

3. Pourquoi les deux méthodes donnent-elles un taux de rotation des stocks différent?

Solutions suggérées

1.

	Stock de clôture		Coût des ventes	
	Unités	Dollars	Unités	Dollars
PEPS	12	2 580	8	1 600
CMP	12	2 508	8	1 672

Calculs :

Stock d'ouverture (11 unités × 200 $)	2 200 $
+ Achats (9 unités × 220 $)	1 980
Biens disponibles à la vente	4 180 $

Méthode PEPS (évaluation établie à la fin de la période) :

Biens disponibles à la vente (ci-dessus)	4 180 $
− Stock de clôture [(9 unités × 220 $) + (3 unités × 200 $)]	(2 580)
Coût des ventes (8 unités × 200 $)	1 600 $

Méthode CMP (évaluation établie à la fin de la période) :

Biens disponibles à la vente (ci-dessus)	4 180 $
− Stock de clôture (4 180 $ ÷ 20 unités × 12 unités)	(2 508)
Coût des ventes (8 unités × 209 $)	1 672 $

2. Taux de rotation des stocks = Coût des ventes ÷ Stocks moyens

Méthode PEPS :

= 1 600 $ ÷ [(2 200 $ + 2 580 $) ÷ 2]   = 0,67

Méthode CMP :

= 1 672 $ ÷ [(2 200 $ + 2 508 $) ÷ 2]   = 0,71

Le taux de rotation des stocks reflète le nombre de fois où les stocks moyens de l'entreprise ont été produits et vendus au cours de la période financière. Ainsi, la société Appareils Belmont a produit et vendu son stock moyen de fours à micro-ondes moins de une fois au cours de la période, selon l'une ou l'autre des méthodes d'évaluation des stocks.

3. Puisque le coût des stocks a augmenté, la méthode CMP évalue le stock de clôture au coût unitaire de 209 $, ce qui n'est pas le cas selon la méthode PEPS (220 $ et 200 $). Par conséquent, le dénominateur de l'équation est moins élevé selon la méthode CMP. Le numérateur de l'équation est aussi plus élevé selon la méthode CMP, car les coûts les plus anciens ont été attribués au coût des ventes selon la méthode PEPS (220 $), ce qui n'est pas le cas selon la méthode CMP (209 $). Par conséquent, il en résulte un taux de rotation des stocks plus élevé selon la méthode CMP. Remarquons que la différence est quand même minime.

Les éléments supplémentaires portant sur les achats

Les retours et rabais sur achats

Une entreprise peut retourner des marchandises au vendeur si elles ne sont pas conformes à ses spécifications, si elles arrivent endommagées ou sont autrement insatisfaisantes. Les **retours et rabais sur achats** entraînent une réduction du coût de la marchandise achetée, et l'inscription d'un remboursement en argent ou d'une réduction de la dette envers le vendeur en échange du retour. Si Michelin retournait à un fournisseur une partie des produits chimiques qui ne respectent pas ses normes de qualité et dont le coût total s'élève à 100 000 €, elle enregistrerait probablement ce retour de la façon décrite ci-après (on suppose que le vendeur lui rembourse la somme versée).

Retours et rabais sur achats
Réduction du coût d'achat en raison de marchandises non acceptables.

ÉQUATION COMPTABLE

Actif		=	Passif	+	Capitaux propres
Trésorerie	+100 000				
Stocks	−100 000				

ÉCRITURE DE JOURNAL

Trésorerie (+A)	100 000	
Stocks (−A)		100 000

Les escomptes sur achats

Le vendeur et l'acheteur doivent tous deux comptabiliser les escomptes de caisse (il a été question de la comptabilisation par le vendeur au chapitre 6). En cas d'achat de marchandises à crédit, le vendeur établit parfois des modalités de paiement telles que 2/10, n/30, ce qui signifie que si le paiement est effectué à l'intérieur d'un certain délai suivant la date de l'achat (10 jours, dans ce cas), l'acheteur obtiendra un escompte de caisse (de 2 %) appelé « **escompte sur achat** ». Si le paiement n'est pas effectué à l'intérieur du délai prévu pour bénéficier de l'escompte, le client devra payer la totalité de la facture dans les 30 jours suivant l'achat.

Escompte sur achat
Réduction du montant à payer en raison du paiement rapide d'un compte.

Supposons que le 17 janvier Michelin a acheté des marchandises dont le prix s'élevait à 100 000 € et dont les modalités de paiement étaient 2/10, n/30. Si Michelin utilise la méthode du montant brut, elle devrait enregistrer son achat comme suit.

À la date de l'achat, soit le 17 janvier :

ÉQUATION COMPTABLE

Actif		=	Passif		+	Capitaux propres
Stocks	+100 000		Fournisseurs	+100 000		

ÉCRITURE DE JOURNAL

Stocks (+A)	100 000	
Fournisseurs (+Pa)		100 000

7

À la date de paiement à l'intérieur du délai prévu pour l'escompte, soit le 26 janvier :

```
┌─────────────────────────┐
│  ÉQUATION COMPTABLE     │
└─────────────────────────┘
```

Actif		=	Passif		+	Capitaux propres
Stocks	– 2 000		Fournisseurs	– 100 000		
Trésorerie	– 98 000					

```
┌─────────────────────────┐
│  ÉCRITURE DE JOURNAL    │
└─────────────────────────┘
```

Fournisseurs (–Pa)	100 000	
Stocks (–A)		2 000
Trésorerie (–A)		98 000

Si, pour une raison quelconque, Michelin ne paie pas à l'intérieur du délai prévu de 10 jours pour bénéficier de l'escompte, elle devra alors enregistrer les données suivantes au 1er février :

```
┌─────────────────────────┐
│  ÉQUATION COMPTABLE     │
└─────────────────────────┘
```

Actif		=	Passif		+	Capitaux propres
Trésorerie	– 100 000		Fournisseurs	– 100 000		

```
┌─────────────────────────┐
│  ÉCRITURE DE JOURNAL    │
└─────────────────────────┘
```

Fournisseurs (–Pa)	100 000	
Trésorerie (–A)		100 000

La propriété des stocks

Au moment de l'inventaire de fin de période, certaines marchandises commandées peuvent être en transit. La question qui se pose alors est la suivante : doit-on inclure ces articles en transit dans les stocks de clôture ? Cela dépend du contrat qu'ont signé l'expéditeur et l'acheteur. Les règles et méthodes comptables obligent l'acheteur à inclure dans ses stocks toutes les marchandises pour lesquelles il détient le titre de propriété. Le moment où ce titre change de mains est déterminé selon les modalités d'expédition précisées au contrat de vente. Ainsi, lorsque les marchandises sont expédiées franco à bord au point de départ, ou FAB au lieu d'expédition (de l'anglais *freight on board* – FOB), le titre de propriété change de mains au moment de l'expédition. L'acheteur acquitte normalement les frais de transport et assure les biens au cours du transit. On ajouterait donc aux stocks de l'acheteur les marchandises FAB au lieu d'expédition, même si elles ne sont pas physiquement dans son entrepôt au moment de l'inventaire. Par contre, lorsque les marchandises sont expédiées franco à bord au point d'arrivée (ou FAB à la livraison, FAB à la destination, FAB à la réception), le titre change de mains au moment de la réception des marchandises par l'acheteur. Le vendeur débourse alors normalement les frais du transport et assume les frais d'assurance au cours du transit. Dans ce cas, les marchandises en transit ne sont pas incluses dans les stocks de l'acheteur ; elles n'en feront partie qu'au moment de leur réception dans son entrepôt.

Parfois, certaines marchandises se vendent difficilement. Dans ces situations, le revendeur ne veut s'engager fermement en achetant ces marchandises, au risque de ne pouvoir les écouler et de subir les pertes de valeurs subséquentes. Les fabricants peuvent alors expédier quand même ces marchandises chez le revendeur et les mettre en consignation. Dans ce genre d'entente, le fournisseur conserve la propriété des articles, tandis que l'entreprise agissant à titre de dépositaire n'est pas tenue de les payer tant qu'ils ne sont pas vendus à un client. Ces marchandises appartiennent donc au fabricant tant et aussi longtemps qu'elles ne sont pas vendues. Ainsi, toute **marchandise en consignation** à la fin d'une période est incluse dans les stocks du fabricant même s'il ne les a pas physiquement en sa possession ; par conséquent, ces marchandises sont exclues des stocks du revendeur même s'il les a en sa possession.

La comparaison entre le système d'inventaire permanent et le système d'inventaire périodique

Annexe 7-B

Pour simplifier l'explication de la façon dont les systèmes comptables peuvent contrôler les données, nous supposons que la société Percetout entrepose et vend un seul type d'article, des perceuses électriques, et que seuls les événements suivants ont eu lieu en 2013 :

1er janvier	Stock d'ouverture : 800 unités au coût unitaire de 50 $
14 avril	Achat de 1 100 unités au coût unitaire de 50 $
30 novembre	Vente de 1 300 unités au prix de vente unitaire de 83 $

Pour chacun des systèmes d'inventaire, le tableau 7.4 (*voir la page suivante*) présente les étapes d'enregistrement des opérations. Nous présentons d'abord les écritures de journal et, par la suite, les effets sur l'équation comptable.

Il faut remarquer que l'incidence des écritures sur l'équation comptable est la même selon les deux systèmes. Seul le moment de la comptabilisation des montants diffère.

La méthode de l'épuisement à rebours

Annexe 7-C

Bien que nous l'ayons mentionné dans les pages précédentes, il est important de rappeler que la méthode DEPS est interdite par le fisc et les normes comptables internationales et canadiennes, tandis qu'elle est permise aux États-Unis, selon les deux points de vue, comptable et fiscal.

Selon la **méthode de l'épuisement à rebours** (ou **méthode du dernier entré, premier sorti – DEPS** [en anglais LIFO, pour *Last In First Out*]), on pose l'hypothèse que les biens les plus récents (les derniers entrés) sont les premiers à être vendus et que les biens les plus anciens font partie du stock de clôture (*voir le bac du stock DEPS dans la figure 7.5 à la page 433*). Comme dans la méthode PEPS, chaque achat est traité comme s'il était déposé dans le bac par le haut, selon l'ordre chronologique des transactions (2 unités de stock à 70 $ au début, ensuite les achats de 4 unités à 80 $ et de 1 unité à 100 $), ce qui donne un total de biens disponibles à la vente de 560 $. Contrairement à la méthode PEPS, cependant, chaque article vendu est soustrait à partir du **haut** du bac, dans l'ordre chronologique inverse des transactions (1 unité à 100 $, suivie de 3 unités à 80 $) ; **dernier entré, premier sorti.** Ces éléments totalisant 340 $ constituent le coût des ventes. Les articles restants (1 unité à 80 $ et 2 à 70 $) constituent le stock de clôture (220 $). La méthode DEPS attribue les coûts les plus **récents** au **coût des ventes** et les coûts les plus **anciens** au **stock de clôture.** « Cette méthode part du principe que les coûts les plus récents doivent être ceux qu'on doit tenter de rapprocher des produits[6]. »

Méthode de l'épuisement à rebours (ou méthode du dernier entré, premier sorti – DEPS)
Méthode comptable des stocks qui repose sur l'hypothèse selon laquelle les articles achetés en dernier (derniers entrés) sont vendus en premier (premiers sortis).

6 Louis MÉNARD et al., *Dictionnaire de la comptabilité et de la gestion financière*, 3e éd., Toronto, Institut canadien des comptables agréés, 2011.

TABLEAU 7.4 • ÉTAPES D'ENREGISTREMENT DES OPÉRATIONS SELON LE SYSTÈME D'INVENTAIRE PERMANENT ET SELON LE SYSTÈME D'INVENTAIRE PÉRIODIQUE

Système d'inventaire permanent	Système d'inventaire périodique
Écritures de journal :	
1. Enregistrer tous les achats dans le compte Stocks et dans le fichier d'inventaire permanent.	1. Enregistrer tous les achats dans le compte Achats.

14 avril 2013
Stocks (+A) (1 100 unités à 50 $)* 55 000
  Fournisseurs (+Pa) (ou Trésorerie, −A) . . 55 000
	14 avril 2013
	Achats* (+A) (1 100 unités à 50 $) 55 000
	  Fournisseurs (+Pa) (ou Trésorerie, −A) . . 55 000

* Pour ce produit, la donnée est entrée également dans le fichier d'inventaire permanent sous la forme suivante : 1 100 perceuses électriques à 50 $ chacune.	* Le compte Achats est un compte temporaire qu'on remet à zéro à la fin de la période financière.
2. Enregistrer toutes les ventes dans le compte Ventes, de même que le coût des ventes.	2. Enregistrer toutes les ventes dans le compte Ventes.

30 novembre 2013
Clients (+A) (ou Trésorerie, +A) 107 900
  Ventes (+Pr, +CP) (1 300 unités à 83 $) . . 107 900
Coût des ventes (+C, −CP)* 65 000
  Stocks 65 000
	30 novembre 2013
	Clients (+A) (ou Trésorerie, +A) 107 900
	  Ventes (+Pr, +CP) (1 300 unités à 83 $) . . 107 900

* Pour ce produit, la donnée est également entrée dans le fichier d'inventaire permanent, ce qui signifie une réduction de 1 300 unités à 50 $ chacune.	

3. Utiliser le coût des ventes (CV) et les quantités de stocks.
 	
À la fin de la période financière, le solde du compte Coût des ventes correspond au montant de cette charge telle qu'elle est présentée à l'état du résultat global. Il n'est pas nécessaire de calculer le coût des ventes car, selon le système d'inventaire permanent, ce compte est à jour. De plus, le compte Stocks indique la valeur des stocks de clôture qui sera présentée à l'état de la situation financière. Un dénombrement des stocks de clôture de la période est néanmoins nécessaire pour s'assurer de l'exactitude des fichiers permanents et pour évaluer l'incidence des vols ou autres formes de réduction des stocks, comme la désuétude.
 	
Aucune entrée comptable n'est nécessaire.
	3. À la fin de la période :
	a) dénombrer les unités en main ;
	b) calculer la valeur (en dollars) des stocks de clôture ;
	c) calculer et enregistrer le coût des ventes.
	
	31 décembre 2013
	Transfert du solde des comptes Stocks d'ouverture et Achats au compte Coût des ventes
	Coût des ventes (+C, −CP) 95 000
	  Stocks (d'ouverture) (−A) 40 000
	  Achats (−A) 55 000
	
	Déduire le montant des stocks de clôture du compte Coût des ventes afin de terminer la comptabilisation de ce compte et d'établir le solde du compte Stocks à la fin de la période.
	
	Stocks (de clôture) (+A) 30 000
	  Coût des ventes (−C, +CP) 30 000

Équation comptable :

Actif	=	Passif	+ Capitaux propres
Stocks +55 000		Fournisseurs +55 000	
Clients +107 900			Ventes +107 900
Stocks − 65 000			CV − 65 000

Actif	=	Passif	+ Capitaux propres
Achats +55 000		Fournisseurs +55 000	
Clients +107 900			Ventes +107 900
Stocks −40 000			
Achats −55 000			CV −95 000
Stocks +30 000			CV +30 000

FIGURE 7.5 • CHEMINEMENT DES COÛTS SELON LA MÉTHODE DEPS

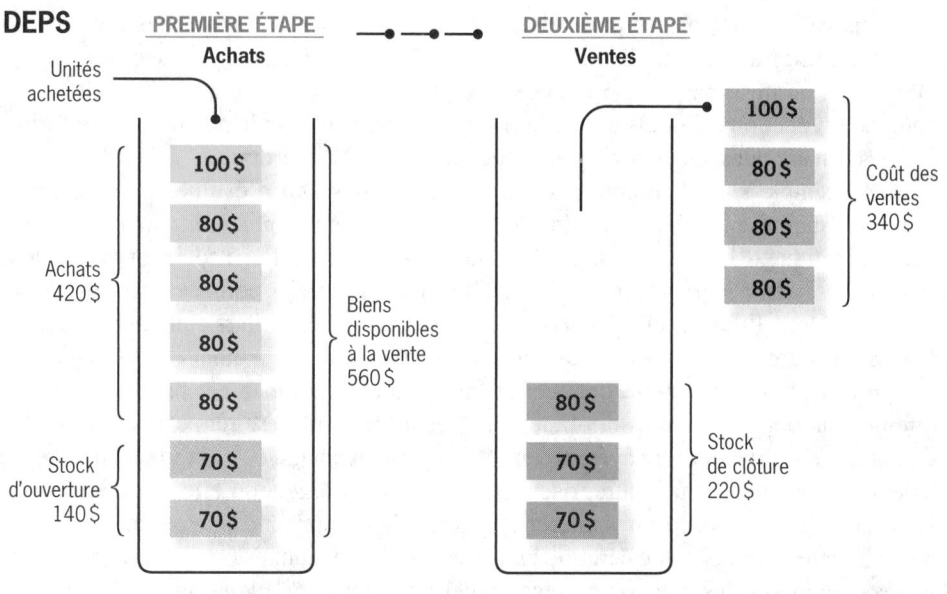

Calcul du coût des ventes selon la méthode DEPS		
Stock d'ouverture	(2 unités à 70 $ chacune)	140 $
+ Achats de la période	(4 unités à 80 $ chacune)	320
	(1 unité à 100 $)	100
Biens disponibles à la vente		560
− Stock de clôture	(2 unités à 70 $ chacune et 1 unité à 80 $)	(220)
Coût des ventes	(3 unités à 80 $ chacune et 1 unité à 100 $)	340 $

L'hypothèse relative au cheminement des coûts de la méthode DEPS est exactement l'opposé de celle sur laquelle se fonde la méthode PEPS, ce qui donne les résultats comparatifs suivants :

	PEPS		DEPS	
Incidence sur l'état du résultat global				
Ventes		480 $		480 $
Coût des ventes :				
Stock d'ouverture	140 $		140 $	
Achats	420		420	
Biens disponibles à la vente	560		560	
Stock de clôture	(260)	(300)	(220)	(340)
Marge brute		180		140
Autres frais		(80)		(80)
Résultat avant impôts		100		60
Impôts sur le résultat (25 %)		(25)		(15)
Résultat net		75 $		45 $
Incidence sur l'état de la situation financière				
Stocks		260 $		220 $

Lorsque les coûts unitaires augmentent, la méthode DEPS produit un résultat net moins élevé et un stock de clôture moins élevé que la méthode PEPS ainsi qu'une charge d'impôt moins élevée.

Dans un contexte où les prix grimpent, les entreprises états-uniennes préfèrent la méthode DEPS à cause de l'avantage fiscal qu'elle présente. Le fait que la méthode DEPS soit permise par le fisc explique son usage très répandu aux États-Unis. Par contre, la réduction d'impôts qu'elle amène explique peut-être la position des autorités fiscales canadiennes, tant provinciales que fédérale, de l'interdire.

Cet exemple simple montre les calculs nécessaires afin d'évaluer les économies d'impôts, mais il ne reflète pas l'importance des montants en cause, souvent obtenus dans la pratique. Par exemple, la société Harley-Davidson est une société typique dont le coût des biens augmente et qui utilise la méthode DEPS pour évaluer ses stocks aux États-Unis. Elle a fait des économies de 10 millions de dollars états-uniens depuis l'adoption de cette méthode jusqu'en 2006. En théorie, la méthode DEPS ne peut produire de façon permanente des économies d'impôts, car lorsque le niveau des stocks diminue ou lorsque les coûts diminuent, l'effet sur le résultat se renverse et les impôts alors reportés doivent être payés. Il y a toutefois un avantage économique à différer le paiement des impôts, car l'entreprise peut alors placer l'argent qu'elle aurait autrement versé en impôts et recevoir des intérêts. En outre, le versement d'une partie de ce montant peut être retardé, et une certaine partie peut même ne jamais être payée à cause des pertes opérationnelles que pourrait accumuler l'entreprise au fil des ans.

Notons que la société Harley-Davidson n'utilise cependant pas la méthode DEPS pour le stock de motocyclettes qu'elle détient à l'extérieur des États-Unis, soit parce que son usage n'est pas autorisé pour faire les déclarations de revenus, soit parce que la méthode n'est pas conforme à la pratique.

Au Canada et dans tous les pays qui ont adopté les IFRS, la méthode DEPS est interdite, car à l'état de la situation financière, les stocks seront évalués aux prix les plus anciens. Les normes internationales mettent davantage l'accent sur l'état de la situation financière, où les actifs doivent présenter une évaluation des stocks au plus près de sa valeur, soit les coûts les plus récents ou une moyenne de ceux-ci. La méthode DEPS ne répond pas à cet objectif.

Dans le but de permettre la comparaison des états financiers sur une base internationale, les normes états-uniennes exigent des entreprises qui utilisent la méthode DEPS la divulgation d'information complémentaire présentant les stocks évalués selon la méthode PEPS de même que les incidences sur le résultat et les stocks (*voir le tableau 7.5*). Ainsi, les calculs de ratios financiers, pour lesquels on utilise la marge brute, le coût des ventes, le résultat net, les résultats non distribués, les capitaux propres, les stocks, l'actif courant ou l'actif total, doivent en tenir compte.

coup d'œil sur
HARLEY-DAVIDSON

RAPPORT ANNUEL

TABLEAU 7.5 • EFFETS DES MÉTHODES DE DÉTERMINATION DES STOCKS SUR LES ÉTATS FINANCIERS

2. Information supplémentaire du bilan et des flux de trésorerie

	au 31 décembre	
(en milliers de dollars états-uniens)	**2006**	**2005**
Stocks selon la méthode PEPS	316 524	244 708
Excédent des stocks de la méthode PEPS comparativement à la méthode DEPS	(28 726)	(23 290)
Stocks selon la méthode DEPS	287 798	221 418

LA MÉTHODE DEPS ET LE TAUX DE ROTATION DES STOCKS

Pour les entreprises qui utilisent la méthode DEPS, le taux de rotation des stocks peut également se révéler trompeur. Il ne faut pas oublier, comme nous l'avons vu précédemment, que pour ces entreprises, les montants correspondant aux stocks au début et en fin de période, lesquels constituent le dénominateur de ce ratio, sont artificiellement réduits. En effet, ils reflètent les prix les moins élevés provenant des achats effectués en premier.

Si l'on reprend les données de Harley-Davidson, on peut comparer le taux de rotation des stocks selon les deux méthodes (les montants des calculs suivants sont en milliers de dollars états-uniens).

Taux de rotation des stocks selon la méthode DEPS :

$$\frac{3\ 567\ 839}{(287\ 798 + 221\ 418) \div 2} = 14,0$$

Taux de rotation des stocks selon la méthode PEPS :

$$\frac{3\ 562\ 403}{(316\ 524 + 244\ 708) \div 2} = 12,7$$

Il faut remarquer que la principale différence se trouve au dénominateur. La valeur des stocks de clôture obtenue selon la méthode PEPS est plus élevée que la valeur obtenue selon la méthode DEPS. Il s'ensuit que le taux de rotation des stocks selon la méthode DEPS est plus élevé que celui de la méthode PEPS. La valeur des stocks au début et à la fin de la période selon la méthode DEPS est artificiellement réduite. En effet, elle tient compte des prix d'achat les plus anciens, donc des coûts engagés au début de la période. Par conséquent, le rapport entre le numérateur et le dénominateur du premier calcul est dépourvu de sens*.

---

* Le montant du coût des ventes selon la méthode DEPS à l'état du résultat global et le montant des stocks selon la méthode PEPS à l'état de la situation financière sont plus près des coûts actuels. À cet effet, on pense souvent que ces chiffres seraient les plus appropriés en tant que numérateur et dénominateur pour le calcul de ce ratio.

7

POINTS SAILLANTS DU CHAPITRE

1. **Appliquer aux stocks la convention d'évaluation basée sur le coût historique afin de connaître les montants qui en font partie, et le concept de rattachement des charges aux produits afin de déterminer le coût des ventes** (*voir la page 402*).

   Les stocks devraient comprendre tous les articles que l'entreprise possède et détient aux fins de revente. Les coûts sont affectés au compte Stocks lorsque des biens sont produits ou achetés. Les coûts sortent du compte Stocks (en tant que charges) lorsque des biens sont vendus ou qu'on en dispose de toute autre façon. Pour respecter la notion de rattachement des charges aux produits, il faut déduire le coût total des biens vendus du chiffre d'affaires obtenu au cours de la même période.

2. **Déterminer le coût des stocks et le coût des ventes à l'aide de trois méthodes** (*voir la page 407*).

   Ce chapitre présente trois méthodes de détermination du coût des stocks afin d'attribuer les coûts aux unités vendues et à celles qui demeurent en stock à la fin de la période. Il s'agit des méthodes de l'identification spécifique du coût, de l'épuisement successif (PEPS) et du coût moyen pondéré (CMP). On montre ensuite comment appliquer ces méthodes dans différentes situations économiques. Notons cependant qu'il existe une quatrième méthode, interdite par le fisc et les normes comptables internationales et canadiennes : la méthode de l'épuisement à rebours (DEPS), présentée à l'annexe 7-C (*voir la page 431*). De plus, il est important de se rappeler que l'hypothèse au sujet du cheminement des coûts ne correspond pas nécessairement au mouvement ou au déplacement physique des marchandises.

3. **Déterminer dans quelles circonstances il est plus avantageux pour une entreprise d'utiliser l'une ou l'autre des méthodes de détermination du coût des stocks** (*voir la page 412*).

Le choix d'une méthode de détermination du coût des stocks est important, car il a un effet sur les montants des résultats, de la charge d'impôts (et, par le fait même, des flux de trésorerie) ainsi que sur l'évaluation des stocks à l'état de la situation financière. Au cours d'une période de hausse des prix, l'utilisation de la méthode PEPS résulte habituellement en un résultat et des impôts plus élevés que ceux qui sont déterminés à l'aide de la méthode CMP. En général, on choisit la méthode qui reflète le mieux les opérations de l'entreprise et qui produit le plus de flux de trésorerie.

4. **Évaluer les stocks au plus faible du coût et de la valeur nette de réalisation** (*voir la page 416*).

Les stocks de clôture devraient être évalués au plus faible du coût et de la valeur nette de réalisation (selon la règle de la valeur minimale). Cette pratique peut avoir un effet considérable sur les états financiers des entreprises dont les coûts sont susceptibles de diminuer. En ce qui concerne les articles endommagés, désuets ou détériorés, il faut aussi leur attribuer un coût unitaire qui correspond à une estimation de leur valeur nette de réalisation, si cette dernière est inférieure au coût. L'ajustement par suite de l'évaluation des stocks au plus faible du coût et de la valeur nette de réalisation augmente le coût des ventes au moyen de l'inscription d'une charge de dépréciation des stocks, réduit le résultat et diminue le montant des stocks inscrit à l'état de la situation financière durant la période même de la dévaluation au moyen de l'inscription d'un compte de contrepartie intitulé « Provision pour dépréciation des stocks ». La dépréciation peut être reprise si les circonstances qui y ont donné lieu changent. La reprise **ne** peut être supérieure au montant de la dépréciation originale.

5. **Évaluer la performance des gestionnaires des stocks à l'aide du taux de rotation des stocks et de l'effet des stocks sur les flux de trésorerie** (*voir la page 419*).

Le taux de rotation des stocks mesure l'efficacité de la gestion des stocks. Il indique le nombre de fois où une entreprise a produit et vendu ses stocks moyens au cours d'une période. Les analystes et créanciers surveillent attentivement ce ratio, car une baisse soudaine pourrait indiquer une diminution imprévue de la demande pour les produits d'une entreprise ou signaler des inefficacités concernant la gestion de la production. Une **diminution nette des stocks** durant une période indique que les ventes sont supérieures aux achats. Par conséquent, on doit additionner le montant de cette diminution au calcul des flux de trésorerie liés aux activités opérationnelles, selon la méthode indirecte. Lorsqu'il y a augmentation nette des stocks au cours d'une période, les ventes sont inférieures aux achats. On doit alors retrancher le montant correspondant à cette augmentation du calcul des flux de trésorerie liés aux activités opérationnelles, selon la méthode indirecte.

6. **Comprendre les méthodes de contrôle et de suivi des stocks, et analyser l'incidence d'erreurs relatives aux stocks sur les états financiers** (*voir la page 423*).

Plusieurs procédures de contrôle interne peuvent limiter les vols et les erreurs de gestion des stocks. Deux systèmes d'inventaire permettent de contrôler les stocks de clôture et le coût des ventes au cours de la période : 1) le système d'inventaire permanent, basé sur la tenue de fichiers détaillés et continus pour chacun des produits entreposés ; 2) le système d'inventaire périodique, qui se base sur le dénombrement des stocks à la fin de la période pour en fixer la valeur, de même que l'utilisation d'une équation permettant de déterminer le montant du coût des ventes. Une erreur concernant l'évaluation des stocks de clôture modifie le coût des ventes à l'état du résultat global de la période en cours de même que la valeur des stocks à l'état de la situation financière. Elle modifie inversement le coût des ventes de la période suivante selon un montant équivalent, car les stocks à la fin d'une période deviennent les stocks au début de la période suivante. On peut mieux comprendre les liens existant entre les postes grâce à l'équation du coût des ventes (SO + A − SC = CV).

7. **Comparer les IFRS et les normes comptables pour les entreprises à capital fermé** (*voir la page 426*).

   Pour les stocks, peu de différences existent entre la norme internationale (IAS 2), qui régit les entreprises canadiennes qui ont une obligation d'information du public, et la norme canadienne (3031) destinée aux entreprises à capital fermé, si ce n'est que l'IAS 2 exige de fournir plus d'information dans les états financiers. L'inclusion de certains coûts aux stocks fait également l'objet de certaines différences.

Dans ce chapitre et les chapitres précédents, nous avons étudié les actifs courants. Ces actifs sont très importants pour l'entreprise, mais la plupart d'entre eux ne créent pas de valeur en tant que telle. Au chapitre 8, nous abordons les actifs non courants tels que les immeubles, l'équipement et le matériel, ainsi que les ressources naturelles et les biens incorporels qui sont utilisés pour les activités de production. Un grand nombre d'actifs non courants ajoutent de la valeur, par exemple l'usine dans laquelle on construit des automobiles. Ces actifs soulèvent des problèmes de comptabilité intéressants, puisqu'ils génèrent des avantages durant un certain nombre de périodes financières subséquentes.

Ratio clé

Le taux de rotation des stocks permet de mesurer l'efficacité de la gestion des stocks. Il indique le nombre de fois où les stocks moyens ont été produits et vendus au cours d'une période financière. On le calcule comme suit (*voir la page 419*).

$$\text{Taux de rotation des stocks} = \frac{\text{Coût des ventes}}{\text{Stocks moyens}}$$

Pour trouver l'information financière

ÉTAT DE LA SITUATION FINANCIÈRE

Actif courant
  Stocks
  Provision pour dépréciation (en contrepartie des stocks)

ÉTAT DU RÉSULTAT GLOBAL

Charges
  Coût des ventes
  Dépréciation ou reprise de dépréciation des stocks (peut être incorporé au coût des ventes)

ÉTAT DES VARIATIONS DES CAPITAUX PROPRES

S'il y a eu correction rétroactive des erreurs de stocks au solde d'ouverture des résultats non distribués (*voir le chapitre 10*)

TABLEAU DES FLUX DE TRÉSORERIE

Dans la catégorie des activités opérationnelles (méthode indirecte)
  Résultat net
  + Diminution des stocks
  − Augmentation des stocks
  + Augmentation des comptes fournisseurs
  − Diminution des comptes fournisseurs

NOTES

Principales conventions comptables

Description du choix de la direction en matière de comptabilisation du stock (épuisement successif, coût moyen pondéré, identification spécifique du coût, et plus faible du coût et de la valeur nette de réalisation)

Dans une note distincte

Si les composantes des stocks (fournitures, matières premières, produits en cours de fabrication, produits finis, provisions et reprises de provision pour dépréciation des stocks) ne sont pas inscrites directement à l'état de la situation financière.

Si les composantes du fonds de roulement (stocks et comptes fournisseurs) ne sont pas inscrites directement au tableau des flux de trésorerie.

Circonstances ou événements ayant conduit à la reprise de dépréciation des stocks.

Valeur comptable des stocks donnés en nantissement de passifs.

Mots clés

7

ACTIVITÉS D'APPRENTISSAGE

QUESTIONS

1. Pourquoi les stocks sont-ils un élément important pour les utilisateurs internes (les gestionnaires) et les utilisateurs externes des états financiers?

2. Sur quoi se base-t-on pour déterminer ce qui devrait être inclus au compte Stocks?

3. Expliquez la convention d'évaluation au coût historique d'un article faisant partie du stock de clôture.

4. Donnez des exemples de coûts qui font partie du coût historique des stocks et d'autres exemples des éléments à en exclure.

5. Définissez l'expression «coût des biens disponibles à la vente». En quoi ce coût diffère-t-il de celui du coût des ventes?

6. Définissez les expressions «stock d'ouverture» et «stock de clôture».

7. Le présent chapitre traite de trois méthodes permises afin de déterminer le coût des stocks. Énumérez ces trois méthodes et expliquez chacune brièvement.

8. Expliquez comment on peut manipuler le résultat lorsqu'on utilise la méthode de l'identification spécifique du coût pour la détermination du coût des stocks.

9. Comparez l'effet des méthodes PEPS et CMP en ce qui a trait au stock de clôture présenté à l'état de la situation financière lorsque: a) les prix augmentent; b) les prix diminuent.

10. Comparez l'effet des méthodes PEPS et CMP sur l'état du résultat global (c'est-à-dire sur le résultat avant impôts) lorsque: a) les prix augmentent; b) les prix diminuent.

11. Montrez l'effet des méthodes PEPS et CMP sur les entrées et les sorties de fonds.

12. Expliquez brièvement la mise en application du concept d'évaluation au plus faible du coût et de la valeur nette de réalisation au stock de clôture, ainsi que son incidence sur l'état du résultat global et l'état de la situation financière lorsque la valeur nette de réalisation est inférieure au coût.

13. Expliquez brièvement ce que sont la dépréciation des stocks et la reprise de cette dépréciation, et expliquez comment on les comptabilise.

14. Lorsqu'on utilise le système d'inventaire permanent, on connaît le coût des articles vendus à la date de leur vente. Par contre, selon le système d'inventaire périodique, on ne connaît leur coût qu'à la fin de la période financière. Pourquoi ces énoncés sont-ils exacts?

15. Nommez trois différences existant entre les normes internationales d'information financière (IAS 2 de la partie I du *Manuel de l'ICCA*) et les normes comptables pour les entreprises à capital fermé (chapitre 3031 de la partie II du *Manuel de l'ICCA*) concernant les stocks.

QUESTIONS À CHOIX MULTIPLES

1. Considérez l'information suivante: stock de clôture, 24 000 $; ventes, 250 000 $; stock d'ouverture, 20 000 $; charges de vente et d'administration, 70 000 $; achats, 90 000 $. Quel est le coût des ventes?
   a) 86 000 $
   b) 94 000 $
   c) 16 000 $
   d) 84 000 $

2. Le choix de la méthode de détermination du coût des stocks aura une incidence:
   a) sur l'état de la situation financière;
   b) sur l'état du résultat global;
   c) sur l'état des variations des capitaux propres;
   d) sur tous les éléments ci-dessus.

3. Parmi les éléments suivants, lequel ne fait pas partie du coût des stocks?
   a) Les frais généraux d'administration
   b) Le coût de la main-d'œuvre directe
   c) Le coût des matières premières
   d) Les frais généraux de production

4. Considérez l'information suivante: stock d'ouverture, 20 unités à 20 $ l'unité; premier achat, 35 unités à 22 $ l'unité; deuxième achat, 40 unités à 24 $ l'unité; 50 unités ont été vendues. Quel est le coût des ventes selon la méthode d'évaluation PEPS?
   a) 1 100 $
   b) 1 060 $
   c) 1 180 $
   d) 1 120 $

5. Considérez l'information suivante: stock d'ouverture, 20 unités à 20 $ l'unité; premier achat, 35 unités à 22 $ l'unité; deuxième achat, 40 unités à 24 $ l'unité; 50 unités ont été vendues. Quel est le coût des ventes selon la méthode CMP? Arrondissez votre résultat.
   a) 1 100 $
   b) 1 060 $
   c) 1 180 $
   d) 1 120 $

6. Un taux de rotation des stocks qui augmente:
   a) indique un délai plus long entre la commande et la réception des stocks;

b) indique un délai plus court entre la commande et la réception des stocks;

c) indique un délai plus court entre l'achat et la vente des stocks;

d) indique un délai plus long entre l'achat et la vente des stocks.

7. Si le solde du compte Fournisseurs diminue d'une période à l'autre, lequel des énoncés suivants est vrai?

a) Les paiements en espèces aux fournisseurs sont plus élevés que les achats à crédit de la période en cours.

b) Les paiements en espèces aux fournisseurs sont moins élevés que les achats à crédit de la période en cours.

c) Les montants perçus des clients excèdent les paiements en espèces aux fournisseurs.

d) Les montants perçus des clients excèdent les achats de la période en cours.

8. Lorsqu'on applique la règle du plus faible du coût et de la valeur nette de réalisation (ou règle de la valeur minimale) aux stocks, lequel ou lesquels des énoncés suivants sont vrais?

1) La règle du plus faible du coût et de la valeur nette de réalisation est un exemple de la convention d'évaluation au coût historique.

2) Lorsque la valeur nette de réalisation des stocks est inférieure au coût inscrit aux livres, le résultat net est réduit.

3) Lorsque la valeur nette de réalisation des stocks est inférieure au coût inscrit aux livres, l'actif total est réduit.

a) 1

b) 2

c) 2 et 3

d) 1, 2 et 3

9. Laquelle des méthodes de détermination du coût des stocks permet d'établir le lien le plus étroit entre les coûts récents et le stock à l'état de la situation financière, et présente des coûts anciens à l'état du résultat global?

a) PEPS

b) CMP

c) DEPS

d) Identification spécifique du coût (coût propre)

10. Lorsqu'il est question d'un système d'inventaire permanent, lequel des énoncés suivants est faux?

a) Le dénombrement des stocks n'est pas nécessaire, puisque les registres sont mis à jour à chaque opération.

b) Le solde des stocks à l'état de la situation financière est mis à jour à chaque opération d'achat et de vente de marchandises.

c) Le coût des ventes augmente chaque fois qu'une vente est inscrite.

d) Le compte Achats n'est pas utilisé au fur et à mesure que les achats de stocks sont effectués.

11. Parmi les énoncés suivants portant sur le coût des ventes, lequel ou lesquels sont vrais?

1) Le coût des ventes comprend les coûts pour l'achat et la production de stocks pour la période courante.

2) Le coût des ventes est une charge à l'état du résultat global.

3) Le montant du coût des ventes varie selon la méthode utilisée pour déterminer les stocks d'une société (PEPS, CMP ou identification spécifique du coût).

a) 2

b) 3

c) 2 et 3

d) 1, 2 et 3

12. À chaque période, le coût des biens disponibles à la vente est réparti entre:

a) les actifs et les passifs;

b) les actifs et les charges;

c) les actifs et les ventes;

d) les charges et les passifs.

13. Un couturier renommé installé à Montréal crée des robes de mariées très haut de gamme. Quelle méthode de détermination du coût des stocks utiliserait-il?

a) PEPS

b) DEPS

c) CMP

d) Identification spécifique du coût (coût propre)

MINI-EXERCICES

M7-1

 1

5 minutes

Les liens entre les articles en stock et le type d'entreprise

Dans le tableau suivant, établissez le lien entre chaque type de stocks et une catégorie d'entreprise.

Type de stocks	Type d'entreprise	
	Détaillant ou grossiste	Producteur
Marchandises		
Produits finis		
Produits en cours de production		
Matières premières		

10 minutes

M7-2 La comptabilisation du coût des achats pour un détaillant ou un grossiste

L'entreprise Bazin a acheté 80 nouvelles chemises et a enregistré un coût total de 3 140 $, réparti comme suit.

Coût facturé	2 600 $
Frais d'expédition	165
Droits et taxes à l'importation	115
Intérêts (10 %) sur la somme de 2 600 $ empruntée pour financer l'achat	260
	3 140 $

Travail à faire

1. Apportez les corrections que vous jugerez nécessaires aux calculs déjà effectués. Présentez vos calculs.

2. En supposant l'utilisation d'un système d'inventaire permanent, présentez cet achat :

   a) à l'aide de l'équation comptable ;

   b) en passant la ou les écritures de journal au montant approprié.

3. Répondez à la question 2 ci-dessus en supposant un système d'inventaire périodique.

M7-3 La détermination du coût des stocks pour un producteur

5 minutes

Les coûts d'exploitation d'une entreprise de fabrication sont traités : soit a) en tant qu'éléments du coût des stocks qui seront passés en charges (à partir du coût des ventes) au moment de la vente des produits finis ; soit b) en tant que charges au moment où ils sont engagés. Indiquez si chacun des coûts suivants appartient à la catégorie a) ou b).

_____ 1. Le salaire des ouvriers d'usine

_____ 2. Le salaire des vendeurs

_____ 3. Le coût des matières premières achetées

_____ 4. Le chauffage, l'éclairage et l'électricité de l'usine

_____ 5. Les frais de commercialisation

_____ 6. Les heures supplémentaires payées aux ouvriers de l'usine à la suite d'un bris accidentel de machinerie

M7-4 La détermination du coût historique des stocks

5 minutes

Le coût historique des stocks inclut certains coûts. Ceux qui en sont exclus sont alors comptabilisés en charges de la période. Parmi la liste des coûts suivants, indiquez si : a) les coûts sont inclus au coût historique des stocks ; ou b) sont comptabilisés en charges au moment où ils sont engagés.

_____ 1. Les frais de livraison des articles en entrepôt

_____ 2 Les droits de douane sur les matières premières importées

_____ 3. Les frais d'inspection et de préparation des articles

_____ 4. Les frais de financement pour l'achat de marchandises

_____ 5. Les frais de stockage d'articles achetés qui sont destinés à la vente

_____ 6. Les montants anormaux de déchets de fabrication

_____ 7. L'amortissement des équipements industriels

_____ 8. Les frais de conception initiale d'un produit

2•5

20 minutes

Dofasco

La détermination des achats à l'aide de l'équation du coût des ventes et le taux de rotation des stocks

L'entreprise Dofasco inc. est un important fabricant d'acier au Canada. Partout en Amérique du Nord, elle fournit à ses clients des produits en acier laminé plat, des tubes d'acier et des flans de haute qualité soudés au laser. L'un des éléments de sa stratégie comprend « une excellence opérationnelle qui donne lieu à une performance d'exploitation maximale ».
Dans un rapport annuel, l'entreprise a enregistré ce qui suit (les montants sont en millions de dollars) :

	Année 3	Année 2	Année 1
Coût des ventes	2 580,4	2 602,8	
Stocks de clôture	848,5	853,5	772,7

Travail à faire

1. Est-il possible d'obtenir une estimation raisonnable des achats de marchandises de la période en cours (année 3) ? Si oui, évaluez cette estimation ; si non, expliquez pourquoi vous ne pouvez établir un montant.

2. Effectuez les calculs du taux de rotation des stocks. Faites ensuite l'analyse afin de déterminer si l'entreprise progresse vers son objectif d'excellence opérationnelle. D'autres éléments doivent-ils être pris en compte pour faire une bonne évaluation ?

M7-6

 2•3

5 minutes

Les incidences des différentes méthodes de détermination du coût des stocks sur les états financiers

Précisez laquelle des deux méthodes de détermination du coût des stocks, PEPS ou CMP, produit normalement les effets décrits ci-après pour les situations indiquées.

a) Hausse des coûts
Résultat net plus élevé _____
Stock de clôture plus élevé _____

b) Baisse des coûts
Résultat net plus élevé _____
Stock de clôture plus élevé _____

M7-7

 3

5 minutes

Le choix d'une méthode de détermination du coût des stocks et la situation économique des entreprises

Indiquez laquelle des deux méthodes de détermination du coût des stocks, PEPS ou CMP, donnerait des flux monétaires plus importants dans les situations suivantes :

a) Hausse des coûts _____
b) Baisse des coûts _____

M7-8

 4

15 minutes

L'évaluation des stocks au plus faible du coût et de la valeur nette de réalisation

L'entreprise Morel a encore en main les articles suivants à la fin de sa période financière :

	Quantité	Coût par article	Valeur nette de réalisation par article
Article A	50	75 $	100 $
Article B	25	60	50

Travail à faire

1. En utilisant la règle de la valeur minimale pour évaluer chaque article, déterminez le montant qui devrait être présenté comme stocks à l'état de la situation financière.

2. Déterminez le montant de la dépréciation qui en résulte et présentez-la :

   a) à l'aide de l'équation comptable ;

   b) en passant la ou les écritures de journal au montant approprié.

3. Si l'article B reprend de la valeur et si sa nouvelle valeur nette de réalisation est de 80 $ par article, indiquez le montant de reprise de dépréciation.

M7-9

 5

10 minutes

L'évaluation de l'incidence de changements concernant la gestion des stocks sur le taux de rotation des stocks

Indiquez l'effet le plus probable des changements suivants concernant la gestion des stocks sur le taux de rotation des stocks. (Inscrivez un + pour une augmentation et un − pour une diminution. S'il n'y a aucun effet, écrivez AE.)

_____ a) La livraison de stocks de pièces par les fournisseurs sur une base quotidienne plutôt qu'hebdomadaire

_____ b) La diminution du processus de production de 10 à 8 jours

_____ c) L'augmentation des délais de paiement pour les achats de stocks de 15 à 30 jours

M7-10

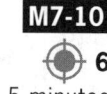 **6**

5 minutes

L'évaluation de l'incidence sur les états financiers d'erreurs relatives aux stocks

Supposez qu'un stock de clôture de 2011 a été sous-évalué de 100 000 $. Expliquez comment cette erreur modifierait les montants de résultat avant impôts de 2011 et de 2012. Si le stock de clôture de 2011 avait été surévalué plutôt que sous-évalué de 100 000 $, quel serait l'effet d'une telle erreur ?

EXERCICES

7

E7-1

 1 • Annexe 7-A

20 minutes

L'analyse des éléments à inclure aux stocks

Au 31 décembre 2012, la société Austin a procédé à un dénombrement de ses stocks en usine, ce qui lui a permis d'évaluer ses stocks de clôture à 50 000 $. Durant l'audit de fin d'année effectué par l'auditeur externe, les données suivantes ont été collectées :

a) Au 31 décembre 2012, les biens d'un fournisseur au prix coûtant de 300 $ sont en transit dans le camion de Courrier Express. L'entente conclue avec le fournisseur est FAB au lieu d'expédition. Austin n'a pas inclus ces éléments dans les stocks de clôture parce qu'ils n'étaient pas en sa possession.

b) Le 27 décembre 2012, la société Austin a livré pour 400 $ d'échantillons à un client, d'après une entente stipulant qu'ils seraient retournés à Austin le 15 janvier 2013. Les biens ont été exclus de l'inventaire d'Austin parce qu'elle ne les avait pas en main.

c) Le 31 décembre 2012, des biens dont le coût s'élevait à 2 000 $ étaient en transit vers des clients, avec la mention FAB au lieu d'expédition. Puisque les biens avaient été expédiés, Austin les a exclus de l'inventaire, bien que la date de réception des marchandises par le client ait été prévue pour le 10 janvier 2013.

d) Le 31 décembre 2012, des biens dont le coût s'élevait à 1 000 $ étaient en transit vers des clients, avec la mention FAB au point d'arrivée. Puisque les biens avaient été expédiés, Austin les a exclus de l'inventaire, bien que la date de réception des marchandises par le client ait été prévue pour le 10 janvier 2013.

e) L'achat de biens totalisant 65 000 $ durant le mois de décembre a été comptabilisé malgré que la facture du fournisseur n'ait pas été reçue. Austin a payé rapidement les sommes dues aux fournisseurs et a bénéficié d'un escompte de 1 500 $ sur le total de ses achats. Austin a comptabilisé l'escompte sur achat en tant que réduction des charges opérationnelles de la période.

f) Des intérêts de 800 $ sur les emprunts effectués pour financer l'achat de matières premières ont été inclus au coût des stocks.

g) Les frais de douane de 320 $ ont été inclus au coût des matières premières importées.

Travail à faire

La pratique comptable de la société Austin requiert la comptabilisation de tout article en stock dont elle détient la propriété. Pour vous rappeler les règles en matière de biens en transit, reportez-vous à l'annexe 7-A (*voir la page 429*). En commençant par le stock de 50 000 $ en inventaire comptabilisé par Austin, déterminez le montant corrigé des stocks de clôture. Expliquez le traitement que vous accordez à chacun des éléments de la liste précédente. (Indice : Préparez trois colonnes intitulées « Élément », « Montant » et « Explication »).

La détermination des montants manquants à l'aide des liens existant entre les postes de l'état du résultat global

20 minutes

Dans chacun des cas suivants, trouvez les montants manquants à l'état du résultat global de l'entreprise Bloch pour l'année 2013 (chaque cas est indépendant). (Indice : Pour le cas B, travaillez de bas en haut.)

	Cas A	Cas B	Cas C
Chiffre d'affaires net	7 950 $	?	5 920 $
Stock d'ouverture	11 000 $	6 500 $	4 000 $
Achats	5 000	?	9 420
Biens disponibles à la vente	?	15 270	13 420
Stock de clôture	(10 250)	(11 220)	(?)
Coût des ventes	(?)	(?)	(5 400)
Marge brute	?	1 450 $	?
Charges	(1 300)	(?)	(520)
Résultat avant impôts	900 $	(500) $	0 $

La détermination des montants manquants à l'aide des liens existant entre les postes de l'état du résultat global

20 minutes

Dans chacun des cas suivants, trouvez les montants manquants à l'état du résultat global de l'entreprise de détail Verdurin pour 2013 (chaque cas est indépendant).

Cas	Chiffre d'affaires	Stock d'ouverture	Achats	Biens disponibles à la vente	Stock de clôture	Coût des ventes	Marge brute	Charges	Résultat avant impôts
A	650 $	100 $	700 $	?	500 $	?	?	200 $	?
B	900	200	800	?	?	?	?	150	0 $
C	?	150	?	?	300	200 $	400 $	100	?
D	800	?	600	?	250	?	?	250	100
E	1 000	?	900	1 100 $	?	?	500	?	(50)

Le calcul par déduction des achats de marchandises

1

10 minutes

Gap

La société Gap est un détaillant spécialisé dans la vente de vêtements, sous les appellations commerciales suivantes : Gap, Old Navy et Banana Republic. Supposez que vous êtes un analyste financier. Votre patron vient tout juste de terminer l'analyse du plus récent rapport annuel de la société Gap. Vous disposez de ses notes, mais certains renseignements dont vous avez besoin sont manquants.

Selon les notes, les stocks de clôture de la période en cours se chiffrent à 1 477 millions de dollars et ceux de la période précédente, à 1 506 millions de dollars. Le chiffre d'affaires de la période s'élève à 14 197 millions de dollars. Le coût des ventes atteint 8 473 millions de dollars, et le résultat net, 1 102 millions de dollars. Pour procéder à votre analyse, vous croyez avoir besoin du montant des achats de la période.

Le calcul du stock de clôture et du coût des ventes selon les méthodes PEPS et CMP

La société Soleil utilise un système d'inventaire périodique. À la fin de la période close le 31 décembre 2013, les renseignements suivants concernant le produit n° 1 étaient inscrits aux livres :

Opération	Nombre d'unités	Coût unitaire
Stock au 31 décembre 2012	2 000	6 $
Pour l'année 2013 : Achat, 21 mars	5 000	9
Achat, 1er août	3 000	10
Stock au 31 décembre 2013	4 000	

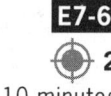

Le calcul du stock de clôture et du coût des ventes selon les méthodes PEPS et CMP

La société Cloé utilise un système d'inventaire périodique. À la fin de la période close le 31 décembre 2014, les renseignements suivants concernant le produit n° 1 étaient inscrits aux livres :

Opération	Nombre d'unités	Coût unitaire
Stock au 31 décembre 2013	3 000	8 $
Pour l'année 2014 : Achat, 20 avril	5 000	9
Achat, 3 septembre	2 000	7
Stock au 31 décembre 2014	4 000	

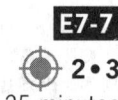

L'analyse et l'interprétation de l'incidence des méthodes PEPS et CMP sur les états financiers

L'entreprise Bontemps utilise un système d'inventaire périodique. À la fin de la période close le 31 décembre 2013, les renseignements contenus dans le tableau suivant et concernant le produit n° 2 étaient inscrits aux livres.

Opération	Nombre d'unités	Coût unitaire
Stock au 31 décembre 2012	3 000	12 $
Pour l'année 2013 : Achat, 11 avril	9 000	10
Achat, 1er juin	8 000	13
Ventes (40 $ l'unité)	11 000	
Frais opérationnels (hormis les impôts sur le résultat), 195 000 $		

Travail à faire

1. Dressez l'état du résultat global jusqu'au résultat avant impôts en donnant le détail du coût des ventes selon les méthodes PEPS et CMP. Pour chacune des méthodes, présentez vos calculs du stock de clôture. (Conseil : Utilisez des colonnes adjacentes pour comparer les deux méthodes.)

2. Comparez le montant du résultat avant impôts à celui du stock de clôture selon les deux méthodes. Expliquez les ressemblances et les différences que vous observez.

E7-8

2•3

25 minutes

L'analyse et l'interprétation de l'incidence des méthodes PEPS et CMP sur les états financiers

L'entreprise Performante inc. utilise un système d'inventaire périodique. À la fin de la période close le 31 décembre 2013, les renseignements suivants concernant le produit n° 2 étaient inscrits aux livres :

Opération	Nombre d'unités	Coût unitaire
Stock au 31 décembre 2012	7 000	5 $
Pour l'année 2013 : Achat, 5 mars	19 000	9
Achat, 19 septembre	10 000	11
Vente, 31 octobre (27 $ l'unité)	8 000	
Vente, 30 novembre (30 $ l'unité)	16 000	
Charges opérationnelles (hormis les impôts sur le résultat), 500 000 $		

Travail à faire

1. Dressez l'état du résultat global jusqu'au résultat avant impôts en donnant le détail du coût des ventes selon les méthodes PEPS et CMP. Pour chacune des méthodes, présentez vos calculs du stock de clôture. (Conseil : Utilisez des colonnes adjacentes pour comparer les deux méthodes.)

2. Comparez les montants du résultat avant impôts à celui du stock de clôture selon les deux méthodes. Expliquez les ressemblances et les différences que vous observez.

E7-9

2•3

25 minutes

Le choix entre deux méthodes de détermination du coût des stocks selon leur incidence sur les flux de trésorerie et le résultat net

L'entreprise Brichot utilise un système d'inventaire périodique. Voici les données qu'elle a collectées pour 2014 : Stock d'ouverture, 2 000 unités à 38 $ chacune ; achats, 8 000 unités à 40 $ chacune ; charges (hormis les impôts), 144 500 $; stock de clôture selon le dénombrement au 31 décembre, 1 800 unités ; ventes, 8 200 unités à 65 $ chacune ; taux d'imposition moyen sur le revenu, 30 %.

Travail à faire

1. Dressez l'état du résultat global à l'aide des méthodes PEPS et CMP. Utilisez une présentation semblable à celle-ci.

État du résultat global	Nombre d'unités	Méthode de détermination du coût des stocks	
		PEPS	**CMP**
Chiffre d'affaires		$	$
Coût des ventes :			
Stock d'ouverture			
Achats			
Biens disponibles à la vente			
Stock de clôture			
Coût des ventes			
Marge brute			
Charges			
Résultat avant impôts			
Impôts sur le résultat			
Résultat net		$	$

2. Laquelle des deux méthodes de détermination du coût des stocks est préférable du point de vue : a) du résultat net ; b) des flux de trésorerie ? Expliquez vos réponses.

3. Quelles seraient vos réponses à la question 2 si les prix étaient en baisse ? Expliquez votre réponse.

E7-10

 **4**

30 minutes

L'enregistrement des stocks au plus faible du coût et de la valeur nette de réalisation

L'entreprise Porphyre dresse ses états financiers annuels en date du 31 décembre 2014. Voici des renseignements sur les stocks de clôture pour ses cinq principaux types d'articles :

Stocks de clôture, 2014			
Article	Quantité en main	Coût unitaire à l'achat (PEPS)	Valeur nette de réalisation à la fin de la période par unité
A	50	15 $	12 $
B	80	30	40
C	10	45	52
D	30	25	30
E	35	10	5

Travail à faire

1. Déterminez le montant des stocks de clôture de la période 2014 en vous servant de la règle de la valeur minimale et en l'appliquant à chacun des articles. (Conseil : Créez une colonne pour chacun des éléments suivants : l'article, la quantité, le coût total, la valeur nette de réalisation totale et l'évaluation selon la méthode de la valeur minimale.)

2. Déterminez le montant de la dépréciation et présentez-la :

    a) à l'aide de l'équation comptable ;

    b) en passant la ou les écritures de journal au montant approprié.

3. Si la valeur nette de réalisation de l'article B augmente à 50 $, y a-t-il reprise de dépréciation ? Expliquez.

E7-11

L'enregistrement des stocks au plus faible du coût et de la valeur nette de réalisation

25 minutes

L'entreprise Demski a été fondée le 1ᵉʳ janvier 2011 et dresse actuellement ses états financiers annuels en date du 31 décembre 2011. Voici des renseignements sur les stocks de clôture pour ses quatre principaux types d'articles :

Stocks de clôture, 2011			
Article	Quantité en main	Coût unitaire à l'achat (PEPS)	Valeur nette de réalisation à la fin de la période par unité
A	20	10 $	15 $
B	75	40	36
C	35	58	54
D	10	29	31

Travail à faire

1. Déterminez le montant des stocks de clôture de l'année 2011 en vous servant de la règle de la valeur minimale et en l'appliquant à chacun des articles. (Conseil : Créez une colonne pour chacun des éléments suivants : l'article, la quantité, le coût total, la valeur nette de réalisation totale et l'évaluation selon la méthode de la valeur minimale.)

2. Quel sera l'effet de la dépréciation des stocks sur le coût des ventes pour l'année 2011 ?

3. Présentez l'effet d'une reprise de valeur nette de réalisation de l'article B pour un montant de 100 $ au premier trimestre de 2012 sur les stocks et les résultats non distribués : a) à l'aide de l'équation comptable ; b) en passant l'écriture de journal.

E7-12

L'analyse et l'interprétation du taux de rotation des stocks

20 minutes

Dell

Dell est un leader dans la fabrication d'ordinateurs personnels. Au cours d'une période récente, l'entreprise a enregistré les résultats suivants, en milliers de dollars :

Chiffre d'affaires	57 420
Coût des ventes	47 904
Stocks au début	576
Stocks de clôture	660

Travail à faire

1. Calculez le taux de rotation des stocks ainsi que le délai moyen d'écoulement des stocks de la période.

2. Expliquez chacun des montants que vous avez obtenus à la question 1.

3. Expliquez comment cette analyse pourrait être rendue plus complète.

E7-13

3•5

20 minutes

L'analyse et l'interprétation de l'incidence du choix entre les méthodes PEPS et CMP sur le taux de rotation des stocks

Les renseignements suivants, portant sur un produit particulier, proviennent des registres comptables de l'entreprise Alcazar et datent de la fin de janvier 2014 :

- Stock au 31 décembre 2013, selon PEPS : 19 unités à 14 $ = 266 $
- Stock au 31 décembre 2013, selon CMP : 19 unités à 12 $ = 228 $

Opération	Nombre d'unités	Coût unitaire	Coût total
Achat, 9 janvier 2014	25	15 $	375 $
Achat, 20 janvier 2014	50	16	800
Vente, 11 janvier 2014 (à 38 $ l'unité)	40		
Vente, 27 janvier 2014 (à 39 $ l'unité)	28		

Travail à faire

Calculez le taux de rotation des stocks à l'aide des méthodes PEPS et CMP. Présentez vos calculs et arrondissez au dollar près. Expliquez laquelle de ces deux méthodes indique avec le plus de précision, à votre avis, l'efficacité de l'équipe de gestion.

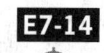

E7-14

5

15 minutes

Le Groupe Jean Coutu (PJC)

L'interprétation de l'effet des variations concernant les stocks et les comptes fournisseurs (créditeurs) sur les flux de trésorerie liés aux activités opérationnelles

Le Groupe Jean Coutu (PJC) inc. est une entreprise canadienne d'envergure internationale exploitant des pharmacies. Voici les renseignements inscrits à l'état de la situation financière d'un rapport annuel récent de cette entreprise.

Le Groupe Jean Coutu (PJC) inc. États de la situation financière consolidés au 31 décembre (en millions de dollars)		
	Période en cours	**Période précédente**
. . . . . .	. . .	. . .
Stocks	163,8	159,4
. . . . . .	. . .	. . .
Créditeurs et charges à payer	195,2	195,8

Travail à faire

Expliquez l'effet des variations des stocks et des comptes créditeurs de la période en cours sur les flux de trésorerie liés aux activités opérationnelles pour la même période.

7

L'analyse de l'effet d'une erreur à la suite de l'enregistrement des achats

L'entreprise Le Paradis du ski a enregistré par erreur des achats de stocks à crédit, reçus au cours de la dernière semaine de décembre 2012, en tant qu'achats effectués en janvier 2013 (on parle alors d'« erreur de démarcation », ou d'« erreur de coupure de période » concernant les achats). L'entreprise utilise un système d'inventaire périodique. Ses stocks de clôture ont été dénombrés, et aucune erreur n'a été relevée pour chacune des périodes.

Travail à faire

En supposant qu'aucune correction n'a été faite en 2012 ou en 2013, indiquez si, dans les états financiers, chacun des montants suivants sera sous-évalué, surévalué ou exact :

1. Le résultat net pour 2012
2. Le résultat net pour 2013
3. Les résultats non distribués au 31 décembre 2012
4. Les résultats non distribués au 31 décembre 2013

20 minutes

Gibson Greeting Cards

L'analyse de l'incidence d'une erreur portant sur les stocks, telle qu'elle est indiquée sous forme de note aux états financiers

Il y a quelques années, une note apparaissait dans les états financiers de l'entreprise Gibson Greeting Cards (maintenant une filiale d'American Greetings Corp.) à l'effet que le 1er juillet, l'entreprise avait annoncé qu'elle avait constaté que ses stocks « avaient été surévalués ». La surestimation se chiffrait à 8 806 000 $.

L'entreprise avait enregistré un résultat net erroné de 25 852 000 $ pour la période au cours de laquelle l'erreur avait été commise, et son taux d'imposition était de 39,3 %.

Travail à faire

1. Calculez le montant du résultat net que Gibson Greeting Cards a enregistré après avoir corrigé l'erreur relative aux stocks. Présentez vos calculs.
2. Supposez que l'erreur sur les stocks n'a pas été découverte. Déterminez les postes des états financiers qui seraient erronés pour la période où l'erreur s'est produite de même que pour la période suivante. Indiquez, pour chaque compte, s'il s'agit d'une surévaluation ou d'une sous-évaluation.

25 minutes

L'analyse et l'interprétation de l'incidence d'une erreur sur les stocks

Voici un extrait des états du résultat global de l'entreprise Dolbeau :

	Premier trimestre 2014		Deuxième trimestre 2014	
Chiffre d'affaires		11 000 $		18 000 $
Coût des ventes :				
Stock d'ouverture	4 000 $		3 800 $	
Achats	3 000		13 000	
Biens disponibles à la vente	7 000		16 800	
Stock de clôture	(3 800)		(9 000)	
Coût des ventes		(3 200)		(7 800)
Marge brute		7 800		10 200
Charges		(5 000)		(6 000)
Résultat avant impôts		2 800 $		4 200 $

Au cours du troisième trimestre, l'entreprise a découvert que le stock de clôture du premier trimestre aurait dû être de 4 200 $. Elle utilise la méthode de l'inventaire périodique.

Travail à faire

1. Quel effet cette erreur a-t-elle eu sur le montant combiné des résultats avant impôts des deux premiers trimestres? Expliquez votre réponse.

2. Cette erreur a-t-elle modifié le montant du résultat par action de chaque trimestre? (*Voir l'analyse du résultat par action au chapitre 5, à la page 298.*) Expliquez votre réponse.

3. Dressez l'état du résultat global corrigé pour chacun des trimestres.

4. Concevez un tableau similaire à celui qui est présenté ci-dessous. Pour chaque poste de l'état du résultat global, comparez les montants exacts et erronés. Déterminez si l'erreur qui s'ensuit surestime ou sous-estime le poste, et de combien.

Poste de l'état du résultat global	Premier trimestre			Deuxième trimestre		
	Erroné	Exact	Erreur	Erroné	Exact	Erreur

E7-18

⊕ Annexe 7-A

25 minutes

L'enregistrement des ventes et des achats compte tenu des escomptes de caisse

Le Coin du vélo vend des marchandises à crédit selon des modalités de paiement de 2/10, n/30. Une vente au montant de 800 $ (le coût des ventes est de 500 $) est facturée à Milou Clément le 1er février 2012. L'entreprise utilise la méthode du montant brut pour enregistrer ses escomptes sur vente.

Travail à faire

1. Présentez la vente à crédit sous forme d'équation comptable. Passez aussi les écritures de journal. Supposez que l'entreprise utilise un système d'inventaire permanent.

2. Supposez que le montant des comptes clients a été recouvré en entier le 9 février 2012. Décrivez les incidences sur les éléments de l'équation comptable et passez l'écriture de journal à cette date.

3. Reformulez la solution de la question précédente en supposant plutôt que le montant des comptes clients a été recouvré en entier le 2 mars 2012.

Le 4 mars 2012, l'entreprise a acheté à crédit d'un fournisseur des bicyclettes et des accessoires pour un montant de 8 000 $, selon des modalités de paiement de 1/15, n/30. Elle utilise la méthode du montant brut pour enregistrer ses achats.

4. Présentez cet achat à crédit sous forme d'équation comptable en supposant que l'entreprise utilise un système d'inventaire permanent. Passez ensuite l'écriture de journal.

5. Présentez le paiement des comptes fournisseurs en entier le 12 mars 2012 sous forme d'équation comptable. Passez ensuite l'écriture de journal.

6. Reformulez votre réponse à la question précédente en supposant que les comptes fournisseurs ont été payés en entier le 28 mars 2012.

E7-19

⊕ Annexe 7-B

25 minutes

La comptabilisation des achats et des ventes selon un système d'inventaire permanent ou un système d'inventaire périodique

L'entreprise Cottard a enregistré un stock d'ouverture de 100 unités au coût unitaire de 20 $. Au cours de 2012, elle a effectué les opérations d'achat et de ventes qui apparaissent dans le tableau ci-après.

14 janvier	Vente à crédit de 20 unités au coût unitaire de 45 $
9 avril	Achat à crédit de 15 unités supplémentaires au coût unitaire de 20 $
2 septembre	Vente à crédit de 45 unités au prix de vente unitaire de 50 $

À la fin de 2012, à la suite du dénombrement des stocks, l'entreprise a encore 50 unités en stock. Elle utilise la méthode PEPS pour évaluer le coût de ses stocks.

Travail à faire

Pour chacune des opérations, supposez que l'entreprise Cottard utilise : a) un système d'inventaire permanent ; b) un système d'inventaire périodique. Présentez les redressements nécessaires à la fin de la période, soit au 31 décembre. Dans votre réponse : indiquez les incidences sur les éléments de l'équation comptable ; passez les écritures de journal nécessaires.

 **E7-20**

 **Annexe 7-C**

35 minutes

Le choix entre trois méthodes de détermination du coût des stocks pour une entreprise états-unienne selon leur effet sur le flux de trésorerie

Voici une partie des renseignements de l'état du résultat global de l'entreprise états-unienne Wilson, selon trois méthodes de détermination du coût des stocks. Supposez que cette entreprise utilise un système d'inventaire périodique.

	PEPS	DEPS	CMP
Coût des ventes :			
Stock d'ouverture (340 unités)	11 220 $	11 220 $	11 220 $
Achats (475 unités)	17 100	17 100	17 100
Biens disponibles à la vente			
Stock de clôture (510 unités)			
Coût des ventes			
Ventes, 305 unités ; prix de vente unitaire, 50 $			
Charges, 1 600 $			

Travail à faire

1. Calculez le coût des ventes à l'aide des méthodes PEPS, DEPS et CMP.

2. Dressez l'état du résultat global jusqu'au résultat avant impôts en utilisant chacune des méthodes.

3. Classez ces trois méthodes en fonction de leurs avantages concernant les flux de trésorerie et expliquez les raisons de votre classement.

4. Expliquez pourquoi la méthode DEPS est interdite par les normes comptables internationales et canadiennes.

 **E7-21**

Annexe 7-C

15 minutes

Ford Motor

L'analyse des notes aux états financiers de sociétés états-uniennes afin de rectifier le montant des stocks, à partir de la méthode DEPS vers la méthode PEPS

La note suivante apparaissait dans un récent rapport annuel de la société Ford Motor Company.

5. Stocks – Secteur de l'automobile

Les stocks au 31 décembre se présentaient comme suit (en millions de dollars) :

	Période en cours	Période précédente
Matières premières, produits en cours de production et fournitures	3 842	3 174
Produits finis	6 335	4 760
Total des stocks selon PEPS	10 177	7 934
Redressement selon DEPS	(996)	(957)
Total	9 181	6 977

Environ le tiers des stocks a été évalué selon la méthode du dernier entré, premier sorti.

Travail à faire

1. Déterminez la valeur des stocks de clôture qui aurait été enregistrée pour la période en cours si Ford avait utilisé uniquement la méthode de l'épuisement successif (PEPS).

2. L'entreprise a enregistré un coût des ventes de 129 821 millions de dollars pour la période en cours. Déterminez le coût des ventes qu'elle aurait enregistré si elle avait utilisé uniquement la méthode de l'épuisement successif au cours des deux périodes.

3. Expliquez pourquoi Ford a choisi la méthode DEPS pour comptabiliser une partie de ses stocks.

PROBLÈMES

P7-1

1 • Annexe 7-A

25 minutes

L'analyse des éléments à inclure aux stocks

L'entreprise Régence vient de terminer l'inventaire physique de ses stocks pour la période close le 31 décembre 2013. On n'a dénombré que les articles qui se trouvaient sur les tablettes, en entrepôt et dans l'aire de réception, selon la méthode de l'épuisement successif (PEPS). La valeur des stocks s'élevait à 90 000 $. Au cours de sa vérification, l'expert-comptable indépendant a obtenu les renseignements supplémentaires suivants :

a) Des marchandises évaluées à 600 $ étaient utilisées à l'essai par un client et n'ont donc pas été incluses dans le dénombrement du 31 décembre 2013.

b) Des marchandises d'une valeur de 600 $ étaient en transit au 31 décembre 2013. Un fournisseur les avait expédiées avec la mention FAB au point d'arrivée. Elles ont été exclues du dénombrement parce qu'elles n'avaient pas encore été livrées à l'entreprise.

c) Le 31 décembre 2013, le montant total des marchandises en transit expédiées aux clients selon des modalités FAB au lieu d'expédition s'élevait à 3 000 $. (La date de livraison prévue était le 10 janvier 2014.) Comme les marchandises avaient déjà été expédiées, elles n'ont pas fait partie des articles dénombrés.

d) Le 28 décembre 2013, un client a payé 4 000 $ comptant pour des marchandises qu'il reviendrait chercher le 3 janvier 2014. L'entreprise avait déboursé 1 500 $ pour ces marchandises, et, comme elles se trouvaient sur place, elles ont été incluses dans le dénombrement des stocks.

e) Le jour de l'inventaire physique, l'entreprise a reçu une note d'un fournisseur l'informant que des marchandises commandées précédemment au coût de 2 700 $ avaient été livrées à la société de transport le 27 décembre 2013. Les modalités étaient FAB au lieu d'expédition. Comme l'envoi n'était pas encore arrivé le 31 décembre 2014, les marchandises ont été exclues du dénombrement.

f) Le 31 décembre 2013, l'entreprise a expédié à un client des marchandises d'une valeur de 780 $ FAB au point d'arrivée. Ces marchandises ne devaient pas arriver avant le 8 janvier 2014 et, comme elles n'étaient pas sur place lors de l'inventaire, elles n'ont pas été incluses dans le dénombrement.

g) Le volume des ventes de l'un des articles est si faible que la direction de l'entreprise avait prévu s'en débarrasser au cours de la période financière précédente. Pour inciter Régence à garder l'article en question en stock, le fournisseur lui a envoyé la marchandise «en consignation». Chaque mois, l'entreprise envoie au fabricant un rapport portant sur le nombre d'unités vendues et lui remet le coût en argent comptant. À la fin de décembre 2013, l'entreprise Régence disposait encore de cinq de ces articles à 800 $ chacun. Elle les a donc inclus dans son dénombrement.

Travail à faire

Rappelez-vous que les règles et méthodes comptables obligent l'entreprise Régence à inclure dans ses stocks toutes les marchandises pour lesquelles elle détient un titre de propriété. N'oubliez pas que le moment où le titre de propriété change de main est déterminé par les modalités d'expédition précisées au contrat de vente (*voir l'annexe 7-A, à la page 429, pour plus d'information*). En commençant par les stocks de 90 000 $ que Régence a dénombrés, calculez le montant corrigé des stocks de clôture. Expliquez comment vous traitez chacun des éléments relevés par l'expert-comptable. (Conseil: Établissez trois colonnes, une pour décrire la marchandise, une autre pour le montant et la troisième pour l'explication que vous apportez.)

P7-2

2

30 minutes
(PS7-1)

L'analyse de l'incidence des trois méthodes de détermination du coût des stocks

L'entreprise Desmeules utilise un système d'inventaire périodique. À la fin de la période close le 31 décembre 2014, voici ce que présentent ses livres comptables concernant le produit le plus en demande:

Opération	Nombre d'unités	Coût unitaire
Stock d'ouverture, 1er janvier 2014	400	3,00 $
Pour l'année 2014 : Achat, 30 janvier	600	3,20
Achat, 1er mai	450	3,60
Vente, 30 septembre (5 $ l'unité)	(130)	
Vente, 15 décembre (5 $ l'unité)	(700)	

Travail à faire

Calculez les montants suivants au 31 décembre 2014: a) Le coût des biens disponibles à la vente; b) Le stock de clôture; c) Le coût des ventes, à l'aide de chacune des méthodes de détermination du coût des stocks suivantes (présentez vos calculs et arrondissez au dollar près):

1. La méthode du coût moyen pondéré
2. La méthode de l'épuisement successif
3. La méthode de l'identification spécifique du coût (coût propre). Selon cette méthode, supposez que les articles de la première vente provenaient aux deux cinquièmes du stock d'ouverture et aux trois cinquièmes de l'achat effectué le 30 janvier 2014. Supposez aussi que les articles de la deuxième vente provenaient de tout ce qui restait du stock d'ouverture et que le reste provenait de l'achat du 1er mai 2014.

P7-3

2 • 3 • 5

30 minutes
(PS7-2)

Le choix d'une des trois méthodes de détermination du coût des stocks selon le résultat et les flux de trésorerie

À la fin de janvier 2012, les livres de l'entreprise Balbec fournissent les renseignements suivants concernant un article qui se vend 16 $ l'unité:

Opération	Nombre d'unités	Montant
Stock d'ouverture, 1er janvier 2014	500	2 500 $
Achat, 12 janvier	600	3 600
Achat, 26 janvier	160	1 280
Vente, 28 janvier	(380)	
Vente, 30 janvier	(270)	

Travail à faire

1. En supposant que l'entreprise utilise un système d'inventaire périodique, dressez un état du résultat global sommaire (jusqu'à la marge brute) en vous servant de chacune des méthodes suivantes : a) CMP ; b) PEPS ; c) Identification spécifique du coût (coût propre). Dans le cas de la méthode du coût propre, supposez que les marchandises de la première vente provenaient du stock d'ouverture et celles de la deuxième vente, de l'achat du 12 janvier. Présentez le détail de vos calculs.

2. Laquelle des deux méthodes, PEPS ou CMP, permettrait d'obtenir le résultat avant impôts le plus élevé ? Laquelle aurait le résultat par action le plus élevé ?

3. Laquelle des deux méthodes, PEPS ou CMP, présenterait la charge d'impôts sur le résultat la plus faible ? Expliquez votre réponse en supposant que le taux d'imposition moyen est de 30 %.

4. Laquelle des deux méthodes, PEPS ou CMP, permettrait d'obtenir en 2012 les flux de trésorerie les plus avantageux pour l'entreprise ? Expliquez votre réponse.

P7-4

2 • 3 • 5

50 minutes

L'évaluation du choix entre les méthodes PEPS et CMP dans le contexte de hausses et de baisses des prix, et l'incidence sur les flux de trésorerie

Vous devez évaluer le résultat selon quatre scénarios différents.

1. Lorsque les prix augmentent :
   - situation A : on utilise la méthode PEPS ;
   - situation B : on utilise la méthode CMP.

2. Lorsque les prix diminuent :
   - situation C : on utilise la méthode PEPS ;
   - situation D : on utilise la méthode CMP.

Voici les données de base, communes aux quatre situations : les ventes sont de 500 unités pour un chiffre d'affaires de 12 500 $; les stocks d'ouverture sont de 300 unités ; les achats, de 400 unités ; les stocks de clôture, de 200 unités ; les frais opérationnels, de 400 $. Les états du résultat global ci-après ont été dressés afin de refléter les quatre scénarios à des fins d'analyse (les montants sont en dollars).

(en dollars)	Hausse des prix		Baisse des prix	
	Situation A PEPS	Situation B CMP	Situation C PEPS	Situation D CMP
Chiffre d'affaires	12 500	12 500	12 500	12 500
Coût des ventes :				
Stock d'ouverture	3 600	3 600	3 900	3 900
Achats	5 200	5 200	4 800	4 800
Biens disponibles à la vente	8 800	?	?	?
Stock de clôture	(2 600)	?	?	?
Coût des ventes	(6 200)	?	?	?
Marge brute	6 300	?	?	?
Charges	(4 000)	(4 000)	(4 000)	(4 000)
Résultat avant impôts	2 300	?	?	?
Impôts sur le résultat (30 %)	(690)	?	?	?
Résultat net	1 610	?	?	?

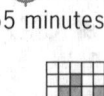

P7-5

4•5

55 minutes

La détermination de l'incidence de la règle de la valeur minimale sur l'état du résultat global et les flux de trésorerie

L'entreprise Simonet a dressé ses états financiers en date du 31 décembre 2013. Elle utilise la méthode PEPS pour évaluer ses stocks. Toutefois, elle a négligé d'appliquer la règle de la valeur minimale à son stock de clôture. Voici l'état du résultat global provisoire de 2013, en dollars :

Chiffre d'affaires		280 000 $
Coût des ventes :		
Stock d'ouverture	30 000 $	
Achats	182 000	
Biens disponibles à la vente	212 000	
Stock de clôture (selon la méthode PEPS)	(44 000)	(168 000)
Marge brute		112 000
Frais opérationnels		(61 000)
Résultat avant impôts		51 000
Impôts sur le résultat (30 %)		(15 300)
Résultat net		35 700 $

Supposez qu'on vous a demandé de dresser à nouveau les états financiers de 2013 pour que la règle de la valeur minimale y soit reflétée. Vous avez déjà collecté les données suivantes concernant les stocks de clôture de 2013.

		Coût d'achat		Valeur nette de réalisation
Article	Quantité	Unitaire	Total	Unitaire
A	3 000	3 $	9 000 $	4 $
B	1 500	4	6 000	2
C	7 000	2	14 000	4
D	3 000	5	15 000	3
			44 000 $	

Travail à faire

1. Dressez à nouveau l'état du résultat global en tenant compte de la règle de la valeur minimale pour déterminer les stocks de clôture de 2013. Appliquez cette règle à chacun des articles. Présentez vos calculs.

2. Comparez et expliquez l'incidence de la règle de la valeur minimale sur chacun des montants que vous avez modifiés en 1.

3. Sur quel concept se base-t-on pour justifier la méthode de l'évaluation au plus faible du coût et de la valeur nette de réalisation du stock?

4. Quelle incidence cette méthode a-t-elle eu sur les flux de trésorerie de 2013? Quel serait son effet à long terme sur les flux de trésorerie?

5. Supposez que la valeur nette de réalisation de l'article B au 31 janvier 2014 est de 5 $ l'unité. À quel montant la reprise de dépréciation s'élève-t-elle?

P7-6

5

25 minutes

L'évaluation de l'effet de changements dans le processus de production sur le taux de rotation des stocks et sur les flux de trésorerie liés aux activités opérationnelles

La société Tan inc. se spécialise depuis cinq ans dans la fabrication de composants électroniques pour les téléphones cellulaires. Au cours de cette période, elle a connu une croissance rapide de son chiffre d'affaires et de ses stocks. La société Tan vous a engagé en tant que premier contrôleur. Vous avez établi de nouveaux procédés relativement aux achats et à la fabrication dans le but de diminuer les stocks d'environ le tiers d'ici la fin de la période. Voici les données que vous avez collectées concernant ces changements (en milliers de dollars).

	Début de la période	Fin de la période (prévisions)	Période en cours (prévisions)
Stocks	450	300	
Coût des ventes			7 000

Travail à faire

1. Calculez le taux de rotation des stocks en vous basant sur les deux hypothèses suivantes:
   a) L'hypothèse qui est présentée dans le tableau ci-dessus (c'est-à-dire une baisse du solde des stocks);
   b) Aucune variation du solde des stocks par rapport au début de la période.

2. Calculez l'effet du changement prévu du solde des stocks sur les flux de trésorerie liés aux activités opérationnelles de la période. (Évaluez le montant de cet effet, et indiquez s'il s'agit d'une augmentation ou d'une diminution de trésorerie.)

3. À partir de l'analyse précédente, rédigez une note brève expliquant comment une hausse du taux de rotation des stocks peut entraîner une augmentation des flux de trésorerie liés aux activités opérationnelles. Expliquez également comment l'entreprise peut bénéficier de cette augmentation.

P7-7

 6

40 minutes
(PS7-3)

L'analyse et l'interprétation de l'incidence d'erreurs concernant les stocks

Voici quelques données extraites de l'état du résultat global de l'entreprise Pontbriand pour les quatre dernières périodes financières (en dollars) :

	2011	2012	2013	2014
Chiffre d'affaires	2 025 000	2 450 000	2 700 000	2 975 000
Coût des ventes	(1 505 000)	(1 627 000)	(1 782 000)	(2 113 000)
Marge brute	520 000	823 000	918 000	862 000
Charges	(490 000)	(513 000)	(538 000)	(542 000)
Résultat avant impôts	30 000	310 000	380 000	320 000
Impôts sur le résultat (30 %)	(9 000)	(93 000)	(114 000)	(96 000)
Résultat net	21 000	217 000	266 000	224 000

Une vérification a permis de découvrir que, lors du calcul de ces montants, on a surévalué les stocks de clôture de 2012 de 25 000 $. L'entreprise utilise un système d'inventaire périodique.

Travail à faire

1. Dressez à nouveau ces états du résultat global en corrigeant l'erreur.

2. Calculez le pourcentage de la marge brute pour chacune des périodes : a) avant la correction ; b) après la correction. Ces résultats ajoutent-ils de la crédibilité aux montants corrigés grâce à vos calculs ? Expliquez votre réponse.

3. Quel effet cette erreur aurait-elle eu sur la charge d'impôts sur le résultat si l'on suppose que le taux moyen d'imposition est de 30 % ?

P7-8

 Annexe 7-A

35 minutes

La comptabilisation des ventes et des achats, incluant les escomptes de caisse et les retours

Le Coin du campus est une coopérative étudiante. Le 1er janvier 2013, ses stocks d'ouverture s'élevaient à 150 000 $, le solde de ses comptes clients, à 4 000 $, et le solde créditeur de sa provision pour créances irrécouvrables, à 800 $. L'entreprise utilise un système d'inventaire permanent et comptabilise ses achats de stocks selon la méthode du montant brut.

Voici, à titre d'exemple, un résumé de quelques-unes des opérations effectuées en 2013 :

a) Vente de marchandises au comptant (coût des ventes, 137 500 $)	275 000 $
b) Retour de marchandises défectueuses par les clients en échange d'un remboursement en espèces (coût des ventes, 800 $)	1 600
Achats de marchandises à crédit auprès de divers fournisseurs, modalités de 3/10, n/30, comme suit :	
c) Fournitures Auguste, prix de la facture avant déduction pour l'escompte de caisse	5 000
d) Autres fournisseurs, prix de facture avant déduction de l'escompte de caisse	120 000
e) Achats au comptant de matériel utilisé dans le magasin	2 200

7

f)	Achats au comptant de fournitures de bureau pour utilisation future dans le magasin	700
g)	Frais de transport pour les marchandises achetées et payées comptant	400
	Paiement des comptes fournisseurs au cours de la période, comme suit :	
h)	Paiement à la société Fournitures Auguste après le délai de la période d'escompte	5 000
i)	Paiement des autres fournisseurs avant l'expiration du délai de l'escompte de 3 %	116 400

Travail à faire

1. Présentez le montant et l'effet de ces opérations (inscrivez un + pour une augmentation et un – pour une diminution) sur les postes de l'état de la situation financière à l'aide de l'équation comptable.

2. Passez les écritures de journal nécessaires pour chacune des opérations.

P7-9

 Annexe 7-C

40 minutes

General Motors (GM)

L'évaluation du choix entre les méthodes DEPS et PEPS à la suite d'une note sur les stocks aux états financiers d'une entreprise états-unienne

Un rapport annuel de la société General Motors (GM) comporte la note suivante aux états financiers :

> Les stocks sont généralement enregistrés à un coût qui ne dépasse pas la valeur du marché. Le coût de presque tous les stocks aux États-Unis a été déterminé à l'aide de la méthode de l'épuisement à rebours (DEPS). Si l'on avait utilisé la méthode de l'épuisement successif (PEPS), on estime que la valeur de ces stocks aurait augmenté de 2 077,1 millions de dollars à la fin de la période courante par rapport à une hausse de 1 784,5 million de dollars à la fin de la période précédente.

> Pour la période en cours, GM a enregistré un résultat net (après impôts) de 320,5 millions de dollars. À la fin de la période, le solde du compte des résultats non distribués était de 15 340 millions de dollars.

7

Travail à faire

1. Évaluez le montant du résultat net que l'entreprise aurait enregistré pour la période en cours si elle avait utilisé la méthode PEPS (en supposant que le taux d'imposition est de 30 %).

2. Évaluez le montant des résultats non distribués que l'entreprise aurait enregistré en fin de période si elle avait toujours utilisé la méthode PEPS (en supposant que le taux d'imposition est de 30 %).

3. L'emploi de la méthode DEPS, permise aux États-Unis par les autorités fiscales, a permis à l'entreprise de réduire le montant des impôts qu'elle devait verser pour la période en cours par rapport au montant qu'elle aurait payé en utilisant la méthode PEPS. Calculez le montant de cette réduction (en supposant que le taux d'imposition est de 30 %).

PROBLÈMES SUPPLÉMENTAIRES

PS7-1

 **2**

25 minutes
(P7-2)

L'analyse de l'effet des trois méthodes de détermination du coût des stocks

L'entreprise Toutazimut utilise un système d'inventaire périodique. À la fin de la période, le 31 décembre 2014, ses livres fournissent les données présentées dans le tableau suivant concernant l'article le plus vendu par la société.

Opération	Nombre d'unités	Coût unitaire
Stock d'ouverture, 1er janvier 2014	390	32 $
Pour l'année 2014 : Achat, 20 mars	650	35
Achat, 30 juillet	460	38
Vente, 20 août (50 $ l'unité)	(80)	
Vente, 15 novembre (50 $ l'unité)	(850)	

Travail à faire

Calculez les montants : a) des biens disponibles à la vente ; b) du stock de clôture ;
c) du coût des ventes en date du 31 décembre 2014, en utilisant chacune des méthodes
de détermination du coût des stocks. (Présentez vos calculs et arrondissez les montants
au dollar près.)

1. Utilisez la méthode du coût moyen pondéré (CMP).

2. Utilisez la méthode de l'épuisement successif (PEPS).

3. Utilisez la méthode de l'identification spécifique du coût. Dans ce cas, supposez que
   un cinquième des marchandises de la première vente provient du stock au début et
   les quatre autres cinquièmes, de l'achat du 20 mars. Supposez aussi que les marchandises de la deuxième vente proviennent toutes de l'achat du 30 juillet et que le
   reste provient de l'achat du 20 mars.

PS7-2

2•3•5

45 minutes
(P7-3)

L'évaluation des trois méthodes de détermination du coût des stocks basée sur le résultat et les flux de trésorerie

À la fin de janvier 2014, les registres comptables de la société Georges présentaient
l'information suivante concernant un article particulier qui s'est vendu 16 $ l'unité :

Opération	Nombre d'unités	Coût total
Stock d'ouverture, au 1er janvier 2014	120	960 $
Achat, 15 janvier	360	3 600
Achat, 27 janvier	150	1 800
Vente, 28 janvier	(200)	
Vente, 30 janvier	(170)	

Travail à faire

1. En supposant que l'entreprise utilise un système d'inventaire périodique, dressez un
   état du résultat global sommaire (jusqu'à la marge brute) en vous servant de chacune
   des méthodes suivantes : a) CMP ; b) PEPS ; c) Identification du coût spécifique (coût
   propre). Dans le cas de la méthode du coût propre, supposez que les marchandises
   de la première vente provenaient de l'achat du 15 janvier et celles de la deuxième
   vente, pour une moitié du stock d'ouverture et pour l'autre moitié de l'achat du 27 janvier. Présentez vos calculs.

2. Laquelle des deux méthodes, PEPS ou CMP, permettrait d'obtenir le résultat avant
   impôts le plus élevé ? Laquelle aurait le résultat par action le plus élevé ?

7

3. Laquelle des deux méthodes, PEPS ou CMP, présenterait la charge d'impôts sur le résultat la plus faible? Expliquez votre réponse en supposant que le taux d'imposition moyen est de 30 %.

4. Laquelle des deux méthodes, PEPS ou CMP, permettrait d'obtenir les flux de trésorerie les plus avantageux? Expliquez votre réponse.

PS7-3
⊕ **5•6**
35 minutes
(P7-7)

L'analyse et l'interprétation de l'effet d'erreurs sur les stocks
Voici certains montants de l'état du résultat global partiel des quatre dernières années de l'entreprise Clémenceau :

	2011	2012	2013	2014
Chiffre d'affaires	60 000$	50 000$	65 000$	85 000$
Coût des ventes	(42 500)	(35 000)	(45 000)	(55 000)
Marge brute	17 500	15 000	20 000	30 000
Charges	(10 000)	(11 000)	(14 000)	(18 000)
Résultat avant impôts	7 500$	4 000$	6 000$	12 000$

Après une analyse détaillée de ces montants, on a déterminé que, lors du dénombrement effectué le 31 décembre 2012, les stocks avaient été sous-évalués de 5 000 $.

Travail à faire

1. Modifiez les états du résultat global de façon que les montants reflètent la correction de l'erreur concernant les stocks.

2. Calculez le pourcentage de la marge brute pour chacune des années : a) avant la correction ; b) après la correction. Ces résultats ajoutent-ils de la crédibilité aux montants corrigés grâce à vos calculs? Expliquez votre réponse.

3. Quel effet cette erreur aurait-elle eu sur la charge d'impôts sur le résultat de l'entreprise si son taux moyen d'imposition était de 30 %?

CAS — INFORMATION FINANCIÈRE

CP7-1
⊕ **4•5•6**
20 minutes
L'Oréal

La recherche d'information financière
Reportez-vous aux états financiers de la société L'Oréal (*voir l'annexe B à la fin de ce manuel*).

Travail à faire

1. L'entreprise évalue ses stocks au plus faible du coût (prix de revient) et de la valeur nette de réalisation. À la fin de la période en cours, vous attendez-vous que l'entreprise réduise ses stocks à la valeur nette de réalisation? Expliquez votre réponse.

2. En supposant que la société a surestimé ses stocks de clôture de la période courante de 10 millions d'euros, déterminez le montant corrigé du résultat avant impôts.

3. Faites le calcul du taux de rotation des stocks de la période la plus récente. Comment interprétez-vous ce taux?

7

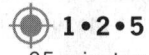

1•2•5

25 minutes

Inter Parfums

La recherche d'information financière

Reportez-vous aux états financiers de la société Inter Parfums (*voir l'annexe C à la fin de ce manuel*). Indiquez où, dans le rapport annuel, vous avez trouvé l'information.

Travail à faire

1. Quel est le montant des stocks détenus par l'entreprise à la fin de la période la plus récente?

2. Estimez le montant des marchandises que l'entreprise a achetées au cours de la période la plus récente. (Indice : Utilisez l'équation du coût des ventes.)

3. Quelle méthode l'entreprise utilise-t-elle pour déterminer le coût de ses stocks?

4. Quelle variation y a-t-il eu concernant les stocks au cours de la période courante? En quoi cette variation a-t-elle modifié les flux de trésorerie nets liés aux activités opérationnelles au cours de cette période?

5

20 minutes

**L'Oréal
Inter Parfums**

La comparaison des entreprises d'un même secteur d'activité

Reportez-vous aux états financiers de la société L'Oréal, à ceux de la société Inter Parfums ainsi qu'au rapport sur les ratios de ce secteur d'activité (*voir les annexes B, C et D à la fin de ce manuel*).

Travail à faire

1. Calculez le taux de rotation des stocks des deux entreprises pour les deux années présentées. Que pourriez-vous déduire de la différence qu'il y a entre les deux? Notez que les stocks d'ouverture de l'année 2008 d'Inter Parfums était de 56 348 milliers d'euros.

2. Comparez le taux de rotation des stocks de la période courante de chacune des deux entreprises à la moyenne du secteur d'activité. Ces entreprises ont-elles une meilleure ou une moins bonne rotation des stocks comparativement à la moyenne du secteur?

1

20 minutes

Dana Corporation

L'utilisation des rapports financiers : l'interprétation de l'effet d'un changement concernant la comptabilisation des coûts relatifs à la production

Dana Corporation conçoit et fabrique des pièces détachées pour les marchés industriels, les véhicules et l'équipement mobile original tout-terrain. Dans un rapport annuel antérieur, on trouve la note suivante concernant les stocks de l'entreprise :

> Dana Corporation a apporté des modifications à sa méthode de comptabilisation des stocks applicables à partir du 1er janvier [...] pour y inclure certains coûts liés à la production qui étaient précédemment imputés aux charges. Ce changement relatif aux méthodes comptables permet un rapprochement plus représentatif des coûts et des produits opérationnels correspondants. Il a eu pour effet d'augmenter la valeur du stock de 23 millions de dollars et le résultat net, de 12,9 millions de dollars.

Travail à faire

1. Selon la méthode comptable employée jusque-là par l'entreprise, certains coûts de production étaient comptabilisés sous forme de charges à l'état du résultat global de la période au cours de laquelle ils avaient été engagés. Selon la nouvelle méthode, à quel moment ces coûts de production seront-ils passés en charges?

2. Expliquez comment le fait d'imputer ces coûts aux stocks entraîne une augmentation de leur valeur et du résultat net de la période.

7

CP7-5

3•5

40 minutes

L'utilisation des rapports financiers : l'interprétation de l'incidence du choix entre les méthodes CMP et PEPS sur le taux de rotation des stocks

La société Construit inc. est un important fabricant d'outillage pour l'agriculture et la construction. Le conseiller comptable a recueilli les renseignements qui suivent concernant les stocks de l'entreprise.

Le coût des stocks est déterminé au moyen de la méthode du coût moyen pondéré (CMP). L'entreprise a adopté cette méthode pour la majeure partie de ses stocks il y a plus de 50 ans. La valeur des stocks déterminée selon la méthode CMP représentait environ 90 % de celle de l'ensemble des stocks évalués à la valeur nette de réalisation en date du 31 décembre 2014, 2013 et 2012. Si l'on avait utilisé la méthode de l'épuisement successif (PEPS), les stocks auraient été de 1 100 $, de 1 040 $ et de 1 018 $ plus élevés que les montants enregistrés les 31 décembre 2014, 2013 et 2012, respectivement.

À l'état de la situation financière de l'entreprise, on trouve les renseignements suivants :

	2014	2013	2012
Stocks	1 800 $	1 700 $	1 650 $

L'état du résultat global présente les données suivantes :

	2014	2013	2012
Coût des ventes	15 000 $	9 500 $	8 500 $

Travail à faire

On vous a récemment engagé pour analyser l'efficacité de la gestion des stocks de Construit et on vous demande de rédiger un bref rapport à ce sujet. Plus précisément, vous devez calculer le taux de rotation des stocks de 2014 à l'aide des méthodes de l'épuisement successif et du coût moyen pondéré. Ensuite, vous devez comparer vos résultats en fonction de deux données : 1) le taux de l'entreprise pour la période précédente, 2013 ; 2) le taux de son principal concurrent, Poutrelle ltée. En 2014, le taux de rotation des stocks de Poutrelle était de 4,2 selon la méthode de l'épuisement successif, et de 8,2 selon la méthode du coût moyen pondéré. Votre rapport devrait contenir les éléments suivants :

1. Les taux demandés, calculés à l'aide des deux méthodes (PEPS et CMP).

2. Une explication des écarts entre les taux d'une méthode à l'autre.

3. Une explication concernant le taux (calculé au moyen de la méthode PEPS ou de la méthode CMP) qui indique avec le plus d'exactitude l'efficacité avec laquelle les entreprises gèrent leurs stocks.

7

CAS — ANALYSE CRITIQUE

CP7-6

6

30 minutes

Microwarehouse

La résolution d'un problème d'éthique : le résultat net, les achats de stocks et les primes de rendement à la direction

Microwarehouse est une entreprise qui vend des logiciels et du matériel informatique en ligne et par catalogue.

Un article paru dans *The Wall Street Journal* il y a quelques années révélait que la société réorganisait sa direction générale. Trois de ses cadres supérieurs ont démissionné alors que la Security and Exchange Commission (SEC), organisme semblable à l'Autorité des marchés financiers au Québec, enquêtait non officiellement sur la société. Il faut cependant noter que Microwarehouse avait effectué cette réorganisation à la suite d'une enquête qui avait déclenché des poursuites d'actionnaires contre l'entreprise. Celle-ci avait surévalué son résultat net de 28 millions de dollars états-uniens depuis 1992 à cause d'irrégularités comptables.

Dans son rapport trimestriel à la SEC présenté deux jours auparavant, l'entreprise indiquait que des inexactitudes relatives à la sous-évaluation d'achats et de comptes fournisseurs, pour la période en cours et les périodes antérieures, se chiffraient à 47,3 millions de dollars états-uniens. Elle signalait également que, par conséquent, les primes de rendement de 2,2 millions de dollars états-uniens destinées aux cadres supérieurs pour 1995 allaient être annulées. Le taux d'imposition total de l'entreprise est d'environ 40,4 %. Le coût des ventes et les primes de rendement aux cadres supérieurs sont entièrement déductibles d'impôts.

Travail à faire

À titre d'auditeur du bureau comptable de Microwarehouse, rédigez un rapport décrivant les effets de la sous-évaluation des achats et de l'annulation des primes de rendement. Voici les sujets dont vous devez traiter :

1. L'effet total de la sous-estimation des achats sur le résultat avant et après impôts ;
2. L'effet total de l'annulation des primes de rendement sur le résultat avant et après impôts ;
3. Une estimation du pourcentage du résultat après impôts que la direction recevait sous forme de primes de rendement ;
4. Une analyse des raisons possibles pour lesquelles le conseil d'administration de Microwarehouse aurait pu décider de lier l'attribution de primes aux cadres au résultat enregistré ; une analyse de l'éventuelle relation existant entre ce type de système de primes et les erreurs de comptabilité.

CP7-7

⊕ **Annexe 7-C**

25 minutes

Quaker Oats

La prise de décision d'un analyste financier : l'analyse de l'effet du passage à la méthode DEPS

Dans un rapport annuel antérieur de Quaker Oats (société états-unienne qui est maintenant une division de PepsiCo), on trouve les renseignements qui suivent.

L'entreprise a adopté l'hypothèse portant sur le mouvement des coûts de la méthode de l'épuisement à rebours pour évaluer la majorité des stocks de la société U.S. Grocery Products qui lui reste. Selon elle, l'utilisation de la méthode de l'épuisement à rebours permettait un rapprochement plus fidèle des coûts et des produits d'opération. L'effet cumulatif de ce changement sur les résultats non distribués était impossible à déterminer en début de période, de même que les effets *pro forma* d'une application rétroactive de cette méthode aux périodes précédentes. Dans le cas de la période au cours de laquelle le changement a eu lieu, on a constaté une diminution du résultat net de 16 millions de dollars états-uniens, soit 0,20 $ US par action.

Travail à faire

En tant qu'analyste financier, rédigez un rapport exposant les effets du changement de méthode comptable sur les états financiers de Quaker Oats. Dans votre rapport, supposez que le taux d'imposition est de 34 %. Répondez aux questions suivantes :

1. Outre la raison invoquée, pourquoi la direction de l'entreprise a-t-elle choisi la méthode de l'épuisement à rebours ?
2. À titre d'analyste, comment auriez-vous réagi à la diminution de 0,20 $ US par action du résultat net à la suite de l'adoption de la méthode de l'épuisement à rebours ?
3. Une situation semblable pourrait-elle se produire dans une entreprise canadienne ? Expliquez votre réponse.

CP7-8

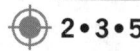

Un projet d'équipe : l'analyse des stocks

En équipe, choisissez un secteur d'activité à analyser. Vous en trouverez des listes aux adresses suivantes : www.boursorama.com (entreprises françaises), www.sedar.com (entreprises canadiennes), www.reuters.com/finance (entreprises états-uniennes). Les activités du secteur choisi doivent être telles que des stocks sont présentés à l'état de la situation financière.

Chaque membre de l'équipe devrait se procurer le rapport annuel (ou le document de référence dans le cas des entreprises françaises) d'une société ouverte de ce secteur, mais cette société doit être différente de celles qu'ont choisies les autres membres. Consultez, par exemple, la bibliothèque de votre établissement scolaire, le service EDGAR (pour les entreprises américaines, www.sec.gov/edgar.shtml), le service SEDAR (pour les entreprises canadiennes, www.sedar.com) ou le site Web de chaque entreprise.

Travail à faire

Chacun devrait rédiger un bref rapport répondant aux questions suivantes en ce qui concerne l'entreprise choisie. En équipe, discutez des similarités que vous avez relevées entre les sociétés. Ensuite, écrivez un bref rapport d'équipe qui compare et met en opposition vos entreprises.

1. Quel est le pourcentage des stocks par rapport à l'actif total à l'état de la situation financière pour chacune des trois dernières périodes ?

2. Quelle méthode de détermination du coût des stocks applique-t-on aux stocks ?

   a) Quels sont, à votre avis, les motifs de ce choix ?

   b) Si l'entreprise a utilisé la méthode de l'épuisement à rebours (s'il s'agit d'une entreprise état-sunienne) ou celle du coût moyen (s'il s'agit d'une entreprise canadienne ou française), le résultat net avant impôts aurait-il été supérieur ou inférieur s'il avait été calculé à l'aide de la méthode de l'épuisement successif ? Supposez que les prix sont à la hausse.

3. a) En général, que mesure le taux de rotation des stocks ?

   b) Quel est le taux de rotation des stocks des trois dernières périodes ?

   c) Que suggèrent vos résultats à propos de l'entreprise ?

   d) S'il est disponible, trouvez le taux de rotation des stocks du secteur industriel pour la période la plus récente et comparez ce ratio à vos résultats. Expliquez pourquoi le ratio de votre société est semblable au taux du secteur ou pourquoi il en diffère.

4. Quelle a été l'incidence d'une variation des stocks sur les flux de trésorerie liés aux activités opérationnelles pour la période en cours (en d'autres mots, le changement a-t-il augmenté ou diminué les flux de trésorerie) ? Expliquez votre réponse.

7

LES IMMOBILISATIONS
CORPORELLES ET INCORPORELLES

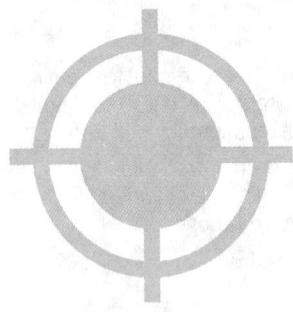

**OBJECTIFS
D'APPRENTISSAGE**
**Au terme de ce chapitre,
vous pourrez :**

1. définir, classer et expliquer la nature des immobilisations (*voir la page 470*) ;

2. calculer et interpréter le taux de rotation des actifs immobilisés (*voir la page 472*) ;

3. déterminer le coût des immobilisations corporelles au moment de leur acquisition et connaître le traitement comptable des coûts ultérieurs (*voir la page 473*) ;

4. connaître les deux modèles d'évaluation des immobilisations (*voir la page 479*) ;

5. comprendre et appliquer différentes méthodes d'amortissement (*voir la page 481*) ;

6. expliquer l'effet d'une perte de valeur des immobilisations sur les états financiers (*voir la page 491*) ;

7. connaître le processus comptable de la sortie des immobilisations corporelles (*voir la page 492*) ;

8. reconnaître les particularités comptables liées à la comptabilisation des immobilisations incorporelles (*voir la page 494*) ;

9. comprendre l'effet des opérations d'achat, d'amortissement et de sortie des immobilisations sur les flux de trésorerie (*voir la page 499*) ;

10. comparer les normes internationales d'information financière (IFRS) et les normes comptables pour les entreprises à capital fermé (*voir la page 500*).

OL GROUPE
La gestion des résultats
liée aux actifs immobilisés
www.olweb.fr

Le soccer est le sport le plus populaire sur la planète. Au Québec, il n'a cessé de gagner en popularité au cours des deux dernières décennies. La Fédération de soccer du Québec recense plus de 200 000 participants, et l'Impact de Montréal attire de nombreux partisans à chaque match. Mais ce n'est rien comparé à la popularité de ce sport en Europe. Le football européen est une vaste industrie sportive dans laquelle les grands clubs professionnels se partagent des milliards d'euros. Il suffit de penser au Real Madrid ou au FC Barcelona en Espagne, au Manchester United en Angleterre et au Bayern Munich en Allemagne. Chacune de ces équipes réalise un chiffre d'affaires qui se situe entre 300 et 400 millions d'euros par année. Elles s'arrachent les grandes vedettes de ce sport à coup de millions d'euros.

En France, le football est le sport le plus populaire, devant le tennis et l'équitation. Le football professionnel français compte 40 clubs, dont 20 dans la Ligue 1, au sommet de la hiérarchie du sport. Parmi les plus populaires, il y a bien sûr l'Olympique de Marseille, les Girondins de Bordeaux, mais aussi l'Olympique Lyonnais, au 13e rang des clubs les plus populaires en Europe et au 1er rang en France. L'Olympique Lyonnais possède un palmarès sportif impressionnant, dont sept titres consécutifs de champion de France (de 2002 à 2008), six titres consécutifs au Trophée des champions (de 2002 à 2007) et une Coupe de France (2008), ce qui en fait l'un des clubs les plus titrés de France.

Créé en 1950, l'Olympique Lyonnais a pris son essor en 1987 sous la présidence de Jean-Michel Aulas, qui a mis en place une structure sportive et financière capable de soutenir ses projets de développement. En 2007, OL Groupe a été introduit en Bourse, devenant le seul club de football français coté sur le marché boursier. En 2008-2009, OL se classait au 13e rang des clubs européens sur la base des produits des activités. En 2009-2010, il a réalisé un chiffre d'affaires de 146,1 millions d'euros, dont les recettes de billetterie ne représentent que 17 %. Bien qu'à la hausse, ce taux est faible comparé à ceux des clubs professionnels d'Angleterre et d'Espagne, lesquels tirent près de 30 % de leur chiffre d'affaires de la vente de billets. Avec un stade de 39 000 places et une assistance moyenne de 35 470 spectateurs par match en 2010, OL peut difficilement augmenter ses revenus à ce chapitre.

Une partie des produits de l'Olympique Lyonnais provient des cessions de contrats de joueurs. Lorsqu'on regarde l'état de la situation financière d'OL Groupe (*voir le tableau 8.1 à la page 471*), on remarque que l'actif le plus important, d'une valeur de 119,8 millions d'euros, est le poste Contrats joueurs. En somme, le principal investissement de cette société est le recrutement de joueurs qui pourront amener le club à réaliser d'excellentes performances. Plus le club gagne, plus le stade est rempli, plus OL peut exiger des droits de télédiffusion importants, plus il vend des produits dérivés et plus il peut établir des partenariats lucratifs avec ses commanditaires. On voit donc que la gestion des résultats peut, pour une équipe sportive, être étroitement liée à ses performances sportives et à sa capacité d'accueillir les spectateurs à ses matchs.

• Parlons affaires

De façon générale, l'un des principaux défis que les dirigeants d'entreprises doivent relever consiste à planifier leur capacité de production pour satisfaire les besoins futurs de leur société. La capacité de production d'une entreprise dépend de ses actifs disponibles, lesquels lui permettent de fabriquer des biens ou d'offrir des services, d'où l'importance d'une bonne gestion des immobilisations corporelles. Si les dirigeants sous-estiment le niveau de production requis, la société ne pourra produire les biens ou les services selon la demande. Ainsi, l'occasion de réaliser des revenus lui échappera. À l'inverse, si les besoins de production sont surestimés, l'entreprise engagera des coûts supplémentaires qui réduiront ses résultats.

La capacité de production peut prendre plusieurs formes selon le type d'entreprise. La flotte d'avions que possède Air Transat lui permet d'offrir des destinations variées, selon un horaire flexible, à un grand nombre de voyageurs. Par contre, d'un côté, si un avion décolle alors que des sièges sont inoccupés, la valeur économique de ceux-ci est perdue à jamais. D'un autre côté, si la société refuse des clients parce que l'avion est plein, ces derniers iront chez les concurrents.

La capacité de production de l'Olympique Lyonnais repose en partie sur un stade capable d'attirer un grand nombre de spectateurs tout au long de l'année. Celui-ci doit être suffisamment grand pour accueillir tous les spectateurs qui veulent assister aux matchs, sans toutefois être démesurément grand pour que des sièges demeurent vacants, ne rapportant rien mais impliquant des coûts de construction énormes. La capacité de production repose également sur les joueurs de l'équipe. Ce sont leurs performances qui attirent les spectateurs. Les joueurs représentent donc un investissement sur lequel OL mise pour générer des revenus. En août 2010, OL a acquis pour 22,3 millions d'euros Yoann Gourcuff des Girondins de Bordeaux et espère bâtir autour de ce joueur des flux de produits commerciaux très rentables.

OL Groupe a aussi mis en branle un grand projet de construction d'un nouveau stade de 60 000 places qui devrait être livré en décembre 2013.

« L'objectif d'OL Groupe est de créer un nouveau stade au service de la performance sportive, adapté au spectacle télévisuel, sécurisé et informatisé avec une gestion des flux de spectateurs grâce à une billetterie moderne[1]. »

Pour le moment, on parle du « Stade des Lumières » en attendant de vendre le nom du futur immeuble à un commanditaire pour un montant d'environ 147 millions d'euros pour 15 ans. L'ensemble du projet est estimé à 450 millions d'euros et comprendra aussi des hôtels, des restaurants, des édifices à bureaux, un centre d'entraînement, un centre de loisirs et bien d'autres locaux pour les besoins d'OL.

....

1 OL GROUPE, *Document de référence 2009–2010*, Lyon (France), 2010, p. 57.

« À Lyon, le projet "OL Land" constitue un programme d'envergure. Ambitieux par la taille – la capacité prévue de l'équipement sportif est de 62 000 places par rapport aux 35 000 dans l'actuel stade de Gerland –, il est également ambitieux dans sa polyvalence. Le stade sera situé à Décines (est de l'agglomération) dans un complexe qui accueillera le centre d'entraînement, les bureaux du siège d'OL Groupe (3 000 m²), une boutique OL Store et 7 000 places de stationnement.

Il comportera des équipements de loisir et de divertissement, soit deux hôtels (150 chambres chacun) et un centre de loisir (40 000 m²). Des édifices à bureaux seraient également construits (8 000 m²). La diversité des installations prévues en fait donc bien plus qu'un simple équipement sportif ; l'OL Land deviendra un lieu de vie que la population se réappropriera, et pas seulement les soirs de matchs…

L'investissement est estimé à 640 millions d'euros pour la globalité des 50 hectares, dont 450 millions d'euros pour l'enceinte elle-même et [de] 180 à 190 millions d'euros pour les aménagements d'accès. L'Olympique Lyonnais a passé un accord avec l'Agence de l'environnement et de la maîtrise de l'énergie (ADEME) afin de réduire l'empreinte écologique d'OL Land. En concertation avec les collectivités locales et les services de l'État, un schéma global d'accessibilité a été élaboré, privilégiant l'accès au stade en transports en commun. Le Grand Lyon note que "le projet Grand Stade à Décines (et ses équipements connexes) doit bénéficier d'un niveau d'accessibilité tous modes performant et optimisé. L'arrivée d'un tel équipement sur le territoire conduit à réfléchir à la fois sur son intégration dans l'espace environnant mais aussi sur les mutations possibles de cet espace, notamment en termes de densification et [de] renouvellement urbain". »

Source : ERNST & YOUNG, *Des Clubs et des Hommes : Réalités économiques et sociales du football professionnel*, France, 2010, p. 23.

Les questions concernant les immobilisations ont des répercussions importantes sur la stratégie d'affaires d'une entreprise. Les gestionnaires consacrent un temps considérable à planifier le niveau optimal de leur capacité de production, et les analystes financiers examinent attentivement les états financiers pour déterminer l'effet des décisions des gestionnaires.

Dans le présent chapitre, nous suivons le cycle de vie naturel des immobilisations. Nous étudions d'abord les questions de comptabilisation au moment de l'acquisition des immobilisations corporelles. Nous examinons ensuite les différentes questions relatives à la possession et à l'utilisation de ces actifs dans le temps, et enfin leur décomptabilisation au moment de leur sortie. Enfin, nous concentrons notre attention sur les problèmes de comptabilisation des immobilisations incorporelles.

8

OBJECTIF D'APPRENTISSAGE

Définir, classer et expliquer la nature des immobilisations.

Immobilisations
Éléments d'actifs corporels et incorporels que l'entreprise détient et utilise de façon durable dans le contexte de ses activités, mais qui ne sont pas destinés à être vendus.

Immobilisations corporelles
Actifs non monétaires ayant une existence physique.

Immobilisations incorporelles
Actifs non monétaires n'ayant pas d'existence physique, mais conférant des droits particuliers.

8.1 L'acquisition et l'utilisation des immobilisations corporelles

8.1.1 La classification des immobilisations

Selon la nature des entreprises, les immobilisations représentent très souvent l'élément d'actif le plus important. En outre, elles permettent de déterminer directement la capacité de production de l'entreprise. Les immobilisations sont des éléments d'actif non courant qui satisfont aux critères suivants :

1. Elles sont destinées à être utilisées pour la production ou la fourniture de biens, pour la prestation de services ou pour l'administration, ou à être données en location à des tiers.
2. Elles sont utilisées durant plus d'une période.
3. Elles ne sont pas destinées à être vendues dans le cours normal des affaires.

On reconnaît deux grandes catégories d'immobilisations : les immobilisations corporelles et les immobilisations incorporelles.

1. Les immobilisations corporelles sont des actifs non monétaires ayant une existence physique, c'est-à-dire qu'il est possible de les toucher. On distingue trois types d'immobilisations corporelles :

   • Les terrains utilisés dans le cours des activités de l'entreprise. L'état de la situation financière d'OL ne montre aucun actif de ce type ;

   • Les immeubles, le matériel, le mobilier et les aménagements utilisés dans le cours des activités de l'entreprise. Dans le cas d'OL, cette catégorie comprend, entre autres, le matériel informatique, le matériel de bureau, les constructions (immeubles) et le matériel de transport ;

   • Les ressources minérales telles que les minerais, le pétrole et le gaz naturel. Cette catégorie d'immobilisations existe dans le cas d'entreprises qui exploitent, par exemple, des réserves de pétrole ou de gaz, comme Gaz Métro, ou des gisements aurifères, comme Osisko à Malartic. Les ressources minérales sont un sujet très spécialisé qui n'est pas abordé dans le présent manuel de comptabilité de base.

2. Les immobilisations incorporelles sont des actifs non monétaires n'ayant pas de substance physique, mais conférant à leur propriétaire des droits particuliers. On peut citer

notamment les brevets d'invention, les droits d'auteur, les licences, les concessions et les marques. Dans cette catégorie, OL possède des concessions, des brevets, des droits télévisuels et des contrats avec ses joueurs. Nous revenons sur la question du goodwill un peu plus loin dans le présent chapitre.

Le tableau 8.1 présente un extrait de la section des actifs non courants de l'état de la situation financière de l'Olympique Lyonnais, tiré de son *Document de référence* pour la période close le 30 juin 2010, ainsi que des extraits des notes 2.7.2 et 4.1.3, lesquelles décrivent différents éléments concernant les immobilisations corporelles. Les immobilisations corporelles représentent 7% du total des actifs d'OL, alors que l'ensemble de ses immobilisations (corporelles et incorporelles) en représente 50,4%.

TABLEAU 8.1 • EXTRAITS DE L'ÉTAT DE LA SITUATION FINANCIÈRE ET DE NOTES AUX ÉTATS FINANCIERS D'OL GROUPE

OL Groupe
État de la situation financière (partiel)
au 30 juin
(en milliers d'euros)

	Notes	2010	2009
Immobilisations incorporelles			
Goodwills	4.1.1	2 221	2 221
Contrats joueurs	4.1.2	119 845	71 849
Autres immobilisations incorporelles	4.1.2	754	805
Immobilisations corporelles	4.1.3	19 903	19 287
Autres actifs non courants		34 730	30 095
Actifs non courants		177 453	124 257

2.7.2. Immobilisations corporelles

Les immobilisations corporelles sont comptabilisées au coût d'acquisition (prix d'achat, frais accessoires et coûts directement attribuables). Elles n'ont fait l'objet d'aucune réévaluation.
En application de la norme IAS 16, les constructions ont fait l'objet d'une approche par composants.

4.1.3. Immobilisations corporelles

Les flux de l'exercice s'analysent comme suit:

(en milliers d'euros)	30 juin 2009	Augmen-tations	Diminu-tions	30 juin 2010
Constructions et aménagements*	23 433	2 374	(53)	25 754
Matériels et mobiliers	3 280	150	(36)	3 394
Montants bruts	26 713	2 524	(89)	29 148
Constructions et aménagements	(5 413)	(1 416)	38	(6 791)
Matériels et mobiliers	(2 013)	(468)	27	(2 454)
Amortissements	(7 426)	(1 884)	65	(9 245)
Montants nets	19 287	640	24	19 903

* Dont les immobilisations en cours au 30 juin 2010, de 8 375 milliers d'euros pour le futur stade.

coup d'œil sur
OL GROUPE
DOCUMENT DE RÉFÉRENCE

Proportion des immobilisations corporelles dans l'actif total	
LVMH	19,1%
Boiron	25,1%
Michelin	41,1%

8

analysons les ratios

Calculer et interpréter le taux de rotation des actifs immobilisés.

LE TAUX DE ROTATION DES ACTIFS IMMOBILISÉS

1. Question d'analyse

Quel est le degré d'efficacité de la direction d'une entreprise à utiliser ses immobilisations corporelles?

2. Ratio et comparaison

$$\text{Taux de rotation des actifs immobilisés*} = \frac{\text{Chiffre d'affaires net}}{\text{Actifs immobilisés moyens**}}$$

* Pour ce qui est du calcul du ratio, l'expression «actifs immobilisés» fait référence uniquement aux immobilisations corporelles.

** (Actifs immobilisés à l'ouverture de la période + Actifs immobilisés à la clôture de la période) ÷ 2

En 2010, le taux de rotation des actifs immobilisés d'OL était le suivant (les montants sont en milliers d'euros):

$$\frac{160\ 192}{(19\ 903 + 19\ 287) \div 2} = 8{,}18$$

Analyse de la tendance dans le temps			Comparaison avec les compétiteurs	
OL Groupe			Arsenal	Juventus
2008	2009	2010	2010	2010
14,52	10,35	8,18	0,88	4,79

Fondé en 1886 à Londres, Arsenal est le troisième club ayant reçu le plus de titres en Angleterre.

Le Juventus est le plus célèbre club de football italien et l'unique équipe au monde à avoir remporté toutes les compétitions internationales.

3. Interprétation des résultats

EN GÉNÉRAL ◊ Le taux de rotation des actifs immobilisés permet de mesurer la productivité de l'entreprise. Un taux élevé indique normalement une gestion efficace. Un taux croissant dans le temps signifie que les actifs immobilisés sont utilisés de manière très efficace. Les créanciers et les analystes financiers se servent de ce coefficient pour évaluer l'efficacité de l'entreprise à réaliser un chiffre d'affaires intéressant grâce à une bonne gestion de ses immobilisations.

OL GROUPE ◊ Le taux de rotation des actifs immobilisés de l'Olympique Lyonnais a chuté au cours des trois dernières années. Cette performance est principalement due à une baisse marquée du chiffre d'affaires du club au cours des trois années (de 24%), alors que ses immobilisations corporelles ont augmenté de près de 12%. Par ailleurs, si l'on compare OL à Juventus et à Arsenal, on s'aperçoit que le taux de rotation des actifs immobilisés d'OL est nettement supérieur à celui de ses deux concurrents européens. Juventus a entrepris la construction d'un nouveau stade à Turin, ce qui a fait considérablement augmenter ses immobilisations corporelles en 2010. Comme la construction de ce stade n'est pas encore achevée, on peut prévoir que le taux de rotation des actifs immobilisés de cette entreprise diminuera encore l'an prochain. Par contre, une fois qu'il aura été inauguré, ce stade générera des flux de trésorerie importants. Quant à l'Arsenal de Londres, il possède un stade de 60 000 places construit au coût de 450 millions d'euros. C'est donc dire que l'Arsenal est le club dont la valeur des immobilisations corporelles est de loin la plus importante de ces trois clubs. Avec un chiffre d'affaires deux fois plus élevé que celui d'OL, Arsenal a un taux de rotation de ses actifs immobilisés plutôt faible, mais ce taux aura une tendance à la hausse au fur et à mesure que les actifs seront amortis.

QUELQUES PRÉCAUTIONS ◊ Un taux de rotation des actifs immobilisés faible ou décroissant peut indiquer que l'entreprise est en pleine expansion (à la suite de l'acquisition d'actifs immobilisés supplémentaires) et prévoit atteindre un chiffre d'affaires plus élevé à l'avenir. Un taux croissant peut aussi signifier que l'entreprise a réduit ses investissements si elle croit que son chiffre d'affaires risque de diminuer. Par conséquent, pour interpréter correctement le taux de rotation des actifs immobilisés, il faut examiner l'ensemble des activités de l'entreprise.

8.1.2 La détermination du coût au moment de la comptabilisation

Les immobilisations doivent être comptabilisées au coût. La norme internationale IAS 16, *Immobilisations corporelles,* présente le principe de comptabilisation comme suit :

> Le coût d'une immobilisation corporelle doit être comptabilisé en tant qu'actif si, et seulement si :
> a) il est probable que les avantages économiques futurs associés à cet élément iront à l'entité ; et
> b) le coût de cet élément peut être évalué de façon fiable[2].

De façon générale, le coût d'une immobilisation corporelle comprend tous les frais acceptables et nécessaires engagés pour en faire l'acquisition, son installation et sa préparation à l'utilisation. Nous disons alors que ces frais doivent être capitalisés[3], c'est-à-dire qu'ils font partie du coût de l'actif à l'état de la situation financière plutôt que d'être une charge à l'état du résultat global.

On additionne ces coûts (y compris toutes les taxes sur les ventes, les frais juridiques, les frais de transport et les coûts d'installation), puis on déduit les rabais du prix d'achat de l'actif. Par contre, on ne doit pas y inclure les charges financières (intérêts) relatives à l'achat. On enregistre plutôt ces intérêts à titre de charges financières à l'état du résultat global.

L'IAS 16 précise aussi les divers éléments du coût.

> Le coût d'une immobilisation corporelle comprend :
> a) son prix d'achat, y compris les droits de douane et les taxes non remboursables, après déduction des remises et rabais commerciaux ;
> b) tout coût directement attribuable au transfert de l'actif jusqu'à son lieu d'exploitation et à sa mise en état pour permettre son exploitation de la manière prévue par la direction ;
> c) l'estimation initiale des coûts relatifs au démantèlement et à l'enlèvement de l'immobilisation et à la remise en état du site sur lequel elle est située, obligation qu'une entité contracte soit du fait de l'acquisition de l'immobilisation corporelle, soit du fait de son utilisation pendant une durée spécifique à des fins autres que la production de stocks au cours de cette période[4].

Par exemple, si une entreprise achète du matériel informatique, le coût de cet actif comprendra le prix d'achat, plus les taxes, les frais de transport, les frais d'installation, moins tout escompte ou rabais accordé par le vendeur. Dans le cas d'une machine, le coût pourrait aussi inclure les frais de montage et le coût des tests de bon fonctionnement.

Outre l'achat de matériel, une entreprise peut aussi acquérir un terrain, généralement pour y bâtir une nouvelle usine ou un immeuble administratif. Dans le cas de l'achat d'un terrain, on doit inclure dans le coût d'acquisition tous les frais accessoires payés par l'acquéreur, notamment les frais d'assainissement et d'aménagement, la commission payée à l'agent immobilier, les frais juridiques, les ajustements d'impôt foncier et les frais d'arpentage.

OBJECTIF D'APPRENTISSAGE

Déterminer le coût des immobilisations corporelles au moment de leur acquisition et connaître le traitement comptable des coûts ultérieurs.

8

---

2 *Manuel de l'ICCA*, partie I, IAS 16 : Immobilisations corporelles, paragr. 7.
3 L'adjectif « capitalisé » est un anglicisme au sens de « tirer profit de », mais les comptables l'utilisent largement.
4 *Ibid.*, paragr. 37.

Il arrive parfois qu'une entreprise achète un vieil immeuble ou du matériel d'occasion à des fins d'exploitation. Les coûts de rénovation et de réparation prévus au moment de l'achat et engagés par l'acheteur avant la mise en service doivent être inclus dans le coût d'acquisition de cet actif immobilisé.

Pour illustrer notre propos, supposons qu'OL a acheté un autocar pour le transport des joueurs au prix de 260 000 €. Le constructeur Volvo a offert à OL un rabais de 13 000 € pour qu'elle signe un contrat exclusif. Il en résulte que le prix du nouvel autocar livré à OL est de 247 000 €. On suppose aussi que l'entreprise a payé des frais de transport de 1 000 € et des frais de mise en service de 4 000 €. Le coût du nouvel autocar se détaille donc ainsi :

Prix facturé pour l'autocar	260 000 €
Moins : Rabais spécial en vertu de l'entente	13 000
Prix facturé net à payer	247 000
Plus : Frais de transport payés par OL	1 000
Plus : Frais de mise en service payés par OL	4 000
Coût de l'autocar	252 000 €

L'acquisition au comptant

Supposons qu'OL paie cet autocar comptant. Cette opération apparaît alors dans ses livres comme suit :

ÉQUATION COMPTABLE

Actif		=	Passif	+	Capitaux propres
Matériel de transport	+252 000				
Trésorerie	−252 000				

ÉCRITURE DE JOURNAL

Matériel de transport (+A)	252 000	
Trésorerie (−A)		252 000

Bien des gens trouveront inusité qu'une compagnie paie comptant l'achat d'un autocar coûtant 252 000 € (environ 350 000 $ CA), mais c'est souvent le cas. Lorsqu'elle acquiert des actifs immobilisés, une entreprise peut payer avec la trésorerie provenant de ses activités ou celle qu'elle a récemment empruntée. Il est aussi possible que le vendeur finance l'achat.

L'acquisition par emprunt

Supposons qu'OL a signé un effet à payer pour le nouvel autocar et payé comptant les frais de transport et de mise en service. L'effet de cette opération sur l'équation comptable et les écritures de journal qu'elle devra passer sont décrits ci-après.

ÉQUATION COMPTABLE

Actif		=	Passif		+	Capitaux propres
Matériel de transport	+252 000		Effet à payer	+247 000		
Trésorerie	−5 000					

Matériel de transport (+A) 252 000		
Trésorerie (–A)	5 000	
Effet à payer (+Pa)	247 000	

L'acquisition pour une contrepartie autre que monétaire

On pourrait inclure dans la transaction une contrepartie autre que monétaire, par exemple des actions de l'entreprise ou un droit accordé par celle-ci au vendeur de se procurer des biens ou des services à un prix particulier pendant un intervalle de temps précis. Lorsqu'on intègre ce type de contrepartie dans l'achat d'un bien, on mesure le coût d'acquisition selon le montant payé comptant, auquel on additionne la juste valeur de la contrepartie autre que monétaire qui est cédée. S'il n'est pas possible de déterminer la juste valeur de cette contrepartie, on se sert de la juste valeur du bien acheté pour comptabiliser l'opération.

Pour illustrer cette règle, supposons qu'OL a cédé 20 000 actions ayant une valeur boursière de 6 € chacune (prix approximatif de l'action au moment de l'opération) et versé à Volvo le solde en argent, y compris les frais de transport et de mise en service. Voici l'effet de cette opération sur l'équation comptable ainsi que les écritures de journal appropriées pour enregistrer la transaction :

ÉQUATION COMPTABLE

Actif		=	Passif		+	Capitaux propres	
Matériel de transport	+252 000					Capital social (6 € × 20 000)	+120 000
Trésorerie	–132 000						

ÉCRITURE DE JOURNAL

Matériel de transport (+A) 252 000		
Trésorerie (–A)	132 000	
Capital social (+CP)	120 000	

La construction

Une entreprise construit parfois elle-même certains équipements plutôt que de les acheter. Le cas échéant, on applique les mêmes règles que lorsqu'on détermine le coût d'un actif immobilisé ayant été acheté. Le coût d'une immobilisation construite par l'entreprise pour son propre compte comprend tous les frais liés à la construction (comme le coût des matières premières, la main-d'œuvre et les frais généraux indirects imputables à la construction). Dans la plupart des cas, ce coût comprend aussi les **coûts d'emprunt** engagés au cours de la période de construction tels les intérêts sur les emprunts effectués pour financer celle-ci. Selon la norme internationale IAS 23, *Coûts d'emprunt*, l'entreprise doit inclure dans le coût d'un actif les coûts d'emprunt qui sont directement imputables à la construction jusqu'à son achèvement. Dès que la construction est presque terminée, il faut cesser d'incorporer les coûts d'emprunt à l'actif.

Le fait d'incorporer le coût des matières premières et de la main-d'œuvre ainsi que les coûts d'emprunt au coût de l'actif immobilisé a pour effet de faire augmenter la valeur de l'actif, de faire diminuer les charges de la période et de faire augmenter le résultat net.

Coûts d'emprunt
Intérêts et autres coûts qu'une entité engage dans le cadre d'un emprunt de fonds[5].

8

5 *Manuel de l'ICCA*, partie I, IAS 23 : Coûts d'emprunt, paragr. 5.

Supposons qu'OL construit un nouveau garage et paie 300 000 € en main-d'œuvre, et 600 000 € en matières premières et en matériel. OL paie également 50 000 € en intérêts durant la période de construction sur l'emprunt contracté pour financer celle-ci. Voici l'effet de cette opération sur l'équation comptable et les écritures de journal que devra passer l'entreprise :

ÉQUATION COMPTABLE					
	Actif	=	**Passif**	+	**Capitaux propres**
Bâtiment	+950 000				
Trésorerie	−950 000				

Coût du garage :
Matières
    premières   600 000 €
Main-d'œuvre   300 000
Intérêts   50 000

ÉCRITURE DE JOURNAL		
Bâtiment (+A)	950 000	
Trésorerie (−A)		950 000

Voici un extrait d'une note concernant les coûts d'emprunt que l'on peut trouver dans le *Document de référence 2009* de la société LVMH. Cette note nous indique que LVMH capitalise les coûts d'emprunt pendant la construction d'un actif.

coup d'œil sur
LVMH
DOCUMENT DE RÉFÉRENCE

1.11. Immobilisations corporelles

La valeur brute des immobilisations corporelles, à l'exception des terres à vignes, est constituée de leur coût d'acquisition. Les frais financiers supportés au cours de la période précédant la mise en exploitation ou durant la période de construction sont immobilisés le cas échéant.

L'approche par composants

Les normes internationales exigent que les entreprises comptabilisent séparément chaque partie d'une immobilisation corporelle ayant un coût significatif par rapport au coût total. Par exemple, une entreprise de restauration pourrait dissocier le coût d'un immeuble de celui de l'aménagement du restaurant. Une entreprise aérienne pourrait séparer le coût du moteur de ses avions du coût de la carlingue. Ainsi, une entreprise pourrait payer 560 000 $ pour faire l'achat d'un immeuble et répartir ce coût dans plusieurs comptes distincts, par exemple un compte Immeuble – ascenseurs, un autre compte Immeuble – toit ou encore Immeuble – structure. Le fait de ventiler le coût total dans plusieurs comptes permet à l'entreprise d'amortir ces différents actifs selon leur durée d'utilisation réelle. En effet, on peut penser que le toit de l'immeuble devra être remplacé bien avant que la structure soit endommagée. L'**approche par composants** permet de mieux calculer la charge annuelle d'amortissement et d'ainsi mieux répartir le coût d'acquisition sur les périodes où l'actif est utilisé. Une connaissance approfondie de l'actif acquis est nécessaire afin de bien ventiler le coût entre les divers composants.

Dans le dernier *Document de référence* de la société PPR, propriétaire de la marque Gucci et deuxième société sur le marché mondial du luxe, on peut lire la note suivante :

Approche par composants
Approche exigeant que chaque partie d'une immobilisation corporelle ayant un coût significatif soit comptabilisée séparément.

coup d'œil sur
PPR
DOCUMENT DE RÉFÉRENCE

2.8. Immobilisations corporelles

Les immobilisations corporelles sont comptabilisées au coût diminué du cumul des amortissements et du cumul des pertes de valeur à l'exception des terrains, figurant au coût diminué des pertes de valeur. Les différents composants d'une immobilisation corporelle sont comptabilisés séparément lorsque leur durée d'utilité estimée, et donc leur durée d'amortissement, sont significativement différentes. Le coût d'une immobilisation inclut les dépenses qui sont directement attribuables à l'acquisition de cette immobilisation.

Au cours d'une période récente, la société McDonald's a acheté des immobilisations corporelles au prix de 1,8 milliard de dollars. Supposez que l'entreprise a aussi payé, lors de l'acquisition de ces actifs, 70 millions de dollars en taxes, 8 millions de dollars en frais de transport, 1,3 million de dollars pour l'installation et la préparation de ces immobilisations corporelles avant leur utilisation, et 100 000 $ en contrats d'entretien pour couvrir les réparations à faire sur ces immobilisations pendant toute la durée de leur utilisation.

1. Calculez le coût de ces immobilisations corporelles.

2. En vous basant sur les hypothèses présentées ci-dessous, précisez les effets de cette acquisition sur l'équation comptable. (Écrivez un + pour une augmentation et un – pour une diminution, et donnez les comptes avec les montants correspondants.)

	Actif	=	Passif	+	Capitaux propres
a) Paiement de 30 % au comptant et signature d'un effet à payer pour le solde					
b) Émission de 10 millions d'actions ordinaires ayant une valeur boursière de 45 $ chacune et paiement du reste au comptant					

Vérifiez vos réponses à l'aide des solutions présentées en bas de page*.

8.1.3 Les coûts ultérieurs

La plupart des entreprises doivent engager des coûts pour entretenir, réparer ou améliorer leurs immobilisations. De telles dépenses comprennent les réparations ordinaires découlant de l'entretien normal et les réparations importantes telles que les améliorations et les remplacements. Les coûts ultérieurs liés à une immobilisation peuvent être classés selon deux catégories : les dépenses d'exploitation et les dépenses en capital.

Les dépenses d'exploitation

Les dépenses liées aux **réparations et à l'entretien** sont des coûts engagés pour l'entretien normal des immobilisations corporelles. Elles sont nécessaires pour maintenir ces actifs en bon état. Ces dépenses sont récurrentes et ne servent pas à prolonger la durée d'utilité de l'actif. Ces coûts sont considérés comme une **dépense d'exploitation** ; ils sont comptabilisés comme une charge à la période pendant laquelle ils sont engagés et sont présentés à l'état du résultat global.

OL Groupe ne mentionne aucun montant précis relatif à ce type de charge. Par contre, si l'on regarde une entreprise telle que Transat, les frais d'entretien de ses aéronefs comprennent, entre autres, la vidange des moteurs, le remplacement des voyants

Réparations et entretien
Coûts engagés pour l'exploitation normale des immobilisations.

Dépense d'exploitation
Dépense procurant des avantages pendant la période en cours uniquement, de sorte qu'il convient de la passer immédiatement en charge à l'état du résultat global.

8

---

* Solutions du test d'autoévaluation

1.
Prix d'achat	1 800 000 000 $
Taxe de vente	70 000 000
Frais de transport	8 000 000
Frais d'installation	1 300 000
Coût	**1 879 300 000 $**

Les contrats d'entretien ne sont pas nécessaires pour rendre les biens utilisables ; par conséquent, ils ne sont pas inclus dans le coût d'acquisition. Ce sont des dépenses d'exploitation différées qui seront passées en charges à mesure que les services d'entretien seront nécessaires.

2.
Actif	=	Passif	+	Capitaux propres
a) Immobilisations corporelles +1 879 300 000 Trésorerie – 563 790 000		Effet à payer +1 315 510 000		
b) Immobilisations corporelles +1 879 300 000 Trésorerie –1 429 300 000				Capital social +450 000 000

lumineux des tableaux de bord et la réparation du tissu endommagé des sièges. Même si chacune des dépenses qui sont effectuées pour les réparations est relativement petite, dans l'ensemble, elles peuvent devenir substantielles. En 2010, les frais d'entretien des aéronefs de Transat étaient de 85,7 millions de dollars à l'état du résultat global.

Les dépenses en capital

Dépense en capital
Dépense effectuée en vue d'accroître le potentiel de service d'une immobilisation. Elle procure des avantages économiques au cours d'un certain nombre de périodes futures et est inscrite à l'actif.

À l'occasion, une entreprise peut être amenée à remplacer une ou quelques parties d'une immobilisation. Elle doit alors se demander si cette dépense augmente la capacité de production de l'équipement et procurera des avantages économiques futurs. Si c'est le cas, il s'agit d'une **dépense en capital**. Un avantage économique peut se traduire par une augmentation du nombre de produits que la machine pourra fabriquer ou du nombre d'années durant lesquelles l'immobilisation pourra être utile à l'entreprise, ou par une diminution des coûts futurs d'entretien de l'actif.

Par exemple, le remplacement du moteur d'un avion permettra d'augmenter non seulement le nombre d'heures de vol de celui-ci, mais aussi son potentiel de service. Les ajouts et agrandissements consistent à ajouter un élément supplémentaire à un actif existant, par exemple la construction d'une nouvelle aile à un immeuble. Comme ils augmentent le potentiel de service de l'immobilisation, les ajouts et agrandissements constituent des dépenses en capital. Aussi, le remplacement des fenêtres en bois d'un immeuble par des fenêtres en vinyle diminuera-t-il les frais d'entretien et procurera ainsi des avantages économiques futurs à l'entreprise.

Valeur comptable brute
Valeur correspondant au coût d'acquisition, auquel on ajoute les dépenses en capital qui sont engagées.

Une dépense en capital est comptabilisée à l'actif dans le coût de l'immobilisation. Par exemple, si une entreprise ajoute un garage à son immeuble au coût de construction de 75 000 $, cette dépense en capital vient augmenter le coût de l'immeuble de 75 000 $. Le montant total (Coût d'acquisition + Dépense en capital) devient alors son nouveau coût, que l'on peut aussi appeler sa **valeur comptable brute**.

Dans bien des cas, la distinction entre une dépense en capital (actif) et une dépense d'exploitation (charge) est difficile à faire. Les gestionnaires doivent alors recourir à leur jugement et prendre une décision selon la nature de la dépense qu'ils ont engagée. De nombreux gestionnaires préfèrent classer les éléments dans la catégorie des dépenses en capital dans le but de présenter un résultat net plus élevé que s'ils enregistraient le montant en charge pour la période en cours. D'autres choisissent d'inscrire la dépense à titre de charge à l'état du résultat global pour payer moins d'impôt pour la période en cours. Étant donné qu'il s'agit de décisions basées sur le jugement, les auditeurs doivent examiner très attentivement le mode de comptabilisation des coûts ultérieurs, qui sont engagés après la date d'acquisition des immobilisations.

analyse financière

L'ÉTHIQUE ET LES DÉPENSES EN CAPITAL

Quand des dépenses qui devraient normalement être inscrites comme des charges à l'état du résultat global le sont plutôt à l'actif, l'effet sur les états financiers est énorme. Dans l'un des plus importants scandales financiers, WorldCom a ainsi surévalué son résultat et ses flux de trésorerie générés par ses activités opérationnelles de plusieurs milliards de dollars. Cette pratique comptable frauduleuse a permis à WorldCom d'afficher de solides profits au lieu des pertes réelles qu'elle subissait. Après enquête, les auditeurs ont découvert que la société devait, pour les périodes financières 2000 et 2001, réviser ses résultats à la baisse de 74,4 milliards de dollars états-uniens.

Le fait d'inclure des charges dans un compte d'actif fait augmenter le résultat net de la période, car il étale une charge liée à une seule période sur plusieurs périodes futures au moyen de l'amortissement. Cela fait également augmenter les flux de trésorerie provenant des activités opérationnelles en transférant la sortie de fonds des activités opérationnelles aux activités d'investissement au tableau des flux de trésorerie.

8.1.4 Les modèles d'évaluation des immobilisations

Nous venons de voir qu'au moment de leur acquisition, les immobilisations corporelles sont comptabilisées au coût. Les entreprises regroupent alors leurs immobilisations par catégories. L'IAS 16 donne ces exemples de catégories :

OBJECTIF D'APPRENTISSAGE

Connaître les deux modèles d'évaluation des immobilisations.

a) Terrains ;

b) Terrains et constructions ;

c) Machines ;

d) Navires ;

e) Avions ;

f) Véhicules moteur ;

g) Mobilier et agencements ; et

h) Matériel de bureau[6].

Après la date d'acquisition, l'entreprise a le choix d'évaluer ses immobilisations corporelles selon le modèle du coût ou celui de la réévaluation. Elle doit utiliser le même modèle pour tous les actifs faisant partie d'une catégorie. Une fois choisi, le modèle devra toutefois être employé d'une période à l'autre afin d'assurer la comparabilité des états financiers. Par exemple, on peut lire, à la note 1.11 des états financiers 2009 de LVMH (*voir la page 476*), que toutes les immobilisations sont évaluées au coût d'acquisition, à l'exception des terres à vignes. En somme, LVMH se sert du modèle du coût pour toutes ses catégories d'immobilisations corporelles, sauf les terres à vignes, pour lesquelles elle utilise le modèle de la réévaluation. De son côté, OL mentionne, dans sa note 2.7.2 (*voir le tableau 8.1 à la page 471*), que ses immobilisations ne font l'objet d'aucune réévaluation. OL utilise donc le modèle du coût pour toutes ses catégories d'immobilisations. Il en est de même de TF1, de Danone et de Michelin, pour ne nommer que ces entreprises. Bien que les sociétés françaises appliquent les IFRS depuis 2005, il semble que très peu d'entre elles aient adopté le modèle de la réévaluation. Il est vrai que son utilisation est plus complexe et demande un travail supplémentaire pour évaluer régulièrement les immobilisations. Certains diront aussi que le modèle du coût est plus fiable, puisqu'il repose sur des transactions entre parties indépendantes, alors que la juste valeur est avant tout une estimation. Nous verrons au cours des prochaines années quel sera le modèle privilégié par les sociétés canadiennes.

Voyons tout de même comment fonctionnent ces deux modèles.

. . . .

6 *Manuel de l'ICCA*, partie I, IAS 16 : Immobilisations corporelles, paragr. 37.

Le modèle du coût

Selon le modèle du coût, les immobilisations sont évaluées à leur coût d'acquisition, auquel viennent s'ajouter au cours des périodes subséquentes les dépenses en capital. Par la suite, l'entreprise doit amortir l'immobilisation et procéder à un test de dépréciation, comme nous le voyons plus loin.

Le modèle de la réévaluation

Les normes IFRS permettent aux entreprises de réévaluer leurs immobilisations corporelles à leur juste valeur lorsque celle-ci peut être évaluée de façon fiable. Quand elles adoptent ce modèle, les entreprises doivent l'utiliser pour tous les actifs d'une catégorie d'immobilisations et procéder à une réévaluation «avec une régularité suffisante». Cette fréquence n'est toutefois pas normalisée.

Une réévaluation peut être soit à la hausse, soit à la baisse par rapport au coût d'acquisition de l'immobilisation. De façon générale, une augmentation de valeur est comptabilisée dans un compte Écart de réévaluation et est présentée dans les autres éléments du résultat global, alors qu'une diminution de valeur est présentée dans le calcul du résultat net de la période en cours.

Une comparaison des modèles d'évaluation

Prenons l'exemple suivant. L'entreprise Bocage possède un terrain comptabilisé à son coût d'acquisition de 232 000 $ le 1er mars 2012. Au 31 décembre 2012, la juste valeur du terrain sur le marché immobilier est de 230 000 $. Voici comment seraient traitées ces informations:

> Au 31 décembre 2012, selon le **modèle du coût,**
> État de la situation financière
> > Terrain .... 232 000 $
>
> Au 31 décembre 2012, selon le **modèle de la réévaluation,**
> État de la situation financière
> > Terrain .... 230 000 $
> État du résultat global (dans le calcul du résultat net)
> > Perte due à la réévaluation du terrain ...... 2 000 $

Reprenons notre exemple et supposons maintenant qu'au 31 décembre 2012, la juste valeur du terrain est plutôt de 235 000 $.

> Au 31 décembre 2012, selon le **modèle du coût,**
> État de la situation financière
> > Terrain .... 232 000 $
>
> Au 31 décembre 2012, selon le **modèle de la réévaluation,**
> État de la situation financière
> > Terrain .... 235 000 $
> État du résultat global
> > Résultat net .... XXX $
> > Écart de réévaluation 3 000
> > Résultat global .... XXX $

Selon le modèle de la réévaluation, le coût ou la valeur comptable brute de l'immobilisation est modifié et correspond dorénavant à la juste valeur de l'actif. Pour les années subséquentes, la comptabilisation des variations de la juste valeur par rapport au coût entraîne un processus comptable plus complexe, étudié dans les cours de comptabilité avancés.

LVMH présente une note très explicative concernant la réévaluation de ses terres à vignes. Voici un autre extrait de la note 1.11 :

1.11. Immobilisations corporelles

Les terres à vignes sont comptabilisées à leur valeur de marché à la date de clôture. Cette valeur résulte de données officielles publiées sur les transactions récentes dans la même région, ou d'expertises indépendantes. L'écart entre le coût d'acquisition historique et la valeur de marché est inscrit en capitaux propres, en «Écarts de réévaluation». Si la valeur de marché devient inférieure au coût d'acquisition, une dépréciation est comptabilisée en résultat, du montant de la différence.

8.2 L'amortissement, la dépréciation et la sortie des immobilisations corporelles

8.2.1 Les concepts liés à l'amortissement

Le coût d'une immobilisation corporelle (comme l'autocar acheté par l'Olympique Lyonnais) représente le montant payé d'avance par l'entreprise afin de bénéficier d'un service pendant un certain nombre de périodes. Selon le concept du rattachement des charges aux produits, l'entreprise doit répartir la valeur comptable brute (ou coût d'acquisition) des immobilisations (autres que les terrains) sur les périodes au cours desquelles elle les utilise et en retire des avantages économiques.

L'**amortissement** est la répartition systématique du montant amortissable des immobilisations corporelles, autres que les terrains, sur les périodes durant lesquelles ces actifs fourniront des services ou procureront des avantages économiques à l'entreprise.

OBJECTIF D'APPRENTISSAGE ⑤

Comprendre et appliquer différentes méthodes d'amortissement.

Amortissement
Répartition systématique du montant amortissable d'un actif sur sa durée d'utilité[7].

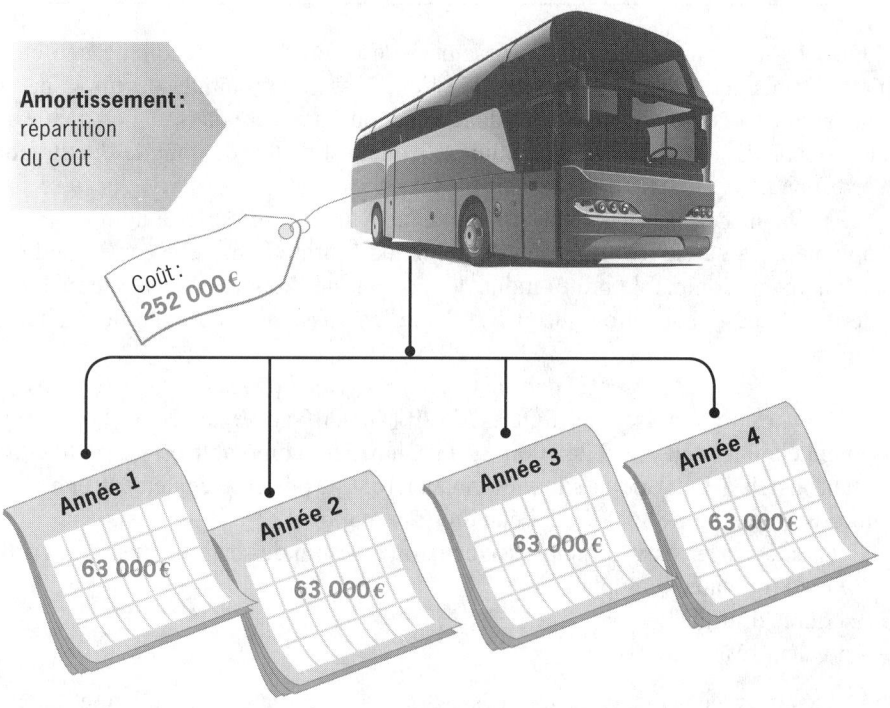

Utilisation d'une immobilisation ●──▶ **Charge annuelle d'amortissement**

---

7 *Manuel de l'ICCA*, partie I, IAS 16 : Immobilisations corporelles, paragr. 6.

Certains étudiants ont de la difficulté à comprendre le concept d'amortissement tel que l'utilisent les comptables. En comptabilité, l'amortissement est un processus de répartition des coûts. Il ne s'agit pas de déterminer la valeur de l'actif. Lorsqu'un actif est amorti, le montant restant qui apparaît à l'état de la situation financière ne représente probablement pas sa juste valeur sur le marché. Un exemple simple permet d'illustrer la nécessité de ce type de constatation. Si vous étiez à la tête de la société OL au cours de la période pendant laquelle l'entreprise a acheté un nouvel autocar d'un montant de 252 000 €, payés comptant, il est probable que vous n'approuveriez pas le fait que le comptable enregistre le coût total du véhicule à titre de charge l'année même de l'acquisition. Vous lui feriez sûrement remarquer que l'autocar devrait permettre de réaliser des revenus durant de nombreuses années, de sorte que son coût devrait être inscrit à titre de charge tout au long de la période pendant laquelle il produira des revenus. Autrement, les résultats de l'année d'acquisition seraient sous-évalués, tandis qu'ils seraient surévalués à chacune des périodes au cours desquelles l'autocar servirait. Il faut se rappeler que la notion de l'indépendance des périodes exige d'imputer à chaque période tous les faits ou toutes les opérations qui s'y rattachent.

Une entrée comptable est nécessaire à la fin de chaque période pour refléter l'utilisation des immobilisations au cours de cette période.

ÉQUATION COMPTABLE

Actif		=	Passif	+	Capitaux propres	
Amortissement cumulé	−XXX				Amortissement	−XXX

ÉCRITURE DE JOURNAL

Amortissement (+C, −CP) XXX	
Amortissement cumulé (+XA, −A)	XXX

On inscrit le montant de l'amortissement de chaque période comme une charge à l'état du résultat global. Le montant de l'amortissement cumulé depuis la date de l'acquisition est comptabilisé à l'état de la situation financière dans un compte de sens contraire appelé «Amortissement cumulé», lequel est déduit du coût de l'actif auquel il correspond.

Le montant net inscrit à l'état de la situation financière porte le nom de «valeur comptable». La **valeur comptable**[8] d'une immobilisation corporelle correspond à son coût (ou valeur comptable brute) moins le montant de l'amortissement cumulé à partir de la date de l'acquisition, jusqu'à la date d'établissement de l'état de la situation financière.

Dans la note 4.1.3 présentée dans le tableau 8.1 (*voir la page 471*), on peut observer que le coût des immobilisations d'OL est de 29 148 000 € au 30 juin 2010 et que l'amortissement cumulé s'élève à 9 245 000 €. Ainsi, la valeur comptable est de 19 903 000 €, montant inscrit à l'état de la situation financière. OL présente également une charge d'amortissement de 1 884 000 € à l'état du résultat global.

Pour calculer la charge d'amortissement, on a besoin des trois éléments suivants :
1. Le coût (ou valeur comptable brute) ;
2. La durée d'utilité ;
3. La valeur résiduelle.

De ces trois éléments, deux sont des estimations, soit la durée d'utilité et la valeur résiduelle. Par conséquent, la charge d'amortissement pour une période est aussi une estimation.

....

8 Voir la définition à la page 206.

Valeur comptable =
Coût – Amortissement
cumulé

Coût :
252 000€

Valeur comptable ÷ Coût d'acquisition	
Arsenal	72 %
Juventus	32 %
OL Groupe	28 %

	Année 1	Année 2	Année 3	Année 4
Valeur comptable brute	252 000€	252 000€	252 000€	252 000€
Amortissement cumulé	63 000	126 000	189 000	252 000
Valeur comptable	189 000€	126 000€	63 000€	0€

La **durée d'utilité** correspond à la durée économique utile d'un actif pour l'entreprise, et non à sa durée de vie totale pour tous les utilisateurs potentiels de cet actif. Par exemple, on peut supposer que l'autocar acheté par OL a la capacité de rouler pendant six ans. Toutefois, l'entreprise veut offrir à ses joueurs un service de qualité supérieure en leur fournissant toujours un équipement moderne. Ainsi, elle renouvelle ses équipements tous les quatre ans (durée d'utilité). La durée d'utilité peut être exprimée en années ou en unités de production, par exemple le nombre d'heures pendant lesquelles une machine peut fonctionner ou le nombre d'articles qu'elle peut produire.

L'IAS 16 définit la durée d'utilité en ces termes :

a) La période pendant laquelle l'entité s'attend à pouvoir utiliser un actif ; ou
b) Le nombre d'unités de production ou d'unités similaires que l'entité s'attend à obtenir de l'actif [9].

Pour son matériel de transport, OL se base sur une durée d'utilité estimative de trois à cinq ans, alors que l'autocar pourrait rouler encore quelques années (*voir la note 2.7.2 à la page suivante*). Le propriétaire suivant se basera à son tour sur une durée d'utilité estimative établie d'après ses propres critères.

L'estimation de la durée d'utilité tient compte de l'usage qu'entend faire l'entreprise de l'actif, mais aussi d'autres critères tels que l'usure physique, l'obsolescence technique ou commerciale, et la loi.

Durée d'utilité
Temps pendant lequel on prévoit qu'un actif sera utile à l'entreprise.

LA VALEUR COMPTABLE ET LA DURÉE D'UTILITÉ

Certains analystes comparent la valeur comptable des actifs à leur coût (ou valeur comptable brute) pour obtenir une approximation de leur durée d'utilité restante. Si la valeur comptable d'un actif correspond à 100 % de son coût, il s'agit d'un actif neuf ; si cette valeur correspond à 25 % du coût, on suppose qu'il reste à cet actif environ 25 % de sa durée d'utilité. Dans le cas de l'Olympique Lyonnais, la valeur comptable de son matériel et mobilier correspond à 28 % de son coût d'origine. Si l'on compare cette mesure aux 32 % du club Juventus et aux 72 % de l'Arsenal de Londres, on peut supposer que la durée d'utilité restante des actifs d'OL est inférieure à celle des deux autres clubs de football. Il s'agit évidemment d'une approximation sommaire. Certaines questions relatives à ce genre d'approximation sont abordées dans la section suivante.

analyse financière

9 *Manuel de l'ICCA*, partie I, IAS 16 : Immobilisations corporelles, paragr. 6.

Valeur résiduelle
Valeur que prévoit récupérer l'entreprise à la fin de la durée d'utilité d'un actif immobilisé.

La **valeur résiduelle** représente le montant que l'entreprise s'attend à récupérer lorsqu'elle se départira de l'actif à la fin de sa durée d'utilité. Dans le cas d'un autocar, il peut s'agir du montant que l'entreprise s'attend à recevoir lorsqu'elle vendra l'actif à une petite compagnie de transport régional qui utilise un équipement plus ancien. En pratique, la valeur résiduelle est souvent négligeable. D'ailleurs, dans un autre extrait de sa note 2.7.2, OL mentionne que les valeurs résiduelles sont considérées comme négligeables. Toutefois, lorsqu'on peut déterminer la valeur résiduelle d'un actif, le calcul de la charge d'amortissement se fait à partir du **montant amortissable**, c'est-à-dire la valeur comptable brute moins la valeur résiduelle.

Montant amortissable
Coût d'un actif moins sa valeur résiduelle.

Les normes internationales prévoient également que l'entreprise révise à chaque fin de période annuelle la valeur résiduelle et la durée d'utilité de ses actifs. L'annexe 8-A (*voir la page 506*) explique l'impact d'un changement d'estimation sur le calcul de la charge d'amortissement.

**coup d'œil sur
OL GROUPE**

DOCUMENT DE RÉFÉRENCE

2.7.2. Immobilisations corporelles
Les amortissements pour dépréciation ont été calculés suivant le mode linéaire en fonction de la durée d'utilisation attendue par le Groupe :

Constructions avec baux emphytéotiques	De 30 à 45 ans
Agencements et aménagements des constructions	De 3 à 10 ans
Matériel informatique	3 ans et 4 ans
Matériel de bureau	5 ans
Mobilier de bureau	8 ans
Matériel et outillage	5 ans
Matériel de transport	De 3 à 5 ans

Les valeurs résiduelles sont considérées comme non significatives ou non déterminables de manière fiable.

analyse financière

L'ESTIMATION DE LA DURÉE D'UTILITÉ AU SEIN D'UN MÊME SECTEUR D'ACTIVITÉ
Les notes aux états financiers des trois clubs de football fournissent les estimations suivantes concernant la durée d'utilité de leur matériel de transport :

	Durée d'utilité
Arsenal	4 ans
Juventus	4 ans
OL Groupe	De 3 à 5 ans

Dans notre exemple, les trois clubs utilisent sensiblement la même durée d'utilité pour amortir leur matériel de transport. Il arrive toutefois que l'on puisse observer d'importantes différences entre des entreprises d'un même secteur d'activité. Les différences dans les estimations de la durée d'utilité et des valeurs résiduelles des immobilisations utilisées par certaines entreprises peuvent avoir un effet important sur l'analyse comparative de leurs états financiers. Les analystes doivent comprendre les causes de ces différences pour porter un jugement adéquat.

8.2.2 Les différentes méthodes d'amortissement

Les comptables n'ont pas réussi à s'entendre sur la meilleure méthode d'amortissement en raison des différences importantes qui existent, d'une part, entre les entreprises et, d'autre part, entre les actifs que celles-ci possèdent. Il en résulte que plusieurs méthodes sont couramment utilisées dans les états financiers. Toutefois, une fois que l'entreprise choisit une méthode, celle-ci doit être appliquée d'année en année afin de permettre la comparabilité de l'information financière. L'IAS 16 ne privilégie aucune méthode d'amortissement en particulier.

> Différents modes d'amortissement peuvent être utilisés pour répartir de façon systématique le montant amortissable d'un actif sur sa durée d'utilité. Ces modes incluent le mode linéaire, le mode dégressif et le mode des unités de production [...] L'entité sélectionne le mode qui reflète le plus étroitement le rythme attendu de consommation des avantages économiques futurs représentatifs de l'actif [10].

Étudions les trois méthodes d'amortissement les plus couramment employées :
1. La méthode de l'amortissement linéaire ;
2. La méthode de l'amortissement des unités de production ;
3. La méthode de l'amortissement dégressif à taux constant.

Les données et l'information fournies dans l'encadré suivant servent à illustrer ces trois méthodes. Dans cet exemple, on suppose que la société LAMA a acquis un véhicule de service (équipement) le 1er janvier 2012.

LAMA
Données relatives au véhicule

Achat le 1er janvier 2012	62 500 $	
Durée d'utilité 3 ans ou 100 000 km		
Valeur résiduelle	2 500 $	
		Par année
Nombre de kilomètres parcourus	2012	30 000 km
	2013	50 000 km
	2014	20 000 km

La méthode de l'amortissement linéaire

Les entreprises, y compris OL Groupe, se servent de la méthode de l'**amortissement linéaire** plus que de toutes les autres méthodes d'amortissement combinées.

Selon cette méthode, la charge annuelle d'amortissement demeure constante d'une période à l'autre. La formule employée pour estimer la charge d'amortissement annuelle est la suivante :

(Coût d'acquisition – Valeur résiduelle)	÷	Durée d'utilité	=	Charge d'amortissement
(62 500 $ – 2 500 $)	÷	3	=	20 000 $

Le montant amortissable correspond à celui que l'on doit répartir sur un certain nombre de périodes, c'est-à-dire le coût moins la valeur résiduelle. Pour le véhicule de la société LAMA, la charge d'amortissement sera de 20 000 $ par année pendant trois ans.

Amortissement linéaire
Méthode d'amortissement qui consiste à répartir le montant amortissable d'une immobilisation en montants égaux d'une période à l'autre.

---

10 *Manuel de l'ICCA*, partie I, IAS 16 : Immobilisations corporelles, paragr. 62.

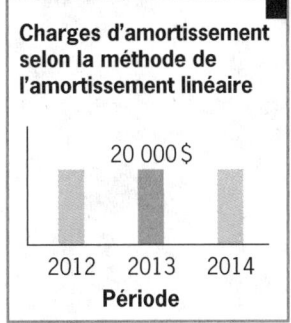

Charges d'amortissement selon la méthode de l'amortissement linéaire

Voici donc le plan d'amortissement pour la durée d'utilité totale du véhicule :

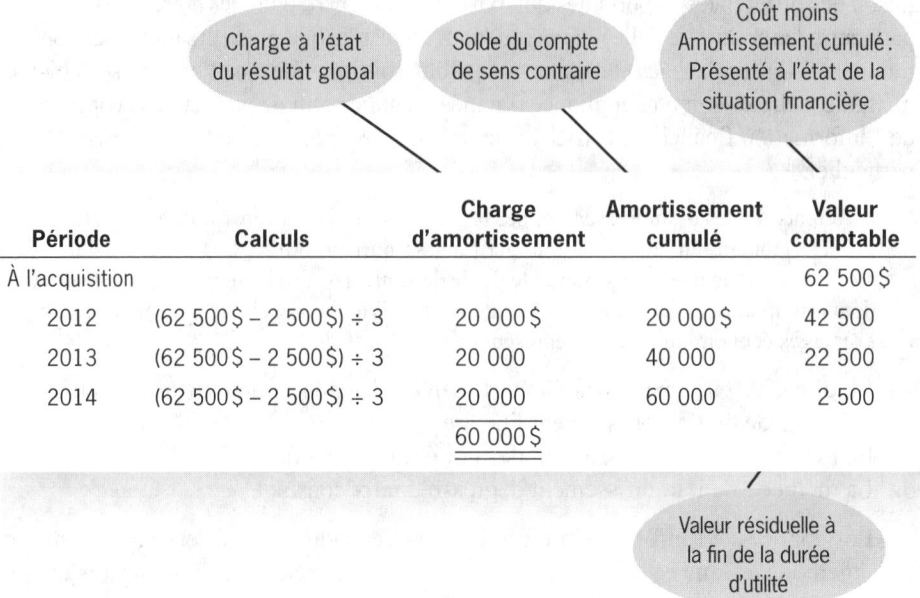

Période	Calculs	Charge d'amortissement	Amortissement cumulé	Valeur comptable
À l'acquisition				62 500 $
2012	(62 500 $ – 2 500 $) ÷ 3	20 000 $	20 000 $	42 500
2013	(62 500 $ – 2 500 $) ÷ 3	20 000	40 000	22 500
2014	(62 500 $ – 2 500 $) ÷ 3	20 000	60 000	2 500
		60 000 $		

Ce plan d'amortissement selon la méthode de l'amortissement linéaire nous permet d'observer les éléments suivants :

1. La charge d'amortissement est constante à chaque période ;
2. L'amortissement cumulé augmente d'un montant égal chaque année ;
3. La valeur comptable de l'immobilisation diminue du même montant à chaque période.

Cette régularité est la raison pour laquelle cette méthode est qualifiée de linéaire. Il faut aussi préciser que ce plan permet de préparer l'écriture de régularisation, et de déterminer son effet sur l'état du résultat global et l'état de la situation financière. OL utilise la méthode de l'amortissement linéaire pour tous ses actifs. En 2010, elle a enregistré une charge d'amortissement sur ses immobilisations de 1 884 000 €, soit 1,2 % de son chiffre d'affaires pour cette période. Toutes les entreprises étudiées jusqu'à présent dans ce manuel ont aussi recours à la méthode de l'amortissement linéaire.

La méthode de l'amortissement des unités de production

Amortissement des unités de production
Méthode d'amortissement consistant à répartir le montant amortissable d'une immobilisation sur sa durée d'utilité en fonction de son utilisation.

Taux d'amortissement par kilomètre = 0,60 $

La méthode de l'amortissement des unités de production tient compte du degré d'utilisation de l'immobilisation. Voici la formule permettant d'estimer la charge d'amortissement de la période selon cette méthode :

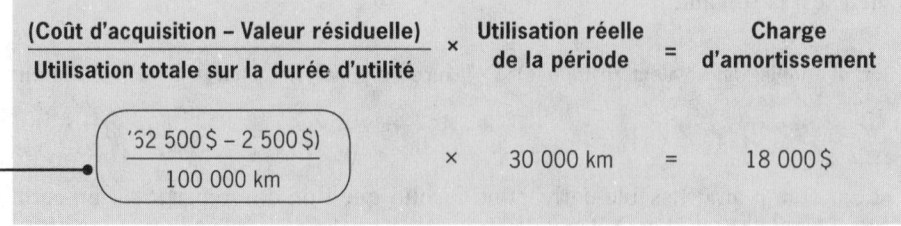

En divisant le montant amortissable (60 000 $) par le total de l'utilisation estimative (100 000 km), on peut calculer le taux d'amortissement par unité d'utilisation (0,60 $), puis le multiplier par l'utilisation réelle (30 000 km) pour déterminer la charge d'amortissement de la période. La charge d'amortissement pour l'année 2012 est de 18 000 $.

8

Pour chaque kilomètre parcouru par le véhicule, la société LAMA enregistrerait une charge d'amortissement de 0,60 $.

Voici le plan d'amortissement du véhicule d'après la méthode de l'amortissement des unités de production :

Période	Calculs	Charge d'amortissement	Amortissement cumulé	Valeur comptable
À l'acquisition				62 500 $
2012	0,60 $ par km × 30 000 km	18 000 $	18 000 $	44 500
2013	0,60 $ par km × 50 000 km	30 000	48 000	14 500
2014	0,60 $ par km × 20 000 km	12 000	60 000	2 500
		60 000 $		

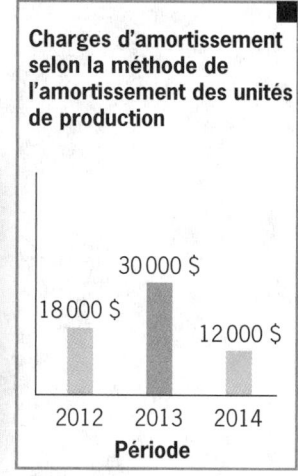

Charges d'amortissement selon la méthode de l'amortissement des unités de production

Il faut noter que la charge d'amortissement, l'amortissement cumulé et la valeur comptable varient d'une période à l'autre en fonction du nombre de kilomètres parcourus au cours de la période. Lorsqu'on utilise la méthode de l'amortissement des unités de production, on dit que la charge d'amortissement est une dépense variable, puisqu'elle varie de façon directement proportionnelle à la production ou à l'utilisation.

La méthode de l'amortissement des unités de production se fonde sur une estimation de la capacité de production ou d'utilisation totale d'une immobilisation. Naturellement, il est très difficile d'estimer la production à venir. C'est la raison pour laquelle l'entreprise doit régulièrement réévaluer son estimation afin d'assurer le meilleur rattachement des charges aux produits.

OL n'utilise pas cette méthode d'amortissement, qui est toutefois fréquemment employée par les entreprises du secteur des ressources minérales.

La méthode de l'amortissement dégressif à taux constant

Lorsqu'un actif amortissable est plus efficace durant ses premières années d'utilisation, les gestionnaires choisissent une méthode d'amortissement dégressif. Selon ce type de méthode, la charge d'amortissement d'une immobilisation est plus élevée au cours de ses premières années d'utilisation, c'est-à-dire au moment où elle génère le plus de revenus. C'est ce qu'on appelle « amortissement accéléré ».

Parmi les méthodes d'amortissement accéléré, on trouve la méthode de l'amortissement dégressif à taux constant, la méthode de l'amortissement dégressif à taux double et la méthode de l'amortissement proportionnel à l'ordre numérique inversé des périodes. Ces deux dernières méthodes sont décrites dans les manuels de comptabilité plus avancés.

La méthode de l'amortissement dégressif à taux constant consiste à calculer la charge d'amortissement annuel à partir d'un taux constant qu'on applique à la valeur comptable de l'immobilisation à l'ouverture de la période. Afin de déterminer ce taux, un savant calcul est prévu et est expliqué dans les manuels de comptabilité avancés. Pour illustrer cette méthode, on pose l'hypothèse que la société LAMA utilise un taux de 45 % pour amortir tout son matériel de transport. Il s'agit d'ailleurs d'une méthode d'amortissement très utilisée pour ce type d'actifs. La formule employée dans le but d'estimer la charge d'amortissement annuelle est la suivante :

Valeur comptable	×	Taux d'amortissement	=	Charge d'amortissement
62 500 $	×	45 %	=	28 125 $

Amortissement accéléré
Méthodes d'amortissement qui ont pour effet de produire des charges d'amortissement plus élevées au cours des premières années d'utilisation.

8

Amortissement dégressif à taux constant
Méthode d'amortissement qui consiste à répartir le coût d'une immobilisation sur plusieurs périodes grâce à l'application d'un taux à la valeur comptable de l'actif.

La charge d'amortissement pour l'année 2012 est donc de 28 125 $.

Il y a deux différences importantes entre les méthodes d'amortissement accéléré et les méthodes de l'amortissement linéaire ou selon les unités de production.

1. Pour calculer la charge d'amortissement, on utilise la valeur comptable (Coût – Amortissement cumulé) de l'actif, et non le montant amortissable. On ne tient pas compte de la valeur résiduelle pour faire le calcul. Comme la valeur comptable diminue chaque année (puisque l'amortissement cumulé augmente d'année en année), la charge d'amortissement diminue aussi.

2. La valeur comptable d'une immobilisation ne peut être amortie au-delà de sa valeur résiduelle. Par conséquent, si le calcul annuel de la charge d'amortissement produit un solde d'amortissement cumulé trop élevé (si bien que la valeur comptable devient inférieure à la valeur résiduelle), la charge d'amortissement est réduite de façon que les deux valeurs (comptable et résiduelle) soient égales. On cesse alors de calculer la charge d'amortissement les années qui suivent.

Voici le plan d'amortissement du véhicule d'après la méthode de l'amortissement dégressif à taux constant :

Charges d'amortissement selon la méthode de l'amortissement dégressif à taux constant

28 125 $ 15 469 $ 8 508 $

Période	Calculs	Charge d'amortissement	Amortissement cumulé	Valeur comptable
À l'acquisition				62 500 $
2012	(62 500 $ – 0 $)* × 45 %	28 125 $	28 125 $	34 375
2013	(62 500 $ – 28 125 $)* × 45 %	15 469	43 594	18 906
2014	(62 500 $ – 43 594 $)* × 45 %	8 508	52 102	10 398
		52 102 $		

* Valeur comptable à l'ouverture de la période

Les entreprises des secteurs où le matériel devient très vite désuet utilisent les méthodes de l'amortissement dégressif. Mitec Telecom inc. en est un exemple.

coup d'œil sur
MITEC TELECOM
RAPPORT ANNUEL

2. Principales conventions comptables
Immobilisations corporelles
Les immobilisations corporelles sont comptabilisées au coût, déduction faite des crédits d'impôt à l'investissement, et sont amorties sur leur durée de vie utile estimative selon les méthodes et les taux suivants :

Matériel et outillage	De 10 % à 20 % ; amortissement dégressif
Immeubles	20 ans ; amortissement linéaire
Améliorations locatives	Durée du bail ; amortissement linéaire
Mobilier et agencements	20 % ; amortissement dégressif
Outils et matrices	5 ans ; amortissement linéaire
Matériel informatique	30 % ; amortissement dégressif
Automobiles	30 % ; amortissement dégressif

Comme l'indique cette note, les entreprises peuvent employer différentes méthodes d'amortissement pour diverses catégories d'actifs. Toutefois, elles doivent appliquer les mêmes méthodes d'une période à l'autre pour assurer la comparabilité de leurs états financiers.

En résumé

Le tableau suivant résume les différentes méthodes d'amortissement abordées dans ce chapitre et montre les variations de la charge d'amortissement selon la méthode utilisée.

Méthode	Charge d'amortissement	Calculs
Amortissement linéaire	Charge égale à chaque période	(Coût – Valeur résiduelle) ÷ Durée d'utilisation
Amortissement des unités de production	Charge variable selon l'utilisation réelle	[(Coût – Valeur résiduelle) ÷ Utilisation totale] × Utilisation réelle
Amortissement dégressif à taux constant	Charge plus élevée durant les premières périodes	Valeur comptable × Taux d'amortissement

analyse financière

L'EFFET DES DIFFÉRENTES MÉTHODES D'AMORTISSEMENT

Supposez que vous devez analyser deux entreprises identiques, dont l'une utilise la méthode de l'amortissement dégressif et l'autre, la méthode de l'amortissement linéaire. À votre avis, quelle méthode permettra d'enregistrer les résultats nets les plus élevés? En réalité, il ne s'agit pas d'une question facile, car il est impossible d'y répondre avec certitude.

Quand on applique les méthodes d'amortissement accéléré, on enregistre un amortissement plus élevé au cours des premières années de la vie d'un actif, ce qui permet d'inscrire des résultats nets moins élevés. À mesure que l'actif prend de l'âge, l'effet est inversé. Ainsi, les entreprises qui emploient l'amortissement accéléré enregistrent une charge d'amortissement moins élevée et des résultats nets plus élevés au cours des dernières années d'utilisation d'un actif que pendant les périodes antérieures. Le diagramme ci-contre représente le schéma type de l'amortissement au cours de la durée d'utilisation d'un actif selon deux des méthodes étudiées. Lorsque la courbe de la méthode de l'amortissement dégressif passe sous la droite de la méthode de l'amortissement linéaire, les résultats nets qu'elle permet d'enregistrer sont plus élevés que ceux qui sont obtenus au moyen de la méthode linéaire. Néanmoins, la charge d'amortissement totale à la fin de la période d'utilisation de l'actif est la même peu importe la méthode qui est retenue.

Les utilisateurs des états financiers doivent comprendre la différence existant entre le recours à une méthode d'amortissement plutôt qu'à une autre et la façon dont le passage du temps modifie ces différences. En effet, les écarts importants qu'on observe dans les résultats nets enregistrés par les entreprises peuvent être dus aux caractéristiques des différentes méthodes d'amortissement plutôt qu'à des différences économiques réelles.

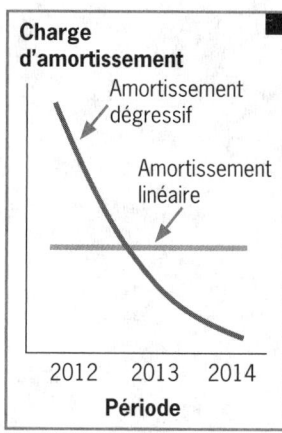

8

TEST D'AUTOÉVALUATION

Supposez qu'une société achète une nouvelle machine au prix de 240 000 $. Cette machine a une durée d'utilisation estimative de six ans ou 50 000 heures, et une valeur résiduelle estimative de 30 000 $. Déterminez la charge d'amortissement de la première période financière complète au moyen de chacune des méthodes suivantes :

1. La méthode de l'amortissement linéaire ;

2. La méthode de l'amortissement des unités de production (si l'on suppose que ce matériel a servi durant 8 000 heures au cours de la première année);

3. La méthode de l'amortissement dégressif à taux constant, selon un taux d'amortissement de 20 %.

Vérifiez vos réponses à l'aide des solutions présentées en bas de page*.

---

* **Solutions du test d'autoévaluation**

1. (240 000 $ – 30 000 $) ÷ 6 = 35 000 $

2. [(240 000 $ – 30 000 $) ÷ 50 000] × 8 000 = 33 600 $

3. 240 000 $ × 20 % = 48 000 $

Le choix des gestionnaires

Les gestionnaires doivent déterminer quelle méthode d'amortissement assure le meilleur rattachement des charges aux produits pour tout actif immobilisé. Si l'on prévoit qu'une immobilisation rapportera des avantages égaux tout au long de son utilisation, on adoptera la méthode de l'amortissement linéaire. Les gestionnaires peuvent aussi juger que cette méthode est la plus simple et la plus facile à utiliser. De plus, elle permet d'enregistrer des résultats plus élevés au cours des premières années de l'utilisation d'un actif que les méthodes d'amortissement accéléré. Pour ces raisons, la méthode de l'amortissement linéaire est, de loin, la plus utilisée par les entreprises. Par ailleurs, certains actifs immobilisés rapportent davantage au cours de leurs premières années d'utilisation. Dans ce cas, on choisira une méthode d'amortissement accéléré.

L'amortissement et les impôts

La plupart des sociétés tiennent deux ensembles de comptes concernant leurs immobilisations. Le premier est préparé conformément aux normes comptables pour l'établissement des états financiers destinés aux actionnaires. Il sert à déterminer la valeur comptable des actifs. Le second sert à calculer la charge d'impôts de l'entreprise d'après les lois fiscales en vigueur et permet de déterminer la valeur fiscale d'un actif.

La raison pour laquelle il s'agit d'une pratique justifiée est simple : les objectifs des normes comptables et ceux des lois fiscales sont différents.

Amortissement comptable	Amortissement fiscal
Les règles de l'information financière sont conçues dans le but de fournir des renseignements de nature économique pour aider les différents utilisateurs dans leur prise de décision.	L'objectif des règles fiscales est de recueillir suffisamment d'argent pour payer les dépenses gouvernementales. En outre, ces règles renferment de nombreuses dispositions destinées à favoriser certains comportements jugés avantageux pour la société (par exemple, les contributions à des organismes de charité sont déductibles d'impôts pour inciter les gens à soutenir certains programmes dignes de l'être).

Dans certains cas, les différences entre la *Loi sur les impôts* et les normes comptables ne laissent pas le choix aux gestionnaires – ils doivent tenir des registres séparés. Dans d'autres cas, il s'agit d'une décision économique, qu'on appelle souvent « règle du moindre et du plus tard ». Tous les contribuables veulent payer l'impôt le moins élevé mais légalement permis, et ils souhaitent le payer le plus tard possible. Si vous aviez le choix entre verser 100 000 $ au gouvernement fédéral à la fin de cette année ou de l'année prochaine, vous choisiriez sûrement la fin de l'an prochain. Une telle décision vous permettrait d'investir cette somme pendant une année supplémentaire et d'en tirer un rendement intéressant.

En tenant des registres séparés, les sociétés peuvent retarder ou différer le paiement de millions de dollars en impôts. Le tableau ci-dessous dresse la liste de sociétés qui ont enregistré d'importants passifs d'impôts différés à une période récente. Une partie de ce passif est attribuable aux écarts existant entre la valeur comptable et la valeur fiscale des immobilisations. Nous revenons sur les passifs d'impôts différés au chapitre 9.

	Passif d'impôts différés
Alimentation Couche-Tard	176,9 M$
Cascades	209,0 M$
Quebecor	485,9 M$
RONA	27,5 M$

L'amortissement fiscal diffère donc très souvent de l'amortissement comptable calculé afin de dresser les états financiers. À des fins fiscales, les immobilisations sont classées par catégories, selon leur nature. À chaque catégorie correspond un taux d'amortissement dégressif, que l'on applique à la fraction non amortie du coût en capital (coût d'acquisition). Ce calcul permet de déterminer le maximum déductible pour l'année.

L'amortissement fiscal n'essaie pas de rapprocher le coût d'un actif des produits d'exploitation qu'il engendre au cours de sa durée d'utilisation et n'a donc pas à se conformer au concept du rattachement des charges aux produits. Le système fiscal permet plutôt un amortissement rapide des actifs, ce qui fait diminuer le résultat imposable au cours des premières années d'utilisation. Son objectif est d'encourager les entreprises à investir dans des immobilisations corporelles modernes pour qu'elles puissent rester concurrentielles sur les marchés mondiaux. Mentionnons finalement que l'amortissement fiscal n'est pas obligatoire, alors que les normes comptables exigent que les actifs amortissables soient amortis afin de favoriser le rattachement des charges aux produits.

DEUX ENSEMBLES DE COMPTES

En apprenant que des sociétés tiennent ainsi des comptes séparés, certaines personnes mettent en doute le caractère éthique et légal d'une telle pratique. En fait, la tenue de deux ensembles de registres, l'un pour le calcul des charges fiscales et l'autre, pour la présentation de l'information financière, est parfaitement éthique et légale.

Toutefois, ces comptes doivent refléter les mêmes opérations. Il est évident que le fait de sous-évaluer les produits ou de surévaluer les charges à des fins fiscales est une fraude qui peut entraîner des sanctions juridiques. Les comptables qui participeraient à de telles évasions fiscales pourraient perdre leur droit d'exercice.

8.2.3 La dépréciation des immobilisations

6 OBJECTIF D'APPRENTISSAGE

Expliquer l'effet d'une perte de valeur des immobilisations sur les états financiers.

8

Les sociétés doivent régulièrement passer en revue leurs immobilisations pour déceler toute perte de valeur. On parle de perte de valeur lorsque la valeur comptable d'un actif est supérieure à sa valeur recouvrable. À la fin de chaque période financière, l'entreprise doit déterminer s'il existe un indice qu'un actif a pu se déprécier. La norme internationale IAS 36 portant sur la dépréciation d'actifs nous donne des exemples d'événements qui peuvent laisser croire à une dépréciation. En voici quelques-uns :

- Durant la période, la valeur de marché d'un actif a diminué de façon plus importante que du seul effet attendu du passage du temps ou de l'utilisation normale de l'actif.
- D'importants changements ayant un effet négatif sur l'entité sont survenus au cours de la période [...] dans l'environnement technologique, économique, juridique ou de marché dans lequel l'entité exerce ses activités [...]
- Il existe des éléments probants d'obsolescence ou de dégradation physique d'un actif.
- Des éléments probants provenant du système d'information interne montrent que la performance économique d'un actif est ou sera moins bonne que celle attendue [11].

S'il existe un indice de dépréciation, l'entreprise doit alors estimer la valeur recouvrable de l'actif. L'IAS 36 définit la valeur recouvrable ainsi : « La valeur recouvrable d'un actif [...] est la valeur la plus élevée entre sa juste valeur diminuée des coûts de la vente et sa valeur d'utilité [12]. »

La juste valeur d'un actif est le montant que l'entreprise pourrait obtenir si elle vendait cet actif à un tiers. Les coûts de la vente sont ceux que doit assumer l'entreprise pour vendre cet actif. Dans le cas d'un immeuble, ces coûts pourraient être la commission versée à un agent immobilier ou les frais de notaire, par exemple. Quant à la valeur d'utilité, elle correspond à la valeur actuelle des flux de trésorerie futurs que l'on s'attend à obtenir à la suite de l'utilisation de l'actif. Le calcul de la valeur d'utilité fait appel à des techniques d'actualisation que nous abordons au chapitre 9.

11 *Manuel de l'ICCA*, partie I, IAS 36 : Dépréciation d'actifs, paragr. 12
12 *Ibid.*, paragr. 6.

En somme, une immobilisation subit une perte de valeur si :

Valeur comptable	**>**	**Valeur recouvrable**

Valeur recouvrable	**=**	**Montant le plus élevé entre :**
		• **Juste valeur – Coûts de la vente**
		• **Valeur d'utilité**

Alors,

Dépréciation (perte de valeur)	**=**	**Valeur comptable**	**–**	**Valeur recouvrable**

Pour illustrer le processus de comptabilisation d'une dépréciation, prenons l'exemple d'une société aérienne qui détecte la perte de valeur de l'un de ses aéronefs. Voici les renseignements dont vous disposez :

Coût de l'aéronef	12 000 000 $
Amortissement cumulé	2 000 000
Juste valeur diminuée des coûts de la vente	7 500 000
Valeur d'utilité	8 000 000

La valeur recouvrable correspond au montant le plus élevé entre la juste valeur diminuée des coûts de la vente (7 500 000 $) et la valeur d'utilité (8 000 000 $). Dans notre exemple, la valeur recouvrable est donc de 8 000 000 $. Comme la valeur comptable de l'aéronef est de 10 000 000 $ (12 000 000 $ – 2 000 000 $), la perte de valeur s'élève à 2 000 000 $ (10 000 000 $ – 8 000 000 $), que l'on comptabilisera ainsi :

ÉQUATION COMPTABLE

Actif		=	Passif	+	Capitaux propres	
Provision pour perte de valeur	–2 000 000				Perte de valeur – aéronef	–2 000 000

ÉCRITURE DE JOURNAL

Perte de valeur – aéronef (+C, –CP)	2 000 000	
Provision pour perte de valeur (+XA, –A)		2 000 000

Le processus de comptabilisation de la perte de valeur sera différent selon que l'entreprise utilise le modèle du coût ou le modèle de la réévaluation pour évaluer ses immobilisations. Si, comme dans notre exemple, elle applique le modèle du coût, la perte de valeur sera comptabilisée dans un compte de résultat de la période. Si l'entreprise utilise plutôt le modèle de la réévaluation, la perte de valeur sera traitée comme une réévaluation négative et viendra réduire le compte Écart de réévaluation. Toutefois, le processus comptable lié à ces événements relève davantage d'un cours de comptabilité avancé. Il vous suffit de comprendre le concept plutôt que la technique comptable.

OBJECTIF D'APPRENTISSAGE

⑦

Connaître le processus comptable de la sortie des immobilisations corporelles.

8.2.4 La sortie des immobilisations corporelles

Il arrive très souvent qu'une entreprise décide volontairement de ne pas demeurer propriétaire d'une immobilisation. Si, par exemple, elle abandonne un article de sa gamme de produits, elle n'a plus besoin de l'équipement dont elle se servait pour fabriquer cet article. Elle peut aussi vouloir remplacer une machine par une autre, plus efficace.

Ces sorties se font, entre autres, au moyen de la vente, de l'échange ou de la mise hors service de l'immobilisation. Lorsque l'Olympique Lyonnais se débarrasse d'un vieil équipement, elle peut le vendre à une autre compagnie qui pourra s'en servir durant quelques années. Une entreprise peut aussi perdre un actif de façon involontaire par suite d'un événement qui échappe à son contrôle, comme un accident, une expropriation ou un incendie.

La sortie d'une immobilisation se produit rarement le dernier jour d'une période financière. Aussi, tous les comptes relatifs à une immobilisation dont on se départit doivent d'abord être mis à jour, puis décomptabilisés. La sortie d'un actif, amortissable se fait en général en deux étapes :

1. L'enregistrement de la charge d'amortissement jusqu'à la date de sortie ;
2. La décomptabilisation de tous les comptes relatifs à l'actif, et la comptabilisation du profit ou de la perte qui en découle.

À la date de sortie, on doit décomptabiliser tous les éléments liés à l'actif (coût, amortissement cumulé et provision pour perte de valeur). Tout écart entre le produit de la vente (contrepartie reçue en échange) et la valeur comptable de l'immobilisation vendue devient une perte ou un profit à l'état du résultat global. Comme il ne s'agit pas d'une opération qui découle des activités ordinaires de l'entreprise, le profit (ou la perte) ne doit pas être classé dans les produits des activités ordinaires, mais doit tout de même être inclus dans le calcul du résultat net.

Supposons qu'à la fin de la troisième période financière, OL vend son autocar, dont elle n'a plus besoin. Elle obtient 70 000 € comptant. Le coût d'acquisition de ce véhicule était de 252 000 € et il était amorti suivant la méthode de l'amortissement linéaire sur une période de quatre ans sans valeur résiduelle (soit une charge d'amortissement de 63 000 € par année). Il faut d'abord enregistrer la charge d'amortissement pour la période en cours, puis décomptabiliser les soldes, et comptabiliser le profit ou la perte. Les calculs se font ainsi :

Encaissement		70 000 €
Coût de l'autocar	252 000 €	
Amortissement cumulé		
(63 000 € × 3 ans)	189 000	
Valeur comptable à la date de la vente		63 000
Profit sur sortie d'immobilisation		7 000 €

Voici l'effet de cette opération sur l'équation comptable et les écritures que l'on doit passer à la date de la vente :

ÉQUATION COMPTABLE						
Actif		=	**Passif**	+	**Capitaux propres**	
1. Amortissement cumulé	– 63 000				Amortissement	– 63 000
2. Trésorerie	+ 70 000				Profit sur sortie d'immobilisation	+ 7 000
Amortissement cumulé	+189 000					
Matériel de transport	–252 000					

8

1. Amortissement (+C)	....	63 000	
	Amortissement cumulé (+XA, −A)		63 000

2. Trésorerie (+A)	....	70 000	
	Amortissement cumulé (−XA, +A)	189 000	
	Matériel de transport (−A)		252 000
	Profit sur sortie d'immobilisation (+Pr, +CP)		7 000

OL GROUPE

> **TEST D'AUTOÉVALUATION**
> ....
>
> En utilisant les données de l'exemple précédent et en supposant que l'actif est vendu 50 000 € comptant, calculez le profit ou la perte résultant de la vente.
>
> **Vérifiez votre réponse à l'aide de la solution présentée en bas de page*.**

OBJECTIF D'APPRENTISSAGE

Reconnaître les particularités comptables liées à la comptabilisation des immobilisations incorporelles.

8.3 Les immobilisations incorporelles

8.3.1 Les particularités comptables des immobilisations incorporelles

Le coût

Les immobilisations incorporelles constituent des ressources importantes pour un grand nombre d'entreprises. Dans l'état de la situation financière de l'Olympique Lyonnais, elles sont évaluées à plus de 122,8 millions d'euros, soit plus de 43 % de l'actif total de la société. Même constat chez LVMH, où les immobilisations incorporelles sont de l'ordre de 12 967 millions d'euros, soit plus de 40 % de l'actif total. Ces chiffres nous prouvent l'importance de cette catégorie d'actifs. Mais avant d'étudier le processus de comptabilisation de ces actifs, rappelons ce qu'on entend par immobilisation incorporelle.

La norme internationale IAS 38, *Immobilisations incorporelles,* en donne la définition suivante : « Une immobilisation incorporelle est un actif non monétaire identifiable sans substance physique[13]. »

Analysons cette définition. Une immobilisation incorporelle répond à la définition d'un actif, à savoir qu'elle est contrôlée par l'entreprise à la suite d'événements passés et qu'on s'attend à en tirer des avantages futurs. Un actif identifiable signifie que l'actif résulte de droits contractuels ou légaux, et qu'il est séparable, c'est-à-dire qu'il peut être vendu, loué ou échangé. Enfin, l'expression « sans substance physique » vient en opposition au caractère matériel des immobilisations corporelles telles que les terrains ou les immeubles.

Les immobilisations incorporelles sont comptabilisées au coût. Tout comme pour les immobilisations corporelles, le coût comprend le prix d'achat (excluant les remises et rabais commerciaux), les droits de douane et les taxes, de même que tous les autres frais directement liés à la préparation de l'actif en vue de son utilisation. Dans le cas d'une immobilisation incorporelle conçue et fabriquée à l'interne, l'entreprise doit distinguer la

---

13 *Manuel de l'ICCA*, partie I, IAS 38 : Immobilisations incorporelles, paragr. 8.

---

* **Solution du test d'autoévaluation**

Encaissement	50 000 €
Valeur comptable de l'actif	63 000
Perte sur sortie d'immobilisation	13 000 €

phase de recherche et la phase de développement pour déterminer si elle peut comptabiliser un actif ou non. La règle est la suivante : toutes les dépenses engagées pendant la phase de recherche doivent être comptabilisées en charges à l'état du résultat global, alors que les dépenses engagées durant la phase de développement, donc nécessaires pour créer et produire l'actif, font partie du coût de l'immobilisation incorporelle. Prenons l'exemple d'une entreprise qui construit son site Web[14]. L'étape de la planification du site, incluant la réalisation de l'étude de faisabilité, la détermination des objectifs et des fonctionnalités ainsi que l'évaluation des options possibles, correspondrait à la phase de recherche. Tous les coûts engagés alors seraient comptabilisés en charges à l'état du résultat global. Les étapes de développement des applications et de l'infrastructure (par exemple, l'obtention du nom du domaine, l'achat du matériel, etc.), de la conception des pages Web et de la création du contenu (rédaction des textes, mise au point des graphiques, etc.) représenteraient la phase de développement, et toutes les dépenses qui seraient engagées pendant ces étapes devraient être incluses dans le coût du site Web en tant qu'immobilisation incorporelle.

L'évaluation postérieure

Après leur comptabilisation initiale, l'entreprise peut décider d'évaluer chaque catégorie de ses immobilisations incorporelles selon le modèle du coût ou celui de la réévaluation. Ces deux modèles s'emploient de la même façon que pour les immobilisations corporelles. Par contre, le modèle de la réévaluation ne peut être adopté que s'il y a un marché actif pour ce type d'immobilisation incorporelle. Un marché actif signifie qu'il y a des acheteurs et des vendeurs, et que le prix est connu du public. Cette condition est rarement satisfaite dans le cas des immobilisations incorporelles.

L'amortissement et la dépréciation

On peut répartir les immobilisations incorporelles en deux classes, soit celles dont la durée d'utilité est déterminée et celles dont la durée d'utilité est indéterminée. Une immobilisation dont la durée d'utilité est déterminée doit être amortie. Le processus d'amortissement est le même que pour les immobilisations corporelles. Toutefois, sauf exception, la valeur résiduelle d'une immobilisation incorporelle est présumée nulle. La charge d'amortissement est inscrite à l'état du résultat global à chaque période. La méthode d'amortissement la plus utilisée dans le cas des immobilisations incorporelles est aussi la méthode de l'amortissement linéaire.

Supposons, à titre d'exemple, qu'une entreprise achète un brevet au coût de 800 000 $. Elle estime sa durée d'utilité à 15 ans, et il n'y a aucune valeur résiduelle. La charge d'amortissement, selon la méthode de l'amortissement linéaire, se calculera ainsi :

(Coût – Valeur résiduelle)	÷	Durée d'utilité	=	Charge d'amortissement
(800 000 $ – 0 $)	÷	15	=	53 333 $

ÉQUATION COMPTABLE				
Actif	=	**Passif**	+	**Capitaux propres**
Amortissement cumulé – brevet				Amortissement
–53 333				–53 333

ÉCRITURE DE JOURNAL

Amortissement (+C, –CP)................................... 53 333
    Amortissement cumulé – brevet (+XA, –A) 53 333

---

14 La comptabilisation d'un site Web est très bien expliquée dans le bulletin d'interprétation SIC 32 : Immobilisations incorporelles – coûts liés aux sites Web, publié dans la partie I du *Manuel de l'ICCA*.

L'entreprise doit aussi déterminer régulièrement s'il y a des signes de dépréciation. Si oui, elle doit enregistrer une perte de valeur de la même façon que dans le cas des immobilisations corporelles.

Les immobilisations incorporelles dont la durée d'utilité est indéterminée rapporteront des avantages économiques futurs à l'entreprise pendant une période de temps sans limite prévisible. Elles ne sont donc pas amorties. Par contre, à chaque période financière, l'entreprise doit réexaminer leur durée d'utilité pour s'assurer que les événements justifient toujours que celle-ci soit jugée «indéterminée». De plus, l'entreprise est tenue de faire annuellement un test de dépréciation, peu importe s'il y a ou non des signes de perte de valeur.

8.3.2 Quelques exemples d'immobilisations incorporelles

L'Olympique Lyonnais présente dans son état de la situation financière (*voir le tableau 8.1 à la page 471*) trois catégories d'immobilisations incorporelles : Goodwills, Contrats joueurs et Autres immobilisations incorporelles. Ces dernières incluent des concessions, brevets et droits de télédiffusion. Dans sa note 2.7.1, dont voici des extraits, OL explique le traitement comptable qu'elle applique à ces actifs.

2.7.1. Immobilisations incorporelles
Une immobilisation incorporelle est un actif non monétaire identifiable sans substance physique, détenu en vue de son utilisation, dont des avantages économiques futurs sont attendus par l'entreprise.

a) Goodwills
Les regroupements d'entreprises sont comptabilisés selon la méthode de l'acquisition [...] Selon la norme IFRS 3 *Regroupements d'entreprises* et IAS 36 révisée, les goodwills ne sont pas amortis. S'agissant d'actifs incorporels à durée de vie indéfinie, les goodwills font l'objet d'un test de dépréciation annuel [...]

b) Contrats joueurs
Les contrats relatifs à l'acquisition de joueurs répondent à la définition d'une immobilisation incorporelle. Ils sont immobilisés pour leur coût d'acquisition actualisé [...] Le contrat est immobilisé à partir de la date à laquelle le Groupe considère effectif le transfert de propriété ainsi que le transfert des risques. Ces conditions sont jugées remplies à la date d'homologation du contrat ou à la signature de la convention de transfert s'il n'y a pas d'homologation. Les contrats joueurs sont amortis selon le mode linéaire sur la durée du contrat initial (en général de 3 à 5 ans).

c) Droits télévisuels différés
Ils ont été évalués initialement à la juste valeur et ne sont pas amortis. Par la suite, à la clôture de chaque exercice, un test de dépréciation est effectué.

d) Logiciels acquis
Ils font l'objet d'un amortissement sur une durée de 3 à 5 ans.

Étudions maintenant quelques catégories d'immobilisations incorporelles, à savoir la marque, le brevet, les droits d'auteurs, la technologie, la concession, les contrats joueurs et le goodwill.

La marque

Marque
Droit juridique exclusif d'utiliser un signe distinctif (un nom, une image, un slogan, un sigle, etc.).

Une **marque** est un nom, un symbole ou un slogan distinctif associé à un produit et à une entreprise en particulier. Elle est protégée par la loi. Les marques représentent souvent, pour une entreprise, une importante source de flux de trésorerie. Il est difficile d'imaginer la société Disney sans Mickey Mouse, tout comme on associe le Big Mac aux restaurants McDonald's. Il est aussi possible qu'une partie du plaisir que vous prenez à boire votre boisson favorite provienne de l'image qui s'est créée autour de son nom. L'enregistrement d'une marque donne le droit exclusif de l'utiliser pendant une période qui varie selon la loi en vigueur. Les normes internationales interdisent de comptabiliser les marques générées en interne. Seules les marques acquises dans le cadre d'un regroupement d'entreprises, par exemple, peuvent être présentées à l'état de la situation financière.

Voici un extrait de la note 1.8 du *Document de référence* 2009 de LVMH:

coup d'œil sur
LVMH

DOCUMENT DE RÉFÉRENCE

1.8. Marques, enseignes et autres immobilisations incorporelles
Seules les marques et enseignes acquises, individualisables et de notoriété reconnue sont inscrites à l'actif, à la valeur déterminée lors de leur acquisition.

Les frais engagés pour créer une marque nouvelle ou développer une marque existante sont enregistrés en charges.

Les marques, enseignes et autres immobilisations incorporelles à durée de vie définie sont amorties sur leur durée de vie. Le classement d'une marque ou enseigne en tant qu'actif à durée de vie définie ou indéfinie résulte en particulier de l'application des critères suivants:

- Positionnement global de la marque ou enseigne sur son marché en matière de volume d'activité, de présence internationale, de notoriété;
- Perspectives de rentabilité à long terme;
- Degré d'exposition aux aléas conjoncturels;
- Événement majeur intervenu dans le secteur d'activité [et] susceptible de peser sur l'avenir de la marque ou enseigne;
- Ancienneté de la marque ou enseigne.

La durée d'amortissement des marques, fonction de l'estimation de leur pérennité, est comprise entre 15 et 40 ans.

La charge d'amortissement des marques et enseignes et, le cas échéant, le montant de leur dépréciation sont comptabilisés dans les «Autres produits et charges opérationnels».

Le brevet

Un **brevet** est un droit exclusif accordé par l'État pour une période déterminée variant selon la loi en vigueur. Il est en général conféré à une personne qui invente un produit ou découvre un procédé. Il permet à son détenteur d'exploiter, de fabriquer ou de vendre l'objet du brevet et le brevet lui-même. Sans la protection d'un brevet, les inventeurs montreraient probablement peu d'intérêt pour la recherche de nouveaux produits. Le droit d'exclusivité empêche un concurrent de copier une invention ou une découverte jusqu'à ce que l'inventeur ou son acquéreur ait eu le temps de tirer profit de son produit.

Le coût d'un brevet varie selon que celui-ci a été acheté ou généré en interne. Il faut alors appliquer les règles que nous avons vues plus tôt. Le coût d'un brevet doit être amorti sur sa durée d'utilité et peut faire l'objet d'un test de dépréciation.

Brevet
Titre accordé par l'État pour une invention. Il s'agit d'un droit exclusif qui permet à son détenteur d'utiliser, de fabriquer ou de vendre l'objet de ce brevet.

Les droits d'auteur

Les **droits d'auteur** accordent à leur propriétaire les droits exclusifs de publier, d'exploiter et de vendre une œuvre littéraire, musicale ou artistique durant une période déterminée (selon la loi en vigueur, cette période peut aller jusqu'à 50 ans après la mort de l'auteur). Le manuel que vous lisez en ce moment est couvert par des droits d'auteur (copyright) qui protègent l'éditeur et les auteurs. Ainsi, la loi interdit à un professeur de photocopier plusieurs chapitres du présent manuel pour les distribuer à ses étudiants. On comptabilise ces droits en appliquant les mêmes principes, directives et processus que ceux qu'on utilise pour comptabiliser toutes les immobilisations incorporelles.

Droits d'auteur
Droits exclusifs de publier, d'utiliser et de vendre une œuvre littéraire, musicale ou artistique.

La technologie

On regroupe dans la catégorie **technologie** l'achat du nom d'un domaine sur Internet, les logiciels et, bien sûr, les sites Web que la plupart des entreprises exploitent de nos jours. Nous avons vu précédemment comment comptabiliser les coûts liés à la réalisation d'un site Web. Il faut appliquer les mêmes règles pour comptabiliser les logiciels développés en interne. Quant au nom du domaine, il s'agit pour l'entreprise de s'assurer de l'exclusivité de l'utilisation de son lien Internet.

Technologie
Immobilisation incorporelle incluant les coûts de développement des logiciels et des sites Web.

La concession

La **concession** est l'autorisation donnée par un franchiseur (par exemple, Van Houtte) à un franchisé (entreprise qui achète une franchise) de vendre certains produits ou services, et d'utiliser une marque de commerce dans une région géographique donnée. Les contrats de franchisage renferment en général différentes clauses concernant les droits et devoirs des franchisés et du franchiseur. L'acquisition d'une concession nécessite un investissement de la part du franchisé, qu'on appelle « redevance ». La redevance initiale est comptabilisée à titre d'immobilisation incorporelle. La durée d'un contrat de franchisage dépend de la convention qui lie les parties ; elle peut être d'une année ou porter sur une période indéfinie. Au Québec, le domaine du franchisage est très populaire. Pensons par exemple aux enseignes Chez Cora, Au Vieux Duluth et Pacini.

Les contrats joueurs

L'Olympique Lyonnais possède une immobilisation incorporelle assez rare, que l'on trouve uniquement chez les clubs sportifs, à savoir les contrats des joueurs. Le club achète le contrat d'un joueur, qui se joindra à l'équipe sportive. Ce contrat donne aussi à OL le droit d'exploiter le nom et l'image du joueur, par des campagnes publicitaires, des produits dérivés ou autres moyens, afin d'attirer les foules et d'augmenter les ventes de billets. Ces contrats sont d'une durée déterminée et sont donc amortis annuellement. OL fait aussi régulièrement un test de dépréciation. En 2010, la perte de valeur sur ces contrats s'élevait à 2 667 milliers d'euros.

Le goodwill

Goodwill
Excédent du coût d'une entreprise acquise sur la juste valeur de ses actifs et de ses passifs.

Selon la norme internationale IAS 38, le **goodwill** n'est pas une immobilisation incorporelle, bien qu'il ait longtemps été considéré comme tel et que plusieurs entreprises, comme l'Olympique Lyonnais, le classent encore dans les immobilisations incorporelles. Il faut se rappeler que la définition d'une immobilisation incorporelle suppose que l'actif est séparable, c'est-à-dire qu'il peut être séparé de l'entité, et vendu, loué ou échangé. Or, ce n'est pas le cas du goodwill.

La seule façon de comptabiliser un goodwill sous forme d'actif survient en cas de regroupement d'entreprises. Souvent, le prix d'acquisition d'une entreprise dépasse la juste valeur de son actif net (Actif – Passif). Cet excédent est comptabilisé à titre de goodwill. Pourquoi payer plus pour une entreprise dans son ensemble qu'on ne paierait pour chacun de ses actifs si on les achetait séparément ? Il est facile d'acheter du matériel d'embouteillage moderne pour fabriquer et vendre une nouvelle boisson gazeuse au cola mais, ce faisant, on ne réaliserait sûrement pas autant de profits que si l'on pouvait acquérir le potentiel de profits associé aux marques Coca-Cola ou Pepsi. En achetant le fonds commercial d'une entreprise existante, l'acheteur espère ainsi réaliser des résultats supérieurs à la normale.

Le goodwill ne peut être amorti. L'entreprise doit plutôt, à la fin de chaque période financière, effectuer un test de dépréciation pour vérifier s'il a subi une perte de valeur. Si c'est le cas, la valeur de l'actif sera réduite et une charge sera inscrite à l'état du résultat global. Il s'agit d'un sujet complexe qui est abordé dans les cours de comptabilité avancés. Nous y revenons tout de même au chapitre 11.

incidence sur les flux de trésorerie

LES IMMOBILISATIONS ET L'AMORTISSEMENT
La préparation de la section des activités opérationnelles du tableau des flux de trésorerie selon la méthode indirecte implique de convertir le résultat net calculé en fonction des règles de la comptabilité d'engagement en flux de trésorerie calculés selon les règles de la comptabilité de caisse. Une telle conversion demande d'éliminer : 1) les produits et les charges qui n'ont pas donné lieu à un encaissement ou à un décaissement ; et 2) les profits et les pertes qui relèvent des activités de financement ou d'investissement. Quand l'amortissement est enregistré, aucune sortie de fonds n'est inscrite. Comme la charge d'amortissement vient réduire le résultat net,

on doit l'additionner aux activités opérationnelles pour en éliminer l'effet. De même, comme tout profit (ou toute perte) sur la sortie des immobilisations fait augmenter (ou diminuer) le résultat net, on doit l'enlever (ou l'ajouter) du résultat net pour en éliminer l'effet.

EN GÉNÉRAL ◊ L'acquisition, la sortie et l'amortissement d'immobilisations influent sur les flux de trésorerie d'une entreprise, comme le montre le tableau ci-dessous.

	Effet sur les flux de trésorerie
Flux de trésorerie liés aux activités opérationnelles (méthode indirecte)	
Résultat net	XXX $
Ajustements :	
Amortissement des immobilisations	+
Profit sur sortie d'immobilisations	–
Perte sur sortie d'immobilisations	+
Flux de trésorerie liés aux activités d'investissement	
Acquisition d'immobilisations	–
Sortie d'immobilisations	+

OL ◊ Le tableau 8.2 présente un extrait condensé du tableau des flux de trésorerie de la société OL pour les périodes 2010 et 2009. OL utilise la méthode indirecte et ajuste son résultat net pour tenir compte des éléments ne nécessitant pas de sorties ou de rentrées de fonds dans la section des activités opérationnelles. Elle a donc ajouté la charge d'amortissement et retranché les plus-values réalisées sur cession des contrats de joueurs du résultat net pour déterminer les flux de trésorerie liés aux activités opérationnelles. Dans les activités d'investissement, OL a déboursé 76 449 000 € pour acquérir des contrats de joueurs, 2 571 000 € pour acquérir des immobilisations au cours de la période 2010 et encaissé 37 065 000 € en 2010 lors de la cession de contrats de joueurs.

On constate aussi que l'amortissement est une charge considérable qui entre dans le calcul du résultat net de même que le sont les plus-values sur cession de contrats de joueurs.

TABLEAU 8.2 • TABLEAU DES FLUX DE TRÉSORERIE D'OL GROUPE

OL Groupe
Tableau des flux de trésorerie consolidé (partiel)
période close le 30 juin
(en milliers d'euros)

	2010	2009
Activités opérationnelles		
Résultat net	(35 124)	5 366
Amortissements et provisions	46 233	36 294
Profit sur cession des contrats joueurs	(3 315)	(42 278)
Autres (regroupés)	(11 018)	(13 698)
Flux de trésorerie liés aux activités opérationnelles	(3 224)	(14 316)
Activités d'investissement		
Acquisitions de contrats joueurs	(76 449)	(51 556)
Acquisitions d'immobilisations	(2 571)	(4 165)
Cessions de contrats joueurs	37 065	33 898
Autres (regroupés)	(134)	(16)
Flux de trésorerie liés aux activités d'investissement	(42 089)	(21 839)

analyse financière

DE FAUSSES IDÉES

Certains utilisateurs qui interprètent mal la signification d'une charge sans effet sur la trésorerie croient que l'amortissement engendre des fonds. Cette erreur peut être attribuable au fait que l'on additionne l'amortissement dans la section des activités opérationnelles du tableau des flux de trésorerie. Toutefois, l'amortissement n'est en aucun cas une source de trésorerie. Pour qu'un flux de trésorerie provienne des opérations, il faut absolument vendre des biens et des services. Une entreprise qui enregistre une charge d'amortissement élevée ne produit pas plus d'argent qu'une autre qui enregistre un faible montant d'amortissement (si l'on suppose qu'elles sont exactement semblables sur tous les autres plans). La charge d'amortissement réduit le montant du résultat net enregistré par une entreprise, mais elle ne diminue pas le montant d'argent que celle-ci produit, parce qu'il s'agit d'une charge sans effet sur la trésorerie. (Il faut se rappeler que la comptabilisation de l'amortissement a pour effet de faire diminuer les capitaux propres et les immobilisations, mais non la trésorerie.) C'est la raison pour laquelle, dans le tableau des flux de trésorerie, on réincorpore l'amortissement de la période au résultat net (calculé selon la méthode de la comptabilité d'engagement) pour calculer les flux de trésorerie provenant des activités opérationnelles (calculés selon la méthode de la comptabilité de caisse).

Bien que l'amortissement n'implique aucune sortie de fonds, le concept d'amortissement fiscal peut, par contre, influer sur les flux de trésorerie de l'entreprise. En effet, l'amortissement fiscal est une dépense déductible du revenu. Plus l'amortissement fiscal est élevé, moins les impôts à payer le sont. De plus, comme les impôts nécessitent un décaissement, l'amortissement fiscal permet de réduire les sorties de fonds de l'entreprise.

entreprises à capital fermé

8

OBJECTIF 10 D'APPRENTISSAGE

Comparer les IFRS et les normes comptables pour les entreprises à capital fermé.

LA COMPARAISON DES IFRS ET DES NORMES COMPTABLES POUR LES ENTREPRISES À CAPITAL FERMÉ

Nous poursuivons notre analyse comparative des normes IFRS et des normes comptables pour les entreprises à capital fermé (NCECF). Pour les immobilisations corporelles, ces deux référentiels montrent des différences significatives qui, compte tenu des montants importants en cause, peuvent avoir un effet majeur sur les états financiers. Nous avons utilisé les normes internationales IAS 16 Immobilisations corporelles, IAS 23 Coûts d'emprunt et IAS 36 Dépréciation d'actifs de la partie I du *Manuel de l'ICCA* et les chapitres 3061 Immobilisations corporelles et 3063 Dépréciation d'actifs à long terme de la partie II du *Manuel de l'ICCA*. Dans le cas des immobilisations incorporelles, ces deux référentiels sont relativement semblables. À ce sujet, les normes internationales IAS 38 Immobilisations incorporelles et le bulletin d'interprétation SIC 32 Immobilisations incorporelles – coûts liés aux sites Web de la partie I du *Manuel de l'ICCA* et le chapitre 3064 Écarts d'acquisition et actifs incorporels de la partie II du *Manuel de l'ICCA* ont servi à comparer les normes IFRS et les NCECF. Le tableau suivant en présente un sommaire.

NORMES INTERNATIONALES D'INFORMATION FINANCIÈRE IAS 16, IAS 23, IAS 36, IAS 38, SIC 32	NORMES COMPTABLES POUR LES ENTREPRISES À CAPITAL FERMÉ Chapitres 3061, 3063, 3064
IMMOBILISATIONS CORPORELLES	**IMMOBILISATIONS CORPORELLES**
Comptabilisation • Les immobilisations sont comptabilisées au coût. • Les coûts d'emprunt font partie du coût de l'actif.	**Comptabilisation** • *Idem* • Les entreprises peuvent choisir de capitaliser ou non les frais financiers dans le coût de l'actif.
Évaluation Choix entre deux modèles : 1. Le modèle du coût 2. Le modèle de la réévaluation	**Évaluation** Un seul modèle : celui du coût Aucune réévaluation permise

Amortissement	**Amortissement**
• Chaque partie significative d'une immobilisation doit être comptabilisée (comptabilisation par composants) et amortie séparément.	• La comptabilisation par composants est suggérée lorsqu'il est possible de le faire.
• Les immobilisations sont amorties sur leur durée d'utilité.	• La charge d'amortissement correspond au plus élevé des montants suivants : – Le coût, moins la valeur de récupération, réparti sur la durée de vie de l'immobilisation ; – Le coût, moins la valeur résiduelle, réparti sur la durée de vie utile de l'immobilisation.
• Il doit y avoir révision annuelle des estimations de la valeur résiduelle et de la durée d'utilité.	• Il doit y avoir révision périodique (sans précision de la fréquence) des estimations de la durée de vie, de la durée de vie utile et de la méthode d'amortissement.
Dépréciation	**Dépréciation**
• À la fin de chaque période, l'entreprise doit évaluer s'il y a des indices de dépréciation de ses immobilisations.	• L'entreprise doit procéder à un test de dépréciation lorsque des événements indiquent que la valeur comptable de l'immobilisation pourrait ne pas être recouvrable.
• L'entreprise peut comptabiliser une reprise de perte de valeur jusqu'à concurrence de la valeur comptable de l'immobilisation, sans la dépréciation.	• Une perte de valeur ne peut faire l'objet d'une reprise.
Décomptabilisation Le profit ou la perte découlant de la sortie d'une immobilisation corporelle se calcule ainsi : Produit net reçu – Valeur comptable de l'actif.	**Décomptabilisation** *Idem*
IMMOBILISATIONS INCORPORELLES	**ACTIFS INCORPORELS**
Définition Actif non monétaire identifiable sans substance physique	**Définition** *Idem*
Comptabilisation	**Comptabilisation**
• Les immobilisations incorporelles sont comptabilisées au coût.	• *Idem*

• Les dépenses liées aux immobilisations incorporelles générées en interne sont traitées ainsi :
– Phase de recherche : les dépenses sont passées en charges ;
– Phase de développement : les dépenses sont intégrées au coût de l'actif.
	• Les dépenses liées aux actifs incorporels générés en interne sont traitées comme suit :
	– Phase de recherche : *idem*
	– Phase de développement : l'entreprise choisit entre deux méthodes :
	  1. Les dépenses sont passées en charges ;
	  2. Les dépenses sont intégrées au coût de l'actif.

Évaluation Deux modèles possibles : 1. Le modèle du coût 2. Le modèle de la réévaluation (uniquement si marché actif)	**Évaluation** Un seul modèle : celui du coût

8

→

Amortissement	Amortissement
• La valeur résiduelle est présumée nulle.	• *Idem*
• Les immobilisations incorporelles dont la durée d'utilité est indéterminée ne sont pas amorties.	• Les actifs incorporels ayant une durée de vie indéfinie ne sont pas amortis.
• Les immobilisations incorporelles dont la durée d'utilité est déterminée sont amorties.	• Les actifs incorporels ayant une durée de vie limitée sont amortis.
• La méthode d'amortissement et la durée d'utilité doivent être réexaminées annuellement.	• La méthode d'amortissement et la durée de vie utile doivent être réexaminées annuellement.
• La durée d'utilité d'une immobilisation qui n'est pas amortie doit être réexaminée à la clôture de chaque période.	
Dépréciation	**Dépréciation**
Les immobilisations incorporelles à durée indéterminée sont soumises à un test de dépréciation au moins une fois l'an.	Un actif non amortissable est soumis à un test de dépréciation lorsque des événements le justifient.

Conclusion

Le club Olympique Lyonnais a connu une première moitié de saison 2010-2011 difficile sur le plan sportif, ce qui s'est traduit par une baisse de 5,2 % des produits des activités pour son premier semestre, clos le 31 décembre 2010. OL a toutefois signé de nouveaux partenariats pour les prochaines années et mis en place une nouvelle structure managériale afin de bien gérer son grand projet de construction du Stade des Lumières. Malgré tout, il semble que le football européen soit en crise, comme en témoigne depuis quelques mois la presse européenne. Plus de la moitié des clubs européens sont endettés, pour un montant évalué à 15 milliards d'euros. L'Olympique Lyonnais fait piètre figure dans ce portrait, ayant réalisé le pire résultat financier des clubs français. Le marché spéculatif des contrats de joueurs est en grande partie la cause de cette crise financière. La comptabilisation des contrats des joueurs à l'actif permet aux clubs de recourir davantage à la dette, ce qui les entraîne dans une spirale d'endettement incontrôlée jusqu'à présent. Un rapport publié par la Fondation Terra Nova s'interroge sur la pertinence de la méthode comptable permettant de considérer les joueurs comme des actifs financiers[15].

....

15 FERRAND, Olivier, « Football européen : vers le krach généralisé », 20 avril 2011, dans TERRA NOVA, [en ligne], www.tnova.fr/note/football-europ-en-vers-le-krach-g-n-ralis (page consultée le 18 octobre 2011).

ANALYSONS UN CAS

Donjon inc. poursuit ses activités depuis un certain nombre d'années. Au moment de sa fondation, il s'agissait d'une entreprise de construction d'habitations. Au cours des dernières années, elle a étendu ses activités aux matériaux de construction et aux services de terrassement.

Voici quelques-unes des opérations qui ont été effectuées au cours de la période financière 2012. Elles portent sur les principaux sujets abordés dans le présent chapitre. Les montants ont été simplifiés pour faciliter la démonstration.

1er janvier	La direction a décidé d'acheter un immeuble construit il y a une dizaine d'années. L'emplacement est idéal et compte un nombre satisfaisant de places de stationnement. L'entreprise a acheté cet immeuble au prix de 175 000 $ et le terrain sur lequel il se trouve, à 130 000 $. Elle a versé 100 000 $ comptant et contracté un emprunt hypothécaire pour le reste du montant. Selon un expert, le toit a une valeur de 25 000 $ et devra être refait dans cinq ans. Compte tenu de cette information, l'entreprise décide de comptabiliser dans un compte distinct cette composante de l'immeuble.
12 janvier	L'entreprise paie des frais de 38 000 $ pour la rénovation de l'immeuble, prévue au moment de l'achat.
19 juin	L'entreprise achète une nouvelle machine pour fabriquer des planches de bois et la paie 50 000 $ comptant. D'après des estimations, elle prévoit produire 100 000 planches de bois grâce à ce nouvel équipement.
10 juillet	L'entreprise paie 1 200 $ pour l'entretien de l'immeuble.
1er août	Elle paie 10 000 $ pour les frais de préparation de la nouvelle machine.
31 décembre	Elle enregistre l'amortissement des immobilisations.

a) L'amortissement de l'immeuble s'effectuera selon la méthode de l'amortissement linéaire. La durée d'utilité est estimée à 20 ans, avec une valeur résiduelle estimative de 43 000 $. Le toit sera amorti de façon linéaire sur une durée d'utilité de cinq ans, sans valeur résiduelle.

b) Au cours de l'année 2012, on a produit 12 000 planches de bois. La valeur résiduelle de la machine est présumée nulle. L'entreprise a choisi d'amortir cet actif en employant la méthode des unités de production.

c) L'entreprise possède un brevet dont elle se sert pour ses activités. Au 1er janvier 2012, le solde du compte Brevet se chiffrait à 3 300 $. Le brevet a une durée d'utilité restante de six ans (y compris l'année 2012). L'entreprise utilise la méthode de l'amortissement linéaire pour amortir son brevet.

d) Au début de l'année, l'entreprise possédait un équipement dont le coût était de 650 000 $ et la valeur comptable, de 520 000 $. Cet équipement continue d'être amorti au moyen de la méthode de l'amortissement dégressif, selon un taux d'amortissement de 10 %.

e) À la clôture de la période, l'entreprise a jugé qu'une partie du matériel informatique, dont le coût est de 56 000 $ et dont la valeur comptable se chiffre à 36 000 $, est d'une utilité limitée. Elle procède à un test de dépréciation. Elle estime la valeur d'utilité de l'actif à 15 000 $ et la juste valeur diminuée des coûts de la vente, à 12 000 $.

Le 31 décembre 2012 marque la clôture de la période financière.

Travail à faire

1. Indiquez les comptes touchés par les opérations précédentes, le montant et l'effet de chacune sur l'équation comptable. (Écrivez un + pour une augmentation et un – pour une diminution. S'il n'y a aucun effet, écrivez AE.) Servez-vous du modèle de présentation suivant :

Date	Actif	=	Passif	+	Capitaux propres

2. Passez les écritures de régularisation nécessaires au 31 décembre pour les éléments a) et e).

3. Présentez un état de la situation financière partiel au 31 décembre 2012 pour les postes suivants :
   - Immobilisations corporelles : Terrain, Immeuble, Équipement, Matériel informatique ;
   - Immobilisations incorporelles : Brevet.

4. En supposant que l'entreprise a eu un chiffre d'affaires de 1 000 000 $ au cours de l'année financière 2012 et que ses immobilisations corporelles avaient une valeur comptable de 556 000 $ à l'ouverture de la période, calculez le taux de rotation des actifs immobilisés. Expliquez-en la signification.

Solutions suggérées

1. L'effet sur l'équation comptable (avec les calculs)

Date	Actif		=	Passif		+	Capitaux propres	
1er janvier	Trésorerie	−100 000		Emprunt hypothécaire	+205 000			
	Terrain	+130 000						
	Immeuble	+150 000						
	Immeuble – toit	+25 000						
12 janvier[1]	Trésorerie	−38 000						
	Immeuble	+38 000						
19 juin	Trésorerie	−50 000						
	Machine	+50 000						
10 juillet[2]	Trésorerie	−1 200					Charges d'entretien	−1 200
1er août[3]	Trésorerie	−10 000						
	Machine	+10 000						
31 décembre a)[4]	Amortissement cumulé – immeuble	−7 250					Amortissement	−7 250
31 décembre a)[5]	Amortissement cumulé – toit	−5 000					Amortissement	−5 000
31 décembre b)[6]	Amortissement cumulé – équipement	−7 200					Amortissement	−7 200
31 décembre c)[7]	Amortissement cumulé – brevet	−550					Amortissement	−550
31 décembre d)[8]	Amortissement cumulé – équipement	−52 000					Amortissement	−52 000
31 décembre e)[9]	Provision pour perte de valeur – matériel informatique	−21 000					Perte de valeur – matériel informatique	−21 000

[1] Les frais de rénovation sont inclus dans le coût de l'immeuble, car ils étaient prévus au moment de l'achat.

[2] Les frais d'entretien normaux sont passés en charges lorsqu'ils sont engagés.

[3] Ces dépenses sont nécessaires pour préparer la machine à son utilisation. Elles sont donc incluses dans le coût de l'actif.

[4] Coût de l'immeuble :

Paiement initial	150 000 $
Rénovations avant utilisation	38 000
Coût d'acquisition	188 000 $

Amortissement linéaire : (188 000 $ − 43 000 $) ÷ 20 = 7 250 $

⁽⁵⁾ Amortissement du toit: (25 000 $ – 0 $) ÷ 5 = 5 000 $

⁽⁶⁾ Coût de la machine:

Paiement initial	50 000 $
Frais de préparation	10 000
Coût d'acquisition	60 000 $

Amortissement des unités de production:

$$\frac{60\,000\,\$ + 12\,000}{100\,000} = 7\,200\,\$$$

⁽⁷⁾ Amortissement linéaire:

Valeur comptable du brevet	3 300 $
÷ Durée d'utilité restante (en années)	6 ans
	550 $

⁽⁸⁾ Amortissement dégressif à taux constant:

(Valeur comptable de 520 000 $) × 10 % = 52 000 $

⁽⁹⁾ Dépréciation:

Comme la valeur comptable de l'ancien équipement (36 000 $) est supérieure à la valeur recouvrable (15 000 $), il y a perte de valeur.

Perte de valeur:	
Valeur comptable	36 000 $
Moins: Valeur recouvrable	15 000
Perte de valeur	21 000 $

2. Écritures de régularisation au 31 décembre 2012

ÉCRITURE DE JOURNAL

a) Amortissement (+C, –CP)	7 250	
Amortissement cumulé – immeuble (+XA, –A)		7 250
e) Perte de valeur – matériel informatique (+C, –CP)	21 000	
Provision pour perte de valeur – matériel informatique (+XA, –A)		21 000

3. État de la situation financière partiel au 31 décembre 2012

Actifs non courants	
Immobilisations corporelles	
Terrain	130 000 $
Immeuble, net ⁽¹⁾	200 750
Équipement, net ⁽²⁾	520 800
Matériel informatique, net ⁽³⁾	15 000
Immobilisations incorporelles	
Brevet, net ⁽⁴⁾	2 750

8

(1)	Coût		213 000 $
	Moins : Amortissement cumulé		12 250
	Valeur comptable		200 750 $
(2)	Coût (60 000 $ + 650 000 $)		710 000 $
	Moins : Amortissement cumulé		
	[(650 000 $ − 520 000 $) + 52 000 $ + 7 200 $]		189 200
	Valeur comptable		520 800 $
(3)	Coût		56 000 $
	Moins : Amortissement cumulé		
	(56 000 $ − 36 000 $)		20 000
	Moins : Provision pour perte de valeur		21 000
	Valeur comptable		15 000 $
(4)	Coût		3 300 $
	Moins : Amortissement cumulé		550
	Valeur comptable		2 750 $

4. Taux de rotation des actifs immobilisés

$$\frac{\text{Chiffre d'affaires net}}{\text{Actifs immobilisés moyens}} = \frac{1\,000\,000\,\$}{(556\,000\,\$ + 866\,550\,\$^*) \div 2} = 1,41$$

* 130 000 $ + 200 750 $ + 520 800 $ + 15 000 $ = 866 550 $

Cette entreprise de construction est hautement capitalisée. Le taux de rotation des actifs immobilisés permet de mesurer l'efficacité de l'entreprise à bien gérer ses investissements en immobilisations corporelles afin de réaliser son chiffre d'affaires. Pour faire une analyse complète, il faudrait étudier la tendance dans le temps en ce qui concerne cette entreprise, et la comparer à ses compétiteurs ou au taux du secteur.

Annexe 8-A   Les révisions des estimations

Pour calculer la charge d'amortissement, on a recours à certaines estimations – la durée d'utilité et la valeur résiduelle –, faites au moment de l'acquisition d'un bien amortissable en fonction de l'information disponible à cette date. À la fin de chaque période annuelle, l'entreprise doit réviser ces estimations. Voici ce que l'on peut lire dans une note aux états financiers tirée du *Document de référence 2009-2010* d'OL Groupe :

coup d'œil sur
OL GROUPE
DOCUMENT DE RÉFÉRENCE

2.5. Recours à des estimations
L'établissement des états financiers conformément au cadre conceptuel des normes IFRS nécessite d'effectuer des estimations et de formuler des hypothèses qui portent sur les montants figurant dans les états financiers. Les principaux éléments concernés par l'utilisation d'estimations et d'hypothèses sont les tests de dépréciation des immobilisations incorporelles à durée de vie indéfinie, les impôts différés et les provisions, notamment la provision pour engagements de retraite. Ces estimations partent d'une hypothèse de continuité d'exploitation et sont établies en fonction des informations disponibles lors de leur établissement, et s'inscrivent dans le contexte de la crise économique et financière actuelle, dont l'ampleur et la durée ne peuvent être anticipées avec précision. Les estimations peuvent être révisées si les circonstances sur lesquelles elles étaient fondées évoluent ou par suite de nouvelles informations. Les résultats réels peuvent être différents de ces estimations.

Certaines circonstances peuvent modifier les estimations, telles que :
1. un changement dans le niveau d'utilisation de l'actif ;
2. un changement dans le mode d'utilisation de l'actif ;
3. la mise hors service de l'actif pendant une période prolongée ;
4. des dommages matériels ;
5. des progrès technologiques importants ;
6. des modifications apportées à la loi ou à l'environnement, l'évolution de la mode ou des goûts, ayant une incidence sur la durée d'utilisation de l'immobilisation.

Lorsqu'une entreprise révise ses estimations, le montant amortissable pour les périodes suivantes est calculé à partir de la valeur comptable de l'actif au moment de la révision.

Prenons pour exemple les données suivantes concernant un avion :

Coût de l'avion au moment de l'acquisition	60 000 000 $
Durée d'utilité	30 ans
Valeur résiduelle estimative	3 000 000 $

Peu après le début de la cinquième année, l'entreprise a révisé son estimation initiale de la durée d'utilité à 25 ans et diminué la valeur résiduelle estimative à 2 400 000 $. Elle calculera les charges d'amortissement de la façon suivante :
1. Charge d'amortissement pour les quatre premières années :

$$(60\ 000\ 000\ \$ - 3\ 000\ 000\ \$) \div 20 \text{ ans} = 2\ 850\ 000\ \$ \text{ par année}$$

$$2\ 850\ 000\ \$ \times 4 \text{ ans} = 11\ 400\ 000\ \$$$

2. Valeur comptable de l'avion à la fin de l'année 4 :

Coût d'acquisition	60 000 000 $
Moins : Amortissement cumulé	11 400 000
	48 600 000 $

3. Charge d'amortissement pour la cinquième année et les suivantes :

$$(48\ 600\ 000\ \$ - 2\ 400\ 000\ \$) \div 21 \text{ ans}^* = 2\ 200\ 000\ \$$$

* (25 ans – 4 ans)

Par conséquent, la charge d'amortissement de la cinquième année et des années subséquentes sera de 2 200 000 $.

Vous remarquerez qu'une révision des estimations modifie la charge de la période en cours et des périodes subséquentes sans influer sur les périodes antérieures. Aucune correction n'a été apportée aux charges de celles-ci, car les révisions d'estimations découlent de faits nouveaux qui n'étaient pas connus avant.

Les entreprises peuvent aussi changer de méthode d'amortissement, par exemple passer de l'amortissement dégressif à l'amortissement linéaire. Toutefois, un changement de méthode d'amortissement est considéré comme une révision des estimations si ce changement découle de faits nouveaux. Les normes comptables permettent à une entreprise de changer de méthodes comptables dans deux circonstances, à savoir que le changement :
a) est imposé par une IFRS ; ou
b) a pour résultat que les états financiers fournissent des informations fiables et plus pertinentes [...][14].

---

14 *Manuel de l'ICCA*, partie I, IAS 8 : Méthodes comptables, changements d'estimations comptables et erreurs, paragr. 14.

Ces restrictions ont pour but de limiter les changements de méthodes et d'ainsi permettre aux utilisateurs de comparer les états financiers d'une période à l'autre afin d'en dégager la tendance.

OL GROUPE

TEST D'AUTOÉVALUATION
....

Supposons qu'OL possède un camion qui a coûté au départ 100 000 $. Au moment de l'achat, ce camion avait une durée d'utilité estimative de 10 ans et une valeur résiduelle de 10 000 $. Après s'en être servi pendant cinq ans, l'entreprise juge que la durée d'utilité restante de ce camion est de deux ans, sans valeur résiduelle. À la suite de cette révision d'estimation, quel montant l'entreprise devrait-elle enregistrer à titre de charge d'amortissement pour la durée d'utilité restante de ce bien ? Considérez qu'OL utilise la méthode de l'amortissement linéaire.

Vérifiez votre réponse à l'aide de la solution présentée en bas de page*.

POINTS SAILLANTS DU CHAPITRE

1. Définir, classer et expliquer la nature des immobilisations (*voir la page 470*).

Les immobilisations sont des éléments d'actifs non courants qu'une entreprise possède et utilise de façon durable dans le cours normal de ses activités. On distingue deux catégories d'immobilisations : les immobilisations corporelles (par exemple, les terrains, les immeubles et l'équipement) et les immobilisations incorporelles (par exemple, les marques et les brevets).

2. Calculer et interpréter le taux de rotation des actifs immobilisés (*voir la page 472*).

Le taux de rotation des actifs immobilisés permet de mesurer la productivité de l'entreprise. Un taux croissant dans le temps signifie que les immobilisations corporelles sont utilisées de manière efficace.

3. Déterminer le coût des immobilisations corporelles au moment de leur acquisition et connaître le traitement comptable des coûts ultérieurs (*voir la page 473*).

Le coût des immobilisations corporelles correspond à la juste valeur de la contrepartie donnée pour acquérir ces biens, à laquelle on ajoute tous les frais raisonnables et nécessaires qui doivent être engagés pour acquérir l'actif, et le mettre à l'endroit et dans l'état nécessaire à son utilisation. L'achat d'une immobilisation peut se régler au comptant, grâce à un emprunt ou à l'émission d'actions. L'entreprise peut aussi construire elle-même l'actif pour ses propres besoins. Les coûts ultérieurs comprennent les frais d'entretien normaux (dépenses d'exploitation) ainsi que les remplacements ou ajouts (dépenses en capital).

- Les dépenses d'exploitation procurent des avantages économiques uniquement pendant la période en cours ; au moment où ces dépenses sont engagées, les montants sont portés aux comptes de charges appropriés.
- Les dépenses en capital procurent des avantages économiques pendant plusieurs périodes ; les montants sont portés aux comptes d'actifs appropriés et sont ensuite amortis.

---

* **Solution du test d'autoévaluation**
Charge d'amortissement pour les cinq premières années : (100 000 $ – 10 000 $) ÷ 10 = 9 000 $
Donc, amortissement cumulé : 9 000 $ × 5 = 45 000 $
Valeur comptable du camion après cinq ans : 100 000 $ – 45 000 $ = 55 000 $
Charge d'amortissement annuelle pour les deux prochaines années : 55 000 $ ÷ 2 = 27 500 $

4. Connaître les deux modèles d'évaluation des immobilisations (*voir la page 479*).

Après leur comptabilisation initiale, les immobilisations corporelles peuvent être évaluées selon deux modèles, au choix de l'entreprise :

- Selon le modèle du coût, la valeur comptable brute d'une immobilisation correspond à son coût d'acquisition au moment de sa comptabilisation ;
- Selon le modèle de la réévaluation, les immobilisations sont réévaluées à leur juste valeur si celle-ci peut être évaluée de façon fiable.

5. Comprendre et appliquer différentes méthodes d'amortissement (*voir la page 481*).

Selon le concept du rattachement des charges aux produits, on doit répartir le montant amortissable des immobilisations sur les périodes au cours desquelles l'entreprise les utilise. La valeur comptable de l'actif correspond au coût d'acquisition moins l'amortissement cumulé. La charge d'amortissement diminue le résultat net de la période. Les méthodes les plus utilisées sont la méthode de l'amortissement linéaire (une charge constante dans le temps), la méthode de l'amortissement des unités de production (une charge qui varie selon l'utilisation réelle) et la méthode de l'amortissement dégressif à taux constant (une charge qui diminue avec le temps).

6. Expliquer l'effet d'une perte de valeur des immobilisations sur les états financiers (*voir la page 491*).

En raison de certains événements ou circonstances, il peut arriver que la valeur comptable d'une immobilisation soit plus élevée que sa valeur recouvrable. Si c'est le cas, on doit réduire la valeur comptable de l'immobilisation à sa valeur recouvrable. Celle-ci correspond au montant le plus élevé entre la juste valeur, diminuée des coûts de la vente, et la valeur d'utilité. Selon le modèle du coût, cette perte de valeur est comptabilisée en charge de la période en cours.

7. Connaître le processus comptable de la sortie des immobilisations corporelles (*voir la page 492*).

- On s'assure que la charge d'amortissement est inscrite jusqu'à la date de sortie.
- La sortie peut être volontaire ou involontaire ; on retranche des livres le coût de l'actif et le montant de l'amortissement cumulé qui s'y rapporte.
- On enregistre le produit de sortie.
- Il y a profit (ou perte) lorsque la valeur comptable est inférieure (ou supérieure) à la contrepartie reçue au moment de la sortie.

8. Reconnaître les particularités comptables liées à la comptabilisation des immobilisations incorporelles (*voir la page 494*).

Les immobilisations incorporelles sont comptabilisées au coût. Celles dont la durée d'utilité est déterminée sont amorties, tandis que celles dont la durée d'utilité est indéterminée ne le sont pas. Les immobilisations incorporelles comprennent entre autres les marques, brevets et concessions.

9. Comprendre l'effet des opérations d'achat, d'amortissement et de sortie des immobilisations sur les flux de trésorerie (*voir la page 499*).

L'amortissement est une charge qui n'a aucun effet sur la trésorerie ; on l'additionne au résultat net dans le tableau des flux de trésorerie pour déterminer les flux de trésorerie liés aux activités opérationnelles. L'acquisition et la vente d'immobilisations sont des activités d'investissement.

10. Comparer les IFRS et les normes comptables pour les entreprises à capital fermé (*voir la page 500*).

Des différences significatives existent entre les normes IFRS et les normes comptables pour les entreprises à capital fermé concernant les immobilisations. La plus importante concerne la possibilité, dans le cadre des normes IFRS, de réévaluer les immobilisations corporelles et incorporelles, alors que cette opération est interdite pour les entreprises à capital fermé. Outre cette différence, on note aussi de nombreuses autres disparités dans le traitement comptable des immobilisations corporelles, alors que pour les immobilisations incorporelles, ces deux référentiels sont assez semblables.

Aux chapitres précédents, nous avons examiné certaines questions d'affaires et de comptabilité relatives aux actifs qu'une entreprise détient. Aux chapitres 9 et 10, nous changeons de point de vue et analysons l'autre côté de l'équation comptable. Nous voyons comment les gestionnaires financent les activités de leur entreprise et l'acquisition de leurs actifs. Au chapitre 9, nous traitons de différents éléments du passif et, au chapitre 10, nous abordons les capitaux propres.

Ratio clé

Le taux de rotation des actifs immobilisés permet de mesurer selon quel degré d'efficacité une entreprise utilise ses immobilisations corporelles. L'évolution de ce taux dans le temps est analysée, et le taux peut aussi être comparé à celui des concurrents de l'entreprise. Ce taux se calcule comme suit (*voir la page 472*):

$$\text{Taux de rotation des actifs immobilisés} = \frac{\text{Chiffre d'affaires net}}{\text{Actifs immobilisés moyens*}}$$

* (Actifs immobilisés à l'ouverture de la période + Actifs immobilisés à la clôture de la période) ÷ 2

Pour trouver l'information financière

ÉTAT DE LA SITUATION FINANCIÈRE

Actif non courant
Immobilisations corporelles
Immobilisations incorporelles

ÉTAT DU RÉSULTAT GLOBAL

Dans le calcul du résultat net
Amortissement
Réparations et entretien
Profit ou perte sur sortie d'immobilisations
Perte de valeur sur immobilisations

Dans le calcul du résultat global
Écart de réévaluation

ÉTAT DES VARIATIONS DES CAPITAUX PROPRES

Dans les autres éléments du résultat global
Écart de réévaluation

TABLEAU DES FLUX DE TRÉSORERIE

Dans la catégorie des activités opérationnelles (méthode indirecte)
Résultat net
+ Amortissement des immobilisations
− Profits sur la sortie des immobilisations
+ Pertes sur la sortie des immobilisations
+ Pertes de valeur sur immobilisations

Dans la catégorie des activités d'investissement
+ Sortie d'immobilisations au comptant
− Achat d'immobilisations au comptant

NOTES

Principales conventions comptables

Description du choix de la direction en matière de méthodes d'amortissement pour les immobilisations corporelles et incorporelles, y compris la durée d'utilité et le montant d'amortissement de la période si ces éléments n'apparaissent pas à l'état du résultat global.

Autres notes

Liste des principales catégories d'immobilisations présentant le coût d'acquisition, l'amortissement cumulé et la valeur comptable pour chaque catégorie.

Mots clés

8

ACTIVITÉS D'APPRENTISSAGE

1. Définissez le terme « immobilisations ».

2. Comment calcule-t-on le taux de rotation des actifs immobilisés ? Expliquez la signification de ce taux.

3. Quelles sont les catégories d'immobilisations ? Expliquez chacune de ces catégories.

4. À quelle valeur doit-on comptabiliser les immobilisations corporelles ?

5. Que signifie « l'approche par composants » pour la comptabilisation des immobilisations corporelles ? Quel est l'objectif de cette approche ?

6. Comment traite-t-on les coûts d'emprunt au moment de l'achat d'une immobilisation ? de la construction en interne d'une immobilisation ?

7. Décrivez la relation qui existe entre le concept de rattachement des charges aux produits et la comptabilisation des immobilisations.

8. Expliquez la distinction entre les dépenses en capital et les dépenses d'exploitation. Comment comptabilise-t-on les unes et les autres ?

9. Expliquez les deux modèles d'évaluation des immobilisations.

10. Pour faire le calcul de l'amortissement, on doit connaître ou estimer certaines valeurs. Nommez-les et expliquez la nature de chacune d'entre elles.

11. Quel type de charge d'amortissement chacune des méthodes suivantes produit-elle ? Quand doit-on utiliser chacune de ces méthodes ?

   a) La méthode de l'amortissement linéaire

   b) La méthode de l'amortissement des unités de production

   c) La méthode de l'amortissement dégressif à taux constant

12. À quoi correspond la valeur comptable d'une immobilisation corporelle ?

13. Qu'est-ce que la dépréciation d'une immobilisation ?

14. Expliquez ce qu'est une immobilisation incorporelle. Comment doit-on amortir une immobilisation incorporelle ?

15. Pourquoi additionne-t-on la charge d'amortissement au résultat net dans le tableau des flux de trésorerie ?

QUESTIONS À CHOIX MULTIPLES

1. La société Tassé et la société Bouté ont toutes deux acheté un nouveau véhicule au prix de 60 000 $ le 1er janvier 2012. Au 31 décembre 2014, la valeur comptable du véhicule de la société Tassé est inférieure à celle du véhicule de la société Bouté. Comment peut-on expliquer cette différence ?

   a) Les deux sociétés utilisent la méthode de l'amortissement linéaire, mais Tassé estime que la durée d'utilité du véhicule sera plus longue.

   b) La société Tassé estime que la valeur résiduelle sera moins élevée ; les deux sociétés estiment que la durée d'utilité sera égale et utilisent la méthode de l'amortissement linéaire.

   c) Selon les normes IFRS, cette situation est impossible.

   d) Tassé utilise la méthode de l'amortissement linéaire, et Bouté utilise la méthode de l'amortissement dégressif à taux constant.

2. La société Barbier utilise la méthode de l'amortissement linéaire pour amortir son immeuble, acheté en 2012. L'immeuble a une durée d'utilité de 20 ans et une valeur résiduelle de 20 000 $. La charge d'amortissement en 2012 s'élevait à 20 000 $. Quelle est le coût de l'immeuble ?

   a) 360 000 $

   b) 380 000 $

   c) 400 000 $

   d) 420 000 $

3. Avantout inc. utilise la méthode de l'amortissement linéaire pour toutes ses immobilisations corporelles. Le 31 décembre 2013, Avantout a vendu une pièce d'équipement qu'elle avait achetée le 1er janvier 2012 au coût de 10 000 $. On avait estimé la durée d'utilité de cet actif à cinq ans sans valeur résiduelle. L'équipement a été vendu 7 500 $. Quel est le profit ou la perte à la suite de cette vente ?

   a) Une perte de 500 $

   b) Un profit de 500 $

   c) Une perte de 1 500 $

   d) Un profit de 1 500 $

   e) Aucun profit ni aucune perte

4. Dans quelle méthode d'amortissement utilise-t-on la valeur comptable pour calculer la charge d'amortissement?
   a) La méthode de l'amortissement linéaire
   b) La méthode de l'amortissement des unités de production
   c) La méthode de l'amortissement dégressif à taux constant
   d) Aucune de ces méthodes

5. Le 1er mars 2013, la société Orchidée a contracté un emprunt pour financer la construction de son nouveau siège social. Les travaux de construction ont débuté le 1er juin 2013 et se sont terminés le 30 novembre 2013. Le siège social est devenu opérationnel le 1er février 2014. Pendant quelle période l'entreprise pourra-t-elle incorporer les coûts de l'emprunt au coût de son nouveau bâtiment?
   a) Du 1er mars 2013 au 30 novembre 2013
   b) Du 1er mars 2013 au 31 janvier 2014
   c) Du 1er juin 2013 au 30 novembre 2013
   d) Du 1er juin 2013 au 31 janvier 2014

6. Une immobilisation corporelle a une valeur comptable de 30 000 $. Elle pourrait être vendue 28 500 $, et les coûts de la vente sont estimés à 500 $. L'actif a une valeur d'utilité de 32 000 $. Quelle est la valeur recouvrable de cet actif?
   a) 28 000 $
   b) 30 000 $
   c) 32 000 $
   d) 28 500 $

7. Lequel des énoncés suivants est vrai?
   a) Lorsque la direction estime que la juste valeur d'une immobilisation diffère de façon significative de sa valeur comptable, l'immobilisation doit être réévaluée.
   b) Le modèle de la réévaluation prévoit que les immobilisations doivent être réévaluées tous les cinq ans.
   c) Une augmentation de valeur due à la réévaluation est un profit à l'état du résultat global.
   d) Le modèle de la réévaluation doit être appliqué pour toutes les immobilisations d'une catégorie.

8. Quel sont les effets de la comptabilisation de l'amortissement sur l'équation comptable?
   a) Le total de l'actif augmente et les capitaux propres augmentent.
   b) Le total de l'actif diminue et le total du passif augmente.
   c) Le total de l'actif diminue et les capitaux propres augmentent.
   d) Aucune de ces réponses.

9. Parmi les énoncés suivants, lequel est faux?
   a) Les dépenses en capital procureront des avantages économiques durant plusieurs périodes.
   b) Selon les normes IFRS, les immobilisations incorporelles doivent être évaluées selon le modèle du coût.
   c) Le goodwill ne peut être comptabilisé en tant qu'actif que s'il est acquis.
   d) Une immobilisation incorporelle est un actif non monétaire identifiable sans substance physique.

10. Parmi les énoncés suivants, lequel est vrai?
   a) Les immobilisations incorporelles à durée d'utilité indéterminée ne sont pas amorties.
   b) Les immobilisations incorporelles ne subissent aucune perte de valeur.
   c) Toutes les immobilisations incorporelles sont à durée d'utilité déterminée.
   d) Aucune de ces réponses.

8

MINI-EXERCICES

M8-1

1

5 minutes

Le classement des immobilisations

Indiquez la nature de chacune des immobilisations suivantes et le concept de répartition des coûts qui s'y rapporte. Utilisez les symboles présentés dans le tableau.

Nature		Concept de répartition des coûts	
T	Terrain	A	Amortissement
I	Immeuble	AR	Aucune répartition des coûts
M	Matériel	AU	Autre
II	Immobilisations incorporelles		
AU	Autre		

Actif	Nature	Répartition des coûts
1. Droits d'auteur	_____	_____
2. Terrain détenu pour les activités ordinaires	_____	_____
3. Entrepôt	_____	_____
4. Toit d'un immeuble	_____	_____
5. Nouveau moteur pour une vieille machine	_____	_____
6. Concession	_____	_____
7. Terrain détenu en vue de la vente	_____	_____
8. Camion de livraison	_____	_____
9. Ordinateur	_____	_____
10. Usine de production	_____	_____

M8-2

2

5 minutes

Le taux de rotation des actifs immobilisés

Les renseignements suivants ont été enregistrés par l'entreprise Courcelles pour la période financière 2012 :

Immobilisations corporelles (ouverture de la période)	1 450 000 $
Immobilisations corporelles (clôture de la période)	2 250 000
Chiffre d'affaires net	3 250 000
Résultat net	1 700 000

Calculez le taux de rotation des actifs immobilisés de cette entreprise pour l'année 2012. Que pouvez-vous dire du taux de rotation de la société Courcelles en comparaison avec celui de son secteur, lequel est de 2,10 ?

M8-3

3

10 minutes

Le coût des immobilisations corporelles

La société DesMeules a acquis un terrain, et un immeuble qui renferme une pièce d'équipement très sophistiquée qu'elle juge essentielle à ses activités, le tout pour la somme de 600 000 $. L'achat a été payé de la façon suivante : 20 % en espèces, 20 % en actions et 60 % sous la forme d'un emprunt hypothécaire contracté auprès d'un établissement bancaire. D'après un expert, le terrain vaut 200 000 $, l'immeuble a une valeur de 250 000 $ et le matériel, de 150 000 $. Cet expert évalue de plus que le système de chauffage et de climatisation vaut à lui seul 75 000 $. Indiquez l'effet de cette acquisition sur l'équation comptable. (Écrivez un + pour une augmentation et un – pour une diminution.) Précisez les comptes qui sont modifiés et les montants en cause.

Actif	=	Passif	+	Capitaux propres

M8-4

3

5 minutes

La distinction entre les dépenses en capital et les dépenses d'exploitation

Pour chacune des opérations ci-après, écrivez à gauche la lettre correspondant au type de dépense.

Type de dépense	Opération
C Une dépense en capital	_____ 1. Paiement de 400 $ pour des réparations ordinaires
E Une dépense d'exploitation	_____ 2. Paiement de 6 000 $ pour des améliorations apportées au matériel
N Ni l'une ni l'autre	_____ 3. Paiement de 20 000 $ pour l'agran-dissement d'un vieil immeuble
	_____ 4. Paiement de 200 $ pour l'entretien de l'équipement
	_____ 5. Achat d'une machine de 7 000 $ en contrepartie de l'émission d'un effet à payer
	_____ 6. Paiement de 2 000 $ pour des frais de publicité
	_____ 7. Paiement de la prime d'assurance annuelle de 900 $
	_____ 8. Achat d'un brevet, 4 300 $ comptant
	_____ 9. Paiement de 10 000 $ en salaires mensuels
	_____ 10. Paiement d'un dividende en espèces, 20 000 $

M8-5

 4

10 minutes

Les modèles d'évaluation des immobilisations

La société Champlain décide d'évaluer son terrain selon le modèle de la réévaluation. Le terrain a été acheté en 2012 au coût de 125 000 $. Au 31 décembre 2012, la juste valeur du terrain est de 130 000 $. Quel traitement comptable ces données supposent-elles ?

M8-6

 5

10 minutes

Le calcul de la valeur comptable (selon la méthode de l'amortissement linéaire)

Calculez la valeur comptable d'un matériel vieux de trois ans qui a coûté 21 500 $, qui a une valeur résiduelle estimative de 1 500 $, et une durée d'utilité de quatre ans. L'entreprise utilise la méthode de l'amortissement linéaire.

M8-7

 5

10 minutes

Le calcul de la valeur comptable (selon la méthode de l'amortissement dégressif à taux constant)

Calculez la valeur comptable d'un matériel vieux de trois ans qui a coûté 21 500 $. La valeur résiduelle estimative est de 1 500 $, et la durée d'utilité est de quatre ans. L'entreprise utilise la méthode de l'amortissement dégressif à taux constant, selon un taux d'amortissement de 30 %. Arrondissez au dollar près.

M8-8

 5

10 minutes

Le calcul de la valeur comptable (selon la méthode de l'amortissement des unités de production)

Calculez la valeur comptable d'un matériel vieux de trois ans qui a coûté 21 500 $. La valeur résiduelle estimative est de 1 500 $, et la durée d'utilité est de 20 000 heures-machines. L'entreprise utilise la méthode de l'amortissement des unités de production et a employé l'appareil 3 000 heures au cours de la période financière 1, 8 000 heures au cours de la période financière 2 et 7 000 heures au cours de la période financière 3.

8

M8-9   La dépréciation des immobilisations

6

10 minutes

Pour chacun des éléments ci-après, indiquez si un actif devrait subir une réduction de valeur. (Écrivez « O » pour oui ou « N » pour non.) Lorsque la réponse est positive, quel est le montant de la perte à comptabiliser ?

		Valeur comptable	Valeur d'utilité	Juste valeur – Coûts de la vente	Y a-t-il perte de valeur ?	Si oui, de quel montant ?
a)	Machinerie	16 000 $	10 000 $	9 000 $		
b)	Droits d'auteur	40 000	41 000	39 000		
c)	Usine	50 000	35 000	30 000		
d)	Immeuble	230 000	230 000	240 000		

M8-10   La sortie d'une immobilisation corporelle

 7

5 minutes

À la suite d'un vaste projet de rénovation entrepris au début de l'année, la pharmacie Couillard inc. a vendu des éléments de rayonnage (accessoires de magasin) au montant de 1 400 $, comptant. À l'origine, ces étagères, vieilles de 10 ans, avaient coûté 6 200 $ et avaient été amorties de façon linéaire sur une durée d'utilité de 12 ans. Leur valeur résiduelle avait été estimée à 200 $. Indiquez l'effet de la vente de ces éléments sur l'équation comptable. Passez les écritures de journal nécessaires.

M8-11   L'acquisition d'immobilisations incorporelles

 8

5 minutes

La Pâtisserie Bagel est en affaires depuis 30 ans. Elle s'est constituée une clientèle fidèle qui est formée de nombreux restaurants. La société Brioche a offert de l'acheter pour 5 000 000 $. La valeur comptable des éléments d'actif et de passif de la Pâtisserie Bagel, à la date de l'offre, s'élève à 4 400 000 $ et sa juste valeur, à 4 600 000 $. En outre, l'entreprise détient le brevet d'un appareil à canneler la pâte à tarte inventé dans le contexte de ses activités (le brevet, d'une juste valeur de 200 000 $, n'a jamais été comptabilisé par la Pâtisserie Bagel). Aussi, l'entreprise estime que sa capacité à générer des produits grâce à son renom se chiffre à 300 000 $ (montant qu'elle n'a jamais comptabilisé). La direction de la Pâtisserie Bagel devrait-elle accepter l'offre de 5 000 000 $ de la société Brioche ? Si oui, calculez le montant que la société Brioche devrait enregistrer à titre de goodwill à la date de l'achat.

M8-12   L'établissement du tableau des flux de trésorerie

 9

10 minutes

Voici quelques-unes des activités que la société Frontenac a effectuées au cours de la période close le 31 décembre 2013 : vente d'un terrain au comptant à son coût d'acquisition de 15 000 $; achat de matériel à 80 000 $ (paiement de 75 000 $ comptant et le reste sous forme d'un effet à payer) ; enregistrement de 3 000 $ en charges d'amortissement pour la période. Le résultat net de l'entreprise se chiffre à 10 000 $ pour la période. Préparez les sections des activités opérationnelles et des activités d'investissement du tableau des flux de trésorerie pour la période financière 2013 à partir de ces données.

EXERCICES

E8-1   L'établissement d'un état de la situation financière

 1

10 minutes

Le Groupe
Jean Coutu (PJC)

Voici une liste des postes et des montants (en millions de dollars) provenant des états financiers du Groupe Jean Coutu (PJC) inc., l'un des plus importants réseaux de distribution et de vente au détail de produits pharmaceutiques et parapharmaceutiques au pays. (Note : L'intitulé de certains postes a été modifié.)

Constructions en cours	12,9
Placements non courants	61,0
Autres éléments de l'actif non courant	126,6
Améliorations locatives	17,0
Amortissement cumulé – améliorations locatives	7,4
Immeubles destinés à la location	276,9
Amortissement cumulé – immeubles destinés à la location	49,0
Goodwill	36,0

Terrains destinés à la location	94,0
Charges payées d'avance et autres	8,8
Stocks	163,8
Immeubles	53,3
Amortissement cumulé – immeubles	21,4
Terrains	3,7
Clients	194,1
Équipement	70,4
Amortissement cumulé – équipement	55,8

Travail à faire

Préparez la section des actifs de l'état de la situation financière de l'entreprise en classant ces postes dans deux catégories : Actifs courants et Actifs non courants.

E8-2
2
20 minutes

Cascades

Le taux de rotation des actifs immobilisés
Les données qui suivent apparaissent dans un rapport annuel récent de la société Cascades inc. (en millions de dollars).

	2010	2009	2008	2007	2006	2005	2004	2 003
Chiffre d'affaires net	3 959 $	3 877 $	4 025 $	4 033 $	3 481 $	3 862 $	3 692 $	3 449 $
Immobilisations corporelles nettes	1 777	1 912	2 030	1 886	2 063	1 562	1 700	1 636

Travail à faire

1. Calculez le taux de rotation des actifs immobilisés de l'entreprise en 2004, 2006, 2008 et 2010 (années paires).
2. Comment des analystes financiers interpréteraient-ils ces résultats ?

E8-3
3•5
20 minutes

La comptabilisation d'un achat et l'amortissement des actifs (selon la méthode de l'amortissement linéaire)
La société Marie-Rollet a acheté comptant un immeuble au prix de 170 000 $ et le terrain sur lequel il est situé, le tout d'un montant en espèces de 225 000 $. Elle paie 11 250 $ en frais de notaire (8 500 $ pour l'immeuble et 2 750 $ pour le terrain). Les rénovations de l'immeuble ont coûté 23 000 $. Selon un expert indépendant, le système de chauffage et l'ascenseur de l'immeuble ont une juste valeur de 31 000 $ et de 24 000 $, respectivement.

Travail à faire

1. Calculez le coût d'acquisition de chacun des composants qu'a achetés l'entreprise. Présentez vos calculs.
2. Montrez l'effet de ces opérations sur l'équation comptable.
3. Passez l'écriture de journal nécessaire pour enregistrer l'achat du terrain et de l'immeuble, incluant tous les frais que la société a engagés. Supposez que toutes les opérations ont été faites au comptant et que tous les achats ont eu lieu au début de la période financière.

8

4. Calculez la charge d'amortissement selon la méthode de l'amortissement linéaire à la fin de la première période financière. Supposez que la durée d'utilité de chacun des composants est la suivante : ascenseur, 6 ans ; système de chauffage, 10 ans ; et immeuble, 25 ans. La valeur résiduelle de l'immeuble est estimée à 14 000 $. Le système de chauffage et l'ascenseur n'ont aucune valeur résiduelle.

5. Quelle serait la valeur comptable du système de chauffage à la fin de la deuxième année ?

E8-4

3•5

20 minutes

L'acquisition et l'amortissement d'un actif (selon la méthode de l'amortissement linéaire)

L'entreprise Vaudreuil a acheté une machine le 1er janvier 2012 au prix de 21 000 $. Le jour de la livraison, le 2 janvier 2012, elle a versé 8 000 $ comptant, le solde étant payable le 1er juillet avec les intérêts de 6 %. Le 3 janvier 2012, elle a déboursé 1 000 $ pour le transport de la machine. Le 5 janvier, elle a payé des frais d'installation relatifs à cet achat, qui se chiffraient à 1 500 $. Le 1er juillet 2012, elle s'est acquittée du solde de la facture et des intérêts. Le 31 décembre 2012 (date de la clôture de la période financière), l'entreprise a enregistré la charge d'amortissement pour la machine en se servant de la méthode de l'amortissement linéaire. Elle estimait alors la durée d'utilité de cet appareil à 10 ans et sa valeur résiduelle, à 3 500 $.

Travail à faire

(Arrondissez tous les montants au dollar près.)

1. Indiquez l'effet sur l'équation comptable de chaque opération (des 1er, 2, 3 et 5 janvier ainsi que du 1er juillet). Précisez quels sont les comptes modifiés et les montants. (Écrivez un + pour une augmentation ou un – pour une diminution. S'il n'y a aucun effet, écrivez AE.) Utilisez le modèle suivant :

Date	Actif	=	Passif	+	Capitaux propres

2. Calculez le coût d'acquisition de la machine.
3. Calculez la charge d'amortissement que l'on doit enregistrer pour l'année 2012.
4. Quelle incidence les intérêts de 6 % versés sur l'effet à payer ont-ils sur le coût de la machine ? Dans quelles circonstances peut-on intégrer les intérêts dans le coût des immobilisations ?
5. Quelle serait la valeur comptable de la machine à la fin de l'année 2013 ?

E8-5

3•5

20 minutes

La comptabilisation de l'amortissement et des coûts ultérieurs (selon la méthode de l'amortissement linéaire)

La société Beauharnois exploite un petit établissement de production en plus de s'occuper de ses activités normales de prestation de service. À l'ouverture de la période 2013, les soldes suivants apparaissaient dans les comptes de l'entreprise :

Matériel de production	100 000 $
Amortissement cumulé	66 000

Au cours de l'année 2013, l'entreprise a engagé les dépenses suivantes pour les réparations et l'entretien :

Entretien courant et réparations du matériel	1 000 $
Amélioration majeure du matériel	12 000

Le matériel est amorti selon la méthode de l'amortissement linéaire sur une durée d'utilité estimative de 15 ans, en tenant compte d'une valeur résiduelle estimative de 10 000 $. La période financière annuelle se termine le 31 décembre.

Travail à faire

1. Calculez la charge d'amortissement enregistrée à la fin de l'année 2012.
2. À partir de 2013, quelle sera la durée d'utilité restante?
3. Précisez si les frais engagés en 2013 sont des dépenses d'exploitation ou des dépenses en capital.
4. Calculez la charge d'amortissement du matériel pour l'année 2013. Supposez qu'il n'y a aucun changement à la durée d'utilité et à la valeur résiduelle du matériel. Présentez tous vos calculs.

E8-6

3•5

15 minutes

L'effet de l'amortissement et des coûts ultérieurs sur l'équation comptable (selon la méthode de l'amortissement linéaire)

Reportez-vous aux renseignements contenus dans l'exercice E8-5.

Travail à faire

Indiquez l'effet sur l'équation comptable des éléments ci-après. Précisez quels sont les comptes modifiés et les montants. (Écrivez un + pour une augmentation ou un – pour une diminution.) Servez-vous du modèle de présentation suivant:

Date	Actif	=	Passif	+	Capitaux propres

1. La charge d'amortissement de l'année 2012
2. Les dépenses engagées au cours de l'année 2013
3. La charge d'amortissement du matériel de production pour l'année 2013

E8-7

4

15 minutes

Le modèle de la réévaluation

La société Margot possède quelques terrains, qu'elle évalue selon le modèle de la réévaluation. Aussi, à la fin de chaque période financière, elle estime la juste valeur de ses terrains. Voici les données recueillies au 31 décembre 2013:

	Coût	Juste valeur
Terrain 1	325 000 $	350 000 $
Terrain 2	283 000	260 000
Terrain 3	275 000	275 000

8

Travail à faire

1. La société doit-elle comptabiliser un profit ou une perte pour ses terrains au 31 décembre 2013?
2. Pour chacun des terrains, déterminez comment seraient présentées ces données à l'état de la situation financière et à l'état du résultat global en supposant que la société applique le modèle de la réévaluation pour la première fois.

E8-8

5

25 minutes

Le calcul de l'amortissement selon différentes méthodes

Au début de sa période financière, la société Callières a acheté une machine qui lui a coûté 6 000 $. Cette machine a une durée d'utilité estimative de quatre ans ou 8 000 heures, et une valeur résiduelle de 1 000 $. Supposez que son utilisation annuelle a été, la première année, de 3 100 heures; la deuxième, de 2 200 heures; la troisième, de 1 800 heures et la quatrième, de 900 heures.

Travail à faire

1. Dressez un tableau d'amortissement en tenant compte de chacune des méthodes d'amortissement indiquées ci-dessous. Présentez tous vos calculs et arrondissez au dollar près.

   a) L'amortissement linéaire

   b) L'amortissement des unités de production

   c) L'amortissement dégressif au taux constant de 30 %

Méthode : _____				
Période	Calculs	Charge d'amortissement	Amortissement cumulé	Valeur comptable
À l'acquisition				
1				
2				
etc.				

2. La machine a servi directement à la production de l'un des articles fabriqués et vendus par l'entreprise. Dans ce cas, quels facteurs la direction pourrait-elle prendre en compte dans le choix d'une méthode d'amortissement plutôt que d'une autre en accord avec le concept du rattachement des charges aux produits ?

E8-9

⊕ 5

25 minutes

Le calcul de l'amortissement selon différentes méthodes

Au début de sa période financière, la société Alexia a acheté une machine qui lui a coûté 280 000 $. Cette machine a une durée d'utilité de cinq ans ou de 250 000 unités. Sa valeur résiduelle est estimée à 30 000 $.

La production annuelle a été de :

Période	Unités
1	73 000
2	62 000
3	30 000
4	43 000
5	42 000

Travail à faire

1. Dressez un tableau d'amortissement en tenant compte de chacune des méthodes d'amortissement indiquées ci-dessous. Présentez tous vos calculs et arrondissez au dollar près.

   a) L'amortissement linéaire

   b) L'amortissement des unités de production

   c) L'amortissement dégressif au taux constant de 25 %

Méthode : _____				
Période	Calculs	Charge d'amortissement	Amortissement cumulé	Valeur comptable
À l'acquisition				
1				
2				
etc.				

2. Supposez que la machine a servi directement à la production de l'un des articles fabriqués et vendus par l'entreprise. Dans ce cas, quels facteurs la direction pourrait-elle prendre en compte dans le choix d'une méthode d'amortissement plutôt que d'une autre en accord avec le concept du rattachement des charges aux produits?

E8-10
5
20 minutes

La politique d'amortissement
Dans le rapport annuel de la société BoiVert, on trouve la note suivante:

> **Principales méthodes comptables**
> **L'amortissement**
>
> Les immeubles et le matériel sont comptabilisés au coût et amortis en appliquant la méthode de l'amortissement linéaire selon la durée d'utilité estimative des actifs. Pour le matériel acquis après le 1er janvier 2005, le calcul de l'amortissement se fait selon la méthode des unités de production.

Travail à faire

À votre avis, pourquoi l'entreprise a-t-elle changé de méthode d'amortissement pour le matériel acquis en 2005 et au cours des années suivantes?

E8-11
5
10 minutes
Federal Express

Le choix des gestionnaires
Dans un rapport annuel récent de la société Federal Express, on trouve la note suivante:

> À des fins de présentation de l'information financière, les immeubles et équipements sont amortis sur leur durée d'utilité selon la méthode de l'amortissement linéaire. À des fins fiscales, l'amortissement est calculé selon une méthode d'amortissement accéléré.

Travail à faire

Expliquez pourquoi Federal Express utilise des méthodes d'amortissement différentes à des fins de présentation de l'information financière et à des fins fiscales.

E8-12
5•9
30 minutes

Le calcul de l'amortissement selon différentes méthodes
La société La Buade a acheté une machine au prix de 66 000$, payés comptant. Cette machine avait une durée d'utilité estimative de quatre ans ou 120 000 unités, et une valeur résiduelle estimative de 6 000$. La machine a produit 43 000 unités la première année et 45 000 unités l'année suivante.

8

Travail à faire

1. Remplissez le tableau ci-dessous en déterminant les montants appropriés. Présentez tous vos calculs et arrondissez au dollar près.

Méthode d'amortissement	Charge d'amortissement		Valeur comptable à la clôture	
	1re période	2e période	1re période	2e période
Linéaire				
Unités de production				
Dégressif au taux constant de 30 %				

2. Laquelle de ces méthodes permettrait d'obtenir le résultat par action le plus faible la première année? Expliquez votre réponse.

3. Laquelle de ces méthodes permettrait d'obtenir les flux de trésorerie les plus élevés la première année? Expliquez votre réponse.

4. Indiquez l'effet de l'acquisition de la machine et de la charge d'amortissement sur les activités opérationnelles et les activités d'investissement au tableau des flux de trésorerie (selon la méthode indirecte) la première année (en supposant l'utilisation de la méthode de l'amortissement linéaire).

E8-13

 6

20 minutes

La dépréciation des immobilisations

La société Circus possède un camion de livraison qu'elle a payé 85 000 $ le 1er juin 2010. Elle avait estimé la durée d'utilité de ce véhicule à huit ans et sa valeur résiduelle à 5 000 $. Le camion était amorti selon la méthode de l'amortissement linéaire. Le 1er juin 2012, la société estime que ce camion s'est considérablement dégradé et que son utilité sera moins bonne que prévue. Elle fait alors les estimations suivantes:

Juste valeur du camion diminuée des coûts de la vente	45 000 $
Valeur d'utilité	48 000

Travail à faire

1. Calculez la valeur comptable du camion au 1er juin 2012.

2. À combien s'élève la perte de valeur subie par le camion le 1er juin 2012?

3. Indiquez l'effet de cette perte de valeur sur l'équation comptable. La société évalue toutes ses immobilisations corporelles selon le modèle du coût.

E8-14

 7

15 minutes

La sortie d'une immobilisation

La société Cartier a créé un important réseau de livraison de colis sur tout le territoire québécois. Elle possède plus de 2 000 camions de livraison. Supposez que l'entreprise a vendu un petit camion de livraison qui a été utilisé pendant trois ans. Ses livres contiennent les données suivantes:

Camion de livraison	28 000 $
Amortissement cumulé	23 000

Travail à faire

1. Calculez le profit (ou la perte) relatif à la sortie du camion en supposant que le prix de vente de celui-ci était :
    a) de 5 000 $;
    b) de 5 600 $;
    c) de 4 600 $.

2. Expliquez l'effet de la sortie d'une immobilisation en fonction des résultats que vous avez obtenus précédemment.

E8-15

7

15 minutes

La sortie d'une immobilisation

Reportez-vous aux renseignements fournis dans l'exercice E8-14.

Travail à faire

1. À l'aide du modèle ci-dessous, précisez l'effet de la sortie du camion sur l'équation comptable. Précisez les comptes modifiés et les montants. (Écrivez un + pour une augmentation ou un – pour une diminution.)
    a) Supposez que le prix de vente est de 5 000 $.
    b) Supposez que le prix de vente est de 5 600 $.
    c) Supposez que le prix de vente est de 4 600 $.

Hypothèse	Actif	=	Passif	+	Capitaux propres

2. Expliquez l'effet de la sortie d'une immobilisation en fonction des résultats que vous avez obtenus précédemment.

E8-16

7

15 minutes

La sortie d'une immobilisation

En date du 1er janvier 2012, voici ce qu'indiquent les livres de la société Jarret au sujet d'un camion de livraison qu'elle possède :

Camion (valeur résiduelle estimative de 4 000 $)	18 000 $
Amortissement cumulé (linéaire, pour trois périodes)	6 000

Le 31 décembre 2012, le camion de livraison devenait complètement inutilisable par suite d'un accident.

Travail à faire

1. À l'aide des données précédentes, calculez la durée d'utilité estimative du camion.
2. Montrez l'effet sur l'équation comptable de la perte du camion.
3. Passez toutes les écritures de journal relatives à ce camion au 31 décembre 2012. Présentez tous vos calculs.

E8-17

8

15 minutes

L'acquisition et l'amortissement des immobilisations incorporelles

La société Laviolette possède trois immobilisations incorporelles à la fin de l'année 2013.

a) Un brevet a été acheté à Robert Laflèche le 1er janvier 2013 au coût de 7 650 $, payés comptant. Robert Laflèche avait fait enregistrer son brevet auprès du gouvernement fédéral cinq ans auparavant, le 1er janvier 2008. Le brevet a une durée d'utilité de 20 ans, et la société Laviolette entend s'en servir pendant tout ce temps.

b) Une licence de radiodiffusion a été acquise le 1er janvier 2013 au coût de 25 000 $ pour une période de 10 ans ; renouvelable indéfiniment.

c) Des droits d'auteur ont été acquis le 1er janvier 2013 au coût de 25 000 $. Ils ont une durée de vie légale de 50 ans. L'entreprise estime toutefois que ces droits produiront des flux de trésorerie pendant approximativement 25 ans.

Travail à faire

1. Indiquez le coût d'acquisition de chacune de ces immobilisations incorporelles.
2. Calculez l'amortissement de chacune de ces immobilisations incorporelles pour la période 2013.
3. Montrez comment ces actifs et les charges qui s'y rapportent devraient être présentés à l'état de la situation financière et à l'état du résultat global de la période 2013.

E8-18

1•3•4•5•6•7•8

15 minutes

La recherche d'information financière

Vous prévoyez investir l'argent que vous avez reçu en cadeau à l'occasion de l'obtention de votre diplôme en achetant des actions de différentes sociétés. Vous avez en main quelques rapports annuels de grandes entreprises.

Travail à faire

Indiquez où vous trouverez des renseignements sur chacun des éléments suivants dans un rapport annuel. (Indice : Dans certains cas, l'information se trouve à plus d'un endroit.)

1. Les détails concernant les principales catégories d'immobilisations
2. Les méthodes comptables utilisées pour dresser les états financiers
3. Les dépenses en capital effectuées par l'entreprise au cours de la période
4. Le montant net des immobilisations corporelles
5. Les politiques de l'entreprise en matière d'amortissement des immobilisations incorporelles
6. La charge d'amortissement
7. Tout profit (ou toute perte) important au moment de la sortie d'immobilisations
8. L'amortissement cumulé de la période précédente
9. Le montant des pertes de valeur enregistrées pendant la période en cours

E8-19

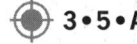

3•5•Annexe 8-A

20 minutes

Le calcul et la comptabilisation de l'amortissement (selon la méthode de l'amortissement linéaire)

Au 31 décembre 2012, les livres de l'entreprise Lévis contenaient les renseignements suivants au sujet de la machine A :

Coût d'acquisition	30 000 $
Amortissement cumulé	10 200

Au cours du mois de janvier 2013, cette machine est remise en état et le coût de l'opération se chiffre à 14 000 $. Il en résulte que sa durée d'utilité estimative augmente de cinq à huit ans et que sa valeur résiduelle passe de 4 500 $ à 6 500 $. L'entreprise utilise la méthode de l'amortissement linéaire.

Travail à faire

1. Quel est l'effet de la remise en état de la machine sur l'équation comptable ?
2. Passez l'écriture de journal nécessaire pour enregistrer cette remise en état.
3. Quel âge avait la machine à la fin de l'année 2012 ?
4. Calculez la charge d'amortissement de la période 2013 et passez l'écriture de régularisation nécessaire pour l'enregistrer.
5. Expliquez vos réponses aux questions 1 et 4.

8

E8-20

9 • Annexe 8-A

15 minutes

La révision des estimations

La société La Pocatière possède l'immeuble à bureaux où est installée son administration. Cet immeuble apparaissait comme suit dans les comptes à la fin de la dernière période financière :

Coût	450 000 $
Amortissement cumulé (selon la méthode de l'amortissement linéaire, compte tenu d'une durée d'utilité estimative de 30 ans et d'une valeur résiduelle de 30 000 $)	196 000

Au cours du mois de janvier de la période en cours, à la suite d'un examen attentif des lieux, la direction a décidé que la durée d'utilité estimative de l'immeuble devait être ramenée de 30 à 25 ans et que sa valeur résiduelle devait être réduite de 30 000 $ à 23 000 $. La méthode d'amortissement reste la même.

Travail à faire

1. Calculez la charge d'amortissement annuelle :
   a) avant la révision des estimations ;
   b) après la révision des estimations.

2. Quel sera l'effet net de la révision des estimations sur l'état de la situation financière, le résultat net et les flux de trésorerie de la période en cours ?

PROBLÈMES

P8-1

1 • 2

20 minutes

(PS8-1)

La nature des immobilisations et l'effet de leur achat sur l'équation comptable

Le 2 janvier 2012, l'entreprise Soulanges a acheté une machine pour sa production de cerfs-volants. Cette machine a une durée d'utilité estimative de huit ans et une valeur résiduelle estimative de 1 800 $. L'entreprise fait état des coûts suivants :

a) Le prix facturé de la machine est de 84 000 $; les modalités de paiement sont décrites ci-après.

Le 2 janvier :
- L'entreprise Soulanges cède 2 000 actions à son fournisseur (le cours du marché est de 3,50 $ l'action) ;
- Elle signe un effet à payer de 45 000 $ portant intérêt au taux de 5 %, payable le 16 avril 2012 (capital et intérêts) ;
- Le solde du prix facturé devra être payé en espèces ; la facture prévoit un rabais de 3 % sur ce montant s'il est payé comptant avant le 12 janvier.

Le 15 janvier :
- L'entreprise a payé le solde.

b) Le transport payé par le vendeur d'après le contrat de vente est de 1 000 $.

c) Les frais d'installation, de 2 000 $, sont payés comptant par l'entreprise.

Travail à faire

1. Quelles sont les deux catégories d'immobilisations ? Expliquez les différences existant entre elles.

2. Indiquez les comptes, les montants et l'effet des opérations décrites ci-dessus sur l'équation comptable. (Écrivez un + pour une augmentation et un – pour une diminution. S'il n'y a aucun effet, écrivez AE.) Utilisez le modèle suivant :

Date	Actif	=	Passif	+	Capitaux propres

3. Expliquez sur quoi vous avez basé votre décision dans le cas de tout élément discutable.

8

P8-2

1 • 2

20 minutes
(PS8-2)

La nature et l'acquisition des immobilisations

Reportez-vous aux données du problème P8-1.

Travail à faire

1. Passez les écritures de journal nécessaires pour enregistrer l'achat du 2 janvier et le paiement ultérieur du 15 janvier. Présentez tous vos calculs.

2. Expliquez sur quoi vous avez basé votre décision dans le cas de tout élément discutable.

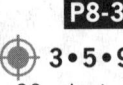

P8-3

3 • 5 • 9

30 minutes
(PS8-3)

Boiron

Les coûts ultérieurs

Dans un rapport annuel récent de la société Boiron, on trouve la note suivante :

> **Immobilisations corporelles**
>
> Les frais d'entretien et de réparation sont enregistrés en charges dès qu'ils sont encourus, sauf ceux engagés pour une augmentation de productivité ou la prolongation de la durée d'utilité, qui sont immobilisés.

Supposez que l'entreprise a effectué, en 2013, des réparations importantes à un immeuble qu'elle avait acheté à la fin de 2002 et qu'elle y a ajouté une nouvelle aile. Cet immeuble sert de garage et d'atelier de réparation pour les camions de livraison. Son coût historique s'élève à 720 000 € et, à la fin de 2012 (soit 10 ans plus tard), il était déjà à moitié amorti sur la base d'une durée d'utilité estimative de 20 ans et d'une valeur résiduelle nulle. Supposez que l'entreprise utilise la méthode de l'amortissement linéaire. Au cours de la période financière 2013, elle a payé les frais suivants relativement à l'immeuble :

a) Les frais pour l'entretien normal de l'immeuble, de 17 000 €, ont été payés comptant.

b) Des améliorations majeures apportées à l'immeuble ont coûté 122 000 € en espèces. Ces travaux étaient terminés au 31 décembre 2013.

c) La construction de la nouvelle aile était terminée au 31 décembre 2013 et a coûté 230 000 € en espèces.

Travail à faire

1. En appliquant les méthodes comptables de la société Boiron, remplissez le tableau ci-après, et indiquez l'effet et le montant des opérations décrites précédemment. (Écrivez un + pour une augmentation ou un − pour une diminution. S'il n'y a aucun effet, écrivez AE.)

	Immeuble	Ajouts	Amortis-sement cumulé	Charge d'amortis-sement	Frais d'entretien	Trésorerie
Solde au 1er janvier 2013	720 000 €		360 000 €			
Amortissement de 2013						
Solde avant les opérations décrites	720 000					
Opération a)						
Opération b)						
Opération c)						
Solde au 31 décembre 2013						

2. Quelle était la valeur comptable de l'immeuble au 31 décembre 2013 ?

3. Expliquez l'effet de l'amortissement sur les flux de trésorerie.

P8-4

3 • 5

30 minutes
(PS8-4)

L'acquisition et l'amortissement d'immobilisations selon les différentes méthodes

Au début de l'année, la société d'Ailleboust a acheté trois machines d'occasion de la société Hangar inc. pour un prix total de 40 000 $, payés comptant. L'entreprise a immédiatement remis les machines en état, elle les a installées et a commencé à s'en servir. Comme il s'agissait de trois machines ayant une durée d'utilité différente, elles ont été enregistrées séparément dans les comptes selon l'approche par composants. Une experte a été chargée de déterminer leur juste valeur à la date de leur achat (c'est-à-dire avant la remise en état et l'installation).

	Machine A	Machine B	Machine C
Juste valeur	8 000 $	26 000 $	6 000 $
Frais d'installation	500	1 000	500
Frais de rénovation avant l'utilisation	2 500	1 000	1 500

À la fin de la première année, chaque machine avait fonctionné pendant 8 000 heures.

Travail à faire

1. Calculez le coût d'acquisition de chaque machine.
2. Calculez la charge d'amortissement à la fin de la première année en vous basant sur les hypothèses suivantes.

Machine	Estimation		Méthode d'amortissement
	Durée d'utilité	Valeur résiduelle	
A	5 ans	1 000 $	Linéaire
B	50 000 heures	2 000	Unités de production
C	4 ans	1 500	Dégressif au taux de 40 %

P8-5

4

15 minutes
(PS8-5)

Les modèles d'évaluation des immobilisations

La société Moulin Daudet fabrique et vend de la farine de blé et de sarrasin. Le moulin se trouve sur un immense terrain situé en milieu urbain depuis l'expansion de la ville voisine. L'entreprise l'a acheté en 1964 au coût de 23 000 $, et il a pris de la valeur au fur et à mesure que l'on a construit sur les terrains avoisinants. La société a décidé, lors de son passage aux normes IFRS en 2011, d'adopter uniquement le modèle de la réévaluation pour ce terrain.

Elle a ainsi procédé à l'estimation de la juste valeur du terrain à la clôture de chaque période financière :

31 décembre 2011	350 000 $
31 décembre 2012	425 000
31 décembre 2013	510 000

Travail à faire

1. Quel sera l'effet de la réévaluation :
   a) sur l'état de la situation financière ?
   b) sur le résultat net ?
2. Montrez l'effet de la réévaluation sur l'équation comptable à la clôture de chaque période financière.

8

P8-6

⊕ **2•5**

20 minutes
(PS8-6)

**Industries
Lassonde**

L'effet de l'amortissement sur quelques ratios financiers

Les Industries Lassonde inc., dont le siège social se trouve à Rougemont, est une entreprise qui fabrique et commercialise une vaste gamme de jus et de boissons ainsi que de nombreux autres produits alimentaires. Voici des renseignements tirés de son rapport annuel 2010 :

11. Immobilisations corporelles

Les immobilisations corporelles sont comptabilisées au coût d'acquisition, déduction faite de l'aide gouvernementale, et sont amorties sur leur durée de vie utile selon les méthodes d'amortissement aux taux suivants :

Stationnements	Dégressif	10 %
Bâtiments	Dégressif	3 %
Machinerie et outillage	Dégressif	10 %
	et linéaire	De 3 à 40 ans
Mobilier et agencements	Dégressif	20 %
	et linéaire	De 3 à 10 ans
Matériel de laboratoire	Dégressif	10 %
	et linéaire	5 ans
Matériel roulant	Dégressif	15 % et 20 %
	et linéaire	7 ans
Système informatique	Dégressif	30 %
	et linéaire	3 ans
Améliorations locatives	Linéaire	Durée du bail

Voici les catégories des immobilisations aux 31 décembre 2010 et 2009 (en milliers de dollars) :

	2010		2009	
	Coût	Amortissement cumulé	Coût	Amortissement cumulé
Terrains et stationnements	10 988	676	9 055	556
Bâtiments	63 259	16 037	57 701	14 716
Machinerie et outillage	204 591	118 267	194 693	107 884
Mobilier et agencements	4 756	3 279	3 900	3 035
Matériel de laboratoire	1 079	650	908	585
Matériel roulant	3 197	2 532	3 195	2 345
Système informatique	10 741	9 749	10 691	9 140
Améliorations locatives	2 815	678	2 693	601
Immobilisations en cours	567	–	654	–
	301 993	151 868	283 490	138 862
Valeur comptable nette		150 125		144 628

Travail à faire

1. Si l'entreprise n'avait sorti aucune immobilisation corporelle en 2010, quelle serait la charge d'amortissement enregistrée durant cette période ?

2. Si l'entreprise avait oublié d'enregistrer l'amortissement en 2010, quel aurait été l'effet de cette erreur (surévaluation ou sous-évaluation) sur les éléments suivants ?

    a) Le résultat par action

    b) Le taux de rotation des actifs immobilisés

    c) Le taux d'adéquation du capital

    d) Le rendement des capitaux propres

L'incidence de différentes méthodes d'amortissement

Bell Canada fournit des services de télécommunication, principalement au Canada. Comme ses actifs dépassent les 40 milliards de dollars, l'amortissement est un élément important de l'état du résultat global de l'entreprise. On vous demande, à titre d'analyste financier chez Bell Canada, de déterminer les effets de différentes méthodes d'amortissement. Pour faire votre analyse, vous devez comparer ces méthodes, appliquées à un appareil ayant coûté 93 000 $. La durée d'utilité estimative de l'appareil est de 13 ans ou de 182 000 unités, et sa valeur résiduelle estimative, de 2 000 $. L'appareil a produit 20 000 unités au cours de la première année et 16 000 au cours de la deuxième année.

Travail à faire

1. Pour les années 1 et 2, dressez un tableau d'amortissement selon chacune des méthodes suivantes. Présentez tous vos calculs.

   a) La méthode de l'amortissement linéaire

   b) La méthode de l'amortissement des unités de production

   c) La méthode de l'amortissement dégressif au taux constant de 20 %

Méthode : _____

Période	Calculs	Charge d'amortissement	Amortissement cumulé	Valeur comptable
À l'acquisition				
1				
2				
etc.				

2. Évaluez chaque méthode en fonction de son effet sur les flux de trésorerie, le taux de rotation des actifs immobilisés et le résultat par action. Si l'essentiel pour l'entreprise est de réduire ses impôts et de maintenir un résultat par action élevé la première année, que recommanderiez-vous à la direction ? Feriez-vous une recommandation différente pour la deuxième année ? Expliquez votre réponse.

L'analyse des notes aux états financiers

Une importante compagnie aérienne a publié les renseignements qui suivent au sujet de ses immobilisations corporelles dans ses notes aux états financiers d'un rapport annuel récent (les montants sont en millions de dollars) :

	Ouverture de la période	Acquisitions	Sorties	Clôture de la période
Coût :				
Avions	10 293,1	954,4	296,4	10 951,1
Autres actifs immobilisés (en résumé)	3 580,9	1 499,1	1 156,7	3 923,3
	13 874,0	2 453,5	1 453,1	14 874,4
Amortissement cumulé :				
Avions	4 024,8	683,7	290,1	4 418,4
Autres actifs immobilisés (en résumé)	1 433,4	158,5	73,8	1 518,1
	5 458,2	842,2	363,9	5 936,5

8

La compagnie aérienne a également publié les renseignements suivants concernant ses flux de trésorerie liés aux activités opérationnelles (en millions de dollars):

	Période en cours	Période précédente
Résultat net	755,9	816,5
Ajustements:		
Amortissement des immobilisations	842,2	837,5
Perte (ou profit) sur la sortie d'immobilisations	(1,3)	(0,3)
Autres ajustements (en résumé)	82,3	39,4
Flux de trésorerie liés aux activités opérationnelles	1 679,1	1 693,1

Travail à faire

1. Restructurez les renseignements de la note sur les immobilisations corporelles et l'amortissement cumulé sous forme de comptes en T.

+	Immobilisations corporelles	–		–	Amortissement cumulé	+
Solde à l'ouverture					Solde à l'ouverture	
Acquisitions	Sorties			Sorties	Charge d'amortissement	
Solde à la clôture					Solde à la clôture	

2. Calculez le montant de trésorerie que l'entreprise a reçu pour les sorties d'immobilisations. Présentez tous vos calculs.

3. Calculez le pourcentage de la charge d'amortissement par rapport aux flux de trésorerie liés aux activités opérationnelles. Comment interprétez-vous ce résultat?

P8-9

7

20 minutes
(PS8-7)

La sortie des immobilisations

Au cours de la période financière 2013, la société Montmagny s'est départie de trois actifs. Le 1ᵉʳ janvier 2013, avant ces sorties, ses comptes s'établissaient comme suit:

Actif	Coût	Valeur résiduelle	Durée d'utilité estimative	Amortissement cumulé (selon la méthode de l'amortissement linéaire)	
Machine A	21 000 $	3 000 $	8 ans	13 500 $	(6 ans)
Machine B	41 000	4 000	10	29 600	(8 ans)
Machine C	73 000	5 000	15	54 400	(12 ans)

L'entreprise s'est départie de ses machines de la façon suivante:

a) La machine A a été vendue le 1ᵉʳ janvier 2013 contre 9 200 $ en espèces.

b) La machine B a été vendue le 31 décembre 2013 pour 7 500 $; l'entreprise a reçu 3 500 $ en espèces et un effet à recevoir de 4 000 $ (portant intérêt au taux de 6 %) à payer dans 12 mois.

c) La machine C a subi un dommage irréparable à la suite d'un accident le 1ᵉʳ janvier 2013. Le 10 janvier 2013, une entreprise de récupération est venue la chercher, sans frais.

Travail à faire

1. Montrez l'effet de chaque sortie sur l'équation comptable. Utilisez le modèle suivant:

Date	Actif	=	Passif	+	Capitaux propres

2. Passez toutes les écritures de journal relatives à la sortie de chacune des machines.

8

P8-10

3•8

40 minutes
(PS8-8)

L'effet d'opérations relatives aux immobilisations sur l'équation comptable

Au cours de l'année 2012, la société Denonville a effectué les opérations suivantes :

a) Le 1er janvier 2012, l'entreprise a acheté comptant un brevet d'une valeur de 21 000 $ (durée d'utilité de sept ans).

b) Le 1er janvier 2012, elle a acquis les actifs d'une autre entreprise au montant de 160 000 $ comptant, y compris 10 000 $ pour le goodwill. Elle n'a pris en charge aucun élément de passif.

c) Le 10 janvier 2012, l'entreprise a déboursé 14 000 $ pour la remise à neuf complète de ses machines A et B (7 000 $ pour chaque machine), achetées le 1er janvier 2008. Ces frais prolongeront la durée d'utilité des machines de deux ans.

- Machine A : coût d'acquisition de 26 000 $, amortissement cumulé (linéaire) au 31 décembre 2011 de 18 400 $ (valeur résiduelle de 3 000 $ et durée d'utilité de cinq ans).
- Machine B : coût d'acquisition de 32 000 $, amortissement cumulé (linéaire) au 31 décembre 2011 de 10 400 $ (valeur résiduelle de 6 000 $ et durée d'utilité de 10 ans).

d) Le 1er septembre 2012, l'entreprise prend possession d'un hangar d'entreposage qu'elle a fait construire sur un terrain loué à H. Hakkat. Elle a déboursé 40 800 $ pour ce hangar, qui a une durée d'utilité estimative de cinq ans et une valeur résiduelle nulle. L'entreprise utilise la méthode de l'amortissement linéaire. Le bail expire dans trois ans.

e) Les dépenses totales engagées par la société au cours de l'année 2012 pour les réparations ordinaires et l'entretien se chiffrent à 6 800 $.

f) Le 31 décembre 2012, l'entreprise a vendu comptant la machine A au montant de 6 000 $.

Travail à faire

1. Pour chacune des opérations décrites précédemment, précisez les comptes, les montants et l'effet sur l'équation comptable. (Écrivez un + pour une augmentation et un − pour une diminution.) Utilisez le modèle suivant :

Date	Actif	=	Passif	+	Capitaux propres

2. Pour chacun des éléments d'actifs, calculez la charge d'amortissement qui devra être enregistrée en fin de période, le 31 décembre 2012.

8

P8-11

8

30 minutes

L'achat d'une entreprise

La société Richelieu a acheté la société Saint-François le 5 janvier 2013. L'entreprise a acquis le nom de sa concurrente et tous ses actifs, sauf la trésorerie, pour la somme de 450 000 $ en espèces. Toutefois, elle n'a pris en charge aucun élément de passif. Voici les valeurs comptables que l'on trouvait à l'état de la situation financière de l'entreprise Saint-François à la date de l'acquisition, accompagnées de leur juste valeur estimée par un expert indépendant.

Société Saint-François 5 janvier 2013		
	Valeur comptable	Juste valeur
Clients (nets)	45 000 $	45 000 $
Stocks	220 000	210 000
Immobilisations (nettes)	32 000	60 000
Autres actifs	3 000	10 000
Total des actifs	300 000 $	325 000 $
Passif	60 000 $	
Capitaux propres	240 000	
Total du passif et des capitaux propres	300 000 $	

Travail à faire

1. Calculez le montant du goodwill associé à cet achat.
2. Quels ajustements la société Richelieu devra-t-elle effectuer le 31 décembre 2013 concernant les éléments suivants ?
   a) L'amortissement des immobilisations (selon la méthode linéaire), si l'on suppose que la durée d'utilité estimative restante est de 15 ans et qu'il n'y a aucune valeur résiduelle.
   b) Le goodwill.

P8-12

6•8

30 minutes
(PS8-9)

Le calcul de l'amortissement, de la valeur comptable et de la dépréciation de différentes immobilisations incorporelles

La société Châteaufort a des immobilisations incorporelles et un goodwill dans ses états financiers. La direction se préoccupe de l'amortissement du coût de chacun d'eux. Voici quelques renseignements concernant ces actifs :

a) Un brevet. L'entreprise a acheté comptant un brevet au coût de 54 600 $ le 1er janvier 2012. Ce brevet a une durée d'utilité de 13 ans.

b) Des droits d'auteur. Le 1er janvier 2012, l'entreprise a acheté des droits d'auteur d'un montant de 22 500 $ en espèces. La durée de vie légale restante à partir de cette date est de 30 ans. On estime que l'article couvert par ce droit n'aura plus aucune utilité d'ici 20 ans.

c) Une licence. L'entreprise a obtenu une licence de radiodiffusion le 1er janvier 2012 pour la somme de 14 400 $ en espèces et pour une période de 10 ans, renouvelable indéfiniment.

d) Un permis. Le 1er janvier 2011, l'entreprise a obtenu un permis de la Ville pour la prestation d'un service particulier sur une période de cinq ans. Le montant total qu'elle a déboursé pour obtenir ce permis s'élevait à 14 000 $ en espèces.

e) Un goodwill. L'entreprise s'est lancée en affaires en janvier 2010. Elle a acheté une autre entreprise pour la somme forfaitaire de 400 000 $ en espèces. Ce montant incluait un goodwill de 60 000 $.

Travail à faire

1. Calculez le montant de l'amortissement qui devrait être enregistré pour chaque immobilisation incorporelle et pour le goodwill à la clôture de la période, le 31 décembre 2012.

2. Donnez la valeur comptable de chaque immobilisation incorporelle et du goodwill au 1er janvier 2014.

3. Supposez que, le 2 janvier 2014, la capacité des droits d'auteur à générer des produits a diminué. La société Châteaufort estime leur valeur d'utilité à 18 000 $, alors que leur juste valeur diminuée des coûts de la vente est estimée à 15 000 $. Calculez (s'il y a lieu) la perte due à la dépréciation de cet actif.

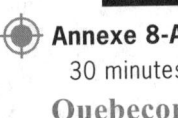

P8-13

Annexe 8-A

30 minutes

Quebecor

La révision des estimations

Quebecor inc. imprime des magazines, des livres, des catalogues et des encarts publicitaires à l'échelle internationale. C'est aussi l'une des principales sociétés en matière de publipostage. Un grand nombre d'entreprises spécialisées dans le publipostage se servent de presses Didde ultrarapides pour imprimer leurs publicités. Supposez que Quebecor possède une presse Didde, achetée au coût initial de 400 000 $. L'appareil est amorti de façon linéaire sur une durée d'utilité estimative de 20 ans et a une valeur résiduelle estimative de 50 000 $. À la fin de la période financière 2013, l'amortissement couvrait huit années entières. En janvier 2014, par suite de l'amélioration des mesures d'entretien, l'entreprise a décidé qu'il serait plus réaliste d'augmenter la durée d'utilité estimative de sa presse à 25 ans et sa valeur résiduelle à 73 000 $. La période financière se termine le 31 décembre.

8

Travail à faire

1. Calculez :

   a) la charge d'amortissement enregistrée en 2013 ;

   b) la valeur comptable de la presse à la fin de l'année 2013.

2. Calculez le montant de l'amortissement que l'entreprise devrait enregistrer pour la période 2014. Présentez tous vos calculs.

3. Passez l'écriture de régularisation relative à l'amortissement en date du 31 décembre 2014.

PROBLÈMES SUPPLÉMENTAIRES

PS8-1

1 • 3

20 minutes

(P8-1)

La nature des immobilisations et l'effet de leur acquisition sur l'équation comptable

Le 1er juin 2013, la société Sizerin a acheté une machine qui devait lui servir pour sa production de mangeoires d'oiseaux. La durée d'utilité de cette machine était estimée à six ans et sa valeur résiduelle, à 2 000 $. L'entreprise a fourni les renseignements suivants sur les coûts relatifs à cette opération :

a) Le prix facturé de la machine est de 60 000 $; les modalités du paiement sont décrites ci-après.

   Le 1er juin :

   • L'entreprise Sizerin cède 2 000 actions au vendeur (cours du marché de 5 $) ;

   • Pour le solde du prix facturé, elle signe un effet à payer portant intérêt au taux de 4 %, remboursable le 2 septembre 2013 (capital et intérêts).

   Le 2 septembre :

   • La société Sizerin paie le solde et les intérêts de l'effet à payer.

b) Le transport est payé par le vendeur, d'après le contrat de vente, au coût de 650 $.

c) Les frais d'installation, de 1 500 $, sont payés comptant.

d) La société décide de comptabiliser séparément le moteur des autres composants de la machine. Elle estime que le moteur représente 40 % du coût de la machine, a une durée d'utilité de quatre ans et est sans valeur résiduelle.

Travail à faire

1. Quelles sont les deux catégories d'immobilisations ? Expliquez les différences existant entre elles.

2. Indiquez les comptes modifiés par ces opérations, les montants et l'effet sur l'équation comptable. (Écrivez un + pour une augmentation et un – pour une diminution. S'il n'y a aucun effet, écrivez AE.) Utilisez le modèle suivant :

Date	Actif	=	Passif	+	Capitaux propres

3. Expliquez sur quoi vous avez basé votre décision dans le cas de tout élément discutable.

PS8-2

1 • 3

20 minutes

(P8-2)

La nature et l'acquisition des immobilisations

Reportez-vous aux données du problème PS8-1.

Travail à faire

1. Passez les écritures de journal nécessaires pour enregistrer l'achat du 1er juin et le paiement ultérieur du 2 septembre. Présentez tous vos calculs.

2. Expliquez sur quoi vous avez basé votre décision dans le cas de tout élément discutable.

Les coûts ultérieurs

Dans un document de référence récent de la société PPR, propriétaire de la marque Gucci et principal concurrent de la société LVMH, on peut lire la note suivante :

2.8. Immobilisations corporelles

Les coûts ultérieurs sont inclus dans la valeur comptable de l'immobilisation ou reconnus comme un composant séparé, le cas échéant, s'il est probable que des avantages économiques futurs associés à cet élément iront au Groupe et que le coût de cet actif peut être évalué de façon fiable. Tous les autres coûts d'entretien et de réparation courants sont comptabilisés en charges de l'exercice au cours duquel ils sont encourus.

Supposez que PPR a apporté des améliorations à un immeuble existant et y a ajouté une aile. L'immeuble en question abrite un garage et un atelier de réparation pour les camions de livraison qui desservent la région de Paris. À l'origine, il a coûté 230 000 €. Il a été amorti pendant 5 ans selon une durée d'utilité estimative de 20 ans et une valeur résiduelle nulle. Supposez que PPR utilise la méthode de l'amortissement linéaire. Au cours de l'année 2014, l'entreprise a engagé les frais suivants relatifs à cet immeuble :

a) Les frais pour l'entretien normal de l'immeuble, de 5 000 €, ont été payés en espèces.

b) Des améliorations majeures apportées à l'immeuble ont coûté 17 000 € en espèces ; ces travaux étaient terminés au 31 décembre 2014.

c) La construction de la nouvelle aile était terminée au 31 décembre 2014 et a coûté 70 000 € comptant.

Travail à faire

1. Appliquez les méthodes comptables de PPR pour remplir le tableau ci-dessous ; indiquez l'effet et le montant des opérations décrites précédemment. (Écrivez un + pour une augmentation et un – pour une diminution. S'il n'y a aucun effet, écrivez AE.)

	Immeuble	Ajouts	Amortissement cumulé	Charge d'amortissement	Frais d'entretien	Trésorerie
Solde au 1er janvier 2014	230 000 €		57 500 €			
Amortissement de 2014						
Solde avant les opérations décrites	230 000					
Opération a)						
Opération b)						
Opération c)						
Solde au 31 décembre 2014						

2. Quelle était la valeur comptable de l'immeuble au 31 décembre 2014 ?

3. Expliquez l'effet de l'amortissement sur les flux de trésorerie.

PS8-4

⊕ **3•5**

30 minutes
(P8-4)

L'acquisition et l'amortissement d'immobilisations selon différentes méthodes

Au début de l'année, la société Caleb a acheté trois machines d'occasion de la société Lemoyne pour un montant total de 72 000 $, payés comptant. Les machines ont immédiatement été remises en état et installées, puis elles ont commencé à fonctionner. Comme leur durée d'utilité était différente les unes des autres, on a dû les enregistrer séparément dans les comptes, selon l'approche par composants. Un expert a été engagé pour estimer leur juste valeur à la date de l'achat (avant la remise en état et l'installation).

	Machine A	Machine B	Machine C
Juste valeur	11 500 $	32 000 $	28 500 $
Frais d'installation	800	1 100	1 100
Frais de remise à neuf avant l'utilisation	600	1 400	1 600

À la fin de la première année, chaque machine avait fourni 7 000 heures de travail.

Travail à faire

1. Calculez le coût d'acquisition de chaque machine.

2. Calculez la charge d'amortissement à la fin de la première année, en prenant pour hypothèses les estimations suivantes :

Machine	Estimation		Amortissement
	Durée d'utilité	Valeur résiduelle	
A	8 ans	1 000 $	Linéaire
B	35 000 heures	2 000	Unités de production
C	5 ans	1 500	Dégressif à taux constant, 25 %

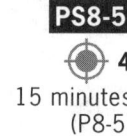

PS8-5

⊕ **4**

15 minutes
(P8-5)

Les modèles d'évaluation des immobilisations

La société BonBoss fabrique des chaises de jardin. Son usine est située à Kamouraska sur un grand terrain qui, au fil des ans, a pris de la valeur sur le marché de l'immobilier. La société BonBoss a acheté ce terrain en 1982 au prix de 38 000 $. Comme BonBoss est une entreprise ayant une obligation d'information du public, elle établit depuis 2011 ses états financiers selon les normes comptables internationales. Elle a en même temps décidé d'utiliser le modèle de la réévaluation pour évaluer son terrain. Voici quelques renseignements sur la juste valeur du terrain :

31 décembre 2011	136 000 $
31 décembre 2012	140 000
31 décembre 2013	140 000

Travail à faire

1. Quel sera l'effet de la réévaluation du terrain à la fin de chaque période financière :

   a) sur l'état de la situation financière ?

   b) sur le résultat net ?

2. Montrez l'effet qu'a la réévaluation chaque année sur l'équation comptable.

8

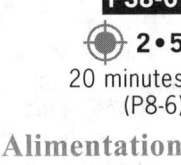

PS8-6

⊕ **2•5**

20 minutes
(P8-6)

*Alimentation
Couche-Tard*

L'effet de l'amortissement sur quelques ratios

Alimentation Couche-Tard inc., société fondée en 1980, est le leader canadien du commerce de l'accommodation, avec plus de 5 000 magasins. En 2010, son chiffre d'affaires a été de 16,4 milliards de dollars états-uniens. Couche-Tard emploie 53 000 personnes, principalement au Canada. Voici des notes tirées du rapport annuel 2010 de l'entreprise :

4. Conventions comptables

Immobilisations, amortissements et dépréciation

Les immobilisations sont comptabilisées au coût déduction faite de l'amortissement cumulé et sont amorties sur leur durée de vie utile estimative selon la méthode de l'amortissement linéaire, selon les périodes suivantes :

Immeubles et composantes de bâtiment	De 3 à 40 ans
Équipements	De 3 à 40 ans
Immeubles loués en vertu de contrats de location-acquisition	Durée du bail
Équipements loués en vertu de contrats de location-acquisition	Durée du bail

Les composantes de bâtiment comprennent les systèmes de climatisation et de chauffage, la plomberie et les installations électriques. Les équipements comprennent l'affichage, les équipements pétroliers et les équipements en magasins.

13. Immobilisations (en millions de dollars états-uniens)

	2010		
	Coût	Amortissement cumulé	Coût non amorti
Terrains	571,3	–	571,3
Immeubles et composantes de bâtiment	554,4	136,2	418,2
Améliorations locatives	389,3	190,4	198,9
Équipements	1 407,4	647,8	759,6
	2 922,4	974,4	1 948,0
Immeubles et équipements loués en vertu de contrats de location-acquisition	45,4	12,9	32,5
	2 967,8	987,3	1 980,5

	2009		
	Coût	Amortissement cumulé	Coût non amorti
Terrains	498,2	–	498,2
Immeubles et composantes de bâtiment	466,4	101,2	365,2
Améliorations locatives	330,2	140,3	189,9
Équipements	1 218,1	504,9	713,2
	2 512,9	746,4	1 766,5
Immeubles et équipements loués en vertu de contrats de location-acquisition	23,5	12,8	10,7
	2 536,4	759,2	1 777,2

PS8-7

7

20 minutes
(P8-9)

La sortie des immobilisations

Au cours de la période financière 2013, la société Bergerac s'est départie de trois actifs. Avant ces sorties, le 1er janvier 2013, ses comptes s'établissaient comme suit:

Actif	Coût	Valeur résiduelle	Durée d'utilité estimative	Amortissement cumulé (selon la méthode de l'amortissement linéaire)	
Machine A	24 000 $	2 000 $	5 ans	17 600 $	(4 ans)
Machine B	16 500	5 000	10	8 050	(7 ans)
Machine C	59 200	3 200	14	48 000	(12 ans)

La sortie des machines s'est faite comme suit:

a) La machine A a été vendue le 1er janvier 2013 pour 5 750 $ en espèces.

b) La machine B a été vendue le 1er juillet 2013 pour 9 000 $; l'entreprise a reçu 4 000 $ en espèces et un effet à recevoir de 5 000 $ (portant intérêt au taux de 7 %), payable dans 12 mois.

c) La machine C a subi un dommage irréparable le 2 octobre 2013 par suite d'un accident. Le 10 octobre 2013, une entreprise de récupération est venue l'enlever, sans frais. Comme cette machine était assurée, l'entreprise a recouvré 12 000 $ comptant auprès de la compagnie d'assurance.

Travail à faire

1. Montrez l'effet de chaque sortie sur l'équation comptable. Utilisez le modèle suivant:

Date	Actif	=	Passif	+	Capitaux propres

2. Passez toutes les écritures de journal relatives à la sortie de chaque machine.

PS8-8

3•8

40 minutes
(P8-10)

L'effet d'opérations relatives aux immobilisations sur l'équation comptable

Au cours de la période financière 2013, la société Zhou a effectué les opérations suivantes:

a) Le 1er janvier 2013, elle a fait recouvrir d'asphalte le stationnement de l'immeuble dont elle est locataire et a déboursé la somme de 7 800 $. La durée d'utilité estimative de ces travaux est de cinq ans, et leur valeur résiduelle est nulle. L'entreprise utilise la méthode de l'amortissement linéaire. Le bail de l'immeuble expirera dans 10 ans.

b) Le 1er janvier 2013, elle a déboursé 16 000 $ pour la remise en état complète de ses machines A et B, achetées le 1er janvier 2010 (8 000 $ pour chaque machine).
   - Machine A: coût d'origine de 21 500 $; amortissement cumulé (linéaire), au 31 décembre 2012, de 13 500 $ (valeur résiduelle de 3 500 $ et durée d'utilité de quatre ans).
   - Machine B: coût d'origine de 18 000 $; amortissement cumulé (linéaire), au 31 décembre 2012, de 12 000 $ (valeur résiduelle de 2 000 $ et durée d'utilité de quatre ans).

c) Le 1er juillet 2013, elle a acheté une licence d'exploitation pour la somme de 7 200 $ en espèces (durée d'utilité estimative de trois ans).

d) Le 1er juillet 2013, elle a acheté les actifs d'une autre entreprise pour 120 000 $ en espèces, y compris un goodwill évalué à 29 000 $. Elle a pris en charge un passif de 24 000 $.

e) Le 1er juillet 2013, elle a vendu comptant la machine A pour la somme de 10 500 $.

f) Le total des charges payées au cours de la période 2013, pour les réparations ordinaires et l'entretien courant, se chiffrait à 6 700 $.

Travail à faire

1. Pour chacune de ces opérations, indiquez les comptes touchés, les montants en cause et l'effet sur l'équation comptable. (Écrivez un + pour une augmentation et un – pour une diminution.) Utilisez le modèle suivant:

Date	Actif	=	Passif	+	Capitaux propres

2. Pour chacun des actifs, calculez, au mois près, la charge d'amortissement que l'entreprise doit enregistrer au 31 décembre 2013.

PS8-9
6•8
30 minutes
(P8-12)

Le calcul de l'amortissement, de la valeur comptable et de la dépréciation de différentes immobilisations incorporelles

La société Tequila doit comptabiliser et enregistrer les immobilisations incorporelles et le goodwill dans ses états financiers. Ses dirigeants se demandent comment amortir le coût de chacun. Voici quelques renseignements concernant ces actifs:

a) Un brevet. L'entreprise a acheté un brevet pour la somme de 18 600 $, payés comptant le 1er janvier 2014. Ce brevet a une durée d'utilité de 12 ans à partir du moment où il a été enregistré, le 1er janvier 2012. Il est amorti sur sa durée d'utilité restante.

b) Des droits d'auteur. Le 1er janvier 2014, l'entreprise a acheté des droits d'auteur au montant de 24 750 $, payés comptant. Leur durée de vie légale restante à partir de cette date est de 30 ans. On estime cependant que l'objet couvert par ce droit n'aura plus aucune valeur au bout de 15 ans.

c) Une licence. L'entreprise a obtenu une licence de la société Saint-Vallier pour distribuer un article particulier. Elle s'est procuré cette licence le 1er janvier 2014 au coût de 19 200 $, payés comptant, pour une période de 12 ans.

d) Un permis. Le 1er janvier 2013, l'entreprise s'est procuré un permis de la Ville pour exploiter un service particulier pendant une période de sept ans. Le coût total pour obtenir ce permis se chiffre à 21 000 $.

e) Un goodwill. La société Tequila s'est lancée en affaires au mois de janvier 2012 en achetant une autre entreprise pour la somme forfaitaire de 650 000 $ en espèces, incluant un goodwill évalué à 75 000 $.

Travail à faire

1. Calculez le montant de l'amortissement que l'entreprise devrait enregistrer pour chaque immobilisation incorporelle et pour le goodwill au 31 décembre 2014.

2. Donnez la valeur comptable de chaque immobilisation incorporelle et du goodwill au 1er janvier 2017.

3. Supposez que, le 2 janvier 2017, la capacité de la licence à générer des produits se trouve réduite. La société Tequila estime la valeur d'utilité de la licence à 12 500 $, alors que la juste valeur diminuée des coûts de la vente est estimée à 13 500 $. Calculez, s'il y a lieu, la perte découlant de la dépréciation de cet actif.

CP8-1
1•2•3•4•5
30 minutes
L'Oréal

La recherche d'information financière

Reportez-vous aux états financiers et aux notes de la société L'Oréal (*voir l'annexe B à la fin de ce manuel*).

Travail à faire

Pour chaque question, répondez en précisant où vous avez trouvé l'information.

1. Quelle est la nature des immobilisations incorporelles?
2. Quel est le montant de l'amortissement cumulé au 31 décembre 2009 pour les immobilisations corporelles?
3. Quelle méthode d'amortissement l'Oréal utilise-t-elle pour amortir ses immobilisations corporelles?
4. Quel est le montant des acquisitions d'immobilisations corporelles et incorporelles au cours de la période 2009?
5. À combien s'élève la charge d'amortissement des immobilisations de la dernière période financière?
6. Quel modèle d'évaluation L'Oréal utilise-t-elle pour ses immobilisations corporelles?
7. Quel est le taux de rotation des actifs immobilisés? Que suggère-t-il?

CP8-2
1•2•3•4•5
30 minutes
Inter Parfums

La recherche d'information financière

Reportez-vous aux états financiers et aux notes de la société Inter Parfums (*voir l'annexe C à la fin de ce manuel*).

Travail à faire

Pour chaque question, répondez en précisant où vous avez trouvé l'information.

1. Quelle méthode d'amortissement l'entreprise utilise-t-elle pour ses immobilisations corporelles?
2. Quel est le montant de l'amortissement cumulé au 31 décembre 2009?
3. Quel est le coût du matériel de bureau, du matériel informatique et du mobilier au 31 décembre 2009?
4. À quoi est dû l'écart d'acquisition (goodwill) présenté à l'état de la situation financière? Cet actif est-il amorti ou déprécié?
5. Quel est le taux de rotation des actifs immobilisés? Que suggère-t-il?

CP8-3
2•5
30 minutes
L'Oréal
Inter Parfums

La comparaison d'entreprises d'un même secteur d'activité

Reportez-vous aux états financiers des sociétés L'Oréal et Inter Parfums ainsi qu'au rapport sur les ratios de ce secteur d'activité (*voir les annexes B, C et D à la fin de ce manuel*).

Travail à faire

1. Calculez le pourcentage des immobilisations corporelles par rapport à l'actif total pour les deux entreprises. Y a-t-il des différences?
2. Calculez le pourcentage des immobilisations incorporelles par rapport à l'actif total pour les deux entreprises. Y a-t-il des différences?
3. Calculez et comparez le pourcentage de l'amortissement cumulé par rapport au coût des immobilisations corporelles pour les deux entreprises.
4. Calculez le taux de rotation des actifs immobilisés de la dernière période financière pour chacune des deux entreprises. Laquelle de ces entreprises présente la plus grande efficacité en matière de gestion des immobilisations? Expliquez votre réponse.
5. Comparez les taux de rotation des actifs immobilisés de ces deux sociétés avec celui de la moyenne du secteur.

8

20 minutes

La recherche d'information financière

Le site Internet SEDAR (www.sedar.com) classe les entreprises canadiennes par secteurs d'activité.

Travail à faire

À l'aide de votre navigateur Web, rendez-vous sur le site SEDAR (ou tout autre site qui offre ce type d'information). Trouvez trois concurrents dans chacun des secteurs suivants :

1. les télécommunications ;
2. l'hôtellerie ;
3. les vêtements de sport ;
4. le matériel informatique.

CP8-5

⊕ **5**

20 minutes

L'âge des immobilisations

Dans un rapport annuel récent d'une entreprise qui fabrique de l'outillage, on trouve les renseignements qui suivent (en milliers de dollars) :

	Période en cours
Terrain et aménagements	69 091
Immeubles	298 450
Matériel et outillage	928 151
	1 295 692
Moins : Amortissement cumulé	468 511
	827 181

La charge d'amortissement imputée aux opérations se chiffre à 99 234 000 $ pour la période en cours. L'entreprise utilise la méthode de l'amortissement linéaire.

Travail à faire

1. Quelle est, à votre avis, l'estimation la plus probable de la durée d'utilité moyenne prévue pour les actifs amortissables de cette entreprise ?
2. Quelle est, à votre avis, l'estimation la plus probable de l'âge moyen des actifs amortissables de l'entreprise ?

CP8-6

⊕ **5**

20 minutes

L'analyse des notes aux états financiers

La note suivante apparaît dans un rapport annuel récent de Cascades inc.

Immobilisations corporelles et amortissement

Les immobilisations corporelles sont inscrites au coût, y compris les intérêts engagés durant la période de construction de certaines immobilisations corporelles. L'amortissement est appliqué selon la méthode de l'amortissement linéaire, à des taux annuels variant de 3 % à 5 % pour les bâtiments, de 5 % à 10 % pour le matériel et l'outillage, et de 15 % à 20 % pour le matériel roulant, compte tenu de la durée d'utilisation de chacune des catégories d'immobilisations corporelles.

Travail à faire

1. Quel est l'intervalle des durées d'utilité des immeubles et du matériel roulant ?
2. Quelle méthode d'amortissement Cascades utilise-t-elle ?

Le taux de rotation des actifs immobilisés et les flux de trésorerie

La société Parade évolue principalement dans le secteur culturel. Elle produit des films, des CD musicaux, publie des livres et gère même un parc d'amusement. Au fil des ans, Parade a acquis des entreprises qui l'ont amenée à comptabiliser un goodwill dont la valeur comptable s'élève à plus de trois milliards de dollars. Voici quelques données tirées d'un rapport annuel récent de l'entreprise (en millions de dollars):

	Période en cours	Période précédente
État de la situation financière		
Immobilisations corporelles, nettes	2 733	2 559
Immobilisations incorporelles, nettes	2 033	1 636
Goodwill	3 076	3 355
État du résultat global		
Chiffre d'affaires	9 714	10 644
Tableau des flux de trésorerie		
Résultat net	880	445
Plus :		
Amortissement	289	265
Perte de valeur	208	190
Autres	(1 618)	(256)
Flux de trésorerie liés aux activités opérationnelles	(241)	644
Notes aux états financiers		
Amortissement cumulé sur les immobilisations corporelles	1 178	1 023

Travail à faire

1. Calculez le coût des immobilisations corporelles à la fin de la période en cours. Expliquez votre réponse.
2. Quel est l'âge moyen des immobilisations corporelles à la fin de la période en cours?
3. Calculez le taux de rotation des actifs immobilisés de la période en cours. Expliquez votre réponse.
4. Dans le tableau des flux de trésorerie, pourquoi le montant de l'amortissement est-il ajouté au résultat net?

La sortie des immobilisations

D'après le rapport annuel d'une grande entreprise, le solde des immobilisations corporelles à la fin de la période en cours s'élevait à 16 774 millions de dollars. À la fin de la période précédente, il était de 15 667 millions de dollars. Pendant la période en cours, l'entreprise a acheté du matériel neuf d'une valeur de 2 118 millions de dollars. Le solde de l'amortissement cumulé à la fin de cette période se chiffrait à 8 146 millions de dollars, tandis qu'à la fin de la période précédente, il était de 7 654 millions de dollars. La charge d'amortissement de l'année est de 1 181 millions de dollars. Comme le rapport annuel n'indique aucun profit ni aucune perte attribuable à une sortie d'immobilisations corporelles, on suppose que ce montant est nul.

Travail à faire

Quelle somme l'entreprise a-t-elle reçue lors de la sortie d'immobilisations corporelles au cours de la période? (Conseil : Établissez des comptes en T.)

CP8-9

5•9

20 minutes

Ford Motor Company

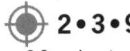

Un problème d'éthique : l'analyse d'un changement de méthode comptable

Un rapport annuel de Ford Motor Company renferme les renseignements suivants :

6. Immobilisations et amortissement – secteur automobile

Les actifs mis en service avant le 1er janvier 1993 sont amortis à l'aide d'une méthode accélérée. Les actifs mis en service au début de 1993 sont amortis suivant la méthode d'amortissement linéaire. Une telle modification des conventions comptables vise à refléter les améliorations apportées à la conception et à la flexibilité du matériel et de l'outillage de fabrication ainsi qu'aux mesures d'entretien. Ces améliorations ont permis d'obtenir une plus grande uniformité dans les capacités de production et dans les coûts d'entretien pendant la durée d'utilité des actifs. Dans ces circonstances, la méthode d'amortissement linéaire est préférable. La modification devrait améliorer les résultats après impôts de l'entreprise de 80 à 100 millions de dollars pour 1993.

Travail à faire

1. Quelle est la raison énoncée par l'entreprise pour expliquer le changement de méthode d'amortissement? À votre avis, quels autres facteurs la direction a-t-elle pris en considération avant de décider de procéder à ce changement?

2. Croyez-vous qu'il s'agisse d'une question d'éthique?

3. Sur qui ce changement a-t-il eu un effet? Ces personnes ont-elles profité ou non de cet effet? Expliquez votre réponse.

4. Quelle incidence ce changement a-t-il eu sur les flux de trésorerie de Ford?

5. À titre d'investisseur, comment réagiriez-vous au fait que le résultat net de l'entreprise augmentera de 80 à 100 millions de dollars en raison de ce changement?

CP8-10

2•3•9

20 minutes

Les coûts d'emprunt

Vous êtes l'analyste financier responsable d'évaluer l'efficacité de la direction à gérer ses actifs immobilisés. Vous avez remarqué la note suivante dans le rapport annuel d'une importante entreprise hôtelière :

Méthodes comptables

Immobilisations corporelles

Les immobilisations sont comptabilisées au coût, incluant les coûts d'emprunt engagés durant la période de construction. Les coûts d'emprunt capitalisés dans les immobilisations corporelles étaient de 32 millions de dollars en 2012, de 30 millions en 2011 et de 16 millions en 2010. Les coûts ultérieurs sont inclus dans la valeur comptable de l'immobilisation s'il est probable qu'ils procureront des avantages économiques futurs.

Travail à faire

1. Comment la politique de comptabilisation de cette entreprise touche-t-elle :
   a) les flux de trésorerie?
   b) le taux de rotation des actifs immobilisés?

2. Comment la politique de comptabilisation de cette entreprise influencera-t-elle votre interprétation du taux de rotation des actifs immobilisés?

3. Si le taux de rotation des actifs immobilisés décroît en raison de la capitalisation des coûts d'emprunt, est-ce que cette baisse est due à une réelle diminution de l'efficacité de la direction?

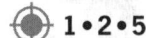

La comparaison d'entreprises de différents secteurs

À l'aide de votre navigateur Web, visitez le site de trois entreprises canadiennes qui évoluent dans trois secteurs d'activité différents. Téléchargez leur dernier rapport annuel.

Travail à faire

1. En vous basant sur les renseignements contenus dans les derniers rapports annuels, rédigez un texte décrivant les éléments suivants :

   a) Les différences entre les comptes d'immobilisations corporelles et incorporelles qu'utilisent ces trois entreprises ;

   b) Les méthodes d'amortissement et les estimations utilisées ;

   c) La durée d'utilité moyenne approximative des actifs ;

   d) Le pourcentage des immobilisations corporelles par rapport au total des actifs ;

   e) Le taux de rotation des actifs immobilisés.

2. Pour conclure votre analyse, expliquez en quoi ces trois entreprises se ressemblent ou non.

Une analyse chronologique

À l'aide de votre navigateur Web, visitez le site d'OL Groupe (www.olweb.fr). Examinez son plus récent rapport annuel (document de référence).

Travail à faire

1. À partir des renseignements contenus dans le rapport, calculez le taux de rotation des actifs immobilisés de chacune des périodes financières.

2. Comparez ces taux avec ceux qui vous sont fournis dans le présent chapitre au sujet d'OL. Quelle tendance, s'il y a lieu, remarquez-vous ? Qu'est-ce qui pourrait expliquer ce changement ?

8

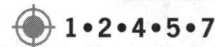

Un projet d'équipe : l'analyse des immobilisations

À l'aide de votre navigateur Web, visitez un site d'information financière (*voir le chapitre 5 à la page 284 pour des suggestions*) sur lequel vous trouverez des listes de secteurs d'activité et d'entreprises concurrentes de chacun de ces secteurs.

En équipe, choisissez un secteur à analyser. Chaque membre de l'équipe doit ensuite se servir de son navigateur Web pour se procurer le rapport annuel d'une société ouverte de ce secteur, différente de celles qu'ont choisies les autres membres.

Travail à faire

1. Individuellement, chaque membre de l'équipe doit rédiger un bref rapport traitant des éléments suivants :

   a) Les catégories d'immobilisations et leur valeur (immobilisations corporelles et incorporelles) ;

   b) Les méthodes d'amortissement et les estimations utilisées pour chaque catégorie d'immobilisations ;

   c) La durée d'utilité moyenne approximative des immobilisations corporelles ;

   d) Le modèle d'évaluation des immobilisations corporelles ;

   e) Le taux de rotation des actifs immobilisés et votre interprétation de ce taux ;

   f) Les acquisitions et les sorties d'immobilisations qui sont survenues au cours des deux dernières périodes financières.

2. En équipe, dressez une analyse comparative des différentes entreprises choisies par les membres. Rédigez un bref rapport dans lequel vous soulignerez les ressemblances et les différences existant entre ces entreprises en fonction des éléments étudiés.

SWATCH GROUP
Une structure de capital bien gérée
www.swatchgroup.com/fr

Lorsqu'on pense à la marque Swatch, de jolies montres aux nombreux coloris nous viennent à l'esprit. Swatch Group (Swatch) est une vaste entreprise suisse qui exploite l'horlogerie de nombreuses marques de luxe et de prestige (Breguet, Blancpain, Omega, Tiffany, etc.), haut de gamme (Longines, Rado et Union Glashütte), moyen de gamme (Tissot, Calvin Klein, Hamilton, etc.) et d'entrée de gamme (Swatch, et Flik Flak – pour enfants). La particularité des montres Swatch et Flik Flak est le faible nombre de leurs composantes remplaçables, car leur mouvement d'horlogerie est soudé aux ultrasons et seule la pile peut être changée ; ces montres sont donc conçues pour ne pas avoir à être réparées. Au total, la société exploite 19 marques de montres et de bijoux couvrant tous les segments de marché et de prix.

L'entreprise fabrique aussi des bijoux (Dress Your Body) et des composantes électroniques tels des circuits intégrés miniatures, des oscillateurs à quartz et d'autres pour les horloges de synchronisation des réseaux de télécommunication, des oscillateurs et des batteries miniatures, des lasers industriels et des chronomètres sportifs. D'ailleurs, c'est Swatch qui a été le chronométreur officiel des Jeux olympiques d'hiver de 2010 à Vancouver. Grâce à une coentreprise créée en 1998, le groupe a aussi développé et construit la voiture citadine Smart (à l'origine Swatchmobile) avec Mercedes, du groupe DaimlerChrysler, que le groupe automobile a reprise à 100 % par la suite.

En 2010, la société a présenté un chiffre d'affaires record de 6 440 millions de francs suisses[1], soit une augmentation de 18,8 % par rapport à l'année précédente, et un résultat net de 1 089 millions de francs suisses, soit une augmentation de 41,5 % par rapport à l'année 2009. La société est active dans plus de 37 pays avec 149 filiales et 9 sociétés associées.

La direction de Swatch exploite la société en se fixant des objectifs ambitieux. Bien que plusieurs d'entre eux soient associés à la croissance du volume des ventes et à l'amélioration des opérations, quelques-uns visent les résultats financiers, tels que l'appréciation du titre boursier et une saine gestion de la structure financière de l'entreprise. Ce dernier objectif est directement lié au sujet du présent chapitre.

---

1 Un franc suisse équivalait à 1,20 $ canadien au 7 juillet 2011. Son symbole est CHF.

Dans leur étude de l'état de la situation financière d'une entreprise, les analystes financiers tiennent compte de plusieurs facteurs pour évaluer les forces et les faiblesses de l'entreprise. L'un des éléments importants qu'ils scrutent est la stratégie de financement des opérations. Comme c'est le cas pour Swatch, la gestion de la dette est souvent aussi importante que la gestion des actifs.

• Parlons affaires

Pour acquérir leurs actifs, les entreprises recourent au financement. Il existe deux sources de financement : les fonds provenant des créanciers (un passif) et ceux provenant des propriétaires (des capitaux propres). Le mélange de passif et de capitaux propres que l'entreprise utilise est appelé « structure financière », ou « structure de capital ». Outre le fait de choisir la structure de capital, les gestionnaires peuvent déterminer leurs sources d'emprunt à l'aide d'une variété d'instruments, tel que le montre la section du passif de l'état de la situation financière de Swatch (*voir le tableau 9.1*).

TABLEAU 9.1 • EXTRAIT DE L'ÉTAT DE LA SITUATION FINANCIÈRE DE SWATCH

	Swatch Bilans consolidés (partiels) au 31 décembre (en millions de CHF)		
	Notes	2010	2009
Passif[2] et capitaux propres			
Passifs courants			
Fournisseurs		291	238
Autres passifs courants	25	479	429
Dettes financières et instruments financiers dérivés	22	31	438
Passifs d'impôts exigibles	7c	156	76
Provisions	24	63	60
Total des passifs courants		1 020	1 241
Passifs non courants			
Dettes financières	22	77	80
Passifs d'impôts différés	7d	353	337
Engagements de prévoyance	23	26	27
Provisions	24	37	40
Total des passifs non courants		493	484
Total du passif		1 513	1 725
Total des capitaux propres		7 101	5 981
Total du passif et des capitaux propres		8 614	7 706

2 L'entreprise présente ses passifs non courants avant ses passifs courants et ses capitaux propres avant ses passifs. Nous avons modifié la présentation pour l'uniformiser avec celle qui est en vigueur au Canada et pour être conséquent par rapport à la présentation des postes de passif adoptée dans le présent chapitre. De plus, les capitaux propres ont été regroupés dans le total sans être détaillés, car cette section n'est pas utile dans ce chapitre.

Quels facteurs les gestionnaires prennent-ils en considération lorsqu'ils contractent des emprunts? Le risque et le rendement sont deux éléments essentiels qui retiennent leur attention. Les capitaux empruntés représentent un risque plus grand que les capitaux propres, parce que les paiements associés à une dette constituent une obligation légale pour l'entreprise. Si celle-ci est incapable d'effectuer les paiements sur sa dette (intérêts ou remboursement de capital) à cause d'un découvert de trésorerie temporaire, ses créanciers peuvent l'acculer à la faillite et exiger la vente de ses actifs pour la forcer à honorer ses engagements. Comme dans toute autre transaction financière, les emprunteurs et les prêteurs tentent de négocier les conditions qui leur sont les plus favorables. Les gestionnaires déploient un effort considérable pour établir la stratégie de financement.

Les entreprises qui intègrent certains éléments de passif à leur structure financière doivent aussi prendre des décisions stratégiques concernant l'équilibre qui convient entre les dettes courantes et non courantes. Les analystes calculent différents ratios financiers dans le but d'évaluer la structure financière d'une entreprise. Dans le présent chapitre, nous traitons à la fois des dettes courantes et non courantes, et étudions brièvement les obligations, type particulier de passif non courant. Nous expliquons également quelques ratios financiers importants et présentons le concept de valeur actualisée.

STRUCTURE DU CHAPITRE 9

- **La définition et le classement des éléments de passif**
  - Le ratio du fonds de roulement

- **Les passifs courants**
  - Les comptes fournisseurs
  - Le taux de rotation des comptes fournisseurs
  - Les charges courantes à payer
  - Les effets à payer
  - La partie courante de la dette à long terme
  - Les produits différés
  - Les dettes estimatives et les passifs éventuels
  - La gestion du fonds de roulement

- **Les passifs non courants**
  - Les effets à payer non courants et les obligations
  - La dette découlant de contrats de location

- **Le concept de valeur actualisée**
  - La valeur actualisée d'un versement unique
  - La valeur actualisée de versements périodiques
  - Les applications comptables de la valeur actualisée

- **Les obligations**
  - Les caractéristiques des obligations
  - Les opérations d'émission d'obligations
  - Le ratio de couverture des intérêts
  - Le ratio des capitaux empruntés sur les capitaux propres

- **La comparaison des IFRS et des normes comptables pour les entreprises à capital fermé**

OBJECTIF D'APPRENTISSAGE

Définir, mesurer et classer les éléments du passif courant.

9

9.1 La définition et le classement des éléments de passif

La plupart des gens comprennent relativement bien la définition du terme « passif ». Comme nous l'avons vu au chapitre 2, les comptables définissent le **passif** en fonction de trois caractéristiques[3] :

1. Il représente une obligation actuelle qui correspond à un devoir ou à une responsabilité d'agir ;
2. L'obligation résulte d'opérations ou d'événements passés ;
3. L'extinction de l'obligation implique que l'entité abandonnera des ressources représentatives d'avantages économiques.

Comme le montre le bilan partiel (état de la situation financière) qui est présenté dans le tableau 9.1 (*voir la page 546*), Swatch avait accumulé, en date du 31 décembre 2010, des dettes financières non courantes de 77 millions de francs suisses. Ce montant a été emprunté à des créanciers à un certain moment dans le passé (opération passée). De ce fait, l'entreprise a l'obligation de verser de l'argent (un actif) à ces créanciers à un

3 *Manuel de l'ICCA*, partie I : Cadre conceptuel de l'information financière, paragr. 4.15 à 4.19.

certain moment dans l'avenir, conformément aux contrats d'emprunt qu'elle a signés avec eux. À cause de cette obligation, elle doit enregistrer une dette non courante.

Un **passif financier** est une obligation contractuelle qui oblige l'emprunteur à céder au créancier soit une partie de sa trésorerie, soit un autre actif financier. Lorsqu'on enregistre un élément de passif la première fois, on le mesure en fonction de sa valeur courante en trésorerie (juste valeur), c'est-à-dire en fonction du montant qu'un créancier accepterait en paiement de cette dette au moment présent. La mesure subséquente du passif (pour les mois et les années à venir) dépend de sa catégorie. Par exemple, les **passifs financiers à la juste valeur par le biais du résultat net** sont évalués à leur juste valeur. Les coûts de transaction d'un passif font partie du passif initial; par contre, ceux d'un passif financier à la juste valeur par le biais du résultat net sont passés en charges à l'état du résultat global.

Si l'on considère les comptes fournisseurs (un passif financier courant), l'échéancier est très court. On peut donc affirmer que la juste valeur est près de la valeur inscrite à la date de la transaction. Ainsi, les passifs courants sont inscrits au montant convenu entre les parties à la date de la transaction. En ce qui concerne les passifs non courants, la mesure de ces éléments est abordée un peu plus loin dans le présent chapitre.

Bien que la société Swatch ait emprunté 77 millions de francs suisses, elle devra rembourser une somme beaucoup plus élevée. En effet, elle devra débourser non seulement le montant de l'emprunt (le capital), mais aussi les intérêts relatifs à cette dette.

Un **passif non financier** représente une obligation qui ne sera pas réglée à même des actifs financiers, mais au moyen de la prestation de services ou de la remise d'un actif non financier. Ce genre de passif est évalué au coût. Les produits différés sont un exemple de passif non financier.

Comme la plupart des entreprises, Swatch a plusieurs types de passifs et un vaste éventail de créanciers. La liste des éléments de passif d'un état de la situation financière n'est jamais la même d'une entreprise à l'autre, car à différentes activités opérationnelles correspondent différents types d'éléments de passif. La section du passif de l'état de la situation financière de Swatch commence par les passifs *courants*. L'entité doit classer un passif en tant que **passif courant** lorsque:

a) elle s'attend à régler le passif au cours de son cycle d'exploitation normal;
b) elle détient le passif à des fins de transaction [passif engagé en vue d'être vendu ou racheté dans un proche avenir];
c) le passif doit être réglé dans les 12 mois suivant la date de clôture;
d) l'entité ne dispose pas d'un droit inconditionnel de différer le règlement du passif durant au moins 12 mois après la date de clôture[6].

À l'état de la situation financière, tous les éléments du passif courant sont additionnés afin de présenter un total partiel permettant le calcul rapide de plusieurs ratios financiers.

Le **passif non courant** comprend tous les éléments de passif qui ne sont pas classés comme des éléments de passif courant. En général, il est question d'un passif dont le règlement exige une période plus longue qu'une année ou que le cycle d'exploitation de l'entreprise.

Passif financier
Obligation contractuelle qui implique de céder à l'autre partie soit de la trésorerie, soit un autre actif financier[4].

Passif financier à la juste valeur par le biais du résultat net
Passif utilisé pour financer des activités de transaction (en vue d'être vendu ou racheté dans un avenir proche) et désigné comme tel par la direction[5].

Passif non financier
Obligation qui ne sera pas réglée à même les actifs financiers, mais plutôt au moyen de la prestation de services ou de la remise d'un actif non financier.

9

4 *Manuel de l'ICCA*, partie I, IAS 32: Instruments financiers, paragr. 11.

5 *Ibid.*

6 *Ibid.*, partie I, IAS 1: Présentation des états financiers, paragr. 69. Souvent, les entreprises peuvent différer le paiement de certaines dettes en renouvelant leurs contrats d'emprunt. Lorsqu'une entreprise ne peut légalement différer une dette au-delà de 12 mois, le passif est considéré comme courant.

Voici quelques exemples de passifs financiers et non financiers :

	Évaluation initiale	Évaluation subséquente	Exemples
Passifs financiers[7]			
Courants	Juste valeur (généralement égale au coût)	Même que l'évaluation initiale (l'échéance étant très près)	Fournisseurs, Effets à payer, Emprunts bancaires, Salaires et Charges à payer
Non courants	Juste valeur	Coût amorti selon la méthode du taux effectif	Dette non courante, Obligations et Débentures
Passifs non financiers	Coût	Coût	Produits différés, Impôts différés et Impôts exigibles

L'information sur les passifs courants est importante aux yeux des gestionnaires et des analystes financiers, parce que ces passifs devront être payés dans un avenir rapproché. Les analystes affirment que l'entreprise gère bien ses liquidités lorsqu'elle peut honorer ses dettes courantes. Plusieurs ratios financiers sont utiles pour évaluer la bonne gestion des liquidités, y compris le ratio du fonds de roulement (ratio de liquidité générale).

analysons les ratios

OBJECTIF D'APPRENTISSAGE

②

Calculer et interpréter le ratio du fonds de roulement.

LE RATIO DU FONDS DE ROULEMENT

1. Question d'analyse

La société a-t-elle suffisamment de ressources pour payer ses dettes courantes ?

2. Ratio et comparaison

Le ratio du fonds de roulement se calcule comme suit :

$$\text{Ratio du fonds de roulement} = \frac{\text{Actif courant}}{\text{Passif courant}}$$

En 2010, le ratio de Swatch était le suivant :

$$\frac{6\,235\,\text{M CHF}}{1\,020\,\text{M CHF}} = 6{,}11$$

Analyse de la tendance dans le temps			Comparaison avec les compétiteurs	
Swatch			Richemont	Seiko
2008	2009	2010	2010	2010
5,53	4,36	6,11	3,48	0,85

Seiko est une entreprise japonaise qui fabrique et distribue des montres, des horloges et des instruments de précision pour des événements sportifs.

Richemont est une entreprise suisse qui fabrique et distribue des montres de luxe (Cartier, Piaget et Ralph Lauren), les stylos Montblanc et d'autres articles de luxe (Dunhill, Chloé, Lancel, etc.).

3. Interprétation des résultats

EN GÉNÉRAL ◊ Un ratio du fonds de roulement élevé indique que l'entreprise dispose d'un bon montant de liquidités ; par contre, un ratio trop élevé peut indiquer une utilisation non efficace des ressources. Une ancienne règle stipulait que le ratio devait se situer entre 1 et 2.

---

7 Il existe aussi des passifs financiers désignés à la juste valeur par le biais du résultat net qui doivent être évalués à leur juste valeur chaque année. L'engagement de vente à découvert que l'entreprise ne possède pas en est un exemple. Cette catégorie de passif est étudiée dans les cours de comptabilité avancés.

Aujourd'hui, les sociétés utilisent des techniques sophistiquées afin de minimiser les fonds investis dans l'actif courant et, de ce fait, plusieurs affichent des ratios inférieurs à 1.

SWATCH ◊ Le ratio du fonds de roulement de Swatch est très élevé pour une entreprise de sa taille et de son secteur; il montre un niveau de liquidités important. On note que ce ratio a varié au cours des trois dernières périodes. On peut donc s'interroger sur l'efficacité de l'utilisation des actifs courants tellement il est élevé. La comparaison avec les compétiteurs, lesquels présentent un ratio moins élevé, bien que celui de l'un d'entre eux soit supérieur à 1, est un autre indice de ce manque d'efficacité.

QUELQUES PRÉCAUTIONS ◊ En tant que mesure des liquidités, le ratio du fonds de roulement peut se révéler trompeur lorsque des fonds importants ont été investis dans des actifs difficilement transformables en espèces. Une entreprise qui présente un ratio du fonds de roulement élevé peut quand même avoir des problèmes de liquidités si la majorité de ses éléments d'actif courant est composée de stocks difficiles à écouler. Les analystes reconnaissent aussi qu'il est possible de manipuler un tel ratio en effectuant certaines opérations juste avant la clôture de la période. Dans la plupart des cas, on réussit, par exemple, à améliorer ce ratio en payant les créanciers immédiatement avant la préparation des états financiers.

9.2 Les passifs courants

Plusieurs passifs courants sont directement liés aux activités opérationnelles d'une société. En d'autres mots, certains types d'activités opérationnelles sont financées en partie au moyen d'un passif courant particulier.

Voici quelques exemples de liens:

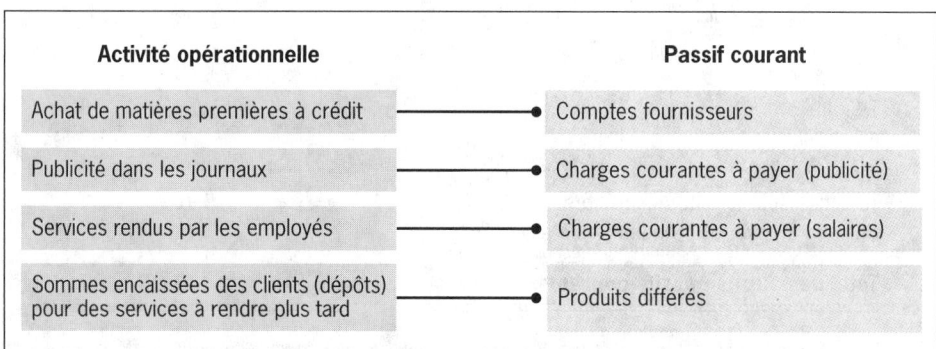

Activité opérationnelle	Passif courant
Achat de matières premières à crédit	Comptes fournisseurs
Publicité dans les journaux	Charges courantes à payer (publicité)
Services rendus par les employés	Charges courantes à payer (salaires)
Sommes encaissées des clients (dépôts) pour des services à rendre plus tard	Produits différés

La société Swatch fabrique de nombreuses marques de montres et de bijoux luxueux et, par conséquent, doit garder un niveau d'inventaire assez élevé. Pour demeurer compétitive, elle doit aussi affecter des ressources importantes au marketing et payer de bons salaires à ses employés. En comprenant les relations qui existent entre les activités opérationnelles et les éléments du passif courant, un analyste peut facilement expliquer la variation survenant dans les comptes de passif courant. Nous abordons maintenant les comptes de passif courant que nous retrouvons dans la plupart des états de la situation financière.

9.2.1 Les comptes fournisseurs

La majorité des entreprises ne produisent pas tous les biens et les services dont elles ont besoin pour leurs activités opérationnelles de base. Elles achètent plutôt ces biens et ces services à d'autres entreprises. En général, ces opérations incluent des conditions de règlement nécessitant des paiements en espèces après que les biens et les services ont été fournis. Il en résulte qu'elles entraînent la création d'une dette. On désigne souvent cette forme de crédit par l'expression «crédit commercial».

Nous n'avons pas de statistiques sur les termes les plus populaires qui sont utilisés pour désigner ce type de dette, mais, au cours d'un examen rapide d'une dizaine d'entreprises, nous avons découvert que la plupart d'entre elles emploient les expressions «créditeurs» ou «fournisseurs». De plus, des expressions telles que «fournisseurs et charges courantes à payer» ou «fournisseurs et charges à payer» sont utilisées. Dans ce cas, le montant des **comptes fournisseurs** n'est pas distinct, ce qui peut rendre difficile le calcul de certains ratios financiers.

Pour un grand nombre d'entreprises, le crédit commercial est une manière assez peu coûteuse de financer l'achat de stocks, car les comptes fournisseurs ne comportent généralement pas d'intérêts. Afin d'encourager leurs clients à acheter davantage, certains vendeurs offrent des modalités de paiement très généreuses qui donnent aux acheteurs la possibilité de revendre les marchandises et d'en encaisser le produit avant de devoir rembourser l'achat initial.

Certains dirigeants sont parfois tentés de retarder les paiements à leurs fournisseurs pour conserver de la trésorerie. Toutefois, cette stratégie n'est habituellement pas recommandable. La plupart des entreprises aujourd'hui prospères ont commencé par établir de bonnes relations commerciales avec leurs fournisseurs de manière à s'assurer de recevoir des biens et des services de qualité. Ces bonnes relations peuvent se détériorer lorsqu'une entreprise ne paie pas ses comptes à temps. Par ailleurs, pour les analystes financiers, cette lenteur à payer indique souvent des difficultés financières. Les gestionnaires et les analystes utilisent le taux de rotation des comptes fournisseurs pour évaluer l'efficacité de la gestion d'une entreprise.

coup d'œil sur
SWATCH
RAPPORT ANNUEL

25. Autres passifs courants (note aux états financiers consolidés)

(en millions de CHF)	au 31 décembre	
	2010	2009
Avances reçues	15	12
TVA due	16	13
Autres dettes	70	57
Total des autres dettes courantes	101	82
Charges à payer et produits reçus d'avance	378	347
Total des autres passifs courants	479	429

[...] À l'exception des charges à payer et des produits reçus d'avance (produits différés), les autres passifs courants sont considérés comme des instruments financiers.

analysons les ratios

OBJECTIF D'APPRENTISSAGE 3

Calculer et interpréter le taux de rotation des comptes fournisseurs.

LE TAUX DE ROTATION DES COMPTES FOURNISSEURS

1. Question d'analyse

L'entreprise est-elle efficace lorsqu'elle doit respecter ses obligations envers ses fournisseurs?

2. Ratio et comparaison

Le taux de rotation des comptes fournisseurs se calcule comme suit:

$$\text{Taux de rotation des comptes fournisseurs} = \frac{\text{Coût des ventes}}{\text{Comptes fournisseurs moyens}}$$

En 2010, le taux de Swatch était le suivant:

$$\frac{1\,274\,\text{M CHF}^*}{(291\,\text{M CHF} + 238\,\text{M CHF}) \div 2} = 4,8 \text{ fois}$$

* Nous avons calculé le coût des ventes en regroupant les postes Variation des stocks et Achats de marchandises et matières, qui sont présentés à l'état du résultat consolidé.

Analyse de la tendance dans le temps			Comparaison avec les compétiteurs	
Swatch			Richemont	Seiko
2008	2009	2010	2010	2010
3,8	4,5	4,8	3,6	5,1*

* Cette entreprise combine les fournisseurs avec les autres charges à payer, ce qui rend la comparaison difficile.

3. Interprétation des résultats

EN GÉNÉRAL ◊ Le taux de rotation des comptes fournisseurs mesure la rapidité de paiement des comptes fournisseurs. Un taux élevé indique qu'une entreprise paie promptement les produits ou les services qu'elle obtient d'autres sociétés. On peut aussi diviser ce ratio par le nombre de jours dans une année pour estimer combien de temps met l'entreprise à rembourser ce type de dettes.

$$\text{Délai moyen de remboursement des comptes fournisseurs} = \frac{365 \text{ jours}}{\text{Taux de rotation des comptes fournisseurs}}$$

Le délai moyen de remboursement des comptes fournisseurs de Swatch en 2010 a été de :

365 jours ÷ 4,8 = 76 jours

SWATCH ◊ Le taux de rotation des comptes fournisseurs de Swatch n'est pas très élevé. En effet, l'entreprise prend en moyenne 76 jours à payer ses fournisseurs. En conservant ses fonds pendant un certain nombre de jours, une société minimise ses emprunts et, par conséquent, le paiement des intérêts, ce qui démontre une bonne gestion de la trésorerie. Une période trop longue peut toutefois compromettre la relation avec les fournisseurs. Notons que le taux de rotation des comptes fournisseurs de Swatch augmente avec le temps et qu'il est aussi plus élevé que celui de Richemont, laquelle prend environ 101 jours à payer ses fournisseurs. La comparaison avec Seiko n'est pas possible, car l'état de la situation financière de cette entreprise ne dissocie pas les comptes fournisseurs des autres charges à payer. Cette précision aurait sans doute pour effet d'augmenter le taux de rotation des comptes fournisseurs de Seiko, ce qui insinuerait un délai de remboursement plus rapide qu'il ne l'est en réalité. Ce manque d'information sur les comptes fournisseurs de Seiko démontre qu'il n'est pas toujours possible de comparer les sociétés les unes aux autres.

QUELQUES PRÉCAUTIONS ◊ Le taux de rotation des comptes fournisseurs est une moyenne relative à tous ces comptes. Il ne reflète pas nécessairement la réalité dans le cas où une entreprise paierait certains de ses fournisseurs dans les délais convenus et les autres en retard. Ce ratio peut aussi faire l'objet d'une manipulation. L'entreprise peut être en retard dans ses paiements pendant toute l'année, mais se rattraper à la clôture de la période, de sorte que le taux se retrouve à un niveau acceptable. Aussi, un taux qui n'est pas très élevé peut indiquer soit des problèmes de trésorerie (par exemple, la société ne peut produire suffisamment de trésorerie pour faire face à ses obligations), soit une gestion dynamique de la trésorerie (par exemple, la société maintient un montant minimal de trésorerie pour soutenir ses activités opérationnelles). Dans le premier cas, l'entreprise éprouve des difficultés ; dans le second, elle possède un atout de taille. Les analystes devraient donc étudier d'autres facteurs (tels que le ratio du fonds de roulement et le montant des flux de trésorerie liés aux activités opérationnelles) pour déterminer dans quelle situation se trouve la société.

9.2.2 Les charges courantes à payer

Dans de nombreuses circonstances, une entreprise engage une dépense au cours d'une période et en effectue le paiement comptant à une période ultérieure. Les **charges courantes à payer** (aussi appelées « frais courus ») sont comptabilisées lorsque des dépenses ont été engagées avant la clôture d'une période, mais qu'elles n'ont pas encore été payées. Parmi ces dépenses, mentionnons entre autres l'impôt foncier, l'électricité et les salaires, les intérêts à payer, les indemnités de vacances, etc. Aux états financiers de Swatch, on a enregistré plusieurs éléments de ce type, dont le détail n'est pas fourni.

Les charges courantes à payer sont comptabilisées sous forme d'écritures de régularisation à la clôture de la période. Il a été question des écritures de régularisation au chapitre 4.

Les impôts sur le bénéfice à payer

Comme les individus, les sociétés doivent payer des impôts sur leurs revenus. Les taux d'imposition des sociétés sont progressifs (ou régressifs); au Canada, les plus grandes entreprises ont un taux d'imposition fédéral de 28% et un taux provincial qui varie selon la province. Le taux le plus élevé est au Québec (11,9%) et le taux le moins élevé est au Manitoba (0%). Les sociétés paient parfois aussi des impôts sur le résultat à l'étranger. Dans les notes au rapport annuel de Swatch, on trouve les renseignements suivants concernant les impôts :

7. Impôts sur le résultat exigible (extrait de la note aux états financiers consolidés)

	2010	2009
a. Charge d'impôts sur le résultat	(en millions de CHF)	
Impôts courants	320	199
Ajustements concernant des impôts courants d'années antérieures	1	–2
Impôts différés	–3	–11
Total de la charge d'impôts sur le résultat	318	186
b. Réconciliation du taux d'imposition effectif du Groupe	(en pourcentages)	
Taux d'imposition moyen escompté du Groupe	21,4	19,6
Effets de :		
Changement du taux d'imposition applicable sur les différences temporelles	–0,1	–0,1
Utilisation de pertes reportées non utilisées antérieurement	–0,1	–0,1
Pertes reportées de l'année courante non comptabilisées	1,0	1,2
Revenus non imposables	–0,2	–0,3
Charges non déductibles	0,7	0,3
Éléments imposables à taux réduits	–0,4	–0,4
Ajustements concernant des impôts courants d'années antérieures	0,1	–0,2
Autres éléments	0,4	–0,4
Taux d'imposition effectif du Groupe	22,8	19,6
c. Impôts exigibles sur le résultat	(en millions de CHF)	
Passifs d'impôts sur le résultat exigibles – solde au 1er janvier	–52	–91
Comptabilisés par le compte de résultat	–321	–197
Comptabilisés par les capitaux propres	0	–1
Impôts sur le résultat payés	225	237
Écarts de conversion	4	0
Solde au 31 décembre	–144	–52
dont actifs d'impôts sur le résultat exigibles	12	24
dont passifs d'impôts sur le résultat exigibles	–156	–76

Comme on peut le voir, divers ajustements du taux d'imposition de base sont possibles selon les particularités des sociétés. C'est un sujet fort complexe qui est plutôt examiné dans les cours de fiscalité. Les impôts exigibles sont ceux que l'entreprise doit payer pour la période en cours. Les impôts différés sont ceux qu'elle devra probablement payer à l'avenir, en fonction de la situation présente et des taux actuels. Nous abordons ce sujet à l'annexe 9-A (*voir la page 596*).

Les salaires à payer et autres coûts liés

À la fin de chaque période, les employés ont généralement gagné des salaires qui ne leur ont pas encore été versés. Les éléments de passif associés aux salaires non versés sont souvent présentés dans le même compte que les charges courantes à payer (comme le fait Swatch); parfois, on en trouve le détail dans une note complémentaire aux états financiers. Outre les salaires à payer aux employés, les entreprises doivent aussi comptabiliser le coût des avantages sociaux à payer tels que les régimes de retraite, les vacances, le régime d'assurance-emploi, le régime d'assurance-maladie, etc.

À titre d'exemple, examinons la charge de vacances. Les entreprises accordent généralement à leurs employés des vacances payées d'après le nombre de mois durant lesquels ils ont travaillé (par exemple, un jour de vacances pour chaque mois). Selon le concept du rattachement des charges aux produits, elles doivent comptabiliser le coût des vacances à la période où les employés ont rendu des services (c'est-à-dire au moment où ils ont aidé à engendrer des produits) plutôt qu'à la période où ils prennent réellement ces vacances. Supposons que Swatch a estimé le coût des indemnités de vacances à 925 000 francs suisses; la charge de salaires devra être rectifiée de la façon suivante à la clôture de la période:

ÉQUATION COMPTABLE

Actif	=	Passif	+	Capitaux propres
		Indemnités de vacances à payer +925 000		Salaires −925 000

ÉCRITURE DE JOURNAL

Salaires (+C, −CP)	925 000	
Indemnités de vacances à payer (+Pa)		925 000

Lorsque les vacances sont prises (par exemple, l'été suivant), le comptable enregistre ces données:

ÉQUATION COMPTABLE

Actif	=	Passif	+	Capitaux propres
Trésorerie −925 000		Indemnités de vacances à payer −925 000		

ÉCRITURE DE JOURNAL

Indemnités de vacances à payer (−Pa)	925 000	
Trésorerie (−A)		925 000

Chez Swatch, les indemnités de vacances à payer ne figurent pas dans un poste distinct. Elles sont incluses dans le poste Charges à payer et produits reçus d'avance, que l'on trouve à la note 25 (*voir la page 552*), qui explique le poste Autres passifs courants à l'état de la situation financière. Il semble que, pour la direction, le montant de ces indemnités ne constitue pas un facteur important dans l'analyse financière de l'entreprise. La plupart des analystes seraient probablement de cet avis.

Les retenues sur les salaires

LES IMPÔTS SUR LE SALAIRE DES EMPLOYÉS

Les lois fiscales canadiennes, fédérales et provinciales, exigent qu'à chaque période de paie, l'employeur déduise du salaire brut de chaque employé le montant approprié d'impôts sur le revenu. Le montant d'impôts retenu à la source est comptabilisé par l'employeur à titre d'élément de passif courant entre la date de la déduction et celle où le montant retenu est remis au gouvernement. En somme, l'employeur n'est qu'un agent de perception du gouvernement.

LES AUTRES ÉLÉMENTS DE PASSIF LIÉS AUX SALAIRES

Les rémunérations relatives aux services fournis par les employés englobent tous les montants que ceux-ci ont gagnés en salaires ainsi que ceux qui doivent être versés à d'autres organismes en leur nom. En voici quelques exemples : les cotisations au régime d'assurance-emploi, au régime de retraite de l'entreprise, au régime des rentes provincial, au régime d'assurance parentale, au régime d'assurance-maladie, et celles relatives aux normes du travail et au programme de la Commission de la santé et sécurité au travail, etc. La part que l'employeur verse à ces organismes (avantages sociaux) s'ajoute aux salaires et aux traitements des employés à titre de charge salariale et peut parfois atteindre 20 % du montant du salaire brut.

À titre d'exemple, nous examinons ci-après deux déductions importantes : les retenues concernant l'assurance-emploi et les impôts. Toutefois, la comptabilisation de chaque type de déduction salariale est semblable.

L'ASSURANCE-EMPLOI ET LES IMPÔTS RETENUS À LA SOURCE

Le gouvernement fédéral gère la caisse d'assurance-emploi, à laquelle l'employeur et les employés doivent contribuer. L'employeur est aussi tenu de retenir à la source des impôts sur le salaire. Un exemple de la comptabilisation d'une paie qui ne comporterait que ces deux éléments est donné en guise d'illustration. Ainsi, supposons que Quebecor, entreprise dont le siège social est situé au Québec, a recueilli les renseignements suivants dans son registre détaillé de la masse salariale des deux premières semaines de juin 2014 :

Salaires bruts	1 800 000 $
Impôts retenus à la source	(450 000)
Assurance-emploi (part des employés)	(105 000)
Salaires nets versés aux employés	1 245 000 $

Pour l'assurance-emploi, la charge de l'employeur est de 1,4 fois celle de l'employé. Par conséquent, le total des éléments de passif correspondant à l'assurance-emploi s'élève à 252 000 $ (105 000 $ + 147 000 $[8]). On comptabilise la masse salariale et les retenues à la source de la façon suivante :

ÉQUATION COMPTABLE

Actif	=	Passif	+	Capitaux propres
Trésorerie −1 245 000		Assurance-emploi à payer +252 000		Salaires et charges sociales −1 947 000
		Impôts retenus à la source à payer +450 000		

----

8 On obtient ce montant, la contribution de l'employeur, en multipliant 105 000 $ (la part des employés) par 1,4.

Salaires et charges sociales (+C, –CP)	1 947 000	
Impôts retenus à la source à payer (+Pa)		450 000
Assurance-emploi à payer (+Pa)		252 000
Trésorerie (–A)		1 245 000

9.2.3 Les effets à payer

Lorsqu'une entreprise contracte un emprunt, un document est rédigé en bonne et due forme. Les obligations constatées par ces notes écrites portent généralement le nom d'« effets à payer » ou d'« emprunt à payer ». Un effet à payer précise certains éléments tels que le montant emprunté, la date où il doit être remboursé et le taux d'intérêt exigé pour l'emprunt.

Les créanciers prêtent volontiers de l'argent parce qu'ils reçoivent des intérêts en compensation du fait qu'ils renoncent à l'utilisation de leur avoir pendant un temps déterminé. Ce concept simple est appelé « valeur temporelle de l'argent ». Dans cette expression, le terme « temporel » est important, car plus on prolonge la durée d'un emprunt, plus le montant de la charge des intérêts augmente. Les intérêts que rapporte un prêt de deux ans, à un taux donné, sont plus importants que ceux qu'engendre un prêt de un an. Pour l'emprunteur, les intérêts constituent une charge, mais, pour le créancier (ou prêteur), il s'agit d'une source de revenu.

Pour calculer les intérêts, il faut prendre trois variables en considération : 1) le capital (c'est-à-dire le montant d'argent emprunté) ; 2) le taux d'intérêt annuel ; et 3) la durée du prêt. La formule permettant de calculer les intérêts est la suivante :

$$\textbf{Intérêts} \quad = \quad \textbf{Capital} \quad \times \quad \textbf{Taux d'intérêt} \quad \times \quad \textbf{Durée}$$

Pour illustrer la comptabilisation d'un effet à payer, supposons qu'en date du 1er novembre 2014, Swatch a emprunté 100 000 francs suisses. La société a souscrit un effet à payer portant intérêt à 12 % pour un an. Les intérêts sont payables le 31 mars 2015 et le 31 octobre 2015. Le capital doit être remboursé à la date d'échéance du billet, soit le 31 octobre 2015. Voici comment il faut comptabiliser cet effet à payer courant :

ÉQUATION COMPTABLE

Actif	=	Passif	+	Capitaux propres
Trésorerie +100 000		Effet à payer courant +100 000		

ÉCRITURE DE JOURNAL

Trésorerie (+A)	100 000	
Effet à payer courant (+Pa)		100 000

Les intérêts sont une charge qui s'applique à la période au cours de laquelle l'argent est utilisé. D'après le concept du rattachement des charges aux produits, on enregistre la charge d'intérêts au moment où elle est engagée plutôt qu'au moment où le montant en question est payé.

Comme l'entreprise a utilisé l'argent emprunté pendant deux mois en 2014, elle comptabilise la charge d'intérêts (intérêts débiteurs) de ces deux mois en 2014, même si elle ne débourse rien avant le 31 mars 2015. En 2015, elle utilise cet argent pendant 10 mois ; par conséquent, elle doit enregistrer la charge d'intérêts de ces 10 mois pour l'année 2015.

OBJECTIF D'APPRENTISSAGE

Présenter les effets à payer et expliquer le concept de valeur temporelle de l'argent.

Valeur temporelle de l'argent
Notion exprimant la relation économique entre le temps et l'argent[9].

9

---

9 Louis MÉNARD *et al.*, *Dictionnaire de la comptabilité et de la gestion financière*, 3e éd., Toronto, Institut canadien des comptables agréés, 2011.

Le calcul de la charge d'intérêts de 2014 se fait comme suit :

$$2\,000\,\text{CHF} = 100\,000\,\text{CHF} \times 12\% \times 2/12$$

Pour comptabiliser la charge d'intérêts, on modifie les comptes suivants le 31 décembre 2014 :

ÉQUATION COMPTABLE	31 décembre 2014				
Actif	=	**Passif**	+	**Capitaux propres**	
		Intérêts à payer	+2 000	Charge d'intérêts	−2 000

ÉCRITURE DE JOURNAL

Charge d'intérêts (+C, −CP)	2 000	
Intérêts à payer (+Pa)		2 000

Au 31 mars 2015, Swatch devrait donc payer 5 000 francs suisses en intérêts, ce qui comprend les 2 000 francs suisses en charges courantes à payer présentés en 2014, plus 3 000 francs suisses d'intérêts courus pour les trois premiers mois de 2015. On modifie les comptes suivants pour inscrire cette charge :

ÉQUATION COMPTABLE	31 mars 2015				
Actif	=	**Passif**	+	**Capitaux propres**	
Trésorerie	−5 000	Intérêts à payer	−2 000	Charge d'intérêts	−3 000

ÉCRITURE DE JOURNAL

Charge d'intérêts (+C, −CP)	3 000	
Intérêts à payer (−Pa)	2 000	
Trésorerie (−A)		5 000

9.2.4 La partie courante de la dette à long terme

La distinction entre la dette courante et la dette non courante est importante pour les dirigeants d'entreprises comme pour les analystes. En effet, la dette courante doit être remboursée au cours de la période qui suit. Une entreprise doit donc disposer d'une trésorerie suffisante pour payer une dette qui vient à échéance à court terme. Si elle veut fournir des renseignements exacts sur ses éléments de passif courant, elle doit reclasser la portion de la dette non courante arrivant à échéance à l'intérieur d'une période de un an dans la catégorie des dettes courantes. Supposons que Swatch signe un effet à payer de 5 millions de francs suisses le 1er janvier 2013. Le remboursement doit être fait le 31 décembre 2016. Voici ce qui figurera au passif à l'état de la situation financière de l'entreprise au 31 décembre 2013, 2014 et 2015 :

Au 31 décembre 2013 et 2014	
Non courants	
Effet à payer	5 000 000
Au 31 décembre 2015	
Courants	
Partie courante de la dette à long terme	5 000 000

Un exemple de ce type de présentation est illustré dans le tableau 9.1 (*voir la page 546*). Il faut noter qu'en 2010, Swatch a présenté des dettes financières non courantes de 77 millions de francs suisses. La partie courante de cette dette est de 31 millions de francs suisses (présentée dans le passif courant) ; elle sera remboursée en entier au cours de la période suivante. Plutôt que de la rembourser, de nombreuses entreprises procèdent au refinancement de leur dette à son échéance, comme en témoigne la situation présentée dans la rubrique ci-après.

LE REFINANCEMENT DE LA DETTE DOIT-IL SE FAIRE DE FAÇON COURANTE OU NON COURANTE ?

De nombreuses entreprises procèdent au refinancement de leur dette lorsque celle-ci vient à échéance. Au lieu de le faire au moyen de la trésorerie disponible, elles signent un nouveau contrat de prêt avec une nouvelle date d'échéance ou empruntent de l'argent à un autre créancier pour rembourser le premier. Le fait qu'une entreprise décide de refinancer une dette et qu'elle ait les moyens de le faire soulève une question de comptabilité intéressante. Une dette qui arrive à échéance à court terme et qui fera l'objet d'un refinancement devrait-elle être classée dans la catégorie des éléments de passif courant ou non courant ?

Il ne faut pas oublier que les analystes s'intéressent aux éléments de passif courant d'une entreprise parce que ces éléments nécessitent des sorties de fonds la période suivante. Lorsqu'il est clair qu'un élément de passif ne produira pas de sortie de trésorerie à la période suivante, les normes comptables exigent qu'on ne le classe pas dans la catégorie « Courants ». L'extrait de note suivant, tiré d'un rapport annuel de Domtar, illustre cette règle :

17. Dettes non courantes

Le 9 juin 2009, la Société a émis des billets à 10,75 % d'un montant de 400 millions de dollars échéant en 2017 (les « billets »), pour un prix d'émission de 385 millions de dollars. Le produit net de l'émission a servi à financer une tranche du prix d'achat des billets à 7,875 % échéant en 2011.

**coup d'œil sur
DOMTAR**
RAPPORT ANNUEL

9.2.5 Les produits différés

Dans la plupart des transactions d'affaires, on paie après la livraison du produit ou la prestation du service. Dans certains cas, toutefois, on paie avant. Vous avez probablement déjà payé pour des revues que vous alliez ensuite recevoir à différents moments dans l'année, l'éditeur recueillant l'argent de votre abonnement avant de publier la revue. Lorsqu'une entreprise recouvre de l'argent pour un produit ou un service avant qu'il n'ait été réalisé, il est question de **produits différés** (ou produits non réalisés, ou revenus reportés, ou produits perçus d'avance) et cette somme est considérée comme un passif à l'état de la situation financière.

À titre d'exemple, les sociétés du domaine du transport aérien perçoivent souvent les produits de billets plusieurs mois avant le vol. Ces éléments constituent des produits différés et figurent en tant que passif à l'état de la situation financière. En 2010, la somme de 1 375 millions de dollars a été comptabilisée par Air Canada pour la vente de billets à l'avance (Produits passages et fret perçus d'avance). La note sur les conventions comptables d'Air Canada, présentée ci-dessous, décrit cette pratique.

Produits différés (ou produits non réalisés, ou revenus reportés, ou produits perçus d'avance) Produits qui ont été encaissés, mais non réalisés. Ils constituent des éléments de passif jusqu'à ce que les marchandises soient livrées ou les services, fournis.

9

Produits passages et fret

Les produits passages et fret perçus d'avance sont reportés et inclus dans le passif à court terme [...] Les produits passages et fret sont constatés au moment où les transports correspondants sont assurés [...]

**coup d'œil sur
AIR CANADA**
RAPPORT ANNUEL

D'après le concept du rattachement des charges aux produits, on ne peut comptabiliser un produit tant qu'il n'a pas été réalisé. On enregistre les produits différés à titre d'éléments du passif parce que l'argent a été encaissé, mais sans que les marchandises correspondantes aient été livrées ou que le service ait été rendu à la clôture de la période. Il existe alors une obligation de fournir, dans un avenir plus ou moins rapproché, les services ou les marchandises en cause. Ces obligations sont classées comme courantes ou non courantes selon le moment où elles doivent être satisfaites.

OBJECTIF D'APPRENTISSAGE

Présenter les dettes estimatives et les passifs éventuels.

9.2.6 Les dettes estimatives et les passifs éventuels

Certains passifs sont comptabilisés à partir d'estimations, car leur montant exact est incertain et ne pourra être déterminé avant une certaine date à venir. Une **provision** doit ainsi être comptabilisée (passif et charge) si les trois critères suivants sont réunis :

a) L'entité a une obligation actuelle (juridique ou implicite[10]) résultant d'un événement passé ;

b) Il est probable qu'une sortie de ressources représentatives d'avantages économiques sera nécessaire pour éteindre l'obligation (l'événement est plus probable qu'improbable) ;

c) Le montant de l'obligation peut être estimé de manière fiable[11].

Aucune provision ne doit être comptabilisée si ces trois conditions ne sont pas rassemblées.

Une **dette estimative** représente donc une obligation actuelle dont le montant ou la date d'échéance est incertain, mais qui résulte d'un événement passé. Par exemple, un grand nombre d'entreprises offrent des garanties sur les produits qu'elles vendent ; elles doivent donc estimer le montant du passif à enregistrer. Le coût de l'exécution des travaux de réparation ou celui des pièces à remplacer doit alors être évalué et comptabilisé comme un élément de passif (et une charge) à la période au cours de laquelle la vente du produit a eu lieu. Le montant comptabilisé en provision doit correspondre à la meilleure estimation de la dépense nécessaire à l'extinction de l'obligation actuelle à la clôture de la période.

Les constructeurs d'automobiles offrent des garanties sur les voitures que vendent les concessionnaires. Au moment de la vente des véhicules, ces sociétés (par exemple Ford, Toyota et Honda) inscrivent une estimation du passif lié aux garanties. Cette estimation est basée sur l'expérience passée. Ce passif peut être présenté à l'état de la situation financière comme une rubrique distincte en fonction de son importance relative. Souvent, ce passif est regroupé avec les autres charges courantes à payer. On peut également trouver de l'information distincte dans les notes aux états financiers. Plusieurs entreprises n'enregistrent pas d'élément de passif pour ce type d'obligation, car il s'agit de montants négligeables.

Lorsqu'il s'agit de garanties, une obligation actuelle résulte d'un événement passé, et l'expérience nous dit qu'une ressource sera nécessaire pour éteindre l'obligation. Du coup, l'expérience nous aide à estimer ce montant, et permet de comptabiliser une charge qui répond aux trois critères à respecter pour reconnaître une provision.

Dans certaines situations, il est plus difficile de déterminer le caractère actuel d'une obligation ; d'autres circonstances peuvent présenter de l'incertitude quant à l'utilisation d'une ressource économique future. Selon l'information disponible, l'entreprise doit déterminer s'il est plus probable qu'improbable qu'une obligation actuelle existe à la clôture de la période. Par exemple, dans le cas de litiges impliquant la société, il peut être plus difficile de déterminer si une obligation actuelle existe et si une ressource future devra compenser les demandeurs. La société doit alors prendre en compte toutes les indications existantes, telles les évaluations des conseillers juridiques en la matière.

Dette estimative
Obligation actuelle dont le montant ou la date d'échéance est incertain, et qu'il faut estimer en tenant compte de toutes les indications disponibles.

---

10 Une obligation implicite découle des actions d'une entité. Par exemple, l'entreprise qui accepte des retours de marchandises au delà de la période de garantie parce qu'elle l'a toujours fait dans le passé a une obligation implicite.

11 *Manuel de l'ICCA*, partie I, IAS 37 : Provisions, passifs éventuels et actifs éventuels, paragr. 14.

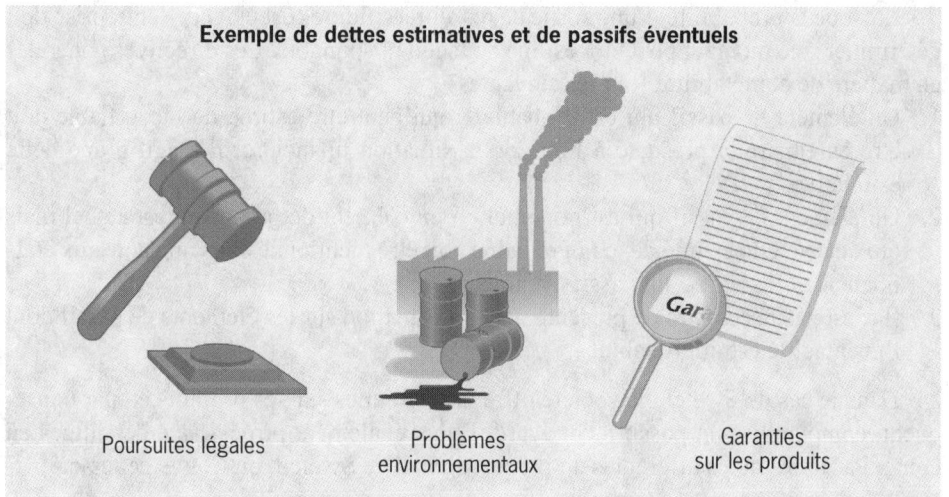

Exemple de dettes estimatives et de passifs éventuels

Poursuites légales   Problèmes environnementaux   Garanties sur les produits

Finalement, concernant le troisième critère, l'International Accounting Standards Board (IASB) précise qu'il est extrêmement rare de ne pas pouvoir faire une évaluation fiable, décourageant ainsi les entreprises d'utiliser cette excuse pour ne pas comptabiliser un passif.

Les situations qui présentent de l'incertitude relativement à l'utilisation d'une ressource économique future créent des **passifs éventuels**. Ces passifs sont des éléments de passif rendus possibles par un événement passé, mais qui ne sont pas comptabilisés, malgré qu'une sortie de ressources pouvant éteindre l'obligation est plus probable qu'improbable et il est également possible que le montant ne puisse être évalué avec une fiabilité suffisante. La transformation d'un élément de passif éventuel en un élément de passif enregistré dépend d'un ou de plusieurs événements à venir.

Le tableau suivant montre les différentes possibilités, l'information à fournir et des exemples d'application concernant les dettes estimatives et les passifs éventuels.

> **Passif éventuel**
> Obligation potentielle résultant d'événements passés et dont l'existence ne sera confirmée que par la survenance ou la non-survenance d'un ou de plusieurs événements futurs incertains qui échappent en partie au contrôle de l'entité[12].

Critères de comptabilisation des provisions

Critère	Dette estimative : comptabiliser un passif	Passif éventuel : fournir de l'information dans une note	Aucune comptabilisation ni divulgation
1.	Obligation actuelle résultant d'un fait passé	Obligation potentielle résultant d'un fait passé	Pas d'obligation potentielle ou obligation ne résultant pas d'un fait passé
2.	Sortie de ressources plus probable qu'improbable	Sortie de ressources plus probable qu'improbable ou indéterminable	Sortie de ressources plus improbable que probable
3.	Estimation fiable du montant de l'obligation	Estimation non fiable du montant de l'obligation	Sans objet
Exemples	Garantie sur les produits déjà exploités (montant estimable)	Garantie sur un nouveau produit (sortie probable, mais montant non estimable)	Poursuite contre l'entreprise ; la perte est peu probable.
	Politique connue de remboursement des achats des clients non satisfaits, sans obligation légale de le faire (obligation implicite, sortie probable et montant estimable)	Poursuite contre l'entreprise ; la perte est probable, mais l'estimation est non fiable.	Décision de fermeture d'une division en fin de période ; les gestionnaires n'ont pas encore communiqué cette information et n'ont pris aucune mesure pour faire respecter cette décision.
	Une entreprise contamine des terrains, mais a des activités dans un pays où il n'y a pas de règles contre la pollution. Une loi imposant la dépollution est sur le point d'être promulguée (sortie probable et estimable).	Une entreprise contamine des terrains, mais a des activités dans un pays où il n'y a pas de règles contre la pollution. On parle d'une loi imposant l'obligation de dépolluer, mais son adoption est incertaine (sortie indéterminable et montant non estimable).	Une pièce d'équipement doit être remplacée tous les cinq ans pour des raisons techniques. À la clôture de la période, la pièce est utilisée depuis trois ans.

12   *Manuel de l'ICCA*, partie I, IAS 37 : Provisions, passifs éventuels et actifs éventuels, paragr. 10.

Lorsque la probabilité d'une sortie de ressources futures est élevée, l'entreprise doit déterminer si le montant peut être estimé de façon raisonnable. Les directives générales en matière de comptabilité sont les suivantes :

1. Un élément de passif qui est probable et qui peut être estimé de façon fiable doit être enregistré et présenté à l'état de la situation financière. Il s'agit d'une dette estimative.
2. Un élément de passif qui est potentiel ou un élément de passif qui est actuel mais qui ne peut être estimé de manière fiable doit être mentionné dans une note aux états financiers. Il s'agit d'un passif éventuel.
3. Il n'est pas nécessaire de présenter de l'information sur les éléments de passif dont l'éventualité est improbable.

Dans le cas de Swatch, la société offre des garanties sur ses produits et, par conséquent, comptabilise un passif à cet égard. Elle a également provisionné des litiges en cours. Parmi les notes afférentes au rapport annuel de Swatch, on trouve celles-ci :

24. Provisions

(en millions de CHF)	Garanties	Litiges	Autres	Total
État au 31 décembre 2008	77	11	20	108
Provisions additionnelles	67	2	5	74
Provisions dissoutes	–3	–2	–3	–8
Provisions utilisées durant l'année	–70	–2	–2	–74
État au 31 décembre 2009	71	9	20	100
Provisions courantes	50	3	7	60
Provisions non courantes	21	6	13	40
Écart de conversion	–6		–2	–8
Provisions additionnelles	75	3	7	85
Provisions dissoutes	–8	–2	–3	–13
Provisions utilisées durant l'année	–58	–3	–3	–64
État au 31 décembre 2010	74	7	19	100
Provisions courantes	51	4	8	63
Provisions non courantes	23	3	11	37

a) **Garanties :** Le Groupe accorde généralement une garantie de deux ans couvrant la réparation ou le remplacement des produits qui ne fonctionnent pas à la satisfaction des clients. La provision constituée en fin d'année pour frais de garantie attendus se base sur les volumes historiques de réparations et de retours.

b) **Risques juridiques :** Des provisions ont été constituées pour couvrir les procédures judiciaires engagées contre le Groupe et résultant de la conduite normale des affaires. La Direction a estimé l'issue de ces procédures judiciaires sur la base des informations disponibles actuellement et a comptabilisé des provisions adéquates. Toutefois, il existe des risques inhérents aux actions juridiques qui dépendent des comportements et opinions des tribunaux et des parties adverses qui peuvent provoquer une sortie significatrice de ressources économiques.

c) **Autres provisions :** Les autres provisions correspondent à des obligations actuelles juridiques ou implicites de nature diverses des sociétés du Groupe envers des tiers.

26. Engagements conditionnels (extrait de la note)

Certaines sociétés du Groupe ont des dettes éventuelles relatives à des litiges légaux résultant du cours normal des affaires et pourraient aboutir à des paiements de compensations. Il n'est pas prévu de devoir comptabiliser des dettes significatrices autres que celles déjà enregistrées (voir Note 24b).

Dans certains cas le Groupe défend ses droits, cas pour lesquels il existe des chances inhérentes qu'un afflux d'avantages économiques survienne en cas de succès.

Dans la situation décrite à la note 26, l'entreprise n'avait pas à enregistrer un élément de passif à l'état de la situation financière, car le risque de subir une perte en résultat de ces poursuites était indéterminable et le risque de perte importante, improbable. Voici comment Harley-Davidson a présenté une éventualité semblable dans ses états financiers il y a quelques années :

7. Engagements et éventualités

Le jury d'un tribunal de l'État de la Californie a reconnu que l'entreprise est tenue de verser des dommages-intérêts compensatoires et exemplaires de 7,2 millions de dollars, incluant les intérêts, dans une poursuite intentée par un fournisseur de systèmes d'échappement de marché secondaire. L'entreprise en a immédiatement appelé de ce jugement.

Dans ce cas, l'existence d'un élément de passif constituait un événement probable par suite du jugement défavorable prononcé. En conséquence, d'après les normes IFRS, si la société Harley-Davidson avait pu estimer le montant de ce passif, elle aurait été tenue de l'inscrire à l'état de la situation financière. Les règles en matière de divulgation sont toutefois différentes aux États-Unis. L'existence d'une autre catégorie, appelée « possibilité raisonnable », requiert la présentation par voie de note uniquement, ce que l'entreprise a fait. Celle-ci a finalement conclu un arrangement à l'amiable de 5 millions de dollars états-uniens. À ce stade, la perte a été enregistrée, car elle devenait probable, tout comme l'élément de passif qui y était lié.

Une entreprise peut devoir remplir un autre type d'obligation relativement à l'incidence possible de ses activités sur l'environnement. Certaines entreprises contractent d'importantes obligations de ce type. Prenons l'exemple de Domtar, société qui évolue dans le domaine des pâtes et papiers. Elle doit restaurer les sols de certains sites exploités, surtout en ce qui concerne la préservation du bois. Le processus d'extraction des ressources naturelles du sol employé par cette entreprise a des effets considérables sur l'environnement. Les exigences réglementaires l'obligent donc à reconstituer le sol lorsqu'elle a fini d'en extraire les ressources. Dans son état de la situation financière, Domtar enregistre un élément de passif de 47 millions de dollars pour la remise en état des lieux, comme l'indique la note suivante :

17. Engagements et éventualités
Environnement

La Société est assujettie à des lois et règlements environnementaux promulgués par les autorités fédérales et provinciales, de même que par des États et des administrations locales.

Bien que l'on s'attende à un plus grand nombre de règlements concernant les GES (gaz à effet de serre) et le changement climatique, il est pour le moment impossible d'estimer le calendrier de mise en œuvre de tout nouveau règlement ou les coûts que la Société devra engager pour se conformer à ces règlements.

Au 31 décembre 2010, la Société avait une provision de 107 millions de dollars (111 millions de dollars en 2009) au titre des questions environnementales et autres obligations liées à la mise hors service d'immobilisations. Des coûts additionnels, inconnus ou non identifiables, pourraient être engagés dans le cadre de nos travaux de correction. Compte tenu des politiques et procédures en vigueur pour surveiller les risques en matière d'environnement, la direction croit que ces coûts additionnels de correction n'auront pas d'incidence défavorable importante sur la situation financière, les résultats d'exploitation ni les flux de trésorerie de la Société.

Les éléments de passif relatifs aux obligations de service à l'avenir sont souvent fondés sur des estimations difficiles à effectuer avec précision. Le coût de la protection de l'environnement dans les années qui viennent dépendra d'un certain nombre de facteurs, dont, entre autres, les progrès techniques et les normes gouvernementales. En Amérique du Nord, de nombreuses entreprises ont été acculées à la faillite pour avoir sous-estimé le coût de l'application des lois concernant l'environnement. Les dirigeants et les analystes doivent donc être très prudents dans leur évaluation des coûts potentiels liés aux activités ayant un effet sur l'environnement.

9

Les normes IFRS permettent aussi de comptabiliser un actif éventuel (avantage économique probable) lorsque l'événement devient quasi-certain[13]. S'il est probable et incertain, il est divulgué dans une note aux états financiers. Par exemple, lorsque l'entreprise poursuit une autre partie en justice, elle peut en tirer des avantages économiques. Si l'événement est probable, on divulgue ce fait dans une note aux états financiers ; s'il n'est pas probable, on n'a pas à le divulguer.

OBJECTIF D'APPRENTISSAGE

Déterminer l'effet des variations du fonds de roulement net sur les flux de trésorerie.

Fonds de roulement net
Différence, en dollars, entre l'actif courant et le passif courant.

9.2.7 La gestion du fonds de roulement

Le **fonds de roulement net** est défini comme la différence, en dollars, entre l'actif courant et le passif courant. Sa gestion est une activité importante qui peut avoir un effet considérable sur la rentabilité et les flux de trésorerie de l'entreprise. Si le fonds de roulement net est insuffisant, celle-ci risque de ne pouvoir satisfaire à ses obligations envers ses créanciers. De plus, des retards dans le recouvrement des comptes clients immobilisent la trésorerie et réduisent la rentabilité de l'entreprise. À l'inverse, un fonds de roulement net trop élevé démontre l'inefficacité de la gestion des actifs courants et entraîne des coûts additionnels. Un surplus de stocks, par exemple, retient des fonds qui pourraient être investis ailleurs d'une façon plus rentable, et entraîne des coûts additionnels associés à l'entreposage et à la désuétude. Les entreprises prospères gèrent avec vigilance les comptes du fonds de roulement, et les analystes financiers surveillent ces comptes tout aussi étroitement. En effet, ces derniers ont une incidence directe sur les flux de trésorerie liés aux activités opérationnelles présentés au tableau des flux de trésorerie.

incidence sur les flux de trésorerie

LE FONDS DE ROULEMENT NET ET LES FLUX DE TRÉSORERIE

Plusieurs comptes du fonds de roulement net ont une relation directe avec les activités qui génèrent le résultat. Les comptes clients, par exemple, sont liés aux ventes : une augmentation survenant dans les comptes clients (ou débiteurs) correspond à des ventes effectuées à crédit, et n'implique donc pas de mouvement de trésorerie. Le recouvrement des sommes a lieu chaque fois qu'un client règle sa facture. De même, une augmentation survenant dans les comptes fournisseurs (ou créditeurs) correspond à une charge engagée sans qu'il y ait paiement au comptant. Le décaissement a lieu au moment du règlement du compte. Les modifications aux divers comptes du fonds de roulement doivent être prises en considération dans le calcul des flux de trésorerie liés aux activités opérationnelles selon la méthode indirecte.

L'EFFET SUR LE TABLEAU DES FLUX DE TRÉSORERIE

EN GÉNÉRAL ◊ Les variations des comptes du fonds de roulement sont présentées au tableau des flux de trésorerie (méthode indirecte), comme le montre le tableau suivant :

	Effet sur les flux de trésorerie
Flux de trésorerie liés aux activités opérationnelles (méthode indirecte)	
Résultat net	XXX $
Ajustements :	
Diminutions des actifs courants* ou augmentations des passifs courants	+
Augmentations des actifs courants* ou diminutions des passifs courants	−

* Autres que les éléments de trésorerie

SWATCH ◊ Le tableau 9.2 présente une partie du tableau des flux de trésorerie de Swatch, établi au moyen de la méthode indirecte. On remarque une augmentation des flux de trésorerie liés aux opérations d'une année à l'autre à cause de la croissance du résultat net à l'état du résultat global. Swatch tire des flux de trésorerie importants de ses opérations.

---

13 Il en est question dans le *Manuel de l'ICCA*, partie I, IAS 37 : Provisions, passifs éventuels et actifs éventuels, paragr. 33.

TABLEAU 9.2 • **EXTRAIT DU TABLEAU DES FLUX DE TRÉSORERIE DE SWATCH (PARTIE 1)**

Swatch
Tableau des flux de trésorerie consolidés (partie 1)
périodes closes le 31 décembre
(en millions de francs suisses)

	2010	2009
Activités opérationnelles		
Résultat net	1 080	763
Reprise d'éléments non monétaires	558	366
Variation du fonds de roulement (note 27b) et autres éléments inclus dans les flux de trésorerie liés aux activités opérationnelles	–63	7
Dividendes reçus des entreprises associées	2	2
Intérêts payés	–5	–15
Intérêts encaissés	6	4
Impôts payés	–225	–237
Flux de trésorerie liés aux activités opérationnelles	1 353	890

27b. Variation du fonds de roulement

(en millions de francs suisses)	2010	2009
Stocks	–198	–12
Créances sur ventes et prestations de services et autres créances	–51	15
Fournisseurs et autres passifs courants	141	–3
Autres éléments inclus dans les flux de trésorerie liés aux activités opérationnelles	45	7
	–63	7

TEST D'AUTOÉVALUATION
....

Supposez que le ratio du fonds de roulement de Metro est de 2,00. Pour chacun des événements suivants, indiquez si ce ratio et le fonds de roulement net augmentent ou diminuent.

1. Metro contracte un passif courant de 250 000 $ sans qu'il y ait de changement dans les actifs courants.

2. L'entreprise emprunte 1 million de dollars à titre de dette non courante.

3. L'entreprise règle 750 000 $ des impôts à payer.

4. L'entreprise finance un nouvel immeuble grâce à une dette non courante de l'entrepreneur.

Vérifiez vos réponses à l'aide des solutions présentées en bas de page*.

---

* **Solutions du test d'autoévaluation**

	Ratio du fonds de roulement	Fonds de roulement net
1.	Diminution	Diminution
2.	Augmentation	Augmentation
3.	Augmentation	Aucun changement
4.	Aucun changement	Aucun changement

**Passif non courant (ou
dette à long terme)**
Toutes les obligations d'une
entité qui ne sont pas classées
dans la catégorie des éléments
de passif courant.

9.3 Les passifs non courants

Les **passifs non courants** (ou **dette à long terme**) comprennent toutes les dettes qui ne sont pas classées dans le passif courant, telles que les effets à payer et les émissions d'obligations. En principe, une dette non courante nécessite son remboursement au cours des années qui suivent. Ces dettes peuvent résulter d'un emprunt de fonds ou d'autres activités.

La plupart des entreprises utilisent des éléments de passif non courant pour générer les fonds nécessaires à l'achat d'actifs opérationnels. En vue de diminuer le risque que courent les créanciers disposés à prêter de l'argent durant une longue période (ce qui, par le fait même, réduit le taux d'intérêt à payer), certaines entreprises acceptent par contrat que des actifs particuliers servent de garantie. Si l'emprunteur n'acquitte pas sa dette, le créancier peut alors prendre possession de ces actifs. Une dette fondée sur ce type de contrat (habituellement une hypothèque) porte le nom de « **dette garantie** » ou « **dette avec recours** ». Dans le cas d'une dette non garantie, le créancier compte principalement sur l'honnêteté de l'emprunteur et sur sa capacité générale de faire des profits.

Dans l'état de la situation financière, on enregistre les éléments de passif non courant immédiatement après les éléments de passif courant (sauf plusieurs sociétés européennes, qui présentent ces éléments en sens inverse). Examinez l'état de la situation financière de Swatch présenté en exemple dans le tableau 9.1 (*voir la page 546*), où la société utilise quatre postes de passif non courant, dont le poste Dettes financières.

9.3.1 Les effets à payer non courants et les obligations

Les entreprises peuvent obtenir des fonds sous forme de dettes non courantes en s'adressant directement à des établissements qui offrent des services financiers, tels que les banques, les compagnies d'assurances et les fiducies. Une dette contractée de cette façon porte souvent le nom d'«effet à payer», car il s'agit d'une promesse écrite de rembourser un montant donné à une ou à plusieurs dates à venir, dites «dates d'échéance».

Dans bien des cas, les besoins en capitaux d'emprunt d'une entreprise dépassent la capacité financière d'un seul créancier. L'entreprise peut alors émettre des titres d'emprunt publics négociables appelés «**obligations**». Il est possible de négocier ces obligations sur les marchés établis, ce qui procure des liquidités aux créanciers obligataires (c'est-à-dire que les créanciers ont la capacité de vendre l'obligation avant l'échéance s'ils ont un urgent besoin de trésorerie). Nous traitons des obligations plus loin dans le présent chapitre.

Les dettes non courantes sont comptabilisées selon les mêmes principes que les effets à payer courants. Un passif est inscrit quand la dette est contractée, et la charge d'intérêts est inscrite avec le passage du temps. Cependant, rappelons qu'un passif financier courant est très près de sa juste valeur, ce qui n'est pas le cas d'un passif non courant. Dans ce cas, la juste valeur représente la valeur actualisée des futurs paiements de capital et d'intérêts.

Au cours des dernières années, les entreprises ont étendu leurs activités à l'échelle planétaire. Les plus prospères commercialisent leurs produits dans de nombreux pays et installent des unités de production un peu partout dans le monde en se basant sur des considérations de coût et de productivité. Le financement des entreprises a également pris une envergure internationale, même lorsque les activités de ces entreprises ne dépassent pas les frontières nationales.

9

LES EMPRUNTS EN DEVISES ÉTRANGÈRES

De nombreuses sociétés qui ont des activités dans d'autres pays choisissent de les financer au moyen de capitaux étrangers pour réduire le risque de change. À cause de différents facteurs économiques, la valeur relative de la devise de chaque pays varie presque de manière quotidienne, ce qui entraîne un risque de change. Au moment de la rédaction du présent chapitre, le dollar américain valait environ 0,98 $ CA, alors qu'une année plus tôt, il valait environ 1,10 $ CA. Dans ces conditions, une entreprise canadienne qui a une dette en dollars des États-Unis enregistrerait un gain grâce à la diminution de la valeur du dollar états-unien.

Une société canadienne qui fait des affaires aux États-Unis pourrait décider d'emprunter des dollars états-uniens pour financer ses activités dans ce pays. Comme elle obtiendrait un résultat net en dollars états-uniens, elle s'en servirait pour rembourser sa dette, laquelle est également dans cette devise. Si elle réalisait un résultat net en dollars des États-Unis, mais remboursait sa dette en dollars canadiens, elle s'exposerait au risque de change, parce que la valeur relative du dollar canadien par rapport au dollar des États-Unis fluctue.

Plusieurs sociétés étrangères installées en Amérique du Nord ont le même problème. Voici une note tirée d'un rapport annuel de l'entreprise japonaise Toyota:

> Le résultat net a diminué au cours de la période qui se termine, l'appréciation du yen ayant empiré l'effet négatif d'une demande faible [...] La variation des taux de change a réduit le résultat opérationnel de l'entreprise. Les pertes dues au taux de change ont ainsi presque annulé les économies réalisées sur les coûts.

Toyota a emprunté une importante somme aux États-Unis pour réduire le risque de change auquel elle doit faire face. L'entreprise possède et exploite également un grand nombre d'usines dans ce pays.

Même si une entreprise n'a pas d'activités à l'échelle internationale, elle peut décider d'emprunter sur les marchés étrangers. Par exemple, dans les pays aux prises avec une récession, les taux d'intérêt sont souvent très bas. Un tel contexte permet aux entreprises d'emprunter de l'argent à un moindre coût.

Les comptables doivent convertir (ou traduire) la dette étrangère en dollars canadiens à des fins de présentation des états financiers. Les taux de conversion des principales devises sont publiés dans la plupart des journaux et dans Internet. Pour illustrer la conversion des devises, supposons que Swatch a emprunté 1 million d'euros. Dans le rapport annuel de l'entreprise, le comptable doit se servir du taux de conversion à la date de l'établissement de l'état de la situation financière, taux que l'on suppose être de 1,00 € pour 1,20 CHF[14]. L'équivalent de la dette de la société en CHF est donc de 1 200 000 CHF (1 000 000 € × 1,20). Évidemment, l'équivalent en CHF de la dette en euros peut varier si le taux de change fluctue, et ce, même si aucun emprunt supplémentaire ni remboursement n'est effectué.

Les notes afférentes à l'état de la situation financière de Swatch indiquent que l'entreprise a emprunté principalement en Suisse et au Japon (et un peu en Europe). Voici toutefois, à la page suivante, l'extrait d'une note provenant d'un rapport annuel de Bombardier, une entreprise canadienne d'envergure internationale. La majorité de ses ventes sont faites à l'étranger, et une bonne partie de ses actifs immobilisés se trouvent à l'extérieur du Canada. L'entreprise emprunte beaucoup sur les marchés internationaux pour minimiser le risque associé aux variations des taux de change. Ce comportement est typique de la plupart des grandes sociétés.

9

---

14 Taux en vigueur au 7 juillet 2011.

13. Dette à long terme (extrait de la note aux états financiers)

Montant en devises d'origine 2011/2010	Devise	Taux d'intérêt				Échéance	Au 31 janvier	
		Fixe/ variable*	Contractuel 2011/2010*	Après incidence des couvertures 2011/2010			2011 Montant	2012 Montant
Billets de premier rang								
néant/679	EUR	Variable	3,90 %/4,53 %	s.o.		Nov. 2013	– $	933 $
néant/385	$ US	Fixe	8,00 %	Néant/Libor 3 mois + 2,91		Nov. 2014	–	419
785	EUR	Fixe	7,25 %	Libor 3 mois + 4,83		Nov. 2016	1 129	1 139
650/néant	$ US	Fixe	7,50 %/néant	Libor 3 mois + 4,19/néant		Mars 2018	658	–
850/néant	$ US	Fixe	7,75 %/néant	Libor 3 mois + 4,14/néant		Mars 2020	855	–
780/néant	EUR	Fixe	6,125 %/néant	s.o.		Mai 2021	1 042	–
Billets								
151/550	$ US	Fixe	6,75 %	Libor 3 mois + 2,26/ Libor 3 mois + 2,280		Mai 2012	159	597
162/500	$ US	Fixe	6,30 %	Libor 3 mois + 1,59/ Libor 3 mois + 1,60		Mai 2014	184	550
250	$ US	Fixe	7,45 %	s.o.		Mai 2034	247	247
Débentures								
150	$ CA	Fixe	7,35 %	s.o.		Déc. 2026	149	139
Autres**								
212/138***	Diverses	Fixe/var.	5,54 %/7,42 %	s.o.		2011–2027	212	138
							4 635 $	4 162 $

* Pour la dette à taux variable, le taux d'intérêt correspond au taux moyen de l'exercice. Les intérêts sur la dette à long terme en cours au 31 janvier 2011 étaient payables semestriellement à l'exception des autres dettes dont l'échéancier des paiements d'intérêt varie.

** Comprend 112 millions de dollars liés à des obligations en vertu de contrats de location-acquisition au 31 janvier 2011 (76 millions de dollars au 31 janvier 2010).

*** Les montants sont exprimés en dollars américains.

s.o.: sans objet.

Toutes les dettes à long terme sont de rang égal et ne sont pas garanties.

Après la fin de l'exercice, la Société a conclu des swaps de taux d'intérêt visant à convertir le taux d'intérêt effectif sur les billets de premier rang de 780 millions d'euros de fixe à variable. Le taux d'intérêt après l'incidence de ces couvertures de la juste valeur correspond à l'Euribor pour trois mois majoré de 2,866.

9.3.2 La dette découlant de contrats de location

Contrat de location simple
Contrat qui ne transfère pas au preneur la quasi-totalité des risques et des avantages inhérents à la propriété et qui, par conséquent, ne nécessite pas l'enregistrement d'un actif ni d'un passif.

Souvent, les entreprises louent des actifs plutôt que de les acheter. Par exemple, durant une période occupée, la location de camions de livraison supplémentaires est plus rentable que le fait d'en avoir la propriété si ces camions ne sont pas utilisés le reste de l'année. Lorsque la société loue un actif sur une base courante sans que les risques ou les avantages ne lui soient transférés, il s'agit d'un contrat de location simple. Aucun passif n'est inscrit à la signature d'un tel contrat, la société inscrivant une charge de location au fur et à mesure qu'elle utilise l'actif. Posons l'hypothèse qu'en date du 31 décembre 2013, Swatch signe un contrat de location simple réservant cinq gros camions pour le mois d'août 2014. Aucun passif n'est inscrit en 2013, mais une charge de location est inscrite en août 2014 lorsque les camions sont utilisés.

Pour diverses raisons, une société peut préférer la location d'actifs à *long terme* plutôt que leur achat. Les transactions doivent être enregistrées en fonction de leur substance et non de leur forme. Un grand nombre d'entreprises signent des contrats de location à long terme qui leur permettent d'utiliser un actif pendant toute la durée de sa vie utile. S'il est déterminé que les risques et les avantages sont transférés au preneur, il s'agit d'un **contrat de location-financement**. En réalité, ce type de contrat correspond à l'achat et au financement d'un bien, même s'il s'agit, du point de vue légal, d'une location. À l'opposé des contrats de location simple, les contrats de location-financement sont comptabilisés comme s'il s'agissait de l'achat d'un bien à crédit (c'est-à-dire que l'on enregistre un actif et, du même coup, un passif). À cause de cette grande différence dans le traitement comptable, l'IAS 17, *Contrats de location*, précise les éléments à prendre en compte pour distinguer les contrats de location-financement des contrats de location simple.

Contrat de location-financement
Contrat qui transfère au preneur la quasi-totalité des risques et des avantages inhérents à la propriété. Par conséquent, il faut inscrire un actif et un passif à l'état de la situation financière.

Ce classement repose sur la possibilité de déterminer si les risques et les avantages sont transférés au preneur. En somme, la substance doit prévaloir sur la forme pour classer les contrats de location. L'IAS 17 (paragraphe 7) présente les éléments suivants :

Avantages	Risques
Espérance d'une exploitation rentable durant la durée de vie économique de l'actif	Possibilité de pertes éventuelles résultant de la sous-utilisation des capacités de l'actif
Possibilité de soutirer un profit de l'appréciation de la valeur de l'actif	Possibilité de l'obsolescence technologique de l'actif
Possibilité de soutirer un montant pour la valeur résiduelle de l'actif	Possibilité de variations de la rentabilité attribuables à l'évolution de la conjoncture économique

Voici des exemples de situations qui **devraient** en principe conduire à classer un contrat en tant que contrat de location-financement :

a) le contrat de location transfère la propriété de l'actif au preneur au terme de la durée du contrat de location ;

b) il donne au preneur l'option d'acheter l'actif à un prix [...] inférieur à sa juste valeur à la date à laquelle l'option peut être levée pour que, dès le commencement du contrat de location, on ait la certitude raisonnable que l'option sera levée ;

c) la durée du contrat de location couvre la majeure partie de la durée de vie économique de l'actif même s'il n'y a pas transfert de propriété ;

d) au commencement du contrat de location, la valeur actuelle des paiements minimaux au titre de la location s'élève au moins à la quasi-totalité de la juste valeur de l'actif loué ; et

e) les actifs loués sont d'une nature tellement spécifique que seul le preneur peut les utiliser sans leur apporter de modifications majeures[15].

Voici des exemples de situations qui **pourraient** conduire à classer un contrat en tant que contrat de location-financement :

a) si le preneur peut résilier le contrat de location, les pertes subies par le bailleur relatives à la résiliation sont à la charge du preneur ;

b) les profits ou les pertes résultant de la variation de la juste valeur de la valeur résiduelle sont à la charge du preneur (par exemple sous la forme d'une diminution de loyer égale à la majeure partie du produit de cession à la fin du contrat de location) ; et

c) le preneur a la faculté de poursuivre la location pour une deuxième période moyennant un loyer sensiblement inférieur au prix du marché[16].

Il se peut que les indicateurs ci-dessus ne soient pas concluants. Il se peut aussi que d'autres renseignements démontrent que la quasi-totalité des risques et des avantages ne sont pas transférés au preneur. Dans ce cas, il s'agit d'une location simple. Par exemple, il s'agit d'une location simple si l'actif loué est transféré au bailleur au terme du contrat moyennant un montant égal à la juste valeur du bien à ce moment.

....

15 *Manuel de l'ICCA*, partie I, IAS 17 : Contrats de location, paragr. 10.
16 *Ibid.*, paragr. 11.

Notons qu'une grande latitude est laissée à la direction de l'entreprise, car la norme ne définit pas ce que veut dire «quasi-totalité», aucun critère quantitatif n'étant fourni. Si l'on donnait le choix aux gestionnaires, la plupart préféreraient comptabiliser un contrat de location comme une location simple. De cette façon, les passifs à l'état de la situation financière seraient minimisés. Plusieurs analystes financiers s'inquiètent de voir que des sociétés peuvent éviter d'inscrire une dette associée à la location d'un actif non courant en rédigeant le bail de façon qu'on ne puisse conclure clairement que les risques et les avantages sont transférés au preneur.

La valeur enregistrée d'un contrat de location-financement correspond à la valeur actuelle en espèces des paiements du bail. Posons l'hypothèse que Swatch a signé un contrat pour la livraison d'un nouveau camion. Le comptable a déterminé qu'il s'agit d'une location-financement d'une valeur actuelle de 250 000 CHF. Une fois le contrat signé, l'entreprise enregistre un actif et un passif non courants comme suit :

ÉQUATION COMPTABLE

Actif	=	Passif	+	Capitaux propres
Équipement-location +250 000		Équipement-location à payer +250 000		

ÉCRITURE DE JOURNAL

Équipement-location (+A)	250 000	
Équipement-location à payer (+Pa)		250 000

Dans cet exemple, nous avons fourni le montant actuel équivalent à la location. Dans la prochaine section, portant sur le concept de valeur actualisée, nous verrons comment calculer ce montant.

Au moment d'écrire le présent chapitre, un exposé-sondage propose de modifier substantiellement les règles comptables pour la comptabilisation des contrats de location. Un seul modèle est retenu : la reconnaissance d'un actif et d'un passif pour tous les contrats de location ; par conséquent, la classification de l'IAS 17 ne serait plus valide. La mesure de l'actif et du passif serait basée sur les paiements attendus durant la période de location (incluant les périodes de renouvellement optionnelles, les loyers éventuels et la valeur résiduelle garantie). Une mesure plus simple est proposée pour les locations d'une période maximale de 12 mois.

9.4 Le concept de valeur actualisée

OBJECTIF D'APPRENTISSAGE

Calculer la valeur actualisée.

Notre explication des contrats de location-financement soulève une question intéressante concernant le passif. Le montant inscrit à titre de passif correspond-il au montant actuel en dollars qu'il faudra débourser à l'avenir ? Par exemple, si vous êtes d'accord pour verser à un créancier 10 000 $ dans cinq ans, devez-vous inscrire une dette de 10 000 $ à votre bilan personnel ? Pour répondre à cette question, on se sert d'une notion mathématique relativement simple : le concept de valeur actualisée, qui occupe une place importante dans l'examen des emprunts obligataires que nous abordons un peu plus loin.

Le concept de **valeur actualisée** (ou **valeur présente**) met l'accent sur la valeur temporelle de l'argent. En d'autres mots, l'argent que l'on a en main aujourd'hui vaut plus que l'argent que l'on recevra dans un an (ou à tout autre moment dans l'avenir), car il peut servir à réaliser des intérêts. Si vous investissez 1 000 $ aujourd'hui à 10 %, vous aurez 1 100 $ dans un an. Par contre, si vous recevez ce montant de 1 000 $ seulement dans un an, jour pour jour, vous aurez raté l'occasion de réaliser 100 $ d'intérêts au cours de cette année. La différence entre 1 000 $ et 1 100 $ correspond aux intérêts que vous pouvez réaliser pendant l'année.

Valeur actualisée (ou valeur présente)
Valeur actuelle d'un montant qu'on recevra ou déboursera à l'avenir ; ce montant futur est actualisé en tenant compte des intérêts composés.

Vous avez probablement déjà résolu des problèmes dans lesquels il était question de la valeur temporelle de l'argent. Par exemple, on vous disait qu'une certaine somme avait été déposée dans votre compte d'épargne à un taux d'intérêt précis. On vous demandait combien il y aurait d'argent dans votre compte après un certain nombre d'années. Maintenant, on vous demande plutôt de résoudre des problèmes qui présentent la situation inverse. Dans les calculs de valeur actualisée, vous connaissez la somme que vous recevrez à l'avenir (tel le solde d'un compte d'épargne après une période de cinq ans). On vous demande de déterminer la valeur actuelle du montant à investir (qu'il faut donc déposer dans le compte d'épargne aujourd'hui pour obtenir cette future somme).

La valeur de l'argent varie avec le passage du temps parce que l'argent peut rapporter des intérêts. Un problème de valeur actualisée décrit une situation d'affaires où l'on connaît le montant d'un flux de trésorerie futur. On cherche à déterminer sa valeur actuelle. Au contraire, lorsqu'on connaît le montant d'un flux de trésorerie qui est produit aujourd'hui et que l'on doit déterminer sa valeur à un moment donné dans l'avenir, il s'agit d'un problème de valeur capitalisée. Les problèmes de valeur capitalisée sont abordés dans l'annexe 9-C (*voir la page 602*).

9.4.1 La valeur actualisée d'un versement unique

La valeur actualisée d'un montant unique correspond à la valeur qu'on accorde aujourd'hui au fait de pouvoir encaisser ce montant à une date ultérieure. Supposons que vous avez l'occasion d'investir dans un instrument d'emprunt qui vous rapporterait 10 000 $ dans trois ans. Vous voudriez alors déterminer la valeur actuelle de l'instrument avant de prendre la décision d'investir ou non.

D'une façon imagée, la valeur actualisée de 1 $ qui est dû à la fin de la troisième année avec un taux d'intérêt de 10 % peut se présenter comme suit :

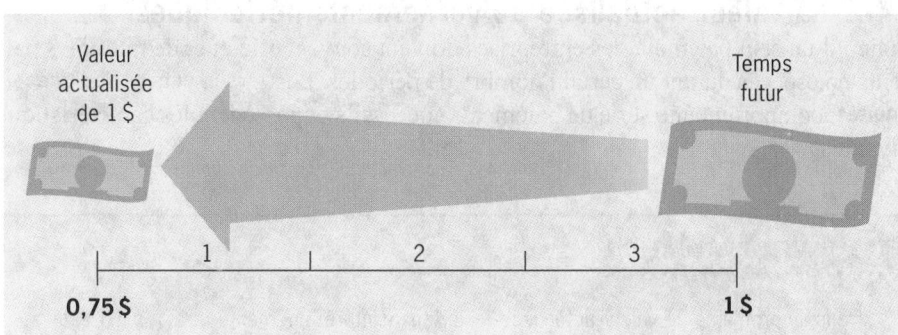

Pour calculer la valeur d'aujourd'hui d'un montant à encaisser dans l'avenir, on soustrait les intérêts gagnés dans le temps du montant à encaisser dans l'avenir. Supposons que vous déposez 100 $ dans un compte d'épargne. Au taux d'intérêt de 5 % par année, vous aurez 105 $ à la fin de la première année. Dans un problème de valeur actualisée, on vous dira que vous aurez 105 $ à la fin de la première année et que vous devez calculer le montant à déposer au début de l'année. Pour résoudre ce type de problème, on doit faire subir au montant une actualisation à un taux d'intérêt i pour n périodes.

La formule mathématique permettant de calculer la valeur actualisée d'un versement unique est :

$$\text{Valeur actualisée} = \frac{1}{(1 + i)^n} \times \text{Montant}$$

Cette formule n'est pas difficile à utiliser, mais la plupart des analystes financiers utilisent des tables de valeur actualisée, des calculatrices ou un tableur comme

Excel pour faire les calculs. Nous exposons ici la façon d'utiliser les tables de valeur actualisée. Une explication de l'utilisation d'Excel pour calculer les valeurs actualisées est présentée à l'annexe 9-B (*voir la page 600*). Supposons qu'aujourd'hui, 1er janvier 2013, on vous donne l'occasion d'encaisser 1 000 $ comptant le 31 décembre 2015 (c'est-à-dire dans trois ans). Au taux d'intérêt de 10 % par année, quelle sera la valeur de ce montant le 1er janvier 2013 ? Vous pourriez procéder à un calcul d'actualisation, année par année[17]. Pour simplifier ces calculs, reportez-vous à la table A.1 (*voir l'annexe A à la fin de ce manuel*), intitulée « Valeur actualisée de 1 $ ». Pour i = 10 % et n = 3, la valeur actualisée de 1 $ est de 0,7513. La valeur actualisée du montant de 1 000 $ que vous encaisserez à la fin des trois années peut être calculée comme suit :

$$1\ 000\ \$ \times 0,7513 = 751,30\ \$$$

De la table A.1
i = 10 %
n = 3

Pour calculer la valeur actualisée dans Excel, entrez :
=1000/(1,1)^3

Vous apprendrez sans difficulté à calculer le montant d'une valeur actualisée, mais il est plus important encore de comprendre la signification de ce calcul. Le montant de 751,30 $ est ce que vous devriez verser aujourd'hui pour pouvoir encaisser 1 000 $ à la fin des trois années, si l'on suppose que le taux d'intérêt est de 10 %. Théoriquement, vous devriez être indifférent au fait d'avoir 751,30 $ aujourd'hui ou 1 000 $ dans trois ans. Si vous aviez 751,30 $ aujourd'hui, mais que vous préfériez avoir 1 000 $ dans trois ans, il vous suffirait de déposer ce montant dans un compte d'épargne vous rapportant 10 % d'intérêts annuels et d'attendre qu'il augmente jusqu'à 1 000 $, donc trois ans. De même, si vous avez en main un contrat qui vous promet 1 000 $ dans trois ans, vous pourriez le vendre à un investisseur pour 751,30 $ comptant aujourd'hui, parce que l'investisseur gagnerait la différence en intérêts.

9.4.2 La valeur actualisée de versements périodiques

Versements périodiques (ou annuités)
Série d'encaissements ou de paiements périodiques de montants égaux à chaque période d'intérêt.

Au lieu d'un seul paiement, les entreprises doivent souvent effectuer de multiples paiements en espèces durant un certain nombre de périodes. Les **versements périodiques**, ou **annuités**, comportent une série de paiements successifs et possèdent les caractéristiques suivantes :

TEST D'AUTOÉVALUATION

1. Dans un problème de valeur actualisée, si le taux d'intérêt augmente de 8 % à 10 %, la valeur actualisée augmentera-t-elle ou diminuera-t-elle ?

2. Quelle est la valeur actualisée d'un montant de 10 000 $ encaissable dans 10 ans, jour pour jour, si le taux annuel d'intérêt composé est de 5 % ?

Vérifiez vos réponses à l'aide des solutions présentées en bas de page*.

17	Année	Intérêts annuels	Valeur actualisée*
	1	1 000 $ − (1 000 $ × 1/1,10) = 90,91 $	1 000 $ − 90,91 $ = 909,09 $
	2	909,09 − (909,09 × 1/1,10) = 82,65	909,09 − 82,65 = 826,44
	3	826,44 − (826,44 × 1/1,10) = 75,14**	826,44 − 75,14 = 751,30

* On peut vérifier ces montants à l'aide de l'annexe A, table A.1.
** Il s'agit d'une valeur arrondie.

* **Solutions du test d'autoévaluation**
1. La valeur actualisée sera moins élevée.
2. 10 000 $ × 0,6139 = 6 139 $

1. Ce sont des montants égaux versés à chaque période d'intérêt ;
2. Les périodes d'intérêt sont de même longueur (une année, un semestre, un trimestre ou un mois) ;
3. Le taux d'intérêt est le même pour chaque période d'intérêt.

On peut donner pour exemple les paiements mensuels sur une voiture ou une maison, les dépôts annuels dans un compte d'épargne et les prestations mensuelles provenant d'un régime de retraite.

La valeur actualisée des versements périodiques correspond à la valeur d'aujourd'hui d'une série de montants égaux à recevoir (ou à payer) à chaque période pour un nombre donné de périodes à venir. Afin de déterminer cette valeur, il faut procéder à l'actualisation de chacun des montants périodiques égaux. Un régime de retraite qui assure au bénéficiaire un revenu mensuel pendant une période donnée constitue un bon exemple de ce type de problème. D'une façon imagée, la valeur actualisée d'un versement périodique de 1 $ pendant trois années au taux d'intérêt de 10 % se présente comme suit :

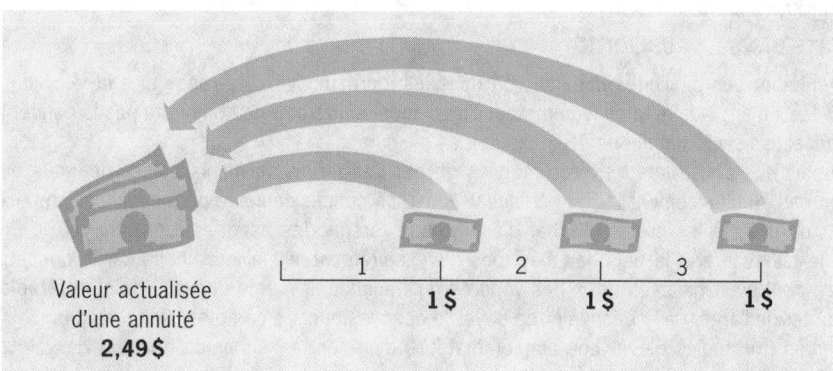

Valeur actualisée d'une annuité
2,49 $

1 $ 1 $ 1 $

Pour illustrer cela, supposons que nous sommes le 1er janvier 2013 et que vous devez recevoir 1 000 $ comptant respectivement les 31 décembre 2013, 2014 et 2015. Quelle est la valeur au 1er janvier 2013 de la somme de ces trois versements de 1 000 $ à venir si le taux d'intérêt est de 10 % par an ? Il est possible de se servir de la table A.1 de l'annexe A pour calculer cette valeur actualisée comme suit :

Année	Montant		Valeur de la table A.1, annexe A, $i = 10\%$		Valeur actualisée
1	1 000 $	×	0,9091 ($n = 1$)	=	909,10 $
2	1 000	×	0,8264 ($n = 2$)	=	826,40
3	1 000	×	0,7513 ($n = 3$)	=	751,30
			Total de la valeur actualisée	=	2 486,80 $

On peut calculer la valeur actualisée de ces versements périodiques de façon plus simple encore en utilisant l'une des valeurs actualisées de la table A.2 (*voir l'annexe A à la fin de ce manuel*) comme suit :

1 000 $ × 2,4869 = 2 487 $ (valeur arrondie)

De la table A.2
$i = 10\%$
$n = 3$

Pour calculer la valeur actualisée dans Excel, entrez :
f_x=VA(0,10;3;–1000)

9

Les taux d'intérêt et les périodes d'intérêt

Il faut noter que, dans les exemples précédents, nous avons utilisé des périodes annuelles pour la capitalisation des intérêts et l'actualisation. Même si les taux d'intérêt sont presque toujours indiqués sur une base annuelle, la plupart des périodes de capitalisation d'intérêts dont il est question dans les entreprises ont une durée de moins de un an (par exemple, un semestre ou un trimestre). Lorsque les périodes d'intérêt sont plus courtes que un an, on doit traiter de nouveau les valeurs n et i conformément à leur durée.

Ainsi, pour un taux d'intérêt de 12 % composé annuellement pendant cinq ans, on utilise les valeurs $i = 12\%$ et $n = 5$. Si la capitalisation se fait par trimestre, la période d'intérêt correspond au quart de un an (c'est-à-dire qu'il y a quatre périodes, ou trimestres, par an) et le taux d'intérêt trimestriel équivaut au quart du taux d'intérêt annuel (c'est-à-dire à 3 % par trimestre). Par conséquent, dans le cas d'intérêts composés trimestriels de 12 % pendant cinq ans, on utilisera $i = 3\%$ et $n = 20$.

question d'éthique

OBJECTIF D'APPRENTISSAGE

Appliquer aux éléments de passif les concepts relatifs à la valeur actualisée.

9.4.3 Les applications comptables de la valeur actualisée

Un grand nombre de transactions d'affaires requièrent l'emploi du concept de valeur actualisée (et celui de valeur capitalisée, examiné à l'annexe 9-C [*voir la page 602*]). Nous présentons ci-après deux exemples pour que vous puissiez vérifier votre compréhension de ces concepts.

Le calcul du passif avec un paiement unique

Le 1er janvier 2013, la société Swatch a acheté de nouveaux camions de livraison. L'entreprise a signé un effet à payer selon lequel elle s'engage à verser 200 000 CHF pour ces camions le 31 décembre 2014. Le montant de 200 000 CHF représente l'équivalent en espèces du prix des camions et les intérêts de deux ans. Le taux d'intérêt du marché sur cet effet est de 12 %.

Pour inscrire cette transaction, le comptable doit d'abord calculer la valeur actualisée d'un montant unique versé dans l'avenir. Le coût des camions qu'on doit inscrire dans les livres comptables, correspond à leur prix actuel au comptant, c'est-à-dire à la valeur d'aujourd'hui de leur paiement dans l'avenir. On peut illustrer le problème de la façon suivante :

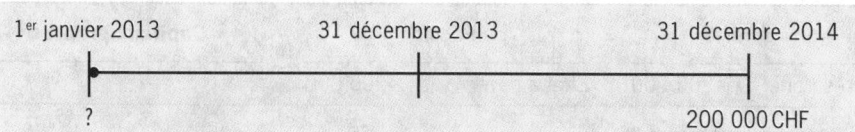

On calcule donc la valeur actualisée de 200 000 CHF comme suit :

200 000 CHF × 0,7972 = 159 440 CHF

De la table A.1
$i = 12\%$
$n = 2$

Pour calculer la valeur actualisée dans Excel, entrez :
=200000/(1,12)^2

Par conséquent, voici l'inscription de cette transaction :

ÉQUATION COMPTABLE

Actif	=	Passif	+	Capitaux propres
Camions de livraison +159 440		Effet à payer +159 440		

ÉCRITURE DE JOURNAL

Camions de livraison (+A) 159 440
    Effet à payer (+Pa) 159 440

Une fois la transaction initiale enregistrée, la charge d'intérêts à payer sur le montant est comptabilisée à l'aide d'une opération de régularisation, comme suit :

ÉQUATION COMPTABLE | **2013**

Actif	=	Passif	+	Capitaux propres
		Effet à payer +19 132		Charge d'intérêts −19 132*

* 159 440 CHF × 12 % = 19 132 CHF

ÉCRITURE DE JOURNAL

Charge d'intérêts (+C, −CP) 19 132
    Effet à payer (+Pa) 19 132

ÉQUATION COMPTABLE | **2014**

Actif	=	Passif	+	Capitaux propres
		Effet à payer +21 428		Charge d'intérêts −21 428*

* (159 440 CHF + 19 132 CHF) × 12 % = 21 428 CHF

ÉCRITURE DE JOURNAL

Charge d'intérêts (+C, −CP) 21 428
    Effet à payer (+Pa) 21 428

9

À la fin des deux années, le prêt doit être remboursé. Le montant à payer que nous avons comptabilisé (159 440 CHF + 19 132 CHF + 21 428 CHF) correspond au montant à payer à l'échéance (200 000 CHF). L'opération du paiement complet de la dette se présente comme suit :

ÉQUATION COMPTABLE	**2014**			
Actif	**=**	**Passif**	**+**	**Capitaux propres**
Trésorerie –200 000		Effet à payer –200 000		

ÉCRITURE DE JOURNAL	
Effet à payer (–Pa) 200 000	
Trésorerie (–A)	200 000

Le calcul du passif avec des versements périodiques

Le 1ᵉʳ janvier 2015, Bombardier a acheté du matériel d'impression neuf. L'entreprise a décidé de financer cet achat au moyen d'un effet à payer qui sera acquitté en trois versements annuels égaux de 163 686 $. Chaque versement comprend une partie du capital et des intérêts de 11 % par an sur le solde non payé. Les versements annuels égaux sont payables respectivement les 31 décembre 2015, 2016 et 2017. Ce problème peut être présenté comme suit :

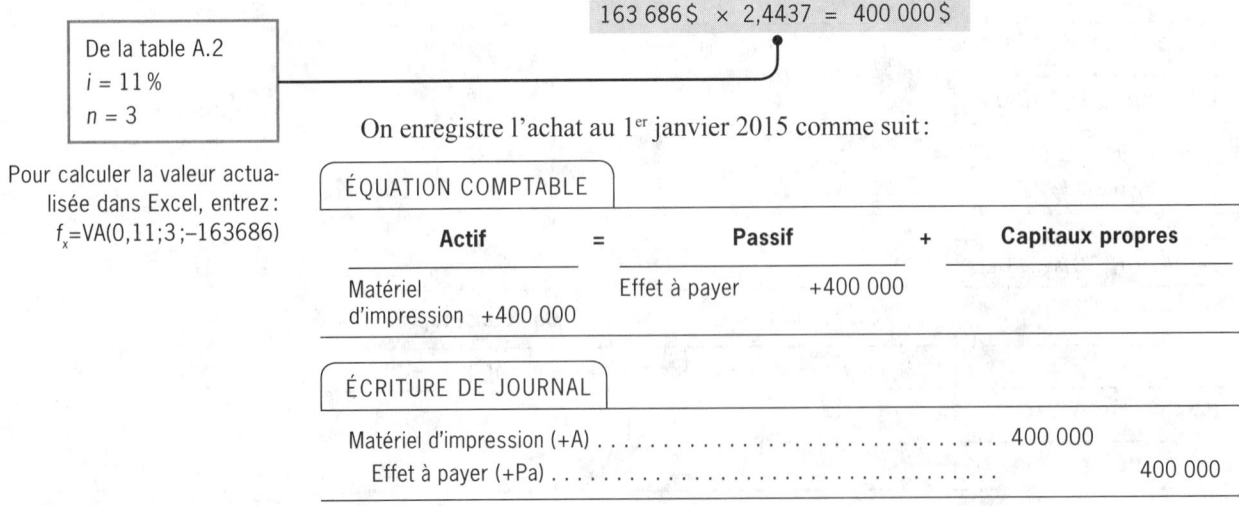

Le montant de l'effet à payer correspond à la valeur actualisée de chaque versement lorsque $i = 11\%$ et $n = 3$. Il s'agit d'un ensemble de versements périodiques, puisque le paiement se fait en trois versements égaux. On calcule le montant de l'effet comme suit :

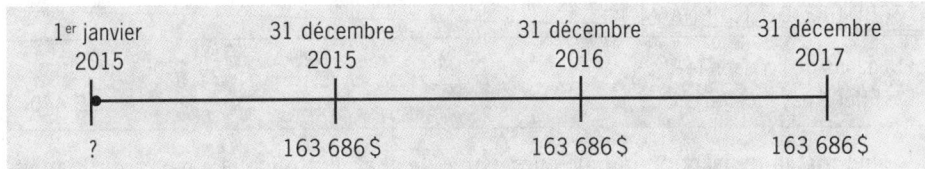

163 686 $ × 2,4437 = 400 000 $

On enregistre l'achat au 1ᵉʳ janvier 2015 comme suit :

De la table A.2
$i = 11\%$
$n = 3$

Pour calculer la valeur actualisée dans Excel, entrez :
f_x=VA(0,11;3;–163686)

ÉQUATION COMPTABLE				
Actif	**=**	**Passif**	**+**	**Capitaux propres**
Matériel d'impression +400 000		Effet à payer +400 000		

ÉCRITURE DE JOURNAL	
Matériel d'impression (+A) 400 000	
Effet à payer (+Pa)	400 000

9

À la fin de chaque année, le comptable doit enregistrer le paiement de cet effet comme suit :

ÉQUATION COMPTABLE	31 décembre 2015		
Actif	**= Passif**	**+**	**Capitaux propres**
Trésorerie –163 686	Effet à payer –119 686		Charge d'intérêts –44 000*

* 400 000 $ × 11 % = 44 000 $

ÉCRITURE DE JOURNAL

Effet à payer (–Pa)	119 686	
Charge d'intérêts (+C, –CP)	44 000	
Trésorerie (–A)		163 686

ÉQUATION COMPTABLE	31 décembre 2016		
Actif	**= Passif**	**+**	**Capitaux propres**
Trésorerie –163 686	Effet à payer –132 851		Charge d'intérêts –30 835*

* (400 000 $ – 119 686 $) × 11 % = 30 835 $

ÉCRITURE DE JOURNAL

Effet à payer (–Pa)	132 851	
Charge d'intérêts (+C, –CP)	30 835	
Trésorerie (–A)		163 686

ÉQUATION COMPTABLE	31 décembre 2017		
Actif	**= Passif**	**+**	**Capitaux propres**
Trésorerie –163 686	Effet à payer –147 463		Charge d'intérêts –16 223*

* (400 000 $ – 119 686 $ – 132 851 $) × 11 % = 16 223 $ (montant calculé en tenant compte des erreurs d'arrondissement)

ÉCRITURE DE JOURNAL

Effet à payer (–Pa)	147 463	
Charge d'intérêts (+C, –CP)	16 223	
Trésorerie (–A)		163 686

Ainsi, au 31 décembre 2017, le solde sur l'effet à payer est nul, car le montant total de 400 000 $ a été réglé comme suit pour chacune des années 2015, 2016 et 2017 : 119 686 $, 132 851 $ et 147 463 $, respectivement.

Le calcul du passif d'un contrat de location

Le 1er janvier 2013, Quebecor a signé un contrat de location de 20 ans pour de l'équipement d'imprimerie. Ce contrat est basé sur un taux d'intérêt effectif de 8 % et implique des versements annuels de 10 000 $ le 31 décembre de chaque année. À la suite de l'analyse des caractéristiques de ce contrat, le comptable conclut que les risques et les avantages sont transférés à Quebecor et, par conséquent, que ce contrat doit être classé comme une location-financement. Le montant du passif correspond à la valeur actualisée des versements annuels, que l'on calcule comme suit :

$$10\,000\,\$ \quad \times \quad 9{,}8181 \quad = \quad 98\,181\,\$$$

De la table A.2
$i = 8\,\%$
$n = 20$

Pour calculer la valeur actualisée dans Excel, entrez :
$f_x = $VA(0,08;20;-10000)

Au moment de sa signature, le 1er janvier 2013, le contrat est enregistré comme suit :

ÉQUATION COMPTABLE

Actif	=	Passif	+	Capitaux propres
Équipement-location +98 181		Équipement-location à payer +98 181		

ÉCRITURE DE JOURNAL

Équipement-location (+A)	98 181	
Équipement-location à payer (+Pa)		98 181

Dans la section suivante, nous utilisons le concept de valeur actualisée pour comptabiliser les obligations.

9.5 Les obligations

La **structure financière** est la combinaison de capitaux d'emprunts et de capitaux propres qu'une entreprise utilise pour financer ses opérations. Presque toutes les entreprises ont, dans leur structure financière, un certain pourcentage de capitaux empruntés. En fait, comme les grandes sociétés ont besoin d'emprunter des milliards de dollars, elles pourraient difficilement s'adresser à des créanciers individuels. Elles émettent plutôt des obligations qui leur permettent de réunir des capitaux d'emprunt.

Les **obligations** sont des titres que les sociétés et certaines entités gouvernementales émettent lorsqu'elles veulent emprunter des montants d'argent importants. Après leur émission, les obligations peuvent être négociées sur le parquet de Bourses bien établies comme celles de Toronto, de Paris ou de Zurich. La capacité de vendre une obligation sur le marché obligataire constitue un avantage important pour les créanciers, parce que cela leur assure un certain niveau de liquidité, c'est-à-dire la possibilité de transformer leur investissement en argent. Si quelqu'un prêtait directement de l'argent à une société pour une période de 20 ans, il devrait attendre la fin de ce délai pour que son investissement lui soit remboursé. Par contre, s'il lui prêtait de l'argent en achetant une obligation, il pourrait, en cas de besoin, la revendre à un autre créancier avant qu'elle n'arrive à échéance.

La facilité de conversion en trésorerie qu'offrent les obligations négociables en Bourse constitue également un avantage important pour les sociétés. La plupart des créanciers hésitent à prêter de l'argent pour de longues périodes, sachant qu'ils ne recevront aucun montant en espèces avant la date d'échéance de la dette. Ils réclament donc un taux d'intérêt plus élevé en guise de compensation pour les prêts qu'ils consentent à long terme. La liquidité assurée par les obligations permet aux sociétés d'emprunter de l'argent pour de longues périodes, mais à un coût moindre.

OBJECTIF D'APPRENTISSAGE 10

Décrire les caractéristiques des obligations.

Structure financière
Composition du financement de l'entreprise, incluant les fournisseurs et autres dettes d'exploitation, les emprunts à court terme, les dettes à long terme ainsi que les capitaux propres[18].

Obligation
Titre de créance négociable émis par une société, une collectivité publique ou un autre organisme dans le cadre d'un emprunt et remis au prêteur, appelé « obligataire », en représentation de sa créance[19].

---

18 L. MÉNARD *et al., op. cit.*
19 *Ibid.*

9.5.1 Les caractéristiques des obligations

L'émission d'obligations pour mobiliser des capitaux à long terme offre aussi d'autres avantages précieux pour des entreprises comme Swatch :

1. **La propriété et le contrôle de l'entreprise demeurent entre les mains des actionnaires actuels.** Contrairement aux actionnaires, les créanciers obligataires (ou détenteurs d'obligations) ne participent pas à la gestion de l'entreprise (ils n'ont pas le droit de vote) et ne reçoivent pas de quote-part des résultats cumulés.

2. **Les charges d'intérêts constituent une dépense déductible d'impôts,** contrairement aux dividendes versés aux actionnaires. La déductibilité des charges d'intérêts permet de réduire le coût net d'un emprunt.

3. **L'incidence sur les résultats est positive** lorsqu'il est possible d'emprunter des capitaux à un faible taux d'intérêt et de les investir à un taux plus élevé. Il s'agit d'un levier financier positif.

   Pour illustrer cet effet de levier financier, prenons l'exemple de la société Vidéo Maison inc., qui possède un magasin de location de vidéos. On suppose que le solde des capitaux propres de cette entreprise se chiffre à 100 000 $, investis dans le magasin, et qu'elle n'a aucune dette. Le magasin lui rapporte un résultat avant intérêts et impôts de 20 000 $ par an. La direction prévoit ouvrir une autre succursale, qui coûtera également 100 000 $ et rapportera 20 000 $ par an. La société doit-elle émettre des actions ou emprunter de l'argent au taux d'intérêt de 8 % ? L'analyse suivante permettra de constater que l'utilisation de la dette augmentera le rendement des actionnaires (propriétaires de l'entreprise).

(en dollars)	Option 1 Émission d'actions	Option 2 Emprunt
Résultat avant intérêts et impôts	40 000	40 000
Intérêts (8 % × 100 000 $)	–	(8 000)
Résultat avant impôts	40 000	32 000
Impôts (35 %)	(14 000)	(11 200)
Résultat net	26 000	20 800
Capitaux propres	200 000	100 000
Rendement sur les capitaux propres	13,0 %	20,8 %

Malheureusement, les obligations comportent, pour l'entreprise, un risque plus élevé que les actions. Voici certains inconvénients liés à l'émission d'obligations :

1. **Les risques de faillite.** Les intérêts payés par versements aux créanciers obligataires constituent des charges (ou des coûts) fixes qui doivent être versées périodiquement quoi qu'il arrive, c'est-à-dire que l'entreprise réalise des profits ou qu'elle subisse des pertes.

2. **L'incidence négative sur les flux de trésorerie.** Il est nécessaire de rembourser le montant du capital, généralement considérable, à la date d'échéance. Les administrateurs doivent générer suffisamment de trésorerie pour repayer la dette ou avoir la possibilité de la financer de nouveau.

Du point de vue de l'entreprise, une obligation requiert généralement le paiement d'intérêts tout au long de sa durée et le remboursement du capital à sa date d'échéance. Le **capital d'une obligation** est le montant : 1) exigible à la date d'échéance ; et 2) d'après lequel sont calculés les versements d'intérêts périodiques en espèces. Ce montant ne

Capital d'une obligation
Montant remboursable à l'échéance de l'obligation et d'après lequel on calcule les paiements d'intérêts périodiques en espèces.

Valeur nominale des obligations (ou valeur à l'échéance, ou valeur au pair)
Autre façon de désigner le capital d'une obligation ou le montant que représente celle-ci à sa date d'échéance.

Taux d'intérêt contractuel (ou taux d'intérêt nominal, ou coupon)
Taux d'intérêt périodique en espèces inscrit au contrat d'emprunt ou à l'acte de fiducie.

varie pas. On l'appelle aussi « **valeur nominale des obligations** » (ou « **valeur à l'échéance** », ou « **valeur au pair** »). Toutes les obligations ont une valeur nominale correspondant au montant qui sera versé à leur propriétaire lorsqu'elles arriveront à échéance. La plupart des obligations ont une valeur nominale de 1 000 $, mais celle-ci peut être plus élevée. Normalement, les obligations se présentent sous forme de multiples de 1 000, par exemple 5 000 $, 10 000 $, etc.

Dans un certificat d'obligation, on trouve toujours le **taux d'intérêt contractuel** (ou **taux d'intérêt nominal**, ou **coupon**) et les dates des versements périodiques des intérêts – généralement annuels ou semi-annuels. Pour calculer le montant de chaque versement d'intérêts, on multiplie le capital par le taux d'intérêt contractuel. Le prix de vente d'une obligation n'influe pas sur le versement périodique en espèces des intérêts. Par exemple, une obligation de 1 000 $ à 8 % nécessitera toujours des versements d'intérêts en espèces de 80 $ sur une base annuelle ou de 40 $ sur une base semi-annuelle.

Il existe différents types d'obligations, ayant chacun leurs caractéristiques propres pour des raisons économiques variables. Les préférences face au risque diffèrent d'un créancier à l'autre. Une personne à la retraite, par exemple, acceptera de recevoir un faible taux d'intérêt en échange d'une sécurité accrue pour ses placements. Elle pourrait opter pour une obligation hypothécaire en vertu de laquelle un actif particulier est mis en gage à titre de garantie dans le cas où l'entreprise serait incapable de rembourser l'obligation, ce qu'on appelle « obligation garantie », ou « obligation avec recours ». Un autre créancier pourrait se contenter d'un faible taux d'intérêt et d'aucune garantie en échange de la possibilité de convertir l'obligation en actions ordinaires à un certain moment dans l'avenir si l'entreprise prospère. Une obligation qui n'est pas garantie par la mise en gage d'un actif particulier porte le nom d'« obligation non garantie », de « débenture » ou d'« obligation sans recours ». Les entreprises s'efforcent de créer des obligations dont les caractéristiques conviennent à différents types de créanciers, de la même façon que les constructeurs d'automobiles essaient de concevoir des modèles qui plaisent à divers groupes de consommateurs.

La prochaine illustration donne un aperçu d'un bon nombre des caractéristiques les plus courantes des obligations émises par les sociétés.

Obligation garantie (ou obligation avec recours)
Obligation pour laquelle un actif précis est donné en gage pour garantir le remboursement.

Obligation non garantie (ou débenture, ou obligation sans recours)
Obligation pour laquelle aucun actif n'est précisément donné en gage pour garantir le remboursement.

Obligation remboursable par anticipation
Obligation qui peut être remboursée avant l'échéance, au gré de l'émetteur.

Obligation convertible
Obligation qui peut être convertie en un autre titre de l'émetteur (normalement des actions ordinaires).

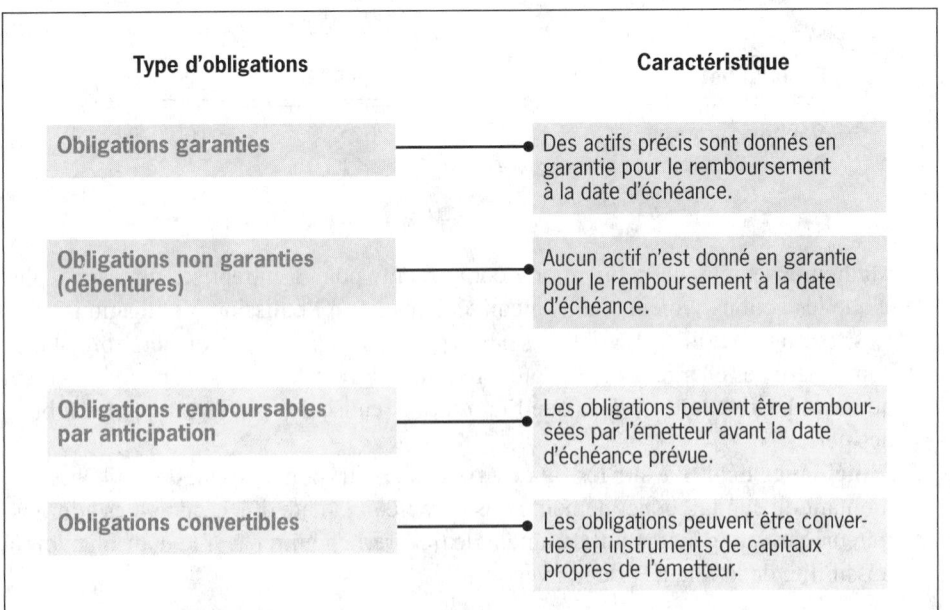

Lorsqu'une société décide d'émettre des obligations, elle dresse un **contrat bilatéral** qui précise les clauses légales relatives aux obligations. Il s'agit en fait d'un acte de fiducie. Ces clauses comprennent la date d'échéance, le taux d'intérêt à verser, la date de chaque versement d'intérêts et tout privilège de conversion. Dans ce type de contrat, on trouve également des clauses qui protègent le créancier, par exemple la restriction sur l'émission de dettes obligataires supplémentaires à l'avenir. D'autres clauses limitatives peuvent empêcher le paiement de dividende ou exiger un minimum relatif à certains ratios financiers tel le fonds de roulement. À cause des effets contraignants de ce genre de clauses sur les activités d'une entreprise, les directions préfèrent les clauses moins restrictives. Par contre, les créanciers penchent pour les clauses plus strictes, lesquelles réduisent leur risque. Comme pour tout contrat, les clauses se négocient. Les clauses restrictives relatives aux obligations sont normalement divulguées dans une note aux états financiers. Les sociétés qui ont des clauses de remboursement par anticipation sur les obligations ou des clauses de convertibilité en divulguent les détails, comme l'a fait Swatch dans la note suivante :

coup d'œil sur
SWATCH
RAPPORT ANNUEL

Contrat bilatéral
Contrat lié à l'émission d'obligations et qui en précise les clauses légales.

22. Dettes financières et instruments financiers dérivés
(extrait de la note aux états financiers consolidés)
Emprunt convertible

The Swatch Group Finance (Luxembourg) SA a émis un emprunt convertible valable du 15 octobre 2003 au 15 octobre 2010, avec un coupon de 2,625 % et d'une valeur nominale par obligation de 5 000 CHF pour un total de 412 MCHF. Ces dernières années, le Groupe a procédé à des rachats de l'emprunt convertible pour un montant de 24 MCHF. À la date d'échéance, l'emprunt a été soldé par la conversion de 7 895 551 actions nominatives pour un montant de 387 MCHF (au cours de conversion de CH F 49,00 par action) et par le remboursement en liquidités pour un montant de 1 MCHF.

De plus, les coûts directement attribuables à l'emprunt convertible d'un montant de 2 MCHF ont été comptabilisés dans les capitaux propres. De ce fait, l'impact sur les capitaux propres dû à la conversion s'élève à 385 MCHF (voir évolution des capitaux propres consolidés).

L'emprunt convertible est comptabilisé comme suit :

(en millions de francs suisses)	2010	2009
Engagement au 1er janvier	385	384
Charges d'intérêts d'un coupon au taux usuel du marché	3	13
Charges d'intérêts sur le coupon seul 2,625 %	0	−10
Rachat partiel de l'emprunt convertible contre liquidités	0	−2
Conversion en actions nominatives	−387	0
Remboursement en liquidités à l'échéance	−1	0
Engagement au 31 décembre	0	385

Une société prépare normalement un prospectus d'émission, c'est-à-dire un document légal remis aux acheteurs d'obligations potentiels. Ce document décrit l'entreprise, les obligations et la façon dont l'argent que rapportera la vente de ces obligations sera utilisé. Par exemple, une entreprise pourrait se servir des produits de la vente d'obligations pour réduire sa dette.

Lorsqu'un investisseur se porte acquéreur d'une obligation, on lui remet un **certificat d'obligation**. Tous les certificats d'une même émission d'obligations sont identiques. On trouve au recto de chacun d'eux la date d'échéance, les taux d'intérêt, les dates de versements des intérêts et les autres clauses. Notons qu'avec les systèmes informatisés, les certificats papier sont souvent omis. Une personne ou un organisme indépendant, appelé « **fiduciaire** », est généralement nommé pour représenter les obligataires. Sa tâche consiste à s'assurer que la société émettrice respecte toutes les clauses de l'acte de fiducie.

Certificat d'obligation
Document remis à chaque obligataire.

Fiduciaire
Personne indépendante désignée pour représenter les obligataires.

En raison des problèmes complexes associés aux obligations, plusieurs agences ont été créées pour évaluer la probabilité qu'une société émettrice soit dans l'incapacité de satisfaire aux exigences stipulées dans l'acte de fiducie. Cette probabilité porte le nom de «risque de non-paiement». Les sociétés Moody's, Standard & Poor's et Dun & Bradstreet se servent d'un classement par lettres dans leur évaluation de la qualité d'une obligation. Les cotes supérieures à Baa/BBB indiquent des valeurs de premier ordre en matière d'investissement. Tous les titres qui se voient attribuer des cotes inférieures à ce niveau sont considérés comme des valeurs de spéculation, et on les appelle souvent «obligations de pacotille» (*junk bonds*). Un grand nombre de banques, de fonds mutuels de placement et de sociétés de fiducie n'ont le droit d'investir que dans des obligations évaluées comme des valeurs de premier ordre. Outre le fait d'évaluer le risque précis d'une obligation, les analystes financiers estiment aussi le risque global de l'émetteur.

analyse financière

QUELQUES RENSEIGNEMENTS TIRÉS DE LA PRESSE FINANCIÈRE SUR LES OBLIGATIONS

Le prix des obligations est présenté chaque jour dans la presse financière d'après les opérations qui ont lieu sur le marché obligataire. Voici le type d'information que vous y trouverez :

Obligation	Coupon	Échéancier	Prix*	Rendement	Variation
Bombardier	7,35	22 déc. 2026	104,50	6,87	0,25
Investors Group	6,65	13 déc. 2027	114,10	5,34	0,97
BCE (Bell Canada Enterprises)	7,00	24 sept. 2027	114,79	5,59	0,95

* Prix de clôture de la journée consultée, soit le vendredi 8 juillet 2011.

Ce tableau indique que l'obligation de Bombardier porte un taux d'intérêt nominal de 7,35 % et arrivera à échéance en 2026. L'obligation a un taux de rendement actuel de 6,87 % et son prix de vente représente 104,5 % de sa valeur nominale, soit 1 045 $ pour chaque tranche de 1 000 $. Ce jour là, son prix avait augmenté de 0,25 $ par rapport à la séance précédente.

Même si les analystes examinent les variations quotidiennes du prix des obligations, il ne faut pas oublier que ces variations ne modifient en rien les états financiers de la société émettrice. À des fins de communication de l'information financière, l'entreprise se sert des taux d'intérêt des obligations au moment où elle les a offertes au public la première fois.

OBJECTIF D'APPRENTISSAGE

11

Décrire les événements liés aux emprunts obligataires, et les caractéristiques des émissions à escompte et à prime.

Taux d'intérêt effectif (ou taux de rendement, ou taux d'intérêt réel, ou taux du marché)
Taux d'intérêt actuel du marché sur une dette au moment où elle est engagée.

9.5.2 Les opérations d'émission d'obligations

Lorsqu'une société émet des obligations, elle précise deux types de paiements dans son contrat d'émission (ou acte de fiducie) :

1. Le remboursement du capital. Il s'agit en général d'un seul paiement, qui a lieu lorsque l'obligation arrive à échéance. On emploie aussi les expressions «valeur nominale» et «valeur au pair».
2. Les paiements d'intérêts. Ces paiements se font sous forme de versements périodiques. On les calcule en multipliant le montant de la valeur nominale par le taux d'intérêt figurant dans le contrat et appelé «taux d'intérêt nominal», «taux d'intérêt contractuel» ou «coupon». Le contrat d'émission stipule à quels intervalles ces paiements seront effectués, soit par trimestre, par semestre ou par année.

Ni l'entreprise ni son preneur ferme ne fixent le prix de vente des obligations. C'est le marché qui le détermine au moyen du concept de valeur actualisée, que nous avons abordé précédemment. Pour établir la valeur actualisée de l'obligation, on calcule la valeur actualisée du capital (un seul versement) et celle des paiements d'intérêts (versements périodiques), et on additionne les deux montants.

Les créanciers réclament un certain taux d'intérêt pour compenser les risques inhérents aux obligations. Le taux d'intérêt qu'ils exigent porte le nom de **taux d'intérêt effectif** (ou **taux de rendement**, ou **taux d'intérêt réel**, ou **taux du marché**). Le taux effectif correspond au taux d'intérêt consenti sur une dette au moment où celle-ci est contractée. On devrait s'en servir pour calculer la valeur actualisée de l'obligation.

La valeur actualisée d'une obligation peut être identique à sa valeur nominale, supérieure (**prime d'émission d'obligations**) ou inférieure (**escompte d'émission d'obligations**) à celle-ci. Si le taux d'intérêt nominal et celui du marché sont identiques, l'obligation se vend à sa valeur nominale ; si le taux du marché est plus élevé que le taux nominal, l'obligation se vend avec un escompte à l'émission ; si le taux du marché est inférieur au taux nominal, l'obligation est émise à prime. Ces rapports peuvent être illustrés comme suit :

Prime d'émission d'obligations
Différence entre le prix de vente et la valeur nominale lorsque les obligations sont vendues à un montant supérieur à cette valeur.

Escompte d'émission d'obligations
Différence entre le prix de vente et la valeur nominale lorsque les obligations sont vendues à un montant inférieur à cette valeur.

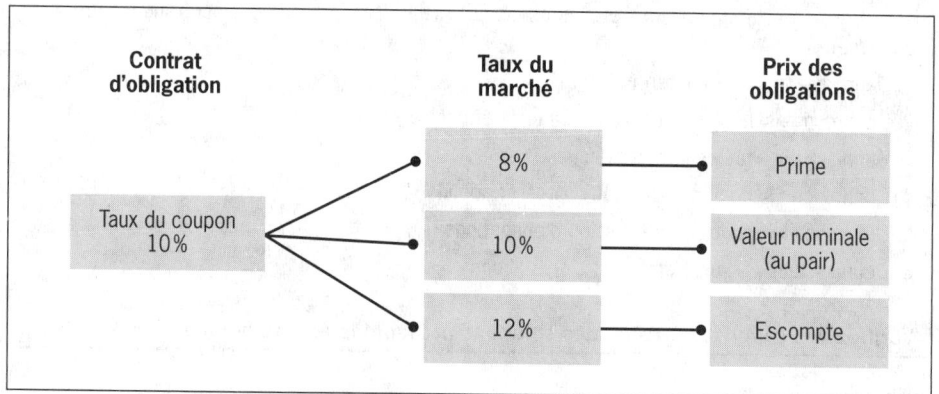

Selon la logique, si une entreprise offre à ses créanciers une obligation dont le taux d'intérêt est inférieur à celui du marché, ceux-ci refuseront de l'acheter à moins que son prix ne soit réduit (c'est-à-dire qu'un escompte ne leur soit consenti). Si, par contre, l'entreprise leur offre une obligation qui leur rapportera un taux d'intérêt supérieur au marché, ils seront prêts à verser une prime pour se la procurer.

Au moment de l'émission d'une obligation à sa valeur nominale, la société émettrice reçoit un montant en espèces égal à cette valeur. Lorsqu'une obligation est émise à escompte, la société émettrice reçoit un montant d'argent moindre que la valeur nominale. Enfin, dans le cas d'une obligation émise à prime, la société émettrice reçoit plus que la valeur nominale.

Fondamentalement, les sociétés et les créanciers ne se préoccupent pas de savoir si une obligation a été émise à sa valeur nominale, à escompte ou à prime, parce que le prix des obligations est toujours fixé de façon qu'elles rapportent le taux d'intérêt du marché. Pour illustrer cette affirmation, considérons une société qui émet trois séries d'obligations différentes le même jour. Ces obligations sont identiques, sauf que la première porte un taux d'intérêt nominal de 8 %, la deuxième, de 10 %, et la troisième, de 12 %. Si le taux du marché était de 10 %, la première serait émise à escompte, la deuxième, à sa valeur nominale, et la troisième, à prime. Toutefois, le créancier qui achèterait n'importe laquelle des trois obligations obtiendrait le taux d'intérêt du marché, soit 10 %.

Le prix du marché des obligations varie durant la période qui s'échelonne de leur date d'émission à leur date d'échéance, car les taux du marché varient. Bien que cette information soit divulguée dans la presse financière, les états financiers des sociétés ne sont pas touchés, ce qui est aussi le cas de la façon dont les paiements d'intérêts sont comptabilisés d'une période à l'autre.

TEST D'AUTOÉVALUATION

· ·

L'étude des obligations vous paraîtra beaucoup plus facile si vous comprenez bien les termes et expressions que nous avons présentés jusqu'à maintenant. Passez quelques-uns d'entre eux en revue.

1. Définissez le «taux d'intérêt effectif».

2. Donnez des synonymes de «taux d'intérêt effectif».

3. Définissez le «taux d'intérêt nominal».

4. Donnez des synonymes de «taux d'intérêt nominal».

5. Définissez l'«escompte d'émission d'obligations».

6. Définissez la «prime d'émission d'obligations».

Vérifiez vos réponses à l'aide des solutions présentées en bas de page*.

Les obligations émises à escompte

Comme nous l'avons mentionné, les obligations se vendent à escompte lorsque le taux du marché est plus élevé que le taux d'intérêt nominal. L'**escompte** est donc une compensation que l'on consent à l'acheteur afin qu'il puisse obtenir un rendement égal au taux du marché.

Supposons que le taux du marché était de 12% lorsque la société Franche a émis, le 1er janvier 2013, des obligations d'une valeur nominale de 100 000$ échéant dans deux ans et dont les intérêts annuels de 10% sont payables semi-annuellement. Le taux d'intérêt nominal de 10% est moindre que le taux du marché à la date d'émission. Pour calculer le prix de vente des obligations, on doit utiliser la valeur actualisée des flux monétaires futurs au taux du marché. Il s'agit donc d'actualiser le capital et les versements semi-annuels des intérêts comme suit:

	Valeur actualisée
Capital = paiement unique: 100 000$ × 0,7921*	79 210$
Intérêts = versements périodiques: 5 000$ × 3,4651**	17 326
	96 536$***

* $n = 4$, $i = 6$ (table A.1)
** $n = 4$, $i = 6$ (table A.2)
***Escompte: 100 000$ − 96 536$ = 3 464$

On peut également faire ces calculs à l'aide du tableur Excel (*voir l'annexe 9-D à la page 605*).

Le prix de vente des obligations émises est de 96 536 $. On se reporte souvent à ce prix sous la forme 96,5 (valeur arrondie), ce qui veut dire que les obligations ont été vendues à 96,5 % de leur valeur nominale (96 536 $ ÷ 100 000 $).

Lorsqu'une obligation est émise à escompte, la valeur nominale est portée au compte de passif Dette obligataire et l'escompte est inscrit dans un autre compte, Escompte sur dette obligataire, compte qui est porté en déduction de la dette obligataire. (Dans le cas d'une prime, le compte est intitulé Prime sur dette obligataire et est ajouté à la dette obligataire.)

Ainsi, Franche présenterait l'émission d'obligation à escompte à la date d'émission comme suit :

ÉQUATION COMPTABLE

Actif	=	Passif	+	Capitaux propres
Trésorerie +96 536		Dette obligataire +100 000		
		Escompte sur dette obligataire –3 464		

ÉCRITURE DE JOURNAL

Trésorerie (+A) 96 536
Escompte sur dette obligataire (+XPa, –Pa) 3 464
    Dette obligataire (+Pa) 100 000

L'état de la situation financière de Franche présenterait la dette obligataire à sa valeur comptable, c'est-à-dire la valeur nominale moins l'escompte non amorti. Les deux montants ne sont généralement pas présentés séparément si le montant de l'escompte (ou de la prime) n'est pas élevé (selon l'importance relative des postes de l'état de la situation financière).

Bien que Franche ne reçoive que 96 536 $ à l'émission des obligations, elle devra rembourser 100 000 $ à l'échéance. Le montant additionnel qu'elle devra verser est un ajustement de la charge d'intérêts assurant le taux du marché actuel aux créanciers. L'émetteur doit amortir l'escompte sur les obligations à chaque période d'intérêt ; il en résulte une charge qui vient augmenter la charge d'intérêts. Ainsi, l'amortissement de l'escompte des obligations fait augmenter la charge d'intérêts des obligations (l'effet est contraire dans le cas d'une émission à prime). La méthode de l'intérêt effectif doit être utilisée pour amortir l'escompte (ou la prime) et ajuster la charge d'intérêts. Il faut noter que bien que cette méthode soit théoriquement la bonne, et la seule autorisée par les IFRS, certaines sociétés amortissent la prime ou l'escompte selon l'amortissement linéaire lorsque les montants en cause ne sont pas importants.

LA MÉTHODE DE L'INTÉRÊT EFFECTIF

Selon la **méthode de l'intérêt effectif**, la charge d'intérêts d'une obligation est calculée en multipliant le solde courant par le taux d'intérêt du marché au moment où les obligations ont été émises. L'amortissement pour une période donnée de la prime ou de l'escompte rattaché aux obligations s'obtient en calculant la différence entre la charge d'intérêts et le montant versé ou à payer. On peut résumer le tout comme ceci :

Méthode de l'intérêt effectif
Méthode pour amortir l'escompte ou la prime d'émission d'obligations sur la base du taux d'intérêt effectif ; seule méthode autorisée par les IFRS.

Étape 1 : Calculer la charge d'intérêts

Solde × Taux d'intérêt effectif × $N/12$
N = Nombre de mois de chaque période d'intérêt

Étape 2 : Calculer le montant de l'amortissement

Charge d'intérêts   –   Intérêts versés

Le premier versement des intérêts de Franche s'effectue le 30 juin 2013. La charge d'intérêts au moment de ce premier versement se calcule en multipliant le solde de la dette par le taux d'intérêt du marché (96 536 $ × 12 % × 6/12 = 5 792 $). Les intérêts versés se calculent en multipliant la valeur nominale des obligations par le taux d'intérêt du coupon (100 000 $ × 10 % × 6/12 = 5 000 $). La différence entre la charge d'intérêts et le montant versé (ou à payer) est l'amortissement de l'escompte (5 792 $ − 5 000 $ = 792 $).

L'amortissement selon la méthode de l'intérêt effectif résulte en un changement de ces montants à chaque période.

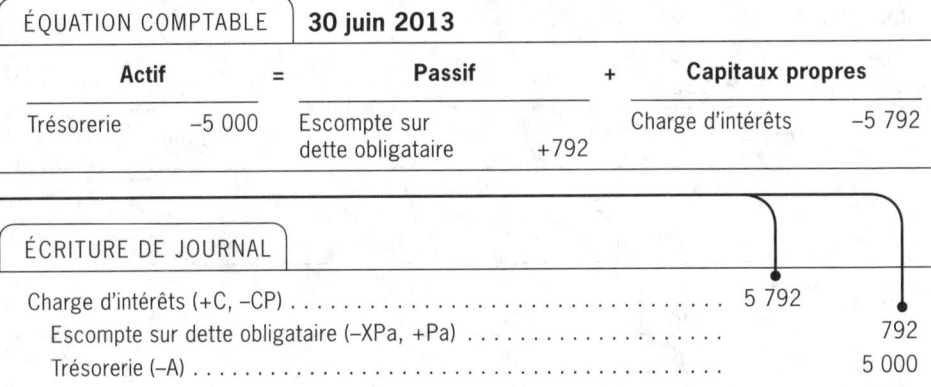

ÉQUATION COMPTABLE | **30 juin 2013**

Actif	=	Passif	+	Capitaux propres
Trésorerie −5 000		Escompte sur dette obligataire +792		Charge d'intérêts −5 792

ÉCRITURE DE JOURNAL

Charge d'intérêts (+C, −CP) 5 792
    Escompte sur dette obligataire (−XPa, +Pa) 792
    Trésorerie (−A) 5 000

À chaque période, l'amortissement de l'escompte fait augmenter la valeur aux livres des obligations (leur solde). On peut penser l'amortissement de l'escompte sur les obligations comme des intérêts gagnés par les détenteurs des obligations, mais qui ne leur auraient pas encore été versés. Au cours de la première période d'intérêt, les détenteurs gagnent des intérêts de 5 792 $, mais ne reçoivent que 5 000 $ comptant. Le montant additionnel de 792 $ s'ajoutera au montant des obligations et leur sera payé au moment où celles-ci viendront à échéance.

La charge d'intérêts de la prochaine période doit refléter le changement qui est survenu dans le montant des obligations (leur solde), changement qui est causé par l'amortissement de l'escompte. La charge d'intérêts de la seconde partie de 2013 est déterminée en multipliant le solde au 30 juin 2013 (96 536 $ + 792 $ = 97 328 $) par le taux d'intérêt du marché au moment de l'émission (97 328 $ × 12 % × 6/12 = 5 840 $). Ainsi, au 31 décembre 2013, l'amortissement de l'escompte sur les obligations est de 840 $.

ÉQUATION COMPTABLE | **31 décembre 2013**

Actif	=	Passif	+	Capitaux propres
Trésorerie −5 000		Escompte sur dette obligataire +840		Charge d'intérêts −5 840

ÉCRITURE DE JOURNAL

Charge d'intérêts (+C, −CP) 5 840
    Escompte sur dette obligataire (−XPa, +Pa) 840
    Trésorerie (−A) 5 000

Remarquez que la charge d'intérêts au 31 décembre 2013 est plus élevée que celle du 30 juin 2013. En raison de l'amortissement croissant de l'escompte, la charge d'intérêts augmentera à chaque période jusqu'à l'échéance des obligations.

Ce processus peut être illustré de la façon suivante :

Calendrier d'amortissement :
escompte sur obligations (intérêt effectif)
(en dollars)

Date	(a) Intérêts versés 10 % × 100 000 $ × 6/12	(b) Charge d'intérêts (12 % × Valeur comptable au début de la période × 6/12)	(c) Amortissement (b) − (a)	(d) Valeur comptable [Valeur comptable au début de la période + (c)]
1er janvier 2013				96 536
30 juin 2013	5 000	5 792	792	97 328
31 décembre 2013	5 000	5 840	840	98 168
30 juin 2014	5 000	5 890	890	99 058
31 décembre 2014	5 000	5 943	943	100 001*

* Ce montant devrait être de 100 000 $. L'erreur de 1 $ est due aux arrondissements.

La charge d'intérêts (colonne b) se calcule en multipliant la valeur comptable au début de la période (colonne d de la période précédente) par le taux d'intérêt effectif (du marché) au moment de l'émission. L'amortissement se calcule en soustrayant l'intérêt versé (colonne a) de la charge d'intérêts (colonne b). La valeur comptable des obligations (colonne d) se calcule en additionnant l'amortissement (colonne c) à la valeur comptable au début de la période. En résumé, selon la méthode de l'intérêt effectif, la charge d'intérêts change à chaque période, comme le fait le montant de la dette.

Selon la méthode d'amortissement linéaire, la charge d'intérêts demeure la même durant la durée de vie des obligations. L'escompte de 3 464 $ est alors amorti sur quatre périodes à un montant égal de 866 $ (3 464 $ ÷ 4), la charge d'intérêts se situant toujours à 5 866 $ par période. Le graphique présenté dans la marge illustre ces différences.

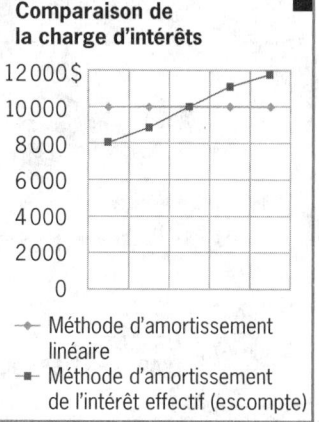

Comparaison de la charge d'intérêts

- Méthode d'amortissement linéaire
- Méthode d'amortissement de l'intérêt effectif (escompte)

TEST D'AUTOÉVALUATION
....

Supposons que BCE a émis des obligations d'un montant de 100 000 $ venant à échéance dans 10 ans. Ces obligations portent des intérêts au taux annuel de 5 %. L'émission a été effectuée alors que le taux du marché était de 6 %. Déterminez le prix de vente de ces obligations, le montant des intérêts versés et la charge d'intérêts à la fin de la première année en utilisant la méthode de l'intérêt effectif.

Vérifiez votre réponse à l'aide de la solution présentée en bas de page*.

* **Solution du test d'autoévaluation**

Prix de vente des obligations = valeur actualisée des intérêts et du capital

Intérêts : 5 000 $	×	7,3601*	= 36 801 $
Capital : 100 000	×	0,5584**	= 55 840
			92 641 $

* n = 10, i = 6 (table A.2)
** n = 10, i = 6 (table A.1)

Intérêts versés : 5 000 $ (5 % × 100 000 $)
Charge d'intérêts : 5 558 $ (6 % × 92 641 $)

analyse financière

LES OBLIGATIONS À COUPON ZÉRO

Pour certaines raisons, les entreprises peuvent émettre des obligations ayant des caractéristiques peu communes. Les concepts que vous avez découverts vous aideront à comprendre ces obligations. Par exemple, une société peut émettre des obligations qui ne versent pas d'intérêts périodiques. Ces bons portent souvent la désignation « coupon zéro ». Pourquoi un investisseur achèterait-il des obligations qui ne versent pas d'intérêts ? Notre présentation des obligations émises à escompte vous a sans doute donné une bonne idée de la réponse à cette question. Le taux d'intérêt du coupon sur une obligation peut être de n'importe quel montant ; le prix des obligations s'ajustera pour que les investisseurs obtiennent le taux d'intérêt du marché. Une obligation ayant un coupon zéro est tout simplement une obligation sévèrement escomptée que le créancier achète à un montant substantiellement plus bas que sa valeur nominale.

Prenons l'exemple des obligations de 100 000 $ de la société Fanfaron pour illustrer un coupon zéro. Tenons pour acquis que le taux du marché est de 10 %, et que ces obligations ne versent aucun intérêt et viennent à échéance dans cinq ans. Le prix de vente de ces obligations correspond à la valeur actualisée de la valeur nominale, car aucun autre versement ne sera effectué durant la durée de vie des obligations. On peut calculer la valeur actualisée à l'aide de la table A-1 de l'annexe A se trouvant à la fin de ce manuel, en utilisant $n = 5$ et $i = 10$:

$$\text{Paiement unique de } 100\,000\,\$ \times 0{,}6209 = 62\,090\,\$$$

La comptabilisation d'une telle obligation n'est pas différente de celle d'une obligation émise à escompte. Le montant de l'escompte est tout simplement beaucoup plus élevé.

analysons les ratios

OBJECTIF D'APPRENTISSAGE

Calculer et interpréter le ratio de couverture des intérêts.

9

LE RATIO DE COUVERTURE DES INTÉRÊTS

1. Question d'analyse

Les activités lucratives d'une entreprise produisent-elles suffisamment de ressources pour lui permettre de payer les intérêts courants sur ses obligations ?

2. Ratio et comparaison

Le ratio de couverture des intérêts est calculé comme suit :

$$\text{Ratio de couverture des intérêts} = \frac{\text{Résultat net + Charge d'intérêts + Charge fiscale}}{\text{Charge d'intérêts}}$$

En 2010, le ratio de Swatch était le suivant :

$$\frac{1\,074\,\text{MCHF} + 5\,\text{MCHF} + 318\,\text{MCHF}}{5\,\text{MCHF}} = 279{,}4 \text{ fois}$$

Analyse de la tendance dans le temps			Comparaison avec les compétiteurs	
Swatch			Richemont	Seiko
2008	2009	2010	2010	2010
46,5	53,5	279,4	5,3	1,8

3. Interprétation des résultats

EN GÉNÉRAL ◊ En principe, le ratio de couverture des intérêts indique la quantité de ressources produites par chaque dollar de charge d'intérêts. Un ratio élevé est considéré plus favorablement qu'un ratio peu élevé. Un ratio de couverture des intérêts élevé est l'indice d'une certaine marge de sécurité dans le cas où la rentabilité diminuerait. Les analystes s'intéressent tout particulièrement à la capacité des entreprises à effectuer les paiements d'intérêts pour lesquels elles se sont engagées, car le fait d'y manquer pourrait les acculer à la faillite.

SWATCH ◊ Pour Swatch, les activités de 2010 ont engendré 279,40 CHF de profit pour chaque franc suisse d'intérêts, marge plus que confortable qui s'est accrue avec le temps. L'entreprise a la capacité de générer des flux de trésorerie considérables à partir de ses activités opérationnelles. Par conséquent, elle peut facilement respecter ses obligations en matière d'intérêts sur la dette. Sa position la met aussi dans une posture favorable pour effectuer des acquisitions d'entreprises ou d'autres projets rentables. La croissance importante du taux en 2010 s'explique en partie par l'augmentation du résultat net et par la diminution de la dette (réduction de la charge d'intérêts). Richemont est loin derrière Swatch, avec un ratio de 5,3; par conséquent, Richemont présente un plus grand risque, bien qu'elle démontre une capacité à générer des profits lui permettant de payer les intérêts sur sa dette. La situation est tout à fait autre pour Seiko, laquelle présente un risque important en raison de sa dette et de sa charge d'intérêts, lesquelles sont élevées. Le ratio de couverture des intérêts extrêmement bas de Seiko, à 1,8, est signe de danger potentiel.

QUELQUES PRÉCAUTIONS ◊ Le ratio de couverture des intérêts est souvent trompeur dans le cas d'entreprises nouvelles ou en pleine croissance. La direction de ces entreprises investit souvent ses ressources pour de futures activités. Le ratio de couverture des intérêts reflète alors des montants de charges d'intérêts importants liés à la croissance à venir, et les opérations en cours n'atteignent pas encore les niveaux de rentabilité prévus. Les analystes devraient donc s'assurer de bien comprendre la stratégie à long terme de l'entreprise avant de se prononcer. Bien que ce ratio soit fréquemment utilisé, certains analystes préfèrent comparer la charge d'intérêts au montant de trésorerie engendré par l'entreprise. Ils soulignent que l'on ne peut payer des créanciers avec le « résultat » généré; il faut les payer avec de l'argent comptant.

analysons les ratios

OBJECTIF D'APPRENTISSAGE

Calculer et interpréter le ratio des capitaux empruntés sur les capitaux propres.

LE RATIO DES CAPITAUX EMPRUNTÉS SUR LES CAPITAUX PROPRES

1. Question d'analyse

Quelle est la relation entre le montant des capitaux que fournissent les propriétaires et le montant des capitaux que fournissent les créanciers?

2. Ratio et comparaison

Le ratio des capitaux empruntés sur les capitaux propres se calcule comme suit:

$$\text{Ratio des capitaux empruntés sur les capitaux propres} = \frac{\text{Passif total}}{\text{Capitaux propres}}$$

En 2010, le ratio des capitaux empruntés sur les capitaux propres de Swatch était le suivant:

$$\frac{1\,513\,\text{M CHF}}{7\,101\,\text{M CHF}} = 0,21$$

Analyse de la tendance dans le temps			Comparaison avec les compétiteurs	
Swatch			Richemont	Seiko
2008	2009	2010	2010	2010
0,33	0,29	0,21	0,37	7,66

3. Interprétation des résultats

EN GÉNÉRAL ◊ Un ratio des capitaux empruntés sur les capitaux propres élevé indique que l'entreprise compte grandement sur les capitaux que lui fournissent ses créanciers. Plus sa dépendance envers les créanciers est forte, plus l'entreprise risque de ne pas pouvoir respecter ses obligations financières en cas de ralentissement de ses activités.

9

SWATCH ◊ Le ratio de Swatch a diminué au cours des trois dernières années et, en 2010, il a été meilleur que celui de Richemont et nettement supérieur à celui de Seiko. Ce résultat est en partie dû à l'augmentation de la rentabilité de l'entreprise et à celle des flux de trésorerie générés par les activités opérationnelles. Par conséquent, Swatch est peu dépendante du financement extérieur. Nous pouvons en dire autant de Richemont. La plupart des analystes financiers verraient d'un mauvais œil le taux de Seiko, entreprise beaucoup endettée et plus à risque.

QUELQUES PRÉCAUTIONS ◊ Le ratio des capitaux empruntés sur les capitaux propres ne dévoile qu'une partie de la situation en ce qui a trait aux risques associés à la dette. Il constitue une bonne indication de la capacité d'emprunt (ou d'endettement), mais n'aide pas l'analyste à savoir si les activités de l'entreprise lui permettent de composer avec le montant des dettes qu'elle a accumulées. Il ne faut pas oublier qu'une dette comporte l'obligation d'effectuer des paiements en espèces pour verser les intérêts et rembourser le capital. La plupart des analystes préfèrent donc évaluer ce ratio en tenant compte du montant de trésorerie que l'entreprise est en mesure de produire grâce à ses activités et du ratio de couverture des intérêts.

incidence sur les flux de trésorerie

OBJECTIF D'APPRENTISSAGE

Présenter les activités de financement au tableau des flux de trésorerie.

LES ACTIVITÉS DE FINANCEMENT

La section du tableau des flux de trésorerie liée aux activités de financement sert à enregistrer les rentrées et les sorties de fonds attribuables aux capitaux de sources extérieures (des propriétaires et des créanciers) obtenus par l'entreprise pour financer son fonctionnement et ses activités, telle l'émission d'un emprunt obligataire ou d'actions. Le remboursement d'une dette est un exemple de sortie de fonds inscrite dans cette même section. Comme nous l'expliquons au chapitre 12, le paiement des intérêts sur les obligations peut entrer dans la section des activités de financement ou dans celle des activités opérationnelles, selon le choix de l'entreprise. En outre, les entreprises sont tenues de divulguer le montant d'argent qu'elles versent à titre de charges d'intérêts à chaque période.

EN GÉNÉRAL ◊ Comme nous l'avons vu au début du présent chapitre, les opérations pour lesquelles l'entreprise recourt à des fournisseurs influent sur le fonds de roulement. Les variations des comptes du fonds de roulement sont présentées dans la section des activités opérationnelles du tableau des flux de trésorerie, à l'exception des emprunts courants. L'argent reçu des créanciers figure sous forme de rentrées de fonds dans la section des activités de financement. Les sommes versées aux créanciers en guise de remboursement du capital sont inscrites comme des sorties de fonds dans la section des activités de financement. En voici quelques exemples :

Comparons

Flux de trésorerie liés aux activités de financement en 2010[20]

Swatch	–286 M$
Richemont	–501 M$
Seiko	–171 M$

	Effet sur les flux de trésorerie
Flux de trésorerie liés aux activités de financement	
Émission d'obligations	+
Remboursement d'un emprunt (courant ou non courant)	–
Remboursement du capital d'une obligation à l'échéance	–

---

20 Les montants ont été convertis en millions de dollars canadiens à des fins de comparaison, car Swatch présente ses états financiers en francs suisses, Richemont, en euros et Seiko, en yens.

TABLEAU 9.3 • EXTRAIT DU TABLEAU DES FLUX DE TRÉSORERIE DE SWATCH (PARTIE 2)

Swatch
Tableau des flux de trésorerie consolidés (partie 2)
période close le 31 décembre
(en millions de francs suisses)

	2010	2009
Activités de financement		
Dividendes versés aux actionnaires	−210	−223
Dividendes versés aux actionnaires minoritaires	−3	−3
Vente d'actions propres	1	1
Variation des dettes financières non courantes	−5	−11
Variation des dettes financières courantes	−27	3
Rachat d'obligations convertibles	0	−2
Rachat de parts des minoritaires	−5	0
Flux de trésorerie liés aux activités de financement	**−249**	**−235**

Normalement, les entreprises doivent présenter séparément les augmentations et les diminutions des dettes financières. Ces montants étant peu importants dans le cas de Swatch, seul le montant net de la variation est présenté. Il peut sembler surprenant qu'une entreprise rembourse des dettes anciennes et contracte de nouvelles dettes au cours de la même période. Cette situation montre que même si les entreprises empruntent normalement pour financer l'acquisition d'actifs non courants, elles le font aussi pour modifier leur structure financière. Elles peuvent remplacer une dette portant intérêt à un taux plus élevé par une autre au taux d'intérêt plus bas, ce qui peut représenter des économies annuelles substantielles en coûts d'intérêts.

Les analystes s'intéressent particulièrement à la section des activités de financement du tableau des flux de trésorerie, car cette section fournit des renseignements importants sur la structure financière à venir d'une entreprise. Les entreprises en plein essor enregistrent généralement de gros montants de fonds dans cette section.

9

TEST D'AUTOÉVALUATION
....

Supposons une société qui a un ratio élevé de capitaux empruntés sur les capitaux propres et un ratio élevé de couverture des intérêts, puis une autre qui a un faible ratio de capitaux empruntés sur les capitaux propres et un faible ratio de couverture des intérêts. Laquelle de ces sociétés présente le plus haut risque associé à la dette?

Vérifiez votre réponse à l'aide de la solution présentée en bas de page*

* **Solution du test d'autoévaluation**

Une société peut être acculée à la faillite si elle ne verse pas les intérêts à ses créanciers. Plusieurs sociétés à succès empruntent de très grosses sommes d'argent sans créer de risque non fondé, puisqu'elles produisent suffisamment de fonds à partir de leurs opérations pour respecter leurs obligations. Même un très petit montant de dette peut causer des problèmes si la société ne peut produire suffisamment de fonds pour payer les intérêts courants. Normalement, la situation est moins risquée lorsqu'une société a un ratio élevé de capitaux empruntés sur les capitaux propres et un ratio de couverture des intérêts élevé.

perspective internationale

coup d'œil sur
BOMBARDIER

RAPPORT ANNUEL

LES MARCHÉS INTERNATIONAUX DES CAPITAUX

Nous avons vu que certaines entreprises empruntent de l'argent sur les marchés mondiaux, ce qui les expose parfois au risque de change. Étant donné l'importance des marchés internationaux, les institutions canadiennes ne jouent plus un rôle prédominant dans les accords d'emprunt. Voici l'extrait d'une note tirée d'un rapport annuel de Bombardier :

> Des montants peuvent être empruntés [...] en dollars canadiens ou américains, à des taux variables fondés sur le taux préférentiel canadien, le taux de base américain, le LIBOR ou le taux d'escompte des acceptations bancaires.

Il faut noter qu'un emprunt de capitaux étrangers est une dette à taux variable. Même s'il concerne des organismes canadiens, l'accord d'emprunt mentionne un indice international pour la détermination des variations des taux d'intérêt à venir. Le LIBOR (*London Interbank Offer Rate* – taux interbancaire offert à Londres) est le taux d'intérêt que les banques internationales exigent les unes des autres pour des prêts d'un jour. Ainsi, le LIBOR est devenu un point de référence largement reconnu pour la détermination des taux d'intérêt variables pour les entreprises et les gouvernements qui empruntent.

entreprises à capital fermé

OBJECTIF
D'APPRENTISSAGE

Comparer les IFRS et les normes comptables pour les entreprises à capital fermé.

LA COMPARAISON DES IFRS ET DES NORMES COMPTABLES POUR LES ENTREPRISES À CAPITAL FERMÉ

L'ensemble du présent chapitre traite de sujets forts complexes, que nous avons simplifiés. Il existe de nombreux détails, non abordés ici, dont le traitement diffère selon que l'on se rapporte aux normes internationales ou aux normes canadiennes pour les entreprises à capital fermé. Nous présentons un tableau faisant état des différences et similitudes concernant les notions évoquées dans le présent chapitre uniquement. Cette comparaison n'est donc pas exhaustive et ne saurait être utilisée comme seule étude des différences de toutes les normes énumérées ci-dessous.

Dans le cas des passifs (financiers et non financiers), on note des similarités et des différences entre les normes comptables internationales (Cadre conceptuel, IAS 1, IAS 32 – partie I du *Manuel de l'ICCA*) appliquées aux entreprises canadiennes qui ont une obligation d'information du public et les normes comptables canadiennes qui s'adressent aux entreprises à capital fermé (chapitres 1510, 3856 – partie II du *Manuel de l'ICCA*). Pour les provisions, la norme internationale applicable est l'IAS 37, tandis que la norme pour les entreprises canadiennes à capital fermé est le chapitre 3290. Finalement, pour les contrats de location, la norme internationale est l'IAS 17, tandis que la norme pour les entreprises canadiennes à capital fermé est le chapitre 3065. Les tableaux qui suivent présentent une comparaison sommaire entre ces deux référentiels pour les éléments présentés dans ce chapitre. Nous abordons le sujet des impôts différés et des avantages du personnel très brièvement à l'annexe 9-A (*voir la page 596*), mais ces deux sujets ne sont pas analysés dans les tableaux ci-après.

COMPARAISON DES NORMES : PASSIFS ET PASSIFS FINANCIERS	
Normes internationales d'information financière (cadre conceptuel, IAS 1 et IAS 32)	**Normes comptables pour les entreprises à capital fermé (chapitres 1510 et 3856)**
Terminologie	**Terminologie**

Passif courant
  Produits différés
	Passif à court terme
	  Produits perçus d'avance et produits reportés

Définition du passif courant	Définition du passif à court terme
La société doit répondre à l'un des quatre critères pour classer un passif courant (*voir la page 549*).	Le passif à court terme comprend les sommes à payer au cours de l'année qui suit la date du bilan ou au cours du cycle normal d'exploitation s'il excède un an. Ce cycle doit être celui qui sert à déterminer l'actif à court terme.
Un passif financier est comptabilisé lorsque l'émetteur pourrait être contractuellement tenu de procéder à un règlement en trésorerie ou en un autre instrument financier.	
Pour classer un instrument financier comme un passif, il doit y avoir une obligation financière contractuelle, laquelle peut être établie de manière expresse ou indirecte.	
Obligations (passif non courant)	**Obligations (passif à long terme)**
La seule méthode reconnue pour amortir la prime ou l'escompte est la méthode de l'intérêt effectif.	Deux méthodes sont acceptées pour amortir la prime ou l'escompte : la méthode de l'intérêt effectif et la méthode linéaire.

COMPARAISON DES NORMES : LES PROVISIONS (ÉVENTUALITÉS)	
Normes internationales d'information financière (IAS 37)	**Normes comptables pour les entreprises à capital fermé (chapitre 3290)**
Terminologie	**Terminologie**
Provision, dette estimative et passif éventuel	Passif éventuel et éventualités
Une obligation actuelle est comptabilisée s'il est *probable* qu'un événement futur confirmera qu'un passif a été créé et que les montants en cause pourront faire l'objet d'une estimation fiable.	
Le terme « probable » signifie plus probable qu'improbable.	Le terme « probable » correspond à un seuil de comptabilisation plus élevé que le seuil « plus probable qu'improbable ».
Une provision est constatée sur la base d'une obligation légale ou implicite qui découle d'un événement passé.	Une obligation implicite est comptabilisée si une norme spécifique l'exige.
Les provisions comprennent les dettes estimatives que l'on comptabilise (probables et déterminables par estimation) et les passifs éventuels que l'on divulgue dans une note aux états financiers (probables et montants indéterminables ou événements indéterminables). Il n'est pas nécessaire de présenter les événements improbables.	Les provisions font partie du passif éventuel. Le point de départ est de déterminer la probabilité de l'événement. Si l'événement futur est jugé probable, les chances qu'il se produise sont élevées et un passif est comptabilisé. Lorsque la perte est improbable, il n'est pas nécessaire de la présenter aux états financiers. Il est cependant souhaitable de divulguer l'information s'il y a une possibilité d'effets négatifs importants sur le bilan.
Les entreprises doivent s'efforcer d'estimer la dette lorsque la probabilité de passif est grande.	Une perte éventuelle est comptabilisée si le montant de passif peut être estimé, ce qui laisse au comptable une grande liberté de décision.
Les dettes estimatives pour garanties sont comptabilisées au moment de la vente des biens couverts par une garantie en vertu de la notion de rattachement des charges aux produits.	

9

→

Un actif éventuel est comptabilisé lorsqu'il devient quasi-certain. S'il est probable et incertain, il est divulgué dans une note aux états financiers.	Les actifs éventuels ne sont pas comptabilisés. Si leur probabilité est indéterminable, l'entreprise peut divulguer ce fait, alors que si l'événement est improbable, aucune information ne doit être divulguée.

Aucune provision n'est comptabilisée au titre des réparations et de la maintenance des actifs d'une entité ou de l'autoassurance antérieure à la naissance d'une obligation.

COMPARAISON DES NORMES : LES CONTRATS DE LOCATION	
Normes internationales d'information financière (IAS 17)	**Normes comptables pour les entreprises à capital fermé (chapitre 3065)**
Terminologie Contrat de location-financement Lorsque la quasi-totalité des risques et des avantages sont transférés Contrat de location simple Lorsque la quasi-totalité des risques et des avantages ne sont pas transférés	**Terminologie** Contrat de location-acquisition (preneur) Selon la situation du bailleur : contrat de location-financement ou contrat de location-vente Contrat de location-exploitation
Les critères pour classer les contrats de location reposent sur le transfert ou le non-transfert de la quasi-totalité des risques et des avantages au preneur. Il n'y a aucun critère quantitatif. Plus de liberté est laissée à la direction.	Les normes canadiennes ajoutent des critères quantitatifs aux deux critères suivants pour déterminer un contrat-acquisition (contrat-financement) limitant le jugement de la direction : • Lorsque le bail couvre 75 % ou plus de la vie économique du bien ; • Lorsque le paiement minimal exigible en vertu du bail représente 90 % ou plus de la juste valeur du bien.
La substance doit prévaloir sur la forme pour classer les contrats de location.	

ANALYSONS UN CAS

CAS 9-A

La société de construction Miller a effectué plusieurs opérations durant l'année. Dans chacun des cas, décidez si la dette doit être enregistrée et, si oui, déterminez-en le montant. Tenez pour acquis que la date actuelle est le 31 décembre 2013.

1. Les employés ont gagné des salaires de 100 000 $, lesquels n'ont pas été payés en fin d'année. La part de l'employeur pour les charges sociales est de 7 000 $.
2. La société a emprunté 100 000 $ le 30 juin au taux d'intérêt de 7 %. Aucun paiement associé à cette dette n'a été fait.
3. Un client a versé un dépôt de 75 000 $ pour son projet de construction. Les travaux débuteront le mois prochain.
4. La société a perdu un procès intenté contre elle et doit payer des dommages de 250 000 $, mais a décidé d'aller en appel.
5. La société a loué un nouveau camion pour une période couvrant la moitié de la vie utile de celui-ci. Au terme de la location, la société peut acheter ce camion au prix du marché.

6. La banque a prêté de l'argent à Miller le 31 décembre 2013. Ce prêt de 100 000 $ porte intérêt au taux de 5 % et doit être remboursé le 31 décembre 2014.

7. La société a signé une convention d'emprunt l'obligeant à rembourser 50 000 $ par année pendant 20 ans. Le taux d'intérêt est de 8 %.

Solutions suggérées

1. Une dette de 107 000 $ devrait être enregistrée.

2. Le montant emprunté (100 000 $) devrait être enregistré comme un passif au 30 juin. De plus, à la fin de l'année, une charge d'intérêts non payés doit être enregistrée au passif courant. Le montant de cette charge à payer est de 3 500 $ (100 000 $ × 7 % × 6/12).

3. Le dépôt de 75 000 $ du client est un passif jusqu'à ce que le travail soit fait et que le revenu qui y est associé soit gagné.

4. Le montant de 250 000 $ doit être enregistré comme une dette estimative, à moins que la demande en appel amène une incertitude quant au paiement ou que le montant probable ne puisse être estimé avec fiabilité. Dans ce dernier cas, il s'agit d'un passif éventuel que l'on présente par voie de note aux états financiers.

5. Le contrat ne présente pas les particularités d'un contrat-financement : rachat au prix du marché, location durant la moitié de la vie utile du camion. Il s'agit donc d'un contrat de location simple, car les risques et les avantages du contrat n'ont pas été transférés à Miller. Par conséquent, aucun passif n'est enregistré.

6. Un passif égal à la valeur actualisée de la dette doit être inscrit. Pour $i = 5\%$ et $n = 1$, la table A-1 (*voir l'annexe A à la fin de ce manuel*) donne le facteur de 0,9524. Donc la dette sera inscrite à 95 240 $.

7. Un passif égal à la valeur actualisée des paiements périodiques de la dette doit être inscrit. Pour $i = 8\%$ et $n = 20$, la table A-2 (*voir l'annexe A à la fin de ce manuel*) donne le facteur de 9,8181. Ainsi le passif à enregistrer est de 490 905 $ (50 000 $ × 9,8181).

CAS 9-B

Dans le but de recueillir des fonds pour la construction d'une nouvelle usine, la société Reed a émis des obligations sur le marché assorties des caractéristiques suivantes :

Valeur nominale :	100 000 $
Date d'émission :	1er janvier 2013 ; échéance dans 10 ans
Taux d'intérêt (coupon) :	12 % par année, payable semi-annuellement le 30 juin et le 31 décembre

Toutes les obligations ont été vendues le 1er janvier 2013 à 106. Le taux d'intérêt du marché (taux effectif) est de 11 %.

Travail à faire

1. Quel est le montant encaissé par la société Reed à la suite de l'émission des obligations ? Présentez vos calculs.

2. Quel est le montant de la prime d'émission des obligations ?

3. Déterminez les incidences de l'émission des obligations sur l'état de la situation financière de Reed au moment de l'émission à l'aide de l'équation comptable. Passez ensuite les écritures de journal nécessaires pour inscrire cette opération.

4. Déterminez les incidences sur l'état de la situation financière de Reed de l'amortissement de la prime (méthode de l'intérêt effectif) et de la charge d'intérêts au 30 juin 2013 à l'aide de l'équation comptable. Passez ensuite les écritures de journal nécessaires pour inscrire cette opération.

Solutions suggérées

1. Prix de vente des obligations : 100 000 $ × 106 = 106 000 $

2. Prime d'émission des obligations : 106 000 $ – 100 000 $ = 6 000 $

3. Le 1ᵉʳ janvier 2013, date d'émission

ÉQUATION COMPTABLE

Actif	=	Passif	+	Capitaux propres
Trésorerie + 106 000		Dette obligataire + 100 000 Prime sur dette obligataire + 6 000		

ÉCRITURE DE JOURNAL

Trésorerie (+A) 106 000
    Dette obligataire (+Pa) 100 000
    Prime sur dette obligataire (+Pa). 6 000

4. Amortissement de la prime au 30 juin 2013 selon la méthode du taux d'intérêt effectif

ÉQUATION COMPTABLE

Actif	=	Passif	+	Capitaux propres
Trésorerie − 6 000		Prime sur dette obligataire − 170		Charge d'intérêts − 5 830

ÉCRITURE DE JOURNAL

Charge d'intérêts (+C, −CP) (106 000 $ × 11 % × 6/12) 5 830
Prime sur dette obligataire (−Pa)   170
    Trésorerie (−A) (100 000 $ × 12 % × 6/12). 6 000

Annexe 9-A

La fiscalité, les impôts différés et les avantages du personnel

La fiscalité

Une entreprise peut être constituée en entreprise individuelle, en société de personnes ou en société de capitaux (ou société par actions). Les entreprises des deux premières formes ne sont pas tenues de payer des impôts sur le revenu, mais leurs propriétaires doivent produire une déclaration de revenus et payer des impôts. Les sociétés de capitaux, à titre de personnes morales distinctes, doivent payer des impôts sur leur résultat.

Les sociétés de capitaux doivent établir une déclaration de revenus des sociétés (formulaires T2 au fédéral et C17 au provincial [Québec]). Le montant d'impôts exigibles est basé sur le résultat comptable présenté aux états financiers et converti en résultat imposable dans la déclaration de revenus. Le résultat imposable diffère, la plupart du temps, du résultat net qui figure à l'état du résultat global. En effet, ce dernier document est établi conformément aux normes comptables, tandis que la déclaration de revenus est préparée suivant les directives de la *Loi de l'impôt sur le revenu*.

LE CALCUL DES IMPÔTS EXIGIBLES

Dans la plupart des cas, on détermine le montant combiné des impôts fédéral et provincial qu'une grande société par actions devrait payer en multipliant son résultat imposable par un pourcentage global. Le montant combiné des impôts fédéral et provincial maximal au Québec se situe aux environs de 38 %. Toutefois, les taux d'imposition sont échelonnés de manière telle que les très petites sociétés de capitaux sont assujetties à des taux d'imposition moins élevés que les grandes sociétés. Le taux combiné pour les petites entreprises se situe au Québec aux environs de 20 %. Plusieurs facteurs viennent influer sur ce taux, par exemple le secteur d'activité, la transformation des produits, le montant du capital de l'entreprise, et peuvent amener des réductions d'impôts. Les impôts exigibles sont classés dans le passif courant.

LA CONSTATATION DES PRODUITS ET DES CHARGES À DES FINS FISCALES

Il existe de nombreuses différences entre les normes comptables et les règles qui régissent la préparation des déclarations de revenus. Certaines sont des **différences temporelles**, c'est-à-dire qu'elles proviennent d'un décalage dans le temps entre le moment de la prise en compte des éléments dans le bénéfice comptable et dans le bénéfice imposable. Ces différences entraînent un passif (ou un actif) d'impôts différés qui se résorbera ou disparaîtra progressivement dans l'avenir. Nous abordons le calcul des impôts différés un peu plus loin. Il existe aussi des **différences permanentes**, c'est-à-dire qu'elles proviennent d'éléments qui ne seront jamais pris en considération soit dans le bénéfice comptable, soit dans le bénéfice imposable.

Différences temporelles
Différences provenant d'un décalage dans le temps entre le moment de la prise en compte des éléments dans le bénéfice comptable et dans le bénéfice imposable.

Différences permanentes
Différences provenant d'éléments qui ne seront jamais pris en considération, soit dans le bénéfice comptable, soit dans le bénéfice imposable.

Voici des exemples de **différences temporelles** :

1. À des fins fiscales, la charge d'amortissement est généralement établie à l'aide de méthodes d'amortissement plus ou moins accélérées, comparativement aux méthodes comptables qui sont établies en fonction de la durée d'utilité d'un actif et du concept de rattachement des charges aux produits. Mentionnons aussi que l'amortissement fiscal se fait par catégorie de biens, tandis que l'amortissement comptable se fait pour chaque bien pris séparément ainsi que par composantes.

2. Du point de vue fiscal, les crédits d'impôts à l'investissement utilisés sont déduits des impôts à payer d'une année et portés en diminution de l'actif immobilisé l'année suivante. Du point de vue comptable, les crédits d'impôts sont immédiatement portés en diminution de l'actif immobilisé.

Voici des exemples de **différences permanentes** :

1. Pour les entreprises ouvertes, les revenus de dividendes d'autres sociétés canadiennes n'entrent pas dans le revenu imposable, mais sont inclus dans le résultat comptable dès qu'ils sont déclarés.

2. Du point de vue fiscal, 50 % des gains en capital sont imposables, tandis que, du point de vue comptable, la totalité des gains en capital est prise en compte à l'état du résultat global.

LA COTISATION MINIMALE OU L'ÉVASION FISCALE

La plupart des grandes sociétés par actions consacrent beaucoup de temps et d'argent à élaborer des stratégies pouvant leur permettre de **minimiser** le montant d'impôts qu'elles doivent payer aux gouvernements. Cette démarche n'est pas condamnable, puisque les tribunaux ont statué qu'il n'y a aucune obligation légale à payer plus d'impôts que la loi ne l'exige. Même si vous ne souhaitez pas obtenir un diplôme en comptabilité, vous avez intérêt à suivre un cours de fiscalité parce qu'il est important, pour la plupart des gestionnaires, de connaître les lois fiscales. Ce type de connaissance permet d'économiser des montants d'argent substantiels.

Par contre, l'évasion (ou la fraude) fiscale consiste à recourir à des moyens illégaux pour éviter de payer les impôts exigibles. Le recours à la méthode de l'amortissement accéléré est un exemple de minimisation des impôts. Par contre, le fait de ne pas enregistrer les ventes constitue un exemple d'évasion fiscale. Les efforts déployés pour **minimiser les impôts** à payer sont considérés comme essentiels à une bonne pratique des affaires, tandis que l'**évasion fiscale** est une faute morale et juridique. Les personnes qui cherchent à frauder le fisc risquent des sanctions financières graves et même des peines d'emprisonnement.

9

Les impôts différés

Comme nous l'avons vu précédemment, le montant des impôts calculés en fonction du résultat enregistré à l'état du résultat global diffère généralement du montant d'impôts calculé d'après le résultat imposable déterminé dans la déclaration de revenus. Les éléments d'impôts différés sont attribuables en grande partie aux différences temporelles qui découlent des diverses normes de comptabilisation des produits et des charges mises en avant par les normes comptables. Celles-ci servent à dresser l'état du résultat global, et la *Loi de l'impôt sur le revenu* sert à rédiger les déclarations de revenus.

Selon les normes internationales, l'impôt sur le résultat des sociétés est déterminé selon la méthode axée sur l'état de la situation financière, ou sur la méthode de l'actif ou du passif fiscal. L'objectif est de présenter à l'état de la situation financière les avantages économiques (ou l'abandon des avantages économiques) résultant des différences entre la valeur comptable et la valeur fiscale des actifs et des passifs. Les différences temporelles ont des répercussions sur les impôts des années subséquentes, car elles se renversent toujours. Par exemple, à un moment donné dans l'avenir, l'amortissement calculé pour les déclarations fiscales (selon la méthode accélérée) sera moindre que l'amortissement comptable (selon la méthode linéaire). Il faut se rappeler que, comme nous l'avons vu au chapitre 8, la méthode de l'amortissement accéléré a pour effet de produire des charges plus élevées au début de la durée d'utilité d'un actif et, par la suite, de produire des charges moins élevées que celles que l'on obtient en utilisant la méthode de l'amortissement linéaire. Lorsqu'une différence temporelle se résorbe, le montant du passif d'impôts différés diminue et la société paie plus d'impôts aux agences fiscales que le montant rapporté comme charge fiscale à son état du résultat global.

Par conséquent, la comptabilité des avantages (ou de l'abandon des avantages) découlant des différences temporelles peut donner lieu à la création soit d'un actif d'impôts différés (par exemple, les impôts relatifs au montant recouvré auprès d'un client, montant qui est imposable avant d'être enregistré comme un produit à l'état du résultat global), soit d'un passif d'impôts différés (par exemple, les impôts relatifs à l'amortissement des biens, lequel est enregistré dans la déclaration de revenus avant d'être comptabilisé à l'état du résultat global).

Dans la plupart des états financiers, les impôts différés sont des éléments de passif, de sorte que nous les étudions conjointement avec les autres éléments de passif. Ainsi, un passif d'impôts différés est comptabilisé en fonction des différences temporelles importantes estimées à la fin de chaque période financière.

Swatch présente des actifs et des passifs d'impôts différés ainsi qu'une charge d'impôts. Son état du résultat global présente deux éléments liés à cette charge : Impôts exigibles et Impôts différés. Son état de la situation financière présente des actifs d'impôts différés dans l'actif non courant et des passifs d'impôts différés dans le passif non courant. Le passif courant présente les impôts exigibles à payer, tandis que l'actif courant présente les impôts exigibles à recevoir.

Le calcul des passifs et des actifs d'impôts différés comporte certaines notions complexes que vous étudierez dans les cours de comptabilité avancés. À ce stade, il vous suffit de comprendre que les économies (un actif) et les charges (un passif) liées aux reports d'impôts sont attribuables à des différences temporelles entre la valeur fiscale d'un bien et sa valeur comptable. Chacune de ces différences a un effet sur l'état du résultat global d'une période et la déclaration de revenus d'une autre période. Notez qu'il existe des différences entre les règles comptables pour la comptabilisation des impôts selon les IFRS et selon les NCECF. En raison de la complexité du sujet, ces distinctions ne sont pas expliquées dans le présent manuel.

Les avantages du personnel

1. Les régimes de retraite

La plupart des employeurs offrent un régime de retraite à leurs employés. Dans un **régime de retraite à cotisations déterminées,** l'employeur effectue des versements en espèces dans une caisse de retraite gérée par un organisme qui investit l'argent de ce régime et réalise des résultats. Lorsque les employés prennent leur retraite, ils ont droit à une partie des fonds ainsi accumulés. Plus la stratégie d'investissement du régime est efficace, plus la pension de retraite des employés est importante. Par contre, si cette stratégie échoue, la pension est moindre. L'employeur n'a qu'une seule obligation : verser la cotisation annuelle requise à ce fonds, montant qu'il enregistre à titre de charge de retraite. En somme, le montant qu'assume l'entreprise est connu, mais le montant que recevra l'employé est incertain, car ce dernier assume les risques liés au placement. Ainsi, les cotisations de l'employeur sont comptabilisées comme un passif à la période où l'employé rend le service.

Certains employeurs offrent plutôt des **régimes de retraite à prestations déterminées.** Dans de tels régimes, les prestations de retraite (ou la rente de retraite) sont établies d'après un pourcentage du salaire de l'employé au moment où celui-ci prend sa retraite. Ces prestations peuvent aussi correspondre à un montant déterminé pour chaque année où l'employé a fourni des services. Chaque année, l'employeur doit enregistrer la charge de retraite. En gros, le montant de cette charge, qui doit être comptabilisé par régularisation à la fin de chaque période, est la variation de la valeur courante en espèces du régime de pension de l'employé. La valeur actuelle en espèces fluctue chaque année pour différentes raisons. Par exemple, elle varie : 1) lorsque l'employé approche de l'âge de la retraite ; 2) lorsque les prestations de retraite augmentent par suite d'une hausse de salaire ou d'une augmentation du nombre d'années de service ; 3) lorsque l'espérance de vie d'un employé change. L'entreprise doit enregistrer une charge de retraite en se basant sur toute fraction de la valeur courante en espèces du régime de retraite qui n'a pas été financée à ce jour. Par exemple, si elle a transféré 8 millions de dollars au gestionnaire du régime de retraite, mais que la valeur courante en espèces de ce régime, calculée par des experts (actuaires), est de 10 millions de dollars, elle doit enregistrer un passif de 2 millions de dollars dans son état de la situation financière. En somme, le montant qu'assume l'entreprise est incertain, celle-ci assumant le risque de placement, tandis que le montant reçu par l'employé est connu. Afin de protéger les intérêts de l'employé, la gestion de l'actif du régime de retraite est normalement confiée à un fiduciaire qui verse la prestation au retraité.

L'obligation financière relative aux régimes de retraite à prestations déterminées peut être assez considérable dans certaines entreprises, en particulier lorsque la main-d'œuvre est syndiquée. Voici ce que révélait un état financier de la société Ford Motor Company :

12. Avantages sociaux futurs

(en millions de dollars états-uniens)	
Obligation accumulée (passif) des avantages sociaux futurs :	
Retraités	7 035,0
Employés actifs éligibles à la retraite	2 269,6
Autres employés actifs	5 090,6
Total de l'obligation accumulée	14 395,2*

* Cette obligation est soutenue par les actifs des régimes. Seul l'écart entre les obligations accumulées et les actifs des régimes font l'objet d'une comptabilisation aux états financiers de Ford.

coup d'œil sur FORD MOTOR COMPANY

RAPPORT ANNUEL

9

Pour avoir une idée juste de la taille de l'obligation accumulée, imaginez que celle-ci représente un montant presque aussi élevé que les capitaux propres de l'entreprise. La charge relative aux régimes de retraite pour l'année en question était de 1,3 milliard de dollars, ce qui excède le résultat net de Ford pour les trois dernières années. Ces renseignements sont importants pour les analystes qui tentent de prévoir les flux de trésorerie d'une entreprise. Dans ses états financiers, Swatch présente un régime à prestations définies dont la charge annuelle est de 43 millions de francs suisses. À cet égard, Ford a des engagements beaucoup plus contraignants que Swatch en matière de transfert de liquidités dans les régimes de retraite.

La comptabilisation des prestations de retraite est un sujet complexe dont il est question plus en détail dans les cours de comptabilité ultérieurs. Nous avons traité ce sujet pour illustrer encore une fois l'application du concept du rattachement des charges aux produits, où les dépenses doivent être enregistrées à la période au cours de laquelle les services sont rendus. C'est aussi un bon exemple de la façon dont la comptabilité évite de créer des mesures d'incitation non appropriées pour les dirigeants. Si le coût des prestations de retraite à venir n'était pas enregistré à la période au cours de laquelle le travail est effectué, les gestionnaires pourraient être tentés d'offrir aux employés des augmentations de ces prestations plutôt que des augmentations de salaires. Ils pourraient ainsi sous-évaluer le coût réel des services des employés et donner l'impression que leur entreprise est plus rentable qu'elle ne l'est en réalité. Notez qu'il existe des différences entre les règles comptables pour la comptabilisation des régimes de retraite selon les IFRS et selon les NCECF. En raison de la complexité du sujet, ces distinctions ne sont pas expliquées dans le présent manuel.

2. L'assistance médicale postérieure à l'emploi

Au cours des dernières années, les bénéfices en matière de santé assurés par les employeurs ont fait l'objet de discussions intéressantes. Plusieurs grandes sociétés paient une portion des coûts d'assurance-maladie de leurs employés. Ces coûts sont inscrits comme une charge à l'état des résultats. De plus, certains employeurs continuent de payer l'assurance-maladie de leurs employés après la retraite. Les coûts de ces avantages sociaux futurs doivent être estimés au moment où l'employé est actif, et une charge doit être imputée durant cette période. L'enregistrement des avantages postérieurs à l'emploi, telle l'assistance médicale, est un excellent exemple de l'utilisation d'estimations en comptabilité. Pouvez-vous imaginer la difficulté qu'il y a à estimer ces coûts futurs quand on ignore pendant combien d'années les employés vivront, quel sera leur état de santé à la retraite, et combien les hôpitaux et les médecins factureront pour leurs services à l'avenir?

Annexe 9-B   Le calcul des valeurs actualisées à l'aide du tableur Excel

Les tables de valeurs actualisées présentées dans l'annexe A à la fin de ce manuel sont utiles à des fins pédagogiques. Cependant, dans la pratique, la grande majorité des problèmes de valeur actualisée sont résolus à l'aide d'une calculatrice ou d'un tableur électronique tel Excel. À cause de la grande popularité d'Excel, nous présentons un exemple permettant de résoudre les problèmes de valeur actualisée à l'aide de ce tableur. Il existe des versions légèrement différentes d'Excel, selon l'âge de votre ordinateur. Les illustrations de ce texte sont faites à l'aide de Microsoft Office 2010.

La valeur actualisée d'un versement unique

Le calcul de la valeur actualisée est basé sur une formule mathématique fort simple :

$$\text{Valeur actualisée} = \frac{\text{Paiement}}{(1+i)^n}$$

Selon cette formule, le paiement est le montant versé à un moment futur, i est le taux d'intérêt de chaque période et n, le nombre de périodes. On peut appliquer cette formule pour résoudre tous les problèmes de valeur actualisée d'un seul paiement. Il semble plus facile d'utiliser les tables présentées à la fin de ce manuel afin de résoudre des problèmes de valeur actualisée pour divers taux d'intérêt et périodes. Il est cependant irréel de penser que des tables existent pour tous les taux d'intérêt et toutes les périodes applicables dans les entreprises. Il existe toutefois une formule d'interpolation, mais il est beaucoup plus simple d'utiliser un tableur, comme le font la plupart des comptables et des analystes financiers.

Pour calculer la valeur actualisée d'un paiement unique dans Excel, vous entrez la formule de la valeur présente dans une cellule en utilisant le format requis par Excel pour cette formule. Vous devez choisir une cellule et entrer la formule suivante :

$$= \text{Paiement}/(1+i)\text{^}n$$

Par exemple, si vous désirez résoudre la valeur actualisée d'un paiement de 100 000 $ à faire dans cinq ans au taux d'intérêt de 10 %, vous devez entrer ce qui suit dans la cellule :

$$= 100000/(1,10)\text{^}5$$

À partir de cette entrée, Excel peut calculer la valeur actualisée de 62 092,13 $. Cette réponse est légèrement différente de celle que l'on obtient en utilisant les tables de la fin du présent manuel parce que les données de celles-ci sont arrondies à quatre décimales. Excel n'arrondit pas et donne ainsi des calculs plus précis.

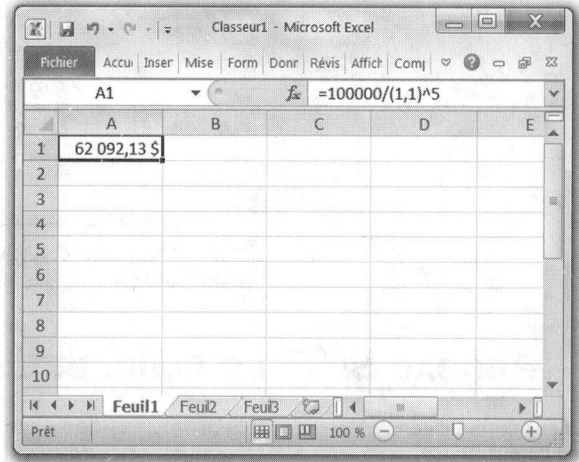

La valeur actualisée de versements périodiques

La formule servant au calcul de la valeur actualisée des versements périodiques est un peu plus complexe que celle d'un versement unique. Pour cette raison, Excel a été programmé pour vous donner la formule sans que vous ayez à l'entrer vous-même.

Pour calculer la valeur actualisée de versements périodiques (annuités) dans Excel, sélectionnez une cellule et cliquez sur le bouton d'insertion des fonctions (f_x). Dans la boîte de dialogue qui s'affiche, sélectionnez la catégorie « Finances » et la fonction « VA ».

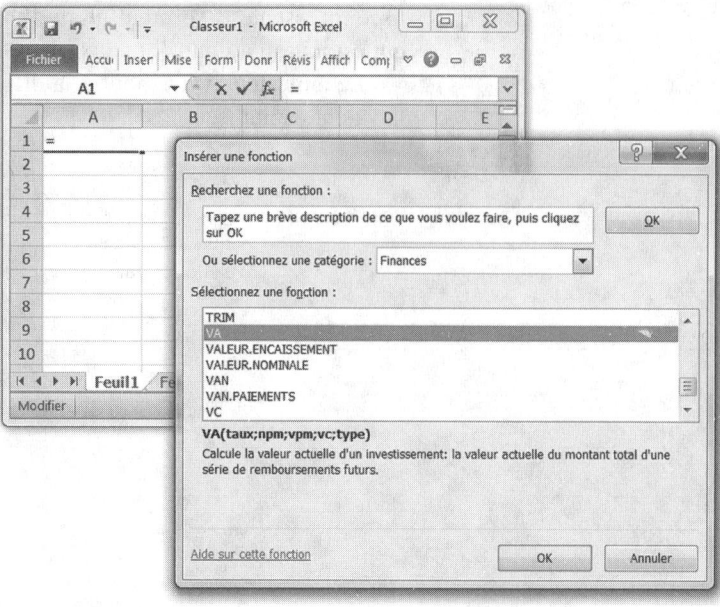

Dans la boîte de sélection qui apparaîtra après avoir cliqué sur OK, vous devez inscrire le taux d'intérêt (par exemple, 10 %) dans le champ « Taux ». Vous devez entrer ce taux sous forme décimale (0,10). Entrez ensuite le nombre de périodes (par exemple, 20) sous la rubrique « Npm ». Pour le paiement (par exemple, 15 000 $), vous devez entrer un montant négatif (−15000) dans le champ « Vpm ». Remarquez que ce nombre ne comporte pas d'espace.

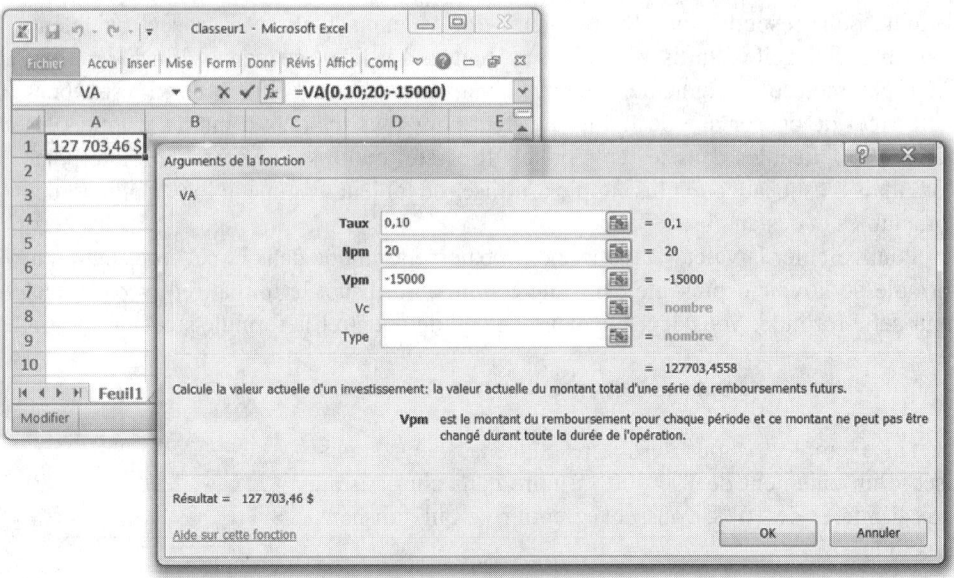

Lorsque vous cliquez sur OK, Excel entre la formule dans la cellule que vous avez choisie. La valeur calculée est de 127 703,46 $, ce qui représente la valeur actualisée de 20 versements annuels de 15 000 $ au taux d'intérêt annuel de 10 %.

Annexe 9-C   Le concept de valeur capitalisée

Valeur capitalisée (ou valeur future)
Somme que représente un montant investi lorsqu'on y additionne les intérêts composés qu'il rapportera.

Les problèmes de valeur **capitalisée** (ou **valeur future**) sont semblables à ceux de valeur actualisée. En effet, tous portent sur la valeur temporelle de l'argent. Comme nous l'avons vu, les problèmes de valeur actualisée déterminent un montant d'argent actuel équivalent à une somme à recevoir ou à verser à l'avenir. De son côté, la valeur capitalisée représente la somme future d'un investissement lorsqu'on additionne le montant qui est investi aujourd'hui aux intérêts qu'il rapportera.

Le tableau suivant montre la différence fondamentale entre la valeur actualisée et la valeur capitalisée.

	Aujourd'hui	À l'avenir
Valeur actualisée	?	1 000 $
Valeur capitalisée	1 000 $	?

La valeur capitalisée d'un versement unique

Dans les problèmes concernant la valeur capitalisée d'un versement unique, vous devez donc calculer la somme d'argent que vous aurez en main à l'avenir après avoir investi un certain montant aujourd'hui. Supposons que vous receviez 10 000 $ en cadeau. Vous pouvez décider de déposer ce montant dans un compte d'épargne afin de l'utiliser comme acompte (ou versement initial) pour l'achat d'une maison lorsque vous aurez terminé vos études. Grâce au calcul de la valeur capitalisée, vous pouvez connaître le montant d'argent dont vous disposerez lorsque vous aurez reçu votre diplôme.

Pour résoudre un problème de valeur capitalisée, vous devez connaître trois éléments :

1. le montant à investir ;
2. le taux d'intérêt (i) que rapportera le montant investi ;
3. le nombre de périodes (n) pendant lesquelles ce montant vous rapportera des intérêts.

Le concept de valeur capitalisée est basé sur les intérêts composés. Par conséquent, on calcule le montant des intérêts de chaque période en multipliant le capital à l'ouverture de la période par le taux d'intérêt. À chaque période, les intérêts s'accumulent dans le placement plutôt que d'être versés à l'investisseur. On peut représenter graphiquement le calcul d'une valeur future de 1 $ pour trois périodes au taux d'intérêt de 10 % comme suit :

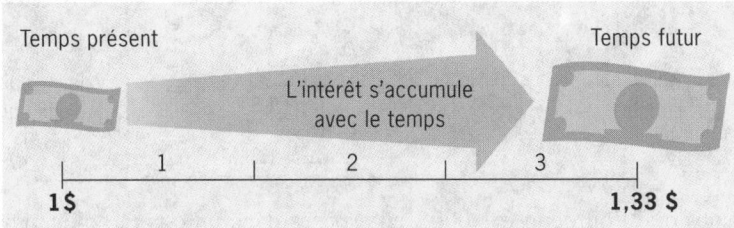

Pour illustrer ce propos, supposons que le 1er janvier 2013, vous déposez 1 000 $ dans un compte d'épargne dont le taux d'intérêt annuel est de 10 %, composé annuellement. Au bout de trois ans, le montant initial est passé à 1 331 $ de la façon suivante :

Année	Montant au début de l'année	+	Intérêts au cours de l'année	=	Montant à la fin de l'année
1	1 000 $	+	1 000 $ × 10 % = 100 $	=	1 100 $
2	1 100	+	1 100 $ × 10 % = 110	=	1 210
3	1 210	+	1 210 $ × 10 % = 121	=	1 331

De manière à éviter de faire un calcul détaillé pour obtenir ce résultat, consultez la table A.3 de l'annexe A, à la fin de ce manuel, intitulée « Valeur capitalisée de 1 $ ». Pour $i = 10\%$ et $n = 3$, on obtient 1,3310. À la fin de la troisième année, on peut calculer le solde comme suit :

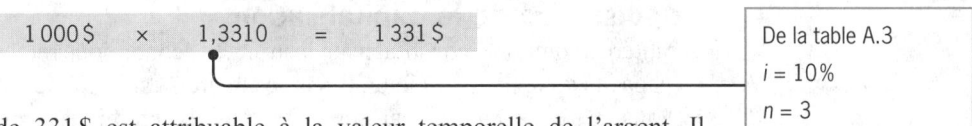

De la table A.3
$i = 10\%$
$n = 3$

L'augmentation de 331 $ est attribuable à la valeur temporelle de l'argent. Il s'agit d'un revenu d'intérêts (d'un produit financier ou d'intérêts créditeurs) pour le propriétaire du compte d'épargne et de charge d'intérêts (ou d'intérêts débiteurs) pour l'établissement bancaire.

La valeur capitalisée de versements périodiques (annuités)

Si vous économisez de l'argent dans un but quelconque, par exemple pour acheter une voiture ou faire un voyage en Europe, vous pourriez décider de déposer chaque mois un montant fixe dans un compte d'épargne. Le calcul de la valeur capitalisée de ces versements périodiques vous indiquera alors combien il y aura d'argent dans votre compte d'épargne à un moment donné dans l'avenir.

La valeur capitalisée d'un ensemble de versements périodiques inclut les intérêts composés sur chaque versement, de la date du premier dépôt jusqu'à la fin des versements. Chaque versement accumule moins d'intérêts que les versements précédents uniquement parce que le nombre de périodes qui restent pour accumuler des intérêts diminue. La valeur capitalisée de versements périodiques de 1 $ de trois périodes à 10 % d'intérêt peut être illustrée comme suit :

Supposons que l'on dépose 1 000 $ en espèces dans un compte d'épargne à la fin de chaque année pendant trois ans au taux d'intérêt de 10 % par an (c'est-à-dire que le capital est de 3 000 $ au total). On effectue le premier dépôt le 31 décembre 2013, le deuxième, le 31 décembre 2014, et le troisième, le 31 décembre 2015. Le premier dépôt de 1 000 $ rapporte des intérêts composés pendant deux ans (le total du capital et des intérêts est de 1 210 $) ; le deuxième rapporte des intérêts pendant un an (le total du capital et des intérêts est de 1 100 $), tandis que le troisième ne rapporte aucun intérêt, puisqu'on le dépose le jour où la banque calcule le solde. Par conséquent, le montant total du compte à la fin de la période d'épargne s'élève à 3 310 $ (1 210 $ + 1 100 $ + 1 000 $).

On peut aussi calculer les intérêts sur chaque dépôt pour déterminer la valeur capitalisée de ces versements périodiques. En se reportant à la table A.4 de l'annexe A, à la fin de ce manuel, intitulée « Valeur capitalisée de versements périodiques égaux de 1 $ », pour $i = 10$ % et $n = 3$, on trouve 3,3100. Ainsi, le total des trois dépôts de 1 000 $ chacun se chiffre à :

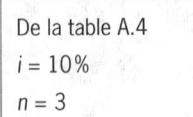

De la table A.4
$i = 10$ %
$n = 3$

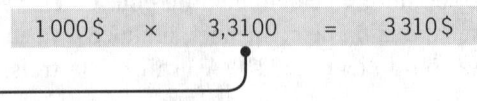

| 1 000 $ | × | 3,3100 | = | 3 310 $ |

La puissance de la capitalisation

Les intérêts composés constituent un instrument économique remarquablement puissant. La capacité de réaliser des intérêts sur des intérêts est la clé de la richesse économique. Si vous épargnez 1 000 $ par an pendant les 10 premières années de votre carrière, vous aurez plus d'argent à votre retraite que si vous épargniez 15 000 $ par an au cours de vos 10 dernières années de travail. Ce résultat surprenant s'explique par le fait que l'argent que vous économisez au début de votre carrière a la possibilité de rapporter plus d'intérêts que l'argent que vous économisez à la fin de vos années de service. Si vous commencez tôt, la plus grande partie de votre avoir proviendra non pas de l'argent que vous aurez épargné, mais des intérêts réalisés grâce à cet argent. Le graphique ci-contre illustre la puissance de la capitalisation sur un bref intervalle de 10 ans. On suppose, au départ, que vous déposez 1 $ par année dans un compte d'épargne qui porte intérêt au taux de 10 %. À la fin de 10 ans exactement, seuls 64 % du solde de votre compte représentent de l'argent économisé, le reste provenant des intérêts qui ont été réalisés. Après 20 ans, seuls 35 % du solde proviennent de l'argent épargné. La leçon à tirer de cet exemple est fort claire : malgré les difficultés que cela comporte, il faut commencer à épargner dès maintenant si l'on veut profiter au maximum des intérêts composés.

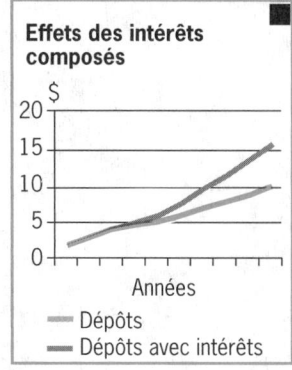

Le calcul des obligations à l'aide d'Excel

Annexe 9-D

Au lieu d'utiliser les tables présentées à la fin du présent chapitre, la plupart des comptables et des analystes financiers utilisent le tableur Excel pour faire les calculs nécessaires lorsqu'il est question d'obligations. On peut illustrer ce procédé dans Excel en reprenant l'exemple de la société Fanfaron (*voir la page 583*). Posez l'hypothèse que Fanfaron a émis 100 000 $ en obligations venant à échéance dans cinq ans, avec des charges d'intérêts annuelles de 10 000 $. À l'émission de ces obligations, le taux du marché était de 12 %. La valeur actualisée qui représente le prix d'émission de ces obligations peut se calculer à l'aide des étapes décrites ci-après[21].

Étape 1 :   La détermination de la valeur actualisée du versement à la date d'échéance
Dans la cellule A1, entrez la formule pour calculer la valeur actualisée d'un paiement unique. Dans le format utilisé par Excel, la formule est =100000/(1,12)^5, où 100000 est la valeur à l'échéance, 1,12 est 1 plus le taux du marché par année, et ^5, le nombre de périodes. Excel calculera cette valeur comme étant 56 742,69 $.

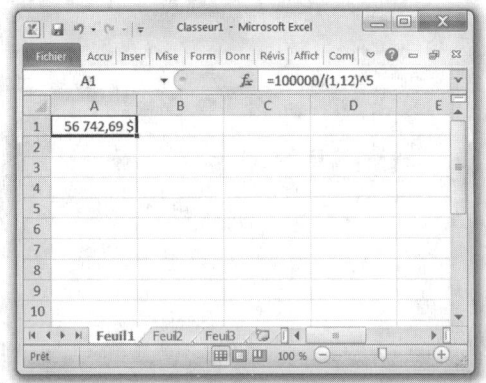

Étape 2 :   La détermination de la valeur actualisée des versements périodiques
Dans la cellule A2, la valeur actualisée des versements périodiques peut être calculée à l'aide du bouton des fonctions d'Excel (f_x) sans que vous ayez à entrer la formule vous-même. En cliquant sur le bouton f_x, une boîte de dialogue apparaît. Choisissez « Finances » pour la catégorie et « VA » pour les options de fonctions. Cliquez sur OK. Une autre boîte de dialogue apparaît dans laquelle vous devez entrer le taux du marché (Taux : 0,12) et le nombre de périodes (Npm : 5). « Vpm » est le montant d'intérêts versés à chaque période, lequel est de −10000 dans notre cas (ne pas oublier la convention d'Excel, qui exige un signe négatif devant le nombre et aucune espace entre les chiffres). Excel calculera la valeur comme étant 36 047,76 $ et l'affichera dans la cellule A2.

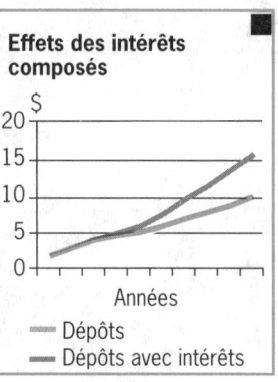

----

21 Nous avons utilisé la version Microsoft Office 2010. Les étapes peuvent être légèrement différentes avec une autre version du logiciel Excel.

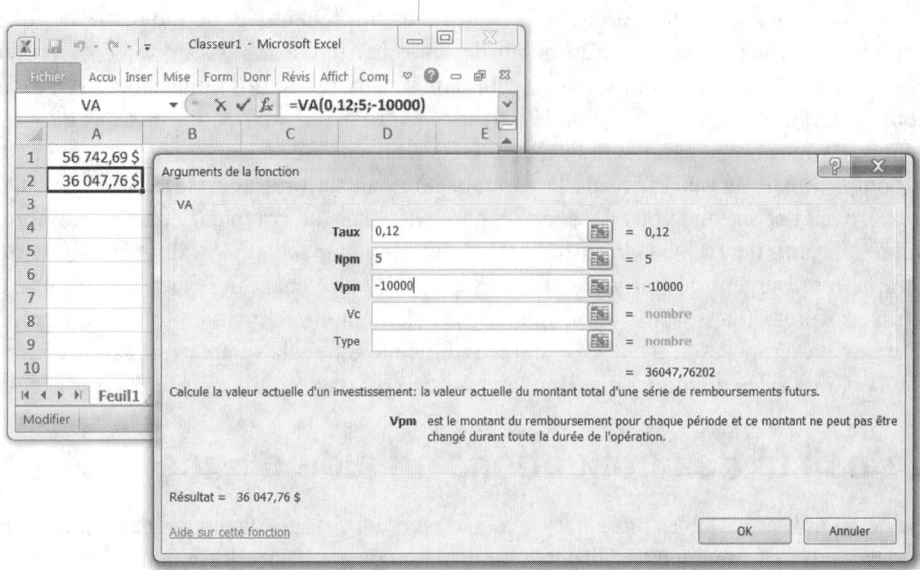

Étape 3 : L'addition des deux valeurs actualisées

Dans la cellule A3, additionnez les valeurs des cellules A1 et A2 en utilisant la fonction des sommes d'Excel (Σ) dans la barre d'outils. Excel fera le calcul du montant de 92 790,45 $. Le calcul fait à l'aide des tables (*voir l'annexe A à la fin du manuel*) donne une valeur actualisée des obligations de 92 788 $. La petite différence résulte de l'arrondissement qui se produit quand on utilise les tables de valeurs se trouvant à la fin du présent chapitre. La réponse que donne Excel est plus précise, ce qui explique pourquoi les entreprises utilisent les tableurs et les calculatrices au lieu des tables de valeurs actualisées, que nous avons présentées à des fins pédagogiques.

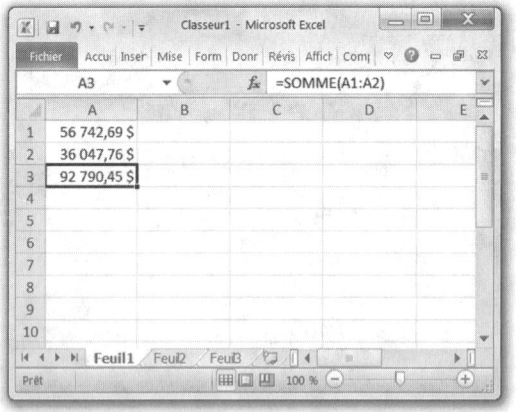

POINTS SAILLANTS DU CHAPITRE

1. **Définir, mesurer et classer les éléments du passif courant** (*voir la page 548*).

   Les comptables définissent le passif comme une composante de l'état de la situation financière découlant d'obligations actuelles de l'entité, résultant d'événements passés et dont l'extinction devrait se traduire par une sortie de ressources représentatives d'avantages économiques. Dans l'état de la situation financière, ces éléments sont classés selon qu'il s'agit de passifs courants ou de passifs non courants. Les éléments du passif courant sont des obligations qui doivent être payées en deçà de 12 mois après la date d'établissement de l'état de la situation financière. Les éléments du passif non courant comprennent toutes les obligations qui n'entrent pas dans la catégorie des éléments du passif courant. Un passif financier est une obligation contractuelle qui implique de céder soit de la trésorerie, soit un autre actif financier, tandis qu'un passif non financier n'est pas réglé à même les actifs financiers, mais plutôt par la prestation de services ou la remise d'un actif non financier.

2. **Calculer et interpréter le ratio du fonds de roulement** (*voir la page 550*).

   Le ratio du fonds de roulement (ou ratio de liquidité générale) permet de comparer les éléments de l'actif courant et les éléments du passif courant. Les analystes s'en servent pour évaluer la gestion de la trésorerie d'une entreprise.

3. **Calculer et interpréter le taux de rotation des comptes fournisseurs** (*voir la page 552*).

   On calcule le taux de rotation des comptes fournisseurs en divisant le coût des ventes par les comptes fournisseurs moyens. Il indique avec quelle rapidité les entreprises paient leurs fournisseurs. On considère ce ratio comme une mesure de la gestion de la trésorerie.

4. **Présenter les effets à payer et expliquer le concept de valeur temporelle de l'argent** (*voir la page 557*).

   Un effet à payer précise la somme empruntée, la date de remboursement et le taux d'intérêt. Les comptables doivent présenter la dette et les intérêts courus. La valeur temporelle de l'argent est une notion selon laquelle les intérêts sur les fonds empruntés s'accumulent avec le passage du temps.

5. **Présenter les dettes estimatives et les passifs éventuels** (*voir la page 560*).

   Une dette estimative est une obligation actuelle qui a pris naissance à la suite d'un événement passé ; on doit enregistrer un passif lorsqu'on peut en estimer le montant de façon fiable. Le passif éventuel est une obligation potentielle résultant d'un fait passé pour lequel la sortie de ressources est plus probable qu'improbable (ou indéterminable) ou l'estimation du montant est non fiable ; on doit alors présenter l'information dans une note aux états financiers. Une obligation potentielle résultant d'un fait passé pour lequel la sortie de ressources est improbable et une obligation ne résultant pas d'un fait passé ne doivent pas être divulguées.

6. **Déterminer l'effet des variations du fonds de roulement net sur les flux de trésorerie** (*voir la page 564*).

   Le montant du fonds de roulement net est utilisé pour financer les activités opérationnelles d'une entreprise. Les variations survenant dans les comptes relatifs au fonds de roulement net ont des effets sur les flux de trésorerie provenant des opérations. Ainsi, les flux de trésorerie augmentent lorsque les éléments de l'actif courant (autres que la trésorerie) diminuent ou lorsque les éléments du passif courant augmentent. Les flux de trésorerie diminuent lorsque les éléments de l'actif courant (autres que la trésorerie) augmentent ou lorsque les éléments du passif courant diminuent.

7. **Présenter les passifs non courants** (*voir la page 566*).

   Normalement, les passifs non courants sont remboursés dans plus d'une année à venir. Leur comptabilisation repose sur les mêmes concepts que ceux qui ont trait aux passifs courants.

9

8. Calculer la valeur actualisée (*voir la page 570*).

Le concept de valeur actualisée est fondé sur la valeur temporelle de l'argent. Pour simplifier, on peut dire que 1 $ à recevoir dans l'avenir vaut moins que 1 $ disponible aujourd'hui (valeur actualisée). Ce concept s'applique soit à un paiement unique, soit à des paiements multiples appelés « versements périodiques », ou « annuités ». On peut se servir de tables, d'une calculatrice ou d'un tableur tel Excel pour déterminer la valeur actualisée.

9. Appliquer aux éléments de passif les concepts relatifs à la valeur actualisée (*voir la page 574*).

Les comptables se servent du concept de valeur actualisée pour déterminer les montants de passif à enregistrer. Un élément de passif suppose un paiement quelconque à une date ultérieure. Toutefois, l'élément que l'on comptabilise n'est pas le montant du paiement à venir. On enregistre plutôt le montant de la valeur actualisée de ce paiement.

10. Décrire les caractéristiques des obligations (*voir la page 578*).

Les obligations présentent différentes caractéristiques, conçues pour satisfaire aux besoins de la société émettrice et des créanciers. Plusieurs caractéristiques des obligations sont décrites dans le présent chapitre.

Les sociétés se servent d'obligations pour mobiliser des capitaux à long terme. Les obligations leur offrent plusieurs avantages par rapport aux actions, entre autres la possibilité de verser un rendement plus élevé aux actionnaires, la déductibilité fiscale des intérêts et le fait que le contrôle de l'entreprise ne subit pas de dilution. Elles comportent néanmoins un risque additionnel, car le paiement des intérêts et du capital n'est pas laissé à la discrétion des dirigeants, comme le sont les dividendes.

11. Décrire les événements liés aux emprunts obligataires, et les caractéristiques des émissions à escompte et à prime (*voir la page 582*).

L'entreprise doit enregistrer trois types d'événements pendant la durée de vie d'une obligation : 1) la réception d'argent lorsque l'obligation est émise la première fois ; 2) le versement périodique des intérêts en espèces ; et 3) le remboursement du capital lorsque l'obligation arrive à échéance. Les obligations sont présentées à la valeur actualisée des flux monétaires futurs (intérêts et remboursement de capital inscrits au contrat).

- Les obligations sont vendues à la valeur nominale lorsque leur taux d'intérêt nominal est égal au taux d'intérêt du marché.
- Les obligations sont vendues à escompte lorsque leur taux d'intérêt nominal est inférieur au taux d'intérêt du marché. L'escompte correspond à la différence existant entre la valeur nominale de l'obligation et son prix de vente.
- Les obligations sont vendues à prime lorsque leur taux d'intérêt nominal est supérieur au taux d'intérêt du marché. Cette prime correspond à la différence existant entre le prix de vente de l'obligation et sa valeur nominale.
- L'amortissement de la prime ou de l'escompte des obligations doit être effectué au moyen de la méthode de l'intérêt effectif.

12. Calculer et interpréter le ratio de couverture des intérêts (*voir la page 588*).

Le ratio de couverture des intérêts mesure la capacité d'une entreprise à s'acquitter de ses paiements d'intérêts au moyen des ressources provenant de ses activités opérationnelles. On le calcule en comparant la charge d'intérêts avec le résultat net auquel on ajoute la charge d'intérêts et la charge fiscale.

13. Calculer et interpréter le ratio des capitaux empruntés sur les capitaux propres (*voir la page 589*).

Le ratio des capitaux empruntés sur les capitaux propres permet de comparer le montant du capital que fournissent les créanciers avec celui que fournissent les propriétaires.

Il s'agit d'une mesure de la capacité d'emprunt de l'entreprise. C'est un ratio important en raison du niveau élevé de risque associé au capital emprunté, dont le remboursement comporte des paiements obligatoires.

14. Présenter les activités de financement au tableau des flux de trésorerie (*voir la page 590*).

On enregistre les flux de trésorerie associés aux opérations qui mettent en cause les créanciers dans la section des activités de financement du tableau des flux de trésorerie. La charge d'intérêts peut entrer soit dans la section des activités opérationnelles, soit dans celle des activités de financement, selon le choix de l'entreprise.

15. Comparer les IFRS et les normes comptables pour les entreprises à capital fermé (*voir la page 592*).

Il existe des différences quant à la définition du passif courant, la méthode d'amortissement des primes et escomptes sur les obligations, la détermination des provisions et des passifs éventuels ainsi que leur divulgation aux états financiers, et les critères pour classer les contrats de location. Notons qu'il existe aussi des différences pour ce qui est de la terminologie, la plus marquée concernant la terminologie des contrats de location.

Dans ce chapitre, nous avons analysé les éléments du passif courant et non courant, tout en relevant l'importance de la valeur temporelle de l'argent pour les évaluer. L'entreprise doit choisir judicieusement sa structure financière afin de trouver un équilibre entre le passif et les capitaux propres, qui tient compte des risques et des rendements. Dans le chapitre suivant, nous analysons la deuxième composante de la structure financière d'une entreprise, soit les capitaux propres.

Ratios clés

Le ratio du fonds de roulement (ou ratio de liquidité générale) mesure la capacité d'une entreprise à remplir ses obligations courantes. On le calcule comme suit (*voir la page 550*):

$$\text{Ratio du fonds de roulement} = \frac{\text{Actif courant}}{\text{Passif courant}}$$

Le taux de rotation des comptes fournisseurs mesure la vitesse à laquelle une entreprise paie ses créanciers. On le calcule comme suit (*voir la page 552*):

$$\text{Taux de rotation des comptes fournisseurs} = \frac{\text{Coût des ventes}}{\text{Comptes fournisseurs moyens}}$$

Le ratio de couverture des intérêts permet de mesurer la capacité d'une entreprise à produire des ressources grâce à ses activités courantes pour faire face à ses obligations en matière d'intérêts. On le calcule comme suit (*voir la page 588*):

$$\text{Ratio de couverture des intérêts} = \frac{\text{Résultat net + Charge d'intérêts + Charge fiscale}}{\text{Charge d'intérêts}}$$

Le ratio des capitaux empruntés sur les capitaux propres sert à mesurer l'équilibre entre la dette et les capitaux propres. On considère généralement que les capitaux empruntés représentent un niveau de risque plus élevé que les capitaux propres. Ce ratio se calcule comme suit (*voir la page 589*):

$$\text{Ratio des capitaux empruntés sur les capitaux propres} = \frac{\text{Passif total}}{\text{Capitaux propres}}$$

9

ÉTAT DE LA SITUATION FINANCIÈRE

Passifs courants

Les passifs sont énumérés selon l'intitulé du poste, par exemple :

Comptes fournisseurs

Charges courantes à payer

Effets à payer

Partie courante de la dette à long terme

Passifs non courants

Les passifs sont énumérés selon l'intitulé du poste, par exemple :

Dette financière

Impôts différés

Obligations

Obligations non garanties

ÉTAT DES VARIATIONS DES CAPITAUX PROPRES

Aucune information financière concernant les passifs étudiés dans le présent chapitre ne touche cet état.

ÉTAT DU RÉSULTAT GLOBAL

Les éléments de passif ne figurent qu'à l'état de la situation financière, jamais à l'état du résultat global.

Les opérations qui modifient les éléments de passif ont souvent un effet sur un poste de l'état du résultat global. Par exemple, le calcul des salaires influe sur un poste de l'état du résultat global (Charge de salaires) et sur un poste de l'état de la situation financière (Salaires à payer).

On y inscrit aussi la charge d'intérêts associée aux obligations. Les entreprises sont tenues d'enregistrer cette charge dans une catégorie à part de l'état du résultat global ou dans une note aux états financiers.

TABLEAU DES FLUX DE TRÉSORERIE

Dans la catégorie des activités opérationnelles (méthode indirecte)

Résultat net

+ Augmentation de la plupart des éléments du passif courant

– Diminution de la plupart des éléments du passif courant

+ Charge d'intérêts si l'entreprise a choisi de les classer dans les activités d'investissement

Dans la catégorie des activités de financement

+ Rentrées de fonds provenant des dettes non courantes et des emprunts courants

– Sorties de fonds affectés aux dettes non courantes et aux emprunts courants

– Charge d'intérêts si l'entreprise a choisi de les classer dans les activités d'investissement

Au bas du tableau

Montant des intérêts versés

NOTES

Principales conventions comptables

Description des renseignements pertinents concernant le traitement comptable des éléments de passif et le montant des intérêts versés s'ils ne sont pas présentés dans le tableau des flux de trésorerie.

Dans une note distincte

La plupart des entreprises ajoutent une note distincte, intitulée « Dette non courante », dans laquelle elles donnent des renseignements concernant chacune des émissions d'emprunt importantes, y compris les montants et les taux d'intérêt. Cette note fournit aussi de l'information sur les clauses restrictives des contrats de prêt.

Les renseignements concernant les dettes estimatives et le passif éventuel se trouvent aussi dans les notes.

Mots clés

9

ACTIVITÉS D'APPRENTISSAGE

QUESTIONS

1. Définissez le passif. Expliquez la différence existant entre passif courant et passif non courant.

2. Comment des personnes extérieures à l'entreprise peuvent-elles se renseigner sur ses passifs?

3. Expliquez la différence existant entre passif financier et passif non financier, et indiquez comment on les comptabilise. Donnez un exemple de chacun.

4. Un passif est une obligation constatée à un montant défini ou estimé. Expliquez cet énoncé.

5. Définissez l'expression «fonds de roulement net». Comment pouvez-vous le calculer?

6. Qu'est-ce que le «ratio du fonds de roulement»? Quel est son lien avec le classement des éléments du passif?

7. Expliquez la différence existant entre un contrat de location-financement et un contrat de location simple.

8. Définissez l'expression «charges courantes à payer». Quelle est l'incidence sur l'équation comptable de telles charges et quel type d'écriture utilise-t-on généralement pour les comptabiliser?

9. Définissez l'expression «produit différé». Pourquoi considère-t-on ce produit comme un passif?

10. Définissez l'expression «effet à payer». Établissez la distinction entre une dette garantie et une autre qui ne l'est pas.

11. Faites la distinction entre une dette estimative et un passif éventuel. Comment présente-t-on chacun aux états financiers? Donnez des exemples.

12. Calculez la charge d'intérêts en 2013 de l'effet suivant: valeur nominale de 4 000 $; taux d'intérêt de 12%; date de l'effet: 1er avril 2013; date de fin de période: 31 décembre.

13. Expliquez la notion de valeur temporelle de l'argent.

14. Expliquez la différence fondamentale existant entre la valeur capitalisée (ou valeur future) et la valeur actualisée (ou valeur présente).

15. Si vous détenez un contrat vous permettant de recevoir 8 000 $ comptant dans 10 ans et que le taux d'intérêt en vigueur est de 10%, quelle est la valeur actualisée de ce contrat? Présentez tous vos calculs.

16. Qu'est-ce qu'un ensemble de versements périodiques (ou annuités)?

17. Remplissez le tableau qui suit.

	Valeurs des tables		
Valeur actualisée	n = 4, i = 5%	n = 7, i = 10%	n = 10, i = 14%
d'un versement unique de 1 $			
de versements périodiques de 1 $			

18. Vous avez acheté une voiture 18 000 $. Vous avez déboursé 3 000 $ comptant et devez payer le reste en six versements semi-annuels au taux d'intérêt annuel de 12%. Présentez clairement vos calculs du montant de chaque versement.

19. Quelles sont les principales caractéristiques d'une obligation? Pour quelles raisons émet-on généralement des obligations?

20. Établissez la distinction entre les obligations garanties et les obligations non garanties.

21. Établissez la distinction entre les obligations remboursables par anticipation et les obligations convertibles.

22. Du point de vue de l'entreprise, quels avantages y a-t-il à émettre des obligations plutôt que des actions?

23. À mesure que le taux d'imposition augmente, le coût net des emprunts diminue. Expliquez cette affirmation.

24. Les obligations qui ne seront pas remboursées avant leur date d'échéance sont enregistrées à leur coût amorti. Expliquez cette affirmation.

25. Quelle est la nature de l'escompte et de la prime sur les emprunts obligataires? Expliquez votre réponse.

26. Établissez la distinction entre le taux d'intérêt contractuel et effectif d'une obligation: a) vendue à sa valeur nominale; b) vendue à escompte; c) vendue à prime.

27. Quelle est la valeur aux livres d'un emprunt obligataire?

28. L'amortissement de la prime ou de l'escompte d'une dette obligataire s'effectue selon la méthode de l'intérêt effectif. Expliquez en quoi consiste cette méthode.

1. Quelle est la valeur actualisée de cinq versements périodiques au taux d'intérêt de 10 %?
   a) 1,6105
   b) 6,1051
   c) 3,7908
   d) 7,7217

2. L'équipe de football de l'université a besoin d'une camionnette pour transporter son matériel. Un concessionnaire de Montréal vous propose ce qui suit : un versement de 4 000 $ immédiatement plus 20 versements mensuels de 750 $. Un concessionnaire de Laval vous propose un versement de 1 000 $ immédiatement plus 20 versements mensuels de 850 $. Actuellement, la banque prête au taux d'intérêt annuel de 12 % pour les prêts de voiture. Quelle est la meilleure offre?
   a) L'offre du concessionnaire de Laval est meilleure, car le paiement total de 18 000 $ est moindre que le paiement de 19 000 $ à faire au concessionnaire de Montréal.
   b) L'offre du concessionnaire de Montréal est meilleure, car le coût, en ce qui concerne la valeur actualisée, est moindre que le coût du concessionnaire de Laval, également en valeur actualisée.
   c) L'offre du concessionnaire de Montréal est meilleure, car les paiements mensuels sont moins élevés.
   d) L'offre du concessionnaire de Laval est meilleure, car le coût, en valeur actualisée, est moindre que le coût du concessionnaire de Montréal, également en valeur actualisée.

3. Parmi les énoncés suivants, lequel décrit le mieux les charges courantes à payer?
   a) Ce sont des dettes non courantes.
   b) Ce sont des montants courants dus aux fournisseurs de marchandises.
   c) Ce sont des passifs courants que l'on doit reconnaître à titre de produits dans le futur.
   d) Ce sont des montants courants dus à diverses parties à la fin d'une période, excluant les fournisseurs de marchandises.

4. La société X a emprunté 100 000 $ de la banque, montant qu'elle doit rembourser au cours des cinq prochaines années. Le premier versement se fera dans un mois. Parmi les énoncés suivants, lequel décrit le mieux la présentation de cette dette à l'état de la situation financière d'aujourd'hui (date de l'emprunt)?
   a) 100 000 $ dans la section du passif non courant
   b) 100 000 $ plus les intérêts à payer au cours des cinq prochaines périodes dans la section du passif non courant
   c) Une portion du 100 000 $ dans la section du passif courant et le reste du capital emprunté dans la section du passif non courant
   d) Une portion du 100 000 $ avec les intérêts dans la section du passif courant et le reste du capital plus les intérêts dans la section du passif non courant

5. Une société fera face, au cours de l'année qui vient, à un recours collectif pour la somme de 2 000 000 $ concernant l'un de ses produits. Selon les avocats de la société, la possibilité que celle-ci doive compenser les plaignants est indéterminable en ce moment. Comment un tel événement devra-t-il être présenté dans les états financiers qui seront publiés au cours du prochain mois?
   a) 2 000 000 $ dans la section du passif courant
   b) 2 000 000 $ dans la section du passif non courant
   c) Une description narrative dans les notes aux états financiers
   d) Aucune divulgation n'est nécessaire.

6. Laquelle des opérations suivantes ferait normalement augmenter le taux de rotation des comptes fournisseurs?
   a) Le paiement comptant aux fournisseurs
   b) L'encaissement des comptes clients
   c) L'achat de stocks à crédit
   d) Aucun des énoncés ci-dessus

7. Comment calcule-t-on le fonds de roulement net?
   a) L'actif courant multiplié par le passif courant
   b) L'actif courant plus le passif courant
   c) L'actif courant moins le passif courant
   d) L'actif courant divisé par le passif courant

8. Laquelle des conditions suivantes ne serait pas à considérer pour classer un contrat de location-financement?
   a) La propriété de l'actif est transférée au preneur à la fin du contrat de location.
   b) Le contrat stipule qu'il s'agit d'un contrat de location-financement.
   c) Les actifs loués sont d'une nature tellement particulière que seul le preneur peut les utiliser sans y apporter de modifications majeures.
   d) Le preneur a la possibilité d'acheter l'actif à un prix inférieur à sa juste valeur à la date de levée de l'option.

9. Parmi les énoncés suivants, lequel ne désigne pas un passif financier?
   a) Les comptes fournisseurs
   b) Les emprunts bancaires courants
   c) Les obligations à payer
   d) Les produits différés

10. Parmi les énoncés suivants, lequel ne désigne pas un avantage de l'émission d'obligations comparativement à l'émission d'actions ordinaires supplémentaires pour obtenir du capital?
    a) Les droits de vote des actionnaires ne sont pas dilués.
    b) La charge d'intérêts réduit la charge d'impôts sur le revenu.
    c) Le moment du paiement des intérêts n'est pas fixe.
    d) Tous les éléments ci-dessus sont des avantages associés aux obligations.

9

11. Fred veut épargner chaque année afin de faire l'acquisition d'une auto sport dans quatre ans. Il estime le prix de la voiture à 54 000 $. Fred reçoit un bonus annuel de son employeur le 31 décembre. Parmi les éléments suivants, lequel lui servira à déterminer le montant qu'il devra épargner chaque 31 décembre ?

a) Le taux d'intérêt anticipé et la table de la valeur actualisée de 1 $

b) Le taux d'intérêt anticipé et la table de la valeur future de 1 $

c) Le taux d'intérêt anticipé et la table de la valeur actualisée de versements périodiques égaux de 1 $

d) Le taux d'intérêt anticipé et la table de la valeur future de versements périodiques égaux de 1 $

12. Parmi les comptes suivants, lequel est exclu du calcul du ratio des capitaux empruntés sur les capitaux propres ?

a) Les produits différés

b) Les résultats non distribués

c) Les impôts à payer

d) Tous les comptes ci-dessus sont inclus.

13. Parmi les éléments suivants, lequel est faux au moment d'une émission d'obligations à prime ?

a) Les obligations seront émises à un montant supérieur à leur valeur nominale.

b) La valeur nominale des obligations sera inscrite au compte Obligations à payer.

c) La charge d'intérêts sera supérieure au montant des intérêts payés.

d) Tous les éléments ci-dessus sont faux.

14. Afin de déterminer si une émission d'obligations sera faite à prime, à escompte ou à la valeur nominale, quel groupe de données suivantes doit être connu ?

a) La valeur nominale et le taux d'intérêt nominal à la date d'émission des obligations

b) La valeur nominale et le taux d'intérêt effectif à la date d'émission des obligations

c) Le taux d'intérêt nominal et le taux d'intérêt effectif à la date d'émission des obligations

d) Le taux d'intérêt nominal et le taux d'intérêt du coupon à la date d'émission des obligations

15. Lorsqu'on utilise la méthode de l'intérêt effectif pour amortir l'escompte ou la prime sur les obligations, lequel des éléments suivants a un effet sur la charge d'intérêts présentée à l'état du résultat global ?

a) Le taux d'intérêt du marché au moment de l'émission des obligations

b) Le taux d'intérêt (coupon) indiqué sur le certificat des obligations

c) La valeur nominale des obligations

d) Les réponses b) et c) ci-dessus

16. Le 1er janvier 2013, une obligation d'une valeur nominale de 100 000 $ a été émise à 113,5. Le certificat d'obligation indique un taux d'intérêt de 8 %, et le taux du marché au moment de l'émission est de 10 %. L'intérêt est versé annuellement le 31 décembre. Quel montant sera versé en intérêts le 31 décembre 2013 ?

a) 10 000 $

b) 8 000 $

c) 11 350 $

d) 9 080 $

MINI-EXERCICES

4
5 minutes

Le calcul de la charge d'intérêts

L'entreprise Jacob a emprunté 600 000 $ en signant un billet de 90 jours au taux d'intérêt de 11 %. L'argent a été emprunté pour 30 jours en 2013 et pour 60 jours en 2014. Le montant du billet et les intérêts doivent être remboursés à l'échéance, en 2014. Quels montants de charge d'intérêts, s'il y en a, devraient être enregistrés en 2013 et en 2014 ?

4
5 minutes

L'enregistrement d'un effet à payer

La société Pharand a emprunté 290 000 $ le 1er octobre 2013. Le billet, qui porte intérêt au taux annuel de 10 %, précise que le capital et les intérêts sont remboursables le 1er mai 2014. À l'aide de l'équation comptable et des écritures de journal, présentez l'enregistrement de ce billet au 1er octobre 2013. Présentez de la même façon les intérêts à payer en date du 31 décembre 2013.

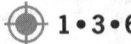
1 • 3 • 6
5 minutes

La recherche d'information financière

Pour chacun des cinq éléments ci-dessous, précisez si l'information pertinente se trouve dans l'état de la situation financière, l'état du résultat global, le tableau des flux de trésorerie, les notes complémentaires aux états financiers ou nulle part dans ces états.

1. Le montant du fonds de roulement net

2. Le montant total du passif courant

3. Des renseignements concernant les régimes de retraite d'une entreprise

4. Le taux de rotation des comptes fournisseurs

5. Des renseignements concernant l'effet des variations du fonds de roulement sur les flux de trésorerie de la période étudiée

M9-4

2

5 minutes

Le calcul des mesures de liquidités

L'état de la situation financière de la société Chabert contient les renseignements suivants : le total de l'actif, 360 000 $; l'actif non courant, 239 000 $; le passif courant, 46 000 $; le total des capitaux propres, 92 000 $. Calculez le ratio du fonds de roulement et le fonds de roulement net de l'entreprise.

M9-5

2

5 minutes

L'analyse de l'effet de certaines opérations sur les liquidités

BSO inc. a un ratio du fonds de roulement de 2,0, le montant de son fonds de roulement net s'élevant à 1 240 000 $. Pour chacune des opérations suivantes, déterminez si le ratio et le fonds de roulement net augmenteront, diminueront ou demeureront inchangés.

1. Le paiement des comptes fournisseurs d'un montant total de 50 000 $
2. L'enregistrement des salaires à payer d'un montant total de 100 000 $
3. Un emprunt de 250 000 $ à une banque locale, remboursable dans 90 jours
4. L'achat de stocks d'un montant total de 20 000 $, à crédit

M9-6

5

5 minutes

La comptabilisation des éléments de passif éventuel

Le café La Brûlerie 6 a la réputation de servir de généreuses tasses de café très chaud. En 2010, l'avocat de La Brûlerie 6 a prévenu la direction que l'entreprise risquait d'être poursuivie si l'un de ses clients se brûlait en renversant du café chaud sur lui. «Compte tenu de la température élevée de votre café, je peux vous assurer que, tôt ou tard, vous aurez une poursuite de 1 million de dollars à régler.» Malheureusement, en 2012, cette prédiction s'est réalisée. Un client a intenté une action en justice contre l'entreprise, et le procès a eu lieu en 2013. Le jury a accordé au plaignant 400 000 $ en dommages-intérêts. L'entreprise a immédiatement porté ce jugement en appel. Au cours de 2014, le client et l'entreprise ont réglé leur litige à l'amiable pour la somme de 150 000 $. Comment faut-il comptabiliser cet élément de passif pour chacune de ces années?

M9-7

8

5 minutes

Le calcul de la valeur actualisée d'un versement unique

Quelle est la valeur actualisée d'un montant de 500 000 $ qui doit être remboursé dans 10 ans au taux d'intérêt de 8 %?

M9-8

8

5 minutes

Le calcul de la valeur actualisée d'un ensemble de versements périodiques (annuités)

Quelle est la valeur actualisée de 10 paiements égaux de 15 000 $ au taux d'intérêt de 10 %?

M9-9

8

5 minutes

Le calcul de la valeur actualisée d'un contrat complexe

Par suite d'un ralentissement de leurs activités, les magasins Mercator offrent aux employés qui ont été mis à pied une indemnité de départ de 118 000 $ comptant. Ils recevront de nouveau 129 000 $ dans un an, puis des versements périodiques de 27 500 $ chaque année pendant six ans, qui débuteront dans un an. Quelle est la valeur actualisée de cette indemnité si l'on suppose que le taux d'intérêt est de 5 %?

9

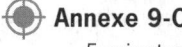**M9-10**

Annexe 9-C

5 minutes

La détermination de la valeur capitalisée à l'aide d'un calcul complexe

Vous voulez accumuler un fonds de 500 000 $ pour votre retraite dans 20 ans. Si vos investissements peuvent vous rapporter des intérêts de 8 %, quel montant devriez-vous déposer chaque année pour constituer ce fonds?

La recherche d'information financière

Pour chacun des éléments suivants, précisez si l'information devrait se trouver dans l'état de la situation financière, l'état du résultat global, le tableau des flux de trésorerie, les notes des états financiers ou nulle part dans ces états.

1. Le montant des obligations à payer
2. La charge d'intérêts de la période
3. Le décaissement relatif aux intérêts
4. Le taux d'intérêt sur les dettes obligataires
5. Le nom des principaux détenteurs des obligations
6. La date d'échéance de chacune des dettes obligataires

Le calcul du prix d'émission des obligations

La société Bolduc désire émettre 600 000 $ en obligations le 1er janvier 2012 pour une période de 10 ans au taux d'intérêt annuel de 10 %. Les intérêts doivent être versés semi-annuellement les 30 juin et 31 décembre de chaque année. Calculez le prix d'émission de ces obligations si le taux du marché est de 10 %.

Le calcul du prix d'émission des obligations

La société Riveraine planifie l'émission de 900 000 $ en obligations le 1er janvier 2013 pour une période de 10 ans au taux d'intérêt annuel de 6 %. Les intérêts doivent être versés semi-annuellement les 30 juin et 31 décembre de chaque année. Calculez le prix d'émission de ces obligations si le taux du marché est de 8,5 %.

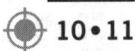

L'enregistrement de l'émission de nouvelles obligations et du paiement des intérêts selon la méthode de l'intérêt effectif

La société Hopkins a émis de nouvelles obligations d'un montant de 1 000 000 $ le 1er janvier 2013 pour une période de 10 ans au taux d'intérêt annuel de 10 %. Ces obligations ont rapporté 940 000 $ comptant au moment de l'émission. Les intérêts doivent être versés semi-annuellement les 30 juin et 31 décembre de chaque année. À l'aide de l'équation comptable et des écritures de journal, présentez l'enregistrement de ces obligations au 1er janvier 2013 et le paiement des intérêts au 30 juin 2013 en utilisant la méthode de l'intérêt effectif. Le taux du marché au moment de l'émission est de 11 %.

Le calcul du prix d'émission des obligations

La société Coopers planifie l'émission de 500 000 $ d'obligations le 1er janvier 2013 pour une période de 10 ans au taux d'intérêt annuel de 10 %. Les intérêts doivent être versés semi-annuellement les 30 juin et 31 décembre de chaque année. Calculez le prix d'émission de ces obligations si le taux du marché est de 8 %.

L'analyse des ratios financiers

Le ratio de l'endettement et le ratio de couverture des intérêts ont été présentés dans le présent chapitre. Lequel est le meilleur indicateur pour savoir si une société peut assumer les versements d'intérêts sur sa dette ? Expliquez votre réponse.

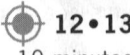

La présentation des flux monétaires

Dans quelle section du tableau des flux de trésorerie les éléments suivants se trouvent-ils ?

a) Le décaissement pour rembourser les obligations
b) Le décaissement pour payer les intérêts sur la dette à long terme

E9-1

1•2•5•6

30 minutes

Le calcul et l'explication du fonds de roulement net et du ratio du fonds de roulement

La société Hilaire dresse son état de la situation financière de 2013. Ses registres renferment les montants suivants à la clôture de la période, le 31 décembre 2013 :

Total des actifs non courants	362 000 $
Total des actifs	530 000
Passif (courant et non courant confondus)	
Effets à payer (8 %, échéance dans 5 ans)	15 000
Fournisseurs	56 000
Impôts exigibles à payer	14 000
Déductions à la source à payer	3 000
Produits différés	7 000
Obligations à payer (échéance dans 15 ans)	900 000
Salaires à payer	7 000
Impôt foncier à payer	3 000
Effet à payer (10 %, échéance dans 6 mois)	12 000
Intérêts à payer	400
Capitaux propres	100 000

Travail à faire

1. Calculez a) le fonds de roulement net et b) le ratio du fonds de roulement (présentez vos calculs). Pourquoi le fonds de roulement net est-il important pour la direction ? Comment les analystes financiers se servent-ils du ratio du fonds de roulement ?

2. Vos calculs seraient-il différents si la société avait rapporté un passif éventuel de 250 000 $ dans ses notes aux états financiers ? Expliquez votre réponse.

E9-2

1

30 minutes

L'enregistrement et l'analyse des coûts de la main-d'œuvre

L'entreprise Magloire a mis à jour son livre de paie du mois de mars 2014. Voici quelques-uns des renseignements qu'il contient :

Salaires bruts	200 000 $
Retenues d'impôt à la source	40 000
Cotisations syndicales prélevées	3 000
Retenues de prime d'assurance	1 000
Retenues pour le régime des rentes*	8 000
Retenues pour l'assurance-emploi**	4 000
Retenues pour le régime d'assurance parentale**	700
Cotisation de l'employeur à différents fonds (FSS, CNT, CSST)	1 600

* Part de l'employé. L'employeur doit verser le même montant.
** Part de l'employé. L'employeur doit verser 1,4 fois la contribution de l'employé.

9

Travail à faire

1. Comptabilisez les salaires du mois de mars, y compris les déductions relatives aux employés. Présentez votre réponse à l'aide de l'équation comptable.

2. Comptabilisez les avantages sociaux payés par l'employeur sur les salaires à l'aide de l'équation comptable.

3. Comptabilisez les éléments combinés pour indiquer le paiement des montants aux organismes gouvernementaux et à d'autres organismes à l'aide de l'équation comptable.

4. Quel est le coût total de la main-d'œuvre pour l'entreprise? Expliquez votre réponse.

E9-3
1
30 minutes

Le calcul des coûts de la masse salariale: une analyse des coûts de la main-d'œuvre

L'entreprise Clémenceau a mis à jour son livre de paie du mois de janvier 2014. Voici certaines données qui s'y trouvent:

Salaires bruts	86 000$
Retenues d'impôt à la source	15 000
Cotisations syndicales prélevées	800
Cotisations au régime de rentes*	2 000
Cotisations au régime d'assurance parentale**	600
Cotisations à l'assurance-emploi**	1 400
Cotisations de l'employeur à divers fonds (FSS, CNT, CSST)	950

* Part de l'employé. L'employeur doit verser le même montant.
** Part de l'employé. L'employeur doit verser 1,4 fois la contribution de l'employé.

Travail à faire

1. Quel montant de charge additionnelle relative à la main-d'œuvre l'entreprise doit-elle payer selon les exigences légales? Quel est le montant du salaire net des employés?

2. Dressez la liste des éléments de passif et des montants correspondants qui apparaissent à l'état de la situation financière de l'entreprise en date du 31 janvier 2014, en supposant que les employés ont été payés.

3. Les employeurs réagiraient-ils différemment à la proposition d'augmenter leur participation au régime des rentes provincial de 10% ou à la proposition d'augmenter le salaire de base de leurs employés de 10%? Les analystes financiers réagiraient-ils différemment?

E9-4
1 • 4
30 minutes

Sears Canada

Les répercussions d'opérations produisant des effets à payer

Lorsque leurs activités commerciales augmentent, de nombreuses entreprises empruntent de l'argent pour financer leur stock de marchandises et leurs comptes clients. Sears Canada inc. est l'un des plus importants magasins de détail à grande surface au pays. Chaque année, avant Noël, l'entreprise augmente son stock pour répondre à la demande de ses clients. Une grande partie des ventes du temps des fêtes se fait par cartes de crédit. Il en résulte que l'entreprise recouvre souvent l'argent des clients plusieurs mois après Noël. Supposez que le 31 octobre 2013 Sears a emprunté 4,5 millions de dollars à la Banque de Montréal pour son fonds de roulement et a signé un effet à payer portant intérêt qui arrivera à échéance dans six mois. Le taux d'intérêt est de 10% par an, payable à l'échéance, et la période financière se termine le 31 décembre.

Travail à faire

1. Déterminez les répercussions de chacun des éléments ci-après sur les états financiers:

   a) La signature, le 31 octobre 2013, d'un effet à payer;

   b) L'incidence de la régularisation à la clôture de la période le 31 décembre 2013;

   c) Le remboursement de l'effet et des intérêts le 30 avril 2014.

Indiquez le montant et l'effet (+ pour une augmentation et – pour une diminution) de chacun des éléments sur l'équation comptable. Utilisez le modèle suivant:

Date	Actif	=	Passif	+	Capitaux propres

2. Si Sears Canada a besoin davantage de trésorerie chaque année pour la période des fêtes, la direction devrait-elle effectuer des emprunts non courants pour éviter d'avoir à négocier chaque fois un nouveau prêt courant?

L'enregistrement d'un effet à payer, de la date d'emprunt à son échéance

Reportez-vous aux renseignements fournis dans l'exercice E9-4.

Travail à faire

1. Passez l'écriture de journal qui enregistre l'effet à payer le 31 octobre 2013.
2. Passez toutes les écritures de régularisation nécessaires à la fin de la période le 31 décembre 2013.
3. Passez l'écriture de journal qui comptabilise le paiement de l'effet et des intérêts à la date d'échéance le 30 avril 2014.

L'utilisation du ratio du fonds de roulement

Le magasin à rayons Arturo a présenté un ratio du fonds de roulement de 1,5. L'examen de son état de la situation financière révèle l'information qui suit:

Actif courant	750 000 $
Actif non courant	450 000
Passif non courant	300 000

Travail à faire

Déterminez le montant du passif courant qui est présenté à l'état de la situation financière.

La détermination de l'incidence de deux opérations et l'analyse des flux de trésorerie

La société Pontbriand vend un vaste éventail de marchandises par l'intermédiaire de deux magasins de détail établis dans deux villes voisines. La plupart des achats de marchandises pour la revente lui sont facturés. Parfois, l'entreprise se procure de la trésorerie pour ses dépenses courantes par la signature d'un effet de commerce courant. Voici deux des opérations effectuées au cours de l'année 2014:

a) Le 10 janvier 2014, achat de marchandises à crédit pour un total de 18 000 $; l'entreprise utilise la méthode de l'inventaire périodique.

b) Le 1er mars 2014, emprunt de 45 000 $ comptant de la Banque Nationale contre un effet à payer portant intérêt. Le capital, soit 45 000 $, doit être remboursé au bout de six mois, et les intérêts de 10 % sont payables à l'échéance.

Travail à faire

1. À la date de la transaction, décrivez le montant et l'effet (+ pour une augmentation et – pour une diminution) de chaque opération sur l'équation comptable. Utilisez le modèle suivant:

Date	Actif	=	Passif	+	Capitaux propres

2. Quel sera le montant versé à la date d'échéance de l'effet à payer?
3. Analysez l'incidence de chaque opération sur les flux de trésorerie de l'entreprise.
4. Analysez l'incidence de chaque opération sur le ratio du fonds de roulement.

E9-8
7
20 minutes

McDonald's

La comptabilisation d'un élément de passif

McDonald's Corporation est l'une des entreprises de restauration rapide les plus populaires au monde. La gestion efficace de ses propriétés est l'un des éléments clés de son succès. McDonald's est propriétaire de certains emplacements et en loue d'autres, comme le décrit la note suivante, tirée d'un rapport annuel de la société :

La société est propriétaire de certains restaurants et locataire pour d'autres. La société identifie et développe les emplacements qui offrent une facilité d'accès au client avec un potentiel de ventes et de profits à long terme. En général, la société est propriétaire des terrains et bâtiments, ou bien négocie des contrats de location afin d'assurer un droit d'occupation à long terme lui permettant ainsi de mieux contrôler les coûts.

Travail à faire

McDonald's devrait-elle inscrire à son état de la situation financière une dette relative aux contrats de location? Expliquez. Dans l'éventualité où elle devrait comptabiliser un passif, comment en calculer le montant?

E9-9
7
20 minutes

L'évaluation des options de location

Vous êtes le nouveau vice-président de la société Fabrication tout-aller, qui éprouve un sérieux problème de livraison de marchandises à ses clients. Le directeur de la logistique, Bob Tremblay, vous résume le problème : « C'est facile à comprendre. À cause de notre récente croissance, nous n'avons tout simplement pas assez de camions de livraison. » Alice Bison, du Service de la comptabilité, répond : « C'est peut-être facile à comprendre, mais il est impossible de faire quoi que ce soit. À cause du souci que se font les actionnaires à l'égard de notre dette à l'état de la situation financière, il nous est impossible d'emprunter pour faire l'achat de nouveaux actifs. Il n'y a rien à faire par rapport à cela. »

Après cette réunion, alors que vous vous dirigez vers votre bureau, votre assistant vous fait une suggestion : « Pourquoi ne pas tout simplement louer les camions qu'il nous faut? De cette façon, nous pourrons obtenir les actifs nécessaires sans devoir inscrire une dette à l'état de la situation financière. »

Travail à faire

Que pensez-vous de cette suggestion?

E9-10
Annexe 9-A
20 minutes

American Airlines

L'enregistrement et l'analyse d'un élément de passif

Un rapport annuel de la société American Airlines renfermait les renseignements suivants :

En plus des régimes de retraite, d'autres avantages du personnel postérieurs à l'emploi sont offerts aux retraités telles l'assistance médicale et l'assurance-vie. Tel que prévu au plan, il y a une limite (à vie) maximale sur le montant des bénéfices pour l'assurance médicale. La quasi-totalité des employés réguliers de la société et des employés de certaines filiales sont éligibles à ces avantages lorsqu'ils satisfont aux règles d'éligibilité durant les années de travail.

Travail à faire

L'entreprise devrait-elle comptabiliser ces avantages comme des éléments de passif à son état de la situation financière? Expliquez votre réponse.

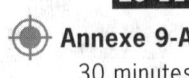

E9-11
Annexe 9-A
30 minutes

L'analyse des impôts différés : une différence temporelle

L'état du résultat global comparatif de la société Martin, en date du 31 décembre 2013, comporte (sous forme abrégée) les données avant impôts suivantes (en dollars) :

	2012	2013
Chiffre d'affaires	65 000	72 000
Charges opérationnelles (sauf les impôts sur le résultat)	50 000	54 000
Résultat avant impôts	15 000	18 000

9

Dans les données de 2013, on trouve aussi une dépense de 2 800 $, déductible uniquement dans la déclaration de revenus de 2012 (et non dans celle de 2013). Le taux moyen d'imposition est de 30 %.

Travail à faire

1. Pour chaque année, indiquez si les impôts différés constituent un élément de passif ou d'actif. Expliquez votre réponse.

2. Pour chaque année, indiquez quels montants liés aux impôts sur le revenu doivent être présentés à l'état du résultat global et à l'état de la situation financière. Supposez que les impôts sont payés le 15 avril de l'année suivante.

3. Expliquez pourquoi la charge fiscale ne correspond pas simplement au montant d'argent versé en impôts au cours d'une année.

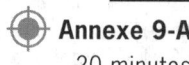

E9-12

Annexe 9-A

20 minutes

La présentation des impôts différés

La note suivante concerne la société Guimont :

Les impôts sur le résultat

Les différences temporelles provenant des divergences entre les méthodes comptables utilisées pour dresser les états financiers et celles qui servent à préparer les déclarations de revenus donnent lieu à des impôts de la période (moins élevés) plus élevés que la charge fiscale totale comme suit (en millions de dollars) :

	2015	2014	2013
Excès de l'amortissement fiscal sur l'amortissement comptable	(18,0)	(19,8)	(18,9)
Autres	(31,4)	76,6	(25,5)
Total	**(49,4)**	**56,8**	**(44,4)**

Travail à faire

1. Déterminez si la charge fiscale est plus élevée ou moins élevée que les impôts exigibles de chaque année.

2. Donnez la raison la plus probable pour laquelle l'amortissement fiscal est plus élevé que l'amortissement comptable.

3. L'impôt différé est-il de 49,4 millions de dollars à l'état de la situation financière de 2015 ? Expliquez votre réponse.

9

E9-13

8

20 minutes

Le calcul de la valeur actualisée pour quatre opérations

Le 1er janvier 2013, l'entreprise Levasseur a effectué les opérations qui suivent. (Supposez que le taux d'intérêt annuel du marché est de 10 %.)

a) Achat d'un camion de livraison pour 50 000 $, qui sera payé en totalité au bout de trois ans.

b) Location d'un édifice à bureaux avec deux options : 1) paiement de 10 000 $ à la fin de chacune des trois prochaines années ; ou 2) paiement de 28 000 $ immédiatement.

c) Ouverture d'un compte d'épargne avec dépôt d'un montant unique qui aura atteint 40 000 $ à la fin de la septième année.

d) Décision de déposer un montant unique à la banque pour effectuer 10 versements annuels égaux de 15 000 $ à la fin de chaque année à un employé à la retraite. (Les versements débutent le 31 décembre 2013.)

Travail à faire

Présentez vos calculs et arrondissez au dollar près.

1. Quel sera le coût du camion à inscrire aux livres à la date d'achat ?

2. Quelle option la société devra-t-elle choisir en ce qui concerne l'édifice à bureaux ?

3. Quel montant unique doit-on déposer dans le compte d'épargne le 1er janvier 2013 ?

4. Quel montant unique doit-on déposer à la banque le 1er janvier 2013 ?

E9-14

 8

10 minutes

Le recours au concept de valeur actualisée pour prendre des décisions

Vous venez de gagner à la loterie, et on vous offre deux choix pour récupérer vos gains. Vous pouvez obtenir la somme de 50 000 $ maintenant ou bien 10 100 $ par année à la fin de chacune des sept prochaines années. Un analyste financier vous informe que vous pouvez espérer obtenir un rendement de 10 % sur vos investissements à long terme. Quelle option devriez-vous choisir ?

E9-15

8

10 minutes

Le calcul d'un régime de retraite

En tant qu'analyste financier, vous travaillez avec une cliente qui désire prendre sa retraite dans huit ans. Cette cliente a un compte d'épargne qui lui donne un taux d'intérêt annuel de 5 % et elle veut déposer un montant qui lui donnera 700 000 $ à sa retraite. À l'heure actuelle, elle a 300 000 $ dans son compte. Quelle somme additionnelle doit-elle déposer maintenant pour obtenir 700 000 $ à sa retraite ?

E9-16

8

10 minutes

Le calcul du dépôt requis pour un régime d'épargne-études

Le juge Drago a décidé d'établir un régime d'épargne-études pour sa petite-fille Emma, qui entreprendra ses études universitaires l'an prochain. Il a décidé de déposer un certain montant dans un compte d'épargne qui rapporte des intérêts de 8 %. Il veut déposer un montant suffisant pour permettre à Emma de retirer 15 000 $ par an à partir de l'année prochaine, et ce, durant quatre ans.

Travail à faire

Présentez vos calculs et arrondissez au dollar près.

1. Combien le juge doit-il déposer aujourd'hui afin qu'Emma ait un régime suffisant pour payer ses études universitaires ?

2. Qu'aurait pu faire le juge pour réduire la somme annuelle à déposer ?

E9-17

 8•9

10 minutes

La détermination de la valeur d'un actif

La société Roger Bontemps inc. a fait l'acquisition d'un édifice à bureaux. Selon l'entente qu'elle a conclue avec le constructeur, la société devra verser 55 000 $ par année durant les neuf prochaines années.

Travail à faire

Utilisez le concept de valeur actualisée afin de déterminer le coût de l'actif à la date d'acquisition. Supposez que le taux d'intérêt annuel est de 6 %.

E9-18

 8

10 minutes

Le calcul de la valeur d'un actif

On vous offre l'occasion d'acheter une partie des redevances d'une concession pétrolière. Au mieux, vous estimez que le produit net de ces redevances se chiffrera en moyenne à 25 000 $ par an pendant sept ans. La valeur résiduelle de votre part sera nulle à la fin de cette période. Supposez que la rentrée de fonds se fait à la fin de chaque année et que, compte tenu de l'incertitude de votre estimation, cet investissement ne devrait vous rapporter que 9 % par an. Quel montant accepteriez-vous de débourser maintenant pour cet investissement ?

E9-19

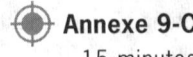 **Annexe 9-C**

15 minutes

Le calcul de la croissance d'un compte d'épargne : un dépôt unique

Le 1er janvier 2013, vous déposez 6 000 $ dans un compte d'épargne dont les intérêts, au taux de 5 %, sont composés annuellement, et sont donc additionnés au solde du fonds à la fin de chaque année.

Travail à faire

Arrondissez au dollar près.

1. Quel sera le solde de votre compte d'épargne au bout de 10 ans ?

2. Quel est le montant total des intérêts de ces 10 ans ?

3. Quel montant en revenus d'intérêts ce compte rapportera-t-il en 2013 ? en 2014 ?

9

E9-20

Annexe 9-C

15 minutes

Le calcul de la croissance d'un fonds d'épargne : des dépôts périodiques

Le 1er janvier 2013, vous planifiez un voyage autour du monde que vous entreprendrez à la fin de vos études, dans quatre ans. Votre grand-père veut déposer suffisamment d'argent dans un compte d'épargne pour vous payer ce voyage si vous terminez vos études. En établissant votre budget, vous estimez que ce voyage vous coûterait aujourd'hui 20 000 $. Dans sa générosité, votre grand-père décide de déposer 3 500 $ dans un compte en fiducie à la fin de chacune des quatre prochaines années, en commençant le 31 décembre 2013. Ce compte rapporte des intérêts annuels de 6 % qui seront ajoutés au solde à la fin de chaque année.

Travail à faire

Présentez vos calculs et arrondissez au dollar près.

1. De combien d'argent disposerez-vous pour votre voyage à la fin de la quatrième année (c'est-à-dire après quatre dépôts) ?

2. Combien d'intérêts ce fonds vous rapportera-t-il en quatre ans ?

3. Quel montant de revenus d'intérêts ce compte rapportera-t-il en 2013 ? en 2014 ? en 2015 ? en 2016 ?

E9-21

 10

10 minutes

Bell Canada

L'interprétation d'information rapportée dans les journaux

Au moment où le présent chapitre a été écrit, le journal *La Presse* rapportait l'information suivante relativement aux obligations de Bell Canada :

Émetteur	Coupon	Échéance	Prix	Rendement
Bell Can.	7,00	24 sept. 2027	114,79	5,59

Travail à faire

1. Expliquez la signification de l'information présentée dans le journal. Si vous achetiez des obligations de Bell Canada d'une valeur nominale de 10 000 $, combien cela vous coûterait-il (en fonction de l'information dont vous disposez) ?

2. La diminution de la valeur du marché des obligations de Bell Canada aurait-elle une incidence sur ses états financiers ?

E9-22

 11

20 minutes

L'émission d'obligations à escompte

Le rapport annuel de la société Bigras contenait la note qui suit :

Dette non courante

Le 10 février 2010, la société a émis 300 millions de dollars en billets non garantis portant intérêt à 6,4 %. Ces billets ont été vendus à 99,925 % de leur valeur nominale au taux effectif de 6,5 %. Ils offrent des intérêts semi-annuels et viennent à échéance le 15 février 2020.

Après lecture de cette note, une étudiante demande pourquoi Bigras n'a pas vendu les billets au taux de 6,5 %. La société aurait ainsi évité d'avoir à comptabiliser un petit escompte au cours des 10 prochaines années.

Travail à faire

Rédigez votre réponse à cette question.

E9-23

 11

20 minutes

Le calcul du prix d'émission d'obligations : trois cas

La société Thompson décide d'émettre des obligations de 100 000 $ portant intérêt au taux de 8 % avec échéance dans sept ans. Les intérêts seront versés annuellement le 31 décembre. L'émission aura lieu le 1er janvier 2013.

9

Travail à faire

Calculez le prix d'émission au 1er janvier 2013 dans chacun des cas indépendants qui suivent (présentez tous vos calculs):

Cas A: Le taux du marché est de 8%.

Cas B: Le taux du marché est de 6%.

Cas C: Le taux du marché est de 10%.

30 minutes

L'enregistrement d'une émission d'obligations à escompte et le premier paiement des intérêts (amortissement selon la méthode de l'intérêt effectif)

Le 1er janvier 2014, la société Hyde a vendu des obligations d'une valeur nominale de 600 000$ au taux d'intérêt de 7,5% (taux de marché de 8,5%); ces obligations viennent à échéance dans quatre ans. Les intérêts sont versés semi-annuellement le 30 juin et le 31 décembre.

Travail à faire

1. À l'aide de l'équation comptable et des écritures de journal, présentez l'enregistrement de l'émission des obligations au 1er janvier 2014.

2. À l'aide de l'équation comptable et des écritures de journal, présentez le paiement des intérêts le 30 juin 2014 en utilisant la méthode de l'intérêt effectif pour amortir l'escompte.

3. Montrez comment la charge d'intérêts et les obligations à payer devront être présentées dans les états financiers du 30 juin 2014.

30 minutes

L'enregistrement d'une émission d'obligations à prime et le premier paiement des intérêts (amortissement selon la méthode de l'intérêt effectif)

Le 1er janvier 2014, la société Grenouille inc. a vendu des obligations d'une valeur nominale de 2 000 000$ au taux d'intérêt de 10% (taux de marché de 8,5%); ces obligations viennent à échéance dans 10 ans. Les intérêts sont versés semi-annuellement le 30 juin et le 31 décembre.

Travail à faire

1. À l'aide de l'équation comptable et des écritures de journal, présentez l'enregistrement de l'émission des obligations au 1er janvier 2014.

2. À l'aide de l'équation comptable et des écritures de journal, présentez le paiement des intérêts le 30 juin 2014 en utilisant la méthode de l'intérêt effectif pour amortir l'escompte.

3. Montrez comment la charge d'intérêts et les obligations à payer devront être présentées dans les états financiers du 30 juin 2014.

30 minutes

PepsiCo Disney

L'évaluation des caractéristiques des obligations

Vous êtes conseiller en planification financière. Parmi vos clients, vous comptez un couple marié, au début de la quarantaine, qui veut investir 100 000$ dans des obligations de sociétés. Vous avez trouvé deux titres qui pourraient intéresser vos clients. L'un est une obligation à coupon zéro émise par PepsiCo au taux d'intérêt effectif de 9% et venant à échéance en 2018. Cette obligation peut être remboursée par anticipation, au gré de la société émettrice, à la valeur nominale. L'autre titre est une obligation émise par la société Disney et qui vient à échéance en 2093. Le taux d'intérêt effectif est de 9,5%, et les obligations peuvent être remboursées par anticipation au gré de la société à 105% de leur valeur nominale.

Travail à faire

Lequel des deux titres recommanderiez-vous et pourquoi? Votre réponse serait-elle différente si vous vous attendiez à une chute dramatique des taux d'intérêt au cours des prochaines années? Choisiriez-vous un autre titre si le couple était dans la soixantaine et à la retraite?

9

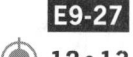

E9-27
12•13
20 minutes

L'analyse des ratios financiers

Vous venez d'entreprendre un nouveau travail en tant qu'analyste financier pour une grande société de courtage. Votre patronne, analyste principale, termine un rapport détaillé concernant l'émission d'obligations de deux sociétés. Elle s'arrête à votre bureau et vous demande votre avis : « J'ai comparé les ratios de deux sociétés et j'ai trouvé quelque chose d'intéressant. » Elle vous explique alors que, d'un côté, le ratio des capitaux empruntés sur les capitaux propres d'Agence de voyage Aller-Aller est beaucoup plus bas que celui de l'industrie, alors que celui de Voyage Sécur est beaucoup plus élevé. D'un autre côté, le ratio de couverture des intérêts de l'Agence de voyage Aller-Aller est beaucoup plus élevé que celui de l'industrie, tandis que celui de Voyage Sécur est beaucoup plus bas. Votre patronne vous demande de réfléchir à la signification de ces ratios concernant ces deux sociétés pour pouvoir ajouter vos commentaires à son rapport. Comment répondrez-vous à sa demande ?

PROBLÈMES

P9-1

1•2•6
40 minutes
(PS9-1)

La détermination des effets financiers des opérations relatives aux éléments de passif courant et l'analyse de leur incidence sur les flux de trésorerie

La société Corbeau a effectué les opérations suivantes au cours de 2014. La période financière se termine le 31 décembre 2014.

01-08	Achat de marchandises à crédit destinées à la revente au coût facturé de 14 860 $. (On suppose que l'entreprise emploie la méthode de l'inventaire périodique.)
01-17	Paiement de la facture du 8 janvier.
04-01	Emprunt de 35 000 $ à la Banque Nationale pour les dépenses générales ; signature d'un effet à payer de 12 mois portant intérêt à 8 %.
06-03	Achat de marchandises à crédit pour leur revente au coût facturé de 17 420 $.
07-05	Paiement de la facture du 3 juin.
08-01	Location à un client d'un petit bureau dans un immeuble appartenant à l'entreprise et recouvrement de six mois de loyer pour un total de 6 000 $, dont un mois en 2015. (Enregistrez ce recouvrement de façon à ne pas devoir faire de régularisation à la clôture de la période.)
12-20	Réception d'un dépôt de 100 $ d'un client pour garantir la location future d'une autocaravane.
12-31	Calcul des salaires gagnés mais non payés en date du 31 décembre, au montant de 9 500 $. (Ne tenez pas compte des charges sociales.)

Travail à faire

1. Indiquez le montant et l'effet sur l'équation comptable (+ pour une augmentation, – pour une diminution, AE pour aucun effet) de chaque opération (y compris les éléments de régularisation). Utilisez le modèle suivant :

Date	Actif	=	Passif	+	Capitaux propres

2. Pour chacune des opérations, indiquez si les flux de trésorerie liés aux opérations augmentent, diminuent ou ne subissent aucun effet.

3. Pour chacune des opérations, indiquez si le ratio du fonds de roulement augmente, diminue ou demeure inchangé.

P9-2

1•2•6
40 minutes
(PS9-2)

La comptabilisation et la présentation des éléments de passif courant et l'analyse de leurs répercussions sur les flux de trésorerie

Reportez-vous aux renseignements fournis dans le problème P9-1.

Travail à faire

1. Passez les écritures de journal correspondant à chacune de ces opérations.

2. Passez toutes les écritures de régularisation requises en date du 31 décembre 2014.

3. Indiquez comment tous les éléments de passif qui résultent de ces opérations sont enregistrés à l'état de la situation financière en date du 31 décembre 2014.

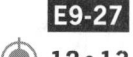9

P9-3
1 • 3
30 minutes

La détermination des effets des opérations donnant lieu à des charges courantes à payer et à des produits différés sur les états financiers

Au cours de la période financière 2014, qui s'est terminée le 31 décembre, l'entreprise Larrivée a effectué les deux opérations suivantes :

a) Payer et enregistrer un montant de 130 000 $ en salaires au cours de 2014 ; toutefois, à la fin de décembre 2014, trois jours de salaires ne sont ni payés, ni enregistrés parce que les salaires hebdomadaires ne seront pas versés avant le 6 janvier 2015. Le montant de ces trois jours de salaire s'élève à 4 000 $.

b) Recouvrer un revenu locatif de 2 400 $ le 10 décembre 2014 pour un bureau loué par l'entreprise à une autre entité. Ce loyer couvre un mois, du 10 décembre 2014 au 10 janvier 2015, et a été entièrement comptabilisé au poste Revenu locatif.

Travail à faire

1. Déterminez les effets de chacun des éléments suivants sur les états financiers :

   a) Les salaires non payés en décembre 2014 ;

   b) Le versement des salaires au 6 janvier 2015 ;

   c) Le recouvrement du loyer le 10 décembre 2014 ;

   d) Tout autre élément de régularisation au 31 décembre 2014.

   Indiquez le montant et l'effet (+ pour une augmentation et – pour une diminution) de chaque opération sur l'équation comptable. Utilisez le modèle suivant :

Opération	Date	Actif	=	Passif	+	Capitaux propres

2. Expliquez pourquoi la comptabilité d'engagement fournit aux analystes financiers des renseignements plus pertinents que la méthode de la comptabilité de caisse.

P9-4

1
30 minutes

L'enregistrement et la comptabilisation des charges courantes à payer et du produit différé

Reportez-vous aux renseignements fournis dans le problème P9-3.

Travail à faire

1. Passez a) l'écriture de régularisation du 31 décembre 2014 et b) l'écriture de journal du 6 janvier 2015 concernant le versement des salaires non payés en décembre 2014.

2. Passez a) l'écriture de journal concernant le recouvrement du loyer le 10 décembre 2014 et b) l'écriture de régularisation du 31 décembre 2014.

3. Indiquez comment l'entreprise devrait présenter tout élément de passif relatif à ces opérations dans son état de la situation financière au 31 décembre 2014.

P9-5

1 • 5
40 minutes
(PS9-3)

Dell

La détermination des effets de différents éléments de passif sur les états financiers

Dell est un chef de file de la construction d'ordinateurs avec des ventes de plus de 56 milliards de dollars par année. Voici une note que l'on trouve dans le rapport annuel de l'entreprise :

La garantie sur les produits

Le coût estimatif des garanties sur les produits est constaté par régularisation (ou inscrit comme charge) au moment où les produits sont vendus. Les facteurs qui influent sur la dette découlant des garanties incluent le nombre d'unités récemment installées sous garantie, les taux historiques et anticipés des réclamations sur ces unités, et le coût par réclamation pour satisfaire notre obligation sur garanties.

1. Supposez que les coûts estimatifs de la garantie sont de 500 millions de dollars en 2014 et que le travail relatif à cette garantie est effectué au cours de 2015. Décrivez les effets de cette situation sur les états financiers de chaque période.

Disney

Disney est une marque très connue dans l'industrie du divertissement et dont les produits incluent les médias télévisés, les parcs d'attractions et les centres de villégiature. La note suivante est tirée de l'un de ses rapports annuels :

Les produits opérationnels

Pour les billets multi-jours sans date d'expiration donnant accès à nos parcs thématiques, nous comptabilisons les produits sur une période de trois ans. Ces produits sont estimés selon l'utilisation observée dans le passé.

2. Supposez que Disney a recueilli 90 millions de dollars en 2014 pour les billets multi-jours qui seront utilisés au cours des années à venir. Pour 2015, l'entreprise estime que 60 % de ces billets seront utilisés. Décrivez les effets de cette situation sur les états financiers de chaque période.

3. D'après un rapport annuel récent de la société Disney, ses actifs courants s'élevaient à 9 562 millions de dollars états-uniens et ses éléments de passif courant, à 10 210 millions de dollars états-uniens. Compte tenu du ratio du fonds de roulement, croyez-vous que Disney éprouve des difficultés financières ?

Brunswick

Brunswick Corporation est une société multinationale qui construit et vend des produits liés à la navigation en mer et aux loisirs. L'un de ses rapports annuels renferme les renseignements qui suivent :

Litige

Un jury a accordé 44,4 millions de dollars en dommages-intérêts dans une poursuite intentée par Independant Boat Builders inc., une centrale d'achat regroupant des fabricants de bateaux et ses 22 membres. En vertu des lois antitrusts, le montant des dommages-intérêts accordés a été triplé, et les plaignants auront droit aux honoraires de leurs avocats avec les intérêts.

L'entreprise en a appelé de ce verdict en prétextant que, du point de vue légal, il était erroné, tant pour ce qui est de la responsabilité que pour les dommages-intérêts.

4. Comment la société Brunswick devrait-elle comptabiliser les effets de ce litige ?

Domtar

La société Domtar conçoit, fabrique, commercialise et distribue un large éventail de produits du papier pour une clientèle diversifiée. Pour ce faire, elle exploite les forêts canadiennes. Voici un extrait d'un rapport annuel récent de l'entreprise :

Les charges relatives à l'environnement

La Société a comptabilisé une provision relative aux questions environnementales afin de couvrir toute exposition estimative. Le montant en 2009 a été de 111 millions de dollars (99 millions de dollars en 2008).

5. Dans vos propres mots, expliquez la convention comptable de l'entreprise en matière de dépenses relatives à l'environnement. Comment peut-on justifier cette convention ?

P9-6

🎯 6

10 minutes
(PS9-4)

La détermination des effets des flux de trésorerie

Pour chacune des opérations suivantes, déterminez si les flux de trésorerie liés aux opérations augmenteront, diminueront ou demeureront inchangés.

a) L'achat de marchandises à crédit.

b) Le paiement d'un compte fournisseur en espèces.

c) L'inscription des salaires à payer du mois.

d) L'emprunt d'argent à la banque ; le billet vient à échéance dans 90 jours.

e) Le reclassement d'un effet non courant parmi les éléments de passif courant.

f) Le paiement des intérêts à payer.

g) La divulgation d'un élément de passif éventuel basé sur un procès en instance.

h) Le remboursement de l'argent emprunté à la banque en d). (Ignorez les intérêts.)

i) L'encaissement d'un montant reçu d'un client pour des services dont la prestation aura lieu au cours de la période suivante (enregistrement de produits différés).

P9-7

2•7

30 minutes
(PS9-8)

PepsiCo

L'analyse et le reclassement d'une dette

La société Pepsi fabrique plusieurs produits qui font partie de la vie courante, tels que les chips et les boissons gazeuses. Les revenus annuels de la société dépassent les 25 milliards de dollars états-uniens. Un rapport annuel récent rapportait la note suivante:

> À la fin de la période, 3,5 milliards de dollars en prêts courants ont été reclassés dans les prêts non courants, ce qui reflète l'intention et la possibilité actuelle de la société de refinancer ces emprunts sur une base à long terme par l'émission de dette à long terme ou par l'extension de ses facilités de crédit courantes.

Travail à faire

À la suite de ce nouveau classement, le ratio du fonds de roulement de PepsiCo est passé de 0,51 à 0,79. Croyez-vous que ce reclassement est correct? Pourquoi croyez-vous que la direction de PepsiCo a fait ce reclassement? À titre d'analyste financier, allez-vous vous servir du ratio du fonds de roulement avant ou après le reclassement pour évaluer la liquidité de PepsiCo?

P9-8

8•9

30 minutes
(PS9-5)

Le calcul de la valeur actualisée

Le 1ᵉʳ janvier 2014, l'entreprise Plumeau a effectué les opérations suivantes. (Considérez que le taux d'intérêt annuel est de 7% pour toutes les opérations.)

a) Emprunt de 115 000$ pour sept ans. Les intérêts sont versés à la fin de chaque année, et le capital sera remboursé à la fin de la septième année.

b) Établissement d'un fonds de 490 000$ pour la construction d'un ajout à l'usine. Ce fonds sera disponible à la fin de la huitième année. Un montant unique sera déposé le 1ᵉʳ janvier 2014.

c) Une prime de séparation sera versée aux employés comme suit: paiements de 75 000$ à la fin de la première année, de 112 500$ à la fin de la deuxième année et de 150 000$ à la fin de la troisième année.

d) Achat d'une machine le 1ᵉʳ janvier 2014 au coût de 170 000$, dont 40 000$ ont été payés. Un effet à payer de cinq ans a été signé pour le reste de la somme. Cet effet sera remboursé en cinq versements égaux, effectués respectivement à la fin de chaque année. Le premier versement se fera le 31 décembre 2014.

Travail à faire

Présentez vos calculs et arrondissez au dollar près.

1. Dans l'opération a), quelle est la valeur actualisée de la dette?

2. Dans l'opération b), quel montant unique l'entreprise doit-elle déposer le 1ᵉʳ janvier 2014? Quel sera le montant total des produits d'intérêts?

3. Dans l'opération c), quelle est la valeur actualisée de la dette relative à la prime de séparation?

4. Dans l'opération d), quel est le montant de chacun des versements annuels destinés à rembourser l'effet à payer? Quel sera le montant total de la charge d'intérêts?

P9-9

8

30 minutes
(PS9-6)

La prise de décision à l'aide du concept de valeur actualisée

On sonne à votre porte. Surprise! C'est l'équipe des concours d'une grosse entreprise bien connue de vente de magazines par abonnement. Vous apprenez que vous avez gagné un grand prix de 12,5 millions de dollars. Plus tard, en consultant un avocat, vous découvrez que vous avez trois choix: 1) Recevoir 1 250 000$ par an pendant les 10 prochaines années; 2) Encaisser 10 millions de dollars aujourd'hui même; ou 3) Recevoir 2 millions de dollars aujourd'hui même, puis 1 million de dollars par an pendant les 10 prochaines années. Votre avocat vous assure qu'il est raisonnable de penser que vos investissements vous rapporteront 10% par an.

Travail à faire

Quel choix ferez-vous? Quels facteurs influeront sur votre décision? Celle-ci serait-elle la même si le taux d'intérêt que rapporte votre investissement était de 8%? de 12%?

9

P9-10

Annexe 9-C

30 minutes
(PS9-7)

Le calcul de valeurs capitalisées

Le 31 décembre 2013, l'entreprise Pomainville a placé de l'argent pour constituer un fonds en vue de rembourser le capital d'une dette de 120 000 $ exigible en date du 31 décembre 2016. L'entreprise effectuera quatre dépôts annuels de montants égaux les 31 décembre 2013, 2014, 2015 et 2016. Le fonds rapportera des intérêts annuels de 7 %, qui s'ajouteront au solde du compte à la fin de chaque année. Le gestionnaire du fonds paiera le capital du prêt (au créancier) lorsqu'il aura reçu le dernier dépôt. La période financière de l'entreprise se termine le 31 décembre.

Travail à faire
Présentez vos calculs et arrondissez au dollar près.

1. Quelle somme l'entreprise doit-elle déposer le 31 décembre de chaque année?
2. Quel montant d'intérêts ce fonds rapportera-t-il?
3. Quels seront les produits financiers (revenus d'intérêts) du fonds en 2013, en 2014, en 2015 et en 2016?

P9-11

10•13

40 minutes

L'analyse de l'utilité de la dette

La société Criquet présente les états financiers sommaires suivants pour 2014 (en dollars):

État du résultat global	
Produits	300 000
Charges	(196 000)
Intérêts	(4 000)
Résultat avant impôts	100 000
Impôts (30 %)	(30 000)
Résultat net	70 000
État de la situation financière	
Actifs	360 000
Passif (taux moyen d'intérêt, 10 %)	40 000
Actions ordinaires (23 000 actions)	230 000
Résultats non distribués	90 000
Passif et capitaux propres	360 000

Il faut noter que la société n'a qu'une dette de 40 000 $ comparativement à un total d'actions ordinaires de 230 000 $. Un consultant a recommandé la structure suivante: un passif de 90 000 $ (au taux d'intérêt de 10 %) et des actions ordinaires en circulation s'élevant à 180 000 $ (18 000 actions). Ainsi, la société serait financée d'une façon plus importante par la dette et d'une façon moins importante par la contribution des propriétaires.

Travail à faire
Arrondissez au pourcentage le plus près.

1. On vous demande de comparer les résultats actuels et les résultats selon la recommandation du consultant. Utilisez le tableau suivant pour faire votre analyse.

Élément	Résultats actuels pour 2014	Résultats selon la recommandation du consultant
a) Dette totale		
b) Actif total		
c) Total des capitaux propres		
d) Charge d'intérêts (10 %)		
e) Résultat net		
f) Rendement sur l'actif total		

9

Élément	Résultats actuels pour 2014	Résultats selon la recommandation du consultant
g) Résultats disponibles pour les actionnaires		
1) Montant		
2) Par action		
3) Rendement des capitaux propres		

2. Selon les résultats que vous avez calculés en 1, faites une analyse comparative des résultats actuels et proposés, puis interprétez-les.

P9-12

11

30 minutes

La comparaison des obligations émises à la valeur nominale, à prime et à escompte

La société Solaplus, dont la fin de période est le 31 décembre, a émis les obligations suivantes :

Date d'émission :	1er janvier 2014
Valeur nominale et date d'échéance :	100 000 $ échéant dans 10 ans (en date du 31 décembre 2023)
Intérêts :	Taux de 10 % par année ; payables le 31 décembre de chaque année

Travail à faire

1. Déterminez les montants qui suivent.

	Cas A Obligations émises à la valeur nominale	Cas B Obligations émises à 96	Cas C Obligations émises à 102
Recette de l'émission des obligations			
Coupon			
Paiement d'intérêts annuels			
Charge d'intérêt au 31 décembre 2014*			

* Les cas B et C requièrent une réponse qualitative.

2. Vous êtes conseiller financier, et une personne à la retraite vous dit : « Pourquoi acheter des obligations à prime quand je peux en trouver à escompte ? N'est-ce pas stupide ? C'est comme payer le prix de détail d'une voiture sans négocier pour obtenir un escompte. » Répondez brièvement à cette question.

P9-13

11

20 minutes

Hilton

La comparaison de la valeur comptable et de la juste valeur

Le nom Hilton est bien connu dans l'industrie hôtelière. Le rapport annuel de la société rapportait l'information suivante dans une note concernant la dette à long terme :

La dette à long terme

La juste valeur de la dette à long terme est estimée en fonction du taux du marché pour des émissions identiques ou semblables. La valeur comptable de la dette à long terme est de 1 132,5 millions de dollars, et sa juste valeur est de 1 173,5 millions de dollars.

9

Travail à faire

Expliquez pourquoi il y a une différence entre la valeur comptable et la juste valeur de la dette à long terme de la société Hilton.

P9-14

10•11

15 minutes

L'explication d'une note aux états financiers

Le rapport annuel de Loval inc., entreprise de livraison de colis, comportait la note suivante :

Une entente d'émission de 45 millions de dollars en obligations a été conclue en août 2014. L'émission, qui aura lieu en septembre 2014, servira à rembourser les obligations de série 2000 portant un taux d'intérêt de 11,25 % originalement émise en novembre 2000 pour financer l'acquisition, la construction et l'équipement d'une sortie expresse à l'aéroport international Montréal-Trudeau. Les obligations de refinancement ont une échéance en 2033 et portent intérêt à 6,85 %.

Travail à faire

1. Dans vos propres mots, expliquez la signification de cette note.
2. Pourquoi la direction de l'entreprise a-t-elle décidé de rembourser l'obligation originale avant l'échéance ?

P9-15

10•11

30 minutes

(PS9-10)

La comptabilisation d'une obligation émise à prime selon la méthode de l'intérêt effectif

Le 1er janvier 2013, la société Maltais a émis 700 000 $ en obligations dont l'échéance est dans cinq ans. Le taux d'intérêt nominal est de 8 %, et les intérêts sont versés semi-annuellement le 30 juin et le 31 décembre de chaque année. Au moment de l'émission des obligations, le taux d'intérêt du marché était de 6 %. La société amortit la prime selon la méthode de l'intérêt effectif.

Travail à faire

1. Quel a été le prix d'émission le 1er janvier 2013 ?
2. Quel montant de charge d'intérêts doit-on inscrire au 30 juin 2013 ? au 31 décembre 2013 ?
3. Quel est le montant du paiement des intérêts au 30 juin 2013 ? au 31 décembre 2013 ?
4. Quelle est la valeur aux livres des obligations au 30 juin 2013 ? au 31 décembre 2013 ?

9

PROBLÈMES SUPPLÉMENTAIRES

PS9-1

1•6

30 minutes

(P9-1)

La détermination des effets financiers des opérations relatives aux éléments de passif courant et l'analyse de leur incidence sur les flux de trésorerie

La société Cromaire a effectué les opérations suivantes au cours de la période financière 2014, qui s'est terminée le 31 décembre :

01-15   Enregistrement d'un montant de 125 000 $ à titre de charge fiscale pour la période en cours. Les impôts exigibles de la période s'élevaient à 93 000 $.

01-31   Versement des intérêts à payer au montant de 52 000 $.

04-30   Emprunt de 550 000 $ à la Banque Toronto Dominion ; signature d'un effet à payer portant intérêt au taux de 12 % et exigible dans 12 mois.

06-03   Achat de marchandises à crédit pour la revente ; la facture s'élève à 75 820 $ (système d'inventaire périodique).

07-05   Paiement de la facture du 3 juin.

08-31   Signature d'un contrat relatif à un service de sécurité dans un petit immeuble à appartements et encaissement à l'avance des frais des six premiers mois pour un total de 12 000 $. (Enregistrez cet encaissement de manière à éviter toute inscription de régularisation à la fin de la période.)

12-31   Reclassement d'un élément de passif non courant d'un montant de 100 000 $ pour l'inclure dans les éléments de passif courant.

12-31   Détermination d'un montant de 85 000 $ en salaires et rémunérations qui ont été gagnés, mais non payés au 31 décembre (ne tenez pas compte des charges sociales).

Travail à faire

1. Indiquez le montant et l'effet (+ pour une augmentation et – pour une diminution) de chacune des opérations sur l'équation comptable. Utilisez le modèle suivant :

Date	Actif	=	Passif	+	Capitaux propres

2. Pour chacune des opérations, indiquez si les flux de trésorerie provenant des opérations augmentent, diminuent ou demeurent inchangés.

PS9-2

 **1•6**

40 minutes
(P9-2)

La comptabilisation et la présentation des éléments de passif courant, et l'analyse de leurs effets sur les flux de trésorerie

Reportez-vous aux renseignements fournis dans le problème PS9-1.

Travail à faire

1. Passez l'écriture de journal correspondant à chacune de ces opérations.
2. Passez toutes les écritures de régularisation requises en date du 31 décembre 2014.
3. Indiquez comment on doit présenter tous les éléments de passif relatifs à ces opérations dans l'état de la situation financière au 31 décembre 2014.

PS9-3

1•5

40 minutes
(P9-5)

Future Shop

La détermination des effets de différents éléments de passif sur les états financiers

Future Shop, maintenant filiale exclusive de Best Buy, est l'un des plus importants détaillants de matériel informatique au Canada. Plusieurs produits qu'offre l'entreprise comportent des plans de garantie supplémentaire. Voici la façon dont la société comptabilise les provisions pour garanties :

Provision pour garanties

Les coûts estimés relatifs aux garanties sur les produits sont inscrits au moment de la vente des contrats de garanties supplémentaires. La direction révise ces coûts anticipés annuellement pour déterminer les ajustements nécessaires, s'il y a lieu.

1. Supposez que les coûts de garantie estimés pour la période financière 2015 s'élèvent à 8,5 millions de dollars et que les services rendus en vertu de ces garanties ont lieu en 2016. Décrivez les effets de ces hypothèses sur les états financiers de chaque année.

Carnival Cruise Lines

Carnival Cruise Lines exploite des bateaux de croisière en Alaska, dans les Caraïbes, dans le sud de l'océan Pacifique ainsi que dans la Méditerranée. Certaines croisières sont courtes, d'autres peuvent durer des semaines. L'entreprise a un chiffre d'affaires de plus de 1 milliard de dollars par an. La note suivante provient de l'un de ses rapports annuels :

Produits opérationnels

Les acomptes versés par les clients, qui constituent un produit différé, sont incorporés à l'état de la situation financière au moment de leur réception et sont constatés comme des produits opérationnels lorsque les croisières sont terminées, dans le cas des voyages qui durent 10 jours ou moins, et proportionnellement au nombre de jours de croisière écoulés, dans le cas de voyages de plus de 10 jours.

2. Expliquez comment Carnival présente un produit différé dans son état de la situation financière. Supposez que l'entreprise a amassé 19 millions de dollars en 2015 pour des croisières qui seront effectuées l'année suivante. De ce montant, 4 millions de dollars ont servi à payer des croisières de 10 jours ou moins qui ne sont pas terminées, 8 millions de dollars proviennent de croisières de plus de 10 jours dont la durée est écoulée en moyenne à 60 % et 7 millions de dollars correspondent à des croisières qui n'ont pas encore commencé. Quel montant l'entreprise devrait-elle enregistrer à titre de produit différé dans son état de la situation financière de l'année 2015?

Sunbeam

Sunbeam était une société spécialisée dans les produits de grande consommation. Elle fabriquait et mettait sur le marché différents produits ménagers tels que des fers à repasser, des grille-pain, des malaxeurs, et le faisait sous des marques de commerce connues dont Coleman et Osterizer. Son chiffre d'affaires annuel dépassait les 2 milliards de dollars. L'information suivante a été tirée de l'un des rapports annuels de l'entreprise avant sa faillite :

Litiges

De temps à autres, Sunbeam et ses filiales sont impliquées dans divers procès que l'entreprise considère comme des litiges prévisibles découlant de ses activités normales. D'après l'entreprise, le règlement de ces affaires de routine n'aura pas d'effets négatifs importants sur sa situation financière, les résultats de ses activités ou de ses flux de trésorerie. À la fin de la période courante, elle a établi des provisions destinées à régler des litiges qui se chiffrent à 31,2 millions de dollars.

Au cours d'une année antérieure, l'entreprise avait enregistré une charge de 12 millions de dollars relativement à une poursuite dont les résultats semblaient peu encourageants pour elle. Toutefois, durant le quatrième trimestre de l'année en question, l'affaire s'est réglée de façon avantageuse et, par conséquent, une charge de 8,1 millions de dollars a été annulée et transformée en profit.

3. Dans vos propres mots, expliquez la signification de ces notes. Décrivez comment le litige en question a modifié les états financiers de l'entreprise.

L'Impériale

Dans un rapport annuel de L'Impériale, société arborant la bannière Esso, on constate que le ratio du fonds de roulement de l'entreprise est de 0,88. L'année précédente, ce ratio était de 1,02. La société a généré 2 milliards de dollars en flux de trésorerie liés aux activités opérationnelles.

4. À partir de cette information, croyez-vous que l'Impériale éprouve des difficultés financières? Quels autres éléments devriez-vous analyser pour pouvoir effectuer une telle évaluation?

Brunswick

Brunswick Corporation est une multinationale qui fabrique et vend des produits pour la navigation en mer et les loisirs. L'un de ses rapports annuels renferme les renseignements suivants :

Législation et environnement

L'entreprise est mise en cause dans de nombreux projets de mesures correctives et de nettoyage en matière d'environnement, lesquels représentent au total un risque estimé d'environ 21 à 42 millions de dollars. Elle constate d'avance les activités reliées à des mesures correctives de l'environnement pour lesquelles des engagements ou des plans de nettoyage ont été élaborés et dont il est possible d'estimer les coûts de façon raisonnable.

5. Dans vos propres mots, expliquez la convention comptable utilisée par l'entreprise en matière de dépenses relatives à l'environnement. Comment peut-on justifier l'emploi de cette convention?

PS9-4

6
10 minutes
(P9-6)

La détermination des effets des flux de trésorerie

Pour chacune des opérations suivantes, déterminez si les flux de trésorerie provenant des opérations augmenteront, diminueront ou demeureront inchangés.

a) L'achat de marchandises au comptant.

b) Le paiement des salaires et des rémunérations du dernier mois de la période précédente.

c) Le paiement des impôts au gouvernement fédéral.

d) Un emprunt bancaire ; le billet arrive à échéance dans deux ans.

e) La retenue des sommes destinées au régime des rentes provincial sur les salaires des employés et le versement immédiat de ce montant au gouvernement.

f) L'enregistrement de la charge d'intérêts à payer.

g) Le paiement comptant à la suite de réclamations de garanties.

h) Le paiement en espèces des salaires et les rémunérations du mois en cours.

i) La prestation de services déjà payés par un client au cours de la période précédente (le produit différé est maintenant réalisé).

Le calcul de la valeur actualisée

Le 1er janvier 2015, la société Montbrun a effectué les opérations suivantes. (Supposez que le taux d'intérêt annuel du marché est de 10 % pour toutes les opérations.)

a) Emprunt de 2 000 000 $, qui seront remboursés dans cinq ans. Les intérêts annuels relatifs à l'emprunt sont de 150 000 $.

b) Établissement d'un fonds de 1 million de dollars pour la construction d'ajouts à l'usine. Ce fonds sera disponible à la fin de la dixième année lorsque le montant unique déposé le 1er janvier 2015 atteindra cette somme.

c) Achat d'une machine au coût de 750 000 $ le 1er janvier 2015, dont 400 000 $ ont été versés. Un effet à payer exigible dans quatre ans a été signé pour le reste de la somme. Cet effet sera remboursé en quatre paiements égaux effectués respectivement à la fin de chaque année. Le premier paiement se fera le 31 décembre 2015.

Travail à faire

Présentez vos calculs et arrondissez au dollar près.

1. Dans l'opération a), quelle est la valeur actualisée de la dette ?

2. Dans l'opération b), quel montant unique l'entreprise doit-elle déposer le 1er janvier 2015 ? Quel sera le montant total des intérêts gagnés ?

3. Dans l'opération c), quel est le montant de chacun des versements annuels égaux destinés à rembourser l'effet à payer ? Quel sera le montant total des intérêts payés pour les quatre ans ?

La prise de décision à l'aide du concept de valeur actualisée

Après une longue et fructueuse carrière en tant que vice-président directeur d'une grande banque, vous songez à la retraite. En consultant le Service des ressources humaines, vous apprenez que différents choix s'offrent à vous. Vous pourriez recevoir : 1) 1 million de dollars en argent comptant immédiatement ; 2) 60 000 $ par an pour le reste de votre vie (selon les statistiques, votre espérance de vie est d'encore 20 ans) ; ou 3) 50 000 $ par an pendant 10 ans, puis 70 000 $ par an pour le reste de votre vie (ce choix a pour but de vous assurer une certaine protection contre l'inflation). D'après vos calculs, vous pouvez obtenir un taux d'intérêt de 8 % sur vos investissements. Quel choix ferez-vous ? Expliquez votre réponse.

Le calcul de valeurs capitalisées

Le 1er janvier 2014, la société Strapontin inc. a décidé de constituer un fonds qui servira à payer la construction d'une nouvelle aile à son usine. L'entreprise déposera donc 320 000 $ dans le fonds à la fin de chaque année, en commençant le 31 décembre 2014. Ce fonds rapportera des intérêts de 9 % qui seront ajoutés au solde à la fin de chaque année, c'est-à-dire le 31 décembre.

Travail à faire

1. Quel sera le solde de ce fonds juste après le dépôt du 31 décembre 2016?
2. Remplissez le calendrier de croissance du fonds ci-après.

Date	Paiement en argent	Produit d'intérêts	Augmentation du fonds	Solde du fonds
2014-12-31				
2015-12-31				
2016-12-31				
Total				

PS9-8

⊕ **7**

20 minutes
(P9-7)

General Mills

L'analyse et le reclassement d'une dette

General Mills est une société milliardaire qui fabrique et vend des produits utilisés dans les cuisines de plusieurs d'entre nous. Dans son rapport annuel, l'entreprise présente la note suivante:

Nous avons des ententes de crédits renouvelables qui expirent dans deux ans et qui nous fournissent une marge de crédit nous permettant d'emprunter au besoin. Ces ententes nous permettent de refinancer les dettes courantes sur une base à long terme.

Si vous tenez compte de sa capacité d'emprunter au besoin pour refinancer sa dette, General Mills devrait-elle classer ses emprunts courants dans le passif courant ou dans le passif non courant? Expliquez ce que vous feriez si vous étiez membre de la direction, et dites pourquoi. Votre réponse serait-elle différente si vous étiez analyste financier?

PS9-9

⊕ **11**

20 minutes

La présentation des obligations émises à la valeur nominale

Le 1er janvier 2015, Trucks R Us inc. a émis 2 000 000$ en obligations dont l'échéance est dans cinq ans. Le taux d'intérêt qui y est stipulé est de 10%, et les intérêts sont payés le 31 décembre de chaque année. Lors de la vente de ces obligations, le taux d'intérêt du marché était de 10%.

Travail à faire

1. Quel est le prix d'émission au 1er janvier 2015?
2. Quelle charge d'intérêts doit-on inscrire au 31 décembre 2015? au 31 décembre 2016?
3. Quel montant d'intérêts doit être versé le 31 décembre 2015? le 31 décembre 2016?
4. Quelle est la valeur aux livres des obligations au 31 décembre 2015? au 31 décembre 2016?

PS9-10

⊕ **11**

30 minutes

La comptabilisation d'une émission d'obligations à prime selon la méthode de l'intérêt effectif

Le 1er janvier 2015, la société d'assurance Faveur inc. a émis des obligations d'une valeur nominale de 4 000 000$ dont l'échéance est dans cinq ans. Le taux d'intérêt nominal est de 9%, et les intérêts sont versés le 31 décembre de chaque année. Au moment de l'émission, le taux effectif était de 6%.

Travail à faire

1. Quel est le prix d'émission au 1er janvier 2015?
2. Quelle charge d'intérêts doit-on inscrire au 31 décembre 2015? au 31 décembre 2016? Quel est le montant de l'amortissement annuel de la prime?
3. Quel montant d'intérêts doit être versé le 31 décembre 2015? le 31 décembre 2016?
4. Quelle est la valeur aux livres des obligations au 31 décembre 2015? au 31 décembre 2016?

PS9-11

11

30 minutes

La comptabilisation d'une émission d'obligations à escompte selon la méthode de l'intérêt effectif

Le 1ᵉʳ janvier 2015, la société Vitavie inc. a émis des obligations d'une valeur nominale de 2 000 000 $ dont l'échéance est dans cinq ans. Le taux d'intérêt nominal est de 6 %, et les intérêts sont versés le 31 décembre de chaque année. Au moment de l'émission, le taux effectif était de 7 %.

Travail à faire

1. Quel est le prix d'émission au 1ᵉʳ janvier 2015?
2. Quelle charge d'intérêts doit-on inscrire au 31 décembre 2015? au 31 décembre 2016? Quel est le montant de l'amortissement annuel de l'escompte?
3. Quel montant d'intérêts doit être versé le 31 décembre 2015? le 31 décembre 2016?
4. Quelle est la valeur aux livres des obligations au 31 décembre 2015? au 31 décembre 2016?

CAS — INFORMATION FINANCIÈRE

CP9-1

1•6•7•10•11•
Annexe 9-A

40 minutes

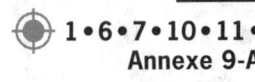

L'Oréal

La recherche d'information financière

Reportez-vous aux états financiers de la société L'Oréal (*voir l'annexe B à la fin de ce manuel*). Pour chacune des questions, indiquez l'endroit où vous avez trouvé l'information ou celui où vous l'avez cherchée si elle n'était pas disponible.

Travail à faire

1. Pour l'année la plus récente, quel est le montant des rémunérations et des charges sociales à payer?
2. Dans le poste Dette fournisseur, comment certaines variations ont-elles modifié les flux de trésorerie liés aux opérations durant l'année en cours?
3. Quels sont les éléments qui composent le solde du passif non courant de l'année la plus récente? Quel montant devra être remboursé au cours de la prochaine année? La société bénéficie-t-elle de lignes de crédit?
4. Quels éléments composent le passif d'impôts différés non courant?
5. L'entreprise a-t-elle un régime de retraite pour ses employés? Si oui, de quel genre de programme s'agit-il?
6. Décrivez les éléments qui font partie de la dette non courante.
7. Quel est le montant de la charge d'intérêts sur la dette non courante de l'année la plus récente? Ce montant est-il différent des intérêts versés? Si oui, indiquez ce dernier montant. Parle-t-on du taux d'intérêts effectif?

CP9-2

1•5•6•7•10•11

40 minutes

Inter Parfums

La recherche d'information financière

Reportez-vous aux états financiers de la société Inter Parfums (*voir l'annexe C à la fin de ce manuel*). Pour chacune des questions, indiquez l'endroit où vous avez trouvé l'information ou celui où vous l'avez cherchée si elle n'était pas disponible.

Travail à faire

1. Quel est le montant des rémunérations ou des salaires à payer de l'année la plus récente?
2. Dans le poste Fournisseurs et comptes rattachés, comment la variation a-t-elle modifié les flux de trésorerie liés aux opérations de l'année la plus récente?
3. Décrivez et indiquez les éléments du passif non courant de l'année la plus récente.

4. Pouvez-vous déterminer les composantes précises des charges courantes à payer de l'année la plus récente? Si oui, énumérez-les.

5. L'entreprise constate-t-elle des éléments de passif éventuel?

6. Y a-t-il des « covenants » rattachés à la dette financière? (Un « covenant » contient les règles que doit suivre l'entreprise.)

7. Quel est le montant de la charge d'intérêts de l'année la plus récente? Ce montant diffère-t-il des intérêts versés?

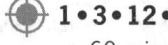

CP9-3

⊕ 1 • 3 • 12 • 13
60 minutes
L'Oréal
Inter Parfums

La comparaison de sociétés évoluant dans le même secteur d'activité

Reportez-vous aux états financiers de la société L'Oréal, aux états financiers de la société Inter Parfums ainsi qu'aux ratios de ce secteur d'activités (*voir les annexes B, C et D à la fin de ce manuel*).

Travail à faire

1. Calculez le ratio du fonds de roulement de chacune des entreprises pour chaque année présentée aux états financiers.

2. Comparez le ratio du fonds de roulement de l'année la plus récente de chaque entreprise à la moyenne du secteur d'activité. En vous basant uniquement sur le ratio du fonds de roulement, diriez-vous que le degré de liquidité de ces deux entreprises est plus ou moins élevé que celui de la moyenne des entreprises de leur secteur?

3. Calculez le taux de rotation des comptes fournisseurs de chacune de ces entreprises pour chaque année. Pour l'année courante, comparez vos résultats à ceux du secteur.

4. Pour les deux entreprises et pour chaque année, calculez le ratio des capitaux empruntés sur les capitaux propres et le ratio de couverture des intérêts. Pour l'année courante, comparez vos résultats à ceux du secteur. À la lumière de ces renseignements, faites une analyse complète de la situation.

CAS — ANALYSE FINANCIÈRE

CP9-4

⊕ 8
20 minutes

L'analyse des intérêts cachés dans la vente de biens immobiliers: la valeur actualisée

Bon nombre de publicités renferment des offres trop alléchantes pour être vraies. Il y a quelques années, on pouvait lire l'annonce suivante dans un journal : «Maison à vendre 150 000 $ avec prêt hypothécaire financé à 0 % d'intérêts.» Si l'acheteur acceptait d'effectuer des versements mensuels de 3 125 $ pendant quatre ans (150 000 $ ÷ 48 mois), il n'avait pas d'intérêts à payer. À l'époque où l'offre a été faite, les taux d'intérêt hypothécaires étaient de 12 %. La valeur actualisée lorsque $n = 48$ et $i = 1 \%$ est de 37,9740.

Travail à faire

1. L'entreprise de construction accordait-elle vraiment un prêt hypothécaire à 0 % d'intérêts?

2. Estimez le prix véritable de la maison offerte dans l'annonce. Supposez que le paiement mensuel a été calculé d'après un taux d'intérêt implicite de 12 %.

9

L'analyse des obligations à coupon zéro d'une vraie société

CP9-5

⊕ **11•12**

25 minutes

JCPenney

La société JCPenney a été l'une des premières à émettre des obligations à coupon zéro. Elle a émis des obligations dont la valeur nominale était de 400 millions de dollars avec une date d'échéance huit ans après la date d'émission. Lors de l'émission de ces obligations, le taux d'intérêt effectif du marché était de 15%. Un article paru dans le magasine *Forbes* portait sur les obligations de JCPenney. On pouvait y lire ce qui suit : « Il est facile de comprendre pourquoi une société voudrait émettre des obligations qui ne paient aucun intérêt. Mais pourquoi voudrait-on acheter une telle obligation? »

Travail à faire

1. Expliquez pourquoi un investisseur achèterait des obligations au taux d'intérêt de 0%.

2. Si un investisseur pouvait obtenir un taux d'intérêt de 15% sur des placements similaires, combien JCPenney a-t-elle pu recevoir lors de l'émission de ces obligations ayant une valeur nominale de 400 millions de dollars?

CAS — ANALYSE CRITIQUE

CP9-6

⊕ **1•2•6**

30 minutes

La prise de décision à titre de gestionnaire : les liquidités

Dans certains cas, un gestionnaire peut effectuer des opérations qui amélioreront l'apparence des rapports financiers de son entreprise sans en modifier la réalité économique sous-jacente. Dans le présent chapitre, nous avons vu l'importance de bien gérer les liquidités, que l'on évalue au moyen du ratio du fonds de roulement et du fonds de roulement net.

Supposez que l'entreprise a un fonds de roulement net positif et un ratio du fonds de roulement de 2,0 avant les opérations qui suivent.

a) Emprunt bancaire de 1 million de dollars, remboursable dans 90 jours.

b) Emprunt de 10 millions de dollars au moyen d'un effet à payer non courant, remboursable dans cinq ans.

c) Reclassement de la partie courante de la dette à long terme dans les éléments de passif non courant à la suite d'une nouvelle entente avec la banque, laquelle garantit la capacité de l'entreprise à refinancer sa dette lorsqu'elle viendra à échéance.

d) Paiement de 100 000 $ sur les comptes fournisseurs de l'entreprise.

e) Enregistrement d'un contrat d'emprunt qui garantit la capacité de l'entreprise à emprunter jusqu'à 10 millions de dollars lorsqu'elle en aura besoin.

f) Obligation pour tous les employés de prendre les jours de congé annuels accumulés pour permettre une diminution du passif de l'entreprise en matière d'indemnités de congés payés.

Travail à faire

Pour chacune de ces opérations, déterminez s'il y a une augmentation ou une diminution, ou s'il n'y a aucun changement dans la liquidité enregistrée, et indiquez si, à votre avis, les liquidités de l'entreprise sont améliorées.

Vous pouvez présenter les effets de la façon suivante :

Ratio du fonds de roulement	Fonds de roulement net	Liquidités

CP9-7

⊕ **2**

25 minutes

Une question d'éthique : la gestion des résultats enregistrés

La présidente d'une entreprise régionale de commerce de gros prévoit emprunter une forte somme d'argent à une banque locale au début de la prochaine période fiscale. Elle sait que cette banque accorde beaucoup d'importance au niveau de liquidités de ses emprunteurs potentiels. Pour améliorer le ratio du fonds de roulement de son entreprise, elle demande à ses employés d'interrompre l'expédition de nouvelles marchandises aux clients et de

9

cesser d'accepter de la marchandise des fournisseurs pendant les trois dernières semaines de la période. S'agit-il d'un comportement conforme à l'éthique? Votre réponse serait-elle différente si la présidente s'était préoccupée des profits enregistrés et avait demandé à tous ses employés de faire des heures supplémentaires pour expédier, avant la fin de la période, les marchandises qui avaient été commandées?

30 minutes

La prise de décision à titre d'auditeur: les éléments de passif éventuel

Pour chacune des situations suivantes, déterminez si l'entreprise devrait enregistrer un élément de passif à l'état de la situation financière, mentionner par voie de note un élément de passif éventuel ou ne pas faire état de la situation. Expliquez vos conclusions.

1. Un constructeur d'automobiles met un nouveau modèle sur le marché. À la lumière d'expériences passées, il sait qu'aussitôt qu'une voiture de ce modèle sera en cause dans un accident, des poursuites seront engagées contre lui. L'entreprise peut avoir la certitude qu'au moins un jury accordera des dommages-intérêts aux personnes blessées dans un accident.

2. Une recherche scientifique démontre que le produit de l'entreprise A qui se vend le mieux est peut-être le résultat d'une contrefaçon d'un brevet de l'entreprise B. Si l'entreprise B découvre la contrefaçon et intente un procès à l'entreprise A, celle-ci pourrait perdre des millions de dollars.

3. Au cours de l'aménagement d'un terrain en vue de réaliser un nouveau projet domiciliaire, une entreprise a pollué un lac naturel. Selon la loi en vigueur, elle devra nettoyer le lac lorsque ses travaux seront terminés. Le projet de développement s'échelonne sur cinq à huit ans. D'après les estimations actuelles, il faudra débourser de deux à trois millions de dollars pour nettoyer le lac.

4. Une entreprise vient d'être avisée qu'elle a perdu un procès relativement à la responsabilité sur ses produits, ce qui lui coûtera un million de dollars. Elle prévoit en appeler de ce jugement. La direction est convaincue que l'entreprise gagnera en appel, mais ses avocats croient plutôt qu'elle perdra.

5. Une cliente importante n'est pas satisfaite de la qualité d'un projet de construction. L'entreprise croit que cette cliente a des exigences déraisonnables mais, pour conserver son fonds commercial, elle décide de procéder à des réparations au coût de 250 000 $ l'année suivante.

20 minutes

Une question d'éthique: l'évaluation de la véracité d'une publicité

La New York State Lottery Commission a fait paraître la publicité suivante dans un certain nombre de journaux new yorkais: «Le gros lot de la loterie du mercredi 25 août sera de 3 millions de dollars, incluant des intérêts gagnés sur une période de paiement de 20 ans. Des versements de montants égaux de 150 000 $ seront effectués chaque année.»

9

Travail à faire

1. Dans vos propres mots, expliquez le sens de cette publicité et évaluez sa véracité.

2. Cette publicité pourrait-elle tromper certaines personnes?

3. Êtes-vous d'accord avec le fait que la personne gagnante recevra 3 millions de dollars? Sinon, quel montant serait plus exact? Indiquez les hypothèses sur lesquelles vous vous basez.

20 minutes

Une question d'éthique: les obligations

Vous travaillez pour une petite entreprise qui investit dans de nouvelles sociétés Internet. Selon les prévisions financières, la société pourra obtenir un rendement de 40 000 000 $ par année sur un investissement de 100 000 000 $. La présidente de la société suggère d'emprunter cette dernière somme au moyen de l'émission d'obligations au taux d'intérêt de 7 %. Elle affirme: «Ceci est mieux que d'imprimer de l'argent! Il n'est pas nécessaire qu'on investisse un sou de notre capital; on obtient 33 000 000 $ par année après le paiement des intérêts aux obligataires.» Après mûre réflexion sur cette transaction, vous commencez à vous sentir mal à l'aise de soutirer de tels avantages aux créanciers. Vous croyez qu'il n'est pas bien de gagner un retour aussi élevé en utilisant des fonds qui appartiennent à d'autres personnes. Cette transaction respecte-t-elle les règles de l'éthique?

10

25 minutes

Une question d'éthique : les obligations

Jouez le rôle d'un gestionnaire de portefeuille d'une grande société d'assurances. La plus grande part des fonds que vous gérez provient d'enseignants à la retraite qui dépendent du revenu sur l'investissement que vous leur procurez. Vous avez investi un montant important dans les obligations d'une société ; vous venez de recevoir un appel du président de cette société, qui vous explique que les intérêts courants sur les obligations ne seront pas payés, car l'augmentation de la compétition internationale a causé une baisse importante des résultats de l'entreprise. Le président de la société a un plan de redressement qui prendra au moins deux ans à réaliser. Pendant ce temps, la société ne pourra payer les intérêts sur les obligations. Il admet que si le plan ne fonctionne pas, les obligataires perdront probablement la moitié de leur investissement.

À titre de créditeur, vous pouvez acculer la société à la faillite et récupérer ainsi près de 90 % de la valeur des obligations pour vos clients. Vous savez aussi que votre décision peut mener 10 000 personnes au chômage si la société cesse ses activités. Comme vous pouvez faire deux choix, soit acculer la société à la faillite pour protéger vos clients, soit faire confiance au plan de redressement de la société pour protéger les emplois, lequel ferez-vous ?

CP9-12

11 • 12

25 minutes

L'analyse d'une société dans le temps

L'information financière suivante a été rapportée par Platon inc. :

	2017	2016	2015
Ratio de couverture des intérêts	3,32	3,46	3,05
Ratio des capitaux empruntés sur les capitaux propres	1,26	1,24	1,29
Passif non courant (en millions de dollars)	924	889	753

À titre d'analyste financier, quelles conclusions pouvez-vous tirer de cette information ?

PROJETS — INFORMATION FINANCIÈRE

CP9-13

8

Un projet individuel : la planification de la retraite

Même s'il peut vous sembler qu'il est un peu tôt pour planifier votre retraite, servez-vous du moteur de recherche de votre navigateur Web pour trouver un site qui offre un logiciel de planification de retraite. Répondez aux questions qu'on vous y pose et élaborez un régime de retraite. Lorsque vous aurez terminé, expliquez comment le planificateur de retraite utilise le concept de valeur actualisée dont il a été question dans ce chapitre.

CP9-14

1 • 2 • 3 • 4 • 5 • 6 • 7 • 10 • 11 • 12 • 13

Un projet d'équipe : l'examen d'un rapport annuel

Formez une équipe et choisissez un secteur d'activité à analyser. Chaque membre de l'équipe doit se procurer le rapport annuel d'une société ouverte, dans ce secteur, qui comporte des placements. Chaque membre doit choisir une société différente. (Vos sources de recherche peuvent être le site SEDAR, www.sedar.com, ou le site des entreprises elles-mêmes.) Ensuite, chaque membre de l'équipe doit écrire individuellement un bref rapport répondant aux questions qui suivent au sujet de la société choisie.

Travail à faire

1. Dressez la liste des postes du passif de l'entreprise choisie (en précisant les montants de chacun) au cours des trois dernières périodes et répondez aux questions suivantes :

   a) Quel est le pourcentage de chaque élément par rapport au passif total de l'année ?

   b) Que suggèrent les résultats de votre analyse au sujet de la stratégie adoptée par l'entreprise concernant les fonds empruntés ?

   c) La société divulgue-t-elle des passifs découlant de la location d'actifs dans ses notes aux états financiers ? Comment sont-ils présentés ?

9

2. L'entreprise a-t-elle des provisions et des éléments de passif éventuels? Si oui, évaluez le risque associé à chacune des éventualités.

3. Analyse au moyen des ratios:

   a) Calculez le ratio du fonds de roulement des trois dernières périodes.

   b) Que suggèrent vos résultats à propos de la société?

   c) S'il est disponible, trouvez le ratio du secteur d'activité de l'année en cours. Comparez ce ratio avec vos résultats et expliquez les raisons pour lesquelles le ratio de votre société est similaire au ratio du secteur ou en diffère.

4. Analyse au moyen des ratios:

   a) Calculez le taux de rotation des comptes fournisseurs des trois dernières périodes.

   b) Que suggèrent vos résultats à propos de l'entreprise?

   c) S'il est disponible, trouvez le ratio du secteur d'activité de l'année en cours. Comparez ce ratio avec vos résultats et expliquez les raisons pour lesquelles le ratio de votre société est similaire au ratio du secteur ou en diffère.

5. Quel est l'effet d'une variation des comptes fournisseurs sur les flux de trésorerie des activités opérationnelles de l'année la plus récente (en d'autres mots, la variation a-t-elle fait augmenter ou diminuer les flux monétaires des activités opérationnelles)? Expliquez votre réponse.

6. Votre société a-t-elle émis des obligations ou des effets à long terme? Si oui, lisez les notes aux états financiers et notez toute caractéristique particulière (convertibilité, garantie par des actifs particuliers, etc.).

7. Si votre société a émis des obligations, ont-elles été émises à prime ou à escompte?

8. Analyse au moyen des ratios:

   a) Calculez le ratio de couverture des intérêts des trois dernières périodes.

   b) Que suggèrent vos résultats au sujet de votre société?

   c) S'il est disponible, trouvez le ratio du secteur d'activité de l'année en cours. Comparez-le avec vos résultats et expliquez les raisons pour lesquelles le ratio de votre société est similaire au ratio du secteur ou en diffère.

9. Analyse au moyen des ratios:

   a) En général, quelle information fournit le ratio des capitaux empruntés sur les capitaux propres?

   b) Calculez ce ratio pour les trois dernières périodes.

   c) Que suggèrent vos résultats au sujet de votre société?

   d) S'il est disponible, trouvez le ratio du secteur d'activité de l'année en cours. Comparez-le avec vos résultats et expliquez les raisons pour lesquelles le ratio de votre société est similaire au ratio du secteur ou en diffère.

10. La société a-t-elle émis des obligations en devises étrangères? Si oui, pouvez-vous expliquer pourquoi?

11. Au cours de l'année la plus récente, quel montant d'argent la société a-t-elle encaissé sur l'émission de dette? Combien a-t-elle remboursé de capital sur la dette? Quelles raisons la direction a-t-elle invoquées pour émettre ou rembourser la dette au cours de la période?

12. Analysez toute répétition des caractéristiques que vous observez chez l'une et l'autre des entreprises choisies par les membres de l'équipe. Rédigez ensuite ensemble un bref rapport dans lequel vous soulignerez les ressemblances et les différences.

9

BOIRON
Le financement par les propriétaires actionnaires
www.boiron.com/fr

La société Boiron fabrique, distribue et commercialise des produits homéopathiques. L'homéopathie est une pratique vieille de 200 ans. Les membres de la famille royale d'Angleterre en sont de fervents consommateurs.

> Les médicaments homéopathiques sont préparés à partir de substances végétales, animales, minérales ou chimiques fortement diluées. Ils n'induisent pas d'effets toxiques et ne présentent pas de risque d'accoutumance. Il existe deux grandes familles de médicaments homéopathiques :
> - Ceux qui mentionnent des indications thérapeutiques précises et une posologie [...] sous forme de comprimés, sirops, pommades et autres présentations.
> - Ceux qui ne mentionnent pas d'indication thérapeutique, ni de posologie, car le même médicament peut être utilisé dans le cadre de traitements individualisés pouvant concerner différentes pathologies. Ils se présentent généralement sous formes de tubes granules ou doses globules[1].

La société Boiron est née en 1932 lorsque Jean et Henri Boiron se sont lancés dans l'aventure de l'homéopathie. En 2009, l'entreprise demeurait toujours un laboratoire familial et indépendant, une exception dans le paysage pharmaceutique international. Son siège social est situé en France. La société est présente dans 17 pays (dont le Canada), a un chiffre d'affaires de 526 millions d'euros et compte plus de 4 000 collaborateurs dans le monde. Avec ses 5 lieux de production et ses 60 établissements de distribution, elle occupe une petite part du marché mondial du médicament, soit environ 2 %. Parmi ses produits bien connus, l'Oscillococcinum combat les symptômes de la grippe ; c'est un produit populaire, surtout en raison de nos hivers canadiens. Bien que l'homéopathie soit une pratique plus récente en Amérique du Nord, elle y gagne en popularité. En effet, en 2000, 30 % des activités de l'entreprise provenaient du marché international ; ce ratio a grimpé à 45 % en 2009. En France, 40 % des patients se soignent par l'homéopathie.

De 2006 à 2009, le chiffre d'affaires de la société est passé de 398,7 à 526,1 millions d'euros, soit une augmentation de 32 %. Cette croissance a été possible grâce à l'acquisition d'entreprises présentes sur la scène internationale, dont le financement s'est fait par l'émission d'actions. Par exemple, l'achat en 2005 de la société Dolisos, numéro deux

10

1 BOIRON, *Rapport annuel 2009*, p. 7.

mondial de l'homéopathie, s'est fait par l'émission de plus de trois millions d'actions aux anciens propriétaires, faisant de la société Boiron le numéro un dans le domaine, loin devant les autres acteurs de ce secteur d'activité. L'augmentation du chiffre d'affaires est aussi due au fait que l'entreprise a procédé à la construction de nouvelles installations dans divers pays, augmenté ses exportations en Amérique du Nord de même que sa capacité de production, et modernisé plusieurs lieux de production.

Ses propriétaires ont bénéficié de la croissance du titre de Boiron, lequel est passé de 21,70 € en 2006 à 29,81 € à la fin de 2009, soit une augmentation de 37,4 %. Les actions de Boiron sont négociées à la Bourse de New York et à celle de Paris.

Dans le présent chapitre, nous expliquons le rôle que joue le capital social (anciennement appelé « capital-actions ») dans le succès d'une entreprise et les stratégies qu'utilisent les administrateurs pour maximiser la richesse des actionnaires.

• Parlons affaires

Pour certaines personnes, les expressions « société par action » et « compagnie » sont presque synonymes. Il est normal d'établir un lien entre les affaires et les sociétés de capitaux propres, car cette forme d'entreprise commerciale est prédominante pour ce qui est du volume d'affaires. Si vous deviez jeter sur papier le nom de 25 entreprises qui vous sont familières, celles-ci seraient sans doute toutes des sociétés par actions.

La popularité de la société par actions comme forme d'entreprise est attribuable au net avantage qu'elle possède sur l'entreprise individuelle ou la société de personnes (*voir l'annexe 10-A à la page 676*). De telles sociétés peuvent attirer des montants importants de capital, car tant les petits que les grands investisseurs ont la possibilité de devenir propriétaires. Trois principaux facteurs permettent d'investir facilement dans les sociétés par actions :

1. On peut devenir partiellement propriétaire d'une société en achetant une petite quantité de ses actions (nous faisons référence, bien sûr, aux sociétés dont les actions sont cotées en Bourse et non aux sociétés à capital fermé, dont les actions ne sont pas négociées en Bourse). Par exemple, si l'on achète une seule action de Boiron pour environ 29,63 € (prix du marché au 4 janvier 2011), on devient l'un des propriétaires-actionnaires de cette entreprise multinationale.

2. La société par actions facilite le transfert des participations. En effet, on peut aisément vendre ses actions à d'autres investisseurs sur des marchés établis comme la Bourse de New York, celle de Paris ou, au Canada, la Bourse de Toronto.

3. Dans les sociétés par actions, les actionnaires n'ont qu'une responsabilité limitée[2].

Bon nombre d'individus détiennent des actions, soit directement, soit indirectement à cause de leur participation dans des fonds mutuels ou un régime de retraite. D'un côté, la détention d'actions leur donne l'occasion d'obtenir des rendements souvent plus élevés que ceux qu'offrent les dépôts bancaires ou les obligations d'entreprises. D'un autre côté, la détention d'actions comporte, la plupart du temps, des risques plus élevés. La recherche d'un équilibre entre les risques et les rendements attendus est fonction des attentes de chacun.

---

2 Dans le cas de l'insolvabilité d'une société par actions, les créanciers n'ont de recours que par rapport aux actifs de la société. Ainsi, les actionnaires ne peuvent perdre, au maximum, que le capital qu'ils ont investi dans la société. Dans le cas d'une société de personnes ou d'une entreprise individuelle, les créanciers peuvent accéder aux actifs personnels des propriétaires si les actifs de l'entreprise sont insuffisants pour rembourser ses dettes impayées.

Le tableau 10.1 présente de l'information financière tirée du document de référence (rapport annuel) de Boiron. Il faut noter que la section des capitaux propres de l'état de la situation financière présente trois sources de fonds :

1. Le **capital social,** soit les actions préférentielles et les actions ordinaires[3]. Il s'agit des sommes que versent les actionnaires pour l'achat des actions ;
2. Les **primes d'émission,** lesquelles totalisent les montants payés par les actionnaires au-delà de la valeur nominale ou légale des actions[4] ;
3. Les **réserves,** lesquelles comprennent les **résultats non distribués,** créés grâce aux activités de l'entreprise. Il s'agit du montant cumulé des résultats nets gagnés par l'entreprise depuis sa création moins les dividendes qu'elle a versés depuis. Les réserves comprennent également d'autres éléments que nous verrons plus loin dans le présent chapitre.

Pour la majorité des entreprises, les résultats non distribués constituent l'apport le plus important des capitaux propres, comme c'est le cas pour Boiron.

TABLEAU 10.1 • EXTRAITS DE L'ÉTAT DE LA SITUATION FINANCIÈRE CONSOLIDÉ ET D'UNE NOTE, ET ÉTAT DES VARIATIONS DES CAPITAUX PROPRES CONSOLIDÉ DE BOIRON

Boiron
État de la situation financière consolidé (partiel)
au 31 décembre
(en milliers d'euros)

	Notes	2009	2008
Capital	16	21 735	21 948
Primes		79 876	79 876
Réserves		211 446	168 050
Capitaux propres – part du groupe		313 057	269 874
Intérêts minoritaires		220	343
Total des capitaux propres		313 277	270 217

16. Capitaux propres (extrait de la note)

Le capital social de Boiron France au 31 décembre 2009 est composé de 21 734 528 actions ordinaires dont 256 084 sont des actions propres détenues. Les actions inscrites au compte nominatif depuis trois ans ou plus bénéficient d'un droit de vote double aux assemblées générales. Il n'existe pas d'actions préférentielles. La politique de la Direction en matière de gestion des capitaux propres consiste à ce jour à privilégier le financement de son développement sur ses fonds propres.

10

3   Dans la *Loi sur les sociétés par actions* du Québec, on ne mentionne pas les termes « ordinaires » et « préférentielles » pour distinguer les actions. Les différents types d'actions sont désignés par catégories (A, B, C, etc.). Les désignations « ordinaires » et « préférentielles » sont propres à la comptabilité.

4   Cette source de fonds est normalement classée dans les réserves, quoique certaines entreprises peuvent aussi la classer comme un élément distinct des capitaux propres. Nous adoptons le classement dans les réserves pour les fins du présent manuel.

Boiron
État des variations des capitaux propres consolidé
période close le 31 décembre 2009
(en milliers d'euros)

Avant affectation du résultat	Nombre d'actions	Capital	Prime d'émission	Réserves conso-lidées	Actions propres détenues	Écart de conversion	Capitaux propres – part du groupe	Intérêts minoritaires	Capitaux propres totaux
2007-12-31	**21 889 088**	**22 006**	**79 876**	**151 834**	**(2 031)**	**(3 211)**	**248 474**	**338**	**248 812**
Rachats et cessions d'actions propres	(206 936)			71	(3 947)		(3 876)		(3 876)
Annulation d'actions propres		(58)		(939)	997		0		0
Dividendes versés				(11 951)			(11 951)	(17)	(11 968)
Transactions avec les actionnaires	(206 936)	(58)	–	(12 819)	(2 950)	–	(15 827)	(17)	(15 844)
Résultat net				39 010			39 010	25	39 035
Autres éléments du résultat global				(8)		(1 775)	(1 783)	(3)	(1 786)
Résultat global				39 002	–	(1 775)	37 227	22	37 249
2008-12-31	**21 682 152**	**21 948**	**79 876**	**178 017**	**(4 981)**	**(4 986)**	**269 874**	**343**	**270 217**
Rachats et cessions d'actions propres	(203 708)			84	(3 997)		(3 913)		(3 913)
Annulation d'actions propres		(213)		(3 811)	4 024		0		0
Dividendes versés				(12 886)			(12 886)	(21)	(12 907)
Transactions avec les actionnaires	(203 708)	(213)	–	(16 613)	27	–	(16 799)	(21)	(16 820)
Résultat net				59 839			59 839	50	59 889
Autres éléments du résultat global				(49)		192	143	(152)	(9)
Résultat global				59 790	–	192	59 982	(102)	59 880
2009-12-31	**21 478 444**	**21 735**	**79 876**	**221 194**	**(4 954)**	**(4 794)**	**313 057**	**220**	**313 277**

10

STRUCTURE DU CHAPITRE 10

La propriété d'une société par actions	Les actions ordinaires	Les dividendes sur les actions ordinaires	Le dividende en actions et le fractionnement d'actions	Les actions préférentielles	Les autres éléments des capitaux propres	La comparaison des IFRS et des normes comptables pour les entreprises à capital fermé
Les avantages de détenir des actions	La première émission d'actions	Le taux de rendement par action	Le dividende en actions	Les dividendes sur les actions préférentielles	Les réserves	
Le capital social autorisé, émis et en circulation	La vente des actions sur les marchés secondaires		Le fractionnement d'actions		Les participations ne donnant pas le contrôle	
Le résultat par action	Les actions souscrites					
	Les actions émises pour rémunérer les employés					
	Les actions émises en échange de biens et de services					
	Le rachat d'actions					

10.1 La propriété d'une société par actions

OBJECTIF D'APPRENTISSAGE

Expliquer le rôle des actions dans la structure du capital d'une société par actions.

10

La société par actions est une forme d'entreprise que la loi reconnaît comme une entité distincte. Au sens de la loi, elle est désignée comme une « personne morale ». En tant que telle, la société par actions jouit d'une existence continue, séparée et distincte de ses propriétaires. Elle peut être propriétaire d'actifs, contracter des dettes, augmenter ou diminuer sa taille, entamer des procédures judiciaires contre d'autres entreprises, être poursuivie en justice et conclure des contrats indépendamment de ses actionnaires.

Pour protéger les droits de tous, la création et la gouvernance des sociétés par actions sont réglementées. Ces règles subissent continuellement des modifications afin de tenir compte de l'environnement économique, lequel évolue avec le temps. Pour créer une société par actions, il faut soumettre une demande de charte auprès d'un agent officiel de l'État. Au fédéral, on peut obtenir des **statuts constitutifs,** selon la *Loi canadienne sur les sociétés par actions* (LCSA), en s'adressant à la Direction générale des corporations d'Industrie Canada. Si l'on veut obtenir des statuts constitutifs québécois, selon la *Loi sur les sociétés par actions du Québec* (LSAQ), il faut s'adresser au Registraire des entreprises. La société Boiron est une « société anonyme » et est incorporée selon la *Loi sur les sociétés par actions* en vigueur en France. Au moment de l'approbation de la demande, l'État délivre une charte. L'organisme directeur de la société par actions est le conseil d'administration élu par les actionnaires.

10.1.1 Les avantages de détenir des actions

Lorsque vous investissez dans une société par actions, vous en devenez **actionnaire.** À ce titre, vous recevez des actions, que vous pouvez par la suite vendre sur le marché d'une Bourse établie.

À titre de propriétaire d'actions ordinaires, vous jouissez des droits suivants :

1. **Un droit de vote.** Dans les assemblées des actionnaires, vous pouvez voter au sujet des principaux enjeux concernant la direction de la société. Vous participez donc à l'élection des membres du conseil d'administration qui dirige la société.
2. **Des dividendes.** Vous pouvez partager proportionnellement avec les autres actionnaires la distribution des résultats de la société.
3. **Des droits résiduels.** Vous pouvez partager proportionnellement avec les autres actionnaires la distribution des actifs de la société au moment de sa liquidation.

Les propriétaires, contrairement aux créanciers, peuvent voter à l'assemblée annuelle des actionnaires. Normalement, le nombre de votes correspond au nombre d'actions détenues par chacun. Nous vous présentons un extrait de l'avis d'assemblée annuelle des actionnaires qui a été envoyé à tous les détenteurs d'actions du Groupe Jean Coutu (PJC) inc., une société canadienne. Nous ne présentons pas celle de Boiron, car la formule est quelque peu différente en France.

coup d'œil sur
LE GROUPE JEAN COUTU (PJC)

AVIS DE CONVOCATION

**Le Groupe Jean Coutu (PJC) inc.
Avis de convocation
à l'assemblée générale annuelle
des actionnaires**

AVIS EST PAR LES PRÉSENTES DONNÉ que l'assemblée générale annuelle des actionnaires (l'« Assemblée ») de LE GROUPE JEAN COUTU (PJC) INC. (la Compagnie) sera tenue au siège social de la Compagnie au 551, rue Bériault à Longueuil, province de Québec, Canada, le mardi 6 juillet 2010 à 9 h 30 aux fins suivantes :

1. recevoir le rapport des administrateurs et les états financiers consolidés de la Compagnie pour l'exercice terminé le 27 février 2010 ainsi que le rapport des vérificateurs s'y rapportant ;
2. élire les administrateurs ;
3. nommer les vérificateurs et autoriser les administrateurs à fixer leur rémunération ;
4. traiter toute autre affaire qui pourrait être dûment soulevée lors de l'Assemblée.

Vous avez le droit de recevoir l'avis de convocation à l'Assemblée et d'y voter si vous étiez un actionnaire de la Compagnie le 10 mai 2010 à la clôture des affaires, heure avancée de l'Est.

L'avis d'assemblée annuelle est normalement accompagné de l'information financière sur la société ainsi que sur les personnes qui ont été nommées membres du conseil d'administration. Pour les grandes sociétés, les détenteurs d'actions sont très nombreux et dispersés ; la plupart d'entre eux ne se présentent pas aux assemblées annuelles. Pour permettre à ces personnes de voter, l'avis inclut une carte, laquelle permet de voter ou de déléguer son droit de vote par procuration[5]. Chaque actionnaire peut remplir la carte et la poster à la société. Elle est alors incluse dans les votes de l'assemblée annuelle.

La figure 10.1 montre que les actionnaires détiennent l'ultime responsabilité au sein de l'entreprise. Le conseil d'administration, et indirectement tous les employés, sont redevables envers les actionnaires. La plupart des sociétés adoptent une structure organisationnelle semblable à celle qui est présentée dans la figure 10.1. La structure particulière que choisit une entreprise dépend de la nature de ses activités.

10.1.2 Le capital social autorisé, émis et en circulation

La charte de l'entreprise précise le nombre maximal d'actions que celle-ci peut vendre au grand public. Les états financiers doivent donner de l'information sur le nombre d'actions vendues à la date de l'état de la situation financière. Examinons l'information qu'a présentée Boiron au 31 décembre 2009 (*voir le tableau 10.1 à la page 645*). Pour cette société, le nombre maximal d'actions ordinaires qui peut être vendu (nombre d'actions autorisées) est illimité et la société n'a pas d'actions préférentielles ; on peut aussi remarquer que certaines actions ordinaires (celles qui sont émises depuis trois ans) comprennent deux droits de vote par action. Au 31 décembre 2009, 21 734 528 actions ordinaires avaient été émises. Les actions émises sont les actions achetées, payées et détenues par les actionnaires. Elles comprennent les actions détenues par le public et par les employés, et, dans le cas présent, celles détenues par la famille Boiron.

En général, la charte de la société autorise un nombre d'actions plus grand que ce que la société prévoit émettre au départ. Au Canada, la majorité des sociétés choisissent donc d'autoriser un nombre illimité d'actions. C'est le cas de sociétés nouvellement constituées et de sociétés qui ont demandé des modifications à leurs statuts pour accroître le nombre d'actions autorisées. Cette stratégie donne à la société une certaine

Actions autorisées
Nombre maximal d'actions qu'une société peut émettre, en vertu de sa charte, dans chacune des catégories d'actions qui y sont décrites.

Actions émises
Nombre total d'actions vendues.

FIGURE 10.1 • STRUCTURE ORGANISATIONNELLE HABITUELLE D'UNE SOCIÉTÉ PAR ACTIONS

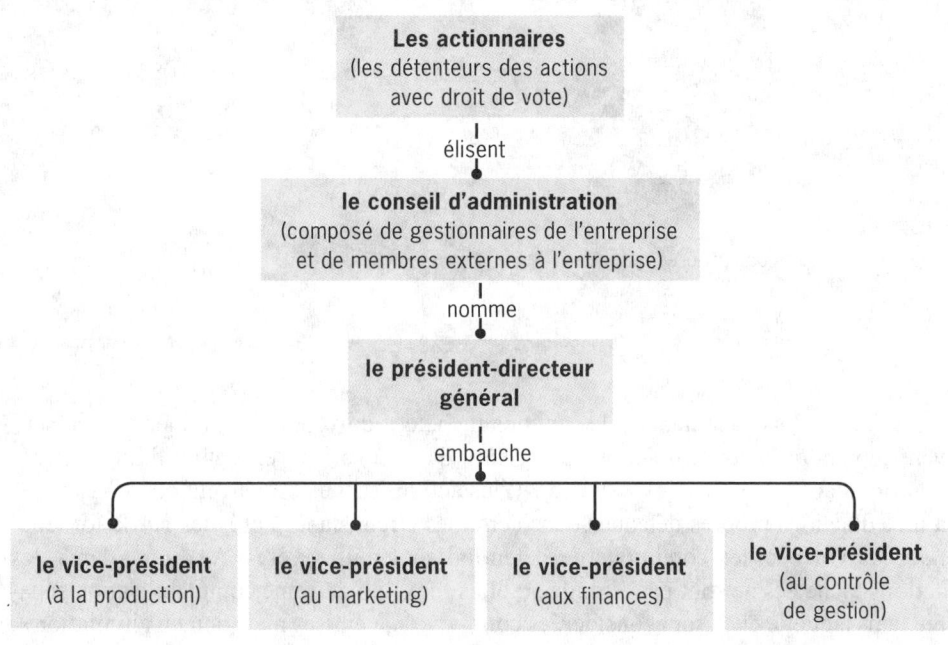

---

5 La procuration de vote est une entente écrite en vertu de laquelle un actionnaire donne à une autre partie le pouvoir d'exercer, au cours de l'assemblée annuelle des actionnaires, le droit de vote afférant aux actions qu'il détient dans une société. Généralement, le président de la société sollicite et obtient les procurations.

souplesse dans le cas où elle voudrait émettre des actions supplémentaires pour faire face à ses besoins futurs, et ce, sans avoir à modifier sa charte.

Pour diverses raisons, une société peut décider de racheter des actions qu'elle a déjà émises. Ces actions deviennent alors des actions propres détenues. C'est le cas de Boiron, dont 256 084 des actions émises sont des actions propres détenues. Les actions propres détenues sont des actions que la société a rachetées des actionnaires (nous y revenons plus loin dans le présent chapitre). Lorsqu'une société rachète un certain nombre de ses actions, il existe une différence entre les actions émises et les **actions en circulation**, ou actions détenues par les actionnaires. Les actions en circulation se calculent ainsi :

Actions en circulation
Nombre total d'actions que possèdent les actionnaires à une date donnée.

> Actions émises
> − Actions propres détenues
> Actions en circulation

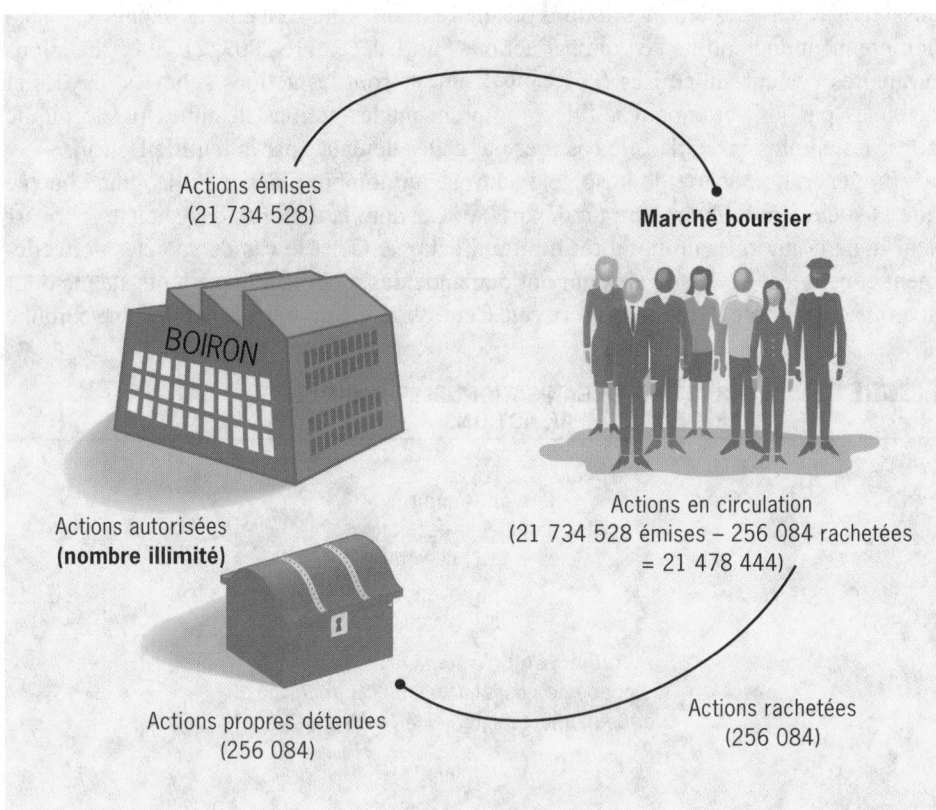

Selon les lois canadiennes, les actions rachetées doivent être éliminées, mais peuvent reprendre le statut d'actions autorisées dans le cas où les statuts limiteraient le nombre d'actions autorisées. Cependant, les actions rachetées peuvent être conservées à titre d'actions propres détenues dans certaines circonstances prévues par la loi fédérale. Au Québec, les conditions de détention sont plus sévères. Aux États-Unis, les actions rachetées ne sont pas éliminées ; elles font l'objet d'une comptabilisation séparée dans laquelle elles sont considérées comme « déjà émises mais non en circulation ». Cette banque d'actions propres détenues sert souvent à offrir une compensation aux employés sous forme d'actions sans que l'entreprise doive procéder à une nouvelle émission d'actions, opération très coûteuse.

Le nombre d'actions en circulation est très important pour calculer certains montants sur la base d'une action. Il sert notamment à calculer le résultat par action.

LE RÉSULTAT PAR ACTION

1. Question d'analyse

La société est-elle rentable ?

2. Ratio et comparaison

Le résultat par action se calcule ainsi :

$$\text{Résultat par action} = \frac{\text{Résultat net (part du groupe[6])}}{\text{Nombre moyen pondéré d'actions ordinaires en circulation au cours de la période}}$$

Pour Boiron, le ratio de 2009 est de :

$$\frac{59\ 839\ 000\,€}{21\ 580\ 298\ \text{actions[7]}} = 2{,}77\,€\ \text{l'action}$$

Analyse de la tendance dans le temps			Comparaison avec les compétiteurs	
Boiron			Merck	Pfizer
2007	2008	2009	2009	2009
1,25 €	1,79 €	2,77 €	5,67 $ US	1,23 $ US
			3,93 €[8]	0,85 €

Pfizer est une société pharmaceutique américaine fondée en 1849. Elle est présente dans plus de 150 pays et, en 2009, elle est le leader mondial de son secteur avec un chiffre d'affaires de 71,13 milliards de dollars états-uniens et 81 800 employés dans le monde. Elle a inventé le Viagra.

Merck est un laboratoire pharmaceutique américain fondé en 1891 axé sur la recherche, et compte parmi les cinq plus grandes sociétés pharmaceutiques mondiales. Il met au point, fabrique et commercialise des vaccins et des médicaments. En 2009, son chiffre d'affaires a atteint 27 428 millions de dollars états-uniens et il emploie 65 000 personnes dans le monde.

3. Interprétation des résultats

EN GÉNÉRAL ◊ Tous les analystes et investisseurs s'intéressent aux résultats d'une société. Vous avez sans doute remarqué les titres dans les journaux annonçant les résultats d'entreprises. Il faut noter que, dans la presse, les sociétés rapportent toujours leur résultat sur la base d'une action. La raison en est fort simple : les chiffres se comparent plus facilement sur une base unitaire. Par exemple, en 2009, Boiron a rapporté un résultat net de 59 839 milliers d'euros, comparativement à 39 010 milliers d'euros en 2008, soit une augmentation de 53 %. Si la comparaison se fait sur la base d'une action, on peut affirmer que le résultat par action a augmenté de 55 %, passant de 1,79 € à 2,77 €. La différence dans le pourcentage de croissance s'explique par le nombre d'actions en circulation, lequel a diminué de 2008 à 2009 en raison du rachat d'actions propres de la société. Donc, un même résultat divisé en moins de parts donne un meilleur résultat par action. Le résultat par action (RPA) est aussi un outil intéressant pour comparer des entreprises de tailles différentes. Merck, société plus grande que Boiron (environ 36 fois le chiffre d'affaires de Boiron), a réalisé un résultat net de 12 899,2 millions de dollars états-uniens en 2009 (approximativement 8 951,6 millions d'euros), ce qui est 149 fois le résultat net de 59 839 milliers d'euros de Boiron. Pourtant, son résultat par action n'est que de 1,4 fois supérieur à celui de Boiron.

6 On doit déduire du résultat net les dividendes versés sur les actions préférentielles, le cas échéant. Dans le cas de Boiron, il n'y a pas d'actions préférentielles.

7 Pour Boiron, nous avons utilisé une moyenne simple des actions en circulation en 2009 : (21 478 444 + 21 682 152) ÷ 2.

8 Nous avons utilisé le taux de conversion au 31 décembre 2009, soit 1 € = 1,441 $ US.

BOIRON ◊ En 2009, le RPA de Boiron a augmenté comparativement à 2008 par suite d'une augmentation du résultat net (de 39 010 à 59 839 milliers d'euros) et d'une diminution du nombre d'actions en circulation. La hausse du résultat net provient de l'augmentation du chiffre d'affaires résultant de la « grippe A », qui a entraîné une hausse des ventes des produits hivernaux, ainsi que d'un contrôle des coûts. La société affirme que cette croissance « a eu lieu dans un contexte exceptionnel[9] ».

QUELQUES PRÉCAUTIONS ◊ Bien que le RPA soit un ratio efficace et très utile pour mesurer la rentabilité d'une entreprise, il peut être trompeur s'il existe des différences importantes dans la valeur boursière des sociétés que l'on compare. Un résultat identique de 1,50 $ par action peut sembler équivalent à première vue. Toutefois, si les actions d'une société se négocient 10 $ tandis que les actions de l'autre se négocient 175 $, ces entreprises ne sont pas comparables. Le prix de l'action de Boiron était de 29,63 € au 4 janvier 2011, tandis que celui de Merck était de 26,46 €, prix légèrement inférieur. De toute évidence, l'investisseur s'attend à un RPA plus élevé des sociétés dont le prix de l'action est plus élevé.

10.2 Les actions ordinaires

La majorité des entreprises émettent deux types d'actions : les actions ordinaires et les actions préférentielles. Toutes les sociétés doivent émettre des actions ordinaires, mais elles ne sont pas tenues d'émettre des actions préférentielles. Dans la présente section, nous examinons les actions ordinaires. Les actions préférentielles sont abordées plus loin.

Les **actions ordinaires** sont détenues par des investisseurs considérés comme les « propriétaires » de l'entreprise, car ils ont le droit de vote et partagent les résultats sous forme de dividendes. Le conseil d'administration détermine le taux du dividende pour les actions ordinaires en fonction de la rentabilité de la société.

Les dividendes sur les actions ordinaires peuvent augmenter lorsque la rentabilité de la société s'accroît. C'est l'une des raisons pour lesquelles les investisseurs peuvent faire de l'argent en Bourse. Essentiellement, on peut penser au prix d'une action comme s'il s'agissait de la valeur actualisée de tous ses dividendes futurs. Si la rentabilité d'une entreprise s'améliore de sorte que celle-ci est en mesure de distribuer des dividendes plus élevés, la valeur actualisée de ses actions ordinaires augmente. Bien sûr, ce n'est qu'une explication partielle de la valeur d'une action. Certaines entreprises ne versent pas de dividendes, et les investisseurs peuvent faire de l'argent en Bourse grâce à la hausse de la valeur du titre en raison de l'accroissement de la rentabilité actuelle et prévisionnelle d'une entreprise.

La **valeur nominale d'une action** est la valeur précisée dans la charte d'une société par actions. Elle est arbitraire et n'a aucun lien avec la valeur du marché des actions, laquelle, dans la plupart des cas, est beaucoup plus élevée que la valeur nominale. Par exemple, les actions ordinaires de la société Merck ont une valeur nominale de 0,50 $ US et une **valeur boursière** de 36,35 $ US ou 26,46 € (au 4 janvier 2011). Les actions vendues par une société aux investisseurs à un prix supérieur à leur valeur nominale le sont avec une prime d'émission. Le prix d'émission en sus de la valeur nominale est présenté à titre de « prime d'émission ».

Au Canada, les chartes fédérales ne permettent que l'émission d'**actions sans valeur nominale**, tandis que les chartes québécoises (et certaines chartes d'autres provinces) permettent l'émission d'actions ayant une valeur nominale. De nos jours, très peu d'entreprises canadiennes présentent des actions ordinaires avec valeur nominale. À l'origine, la valeur nominale visait à protéger le créancier, car il s'agissait d'un montant permanent du capital (capital légal) que les propriétaires ne pouvaient retirer tant et aussi longtemps que la société existait. Par conséquent, les propriétaires ne pouvaient retirer tout leur capital s'ils prévoyaient une faillite, ce qui aurait laissé les créanciers sans fonds. Aujourd'hui, cet argument est moins valable quand on pense aux restrictions

---

9 BOIRON, *Document de référence 2009*, p. 31.

légales relatives à la distribution des dividendes et à la possibilité qui revient aux créanciers d'imposer diverses restrictions. Malgré cela, aux États-Unis, la majorité des États requièrent l'émission d'actions avec valeur nominale. Quand il n'y a pas de valeur nominale, on fait souvent référence à la **valeur attribuée** pour désigner la valeur d'une action au moment de son émission.

Valeur attribuée
Valeur des actions au moment de leur émission quand il n'y a pas de valeur nominale.

Avec la mondialisation des marchés et l'effort d'uniformisation des normes comptables, on peut espérer que les lois seront uniformisées. En attendant, nous croyons qu'il est important de connaître et de comprendre tous les types d'actions légalement permis, du moins dans le contexte nord-américain.

10.2.1 La première émission d'actions

Les opérations comportant la vente des actions d'une société au grand public peuvent être divisées en deux catégories : 1) la première émission ; et 2) les émissions subséquentes. Le **premier appel public à l'épargne** constitue la toute première vente des actions d'une société au grand public (c'est-à-dire lorsque la société s'inscrit en Bourse). On se souvient d'événements concernant les actions de sociétés, dans le domaine des nouvelles technologies de l'information, dont la valeur s'est considérablement accrue la journée même du premier appel public à l'épargne. Bien que certains titres puissent parfois obtenir des rendements considérables par suite du premier appel, ils comportent souvent des risques importants. Lorsque les actions d'une société se négocient sur les marchés établis, l'expression qui décrit les ventes supplémentaires d'actions au public est « émission de **titres acclimatés** » (*seasoned new issues*). Cette expression « se dit d'un titre qui se négocie depuis longtemps sur le marché secondaire et qui a fait ses preuves en termes de volume de transactions et de stabilité des cours, bénéficiant ainsi d'une certaine notoriété auprès des investisseurs[10] ».

La plupart des ventes d'actions au public sont des opérations au comptant. Pour illustrer la comptabilisation d'une vente initiale d'actions, supposons qu'une société vend 100 000 actions ordinaires sans valeur nominale à 22 $ l'action. L'incidence de cette transaction sur les postes de l'état de la situation financière de la société (équation comptable) et l'écriture de journal sont les suivantes :

ÉQUATION COMPTABLE			
Actif	= **Passif**	+	**Capitaux propres**
Trésorerie +2 200 000			Actions ordinaires* +2 200 000 (100 000 × 22 $)

* Le compte Actions ordinaires est un compte de capital social.

ÉCRITURE DE JOURNAL	
Trésorerie (+A) 2 200 000	
Actions ordinaires (+ CP)	2 200 000

On peut décrire les catégories d'actions à l'état de la situation financière ou dans les notes aux états financiers.

Comme nous l'avons mentionné, les actions ordinaires de la majorité des sociétés par actions du Canada n'ont pas de valeur nominale. Cependant, celles de certaines sociétés québécoises en ont encore, ce qui est aussi le cas de la majorité des actions de sociétés américaines.

On doit alors créer un compte Prime d'émission pour comptabiliser l'excédent des recettes sur la valeur nominale de l'action.

....

10 Louis MÉNARD *et al.*, *Dictionnaire de la comptabilité et de la gestion financière*, 3e éd., Toronto, Institut canadien des comptables agréés, 2011.

À partir de l'exemple précédent, supposons qu'une entreprise émet 100 000 actions ordinaires, d'une valeur nominale de 0,10 $ l'action, à 22 $ l'action (valeur boursière). Cette émission produirait les effets et l'écriture qui suivent (avec un compte Prime d'émission – actions ordinaires).

ÉQUATION COMPTABLE

Actif	=	Passif	+	Capitaux propres
Trésorerie +2 200 000				Actions ordinaires +10 000
				Prime d'émission – actions ordinaires +2 190 000

ÉCRITURE DE JOURNAL

Trésorerie (+A) (100 000 × 22 $) 2 200 000
    Actions ordinaires (+CP) (100 000 × 0,10 $) 10 000
    Prime d'émission – actions ordinaires (+CP). 2 190 000

Notons que les livres de la société tiennent compte de chaque source de prime d'émission.

10.2.2 La vente des actions sur les marchés secondaires

Lorsqu'une société vend des actions au grand public, l'opération est conclue entre la société émettrice et l'acheteur. Par la suite, un investisseur peut vendre ses actions à un autre investisseur sans qu'il y ait de conséquence directe sur les livres comptables de la société. C'est ce qu'on appelle un «marché secondaire». Par exemple, si l'investisseur Jean Dragon vend 1 000 actions de la société Boiron à Johanne Lyon, Boiron n'inscrit rien dans ses livres comptables. Jean Dragon a reçu de l'argent pour les actions qu'il a vendues, et Johanne Lyon a obtenu des actions en contrepartie de l'argent qu'elle a versé à M. Dragon. La société Boiron n'a pas reçu ou versé d'argent par suite de cette opération.

Chaque jour de la semaine, *La Presse, The Globe and Mail* et tout autre journal important font état des résultats de milliers d'opérations conclues entre des investisseurs sur les marchés secondaires. Dans un contexte nord-américain, ces marchés englobent notamment la Bourse de Toronto, la Bourse de New York, l'American Stock Exchange (AMEX), le NASDAQ ainsi que le marché hors-cote. Par ailleurs, on trouve des Bourses partout dans le monde, entre autres la Bourse de Paris.

Les gestionnaires des sociétés par actions suivent de très près le mouvement du cours des actions de leur société. Les actionnaires s'attendent à faire de l'argent sur leurs placements grâce aux dividendes et à l'augmentation du cours des actions. Il s'avère souvent que des membres de la haute direction d'une entreprise soient remplacés à cause du faible rendement des actions de celle-ci sur les marchés secondaires. Bien que les gestionnaires surveillent le cours des actions quotidiennement, il ne faut pas oublier que les opérations conclues entre les investisseurs n'influent pas sur les états financiers de la société.

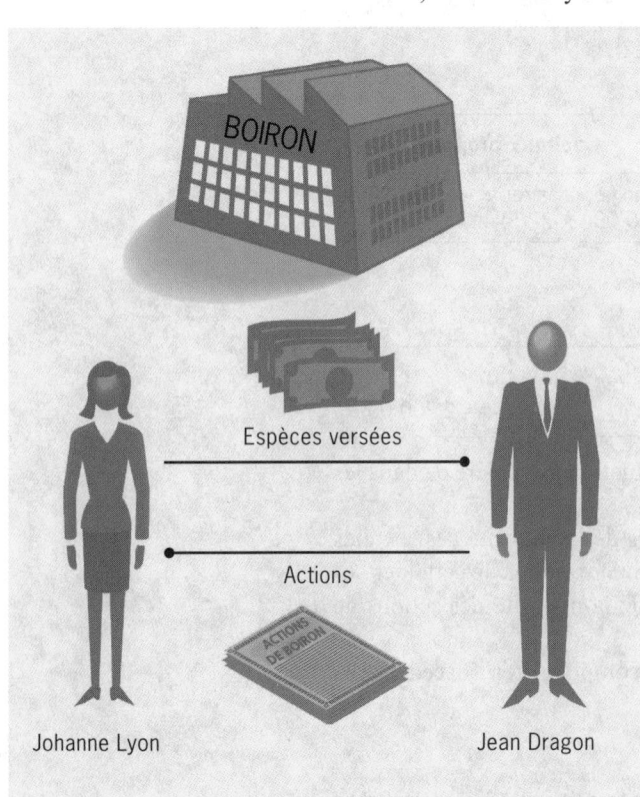

Espèces versées

Actions

Johanne Lyon

Jean Dragon

10.2.3 Les actions souscrites

Au moment d'émettre des actions, une société peut accepter un paiement partiel des actions ou une promesse de paiement. On appelle les actions ainsi émises «actions souscrites». À l'émission de ces actions, la société augmente un compte de capital, qu'elle désigne comme souscrit, par exemple Actions ordinaires souscrites, ainsi qu'un compte d'actif Souscriptions à recevoir. Supposons par exemple qu'une société émet 10 000 actions ordinaires sans valeur nominale à 25 $ l'action et que 1 000 de ces actions sont des actions souscrites. Cette émission produirait les effets et l'écriture qui suivent :

Actions souscrites
Actions pour lesquelles les investisseurs ont effectué ou irrévocablement promis d'effectuer un paiement lors d'une émission d'actions.

ÉQUATION COMPTABLE

Actif		=	Passif	+	Capitaux propres	
Souscriptions à recevoir	+25 000				Actions ordinaires	+225 000
Trésorerie	+225 000				Actions ordinaires souscrites	+25 000

ÉCRITURE DE JOURNAL

Trésorerie (+A) (9 000 × 25 $)	225 000	
Souscriptions à recevoir (+A) (1 000 × 25 $)	25 000	
Actions ordinaires (+CP) (9 000 × 25 $)		225 000
Actions ordinaires souscrites (+CP) (1 000 × 25 $).		25 000

Au moment du paiement par actions, les actions souscrites sont dites «libérées». Les comptes Trésorerie (+25 000 $) et Souscriptions à recevoir (−25 000 $) ainsi que les comptes Actions ordinaires souscrites (−25 000 $) et Actions ordinaires (+25 000 $) sont affectés.

10.2.4 Les actions émises pour rémunérer les employés

La société par actions a pour avantage de séparer la fonction de gestionnaire de celle de propriétaire (ou actionnaire). Cette séparation peut aussi constituer un désavantage, car certains directeurs peuvent ne pas agir dans le meilleur intérêt de l'entreprise. On peut régler ce problème de différentes manières. La première stratégie consiste à établir des régimes de rémunération dans le but de récompenser les directeurs qui atteignent les objectifs considérés comme importants par les actionnaires. La seconde stratégie consiste à offrir aux directeurs des options d'achat d'actions qui leur permettent de se procurer des actions à un prix prédéterminé. Le porteur d'une option d'achat d'actions a un intérêt dans le rendement de l'entreprise, au même titre que le propriétaire (actionnaire). Les régimes d'option d'achat d'actions sont devenus une forme courante de rémunération au cours de la dernière décennie, et la majorité des sociétés de capitaux du Canada qui ont une obligation d'information du public offrent des régimes d'option d'achat d'actions à leurs employés.

La société Boiron n'a pas mis en place de plan d'achat d'actions pour ses employés. Par contre, Sanofi-aventis, société compétitrice de Boiron en France, a créé un tel plan pour rémunérer ses employés et ses dirigeants. Un extrait de la note D15.8 du *Document de référence 2009* de la société, décrivant un sommaire du plan, est présenté ci-après.

10.

Sanofi-aventis
**D15.8. Plans d'options d'achat d'actions
au 31 décembre 2009**

Fourchette des prix d'exercice par action	En circulation			Exerçables	
	Nombre d'options	Durée de vie moyenne résiduelle (en années)	Prix moyen d'exercice par action (en euros)	Nombre d'options	Prix moyen d'exercice par action (en euros)
De 1,00 à 10,00 euros par action	43 870	5,19	7,19	43 870	7,19
De 10,00 à 20,00 euros par action	67 944	6,96	14,90	67 944	14,90
De 20,00 à 30,00 euros par action	11 870	8,49	28,38	11 870	28,38
De 30,00 à 40,00 euros par action	327 755	9,25	38,08	327 755	38,08
De 40,00 à 50,00 euros par action	15 049 792	6,19	43,23	7 404 372	41,31
De 50,00 à 60,00 euros par action	9 166 052	3,32	53,18	9 166 052	53,18
De 60,00 à 70,00 euros par action	40 021 167	4,77	66,04	17 513 562	67,92
De 70,00 à 80,00 euros par action	23 181 891	3,93	70,80	23 181 891	70,80
Total	87 870 341			57 717 316	

Cette note indique qu'il y a actuellement 87 870 341 options en circulation dans le cadre d'un régime d'option d'achat d'actions offert aux employés et aux dirigeants de Sanofi-aventis au 31 décembre 2009 et dont le prix d'exercice moyen varie de 7,19 € à 70,80 €. Par contre, à cette même date, seules 57 717 316 options pouvaient être exercées à la même fourchette de prix. Il faut savoir que l'émission d'options d'achat d'actions peut comporter certaines restrictions. Par exemple, la société peut exiger que l'employé détienne les options d'achat d'actions pendant une période minimale de deux ans avant de pouvoir les exercer.

Le fait d'octroyer une option d'achat d'actions constitue une forme de rémunération, même si le prix d'octroi et le cours actuel des actions sont les mêmes. Si une personne vous accorde une option d'achat d'actions, vous pouvez la considérer comme un investissement sans risque. Si vous détenez une option d'achat d'actions lorsque le prix des actions chute, vous ne perdez rien, car vous gardez tout simplement les options en attendant des jours meilleurs. Si le cours des actions augmente, vous pouvez lever cette option à son prix d'octroi, lequel est alors plus faible que celui du marché, puis vendre les actions au prix du marché (plus élevé), ce qui rapporte alors un profit sur la transaction.

Pendant des décennies, aucune charge relative aux options d'achat d'actions n'était comptabilisée. Maintenant, les sociétés doivent estimer et présenter une charge de compensation associée aux options d'achat d'actions à la juste valeur. Dans sa note aux états financiers, la société Sanofi-aventis présente la juste valeur de ses plans et les hypothèses qu'elle a utilisées pour la déterminer. La procédure étant complexe, ce sujet sera abordé dans des cours plus avancés.

10.2.5 Les actions émises en échange de biens et de services

Lorsqu'une entreprise émet des actions en échange d'un bien ou d'un service, le capital social doit être évalué à la juste valeur des biens ou des services reçus. Lorsque la juste valeur des biens et des services ne peut être déterminée, on doit utiliser la juste valeur des actions à la date où les biens ou les services sont reçus. Par exemple, si une société achète un terrain d'une valeur de 100 000 $ et émet en contrepartie 20 000 actions ordinaires sans valeur nominale pour payer le propriétaire du terrain, les actions sont évaluées à la juste valeur du terrain, soit 100 000 $. On inscrit cette opération comme suit.

ÉQUATION COMPTABLE					
Actif		=	**Passif**	+	**Capitaux propres**
Terrain	+100 000			Actions ordinaires	+100 000

ÉCRITURE DE JOURNAL	
Terrain (+A) 100 000	
Actions ordinaires (+CP)	100 000

Par contre, si la juste valeur du terrain ne peut être déterminée et que la valeur boursière des actions est de 6 $ l'action au moment du transfert du terrain, les actions et le terrain sont évalués à 120 000 $.

10.2.6 Le rachat d'actions

Lorsqu'une société dispose de liquidités et estime que la valeur boursière de son titre est sous-estimée par les investisseurs, elle peut racheter ses propres actions, soit pour les annuler et ainsi faire augmenter le pourcentage de contrôle d'un groupe d'actionnaires, soit pour les détenir dans le but de les revendre. Elle peut aussi vouloir réduire l'emprise d'un actionnaire ou d'un groupe d'actionnaires, augmenter le résultat par action en réduisant le nombre d'actions en circulation, acquérir les actions d'un actionnaire qui veut se retirer, et même augmenter le cours de l'action (si moins d'actions sont en circulation, le dividende par action peut augmenter).

Au Canada, la loi exige généralement que les actions rachetées soient annulées, sauf dans les trois conditions prévues par la loi (fédérale), où elles peuvent être détenues pendant deux ans (la loi du Québec prévoit une période de 30 jours). Aussi, un programme de rachat d'actions doit être conforme aux règles énoncées par l'Autorité des machés financiers et annoncé publiquement. Les actions rachetées qui ne sont pas annulées portent le nom d'**actions propres détenues**. Les actions propres doivent être annulées après deux ans si elles sont toujours détenues par l'entreprise. L'une des trois conditions prévues par la loi permet la revente des actions au cours de ces deux années. Au Canada, on rapporte qu'en 2007 plusieurs sociétés ont racheté un certain nombre de leurs propres actions, alors que seules 8 sociétés sur 200 rapportent des actions propres détenues à leur état de la situation financière. On explique cela par le fait que presque toutes les entreprises ont annulé les actions rachetées avant la date de fin d'année[12].

Aux États-Unis, on rachète des actions pour les offrir aux employés dans le cadre de programmes de primes de rémunération. En effet, à cause des règlements de la Securities and Exchange Commission (SEC) concernant les actions nouvellement émises, la plupart des entreprises estiment qu'il est moins coûteux de donner des actions rachetées des actionnaires à leurs employés que d'en émettre de nouvelles.

Actions propres détenues
Actions déjà émises qu'une société rachète sur le marché et qu'elle détient en vue de les annuler ou de les revendre[11].

Le rachat et l'annulation d'actions propres

Lorsqu'une société achète un certain nombre de ses propres actions ordinaires et les élimine, elle réduit le compte d'actions ordinaires (poste du capital social) pour tenir compte des actions rachetées et annulées. Le compte Prime d'émission – action ordinaires est aussi affecté si une valeur nominale existe. Par ailleurs, on peut rajouter au nombre d'actions autorisées (dont une limite a été fixée) le nombre des actions ainsi rachetées et annulées. La différence entre la valeur nominale ou la valeur attribuée et le prix payé (profit ou perte) est comptabilisée en tant qu'élément des capitaux propres (compte Résultats non distribués). Les normes comptables ne permettent pas à une

11 *Manuel de l'ICCA*, partie I, IAS 32 : Instruments financiers : présentation, paragr. 34.
12 Andrée LAVIGNE, Diane PAUL et John TANG, *Financial Reporting in Canada*, 33e édition, Toronto, Institut canadien des comptables agréés, 2008, p. 111.

10

société de rapporter des profits ou des pertes pour des transactions qu'elle effectue sur ses propres actions.

Pour illustrer cette situation, supposons que Boiron a racheté 10 000 actions sur le marché boursier alors que celles-ci se vendaient 21 € l'action (on se rappelle que ses actions ordinaires ont une valeur nominale de 1 €). Supposons aussi que le prix d'émission moyen des actions en circulation est de 23 €. Cette opération serait comptabilisée de la façon suivante :

ÉQUATION COMPTABLE

Actif		=	Passif	+	Capitaux propres	
Trésorerie	−210 000				Actions ordinaires	−10 000
					Prime d'émission – actions ordinaires	−220 000
					Résultats non distribués	+20 000

ÉCRITURE DE JOURNAL

Actions ordinaires (−CP).	10 000	
(10 000 actions d'une valeur nominale de 1 €)		
Prime d'émission – actions ordinaires (−CP)	220 000	
(10 000 actions × [23 € − 1 €])		
Trésorerie (−A)		210 000
(10 000 actions × 21 €)		
Résultats non distribués (+CP)		20 000
(10 000 actions × [21 € − 23 €])		

Le rachat d'actions propres sans annulation immédiate

Méthode d'une opération unique
Méthode selon laquelle on comptabilise le rachat d'actions propres détenues en déduction des capitaux propres à leur coût d'acquisition au moment du rachat. À l'annulation ou à la revente de ces actions, l'opération est complétée par la comptabilisation d'un gain ou d'une perte.

Parfois, au lieu d'annuler les actions à la suite de leur rachat, les sociétés peuvent les conserver. Les actions rachetées et détenues apparaissent en déduction à la section des capitaux propres. Les normes comptables internationales étant muettes à ce sujet, il y a deux façons de comptabiliser ce rachat d'actions propres. Selon la méthode d'une opération unique (en deux phases), on les présente en déduction des capitaux propres à leur coût d'acquisition au moment du rachat ; la comptabilisation est complétée au moment de l'annulation ou de la revente des actions. Une autre méthode existe, soit la méthode de deux opérations distinctes, laquelle traite le rachat et la vente (ou l'annulation) subséquente comme deux transactions distinctes ; cette méthode est expliquée dans les cours de comptabilité intermédiaires.

Reprenons l'opération précédente, à l'exception du fait que les actions ne sont pas annulées. Cette transaction pourrait être comptabilisée de la façon suivante :

ÉQUATION COMPTABLE

Actif		=	Passif	+	Capitaux propres	
Trésorerie	−210 000				Actions propres détenues	−210 000

ÉCRITURE DE JOURNAL

Actions propres détenues (+XCP, −CP)	210 000	
Trésorerie (−A)		210 000

De façon instinctive, plusieurs étudiants pourraient être portés à comptabiliser ces actions comme un actif à l'état de la situation financière. Tel n'est pas le cas, car une société ne peut créer un actif par ses propres investissements. Le compte Actions propres détenues est un compte de contrepartie des capitaux propres, ce qui signifie qu'il est soustrait de ceux-ci. Cette pratique est très valable. En effet, les actions propres détenues n'étant plus en circulation, elles ne devraient pas être incluses dans les capitaux propres. Il est important de noter que les actions propres détenues ne donnent ni le droit de vote, ni la possibilité d'obtenir des dividendes. On remarque dans le tableau 10.1 (*voir la page 646*) que la société Boiron a racheté 203 708 actions en 2009. Dans sa note 16 aux états financiers, la société rapporte 256 084 actions propres détenues au 31 décembre 2009. En janvier 2010, elle a procédé à l'annulation de 251 972 de ces actions.

Lorsque, par la suite, la société annule ou vend des actions propres détenues, le profit ou la perte est porté au poste Résultats non distribués. Nous n'abordons pas de telles opérations dans un premier cours de comptabilité.

10.3 Les dividendes sur les actions ordinaires

OBJECTIF D'APPRENTISSAGE

Examiner les dividendes et analyser les opérations s'y rapportant.

Les investisseurs achètent des actions ordinaires, car ils s'attendent à obtenir un rendement sur leur placement. Ce rendement peut revêtir deux formes : l'appréciation du cours des actions et les dividendes. Certains investisseurs préfèrent acheter des actions pour lesquelles peu de dividendes, voire aucun, sont versés. Les sociétés qui ne déclarent pas un dividende réinvestissent alors leur résultat et tendent à accroître leur potentiel de résultat futur. Ce faisant, ces sociétés connaissent souvent une augmentation de la valeur de leurs actions en Bourse. Les riches investisseurs qui doivent payer des impôts élevés préfèrent recevoir leur rendement sous forme d'appréciation du cours de l'action, car les gains en capital générés par la vente des actions sont habituellement imposés à un taux plus faible que les revenus de dividendes.

D'autres investisseurs, comme les retraités, préfèrent recevoir leur rendement sous forme de dividendes, car ils ont besoin de revenus stables. Ces personnes recherchent souvent des actions pour lesquelles des dividendes très élevés seront versés. Beaucoup de retraités détiennent des actions dans des entreprises de services publics, car il s'agit souvent de placements prudents qui offrent des dividendes substantiels.

À cause de l'importance des dividendes pour un grand nombre d'investisseurs, les analystes financiers calculent le taux de rendement par action pour évaluer la politique de dividende de l'entreprise, que nous abordons un peu plus loin. La société Boiron déclare son dividende une fois par année, au moment de l'assemblée annuelle des actionnaires. Certaines sociétés déclarent des dividendes trimestriels, comme c'est le cas de la société Le Groupe Jean Coutu (PJC) inc.

**coup d'œil sur
LE GROUPE JEAN COUTU (PJC)**

DÉCLARATION DE DIVIDENDES

Dividendes déclarés			
Date de déclaration	Date d'inscription	Date de paiement	Dividende par action
6 janvier 2011	21 janvier 2011	4 février 2011	0,055 $
4 octobre 2010	22 octobre 2010	5 novembre 2010	0,055
5 juillet 2010	23 juillet 2010	6 août 2010	0,055
27 avril 2010	14 mai 2010	28 mai 2010	0,055
7 janvier 2010	22 janvier 2010	5 février 2011	0,045
6 octobre 2009	23 octobre 2009	6 novembre 2009	0,045

....

1. Supposez que la Société de technologie appliquée a émis 10 000 actions ordinaires sans valeur nominale pour 150 000 $ en espèces. Montrez l'incidence de cette opération sur l'équation comptable, puis passez l'écriture de journal correspondante.

2. Supposez que la Société de technologie appliquée a racheté 5 000 de ses actions ordinaires sur le marché boursier au moment où l'action se vendait 12 $ et qu'elle les conserve. Montrez l'incidence de cette opération sur l'équation comptable, puis passez l'écriture de journal correspondante en supposant que la société n'a pas annulé ces actions.

3. Votre réponse en 1 serait-elle différente si les actions ordinaires avaient une valeur nominale de 2 $?

4. Votre réponse en 2 serait-elle différente si les actions rachetées étaient immédiatement annulées ?

Vérifiez vos réponses à l'aide des solutions présentées en bas de page*.

Les sociétés diffusent aussi des communiqués quand elles déclarent des dividendes. Voici un communiqué de presse de Sears Canada à l'égard d'un dividende spécial :

dans l'actualité
SEARS CANADA
COMMUNIQUÉ DE PRESSE

Sears Canada annonce un dividende extraordinaire

« TORONTO, le 10 sept. 2010 /CNW/ Sears Canada inc. (TSX : SCC) a annoncé aujourd'hui que son conseil d'administration a déclaré qu'un dividende en espèces extraordinaire de 3,50 dollars canadiens par action sur toutes les actions ordinaires de la Société, soit approximativement 376,7 millions de dollars canadiens, sera versé le 24 septembre 2010 aux actionnaires inscrits à la fermeture des bureaux le 22 septembre 2010. »

Source : SEARS CANADA, *Sears Canada annonce un dividende extraordinaire*, 10 septembre 2010 [communiqué de presse, en ligne], www.newswire.ca (page consultée le 10 février 2011).

* Solutions du test d'autoévaluation

1. ÉQUATION COMPTABLE

Actif	=	Passif	+	Capitaux propres	
Trésorerie +150 000				Actions ordinaires	+150 000

ÉCRITURE DE JOURNAL

Trésorerie (+A)	150 000	
Actions ordinaires (+CP)		150 000

2. ÉQUATION COMPTABLE

Actif	=	Passif	+	Capitaux propres	
Trésorerie −60 000				Actions propres détenues	−60 000

ÉCRITURE DE JOURNAL

Actions propres détenues (+XCP, −CP)	60 000	
Trésorerie (−A)		60 000

3. Oui, l'excédent des recettes (150 000 $) sur la valeur nominale des actions (10 000 actions × 2 $ = 20 000 $) serait porté à un compte de prime d'émission (130 000 $).

4. Oui, car il n'y aurait pas de compte Actions propres détenues. Le poste Actions ordinaires serait réduit de 75 000 $ [5 000 actions × 15 $ (valeur attribuée ; 150 000 $ ÷ 10 000 actions)] et les résultats non distribués seraient augmentés de 15 000 $ afin de reconnaître le profit qui découle de cette opération [5 000 actions × (15 $ − 12 $)].

Les déclarations de dividendes se font selon trois dates importantes. Pour les expliquer, nous revenons sur l'exemple du Groupe Jean Coutu (PJC) inc. (*voir la page 659*).

1. La **date de déclaration** – le 6 janvier 2011. La date de déclaration est celle à laquelle le conseil d'administration approuve officiellement la distribution d'un dividende. Aussitôt que le dividende est déclaré, un dividende à payer est créé à l'état de la situation financière (passif).

2. La **date d'inscription** (ou date d'enregistrement) – le 21 janvier 2011. La date d'inscription est celle à laquelle la société dresse la liste des actionnaires actuels en fonction du registre des actionnaires. Le dividende ne peut être distribué qu'aux personnes figurant dans le registre à la date d'inscription. Aucune écriture de journal n'est passée à cette date.

3. La **date de paiement** – le 4 février 2011. La date de paiement est celle à laquelle se fait le décaissement pour payer le dividende. Elle suit la date d'inscription au registre des actionnaires précisée dans la déclaration du dividende.

Ces trois dates touchent tous les dividendes en espèces, ce que l'on peut illustrer de la façon suivante :

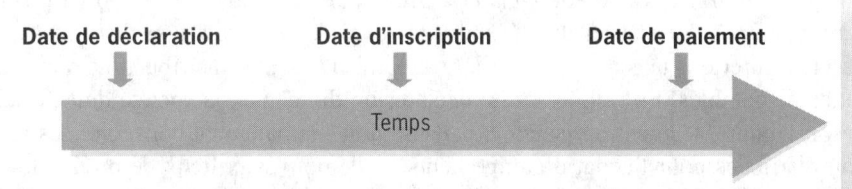

Le **6 janvier 2011,** date de déclaration, Le Groupe Jean Coutu (PJC) inc. inscrit un passif relatif au dividende. En posant l'hypothèse selon laquelle la moyenne pondérée des actions en circulation pour l'année 2010 est de 235 200 000 (même montant que celui rapporté au 30 septembre 2010), le dividende à verser serait de 12 936 000 $ (235 200 000 × 0,055 $). Selon l'hypothèse précédente, et à des fins d'illustration, Le Groupe Jean Coutu (PJC) inc. aurait inscrit l'opération de la façon suivante :

ÉQUATION COMPTABLE

Actif	=	Passif		+	Capitaux propres	
		Dividende à payer	+12 936 000		Résultats non distribués	–12 936 000

ÉCRITURE DE JOURNAL

Résultats non distribués (–CP)	12 936 000	
Dividende à payer (+Pa).		12 936 000

Il faut remarquer qu'il s'agit d'un dividende trimestriel, le dividende annuel étant de 0,22 $ par action (4 × 0,055 $).

Le **21 janvier,** date d'inscription, aucune écriture comptable n'est passée.

Le **4 février,** date de paiement, on comptabilise le paiement subséquent de la dette comme suit :

ÉQUATION COMPTABLE

Actif		=	Passif		+	Capitaux propres
Trésorerie	–12 936 000		Dividende à payer	–12 936 000		

ÉCRITURE DE JOURNAL

Dividende à payer (–Pa)	12 936 000	
Trésorerie (–A)		12 936 000

10

Il faut noter que la déclaration et le versement d'un dividende en espèces ont pour conséquence la réduction de l'actif (Trésorerie) et celle des capitaux propres (Résultats non distribués), du même montant. Cette observation permet de comprendre les deux exigences fondamentales à respecter pour le versement du dividende en espèces :

1. **Un solde suffisant de résultats non distribués.** La société doit présenter un solde suffisant dans son compte Résultats non distribués pour couvrir le montant du dividende.

2. **Un montant de trésorerie suffisant.** La société doit avoir accès à un montant de trésorerie suffisant pour pouvoir verser le dividende et répondre aux besoins continus de l'entreprise.

Le simple fait que le compte des résultats non distribués comporte un important solde créditeur ne signifie pas que le conseil d'administration puisse déclarer et verser un dividende en espèces. L'argent généré dans le passé par les revenus présentés dans le compte des résultats non distribués peut avoir été consacré à l'achat de stocks, à l'acquisition d'actifs opérationnels et au remboursement du passif. Conséquemment, il n'existe pas de relation directe entre le solde des résultats non distribués et celui de la trésorerie à une date particulière. Les résultats non distribués ne sont pas des fonds disponibles. En fait, avant de déclarer un dividende, la société doit évaluer ses besoins futurs. Une entreprise en expansion doit normalement conserver ses résultats non distribués pour l'achat d'équipements ou de nouveaux lieux de production, pour l'augmentation de sa capacité de production, pour l'acquisition d'autres entreprises, etc. Elle doit aussi examiner les clauses contractuelles des contrats d'emprunt, clauses qui pourraient l'empêcher de déclarer un dividende afin que certains ratios financiers soient respectés, par exemple.

Les lois sur les sociétés par actions imposent habituellement des restrictions sur la déclaration de dividende en espèces. Par exemple, selon la LCSA, une société ne peut verser un dividende en espèces lorsque, par la suite, elle ne pourrait «acquitter son passif à échéance ou bien la valeur de réalisation de son actif serait, de ce fait, inférieure au total de son passif et de son capital[13]». La loi québécoise présente une clause semblable.

analyse financière

10

LES CONSÉQUENCES DU DIVIDENDE SUR LE COURS DES ACTIONS

Une autre date est importante pour comprendre en quoi consistent les dividendes, mais elle n'a aucune conséquence sur le plan comptable. La date qui se situe deux jours ouvrables avant la date d'inscription s'appelle «date de l'ex-dividende ou du dividende détaché». Elle est établie par les Bourses pour s'assurer que les chèques des dividendes sont envoyés aux bonnes personnes. Si vous achetez des actions avant la date de l'ex-dividende, vous recevrez le dividende (le prix de l'action reflète ce montant). Si vous acquérez des actions à la date de l'ex-dividende ou plus tard, le propriétaire précédent recevra le dividende.

En suivant le mouvement du cours de certaines actions, on remarque que le prix des actions chute souvent à la date de l'ex-dividende. La raison en est simple. À cette date, les actions valent moins, car l'actionnaire qui en fait l'acquisition à ce moment-là n'aura pas le droit de recevoir le dividende qui sera versé à la date de paiement prévue.

13 CANADA, *Loi canadienne sur les sociétés par actions*, L.R.C., 1985, ch. C-44, art. 42, Ottawa, Ministère de la Justice (à jour au 27 juillet 2011).

TEST D'AUTOÉVALUATION
....

Répondez aux questions suivantes concernant les dividendes :

1. À quelle date un passif est-il créé ?

2. À quelle date un décaissement se produit-il ?

3. Quelles sont les deux exigences fondamentales pour que soit effectué le paiement d'un dividende ?

Vérifiez vos réponses à l'aide des solutions présentées en bas de page*.

analysons les ratios

OBJECTIF D'APPRENTISSAGE ⑤

Calculer et interpréter le taux de rendement par action.

LE TAUX DE RENDEMENT PAR ACTION

1. Question d'analyse

Quel est le rendement sur investissement provenant des dividendes ?

2. Ratio et comparaison

Le taux de rendement par action se calcule ainsi :

$$\text{Taux de rendement par action} = \frac{\text{Dividende par action}}{\text{Cours de l'action*}}$$

Pour Boiron, le taux de 2009 est de :

$$\frac{0,70\,€}{29,79\,€} = 2,35\,\%$$

Analyse de la tendance dans le temps			Comparaison avec les compétiteurs	
Boiron			Merck	Pfizer
2007	2008	2009	2009	2009
2,70 %	3,46 %	2,35 %	4,16 %	4,40 %

3. Interprétation des résultats

EN GÉNÉRAL ◊ Les personnes qui investissent dans des actions ordinaires obtiennent un rendement des dividendes et de l'appréciation du titre (les augmentations de la valeur du marché des actions qu'ils possèdent). Les entreprises en quête de croissance versent souvent de très faibles dividendes et se fient à l'accroissement de la valeur de leur titre sur le marché pour offrir un rendement à leurs investisseurs. D'autres distribuent des dividendes plus importants, mais la valeur de leur titre sur le marché est plus stable. Chaque type d'actions convient à différents types d'investisseurs ayant des préférences de risque et de rendement diverses.

BOIRON ◊ Le taux de rendement par action de Boiron est intéressant, quoique pas plus que le taux offert sur des placements à terme, et c'est le cas depuis plusieurs années. Cette situation permet de conclure que les investisseurs de Boiron ne cherchent pas un revenu de dividende. C'est plutôt l'accroissement de la valeur du titre qui les intéresse. Bien que celui-ci a vacillé de 17 à 21 € de 2005 à 2008, ce n'est qu'au cours de l'année 2009 qu'il a fait un bond important à 26,79 € (cours de clôture au 31 décembre 2009). Les compétiteurs offrent un rendement par action plus élevé que Boiron. Pfizer et Merck offrent un rendement intéressant aux investisseurs qui désirent une source de revenu stable à un taux supérieur aux taux bancaires sur les placements à terme.

* Tous les calculs sont faits en utilisant le cours de clôture de la période présentée.

---

* **Solutions du test d'autoévaluation**

1. À la date de déclaration.

2. À la date de paiement.

3. Une société peut verser des dividendes si elle a accumulé assez de résultats non distribués et dispose de la trésorerie suffisante.

QUELQUES PRÉCAUTIONS ◊ Il ne faut pas oublier que le taux de rendement par action n'indique qu'une partie du rendement de l'investissement. Généralement, l'appréciation potentielle du titre est une considération beaucoup plus importante. Lorsqu'on analyse les changements qui surviennent dans le taux, il est important d'en comprendre la cause. Par exemple, une société peut distribuer un dividende total de 2 $ l'action chaque année. Si la valeur du marché des actions est de 100 $ l'action, le taux est de 2 %. Si la valeur des actions chute à 25 $ l'année suivante et que la société continue de verser un dividende de 2 $ l'action, le taux de rendement par action s'améliorera en atteignant 8 %.

OBJECTIF D'APPRENTISSAGE

Expliquer le but du versement du dividende en actions et celui du fractionnement d'actions, et examiner la présentation de ces opérations.

Dividende en actions
Distribution d'actions aux actionnaires à partir des comptes de capital d'une société.

10.4 Le dividende en actions et le fractionnement d'actions

10.4.1 Le dividende en actions

Sans qualificatif, le mot « **dividende** » signifie « dividende en espèces ». Il est également possible de verser des dividendes sous forme d'actions ordinaires supplémentaires. Le dividende en actions consiste en une distribution d'actions supplémentaires, sans frais, par une société, à partir de son propre capital social à ses actionnaires, et ce, **au prorata de leur participation.** « Au prorata » signifie que chaque actionnaire reçoit un nombre d'actions supplémentaires égal au pourcentage d'actions qu'il détient déjà. Un actionnaire possédant 10 % des actions en circulation recevra 10 % des actions supplémentaires émises à titre de dividende en actions.

Il faut être attentif lorsqu'on lit les rapports annuels des entreprises ainsi que les articles publiés dans les journaux d'affaires. L'expression « dividende en actions » est parfois utilisée à tort. Un article tiré d'un journal financier annonçait qu'une société venait de déclarer un « dividende en actions ». Toutefois, une lecture attentive révélait que la société avait déclaré un dividende en espèces sur les actions.

Un dividende en actions n'a aucune valeur économique en soi, car tous les actionnaires possèdent exactement la même portion de l'entreprise avant et après le versement du dividende en actions. En effet, les marchés boursiers réagissent immédiatement à l'émission d'un dividende en actions, et le cours du titre chute proportionnellement. En théorie, si le prix des actions est de 60 $ avant la distribution d'un dividende en actions (en l'absence de tout autre événement qui pourrait influer sur la société), le prix chute normalement à 30 $ si le nombre d'actions a doublé. Par conséquent, un investisseur pourrait posséder 100 actions qui valent 6 000 $ avant le dividende en actions (100 × 60 $) et 200 actions qui valent 6 000 $ après le dividende en actions (200 × 30 $) ; il n'est donc pas plus riche à la suite de la déclaration d'un dividende en actions.

En réalité, le cours d'une action ne baisse pas tout à fait proportionnellement au nombre des nouvelles actions émises. Dans certains cas, le dividende en actions rend le titre plus attrayant pour les investisseurs. Plusieurs d'entre eux préfèrent acheter des actions par lot de taille normale, ou lot « régulier », c'est-à-dire par multiple de 100 actions. Un investisseur possédant 10 000 $ n'achèterait peut-être pas une action se vendant 150 $ parce qu'il ne peut se permettre d'acheter 100 actions. Cependant, il pourrait acquérir les actions si leur prix était inférieur à 100 $ l'action par suite du versement du dividende en actions.

Dans d'autres cas, le dividende en actions est associé à une augmentation du dividende en espèces, ce qui attire certains investisseurs. Normalement, le dividende en actions est moins important que dans l'exemple que nous avons utilisé et, par conséquent, l'incidence sur le prix des actions est sans importance.

Afin de refléter les actions additionnelles émises, le dividende en actions sur des actions sans valeur nominale entraîne une diminution des résultats non distribués et une augmentation du capital social relatif aux actions, du même montant. Le dividende en actions est évalué en fonction du nombre d'actions émises et de la valeur de celles-ci.

10

Selon les lois canadiennes, les actions doivent être émises à un montant équivalant à celui qui serait obtenu pour l'action si elle avait été émise au comptant. Autrement dit, on doit évaluer les actions émises en dividendes au prix du marché (ou cote boursière) à la date de la déclaration du dividende. Les normes comptables internationales permettent la comptabilisation à la juste valeur ou à la valeur comptable. Dans les deux cas, il n'y a aucun effet sur le solde des capitaux propres.

Pour illustrer ce qui précède, posons l'hypothèse qu'une entreprise a versé un dividende en actions de 100 000 actions d'une valeur de 10 $ l'action sur le marché, pour une valeur totale de 1 000 000 $.

ÉQUATION COMPTABLE

Actif	=	Passif	+	Capitaux propres	
				Actions ordinaires	+1 000 000
				Résultats non distribués	−1 000 000

ÉCRITURE DE JOURNAL

Résultats non distribués (−CP)	1 000 000	
Actions ordinaires (+CP)		1 000 000

Cette opération implique le déplacement du montant des résultats non distribués dans le compte des actions ordinaires de la société. Le dividende en actions n'a pas modifié le total des capitaux propres, mais uniquement les soldes de certains comptes qui le constituent. Notons qu'au plan fiscal, le dividende en actions est traité de la même manière qu'un dividende en espèces, et l'actionnaire doit payer des impôts sur ces deux types de dividendes.

L'ÉVALUATION DU DIVIDENDE EN ACTIONS

Il est évident qu'un dividende en actions peu élevé aura vraisemblablement peu d'effet sur la valeur boursière des actions. Par contre, une importante émission d'actions dans le cas d'un dividende en actions pourrait influer sur la valeur boursière des actions. C'est ainsi que les normes américaines ont retenu deux modes d'évaluation du dividende en actions. On recommande d'évaluer à la juste valeur marchande les actions émises lorsque le dividende en actions n'excède pas 25 % du nombre d'actions en circulation. Pour ce qui est du dividende en actions qui excède 25 % du nombre d'actions en circulation, la valeur nominale, ou valeur attribué, doit être utilisée pour évaluer le montant du dividende en actions.

Le graphique présenté dans la marge montre la répartition des pourcentages de dividende en actions déclaré par 600 entreprises états-uniennes comme le rapporte l'*Accounting Trends and Techniques*. Nous n'avons pas trouvé de données similaires au Canada.

Taille du dividende en actions (échantillon de 600 sociétés)

- Moins de 50 %
- 50 %
- 100 %
- Plus de 100 %

perspective internationale

10

10.4.2 Le fractionnement d'actions

Le **fractionnement d'actions** ne correspond pas à un versement de dividende. Bien que ces deux opérations semblent similaires, leur effet sur les comptes des capitaux propres est très différent. Dans un fractionnement d'actions, le nombre total d'actions en circulation augmente d'un montant précis. Par exemple, dans le cas d'un fractionnement d'actions de deux pour un, chacune des actions détenues par un investisseur est remplacée par deux nouvelles actions. Une entreprise utilise le fractionnement d'actions pour réduire la valeur du marché de ses actions quand celle-ci devient trop élevée. Cette baisse du

Fractionnement d'actions
Augmentation du nombre total d'actions en circulation selon un ratio prédéterminé ; il ne fait pas diminuer le montant des résultats non distribués.

prix en Bourse rend les actions plus attrayantes pour les investisseurs. Il est aussi plus facile pour la société d'émettre de nouvelles actions à un prix plus abordable.

Qu'il soit question d'un versement de dividende en actions ou d'un fractionnement d'actions, les actionnaires reçoivent un plus grand nombre d'actions sans débourser de fonds supplémentaires pour les acquérir. Cependant, contrairement au dividende en actions, le fractionnement d'actions n'entraîne aucun transfert du compte de capital social (Actions ordinaires) au compte Résultats non distribués. Seule la description du nombre d'actions en circulation est modifiée, de même que leur valeur nominale (le cas échéant). Le dividende en actions exige la passation d'une écriture de journal, alors que le fractionnement n'en nécessite pas. Le fractionnement d'actions est divulgué dans les notes aux états financiers. Les effets comparatifs d'un dividende en actions et d'un fractionnement d'actions peuvent se résumer ainsi :

Capitaux propres

	Avant	Après un dividende en actions de 100 %	Après un fractionnement de 2 pour 1
Nombre d'actions en circulation	30 000	60 000	60 000
Valeur comptable des actions	300 000 $	600 000 $	300 000 $
Résultats non distribués	650 000	350 000	650 000
Total des capitaux propres	950 000 $	950 000 $	950 000 $

TEST D'AUTOÉVALUATION

La société Bélanger a émis 100 000 nouvelles actions ordinaires (sans valeur nominale) à l'occasion de la distribution d'un dividende en actions, alors que la valeur du marché était de 30 $ l'action.

1. Présentez les incidences de cette opération à l'aide de l'équation comptable en vous basant sur les lois canadiennes (à la juste valeur).

2. Auriez-vous une réponse différente en 1 si vous optiez pour l'autre méthode permise par les IFRS ?

3. Décrivez les incidences sur les comptes de l'état de la situation financière et l'écriture de journal que vous devez passer si la société Bélanger procède plutôt à un fractionnement d'actions.

Vérifiez vos réponses à l'aide des solutions présentées en bas de page*.

---

* Solutions du test d'autoévaluation

1. ÉQUATION COMPTABLE

Actif	=	Passif	+	Capitaux propres	
				Actions ordinaires	+3 000 000
				Résultats non distribués	−3 000 000

2. Oui, car le montant transféré du compte Résultats non distribués au compte Actions ordinaires pourrait être basé sur la valeur attribuée des actions et non sur la valeur du marché.

3. Aucune écriture de journal n'est requise et il n'y a aucune incidence sur les postes de l'état de la situation financière, car il s'agit d'un cas de fractionnement d'actions. Par contre, le descriptif du capital social émis et en circulation sera modifié pour tenir compte du nouveau nombre d'actions en circulation.

10.5 Les actions préférentielles

OBJECTIF D'APPRENTISSAGE

Décrire les caractéristiques des actions préférentielles et analyser les opérations s'y rapportant.

En plus des actions ordinaires, certaines sociétés de capitaux émettent des **actions préférentielles**, soit des actions qui confèrent des droits particuliers. Les actions préférentielles peuvent avoir une valeur nominale ou non. Voici les différences les plus importantes entre les actions ordinaires et les actions préférentielles :

1. **Aucun droit de vote.** En général, les actions préférentielles n'accordent pas de droit de vote. Il en résulte qu'elles n'attirent pas les investisseurs qui souhaitent exercer un certain contrôle sur les activités opérationnelles de la société. C'est l'une des principales raisons pour laquelle certaines entreprises émettent des actions préférentielles. Celles-ci leur permettent d'amasser des fonds sans diluer le contrôle des détenteurs d'actions ordinaires de la société.

2. **Un risque moins élevé.** Généralement, les actions préférentielles sont moins risquées que les actions ordinaires en raison de la priorité qu'elles accordent sur le versement des dividendes et la distribution des actifs en cas de liquidation. Les actions préférentielles comportent habituellement un montant précis par action qui doit être versé aux porteurs d'actions préférentielles au moment de la dissolution, et ce, avant que les actifs ne soient distribués aux porteurs d'actions ordinaires.

3. **Un taux de dividende fixe.** La plupart des actions préférentielles offrent un taux de dividende fixe. Par exemple, des actions préférentielles à 6 %, avec valeur nominale de 10 $ l'action offrent un dividende annuel de 6 % de la valeur nominale, ou 0,60 $ l'action. Si les actions préférentielles n'ont pas de valeur nominale, le dividende privilégié peut être établi selon un montant par action, soit 0,60 $ l'action dans le cas présent. Le taux de dividende fixe est intéressant pour certains investisseurs qui cherchent une source de revenu stable à partir de leurs placements.

Certaines sociétés de capitaux émettent des **actions préférentielles convertibles** que le porteur peut, à sa discrétion, échanger contre des actions ordinaires de la société. Les conditions stipulées dans le contrat d'émission mentionnent les dates ainsi que le taux de conversion.

Lorsque la société émet des **actions préférentielles rachetables**, elle prévoit le rachat des actions à l'avenir, à des dates déterminées ou non, soit au gré de l'émetteur, soit au gré du porteur.

Notons que les capitaux propres sont des instruments financiers. Les actions préférentielles et les instruments similaires font l'objet d'une évaluation visant à en déterminer le classement. La distinction entre un passif et des capitaux propres dépend de la substance des arrangements contractuels et non de la forme juridique. En général, si l'obligation est conditionnelle à la survenance d'événements futurs incertains, un classement dans le passif est requis.

En principe, si les actions préférentielles sont rachetables au gré de l'émetteur, elles sont classées dans les capitaux propres. Si elles sont rachetables au gré du porteur, elles sont classées dans les instruments de capitaux propres si les deux conditions suivantes sont remplies :

1. L'instrument n'inclut aucune obligation contractuelle de céder de la trésorerie ou un autre actif financier, ou d'échanger des instruments financiers à des conditions potentiellement désavantageuses.

2. Si l'instrument émis peut être réglé en instruments de capitaux propres de l'émetteur, un nombre fixe d'instruments de capitaux propres doit être établi dans le contrat.

Si les actions préférentielles sont rachetables au gré du porteur et ne satisfont pas aux deux conditions ci-dessus, il s'agit d'un passif que l'on comptabilise à sa juste valeur. Par exemple, des actions de catégorie B rachetables au gré du porteur, contre un nombre équivalent d'actions de catégorie A, sont classées comme des capitaux propres, car les deux conditions sont respectées. Des actions préférentielles rachetables si le taux d'intérêt de la banque centrale excède 5 % constituent un passif financier. Il est important de noter que les dividendes versés pour les actions préférentielles classées dans le passif sont comptabilisés à l'état du résultat global et non au compte Résultats non distribués.

10.5.1 Les dividendes sur les actions préférentielles

Les investisseurs qui achètent des actions préférentielles renoncent à certains avantages offerts aux porteurs d'actions ordinaires. Pour compenser le manque subi par ces investisseurs, les actions préférentielles offrent certains avantages dont ne jouissent pas les détenteurs d'actions ordinaires. L'avantage le plus important est sans doute celui du droit prioritaire sur les dividendes. À cet effet, les deux droits prioritaires les plus populaires sont : 1) les dividendes courants ; 2) les dividendes cumulatifs.

Les droits prioritaires sur les dividendes courants des actions préférentielles

Les actions préférentielles offrent toujours des droits prioritaires sur les dividendes courants. Ceux-ci doivent être versés avant que des dividendes ne soient distribués aux porteurs d'actions ordinaires. Lorsque les droits prioritaires sur les dividendes courants sont satisfaits et qu'aucun autre droit n'est en suspens, il est possible de verser des dividendes aux porteurs d'actions ordinaires.

Les dividendes déclarés doivent être répartis entre les actions préférentielles et les actions ordinaires. Premièrement, il faut satisfaire aux droits prioritaires sur les actions préférentielles et, ensuite, distribuer le reste des dividendes sur les actions ordinaires. Pour illustrer cette situation, posons l'hypothèse que la société Sophie présente l'information suivante sur ses actions en circulation :

Sophie

Actions préférentielles en circulation, sans valeur nominale, dividende cumulatif de 1,20 $ l'action

2 000 actions émises = 40 000 $

Actions ordinaires en circulation, sans valeur nominale

5 000 actions émises = 50 000 $

Si l'on ne suppose qu'un dividende courant préférentiel, le dividende est alloué ainsi :

Exemple	Dividende total	Actions préférentielles, 6 %*	Actions ordinaires
N° 1	3 000 $	2 400 $	600 $
N° 2	18 000	2 400	15 600

* Dividendes sur actions préférentielles : 2 000 actions × 1,20 $ = 2 400 $

Les droits prioritaires sur les dividendes cumulatifs des actions préférentielles

Les actions préférentielles cumulatives comportent des droits prioritaires sur le dividende cumulatif. Cette caractéristique signifie que si une partie ou la totalité du dividende courant n'est pas entièrement versée, le montant impayé s'appelle « arriéré de dividendes ». Le montant d'un arriéré de dividendes doit être versé prioritairement aux porteurs d'actions à dividendes cumulatifs avant tout autre dividende. Bien entendu, si les actions préférentielles ne sont pas cumulatives, les dividendes ne peuvent jamais être arriérés. Par conséquent, les dividendes passés (autrement dit les dividendes non déclarés) sont irrévocablement perdus pour les porteurs d'actions préférentielles. Puisque ceux-ci n'acceptent pas cette situation désavantageuse, les actions préférentielles sont habituellement cumulatives. Pour illustrer cette caractéristique, posons l'hypothèse que la société Sophie a les mêmes actions en circulation que celles qui ont été présentées ci-dessus. Supposons que les dividendes sur les actions préférentielles étaient arriérés de deux ans au moment de la déclaration d'un dividende.

Exemple	Dividende total	Actions préférentielles, 6 %*	Actions ordinaires
N° 3	8 000 $	7 200 $	800 $
N° 4	30 000	7 200	22 800

* Arriérés de dividendes (2 ans × 2 400 $)		4 800 $
Dividendes courants sur actions préférentielles (2 000 actions × 1,20 $)		2 400
		7 200 $

analyse financière

LES RESTRICTIONS SUR LE PAIEMENT D'UN DIVIDENDE

Il existe deux restrictions bien connues empêchant une société de payer un dividende : la convention de prêt et les arriérés de dividendes sur les actions préférentielles. En guise de mesures de sécurité additionnelles, certains créditeurs prévoient, dans la convention de prêt, des clauses limitant la capacité d'emprunt de la société et exigeant le maintien d'un solde minimal de trésorerie ou fonds de roulement. Si ces clauses ne sont pas respectées, les créditeurs peuvent exiger le remboursement immédiat du prêt. Selon les normes comptables, les sociétés doivent divulguer ces conventions de prêts ; on trouve normalement cette information dans les notes aux états financiers.

L'existence d'arriérés de dividendes sur les actions préférentielles limite aussi la capacité d'une société à verser des dividendes à ses porteurs d'actions ordinaires. De plus, elle a des conséquences sur les flux de trésorerie futurs de l'entreprise. Parce que les dividendes ne sont pas considérés comme un passif avant la date de leur déclaration par le conseil d'administration, les dividendes arriérés ne sont pas présentés à l'état de la situation financière, mais divulgués dans les notes aux états financiers. La note suivante, tirée d'un rapport annuel de Lone Star Industries, est typique d'une société qui a un arriéré de dividende :

Le total de l'arriéré de dividende sur les actions préférentielles à 13,50 $ à la fin de la période était de 11 670 000 $. Le montant global de ce dividende doit être versé avant que des dividendes ne soient versés aux porteurs d'actions ordinaires.

Ces restrictions intéressent particulièrement les analystes en raison de leur incidence sur la politique de dividendes de la société et sur les flux monétaires futurs.

LES ACTIVITÉS DE FINANCEMENT

Les opérations portant sur les actions ont des conséquences directes sur la structure du capital d'une entreprise. En raison de l'importance de ces opérations, la section des flux de trésorerie liés aux activités de financement au tableau des flux de trésorerie présente les encaissements ainsi que les décaissements obtenus de sources externes (des propriétaires et des créanciers) pour financer l'entreprise et ses activités.

Le tableau 10.2 (*voir la page suivante*) présente la section des activités de financement du tableau des flux de trésorerie de la société Boiron. Il faut noter que la société a racheté des actions ordinaires et a versé un dividende en espèces.

incidence sur les flux de trésorerie

10

8 **OBJECTIF D'APPRENTISSAGE**

Expliquer l'incidence de certaines opérations sur les capitaux propres au tableau des flux de trésorerie.

→

**TABLEAU 10.2 • EXTRAIT DU TABLEAU DES FLUX DE TRÉSORERIE
CONSOLIDÉ DE BOIRON**

Boiron
Tableau des flux de trésorerie consolidé (partiel)
période close le 31 décembre 2009
(en millions d'euros)

	2009	2008	2007
Activités de financement			
Dividendes versés aux actionnaires de la société mère	(12 886)	(11 951)	(6 584)
Diminution de capital, primes et réserves	(54)	(34)	(74)
Rachat d'actions propres	(4 829)	(4 024)	–
Émission d'emprunts	1 003	993	290
Remboursement d'emprunts	(940)	(3 410)	(15 352)
Intérêts versés	(207)	(381)	(1 452)
Produits de placements encaissés	945	2 234	1 095
Flux nets de trésorerie liés aux opérations de financement	(16 968)	(16 573)	(22 077)

EN GÉNÉRAL ◊ Dans le tableau des flux de trésorerie, l'argent reçu des propriétaires est comptabilisé à titre d'encaissement. Les versements en espèces effectués aux propriétaires sont inscrits à titre de décaissements. Le tableau 10.2 en présente des exemples.

Flux de trésorerie liés aux activités de financement	Effet sur les flux de trésorerie
Émission d'actions	+
Rachat d'actions	–
Versement de dividende en espèces	–

Comparons
Dividendes versés
(en millions d'euros)

Boiron	13
Merck*	2 497
Pfizer*	3 412

BOIRON ◊ Il faut noter qu'au cours des deux dernières périodes, la société Boiron a racheté des actions ordinaires ; cela fait partie du plan stratégique de l'entreprise.

On remarque aussi que le dividende progresse ; depuis 2005, il est passé de 0,37 € l'action à 0,70 € l'action, ce qui a permis aux actionnaires de bénéficier d'un meilleur retour sur investissement. Pour Merck, le dividende a tendance à être plus stable, à 1,52 $ par action depuis plusieurs années ; il en est de même pour Pfizer (de 1,19 $ à 1,23 $). C'est souvent le cas des grosses entreprises bien établies comme Merck et Pfizer. Le dividende versé est stable, malgré les fluctuations des résultats. Bien que le paiement des dividendes soit laissé à la discrétion du conseil d'administration, la majorité des entreprises sont réticentes à réduire le dividende. La réduction du dividende est souvent considérée comme un signe de difficultés financières. Il en résulte que les analystes financiers portent une attention particulière aux flux de trésorerie engendrés par le versement de dividendes.

* Les montants en dollars états-uniens ont été convertis en euros en utilisant le taux de conversion au 31 décembre 2009 afin de faciliter la comparaison.

OBJECTIF
D'APPRENTISSAGE

Présenter les autres éléments
des capitaux propres.

10.6 Les autres éléments des capitaux propres

10.6.1 Les réserves

Les réserves représentent les sommes amassées par l'entreprise au fil du temps. Ces dernières se composent essentiellement des quatre éléments suivants : la prime d'émission (parfois classée avant les réserves), les résultats non distribués, les résultats non distribués affectés et le total des autres éléments du résultat global. L'état des variations des capitaux propres présente les éléments qui ont fait varier les réserves durant la période.

La prime d'émission d'actions

La **prime d'émission d'actions** correspond à l'excédent du produit d'une émission d'actions sur sa valeur nominale. Chaque catégorie d'actions qui donne lieu à une prime d'émission doit faire l'objet d'un compte distinct dans les livres de la société. Voici deux exemples d'opérations qui sont inscrites dans le compte Prime d'émission d'actions :

*   Une prime d'émission d'actions avec valeur nominale (les frais d'émission d'actions font diminuer le compte[14]) ;
*   L'excédent du prix de rachat sur la valeur nominale des actions au moment de leur annulation.

Chaque type de prime d'émission doit être comptabilisé de manière distincte. Ainsi, on peut facilement retracer l'origine de chaque opération et divulguer les variations qui sont survenues durant la période. Par exemple, s'il s'agit de l'émission d'actions ordinaires ou préférentielles avec valeur nominale, on doit indiquer : Prime d'émission – actions ordinaires ou Prime d'émission – actions préférentielles.

Les résultats non distribués

Les **résultats non distribués** représentent les revenus gagnés déduits des dividendes versés depuis la première journée d'activité de l'entreprise. Dans le tableau 10.1 (*voir la page 646*), on constate les changements qui sont survenus dans les résultats non distribués de Boiron au cours de chacune des deux périodes couvertes par les états financiers. L'état des variations des capitaux propres doit montrer les éléments ayant fait varier le solde du compte, en l'occurrence le résultat net et les dividendes de la période.

Dans certains cas, on trouve un ajustement apporté au solde d'ouverture des résultats non distribués. Ce redressement s'appelle « **ajustement ou retraitement rétrospectif** ». Il peut avoir pour origine la correction d'une erreur comptable qui s'est produite dans les états financiers d'une période précédente. Ce redressement peut également résulter d'un changement de méthode comptable. Ces sujets seront traités en profondeur dans les cours de comptabilité intermédiaires.

Les résultats non distribués affectés

Les **résultats non distribués affectés** représentent des sommes que l'entreprise ne peut distribuer aux actionnaires à la suite de restrictions imposées par la loi ou par des contrats, ou des sommes que l'entreprise met de côté pour des besoins futurs particuliers, par exemple des projets spéciaux, ou en vue de faire face à une possibilité de perte future.

Par suite de plusieurs types d'opérations commerciales, on peut imposer des restrictions sur les résultats non distribués afin de limiter la capacité d'une entreprise à distribuer des dividendes à ses propriétaires. L'exemple le plus courant est celui d'une entreprise qui emprunte de l'argent auprès d'une banque. Par mesure de sécurité supplémentaire, certaines banques incluent une clause restrictive qui limite le montant des dividendes qu'une société pourra déclarer en imposant une restriction sur ses résultats non distribués.

Les normes comptables exigent que les restrictions sur les résultats non distribués soient inscrites dans les états financiers ou dans une note aux états financiers. Les analystes s'intéressent tout particulièrement à l'information concernant ces restrictions en raison des conséquences qu'elles ont sur la politique d'une entreprise en matière de dividendes. La note devrait décrire toutes les restrictions qui ont été imposées par les

Réserves
Sommes amassées par l'entreprise au fil du temps. Elles se composent essentiellement des quatre éléments suivants : la prime d'émission, les résultats non distribués, les résultats non distribués affectés et les autres éléments du résultat global.

Prime d'émission d'actions
Excédent du produit d'une émission d'actions sur sa valeur nominale.

Ajustement ou retraitement rétrospectif
Montant que l'on affecte directement aux résultats non distribués pour corriger une erreur comptable commise à une période précédente ou pour illustrer l'effet d'un changement de méthode comptable sur les périodes antérieures.

Résultats non distribués affectés
Sommes que l'entreprise ne peut distribuer aux actionnaires à la suite de restrictions imposées par la loi ou par des contrats, ou sommes que l'entreprise peut mettre de côté pour des besoins futurs particuliers.

10

---

14 Les frais d'émission peuvent aussi être déduits des résultats non distribués.

clauses restrictives incluses dans les contrats de prêts. Ces restrictions limitent souvent les emprunts qu'une société pourra contracter, et exigent des soldes minimaux de trésorerie ou d'actif net courant.

Les autres éléments du résultat global

Les **autres éléments du résultat global** comprennent le cumul des éléments présentés après le résultat net à l'état du résultat global.

Rappelons que ces éléments proviennent de produits et de charges, de profits et de pertes qui sont exclus du calcul du résultat net. Par exemple, les profits et les pertes découlant de la conversion des états financiers de certaines filiales dressés en devises étrangères ou les variations de la juste valeur de certains actifs sont classés ainsi. La plupart de ces éléments traitent de sujets assez complexes qui seront abordés dans les cours de comptabilité intermédiaires et avancés.

10.6.2 Les participations ne donnant pas le contrôle

Les participations ne donnant pas le contrôle, présentées à l'état de la situation financière, représentent la quote-part des actionnaires minoritaires dans l'actif net de l'entreprise. Ce montant est classé dans les capitaux propres, mais séparément des capitaux propres de la société mère. Nous abordons ce sujet au chapitre 11.

entreprises à capital fermé

OBJECTIF D'APPRENTISSAGE

Comparer les IFRS et les normes comptables pour les entreprises à capital fermé.

LA COMPARAISON DES IFRS ET DES NORMES COMPTABLES POUR LES ENTREPRISES À CAPITAL FERMÉ

Dans le cas des capitaux propres, on note des similarités et des différences entre les normes comptables internationales (IAS 1, IAS 32, IFRS 2, IFRS 7 et Introduction – partie I du *Manuel de l'ICCA*) pour les entreprises canadiennes qui ont une obligation d'information du public et les normes comptables canadiennes qui s'adressent aux entreprises à capital fermé (chapitres 3240, 3251, 3260, 3610, 3856 et 3870 – partie II du *Manuel de l'ICCA*). Le tableau suivant présente une comparaison sommaire de ces deux référentiels.

NORMES INTERNATIONALES D'INFORMATION FINANCIÈRE (IAS 1, IAS 32, IFRS 2, IFRS 7, Introduction)	NORMES COMPTABLES POUR LES ENTREPRISES À CAPITAL FERMÉ (Chapitres 3240, 3251, 3260, 3610, 3856, 3870)
Terminologie • Prime d'émission d'actions • Résultats non distribués • État des variations des capitaux propres • Réserves: prime d'émission, résultats non distribués, résultats non distribués affectés, autres éléments du résultat global	**Terminologie** • Surplus d'apport • Bénéfices non répartis • État des bénéfices non répartis • Réserves: terme utilisé uniquement pour désigner les Bénéfices non répartis (Résultats non distribués) affectés
La **classification** d'un instrument dans les capitaux propres ou les passifs financiers dépend de la substance de l'opération (clauses contractuelles).	*Idem*. Cependant, il existe certaines différences quant à la présentation.
• Un instrument est un passif si l'émetteur peut être tenu de le régler au moyen de la trésorerie ou d'un autre instrument financier.	• *Idem*
• Si des actions préférentielles **ne sont pas** remboursables au gré du porteur, elles sont classées comme des capitaux propres si elles supposent le droit au dividende.	• Si les actions privilégiées (préférentielles) **ne sont pas** rachetables au gré du porteur, elles sont automatiquement classées dans les capitaux propres.

10

• Les instruments **rachetables** au gré du porteur sont classés comme des capitaux propres si certaines conditions spécifiques sont remplies.	• *Idem*. Cependant les conditions diffèrent.
• En règle générale si les actions préférentielles sont conditionnelles à la survenance d'événements futurs incertains, il s'agit d'un passif.	• Si l'on considère que les événements futurs incertains échappent à la volonté tant de l'émetteur que du porteur, on doit évaluer la probabilité de réalisation de l'événement déclencheur afin de déterminer le classement de l'instrument financier.
Les IFRS contiennent peu de directives concernant la comptabilisation et l'évaluation des capitaux propres, sauf pour les paiements fondés sur des actions (IFRS 2).	Les règles sont plus précises et réparties dans plusieurs chapitres : 3240 (Capitaux propres), 3251 (Postes particuliers des capitaux propres), 3260 (Réserves), 3610 (Opérations portant sur les capitaux propres), etc.
L'opération résultant d'une émission d'actions en échange de biens et de services doit être évaluée à la juste valeur des biens ou des services reçus, sauf si cette juste valeur ne peut être estimée de façon fiable.	Les actions émises en échange de biens et de services sont comptabilisées soit sur la base de la juste valeur de la contrepartie reçue, soit sur celle de la juste valeur des instruments de capitaux propres, selon la mesure la plus fiable.
Les coûts rattachés à l'émission ou au rachat d'actions sont comptabilisés dans les capitaux propres.	*Idem*
Les actions propres détenues sont présentées en déduction des capitaux propres.	*Idem*
Les IFRS ne mentionnent rien sur la façon de comptabiliser les actions propres détenues. Dans la pratique, deux méthodes sont possibles.	Une seule méthode est retenue, soit celle d'une opération unique.
Les IFRS ne mentionnent rien sur la façon de répartir le coût lié à l'annulation d'actions propres détenues.	En cas d'annulation d'actions propres détenues, un montant équivalent à la valeur nominale ou à la valeur attribuée est porté en réduction du capital-actions. Le montant résiduel est porté au compte Surplus d'apport (Prime d'émission) et parfois aux Bénéfices non répartis (Résultats non distribués).
Les profits et les pertes résultant d'opérations sur les capitaux propres sont comptabilisés directement dans les capitaux propres.	*Idem*
Les dividendes sur les instruments classés dans les capitaux propres sont comptabilisés directement dans les capitaux propres. Les dividendes sur les instruments classés dans le passif sont comptabilisés en résultats.	*Idem*
Les participations ne donnant pas le contrôle sont classées dans les capitaux propres, mais séparément de ceux de la société mère.	*Idem*
Les exigences en matière de présentation de l'information sont semblables.	

Il existe d'autres différences concernant des sujets complexes, que nous n'avons abordé que de façon superficielle dans ce premier cours de comptabilité. De telles différences touchent, entre autres, les plans de rémunération fondés sur les actions, les bons de souscription, les changements de méthodes comptables, la correction des erreurs, les virements des écarts de réévaluation, etc.

10

ANALYSONS UN CAS

Ce cas met l'accent sur la formation et les activités opérationnelles de la première période financière de la société Sylvie, laquelle a été constituée le 1er janvier 2013. La société a été formée par 10 entrepreneurs de la région afin de vendre différentes fournitures aux hôtels. Sa charte autorise les actions suivantes :

- Actions ordinaires, sans valeur nominale, 20 000 actions.
- Actions préférentielles, 5 %, valeur nominale (VN) de 100 $, 5 000 actions (cumulatives, non convertibles et sans droit de vote, rachetables au gré de la société à la valeur du marché).

Voici un résumé des opérations ayant eu lieu en 2013 et terminées au mois qui est indiqué.

a)	Janvier	Vente totale au comptant de 8 000 actions ordinaires, sans valeur nominale, aux 10 entrepreneurs à 50 $ l'action.
b)	Février	Vente de 2 000 actions préférentielles à 102 $ l'action ; montant encaissé en totalité.
c)	Mars	Déclaration d'un dividende annuel en espèces de 25 000 $.
d)	Juillet	Rachat de 800 actions ordinaires qui avaient été vendues plus tôt par un entrepreneur s'étant retiré. La société Sylvie a payé 45 $ l'action à cet actionnaire. Elle a décidé de garder ces actions durant un certain temps en vue de satisfaire un investisseur potentiel.
e)	Août	Émission de 10 actions préférentielles à M. Châtelain pour le paiement complet des services juridiques rendus relativement à la constitution de la société. Supposez que les actions préférentielles se vendent normalement 102 $ l'action et que les services juridiques sont évalués à 1 200 $. Affectez le montant au compte Frais de constitution différés porté à l'actif.

Travail à faire

1. Décrivez les incidences sur l'actif, le passif et les capitaux propres de chacune de ces opérations.
2. Passez les écritures de journal appropriées en en donnant une brève explication.
3. Dressez la section des capitaux propres de l'état de la situation financière de la société Sylvie en date du 31 décembre 2013. Supposez que les résultats non distribués à cette date sont de 23 000 $.

Solutions suggérées

1. Incidences des opérations

ÉQUATION COMPTABLE

	Actif		=	Passif		+	Capitaux propres	
a)	Trésorerie	+400 000					Actions ordinaires	+400 000
b)	Trésorerie	+204 000					Actions préférentielles	+200 000
							Prime d'émission – actions préférentielles	+4 000
c)				Dividende à payer – actions préférentielles	+10 000		Résultats non distribués	−25 000
				Dividende à payer – actions ordinaires	+15 000			
d)	Trésoretrie	−36 000					Actions propres détenues	−36 000
e)	Frais de constitution différés	+1 200					Actions préférentielles	+1 000
							Prime d'émission – actions préférentielles	+200

2. Écritures de journal en 2013

ÉCRITURE DE JOURNAL

a) Janvier Trésorerie (+A). 400 000

           Capital social (+CP) 400 000

           Vente d'actions ordinaires sans valeur nominale :
           8 000 × 50 $ = 400 000 $

b) Février Trésorerie (+ A) 204 000

           Actions préférentielles (+CP). 200 000
           Prime d'émission – actions préférentielles (+CP) 4 000

           Vente d'actions préférentielles : 2 000 × 100 $ (VN) = 200 000 $
           Prime : 2 000 × 2 $ = 4 000 $

c) Mars Résultats non distribués (–CP) 25 000

           Dividende à payer – actions préférentielles (+Pa) 10 000
           Dividende à payer – actions ordinaires (+Pa) 15 000

           Priorité aux actions préférentielles : 200 000 $ × 5 % = 10 000 $
           Solde aux actions ordinaires : 25 000 $ – 10 000 $ = 15 000 $

d) Juillet Actions propres détenues (+XCP, –CP) 36 000

           Trésorerie (–A) 36 000

           Rachat des actions ordinaires : 800 × 45 $ = 36 000 $

e) Août Frais de constitution (+A) 1 200

           Actions préférentielles (+CP). 1 000
           Prime d'émission – actions préférentielles (+CP) 200

           Frais de constitution (services juridiques) payés par l'émission de 10 actions
           préférentielles. La juste valeur du service est de 1 200 $.

3. Section des capitaux propres de l'état de la situation financière

Sylvie
État de la situation financière (partiel)
au 31 décembre 2013
(en dollars canadiens)

Capitaux propres

Capital social :

Actions préférentielles (5 %, valeur nominale de 100 $, 5 000 actions autorisées, 2 010 actions émises)	201 000
Actions ordinaires (sans valeur nominale, 20 000 actions autorisées, 8 000 actions émises)	400 000

Réserves :

Prime d'émission – actions préférentielles	4 200
Résultats non distribués	23 000
Actions propres détenues (800 actions ordinaires)	(36 000)
Total des capitaux propres	592 200

10

La comptabilisation des capitaux propres pour les entreprises individuelles et les sociétés de personnes

Les capitaux propres pour une entreprise individuelle

Une **entreprise individuelle** est une société non constituée en société par actions qui n'appartient qu'à une seule personne. Les seuls comptes de capitaux propres nécessaires sont : 1) le compte du capital pour le propriétaire (dans l'exemple qui suit : Capital F. Rose) ; et 2) le compte des prélèvements du propriétaire (Prélèvements F. Rose). On utilise le compte de capital du propriétaire pour deux raisons : afin de comptabiliser les investissements effectués par ce dernier et pour accumuler les résultats périodiques. Le compte des prélèvements sert à comptabiliser les retraits d'argent ou d'autres actifs du propriétaire. Le compte des prélèvements est fermé au compte de capital à la fin de chaque période. Les capitaux propres reflètent donc le total cumulatif de tous les investissements effectués par le propriétaire, additionné du résultat (diminué s'il y a perte) de l'entreprise et déduit de tous les prélèvements effectués par le propriétaire.

À tout autre égard, la comptabilité d'une entreprise individuelle est la même que celle d'une société à capital fermé. L'encadré 10.1 montre la comptabilisation des capitaux propres dans le cas de l'entreprise individuelle. On y présente l'enregistrement de différentes opérations ainsi que l'état des variations des capitaux propres du magasin de vente au détail F. Rose.

ENCADRÉ 10.1 • COMPTABILISATION DES CAPITAUX PROPRES POUR UNE ENTREPRISE INDIVIDUELLE

Opérations effectuées en 2013

Le 1er janvier 2013

F. Rose a ouvert un magasin en investissant 150 000 $ au moyen de ses épargnes personnelles. L'incidence sur les comptes de l'état de la situation financière et l'écriture de journal pour l'entreprise sont décrites comme suit :

ÉQUATION COMPTABLE

Actif	=	Passif	+	Capitaux propres	
Trésorerie +150 000				Capital F. Rose	+150 000

ÉCRITURE DE JOURNAL

Trésorerie (+A)	150 000	
Capital F. Rose (+CP)		150 000

Au cours de l'année 2013

Chaque mois, au cours de la période, F. Rose a retiré 1 000 $ en espèces du compte bancaire de l'entreprise pour ses dépenses personnelles. Par conséquent, chaque mois, on comptabilise cette opération de la façon suivante :

ÉQUATION COMPTABLE

Actif	=	Passif	+	Capitaux propres	
Trésorerie –1 000				Prélèvements F. Rose	–1 000

ÉCRITURE DE JOURNAL

Prélèvements F. Rose (–CP)............................	1 000	
Trésorerie (–A)....................................		1 000

Remarque: Au 31 décembre 2013, après le dernier retrait, le compte des prélèvements reflétera un solde de 12 000 $.

Au 31 décembre 2013

Les écritures de journal habituelles pour la période, y compris les écritures de régularisation et de clôture pour les comptes des produits et des charges, ont produit un résultat net de 18 000 $, lequel est fermé au compte de capital. L'écriture de clôture se présente comme suit:

ÉQUATION COMPTABLE

Actif	=	Passif	+	Capitaux propres	
				Sommaire des résultats	–18 000
				Capital F. Rose	+18 000

ÉCRITURE DE JOURNAL

Sommaire des résultats (–Pr, –C)	18 000	
Capital F. Rose (+CP)...............................		18 000

Le 31 décembre 2013

La comptabilisation qui doit être effectuée à cette date pour fermer le compte des prélèvements est présentée comme suit:

ÉQUATION COMPTABLE

Actif	=	Passif	+	Capitaux propres	
				Capital F. Rose	–12 000
				Prélèvements F. Rose	+12 000

ÉCRITURE DE JOURNAL

Capital F. Rose (–CP)................................	12 000	
Prélèvements F. Rose (+CP).........................		12 000

10

F. Rose
État des variations des capitaux propres
au 31 décembre 2013
(en dollars canadiens)

Capital F. Rose au 1er janvier 2013	150 000
Résultat net durant la période	18 000
	168 000
Prélèvements durant la période	(12 000)
Capital F. Rose au 31 décembre 2013	156 000

L'entreprise individuelle ne paie pas d'impôts, car elle n'est pas une personne morale au sens de la loi. Par conséquent, ses états financiers ne reflètent pas la charge d'impôts ou les impôts à payer. Le résultat net de l'entreprise individuelle est imposé lorsqu'il est inclus dans la déclaration de revenus personnelle du propriétaire. Puisqu'il ne peut exister de relation contractuelle entre l'employeur et l'employé lorsqu'il n'y a qu'une partie, le « salaire » du propriétaire n'est pas constaté à titre de charge, mais inscrit à titre de distribution des résultats (c'est-à-dire de prélèvement).

Les capitaux propres pour une société de personnes

Les lois provinciales peuvent différer concernant les sociétés de personnes ou sociétés en nom collectif. Au Québec, le Registraire des entreprises stipule qu'une société de personnes est un « groupe de personnes qui s'associent dans le but d'exploiter une entreprise et qui partagent les revenus et les responsabilités selon une convention établie entre elles[15] ». Les petites entreprises et les professionnels tels que les comptables, les médecins et les avocats utilisent la société en nom collectif comme forme d'entreprise. Celle-ci est constituée de deux ou de plusieurs personnes qui concluent une entente mutuelle au sujet des modalités de leur association. La loi n'exige pas une demande de charte, comme dans le cas d'une société par actions. La *Loi sur la publicité légale des entreprises* au Québec exige que le nom de la société de personnes soit en français et comporte un « générique, soit un mot qui sert à désigner l'activité générale de l'entreprise et un spécifique, soit un mot qui sert à distinguer l'entreprise d'une autre[16] ». Ainsi, la forme juridique d'une société en nom collectif est indiquée dans son nom par l'ajout de « SENC »; elle peut aussi dans ce cas utiliser un nom d'emprunt. Par exemple au lieu de « la société en nom collectif Gilbert et Allaire » on peut utiliser le nom d'emprunt « Café du coin ».

Le contrat de société conclu entre les associés permet de créer la société et lui donne son existence juridique. Ce contrat peut préciser des éléments comme la mise en commun d'apports (biens, connaissances et activités), la division du résultat, les responsabilités de la direction, le transfert ou la vente des participations, la disposition des actifs en cas de liquidation ainsi que les procédures à respecter en cas de décès d'un associé. Il doit aussi précisément indiquer l'intention des associés de former une société.

....

15 REGISTRAIRE DES ENTREPRISES, *Glossaire*, www.registreentreprises.gouv.qc.ca/fr/glossaire, [en ligne], (page consultée le 5 septembre 2011).

16 REVENU QUÉBEC – DIRECTION DU REGISTRAIRE DES ENTREPRISES, « Société de personnes : choix du nom », dans PORTAIL QUÉBEC, www.formulaire.gouv.qc.ca/cgi/affiche_doc.cgi?dossier=8545&table=0, [en ligne], (page consultée le 5 septembre 2011).

La société de personnes a pour principaux avantages : 1) sa facilité de constitution ; 2) le partage des responsabilités et des apports entre les associés ; et 3) la non-imposition de l'entreprise elle-même. Elle a pour principal désavantage la responsabilité illimitée de chacun des associés par rapport au passif. À cause de cette responsabilité illimitée, les créanciers d'une société de personnes peuvent saisir les biens personnels des associés si l'entreprise ne dispose pas de suffisamment d'actifs pour rembourser ses dettes non réglées.

Comme pour l'entreprise individuelle, la comptabilité de la société de personnes respecte les mêmes fondements comptables que celle de toutes les autres formes d'entreprises commerciales à capital fermé, sauf pour ce qui est des éléments qui influent directement sur les capitaux des associés. La comptabilisation des capitaux propres des associés respecte les principes qui ont déjà été décrits pour l'entreprise individuelle : les capitaux propres sont composés de l'ensemble des comptes distincts de capital de chaque associé. Les investissements effectués par un associé sont affectés à son compte de capital, et il en va de même de ses prélèvements. Le résultat net (ou la perte nette) pour une société de personnes est divisé entre les associés selon le mode de partage stipulé dans le contrat de société. Par conséquent, après le processus de clôture, le compte de capital de chaque associé reflète le total cumulatif de tous ses investissements ainsi que sa part dans tous les résultats de l'entreprise, déduits de ses prélèvements et de sa quote-part des pertes.

L'encadré 10.2 présente les incidences sur les comptes des capitaux propres, les écritures de journal ainsi que l'état des variations des capitaux propres de la Société en nom collectif AB en vue d'illustrer la comptabilisation de la distribution du résultat et la répartition des capitaux propres des associés.

ENCADRÉ 10.2 • COMPTABILISATION DES CAPITAUX PROPRES DES ASSOCIÉS D'UNE SOCIÉTÉ DE PERSONNES

Opérations effectuées en 2013

Le 1er janvier 2013

A. Allaire et B. Bélanger ont formé la Société en nom collectif AB à cette date. A. Allaire a apporté une contribution de 60 000 $ et B. Bélanger, de 40 000 $ en espèces dans la société de personnes. Ils ont convenu de diviser le résultat net selon des ratios respectifs de 60 % et de 40 %. Les incidences et les écritures de journal de l'entreprise en vue de comptabiliser l'investissement sont décrites ci-après.

ÉQUATION COMPTABLE

Actif	=	Passif	+	Capitaux propres	
Trésorerie	+100 000			Capital A. Allaire	+60 000
				Capital B. Bélanger	+40 000

ÉCRITURE DE JOURNAL

Trésorerie (+A)	100 000	
Capital A. Allaire (+CP)		60 000
Capital B. Bélanger (+CP)		40 000

Au cours de l'année 2013

Les associés ont convenu que A. Allaire retirerait 1 000 $ et B. Bélanger 650 $ par mois en espèces. Donc, chaque mois, les comptes de l'état de la situation financière affectés par les prélèvements se présentent ainsi (l'écriture de journal suivante est passée) :

ENCADRÉ 10.2 • COMPTABILISATION DES CAPITAUX PROPRES DES ASSOCIÉS D'UNE SOCIÉTÉ DE PERSONNES (*SUITE*)

ÉQUATION COMPTABLE

Actif		=	Passif	+	Capitaux propres	
Trésorerie	−1 650				Prélèvements A. Allaire	−1 000
					Prélèvements B. Bélanger	−650

ÉCRITURE DE JOURNAL

Prélèvements A. Allaire (−CP)	1 000	
Prélèvements B. Bélanger (−CP)	650	
Trésorerie (−A)		1 650

Au 31 décembre 2013

Supposons que les produits et les charges qui sont comptabilisés ont entraîné un résultat net de 30 000 $. Pour une répartition respectant les ratios de 60 % et de 40 %, la comptabilisation se présente comme ci-après :

On divise le résultat net ainsi :

A. Allaire (30 000 $ × 60 %)	18 000 $
B. Bélanger (30 000 $ × 40 %)	12 000
	30 000 $

ÉQUATION COMPTABLE

Actif	=	Passif	+	Capitaux propres	
				Sommaire des résultats	−30 000
				Capital A. Allaire	+18 000
				Capital B. Bélanger	+12 000

ÉCRITURE DE JOURNAL

Sommaire des résultats (−Pr, −C)	30 000	
Capital A. Allaire (+CP)		18 000
Capital B. Bélanger (+CP)		12 000

Le 31 décembre 2013

La comptabilisation qui doit être effectuée à cette date pour fermer les comptes de prélèvements est présentée comme suit :

ÉQUATION COMPTABLE

Actif	=	Passif	+	Capitaux propres	
				Capital A. Allaire	−12 000
				Capital B. Bélanger	−7 800
				Prélèvements A. Allaire	+12 000
				Prélèvements B. Bélanger	+7 800

ÉCRITURE DE JOURNAL		
Capital A. Allaire (−CP)	12 000	
Capital B. Bélanger (−CP)	7 800	
Prélèvements A. Allaire (+CP).		12 000
Prélèvements B. Bélanger (+CP).		7 800

À la fin de l'année financière, on dresse habituellement un état des variations des capitaux propres des associés similaire à celui-ci :

Société en nom collectif AB
État des variations des capitaux propres
période close le 31 décembre 2013
(en dollars canadiens)

	A. Allaire	B. Bélanger	Total
Capitaux propres au 1er janvier 2013	60 000	40 000	100 000
Apports durant la période	0	0	0
Résultat net pour la période	18 000	12 000	30 000
	78 000	52 000	130 000
Prélèvements durant la période	(12 000)	(7 800)	(19 800)
Capitaux propres au 31 décembre 2013	66 000	44 200	110 200

Les états financiers de la société de personnes respectent le même format que celui des sociétés de capitaux, sauf que : 1) l'état des variations des capitaux propres présente la « distribution du résultat net entre les associés » ; 2) l'état de la situation financière est dressé conformément aux normes comptables ; 3) la société de personnes n'a aucune charge d'impôts, car elle n'en paie pas (chaque associé doit présenter sa part du résultat de la société dans sa déclaration de revenus individuelle) ; et 4) les salaires versés aux associés ne sont pas comptabilisés à titre de charges à l'état du résultat global, mais traités comme des prélèvements à l'état des variations des capitaux propres.

10

POINTS SAILLANTS DU CHAPITRE

1. Expliquer le rôle des actions dans la structure du capital d'une société par actions (*voir la page 647*).

La loi considère que les sociétés par actions sont des entités juridiques distinctes. Les propriétaires investissent dans une société et reçoivent des actions qu'ils peuvent négocier aux Bourses établies. Ces actions accordent plusieurs droits, dont celui de recevoir des dividendes.

2. Calculer et interpréter le résultat par action (*voir la page 651*).

Le ratio du résultat par action permet de comparer rapidement la rentabilité de plusieurs sociétés. Il permet aussi d'apprécier l'évolution des résultats d'une même société dans le temps. Lorsqu'on exprime le rendement sur la base d'une action, la différence de taille des entreprises devient moins importante.

3. Décrire les caractéristiques des actions ordinaires et analyser les opérations s'y rapportant (*voir la page 652*).

Les actions ordinaires sont les actions de base, avec droit de vote, émises par une société de capitaux. En général, elles n'ont pas de valeur nominale, mais certaines juridictions provinciales permettent l'émission d'actions avec valeur nominale. Les actions ordinaires permettent d'obtenir des droits, ce qui attire certains investisseurs.

Plusieurs opérations portent sur les actions : 1) la première émission d'actions ; 2) les opérations relatives aux actions rachetées ; 3) le dividende en espèces ; et 4) le dividende en actions et le fractionnement d'actions. Chacune de ces opérations est illustrée dans le présent chapitre.

4. Examiner les dividendes et analyser les opérations s'y rapportant (*voir la page 659*).

Le rendement associé à un investissement dans les actions d'une société provient de deux sources : l'accroissement de la valeur du titre et les dividendes. Les dividendes en espèces à verser sont inscrits à titre de passif courant au moment où le conseil d'administration les déclare (c'est-à-dire à la date de leur déclaration). Le passif est éliminé quand les dividendes sont versés (autrement dit à la date du paiement des dividendes).

5. Calculer et interpréter le taux de rendement par action (*voir la page 663*).

Le taux de rendement par action permet de mesurer le pourcentage du rendement sur le capital investi provenant des dividendes. Pour la plupart des entreprises, surtout celles qui sont en pleine croissance, le rendement associé aux dividendes est très faible.

6. Expliquer le but du versement du dividende en actions et celui du fractionnement d'actions, et examiner la présentation de ces opérations (*voir la page 664*).

Le dividende en actions est une distribution au prorata des actions d'une entreprise aux actionnaires actuels. Cette opération comporte le transfert d'un montant dans le compte Actions ordinaires à partir du compte Résultats non distribués. Le fractionnement d'actions constitue également une distribution d'actions supplémentaires aux actionnaires, mais aucun montant n'est transféré dans le compte Actions ordinaires.

7. Décrire les caractéristiques des actions préférentielles et analyser les opérations s'y rapportant (*voir la page 667*).

Les actions préférentielles sont émises par certaines sociétés par actions. Ces actions confèrent des droits particuliers, tels que le droit prioritaire aux dividendes et le droit prioritaire sur la distribution des actifs à la liquidation de l'entreprise. Normalement, elles ne comportent pas de droit de vote. Les actions préférentielles rachetables au gré du porteur sont traitées comme un passif, à moins qu'elles ne remplissent certaines conditions.

8. Expliquer l'incidence de certaines opérations sur les capitaux propres au tableau des flux de trésorerie (*voir la page 669*).

Les encaissements (par exemple l'émission d'actions) et les décaissements (comme le rachat d'actions) sont inscrits dans la section des activités de financement au tableau des flux de trésorerie. Le versement des dividendes est comptabilisé dans cette section à titre de décaissement.

9. Présenter les autres éléments des capitaux propres (*voir la page 670*).

Les réserves représentent les sommes amassées par l'entreprise au fil du temps, et comprennent les primes d'émission d'actions, les résultats non distribués, les résultats non distribués affectés et le total des autres éléments du résultat global. L'état des variations des capitaux propres présente la variation de chacun de ces postes au cours de la période. Les comptes de prime d'émission proviennent d'opérations relatives au capital, telles que la prime d'émission d'actions avec valeur nominale. Chaque source de prime d'émission doit être précisée pour faciliter le traitement comptable.

Le compte Résultats non distribués englobe les résultats qui ont été réalisés depuis la formation de la société, déduits de tous les dividendes versés. Le montant des résultats non distribués est important, car les dividendes ne sont normalement versés que si un solde est suffisant dans ce compte (et dans le compte Trésorerie). Certaines restrictions peuvent s'appliquer à la distribution de dividendes. Parfois, le solde d'ouverture des résultats non distribués est redressé (ajustement ou retraitement rétrospectif) pour corriger des erreurs qui sont survenues au cours des périodes précédentes ou pour présenter les effets du changement de méthodes comptables. La société crée un compte de résultats non distribués affectés pour répondre à certaines exigences légales ou contractuelles, ou pour des projets futurs.

Les autres éléments du résultat global comprennent les variations des capitaux propres découlant d'opérations, d'événements ou de circonstances sans rapport avec les propriétaires.

10. Comparer les IFRS et les normes comptables pour les entreprises à capital fermé (*voir la page 672*).

Pour les capitaux propres, il existe des différences entre les normes internationales (IAS 1, IAS 32, IFRS 2, IFRS 7 et Introduction – partie I du *Manuel de l'ICCA*) et les normes comptables pour les entreprises à capital fermé (chapitres 3240, 3251, 3260, 3610, 3856 et 3870 – partie II du *Manuel de l'ICCA*). Ces différences visent la présentation de l'information, le classement de certaines actions préférentielles et leur traitement comptable, ainsi que le traitement comptable, des actions rachetées et annulées.

10

Ce chapitre conclut une importante section du présent manuel. Dans les chapitres précédents, nous avons abordé différentes sections de l'état de la situation financière. Nous nous concentrons maintenant sur une opération qui touche plusieurs comptes figurant dans chacun des états financiers, soit les regroupements d'entreprises. Pour plusieurs raisons stratégiques, les entreprises investissent souvent dans d'autres entreprises. Dans le prochain chapitre, vous apprendrez pourquoi et comment ces investissements influent sur les états financiers.

Ratios clés

Le ratio du résultat par action présente le résultat net d'une société sur la base d'une action ordinaire. Ce ratio se calcule ainsi (*voir la page 651*) :

$$\text{Résultat par action} = \frac{\text{Résultat net*}}{\substack{\textbf{Nombre moyen pondéré d'actions ordinaires} \\ \textbf{en circulation au cours de la période}}}$$

* Lorsqu'un dividende sur actions préférentielles est déclaré, on le soustrait du résultat net.

Le taux de rendement par action mesure le rendement du dividende par rapport au prix actuel de l'action. Ce taux se calcule ainsi (*voir la page 663*) :

$$\substack{\textbf{Taux de rendement} \\ \textbf{par action}} = \frac{\textbf{Dividende par action}}{\textbf{Cours de l'action}}$$

Pour trouver l'information financière

ÉTAT DE LA SITUATION FINANCIÈRE

Passifs courants
Les dividendes en espèces, une fois déclarés par le conseil d'administration, sont inscrits à titre de passifs (habituellement courants).

Passifs non courants
Certaines actions préférentielles rachetables au gré du porteur sont classées comme des passifs non courants.

Capitaux propres
Les comptes habituels de capitaux propres sont les suivants :
 Capital social – actions préférentielles
 Capital social – actions ordinaires
 Prime d'émission (poste qui fait normale- ment partie des réserves, mais qui peut aussi être présenté de façon distincte)
 Réserves
 Participations ne donnant pas le contrôle

ÉTAT DU RÉSULTAT GLOBAL

Les opérations sur les actions ne sont jamais présentées à l'état du résultat global. Il en est de même des dividendes déclarés, lesquels ne constituent pas une charge. Le versement de dividendes correspond plutôt à une distribution des résultats ; ces dividendes ne sont donc pas inscrits à l'état du résultat global, à moins qu'il ne s'agisse de dividendes sur des actions préférentielles classées comme des passifs.

ÉTAT DES VARIATIONS DES CAPITAUX PROPRES

Cet état rapporte de l'information détaillée relativement aux capitaux propres, y compris :
- les montants de chaque composante de capitaux propres ;
- les éléments de variations qui sont surve- nues dans chacune des composantes au cours des périodes présentées ;
- le nombre d'actions en circulation.

TABLEAU DES FLUX DE TRÉSORERIE

Dans la catégorie des activités de financement
+ Encaissements provenant de l'émission d'actions
+ Encaissements provenant de la vente d'actions rachetées
− Décaissements pour les dividendes
− Décaissements pour le rachat d'actions

NOTES

Principales conventions comptables

Ce résumé contient habituellement très peu d'information sur les actions.

Note distincte

En général, on trouve les renseignements suivants dans une note distincte aux états financiers :

- Les montants décrivant chacun des comptes d'actions ;
- Le nombre d'actions autorisées et en circulation dans chaque catégorie d'actions ;
- L'incidence de certaines opérations, comme le rachat d'actions et la présence d'actions propres détenues ;
- L'existence d'arriérés de dividendes ;
- Les restrictions sur la distribution des résultats non distribués, s'il y a lieu ;
- Les variations des programmes d'options d'achat d'actions des employés (nombre d'options données, utilisées et annulées), du prix du marché et du prix moyen pondéré du marché des actions.

Mots clés

10

ACTIVITÉS D'APPRENTISSAGE

1. Définissez la société par actions et précisez-en les principaux avantages.

2. Qu'est-ce que la charte d'une société par actions?

3. Expliquez chacune des expressions suivantes:
   a) Les actions autorisées
   b) Les actions émises
   c) Les actions en circulation
   d) Les actions souscrites

4. Expliquez la différence entre les actions ordinaires et les actions préférentielles.

5. Expliquez la différence entre les actions avec valeur nominale et les actions sans valeur nominale.

6. Quelles sont les caractéristiques habituelles des actions préférentielles?

7. Quelles sont les deux principales sources des capitaux propres? Expliquez chacune d'entre elles.

8. Les capitaux propres sont comptabilisés selon leur source. Que signifie le mot «source»?

9. Définissez l'expression «actions propres détenues». Pourquoi les sociétés rachètent-elles des actions déjà émises? Comment ces actions sont-elles présentées aux états financiers?

10. Quelles sont les deux exigences principales permettant de soutenir un dividende en espèces? Quels sont les effets des dividendes en espèces sur l'actif et les capitaux propres?

11. Expliquez la différence entre les actions préférentielles cumulatives et les actions préférentielles non cumulatives.

12. Expliquez sur quoi l'on se base pour classer les actions préférentielles comme un passif ou des capitaux propres.

13. Définissez l'expression «prime d'émission d'actions». Expliquez la comptabilisation des comptes touchés par une telle prime.

14. Définissez l'expression «dividende en actions». En quoi ce dividende est-il différent du dividende en espèces? Comment le comptabilise-t-on?

15. Quels sont les principaux objectifs de l'émission d'un dividende en actions?

16. Indiquez les trois principales dates qui concernent les dividendes et expliquez leur importance.

17. Définissez l'expression «résultats non distribués». Quelles sont les principales composantes des résultats non distribués à la fin de chaque période?

18. Que signifient l'expression «résultats non distribués affectés» et le terme «réserves»?

QUESTIONS À CHOIX MULTIPLES

1. La société Katz a émis 400 000 actions ordinaires et possède 20 000 actions propres détenues. La charte de la société prévoit un nombre illimité d'actions. Katz a déclaré et payé un dividende de 1 $ l'action. Quel est le montant du dividende?
   a) 400 000 $
   b) 20 000 $
   c) 380 000 $
   d) 420 000 $

2. Parmi les affirmations suivantes concernant les actions propres détenues, laquelle est fausse?
   a) Les actions propres détenues sont considérées comme émises mais non en circulation.
   b) Les actions propres détenues ne donnent aucun droit de vote, aucun droit aux dividendes ni aucun droit au moment de la liquidation de l'entreprise.
   c) Les actions propres détenues réduisent le montant des capitaux propres à l'état de la situation financière.
   d) Toutes les réponses ci-dessus sont vraies.

3. Parmi les affirmations suivantes relatives au dividende en actions, laquelle est vraie?
   a) Le dividende en actions est présenté au tableau des flux de trésorerie.

   b) Le dividende en actions fait diminuer les résultats non distribués.
   c) Le dividende en actions fait augmenter les capitaux propres.
   d) Le dividende en actions fait diminuer les capitaux propres.

4. Parmi les ordres suivants, lequel décrit le mieux la séquence du plus grand nombre d'actions au plus petit nombre d'actions?
   a) Les actions autorisées, les actions émises et les actions en circulation
   b) Les actions émises, les actions en circulation et les actions autorisées
   c) Les actions autorisées, les actions en circulation et les actions émises
   d) Les actions propres détenues, les actions en circulation et les actions émises

5. Une société émet 100 000 actions ordinaires d'une valeur nominale de 1 $ l'action. L'émission de ces actions a rapporté 20 $ par action. Quelle sera alors l'augmentation des capitaux propres?
   a) 100 000 $
   b) 1 900 000 $

c) 2 000 000 $

d) Aucun changement dans les capitaux propres

6. Parmi les dates suivantes, laquelle n'implique aucune entrée comptable ?

a) La date de déclaration

b) La date d'inscription

c) La date du paiement

d) Une entrée comptable doit être faite à toutes ces dates.

7. Une société a un résultat net de 225 000 $, et a déclaré et payé un dividende en espèces de 75 000 $. Quelle est l'incidence sur les résultats non distribués ?

a) Augmentation de 225 000 $

b) Diminution de 75 000 $

c) Augmentation de 150 000 $

d) Diminution de 150 000 $

8. Parmi les affirmations suivantes se rapportant aux dividendes, laquelle est fausse ?

a) Les dividendes représentent la distribution d'une partie des résultats de l'entreprise aux actionnaires.

b) Le dividende en actions et le dividende en espèces réduisent tous deux les résultats non distribués.

c) Le dividende en espèces payé aux actionnaires réduit le résultat net.

d) Aucun des énoncés ci-dessus n'est faux.

9. Quelle est l'incidence d'un rachat d'actions contre espèces sur l'équation comptable ?

a) Aucune incidence : la réduction de l'actif Trésorerie contrebalance l'ajout d'un actif Actions propres détenues.

b) L'actif diminue et les capitaux propres augmentent.

c) L'actif augmente et les capitaux propres diminuent.

d) L'actif diminue et les capitaux propres diminuent.

10. Le dividende en actions fait-il immédiatement augmenter la richesse personnelle d'un investisseur ?

a) Non, car le prix de l'action chute au moment de l'émission d'un dividende en actions.

b) Oui, car l'investisseur a plus d'actions.

c) Oui, car l'investisseur obtient plus d'actions sans devoir débourser de frais de courtage.

d) Oui, car l'investisseur recevra plus de dividendes en espèces, étant donné qu'il détient plus d'actions.

11. Lequel des éléments suivants ne fait pas partie des instruments de capitaux propres ?

a) Actions préférentielles rachetables au gré de l'émetteur

b) Actions de catégorie B, rachetables au gré du porteur, contre un nombre équivalent d'actions de catégorie A

c) Actions prioritaires en cas de liquidation

d) Actions préférentielles rachetables à un montant et à une date déterminés ou déterminables

MINI-EXERCICES

M10-1

 1

5 minutes

L'évaluation des droits des actionnaires

Nommez trois droits que donnent les actions ordinaires à leur détenteur. Selon vous, lequel est le plus important ? Expliquez votre réponse.

M10-2

 1

5 minutes

Le calcul du nombre d'actions en circulation

La charte de la société Camille prévoit un nombre illimité d'actions ordinaires. Les derniers états financiers de la société présentaient 168 000 actions ordinaires émises et 10 000 actions propres détenues. Calculez le nombre d'actions en circulation. Votre réponse serait-elle différente si les actions rachetées avaient été annulées ?

M10-3

 3

10 minutes

La comptabilisation de la vente d'actions ordinaires

Dans le but de prendre de l'expansion, la société Services de consultation Aragon a émis 170 000 actions ordinaires d'une valeur nominale de 1 $. Le prix de vente des actions était de 21 $ l'action. À l'aide de l'équation comptable, présentez la vente de ces actions. Votre réponse serait-elle différente si la valeur nominale était de 2 $ l'action ? Le cas échéant, comptabilisez la vente des actions ayant une valeur nominale de 2 $. Quelle serait votre réponse si les actions étaient sans valeur nominale ?

M10-4
⊕ 3•7
10 minutes

La comparaison des actions ordinaires et des actions préférentielles

Vos parents viennent de prendre leur retraite et vous ont demandé de leur donner des conseils financiers. Ils ont décidé d'investir 100 000 $ dans une entreprise similaire à Boiron, mais hésitent quant au type d'actions acheter. La société a émis des actions préférentielles et des actions ordinaires. Quels facteurs pourriez-vous analyser pour leur donner des conseils ? Quel type d'actions leur recommanderiez-vous d'acheter ?

M10-5
 3
5 minutes

La détermination des effets des opérations relatives aux actions propres détenues

La société Trans Union a racheté 20 000 de ses actions propres 45 $ l'action. L'année suivante, 5 000 de ces actions ont été vendues 50 $ l'action et, l'année subséquente, 10 000 de ces actions ont été vendues 37 $ l'action. Pour chacune de ces opérations, déterminez l'incidence (augmentation, diminution ou aucune incidence) sur l'actif, le passif, les capitaux propres et le résultat net.

M10-6
 4
5 minutes

La détermination du montant d'un dividende

La société Jacob peut vendre 288 000 actions ordinaires autorisées. Elle a émis 260 000 actions ordinaires, et 60 000 actions sont des actions propres détenues. Le conseil d'administration de la société déclare un dividende de 0,65 $ l'action. Quel est le montant total du dividende qui sera versé ?

M10-7
 4
5 minutes

La comptabilisation des dividendes

Le 15 avril 2014, le conseil d'administration de la société Action.com a déclaré un dividende en espèces de 0,65 $ l'action, payable aux actionnaires inscrits au registre le 20 mai. Les dividendes seront distribués le 14 juin. La société a émis 100 000 actions ordinaires qui sont toujours en circulation. À l'aide de l'équation comptable, indiquez les incidences de ces opérations sur les postes de l'état de la situation financière et passez toutes les écritures de journal nécessaires à chaque date.

M10-8
 7
5 minutes

La détermination du montant des dividendes préférentiels

Colliers inc. a émis 200 000 actions préférentielles à dividende cumulatif. Les actions préférentielles donnent droit à un dividende de 2 $ l'action, mais, en raison de problèmes de liquidités, la société n'a pas versé le dividende l'an dernier. Le conseil d'administration de la société prévoit distribuer des dividendes de 1,4 million de dollars cette année. Quel montant sera distribué aux actionnaires préférentiels ?

M10-9
 6
5 minutes

La détermination de l'incidence d'un dividende en actions et d'un fractionnement d'actions

La société Outils Durand prévoit annoncer un dividende en actions de 10 %. Déterminez l'incidence (l'augmentation, la diminution ou aucune variation) de ce dividende sur les éléments suivants :

1. Le total de l'actif
2. Le total du passif
3. Le nombre d'actions ordinaires
4. Le total des capitaux propres
5. La valeur du marché unitaire des actions ordinaires

Supposez que la société a annoncé un fractionnement d'actions de deux pour un. Déterminez l'incidence de ce fractionnement sur chacun des éléments ci-dessus.

M10-10
 6
5 minutes

La comptabilisation d'un dividende en actions

La société Systèmes alimentaires Desroches prévoit verser un dividende en actions de 40 %. La société peut vendre un nombre illimité d'actions ordinaires autorisées. Elle a émis 200 000 actions ordinaires qui sont actuellement en circulation. La valeur nominale des actions est de 10 $ l'action et leur valeur du marché, de 30 $ l'action. Déterminez l'incidence du paiement du dividende en actions sur l'équation comptable et présentez l'écriture de journal pour l'inscrire aux livres. Quelle serait votre réponse si les actions ordinaires étaient sans valeur nominale ?

10

E10-1

15 minutes

Home Depot

Le calcul des actions en circulation

Dans un rapport annuel récent, la société The Home Depot inc. déclarait que 10 milliards d'actions ordinaires avaient été autorisées. À l'ouverture de la période, 2 385 millions d'actions avaient été émises, le nombre d'actions propres détenues étant de 200 millions. Durant la période, 16 millions d'actions ordinaires supplémentaires ont été émises et la variation nette des actions propres détenues a résulté en une augmentation de 77 millions d'actions.

Travail à faire

Déterminez le nombre d'actions en circulation à la clôture de la période.

E10-2

15 minutes

Le calcul du nombre d'actions

La charte de la société Picotine prévoit un nombre illimité d'actions ordinaires. Depuis sa constitution, la société a vendu 160 00 actions au public au prix moyen de 16 $ l'action et racheté un total de 20 000 actions au prix moyen du marché de 20 $.

Travail à faire

1. Déterminez le nombre d'actions émises.
2. Déterminez le nombre d'actions en circulation.

E10-3

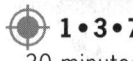 1 • 3 • 7

30 minutes

La détermination des effets de l'émission d'actions ordinaires et préférentielles

La société Louise a obtenu une charte, le 15 janvier 2014, qui l'autorisait à disposer du capital social suivant :
- Actions ordinaires sans valeur nominale, nombre illimité ;
- Actions préférentielles, 9 % de dividendes cumulatifs, valeur nominale de 8 $ l'action, nombre illimité d'actions.

En 2014, les opérations suivantes ont été effectuées, dans l'ordre donné :
a) Vente au comptant et émission de 20 000 actions ordinaires à 16 $ l'action ;
b) Vente au comptant et émission de 3 000 actions préférentielles à 20 $ l'action.

À la fin de 2014, l'état du résultat global de la société présentait un résultat net de 40 000 $; aucun dividende n'avait été déclaré durant la période.

Travail à faire

1. Établissez la section des capitaux propres figurant à l'état de la situation financière au 31 décembre 2014.
2. Supposez que vous êtes détenteur d'actions ordinaires. Si la société Louise avait besoin de capital supplémentaire, préféreriez-vous qu'elle émette des actions ordinaires supplémentaires ou des actions préférentielles supplémentaires ? Expliquez votre réponse.

10

E10-4

1 • 2 • 3 • 4 • 5

30 minutes

Les éléments des capitaux propres

L'information suivante apparaissait dans les états financiers de la société Caire au 31 décembre 2013 :

Actions ordinaires, avec valeur nominale	1 600 000 $
Résultats non distribués	900 000 $
Résultat net	1 000 000 $
Dividendes déclarés et payés durant la période	800 000 $
Actions émises	90 000
Actions en circulation	80 000

Les actions ordinaires ont été émises au prix de 20 $ l'action. Le prix du marché des actions à la fin de 2013 est de 50 $ l'action.

Travail à faire

1. Quel est le montant de la prime d'émission des actions ordinaires avec valeur nominale?
2. Quel était le montant des résultats non distribués à l'ouverture de la période?
3. Combien d'actions sont des actions propres détenues?
4. Calculez le résultat par action.
5. Calculez le taux de rendement par action.

L'inscription des capitaux propres et la détermination de la politique de la société en matière de dividendes

La société Samson a été constituée en 2012 en tant que société de consultation financière. Sa charte l'autorise à disposer du capital social suivant: un nombre illimité d'actions ordinaires, sans valeur nominale. Au cours de la première année, les opérations ci-après ont été effectuées:

a) Vente au comptant et émission de 5 600 actions ordinaires à 20 $ l'action;

b) Vente au comptant et émission de 1 000 actions ordinaires à 25 $ l'action.

À la fin de la période, la société affichait une perte opérationnelle de 6 000 $. Puisqu'une perte a été subie, aucune charge d'impôts n'a été inscrite.

Travail à faire

1. À l'aide de l'équation comptable, décrivez les incidences de ces opérations sur les postes de l'état de la situation financière et passez les écritures de journal nécessaires.
2. Établissez la section des capitaux propres telle qu'elle devrait être inscrite à l'état de la situation financière à la clôture de la période.
3. La société Samson peut-elle verser des dividendes à cette date? Expliquez votre réponse.

La recherche de l'information manquante dans la section des capitaux propres

Les postes de la section des capitaux propres de la société Production de volailles inc. à la clôture de la période se présentent comme suit:

Capitaux propres	2013	2012
Actions ordinaires, sans valeur nominale*, autorisées en nombre illimité, nombre d'actions émises: 115 250 et 114 580 actions; __?__ et __?__ actions en circulation	? $	744 770 $
Actions préférentielles convertibles, 4 010 actions émises et en circulation	40	40
Résultats non distribués	2 429 000	?
Actions propres détenues (40 000 et 35 000 actions)	360 000	325 000

* La valeur attribuée est de 6,50 $ en 2012 et en 2013.

En 2013, le résultat net de la société était de 122 725 $, et le dividende déclaré et payé aux actionnaires ordinaires, de 12 990 $.

Travail à faire

Complétez les énoncés suivants et présentez vos calculs.

1. En 2013, la valeur des actions ordinaires est de _____ $.

2. Le nombre d'actions ordinaires en circulation est de _____ en 2013; _____ en 2012.

3. Les résultats non distribués en 2012 sont de _____ $.

4. En 2013, les transactions d'actions propres détenues ont-elles fait augmenter ou diminuer les ressources de l'entreprise? _____ De combien? _____ $.

5. En 2013, les actions propres détenues ont-elles fait augmenter ou diminuer les capitaux propres? _____ De combien? _____ $.

6. En 2013, le total des capitaux propres est de _____ $.

20 minutes

La présentation des capitaux propres

L'entreprise Travis a été fondée en 2009 afin d'exploiter un service d'aide pour les contribuables devant remplir leurs déclarations de revenus. Sa charte l'autorise à émettre un nombre illimité d'actions ordinaires sans valeur nominale. Les opérations suivantes ont été effectuées au cours de 2009:

a) Émission de 50 000 actions ordinaires contre espèces à 50 $ l'action;

b) Rachat et annulation immédiate de 1 000 actions ordinaires à 52 $ l'action, payées en espèces.

Le résultat net de 2009 est de 750 000 $; aucun dividende n'a été déclaré.

Travail à faire

1. À l'aide de l'équation comptable, décrivez les incidences de ces opérations sur les postes de l'état de la situation financière et passez les écritures de journal nécessaires.

2. Présentez les postes des capitaux propres à la clôture de la période.

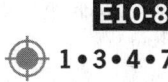

15 minutes

La détermination des effets des opérations portant sur les capitaux propres

La société Frisco a été constituée en janvier 2013 par 10 actionnaires en tant qu'entreprise de vente de climatiseurs et de service de réparation. Sa charte l'autorise à émettre les actions suivantes:

• Actions ordinaires, sans valeur nominale, en nombre illimité;
• Actions préférentielles, valeur nominale de 10 $, 6 %, en nombre illimité.

En janvier et février 2013, les opérations décrites ci-après ont été effectuées.

a) Recouvrement de 50 000 $ en espèces auprès de chacun des 10 fondateurs et émission de 3 000 actions ordinaires à chacun d'eux;

b) Vente au comptant de 10 000 actions préférentielles à 20 $ l'action.

Le résultat net s'élevait en 2013 à 130 000 $; le dividende en espèces déclaré et versé à la fin de la période était de 25 000 $.

Travail à faire

Déterminez le solde des postes des capitaux propres de l'état de la situation financière au 31 décembre 2013.

30 minutes

La détermination des effets des opérations portant sur les capitaux propres

La société Cartier a été fondée en janvier 2012 afin d'exploiter plusieurs commerces de réparation de véhicules dans une grande ville québécoise. Sa charte l'autorise à émettre les actions suivantes:

• Actions ordinaires, sans valeur nominale, en nombre illimité;
• Actions préférentielles en nombre illimité, valeur nominale de 50 $, 8 % de dividendes cumulatifs.

10

Durant les mois de janvier et février 2012, les opérations suivantes ont été effectuées :

a) Vente de 78 000 actions ordinaires à 20 $ l'action contre espèces ;

b) Vente de 20 000 actions préférentielles à 80 $ l'action contre espèces ;

c) Rachat sans annulation de 4 000 actions ordinaires d'un actionnaire à 20 $ l'action, payées en espèces.

Le résultat net s'élevait en 2012 à 90 000 $; le dividende en espèces déclaré et versé à la fin de la période était de 30 000 $.

Travail à faire

Établissez la section des capitaux propres à l'état de la situation financière au 31 décembre 2012.

L'enregistrement d'opérations sur les capitaux propres

La société Enseignement électronique inc. a obtenu sa charte au début de ses activités en 2013. Celle-ci autorisait l'émission d'un nombre illimité d'actions ordinaires sans valeur nominale et d'un nombre illimité d'actions préférentielles d'une valeur nominale de 10 $ l'action. Quatre personnes ont créé la société et reçu des actions ordinaires de celle-ci. Au cours de 2013, les opérations suivantes ont été effectuées :

a) Encaissement de 20 $ l'action par les quatre fondateurs avec émission de 5 000 actions ordinaires à chacun ;

b) Émission de 6 000 actions ordinaires à des investisseurs à 40 $ l'action contre espèces ;

c) Émission de 7 000 actions préférentielles à des investisseurs à 30 $ l'action.

Travail à faire

1. À l'aide de l'équation comptable, décrivez les incidences de chacune de ces opérations sur les postes de l'état de la situation financière et passez les écritures de journal nécessaires.

2. Est-il acceptable, du point de vue éthique, de vendre des actions aux investisseurs extérieurs à un prix plus élevé que celui qu'ont payé les fondateurs ?

La recherche des montants manquants dans la section des capitaux propres

Au 31 décembre 2013, les postes des capitaux propres de l'état de la situation financière de la société Chimie rapide se présentent comme suit :

Capital social :	
Actions préférentielles, valeur nominale de 20 $, actions autorisées en nombre illimité, _?_ actions émises, dont 500 actions propres détenues par suite d'un rachat	100 000 $
Actions ordinaires sans valeur nominale ; autorisées en nombre illimité, 8 000 actions émises et en circulation	600 000
Réserves :	
Prime d'émission d'actions préférentielles	15 000
Résultats non distribués	34 000
Actions préférentielles propres détenues, au coût (500 actions)	(8 000)

E10-12

◈ 1 • 3 • 4

20 minutes

La recherche de l'information manquante dans un rapport annuel

La société Gigantesque a une valeur de 38 milliards de dollars. Elle vend des produits d'usage courant, par exemple des nettoyants, du dentifrice, des croustilles, du shampoing, du rince-bouche et du café. Le rapport annuel de Gigantesque contenait les renseignements suivants :

a) Les résultats non distribués à la clôture de 2012 totalisaient 31 004 millions de dollars ;

b) Le résultat net s'élevait en 2013 à 8 684 millions de dollars ;

c) La valeur nominale des actions ordinaires est de 1 $ l'action ;

d) Le dividende en espèces déclaré à la clôture de 2013 était de 1,15 $ l'action ;

e) Le compte Actions ordinaires totalisait 3 976 millions de dollars à la clôture de 2013 et 2 977 millions de dollars à celle de 2012.

(Supposez qu'aucun autre renseignement concernant les capitaux propres n'est pertinent.)

Travail à faire

1. Estimez le nombre d'actions en circulation à la clôture de 2013.
2. Calculez le montant des résultats non distribués à la clôture de 2013.
3. Le nombre d'actions en circulation a-t-il varié en 2013?

E10-13

◈ 3 • 4

20 minutes

Phelps Dodge

L'analyse du rachat d'actions

La section des affaires du *New York Times* présentait l'article qui suit :

> La société Phelps Dodge, l'une des plus grandes productrices de cuivre au monde, a annoncé hier qu'elle rachèterait jusqu'à 5 millions d'actions ordinaires sur le marché et à travers des transactions privées. Située à Phoenix, cette société disait qu'elle venait de terminer un programme annoncé en septembre dernier dans le but de racheter 2,5 millions d'actions. Phelps Dodge affirme que les rachats d'actions ont été faits afin d'augmenter la valeur de celles-ci pour les actionnaires. La société a environ 70,7 millions d'actions en circulation. Hier, l'action de Phelps Dodge a chuté de 37,5 cents à la Bourse de New York et la valeur de clôture était de 53,50 $ l'action. [Traduction libre]

10

Travail à faire

1. Quelles sont les conséquences du rachat d'actions sur les états financiers?
2. Pourquoi croyez-vous que le conseil a décidé de racheter les actions?
3. Quelles sont les conséquences de ce rachat sur les montants des dividendes futurs de la société?

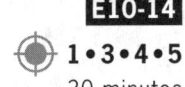

E10-14
1•3•4•5
30 minutes

Le calcul des résultats non distribués et l'évaluation de la politique d'une société en matière de dividendes

Les soldes des comptes suivants apparaissent dans les livres de la société Blanc, le 31 décembre 2015, après que toutes les écritures d'ajustement nécessaires ont été passées:

Actions ordinaires (sans valeur nominale, autorisées en nombre illimité, 34 000 actions émises, dont 2 000 actions propres détenues par suite d'un rachat)	843 000 $
Dividendes déclarés et versés au cours de la période	16 000
Résultats non distribués au 1er janvier 2015	75 000
Actions propres détenues (2 000 actions)	25 000
Résultat net de la période 2015	30 000

Une restriction sur les résultats non distribués de 20 000 $ est liée à des emprunts bancaires. Le prix de l'action est actuellement de 22,29 $.

Travail à faire

1. Calculez le solde des résultats non distribués au 31 décembre 2015.
2. Établissez la section des capitaux propres à l'état de la situation financière au 31 décembre 2015.
3. Calculez et évaluez le taux de rendement par action. Déterminez le nombre d'actions pour lesquelles un dividende a été versé.

E10-15
4•6
20 minutes

L'analyse de l'incidence de la politique d'une société en matière de dividendes

Malraux et associés est une société de capitaux. Il s'agit d'un petit fabricant de connexions électroniques pour les réseaux locaux. Considérez les situations indépendantes qui suivent:

Cas 1 La société Malraux et associés augmente de façon imprévue son dividende en espèces de 50 %. Toutefois, aucun autre changement ne se produit dans les activités de l'entreprise.

Cas 2 Le résultat et les flux de trésorerie de la société ont augmenté de 50 %, mais cette augmentation ne modifie pas son dividende.

Cas 3 La société verse un dividende en actions de 50 %, mais aucun autre changement ne se produit.

Travail à faire

1. Selon vous, comment chacune de ces situations influera-t-elle sur le cours des actions de la société?
2. Si la société modifiait ses méthodes comptables et rapportait un résultat net plus élevé, le changement aurait-il des conséquences sur le cours des actions?

E10-16
4•5•7
30 minutes

Le calcul des dividendes sur les actions préférentielles et l'analyse des différences

Les livres de la société Hoffman inc. reflétaient les soldes suivants dans les comptes des capitaux propres au 31 décembre 2014:

Actions ordinaires, sans valeur nominale, 30 000 actions en circulation	800 000 $
Actions préférentielles, sans valeur nominale, dividende de 2 $ par action, 5 000 actions en circulation	60 000
Résultats non distribués	216 000

Le 1ᵉʳ septembre 2014, le conseil d'administration de la société envisageait de distribuer un dividende en espèces de 64 000 $. Aucun dividende n'avait été payé les deux années précédentes.

Hypothèses : a) Les actions préférentielles sont non cumulatives.
            b) Les actions préférentielles sont cumulatives.

Travail à faire

1. Pour chacune de ces deux hypothèses, déterminez le total du dividende et le montant par action qui pourrait être versé aux porteurs d'actions ordinaires et aux porteurs d'actions préférentielles (présentez vos calculs).

2. Rédigez une brève note afin d'expliquer la raison pour laquelle le dividende par action ordinaire serait inférieur selon la deuxième hypothèse.

3. Quel facteur pourrait amener un rendement par action plus favorable pour les porteurs d'actions ordinaires ?

E10-17

⊕ 4•7

20 minutes

L'incidence des dividendes

Les actions en circulation de la société Moyenne à la fin de 2013 sont les suivantes :

Actions préférentielles, sans valeur nominale, dividende de 2 $ l'action, 8 000 actions en circulation
Actions ordinaires, sans valeur nominale, 30 000 actions en circulation

Le 1ᵉʳ octobre 2013, le conseil d'administration de la société a déclaré les dividendes suivants :

• Actions préférentielles : montant complet versé en vertu des droits prioritaires, payable le 20 décembre 2013 ;

• Actions ordinaires : dividende en actions ordinaires de 10 % (donc, une action supplémentaire par tranche de 10 actions en circulation) à verser le 20 décembre 2013.

Le 20 décembre 2013, les prix du marché des actions de Moyenne étaient les suivants :

• Action préférentielle, 40 $;

• Action ordinaire, 32 $.

Travail à faire

Expliquez l'effet global de chacun des dividendes (en espèces et en actions) sur l'actif, le passif et les capitaux propres de la société.

E10-18

⊕ 4•7

15 minutes

Sears

La comptabilisation du versement des dividendes

Un ancien rapport annuel de Sears expliquait que la société avait versé un dividende sur les actions préférentielles de l'ordre de 119,9 millions de dollars. Elle avait aussi déclaré et versé un dividende de 2 $ l'action sur les actions ordinaires. Durant la période courante de ce rapport, la société pouvait vendre 1 milliard d'actions ordinaires autorisées ; 387 514 300 actions avaient été émises et 41 670 000 étaient des actions propres détenues. Supposez que l'opération se soit déroulée le 15 juillet.

Travail à faire

À l'aide de l'équation comptable, décrivez les incidences de la déclaration et du versement des dividendes sur les postes de l'état de la situation financière de la société.

E10-19

⊕ 4•5

15 minutes

Cinergy

Starbucks

L'évaluation du taux de rendement par action

Cinergy est une entreprise de services publics qui fournit du gaz et de l'électricité en Ohio, au Kentucky et en Indiana. Le taux de rendement par action de l'entreprise est de 6,6 %. La société Starbucks, détaillant bien connu de produits de café, ne verse pas de dividende, ce qui donne un taux de rendement par action de 0,0 %. Les deux sociétés sont semblables sur le plan de la taille et ont une juste valeur de 5 milliards de dollars chacune.

10

Travail à faire

1. En fonction de cette information limitée, pourquoi croyez-vous que la politique en matière de dividendes des deux sociétés est si différente?

2. Les deux sociétés attireront-elles des types d'investisseurs différents? Expliquez votre réponse.

E10-20
⊕ **6**
20 minutes

L'analyse du dividende en actions

Le 31 décembre 2012, les postes des capitaux propres de la société ABC comportaient l'information suivante:

Actions ordinaires sans valeur nominale, actions autorisées en nombre illimité, 30 000 actions en circulation	480 000 $
Résultats non distribués	736 000

En date du 1er février 2013, le conseil d'administration de la société a déclaré un dividende en actions de 60 %, à émettre le 30 avril 2013. Le prix du marché des actions le 1er février 2013 était de 15 $ l'action.

Travail à faire

1. À des fins comparatives, établissez les postes des capitaux propres immédiatement avant le versement du dividende en actions et immédiatement après le versement du dividende en actions. (Conseil: Utilisez deux colonnes pour écrire les montants.)

2. Expliquez les effets de ce dividende en actions sur l'actif, le passif et les capitaux propres.

E10-21
⊕ **3•4**
20 minutes

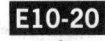

La comptabilisation des dividendes

La société BCE inc. (Bell Canada Enterprises) est la plus grande société de communication au Canada. Un communiqué de presse datant du 10 février 2011 contenait la déclaration suivante:

BCE présente ses résultats du quatrième trimestre et de l'ensemble de l'exercice 2010 et annonce ses perspectives commerciales pour 2011

MONTRÉAL, le **10 févr. 2011** – BCE Inc. (TSX, NYSE: BCE), la plus grande entreprise de communication au Canada, a annoncé aujourd'hui les résultats de BCE et de Bell pour le quatrième trimestre de 2010 ainsi que son orientation financière pour 2011.

Dividende sur actions ordinaires

Le conseil d'administration de BCE a déclaré un dividende trimestriel de 0,4925 $ par action ordinaire, payable le **15 avril 2011** aux actionnaires inscrits à la fermeture des bureaux le **15 mars 2011**.

Source: BCE INC., *BCE présente ses résultats*, 10 février 2011, [communiqué de presse, en ligne], www.newswire.ca (page consultée le 19 février 2011).

Au moment de cette déclaration, supposez que la société BCE avait 80 millions d'actions émises et en circulation.

Travail à faire

À l'aide de l'équation comptable, décrivez les incidences de ces opérations sur l'actif, le passif et les capitaux propres à chacune des dates mentionnées plus haut et passez les écritures de journal nécessaires.

E10-22
⊕ **1•6**
20 minutes

La comparaison du dividende en actions et du fractionnement d'actions

Le 1er juillet 2013, la société Joachim disposait de la structure de capital suivante:

Actions ordinaires sans valeur nominale, actions autorisées en nombre illimité, 200 000 actions émises	1 500 000 $
Résultats non distribués	700 000
Actions propres détenues	Aucune

Travail à faire

Complétez les énoncés des questions 1 à 3.

1. Le nombre d'actions non émises est de _____ .

2. Le nombre d'actions en circulation est de _____ .

3. Le total des capitaux propres est de _____ $.

4. Supposez que le conseil d'administration de la société a déclaré et versé un dividende en actions de 20 % lorsque l'action se vendait 5 $. À l'aide de l'équation comptable, décrivez les incidences de ces opérations sur les comptes de l'état de la situation financière et passez les écritures de journal nécessaires. Si aucune écriture n'est nécessaire, expliquez pourquoi.

5. Ne tenez pas compte du dividende en actions décrit en 4. Supposez que le conseil d'administration de la société a voté un fractionnement d'actions de six pour cinq (autrement dit une augmentation de 20 % du nombre d'actions). Le prix du marché avant le fractionnement était de 5 $ l'action. À l'aide de l'équation comptable, décrivez les incidences de ces opérations sur les comptes de l'état de la situation financière et passez les écritures de journal nécessaires. Si aucune écriture n'est nécessaire, expliquez pourquoi.

6. Remplissez le tableau comparatif suivant en donnant vos commentaires sur les effets comparatifs :

Élément	Avant le dividende et le fractionnement	Après le dividende en actions	Après le fractionnement
Actions ordinaires	_____ $	_____ $	_____ $
Résultats non distribués	_____	_____	_____
Total des capitaux propres	_____ $	_____ $	_____ $
Actions en circulation	_____	_____	_____

E10-23

 6

15 minutes

La comparaison d'un dividende en actions et du fractionnement d'actions

La société Sandra a 80 000 actions ordinaires en circulation, d'une valeur nominale de 8 $ l'action.

Cas 1 : Le conseil d'administration de la société a déclaré et versé un dividende en actions de 40 % alors que le prix de l'action était de 15 $.

Cas 2 : Le conseil d'administration de la société a voté un fractionnement d'actions de 5 pour 3 (soit une augmentation de 66,667 % des actions en circulation). Le prix du marché de l'action avant le fractionnement était de 15 $.

Travail à faire

Pour ces deux cas indépendants complétez l'information présentée dans le tableau ci-dessous.

Élément	Avant le dividende et le fractionnement	Après le dividende en actions	Après le fractionnement
Actions ordinaires	_____ $	_____ $	_____ $
Valeur nominale par action	8 $	_____ $	_____ $
Actions en circulation	_____	_____	_____
Prime d'émission	280 000 $	_____ $	_____ $
Résultats non distribués	1 300 000 $	_____ $	_____ $
Total des capitaux propres	_____ $	_____ $	_____ $

E10-24

4

20 minutes

Ford Motor Company

L'évaluation de la politique d'une société en matière de dividendes

Ford Motor Company est un constructeur très connu d'automobiles et de camions. Récemment, la société a perdu 12 milliards de dollars en une seule année d'activité. En dépit de cette énorme perte, elle a publié le communiqué de presse suivant :

> DEARBORN, Michigan, 13 juillet / PRNewswire-FirstCall – Aujourd'hui, le conseil d'administration de Ford Motor Company (NYSE : F) a déclaré un dividende de cinq cents par action sur les actions ordinaires pour le troisième trimestre. Ce dividende, qui sera payé le 1er septembre aux actionnaires inscrits le 2 août, représente une diminution de cinq cents par action par rapport au dividende payé au second trimestre. [Traduction libre]

Travail à faire

1. Expliquez la raison pour laquelle la société Ford Motor peut tout de même verser un dividende en dépit de sa perte.

2. Quels facteurs le conseil d'administration de la société a-t-il pris en compte lorsqu'il a déclaré le dividende ?

E10-25

7

20 minutes

Archon

L'analyse de l'arriéré de dividende

La société Archon exploite le Pioneer Hotel & Gambling Hall, au Nevada. De plus, elle détient des propriétés sur le boulevard Las Vegas Sud (le « *Strip* ») à Las Vegas ainsi que des propriétés au Massachusetts et au Maryland. Dans le rapport annuel de la société Archon, un investisseur a trouvé cette note :

> La société n'a pas déclaré de dividendes sur ses actions préférentielles depuis 1996. Des dividendes d'environ 1,5 million, 1,5 million, 1,6 million, 1,5 million et 1,6 million de dollars pour les années 2006, 2005, 2004, 2003 et 2002 respectivement n'ont pas été déclarés et sont arriérés. Le total des dividendes cumulés arriérés sur les actions préférentielles pour les cinq années précédentes au 30 septembre 2006 est de 12,3 millions, 10,8 millions, 9,5 millions, 8,2 millions et 7,3 millions de dollars, respectivement. [Traduction libre]

Après avoir lu la note aux états financiers, l'investisseur a pensé que les actions préférentielles d'Archon constituaient un bon placement. En raison de l'important montant des produits tirés des dividendes qui seraient gagnés lorsque la société commencerait à verser des dividendes de nouveau, il a émis l'opinion suivante : « À titre de porteur d'actions préférentielles d'Archon, je recevrai un dividende pour la période au cours de laquelle je détiens les actions, en plus des périodes précédentes pendant lesquelles je ne possédais même pas d'actions. » Êtes-vous d'accord avec ce raisonnement ? Expliquez votre réponse.

PROBLÈMES

P10-1

1•2•3•4•6

45 minutes
(PS10-1)

La recherche des montants manquants

Au 31 décembre 2013, les livres de la société Nortech contenaient les données suivantes, lesquelles sont incomplètes :

Actions ordinaires sans valeur nominale (aucune modification durant l'année)	?
Actions autorisées en nombre illimité	?
Actions émises, _?_ et _?_ actions, prix d'émission de 17 $ l'action (argent recouvré en totalité)	2 125 000 $
Actions propres détenues (3 000 actions au coût de 20 $ l'action)	?
Résultat net de l'année	118 000
Dividendes déclarés et versés durant l'année	73 200
Ajustement rétrospectif, correction d'une erreur comptable survenue en 2011 (augmentation des résultats non distribués, nette d'impôts)	9 000
Solde des résultats non distribués* au 1er janvier 2013	555 000

* Une restriction de 70 000 $ existait sur la distribution des résultats non distribués à la fin de 2013 ; elle concernait un prêt bancaire.

Travail à faire

1. Calculez :
   a) le nombre d'actions autorisées : _____ ;
   b) le nombre d'actions émises : _____ ;
   c) le nombre d'actions en circulation : _____ .

2. Le résultat par action est de _____ $.

3. Le dividende versé par action ordinaire est de _____ $.

4. L'ajustement rétrospectif doit être inscrit aux _____ à titre d'ajout ou de déduction _____ au montant de _____ $.

5. Les actions propres détenues doivent être inscrites à l'état de la situation financière dans la section _____ à titre d'ajout ou de déduction _____ au montant de _____ $.

6. Le montant des résultats non distribués disponibles pour les dividendes le 31 décembre 2013 était de _____ $.

7. Posez l'hypothèse que le conseil d'administration de la société a voté un fractionnement d'actions de 2:1 (le nombre d'actions doublera). Après le fractionnement d'actions, le nombre d'actions en circulation sera de _____ et les résultats non distribués non affectés seront de _____ $.

8. En supposant le fractionnement d'actions précédent, décrivez l'incidence de cette opération sur les postes de l'état de la situation financière et passez les écritures de journal nécessaires. Si aucune écriture n'est nécessaire, expliquez pourquoi.

9. Ne tenez pas compte du fractionnement d'actions (supposé en 7 et en 8). Supposez plutôt qu'un dividende en actions de 10 % a été déclaré et versé quand le prix du marché de l'action ordinaire était de 21 $. À l'aide de l'équation comptable, décrivez les incidences de cette opération sur les postes de l'état de la situation financière de la société et passez les écritures de journal nécessaires.

P10-2

3 • 7

45 minutes
(PS10-3)

L'établissement de la section des capitaux propres de l'état de la situation financière

La société Leblanc a reçu en janvier 2011 une charte qui l'autorise à disposer du capital social suivant :
- Actions préférentielles sans valeur nominale, actions autorisées en nombre illimité ; dividende de 1,25 $;
- Actions ordinaires sans valeur nominale, actions autorisées en nombre illimité.

En 2011, les opérations suivantes ont été effectuées, dans l'ordre donné :

a) Émission d'un total de 40 000 actions ordinaires aux quatre fondateurs à 12 $ l'action ;

b) Émission de 5 500 actions préférentielles à 16 $ l'action ;

c) Émission de 3 000 actions ordinaires à 15 $ l'action et de 1 000 actions préférentielles à 26 $ l'action ;

Le total des produits s'élevait en 2011 à 313 000 $ et celui des charges (y compris les impôts), à 262 000 $.

10

Travail à faire

Établissez la section des capitaux propres de l'état de la situation financière au 31 décembre 2011.

P10-3

3 • 7

45 minutes
(PS10-2)

La comptabilisation des opérations influant sur les capitaux propres

La société Kerr a démarré ses activités en janvier 2014. Sa charte l'autorisait à disposer du capital social suivant :
- Actions préférentielles sans valeur nominale, actions autorisées en nombre illimité, dividende de 1,25 $;
- Actions ordinaires autorisées en nombre illimité, sans valeur nominale.

Durant l'année 2014, les opérations suivantes ont été effectuées, dans l'ordre donné :

a) Émission de 22 000 actions ordinaires, sans valeur nominale, à chacun des trois fondateurs à 9 $ l'action, en espèces ;

b) Émission de 9 000 actions préférentielles à 20 $ l'action ;

c) Émission de 1 000 actions préférentielles à 20 $ et de 1 500 actions ordinaires à 10 $ l'action.

Travail à faire

À l'aide de l'équation comptable, décrivez les incidences de ces opérations sur les postes de l'état de la situation financière et passez les écritures de journal nécessaires.

P10-4

1•3

40 minutes

La comptabilisation des opérations et la comparaison des actions sans valeur nominale et des actions avec valeur nominale

En janvier 2014, la société Magenta a obtenu une charte qui l'autorisait à émettre un nombre illimité d'actions ordinaires. Durant l'année 2014, les opérations suivantes ont été effectuées, dans l'ordre donné :

a) Émission de 9 000 actions au comptant à 60 $ l'action ;

b) Émission de 600 actions au comptant à 54 $ l'action.

Le résultat net était en 2014 de 48 000 $.

Deux cas indépendants sont présentés à des fins comparatives :

Cas A Supposez que les actions ordinaires ont une valeur nominale de 25 $ l'action.

Cas B Supposez que les actions ordinaires n'ont aucune valeur nominale et que le prix de vente total est crédité au compte Actions ordinaires.

Travail à faire

1. À l'aide de l'équation comptable, décrivez les incidences de ces opérations sur les postes de l'état de la situation financière et passez les écritures de journal nécessaires dans chacun des deux cas.

2. Le total des capitaux propres doit-il être le même dans les deux cas ? Expliquez votre réponse.

3. Un actionnaire doit-il se soucier du fait qu'une société émet des actions avec valeur nominale ou sans valeur nominale ? Expliquez votre réponse.

P10-5

1•3

30 minutes

La présentation des capitaux propres à la suite de certaines opérations

La société Grandmonde a obtenu une charte québécoise le 1er janvier 2013. Celle-ci l'autorisait à émettre un nombre illimité d'actions ordinaires, sans valeur nominale. Trente résidents locaux sont devenus actionnaires. Au cours de la première année, la société a réalisé un résultat net de 475 000 $. Voici quelques opérations de cette première année d'activité, dans l'ordre :

a) Émission de 100 000 actions ordinaires à l'ensemble des 30 investisseurs à 12 $ l'action.

b) Achat de 20 000 actions à 15 $ l'action à l'un des 30 actionnaires, qui avait besoin d'argent et qui voulait vendre ses actions à la société. Celle-ci a choisi de conserver les actions en tant qu'actions propres détenues.

Travail à faire

Préparez la section des capitaux propres de l'état de la situation financière de la société au 31 décembre 2013.

La comptabilisation des opérations portant sur les capitaux propres

On trouve les restaurants Tim Hortons sous une variété de formats. Un restaurant standard comprend un immeuble isolé variant en superficie (de 130 à 285 mètres carrés) avec une salle à manger et un comptoir de service au volant simple ou double. La société détient aussi des restaurants adaptés un peu partout qui se présentent sous forme de kiosques dans les édifices à bureaux, les aéroports, les haltes routières, les centres commerciaux, etc. Le rapport annuel de la société comprenait l'information suivante, en dollars :

	2006	2005	2004
Flux de trésorerie liés aux activités de financement			
Émission de dette, nette des coûts d'émission	501 263	3 192	2 812
Émission d'actions ordinaires	903 825	–	–
Coût de financement	(61 918)	–	–
Achat d'actions ordinaires pour régler des unités d'actions restreintes	(5 489)	–	–
Achat d'actions propres	(64 971)	–	–
Achat d'actions ordinaires détenues en fiducie	(9 171)	–	–
Dividendes payés	(27 046)	–	–
Emprunt à long terme de Wendy's	–	–	54 377
Remboursement des prêts à Wendy's	(1 087 968)	(77 448)	(52 552)
Remboursement du capital sur les autres dettes non courantes	(206 750)	(4 148)	(4 130)
Flux de trésorerie nets liés aux activités de financement	(58 225)	(78 404)	507

Travail à faire

À l'aide de l'équation comptable, décrivez les incidences de ces opérations sur les postes de l'état de la situation financière pour l'année 2006 concernant : a) le rachat d'actions propres ; b) l'émission d'actions ordinaires ; et c) le paiement des dividendes. Les actions ordinaires ont une valeur nominale de 0,01 $, et 500 000 actions ont été émises en 2006. Passez les écritures de journal nécessaires pour comptabiliser chacune de ces opérations.

P10-7

3•4•6•7

45 minutes
(PS10-5)

La comparaison du dividende en actions et du dividende en espèces

Au 31 décembre 2014, la société Aquatic ltée présente les actions en circulation et les résultats non distribués suivants :

Actions ordinaires sans valeur nominale, 35 000 actions en circulation	280 000 $
Actions préférentielles, 10 %, valeur nominale de 15 $, 8 000 actions en circulation	120 000
Résultats non distribués	281 000

Le conseil d'administration de la société prévoit distribuer un dividende en espèces aux deux groupes d'actionnaires. Aucun dividende n'a été déclaré les deux années précédentes. On suppose trois cas distincts :

Cas A Les actions préférentielles sont non cumulatives ; le montant total des dividendes est de 31 000 $.

Cas B Les actions préférentielles sont cumulatives ; le montant total des dividendes est de 25 000 $.

Cas C Les actions préférentielles sont cumulatives ; le montant total des dividendes est de 67 000 $.

10

Travail à faire

1. Calculez le montant des dividendes, au total et par action, qui pourrait être payé à chacune des classes d'actionnaires dans chaque cas. Présentez vos calculs.

2. Reprenez le cas C et supposez que la société a versé un dividende en actions ordinaires de 30 % sur les actions en circulation alors que le prix du marché par action était de 24 $ au lieu d'un dividende en espèces de 67 000 $. Remplissez le tableau comparatif suivant en y indiquant les montants et en expliquant les différences que vous relevez.

Poste	Montant de l'augmentation (ou de la diminution) en dollars	
	Dividende en espèces – Cas C	Dividende en actions
Actif		
Passif		
Capitaux propres		

P10-8

4•8
20 minutes

Dell

L'analyse de la politique d'une société en matière de dividendes

Deux jeunes analystes financiers, Anna et David, ont examiné les états financiers de Dell, l'un des plus grands fabricants d'ordinateurs personnels au monde. David a remarqué que la société n'avait pas comptabilisé de dividendes dans la section des activités d'investissement au tableau des flux de trésorerie. Il a déclaré : « J'ai entendu dire que Dell est l'une des sociétés les plus performantes. Si cette entreprise est si performante, je me demande pourquoi elle ne verse pas de dividendes. » Anna n'était pas convaincue que David examinait la bonne source d'information pour les dividendes, mais elle n'a rien répondu.

David a poursuivi : « Les ventes de Dell ont augmenté de près de 35 % au cours des deux années précédentes. Son résultat net a augmenté de 500 millions de dollars cette année, comparativement à l'année précédente. Toutefois, les flux de trésorerie provenant des opérations ont chuté de presque 500 millions de dollars comparativement à l'année précédente. »

À ce moment-là, Anna a remarqué que le tableau des flux de trésorerie mentionnait que Dell avait racheté près de 3 millions de dollars en actions ordinaires. Elle a également été étonnée de constater que les stocks et les comptes clients avaient diminué de près de 2 milliards de dollars l'année précédente. Anna a donc répliqué : « C'est pour cela qu'elle n'est pas en mesure de verser de dividende ; avec une diminution des flux de trésorerie de près de 500 millions de dollars, le conseil d'administration de la société ne veut pas s'obliger à verser un dividende. »

Travail à faire

1. Corrigez les erreurs commises par Anna ou David. Expliquez votre réponse.

2. Parmi les facteurs présentés dans ce cas, lequel vous aide à comprendre la politique de Dell en matière de dividendes ?

P10-9
3•4•6•7
30 minutes

Les effets des dividendes sur les états financiers

La société Lyne compte 52 000 actions ordinaires sans valeur nominale en circulation pour un total de 520 000 $ et 25 000 actions préférentielles d'une valeur nominale de 20 $, à 8 %. Le 1er décembre 2013, le conseil d'administration de la société a voté un dividende en espèces de 8 % sur les actions préférentielles et un dividende en actions de 30 % sur les actions ordinaires. À la date de déclaration, l'action ordinaire se vendait 35 $ et l'action préférentielle, 20 $. Les dividendes doivent être versés le 15 février 2014. La période financière se termine le 31 décembre.

Travail à faire

Comparez et expliquez les effets des deux dividendes sur l'actif, le passif et les capitaux propres en vous basant sur le tableau modèle ci-après pour illustrer votre réponse:

a) Jusqu'au 31 décembre 2013;

b) Le 15 février 2014;

c) Les effets globaux, du 1er décembre 2013 au 15 février 2014.

	Comparaison et explication des effets des dividendes	
Poste	**Dividende en espèces sur les actions préférentielles**	**Dividende en actions sur les actions ordinaires**
a) Jusqu'au 31 décembre 2013:		
Actif		
Passif		
Capitaux propres		

P10-10

4•6

30 minutes

Proctor & Gamble

La comptabilisation du dividende en actions et en espèces

La société Proctor & Gamble est une entreprise très connue qui produit des biens de consommation sous une variété de marques populaires. Un récent communiqué de presse contenait l'information ci-après.

CINCINNATI, le 9 mars / PRNewswire-PermierAppel – La société Proctor & Gamble (NYSE: PG) a annoncé aujourd'hui que son résultat par action pour le trimestre de janvier à mars excéderait de 0,01 $ à 0,02 $ le consensus estimé actuel. Il en est de même du résultat par action annuel. Cette augmentation est due à une croissance forte et soutenue du volume d'affaires.

Dividende en actions

Le conseil d'administration a annoncé un dividende en actions de 10 %, à verser aux actionnaires inscrits le 21 mai. Cette transaction ne change en rien les intérêts proportionnels de chaque actionnaire. Les actions supplémentaires seront distribuées le 18 juin. Le Conseil a aussi déclaré, de façon distincte, une augmentation du dividende annuel sur les actions ordinaires de 1,82 $ à 2,00 $. [Traduction libre]

Travail à faire

1. À l'aide de l'équation comptable, décrivez les incidences de ces opérations sur les postes de l'état de la situation financière et passez les écritures de journal nécessaires, en tenant compte des données présentées dans le rapport précédent. Supposez que la société a 2 500 millions d'actions en circulation, sans valeur nominale et que le prix d'une action sur le marché est de 50 $.

2. Selon vous, qu'est-il advenu du cours des actions de la société après la déclaration du 9 mars?

3. De quels facteurs le conseil d'administration de la société a-t-il tenu compte pour prendre cette décision?

P10-11

Annexe 10-A

45 minutes

La comparaison de la section des capitaux propres de diverses formes d'entreprises

Dans chacun des cas suivants, posez l'hypothèse que l'année financière se termine le 31 décembre 2013 et que le compte Sommaire des résultats à cette date reflète une perte nette de 20 000 $.

10

Cas A Supposez que la société est une entreprise individuelle. Avant que les écritures de clôture ne soient passées, le compte Capital reflétait un solde (créditeur) de 50 000 $ et le compte Prélèvements, un solde (débiteur) de 8 000 $.

Cas B Supposez que l'entreprise est une société de personnes qui appartient aux associés A et B. Avant que les écritures de clôture ne soient passées, les comptes des associés présentaient les soldes suivants : Capital A, 40 000 $, Prélèvements A, 5 000 $; Capital B, 38 000 $, Prélèvements B, 9 000 $. Les profits et les pertes sont divisés également.

Cas C Supposez maintenant que l'entreprise est une société par actions. Avant que les écritures de clôture ne soient passées, les comptes de capitaux propres se lisaient comme suit : Actions ordinaires, sans valeur nominale et actions autorisées en nombre illimité, 15 000 actions en circulation pour une valeur totale de 155 000 $; résultats non distribués au 1er janvier 2013, 65 000 $.

Travail à faire

1. Décrivez les incidences de ces opérations sur les postes de l'état de la situation financière et passez toutes les écritures de clôture nécessaires au 31 décembre 2013 dans chacun de ces cas.

2. Montrez comment l'état des variations des capitaux propres devrait apparaître au 31 décembre 2013 dans chacun des cas.

PROBLÈMES SUPPLÉMENTAIRES

PS10-1

⊕ 1•2•3•4•6

45 minutes
(P10-1)

La recherche des montants manquants

Les livres de la société Bruno contenaient les données partielles suivantes au 31 décembre 2013 :

Avant le fractionnement d'actions	
Actions ordinaires sans valeur nominale (aucun changement en 2013)	?
Actions autorisées en nombre illimité	?
Actions émises, 300 000 actions, prix d'émission de 80 $ l'action	?
Résultat net pour 2013	2 700 000 $
Dividendes déclarés et versés en 2013	2 $ l'action
Solde des résultats non distribués au 1er janvier 2013	52 900 000 $
Après le fractionnement d'actions	
Actions propres détenues* (5 000 actions)	130 000 $

* Les actions propres détenues ont été rachetées après le fractionnement.

Travail à faire

Avant le fractionnement d'actions

1. Le nombre d'actions ordinaires en circulation est de _____.
   Le résultat par action est de _____ $.

2. Le dividende versé en 2013 est de _____ $.

3. Considérez qu'un dividende en actions de 10 % a été déclaré et versé, en plus du dividende versé en espèces, quand le prix du marché d'une action ordinaire était de 40 $. Expliquez en quoi chacun des comptes des capitaux propres a changé. Après cette transaction, les résultats non distribués étaient de _____ $.

10

Après le fractionnement d'actions

4. Ne tenez pas compte du dividende en actions (supposé en 3). Supposez plutôt que le conseil d'administration de la société a voté, en plus du dividende versé en espèces, un fractionnement d'actions de 100 % (le nombre d'actions doublera). Après le fractionnement d'actions :

    le nombre d'actions en circulation sera de _____ ;

    la valeur attribuée par action sera de _____ $;

    les résultats non distribués seront de _____ $.

5. Le rachat subséquent de 5 000 actions sera présenté dans le compte _____, dans la section _____ au montant total de _____ $ en _____ (diminution ou augmentation). Le prix de rachat par action sera de _____ $.

PS10-2

3•7

30 minutes
(P10-3)

La comptabilisation des opérations influant sur les capitaux propres

La société Arnold a obtenu une charte l'autorisant à disposer du capital social suivant :

- Actions ordinaires en nombre illimité, sans valeur nominale ;
- Actions préférentielles à 8 %, valeur nominale de 5 $, en nombre illimité.

Durant la première année, soit 2013, les opérations suivantes se sont déroulées, dans l'ordre donné.

a) Émission de 30 000 actions ordinaires à 40 $ l'action au comptant et de 5 000 actions préférentielles à 26 $ l'action au comptant.

b) Émission de 2 000 actions préférentielles, au moment où l'action se vend 32 $.

c) Rachat de 3 000 actions ordinaires à 38 $ l'action et annulation subséquente.

Travail à faire

1. À l'aide de l'équation comptable, décrivez les incidences de chacune de ces opérations sur les postes de l'état de la situation financière.

2. Combien d'actions seront émises après le rachat et l'annulation ?

PS10-3

1•3•6

30 minutes
(P10-2)

L'établissement de la section des capitaux propres

En janvier 2012, la société Marine mondiale a obtenu une charte provinciale québécoise. Celle-ci autorise l'émission d'un nombre illimité d'actions ordinaires sans valeur nominale. Durant la première année, les opérations suivantes ont été effectuées, dans l'ordre donné :

a) Émission de 700 000 actions ordinaires à 54 $ l'action.

b) Déclaration et versement d'un dividende en actions de 5 % le 1er décembre 2012, alors que le prix du marché de l'action était de 40 $.

Le 31 décembre 2012, soit à la fin de la première année d'activité, on a déterminé que les comptes affichaient un résultat net de 2 429 000 $.

10

Travail à faire

Établissez la section des capitaux propres de l'état de la situation financière au 31 décembre 2012.

PS10-4

1•3•4

20 minutes
(P10-6)

**Whole Foods
Market**

La comptabilisation des opérations portant sur les capitaux propres

La société Whole Foods Market est le chef de file mondial des supermarchés de l'alimentation naturelle et biologique. Le siège social de la société est situé au Texas et celle-ci conduit ses affaires à travers diverses filiales qu'elle détient à 100 %. Les renseignements suivants sont extraits de l'état de la situation financière de la société :

	2006	2005
Capitaux propres		
Capital social :		
Actions ordinaires (sans valeur nominale, 300 000 actions autorisées, 142 198 et 136 017 actions émises, 139 607 et 135 908 actions en circulation en 2006 et en 2005, respectivement)	1 147 872 $	874 972
Réserves :		
Résultats non distribués	349 260	486 299
Actions propres détenues	(99 964)	–

La société a obtenu un résultat net de 203 838 $ en 2006

Travail à faire

1. À l'aide de l'équation comptable, décrivez les incidences :
   a) de l'émission d'actions ordinaires en 2006 ;
   b) du rachat d'actions propres détenues en 2006.
   c) S'il y a lieu, présentez l'incidence de la déclaration et du paiement d'un dividende en 2006.
2. Passez les écritures de journal nécessaires pour comptabiliser chacune de ces opérations.

PS10-5

3•4•6•7

50 minutes
(P10-7)

La comparaison du dividende en actions et du dividende en espèces

La société Ritz dispose des actions en circulation et des résultats non distribués suivants au 31 décembre 2015 :

Actions ordinaires sans valeur nominale, 50 000 actions	500 000 $
Actions préférentielles, 8 %, valeur nominale de 10 $, 21 000 actions en circulation	210 000
Résultats non distribués	900 000

Le conseil d'administration de la société prévoit distribuer un dividende en espèces aux deux groupes d'actionnaires. Aucun dividende n'a été déclaré durant les deux périodes précédentes.

On suppose trois cas distincts :

Cas A Les actions préférentielles sont non cumulatives ; le montant total du dividende est de 25 000 $.

Cas B Les actions préférentielles sont cumulatives ; le montant total du dividende est de 25 000 $.

Cas C Les actions préférentielles sont cumulatives ; le montant total du dividende est de 75 000 $.

Travail à faire

1. Calculez le montant du dividende, au total et par action, qui pourrait être payé à chacune des classes d'actionnaires dans chaque cas. Présentez vos calculs.

2. Reprenez le cas C et supposez que la société a versé un dividende en actions ordinaires de 15 % sur les actions en circulation, au lieu d'un dividende en espèces, lorsque le prix de l'action sur le marché était de 13 $. Remplissez le tableau comparatif suivant en y indiquant les montants et en expliquant les différences existant entre un dividende en espèces et un dividende en actions.

Poste	Montant de l'augmentation (ou de la diminution) en dollars	
	Dividende en espèces – Cas C	Dividende en actions
Actif		
Passif		
Capitaux propres		

CAS — INFORMATION FINANCIÈRE

40 minutes

L'Oréal

La recherche d'information financière

Reportez-vous aux états financiers de la société L'Oréal (*voir l'annexe B à la fin de ce manuel*). Pour chacune des questions, indiquez l'endroit où vous avez trouvé l'information ou celui où vous l'avez cherchée si elle n'était pas disponible.

Travail à faire

1. Quel est le nombre d'actions émises et en circulation de chaque catégorie à la fin de l'année courante ? Ces actions ont-elles une valeur nominale ? Si oui, quelles en sont les conséquences d'un point de vue comptable ?

2. La société a-t-elle déclaré des dividendes pour l'année courante ? Si oui, quel en était le montant par action ? Durant l'année courante et l'année précédente, combien a-t-elle versé en dividendes au total ?

3. La société a-t-elle racheté des actions ? Si oui, combien d'actions l'ont été et à quelle valeur ? Comment a-t-elle comptabilisé la transaction ? Y a-t-il eu annulation d'actions ? Si oui, combien d'actions ont été annulées et comment la transaction a-t-elle été comptabilisée ?

4. La société a-t-elle versé un dividende en actions ou effectué un fractionnement d'actions ? Si oui, décrivez-le.

5. La société a-t-elle versé du capital social durant l'année la plus récente ? Si oui combien d'actions a-t-elle émises et quelle était la valeur de la transaction ?

6. La société a-t-elle des options d'achat d'actions en circulation ? Si oui, combien en a-t-elle et quel est leur prix d'exercice ?

7. En vous reportant aux données publiées sur le Web ou dans les journaux, déterminez le cours des actions aujourd'hui.

10

La recherche d'information financière

Reportez-vous aux états financiers de la société Inter Parfums (*voir l'annexe C à la fin de ce manuel*). Pour chacune des questions, indiquez l'endroit où vous avez trouvé l'information ou celui où vous l'avez cherchée si elle n'était pas disponible.

Travail à faire

1. La société possède-t-elle des actions propres détenues? Si oui, combien en possède-t-elle? Quelles sont les limites imposées sur le rachat d'actions? Y a-t-il eu achat et vente d'actions propres détenues durant la période? Si oui, indiquez le nombre d'actions, leur prix moyen et le montant total que cela représente.

2. Décrivez chaque catégorie autorisée d'actions ordinaires et d'actions préférentielles.

3. La société a-t-elle déclaré un dividende au cours de la période la plus récente? Si oui, de combien et de quel type?

4. La société a-t-elle émis des actions au cours des périodes couvertes par les états financiers? Si oui, combien, à quel montant et quelles étaient les raisons de l'émission?

5. Y a-t-il eu conversion d'actions au cours de la période la plus récente? Si oui, décrivez-la.

6. Décrivez la politique de l'entreprise en matière de dividendes au cours des cinq dernières années, et faites le lien avec ses résultats et ses acquisitions ainsi qu'avec l'évolution du prix de l'action.

7. Durant la période la plus récente couverte par les états financiers, la société a-t-elle versé un dividende en actions ou effectué un fractionnement d'actions? Si oui, décrivez-le et indiquez comment il a été comptabilisé. Sinon, à quoi le voyez-vous?

8. La société offre-t-elle un régime d'options d'achat d'actions? Si oui, à qui s'adresse-t-il, combien d'options pouvaient être exercées à la fin de la période courante et à quel prix?

La comparaison de sociétés évoluant dans le même secteur d'activité

Reportez-vous aux états financiers de la société L'Oréal, à ceux de la société Inter Parfums ainsi qu'au rapport sur les ratios de ce secteur d'activité (*voir les annexes B, C et D à la fin de ce manuel*).

Travail à faire

1. Il faut noter que les sociétés L'Oréal et Inter Parfums ont versé un dividende au cours de chacune des périodes précisées. Pourquoi croyez-vous que ces deux entreprises ont établi des politiques semblables en matière de dividendes?

2. Pour l'année la plus récente présentée dans les états financiers, calculez le taux de rendement par action des deux sociétés. (Conseil: Consultez la section « Prix historique » pour chacun des titres, dans le site http://fr.finance.yahoo.com.)

3. Examinez le taux de rendement par action du secteur de la fabrication de parfums et de produits de toilette (*voir l'annexe D*). Quelle semble être la norme en matière de politique de dividende dans ce secteur d'activité? Examinez les états financiers de compétiteurs comme Christian Dior et LVMH. À la suite de ces comparaisons, que pouvez-vous conclure au sujet de la norme en matière de politique de dividendes dans ce secteur d'activité?

4. À titre d'investisseur, achèteriez-vous des actions d'entreprises qui n'ont pas l'intention de verser de dividendes dans un avenir rapproché? Expliquez votre réponse.

5. En utilisant les renseignements qui figurent dans le tableau ci-dessous, comparez le taux de rendement par action dans le secteur de la fabrication de parfums et de produits de toilette à celui du secteur des sociétés pharmaceutiques et des entreprises de services publics, telle la distribution de gaz. Quel type d'investisseur serait intéressé à acheter des actions d'une entreprise de services publics plutôt que d'une entreprise de fabrication? Expliquez votre réponse.

Taux de rendement par action de divers secteurs		
Fabrication de parfums et de produits de toilette	Sociétés pharmaceutiques	Services publics – distribution de gaz
1,69 %	2,60 %	3,80 %

CAS — ANALYSE FINANCIÈRE

CP10-4

⊕ **1•3•4**

20 minutes

Halliburton

Le calcul des dividendes d'une société réelle

La société Halliburton est une société multinationale avec plus de 60 000 employés dans 80 pays. Fondée en 1919, Halliburton est devenue l'une des plus grandes sociétés dans le secteur de l'énergie, offrant des produits et services tels la gestion des données géologiques, la construction de puits et l'optimisation de la production au cours d'un chantier. Le rapport annuel récent de la société Halliburton contenait les renseignements suivants relatifs aux capitaux de l'entreprise (en millions de dollars états-uniens) :

Capitaux propres	Période actuelle	Période précédente
Actions ordinaires, valeur nominale de 2,50 $, 2 000 millions d'actions autorisées	298,3	298,4
Prime d'émission – actions ordinaires	130,5	129,9
Résultats non distribués	2 080,8	2 052,3
Actions propres détenues (12,8 et 13,0 millions d'actions)	382,2	384,7

Au cours de la période actuelle, Halliburton a déclaré et versé un dividende en espèces de 1 $ l'action. Quel serait le montant total du dividende déclaré et versé si celui-ci avait été basé sur le montant des actions en circulation à la fin de la période actuelle? Quel est le total des capitaux propres à la clôture de la période actuelle?

10

L'évaluation d'un problème d'éthique

4•6

20 minutes

Vous êtes membre du conseil d'administration d'une importante entreprise qui est en affaires depuis plus de 100 ans. Cette société est fière de verser des dividendes chaque année, et ce, depuis sa constitution. En raison de sa stabilité, bon nombre de retraités ont investi de fortes sommes provenant de leurs épargnes dans les actions ordinaires de l'entreprise. Malheureusement, celle-ci est aux prises avec des difficultés financières depuis quelques années, car elle a tenté d'introduire de nouveaux produits et prévoit maintenant ne pas verser de dividende cette année. Le président souhaite ne pas distribuer de dividende afin de disposer de plus de trésorerie pour investir dans le développement des produits : « Si nous n'investissons pas ces sommes maintenant, ces produits ne seront pas introduits sur le marché et nous ne pourrons sauver l'entreprise. Je ne veux pas que des milliers de salariés perdent leur emploi. » L'un des plus anciens membres du conseil d'administration s'est ensuite exprimé : « Si nous ne versons pas de dividende, des millions de retraités seront aux prises avec des difficultés financières. Même si vous ne vous en faites pas pour eux, vous devez être conscient du fait que le cours de nos actions chutera quand ils vendront leurs actions. » Le trésorier de l'entreprise propose une solution de rechange : « Ne distribuons pas le dividende en espèces et versons un dividende en actions. Nous pourrons alors toujours affirmer que nous avons versé un dividende chaque année. » Tout le Conseil se tourne maintenant vers vous pour connaître votre opinion. Que devrait faire l'entreprise ?

L'évaluation d'un problème d'éthique

1•4

30 minutes

Vous êtes président d'une entreprise très prospère qui a connu une année remarquablement fructueuse. Vous avez déterminé que la société possédait plus de 10 millions de dollars en flux de trésorerie provenant des opérations, montant qui n'est pas nécessaire pour l'entreprise. Vous pensez le verser aux actionnaires à titre de dividendes particuliers. Vous avez discuté de cette idée avec votre vice-président, qui a réagi négativement à votre suggestion : « Le cours de nos actions a augmenté de 200 % au cours de la dernière année. Que devons-nous faire de plus pour les actionnaires ? Les gens qui méritent réellement cet argent sont nos employés, qui travaillent 12 heures par jour, de six à sept jours par semaine pour rendre cette entreprise prospère. La plupart d'entre eux n'ont même pas pris de vacances l'an dernier. J'estime que nous devons leur verser des primes et ne rien distribuer aux actionnaires. » À titre de président, vous savez que c'est le conseil d'administration qui vous a engagé et que celui-ci est élu par les actionnaires. Quelles sont vos responsabilités à l'égard des deux groupes d'intérêt ? À quel groupe verseriez-vous les 10 millions de dollars ?

L'évaluation d'un problème d'éthique

3

20 minutes

Vous êtes membre du conseil d'administration d'une entreprise de fabrication de taille moyenne cotée à la Bourse de Toronto. Le président de l'entreprise a recommandé que celle-ci rachète 5 % des actions en circulation au cours des 10 prochains jours. Ce rachat est recommandé, car la société dispose de beaucoup de trésorerie dont elle n'a pas besoin. Plus tôt dans la journée, vous avez appris que la société annoncera l'amélioration d'un produit au cours du mois. Cette amélioration aura des conséquences très importantes sur la rentabilité de l'entreprise et le cours de ses actions. Vous vous inquiétez du fait que la société souhaite racheter une grande quantité de ses actions avant de faire la déclaration concernant le produit amélioré. Le président a assuré le Conseil qu'il n'y a pas de problème, car la société ne peut déclarer de profits sur les opérations portant sur les actions rachetées, ajoutant que s'il y a un gain économique, tous les actionnaires en profiteront. Rédigez une note brève adressée au conseil d'administration dans laquelle vous recommandez l'action que vous jugez appropriée d'entreprendre.

10

CP10-8

1•3•4•5•6•7•8

Un projet d'équipe : l'examen des rapports annuels

En équipe, choisissez un secteur d'activité à analyser. Chaque membre de l'équipe doit se procurer le rapport annuel d'une société ouverte de ce secteur, différente de celles que choisissent les autres membres. (Consultez, par exemple, le site Web de la société ou le service SEDAR au www.sedar.com.)

Travail à faire

Individuellement, chacun rédige un bref rapport afin de répondre aux questions suivantes concernant l'entreprise choisie. En équipe, discutez des similarités que vous avez relevées entre les sociétés. Ensuite, écrivez un bref rapport d'équipe dans lequel vous mentionnez les similitudes et les différences entre ces entreprises.

1. a) Énumérez les comptes et leurs montants dans la section des capitaux propres.

   b) En examinant la note relative au capital social des états financiers, relevez tout aspect particulier des actions (par exemple, les actions préférentielles convertibles, les actions ordinaires sans valeur nominale, etc.), le cas échéant.

2. La société a-t-elle émis des actions au cours de la plus récente période ? Si oui, combien et à quel montant ? (Vous aurez besoin du tableau des flux de trésorerie pour connaître le montant qui provient de l'émission, le cas échéant.)

   a) Quelle a été la valeur moyenne par action de cette émission ?

   b) Présentez l'écriture de journal de l'émission ainsi que le tableau de ses incidences sur les états financiers.

3. La société a-t-elle racheté un certain nombre de ses actions propres au cours de la période ? Si oui, comment a-t-elle comptabilisé ce rachat ?

4. Quels types de dividendes, le cas échéant, la société a-t-elle déclarés au cours de la période ? Combien ont été versés en espèces ? Si la société n'a pas payé de dividende durant la période, expliquez pourquoi.

5. Calculez le taux de rendement par action des trois dernières périodes dans le cas de chaque société. Faites l'analyse comparative dans le temps et entre les compétiteurs, puis tirez vos conclusions sur la politique de dividende des sociétés et du secteur d'activité.

10

Chapitre
11
LES PLACEMENTS

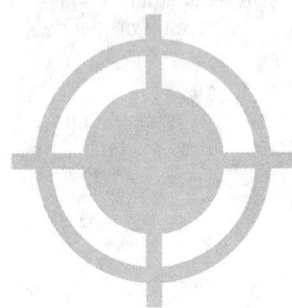

OBJECTIFS D'APPRENTISSAGE
Au terme de ce chapitre, vous pourrez :

1. décrire les types de placements (*voir la page 715*) ;

2. classer, analyser et présenter les placements non stratégiques dans les actions d'autres entreprises à l'aide de la méthode à la juste valeur (*voir la page 717*) ;

3. analyser et présenter les placements non stratégiques dans les instruments de passif détenus jusqu'à l'échéance à l'aide de la méthode du coût amorti (*voir la page 725*) ;

4. analyser et présenter les placements stratégiques qui permettent d'exercer une influence notable à l'aide de la méthode de mise en équivalence (*voir la page 730*) ;

5. analyser et présenter les placements stratégiques dans les entreprises contrôlées (*voir la page 738*) ;

6. analyser et interpréter le taux de rendement de l'actif (*voir la page 743*) ;

7. comparer les normes internationales d'information financière (IFRS) et les normes comptables pour les entreprises à capital fermé (*voir la page 745*).

AIR FRANCE-KLM
Regroupements, fusions, alliances : les stratégies de placement dans l'industrie de l'aviation
www.airfranceklm-finance.com

C'est en 2004 qu'Air France et KLM se sont regroupées pour former le leader mondial de l'aviation, dont le chiffre d'affaires était de 21 milliards d'euros en 2010. Le groupe, dont 80 % des recettes proviennent du transport des passagers, occupe la première place sur le marché européen. Le secteur du fret, représentant 12 % de son chiffre d'affaires, lui vaut aussi le premier rang mondial. Le marché de l'entretien aéronautique constitue son troisième secteur d'activité et représente 5 % de ses revenus ; le groupe occupe le deuxième rang mondial dans ce secteur. La société compte plus de 100 000 salariés sur tous les continents et offre 244 destinations à sa clientèle annuelle de 71,4 millions de voyageurs (longs et moyens trajets), desservie par une flotte de 536 avions dont l'Airbus A380 (capacité de 538 passagers pour des trajets allant jusqu'à 13 000 km).

Air France-KLM ayant été fortement touchée par la récession mondiale de 2008-2009, son année financière, close le 31 mars 2010, s'est soldée par une perte de 1,6 milliard d'euros. Il faut savoir que l'industrie du transport aérien représente 8 % de l'économie mondiale[1]. Elle donne un accès rapide aux marchés, stimule le commerce international, et permet la libre circulation des marchandises, des voyageurs d'affaires et des touristes, en soutenant ainsi la croissance. Or, ce secteur est très sensible aux changements économiques et aux événements mondiaux : fluctuations des prix du pétrole, attentats du 11 septembre 2001, crises sanitaires (comme celle de la grippe A), éruptions volcaniques, écrasements d'avion, etc.

La récession de 2008-2009 a forcé les voyageurs à réduire leurs dépenses en cherchant à faire des économies (vols à rabais, train à grande vitesse pour les parcours moyens, etc.). Les entreprises aériennes ont réagi en réduisant leur offre de vols ainsi que leurs coûts pour compenser la très forte hausse des prix du carburant. Plusieurs restructurations et fusions ont eu lieu, de même que la création de réseaux, de sorte qu'il reste maintenant trois grands groupes européens, ayant chacun fait des alliances : Air France-KLM (Sky Team), Lufthansa (Star Alliance, dont fait partie Air Canada) et British Airways (Oneworld). Plusieurs accords entre ces entreprises leur ont permis de réduire leurs coûts et de générer des revenus.

Le groupe Air France-KLM a pris, en 2009, des mesures stratégiques pour évoluer dans ce nouvel environnement : adaptation du long-courrier[2] et transformation du

1 AIR FRANCE-KLM, *Rapport annuel 2009-2010*, p. 8.
2 Expression désignant les longs trajets, tels les vols outre-mer.

moyen-courrier pour le transport des passagers, et restructuration de son activité cargo. Il a aussi pris une participation dans Alitalia, acquis quelques entreprises dont Martinair, en a vendu d'autres et a conclu une entente de partenariat avec Delta. Air France-KLM est devenue un conglomérat avec plus de 153 filiales dans son périmètre de consolidation et 25 sociétés associées.

• Parlons affaires

Bon nombre de facteurs stratégiques incitent les gestionnaires à faire des placements dans les valeurs mobilières. Une société peut investir son excédent de trésorerie dans des actions ou obligations d'autres sociétés, de façon transitoire ou à long terme, afin d'obtenir un rendement durant le temps où cet excédent est placé. Ces placements sont dits «non stratégiques», car les gestionnaires ne sont pas intéressés à influencer ou à contrôler les autres sociétés. L'état de la situation financière d'Air France-KLM présente de tels placements; la note 22 en expose les détails et la note 32.3, leur valeur sur le marché. Nous présentons un extrait de ces notes un peu plus loin dans le présent chapitre.

Il arrive parfois qu'une société décide d'investir dans une autre société dans le but d'en influencer les politiques et les activités. Dans ce cas, il s'agit d'entreprises associées. Air France-KLM présente de tels placements dans la rubrique «Titres mis en équivalence» de son bilan (*voir le tableau 11.1*), la note 20 présentant les variations de ces titres durant la période. Soulignons également que la note 39.2 énumère les 25 sociétés associées au groupe. Nous y revenons aussi un peu plus loin dans ce chapitre.

La direction d'une entreprise peut aussi décider de contrôler une autre société (ou plusieurs autres sociétés) en l'achetant directement ou en en devenant l'actionnaire majoritaire: cette société devient alors une filiale. Dans ce cas, les états financiers des deux entreprises sont additionnés et sont désignés comme consolidés. La note 39.1 d'Air France-KLM énumère les 153 filiales dont les états financiers ont été consolidés, et la note 4 décrit l'évolution du périmètre de consolidation. Ces notes couvrent plusieurs pages, et il n'est donc pas approprié de les présenter dans ce manuel.

Dans le présent chapitre, nous abordons la comptabilisation de deux grandes catégories de placements, soit les placements non stratégiques dans les actions et obligations d'autres entreprises (instruments financiers de capitaux propres ou de passif), et les placements stratégiques dans les actions d'autres sociétés que sont les entreprises associées et les filiales. Nous présentons d'abord trois types de placements non stratégiques et leur méthode de comptabilisation, puis les placements stratégiques dans les actions d'autres sociétés que l'entreprise détient dans le but d'exercer une influence notable sur les activités de celles-ci. Enfin, ce chapitre se termine par une explication de la comptabilisation des acquisitions d'entreprises et des états financiers consolidés.

TABLEAU 11.1 • EXTRAIT DU BILAN CONSOLIDÉ D'AIR FRANCE-KLM

(en millions d'euros)	Notes	31 mars 2010	31 mars 2009
Actif non courant			
Goodwill	15	401	400
Titres mis en équivalence	20	446	446
Autres actifs financiers	22	840	938
Actif courant			
Autres actifs financiers	22	517	580

Les types de placements dans les titres et les méthodes comptables	Les placements non stratégiques dans les actions : la méthode à la juste valeur	Les placements non stratégiques dans les instruments de passif détenus jusqu'à l'échéance : la méthode du coût amorti	Les placements stratégiques en vue d'exercer une influence notable : la méthode de mise en équivalence	L'obtention du contrôle : les fusions et les acquisitions	La comparaison des IFRS et des normes comptables pour les entreprises à capital fermé
Les placements non stratégiques dans les instruments de passif et de capitaux propres	La désignation des placements non stratégiques	L'achat d'obligations	La comptabilisation des titres mis en équivalence	Les états financiers consolidés : que sont-ils ?	
Les placements stratégiques dans les actions en vue d'exercer une influence notable	La méthode à la juste valeur	Les produits financiers	La présentation des titres mis en équivalence	La comptabilisation d'une fusion d'entreprises	
Les placements stratégiques dans les actions en vue d'obtenir le contrôle	Les placements dans les titres classés *disponibles à la vente*	La valeur nominale à la date d'échéance		La présentation d'une fusion d'entreprises	
	Les placements dans les titres classés *à la juste valeur par le biais du résultat net*	L'amortissement selon la méthode de l'intérêt effectif		Le taux de rendement de l'actif	
	La comparaison des placements non stratégiques évalués à la juste valeur				

11.1 Les types de placements dans les titres et les méthodes comptables

OBJECTIF D'APPRENTISSAGE

Décrire les types de placements

La méthode comptable utilisée pour enregistrer les placements non stratégiques est liée à la classification que fait la direction de ces titres de placements ainsi qu'à son intention en ce qui concerne la période durant laquelle elle prévoit les conserver. Pour ce qui est des titres en actions que l'entreprise détient à des fins stratégiques, le nombre d'actions qu'elle a acquises est aussi important.

11.1.1 Les placements non stratégiques dans les instruments de passif et de capitaux propres

Les **placements non stratégiques** sont des placements dans des titres de sociétés qui ne permettent pas d'exercer une influence ou un contrôle sur les politiques financières et opérationnelles d'une entreprise. Ils sont effectués en vue d'obtenir un rendement sur les fonds. Ce sont des actifs courants ou non courants acquis en fonction des besoins et des objectifs de l'entreprise. Cette catégorie comprend à la fois les placements dans des instruments de dette (comme les obligations) et dans des valeurs mobilières (comme les actions).

Les placements dans des instruments de dette sont toujours considérés comme non stratégiques. Si l'intention de la direction est de conserver ces placements jusqu'à

Placement non stratégique Placement dans des titres de sociétés qui ne permet pas d'exercer une influence ou un contrôle sur les politiques financières et opérationnelles d'une entreprise.

l'échéance, ils sont mesurés et présentés à leur coût amorti. Si l'on prévoit les vendre avant la date d'échéance, ils sont présentés à leur juste valeur.

Pour ce qui est des placements dans les valeurs mobilières, on présume qu'ils ne sont pas stratégiques si la société participante détient moins de 20 % des actions ordinaires avec droit de vote en circulation de la société émettrice. La **société participante** est celle qui détient des actions avec droit de vote d'une autre société que nous appelons « **société émettrice** ». Les placements non stratégiques dans les actions d'autres sociétés sont présentés à leur juste valeur.

Société participante
Société qui détient des actions avec droit de vote d'une autre société.

Société émettrice
Société qui a émis les actions détenues par une autre société.

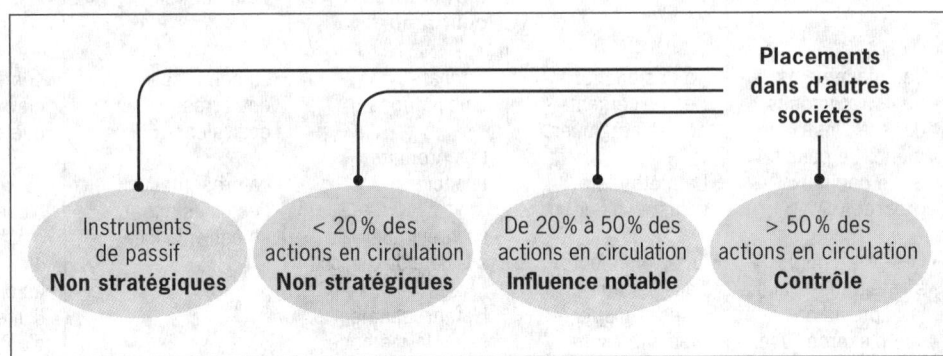

11.1.2 **Les placements stratégiques dans les actions en vue d'exercer une influence notable**

Influence notable
Influence qui se manifeste lorsque la société participante peut influencer les décisions financières et opérationnelles de la société émettrice.

L'**influence notable** donne à la société participante la possibilité d'influer sur les politiques financières et opérationnelles de la société émettrice. Il existe une présomption d'influence notable lorsque la société participante détient de 20 % à 50 % des actions avec droit de vote de la société émettrice (que l'on nomme « entreprise associée »). Cependant, d'autres facteurs peuvent également indiquer que l'influence notable existe, par exemple la participation au conseil d'administration de l'entreprise associée ou à l'élaboration de ses politiques, l'évidence d'opérations importantes entre les deux sociétés, de même que l'échange de cadres ou de technologies. Pour comptabiliser les placements stratégiques dans les actions en vue d'exercer une influence notable, la méthode de mise en équivalence est utilisée. Cette méthode est définie un peu plus loin dans le présent chapitre.

11.1.3 **Les placements stratégiques dans les actions en vue d'obtenir le contrôle**

Le contrôle est l'habileté à déterminer les politiques financières et opérationnelles d'une autre société dont on détient des actions avec droit de vote. En pratique, la présomption de contrôle existe lorsque la société participante détient plus de 50 % des actions avec droit de vote de la société émettrice. Cette situation requiert la consolidation des états financiers de la société participante et de la société émettrice.

Voici un résumé des catégories de placements et de leur méthode de comptabilisation, que nous examinons dans les sections suivantes.

	Placement dans des instruments de passif d'une autre société		Placement dans des actions ordinaires avec droit de vote d'une autre société (instruments de capitaux propres)		
Catégorie de placement	**Non stratégique**		**Non stratégique**	**Influence notable**	**Contrôle**
Degré de propriété	Détenu jusqu'à l'échéance	Non détenu jusqu'à l'échéance	< 20 % des actions en circulation	De 20 % à 50 % des actions en circulation	> 50 % des actions en circulation
Méthode de comptabilisation	Coût amorti	Juste valeur		Mise en équivalence	Consolidation des états financiers

11.2 Les placements non stratégiques dans les actions : la méthode à la juste valeur

OBJECTIF D'APPRENTISSAGE

Classer, analyser et présenter les placements non stratégiques dans les actions d'autres entreprises à l'aide de la méthode à la juste valeur.

La mondialisation des marchés et ses risques financiers accrus, combinés aux progrès des technologies de l'information, ont permis la création et le développement de nombreux instruments financiers[3], plus complexes les uns que les autres, permettant de répondre aux besoins des entreprises : prêts à taux variable, swaps pour se protéger de la variation des taux d'intérêt, etc.

En raison de la complexité de ces instruments, les normes comptables internationales ont fait l'objet de diverses modifications au cours des années en ce qui concerne tant l'évaluation de ces placements que leur présentation aux états financiers. Il en résulte que les gestionnaires d'entreprises doivent exercer leur jugement lorsqu'ils déterminent quel traitement comptable appliquer aux placements non stratégiques dans les titres d'autres sociétés.

11.2.1 La désignation des placements non stratégiques

Afin de préserver la comparabilité de l'information d'une période à l'autre, l'entreprise est tenue de désigner les placements dans les titres d'autres sociétés dès leur acquisition ; cela détermine leur évaluation subséquente. Les choix de l'entreprise doivent être divulgués afin de renseigner le lecteur des états financiers sur sa stratégie de gestion du risque. Il faut noter que la forme d'un titre ne dicte pas automatiquement sa désignation. Les entreprises ont le choix, pour autant que ce choix concorde avec leur stratégie. Nous présentons ici les classements possibles pour ce qui est des placements non stratégiques dans les **actions.** Les entreprises peuvent classer ces placements pour ce qui est des placements *à la juste valeur par le biais du résultat net* et les placements *disponibles à la vente.* Les placements non stratégiques dans les instruments de passif sont présentés plus loin dans ce chapitre.

Les placements *à la juste valeur par le biais du résultat net*

Les placements *à la juste valeur par le biais du résultat net* sont des actifs financiers détenus à des **fins de transaction,** car ils sont principalement acquis en vue d'être vendus à court terme. Cette approche est celle qu'adoptent plusieurs sociétés de fonds mutuels. Le gestionnaire de portefeuille cherche activement des occasions d'achat et de vente des titres. Ces titres détenus à des fins de transaction sont normalement classés comme un actif courant à l'état de la situation financière.

Au moment de la comptabilisation initiale, le placement est désigné *à la juste valeur par le biais du résultat net* (JVBRN). La juste valeur est la méthode qui donne l'information la plus pertinente, car on prévoit plusieurs achats ou ventes de titres. En fin de période, on doit donc évaluer cet actif financier à sa juste valeur ; la variation qui est survenue dans la valeur du placement est portée au résultat net de la période. Soulignons que les coûts de transaction de ces placements sont traités comme des coûts de période.

Placement à la juste valeur par le biais du résultat net
Titres que l'on acquiert et détient principalement dans le but de réaliser une plus-value pour les revendre ensuite dans un temps relativement court.

Les placements *disponibles à la vente*

La plupart des entreprises ne négocient pas activement les titres d'autres sociétés, préférant investir dans le but d'obtenir un rendement sur des fonds dont elles auront sans doute besoin pour des transactions futures. Ces placements sont normalement désignés comme placements dans des titres *disponibles à la vente*. Ils sont classés soit comme des actifs courants, soit comme des actifs non courants à l'état de la situation financière, selon l'intention de la direction quant à la vente de ces titres durant la prochaine période.

Placement dans des titres *disponibles à la vente*
Placement non stratégique autre qu'un placement dans les titres désignés *à la juste valeur par le biais du résultat net*. Il peut être classé comme un actif courant ou non courant.

---

3 Contrat entre deux parties dans lequel l'une reçoit un actif financier et l'autre, un passif financier (des obligations) ou un instrument de capitaux propres (des actions).

3.10. Instruments financiers, évaluation des actifs et passifs financiers

Les titres de participation des sociétés non consolidées et les autres titres immobilisés sont qualifiés d'actifs disponibles à la vente et figurent au bilan pour leur juste valeur. Pour les titres cotés, la juste valeur correspond au cours de Bourse. Pour les autres titres, si la juste valeur n'est pas estimable de façon fiable, elle correspond au coût d'acquisition [...] Les pertes et gains latents [...] sont enregistrés dans une composante séparée des capitaux propres intitulée « Réserves sur actifs financiers disponibles à la vente » [...]

Les actifs de transaction [à la juste valeur par compte de résultat] comprennent les actifs détenus à des fins de transaction [...] que la société a l'intention de revendre dans un terme proche afin de réaliser une plus-value [...] Ils sont classés au bilan en actifs financiers à court terme.

22. Autres actifs financiers

(en millions d'euros)	au 31 mars 2010		au 31 mars 2009	
	Courant	Non courant	Courant	Non courant
Actifs disponibles à la vente				
Titres de participation	–	54	–	46
Actifs de transaction				
Valeurs mobilières de placement	343	–	430	–

Les actifs disponibles à la vente se présentent comme suit :

(en millions d'euros)	Juste valeur	Pourcentage d'intérêt	Capitaux propres	Résultat	Cours en Bourse (en euros)	Date de clôture
Au 31 mars 2010						
Club Med*	9	2,00 %	492	(53)	13,615	Octobre 2009
Voyages Fram	9	8,71 %	ND	ND	NA	Décembre 2009
Autres	36	–	–	–	–	–
Total	54					
Au 31 mars 2009						
Club Med*	4	2,00 %	494	2	9,050	Octobre 2008
Voyages Fram	9	8,71 %	125	7	NA	Décembre 2008
Autres	33	–	–	–	–	–
Total	46					

* Société cotée

32.3. Valeurs de marché des instruments financiers

(en millions d'euros)	31 mars 2010		31 mars 2009	
	Valeur comptable	Valeur de marché estimée	Valeur comptable	Valeur de marché estimée
Actifs financiers				
Actifs financiers disponibles à la vente				
Titres de participation	54	54	46	46
Actifs de transaction				
Valeurs mobilières de placement	343	343	430	430

Ces placements sont évalués à leur juste valeur, et les variations de la juste valeur sont présentées comme Autres éléments du résultat global (AERG) et le restent tant que l'actif financier est détenu. Soulignons que les coûts de transaction sont ajoutés aux placements ainsi désignés.

L'information contenue dans l'encadré ci-contre concerne les placements non stratégiques d'Air France-KLM, et a été extraite des notes 3, 22 et 32 aux états financiers du groupe.

11.2.2 La méthode à la juste valeur

De très nombreux changements apportés aux normes comptables au fil des ans concernent la controverse qui entoure la méthode à la juste valeur pour comptabiliser les instruments financiers ; cette méthode amène une plus grande volatilité des résultats. Par contre, comme les gestionnaires en tiennent compte dans leur prise de décision, la juste valeur est considérée comme très pertinente pour évaluer les instruments financiers.

La **juste valeur** en ce qui concerne les placements correspond au montant que les participants sont prêts à payer ; les parties doivent être bien informées, consentantes et, bien sûr, les conditions de marché doivent être normales. Lorsqu'un titre se négocie sur le marché des valeurs mobilières, il est facile d'en connaître la juste valeur. Par contre, les entreprises doivent recourir à des techniques d'évaluation dans le cas de titres non négociés sur un marché ; ces techniques sont abordées dans les cours de finances. S'il s'avère qu'il n'est pas possible de déterminer la juste valeur, les placements sont alors évalués à leur coût d'acquisition.

Juste valeur
Montant, à une date donnée, pour lequel un titre peut être échangé entre des « parties bien informées, consentantes, et agissant dans des conditions de concurrence normale[4] ».

Les incidences de l'utilisation de la juste valeur

1. **Pourquoi les placements non stratégiques sont-ils comptabilisés à leur juste valeur à l'état de la situation financière ?**

   Pour répondre à cette question, deux facteurs importants doivent être pris en compte :

   - **La pertinence.** Les analystes qui étudient les états financiers tentent souvent de prédire les flux de trésorerie d'une entreprise. Ils veulent savoir comment une société peut générer des flux de trésorerie afin de répondre aux besoins de croissance de ses activités, au paiement des dividendes ou à sa survie durant une période de récession économique prolongée. L'une des sources de trésorerie est la vente des actions de son portefeuille de placements non stratégiques. La meilleure estimation du montant de trésorerie pouvant engendrer la vente de ces titres est leur valeur sur le marché financier.

   - **L'évaluation.** Les comptables n'inscrivent aux états financiers que les éléments qui peuvent être évalués en dollars avec un degré élevé de fiabilité (évaluation objective et vérifiable). La détermination de la juste valeur peut être très difficile à faire pour certains actifs qui ne font pas l'objet de transactions boursières. On sait que les actifs immobilisés peuvent être évalués à leur coût historique ou à leur juste valeur, mais la flotte d'avions d'Air France-KLM est comptabilisée à son coût moins l'amortissement cumulé, en partie à cause du degré de difficulté à déterminer sa juste valeur de façon objective. À l'opposé, il est très facile de déterminer la juste valeur de titres activement négociés sur le marché boursier. Il suffit de consulter un journal ou Internet pour obtenir immédiatement la juste valeur des actions d'Air France-KLM, de Bombardier ou de Michelin, par exemple, car leurs titres sont activement négociés à une Bourse reconnue.

2. **Lorsque le placement est ajusté (augmenté ou diminué) pour refléter les changements qui sont survenus dans sa juste valeur, quel autre compte est touché ?**

   Selon le système comptable à partie double, chaque opération touche deux comptes. Pour présenter la valeur des titres sur le marché, on ajuste le compte de placement en fonction des fluctuations du marché.

---

4 *Manuel de l'ICCA*, partie I, IAS 39 : Instruments financiers : Comptabilisation et évaluation, paragr. 9.

L'autre compte touché est celui du profit ou de la perte non réalisé sur la détention des titres qui proviennent de la variation de la juste valeur des placements. On les dit « non réalisés », car aucune vente n'a eu lieu : la valeur a simplement changé pendant la détention du titre. Si la valeur des titres du placement augmente de 100 000 $ durant la période, on doit augmenter le compte de placement de 100 000 $ et comptabiliser un profit non réalisé du même montant. Si la valeur des titres du placement diminue de 75 000 $ durant la période, on doit diminuer le compte de placement, et comptabiliser une perte non réalisée de 75 000 $.

L'inscription d'un profit non réalisé est contraire aux notions de prudence et de comptabilisation des produits. Celles-ci exigent de comptabiliser les profits une fois que la transaction est terminée ou réalisée. Le traitement aux états financiers des profits ou pertes non réalisés dépend de la classification des titres de placement non stratégiques, que nous avons présentés précédemment.

Pour illustrer la norme comptable décrite à la note 3.10 des états financiers d'Air France-KLM (*voir la page 718*), nous présentons deux transactions fictives relatives à des placements non stratégiques.

L'achat d'actions

Supposons qu'au début de 2012, Air France-KLM achète 10 000 actions ordinaires, avec droit de vote, de Nouvelles financières Internet[5] (NFI) à 60 $ l'action. NFI a 100 000 actions ordinaires avec droit de vote en circulation, ce qui donne à Air France-KLM une participation de 10 % (10 000 ÷ 100 000), laquelle sera traitée comme un placement non stratégique. À la date d'acquisition, ce placement est inscrit au coût, soit 600 000 $, comme suit :

ÉQUATION COMPTABLE

Actif		=	Passif	+	Capitaux propres
Trésorerie	–600 000				
Placement non stratégique – NFI	+600 000				

ÉCRITURE DE JOURNAL

Placement non stratégique – NFI (+A)	600 000	
Trésorerie (–A)		600 000

Les produits de placement : le dividende

Comme nous l'avons vu au chapitre 10, les placements dans les actions peuvent produire un rendement provenant de deux sources : 1) l'augmentation de la valeur du titre ; et 2) le produit de dividende. L'augmentation (ou la diminution) du prix est examinée à la clôture de la période et à la vente des titres. Le revenu de dividende est inscrit comme produit financier pour déterminer le résultat net de la période. Supposons qu'Air France-KLM a reçu 1 $ de dividende par action de NFI, ce qui donne un produit financier de 10 000 $ (1 $ × 10 000 actions) :

ÉQUATION COMPTABLE

Actif		=	Passif	+	Capitaux propres	
Trésorerie	+10 000				Produit financier	+10 000

....

5 La société Nouvelles financières Internet est fictive. À cet effet, nous présentons la transaction en dollars bien qu'Air France-KLM aurait inscrit la transaction en euros dans ses registres comptables.

Trésorerie (+A)	10 000	
Produit financier (+Pr, +CP)		10 000

La comptabilisation est la même pour les titres désignés *à la juste valeur par le biais du résultat net* et pour ceux désignés *disponibles à la vente*. Par contre, le traitement du profit ou de la perte découlant de la variation de la juste valeur du titre diffère selon l'une ou l'autre des désignations. Nous présentons dans les deux sections qui suivent les évaluations en fin de période de chacune des catégories.

11.2.3 Les placements dans les titres classés *disponibles à la vente*

À la clôture de la période financière, les placements non stratégiques classés *disponibles à la vente* à l'état de la situation financière sont présentés à leur juste valeur. La différence entre la juste valeur d'une année à l'autre est portée au compte **Profit/perte latent** découlant de la variation de la valeur des placements disponibles à la vente (PPL-DV) et est inscrite sous Autres éléments du résultat global (AERG)[6]. Supposons que la valeur boursière de NFI en fin de période est de 58 $ l'action, chaque action ayant perdu la valeur de 2 $ durant la période. Puisque les titres n'ont pas été vendus, il s'agit bien sûr d'une perte latente sur la détention du titre disponible à la vente.

Profit/perte latent
Montant (non réalisé) sur les placements associés à la variation de la valeur des titres disponibles à la vente que détient l'entreprise. On le présente sous Autres éléments du résultat global.

En fin de période, on doit ajuster le compte Placement disponible à la vente (Placement DV) à la juste valeur à l'état de la situation financière en faisant une entrée équivalant au compte Profit/perte latent qui présente la variation de valeur des placements disponibles à la vente (PPL-DV), et qui est présenté sous Autres éléments du résultat global (AERG) à l'état du résultat global. Le solde cumulatif de ce compte est présenté dans les capitaux propres. Puisque l'on s'attend à détenir les placements disponibles à la vente à l'avenir, la perte latente ne fait pas partie du calcul du résultat net de la période. Le solde du compte PPL-DV n'est porté au résultat net que l'année de la vente du placement en question (alors que le profit ou la perte est réalisé).

Le tableau suivant est utilisé pour calculer le profit/perte latent (PPL) des placements disponibles à la vente (DV) :

Année	Solde du compte Placement DV à la clôture de la période	−	Solde du compte Placement DV à l'ouverture de la période (acquisition)	=	Montant de l'ajustement
2012	580 000 $ (58 $ × 10 000 actions)	−	600 000 $	=	(20 000 $) (perte latente pour la période)

L'effet de ces opérations à la fin de 2012 se présente comme suit :

État de la situation financière				État du résultat global	
Actif	=	Passif	+	Capitaux[7] propres	Résultat net	AERG*
Placement DV −20 000				−20 000		PPL-DV −20 000

* Autres éléments du résultat global

6 La terminologie relative au profit/perte non réalisé ou latent peut varier d'une entreprise à l'autre. Dans les états financiers de quelques entreprises ouvertes, nous avons relevé les expressions suivantes : « variation nette des plus-values et moins-values des placements non réalisés », « variation nette des gains ou pertes sur les placements non réalisés » et « ajustements de la juste valeur des placements ». Ce qui importe le plus, c'est le traitement comptable de ces profits ou pertes non réalisés comme autres éléments du résultat global dans le cas des titres disponibles à la vente.

7 Lorsque les comptes de l'état du résultat global sont fermés en fin de période, le compte PPL-DV est fermé à un compte cumulatif des capitaux propres classé comme AERG aussi. On intitule ce compte Solde cumulatif PPL-DV. Dans ce chapitre, nous transportons dans les capitaux propres l'effet sur le résultat global pour démontrer que l'équation comptable est en équilibre.

PPL-DV (–AERG, –CP)	20 000	
Placement DV (–A)		20 000

+	Placement DV		–
Achat	600 000		2012-01-01
Ajustement		20 000	Clôture de la période
Solde	580 000		2012-12-31

À l'état de la situation financière de 2012, Air France-KLM présenterait un compte de placement de 580 000 $ dans des titres disponibles à la vente. À l'état du résultat global, elle présenterait sous la rubrique Autres éléments du résultat global la perte latente sur les titres de placements disponibles à la vente de 20 000 $. L'état des variations des capitaux propres présenterait le solde cumulatif du profit/perte latent des placements disponibles à la vente de 20 000 $ (négatif). Le résultat net de 2012 comprendrait le produit financier de 10 000 $ à la suite de la distribution d'un dividende par NFI.

Maintenant, posons l'hypothèse selon laquelle les titres de NFI ont été détenus durant toute l'année 2013. À la fin de la période, le titre affichait une valeur boursière par action de 61 $. L'ajustement pour 2013 serait calculé ainsi :

Pour 2012 :

À l'état de la situation financière

Actif
Placement DV 580 000 $

À l'état du résultat global

AERG :
PPL-DV (20 000)

À l'état des variations des capitaux propres

AERG :
Solde cumulatif
PPL-DV (20 000)

Année	Solde du compte Placement DV à la clôture de la période	–	Solde du compte Placement DV à l'ouverture de la période	=	Montant de l'ajustement
2013	610 000 $ (61 $×10 000 actions)	–	580 000 $	=	30 000 $ (profit latent pour la période)

L'effet de ces opérations à la fin de 2013 se présente comme suit :

Pour 2013 :

À l'état de la situation financière

Actif
Placement DV 610 000 $

À l'état du résultat global

AERG :
PPL-DV 30 000

À l'état des variations des capitaux propres

AERG :
Solde cumulatif
PPL-DV 10 000

ÉQUATION COMPTABLE

État de la situation financière				État du résultat global	
Actif	=	Passif	+	Capitaux propres	Résultat net	AERG
Placement DV +30 000				+30 000		PPL-DV +30 000

ÉCRITURE DE JOURNAL

Placement DV (+A)	30 000	
PPL-DV (+AERG, +CP)		30 000

+	Placement DV		–		–	Solde cumulatif PPL-DV*		+
Solde	580 000		2013-01-01		Solde	20 000		2013-01-01
Ajustement	30 000		Clôture de la période		Ajustement		30 000	Clôture de la période
Solde	610 000		2013-12-31		Solde		10 000	2013-12-31

* Poste à l'état des variations des capitaux propres.

La vente des actions

Lorsqu'on vend des titres disponibles à la vente, le solde du compte Profit/perte latent sur le placement disponible à la vente doit être viré au résultat net.

Supposons qu'en 2014 Air France-KLM vend son placement disponible à la vente dans NFI 62,50 $ l'action. La société recevrait ainsi un produit de disposition de

11

625 000 $ (62,50 $ × 10 000 actions). Il faudrait d'abord inscrire la vente des actions et calculer un profit ou une perte, puis virer le solde cumulatif du poste PPL-DV au résultat net, comme suit :

Produit de cession du placement DV	625 000 $
Valeur du placement au 31 décembre 2013, à la juste valeur	(610 000)
Profit réalisé sur la vente du placement DV	15 000 $

Puis, la vente des actions et le virement du solde cumulatif du compte de profit/perte latent seraient enregistrés ainsi :

ÉQUATION COMPTABLE

État de la situation financière						État du résultat global		
Actif		=	Passif	+	Capitaux propres	Résultat net		AERG
1) Trésorerie +625 000						Profit placement DV +15 000		
Placement DV −610 000								
2)					Solde cumulatif PPL-DV −10 000	Profit placement DV +10 000		

ÉCRITURE DE JOURNAL

1)	Trésorerie (+A)...	625 000	
	Placement DV (−A).....................................		610 000
	Profit placement DV (+Pr, +CP).......................		15 000
2)	Solde cumulatif PPL-DV (−AERG, −CP).................	10 000	
	Profit placement DV (+Pr, +CP).......................		10 000

Ainsi, tant et aussi longtemps que le placement disponible à la vente est détenu, le solde cumulatif du profit/perte latent est présenté sous Autres éléments du résultat global à l'état des variations des capitaux propres. Il n'influe donc pas sur le résultat net. Au moment de la vente, le solde cumulatif du compte est éliminé et un profit/perte sur la vente du placement disponible à la vente est présenté dans le calcul du résultat net.

11.2.4 Les placements dans les titres classés *à la juste valeur par le biais du résultat net*

Les titres classés *à la juste valeur par le biais du résultat net* (JVBRN) doivent également être évalués à leur juste valeur. Cependant, le montant du redressement nécessaire à l'enregistrement du profit ou de la perte non réalisé[8] est inclus dans la détermination du résultat net de chaque période. Il va de soi que les profits non réalisés font augmenter le résultat net et que les pertes non réalisées le font diminuer.

11.2.5 La comparaison des placements non stratégiques évalués à la juste valeur

Le tableau 11.2 (*voir la page suivante*) présente les entrées de journal et les soldes des comptes des états financiers relatifs aux investissements fictifs d'Air France-KLM dans NFI de 2012 à 2014, en supposant : 1) que ces titres sont classés *à la juste valeur*

....

8 Encore une fois, la terminologie peut varier d'une entreprise à l'autre. Nous avons ici adopté l'expression employée dans l'IFRS 9 et l'IAS 39, « profit/perte sur placement désigné à la juste valeur par le biais du résultat net » (profit/perte – JVBRN), pour le distinguer du terme « profit/perte latent sur placement désigné disponible à la vente » (PPL-DV). Ce qui importe le plus, c'est le traitement comptable où les profits ou pertes non matérialisés sur les placements JVBRN sont présentés à titre d'éléments du résultat net et non à titre d'autres éléments du résultat global, comme c'est le cas du profit/perte latent des placements disponibles à la vente.

par le biais du résultat net ; et 2) qu'ils sont considérés comme *disponibles à la vente*. Cette comparaison nous permet de mieux relever les différences existant dans le traitement comptable des profits/pertes non réalisés.

TABLEAU 11.2 • COMPARAISON DE LA COMPTABILISATION DES PLACEMENTS DANS DES TITRES DÉSIGNÉS À LA JUSTE VALEUR PAR LE BIAIS DU RÉSULTAT NET ET DES TITRES DÉSIGNÉS DISPONIBLES À LA VENTE*

PARTIE A – ENREGISTREMENT	Placement à la juste valeur par le biais du résultat net (JVBRN)		Placement disponible à la vente (DV)	
2012				
Achat	Placement JVBRN (+A).......... 600 000		Placement DV (+A).......... 600 000	
	Trésorerie (–A).................	600 000	Trésorerie (–A)............	600 000
Encaissement du dividende	Trésorerie (+A) 10 000		Trésorerie (+A) 10 000	
	Produits financiers (+Pr, +CP)......................	10 000	Produits financiers (+Pr, +CP)......................	10 000
Ajustement de fin de période à la juste valeur (marché = 580 000)	Profit/perte – JVBRN (–Pr, –CP)...................... 20 000		PPL-DV (–AERG, –CP) 20 000	
	Placement JVBRN (–A).......	20 000	Placement DV (–A)	20 000
2013				
Ajustement de fin de période à la juste valeur (marché = 610 000)	Placement JVBRN (+A).......... 30 000		Placement DV (+A).......... 30 000	
	Profit/perte – JVBRN (+Pr, +CP).....................	30 000	PPL-DV (+AERG, +CP)..........	30 000
2014				
Vente	Trésorerie (+A) 625 000		Trésorerie (+A) 625 000	
	Placement JVBRN (–A).......	610 000	Placement DV (–A)	610 000
	Profit/perte – JVBRN (+Pr, +CP)	15 000	Profit placement DV (+Pr, +CP)...............	15 000
			Solde cumulatif PPL-DV (–AERG, –CP) 10 000	
			Profit placement DV (+Pr, +CP)...............	10 000

PARTIE B – PRÉSENTATION AUX ÉTATS FINANCIERS	Placement à la juste valeur par le biais du résultat net (JVBRN)				Placement disponible à la vente (DV)			
État de la situation financière	**Actif**	**2014**	**2013**	**2012**	**Actif**	**2014**	**2013**	**2012**
	Placement JVBRN	–	610 000	580 000	Placement DV	–	610 000	580 000
État du résultat global		**2014**	**2013**	**2012**		**2014**	**2013**	**2012**
Résultat net	Produits financiers (dividendes)	–	–	10 000	Produits financiers (dividendes)	–	–	10 000
	Profit/perte – JVBRN (produit financier)	15 000	30 000	(20 000)	Profit placement DV (produit financier)	25 000	–	–
Résultat global					PPL-DV		30 000	(20 000)
État des variations des capitaux propres					Solde cumulatif PPL-DV		10 000	(20 000)

* Tous les montants sont en dollars.

Il faut noter que le total des produits financiers du résultat net pour les trois années est le même dans les deux cas, soit 35 000 $; seule la répartition de cette somme au cours des trois années de présentation diffère.

| | Produits financiers au résultat net | | | |
| | Placement à la juste valeur par le biais du résultat net (JVBRN) | | Placement disponible à la vente (DV) | |
Dans le résultat net				
2012	10 000 $	dividendes	10 000 $	dividendes
	(20 000)	perte	–	
2013	30 000	profit	–	
2014	15 000	profit	25 000	profit
Total des produits	35 000 $		35 000 $	

LES TITRES NÉGOCIABLES ET LA GESTION DES RENDEMENTS

La plupart des gestionnaires préfèrent que leurs placements dans des titres non stratégiques soient traités comme des titres disponibles à la vente. Ce traitement comptable diminue la variation du résultat net présentée chaque trimestre, car le profit/perte non réalisé (latent) n'est pas affecté dans le résultat net. Ainsi, les gestionnaires peuvent effectuer un certain nivellement du résultat net par la vente de titres qui présentent des profits latents lorsque les résultats opérationnels sont à la baisse et par la vente de titres présentant des pertes latentes lorsque les résultats de la période sont à la hausse. Les analystes diligents peuvent déceler ces stratégies en examinant la note obligatoire aux états financiers concernant les normes comptables qui décrivent la stratégie de l'entreprise en matière de placements. Notons qu'avec les nouvelles normes IFRS, le choix irrévocable de désigner les placements se fait dès la première comptabilisation.

analyse financière

11.3 Les placements non stratégiques dans les instruments de passif détenus jusqu'à l'échéance : la méthode du coût amorti

OBJECTIF D'APPRENTISSAGE

Analyser et présenter les placements non stratégiques dans les instruments de passif détenus jusqu'à l'échéance à l'aide de la méthode du coût amorti.

Placement détenu jusqu'à l'échéance
Placement dans des titres de passif détenus jusqu'à l'échéance comprenant les obligations que l'entreprise a l'intention et la capacité de conserver jusqu'à leur échéance.

Méthode du coût amorti
Méthode qui présente les placements dans les titres détenus jusqu'à l'échéance à leur coût ajusté, en tenant compte de toute prime ou de tout escompte.

Lorsqu'une date d'échéance des titres détenus est déterminée ou déterminable et que l'on connaît les montants à recevoir, l'actif financier peut être classé comme un **placement détenu jusqu'à l'échéance** si l'entreprise a l'intention et la capacité de le détenir jusqu'à son terme (lorsque le capital est dû). On pense aux placements dans des titres de passif, soit les obligations d'autres entreprises, où les montants à recevoir sont connus car le capital et les intérêts sont normalement stipulés dans le contrat. Ces titres peuvent être cotés sur un marché actif et, par conséquent, on peut facilement en connaître la juste valeur. Cependant, cette valeur n'est pas pertinente si la société a l'intention de détenir les titres jusqu'à l'échéance et si elle n'a pas besoin des fonds avant cette date. On peut alors comptabiliser ces actifs financiers selon la **méthode du coût amorti**, c'est-à-dire le coût d'acquisition ajusté en tenant compte de l'amortissement de toute prime ou de tout escompte à l'achat. Pourquoi ne pas les comptabiliser à leur juste valeur ? La raison en est fort simple : les fluctuations de la juste valeur ne touchent nullement les liquidités que récupérera la société à l'échéance des obligations.

11

L'entreprise Dubeau est reconnue pour ses tapis de luxe, qu'elle distribue dans plusieurs pays. Elle investit d'importants montants dans des placements en actions d'autres sociétés dans le but d'augmenter, d'ici quelques années, sa capacité de production et d'élargir les secteurs géographiques qu'elle dessert. Voici les données concernant l'un de ses placements dans les actions de Taffi inc., entreprise qui vend des produits adhésifs :

a) Placement dans Taffi : 10 000 actions à 25 $ l'action, achetées le 1er janvier 2014

b) Juste valeur des actions de Taffi au 31 décembre 2014 : 20 $; au 31 décembre 2015 : 27 $

c) Vente des actions le 31 décembre 2016 pour 29 $

d) Déclaration d'un dividende de 0,10 $ l'action de Taffi, payé en espèces en 2015

Répondez aux questions suivantes concernant la comptabilisation :

1. Posez l'hypothèse que le placement a été désigné *disponible à la vente*. Présentez le solde du placement et le montant de l'ajustement à la fin de chaque période durant la détention du placement. Indiquez le traitement comptable de cet ajustement.

2. Passez l'écriture de journal de l'encaissement d'un dividende sur le placement.

3. Passez l'écriture de journal de la vente du placement.

4. Au 31 décembre 2015, que présenterait-on à l'état de la situation financière ? à l'état du résultat global ? à l'état des variations des capitaux propres ?

5. Si le placement était désigné *à la juste valeur par le biais du résultat net*, quels changements verrait-on dans les comptes à la fin de 2015 ?

Vérifiez vos réponses à l'aide des solutions présentées en bas de page*.

On calcule l'amortissement à l'aide de la méthode de l'intérêt effectif, que nous avons vue au chapitre 9. Si la direction n'a pas l'intention de conserver les titres d'obligations jusqu'à l'échéance ou si elle n'en n'a pas la capacité, elle doit les évaluer à la juste valeur. La norme élaborée dans l'IFRS 9 et dans l'IAS 39 contient plusieurs directives à cet effet, qui dépassent l'objectif d'un premier cours de comptabilité.

* Solutions du test d'autoévaluation

1.

	Placement DV	PPL-DV
31 décembre 2014 : 10 000 actions × 20 $ =	200 000 $	−50 000 $
31 décembre 2015 : 10 000 actions × 27 $ =	270 000	+70 000
31 décembre 2016 : 10 000 actions × 29 $ =	290 000	+20 000

2. 2015

Trésorerie (+A)	1 000	
Produit financier (+Pr, +CP)		1 000

3. 2016

Trésorerie (+A)	290 000	
Placement DV (−A)		290 000
Solde cumulatif PPL-DV (−AERG, − CP)	40 000	
Profit placement DV (+RN, +CP)		40 000

4. 2015

État de la situation financière

Placement DV	270 000 $

État du résultat global

Autres éléments du résultat global :	
PPL-DV	70 000 $

État des variations des capitaux propres

Autres éléments du résultat global :	
Solde cumulatif PPL-DV	20 000 $

5. En 2015, le montant du placement à la juste valeur par le biais du résultat net serait le même à l'état de la situation financière, soit 270 000 $. La variation de la juste valeur, de 70 000 $, serait traitée comme un profit dans la détermination du résultat net de la période, et non sous Autres éléments du résultat global.

11

11.3.1 L'achat d'obligations

À la date d'acquisition, les obligations peuvent être achetées à leur **valeur nominale**, ou à un montant plus élevé (**à prime**) ou moins élevé (**à escompte**)[9]. Le coût total de l'obligation, y compris les frais d'acquisition tels que les frais de transfert ou de courtage, est porté au compte Placement détenu jusqu'à l'échéance.

L'exemple suivant présente l'achat de titres en obligations. Supposons qu'Air France-KLM a payé la valeur nominale de 100 000 $[10] le 1er juillet 2014 pour des obligations portant intérêt à 8 % et venant à échéance le 30 juin 2019. Les intérêts de 8 % sont payés semi-annuellement, soit le 30 juin et le 31 décembre. La direction de l'entreprise a l'intention et la capacité de conserver ces obligations de cinq ans jusqu'à l'échéance.

Voici l'incidence de cette opération sur l'équation comptable ainsi que l'écriture de journal nécessaire pour l'inscrire :

ÉQUATION COMPTABLE

Actif		=	Passif	+	Capitaux propres
Trésorerie	−100 000				
Placement détenu jusqu'à l'échéance	+100 000				

ÉCRITURE DE JOURNAL

Placement détenu jusqu'à l'échéance (+A) 100 000
   Trésorerie (−A) 100 000

11.3.2 Les produits financiers

Dans notre exemple, les obligations ont été achetées à la valeur nominale (ou au pair). Puisqu'il n'est pas nécessaire d'amortir une prime ou un escompte, la valeur aux livres (valeur comptable) des obligations demeure constante durant toute la durée du placement. Dans cette situation, le produit financier comptabilisé (les intérêts créditeurs) pour chaque période est soit le montant des intérêts reçu en espèces, soit le montant à recevoir à la fin de la période. Voici l'incidence de cette opération sur l'équation comptable ainsi que l'écriture de journal nécessaire pour inscrire les intérêts reçus le 31 décembre :

ÉQUATION COMPTABLE

Actif		=	Passif	+	Capitaux propres	
Trésorerie	+4 000				Produits financiers	+4 000

ÉCRITURE DE JOURNAL

Trésorerie (+A) (100 000 $ × 8 % × 6/12) 4 000
   Produits financiers (+Pr, +CP) 4 000

---

9 Plusieurs analystes font référence au prix d'une obligation en termes de pourcentage de la valeur nominale. Par exemple, si le journal *La Presse* rapporte que les obligations de Sears Canada se vendent au prix de 102, cela veut dire qu'il en coûte 1 020 $ pour chaque tranche de 1 000 $ achetée, ce qui représente une prime de 20 $. Par contre, si l'obligation se vend à 98, c'est-à-dire 980 $ pour chaque tranche de 1 000 $, elle est vendue à escompte.

10 Lorsque le prix payé pour les obligations est égal à leur valeur nominale, cela signifie que le taux d'intérêt offert sur les obligations est le même que le taux du marché à ce moment-là. On dit alors que les obligations sont vendues au pair ou à 100 (100 % de leur valeur nominale).

L'incidence de cette opération sur l'équation comptable ou l'écriture de journal est la même à chaque période d'encaissement des intérêts.

11.3.3 La valeur nominale à la date d'échéance

Lorsque les obligations viennent à échéance le 30 juin 2019, l'incidence de l'opération sur l'équation comptable ainsi que l'écriture de journal nécessaire pour inscrire le montant de capital reçu se présentent comme suit :

ÉQUATION COMPTABLE

	Actif	=	Passif	+	Capitaux propres
Trésorerie	+100 000				
Placement détenu jusqu'à l'échéance	–100 000				

ÉCRITURE DE JOURNAL

Trésorerie (+A)	100 000	
Placement détenu jusqu'à l'échéance (–A)		100 000

Si le placement dans les obligations doit être vendu avant la date d'échéance, toute différence entre la juste valeur (produit de la vente) et la valeur comptable est présentée comme un profit ou une perte pour le calcul du résultat net. Si la direction de l'entreprise a **l'intention** de vendre les obligations avant la date d'échéance, l'actif est alors présenté à sa juste valeur.

11.3.4 L'amortissement selon la méthode de l'intérêt effectif

Supposons que le 31 décembre 2012 Air France-KLM achète 100 000 $ en obligations d'une autre société au taux d'intérêt de 3 %, alors que le taux du marché est de 5 %, et que les obligations viennent à échéance le 31 décembre 2016.

À la date d'acquisition, ces obligations coûteront 92 907 $, soit la somme de la valeur actualisée du capital qu'on recevra au terme de quatre ans (82 270 $) et des intérêts versés une fois l'an au taux du marché de 5 % (10 637 $).

	Capital	Intérêt
Nombre de paiements	1	4
Taux du marché	5 %	5 %
Montant périodique		3 000 $
Valeur nominale de l'obligation à recevoir dans quatre ans	100 000 $	
Facteur d'actualisation :		
$i = 5\%$, $n = 4$*	× 0,8227	
$i = 5\%$, $n = 4$**		× 3,5460
Valeur actualisée	82 270 $	10 638 $

* Selon la table A.1 (*voir l'annexe A à la fin de ce manuel*)
** Selon la table A.2 (*voir l'annexe A à la fin de ce manuel*)

ÉQUATION COMPTABLE

	Actif	=	Passif	+	Capitaux propres
Placement détenu jusqu'à l'échéance	+92 908				
Trésorerie	–92 908				

Placement détenu jusqu'à l'échéance (+A)	92 908	
Trésorerie (–A)		92 908

L'escompte au montant de 7 092 $ (100 000 $ – 92 908 $) sera amorti selon la méthode de l'intérêt effectif. Voici le calcul de l'amortissement au 31 décembre 2013 :

2013	Calcul			Total
Intérêts annuels selon le taux effectif	92 908 $ × 5 %	=		4 645 $
Intérêts annuels reçus	100 000 $ × 3 %	=		3 000
Amortissement de l'escompte				1 645
Placement détenu jusqu'à l'échéance à l'état de la situation financière	92 908 $ + 1 645 $	=		94 553 $

Actif		=	Passif	+	Capitaux propres	
Placement détenu jusqu'à l'échéance	+1 645				Produits financiers	+1 645
Trésorerie	+3 000				Produits financiers	+3 000

Placement détenu jusqu'à l'échéance (+A)	1 645	
Produits financiers (+Pr, +CP)		1 645
Trésorerie (+A)	3 000	
Produits financiers (+Pr, +CP)		3 000

Voici le calcul à effectuer pour l'amortissement des années suivantes, jusqu'à l'échéance :

2014	Calcul			Total
Intérêts annuels selon le taux effectif	94 553 $ × 5 %	=		4 728 $
Intérêts annuels reçus	100 000 $ × 3 %	=		3 000
Amortissement de l'escompte				1 728
Placement détenu jusqu'à l'échéance à l'état de la situation financière	94 553 $ + 1 728 $	=		96 281 $

2015	Calcul			Total
Intérêts annuels selon le taux effectif	96 281 $ × 5 %	=		4 814 $
Intérêts annuels reçus	100 000 $ × 3 %	=		3 000
Amortissement de l'escompte				1 814
Placement détenu jusqu'à l'échéance à l'état de la situation financière	96 281 $ + 1 814 $	=		98 095 $

2016	Calcul			Total
Intérêts annuels selon le taux effectif	98 095 $ × 5 %	=		4 905 $
Intérêts annuels reçus	100 000 $ × 3 %	=		3 000
Amortissement de l'escompte				1 905
Placement détenu jusqu'à l'échéance à l'état de la situation financière	98 905 $ + 1 905 $	=		100 000 $

11

L'amortissement de l'escompte fait, chaque année, augmenter le produit d'intérêts pour la détermination du résultat net de chaque période. Voici le montant du produit financier total de chaque période :

	2013	2014	2015	2016
Amortissement de l'escompte	1 645 $	1 728 $	1 814 $	1 905 $
Intérêts reçus	3 000	3 000	3 000	3 000
Produit d'intérêts total (résultat net)	4 645 $	4 728 $	4 814 $	4 905 $

OBJECTIF D'APPRENTISSAGE

Analyser et présenter les placements stratégiques qui permettent d'exercer une influence notable à l'aide de la méthode de mise en équivalence.

Entreprise associée
Entité dont les politiques stratégiques relatives aux activités d'exploitation, d'investissement et de financement subissent l'influence notable d'une autre entité qui, toutefois, ne la contrôle pas[11].

Méthode de mise en équivalence
Méthode utilisée lorsque la société participante peut exercer une influence notable sur la société émettrice (associée) ; cette méthode permet d'inscrire comme produit financier la quote-part de la société participante dans le résultat net de la société émettrice.

coup d'œil sur
AIR FRANCE-KLM
DOCUMENT DE RÉFÉRENCE

11.4 Les placements stratégiques en vue d'exercer une influence notable : la méthode de mise en équivalence

Lorsqu'une société participante détient un nombre suffisant d'actions avec droit de vote d'une société émettrice lui permettant d'exercer une influence notable à long terme sur celle-ci, la société émettrice porte le nom d'**entreprise associée**. L'influence notable se manifeste lorsque la société participante peut influencer les décisions stratégiques, financières et opérationnelles de la société émettrice.

Pour diverses raisons, un investisseur peut vouloir n'exercer qu'une influence notable (de 20 % à 50 % des actions avec droit de vote) sur la société émettrice plutôt que de la contrôler (ce qui est présumé lorsque plus de 50 % des actions avec droit de vote sont détenues). Voici quelques exemples :

- Une société peut souhaiter influencer un fabricant pour s'assurer d'obtenir certains produits conçus selon ses exigences ;
- Une entreprise peut souhaiter influencer un fabricant de puces d'ordinateur pour pouvoir intégrer cette technologie de pointe dans ses procédés de fabrication ;
- Un grossiste peut constater qu'une entreprise de service manque de gestionnaires expérimentés et qu'elle pourrait prendre de l'expansion grâce au soutien de gestionnaires supplémentaires.

Il convient de comptabiliser les placements dans les entreprises associées selon la **méthode de mise en équivalence**. Cette méthode permet de comptabiliser comme produit financier la quote-part de la société participante dans le résultat net de la société émettrice.

À la fin de la période close le 31 mars 2010, Air France-KLM inscrivait une participation dans de nombreuses entreprises associées.

3. Principales conventions comptables

3.3.2. Participations dans les entreprises associées
Les sociétés dans lesquelles le groupe exerce une influence notable sur la gestion et la politique financière sont mises en équivalence ; l'influence notable étant présumée lorsque plus de 20 % des droits de vote sont détenus [...]
Les pertes d'une entité mise en équivalence qui excèdent la valeur de la participation du groupe et de l'investissement net (créance à long terme) dans cette entité ne sont pas comptabilisées, sauf si :
- le groupe a une obligation contractuelle de couvrir ces pertes ; ou
- le groupe a effectué des paiements au nom de l'entreprise associée.

Tout excédent du coût d'acquisition sur la quote-part du groupe dans la juste valeur des actifs, passifs et passifs éventuels identifiables de l'entreprise associée à la date d'acquisition est comptabilisé en tant que goodwill et inclus dans la valeur comptable de la participation mise en équivalence [...]

11 Louis MÉNARD et al., *Dictionnaire de la comptabilité et de la gestion financière*, 3e éd., Toronto, Institut canadien des comptables agréés, 2011.

20. Titres mis en équivalence ; variations de la période

Le tableau ci-dessous présente la variation des titres de participation dans les entreprises associées :

(en millions d'euros)	WAM Acquisitions (Amadeus GTD)	Martinair	Kenya Airways	Alitalia	Autres	Total
Valeur des titres au 31 mars 2008	–	60	62	–	55	177
Part du groupe dans les résultats de l'exercice	–	(48)	5	–	1	(42)
Distribution de dividendes	–	–	–	–	(2)	(2)
Variation de périmètre	–	(12)	–	330	(3)	315
Autres variations	–	–	–	–	5	5
Écart de conversion	–	–	(7)	–	–	(7)
Valeur des titres au 31 mars 2009	–	–	**60**	**330**	**56**	**446**
Part du groupe dans les résultats de l'exercice	–	–	(5)	(13)	1	(17)
Distribution de dividendes	–	–	(1)	–	–	(1)
Variation de périmètre	–	–	–	–	4	4
Variation de juste valeur			(10)	21		11
Écart de conversion	–	–	3	–	–	3
Valeur des titres au 31 mars 2010	–	–	**47**	**338**	**61**	**446**
Valeur du marché des titres cotés			68			

39.2. Sociétés mises en équivalence

Entité	Pays	Activité	Pourcentage d'intérêt	Pourcentage de contrôle
Aérolis	France	Passage	50	50
Alitalia	Italie	Passage	25	25
Financière LMP	France	Passage	40	40
Heathrow Cargo Handling	Royaume-Uni	Fret	50	50
CSC India	Inde	Fret	49	24
Spairliners	Allemagne	Maintenance	50	50
Doual'air	Cameroun	Autres	25	25
Flying Food Catering	États-Unis	Autres	48	49
Flying Food Miami	États-Unis	Autres	48	49
Flying Food San Francisco	États-Unis	Autres	43	44
Flying Food Services	États-Unis	Autres	48	49
Guanghou Nanland Catering Company	Chine	Autres	24	25
International Aerospace Management Company SCRL	Italie	Autres	20	10
Kenya Airways Limited	Kenya	Autres	26	13
Logair	France	Autres	49	50
Lome Catering SA	Togo	Autres	17	35
Macau Catering Services	Macao	Autres	17	34
Mainport Innovation Fund	Pays-Bas	Autres	25	12
Newrest Servair UK LTD	Royaume-Uni	Autres	39	40
Pavillon d'Oc Traiteur	France	Autres	98	100
Prioris	France	Autres	33	34
Schipol Logistics Park CV	Pays-Bas	Autres	52	26
Servair Eurest	Espagne	Autres	34	35
Terminal One Group Association	États-Unis	Autres	25	25
WAM	Espagne	Autres	22	22

11

11.4.1 La comptabilisation des titres mis en équivalence

Une société participante qui exerce une influence notable sur une société associée prend part aux décisions qui permettent à l'entreprise associée de produire des résultats et de déclarer des dividendes. Cela suppose que la société participante comptabilise les résultats de sa participation pour refléter cette situation. Lorsque l'entreprise associée réduit ses résultats non distribués au moment de la déclaration d'un dividende, la société participante doit réduire le placement de sa quote-part du dividende pour refléter ce que fait l'entreprise associée (puisque le dividende n'est pas une charge pour l'entreprise associée, elle ne devrait pas être un produit pour la société participante). Il en est de même lorsque l'entreprise associée augmente ses résultats non distribués par suite d'un résultat net positif de la période[12] : la société participante devrait augmenter sa participation et inscrire sa quote-part du résultat net de la période de l'entreprise associée à son propre résultat net. Par conséquent, le résultat net et les dividendes payés par l'entreprise associée sont comptabilisés, par la société participante, de la façon suivante :

- **Le résultat net de l'entreprise associée.** Si l'entreprise associée rapporte un profit net pour la période, la société participante doit inscrire un produit financier à l'état du résultat global qui est égal à sa quote-part du résultat net de l'entreprise associée et augmenter son compte de placement à l'actif. À l'opposé, si l'entreprise associée rapporte une perte nette pour la période, la société participante diminue son placement à l'actif et inscrit une perte de placement à l'état du résultat global.
- **Les dividendes payés par l'entreprise associée.** Si l'entreprise associée déclare et paie des dividendes en espèces durant la période (décision financière), la société participante réduit son compte Placement à l'état de la situation financière et augmente son compte Trésorerie à la réception de sa quote-part du dividende.

Placement – société associée (A)	
Solde d'ouverture	
+ Achats	– Ventes
+ Quote-part du résultat net des entreprises associées (le compte Produits financiers est présenté à l'état du résultat global)	– Quote-part des pertes nettes des entreprises associées (le compte Perte de placement est présenté à l'état du résultat global)
	– Quote-part des dividendes en espèces déclarés par l'entreprise associée (le compte Trésorerie est augmenté)
= Solde de clôture	

D'autres redressements sont nécessaires mais, à cause de leur complexité, ils sont abordés dans les cours de comptabilité spécialisés.

L'achat d'actions

Pour illustrer la comptabilisation des placements selon la méthode de mise en équivalence et dans le but de simplifier notre explication, supposons qu'Air France-KLM n'a aucun placement dans des entreprises sur lesquelles elle exerce une influence notable. Supposons aussi qu'elle achète les titres fictifs présentés ci-après.

En 2013, Air France-KLM a acquis 40 000 actions ordinaires avec droit de vote de Nouvelles financières Internet (NFI) au coût de 400 000 $ au comptant[13]. Puisque NFI avait 100 000 actions ordinaires avec droit de vote en circulation, on suppose qu'avec une participation de 40 %, Air France-KLM exerce une influence notable sur NFI et

---

12 L'effet d'un résultat négatif entraîne des diminutions.

13 Encore une fois, puisqu'il s'agit d'une opération fictive, nous présentons la transaction en dollars bien qu'Air France-KLM l'aurait inscrite en euros dans ses registres comptables.

doit utiliser la méthode de mise en équivalence pour comptabiliser ce placement. Voici comment l'achat de l'actif est inscrit, au coût d'acquisition :

ÉQUATION COMPTABLE

Actif	=	Passif	+	Capitaux propres
Placement – entreprise associée[14] +400 000				
Trésorerie –400 000				

ÉCRITURE DE JOURNAL

Placement – entreprise associée (+A)	400 000	
Trésorerie (–A)		400 000

Les produits financiers tirés de l'entreprise associée

Puisque Air France-KLM peut exercer une influence sur les opérations et les résultats de l'entreprise associée, elle calcule ses produits financiers à partir des résultats de l'entreprise associée et non à partir des dividendes qu'elle reçoit. En 2013, NFI a réalisé un profit net de 500 000 $. La quote-part d'Air France-KLM dans ce résultat est de 200 000 $ (40 % × 500 000 $) et s'inscrit comme suit :

ÉQUATION COMPTABLE

Actif	=	Passif	+	Capitaux propres
Placement – entreprise associée +200 000				Produits financiers – entreprise associée[15] +200 000

ÉCRITURE DE JOURNAL

Placement – entreprise associée (+A).	200 000	
Produits financiers – entreprise associée (+Pr, +CP).		200 000

Si l'entreprise associée avait présenté des pertes nettes pour la période, Air France-KLM aurait inscrit sa quote-part des pertes en réduisant son compte Placement et en inscrivant une perte à l'état du résultat global. La quote-part de la société participante dans le résultat de l'entreprise associée est présentée à l'état du résultat global après les activités opérationnelles, au même titre que les produits d'intérêts, les charges d'intérêts, et les profits ou pertes sur l'aliénation d'actifs.

Les dividendes encaissés

Puisque Air France-KLM peut exercer une influence sur la politique relative aux dividendes de l'entreprise associée, ceux qu'elle reçoit ne doivent pas être inscrits comme des produits financiers. Les dividendes reçus viennent plutôt réduire son compte Placement. En 2013, NFI a déclaré et payé à ses actionnaires des dividendes en espèces de 2 $ l'action. Air France-KLM a donc reçu 80 000 $ de NFI (2 $ × 40 000 actions).

14 Ce compte est parfois intitulé Placement mis en équivalence.

15 Ce compte est parfois intitulé Produit de placement mis en équivalence.

ÉQUATION COMPTABLE

Actif	=	Passif	+	Capitaux propres
Trésorerie +80 000				
Placement – entreprise associée −80 000				

ÉCRITURE DE JOURNAL

Trésorerie (+A)	80 000	
Placement – entreprise associée (−A)		80 000

Voici le sommaire des effets des transactions de 2013 concernant la participation d'Air France-KLM dans NFI :

+	Placement – entreprise associée	−		−	Produits financiers – entreprise associée	+
2013-01-01	0					
Achats	400 000					
Quote-part du résultat net	200 000	80 000	Quote-part des dividendes		200 000	Quote-part des résultats
2013-12-31	520 000				200 000	2013-12-31

11.4.2 La présentation des titres mis en équivalence

Les placements dans les entreprises associées sont présentés à l'état de la situation financière comme des actifs non courants. Cependant, comme le montre l'exemple précédent, le compte Placement ne reflète ni la valeur d'acquisition, ni la juste valeur des titres. Voici plutôt ce qui détermine la valeur comptable du placement[16] :

- Le compte Placement augmente du montant du coût des actions achetées et de la quote-part de la société participante des résultats nets (si ceux-ci sont positifs) cumulés de l'entreprise associée depuis l'acquisition ;
- Ce compte est réduit du montant cumulé des dividendes reçus et de la quote-part de la société participante des résultats nets (si ceux-ci sont négatifs) cumulés de l'entreprise associée depuis l'acquisition.

À la fin de la période, les comptables *n'ajustent pas le compte de placement dans les entreprises associées pour refléter les changements qui sont survenus dans la juste valeur des titres détenus.* Seules les pertes de valeur durables des placements sont reconnues : la détermination de ces pertes de valeur durables est une question de jugement qui dépend des faits économiques. Par contre, si les titres sont vendus, la différence entre l'argent reçu et la valeur comptable du placement (comptabilisé selon la méthode de mise en équivalence) est inscrite à titre de profit ou de perte sur la vente pour déterminer le résultat net.

---

16 Il existe également d'autres types de redressements assez complexes, étudiés dans les cours de comptabilité plus avancés.

En suggérant quelques opérations, examinons les activités d'Air France-KLM relativement aux placements dans les entreprises associées. Afin de répondre aux questions suivantes, utilisez les comptes en T pour vous aider à déduire le montant manquant. Les montants sont exprimés en milliers de dollars.

Compte de l'état de la situation financière :

Placements – entreprises associées			
Solde au 2013-01-01	46 064		
Achat	29 240	13 178	Quote-part du dividende – entreprises associées
		?	Quote-part des pertes nettes – entreprises associées
Solde au 2013-12-31	40 479		

Compte de l'état du résultat global :

Produits de placements – entreprises associées		
Solde au 2013-01-01	0	
Quote-part des pertes nettes – entreprises associées	21 647	
Solde au 2013-12-31	21 647	

1. Pour les éléments a) à c), présentez les effets des opérations sur l'équation comptable et les écritures de journal.

   a) Air France-KLM achète au comptant des placements supplémentaires dans des entreprises associées.

   b) Air France-KLM reçoit des dividendes en espèces sur les placements.

   c) À la fin de la période, les placements dans les entreprises associées avaient une juste valeur de 45 000 $. Ces sociétés ont également inscrit des pertes nettes de 50 000 $ pour la période.

2. Que doit-on inscrire à l'état de la situation financière relativement aux placements dans les sociétés associées le 31 décembre 2013 et à l'état du résultat global pour la période 2013 ?

Vérifiez vos réponses à l'aide des solutions présentées en bas de page*.

* **Solutions du test d'autoévaluation**

1. ÉQUATION COMPTABLE

	Actif		=	Passif	+	Capitaux propres	
a)	Placements – entreprises associées	+29 240					
	Trésorerie	−29 240					
b)	Trésorerie	+13 178					
	Placements – entreprises associées	−13 178					
c)	Placements – entreprises associées	−21 647				Quote-part des pertes nettes – entreprises associées	−21 647

ÉCRITURE DE JOURNAL

a)	Placements – entreprises associées (+A)	29 240	
	Trésorerie (−A)		29 240
b)	Trésorerie (+A)	13 178	
	Placements – entreprises associées (−A)		13 178
c)	Quote-part des pertes nettes – entreprises associées (−Pr, −CP)	21 647	
	Placements – entreprises associées (−A)		21 647

2. **État de la situation financière**   **État du résultat global**

Actif non courant
  Placements – entreprises associées   40 479 $ Quote-part des pertes nettes – entreprises associées   (21 647 $)

UNE INFLUENCE INAPPROPRIÉE

L'une des principales hypothèses à la base de la comptabilité est que toutes les opérations sont conclues sans lien de dépendance. Autrement dit, chaque partie prenant part à l'opération agit dans son propre intérêt. Quand une entité est en mesure d'exercer une influence notable sur une autre (autrement dit quand elle possède de 20 % à 50 % de ses actions ordinaires), il n'est pas raisonnable de supposer que les opérations conclues entre les entités se font sans lien de dépendance. De là l'obligation de recourir à la méthode de mise en équivalence.

Considérez ce qui risquerait de se produire si une entité participante pouvait influer sur la politique de dividende d'une entité émettrice. Si l'entité participante pouvait inscrire les dividendes versés par l'entité émettrice à titre de produits financiers, elle pourrait manipuler son résultat net en influant sur la politique de dividende de l'autre entité. Au cours d'une année déficitaire, l'entité participante pourrait exiger d'importants versements de dividendes pour accroître son résultat net. Au cours d'une bonne année, elle pourrait tenter de réduire les versements de dividendes pour accroître les résultats non distribués de l'entité émettrice, et ce, dans l'optique de soutenir une déclaration de dividendes plus importants à l'avenir, au besoin.

La méthode de mise en équivalence empêche ce type de manipulation, car elle **ne** permet **pas** de constater les dividendes comme des produits financiers. Au contraire, les produits tirés du placement sont fonction d'un pourcentage du résultat net (profit net ou perte nette) réalisé par l'entreprise associée.

LE CHOIX DE LA MÉTHODE DE COMPTABILISATION

Pour les stocks ou les actifs immobilisés, les gestionnaires peuvent librement choisir entre la méthode du premier entré, premier sorti (PEPS) et celle du coût moyen pondéré (CMP), ou entre l'amortissement dégressif et l'amortissement linéaire. Dans le cas des placements avec participation sans contrôle (moins de 50 % des actions), ils ne peuvent choisir entre la méthode à la juste valeur et la méthode de mise en équivalence. Les placements de moins de 20 % dans les actions ordinaires d'une société sont normalement comptabilisés à leur juste valeur, ceux dans les entreprises associées (de 20 % à 50 % des actions) le sont selon la méthode de mise en équivalence.

Lorsqu'il est question de placement non courant, les gestionnaires peuvent, dans certains cas, structurer l'acquisition des actions de manière à pouvoir recourir à la méthode de comptabilisation de leur choix. Par exemple, une entreprise qui souhaite utiliser la méthode de comptabilisation à la juste valeur pourrait acheter uniquement 19,9 % des actions en circulation d'une autre entreprise et avancer qu'elle n'a pas d'influence notable. Pourquoi les gestionnaires voudraient-ils éviter d'utiliser la méthode de mise en équivalence ? Une explication concerne la volatilité des résultats. La plupart des gestionnaires préfèrent réduire au minimum les variations survenant dans les résultats inscrits aux états financiers. Si une entité achetait des actions d'une entreprise qui comptabilise d'importants profits au cours de certaines périodes et d'importantes pertes au cours de certaines autres, elle préférerait utiliser la méthode à la juste valeur. En effet, elle n'aurait donc pas à comptabiliser sa quote-part du résultat net de l'entité émettrice, comme c'est le cas dans la méthode de mise en équivalence. De même, une entité participante pourrait préférer la méthode de mise en équivalence si l'entité émettrice enregistrait des revenus relativement stables. Rappelons cependant que les seuls pourcentages de participation ne sont pas suffisants pour conclure à la présence ou à l'absence d'une influence notable. Il faut toujours examiner les circonstances entourant l'investissement dans une autre entreprise.

Les analystes qui comparent plusieurs sociétés doivent comprendre les choix que font les gestionnaires pour présenter les résultats. Ils doivent aussi savoir comment la différence entre les méthodes à la juste valeur et de mise en équivalence peut influer sur les résultats.

LES PLACEMENTS

L'application des méthodes de comptabilisation des placements (la juste valeur pour les placements non stratégiques et la mise en équivalence pour les placements dans les sociétés associées) peut produire des effets différents sur le résultat net de la société participante, mais n'influe cependant pas sur ses flux de trésorerie. Ces éléments entraînent des ajustements au résultat net, selon la méthode indirecte, et au tableau des flux de trésorerie lorsque l'on convertit le résultat net en flux de trésorerie provenant des activités opérationnelles.

EN GÉNÉRAL ◊ La vente de titres nécessite un certain nombre d'ajustements :

1. Tout profit sur la vente de placements est soustrait du résultat net dans la section des activités opérationnelles (méthode indirecte) ;
2. Toute perte sur la vente de placements est ajoutée au résultat net dans la section des activités opérationnelles (méthode indirecte) ;
3. Les encaissements (décaissements) résultant de la vente (de l'achat) sont présentés dans la section des activités d'investissement.

La quote-part du résultat net de l'entreprise associée que la société participante comptabilise selon la méthode de mise en équivalence nécessite aussi des ajustements. Rappelons que les dividendes encaissés de l'entreprise associée ne sont pas inscrits à titre de revenu par la société participante. En effet, celle-ci inscrit comme revenu sa quote-part du résultat net de l'entreprise associée, même si cela ne met en cause aucune trésorerie. Il en résulte ce qui suit :

1. Les dividendes encaissés sont ajoutés au résultat net dans la section des activités opérationnelles (méthode indirecte) ;
2. Toute quote-part du résultat net (profits) de l'entreprise associée inscrite par la société participante doit être soustraite dans la section des activités opérationnelles (méthode indirecte) ;
3. Toute quote-part du résultat net (pertes) de l'entreprise associée inscrite par la société participante doit être ajoutée dans la section des activités opérationnelles (méthode indirecte).

	Effet sur les flux de trésorerie
Flux de trésorerie liés aux activités opérationnelles (méthode indirecte)	
Résultat net	XXX $
Ajustements :	
Profits ou pertes sur la vente de placements	+/−
Quote-part du résultat net des entreprises associées :	
Montant de résultat positif	−
Montant de résultat négatif	+
Dividendes reçus des sociétés associées	+
Pertes sur dévaluation de placements	+
Gains ou pertes sur placements disponibles à la vente	+/−
Flux de trésorerie liés aux activités d'investissement	
Achats de placements	−
Ventes de placements	+

AIR FRANCE-KLM ◊ Un extrait du tableau des flux de trésorerie d'Air France-KLM pour l'année 2010 est présenté à la page suivante. La société a soustrait les résultats de ses entreprises associées et ajouté les dividendes encaissés de celles-ci, démontrant ainsi un effet net sur les flux de trésorerie. Air France-KLM n'a pas vendu de titre durant la période et, par conséquent, n'a pas fait de redressement de profits ou de pertes relativement à de telles opérations dans la section des activités opérationnelles. Si des profits liés à de telles opérations avaient été comptabilisés, Air France-KLM les aurait soustraits du résultat net à la section des activités opérationnelles (des pertes auraient quant à elles été ajoutées). Toute perte de dévaluation des placements mis en équivalence durant la période est ajoutée, le cas échéant ; or, Air France-KLM n'a comptabilisé aucune dévaluation.

11

Dans les sections des activités opérationnelles et des activités d'investissement, les effets découlant de la comptabilisation des placements ont une incidence sur les flux de trésorerie d'Air France-KLM.

coup d'œil sur
AIR FRANCE-KLM
DOCUMENT DE RÉFÉRENCE

Tableau des flux de trésorerie consolidé (partiel)
période close le 10 mars 2010
(en millions d'euros)

Activités d'exploitation	
Résultat net – part du groupe	(1 559)
Éléments ne nécessitant pas de mouvement de fonds :	
Résultat sur cession de participations	–
Résultats des sociétés mises en équivalence (perte)	17
Dividendes des sociétés mises en équivalence	1
Autres ajustements (non détaillés ici)	743
Flux de trésorerie liés à l'exploitation	**(798)**
Activités d'investissement	
Acquisitions de filiales et participations	(18)
Cessions de filiales et participations	3
Autres activités d'investissement (non détaillées ici)	(952)
Flux de trésorerie liés aux activités d'investissement	**(967)**

OBJECTIF D'APPRENTISSAGE 5

Analyser et présenter les placements stratégiques dans les entreprises contrôlées.

11.5 L'obtention du contrôle : les fusions et les acquisitions

Avant d'étudier les questions relatives à la présentation de l'information financière dans le cas d'une entreprise qui possède plus de 50 % des actions ordinaires en circulation d'une autre entité, il est pertinent d'examiner ce qui incite la direction à acquérir ce type de participation. Voici certaines raisons pour lesquelles une entité acquiert le contrôle d'une autre entreprise :

1. **L'intégration verticale.** Dans ce type d'acquisition, une société en achète une autre, située à un niveau différent dans les réseaux de distribution. Par exemple, Air France-KLM possède des entreprises qui sont des traiteurs lui permettant d'alimenter sa clientèle durant les vols. Elle peut ainsi contrôler la qualité de la nourriture qu'elle offre à ses clients. Elle détient également une agence de voyage pour vendre son service de vols aux passagers.

2. **L'intégration horizontale.** Ces acquisitions comportent des entreprises qui se situent au même niveau dans les réseaux de distribution. Par exemple, Air France-KLM a acquis des sociétés aériennes en Irlande et dans d'autres pays afin de réduire la compétition.

3. **La diversification et la synergie.** L'exploitation de secteurs connexes peut entraîner une meilleure rentabilité combinée que celle de chacun des secteurs distincts. En plus du service de vols avec passagers, Air France-KLM offre à sa clientèle des articles promotionnels, ce qui lui permet d'obtenir une autre source de revenus. Elle est aussi propriétaire de nombreuses sociétés de maintenance ; le regroupement et le partage des coûts favorisent les économies d'échelle et permettent aussi de mieux contrôler la qualité du travail afin d'assurer une meilleure sécurité aux passagers. La diversification des activités permet également de répartir le risque et de se faire connaître dans un autre secteur d'activité.

4. **La visibilité.** L'exploitation de certaines entreprises peut amener une meilleure visibilité et avoir ainsi un effet favorable sur les opérations d'une société. Par exemple, certaines entreprises sont propriétaires d'un club de hockey ou de baseball. C'est le cas de Rogers Communications, qui a investi dans les Blue Jays de Toronto dans le but de s'attirer la faveur des partisans et d'accroître ses ventes.

Il est essentiel de savoir pour quelle raison une entité a investi dans d'autres entreprises afin de comprendre sa stratégie commerciale globale. Les analystes étudient souvent les acquisitions récentes dans le but de prédire les investissements futurs. Par exemple, si une entreprise de vente au détail a acquis des détaillants régionaux dans chaque région du Canada sauf en Alberta, il est raisonnable de supposer qu'elle cherchera à prendre le contrôle d'une société dont le siège social se situe en Alberta. De même, si une société «.com» comme AOL (America Online) achète une entreprise médiatique traditionnelle comme Time Warner, les analystes s'attendent à ce que des acquisitions similaires se produisent entre d'autres compagnies «.com» et des groupes médiatiques traditionnels.

11.5.1 Les états financiers consolidés : que sont-ils ?

Toute acquisition d'entreprise comporte deux parties. La **société mère** (société participante) est celle qui acquiert le contrôle d'une autre société. La **filiale** (société émettrice) est l'entreprise dont la majorité des titres comportant des droits de vote appartiennent à la société mère. Quand une entité acquiert une participation majoritaire (plus de 50 % des actions avec droit de vote) dans une autre entreprise, elle doit dresser des états financiers consolidés. Ces états combinent les activités de deux ou de plusieurs entreprises (société mère et filiales) en un seul ensemble d'états financiers. Essentiellement, on peut considérer les **états financiers consolidés** comme la combinaison des états financiers distincts de deux ou de plusieurs entreprises pour faire comme si une seule entité économique existait. Ainsi, les comptes de trésorerie de chacune sont combinés, tout comme le sont les comptes de stocks, de terrains et autres.

Les notes au document de référence d'Air France-KLM fournissent les données ci-après.

Société mère
Société qui détient le contrôle d'une autre société, appelée « filiale ».

Filiale
Société dont la majorité des titres comportant des droits de vote est détenue par une société mère.

États financiers consolidés
États combinés de deux ou de plusieurs entreprises (société mère et filiales) en un seul ensemble d'états financiers, comme si ces sociétés n'en constituaient qu'une seule.

**coup d'œil sur
AIR FRANCE-KLM**
DOCUMENT DE RÉFÉRENCE

3. Principes comptables

Principes de préparation des états financiers consolidés et référentiel comptable

[Les] états financiers consolidés au 31 mars 2010 sont établis conformément au référentiel IFRS (*International Financial Reporting Standards*) tel qu'adopté par l'Union européenne et applicable à la date de clôture de ces états financiers consolidés [...]

3.3.1. Filiales
Les sociétés dans lesquelles le groupe exerce un contrôle sont consolidées par intégration globale. Le contrôle s'entend comme le pouvoir de diriger les politiques financières et opérationnelles d'une entité afin d'obtenir les avantages de ses activités. Les états financiers des sociétés contrôlées sont consolidés dès que le contrôle devient effectif et jusqu'à ce que ce contrôle cesse.

La quote-part de résultat net et des capitaux propres revenant aux tiers est présentée sur la ligne « intérêts minoritaires ».

3.3.3. Opérations intra-groupe
Toutes les transactions, ainsi que les actifs et passifs réciproques entre les sociétés consolidées par intégration globale sont éliminés. Il en est de même pour les résultats internes au groupe [...]

On peut noter que les états financiers consolidés sont dressés conformément aux normes IFRS et qu'ils comprennent les comptes des 153 filiales du groupe Air France-KLM (énumérées à la note 39 annexée aux états financiers de la société). Les opérations et les soldes intersociétés ont été annulés lors de la consolidation. L'élimination des soldes intersociétés est nécessaire au moment où l'on dresse les états financiers consolidés. Les soldes intersociétés sont des montants réciproques découlant d'opérations effectuées entre la société mère et une filiale, et qui figurent aux états financiers distincts des deux sociétés. *Il ne faut pas oublier que les états financiers consolidés sont dressés comme s'il n'y avait qu'une seule entreprise (entité économique), alors qu'en fait il existe deux entités juridiques distinctes ou plusieurs.* Les postes intersociétés existent aux états financiers particuliers de chaque société, mais ils n'existent pas pour la seule entité économique que forment la société mère et ses filiales. Par exemple, dans les états financiers non consolidés de la société mère, si l'on constate une dette envers la filiale, on trouvera aux états financiers de celle-ci un montant à recevoir de la société mère du même montant. Par contre, dans les états financiers consolidés, cette dette intersociétés est éliminée. Ainsi, si Air France-KLM doit des sommes à l'une de ses filiales comme Jet Chef, filiale détenue à 100%, la dette n'est pas inscrite à l'état de la situation financière consolidé, puisque la société ne peut se devoir de l'argent à elle-même, les deux sociétés ne formant qu'une seule entité économique du point de vue de la consolidation. Nous expliquons la préparation des états financiers consolidés d'une façon plus détaillée à l'annexe 11-A (*voir la page 751*).

11.5.2 La comptabilisation d'une fusion d'entreprises

Fusion
Achat par une société de tout l'actif net d'une autre entreprise lorsque celle-ci est dissoute.

Société englobée
Société qui disparaît à la suite d'une fusion.

Nous avons vu que les états financiers consolidés sont présentés de telle sorte qu'en apparence les deux entreprises (la société mère et sa filiale) ne font qu'une. La façon la plus simple d'illustrer le processus de consolidation est de considérer une situation simple de **fusion**. Dans ce cas, une société (acquéreur) achète l'actif net d'une autre société qui est dissoute légalement par la suite (**société englobée** ou absorbée). Il s'ensuit que l'acquéreur comptabilise les actifs nets de la société englobée en fonction du prix d'achat, ce qui respecte le principe du coût d'acquisition. On peut qualifier ce genre de transaction de « fusion-absorption ».

Pour faciliter notre explication, nous utilisons, dans le tableau 11.3, les données fictives et simplifiées d'Air France-KLM (société mère) et de NFI (filiale hypothétique acquise). Ce tableau présente une version abrégée des états de la situation financière d'Air France-KLM et de NFI ainsi que les données relatives à la juste valeur des actifs et des passifs de NFI immédiatement **avant** la fusion[17].

TABLEAU 11.3 • ÉTATS DE LA SITUATION FINANCIÈRE FICTIFS IMMÉDIATEMENT AVANT LA FUSION D'AIR FRANCE-KLM ET DE NFI

(en millions d'euros)	Air France-KLM	NFI Valeur comptable	NFI Juste valeur
Actif			
Trésorerie et autres actifs courants	123		
Usine et équipement (net)	689	30	35
Autres actifs	492	60	60
Total de l'actif	1 304	90	
Passif et capitaux propres			
Passif courant	613	10	10
Passif non courant	561		
Capitaux propres	130	80	
Total du passif et des capitaux propres	1 304	90	

17 Afin de regrouper les états financiers des deux entreprises, les états financiers de NFI ont été auparavant convertis en euros.

Supposons qu'au 1er janvier 2014 Air France-KLM verse 100 M€ en espèces pour acheter toutes les actions de NFI[18]. Par la suite, Air France-KLM intègre (fusionne) les actifs nets de NFI à ses opérations et celle-ci est dissoute légalement.

Il faut noter qu'Air France-KLM a versé 100 M€ pour acquérir 100 % de NFI, bien que la valeur comptable totale de NFI n'ait été que de 80 M€ (Actif de 90 M€ – Passif de 10 M€). Cette situation n'est pas surprenante, car la valeur comptable d'un actif est différente de sa juste valeur. Air France-KLM a dû payer la juste valeur pour acquérir NFI. Les anciens propriétaires n'auraient pas vendu leur société à la valeur comptable.

Supposons que l'analyse des éléments d'actif et de passif de NFI à la date d'acquisition révèle les faits suivants :

- L'usine et l'équipement de NFI avaient une juste valeur de 35 M€ (valeur comptable nette de 30 M€);
- Les valeurs comptables des autres actifs (60 M€) et du passif courant (10 M€) figurant à l'état de la situation financière de NFI étaient égales à leur juste valeur.
- NFI s'est taillée une bonne réputation auprès d'un important groupe d'investisseurs en ligne, ce qui a fait augmenter sa valeur globale. Pour cette raison, Air France-KLM est prête à payer 15 M€ de plus que la juste valeur pour l'acquérir. La différence de 15 M€ entre le prix d'achat de la société et la juste valeur de son actif net (actif déduit du passif) s'appelle «**goodwill**» ou «écart d'acquisition». Il en a été question au chapitre 8. On peut analyser le goodwill ainsi :

Prix d'achat de NFI	100 M€
Juste valeur de l'actif net acquis (35 M€ + 60 M€ – 10 M€)	(85)
Goodwill payé	15 M€

Le principe du coût exige qu'à la date d'acquisition les actifs et les passifs de NFI soient comptabilisés dans les registres de Air France-KLM à leur prix d'achat (le prix payé par Air France-KLM est égal à la **juste valeur**). Cette méthode de comptabilisation des fusions et des acquisitions se nomme «méthode de l'acquisition» : il s'agit de la seule méthode qu'autorisent les normes comptables.

Méthode de l'acquisition
Méthode qui exige que les actifs et les passifs acquis au moment d'une fusion ou d'une acquisition soient comptabilisés à leur juste valeur.

Air France-KLM comptabiliserait donc cette fusion comme suit :

ÉQUATION COMPTABLE

Actif		=	Passif		+	Capitaux propres
Usine et équipement (net)	+35		Passif courant	+10		
Autres actifs	+60					
Goodwill	+15					
Trésorerie	–100					

ÉCRITURE DE JOURNAL

Usine et équipement (+A).............................	35	
Autres actifs (+A).....................................	60	
Goodwill (+A)...	15	
Trésorerie (–A).......................................		100
Passif courant (+Pa)..................................		10

Il est important de se rappeler que le goodwill ne peut être présenté à l'état de la situation financière que s'il découle d'une acquisition dans une opération de regroupement d'entreprises. Une entreprise ne peut pas comptabiliser le goodwill qu'elle génère au fil des années.

---

18 L'achat de 100 % des actions en circulation d'une société permet d'en acquérir la propriété exclusive. L'achat de plus de 50 % mais de moins de 100 % des actions dénote la présence d'actionnaires sans contrôle.

11.5.3 La présentation d'une fusion d'entreprises

L'état de la situation financière après la fusion

L'état de la situation financière après la fusion (*voir le tableau 11.4*) a été préparé en combinant l'opération inscrite précédemment avec l'état de la situation financière d'Air France-KLM qui est présenté dans le tableau 11.3 (*voir la page 740*). Il faut se rappeler les éléments suivants :

1. Les actifs et les passifs de NFI sont enregistrés à leur juste valeur et non à leur valeur comptable ;
2. Le goodwill correspond au prix d'achat moins la juste valeur de l'actif net acquis ;
3. Les espèces utilisées pour effectuer l'acquisition sont soustraites de la trésorerie à l'état de la situation financière. Si l'on avait fait l'acquisition au moyen d'une émission d'actions, on aurait alors augmenté le poste Actions ordinaires ;
4. Si NFI avait poursuivi ses activités au lieu d'être dissoute légalement, l'état de la situation financière combiné serait le même que celui qui est présenté ci-dessous. Dans ce cas, NFI serait une filiale d'Air France-KLM et l'on aurait alors préparé des états financiers consolidés.

TABLEAU 11.4 • ÉTAT DE LA SITUATION FINANCIÈRE FICTIF D'AIR FRANCE-KLM IMMÉDIATEMENT APRÈS LA FUSION

(en millions d'euros)	Air France-KLM
Actif	
Trésorerie et autres actifs courants (123 – 100)	23
Usine et équipement (net) (689 + 35)	724
Autres actifs (492 + 60)	552
Goodwill	15
Total de l'actif	**1 314**
Passif et capitaux propres	
Passif courant (613 + 10)	623
Passif non courant	561
Capitaux propres	130
Total du passif et des capitaux propres	**1 314**

L'état du résultat global après la fusion

Après la fusion, le système comptable d'Air France-KLM englobe dorénavant tous les produits et toutes les charges de NFI : les sociétés sont alors regroupées. L'état du résultat global qui s'ensuit est présenté dans le tableau 11.5. Les montants regroupés comprennent les éléments suivants :

1. Les produits qui auraient été comptabilisés dans les systèmes comptables séparés si la fusion n'avait pas eu lieu (Air France-KLM 2 158 M€ + NFI 120 M€ = 2 278 M€).
2. Les charges qui auraient été comptabilisées dans les systèmes comptables séparés si la fusion n'avait pas eu lieu (Air France-KLM 2 150 M€ + NFI 106 M€ = 2 256 M€).
3. Des charges additionnelles dues à la comptabilisation des actifs et des passifs de NFI à leur juste valeur : 1 M€ d'amortissement supplémentaire, si l'on suppose une vie utile estimative restante de cinq ans pour l'usine et l'équipement (5 M€ de plus-value ÷ 5 ans = 1 M€ par année)[19].

....

19 Pour simplifier, nous avons ignoré les impôts et les différences de vie utile que peuvent avoir l'usine et l'équipement.

TABLEAU 11.5 • ÉTAT DU RÉSULTAT GLOBAL FICTIF D'AIR FRANCE-KLM POUR LA PÉRIODE QUI SUIT L'ACQUISITION

(en millions d'euros)	Air France-KLM
Produits (2 158 + 120)	2 278
Charges (2 150 + 106 + 1)	(2 257)
Résultat net	21

Encore une fois, il est important de se rappeler que si NFI n'avait pas été dissoute légalement et était plutôt devenue une filiale d'Air France-KLM, l'état du résultat global combiné avec le processus de consolidation aurait été le même. Nous illustrons la consolidation des états financiers à l'annexe 11-A (*voir la page 751*).

Comme nous l'avons mentionné au chapitre 8, le goodwill a une durée de vie indéfinie. Il est donc normal que cet actif ne soit pas amorti. La direction de l'entreprise effectue plutôt un **test de dépréciation** à la fin de chaque période, ce qui lui permet de vérifier s'il y a eu perte de valeur. Par conséquent, l'inscription de la perte de valeur du goodwill est nécessaire : l'actif est réduit de cette perte de valeur et une charge distincte est portée à l'état du résultat global au moment de déterminer le résultat net. Les règles d'application de ce test de dépréciation étant fort complexes, ce sujet est abordé dans les cours de comptabilité avancés. Jetons tout de même un regard sur la divulgation aux états financiers d'Air France-KLM de la convention relative au goodwill.

Test de dépréciation
Test qui consiste à comparer la juste valeur du goodwill avec sa valeur comptable pour constater une perte de valeur s'il y a lieu.

3.5. Regroupements d'entreprises
Les acquisitions de filiales sont comptabilisées selon la méthode de l'acquisition, conformément à la norme IFRS 3 [...]

[Les] goodwill résultant de la différence entre le coût d'acquisition [et la juste valeur] des actifs, passifs et passifs éventuels acquis font l'objet de tests de perte de valeur annuels ainsi que ponctuels en cas d'évolution défavorable de certains indicateurs.

Si la différence entre le coût d'acquisition et la juste valeur nette des actifs, passifs et passifs éventuels identifiables est négative, celle-ci est immédiatement comptabilisée en résultat.

**coup d'œil sur
AIR FRANCE-KLM**

DOCUMENT DE RÉFÉRENCE

LE TAUX DE RENDEMENT DE L'ACTIF

1. Question d'analyse

Avec quelle efficacité la direction a-t-elle utilisé les ressources ou le capital (fourni par les créanciers et les actionnaires) de l'entreprise durant la période financière ?

2. Ratio et comparaison

$$\text{Taux de rendement de l'actif} = \frac{\text{Résultat net[20]}}{\text{Actif total moyen*}}$$

* (Actif total à l'ouverture de la période + Actif total à la clôture de la période) ÷ 2

En 2010, le taux d'Air France-KLM est le suivant :

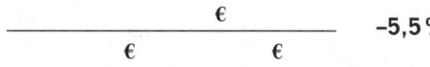

−5,5 %

analysons les ratios

6 OBJECTIF D'APPRENTISSAGE

Analyser et interpréter le taux de rendement de l'actif.

11

→

---

20 Dans les analyses plus complexes du taux de rendement de l'actif, les intérêts débiteurs (nets d'impôts) et les parts des actionnaires ne donnant pas le contrôle sont ajoutés au numérateur (résultat net), puisque la mesure évalue le rendement du capital indépendamment de ses sources.

Analyse de la tendance dans le temps		
Air France-KLM		
2008	2009	2010
2,6 %	−2,7 %	−5,5 %

Comparaison avec les compétiteurs	
Lufthansa	British Airways
2010	2010
4,1 %	−4,0 %

British Airways est une société d'aviation du Royaume-Uni qui offre des services de vols aux passagers, le cargo, les services de voyage ainsi que des produits connexes. Elle opère dans 94 pays avec un chiffre d'affaires de 7 994 millions d'euros en 2010 et 49 957 employés. Elle est la troisième compagnie aérienne européenne derrière Air France-KLM et Lufthansa.

Lufthansa est une société d'aviation allemande qui opère dans cinq secteurs d'activité dont les services de vols aux passagers, la maintenance, les technologies de l'information, la logistique et la restauration. Elle compte plus de 400 filiales et société associées, avec un chiffre d'affaires de 27 324 millions d'euros en 2010 et 117 000 employés.

Comparons	
Taux de rendement de l'actif pour 2010	
Carrefour	0,8 %
LVMH	8,8 %
Michelin	5,8 %

3. Interprétation des résultats

EN GÉNÉRAL ◊ Le taux de rendement de l'actif mesure le profit gagné par une entreprise pour chaque dollar investi dans les actifs. Il s'agit de la mesure la plus vaste de la rentabilité et de l'efficacité de la direction, indépendamment des stratégies de financement employées. Ce taux permet aux investisseurs de comparer la performance de la direction quant à l'efficacité de la gestion des actifs. Les sociétés ayant un taux de rendement de l'actif plus élevé choisissent mieux leurs actifs, toutes choses étant égales par ailleurs. Les gestionnaires calculent souvent ce ratio en fonction des divisions de l'entreprise et l'utilisent pour évaluer le rendement relatif de ses cadres.

AIR FRANCE-KLM ◊ Le taux de rendement de l'actif d'Air France-KLM s'est détérioré au cours des trois dernières années. En 2010, ce transporteur aérien présente une performance moins bonne que ses deux compétiteurs, la britannique British Airways et l'allemande Lufthansa. Celle-ci est la seule des trois entreprises à avoir obtenu un résultat positif en 2010 ; après son résultat négatif de 2009, Lufthansa s'est donc remise plus rapidement de la récession mondiale que ses compétitrices grâce à des revenus importants provenant d'autres sources.

QUELQUES PRÉCAUTIONS ◊ Comme le taux de rendement sur les capitaux propres, le taux de rendement sur l'actif peut être plus détaillé si l'on décortique l'information ainsi :

$$\frac{\text{Taux de rendement de l'actif}}{} = \text{Marge nette} \times \text{Taux de rotation de l'actif}$$

$$\frac{\text{Résultat net}}{\text{Actif total moyen}} = \frac{\text{Résultat net}}{\text{Chiffre d'affaires net}} \times \frac{\text{Chiffre d'affaires net}}{\text{Actif total moyen}}$$

Comme c'est le cas pour la plupart des ratios, une analyse efficace du taux de rendement de l'actif exige aussi de comprendre la raison pour laquelle ce taux diffère des niveaux précédents et de celui de la concurrence. Une analyse plus approfondie des composantes de la marge nette et du taux de rotation de l'actif peuvent contribuer à améliorer la compréhension du ratio calculé ci-dessus. Il faut décortiquer l'information, isoler les éléments non récurrents d'une année à l'autre et analyser les occasions d'affaires futures. Certes, les changements survenant dans les conditions de compétition doivent aussi être pris en compte. L'analyse nécessite, encore une fois, une bonne connaissance du secteur d'activité.

11

La société Lexis a acheté 100 % de l'entreprise Nexis pour 10 millions de dollars, cette dernière société ayant par la suite été dissoute et intégrée à Lexis. À la date de la fusion, la juste valeur des autres actifs de Nexis était de 11 millions de dollars et la valeur comptable des passifs de Nexis était égale à leur juste valeur. L'état de la situation financière sommaire de chacune de ces entreprises, à la date d'acquisition précédant immédiatement la fusion, se présente comme suit (en millions de dollars):

	Lexis	Nexis
Trésorerie	10	
Autres actifs	90	10
Passifs	30	4
Capitaux propres	70	6

À la suite de la comptabilisation de la fusion, quels seraient les soldes des postes suivants à l'état de la situation financière?

1. Le goodwill

2. Les capitaux propres

3. Les autres actifs (hormis le goodwill)

Vérifiez vos réponses à l'aide des solutions présentées en bas de page*.

LA COMPARAISON DES IFRS ET DES NORMES COMPTABLES POUR LES ENTREPRISES À CAPITAL FERMÉ

L'ensemble du présent chapitre traite de sujets fort complexes que nous avons simplifiés. Il existe de nombreux détails que nous n'abordons pas ici et dont le traitement diffère selon que l'on utilise les normes internationales ou les normes canadiennes pour les entreprises à capital fermé (NCECF). Nous présentons un sommaire faisant état des différences et similitudes concernant les notions abordées dans ce chapitre. Cette comparaison n'est donc pas exhaustive et ne saurait être utilisée comme seule étude des différences de toutes les normes énumérées ci-dessous.

Dans le cas des placements non stratégiques, on note des similarités et des différences entre les normes comptables internationales (IFRS 7, IFRS 9, IAS 32 et IAS 39 – partie I du *Manuel de l'ICCA*) appliquées aux entreprises canadiennes qui ont une obligation d'information du public et les normes comptables canadiennes qui s'adressent aux entreprises à capital fermé (chapitre 3856 – partie II du *Manuel de l'ICCA*). Pour les placements stratégiques dans les entreprises associées ou les filiales, les normes internationales touchées sont IFRS 3, IAS 27, IAS 28 et IAS 36, tandis que les NCECF se trouvent aux chapitres 3051, 1582, 1590, 1601, 1602 et 3064. Les tableaux suivants présentent une comparaison sommaire entre les deux référentiels pour les éléments présentés dans ce chapitre.

entreprises à capital fermé

OBJECTIF D'APPRENTISSAGE

Comparer les IFRS et les normes comptables pour les entreprises à capital fermé.

11

---

* **Solutions du test d'autoévaluation**

1. Prix d'achat – Juste valeur de l'actif net acquis = Goodwill
   10 M$ – (11 M$ – 4 M$) = 3 M$

2. Les capitaux propres de Lexis, qui sont de 70 millions de dollars, restent inchangés.

3. Autres actifs de Lexis + Autres actifs de Nexis (juste valeur)
   90 M$ + 11 M$ = 101 M$

COMPARAISON DES NORMES : PLACEMENTS NON STRATÉGIQUES	
Normes internationales (IFRS 7, IFRS 9, IAS 32 et IAS 39)	**Normes pour les entreprises à capital fermé (chapitre 3856)**
Terminologie	**Terminologie**
Placement désigné *à la juste valeur par le biais du résultat net* ou *disponible à la vente*	Aucune désignation. On ne parle que de placement évalué à la juste valeur.
Traitement comptable	**Traitement comptable**
• Les placements non stratégiques sont évalués à la juste valeur.	• Les placements non stratégiques peuvent être évalués à la juste valeur, au coût ou au coût après amortissement. Le choix qui est fait est irrévocable. Les placements dans les actions cotées sur un marché actif doivent être évalués à la juste valeur.
• Les placements dans les instruments de passif détenus jusqu'à l'échéance sont évalués au coût amorti, et seule la méthode de l'amortissement basée sur le taux effectif est autorisée.	• Les placements dans les instruments de passif détenus jusqu'à l'échéance sont évalués au coût amorti, et l'on peut les amortir selon la méthode linéaire ou celle de l'intérêt effectif.
• Le profit/perte découlant de la variation de la juste valeur des placements désignés *à la juste valeur par le biais du résultat net* est traité comme un élément du résultat net.	• Toutes les variations de la valeur des instruments financiers évalués à la juste valeur sont comptabilisées en résultat dès qu'elles surviennent.
• Le profit/perte latent découlant de la variation de la juste valeur des placements désignés *disponibles à la vente* est traité comme Autre élément du résultat global et présenté **après** le résultat net à l'état du résultat global.	
• Les coûts relatifs à la transaction sont passés en charges pour les placements désignés *à la juste valeur par le biais du résultat net*. Ils sont inclus dans l'actif pour ce qui est des autres désignations.	• Les coûts directement liés à un actif financier sont inclus dans le compte de l'actif. Si l'entreprise choisit de les évaluer à la juste valeur ou est dans l'obligation de le faire, les coûts sont comptabilisés en charges dans le résultat net.

COMPARAISON DES NORMES : PLACEMENTS STRATÉGIQUES	
Normes internationales (IFRS 3, IAS 27, IAS 28 et IAS 36)	**Normes pour les entreprises à capital fermé (chapitres 2051, 1582, 1590, 1601, 1602 et 3064)**
Terminologie	**Terminologie**
• Entreprise associée	• Entreprise sous influence notable (satellite)
• Méthode de mise en équivalence	• Méthode de la comptabilisation à la valeur de consolidation
• Goodwill	• Écart d'acquisition
Traitement comptable	**Traitement comptable**
• Les placements dans les entreprises associées sont comptabilisés selon la méthode de mise en équivalence.	• Les placements dans les entreprises sous influence notable sont comptabilisés selon la méthode de la valeur de consolidation ou selon la méthode du coût. Le choix de la méthode doit toucher tous les placements dans les entreprises sous influence notable.
	• Si les titres de capitaux propres dans les entreprises sous influence notable sont cotés sur un marché actif, le placement **ne** peut **pas** être évalué au coût ; il doit être évalué à la juste valeur, les variations de celle-ci étant présentées dans le résultat net de la période en cours.

11

• Les états financiers des filiales doivent être consolidés.	• Les entreprises doivent adopter l'une ou l'autre des méthodes de comptabilisation suivantes : a) consolider les états financiers des filiales ; ou b) présenter les placements dans les filiales à la valeur de consolidation ou à la valeur d'acquisition. Pour l'option b), des renseignements supplémentaires doivent être divulgués. Toutes les participations dans les filiales doivent être comptabilisées selon la même méthode.

Un test de dépréciation doit être effectué pour évaluer le goodwill, mais les modalités d'application de ce test diffèrent d'un référentiel à l'autre.

Il existe aussi des différences concernant l'information à divulguer aux états financiers, les normes IFRS étant beaucoup plus exigeantes à cet effet.

ANALYSONS UN CAS

CAS 11-A

La société Milard vend une importante ligne de matériel agricole et offre le service de réparation. Ses activités de vente et de service ont été profitables. Les opérations suivantes ont eu lieu au cours de 2014 :

a) 1er janvier   Achat de 2 000 actions ordinaires de la société Marchand à 40 $ l'action. Il s'agit de 1 % des actions en circulation. La direction a l'intention de négocier activement ces actions.

b) 28 décembre   Réception d'un dividende en espèces de 4 000 $ sur les actions de la société Marchand.

c) 31 décembre   Valeur boursière d'une action de la société Marchand : 39 $.

Travail à faire

1. Présentez les effets de chacune de ces opérations sur les postes de l'état de la situation financière à l'aide de l'équation comptable.
2. Passez l'écriture de journal nécessaire pour chacune de ces opérations.
3. Quels postes et quels montants seront inscrits à l'état de la situation financière à la fin de 2014 ? à l'état du résultat global de 2014 ?

Solutions suggérées

1.

ÉQUATION COMPTABLE

	Actif		=	Passif	+	Capitaux propres	
a)	Placement JVBRN	+80 000					
	Trésorerie	−80 000					
b)	Trésorerie	+4 000				Produits financiers	+4 000
c)	Placement JVBRN	−2 000				Profit/perte − Placement JVBRN	−2 000

11

Année	Solde du compte Placement JVBRN à la clôture de la période (juste valeur)	–	Solde du compte Placement JVBRN à l'ouverture de la période (date d'acquisition)	=	Montant de l'ajustement (résultat net)
2014	78 000 $ (39 $ × 2 000 actions)	–	80 000 $	=	(2 000 $)

2.
ÉCRITURE DE JOURNAL

a)	1er janvier	Placement JVBRN (+A).................	80 000	
		Trésorerie (–A)......................		80 000
		(2 000 actions × 40 $ l'action)		
b)	28 décembre	Trésorerie (+A)......................	4 000	
		Produits financiers (+Pr, +CP)..........		4 000
c)	31 décembre	Profit/perte – placement JVBRN (–Pr, –CP)...	2 000	
		Placement JVBRN (–A)...............		2 000

3. **À l'état de la situation financière**

Actif courant

Placement JVBRN (juste valeur)   78 000 $

À l'état du résultat global (avant résultat net)

Éléments après le résultat opérationnel

Produits financiers   4 000 $

Profit/perte – placement JVBRN   (2 000)

CAS 11-B

Reprenez les données du cas A, la seule différence étant que les actions ont été achetées en tant que titres disponibles à la vente (DV).

Travail à faire

1. Présentez les effets de chacune de ces opérations sur les postes de l'état de la situation financière à l'aide de l'équation comptable.
2. Passez l'écriture de journal nécessaire pour chacune de ces opérations.
3. Quels postes et quels montants seront inscrits à l'état de la situation financière à la fin de 2014 ? à l'état du résultat global de 2014 ? à l'état des variations des capitaux propres ?

Solutions suggérées

1.
ÉQUATION COMPTABLE

	Actif		=	Passif	+	Capitaux propres	
a)	Placement DV	+80 000					
	Trésorerie	–80 000					
b)	Trésorerie	+4 000				Produits financiers	+4 000
c)	Placement DV	–2 000				PPL-placement DV	–2 000

Année	Solde du compte Placement DV à la clôture de la période (juste valeur)	–	Solde du compte Placement DV à l'ouverture de la période (date d'acquisition)	=	Montant de l'ajustement
2010	78 000	–	80 000	=	2 000

2.

ÉCRITURE DE JOURNAL

a) 1er janvier   Placement DV (+A) 80 000

    Trésorerie (–A) 80 000

    (2 000 actions × 40 $ l'action)

b) 28 décembre   Trésorerie (+A) 4 000

    Produits financiers (+Pr, +CP) 4 000

c) 31 décembre   PPL-placement DV (–AERG, –CP) 2 000

    Placement DV (–A) 2 000

3.

À l'état de la situation financière		À l'état du résultat global	
Actif courant ou non courant		Dans la détermination du résultat net	
Placement DV (juste valeur)	78 000 $	Produits financiers	4 000 $
À l'état des variations des capitaux propres		Dans la détermination du résultat global	
AERG :		AERG :	
Solde cumulatif PPL-placement DV	(2 000) $	PPL-placement DV	(2 000)

CAS 11-C

La société Bougeon est une pépinière qui vend des plantes vivaces, des arbustes ainsi que du matériel connexe. Ses activités lui ont été très profitables au cours des dernières années. Les opérations suivantes ont eu lieu au cours de 2015 :

a) 1er janvier   Bougeon achète 40 % des actions avec droit de vote en circulation de la société Arpent (42 500 actions) sur le marché libre au prix de 85 000 $.

b) 1er novembre   La société Arpent a déclaré un dividende en espèces de 10 000 $.

c) 31 décembre   La société Arpent a présenté un résultat net de 60 000 $ pour la période.

d) 31 décembre   La valeur boursière d'une action de la société Arpent était de 2,50 $.

Travail à faire

1. Déterminez les incidences de ces opérations sur les postes de l'état de la situation financière de l'année 2015 à l'aide de l'équation comptable.

2. Passez les écritures de journal nécessaires pour l'année 2015.

3. Quels postes ont été présentés à l'état de la situation financière de la société Bougeon à la fin de 2015 et à quels montants ? à l'état du résultat global de 2015 ?

11

Solutions suggérées

1.

┌─────────────────────────┐
│ ÉQUATION COMPTABLE   │
└─────────────────────────┘

		Actif	**=**	**Passif**	**+**	**Capitaux propres**
a)	Placement entreprise associée	+85 000				
	Trésorerie	−85 000				
b)	Trésorerie	+4 000				
	Placement entreprise associée	−4 000				
c)	Placement entreprise associée	+24 000				Produits financiers* entreprise associée +24 000
d)	Aucun ajustement. On ne tient pas compte de la variation de la valeur du marché de l'action d'une société mise en équivalence.					

* Il s'agit de la quote-part de la société participante dans les résultats de l'entreprise associée : 40 % × 60 000 $.

2.

┌─────────────────────────┐
│ ÉCRITURE DE JOURNAL   │
└─────────────────────────┘

a)	1er janvier	Placement entreprise associée (+A)	85 000	
		Trésorerie (−A)		85 000
b)	1er novembre	Trésorerie (+A) (40 % × 10 000 $)	4 000	
		Placement entreprise associée (−A).		4 000
c)	31 décembre	Placement entreprise associée (+A) (40 % × 60 000 $).	24 000	
		Produits financiers entreprise associée (+Pr, +CP)		24 000
d)	31 décembre	Aucune écriture requise (*voir la partie 1 ci-dessus*)		

3.

À l'état de la situation financière		**À l'état du résultat global**	
Actif non courant		Dans la détermination du résultat net	
Placement entreprise associée	105 000	Produits financiers entreprise associée	24 000

CAS 11-D

Reprenons le cas de la société Bougeon et supposons que, le 1er janvier 2015, elle achète 100 % des actions avec droit de vote en circulation de la société Arpent sur le marché libre au prix de 85 000 $; par la suite, Arpent a été fusionnée avec Bougeon. À la date d'acquisition, la juste valeur de l'usine et de l'équipement s'élevait à 79 000 $ (valeur comptable nette de 70 000 $). La société Arpent n'avait ni passif ni autre actif.

Travail à faire

1. Analysez la fusion pour déterminer le goodwill.
2. Déterminez les incidences de cette opération sur les postes de l'état de la situation financière de Bougeon à la date de la fusion à l'aide de l'équation comptable. S'il n'y a aucune incidence, expliquez pourquoi.

3. Passez l'écriture de journal que la société Bougeon devrait inscrire à la date d'acquisition. Si aucune écriture n'est requise, expliquez pourquoi.

4. Les actifs de la société Arpent devraient-ils être inclus à l'état de la situation financière de Bougeon à la valeur comptable ou à la juste valeur? Expliquez votre réponse.

Solutions suggérées

1.

Prix d'achat pour la société Arpent	85 000 $
Juste valeur de l'actif net acheté	(79 000)
Goodwill	6 000 $

2.

> ÉQUATION COMPTABLE

Actif		=	Passif	+	Capitaux propres
Usine et équipement	+79 000				
Goodwill	+6 000				
Trésorerie	–85 000				

3.

> ÉCRITURE DE JOURNAL

Usine et équipement (+A)	79 000	
Goodwill (+A)	6 000	
Trésorerie (–A)		85 000

4. À la date de la fusion, l'état de la situation financière de Bougeon doit inclure l'actif de la société Arpent à la juste valeur. Le principe de la valeur d'acquisition s'applique comme à tout autre achat d'actif.

La préparation des états financiers consolidés   Annexe 11-A

Comme nous l'avons mentionné dans le présent chapitre, lorsqu'une entité fait l'acquisition d'une autre entité et que **chacune continue d'avoir une existence légale, la préparation d'états financiers consolidés est nécessaire** par la suite. Ces états regroupent les états financiers de la société mère et de ses filiales en un seul jeu d'états financiers, comme si toutes les entreprises du groupe ne constituaient qu'une seule société.

La comptabilisation de l'acquisition du contrôle d'une société

Une entité peut obtenir le contrôle d'une autre entreprise en procédant de la façon suivante : la société A ltée offre aux actionnaires de B ltée des espèces ou des nouvelles actions de la société A ltée (ou une combinaison des deux). En retour, A ltée obtient la majorité des actions en circulation de B ltée. Lorsque les actionnaires de B ltée acceptent l'offre et que l'on procède à l'échange, la société mère (A ltée) inscrit un placement dans ses états financiers : ce placement est normalement évalué selon la méthode de l'acquisition. Lorsque les deux entreprises maintiennent leur existence légale à la suite du regroupement, il existe alors une **relation mère-filiale.** Puisque les deux entreprises continuent d'exister, chacune a son propre système comptable pour inscrire ses opérations et préparer ses états financiers.

En utilisant les mêmes données que précédemment, au moment de l'acquisition par Air France-KLM de NFI (filiale hypothétique), on suppose qu'au 1er janvier 2014 Air France-KLM a payé 100 M€ en espèces pour faire l'acquisition de toutes les actions

11

de NFI[21]. La société Air France-KLM inscrirait alors cette acquisition de la façon suivante :

<table>
<tr><td colspan="4">ÉQUATION COMPTABLE</td></tr>
<tr><td>Actif</td><td>=</td><td>Passif</td><td>+   Capitaux propres</td></tr>
<tr><td>Placement dans NFI   +100</td><td></td><td></td><td></td></tr>
<tr><td>Trésorerie   −100</td><td></td><td></td><td></td></tr>
</table>

<table>
<tr><td colspan="2">ÉCRITURE DE JOURNAL</td></tr>
<tr><td>Placement dans NFI (+A) . . . . 100</td><td></td></tr>
<tr><td>   Trésorerie (−A) . . . .</td><td>100</td></tr>
</table>

Puisque l'opération a été conclue avec les actionnaires de NFI et que ceux-ci ont échangé leurs actions de NFI contre des espèces, il n'y a pas d'entrée dans les registres comptables de NFI. Le tableur (*voir le tableau 11.6*) montre les états de la situation financière d'Air France-KLM et de NFI immédiatement après l'inscription de l'acquisition dans les registres comptables d'Air France-KLM. Le compte Placement dans NFI figure alors à l'état de la situation financière d'Air France-KLM.

La préparation des états financiers consolidés après l'acquisition

L'ÉTAT DE LA SITUATION FINANCIÈRE

En cas de consolidation, les états financiers distincts de la société mère (Air France-KLM) sont combinés avec ceux des filiales (ici, une seule filiale, soit NFI) en un seul jeu d'états financiers consolidés. Il faut éliminer le compte de placement dans la filiale pour éviter une double comptabilisation des actifs et des passifs de la filiale et le placement de la société mère dans ces actifs. Air France-KLM a payé 100 M€ pour acquérir toutes les actions de NFI, même si leur valeur comptable n'était que de 80 M€. Ainsi, le solde du compte de placement de 100 M€ dans les livres d'Air France-KLM représente la juste valeur de l'actif net de NFI (Actif − Passif) à la date d'acquisition.

TABLEAU 11.6 • FEUILLE DE CALCUL ÉLECTRONIQUE POUR L'ÉTAT DE LA SITUATION FINANCIÈRE CONSOLIDÉ D'AIR FRANCE-KLM À LA DATE D'ACQUISITION DE NFI

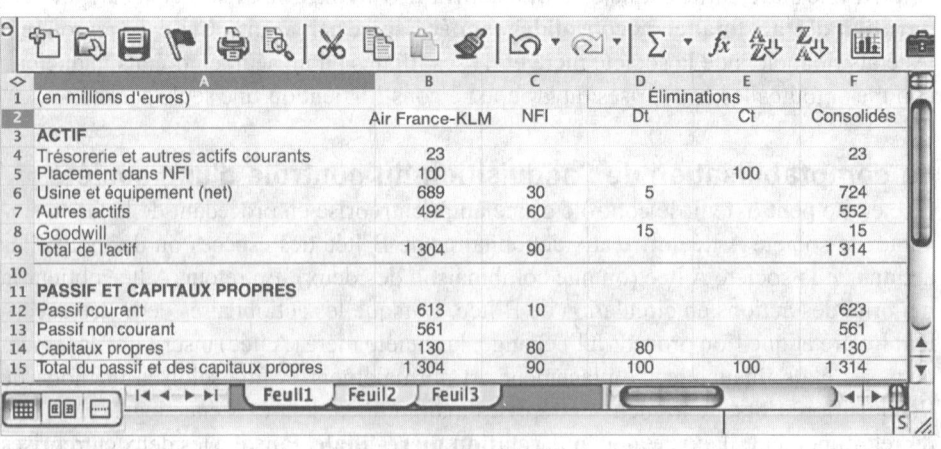

	A	B	C	D	E	F
1	(en millions d'euros)			Éliminations		
2		Air France-KLM	NFI	Dt	Ct	Consolidés
3	**ACTIF**					
4	Trésorerie et autres actifs courants	23				23
5	Placement dans NFI	100			100	
6	Usine et équipement (net)	689	30	5		724
7	Autres actifs	492	60			552
8	Goodwill			15		15
9	Total de l'actif	1 304	90			1 314
10						
11	**PASSIF ET CAPITAUX PROPRES**					
12	Passif courant	613	10			623
13	Passif non courant	561				561
14	Capitaux propres	130	80	80		130
15	Total du passif et des capitaux propres	1 304	90	100	100	1 314

21 C'est le fait qu'Air France-KLM ait acheté 100 % des actions en circulation de NFI que cette dernière soit devenue une filiale exclusive d'Air France-KLM. Si moins de 100 % des actions de NFI en circulation (mais plus de 50 %) avaient été achetées, une participation ne donnant pas le contrôle aurait existé (intérêts minoritaires) et aurait été comptabilisée aux états financiers consolidés.

Air France-KLM a donc payé 20 M€ de plus que la valeur comptable pour les raisons suivantes :

- L'usine et l'équipement de NFI avaient une juste valeur de 35 M€ et une valeur comptable nette de 30 M€. (La valeur comptable de tous les autres actifs et passifs déjà inscrits à l'état de la situation financière de NFI était égale à leur juste valeur.)
- NFI s'est taillée une bonne réputation auprès d'un important groupe d'investisseurs en ligne, ce qui a fait augmenter sa valeur globale. Pour cette raison, Air France-KLM est prête à payer 15 M€ de plus que la juste valeur pour acquérir NFI. La différence de 15 M€ entre le prix d'achat de la société et la juste valeur de son actif net (l'actif déduit du passif) s'appelle « goodwill ».

Prix d'achat de NFI	100 M€
Juste valeur de l'actif net acquis (80 M€ + 5 M€)	(85)
Goodwill payé	15 M€

Pour achever le processus de consolidation d'Air France-KLM et de NFI, il faut éliminer le compte Placement dans NFI et ajouter à sa place les actifs et les passifs de NFI avec le goodwill. Celui-ci est présenté séparément, et les actifs et les passifs de NFI doivent être redressés à leur juste valeur là où la juste valeur est différente de la valeur comptable, par exemple, dans ce cas-ci, en ce qui concerne l'usine et l'équipement. Pour ce faire, il faut suivre les cinq étapes suivantes :

1. Soustraire le solde du compte de placement de 100 M€ (ct);
2. Additionner le goodwill de 15 M€ payé à titre d'actif (dt);
3. Additionner 5 M€ (plus-value) à l'usine et à l'équipement pour les présenter à leur juste valeur (dt);
4. Soustraire les capitaux propres de NFI (dt);
5. Combiner le reste de l'état de la situation financière d'Air France-KLM et de NFI (*voir l'encadré présenté dans la marge*).

L'écriture d'élimination se présente comme ceci :

Capitaux propres (–CP)	80
Usine et équipement (+A)	5
Goodwill (+A)	15
Placement (–A)	100

Une fois ces opérations accomplies, on obtient l'état financier qui est présenté dans le tableau 11.7.

TABLEAU 11.7 • ÉTAT DE LA SITUATION FINANCIÈRE FICTIF CONSOLIDÉ D'AIR FRANCE-KLM ET NFI À LA DATE D'ACQUISITION

Air France-KLM et ses filiales
État de la situation financière consolidé
au 1er janvier 2014
(en millions d'euros)

Actif	
Trésorerie et autres actifs courants	23
Usine et équipement (net)	724
Autres actifs	552
Goodwill	15
Total de l'actif	1 314
Passif et capitaux propres	
Passif courant	623
Passif non courant	561
Capitaux propres	130
Total du passif et des capitaux propres	1 314

Il faut noter qu'il s'agit du même état de la situation financière consolidé que celui qui a été dressé à la suite de la fusion d'Air France-KLM et de NFI en une seule entreprise (*voir le tableau 11.4 à la page 742*). Cela ne doit pas vous surprendre, car les états financiers consolidés présentent un seul jeu d'états financiers, comme si la société mère et la filiale n'étaient qu'une seule société.

L'ÉTAT DU RÉSULTAT GLOBAL CONSOLIDÉ

Lorsqu'on dresse l'état de la situation financière consolidé, on combine les états de la situation financière distincts comme s'il n'existait qu'une seule entreprise. La consolidation de l'état du résultat global de chacune des entreprises requiert un processus similaire pour ce qui est des résultats engendrés après la date d'acquisition.

Pour la période close le 31 décembre 2014, soit un an après l'acquisition, Air France-KLM et NFI ont présenté chacun l'état du résultat global suivant :

Air France-KLM et NFI
États du résultat global simplifiés et distincts (fictifs)
période close le 31 décembre 2014
(en millions d'euros)

	Air France-KLM	NFI
Produits	2 158	120
Charges	(2 150)	(106)
Produits de placement – filiale	14	
Résultat net	22	14

Les produits et les charges engendrés par les activités de la société mère (hormis les produits tirés des placements de la filiale) sont combinés avec les produits et les charges de la filiale. La réévaluation des actifs à la juste valeur est effectuée au moment de la consolidation. Par conséquent, l'augmentation de la valeur de l'actif doit être amortie durant le processus de consolidation.

Dans l'exemple fictif d'Air France-KLM et NFI, l'établissement de l'état du résultat global consolidé exige de suivre trois étapes (sans tenir compte des impôts) :

1. La combinaison des produits d'Air France-KLM, de 2 158 M€, et de ceux de NFI, de 120 M€ ;
2. La combinaison des charges d'Air France-KLM, de 2 150 M€, et de celles de NFI, de 106 M€ ;
3. L'ajout d'une charge de 1 M€ d'amortissement si l'on pose l'hypothèse qu'il reste cinq années de vie utile à l'usine et à l'équipement (5 M€ de plus-value ÷ 5 ans = 1 M€ par année).

Notez que les produits de placement tirés de la filiale ne sont pas repris afin de ne pas tenir compte des résultats de la filiale deux fois.

En raison de la simplicité de cet exemple, nous pouvons directement dresser l'état du résultat global consolidé simplifié qui est présenté dans le tableau 11.8. Des ajustements complexes et des éliminations devraient cependant normalement faire partie du processus de consolidation et, par conséquent, être présentés dans la feuille de calcul.

11

Air France-KLM et ses filiales
État du résultat global consolidé (fictif)
période close le 31 décembre 2010
(en millions d'euros)

Produits (2 158 + 120)	2 278
Charges (2 150 + 106 + 1)	(2 257)
Résultat net	**21**

ANALYSONS UN CAS

CAS 11-E

Reprenons le cas de la société Bougeon (*voir le cas 11-D à la page 750*), mais supposons maintenant que la société Arpent n'est pas dissoute après l'acquisition. Le 1er janvier 2015, la société Bougeon a acheté 100 % des actions avec droit de vote en circulation de la société Arpent sur le marché libre au prix de 85 000 $. À la date d'acquisition, la juste valeur des actifs opérationnels s'élevait à 79 000 $.

Travail à faire

1. Déterminez les incidences de ces opérations sur les postes de l'état de la situation financière de Bougeon à la date d'acquisition à l'aide de l'équation comptable. S'il n'y a aucune incidence, expliquez pourquoi.

2. Passez l'écriture de journal que la société Bougeon devrait inscrire à la date d'acquisition. Si aucune écriture n'est requise, expliquez pourquoi.

3. Passez l'écriture de journal que la société Arpent devrait inscrire à la date d'acquisition. Si aucune écriture n'est requise, expliquez pourquoi.

4. Analysez l'opération pour déterminer le montant du goodwill découlant du regroupement.

5. Les actifs de la société Arpent devraient-ils être inclus à l'état de la situation financière consolidé à la valeur comptable ou à la juste valeur ? Expliquez votre réponse.

Solutions suggérées

1.

ÉQUATION COMPTABLE

Actif		=	Passif	+	Capitaux propres
Placement filiale	+85 000				
Trésorerie	−85 000				

2.

ÉCRITURE DE JOURNAL

Placement filiale (+A)	85 000	
Trésorerie (−A)		85 000

3. La société Arpent ne passe pas d'écriture de journal pour l'achat de ses actions par la société Bougeon. L'opération a été conclue entre la société Bougeon et les actionnaires de la société Arpent. Elle ne faisait pas directement intervenir la société Arpent.

4.

Prix d'achat de la société Arpent	85 000 $
Juste valeur de l'actif net acheté	(79 000)
Goodwill payé	6 000 $

11

5. Selon la méthode de l'acquisition, l'actif de la société Arpent doit être inclus à l'état de la situation financière consolidé à sa juste valeur à la date d'acquisition. Le principe de la valeur d'acquisition s'applique ici comme à toute opération d'achat d'actif.

Nous avons présenté un exemple fort simple de consolidation des états financiers. La technique se révèle beaucoup plus difficile à employer dans le cas d'une acquisition de moins de 100% où l'on additionne quand même 100% de la juste valeur de l'actif net de la filiale, reconnaît le goodwill global de la filiale et comptabilise la part des actionnaires ne donnant pas le contrôle à la juste valeur, y compris le goodwill. La consolidation des états financiers se complique aussi lorsque la société mère et la filiale négocient entre elles. Toutes ces notions sont abordées dans les cours de comptabilité avancés.

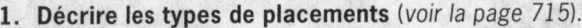

POINTS SAILLANTS DU CHAPITRE

1. **Décrire les types de placements** (*voir la page 715*).

   Les entreprises peuvent investir dans les instruments financiers d'autres entités selon les objectifs visés. L'achat de moins de 20% des actions ordinaires donnant le droit de vote d'une autre société constitue un placement non stratégique de même que l'achat des obligations d'autres sociétés. L'achat d'une participation entre 20% et 50% des actions ordinaires avec droit de vote d'une société (associée) confère à la société participante une influence sensible. Finalement, l'achat d'une participation de plus de 50% des actions ordinaires avec droit de vote d'une autre société (filiale) permet d'exercer le contrôle sur celle-ci.

2. **Classer, analyser et présenter les placements non stratégiques dans les actions d'autres entreprises à l'aide de la méthode à la juste valeur** (*voir la page 717*).

   Les placements non stratégiques dans les actions d'autres entreprises sont des placements qui ne donnent pas d'influence notable ni de contrôle sur la société émettrice. Ils sont évalués à leur juste valeur. La direction de l'entreprise a alors beaucoup de latitude et doit exercer son jugement pour désigner les placements non stratégiques dès la première comptabilisation; plusieurs facteurs doivent être pris en considération, et la désignation est irrévocable.

   - Les placements non stratégiques peuvent être désignés ainsi:
     - Les titres détenus à des fins de transactions (négociés activement pour maximiser le rendement) sont normalement désignés à la juste valeur par le biais du résultat net;
     - Les titres disponibles à la vente sont normalement détenus dans le but d'obtenir un rendement, mais non négociés de façon active, selon l'intention de la direction.
   - Les placements sont comptabilisés à leur juste valeur. La variation de la juste valeur génère un profit/perte non réalisé que l'on présente ainsi:
     - Pour les titres désignés à la juste valeur par le biais du résultat net, le profit/perte non matérialisé est présenté au moment de la détermination du résultat net à l'état du résultat global. Les coûts des transactions sont traités comme des coûts de période.
     - Pour les titres désignés disponibles à la vente, le profit/perte est dit latent et est présenté sous Autres éléments du résultat global. Les coûts des transactions sont ajoutés au placement. Le solde cumulatif du poste Profit/perte latent placement disponible à la vente est présenté à l'état des variations des capitaux propres.
   - Les dividendes gagnés sont présentés comme des produits financiers, et tous les profits ou pertes sur les ventes de placements non stratégiques sont présentés à l'état du résultat global au moment de la détermination du résultat net.

3. **Analyser et présenter les placements non stratégiques dans les instruments de passif détenus jusqu'à l'échéance à l'aide de la méthode du coût amorti** (*voir la page 725*).

   Lorsque la direction a l'intention et la capacité de détenir des placements dans des instruments de passif (obligations) jusqu'à la date d'échéance, elle les comptabilise au coût à la date d'acquisition, ce qui représente alors leur juste valeur. Par la suite, les obligations sont présentées à l'état de la situation financière à leur coût amorti. La seule technique d'amortissement permise est la méthode du taux d'intérêt effectif. Tous les produits financiers tirés des intérêts réalisés durant la période sont présentés à l'état du résultat global (au moment de la détermination du résultat net).

4. **Analyser et présenter les placements stratégiques qui permettent d'exercer une influence notable à l'aide de la méthode de mise en équivalence** (*voir la page 730*).

   Lorsqu'une entreprise détient de 20 % à 50 % des actions avec droit de vote d'une autre société, on présume que la société participante exerce une influence notable sur les politiques opérationnelles et financières de la société émettrice (entreprise associée). Dans ce cas, la méthode de mise en équivalence doit être utilisée pour comptabiliser le placement par la société participante. Selon cette méthode, l'entité participante comptabilise le placement au coût à la date d'acquisition. À toutes les périodes suivantes, la valeur du placement augmente (ou diminue) du montant de la quote-part de la société participante dans le résultat de l'entité émettrice et diminue du montant de la quote-part de la société participante dans les dividendes déclarés par l'entité émettrice.

   La section des activités d'investissement du tableau des flux de trésorerie présente les achats et les ventes de placements. Dans la section des activités opérationnelles présentée selon la méthode indirecte, on ajuste le résultat net en fonction des profits ou pertes sur les ventes de placements, de la quote-part dans les résultats des entreprises associées (nette des dividendes reçus) et des pertes découlant de la baisse de valeur durable des placements.

5. **Analyser et présenter les placements stratégiques dans les entreprises contrôlées** (*voir la page 738*).

   La fusion survient lorsqu'une entreprise achète tous les actifs d'une autre société et que la société englobée cesse d'exister comme entité légale distincte. Les fusions et la détention d'une participation majoritaire dans une autre société (plus de 50 % des actions avec droit de vote en circulation) doivent être comptabilisées selon la méthode de l'acquisition. Par conséquent, les actifs et les passifs de la filiale sont évalués à leur juste valeur à la date d'acquisition, soit au prix payé par la société mère. Tout montant versé en sus de la juste valeur des actifs nets est présenté comme un goodwill par l'investisseur.

   Le concept de consolidation est basé sur le principe selon lequel une société mère et ses filiales constituent une seule entité économique. Par conséquent, il faut combiner les états du résultat global, les états de la situation financière et les tableaux des flux de trésorerie distincts de la société mère et de ses filiales à chaque période financière. On le fait en additionnant, un poste à la fois, les éléments des états financiers pour ne former qu'un seul ensemble d'états financiers consolidés, tout en éliminant les soldes réciproques (intersociétés). Quand on achète 100 % des actions en circulation avec droit de vote d'une autre société et que celle-ci continue d'exister, les états financiers consolidés sont les mêmes que lorsque l'on comptabilise une fusion en faisant l'acquisition de tous les actifs et passifs de la société englobée.

6. **Analyser et interpréter le taux de rendement de l'actif** (*voir la page 743*).

   Le taux de rendement de l'actif mesure le résultat gagné par l'entreprise pour chaque dollar investi dans ses actifs. On le calcule en divisant le résultat net par l'actif total moyen. Il procure de l'information sur la rentabilité et l'efficacité de la direction. Si le taux augmente avec le temps, c'est que l'efficacité de la direction s'améliore.

7. **Comparer les IFRS et les normes comptables pour les entreprises à capital fermé** (*voir la page 745*).

Pour ce qui est des placements non stratégiques, les principales différences entre les normes internationales et les normes pour les entreprises à capital fermé concernent l'évaluation des placements, le traitement comptable de la variation de la juste valeur et les coûts des transactions. Dans le cas des placements stratégiques, les principales différences portent sur la terminologie utilisée, et sur l'évaluation des placements dans les entreprises associées et les filiales. En général, les normes IFRS sont beaucoup plus restrictives et plus exigeantes en matière d'information à divulguer que les normes pour les entreprises à capital fermé. Il en est ainsi parce que les entreprises à capital fermé n'ont vraisemblablement pas les ressources nécessaires pour faire une estimation fiable de la juste valeur et parce que les coûts pour connaître celle-ci ne justifient probablement pas les avantages qui en découleraient.

Chaque année, bon nombre d'entreprises déclarent des résultats importants, mais d'autres déclarent aussi faillite. Certains investisseurs considèrent que cette situation est paradoxale. Cependant, les analystes comprennent pourquoi cela se produit. Ils savent que l'on dresse l'état du résultat global selon la comptabilité d'engagement (on inscrit les produits quand ils sont gagnés) et que les charges sont rattachées aux produits. L'état du résultat global ne présente pas les recouvrements en espèces et les paiements au comptant. Les sociétés en proie à des difficultés financières déclarent faillite, car elles ne sont pas en mesure de satisfaire à leurs obligations en matière de liquidités (par exemple, elles ne peuvent payer leurs fournisseurs ou verser les intérêts exigibles). L'état du résultat global n'aide pas les analystes à évaluer les flux de trésorerie d'une entreprise. Le tableau des flux de trésorerie, que nous abordons au chapitre 12, est conçu pour aider les utilisateurs des états financiers à évaluer les encaissements et les décaissements d'une entreprise.

Ratio clé

Le taux de rendement de l'actif mesure le résultat gagné par l'entreprise pour chaque dollar investi dans ses actifs au cours de la période. Un taux qui augmente ou qui est élevé laisse entendre que la direction gère ses actifs avec efficacité. On le calcule comme suit (*voir la page 743*):

$$\text{Taux de rendement de l'actif} = \frac{\text{Résultat net}}{\text{Actif total moyen}}$$

Calcul de l'actif total moyen:
(Actif total à l'ouverture de la période + Actif total à la fin de la période) ÷ 2

Pour trouver l'information financière

ÉTAT DE LA SITUATION FINANCIÈRE

Actif courant
Placements dans des titres à la juste valeur
 par le biais du résultat net
Placements dans des titres disponibles
 à la vente

Actif non courant
Placements dans des titres disponibles
 à la vente
Placements dans les entreprises associées
Placements dans des obligations détenues
 jusqu'à l'échéance

ÉTAT DES VARIATION DES CAPITAUX PROPRES

Autres éléments du résultat global :
Solde cumulatif Profit/perte latent sur les
 titres disponibles à la vente

ÉTAT DU RÉSULTAT GLOBAL

Pour la détermination du résultat net
Produits financiers
Profits ou pertes sur la vente de placements
Profit/perte sur la variation dans les titres
 à la juste valeur par le biais du résultat net
Perte sur la dévaluation de placements
Quote-part des résultats des entreprises
 associées

**Pour la détermination du résultat global
(après le résultat net)**
Profit/perte latent sur les titres disponibles
 à la vente

TABLEAU DES FLUX DE TRÉSORERIE

**Dans la catégorie des activités
opérationnelles (méthode indirecte)**
 Résultat net
+/– Profits ou pertes (réalisés) sur la vente
 de placements
+/– Quote-part des résultats d'entreprises
 associées, net du dividende reçu des
 entreprises associées
+/– Profit/perte sur les titres désignés à la
 juste valeur par le biais du résultat net
 + Pertes sur la dévaluation de placements

NOTES

Dans plusieurs notes
Conventions comptables relatives aux placements et aux principes de consolidation
Détails sur les titres non stratégiques dans les actions d'autres entreprises et leur désignation
Détails sur les placements stratégiques dans les entreprises associées
Détails sur les acquisitions et cessions de filiales, et divulgation du périmètre de consolidation

Mots clés

11

ACTIVITÉS D'APPRENTISSAGE

QUESTIONS

1. Expliquez la différence qui existe entre un placement courant et un placement non courant.

2. Expliquez la différence qui existe entre les méthodes de comptabilisation utilisées pour les placements non stratégiques, les placements permettant d'exercer une influence notable et les placements qui permettent d'obtenir le contrôle de la société émettrice.

3. Expliquez comment les placements en obligations détenues jusqu'à l'échéance sont présentés à l'état de la situation financière de l'investisseur. Pourquoi en est-il ainsi?

4. Expliquez la façon d'appliquer le principe du coût au moment de l'achat d'actions d'une autre entreprise.

5. Selon la méthode de la juste valeur, quand et comment la société participante mesure-t-elle les produits financiers de ses actions d'autres sociétés?

6. Selon la méthode de mise en équivalence, pourquoi l'entité participante mesure-t-elle les produits financiers sur la base de sa quote-part des résultats de l'entité émettrice plutôt que sur la base de sa quote-part des dividendes déclarés?

7. Selon la méthode de mise en équivalence, les dividendes reçus de l'entité émettrice ne sont pas comptabilisés comme des produits, car une telle inscription entraîne une double comptabilisation des produits. Expliquez pourquoi.

8. Que veut dire un regroupement d'entreprises comptabilisé selon la méthode de l'acquisition?

9. Qu'est-ce qu'un goodwill et quel en est le traitement comptable?

10. Quelle est la relation entre une société mère et sa filiale?

11. Pourquoi consolide-t-on les états financiers de la société mère et de ses filiales?

12. Quel élément de base doit exister avant que les états financiers ne soient consolidés?

13. Expliquez brièvement les principales différences existant entre les normes internationales (IFRS) et les normes pour les entreprises à capital fermé (NCECF) en ce qui a trait aux placements.

14. En quoi consistent les éliminations intersociétés?

QUESTIONS À CHOIX MULTIPLES

1. La société A détient 40% de la société B. Elle exerce donc une influence notable sur la direction de la société B. Quelle méthode la société A utilise-t-elle pour comptabiliser son placement dans la société B?

   a) La méthode du coût amorti

   b) La méthode de la juste valeur

   c) La méthode de mise en équivalence

   d) La consolidation des états financiers des sociétés A et B

2. La société A achète 10% des actions de la société X et a l'intention de les détenir durant au moins cinq ans. Comment la société A va-t-elle présenter son placement dans la société X à l'état de la situation financière à la clôture de la période si l'on pose l'hypothèse que le placement est classé *disponible à la vente*?

   a) Au coût original dans l'actif courant

   b) À la juste valeur à la clôture de la période dans l'actif courant

   c) Au coût original dans l'actif non courant

   d) À la juste valeur à la clôture de la période dans l'actif non courant

3. Parmi les affirmations suivantes, laquelle permet de bien comptabiliser le produit de dividende de placements non courants dans des titres *disponibles à la vente* (DV)?

   a) Une augmentation du compte Trésorerie et une diminution du compte Placement – DV

   b) Une augmentation du compte Trésorerie et une perte latente à l'état de la situation financière

   c) Une augmentation du compte Trésorerie et une augmentation des produits financiers

   d) Une augmentation du compte Trésorerie et un profit non réalisé à l'état du résultat global

4. Parmi les affirmations suivantes, laquelle représente adéquatement le moment où l'on peut présenter à l'état du résultat global (dans la détermination du résultat net) les profits ou pertes réalisés sur les titres classés *à la juste valeur par le biais du résultat net* (JVBRN) et les titres classés *disponibles à la vente* (DV)?

   a) Au moment du redressement d'un titre JVBRN à sa juste valeur

   b) Au moment du redressement d'un titre DV à sa juste valeur

   c) Seulement au moment de la vente d'un titre JVBRN

   d) Au moment de la comptabilisation de la vente d'un titre JVBRN ou d'un titre DV

5. Parmi les affirmations suivantes, laquelle permet de comptabiliser adéquatement un dividende reçu d'une entreprise associée?

   a) L'actif total augmente et le résultat net augmente.

   b) L'actif total augmente et les capitaux propres augmentent.

   c) L'actif total diminue et les capitaux propres diminuent.

   d) L'actif total et les capitaux propres restent inchangés.

6. À quel moment inscrit-on des produits financiers dans les registres de la société participante lorsque celle-ci utilise la méthode de mise en équivalence pour comptabiliser son placement?

a) Lorsque la juste valeur des actions de la société émettrice augmente.

b) Lorsqu'elle reçoit un dividende de la société émettrice.

c) Lorsque la société émettrice comptabilise un résultat net.

d) À la fois b) et c).

7. La société Kelly a acquis 500 actions ordinaires avec droit de vote de la société Drucker à 60 $ l'action. Cet achat représente 10 % des actions ordinaires en circulation de Drucker, et le placement est inscrit dans l'actif non courant. Au cours de l'année, Drucker a versé un dividende en espèces de 2 $ l'action. À la clôture de l'année financière, elle a présenté un résultat net de 40 000 $ et la valeur boursière de ses actions était de 63 $ l'action. Kelly a classé ces actions comme *disponibles à la vente*. À la clôture de l'année financière, le placement présenté à l'état de la situation financière et le produit financier inscrit à l'état du global sont:

État de la situation financière	État du résultat global
a) 31 500 $	1 000 $
b) 30 000	1 000
c) 33 000	4 000
d) 31 500	4 000

8. La société Parker a acquis 500 actions ordinaires avec droit de vote de la société Sunspa à 60 $ l'action. Cet achat représente 40 % des actions ordinaires en circulation de Sunspa, et le placement est inscrit dans l'actif non courant. Au cours de l'année, Sunspa a versé un dividende en espèces de 2 $ l'action. À la clôture de l'année financière, elle a présenté un résultat net de 40 000 $ et la valeur boursière de ses actions était de 63 $ l'action. À la clôture de l'année financière, le placement présenté à l'état de la situation financière de Parker et le produit financier inscrit à son état du résultat global sont:

État de la situation financière	État du résultat global
a) 31 500 $	1 000 $
b) 45 000	16 000
c) 31 000	0
d) 31 500	16 000

9. Parmi les affirmations suivantes concernant le taux de rendement de l'actif, laquelle est vraie?

a) Ce ratio est utilisé pour évaluer l'efficacité d'une société selon un montant donné de capital investi par les propriétaires.

b) Le ratio est utilisé pour évaluer la stratégie de financement d'une société.

c) Le taux de rendement de l'actif peut être séparé en deux composantes: la marge nette et le taux de rotation des stocks.

d) Ce ratio sert à évaluer l'efficacité des gestionnaires à gérer les actifs.

10. Parmi les circonstances énumérées ci-dessous, dans laquelle la consolidation des états financiers est-elle nécessaire?

a) Seulement lorsqu'une société peut exercer une influence notable sur une autre société.

b) Seulement lorsqu'une société paie pour la plus-value au moment de l'acquisition d'une autre entreprise.

c) Seulement lorsque la société mère exerce le contrôle sur la filiale.

d) Seulement lorsqu'une société achète une autre société par intégration verticale.

MINI-EXERCICES

M11-1

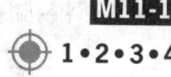

5 minutes

L'association des méthodes de comptabilisation des placements et des éléments d'information financière

Établissez un lien entre les éléments suivants. Les éléments de droite peuvent être utilisés plusieurs fois.

Élément

_____ 1. Plus de 50 % des actions ordinaires

_____ 2. Les obligations détenues jusqu'à l'échéance

_____ 3. Moins de 20 % des actions ordinaires

_____ 4. De 20 % à 50 % des actions ordinaires

_____ 5. Le coût original moins l'amortissement de toute prime ou de tout escompte associé à l'achat

Méthode de comptabilisation

A. La méthode à la juste valeur

B. La méthode de mise en équivalence

C. La consolidation

D. La méthode du coût amorti

11

Élément	Méthode de comptabilisation
_____ 6. Le coût original plus ou moins une quote-part des résultats de la société émettrice moins une quote-part des dividendes déclarés par la société émettrice	
_____ 7. Le coût original ajusté en fonction des variations de la valeur boursière des actions	

M11-2

2

15 minutes

La comptabilisation d'un placement en obligations détenues jusqu'à l'échéance

Le 1er janvier 2014, la société Piedpur a acheté des obligations de la société Mainchaude, dont la valeur nominale était de 1 000 000 $. Ces obligations portent intérêt au taux de 6 % ; les intérêts sont versés semi-annuellement les 30 juin et 31 décembre de chaque année, et l'échéance est dans 10 ans. Le taux d'intérêt du marché est de 4 %. La direction de l'entreprise a l'intention de conserver les obligations jusqu'à l'échéance.

Travail à faire

Déterminez le prix d'achat des obligations et écrivez toutes les opérations portant sur le placement dans les obligations détenues par Piedpur pour l'année 2014 :

1. à l'aide de l'équation comptable ;
2. à l'aide des écritures de journal.

M11-3

1

10 minutes

La détermination des effets sur les états financiers des opérations de placements classés *à la juste valeur par le biais du résultat net*

Au cours de décembre 2013, la société Princeton a acquis 7 500 des 50 000 actions ordinaires en circulation de la société Cox comme titres détenus à des fins de transaction (classés *à la juste valeur par le biais du résultat net*). La fin d'année financière des deux sociétés est fixée au 31 décembre. Voici les opérations effectuées sur ces titres durant le mois de décembre 2013 :

2 décembre	Achat de 7 500 actions ordinaires de la société Cox au prix de 28 $ l'action.
15 décembre	Déclaration et versement de dividendes en espèces de 3 $ l'action par la société Cox.
31 décembre	Prix du marché des actions de Cox évalué à 23 $ l'action.

Travail à faire

À l'aide des catégories suivantes, indiquez le montant et l'effet des opérations. (Écrivez + pour une augmentation et – pour une diminution.)

État de la situation financière			État du résultat global	
Actif	Passif	Capitaux propres	Résultat net	AERG*

* Autre élément du résultat global

M11-4

1

10 minutes

La détermination des effets sur les états financiers des opérations de placements classés *disponibles à la vente*

Utilisez les données de l'exercice M11-3 et supposez que la direction de la société Princeton a acheté les actions de Cox pour son portefeuille de titres *disponibles à la vente* plutôt que pour son portefeuille de titres *à la juste valeur par le biais du résultat net*.

11

Travail à faire

À l'aide des catégories suivantes, indiquez le montant et l'effet des opérations. (Écrivez +
pour une augmentation et – pour une diminution.)

État de la situation financière			État du résultat global	
Actif	**Passif**	**Capitaux propres**	**Résultat net**	**AERG***

* Autre élément du résultat global

M11-5

1

6 minutes

La comptabilisation des opérations portant sur les placements classés *à la juste valeur par le biais du résultat net*

Pour chacune des opérations de l'exercice M11-3 conclues au cours de l'exercice 2013,
passez l'écriture de journal correspondante.

M11-6

1

6 minutes

La comptabilisation des opérations portant sur les placements classés *disponibles à la vente*

Utilisez les données de l'exercice M11-4. Passez l'écriture de journal nécessaire pour chaque
opération.

M11-7

3

6 minutes

La détermination des effets sur les états financiers des placements dans des entreprises associées

Le 1er janvier 2014, Achète.com a acquis 30 % (soit 1 200 000 actions) des actions ordinaires
de la société E-Net. La fin de l'année financière des deux sociétés est fixée au 31 décembre.
  Le 2 juillet 2014, E-Net a déclaré et versé un dividende en espèces de 5 $ l'action.
  Le 31 décembre 2014, E-Net a inscrit un résultat net de 200 000 $.

Travail à faire

À l'aide des catégories suivantes, indiquez le montant et l'effet des opérations conclues
le 2 juillet et le 31 décembre 2014. (Écrivez + pour une augmentation et – pour une
diminution.)

État de la situation financière			État du résultat global	
Actif	**Passif**	**Capitaux propres**	**Résultat net**	**AERG***

* Autre élément du résultat global

M11-8

3

6 minutes

La comptabilisation des opérations portant sur des placements dans des entreprises associées

Passez les écritures de journal nécessaires pour chacune des opérations données à
l'exercice M11-7.

M11-9

4

10 minutes

L'enregistrement d'une fusion

La société Textile Beaufil a acquis la société Tissus Soyeux pour 590 000 $, versés comp-
tant alors que les seuls actifs de Tissus Soyeux, soit l'usine et l'équipement, avaient une
valeur comptable de 590 000 $ et une juste valeur de 650 000 $.
  Textile Beaufil a également pris en charge les obligations à payer de 125 000 $ de Tissus
Soyeux. À la suite de cette acquisition, la société Tissus Soyeux cessera d'exister en tant
que société distincte et sera fusionnée à Textile Beaufil.

11

Travail à faire

1. Calculez le goodwill, le cas échéant.
2. Comptabilisez cette acquisition à l'aide de l'équation comptable et de l'écriture de journal.

Le calcul et l'interprétation du taux de rendement de l'actif

F.O.U. inc. a inscrit les données suivantes à la fin de chaque période :

Année	Résultat net	Actif total
2012	150 500 $	54 000 $
2013	196 000	70 000
2014	200 000	130 000
2015	211 500	143 000

Travail à faire

1. Calculez le taux de rendement de l'actif de 2013, 2014 et 2015.

2. Comment interprétez-vous les résultats obtenus en 1 ?

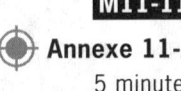

L'interprétation de l'information relative au goodwill

La société Disney possède des parcs à thème, des studios de cinéma, des stations de radio et de télévision, des journaux, et des réseaux de télévision comme ABC et ESPN. Dernièrement, son état de la situation financière présentait un goodwill de 22 milliards de dollars. Cet actif représente plus de 33 % de l'actif total de l'entreprise, ce qui est un pourcentage très important si on le compare à celui de nombreuses autres sociétés. À votre avis, pourquoi Disney inscrit-elle un goodwill aussi important à son état de la situation financière ? Expliquez votre réponse.

EXERCICES

L'enregistrement des placements en obligations détenues jusqu'à l'échéance

La société Alimentation Couche-Tard inc. est le chef de file des chaînes de magasins d'accommodation et exploite plus de 5 800 magasins sous les bannières Couche-Tard, Mac's et Circle K. Chaque jour, elle attire plus de 25 millions de consommateurs au Canada et aux États-Unis. Le chiffre d'affaires de la société s'élevait à plus de 16,4 milliards de dollars en 2010.

Supposez que le 1er janvier 2012 les gestionnaires de la trésorerie ont effectué l'achat d'un placement en obligations dont la valeur nominale était de 10 millions de dollars. Les obligations portent intérêt au taux de 3 %, alors que le taux du marché est de 4 %. Les intérêts sont payables annuellement le 31 décembre, et les obligations viennent à échéance dans 10 ans. Alimentation Couche-Tard prévoit conserver ce placement jusqu'à l'échéance.

Travail à faire

1. Déterminez le prix d'achat des obligations, et faites le calcul de l'amortissement de la prime ou de l'escompte pour 2012.

2. À l'aide de l'équation comptable, présentez les opérations suivantes :
   a) L'achat des obligations le 1er janvier 2012 ;
   b) L'encaissement des intérêts le 31 décembre 2012 ;
   c) L'amortissement de la prime ou de l'escompte le 31 décembre 2012.

3. Présentez chacune des opérations ci-dessus à l'aide des écritures de journal.

11

E11-2

1 • 3

15 minutes

La comparaison des méthodes de comptabilisation à la juste valeur et de mise en équivalence

La société A a acheté un certain nombre d'actions avec droit de vote en circulation de la société B à 20 $ l'action en tant que placement non courant. La société B avait mis en circulation 20 000 actions sans valeur nominale. Sur une feuille distincte, remplissez la matrice suivante concernant la mesure et la présentation de l'information financière concernant la société A après l'acquisition des actions de la société B.

	Méthode à la juste valeur	Méthode de mise en équivalence
a) Quel niveau de participation dans la société B la société A doit-elle détenir pour pouvoir appliquer cette méthode ?	_____ %	_____ %
Pour les questions b), e), f) et g), supposez ce qui suit :		
Nombre d'actions acquises de la société B	1 500	5 000
Résultat net inscrit par la société B au cours de la première année	59 000 $	59 000 $
Dividendes déclarés par la société B au cours de la première année	12 000 $	12 000 $
Valeur boursière de l'action de la société B à la clôture de la première année	17 $	17 $
b) Déterminez le montant du compte de placement qui figure dans les livres de la société A à la date d'acquisition.	_____ $	_____ $
c) À quel moment et sur quelle base la société A doit-elle comptabiliser les produits financiers relatifs aux actions qu'elle détient dans la société B ? Expliquez votre réponse.	_____	
d) Après la date d'acquisition, quelles raisons (autres que la vente) pourraient amener la société A à modifier le solde de son compte de placement dans les actions de la société B ? Expliquez votre réponse.	_____	
e) Quel est le montant du produit financier de la société B que doit inscrire la société A à la clôture de la première année ?	_____ $	_____ $
f) Quel est le solde du compte de placement à l'état de la situation financière de la société A à la clôture de la première année ?	_____ $	_____ $
g) Quel est le montant de la perte non réalisée que doit présenter la société A à la clôture de la première année ?	_____ $	_____ $

E11-3

1

25 minutes

Les effets sur les états financiers et l'enregistrement des opérations portant sur les placements classés *à la juste valeur par le biais du résultat net*

Le 30 juin 2011, MétroMédia inc. a acquis 7 000 actions ordinaires de Mitek au prix de 20 $ l'action. La direction a acheté les actions dans le but de spéculer et les a inscrites dans son portefeuille de placements *à la juste valeur par le biais du résultat net*. Les données suivantes concernent le prix par action de Mitek :

	Prix
2011-12-31	24 $
2012-12-31	31
2013-12-31	25

Le 14 février 2014, MétroMédia a vendu toutes ses actions de Mitek au prix de 23 $ l'action.

11

Travail à faire

1. Déterminez les incidences de cette opération, à la date d'acquisition et à chaque fin de période, sur les postes de l'état de la situation financière à l'aide de l'équation comptable.

2. Passez les écritures de journal nécessaires pour les opérations présentées dans ce cas.

E11-4
1
25 minutes

Les effets sur les états financiers et l'enregistrement des opérations portant sur les placements classés *disponibles à la vente*

Reprenez les données de l'exercice E11-3 et supposez que la direction de MétroMédia achète les actions de Mitek pour son portefeuille de titres *disponibles à la vente* plutôt que celui *à la juste valeur par le biais du résultat net*.

Travail à faire

1. Déterminez les incidences de cette opération, à la date d'acquisition et à chaque fin de période, sur les postes de l'état de la situation financière à l'aide de l'équation comptable.

2. Passez les écritures de journal nécessaires pour les opérations présentées dans ce cas.

E11-5
1
25 minutes

La présentation des profits et des pertes sur les placements classés *à la juste valeur par le biais du résultat net*

Le 10 mars 2013, Solutions générales inc. a acheté 10 000 actions ordinaires de MicroTech au prix de 45 $ l'action. La direction a acheté les actions dans l'intention de les revendre afin de réaliser un profit à la suite de l'augmentation éventuelle de la valeur du titre. Elle a classé les titres *à la juste valeur par le biais du résultat net*. Les données suivantes concernent le prix par action de MicroTech :

	Prix
2013-12-31	50 $
2014-12-31	35
2015-12-31	37

Le 12 septembre 2016, Solutions générales a vendu toutes ses actions de MicroTech au prix de 34 $ l'action.

Travail à faire

1. Déterminez les incidences de cette opération, à la date d'acquisition et à chaque fin de période, sur les postes de l'état de la situation financière à l'aide de l'équation comptable.

2. Passez les écritures de journal nécessaires pour les opérations présentées dans ce cas.

E11-6
1
25 minutes

La présentation des profits et des pertes sur les placements classés *disponibles à la vente*

Reprenez les données de l'exercice E11-5 et supposez que la direction de Solutions générales achète les actions de MicroTech dans l'intention de les garder durant cinq ans. La société a classé ces titres comme *disponibles à la vente* au lieu de *à la juste valeur par le biais du résultat net*.

Travail à faire

1. Déterminez les incidences de cette opération, à la date d'acquisition et à chaque fin de période, sur les postes de l'état de la situation financière à l'aide de l'équation comptable.

2. Passez les écritures de journal nécessaires pour les opérations présentées dans ce cas.

E11-7

25 minutes

L'inscription et la présentation d'un titre comptabilisé à l'aide de la méthode de mise en équivalence

La société Félicia a acquis quelques-unes des 65 000 actions ordinaires en circulation (sans valeur nominale) de la société Nueces en 2012 à titre de placement non courant. La fin de l'année financière des deux sociétés est fixée au 31 décembre. Les opérations suivantes ont été conclues au cours de 2012 :

10 janvier	Félicia achète 22 750 actions ordinaires de Nueces au prix de 11 $ l'action
15 juillet	Nueces a déclaré et versé un dividende en espèces de 0,60 $ l'action.
31 décembre	Félicia reçoit les états financiers de 2012 de Nueces, lesquels présentaient un résultat net de 80 000 $.
31 décembre	On constate que la valeur boursière des actions de Nueces est de 10 $ l'action.

Travail à faire

1. Quelle méthode comptable la société Félicia doit-elle utiliser pour comptabiliser son placement dans Nueces ? Expliquez votre réponse.

2. Déterminez les incidences sur les postes de l'état de la situation financière de chacune de ces opérations. S'il n'y a aucun effet, expliquez pourquoi.

3. Passez les écritures de journal nécessaires pour chacune de ces opérations. Si aucune écriture n'est nécessaire, expliquez pourquoi.

4. Montrez la manière dont les placements non courants et les produits connexes doivent être présentés aux états financiers de 2012 de Félicia.

E11-8

10 minutes

L'interprétation des effets des placements mis en équivalence au tableau des flux de trésorerie

À l'aide des données de l'exercice E11-7, répondez aux questions suivantes.

Travail à faire

1. Au tableau des flux de trésorerie de l'année en cours, comment ces opérations influeront-elles sur la section des activités d'investissement ?

2. Au tableau des flux de trésorerie de l'année en cours (selon la méthode indirecte), comment la quote-part des résultats et des dividendes des entreprises associées influera-t-elle sur la section des activités opérationnelles ? Expliquez les raisons de ces effets.

11

E11-9

◈ 4

15 minutes

George Weston

La détermination du traitement comptable approprié au moment d'une acquisition

L'entreprise George Weston ltée est une société canadienne qui évolue dans le domaine de la transformation et de la distribution d'aliments. Son chiffre d'affaires annuel atteint plus de 32 milliards de dollars. Les notes qui accompagnaient ses états financiers récents contenaient cette précision :

3. Acquisitions d'entreprises

Le 1er novembre 2010, Weston Foods (Canada) inc., filiale de GWL, a acquis la totalité des actions en circulation d'ACE Bakery ltd (ACE) pour une contrepartie totale de 110 millions de dollars.

Voici les éléments de l'actif net de la société ACE à leur juste valeur à la date de l'acquisition (en millions de dollars) :

Actifs courants	16 $
Immobilisations corporelles	21
Actifs incorporels	35
Passifs courants*	(25)

* Nous avons regroupé les passifs d'impôts différés avec le passif courant pour simplifier la présentation.

Posez l'hypothèse que les valeurs comptables sont égales aux justes valeurs, à l'exception des immobilisations corporelles et des actifs incorporels, dont les valeurs comptables sont respectivement de 18 $ et de 30 $.

Travail à faire

1. Faites le calcul du goodwill, le cas échéant.
2. Passez l'écriture de journal nécessaire pour inscrire cette acquisition en supposant qu'il s'agit d'une fusion.

E11-10

◈ 5

10 minutes

Bombardier

L'analyse et l'interprétation du taux de rendement de l'actif

La société Bombardier est un important constructeur de produits de transport aéronautique et terrestre reconnue mondialement. Au cours de l'année 2011, elle présentait les chiffres consolidés qui suivent (en millions de dollars) :

	2011	2010
Produits	17 712	19 366
Résultat net	769	707
Total de l'actif	23 430	21 273
Total des capitaux propres	4 352	3 769

Travail à faire

1. Déterminez le taux de rendement de l'actif de 2011.
2. Expliquez la signification de ce taux de rendement.

E11-11

◈ Annexe 11-A

10 minutes

Metro

Le processus de consolidation

La société Metro, l'un des principaux détaillants et distributeurs alimentaires du Canada, exploite un réseau de supermarchés, de magasins d'escompte et de pharmacies. Dans son rapport annuel, la note portant sur les méthodes comptables comprend la déclaration suivante : « Les opérations et soldes intersociétés ont été éliminés lors de la consolidation. » Expliquez, dans vos propres mots, la signification de cet énoncé. Pourquoi doit-on éliminer tous les comptes et toutes les opérations intersociétés en cas de consolidation ?

Annexe 11-A

25 minutes

L'analyse du goodwill et l'établissement de l'état de la situation financière consolidé

Le 1er janvier 2013, la société P a acheté, sur le marché libre, 100 % des actions avec droit de vote de la société S au prix de 80 000 $, payés en espèces. Voici les états de la situation financière (simplifiés) des deux entreprises tels qu'ils ont été dressés ce même jour, immédiatement après l'acquisition (en dollars canadiens):

	Société P	Société S
Trésorerie	11 500	17 500
Placement dans la société S (au coût)	80 000	
Immobilisations (nettes)	31 000	41 500
Total de l'actif	122 500	59 000
Total du passif	41 000	10 000
Actions ordinaires :		
Société P (sans valeur nominale)	77 000	
Société S (valeur nominale de 10 $)		40 500
Résultats non distribués	4 500	8 500
Total du passif et des capitaux propres	122 500	59 000

À la date d'acquisition, on a déterminé que la juste valeur des éléments de l'actif et du passif de la société S était égale à leur valeur comptable.

Travail à faire

1. Analysez l'acquisition afin de déterminer le montant du goodwill.
2. Déterminez les incidences de ces opérations sur les postes de l'état de la situation financière de la société P à l'aide de l'équation comptable.
3. Dressez l'état de la situation financière consolidé immédiatement après l'acquisition.

E11-13

Annexe 11-A

20 minutes

La détermination du résultat net consolidé

Supposez que la société Alpha a acquis la société Gamma le 1er janvier 2014 pour 110 000 $, payés comptant. À cette date, la valeur comptable nette de la société Gamma était de 86 000 $. La juste valeur de l'actif net était de 95 000 $. L'équipement affichait une plus-value de 9 000 $ et avait une vie utile estimative de trois ans au 1er janvier 2014. L'amortissement est établi selon la méthode linéaire, sans valeur résiduelle.

Au cours de 2014, les entreprises ont déclaré les résultats qui suivent:

	Société Alpha	Société Gamma
Produits rattachés à leurs propres activités	460 000 $	80 000 $
Charges se rapportant à leurs propres activités	340 000	60 000

Travail à faire

1. Faites le calcul du goodwill, le cas échéant.
2. Calculez le résultat net consolidé de 2014.
3. Quel traitement comptable se rapporte au goodwill?

11

P11-1

2

25 minutes
(PS11-1)

Starbucks

La détermination des effets sur les états financiers de placements en obligations détenues jusqu'à l'échéance

Starbucks Corporation, société qui vend du café de bonne qualité, a pris rapidement de l'expansion. Posez l'hypothèse que sa stratégie d'expansion comprend l'ouverture, dans cinq ans, de plusieurs restaurants-cafés au Mexique. La société dispose d'environ 5,5 millions de dollars pour soutenir cette expansion et a décidé d'investir ces fonds dans des obligations d'entreprises jusqu'à ce qu'elle ait besoin de ces fonds. Supposez également qu'avec ces fonds, Starbucks a acheté, le 1er janvier 2014, des obligations dont la valeur nominale est de 5 millions de dollars, la date d'échéance étant dans cinq ans, donc le 31 décembre 2018. Ces obligations portent intérêt au taux de 5 %, payable annuellement le 31 décembre, alors que le taux du marché est de 3 %. Starbucks prévoit détenir ce placement en obligations jusqu'à l'échéance.

Travail à faire

1. Quels comptes sont touchés au moment de l'achat des obligations le 1er janvier 2014 ? De quel montant sont-ils ?

2. Quels comptes sont touchés au moment de la réception des intérêts le 31 décembre 2014 ? De quel montant sont-ils ?

3. Déterminez le montant et les comptes touchés à la clôture de 2014 relativement à l'amortissement de la prime ou de l'escompte d'achat.

4. Que doit inscrire Starbucks dans ses registres comptables si la juste valeur des obligations diminue à 4 000 000 $ au 31 décembre 2015 ? Expliquez votre réponse.

P11-2

1

40 minutes
(PS11-2)

La comptabilisation des placements non stratégiques

Le 1er mars 2012, la société HiTech Industries a acheté 10 000 actions de la Société de services intégrés, qu'elle a payées 17 $ l'action. Les renseignements qui suivent concernent le prix des actions de la Société de services intégrés :

	Prix
2012-12-31	15 $
2013-12-31	21
2014-12-31	27

Travail à faire

1. Déterminez les incidences de ces opérations sur les postes de l'état de la situation financière à l'aide de l'équation comptable et passez les écritures de journal nécessaires pour la société. Supposez que HiTech a classé les titres *à la juste valeur par le biais du résultat net*.

2. Déterminez les incidences de ces opérations sur les postes de l'état de la situation financière à l'aide de l'équation comptable et passez les écritures de journal nécessaires pour la société. Supposez que HiTech a classé les actions comme placements *disponibles à la vente*.

11

P11-3

1

50 minutes
(PS11-3)

La présentation des placements non stratégiques

Au cours du mois de janvier 2013, la société Cristal a acheté les actions suivantes en tant que placements non courants :

Actions	Nombre d'actions en circulation	Nombre d'actions achetées	Prix par action
Actions ordinaires de la société Q (sans valeur nominale)	95 000	11 000	9 $
Actions privilégiées de la société R sans droit de vote (valeur nominale de 10 $)	25 000	11 300	26

Après l'acquisition, les données suivantes étaient disponibles (en dollars) :

	2013	2014
Résultat net inscrit au 31 décembre :		
Société Q	31 000	41 000
Société R	36 000	55 000
Dividendes déclarés et versés par action le 12 juillet :		
Actions ordinaires de la société Q	0,70	0,75
Actions privilégiées de la société R	0,75	0,75
Valeur boursière de l'action au 31 décembre :		
Actions ordinaires de la société Q	8,00	8,00
Actions privilégiées de la société R	25,00	26,00

Travail à faire

1. Quelle méthode comptable la société Cristal devrait-elle utiliser pour comptabiliser ses placements dans les actions ordinaires de la société Q et dans les actions privilégiées de la société R? Expliquez votre réponse.

2. Pour chaque année, présentez les effets des éléments suivants sur la société Cristal à l'aide de l'équation comptable, puis passez les écritures de journal nécessaires.

   a) L'achat des placements

   b) Le résultat net présenté par les sociétés Q et R

   c) Les dividendes reçus des sociétés Q et R

   d) Les effets, sur chacun des placements, de la comptabilisation à la juste valeur à la fin de chacune des années

3. Pour chaque année, indiquez comment les montants suivants devraient être inscrits aux états financiers de Cristal.

   a) Les placements non courants

   b) Les capitaux propres – le solde des profits ou pertes latents

   c) Les produits financiers

P11-4

1 • 3

45 minutes

L'enregistrement des placements non stratégiques et des placements permettant d'exercer une influence notable

Le 4 août 2013, la société Collin a acheté 3 000 actions de la société Isabelle au prix de 150 000 $. Elle a l'intention de les conserver durant quelques années. Les renseignements suivants concernant les actions de la société Isabelle ont été recueillis :

	Prix
2013-12-31	57 $
2014-12-31	52
2015-12-31	43

Le 1er juin de chaque année, Isabelle verse un dividende en espèces de 1 $ l'action.

Travail à faire

1. Supposez qu'il s'agit d'un placement dans des titres classés *à la juste valeur par le biais du résultat net*. Déterminez les incidences des opérations sur les postes de l'état de la situation financière à l'aide de l'équation comptable à la date d'acquisition et à chaque fin d'année. S'il n'y a aucun effet, expliquez pourquoi. Présentez le solde du poste Placement à chaque fin d'année et indiquez toute autre divulgation qu'il est nécessaire de faire dans les états financiers.

2. Supposez maintenant qu'il s'agit d'un placement dans des titres classés *disponibles à la vente*. Déterminez les incidences des opérations sur les postes de l'état de la situation financière à l'aide de l'équation comptable à la date d'acquisition et à chaque fin d'année. S'il n'y a aucun effet, expliquez pourquoi. Présentez le solde du poste Placement à chaque fin d'année et indiquez toute autre divulgation qu'il est nécessaire de faire dans les états financiers.

3. Effectuez le même travail qu'à la question 2, mais supposez que l'acquisition des actions d'Isabelle donne une participation de 30 % à Collin, ainsi que le pouvoir d'exercer une influence notable. Le résultat net d'Isabelle a été de 45 000 $ à chacune des années présentées, et ce résultat a été obtenu de façon uniforme chaque année.

P11-5

1 • 3

40 minutes

La comparaison des méthodes de comptabilisation des placements pour divers niveaux de participation

La société Rochon a 25 000 actions ordinaires en circulation, sans valeur nominale. Le 1er janvier 2013, la société Georges acquiert une partie de ces actions au prix de 25 $ l'action. À la fin de 2013, Rochon a présenté un résultat net de 45 000 $ et, le 31 août 2013, a déclaré et payé des dividendes de 21 250 $. La valeur boursière des actions de Rochon à la fin de 2013 s'élevait à 22 $ l'action. Les données s'appliquent aux deux cas indépendants suivants :

Cas A 3 000 actions achetées ;

Cas B 8 750 actions achetées.

Travail à faire

1. Pour chacun des cas, déterminez la méthode comptable que devrait utiliser Georges pour comptabiliser son placement dans Rochon. Présentez des explications à l'appui. S'il s'agit d'un placement non stratégique, posez l'hypothèse que l'entreprise a choisi de le classer comme *disponible à la vente*.

2. Pour chacun des cas, déterminez les incidences des opérations sur les postes de l'état de la situation financière de Georges à l'aide de l'équation comptable, en supposant que le placement est non courant. S'il n'y a aucun effet, expliquez pourquoi.

3. Remplissez un tableau semblable à celui-ci, qui montre le solde de certains postes des états financiers de Georges en 2013 :

	Montant	
	Cas A	Cas B
État de la situation financière		
Placements		
Capitaux propres		
État du résultat global		
Produits financiers		

4. Expliquez pourquoi l'actif, les capitaux propres et les produits financiers sont différents dans les deux cas.

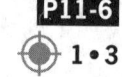

La comparaison des méthodes à la juste valeur et de mise en équivalence

Lafond inc. a 100 000 actions ordinaires en circulation. Le 10 janvier 2014, Lanthier inc. a acheté un bloc de ces actions sur le marché à 20 $ l'action pour des besoins de trésorerie non courants. À la fin de 2014, Lafond a rapporté un résultat net de 300 000 $ et, le 30 septembre 2014, elle a versé un dividende en espèces de 0,60 $ l'action. Au 31 décembre 2014, les actions se négocient en Bourse à 18 $ l'action. Ces données s'appliquent aux deux cas indépendants suivants :

Cas A Achat de 10 000 actions ordinaires de Lafond ;

Cas B Achat de 40 000 actions ordinaires de Lafond.

Travail à faire

1. Pour chaque cas, déterminez la méthode comptable que devrait utiliser Lanthier afin de comptabiliser son placement dans Lafond. Présentez des explications à l'appui.

2. Pour chaque cas, présentez les effets des éléments suivants sur la société Lanthier à l'aide de l'équation comptable, puis passez les écritures de journal nécessaires. (S'il n'y a aucun effet et si aucune écriture de journal n'est nécessaire, expliquez pourquoi.)

   a) L'acquisition

   b) La comptabilisation des produits

   c) Les dividendes reçus

   d) Les effets de la comptabilisation à la juste valeur

3. Pour chaque cas, indiquez les montants qui devraient être présentés aux états financiers de 2014 pour les postes suivants :

   a) Les placements ;

   b) Les capitaux propres ;

   c) Les produits ;

4. Expliquez pourquoi les montants présentés à la question 3 sont différents d'un cas à l'autre.

La détermination des effets sur le tableau des flux de trésorerie des placements permettant d'exercer une influence notable

En 2015, la société Rousseau a acheté, à titre de placement non courant, une partie des 90 000 actions ordinaires de Thon de mer inc. La fin d'année financière des deux sociétés est fixée au 31 décembre. Les opérations suivantes ont été effectuées au cours de 2015 :

1er janvier	Achat de 40 500 actions de Thon de mer au prix de 35 $ l'action.
15 décembre	Déclaration et versement par Thon de mer de dividendes en espèces de 2,50 $ l'action.
31 décembre	Réception des états financiers de 2015 de Thon de mer ; l'entreprise a comptabilisé un résultat net de 205 000 $.
31 décembre	Juste valeur des actions de Thon de mer : 39 $ l'action.

Travail à faire

Présentez l'incidence de chacune des opérations ci-dessus sur la section des activités opérationnelles et des activités d'investissement du tableau des flux de trésorerie.

L'analyse du goodwill et la présentation d'une fusion

Le 4 janvier 2014, la société Pronti a acquis tout l'actif net de la société Verner pour 124 000 $, payés comptant. Les deux sociétés ont fusionné, Pronti étant la société absorbante. Le tableau de la page suivante résume les états de la situation financière des deux sociétés, au 4 janvier 2014, avant la fusion (en dollars).

11

État de la situation financière : avant la fusion au 4 janvier 2014 (en dollars)	Pronti	Verner
Trésorerie	118 000	23 000
Immobilisations (nettes)	132 000	65 000*
Total de l'actif	250 000	88 000
Passif total	27 000	12 000
Actions ordinaires	120 000	40 000
Résultats non distribués	103 000	36 000
Total du passif et des capitaux propres	250 000	88 000

* Selon la société Pronti, la juste valeur des immobilisations à la date d'acquisition est de 72 000 $.

Travail à faire

1. Déterminez le montant du goodwill, le cas échéant. Présentez tous vos calculs.
2. Passez l'écriture que doit faire la société Pronti pour comptabiliser la fusion.
3. Dressez l'état de la situation financière de Pronti immédiatement après la fusion.

L'interprétation du taux de rendement de l'actif

Verizon Communications inc. (VCI) a été formée à la suite de la fusion des sociétés Bell Atlantic et GTE en 2000. Cette société est le plus grand fournisseur de communications par fil et sans fil aux États-Unis. Elle est présente dans plus de 150 pays. L'information suivante a été présentée dans un rapport annuel récent (en millions de dollars états-uniens) :

	Année 4	Année 3	Année 2	Année 1
Résultat net	6 197	7 397	7 831	3 077
Actif total	188 804	168 130	165 958	165 968

Travail à faire

1. Calculez le taux de rendement de l'actif de l'année 4, de l'année 3 et de l'année 2.
2. Que suggèrent les résultats de la question 1 à propos de VCI ?

L'analyse du goodwill et la présentation de l'état de la situation financière consolidé

Le 4 janvier 2014, la société Penn a acquis la totalité des 8 000 actions en circulation de la société Syracuse, qu'elle a payées 12 $ chacune. Par la suite, Syracuse a continué d'exister en devenant une filiale de Penn. Immédiatement après l'acquisition, on pouvait lire ce qui suit dans les états de la situation financière des deux sociétés (en dollars canadiens) :

P11-9
5
20 minutes
(PS11-7)

Verizon Communications

P11-10
Annexe 11-A
30 minutes

11

	Penn	Syracuse
Trésorerie	22 000	18 000
Placements dans Syracuse	96 000	
Immobilisations (nettes)	132 000	65 000*
Total de l'actif	250 000	83 000
Passif total	27 000	7 000
Actions ordinaires	120 000	40 000
Résultats non distribués	103 000	36 000
Total du passif et des capitaux propres	250 000	83 000

* Selon la société Penn, la juste valeur à la date d'acquisition est de 74 000 $.

Travail à faire

1. Déterminez les incidences de l'acquisition sur les postes de l'état de la situation financière de Penn.

2. Analysez l'acquisition afin de déterminer le montant du goodwill.

3. À l'état de la situation financière consolidé, l'actif immobilisé de la société Syracuse doit-il être inscrit à la valeur comptable ou à la juste valeur? Expliquez votre réponse.

4. Dressez un état de la situation financière consolidé immédiatement après l'acquisition. (Conseil: Tenez compte de la réponse donnée en 3.)

PROBLÈMES SUPPLÉMENTAIRES

PS11-1

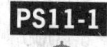 2

25 minutes
(P11-1)

**Le Groupe
Jean Coutu (PJC)**

La détermination des effets sur les états financiers des placements en obligations détenues jusqu'à l'échéance

Le Groupe Jean Coutu (PJC) inc. est le chef de file du domaine de la pharmacie en Amérique du Nord. Son expansion est en grande partie due aux acquisitions d'autres entreprises dans le même domaine et aux fusions. Supposez que PJC dispose d'environ 4,3 millions de dollars en vue de faire des acquisitions dans quatre ans. Elle a décidé d'investir cette somme dans des placements en obligations d'entreprises d'une valeur nominale de 4 000 000 $ et portant intérêt au taux de 7 %, les intérêts étant payables annuellement le 31 décembre. Le taux du marché est de 5 %. Les obligations viennent à échéance dans quatre ans, et PJC prévoit les conserver jusqu'à l'échéance.

Travail à faire

1. Quel montant versera PJC pour faire l'acquisition de ces obligations?

2. Quels comptes seront touchés à la date de l'achat? Indiquez les montants.

3. Quels comptes seront touchés à la fin de la première année? Indiquez les montants.

4. Quels comptes seront touchés à la fin de la deuxième année? Indiquez les montants.

5. Au 31 décembre de la deuxième année, si la juste valeur des obligations se situe à 4 880 000 $, passez l'écriture de journal que devra faire PJC. Expliquez votre réponse.

11

PS11-2

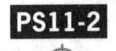 1

40 minutes
(P11-2)

La comptabilisation des placements non stratégiques

Le 15 septembre 2012, la société James Média inc. a acquis 5 000 actions de la société Diffusar inc. au prix de 32 $ l'action. Les renseignements suivants présentent la valeur boursière des actions de Diffusar :

	Prix
2012-12-31	34 $
2013-12-31	25
2014-12-31	21

Travail à faire

1. À l'aide de l'équation comptable, déterminez les incidences des opérations présentées dans ce cas sur les postes de l'état de la situation financière. Supposez que les actions ont été classées comme des placements *à la juste valeur par le biais du résultat net*. Présentez ensuite les écritures de journal relatives à ces placements.

2. Effectuez le même travail qu'à la question 1, en supposant cette fois que les actions seront classées comme placements *disponibles à la vente*.

PS11-3

 1

45 minutes
(P11-3)

La présentation des placements non stratégiques

Au début de 2013, la société Hexagone a acquis 12 000 des 200 000 actions ordinaires en circulation de la société Sept inc. au prix de 30 $ l'action en guise de placement non courant. Supposez que la fin de l'année financière est fixée au 31 décembre et que les placements non stratégiques sont classés *disponibles à la vente*. Voici les renseignements disponibles après la date d'acquisition :

	2013	2014
Résultat net de Sept inc. au 31 décembre	40 000 $	60 000 $
Dividendes en espèces payés par Sept inc. le 15 novembre	60 000	80 000
Valeur boursière d'une action ordinaire de Sept inc. au 31 décembre	28	29

Travail à faire

1. Quelle méthode comptable doit-on utiliser pour comptabiliser le placement effectué dans Sept inc. ? Expliquez votre réponse.

2. Pour chacune des années, déterminez les incidences des éléments suivants sur les postes des états financiers de la société Hexagone (s'il n'y a aucune incidence, expliquez pourquoi) :

   a) L'acquisition des actions de Sept

   b) Le résultat net présenté par Sept

   c) Les dividendes reçus de Sept

   d) L'effet de la valeur boursière à la clôture de l'année financière

3. Présentez le solde des postes suivants aux états financiers de la société Hexagone pour chaque année :

   a) Placements non courants

   b) Solde cumulatif du profit/perte latent

   c) Produit financier

PS11-4

 1 • 3

40 minutes
(P11-6)

La comparaison de la méthode à la juste valeur et de la méthode de mise en équivalence

La société Packer a acheté une partie des 200 000 actions en circulation de Barbier en guise de placement non courant. La société classe ses placements non stratégiques comme *disponibles à la vente*. La fin de l'année financière des deux sociétés est fixée au 31 décembre. Les opérations suivantes ont eu lieu en 2015 :

10 janvier	Achat des actions ordinaires de Barbier à 15 $ l'action, comme suit :	
	Cas A 30 000 actions ;	
	Cas B 80 000 actions.	
31 décembre	a) Réception des états financiers de 2015 de Barbier. Le résultat net présenté est de 90 000 $;	
	b) Réception d'un dividende de Barbier de 0,60 $ l'action ;	
	c) Juste valeur des actions de Barbier : 9 $ l'action.	

Travail à faire

1. Pour chaque cas, déterminez la méthode comptable que Packer doit utiliser pour comptabiliser son placement. Expliquez votre réponse.

2. À l'aide de l'équation comptable, présentez les effets de ces opérations. S'il n'y a aucun effet, expliquez pourquoi.

3. Donnez les montants de chacun des éléments suivants, que l'on trouve aux états financiers de 2015 de Packer, et ce, pour chacun des cas. Remplissez un tableau semblable à celui-ci.

	Montant	
	Cas A	**Cas B**
État de la situation financière		
Actifs		
Placements non courants		
État des variations des capitaux propres		
Solde cumulatif profit/perte latent placement DV		
État du résultat global partiel (détermination du résultat net)		
Produit financier		
État du résultat global partiel (autres éléments du résultat global)		
Profit/perte latent placement DV		

1 • 3

20 minutes
(P11-7)

La détermination des effets sur le tableau des flux de trésorerie des placements permettant d'exercer une influence notable

Pour chacune des opérations du problème précédent (PS11-4), indiquez comment la section des activités opérationnelles (présentée selon la méthode indirecte) et celle des activités d'investissement seront touchées.

4

30 minutes
(P11-8)

L'analyse du goodwill et la présentation d'une fusion

Le 1er juin 2014, la société Kappa a acquis tout l'actif net de la société Delta pour 120 000 $, payés comptant. Les deux sociétés ont fusionné, et Kappa est la société survivante. Voici les états de la situation financière des deux sociétés avant la fusion (en dollars canadiens) :

	Kappa	Delta
Trésorerie	176 000	13 000
Immobilisations (nettes)	352 000	165 000*
Total de l'actif	528 000	178 000
Passif total	93 000	82 000
Actions ordinaires	250 000	65 000
Résultats non distribués	185 000	31 000
Total du passif et des capitaux propres	528 000	178 000

* Selon la société Kappa, la juste valeur des immobilisations corporelles à la date d'acquisition est de 180 000 $.

Travail à faire

1. Déterminez le montant du goodwill, le cas échéant. Présentez tous vos calculs.

2. Passez l'écriture que doit faire la société Kappa pour comptabiliser la fusion du 1er juin 2014.

3. Dressez l'état de la situation financière de Kappa immédiatement après l'acquisition.

PS11-7

5

20 minutes
(P11-9)

Marriott International

L'interprétation du taux de rendement de l'actif

Marriott International est le leader mondial de l'industrie hôtelière. Elle est présente dans plus de 68 pays. L'information suivante a été tirée d'un rapport annuel récent de la société (en millions de dollars):

	Année 4	Année 3	Année 2	Année 1
Résultat net	608	669	596	502
Actif total	8 588	8 530	8 668	8 177

Travail à faire

1. Calculez le taux de rendement de l'actif de l'année 4, de l'année 3 et de l'année 2.

2. Que suggèrent les résultats obtenus à la question 1 à propos de Marriott?

CAS — INFORMATION FINANCIÈRE

CP11-1

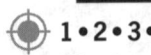

1 • 2 • 3 • 4

30 minutes

L'Oréal

La recherche d'information financière

Reportez-vous aux états financiers de la société L'Oréal (*voir l'annexe B à la fin de ce manuel*).

Travail à faire

1. La société L'Oréal inscrit-elle des placements non stratégiques? Si oui, comment sont-ils classés? Quelles méthodes de mesure et de présentation de l'information financière sont utilisées pour ces placements? Où avez-vous trouvé cette information?

2. La société L'Oréal détient-elle des placements dans des entreprises associées? Si oui, comment les comptabilise-t-elle?

3. Pouvez-vous nommer les filiales de la société? S'agit-il de filiales en propriété exclusive ou à contrôle majoritaire? Comment pouvez-vous le déterminer? Les notes complémentaires indiquent-elles que la société élimine les opérations intersociétés au moment de la consolidation? Expliquez votre réponse.

4. Quel était le solde du goodwill présenté dans les états financiers les plus récents? Le goodwill a-t-il varié d'une année à l'autre? Si oui, quelle en est la signification? Que représente ce goodwill à l'état de la situation financière de la société?

5. La société a-t-elle amélioré sa performance, mesurée au moyen du taux de rendement de l'actif de 2008 et de 2009?

6. Quelle somme la société a-t-elle versée en espèces durant la plus récente période financière pour faire l'acquisition de placements? Où le voyez-vous?

11

CP11-2

1•2•3•4

30 minutes

Inter Parfums

La recherche d'information financière

Reportez-vous aux états financiers de la société Inter Parfums *(voir l'annexe C à la fin de ce manuel)*.

Travail à faire

1. Quel est le solde des placements non stratégiques de la société pour sa période financière la plus récente? La société décrit-elle les genres de placements non stratégiques qu'elle détient et la façon dont elle les comptabilise? (Indice : Examinez les notes aux états financiers pour obtenir l'information.)

2. Les états financiers présentent-ils les plus récentes acquisitions ou dispositions d'entreprises durant les deux périodes présentées? À quoi le voyez-vous?

3. La société a-t-elle des filiales? À quoi le voyez-vous? Si la société possède des filiales, quel pourcentage détient-elle? À quoi le voyez-vous?

4. Inter Parfums a-t-elle investi dans des sociétés sur lesquelles elle exerce une influence notable? À quoi le voyez-vous?

5. Quel était le solde du goodwill présenté dans le rapport annuel le plus récent? Le goodwill a-t-il varié d'une année à l'autre? Quelle en est la signification? Que représente ce goodwill à l'état de la situation financière de la société?

6. L'entreprise a-t-elle amélioré sa performance d'une année à l'autre, mesurée par le taux de rendement de l'actif? L'actif total pour l'année 2007 se chiffre à 271 544 milliers d'euros.

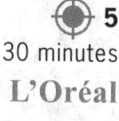

CP11-3

5

30 minutes

**L'Oréal
Inter Parfums**

La comparaison de sociétés évoluant dans le même secteur d'activité

Reportez-vous aux états financiers des sociétés L'Oréal et Inter Parfums ainsi qu'aux ratios de ce secteur d'activité *(voir les annexes B, C et D à la fin de ce manuel)*.

Travail à faire

1. Calculez la marge nette, le taux de rotation de l'actif et le taux de rendement de l'actif des deux sociétés pour l'année en cours. Quelle société a offert le rendement le plus élevé sur le total de ses actifs au cours de cette année?

2. L'écart entre le taux de rendement de l'actif des deux sociétés provient-il essentiellement des différences qui existent sur le plan de la rentabilité ou de l'efficacité? Comment le savez-vous?

3. Le rendement de l'actif de la société L'Oréal est-il plus ou moins élevé que la moyenne du secteur d'activité? Et celui de la société Inter Parfums?

L'utilisation des rapports financiers : l'analyse des effets financiers des méthodes de comptabilisation à la juste valeur et de mise en équivalence

Le 1er janvier 2015, la société Tremblay a acheté 30 % des actions ordinaires en circulation de la société Marilou pour 560 000 $. La direction a l'intention de conserver ces actions et les classe comme placement non courant. Dans l'état de la situation financière du 31 décembre 2015, le placement dans la société Marilou s'élevait à 720 000 $, aucune autre action de celle-ci n'ayant été achetée. La société Tremblay a reçu de la société Marilou des dividendes de 80 000 $ en espèces. Les dividendes ont été déclarés et versés au cours de 2015. La société Tremblay a utilisé la méthode de mise en équivalence pour inscrire son placement dans la société Marilou. La valeur boursière des actions de Marilou détenues par Tremblay, a augmenté durant l'année 2015 pour atteindre 600 000 $.

Travail à faire

1. Expliquez pourquoi le solde du compte de placement est passé de 560 000 $ à 720 000 $ au cours de 2015.

2. Quel produit financier a été comptabilisé durant l'année 2015 ?

3. Si la société Tremblay n'avait pas d'influence notable sur Marilou et avait utilisé la méthode de comptabilisation à la juste valeur, quel montant aurait été comptabilisé à titre de produit financier en 2015, en supposant que le placement soit classé *disponible à la vente* ?

4. Si la société Tremblay n'avait pas d'influence notable sur Marilou et avait utilisé la méthode de comptabilisation à la juste valeur, quel montant aurait été inscrit à titre de placement à l'état de la situation financière de la société Tremblay au 31 décembre 2015, en supposant que le placement soit classé *à la juste valeur par le biais du résultat net* ?

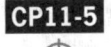
L'évaluation d'une question d'éthique : l'utilisation d'une information interne

Vous êtes membre du conseil d'administration d'une entreprise. Celle-ci a décidé d'acheter, au cours des trois ou quatre mois à venir, 80 % des actions en circulation d'une autre société. Les nombreuses discussions sur le sujet vous ont convaincu qu'il s'agit d'une excellente occasion d'investissement. Par conséquent, vous décidez d'acheter pour 10 000 $ d'actions de la société en question. Voyez-vous un problème d'éthique dans cette décision ? Réagiriez-vous différemment s'il s'agissait d'un investissement de 500 000 $?

Les considérations d'ordre éthique sont-elles différentes si vous n'achetez pas vous-même les actions, mais que vous conseillez à votre frère ou à votre sœur de le faire ?

L'évaluation d'une acquisition à titre d'analyste financier

Supposez que vous êtes l'analyste financier d'une importante entreprise d'investissement. Votre tâche consiste à analyser des entreprises du secteur de la vente au détail. Vous venez d'apprendre qu'un important détaillant de l'ouest du pays a acheté une chaîne de magasins de vente au détail de l'est du pays à un prix supérieur à la valeur comptable nette de la société acquise. Vous avez analysé les états financiers de chaque entreprise avant l'annonce de l'acquisition. Écrivez un bref rapport expliquant ce qui se produira lorsque les résultats financiers des entreprises seront consolidés et indiquez les effets de l'acquisition sur le taux de rendement de l'actif.

11

CP11-7

1 • 2 • 3 • 4 • 5

Un projet d'équipe : l'examen d'un rapport annuel

Formez une équipe et choisissez un secteur d'activité à analyser. Chaque membre de l'équipe doit se procurer le rapport annuel d'une société ouverte, dans ce secteur, qui comporte des placements. Chaque membre doit choisir une société différente. (Vos sources de recherche peuvent être le site SEDAR, www.sedar.com, ou le site des entreprises elles-mêmes.)

Travail à faire

Chaque membre de l'équipe doit écrire individuellement un bref rapport répondant aux questions suivantes au sujet de la société choisie :

1. Cette société a-t-elle dressé des états financiers consolidés ? Si oui, y énumère-t-elle les filiales qu'elle possède et le degré de contrôle qu'elle exerce sur elles ?

2. Cette société utilise-t-elle la méthode de mise en équivalence pour l'un de ses placements ? À quoi le voyez-vous ?

3. La société a-t-elle effectué des placements non stratégiques ? Le cas échéant, quelle est leur juste valeur ? Comment les a-t-elle classés ? A-t-elle inscrit des profits latents ou des pertes latentes sur ses placements ? A-t-elle dévalué ses placements ? Expliquez chaque réponse.

4. Déterminez les produits ou services de cette entreprise. Pourquoi la direction souhaite-t-elle s'engager dans ces activités ?

5   Calculez le taux de rendement de l'actif des deux périodes les plus récentes. Que suggèrent vos résultats concernant la société choisie ? Ces résultats sont-ils comparables à ceux de l'un des compétiteurs ?

6. Discutez ensemble des similarités ou des différences relatives à la comptabilisation et à la présentation des placements que vous observez chez les sociétés analysées. Donnez des explications des différences que vous avez relevées. Ensuite, rédigez un bref rapport en équipe.

11

**OBJECTIFS
D'APPRENTISSAGE**
**Au terme de ce chapitre,
vous pourrez :**

1. classer les éléments du tableau des flux de trésorerie selon qu'il s'agit de flux de trésorerie liés aux activités opérationnelles, aux activités d'investissement ou aux activités de financement (*voir la page 786*) ;

2. présenter et interpréter les flux de trésorerie liés aux activités opérationnelles en utilisant la méthode indirecte (*voir la page 799*) ;

3. analyser et interpréter le ratio de la qualité du résultat (*voir la page 807*) ;

4. présenter et interpréter les flux de trésorerie liés aux activités d'investissement (*voir la page 809*) ;

5. analyser et interpréter le ratio d'acquisition de capitaux (*voir la page 811*) ;

6. présenter et interpréter les flux de trésorerie liés aux activités de financement (*voir la page 812*) ;

7. comprendre la structure du tableau des flux de trésorerie et les autres éléments qui influent sur la trésorerie (*voir la page 816*) ;

8. comparer les normes internationales d'information financière (IFRS) et les normes comptables pour les entreprises à capital fermé (*voir la page 818*).

UBISOFT ENTERTAINMENT
L'excellente gestion
des flux de trésorerie
www.ubisoftgroup.com

Vous aimez affronter des créatures impressionnantes (Combats de Géants, Les Lapins Crétins ou Rayman)? Vous préférez plutôt les sensations fortes en sports extrêmes, dont le surf des neiges (Shaun White Snowboarding)? Sinon, une expérience 3D (Avatar – The Game) vous attire davantage? Ou encore, vous ne pouvez résister à la danse avec Just Danse sur la Nintendo Wii? Peu importe, les amateurs de jeux vidéo sont comblés par les nombreux produits fabriqués et commercialisés par Ubisoft Entertainment (Ubisoft), société internationale dont le siège social est établi en France.

Œuvrant dans l'industrie des jeux vidéo ludiques depuis 1986, Ubisoft est devenue en un court laps de temps l'un des leaders mondiaux de l'industrie, atteignant le deuxième rang des éditeurs indépendants en Europe. Au fil des ans, cette jeune société a multiplié ses produits et clients, incorporant sans cesse les nouvelles technologies dans ses jeux telles la Wii, la caméra 3D, la tablette tactile, la géolocalisation par satellite restituant le relief du sol (Tom Clancy's H.A.W.X.), mais aussi en créant la plateforme communautaire Uplay, laquelle permet, entre autres, le partage des expériences des joueurs et l'achat de jeux vidéo en ligne.

Éditeur, distributeur et créateur de jeux, Ubisoft s'est récemment introduit dans l'industrie du cinéma en faisant, en 2009, l'acquisition de Hybride Technologies, société montréalaise qui a créé des effets spéciaux pour les films *Tempête de boulettes géantes* de Sony Pictures Animation, *Titanic, Abyss, Alien* et *Terminator* de James Cameron, et bien sûr *Avatar* de la 20th Century Fox.

Au fil des ans, Ubisoft a élargi sa clientèle à travers le monde. Elle est dorénavant présente dans plus de 28 pays sur plusieurs continents et compte plus de 6 400 employés. En 2010 (fin de période au 31 mars), Ubisoft affichait un chiffre d'affaires de 871 millions d'euros et un investissement en recherche et développement (R & D) de 311 millions d'euros, représentant 35 % de son chiffre d'affaires. Pour l'année 2009-2010, l'entreprise a affiché une diminution de son chiffre d'affaires de l'ordre de 18 % par rapport à l'année précédente, que l'on explique par la crise financière mondiale et le piratage. Par contre, le premier trimestre de 2010-2011, terminé le 30 juin 2010, présente une augmentation du chiffre d'affaires de 94 % par rapport au premier trimestre de la période précédente, grâce aux ventes de certains jeux vidéo. De 1998 à 2010, Ubisoft

12

a accru son marché en passant de 1 à 18 marques millionnaires (nombre d'exemplaires vendus). En 2010, elle a lancé le premier jeu massivement multijoueurs, Might & Magic : Heroes Kingdoms. Elle exploite aussi diverses plateformes, dont les consoles portables (iPhone et iPad) et les consoles de salon, entre autres Nintendo DS, PC, MAC, PlayStation, Wii et Xbox 360.

Notons que les ventes d'Ubisoft ont progressé de 533 millions d'euros à 1 058 millions d'euros de 2005 à 2009, soit une augmentation de près de 100 %. Sa stratégie de croissance est marquée par une série d'acquisitions sélectives et d'ouvertures de studios lui permettant d'obtenir connaissances et talents afin de bénéficier des nouvelles technologies le plus rapidement possible. Par exemple, en 2009, elle a fait l'acquisition du studio Nadéo et de la marque culte de jeux en ligne de courses de voitures multijoueurs TrackMania. Elle reste constamment à l'avant-garde par ses investissements importants en R & D, lesquels lui permettent d'anticiper et de répondre aux attentes de son public là où il se trouve. La mise en place de cette stratégie demande une structure financière solide, une capacité d'emprunt et des résultats opérationnels importants.

Bien que cela puisse paraître énigmatique, la croissance des résultats provenant des opérations n'assure pas toujours des flux de trésorerie positifs. De plus, les fluctuations saisonnières dans les ventes, les achats et les dépenses de publicité peuvent amener des profits élevés et une sortie nette de trésorerie durant un trimestre, ou bien des pertes et une entrée nette de trésorerie durant d'autres trimestres. Ainsi, on ne saurait confondre les entrées et les sorties de trésorerie avec les produits et les charges qui composent le résultat net. Les activités opérationnelles qui produisent des millions en profit peuvent créer en même temps des flux de trésorerie négatifs. Par conséquent, la gestion des profits et des flux de trésorerie étant très différente, Ubisoft doit se soucier des deux. Pour les mêmes raisons, les analystes financiers sont tenus de considérer aussi bien l'information du tableau des flux de trésorerie que celle de l'état du résultat global ou de l'état de la situation financière.

• Parlons affaires

De toute évidence, le montant du résultat net est très important, mais on ne peut négliger les flux de trésorerie, qui sont tout aussi essentiels au succès d'une entreprise. Certes, les flux de trésorerie permettent à une entreprise d'accroître ses activités, de remplacer les actifs dont elle a besoin, de tirer profit des possibilités que lui offre le marché, de s'acquitter de ses obligations et de verser des dividendes à ses actionnaires. Certains analystes financiers n'hésitent pas à affirmer que le flux de trésorerie est « roi et maître » ! Les gestionnaires et les analystes doivent donc bien comprendre les diverses provenances et les différents usages des flux de trésorerie qui sont associés aux activités des entreprises.

Le tableau des flux de trésorerie met en lumière la capacité d'une entreprise à produire des liquidités elle-même, et l'efficacité de sa gestion des actifs et des passifs courants. Il précise également le détail de ses investissements (immobilisations, placements, acquisitions d'entreprise, etc.) et de son financement (dettes, émissions d'actions, etc.). Les renseignements qu'il contient « sont utiles pour apprécier la capacité de l'entité à dégager de la trésorerie[1] ». Le tableau des flux de trésorerie est donc conçu pour aider les gestionnaires et les analystes à répondre à des questions fondamentales relatives aux flux de trésorerie telles que :

* L'entreprise aura-t-elle une trésorerie suffisante pour rembourser les montants qu'elle doit à ses fournisseurs et à d'autres créanciers sans devoir emprunter davantage ?
* L'entreprise gère-t-elle de façon appropriée ses comptes clients et ses stocks ?

---

1 *Manuel de l'ICCA*, partie I, IAS 7 : Tableaux des flux de trésorerie, paragr. 4.

12

- L'entreprise a-t-elle fait les investissements nécessaires pour accroître ou maintenir sa capacité de production?
- L'entreprise a-t-elle produit suffisamment de trésorerie par elle-même pour financer les investissements nécessaires ou se fie-t-elle à un financement externe?
- L'entreprise a-t-elle modifié la composition de son financement externe?

L'exemple d'Ubisoft illustre bien l'importance du tableau des flux de trésorerie, et ce, pour deux raisons. Premièrement, comme c'est le cas dans toutes les entreprises de ce secteur d'activité, une grande partie des ventes est tributaire d'événements qui produisent des flux de trésorerie considérables, par exemple Noël et les autres fêtes. Ces événements ont des répercussions majeures sur la gestion des flux de trésorerie et le résultat net. Deuxièmement, la stratégie d'affaires d'Ubisoft comprend l'investissement dans de nouvelles technologies, soit pour attirer une nouvelle clientèle (nouveaux produits), soit pour satisfaire davantage sa clientèle actuelle (amélioration des produits existants). Ces nouvelles technologies sont soit acquises d'autres sociétés, soit produites à l'interne au moyen d'un investissement important en R & D, ce qui demande un réinvestissement des flux de trésorerie que génère l'entreprise. En 2009-2010, Ubisoft a réinvesti plus de 331,5 millions d'euros en développements internes et externes, montant qui dépasse largement le résultat net de la période, en l'occurrence une perte de 43 672 milliers d'euros. Elle a pu le faire grâce aux flux de trésorerie qu'elle a produits de ses activités opérationnelles, recourant très peu au financement externe.

Par ailleurs, les sociétés qui versent des dividendes (ce qui n'est pas le cas d'Ubisoft, car elle réinvestit ses profits dans l'entreprise) doivent s'assurer d'avoir la trésorerie suffisante pour en distribuer aux actionnaires.

Nous ouvrons donc ce chapitre par un aperçu général du tableau des flux de trésorerie. Par la suite, nous examinons en profondeur l'information présentée dans chaque section du tableau. Ce chapitre se termine par l'explication des éléments additionnels que l'on doit présenter dans le tableau des flux de trésorerie et une comparaison des normes comptables en vigueur au Canada.

12

Le classement des éléments du tableau des flux de trésorerie	**La présentation et l'interprétation des flux de trésorerie liés aux activités opérationnelles**	**La présentation et l'interprétation des flux de trésorerie liés aux activités d'investissement**	**La présentation et l'interprétation des flux de trésorerie liés aux activités de financement**	**Les autres éléments des flux de trésorerie**	**La comparaison des IFRS et des normes comptables pour les entreprises à capital fermé**
Les flux de trésorerie liés aux activités opérationnelles	La présentation des flux de trésorerie liés aux activités opérationnelles selon la méthode indirecte	La présentation des flux de trésorerie liés aux activités d'investissement	La présentation des flux de trésorerie liés aux activités de financement	La structure du tableau des flux de trésorerie	
Les flux de trésorerie liés aux activités d'investissement	L'interprétation des flux de trésorerie liés aux activités opérationnelles	L'interprétation des flux de trésorerie liés aux activités d'investissement	L'interprétation des flux de trésorerie liés aux activités de financement	Les activités d'investissement et de financement hors trésorerie	
Les flux de trésorerie liés aux activités de financement	Le ratio de la qualité du résultat	Le ratio d'acquisition de capitaux		Les renseignements supplémentaires sur les flux de trésorerie	
Le choix de certains classements					
La variation nette de la trésorerie					
Les relations entre le tableau des flux de trésorerie, l'état de la situation financière et l'état du résultat global					

OBJECTIF D'APPRENTISSAGE

1

Classer les éléments du tableau des flux de trésorerie selon qu'il s'agit de flux de trésorerie liés aux activités opérationnelles, aux activités d'investissement ou aux activités de financement.

12.1 Le classement des éléments du tableau des flux de trésorerie

Fondamentalement, le tableau des flux de trésorerie sert à expliquer comment le solde de la trésorerie à l'ouverture d'une période devient le solde de la trésorerie à la clôture de la période tel qu'il apparaît à l'état de la situation financière. **Pour les besoins du tableau des flux de trésorerie, la définition de «trésorerie»** (*voir le chapitre 6*) **comprend aussi les équivalents de trésorerie,** d'où l'expression «trésorerie et équivalents de trésorerie». À l'heure actuelle, on trouve cette expression dans les normes comptables (IAS 7 et chapitre 1540 du *Manuel de l'ICCA*) et dans les états financiers de plusieurs sociétés, dont Ubisoft. On trouve aussi parfois l'expression «Caisse» au lieu de «Trésorerie»; il s'agit alors d'une situation où seul le poste Caisse constitue la trésorerie de l'entreprise, celle-ci n'ayant ni dépôts à vue, ni placements très liquides. Les expressions «espèces et quasi-espèces» et «liquidités» sont parfois utilisées, mais tendent peu à peu à disparaître.

12

Les équivalents de trésorerie sont des placements courants très liquides qui sont à la fois :
1. facilement convertibles en un montant connu de trésorerie ;
2. si près de leur échéance que leur valeur ne risque pas de changer de façon importante si les taux d'intérêt varient.

En somme, ces placements sont détenus dans le but de faire face aux engagements de trésorerie courants, et non à d'autres fins. Les placements dans des titres boursiers, par exemple, sont facilement convertibles en un montant de trésorerie, mais ce montant n'est pas connu car il est tributaire d'une variation continuelle des prix. Ces placements ne sont donc pas des équivalents de trésorerie.

En conséquence, d'après cette définition, seuls les placements dont l'échéance est rapprochée au moment de leur acquisition, par exemple une échéance inférieure ou égale à trois mois à partir de la date à laquelle l'entreprise fait l'acquisition des placements, sont considérés comme faisant partie de la trésorerie[2]. On peut notamment mentionner les placements suivants : les bons du Trésor de 90 jours émis par le gouvernement, les titres de créance du marché monétaire et les effets commerciaux courants (émis par de grandes sociétés).

Les passifs suivants viennent réduire le solde de la trésorerie : les découverts bancaires remboursables à vue et dont le solde fluctue régulièrement entre le disponible (solde débiteur ou positif) et le découvert (solde créditeur ou négatif). Les emprunts bancaires à demande ou autres sont en général considérés comme des activités de financement.

Les éléments « hors trésorerie et équivalents de trésorerie » comprennent tous les autres postes qui ne sont pas inclus dans la trésorerie et équivalents de trésorerie.

Mentionnons également que si certains éléments qui composent le solde de la trésorerie et équivalents de trésorerie ne sont pas disponibles pour l'entreprise, celle-ci doit l'indiquer dans ses états financiers et y présenter un commentaire de la direction. C'est le cas, par exemple, de la trésorerie d'une filiale étrangère qui est implantée dans un pays où il existe des restrictions sur le transfert des devises hors du territoire ; ces montants ne sont alors pas disponibles pour une utilisation générale par la société mère.

Comme on peut le voir dans le tableau 12.1 (*voir la page suivante*), le tableau des flux de trésorerie présente des entrées et des sorties de trésorerie liées aux trois grandes catégories d'activités : 1) les activités opérationnelles ; 2) les activités d'investissement ; et 3) les activités de financement. Ensemble, ces trois catégories de flux de trésorerie expliquent le changement entre le solde d'ouverture et de clôture de la période de la *trésorerie et équivalents de trésorerie*, postes présentés à l'état de la situation financière. Le classement par activités permet aux utilisateurs d'évaluer l'effet de ces activités sur la situation financière de l'entreprise (par exemple, sa solvabilité) et les relations existant entre les activités (par exemple, les sources de financement des investissements). Nous examinons chacune de ces catégories dans les sections suivantes.

12.1.1 Les flux de trésorerie liés aux activités opérationnelles

Les flux de trésorerie liés aux activités opérationnelles sont des entrées et des sorties de trésorerie directement liées aux principales activités de l'entreprise. Ces activités engendrant des produits et des charges sont présentées à l'état du résultat global. On y inclut aussi toutes les autres activités qui ne sont pas des activités d'investissement ou de financement. Par exemple, si une entreprise a pour activité principale de louer des actifs et de les vendre après un certain temps, la vente subséquente d'un actif constitue une activité opérationnelle et non une activité d'investissement. Au contraire, si son activité principale est la fabrication de jeux vidéo, la vente de l'immeuble où ceux-ci sont produits constitue une activité d'investissement.

Flux de trésorerie liés aux activités opérationnelles
Entrées et sorties de trésorerie directement liées aux principales activités génératrices de produits de l'entreprise et à toutes les autres activités qui ne sont pas des activités d'investissement ou de financement.

12

---

2 Par exemple, un bon du Trésor de trois mois émis par l'État et une obligation de trois ans *achetée trois mois avant qu'elle n'échoie* constituent des équivalents de trésorerie. Par contre, une obligation *achetée il y a trois ans* n'entre pas dans les équivalents de trésorerie, même s'il ne reste que trois mois avant son échéance.

TABLEAU 12.1 • TABLEAU DES FLUX DE TRÉSORERIE*

Ubisoft
ÉTAT consolidé du tableau des flux de trésorerie
Période close le 31 mars 2010
(en milliers d'euros)

Flux de trésorerie provenant des activités opérationnelles	
Résultat net consolidé	(43 672)
Éléments sans effet sur la trésorerie et les équivalents de trésorerie** :	
Quote-part du résultat non distribué des entreprises associées	(50)
Dotations nettes sur immobilisations corporelles et incorporelles	304 826
Provisions nettes	4 335
Coût des paiements fondés sur des actions	12 099
Plus-values (moins-value) de cession	170
Autres produits et charges calculés	(2 938)
Charge d'impôt	(23 624)
Capacité d'autofinancement	(251 146)
Variation de certains actifs et passifs courants hors trésorerie :	
Stocks	12 057
Clients	2 440
Autres actifs	(18 995)
Fournisseurs	14 851
Autres passifs	(8 523)
Variation du BFR*** lié à l'activité	1 830
Charge d'impôt exigible	(11 588)
Trésorerie provenant des activités opérationnelles(1)	241 388
Flux de trésorerie affectés aux activités d'investissement	
Décaissements liés aux développements internes et externes	(331 474)
Décaissements liés aux autres immobilisations incorporelles et corporelles	(19 635)
Encaissements liés aux cessions d'immobilisations incorporelles et corporelles	566
Décaissements liés aux acquisitions d'actifs financiers	(16 562)
Variation du périmètre (de consolidation)	(8 157)
Variation nette des autres actifs	16 470
Trésorerie affectée aux activités d'investissement	(358 792)
Flux de trésorerie provenant des opérations de financement	
Nouveaux emprunts	172
Remboursement des emprunts	(730)
Sommes reçues des actionnaires lors d'augmentation de capital	5 033
Reventes (achats) d'actions propres	(154)
Trésorerie provenant des activités de financement	4 321
Variation nette de la trésorerie et équivalents de trésorerie	(113 083)
Trésorerie et équivalents de trésorerie à l'ouverture de la période	176 890
Incidence des écarts de conversion	1 170
Trésorerie et équivalents de trésorerie à la clôture de la période[2]	64 977
(1) Dont intérêts payés	(1 972)
(2) Dont trésorerie des sociétés acquises et cédées	(399)

*   Pour répondre aux objectifs d'un premier cours de comptabilité, nous avons simplifié la présentation en regroupant certains chiffres du tableau des flux de trésorerie de la société. Le libellé de certains éléments a donc été modifié.
**   Bien que ce terme n'apparaisse pas au tableau des flux de trésorerie d'Ubisoft, nous l'avons ajouté à des fins pédagogiques.
***   BFR : Besoin en fonds de roulement

12

Il est possible de choisir entre deux méthodes pour présenter les données de la section des activités opérationnelles.

1. La **méthode directe** consiste à présenter les composantes des flux de trésorerie liés aux activités opérationnelles sous forme de montants bruts des principales catégories d'entrées et de sorties de trésorerie.

Entrées de fonds	Sorties de fonds
Trésorerie provenant des	**Trésorerie affectée aux**
Clients	Achats de marchandises pour revente et paiements des services (électricité, etc.)
Intérêts et dividendes reçus de placements (exclus des activités d'investissement)	Salaires et rémunération
	Impôts
	Intérêts versés sur les emprunts (exclus des activités de financement)

En d'autres mots, on convertit les éléments du résultat net calculés selon la comptabilité d'engagement en une comptabilité de caisse (entrées et sorties de fonds). Ainsi, à partir des sommes reçues et des sommes versées, cette méthode permet de calculer les entrées (ou les sorties) nettes de fonds liées aux activités opérationnelles. La différence entre les entrées et les sorties de fonds se nomme «encaissement net lié aux opérations» si le solde est positif ou «décaissement» si le solde est négatif. Dans le cas d'un décaissement, on emploie parfois l'expression «flux de trésorerie négatifs». Les normes comptables canadiennes pour les entreprises à capital fermé (chapitre 1540 – partie II du *Manuel de l'ICCA*), les normes internationales d'information financière (IAS 7 – partie I du *Manuel de l'ICCA*) ainsi que les normes comptables états-uniennes du Financial Accounting Standards Board recommandent l'emploi de la méthode directe, mais, en pratique, peu d'entreprises suivent cette recommandation. Nombre de directeurs de services financiers de grandes entreprises expliquent qu'ils ne la produisent pas parce qu'elle coûte plus cher que la méthode indirecte et demande des efforts supplémentaires qui ne sont pas justifiés, car la méthode indirecte présente aussi des renseignements pertinents et utiles.

2. La **méthode indirecte** consiste à ajuster le résultat net des transactions sans effet sur la trésorerie et équivalents de trésorerie, les variations dans certains actifs et passifs courants hors trésorerie, et d'autres éléments classés dans les activités d'investissement ou de financement comme suit :

	Résultat net
+/–	Éléments sans effet sur la trésorerie et équivalents de trésorerie*
+/–	Variation de certains actifs et passifs courants hors trésorerie
+/–	Éléments classés dans les activités d'investissement ou de financement
=	Flux de trésorerie liés aux activités opérationnelles

*Certaines entreprises, dont Ubisoft, présentent un total partiel après les éléments sans effet sur la trésorerie intitulé «Capacité d'autofinancement».

D'après le *Financial Reporting in Canada,* 1 entreprise sur les 200 qui ont été recensées utilise la méthode directe. C'est donc 99,5 % des entreprises étudiées qui utilisent la méthode indirecte[3], y compris Ubisoft (*voir le tableau 12.1*). Il en est de même

....
3 Andrée LAVIGNE, Diane PAUL, et John TANG, *Financial Reporting in Canada*, 33e éd., Toronto, Institut canadien des comptables agréés, 2008, p. 77.

Méthode directe
Méthode de présentation de la section des activités opérationnelles du tableau des flux de trésorerie qui consiste à présenter les montants bruts des principales catégories d'entrées et de sorties de trésorerie.

Méthode indirecte
Méthode de présentation des activités opérationnelles du tableau des flux de trésorerie qui consiste à ajuster le résultat net des transactions sans effet sur la trésorerie, des variations qui sont survenues dans certains actifs et passifs courants hors trésorerie, et d'autres éléments classés dans les activités d'investissement ou de financement.

12

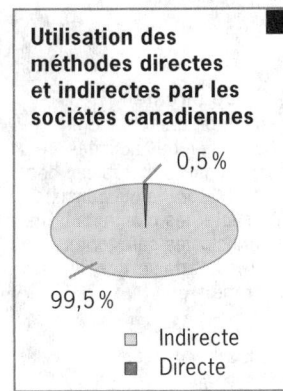

Utilisation des méthodes directes et indirectes par les sociétés canadiennes

0,5 %

99,5 %

☐ Indirecte
■ Directe

aux États-Unis, où l'on rapporte que près de 99 % des grandes entreprises utilisent la méthode indirecte[4].

Notons que, pour la période terminée le 31 mars 2010, Ubisoft a enregistré un résultat net négatif de −43 672 000 € et des flux de trésorerie positifs liés aux opérations de 241 388 000 €. En 2009, elle avait constaté un résultat net positif de 68 848 000 € et des flux de trésorerie positifs liés aux opérations de 304 260 000 €. Pourquoi le résultat net d'une entreprise et ses flux de trésorerie liés aux opérations sont-ils si différents ? Il faut se rappeler qu'on dresse l'état du résultat global en suivant la méthode de la comptabilité d'engagement. Autrement dit, on enregistre les produits lorsqu'ils sont gagnés, sans considération du moment où les entrées de fonds relatives à ces produits auront lieu. Parallèlement, on rattache les charges aux produits en les comptabilisant durant la même période que ceux-ci sans tenir compte du moment où les sorties de fonds correspondantes auront lieu.

La chose la plus importante à retenir pour le moment relativement à ces deux méthodes est qu'il s'agit simplement de deux façons différentes de calculer le même montant. En effet, le montant total des **flux de trésorerie liés aux opérations est toujours identique** (dans le cas d'Ubisoft, un encaissement net de 241 388 000 € en 2010), **qu'on utilise la méthode directe ou la méthode indirecte pour le calculer.**

Dans une autre section, nous présentons et interprétons les flux de trésorerie liés aux activités opérationnelles à l'aide de la méthode indirecte. La méthode directe est présentée à l'annexe 12-A (*voir la page 821*).

12.1.2 **Les flux de trésorerie liés aux activités d'investissement**

Flux de trésorerie liés aux activités d'investissement
Entrées et sorties de fonds liées à l'acquisition ou à la cession d'actifs non courants et de placements qui ne sont pas inclus dans les équivalents de trésorerie.

Les flux de trésorerie liés aux activités d'investissement sont des entrées et des sorties de fonds liées à l'acquisition et à la cession d'actifs non courants utilisés par l'entreprise. Ils sont aussi liés aux investissements qui ne sont pas inclus dans la trésorerie, par exemple les placements dans des titres d'autres entreprises, qu'ils soient courants ou non courants.

Voici des exemples typiques de flux de trésorerie liés aux activités d'investissement :

Entrées de fonds	Sorties de fonds
Trésorerie provenant des	**Trésorerie affectée aux**
Ventes ou cessions d'immobilisations	Achats d'immobilisations
Ventes d'entreprises	Acquisitions d'entreprises
Intérêts et dividendes reçus de placements (exclus des activités opérationnelles)	Achats de placements dans des titres (exclus de la trésorerie)
Ventes ou échéances de placements dans des titres (exclus de la trésorerie)	

La différence entre ces entrées et ces sorties de fonds constitue l'encaissement (ou le décaissement) net des fonds liés aux activités d'investissement ou les flux de trésorerie nets liés aux activités d'investissement.

Dans le cas d'Ubisoft, il s'agit d'un décaissement net de trésorerie se chiffrant à 358 792 000 €. La principale activité est liée au développement de produits internes et externes. Puisque les sorties de fonds dépassent les entrées de fonds, il y a une sortie nette de trésorerie ou un décaissement net lié aux activités d'investissement.

---

4 AMERICAN INSTITUTE OF CPA, *Accounting Trends and Techniques*, New York, 2007.

12.1.3 Les flux de trésorerie liés aux activités de financement

Les flux de trésorerie liés aux activités de financement comprennent les échanges de trésorerie avec les créanciers et les propriétaires (actionnaires). Voici des exemples typiques de flux de trésorerie liés aux activités de financement :

Flux de trésorerie liés aux activités de financement
Entrées et sorties de fonds liées aux activités qui « entraînent des changements dans le montant et la composition du capital apporté et des emprunts[5] » de l'entreprise.

Entrées de fonds	Sorties de fonds
Trésorerie provenant des	**Trésorerie affectée aux**
Emprunts sur les effets à payer, les hypothèques, les obligations, etc., à des créanciers	Remboursements du capital aux créanciers (les intérêts versés peuvent être une activité opérationnelle)
Émissions d'actions aux actionnaires	Rachats d'actions auprès des actionnaires
	Intérêts versés sur les emprunts et dividendes versés aux actionnaires (exclus des activités opérationnelles)

La différence entre ces entrées et ces sorties constitue l'encaissement (ou le décaissement) net des fonds liés aux activités de financement ou les flux de trésorerie nets liés aux activités de financement. Dans le cas d'Ubisoft, ce montant est un encaissement net de fonds de 4 321 000 €. La section concernant les activités de financement dans le tableau des flux de trésorerie indique que, durant la période, l'entreprise a diminué le montant de sa dette externe et s'est financée au moyen d'un nouvel apport des actionnaires. Rappelons que l'entreprise ne verse pas de dividendes.

12.1.4 Le choix de certains classements

Les **intérêts et les dividendes encaissés et provenant** des placements (exclus des équivalents de trésorerie) peuvent être classés soit comme des activités opérationnelles (car ils entrent dans le calcul du résultat net), soit comme des activités d'investissement (car ils constituent un retour sur les investissements).

Les **intérêts versés** sur les emprunts peuvent être classés soit comme des activités opérationnelles (car ils sont présentés à l'état du résultat global), soit comme des activités de financement (car ils constituent des coûts permettant d'obtenir des ressources financières).

Les **dividendes versés** aux actionnaires peuvent être classés soit comme des activités opérationnelles (pour aider les utilisateurs à déterminer la capacité d'une entité à dégager un dividende à partir des flux de trésorerie opérationnels), soit comme des activités de financement (car ils constituent des coûts permettant d'obtenir des ressources financières).

L'IAS 7 laisse le choix aux entreprises, pour autant que ce choix soit permanent, c'est-à-dire que la même façon de faire soit retenue d'une période à l'autre.

Les impôts versés sont normalement des activités opérationnelles, à moins qu'ils ne soient rattachés à des opérations précises. Par exemple, si les impôts payés comprennent une somme sur un gain en capital résultant de la vente d'un placement, ce montant peut être classé dans les activités d'investissement. S'il advient que les impôts payés sont ventilés dans le tableau des flux de trésorerie, le total des impôts payés doit quand même être divulgué.

L'IAS 7 n'impose pas le rattachement des impôts payés à des opérations précises, car l'impôt est souvent payé durant une période différente de celle de la transaction. En effet, le paiement des impôts est souvent différé à une période subséquente. Par ailleurs, les pertes en capital de périodes précédentes peuvent réduire l'impôt à payer sur les gains en capital de la période courante. Le tout devient assez complexe.

Une opération unique peut aussi inclure les flux de trésorerie relatifs à deux activités. Par exemple, on doit présenter séparément les deux composantes d'un remboursement

5 *Manuel de l'ICCA*, partie I, IAS 7 : Tableaux des flux de trésorerie, paragr. 6.

12

d'emprunt qui couvre les intérêts et le capital, car l'IAS 7 exige de présenter d'une façon distincte les intérêts payés. Il en est ainsi du tableau des flux de trésorerie d'Ubisoft, lequel présente dans les activités opérationnelles une note qui renvoie au bas du tableau indiquant des intérêts payés de 1 972 milliers d'euros.

12.1.5 La variation nette de la trésorerie

La somme des flux de trésorerie liés aux activités opérationnelles, aux activités d'investissement et aux activités de financement doit être égale à la variation (augmentation ou diminution) de la trésorerie de la période de présentation. En 2009-2010, Ubisoft a présenté une diminution nette de sa trésorerie de 113 083 milliers d'euros. Ce montant représente la variation du solde de la trésorerie et équivalents de trésorerie entre l'ouverture de la période, soit 176 890 milliers d'euros, et la clôture de la période, soit 64 977 milliers d'euros. En voici le sommaire (en milliers d'euros) :

Flux de trésorerie liés aux activités opérationnelles	241 388
Flux de trésorerie liés aux activités d'investissement	(358 792)
Flux de trésorerie liés aux activités de financement	4 321
Variation de la trésorerie et équivalents de trésorerie	**(113 083)**
Trésorerie et équivalents de trésorerie à l'ouverture de la période	**176 890**
Incidence des écarts de conversion*	1 170
Trésorerie et équivalents de trésorerie à la clôture de la période	**64 977**

* Une brève explication du processus de conversion est présentée dans la rubrique « Perspective internationale » (*voir la page 804*).

Pour vous aider à mieux comprendre ce qu'est un tableau des flux de trésorerie, nous illustrons maintenant une méthode permettant de dresser ce tableau à partir de l'information de l'état comparatif de la situation financière, de l'état du résultat global et de l'état des variations des capitaux propres. Nous expliquons ainsi la nature des liens qu'il y a entre le tableau des flux de trésorerie et les autres états financiers. De plus, de l'information non divulguée dans les états financiers est nécessaire afin de dresser le tableau des flux de trésorerie. Comme nous ne possédons pas cette information dans le cas d'Ubisoft et puisque les éléments du tableau des flux de trésorerie contiennent un degré de complexité qui dépasse les objectifs d'un premier cours de comptabilité, nous avons recours à une société fictive pour notre illustration (la société Trésorplus). Par la suite, nous revenons à Ubisoft pour effectuer l'analyse du tableau des flux de trésorerie, en faisant ressortir la manière dont chaque section résume un ensemble de décisions importantes prises par la direction. Nous décrivons ensuite la façon dont les analystes financiers se servent de chaque section pour évaluer une entreprise.

12.1.6 Les relations entre le tableau des flux de trésorerie, l'état de la situation financière et l'état du résultat global

L'établissement et l'interprétation du tableau des flux de trésorerie requièrent de faire l'analyse des comptes de l'état de la situation financière et de l'état du résultat global qui ont un lien avec les trois sections du tableau des flux de trésorerie. Comme nous l'avons vu dans les chapitres précédents, les entreprises enregistrent leurs opérations sous forme d'écritures de journal (ou de comptes en T) qui sont reportées dans les comptes du grand livre. Elles se servent de ces comptes pour dresser l'état du résultat global et l'état de la situation financière. Toutefois, elles ne peuvent utiliser les montants enregistrés dans ces comptes pour dresser le tableau des flux de trésorerie, parce que ces montants sont déterminés d'après les principes de la comptabilité d'engagement. Ces entreprises doivent plutôt analyser les montants enregistrés selon la comptabilité d'engagement, puis les modifier en fonction de la comptabilité de caisse. Par conséquent, pour établir le tableau des flux de trésorerie, les entreprises ont besoin des données suivantes :

1. Les états de la situation financière comparatifs qui servent à établir les flux de trésorerie liés à tous les types d'activités (opérationnelles, d'investissement et de financement) ;

2. Un état du résultat global complet qui sert principalement à établir les flux de trésorerie liés aux opérations ;

3. Des renseignements supplémentaires concernant certains comptes pour reconnaître les différents types d'opérations et d'événements qui ont eu lieu durant la période. Une analyse particulière de chacun des comptes s'impose, parce qu'il arrive souvent que le montant total de variation du solde d'un compte au cours d'une période ne révèle pas la nature sous-jacente des flux de trésorerie.

La démarche que nous privilégions[7] pour élaborer et comprendre le tableau des flux de trésorerie porte principalement sur les variations des comptes de l'état de la situation financière. En fait, elle s'appuie sur une manipulation algébrique simple de l'équation comptable.

---

6 Certains termes utilisés par l'entreprise ont été simplifiés.

7 Il existe plusieurs méthodes, toutes aussi valables, pour expliquer le tableau des flux de trésorerie. Nous choisissons celle qui porte sur la variation des postes de l'état de la situation financière, car elle nous semble la plus systématique et logique. En outre, cette méthode repose sur l'équation comptable, notion que les lecteurs comprennent maintenant bien.

---

* **Solutions du test d'autoévaluation**
   a) I ; b) O ; c) O ; d) I ; e) F ; f) O ou F ; g) I ; h) O ; i) O ; j) I.

$$\text{Actif} \quad = \quad \text{Passif} \quad + \quad \text{Capitaux propres}$$

On doit d'abord distinguer les actifs liquides qui font partie de la trésorerie[8] de ceux qui sont hors trésorerie. L'actif est donc scindé en deux, comme suit :

$$\text{Trésorerie} \quad + \quad \text{Actif hors trésorerie} \quad = \quad \text{Passif} \quad + \quad \text{Capitaux propres}$$

Si l'on déplace l'actif hors trésorerie à la droite de l'équation, on obtient le résultat suivant :

$$\text{Trésorerie} \quad = \quad \text{Passif} \quad + \quad \text{Capitaux propres} \quad - \quad \text{Actif hors trésorerie}$$

Étant donné cette relation, la variation (Δ) de la trésorerie entre l'ouverture et la clôture de la période doit être égale aux variations (Δ) des montants du côté droit de l'équation entre l'ouverture et la clôture de la période.

$$\Delta\,\text{Trésorerie} \quad = \quad \Delta\,\text{Passif} \quad + \quad \Delta\,\text{Capitaux propres} \quad - \quad \Delta\,\text{Actif hors trésorerie}$$

Par conséquent, toute variation de la trésorerie s'accompagne d'une variation des éléments de passif (Pa), de capitaux propres (CP) ou d'actif hors trésorerie (A). Le tableau 12.2 présente bien ce concept pour certaines opérations sélectionnées. Certains enseignants préfèrent utiliser la méthode du chiffrier pour expliquer la préparation du tableau des flux de trésorerie, surtout lorsque la situation est complexe. Nous avons inclus une illustration de cette méthode à l'annexe 12-B (*voir la page 826*).

TABLEAU 12.2 • QUELQUES OPÉRATIONS IMPLIQUANT DES MOUVEMENTS DE TRÉSORERIE ET LEURS EFFETS SUR LES AUTRES POSTES DE L'ÉTAT DE LA SITUATION FINANCIÈRE

Catégorie de trésorerie	Opération	Effet sur la trésorerie	Autres postes de l'état de la situation financière
Opérations	Encaissement d'un compte client	+	– Clients (A)
	Paiement d'un compte fournisseur	–	– Fournisseurs (Pa)
	Paiement à l'avance du loyer	–	+ Frais payés d'avance (A)
	Vente au comptant	+	+ Résultats non distribués (CP)
	Paiement des intérêts	–	– Résultats non distribués (CP)
Investissements	Achat d'équipement au comptant	–	+ Équipements (A)
	Vente de placement au comptant	+	– Placements (A)
Financement	Remboursement de la dette bancaire	–	– Dette bancaire (Pa)
	Émission d'actions au comptant	+	+ Actions ordinaires* (CP)

* Ou actions privilégiées

....

8 La trésorerie inclut les équivalents de trésorerie. Le terme a été abrégé pour faciliter l'illustration.

12

Ainsi, on calcule la variation de chaque poste de l'état de la situation financière (Solde de clôture – Solde d'ouverture), puis on classe le poste selon sa relation avec les activités opérationnelles (O), les activités d'investissement (I) ou les activités de financement (F). *Les éléments de l'état de la situation financière liés à l'état du résultat global relèvent des activités opérationnelles et sont désignés par la lettre* O. Ces comptes comprennent les éléments suivants :

- Actif courant (à l'exclusion des placements courants qui relèvent des activités d'investissement ou des équivalents de trésorerie) ;
- Passif courant (à l'exception des emprunts[9] qui relèvent des activités de financement ou des découverts bancaires faisant partie de la trésorerie) ;
- Résultats non distribués, car ce poste augmente ou diminue en fonction du montant du résultat net, qui constitue le point de départ de la section des activités opérationnelles selon la méthode indirecte. Il faut noter que les résultats non distribués diminuent aussi en raison du montant du dividende, lequel relève des activités de financement ou des activités opérationnelles, selon le choix retenu par l'entreprise.

Dans le tableau 12.3 (*voir la page suivante*), tous les actifs et passifs courants de Trésorplus ont été désignés par « O ». Ces éléments comprennent les comptes :

- Clients ;
- Stocks ;
- Charges payées d'avance ;
- Fournisseurs ;
- Charges courantes à payer.

Comme nous venons de le dire, les résultats non distribués sont également liés aux activités opérationnelles à cause du chiffre du résultat net.

Les postes de l'état de la situation financière liés aux activités d'investissement sont désignés par la lettre I. *Il s'agit de tous les autres actifs de l'état de la situation financière.* Dans le tableau 12.3, ce sont les postes :

- Placements (courants) ;
- Immobilisations ;
- Goodwill ;
- Autres actifs.

Les postes de l'état de la situation financière liés aux activités de financement sont désignés par la lettre F. *Il s'agit de tous les autres postes du passif et des capitaux propres de l'état de la situation financière.* Dans le tableau 12.3, ce sont les postes :

- Dette bancaire ;
- Effets commerciaux ;
- Dette à long terme, y compris la partie courante ;
- Autres passifs ;
- Capital social ;
- Résultats non distribués (diminution résultant du dividende).

Par la suite, cette information permettra de préparer chaque section du tableau des flux de trésorerie. Notons que la société Trésorplus **a choisi** de présenter les **dividendes versés** comme une activité de financement et les **intérêts versés** comme une activité opérationnelle. Les produits d'intérêts et de dividendes reçus sont aussi présentés comme des activités opérationnelles.

---

9 Par exemple, les comptes exclus des activités opérationnelles peuvent être les dividendes à payer, les dettes courantes aux établissements financiers ou la portion courante de la dette à long terme.

12

TABLEAU 12.3 • TRÉSORPLUS : ÉTATS FINANCIERS CONSOLIDÉS

Trésorplus
États de la situation financière consolidés
au 31 décembre
(en millions de dollars canadiens)

Section : flux de trésorerie		2011	2010	Variation
	Actif			
	Courants			
Δ Trésorerie	Trésorerie et équivalents de trésorerie	885	1 034	−149
I	Placements	4	4	0
O	Clients	535	573	−38
O	Stocks	1 987	1 903	+84
O	Charges payées d'avance	223	174	+49
	Actifs courants	3 634	3 688	
	Non courants			
I et O*	Immobilisations	7 611	7 414	+197
I	Goodwill	1 587	1 627	−40
I	Autres actifs	810	723	+87
	Actifs non courants	10 008	9 764	
	Total de l'actif	13 642	13 452	
	Passif et capitaux propres			
	Passif			
	Courants			
F	Dette bancaire	48	84	−36
F	Effets commerciaux	692	715	−23
O	Fournisseurs	1 042	1 075	−33
O	Charges courantes à payer	1 200	1 100	+100
F	Partie courante de la dette à long terme	159	156	+3
	Passifs courants	3 141	3 130	
	Non courants			
F	Dette à long terme	4 205	4 197	+8
F	Autres passifs	554	500	+54
	Passifs non courants	4 759	4 697	
	Total du passif	7 900	7 827	
	Capitaux propres			
F	Capital social	1 192	1 194	−2
O et F	Résultats non distribués	4 550	4 431	+119
	Total des capitaux propres	5 742	5 625	
	Total du passif et des capitaux propres	13 642	13 452	

* L'amortissement cumulé est aussi lié aux opérations (selon la méthode indirecte), car l'amortissement annuel qui est ajouté au résultat net en fait partie.

Trésorplus
État consolidé du résultat global
Période close le 31 décembre 2011
(en millions de dollars canadiens)

Chiffre d'affaires	8 653
Coût des ventes	(7 355)
Marge brute	1 298
Charges administratives	(707)
Amortissement des immobilisations	(172)
Dépréciation du goodwill	(40)
Résultat opérationnel	379
Charges financières	(78)
Résultat avant impôts	301
Charge d'impôts sur le résultat	(109)
Résultat net	192

Trésorplus
État consolidé des variations des capitaux propres
Période close le 31 décembre 2011
(en millions de dollars canadiens)

	Capital social	Résultats non distribués	Total
Solde au 1er janvier 2011	1 194	4 431	5 625
Résultat global		192	192
Dividendes		(73)	(73)
Émission d'actions	14		14
Rachat d'actions	(16)		(16)
Solde au 31 décembre 2011	1 192	4 550	5 742

Trésorplus
Tableau consolidé des flux de trésorerie
Période close le 31 décembre 2011
(en millions de dollars canadiens)

Activités opérationnelles	
Résultat net	192
Éléments sans effet sur la trésorerie et équivalents de trésorerie :	
Amortissement des immobilisations	172
Dépréciation du goodwill	40
	404
Variation de certains actifs et passifs courants hors trésorerie (note 10)	(28)
Flux de trésorerie nets liés aux activités opérationnelles	376

12

Activités d'investissement

Acquisitions d'immobilisations	(385)
Produits tirés de la vente d'immobilisations	16
Variation nette des autres actifs	(87)
Flux de trésorerie nets liés aux activités d'investissement	(456)

Activités de financement

Dette bancaire		(36)
Effets commerciaux		(23)
Dette à long terme	+ nouvel emprunt	23
	– remboursement	(12)
Augmentation des autres passifs		54
Actions ordinaires	+ nouvelle émission	14
	– rachat	(16)
Dividendes		(73)
Flux de trésorerie nets liés aux activités de financement		(69)

Variation nette de la trésorerie et équivalents de trésorerie	(149)
Trésorerie et équivalents de trésorerie à l'ouverture de la période	1 034
Trésorerie et équivalents de trésorerie à la clôture de la période	885

Trésorplus
10. Variation de certains actifs et passifs courants hors trésorerie (note)

(en millions de dollars canadiens)	**2011**
Diminution : Clients	38
Augmentation : Stocks	(84)
Augmentation : Charges payées d'avance	(49)
Diminution : Fournisseurs	(33)
Augmentation : Charges courantes à payer	100
Total de la variation de certains actifs et passifs courants hors trésorerie	(28)
Intérêts versés	78
Impôts versés	109

12.2 La présentation et l'interprétation des flux de trésorerie liés aux activités opérationnelles

Tel que nous l'avons montré précédemment, la section des activités opérationnelles peut être présentée au moyen de deux formats ; pratiquement toutes les sociétés canadiennes, états-uniennes et européennes choisissent la méthode indirecte. Par conséquent, nous analysons ici la méthode indirecte et reportons la discussion sur la méthode directe à l'annexe 12-A (*voir la page 821*).

Il convient de retenir les éléments suivants:

1. Le total des flux de trésorerie liés aux opérations est toujours le même, quelle que soit la méthode choisie (indirecte ou directe);
2. Les sections des activités d'investissement et de financement sont indépendantes de la section des activités opérationnelles et toujours présentées de la même manière, quel que soit le format utilisé pour établir la section des activités opérationnelles.

12.2.1 La présentation des flux de trésorerie liés aux activités opérationnelles selon la méthode indirecte

OBJECTIF D'APPRENTISSAGE

Présenter et interpréter les flux de trésorerie liés aux activités opération-nelles en utilisant la méthode indirecte.

Le tableau 12.3 présente les états de la situation financière consolidés pour deux années consécutives de Trésorplus ainsi que l'état consolidé du résultat global et l'état consolidé des variations des capitaux propres. Rappelons que la méthode indirecte débute par le chiffre du résultat net, lequel est par la suite converti en flux de trésorerie liés aux activités opérationnelles. Cette opération permet de convertir le résultat net, calculé selon la comptabilité d'engagement, en flux de trésorerie selon la méthode de comptabilité de caisse. Voici la structure générale de la section des activités liées aux opérations:

Activités opérationnelles

Résultat net

Éléments sans effet sur la trésorerie et équivalents de trésorerie:
+ Amortissement et dépréciation
– Gain ou plus-value sur vente d'actifs
+ Perte ou moins-value sur vente d'actifs

Variation de certains actifs et passifs courants hors trésorerie:
+ Diminution des actifs courants
+ Augmentation des passifs courants
– Augmentation des actifs courants
– Diminution des passifs courants

Flux de trésorerie liés aux activités opérationnelles

Pour tenir compte de toutes les additions et soustractions à effectuer en vue de convertir le résultat net en flux de trésorerie liés aux opérations, il est pratique de concevoir un tableau explicatif dans lequel sont présentés ces calculs. C'est ce que nous avons fait dans le cas de Trésorplus (*voir le tableau 12.4 à la page suivante*).

On commence par la section des activités opérationnelles, avec un résultat net de 192 millions de dollars enregistré à l'état du résultat global de l'entreprise (*voir le tableau 12.3 à la page 797*). On doit convertir ce résultat net en flux de trésorerie liés aux activités opérationnelles. Ce processus comporte les deux étapes décrites ci-après.

Étape 1   L'ajustement du résultat net pour l'amortissement, la dépréciation, les gains et les pertes sur la disposition d'actifs

La comptabilisation de l'amortissement et de la dépréciation se fait par régularisation, ce qui n'influe d'aucune façon sur la trésorerie ou sur les comptes d'actifs et de passifs courants. Les comptes touchés par l'ajustement sont des actifs non courants (par exemple, l'équipement). Puisque l'amortissement et la dépréciation sont soustraits des produits pour calculer le résultat net et qu'ils n'impliquent pas de sortie de fonds, on les additionne toujours au résultat net pour convertir celui-ci afin qu'il convienne à la comptabilité de caisse. Dans le cas de Trésorplus, on doit éliminer l'effet de l'amortissement et de la dépréciation en ajoutant respectivement 172 millions de dollars et 40 millions de dollars au résultat net (*voir le tableau 12.4*). Par ailleurs, il aurait aussi fallu ajouter les pertes et soustraire les gains qui auraient été constatés sur la vente d'actifs, car le produit de disposition (comprenant les

12

Conversion du résultat net en flux de trésorerie liés aux opérations*

Élément	Montant (en millions de dollars canadiens)	Explication
Résultat net, selon la comptabilité d'engagement	192	Le résultat net provient de l'état du résultat global.
Éléments sans effet sur la trésorerie et équivalents de trésorerie:		
Amortissement des immobilisations	172	Ce montant est réintégré (additionné) parce que la charge d'amortissement n'implique pas de sortie de fonds.
Dépréciation du goodwill	40	Ce montant est réintégré (additionné) parce que la charge de dépréciation n'implique pas de sortie de fonds.
Total partiel	404	
Variation de certains actifs et passifs courants hors trésorerie:		Il s'agit ici de la variation des comptes de l'actif et du passif courants, hormis la trésorerie, les placements et les dettes à payer* aux établissements financiers.
Diminution: Clients	38	Ce montant est additionné, car la somme recouvrée auprès des clients est supérieure aux produits obtenus selon la comptabilité d'engagement.
Augmentation: Stocks	(84)	Ce montant est soustrait, car le coût des ventes est inférieur aux achats.
Augmentation: Charges payées d'avance	(49)	Ce montant est soustrait, car, selon la comptabilité d'engagement, les charges sont inférieures au montant payé d'avance pour les charges.
Diminution: Fournisseurs	(33)	Ce montant est soustrait, car les achats à crédit sont inférieurs aux montants versés aux créanciers.
Augmentation: Charges courantes à payer	100	Ce montant est additionné, car les paiements pour les charges sont inférieurs aux charges provisionnées selon la comptabilité d'engagement.
Total partiel	(28)	
Flux de trésorerie liés aux activités opérationnelles	376	Le total apparaît ainsi au tableau consolidé des flux de trésorerie.

* Comprend le solde à découvert de la caisse et les prêts à demande. Les autres dettes courantes à payer aux établissements financiers sont présentées dans la section des activités liées au financement.

gains et les pertes) apparaît dans la section des activités liées à l'investissement. Pour ce qui est de Trésorplus, aucun poste de gain ou de perte n'apparaît à l'état du résultat global, ce qui nous laisse croire qu'il n'y a pas eu de disposition d'actifs non courants. L'analyse en profondeur des comptes d'immobilisation et des autres actifs non courants permettrait de dégager l'information nécessaire à la préparation du tableau des flux de trésorerie. Par exemple, si Trésorplus avait vendu des équipements, à gain ou à perte, le montant des sommes encaissées serait classé dans la section des activités d'investissement. Puisque la somme totale reçue est une entrée de fonds liée aux activités d'investissement, on doit procéder à un redressement dans la section des activités opérationnelles afin d'éviter de tenir compte deux fois du gain ou de la perte. Les gains sur les ventes d'actifs non courants sont soustraits et les pertes sur ces ventes sont additionnées afin de convertir le résultat net en flux de trésorerie liés aux activités opérationnelles[10].

10 Des additions et soustractions similaires font l'objet d'explications dans les cours de comptabilité avancés.

Étape 2   L'ajustement du résultat net pour la variation de certains actifs et passifs courants hors trésorerie liés aux activités opérationnelles

La variation de chacun des éléments d'actif courant (autres que la trésorerie et les investissements courants) et des éléments de passif courants (autres que les emprunts courants aux établissements financiers et la partie de la dette à long terme échéant dans moins de un an qui sont liés au financement) cause des différences entre le résultat net et les flux de trésorerie liés aux activités opérationnelles. Lorsqu'on doit convertir le résultat net en flux de trésorerie liés aux activités opérationnelles, on doit suivre les règles générales suivantes :

- **Ajouter la variation quand un actif courant diminue ou qu'un passif courant augmente.**
- **Soustraire la variation quand un actif courant augmente ou qu'un passif courant diminue.**

Quand on comprend bien ce qui fait augmenter ou diminuer un actif ou un passif courant, les additions et les soustractions ci-dessus deviennent logiques.

La variation de certains actifs et passifs courants hors trésorerie est souvent présentée comme un seul poste dans le tableau des flux de trésorerie. Dans ce cas, la plupart du temps, les entreprises utilisent une note complémentaire qui détaille les calculs de cette variation, comme dans le cas de Trésorplus.

UNE VARIATION DES COMPTES CLIENTS

L'analyse de la variation des comptes clients de Trésorplus permet de mieux comprendre la logique de ces opérations mathématiques. Il faut se rappeler que l'état du résultat global reflète le produit des ventes, tandis que le tableau des flux de trésorerie indique les ventes encaissées sous forme de trésorerie. Examinez les comptes clients : lorsqu'on enregistre des ventes à crédit, ils augmentent et, lorsqu'on recouvre l'argent dû, ils diminuent. Posons l'hypothèse que le chiffre d'affaires de Trésorplus qui s'est fait à crédit s'élève à 60 % du chiffre d'affaires global.

Clients (A) (en millions de dollars)	Montant	Variation
Solde d'ouverture à l'état de la situation financière	573	
+ Chiffre d'affaires à crédit (60 % × 8 653)	5 192	
− Recouvrement auprès des clients*	(5 230)	
Solde de clôture à l'état de la situation financière	535	(38)

* Obtenu par différence, car on connaît les trois autres montants.

Dans l'exemple de Trésorplus, le chiffre d'affaires enregistré à l'état du résultat global et provenant des ventes à crédit est inférieur au recouvrement des sommes de 38 millions de dollars (5 192 millions − 5 230 millions) à recevoir des clients. Puisqu'une somme supérieure aux ventes à crédit a été encaissée, on doit ajouter ce montant au résultat net pour le convertir en flux de trésorerie liés aux opérations. Il faut noter que ce montant est lui aussi identique à la variation des comptes clients (en millions de dollars) :

Solde final	535
− Solde initial	(573)
Variation	(38)

Cette même logique est utilisée pour déterminer les ajustements à effectuer aux autres actifs et passifs courants.

En résumé, l'état du résultat global comprend les produits de la période, mais les flux de trésorerie des activités opérationnelles doivent refléter les sommes recouvrées

12

des clients. Les ventes à crédit augmentent le solde des comptes clients, et le recouvrement des sommes dues par les clients le diminue.

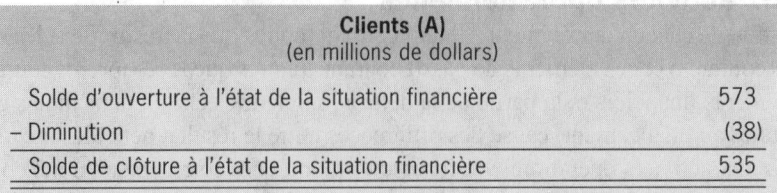

Clients (A) (en millions de dollars)	
Solde d'ouverture à l'état de la situation financière	573
– Diminution	(38)
Solde de clôture à l'état de la situation financière	535

Les états de la situations financière consolidés de Trésorplus (*voir le tableau 12.3 à la page 796*) indiquent une *diminution* des comptes clients de 38 millions de dollars pour la période. Cela signifie que les montants encaissés dépassent le chiffre des ventes à crédit. Pour convertir les flux de trésorerie liés aux activités opérationnelles, le montant de la diminution (la perception en plus) doit être *ajouté* au tableau 12.4 (*voir la page 800*). Dans le cas inverse, on soustrait une augmentation.

UNE VARIATION DES STOCKS

L'état du résultat global présente le coût des ventes de la période, tandis que les flux de trésorerie liés aux activités opérationnelles reflètent les achats au comptant. Comme on peut le voir dans le compte ci-dessous (en millions de dollars), l'achat de marchandises augmente le solde des stocks et la vente de marchandises le diminue.

Si les stocks
- Augmentent → Soustraire
- Diminuent → Additionner

Stocks (A)		Stocks (A)	
Solde à l'ouverture de la période		Solde à l'ouverture de la période	1 903
+ Achats		Augmentation (achats supérieurs	
– Coût des ventes		au coût des ventes)	84
Solde à la clôture de la période		Solde à la clôture de la période	1 987

L'état de la situation financière de Trésorplus (*voir le tableau 12.3*) indique que les stocks ont **augmenté** de 84 millions de dollars, ce qui veut dire que le montant des achats a dépassé le montant du coût des ventes. Cette augmentation (l'excédent des achats) doit être **soustraite** du résultat net afin de le convertir en flux de trésorerie liés aux activités opérationnelles, puisqu'un achat implique une sortie de fonds (*voir le tableau 12.4*). Dans le cas inverse, quand le montant des achats est inférieur au coût des ventes, on additionne cette diminution au résultat net.

UNE VARIATION DES CHARGES PAYÉES D'AVANCE

L'état du résultat global présente les charges de la période, tandis que les flux de trésorerie liés aux activités opérationnelles reflètent les paiements au comptant. Comme on peut le voir dans le compte ci-dessous, les prépaiements au comptant augmentent le solde des charges payées d'avance et la constatation des charges le diminue.

Si les charges payées d'avance
- Augmentent → Soustraire
- Diminuent → Additionner

Charges payées d'avance (A)		Charges payées d'avance (A)	
Solde à l'ouverture de la période		Solde à l'ouverture de la période	174
+ Prépaiements au comptant		Augmentation (paiements	
– Services utilisés (charges)		supérieurs aux charges)	49
Solde à la clôture de la période		Solde à la clôture de la période	223

L'état de la situation financière de Trésorplus (*voir le tableau 12.3*) indique que le solde des charges payées d'avance a **augmenté** de 49 millions de dollars, ce qui veut dire que le montant des nouveaux paiements a dépassé le montant des charges. Cette augmentation (l'excédent des prépaiements) doit être **soustraite** du résultat net (*voir le tableau 12.4*). Dans le cas inverse, on additionne une diminution.

12

UNE VARIATION DES COMPTES FOURNISSEURS

Les flux de trésorerie liés aux activités opérationnelles doivent refléter les achats. Cependant, tous les achats ne sont pas payés comptant. Les achats à crédit augmentent le solde des comptes fournisseurs, et les paiements aux fournisseurs le diminuent.

Fournisseurs (Pa)
Solde à l'ouverture de la période
+ Achats à crédit
– Paiements aux fournisseurs
Solde à la clôture de la période

Fournisseurs (Pa)	
Solde à l'ouverture de la période	1 075
Diminution (paiements supérieurs aux achats à crédit)	(33)
Solde à la clôture de la période	1 042

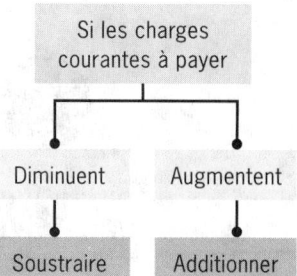

Les comptes fournisseurs de Trésorplus ont diminué de 33 millions de dollars, ce qui veut dire que les paiements aux fournisseurs ont été supérieurs aux achats à crédit. Cette **diminution** (l'excès des paiements) doit être **soustraite** du résultat net (*voir le tableau 12.4*). Dans le cas inverse, on additionne une augmentation.

UNE VARIATION DES CHARGES COURANTES À PAYER

L'état du résultat global présente toutes les charges de la période, tandis que les flux de trésorerie liés aux activités opérationnelles reflètent les paiements réels effectués pour ces charges. Comme on peut le voir dans le compte présenté ci-dessous, l'inscription de certaines charges augmente le solde du compte de charges courantes à payer au passif et les paiements au comptant de ces charges le diminuent.

Charges courantes à payer (Pa)
Solde à l'ouverture de la période
+ Inscription des charges à payer
– Paiements des charges à payer
Solde à la clôture de la période

Charges courantes à payer (Pa)	
Solde à l'ouverture de la période	1 100
Augmentation (paiements inférieurs aux charges inscrites)	100
Solde à la clôture de la période	1 200

L'état de la situation financière de Trésorplus (*voir le tableau 12.3*) indique que le solde des charges courantes à payer a **augmenté** de 100 millions de dollars, ce qui veut dire que le montant des paiements au comptant a été inférieur au montant des charges inscrites. Cette augmentation (l'excédent des charges) doit être **additionnée** au résultat net (*voir le tableau 12.4*). Dans le cas inverse, on soustrait une diminution.

UN SOMMAIRE DES OPÉRATIONS

On peut résumer l'emploi des additions et des soustractions généralement requises pour rapprocher le résultat net des flux de trésorerie liés aux opérations comme suit :

Élément	Additions et soustractions permettant de rapprocher le résultat net des flux de trésorerie liés aux opérations	
	En cas d'augmentation	En cas de diminution
Amortissement et dépréciation	+	s.o.
Clients	–	+
Stocks	–	+
Charges payées d'avances	–	+
Fournisseurs	+	–
Charges courantes à payer	+	–

s.o. : sans objet

12

Afin de réconcilier le résultat net aux flux de trésorerie liés aux activités opérationnelles, il faut de nouveau remarquer que le tableau précédent permet de dégager les deux règles suivantes :

- **Ajouter la variation quand un actif courant diminue ou quand un passif courant augmente.**
- **Soustraire la variation quand un actif courant augmente ou quand un passif courant diminue.**

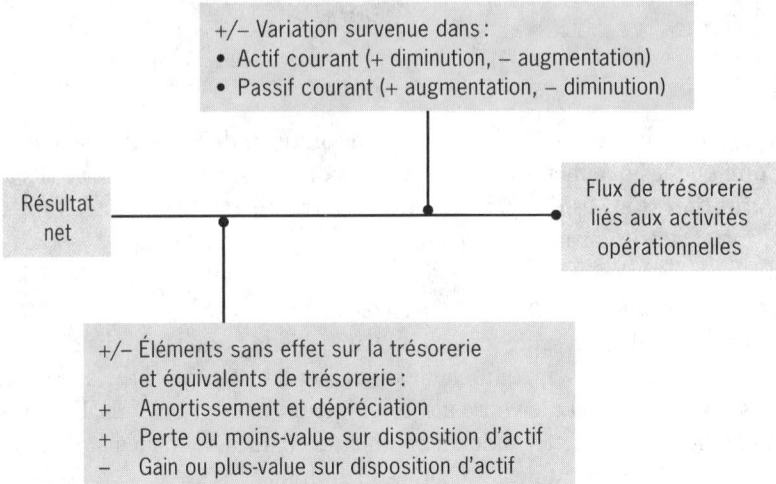

LES DEVISES ÉTRANGÈRES ET LE TABLEAU DES FLUX DE TRÉSORERIE

Les états financiers d'une entreprise peuvent inclure des filiales situées dans des pays étrangers, dont les états financiers sont dressés dans une autre devise que le dollar canadien (par exemple, le dollar des États-Unis ou l'euro). Le processus de conversion de ces états financiers en dollars canadiens rend difficile la comparaison des variations des postes courants de l'état de la situation financière et celles qui sont présentées dans le tableau des flux de trésorerie. Nous pouvons remarquer, au bas du tableau des flux de trésorerie d'Ubisoft (*voir le tableau 12.1 à la page 788*), la mention «Incidence des écarts de conversion» pour le montant de 1 170 milliers d'euros. L'acquisition ou la vente de filiales au cours de la période peut avoir des effets semblables. L'illustration de ces concepts dépasse largement les objectifs d'un manuel de base en comptabilité. Ces éléments complexes seront abordés dans les cours de comptabilité avancés.

12.2.2 L'interprétation des flux de trésorerie liés aux activités opérationnelles

La section des activités opérationnelles du tableau des flux de trésorerie permet d'évaluer l'habileté de l'entreprise à produire des flux de trésorerie à l'interne dans le cours de ses opérations, et à évaluer la gestion des actifs et passifs courants (montants du fonds de roulement). La plupart des analystes financiers croient que cette section du tableau des flux de trésorerie est la plus importante, car, à long terme, les activités opérationnelles sont la seule source de trésorerie. Cela signifie que les investisseurs ne placeront pas leur argent dans une société s'ils ne croient pas que les opérations produiront suffisamment de liquidités pour pouvoir leur payer des dividendes ou accroître la valeur de la société. De même, les créanciers ne prêteront pas d'argent à une entreprise s'ils ne croient pas que les flux de trésorerie provenant de ses activités opérationnelles seront disponibles pour rembourser un prêt. Par exemple, plusieurs sociétés «.com» se sont écroulées lorsque les investisseurs ont perdu confiance en leur habileté à transformer leurs idées en flux de trésorerie générés par leurs activités opérationnelles.

En principe, les analystes financiers et les agents de crédit tentent d'éviter les entreprises qui démontrent une croissance du résultat net en même temps qu'une diminution des flux de trésorerie liés aux opérations. Un niveau de stocks qui grimpe rapidement ou un solde des comptes clients qui fait de même sont souvent des indices d'une diminution prochaine des profits et d'un besoin de financement externe. Une véritable compréhension de cette situation requiert une analyse détaillée de ses causes.

Voici un tableau illustrant l'évolution de quelques chiffres tirés des états financiers d'Ubisoft :

Ubisoft
(en milliers d'euros)

	États financiers annuels 31 mars 2009	Résultats semestriels 30 septembre 2009	États financiers annuels 31 mars 2010
Chiffre d'affaires	1 057 926	166 000	870 954
Flux de trésorerie liés aux activités opérationnelles	304 261	(212 900)	241 388
Résultat net consolidé	68 848	(52 000)	(43 672)
Clients	69 534	69 234	68 748
Stocks	62 294	57 294	47 973
Fournisseurs	136 664	163 964	144 499

À la fin du premier semestre, au 30 septembre 2009, Ubisoft a rapporté un résultat net négatif de –52 000 milliers d'euros et des flux de trésorerie liés aux activités opérationnelles négatifs de –212 900 milliers d'euros. À la fin de la période close le 31 mars 2010, on peut constater que le résultat net consolidé s'est légèrement amélioré au second semestre avec un résultat annuel négatif de –43 672 milliers d'euros. Pour ce qui est des flux de trésorerie opérationnels, il s'agit d'une toute autre situation. À la fin de la période, l'entreprise affiche des flux de trésorerie liés aux activités opérationnelles de 241 388 milliers d'euros (situation positive) ; il s'agit d'une très grande amélioration par rapport au premier semestre. Comment Ubisoft a-t-elle réussi un tel revirement ? Pour répondre à cette question, il faut analyser avec soin les éléments des activités opérationnelles du tableau des flux de trésorerie. Afin de mieux disséquer cette information, on doit en apprendre davantage sur l'industrie des jeux vidéo ludiques.

12

L'ANALYSE DES ÉLÉMENTS DU FONDS DE ROULEMENT

Lorsqu'une diminution du chiffre d'affaires est accompagnée d'une croissance des **comptes clients,** les dirigeants d'entreprises tentent parfois de relancer des ventes décroissantes en prolongeant les délais de paiement (par exemple, de 30 à 60 jours) ou en assouplissant leurs critères d'accessibilité au crédit (par exemple, en prêtant à des clients plus à risque). L'augmentation des comptes clients qui en résulte peut avoir pour effet d'accroître le résultat net par rapport aux flux de trésorerie liés aux opérations. En conséquence, un grand nombre d'analystes interprètent ce résultat comme un avertissement. Dans le cas d'Ubisoft, la diminution du chiffre d'affaires en 2010 ne s'est pas traduite par une augmentation des comptes clients.

Un accroissement inattendu des **stocks** peut également avoir pour effet d'augmenter l'écart entre le résultat net et les flux de trésorerie liés aux opérations (une augmentation des stocks à la clôture diminue le coût des ventes et augmente donc le résultat net). Un tel accroissement peut indiquer que la hausse prévue dans les ventes ne s'est pas concrétisée. Une diminution des stocks peut signifier que l'entreprise s'attend à des ventes moins importantes l'année suivante. Dans l'ensemble, on peut observer que les stocks varient en fonction du chiffre d'affaires. En effet, les stocks d'Ubisoft ont diminué de 5 000 milliers d'euros à la fin du premier semestre et d'un peu moins de 10 000 milliers d'euros au second semestre, pour se situer à 47 973 milliers d'euros au 31 mars 2010. La société rapporte que la baisse des stocks traduit les efforts qu'elle a faits pour améliorer la gestion de ses inventaires et les opérations de déstockage d'un produit dont la technologie est dépassée.

Les sociétés tentent parfois d'augmenter leur fonds de roulement en fin de période en diminuant les **comptes fournisseurs.** Cette opération a pour conséquence de diminuer les flux de trésorerie. Au premier semestre de l'année financière 2009-2010, soit du 31 mars 2009 au 30 septembre 2009, les comptes fournisseurs ont augmenté de façon importante. Au 31 mars 2010, on observe une baisse des comptes fournisseurs, mais leur niveau est quand même supérieur à celui de la période précédente. L'augmentation des comptes fournisseurs constitue une augmentation des flux de trésorerie. L'entreprise rapporte que l'augmentation du compte Fournisseurs est liée à celle des activités menées avec certains fournisseurs.

Les analystes qui s'intéressent au secteur des jeux vidéo sont conscients que les fluctuations des comptes durant le premier trimestre sont normales et résultent d'effets saisonniers. Premièrement, ils savent que presque tous les achats aux fournisseurs se font à crédit et que l'entreprise est en mesure de payer ses comptes. Deuxièmement, ils ont observé que les ventes du premier semestre sont plus faibles. Dans le tableau des flux de trésorerie, ces résultats ont un effet négatif sur les flux de trésorerie liés aux activités opérationnelles. Troisièmement, ils ont observé que les éditeurs de jeux vidéo ont deux types de flux de trésorerie importants : le financement des coûts de développement, qui se fait de manière normale quel que soit le niveau des ventes, et les flux liés à la commercialisation des jeux, qui sont tributaires des fluctuations saisonnières. Le chiffre d'affaires d'Ubisoft provient à 80 % du second semestre, soit du 1er octobre 2009 au 31 mars 2010. L'entreprise rapporte ce qui suit :

> L'entreprise doit tout d'abord financer la mise en fabrication des produits qui représentent 41 % du chiffre d'affaires et qui sont payables à 30 jours en moyenne, et financer également les frais de marketing (environ 14 % du chiffre d'affaires) avant d'encaisser les recettes en moyenne 80 jours après la mise en rayon. Pour cette raison, l'entreprise doit financer des pics de trésorerie importants aux environs de Noël, et voit sa trésorerie remonter entre février et mars[11].

L'importance évidente de connaître en détail un secteur pour pouvoir interpréter correctement les états financiers des entreprises qui en font partie explique le fait que la plupart des analystes se spécialisent dans un nombre restreint de secteurs.

....

11 UBISOFT, *Document de référence, Rapport de gestion*, 2010, p. 14.

LE RATIO DE LA QUALITÉ DU RÉSULTAT

1. Question d'analyse

Combien de dollars (ou d'euros) de trésorerie produit chaque dollar (ou euro) de résultat net?

2. Ratio et comparaison

analysons les ratios

$$\text{Ratio de la qualité du résultat} = \frac{\text{Flux de trésorerie liés aux activités opérationnelles}}{\text{Résultat net}}$$

OBJECTIF D'APPRENTISSAGE

Analyser et interpréter le ratio de la qualité du résultat.

Pour 2009-2010, le ratio d'Ubisoft était le suivant:

$$\frac{€}{€} \quad -5,53$$

Nintendo est une entreprise japonaise d'envergure internationale qui conçoit, fabrique et commercialise des jeux vidéo et des consoles. Son chiffre d'affaires était de plus de 15 milliards de dollars états-uniens en 2010.

Activision Blizzard est située en Californie. Elle développe et édite des jeux vidéo (en ligne, PC, console) et a enregistré un chiffre d'affaires de plus de 4 milliards de dollars états-uniens en 2009.

Analyse de la tendance dans le temps			Comparaison avec les compétiteurs	
Ubisoft			Nintendo	Activision Blizzard
2008	2009	2010	2010	2009
4,02	4,42	−5,53	0,70	10,47

3. Interprétation des résultats

EN GÉNÉRAL ◊ Le ratio de la qualité du résultat sert à mesurer la partie du résultat net qui est générée sous forme de trésorerie. Toutes choses étant par ailleurs égales, un ratio de la qualité du résultat plus élevé que la moyenne indique une plus grande capacité à financer les activités opérationnelles et les autres besoins en trésorerie à même les entrées de fonds découlant des opérations. Lorsque le résultat net est négatif (perte), avec des flux de trésorerie positifs, le ratio négatif indique que l'entreprise a une meilleure capacité de se financer à même ses activités opérationnelles. Un ratio négatif provenant de résultats positifs et de flux de trésorerie négatifs indique tout à fait le contraire. Un ratio supérieur indique également une probabilité moindre que l'entreprise utilise des méthodes agressives de comptabilisation des produits pour augmenter son résultat net et, par conséquent, il est peu probable que l'on observe une diminution future du résultat net[12]. Lorsque ce ratio est différent de 1,00, les analystes doivent établir la source de l'écart pour déterminer l'importance des résultats. Quatre causes potentielles expliquent un tel écart:

1. Le cycle opérationnel de l'entreprise (l'augmentation ou la diminution du chiffre d'affaires). Lorsque les ventes augmentent, les comptes clients et les stocks s'accroissent normalement plus vite que les comptes fournisseurs. Il en résulte souvent une diminution des flux de trésorerie liés aux opérations, sous le niveau du résultat, ce qui abaisse le ratio. Lorsque les ventes diminuent, le contraire se produit et le ratio augmente.

2. Le caractère saisonnier des activités. Les variations saisonnières survenant dans les ventes et les achats de stocks peuvent entraîner un écart du ratio par rapport à 1,00. Le ratio d'Ubisoft pour le premier semestre terminé au 30 septembre 2009 est de 4,09, avec des résultats et des flux de trésorerie négatifs.

3. Des variations survenant dans la comptabilisation des produits et des charges. Une comptabilisation agressive des produits ou le fait d'omettre des charges courantes à payer peut gonfler le résultat net et diminuer le ratio.

4. Des variations survenant dans la gestion des actifs et passifs liés aux opérations. Une gestion inefficace peut entraîner une augmentation des actifs et une diminution des passifs liés aux opérations, ce qui contribue à réduire les flux de trésorerie liés aux opérations et, par conséquent, le ratio. Une gestion plus efficace, telle la réduction des termes de paiement, aura l'effet contraire.

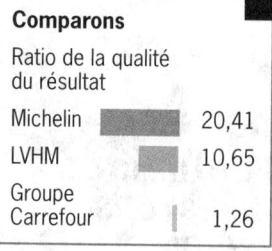

Comparons

Ratio de la qualité du résultat

Michelin	20,41
LVHM	10,65
Groupe Carrefour	1,26

12

---

12 Pour des détails sur ce sujet, voir Scott A. RICHARDSON, «Earnings Quality and Short Sellers», *Accounting Horizons*, 2003 (supplément), p. 49-61.

UBISOFT ◊ Durant les trois dernières années, le ratio annuel de la qualité du résultat d'Ubisoft a varié, passant de 4,02 en 2008 à –5,53 en 2010. Dans tous les cas, le ratio indique des flux de trésorerie nettement supérieurs aux résultats. Au premier semestre, terminé le 30 septembre 2009, le ratio présente des flux de trésorerie négatifs de –212 900 et des résultats négatifs de –52 000 milliers euros. Un mauvais ratio au premier semestre[13] (ou trimestre) peut être récurrent et présenter une situation cyclique où le paiement des comptes est plus élevé que les recettes. En effet, Ubisoft fait 80 % de son chiffre d'affaires au second semestre (grâce à Noël), bien que des sorties importantes de trésorerie en R & D soient répartis de façon continue durant toute l'année financière. Sur une base annuelle, le ratio d'Ubisoft est supérieur à celui de Nintendo et inférieur à celui d'Activision Blizzard. Ainsi, les analystes financiers seront-ils incités à lire le rapport de gestion inclus au rapport annuel d'Ubisoft pour en déterminer les causes. Ce rapport présente une analyse et une discussion de la direction au sujet des événements financiers de la période.

QUELQUES PRÉCAUTIONS ◊ On ne peut interpréter le ratio de la qualité du résultat qu'à la condition de bien comprendre les activités d'une entreprise et sa stratégie. Par exemple, un faible ratio est parfois simplement attribuable à des variations saisonnières normales. Toutefois, il peut aussi indiquer un vieillissement des stocks, un ralentissement des ventes ou l'échec des plans de croissance. Les analystes considèrent souvent ce ratio conjointement avec le taux de rotation des comptes clients et celui des stocks pour tenir compte de ces possibilités.

question d'éthique

dans l'actualité
INVESTORS CHRONICLE

LES ERREURS, LES IRRÉGULARITÉS ET LES FLUX DE TRÉSORERIE LIÉS AUX ACTIVITÉS OPÉRATIONNELLES

Le tableau des flux de trésorerie donne souvent aux observateurs un premier indice montrant que les états financiers d'une entreprise pourraient contenir des erreurs et irrégularités. On tient davantage compte de l'importance de ce document, en tant qu'indicateur prévisionnel, dans les normes d'audit, comme le révèle un article de l'*Investors Chronicle* qui rapporte une fraude comptable commise par une société commerciale de crédit. En voici un extrait :

« [...] un examen du tableau des flux de trésorerie de Versailles – outil essentiel à l'identification des méthodes de comptabilité créative – devrait avoir fait retentir l'alarme. Dans le dernier rapport émis par la société, Versailles a présenté un résultat d'opérations positif [...] de 25 millions de dollars, mais un flux de trésorerie négatif de ses activités opérationnelles de 24 millions de dollars [...] de tels chiffres auraient dû [...] servir d'alarme. Après tout, à quoi sert une société si elle ne rapporte que des profits comptables qui ne seront jamais réalisés sous forme de trésorerie ? »

Source : James CHAPMAN, « Creative Accounting : Exposed ! », *Investors Chronicle*, 3 février 2001. [Traduction libre]

Comme nous l'avons vu dans les chapitres précédents, certains dirigeants peu scrupuleux tentent parfois d'atteindre le résultat net qu'ils visent en falsifiant les comptes de régularisation (charges courantes à payer et charges reportées). Ils jouent ainsi sur la démarcation des produits et des charges de façon à gonfler le résultat. Puisque ces écritures de régularisation ne modifient pas la trésorerie, elles n'ont aucune incidence sur le tableau des flux de trésorerie. Une différence croissante entre le résultat net et les flux de trésorerie liés aux opérations peut constituer un indice de ce type de falsification. Il s'agit d'un signe avant-coureur qui a déjà été observé avant certaines faillites retentissantes comme celle de W.T. Grant. Cette entreprise avait gonflé son résultat net en omettant de passer les écritures de régularisation requises concernant des charges relatives à des comptes clients irrécouvrables et des stocks désuets. Les analystes les plus perspicaces avaient observé la différence croissante entre le résultat net et les flux de trésorerie provenant des opérations qui en a résulté ; ils ont recommandé la vente des actions de l'entreprise bien avant que celle-ci fasse faillite.

13 Ubisoft n'est pas tenue de produire d'états financiers trimestriels, comme c'est le cas des entreprises canadiennes. L'Autorité des marchés financiers de la France exige cependant la publication de résultats semestriels et la divulgation du chiffre d'affaires par trimestre.

12

12.3 La présentation et l'interprétation des flux de trésorerie liés aux activités d'investissement

OBJECTIF D'APPRENTISSAGE

Présenter et interpréter les flux de trésorerie liés aux activités d'investissement.

12.3.1 La présentation des flux de trésorerie liés aux activités d'investissement

Dans cette section, il convient d'analyser les comptes relatifs à l'achat et à la vente d'immobilisations corporelles et incorporelles utilisées par les entreprises, et ceux qui sont liés aux investissements dans des titres d'autres entreprises. Normalement, les comptes de l'état de la situation financière qui correspondent à cette description comprennent les comptes de placements courants et les comptes d'actifs non courants tels que les placements non courants, et les immobilisations corporelles et incorporelles. Voici les relations que l'on observe le plus couramment :

Postes correspondants de l'état de la situation financière	Activités d'investissement	Effet sur les flux de trésorerie
Immobilisations corporelles (terrain, immeuble, équipement) et incorporelles (brevets, etc.)	Achat d'immobilisations au comptant	Sortie de fonds
	Vente d'immobilisations au comptant	Entrée de fonds
Placements courants et non courants (actions et obligations d'autres entreprises)	Achat de titres de placement au comptant	Sortie de fonds
	Vente au comptant ou arrivée à échéance des titres de placement	Entrée de fonds

Il faut se rappeler les éléments suivants :

- **Seuls les achats faits en ayant recours à la trésorerie sont inclus aux activités d'investissement.**
- **Le montant des espèces reçues de la vente est inclus, que la vente ait été effectuée à gain ou à perte.**

Dans le cas de Trésorplus, l'analyse des variations des comptes de l'état de la situation financière (*voir le tableau 12.3 à la page 796*) montre que trois des quatre actifs désignés par la lettre *I* ont varié au cours du trimestre. Il y a donc eu des activités d'investissement relatives aux trois comptes suivants : Immobilisations, Goodwill et Autres actifs. On doit examiner les livres de l'entreprise pour déterminer les causes de ces variations. Le compte Placements (actif courant) n'a pas varié et, par conséquent, on ne doit pas en tenir compte. Le détail de la variation des comptes est présenté ci-après, puis résumé dans le tableau 12.5 (*voir la page suivante*).

LES PLACEMENTS

L'analyse des registres comptables de Trésorplus indique que la société n'a pas fait d'achat ni disposé de placements courants durant la période. Le solde du compte Placements est demeuré le même, soit 4 millions de dollars. Par ailleurs, la société n'indique pas de placements non courants à son actif. Ainsi, le tableau des flux de trésorerie n'indique pas d'élément relatif à ce compte pour ce qui est des activités d'investissement.

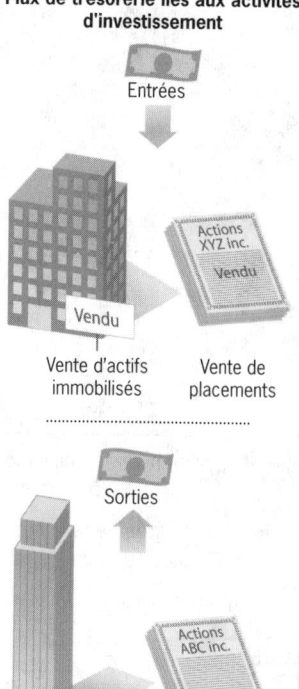

Flux de trésorerie liés aux activités d'investissement

Entrées

Vente d'actifs immobilisés — Vente de placements

Sorties

Achat d'actifs immobilisés — Achat de placements

12

LES IMMOBILISATIONS

Trésorplus a acheté de nouvelles immobilisations pour 385 millions de dollars, qu'elle a payées comptant, ce qui constitue une sortie de fonds. Elle a vendu pour 16 millions de dollars d'immobilisations au comptant, ce qui représente une entrée de fonds. Le montant de 172 millions de dollars de charge d'amortissement, réintégré à la section des activités opérationnelles, est également un élément qui explique la variation nette étant survenue dans le compte Immobilisations en 2011. La variation s'explique donc ainsi :

Immobilisations (A) (en millions de dollars)	
Solde à l'ouverture de la période	7 414
+ Acquisitions	385
– Cession (produit des ventes)	(16)
– Amortissement	(172)
Solde à la clôture de la période	7 611

LE GOODWILL

L'analyse des registres dévoile qu'il n'y a eu aucune acquisition ou disposition d'entreprise en ce qui concerne le goodwill. La différence entre le solde d'ouverture et de clôture représente une diminution de 40 millions de dollars, somme qui est égale à la dépréciation de l'actif figurant à la section des activités opérationnelles.

LES AUTRES ACTIFS

Une analyse des registres comptables serait nécessaire afin d'expliquer la variation des comptes inclus dans le poste Autres actifs à l'état de la situation financière, information qui n'est pas disponible dans cet exemple. Les notes aux états financiers peuvent aussi fournir de l'information sur les différents éléments de cette rubrique, par exemple les franchises, les impôts futurs, etc. Dans le cas de Trésorplus, la variation qui représente une sortie nette de fonds de 87 millions de dollars n'est pas détaillée.

TABLEAU 12.5 • TRÉSORPLUS : TABLEAU EXPLICATIF DES FLUX DE TRÉSORERIE LIÉS AUX ACTIVITÉS D'INVESTISSEMENT

Élément	Montant (en millions de dollars canadiens)	Explication
Acquisition d'immobilisations	(385)	Ce montant représente la somme versée pour l'achat d'immobilisations.
Produits tirés de la vente d'immobilisations	16	Ce montant représente la somme reçue de la vente d'immobilisations.
Variation nette des autres actifs	(87)	Le montant est négatif, car les sommes versées sont supérieures à celles reçues pour les éléments du poste Autres actifs ; il s'agit donc d'une sortie nette.
Flux de trésorerie liés aux activités d'investissement	(456)	Le total apparaît ainsi au tableau consolidé des flux de trésorerie.

Comme nous l'avons vu précédemment dans ce chapitre, les sociétés peuvent décider de présenter les intérêts et les dividendes encaissés des placements dans la section des activités liées à l'investissement. En effet, elles peuvent se justifier en affirmant que ces produits constituent un retour sur les investissements. Dans ce cas, le choix des sociétés est permanent (il ne peut varier d'une période à l'autre).

12.3.2 L'interprétation des flux de trésorerie liés aux activités d'investissement

Deux données permettent d'évaluer l'habileté d'une société à financer ses besoins d'expansion à l'interne. Il s'agit du ratio d'acquisition de capitaux et des flux de trésorerie disponibles.

analysons les ratios

OBJECTIF D'APPRENTISSAGE (5)

Analyser et interpréter le ratio d'acquisition de capitaux.

LE RATIO D'ACQUISITION DE CAPITAUX

1. **Question d'analyse**

   Jusqu'à quel point l'entreprise est-elle capable de financer l'achat d'immobilisations au moyen de la trésorerie provenant de ses activités opérationnelles?

2. **Ratio et comparaison**

$$\text{Ratio d'acquisition de capitaux} = \frac{\text{Flux de trésorerie liés aux activités opérationnelles}}{\text{Acquisition d'immobilisations en espèces}^{14}}$$

Pour la période 2008-2010*, le ratio d'Ubisoft était le suivant:

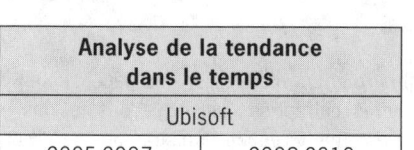

$$\frac{€}{€} \quad 0,95$$

Analyse de la tendance dans le temps		Comparaison avec les compétiteurs	
Ubisoft		Nintendo	Activision Blizzard
2005-2007	2008-2010	2008-2010	2007-2009
1,02	0,95	25,96	10,89

Comparons

Ratio d'acquisition de capitaux 2007-2009

LVHM	2,76
Groupe Carrefour	1,51
Michelin	1,41

3. **Interprétation des résultats**

EN GÉNÉRAL ◊ Le ratio d'acquisition de capitaux reflète la partie des achats d'immobilisations (corporelles et incorporelles) qui est financée grâce aux activités opérationnelles sans recours à une dette externe, à un financement par l'émission d'actions, ou à la vente d'autres placements ou d'actifs immobilisés. Un ratio élevé indique que l'entreprise a moins besoin de financement externe pour sa croissance présente et à venir. Cette situation est avantageuse, car elle permet aux entreprises d'effectuer des acquisitions stratégiques, d'éviter le coût d'une dette supplémentaire ou d'une émission d'actions, et de réduire les risques de faillite qui accompagnent l'accroissement du levier financier (*voir les chapitres 9 et 10*).

UBISOFT ◊ Le ratio d'acquisition de capitaux d'Ubisoft a légèrement diminué au cours des six dernières années, passant de 1,02 à 0,95. Un taux inférieur à 1,00 indique que l'entreprise n'a pas réussi à autofinancer à même ses opérations les investissements importants qu'elle a faits au cours des dernières périodes, investissements qu'elle projette de poursuivre dans le futur. Même avec une légère diminution, le ratio d'Ubisoft se situe près de 1,00 (0,95); par conséquent, l'entreprise a dû recourir à très peu de fonds extérieurs pour financer ses activités d'expansion, mais elle s'avère, à court terme, plus à risque que Nintendo, qui affiche un ratio de 25,96, ou Activision

14 Nous avons inclus ici les immobilisations corporelles et incorporelles. Le ratio peut également être calculé en fonction des seules immobilisations corporelles. Certaines entreprises, comme Ubisoft, ont moins d'immobilisations corporelles que d'immobilisations incorporelles. Pour d'autres entreprises, c'est l'inverse. Le secteur d'activité influence donc le choix du dénominateur du ratio.

12

Blizzard, dont le ratio est de 10,89. Lorsqu'on analyse la croissance des immobilisations, Ubisoft semble devancer ses compétiteurs. L'évolution rapide des technologies, la forte compétition dans le domaine et la détermination à fournir à sa clientèle les meilleurs produits amènent Ubisoft à investir de façon importante dans les immobilisations incorporelles tels les logiciels (acquisitions de 337,5 millions d'euros en 2010 et de 331,5 millions d'euros en 2009) et de façon plus modeste dans les immobilisations corporelles tels le matériel informatique, le mobilier et les installations techniques (acquisitions de 12,7 millions d'euros en 2010 et de 14,3 millions d'euros en 2009). Chez Nintendo, peu de liquidités sont investies dans les immobilisations ; une somme importante est distribuée en dividendes. De son côté, Activision Blizzard a plutôt investi ses liquidités dans les placements courants et dans le rachat d'actions.

QUELQUES PRÉCAUTIONS ◊ Comme les besoins d'investissement en matière d'immobilisations varient considérablement d'un secteur d'activité à l'autre, le ratio d'une entreprise devrait être comparé uniquement avec ceux de ses périodes antérieures ou avec les ratios d'autres entreprises du même secteur (on ne peut, par exemple, comparer les entreprises de pneus comme Michelin aux entreprises de produits de beauté comme l'Oréal). En outre, un ratio élevé indique parfois qu'une entreprise néglige de moderniser ses immobilisations, ce qui peut restreindre sa capacité à être compétitive à l'avenir.

* Comme les dépenses en capital pour les immobilisations varient souvent d'une année à l'autre, on calcule généralement ce ratio sur des périodes plus longues qu'une année, par exemple trois ans dans le cas présent.

analyse financière

LES FLUX DE TRÉSORERIE DISPONIBLES

Les gestionnaires ainsi que les analystes calculent souvent les flux de trésorerie disponibles, qui mesurent la capacité d'une entreprise à tirer parti des occasions d'investissement à long terme. Voici comment ils procèdent :

Flux de trésorerie disponibles	=	Flux de trésorerie liés aux opérations	−	Dividendes	−	Dépenses en capital

Flux de trésorerie disponibles
Flux de trésorerie liés aux opérations
− Dividendes
− Dépenses en capital

Les **flux de trésorerie disponibles** (positifs) permettent d'effectuer des dépenses en capital supplémentaires, des investissements dans d'autres entreprises ainsi que des fusions et des acquisitions, et ce, sans recourir au financement externe ni réduire la distribution de dividendes. Même si un flux de trésorerie disponible est considéré comme un signe de flexibilité financière, il peut aussi constituer un coût caché pour les actionnaires. En effet, certains dirigeants s'en servent pour faire des placements non rentables dans le seul but d'afficher une croissance, ou le dépensent sous forme d'avantages indirects destinés aux cadres (pour des bureaux de luxe ou des avions d'affaires), au détriment des actionnaires. Dans ces conditions, ceux-ci auraient avantage à ce que ces flux de trésorerie disponibles leur soient versés sous forme de dividendes supplémentaires ou qu'ils soient utilisés pour racheter des actions de l'entreprise sur le marché libre.

OBJECTIF D'APPRENTISSAGE

Présenter et interpréter les flux de trésorerie liés aux activités de financement.

12.4 La présentation et l'interprétation des flux de trésorerie liés aux activités de financement

12.4.1 La présentation des flux de trésorerie liés aux activités de financement

Les activités de financement sont associées à l'obtention de capital auprès des créanciers et des propriétaires ainsi qu'à son remboursement. Cette section porte sur les variations des effets à payer aux établissements financiers (souvent appelés des « dettes courantes »), sur la partie de la dette à long terme échéant dans moins de un an ainsi que sur les variations dans les postes des éléments de passif non courant et des capitaux propres. Ces postes de l'état de la situation financière se rapportent à l'émission et au remboursement (ou au rachat) de la dette et des actions ainsi qu'au paiement des dividendes. Le tableau suivant présente les relations qu'on observe le plus couramment.

Postes correspondants de l'état de la situation financière	Activités de financement	Effet sur les flux de trésorerie
Dette courante (emprunts, effets à payer, etc.)	Emprunts monétaires effectués auprès de la banque ou d'autres établissements financiers	Entrée de fonds
	Remboursement du capital sur les emprunts ou les effets à payer	Sortie de fonds
Dette non courante	Émission d'obligations en échange de trésorerie	Entrée de fonds
	Remboursement de capital sur les obligations	Sortie de fonds
Capital social	Émission d'actions en échange de trésorerie	Entrée de fonds
Résultats non distribués	Paiement en espèces pour le rachat des actions	Sortie de fonds

Flux de trésorerie liés aux activités de financement

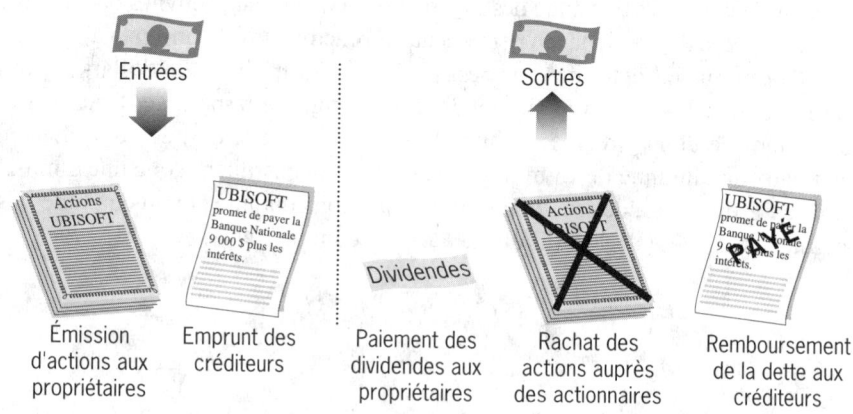

Il faut se rappeler les éléments suivants :

- Les **remboursements en espèces du capital emprunté** sont des sorties de fonds affectées aux activités de financement.
- Les **paiements d'intérêts** sont des flux de trésorerie normalement liés aux activités opérationnelles. Puisque la charge d'intérêts figure à l'état du résultat global, les flux de trésorerie qui y sont associés sont normalement présentés dans la section des activités opérationnelles (ce qui est le choix de Trésorplus). L'IAS 7 permet aux entreprises qui en font le choix de classifier les intérêts versés sur la dette dans la section des activités de financement, la justification étant qu'ils représentent des coûts de financement. Ce choix doit être permanent, c'est-à-dire être le même d'une période à l'autre.
- Les **dividendes versés** sont normalement des flux monétaires liés aux activités de financement, à moins que l'entreprise ne décide, de façon permanente, de les traiter comme des activités opérationnelles, ce que permet l'IAS 7. Bien que le dividende ne soit pas présenté à l'état du résultat global, la classification en tant qu'activité opérationnelle pourrait aider les utilisateurs à déterminer la capacité d'une entité à dégager un dividende des flux de trésorerie opérationnels. D'autre part, le dividende représente une distribution du résultat aux propriétaires, à savoir ceux qui fournissent le financement. Il est donc justifié de le présenter dans la section des activités liées au financement. C'est cette présentation que choisissent la majorité des entreprises, dont Trésorplus.
- Si la dette ou les actions sont émises pour des considérations autres que des espèces, par exemple l'acquisition d'un actif immobilisé financé par le fabricant, elles sont exclues du tableau des flux de trésorerie.

Pour calculer les flux de trésorerie liés aux activités de financement, il faut examiner la variation de chacun des postes de passif et de capitaux propres. Dans le cas de Trésorplus, une analyse de la variation des postes de l'état de la situation financière (*voir*

12

le tableau 12.3 à la page 796) indique que les comptes Dette bancaire, Effets commerciaux, Dette à long terme (et sa partie courante), Autres passifs, Capital social ainsi que Résultats non distribués ont varié au cours de 2011 (ils sont désignés par la lettre *F*).

Le tableau 12.6 résume la variation de ces comptes.

LES DETTES COURANTES ET NON COURANTES

Les dettes courantes et non courantes constituent de la trésorerie provenant d'emprunts effectués auprès des banques et autres établissements financiers, ou de l'émission d'obligations vendues au public. Une dette qui est contractée sans l'obtention de trésorerie (par exemple, le financement de l'achat de matériel par le fournisseur) n'entre pas dans cette catégorie. Les sorties de fonds associées à la dette comprennent le remboursement périodique du capital ainsi que le remboursement anticipé des sommes dues. Comme nous l'avons vu au chapitre 9, le paiement de la plupart des dettes requiert des versements périodiques composés à la fois d'une partie du capital et des intérêts. La partie du versement en espèces relative au capital est enregistrée en tant que flux de trésorerie liés aux activités de financement. La partie relative aux intérêts constitue des flux de trésorerie liés aux activités opérationnelles ou, si l'entreprise le décide de façon permanente, aux activités de financement.

Pour Trésorplus, la dette bancaire est passée de 84 millions de dollars à l'ouverture de la période à 48 millions de dollars à la clôture de la période. Cette variation de 36 millions de dollars représente une diminution des flux de trésorerie. Les effets commerciaux ont diminué de 23 millions de dollars et constituent donc une diminution des flux de trésorerie. La dette à long terme (la portion courante et non courante) a subi une augmentation nette de 11 millions de dollars, comme suit :

Dette à long terme (Pa) (partie courante et non courante) (en millions de dollars)	
Solde à l'ouverture de la période (4 197 + 156)	4 353
+ Nouvel emprunt	23
– Remboursement	(12)
Solde à la clôture de la période (4 205 + 159)	4 364

LE CAPITAL SOCIAL

L'émission d'actions comprend les montants en espèces reçus de la vente d'actions aux investisseurs. Les actions émises sans l'obtention de trésorerie (par exemple, les actions destinées à payer directement une partie du salaire d'un employé) n'entrent pas dans cette catégorie. Le rachat d'actions est une sortie de trésorerie qui comprend les paiements en espèces pour le rachat par l'entreprise de ses propres actions détenues par les actionnaires. Pour Trésorplus, il s'agit d'une sortie nette de trésorerie de 2 millions de dollars.

Capital social (CP) (en millions de dollars)	
Solde à l'ouverture de la période	1 194
+ Émission d'actions ordinaires	14
– Rachat d'actions ordinaires	(16)
Solde à la clôture de la période	1 192

LES RÉSULTATS NON DISTRIBUÉS

Finalement, le compte des résultats non distribués doit être analysé. Ce compte varie selon le montant du résultat net et diminue selon la déclaration des dividendes. Le montant des dividendes versés en espèces aux actionnaires au cours de la période constitue une sortie de trésorerie que Trésorplus a choisi de traiter en tant qu'activité de financement (coût de financement) plutôt que comme une activité opérationnelle.

Dans le cas de Trésorplus, ce compte a varié de la façon suivante:

Résultats non distribués (CP) (en millions de dollars)	
Solde à l'ouverture de la période	4 431
+ Résultat net	192
– Dividendes	(73)
Solde à la clôture de la période	4 550

TABLEAU 12.6 • TRÉSORPLUS: TABLEAU EXPLICATIF DES FLUX DE TRÉSORERIE LIÉS AUX ACTIVITÉS DE FINANCEMENT

Élément	Montant (en millions de dollars canadiens)	Explication
Dette bancaire	(36)	Ce montant représente le paiement en espèces de la dette bancaire.
Effets commerciaux	(23)	Ce montant représente le paiement en espèces d'effets commerciaux.
Dette à long terme:		La différence entre le nouvel emprunt et le remboursement
Nouvel emprunt	23	d'une partie de la dette représente une entrée nette de
Remboursement	(12)	11 millions de dollars.
Autres passifs	54	Le montant représente divers comptes; il s'agit d'une entrée nette.
Capital social:		
Émission d'actions ordinaires	14	La différence entre l'émission et le rachat d'actions ordinaires
Rachat d'actions ordinaires	(16)	constitue une sortie nette de 2 millions de dollars.
Dividendes	(73)	Ce montant représente le paiement en espèces du dividende*.
Flux de trésorerie liés aux activités de financement	(69)	Le total apparaît ainsi au tableau consolidé des flux de trésorerie.

* Trésorplus a choisi de considérer les dividendes comme une activité de financement et les intérêts versés comme une activité opérationnelle[15].

12.4.2 L'interprétation des flux de trésorerie liés aux activités de financement

Le financement de la croissance à long terme d'une entreprise provient généralement de trois sources: les fonds générés de l'intérieur (les flux de trésorerie provenant des opérations), l'émission d'actions et l'emprunt d'argent à long terme. Comme nous l'avons vu aux chapitres 9 et 10, les entreprises ont le choix de différentes structures financières (l'équilibre entre la dette et les capitaux propres). Les sources utilisées par les dirigeants pour financer leur croissance auront des répercussions importantes sur l'entreprise en matière de risque et de rendement. Le tableau des flux de trésorerie permet de voir de quelles manières chaque direction d'entreprise choisit de financer cette croissance. Les analystes se servent des renseignements que contient ce document pour évaluer la structure financière et la capacité de croissance d'une entreprise.

12

15 Si la société avait choisi de présenter les intérêts versés comme une activité de financement, ceux-ci représenteraient une sortie de fonds. Par ailleurs, la section des activités opérationnelles aurait présenté ces intérêts comme un redressement du résultat net (addition). Si la société avait choisi de présenter les dividendes comme une activité opérationnelle, le montant aurait été traité comme une sortie de fonds dans cette section.

NINTENDO

OBJECTIF D'APPRENTISSAGE

Comprendre la structure du tableau des flux de trésorerie et les autres éléments qui influent sur la trésorerie.

12.5 Les autres éléments des flux de trésorerie

12.5.1 La structure du tableau des flux de trésorerie

Le tableau des flux de trésorerie de Trésorplus apparaît en bonne et due forme dans le tableau 12.3 (*voir les pages 797 et 798*). Comme vous avez pu le constater, l'état s'établit à partir d'une analyse détaillée des comptes et opérations de l'entité (*voir les tableaux 12.4, 12.5, et 12.6 aux pages 800, 810 et 815*). Le tableau 12.7 résume la structure générale du tableau des flux de trésorerie présentés selon la méthode indirecte. Comme vous pouvez le constater, lorsque l'augmentation ou la diminution de la trésorerie et équivalents de trésorerie est additionnée au montant de la trésorerie et équivalents de trésorerie à l'ouverture de la période, cela correspond au montant de la trésorerie et équivalents de trésorerie à la clôture de la période.

Pour des entreprises vastes et complexes comme Ubisoft, l'établissement du tableau des flux de trésorerie pose évidemment plus de défis. Dans ce chapitre, nous avons délibérément éliminé certaines difficultés très complexes qui sont abordées dans les cours de comptabilité plus avancés. Malgré tout, l'établissement de l'état de toutes les entreprises se fonde sur la démarche analytique qui vient d'être présentée. Les entreprises doivent aussi fournir d'autres renseignements pour que l'état soit complet.

12.5.2 Les activités d'investissement et de financement hors trésorerie

Activités d'investissement et de financement hors trésorerie
Opérations qui n'ont aucun effet direct sur les flux de trésorerie. On les présente en guise de supplément d'information dans le tableau des flux de trésorerie, sous forme de texte ou de tableau complémentaire dans les notes aux états financiers.

Certaines opérations sont des activités d'investissement et de financement importantes, mais elles n'ont aucune incidence sur les flux de trésorerie. On les appelle «**activités d'investissement et de financement hors trésorerie**». Par exemple, l'achat d'un immeuble valant 100 000 $ grâce à une hypothèque de 100 000 $ accordée par le propriétaire précédent ou en échange d'actions de l'entreprise pour la même valeur ne produit ni entrée, ni sortie de fonds. Il en est de même de la conversion d'une dette en actions. Il en résulte que les activités hors trésorerie de ce type n'entrent pas dans les trois principales sections du tableau des flux de trésorerie. Ces transactions doivent être mentionnées ailleurs dans les états financiers, d'une manière qui permet de fournir toute l'information pertinente sur les activités d'investissement et de financement en cause.

---

* **Solutions du test d'autoévaluation**
a) I− ; b) F− ; c) F− ou O− ; d) I+ ; e) I+ ; f) O− ou F−.

12

TABLEAU 12.7 • TABLEAU DE FLUX DE TRÉSORERIE SELON LA MÉTHODE INDIRECTE

Activités opérationnelles

Résultat net

\+ Amortissement et dépréciation

– Gain (plus-value) sur vente d'actif immobilisé

\+ Perte (moins-value) sur vente d'actif immobilisé

\+ Diminution des actifs courants hors trésorerie

– Augmentation des actifs courants hors trésorerie

\+ Augmentation des passifs courants hors trésorerie

– Diminution des passifs courants hors trésorerie

\+ Intérêts versés si présentés comme activités de financement

– Dividendes versés si non présentés comme activités de financement

– Produit d'intérêts et de dividendes si présentés comme activités d'investissement

Flux de trésorerie nets liés aux activités opérationnelles

Activités d'investissement

– Acquisition d'immobilisations

\+ Produit de disposition de la vente des actifs immobilisés

– Acquisition de placements (courants hors trésorerie et non courants)

\+ Produit de disposition de la vente de placements (courants hors trésorerie et non courants)

\+ Produit d'intérêts et de dividendes si non présentés comme activités opérationnelles

Flux de trésorerie nets liés aux activités d'investissement

Activités de financement

\+ Emprunt des banques ou autres institutions financières

– Remboursement du capital sur la dette

\+ Émission d'obligations

– Remboursement de capital sur les obligations

\+ Émission d'actions

– Rachat d'actions

– Paiement en espèce de dividendes si non présentés comme activités opérationnelles

– Intérêts versés sur la dette si non présentés comme activités opérationnelles

Flux de trésorerie nets liés aux activités de financement

Variation de la trésorerie et équivalents de trésorerie

+ Trésorerie et équivalents de trésorerie à l'ouverture de la période

Trésorerie et équivalents de trésorerie à la clôture de la période

12

Il est parfois difficile de trouver l'information sur de telles transactions, car elle peut se trouver dans les notes aux états financiers, par exemple dans la note portant sur les immobilisations, la dette ou les capitaux propres. Le tableau suivant, tiré d'un rapport annuel de Rogers Communications, montre la signification et la diversité de ce type d'opérations telles qu'elles sont divulguées dans une note distincte.

Opérations hors caisse (note aux états financiers)	(en millions de dollars canadiens)
Actions de catégorie B sans droit de vote émises lors de la conversion des actions privilégiées convertibles de série E	1 752
Actions de CCI échangées contre des actions de CI	(6 874)
Actions de CCI acquises en échange d'actions de CI	15 801
Actions ne comportant pas de droit de vote de catégorie B émises en échange des actions de Rogers sans fil	811 867
Options visant l'acquisition d'actions ne comportant pas de droit de vote de catégorie B émises en échange des options de Rogers sans fil	73 228

12.5.3 Les renseignements supplémentaires sur les flux de trésorerie

Les entreprises qui utilisent la méthode indirecte de présentation des flux de trésorerie liés aux opérations doivent également préciser le montant en espèces versé en intérêts et le montant en espèces payé en impôts. Ces montants apparaissent généralement au bas de l'état financier ou dans les notes complémentaires. Dans le cas d'Ubisoft, le montant des intérêts versés présenté au bas du tableau des flux de trésorerie est de 1 972 milliers d'euros (*voir le tableau 12.1 à la page 798*) et les impôts payés sont inclus dans la section des activités opérationnelles.

Les entreprises doivent également mentionner si le montant de la trésorerie et équivalents de trésorerie est grevé d'une affectation[16].

Il est également exigé des entreprises la divulgation du montant de la trésorerie des sociétés qu'elles ont acquises et cédées. Pour Ubisoft, ce montant est une sortie de trésorerie de 399 milliers d'euros, que l'on trouve au bas du tableau des flux de trésorerie (*voir le tableau 12.1*).

Notons que d'autres éléments doivent être traités ou divulgués, dont les intérêts capitalisés, la conversion des flux de trésorerie en monnaie étrangère, le classement de certains instruments financiers, les flux de trésorerie découlant de changements qui sont survenus dans les parts d'intérêt d'une filiale et les activités abandonnées. Ces éléments présentent des difficultés qu'il ne convient pas d'étudier dans un premier cours de comptabilité.

**OBJECTIF
D'APPRENTISSAGE**

Comparer les IFRS et les normes comptables pour les entreprises à capital fermé.

**entreprises à
capital fermé**

LA COMPARAISON DES IFRS ET DES NORMES COMPTABLES POUR LES ENTREPRISES À CAPITAL FERMÉ

Dans le cas du tableau des flux de trésorerie, quelques différences existent entre la norme comptable internationale (IAS 7 – partie I du *Manuel de l'ICCA*) appliquée aux entreprises canadiennes qui ont une obligation d'information du public et la norme comptable canadienne qui s'adresse aux entreprises à capital fermé (chapitre 1540 – partie II du *Manuel de l'ICCA*). Le tableau suivant fait une comparaison sommaire entre les deux référentiels.

---

16 Il s'agit ici de restrictions relatives à l'utilisation de la trésorerie.

SIMILARITÉS ENTRE LES NORMES
Le tableau des flux de trésorerie présente les flux de trésorerie classés par activités opérationnelles (d'exploitation*), par activités d'investissement et par activités de financement.
Les flux de trésorerie liés aux trois types d'activités sont additionnés pour refléter la variation de la trésorerie et équivalents de trésorerie. Cette variation sert à rapprocher les soldes d'ouverture et de clôture de la trésorerie et équivalents de trésorerie.
La trésorerie se compose de certains placements courants (moins de 90 jours) et des découverts bancaires dont le solde fluctue régulièrement entre le disponible et le découvert.
Les flux de trésorerie liés aux activités opérationnelles (activités d'exploitation) peuvent être présentés au moyen de la méthode directe ou de la méthode indirecte.
Les flux de trésorerie résultant des impôts sur le résultat doivent être classés comme des flux de trésorerie liés aux activités opérationnelles, à moins qu'ils puissent être rattachés aux activités de financement ou d'investissement, auquel cas ils peuvent être classés ainsi.
Les transactions sans effet sur la trésorerie et équivalents de trésorerie doivent être exclues du tableau des flux de trésorerie. Ces transactions doivent être mentionnées ailleurs de façon à fournir l'information pertinente relativement à ces activités d'investissement et de financement.

* Le terme « exploitation » est utilisé au chapitre 1540 de la partie II du *Manuel de l'ICCA*.

DIFFÉRENCES ENTRE LES NORMES	
Norme internationale (IAS 7)	**Norme canadienne (1540)**
L'entreprise a le choix de classer les intérêts et dividendes reçus dans les activités opérationnelles ou les activités d'investissement. Les intérêts et dividendes versés peuvent quant à eux être classés dans les activités opérationnelles ou les activités de financement. Le choix exercé par l'entreprise doit être permanent.	Les intérêts et dividendes reçus et versés qui sont compris dans la détermination du résultat net doivent être classés dans les activités d'exploitation (activités opérationnelles). Les intérêts et dividendes qui sont portés au crédit ou au débit des bénéfices non répartis* (résultats non distribués) doivent être présentés séparément en tant qu'activités de financement.
Si les flux de trésorerie liés aux impôts sont ventilés, le montant total des impôts payés doit être divulgué.	Aucune exigence à ce sujet
L'indication que les flux de trésorerie et équivalents de trésorerie sont grevés d'une affectation doit être accompagnée d'un commentaire de la direction.	Aucune exigence à ce sujet
Plusieurs renseignements complémentaires accompagnés d'un commentaire de la direction sont souhaitables.	Aucune mention à cet effet

* L'expression « bénéfices non répartis » est utilisée au chapitre 1540 de la partie II du *Manuel de l'ICCA*.

Conclusion

Il est intéressant de noter que la comparabilité de l'information d'une entreprise à l'autre est améliorée par la présentation des flux de trésorerie, car la différence dans le traitement comptable d'une même opération ou d'un même événement est éliminée[17].

Notre analyse détaillée des flux de trésorerie d'Ubisoft explique l'écart existant entre le résultat net et les flux de trésorerie. Notre analyse supplémentaire des activités d'investissement et de financement nous porte à conclure que les opérations effectuées par la société sur une base annuelle suffisent à engendrer des flux monétaires lui permettant de poursuivre son plan d'investissement futur.

17 *Manuel de l'ICCA*, partie I, IAS 7 : Tableaux des flux de trésorerie, paragr. 4.

ANALYSONS UN CAS

Au cours de la période close le 31 décembre 2012, la société Alimentation Harvey a enregistré un résultat net de 3 182 $ (tous les montants sont exprimés en milliers de dollars canadiens). La trésorerie se chiffrait à 472 $ au début de cette période. L'entreprise a également effectué les opérations suivantes :

a) Paiement de 18 752 $ sur le capital de la dette

b) Obtention de 46 202 $ en espèces pour l'émission d'actions ordinaires (premier appel public à l'épargne)

c) Paiement en espèces de 18 193 $ pour l'achat d'actifs immobilisés

d) Augmentation des comptes clients de 881 $

e) Emprunt de 16 789 $ à différents prêteurs

f) Augmentation des dépôts différés de 457 $

g) Augmentation des stocks de 574 $

h) Acomptes de 5 830 $ versés en espèces sur le matériel

i) Diminution des impôts à recouvrer de 326 $

j) Émission d'actions ordinaires aux employés dans le cadre d'un régime d'options d'achat d'actions au prix de 13 $ en espèces

k) Diminution des comptes fournisseurs de 391 $

l) Encaissement de 4 $ provenant d'autres activités d'investissement

m) Augmentation de 241 $ des charges courantes à payer

n) Augmentation de 565 $ des charges payées d'avance

o) Enregistrement d'un amortissement annuel de 1 324 $

p) Paiement de 5 $ en espèces à l'occasion d'autres activités de financement

Choix de classification de l'entreprise :

• Produits d'intérêts et de dividendes, et intérêts versés : activités opérationnelles

• Dividende versé : activité de financement

Travail à faire

Servez-vous de ces renseignements pour dresser le tableau des flux de trésorerie à l'aide de la méthode indirecte.

Solution suggérée

Alimentation Harvey
Tableau des flux de trésorerie
Période close le 31 décembre 2012
(en milliers de dollars canadiens)

Activités opérationnelles	
Résultat net	3 182
Éléments sans effet sur la trésorerie et équivalents de trésorerie :	
Amortissement	1 324
Variation de certains actifs et passifs courants hors trésorerie :	
Clients	(881)
Stocks	(574)
Impôts à recouvrer	326
Charges payées d'avance	(565)
Fournisseurs	(391)
Charges courantes à payer	241
Dépôts différés	457
Flux de trésorerie nets liés aux activités opérationnelles	3 119

Activités d'investissement	
Achats d'actifs immobilisés	(18 193)
Acomptes sur le matériel	(5 830)
Autres	4
Flux de trésorerie nets liés aux activités d'investissement	(24 019)
Activités de financement	
Augmentation de la dette	16 789
Remboursement de la dette	(18 752)
Émission d'actions ordinaires	46 202
Émission d'actions ordinaires (régime d'options)	13
Autres	(5)
Flux de trésorerie nets liés aux activités de financement	44 247
Variation de la trésorerie et équivalents de trésorerie	23 347
Trésorerie et équivalents de trésorerie à l'ouverture de la période	472
Trésorerie et équivalents de trésorerie à la clôture de la période	23 819

La présentation des flux de trésorerie liés aux activités opérationnelles selon la méthode directe

Annexe 12-A

La méthode directe présente un sommaire de toutes les opérations qui ont fait augmenter ou diminuer la trésorerie. On prépare ce sommaire en ajustant chaque élément de l'état du résultat global d'une comptabilité d'engagement pour qu'il convienne à une comptabilité de caisse. Ce processus a été effectué dans le tableau 12.8 (*voir la page 824*), et ce, pour tous les produits et toutes les charges présentées à l'état du résultat global de Trésorplus (*voir le tableau 12.3 à la page 797*).

Flux de trésorerie liés aux activités opérationnelles

Entrées		Sorties
Recouvrements des clients	Produits de dividendes et d'intérêts reçus	Paiements pour les services, les salaires, les impôts, les taxes et les intérêts

12

LA CONVERSION DES PRODUITS (CHIFFRE D'AFFAIRES) EN FLUX DE TRÉSORERIE

Lorsqu'on inscrit des ventes ou des produits, le solde des comptes clients augmente ; il diminue lorsqu'on recouvre les sommes des clients. Par conséquent, la formule suivante permet de convertir les produits tirés des ventes calculés au moyen de la comptabilité d'engagement pour qu'ils conviennent à la comptabilité de caisse.

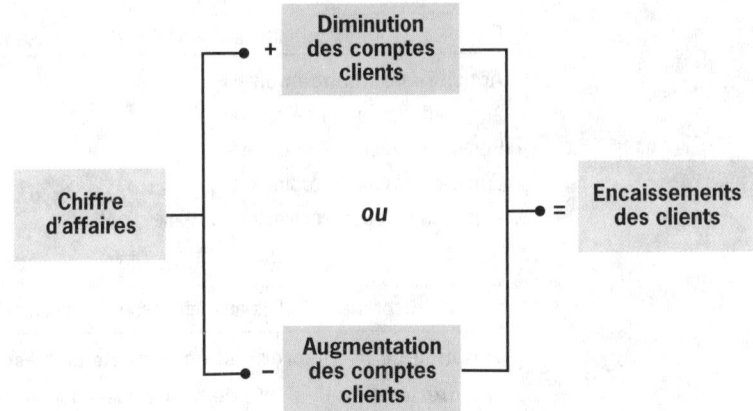

À partir de l'information de l'état du résultat global et de l'état de la situation financière de Trésorplus (*voir le tableau 12.3 aux pages 796 et 797*), on peut calculer les encaissements des clients comme suit (en millions de dollars) :

		Clients (A)	
Chiffre d'affaires	8 653	Solde d'ouverture de l'état de la situation financière	573
+ Diminution des comptes clients	38	...minution	(38)
Encaissements des clients	8 691	...lde de clôture à l'état de la situation financière	535

LA CONVERSION DU COÛT DES VENTES EN FLUX DE TRÉSORERIE (LES PAIEMENTS AUX FOURNISSEURS)

Le coût des ventes représente le coût des produits vendus durant la période. Il se peut que le total de ce poste soit moins élevé ou plus élevé que le montant versé aux fournisseurs durant la même période. Dans le cas de Trésorplus, les stocks ont augmenté durant le trimestre, car la société a acheté plus de marchandises de ses fournisseurs qu'elle n'en a vendues à ses clients. Les montants versés aux fournisseurs ont sans doute été plus importants que le coût des ventes. Ainsi, l'augmentation du compte Stocks de la période doit être ajoutée au calcul des sommes versées aux fournisseurs.

Généralement, les sociétés doivent des sommes à leurs fournisseurs (un solde des comptes fournisseurs apparaît à l'état de la situation financière). Afin de convertir le coût des ventes en sommes versées aux fournisseurs, les crédits et les paiements représentés par les comptes fournisseurs doivent également être pris en compte. Un emprunt augmente la trésorerie et les comptes fournisseurs ; inversement, son remboursement diminue la trésorerie et les comptes fournisseurs. Ainsi, la diminution des comptes fournisseurs de Trésorplus doit être ajoutée au calcul. Le coût des ventes peut donc être établi de la façon suivante pour en arriver à une comptabilité de caisse.

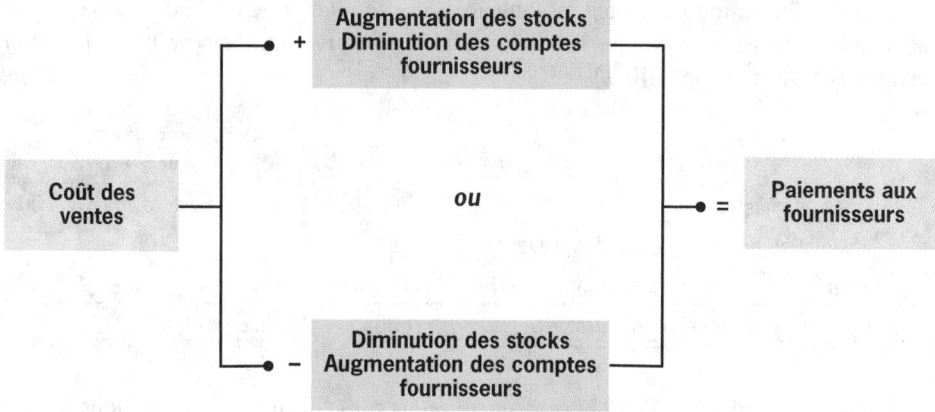

Avec l'information présentée dans le tableau 12.3 (*voir la page 796*), on peut calculer les sommes versées aux fournisseurs de la façon suivante (en millions de dollars):

Stocks (A)	
Solde d'ouverture	1 903
+ Augmentation	84
Solde de clôture	1 987

Coût des ventes	7 355
+ Augmentation des stocks	84
+ Diminution des fournisseurs	33
Paiements aux fournisseurs	7 4

Fournisseurs (Pa)	
Solde d'ouverture	1 075
Diminution	(33)
Solde de clôture	1 042

LA CONVERSION DES FRAIS OPÉRATIONNELS EN FLUX DE TRÉSORERIE (LES DÉCAISSEMENTS)

Le montant total des charges administratives à l'état du résultat global peut différer des décaissements qui sont associés à cette activité. Certaines dépenses sont payées avant d'être reconnues comme charges de la période (par exemple, le loyer payé d'avance). Lorsqu'on fait des paiements à l'avance, le solde du poste « Charges payées d'avance » à l'état de la situation financière augmente, mais il diminue quand la charge est comptabilisée à l'état du résultat global. Lorsque le solde des charges payées d'avance de Trésorplus a augmenté de 49 millions de dollars durant la période, les décaissements ont été plus élevés que la comptabilisation des charges. Cette augmentation doit être ajoutée au calcul des décaissements pour les charges administratives.

D'autres charges sont payées après avoir été comptabilisées (par exemple, les charges courantes à payer). Dans ce cas, le solde des charges courantes à payer augmente quand les charges sont comptabilisées; inversement, le solde diminue quand un paiement est effectué. Puisque le solde des charges courantes à payer de Trésorplus a augmenté de 100 millions de dollars, les paiements ont été supérieurs aux charges comptabilisées durant le trimestre. Cette augmentation doit être soustraite au calcul des décaissements pour les charges administratives.

De façon générale, les charges administratives peuvent être converties sous forme de comptabilité de caisse de la façon suivante:

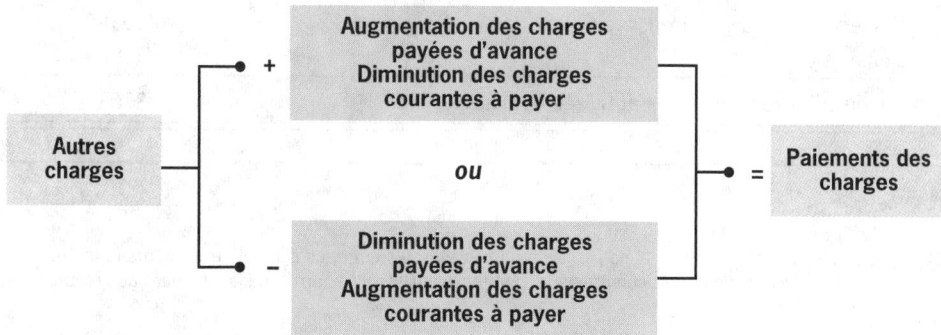

12

Avec l'information présentée au tableau 12.3 (*voir les pages 796 et 797*), on peut calculer les décaissements pour les charges administratives de Trésorplus de la façon suivante (en millions de dollars) :

Charges payées d'avance (A)	
Solde d'ouverture	174
+ Augmentation	49
Solde de clôture	223

Charges administratives	707
+ gmentation des charges payées d'avance	49
gmentation des charges courantes à payer	(100)
Paiements des charges administratives	656

Charges courantes à payer (Pa)	
Solde d'ouverture	1 100
Augmentation	100
Solde de clôture	1 200

La même logique s'applique à la charge d'impôts sur le résultat de 109 millions de dollars. Puisqu'on n'a pas relevé de compte d'impôts à payer ou à recouvrer ni d'impôts différés en actif ou en passif, on présume que la charge d'impôts est égale au décaissement[18].

	En millions de dollars
Charge d'impôts sur le résultat	109
Aucune variation des impôts à payer ou à recouvrer, ni des impôts différés	0
Paiement des impôts	109

Il en est de même des charges financières. Trésorplus présente des charges financières de 78 millions de dollars. Ce montant aurait pu être redressé de la variation des charges financières à payer. Par manque d'information, on suppose qu'il n'y a pas de charges financières à payer à la clôture de la période.

	En millions de dollars
Charges financières	78
Aucune variation des charges financières à payer	0
Paiement des charges financières	78

Les sommes d'impôts et de charges financières (intérêts) sont présentées dans le tableau 12.8 en tant que décaissements.

TABLEAU 12.8 • TRÉSORPLUS : TABLEAU DES FLUX DE TRÉSORERIE LIÉS AUX ACTIVITÉS OPÉRATIONNELLES SELON LA MÉTHODE DIRECTE

	En millions de dollars
Encaissements des clients	8 691
Paiements aux fournisseurs	(7 472)
Paiements des charges administratives	(656)
Paiements des charges financières	(109)
Paiements des impôts	(78)
Flux de trésorerie liés aux activités opérationnelles	**376**

18 Pour simplifier la présentation et ne pas avoir à les traiter, les comptes d'impôts et d'impôts futurs ont été omis dans notre exemple. Ces comptes sont complexes et seront abordés dans les cours de comptabilité avancés.

12

Voici un sommaire des redressements, que l'on doit généralement effectuer pour convertir les éléments de l'état du résultat global en flux de trésorerie :

Poste de l'état du résultat global	Variation des postes à l'état de la situation financière	Flux de trésorerie
Chiffre d'affaires	+ Diminution des comptes clients (A) – Augmentation des comptes clients (A)	= Recouvrement des clients
Produit d'intérêts	+ Diminution des intérêts à recevoir (A) – Augmentation des intérêts à recevoir (A)	= Encaissement des intérêts sur les placements
Produit de dividendes	+ Diminution des dividendes à recevoir (A) – Augmentation des dividendes à recevoir (A)	= Encaissement des dividendes sur les placements
Coût des ventes	+ Augmentation des stocks (A) – Diminution des stocks (A) – Augmentation des comptes fournisseurs (Pa) + Diminution des comptes fournisseurs (Pa)	= Paiements aux fournisseurs de marchandises
Autres charges	+ Augmentation des charges payées d'avance (A) – Diminution des charges payées d'avance (A) – Augmentation des charges courantes à payer (Pa) + Diminution des charges courantes à payer (Pa)	= Paiements des charges aux fournisseurs de services (loyer, électricité, salaires, etc.)
Charges financières (intérêts)	– Augmentation des intérêts à payer + Diminution des intérêts à payer	= Paiements des intérêts
Charge d'impôts sur le résultat	+ Augmentation des impôts à recouvrer (A) – Diminution des impôts à recouvrer (A) – Augmentation des impôts exigibles (impôts différés) (Pa) + Diminution des impôts exigibles (impôts différés) (Pa)	= Paiements des impôts

Il est important de noter de nouveau que le montant des flux de trésorerie liés aux activités opérationnelles est le même quelle que soit la méthode de présentation utilisée, soit la méthode directe, soit la méthode indirecte (dans le cas de Trésorplus, il s'agit d'un encaissement net de 376 millions de dollars). Ces deux méthodes ne diffèrent que pour ce qui est de l'information à fournir dans l'état financier.

12

Annexe 12-B
L'approche du chiffrier : le tableau des flux de trésorerie selon la méthode indirecte

Lorsque la situation devient complexe, l'approche analytique que nous avons utilisée dans ce chapitre pour préparer le tableau des flux de trésorerie devient encombrante et inefficace. En pratique, plusieurs sociétés utilisent la méthode du chiffrier (à l'aide d'un tableur) pour préparer le tableau des flux de trésorerie. Le chiffrier utilise la même logique que celle qui a été décrite précédemment. L'avantage premier du chiffrier est qu'il offre une façon plus systématique de compiler l'information. Vous pourriez même trouver cette méthode utile dans des situations très simples. Le tableau 12.9 présente le chiffrier de Trésorplus, organisé de la façon suivante :

1. Quatre colonnes servent à enregistrer les montants. La première colonne correspond au solde d'ouverture des éléments de l'état de la situation financière ; les deux colonnes suivantes présentent les variations de ces éléments sous forme de débits et de crédits. La dernière colonne présente le solde de clôture de chaque poste de l'état de la situation financière.

2. Dans la partie supérieure gauche du chiffrier, on inscrit le nom de chaque poste de l'état de la situation financière.

3. Dans la partie inférieure gauche du chiffrier, on inscrit le nom des éléments qui paraîtront dans le tableau des flux de trésorerie.

Les **variations** survenant dans les différents postes de l'état de la situation financière sont analysées en ce qui concerne les débits et les crédits dans la partie supérieure du chiffrier ; la contrepartie de débits et de crédits est inscrite dans la partie inférieure du chiffrier pour montrer l'incidence sur les flux de trésorerie. Chaque variation survenant dans les postes de l'état de la situation financière hors trésorerie explique une partie de la variation de la trésorerie. En guise d'illustration, examinons chaque entrée du chiffrier de Trésorplus (*voir le tableau 12.9*). Vous remarquerez que les entrées suivent chaque élément que nous avons présenté dans les tableaux 12.4, 12.5 et 12.6 (*voir les pages 800, 810 et 815*) pour préparer le tableau des flux de trésorerie.

a) Cette entrée commence le rapprochement : le résultat net de 192 millions de dollars apparaît en tant qu'entrée dans la section des activités opérationnelles que l'on doit redresser pour les éléments qui ne comprennent pas de mouvement de trésorerie. Le crédit porté aux résultats non distribués reflète une augmentation et provient du résultat net. Il s'agit du point de départ du rapprochement.

b) La charge d'amortissement de 172 millions de dollars est constatée au moyen de la régularisation. Il en est de même de la dépréciation de 40 millions de dollars du goodwill. On ajoute ces sommes au résultat net, car ce genre de charge ne cause pas de mouvement de trésorerie. Le crédit porté au compte d'amortissement cumulé reflète la charge d'amortissement de la période.

c) Cette entrée concerne le produit de la vente des actifs immobilisés faite au comptant.

d) Cette entrée reflète la variation des comptes clients durant la période en relation avec le résultat net. Cette variation est ajoutée au résultat net car les montants recouvrés des clients ont été supérieurs aux ventes.

e) Cette entrée réconcilie les achats de stocks avec le coût des ventes. Cette variation est soustraite du résultat net, car plus de stocks ont été achetés que vendus durant la période.

f) Cette entrée réconcilie le paiement à l'avance de dépenses avec leur constatation. La variation est soustraite du résultat net, car les paiements pour les nouvelles charges payées d'avance sont supérieurs aux montants comptabilisés à l'état du résultat global.

Trésorplus
Période close le 31 décembre 2011
(en millions de dollars)

	Solde à l'ouverture de la période	Analyse des variations				Solde à la clôture de la période
		Débits		Crédits		
État de la situation financière						
Trésorerie et équivalents de trésorerie	1 034			(r)	149	885
Placements	4			(j)		4
Clients	573			(d)	38	535
Stocks	1 903	(e)	84			1 987
Charges payées d'avance	174	(f)	49			223
Immobilisations, solde net	7 414	(i)	385	(b)	172	
				(c)	16	7 611
Goodwill	1 627			(b)	40	1 587
Autres actifs	723	(k)	87			810
Dette bancaire	84	(l)	36			48
Effets commerciaux	715	(m)	23			692
Fournisseurs	1 075	(g)	33			1 042
Charges courantes à payer	1 100			(h)	100	1 200
Dette à long terme totale	4 353			(n)	11	4 364
Autres passifs	500			(o)	54	554
Capital social	1 194	(p)	2			1 192
Résultats non distribués	4 431	(q)	73	(a)	192	4 550

		Entrées		Sorties		Total
Tableau des flux de trésorerie						
Flux de trésorerie liés aux activités opérationnelles :						
Résultat net		(a)	192			
Éléments sans effet sur la trésorerie et équivalents de trésorerie :						
Amortissement des immobilisations		(b)	172			
Dépréciation du goodwill		(b)	40			
Variation de certains actifs et passifs courants hors trésorerie :						
Clients		(d)	38			
Stocks				(e)	84	
Charges payées d'avance				(f)	49	
Fournisseurs				(g)	33	
Charges courantes à payer		(h)	100			
Total des flux de trésorerie liés aux activités opérationnelles						376
Flux de trésorerie liés aux activités d'investissement :						
Placements courants		(j)	0			
Acquisitions d'immobilisations				(i)	385	
Produits tirés de la vente d'immobilisations		(c)	16			
Variation nette des autres actifs				(k)	87	
Total des flux de trésorerie liés aux activités d'investissement						(456)
Flux de trésorerie liés aux activités de financement :						
Dette bancaire				(l)	36	
Effets commerciaux				(m)	23	
Augmentation de la dette à long terme		(n)	23			
Remboursement de la dette à long terme				(n)	12	
Augmentation des autres passifs		(o)	54			
Actions ordinaires émises		(p)	14			
Actions ordinaires rachetées				(p)	16	
Dividendes				(q)	73	
Total des flux de trésorerie liés aux activités de financement						(69)
Variation nette de la trésorerie et équivalents de trésorerie		(r)	149			
Totaux			1 570		1 570	(149)

g) Cette entrée réconcilie les paiements aux fournisseurs avec le compte des achats. La variation est soustraite, car la société a fait plus de paiements qu'elle n'a obtenu de crédits de ses fournisseurs durant la période.

h) Cette entrée réconcilie les charges courantes à payer avec les paiements de ces charges. La variation est soustraite, car les paiements pour ces charges sont supérieurs aux nouvelles charges courantes à payer qui ont été constatées.

i) Cette entrée inscrit les acquisitions d'immobilisations faites au comptant.

j) Les placements courants n'ont pas varié durant la période.

k) Cette entrée inscrit la variation d'autres actifs.

l) Cette entrée inscrit la diminution de la dette bancaire.

m) Cette entrée inscrit la diminution des effets à payer.

n) Cette entrée inscrit la nouvelle dette à long terme et le remboursement de telles dettes. À l'état de la situation financière, la dette à long terme comprend la portion courante.

o) Cette entrée inscrit la variation des autres passifs.

p) Cette entrée inscrit le paiement pour le rachat d'actions ordinaires et le montant reçu pour l'émission d'actions ordinaires.

q) Cette entrée inscrit le paiement du dividende.

r) Cette entrée montre que l'augmentation ou la diminution nette inscrite au tableau des flux de trésorerie est la même que la variation du solde de la trésorerie et équivalents de trésorerie à l'état de la situation financière de la période.

Ici se termine l'analyse à l'aide du chiffrier, car tous les montants sont réconciliés. On peut vérifier la justesse des enregistrements en additionnant les deux colonnes de l'analyse pour s'assurer que les débits sont égaux aux crédits. À partir de ce chiffrier, on peut alors préparer le tableau des flux de trésorerie en bonne et due forme.

L'approche analytique que vous venez de découvrir en vue de préparer le tableau des flux de trésorerie peut aussi vous aider à régler d'autres problèmes complexes. Par exemple, ce type d'analyse est utile à la préparation des budgets de caisse d'une entreprise. Plusieurs petites entreprises qui jouissent d'une croissance rapide de leur chiffre d'affaires font face à de sérieuses difficultés financières lorsqu'elles n'ont pas fait de prévisions quant aux effets sur la trésorerie des ventes à crédit et de l'augmentation importante des stocks.

POINTS SAILLANTS DU CHAPITRE

1. Classer les éléments du tableau des flux de trésorerie selon qu'il s'agit de flux de trésorerie liés aux activités opérationnelles, aux activités d'investissement ou aux activités de financement (*voir la page 786*).

Le tableau des flux de trésorerie comporte trois grandes sections : 1) les flux de trésorerie liés aux activités opérationnelles, qui sont rattachés à la réalisation du résultat grâce aux activités courantes de l'entreprise ; 2) les flux de trésorerie liés aux activités d'investissement, qui sont en lien avec l'acquisition et la vente d'actifs productifs et de placements ; 3) les flux de trésorerie liés aux activités de financement, qui sont en relation avec le financement externe de l'entreprise. Les entrées ou sorties nettes de trésorerie de la période correspondent aux montants de l'augmentation ou de la diminution de la trésorerie à l'état de la situation financière de la période. La trésorerie comprend la caisse, les dépôts à vue, les découverts bancaires qui fluctuent régulièrement entre le disponible et le découvert ; les équivalents de trésorerie comprennent les investissements très liquides dont l'échéance initiale est généralement inférieure à trois mois et dont le montant est connu. Les entreprises doivent effectuer un choix permanent pour le classement des intérêts et dividendes versés en tant qu'activités opérationnelles ou activités de financement, ainsi que pour celui des produits d'intérêts et de dividendes en tant qu'activités opérationnelles ou activités d'investissement.

2. Présenter et interpréter les flux de trésorerie liés aux activités opérationnelles en utilisant la méthode indirecte (*voir la page 799*).

La méthode indirecte de présentation des flux de trésorerie liés aux opérations consiste à convertir le résultat net en flux de trésorerie nets liés aux opérations. Une telle conversion comporte des additions et des soustractions qui requièrent de connaître : 1) les charges comptabilisées par régularisation (telle la charge d'amortissement), et les produits des opérations qui n'ont aucune incidence sur les actifs courants ni sur les passifs courants ; 2) les variations qui sont survenues dans chacun des éléments d'actif courant (autres que les éléments de trésorerie et équivalents de trésorerie) et dans les éléments de passif courant (autres que les dettes courantes auprès d'établissements financiers et la partie de la dette non courante échéant dans moins de un an qui sont liées au financement). Ces variations reflètent les écarts existant entre le calcul du résultat net suivant la méthode de la comptabilité d'engagement et les flux de trésorerie. D'autres ajustements s'imposent du fait du choix de certaines classifications par les entreprises, telles les charges et produits d'intérêts, et les dividendes reçus et versés.

3. Analyser et interpréter le ratio de la qualité du résultat (*voir la page 807*).

Le ratio de la qualité du résultat (Flux de trésorerie liés aux activités opérationnelles ÷ Résultat net) sert à mesurer la partie du résultat qui est générée sous forme de trésorerie. Plus ce ratio est élevé, plus grande est la capacité de l'entreprise à financer ses activités et ses autres besoins en trésorerie à partir des entrées de fonds provenant des opérations. Un ratio élevé indique une moindre probabilité que l'entreprise se serve de méthodes agressives de comptabilisation des produits pour augmenter son résultat net.

4. Présenter et interpréter les flux de trésorerie liés aux activités d'investissement (*voir la page 809*).

Les activités d'investissement enregistrées dans le tableau des flux de trésorerie comprennent les paiements en espèces pour l'acquisition d'actifs immobilisés et de placements courants et non courants, ainsi que les produits en espèces provenant de la vente d'actifs immobilisés et de placements courants et non courants. Les entreprises peuvent également choisir (de façon permanente) de présenter les produits d'intérêts et de dividendes comme des activités d'investissement.

12

5. Analyser et interpréter le ratio d'acquisition de capitaux (*voir la page 811*).

Le ratio d'acquisition de capitaux (Flux de trésorerie liés aux activités opérationnelles ÷ Acquisition d'immobilisations en espèces) indique la proportion des achats d'immobilisations que l'entreprise finance grâce à ses activités opérationnelles sans contracter de dette à l'extérieur, sans financement par actions, et sans qu'il y ait vente d'autres placements ou d'actifs immobilisés. Un ratio élevé constitue un avantage pour une entreprise parce qu'il indique qu'elle a la possibilité d'effectuer des acquisitions stratégiques.

6. Présenter et interpréter les flux de trésorerie liés aux activités de financement (*voir la page 812*).

Les entrées de trésorerie provenant des activités de financement comprennent les encaissements à la suite de l'émission de dettes courantes et non courantes et de l'émission d'actions ordinaires. Par contre, les sorties de trésorerie incluent les remboursements en espèces de la dette courante et non courante ainsi que les paiements en espèces pour le rachat d'actions de l'entreprise ; on y inclut aussi les versements de dividendes en espèces, à moins que l'entreprise n'ait choisi (de façon permanente) de les classer comme une activité opérationnelle. Les paiements en espèces relatifs aux intérêts constituent des flux de trésorerie opérationnels ou des activités de financement, selon le choix permanent de l'entreprise.

7. Comprendre la structure du tableau des flux de trésorerie et les autres éléments qui influent sur la trésorerie (*voir la page 816*).

Le tableau des flux de trésorerie présente les transactions qui ont une incidence sur les flux de trésorerie en trois catégories : opérations, investissement et financement. La section des activités opérationnelles est la plupart du temps préparée au moyen de la méthode indirecte, qui débute par le résultat net, redressé par la suite pour les transactions qui n'ont pas d'effet sur la trésorerie. Les activités d'investissement et de financement hors trésorerie n'entraînent pas de mouvements de trésorerie. Il s'agit, entre autres, d'achats d'actifs immobilisés en contractant une dette non courante ou en émettant des actions, ou encore d'échanges d'actifs immobilisés et de conversions de dettes en actions. Ces opérations sont exclues du tableau des flux de trésorerie, mais mentionnées en complément d'information dans les notes afférentes aux états financiers. Les impôts et les intérêts versés comptant doivent être divulgués soit dans le tableau des flux de trésorerie, soit en complément d'information.

8. Comparer les IFRS et les normes comptables pour les entreprises à capital fermé (*voir la page 818*).

Pour les flux de trésorerie, quelques différences existent entre la norme internationale (IAS 7 – partie I du *Manuel de l'ICCA*) et la norme canadienne (chapitre 1540 – partie II du *Manuel de l'ICCA*) destinée aux entreprises à capital fermé. La principale différence relève de la classification des éléments d'intérêts (versés et reçus) et des dividendes (versés et reçus). La divulgation de certains renseignements fait également l'objet de quelques disparités.

Tout au long des chapitres précédents, nous avons insisté sur les fondements théoriques de la comptabilité. Il est important de comprendre la logique inhérente aux sciences comptables pour pouvoir dresser des états financiers et s'en servir. Au chapitre 13, nous rassemblerons tous les éléments de notre étude concernant les principaux utilisateurs des états financiers, et leur façon d'analyser et d'utiliser ces documents. Nous examinerons, à l'aide d'exemples, un grand nombre de techniques d'analyse couramment employées que nous avons décrites dans les chapitres précédents ainsi que d'autres techniques également utiles. À mesure que vous progresserez dans le chapitre 13, vous découvrirez que la compréhension des règles et concepts de la comptabilité est indispensable pour analyser efficacement les états financiers.

Ratios clés

Le ratio de la qualité du résultat sert à déterminer la proportion du résultat généré sous forme de trésorerie. On le calcule ainsi (*voir la page 807*) :

$$\text{Ratio de la qualité du résultat} = \frac{\text{Flux de trésorerie liés aux activités opérationnelles}}{\text{Résultat net}}$$

Le ratio d'acquisition de capitaux sert à mesurer la capacité d'une entreprise à financer ses achats d'immobilisations à partir de ses activités opérationnelles. On le calcule ainsi (*voir la page 811*) :

$$\text{Ratio d'acquisition de capitaux} = \frac{\text{Flux de trésorerie liés aux activités opérationnelles}}{\text{Acquisition d'immobilisations en espèces}}$$

Pour trouver l'information financière

ÉTAT DE LA SITUATION FINANCIÈRE

Variations des actifs, des passifs et des capitaux propres

ÉTAT DES VARIATIONS DES CAPITAUX PROPRES

Variation du capital social, des résultats non distribués et autres postes

ÉTAT DU RÉSULTAT GLOBAL

Résultat net et comptes de régularisation tel l'amortissement

TABLEAU DES FLUX DE TRÉSORERIE

Flux de trésorerie liés aux activités opérationnelles

Flux de trésorerie liés aux activités d'investissement

Flux de trésorerie liés aux activités de financement

Paiement des intérêts et des impôts

NOTES

Principales conventions comptables
Définition de « trésorerie et équivalents de trésorerie »

Dans une note distincte
Activités d'investissement ou de financement hors trésorerie
S'ils n'apparaissent pas dans le tableau des flux de trésorerie :
Paiements des intérêts et des impôts

Mots clés

12

ACTIVITÉS D'APPRENTISSAGE

1. Comparez les objectifs de l'état du résultat global, de l'état de la situation financière et du tableau des flux de trésorerie.

2. Parmi les renseignements fournis dans le tableau des flux de trésorerie, quels sont ceux qu'on ne trouve dans aucun autre état financier? Comment les investisseurs et créanciers se servent-ils de ces renseignements?

3. Définissez l'expression «trésorerie et équivalents de trésorerie». Comment présente-t-on les achats et ventes de placements très liquides qui constituent les équivalents de trésorerie dans le tableau des flux de trésorerie?

4. Quelles principales catégories d'activités des entreprises sont présentées dans le tableau des flux de trésorerie? Définissez chacune de ces activités.

5. Quelles sont les entrées de trésorerie typiques des activités opérationnelles? Quelles sont les sorties de trésorerie typiques de ces mêmes activités? Certaines de ces activités peuvent-elles être classées ailleurs dans le tableau des flux de trésorerie? Expliquez.

6. Selon la méthode indirecte, la charge d'amortissement est additionnée au résultat net dans la présentation des flux de trésorerie liés aux activités opérationnelles. L'amortissement entraîne-t-il une entrée de trésorerie? Expliquez votre réponse.

7. Expliquez pourquoi les sommes versées au cours de la période pour payer les achats et les salaires ne sont pas présentées de façon distincte, à titre de sorties de trésorerie, dans le tableau des flux de trésorerie établi selon la méthode indirecte.

8. Expliquez pourquoi, selon la méthode indirecte, on doit inclure l'augmentation de 50 000$ qui est survenue au cours de la période dans les stocks pour déterminer les flux de trésorerie liés aux opérations.

9. Comment présente-t-on les produits d'intérêts et de dividendes encaissés dans le tableau des flux de trésorerie selon la méthode indirecte lorsque l'entreprise a choisi de les traiter comme des activités d'investissement?

10. Comparez les deux méthodes de présentation des flux de trésorerie liés aux opérations dans le tableau des flux de trésorerie.

11. Quelles sont les entrées de fonds typiques des activités d'investissement? Quelles sont les sorties de fonds typiques de ces activités?

12. Quelles sont les entrées de fonds typiques des activités de financement? Quelles sont les sorties de fonds typiques de ces activités?

13. Définissez les activités d'investissement et de financement hors trésorerie. Donnez-en deux exemples. Comment présente-t-on ces types d'activités dans le tableau des flux de trésorerie?

14. Comment présente-t-on la vente d'un actif immobilisé dans le tableau des flux de trésorerie lorsqu'on utilise la méthode directe ou indirecte de présentation?

15. Quel principal traitement du tableau des flux de trésorerie diffère selon les normes comptables internationales de l'IAS 7 du *Manuel de l'ICCA*, partie I et le chapitre 1540 du *Manuel de l'ICCA*, partie II pour les entreprises à capital fermé?

1. De haut en bas, dans quel ordre apparaissent normalement les trois sections du tableau des flux de trésorerie?
   a) Financement, investissement, opérations
   b) Investissement, opérations, financement
   c) Opérations, financement, investissement
   d) Opérations, investissement, financement

2. Dans la section des activités opérationnelles du tableau des flux de trésorerie, lequel ou lesquels des éléments suivants doit-on traiter comme entrées de trésorerie?
   a) Les sommes encaissées des clients au point de vente
   b) Les sommes recouvrées des clients à partir des comptes clients
   c) Les sommes encaissées avant qu'un produit ne soit constaté (produit différé)
   d) Tous les éléments ci-dessus

3. Si le solde des charges payées d'avance augmente durant la période, que doit-on faire dans le tableau des flux de trésorerie selon la méthode indirecte et pourquoi?
   a) La variation qui est survenue dans le solde du compte doit être soustraite du résultat net, car bien que l'augmentation nette des charges payées d'avance n'ait pas eu d'incidence sur le résultat net, une réduction de la trésorerie s'ensuit.
   b) La variation du solde du compte doit être ajoutée au résultat net, car bien que l'augmentation nette des charges payées d'avance n'ait pas eu d'incidence sur le résultat net, une augmentation de la trésorerie s'ensuit.
   c) La variation qui est survenue dans le solde du compte doit être soustraite du résultat net pour renverser l'effet de l'état du résultat global, lequel n'a eu aucune incidence sur la trésorerie.
   d) La variation qui est survenue dans le solde du compte doit être ajoutée au résultat net pour renverser l'effet de l'état du résultat global, lequel n'a eu aucune incidence sur la trésorerie.

4. Soit ce qui suit : résultat net de 10 000 $, dotation à l'amortissement de 2 000 $, augmentation des comptes clients de 700 $, diminution des stocks de 400 $ et augmentation des comptes fournisseurs de 300 $. Le montant des flux de trésorerie liés aux activités opérationnelles, basé sur ces seuls renseignements, est de :

a) 12 000 $

b) 8 000 $

c) 11 700 $

d) 10 000 $

5. Parmi les éléments suivants, lequel n'apparaît pas dans la section des activités d'investissement du tableau des flux de trésorerie ?

a) L'achat de stocks

b) La vente d'équipement désuet utilisé dans l'usine

c) L'achat d'un terrain pour un nouvel édifice à bureaux

d) Tous les éléments ci-dessus y figurent

6. Parmi les éléments suivants, lequel n'apparaît pas dans la section des activités de financement du tableau des flux de trésorerie ?

a) Le rachat d'actions ordinaires de la société

b) L'encaissement de dividendes

c) Le remboursement en espèces de la dette

d) Le paiement en espèces de dividendes

7. Parmi les éléments suivants, lequel n'a pas à être ajouté au résultat net lorsqu'on veut déterminer les flux de trésorerie liés aux activités opérationnelles selon la méthode indirecte ?

a) L'augmentation nette des comptes fournisseurs

b) La diminution nette des comptes clients

c) La charge d'amortissement figurant à l'état du résultat global

d) Tous les éléments précédents

8. Soit ce qui suit : actions ordinaires émises de 25 000 $, vente d'équipement de bureau de 1 200 $, dividendes versés de 6 000 $, acquisition de placements hors trésorerie de 2 000 $ et paiement des fournisseurs de 4 000 $. Le montant des flux de trésorerie liés aux activités de financement est de :

a) 19 000 $

b) 14 000 $

c) (19 000 $)

d) (14 000 $)

9. Soit ce qui suit : actions ordinaires émises de 25 000 $, vente d'équipement de bureau de 1 200 $, dividendes versés de 6 000 $, acquisition de placements hors trésorerie de 2 000 $ et acquisition d'un nouvel équipement de 4 000 $. Le montant des flux de trésorerie liés aux activités d'investissement est de :

a) 20 200 $

b) (2 800 $)

c) (10 $)

d) (4 800 $)

10. Complétez l'énoncé. La variation totale de la trésorerie et équivalents de trésorerie figurant au bas du tableau des flux de trésorerie doit être égale :

a) à la variation des résultats non distribués à l'examen comparatif de l'état de la situation financière ;

b) au résultat net de l'état du résultat global ;

c) à la variation de la trésorerie et équivalents de trésorerie à l'examen comparatif de l'état de la situation financière ;

d) à aucun élément mentionné ci-dessus.

MINI-EXERCICES

M12-1

1 • 2

5 minutes

Alimentation Couche-Tard

Le lien entre les éléments et les catégories du tableau des flux de trésorerie (selon la méthode indirecte)

La société Alimentation Couche-Tard inc. est le chef de file de l'industrie des dépanneurs, avec plus de 5 800 magasins en Amérique du Nord et plus de 53 000 employés. Elle a commencé ses activités en 1980 avec un seul magasin, puis connu une croissance spectaculaire au fil des ans en faisant l'acquisition de Mac's, en s'associant à diverses sociétés pétrolières (Irving, Shell, Exxon Mobil, etc.) et en faisant l'achat de Dairy Mart et Circle Kay aux États-Unis. Elle est aussi propriétaire des restaurants Dunkin Donuts. Voici quelques éléments que contiennent un récent tableau consolidé des flux de trésorerie, dressé au moyen de la méthode indirecte, et la note 10 qui est annexée aux états financiers. Indiquez dans quelle section du tableau – activités opérationnelles (O), activités d'investissement (I) ou activités de financement (F) – chacun de ces éléments apparaît, ou inscrivez s.o. (pour « sans objet ») lorsque les éléments ne s'y trouvent pas. (Note : La formulation des comptes ci-dessous est la même que celle que l'on trouve dans le tableau actuel de la société.)

_____ 1. Produit tiré de la cession d'immobilisations et d'autres actifs

_____ 2. Émission d'actions

_____ 3. Amortissement des immobilisations et d'autres actifs

_____ 4. Créditeurs et charges à payer (augmentation)

_____ 5. Stocks (augmentation)

_____ 6. Diminution nette des emprunts à long terme

12

M12-2
1•2
5 minutes

La détermination des effets d'une variation des comptes sur les flux de trésorerie liés aux opérations (selon la méthode indirecte)

Indiquez si chacun des éléments suivants est additionné (+) ou soustrait (–) dans le calcul des flux de trésorerie liés aux opérations suivant la méthode indirecte.

_____ 1. L'amortissement et la dépréciation

_____ 2. Les stocks (diminution)

_____ 3. Les comptes fournisseurs (diminution)

_____ 4. Les comptes clients (augmentation)

_____ 5. Les charges courantes à payer (augmentation)

_____ 6. Les produits d'intérêts encaissés des placements

M12-3
1•2
5 minutes

Le lien entre les éléments et les catégories du tableau des flux de trésorerie (selon la méthode directe)

Voici quelques éléments que contient le tableau consolidé des flux de trésorerie de la société Alphonso, qui a été dressé au moyen de la méthode directe. Indiquez dans quelle section de l'état – activités opérationnelles (O), activités d'investissement (I) ou activités de financement (F) – chacun de ces éléments apparaît ou inscrivez s.o. (pour « sans objet ») lorsque les éléments ne s'y trouvent pas.

_____ 1. Remboursement de la dette

_____ 2. Dividendes versés en espèces

_____ 3. Montants encaissés à la suite de la vente d'actifs immobilisés

_____ 4. Intérêts nets versés

_____ 5. Sommes encaissées des clients

_____ 6. Paiement pour le rachat d'actions

M12-4
3
5 minutes

L'analyse du ratio de la qualité du résultat

La société Larose-Després a enregistré un résultat net de 90 000 $, une charge d'amortissement de 4 000 $ et des flux de trésorerie liés aux opérations de 63 000 $. Calculez le ratio de la qualité du résultat. Qu'est-ce que ce ratio vous apprend au sujet de la capacité de l'entreprise à financer ses activités opérationnelles et ses autres besoins en trésorerie à partir de ses encaissements liés aux opérations ?

M12-5
4
5 minutes

Le calcul des flux de trésorerie liés aux activités d'investissement

En vous servant des renseignements ci-dessous, calculez les flux de trésorerie liés aux activités d'investissement.

Recouvrement de sommes dues par les clients	600 $
Vente de matériel d'occasion contre espèces	300
Charge d'amortissement	100
Acquisition de placements courants	250

M12-6
6
10 minutes

Le calcul des flux de trésorerie liés aux activités de financement

En vous servant des renseignements ci-dessous, calculez les flux de trésorerie liés aux activités de financement. Posez toutes les hypothèses possibles sur la classification des intérêts et dividendes versés.

Acquisition de placements courants	300 $
Paiement de dividendes en espèces	950
Paiement d'intérêts sur la dette	400
Emprunt supplémentaire courant auprès de la banque	1 200

12

M12-7

 7

5 minutes

La présentation des activités d'investissement et de financement hors trésorerie

Parmi les opérations suivantes, laquelle ou lesquelles peuvent être classées dans les activités d'investissement et de financement hors trésorerie?

_____ 1. Achat de matériel au moyen de placements courants (hors trésorerie cédés au vendeur)

_____ 2. Paiement de dividendes en espèces

_____ 3. Achat d'un immeuble à l'aide d'un emprunt hypothécaire du vendeur

_____ 4. Emprunt bancaire supplémentaire échéant dans six mois

EXERCICES

E12-1

 1•2

10 minutes

Adidas

Le lien entre les éléments et les catégories du tableau des flux de trésorerie (selon la méthode indirecte)

Le groupe Adidas est une entreprise internationale (dont le siège social est en Allemagne) qui crée et fabrique du matériel de sport et d'activité physique, y compris des espadrilles, des vêtements et des accessoires. L'entreprise a un chiffre d'affaires annuel de plus de 10 300 millions d'euros et est aussi propriétaire des marques Reebok et CCM-Hockey. Voici quelques-uns des éléments que contient un récent tableau consolidé annuel des flux de trésorerie, qui a été établi au moyen de la méthode indirecte.

Indiquez dans quelle section du tableau – activités opérationnelles (O), activités d'investissement (I) ou activités de financement (F) – chacun de ces éléments est présenté. Inscrivez s.o. (pour « sans objet ») lorsqu'il n'apparaît nulle part dans le document. (Note: La formulation est la traduction des termes qui sont utilisés dans l'état de la société.)

_____ 1. Diminution (augmentation) des stocks

_____ 2. Dividendes versés en espèces aux actionnaires

_____ 3. Amortissement et dépréciation

_____ 4. Remboursement (augmentation) d'emprunts non courants

_____ 5. Rachat d'actions d'Adidas AG

_____ 6. Pertes (gains) sur la vente de terrains, immeubles et équipements

_____ 7. (Diminution) augmentation des comptes fournisseurs et des charges courantes à payer

_____ 8. Produit de la vente d'actifs immobilisés incorporels

_____ 9. Résultat net

_____ 10. Paiement pour l'acquisition de propriétés et d'équipements

E12-2

1•2

10 minutes

Le lien entre les éléments et les catégories du tableau des flux de trésorerie (selon la méthode directe)

Voici quelques-uns des éléments d'un récent tableau consolidé annuel des flux de trésorerie, qui a été établi au moyen de la méthode directe par la société Direct-Mag.

Indiquez dans quelle section du tableau – activités opérationnelles (O), activités d'investissement (I) ou activités de financement (F) – chacun de ces éléments est présenté. Inscrivez s.o. (pour « sans objet ») lorsqu'il n'apparaît nulle part dans le document.

_____ 1. Dividendes versés en espèces

_____ 2. Variation des comptes fournisseurs et des charges courantes à payer

_____ 3. Intérêts encaissés

_____ 4. Résultat net

_____ 5. Paiement pour l'acquisition de terrains, d'usines et d'équipements

_____ 6. Amortissement et dépréciation

_____ 7. Émission d'actions ordinaires aux employés contre espèces

_____ 8. Variation des stocks

_____ 9. Sommes encaissées des clients

_____ 10. Remboursement des prêts non courants

12

E12-3

⊕ **1•2**

15 minutes

Danier Leather

La détermination de l'incidence de certaines opérations sur le tableau des flux de trésorerie

La société DanierLeather inc. est le leader canadien de la conception, de la production et de la vente au détail de vêtements mode en cuir et en suède de haute qualité. Établie à Toronto, elle affiche des ventes annuelles de plus de 162 millions de dollars, et sa marque est vendue dans plus de 86 centres commerciaux partout au Canada de même qu'à Dubaï. Indiquez si chacune des opérations suivantes modifie les encaissements (ou les décaissements) nets de trésorerie liés aux activités opérationnelles (EDNO), aux activités d'investissement (EDNI) ou aux activités de financement (EDNF), et s'il s'agit d'un encaissement (+) ou d'un décaissement (–). Inscrivez s.o. (pour «sans objet») s'il n'y a aucun effet sur la trésorerie. (Conseil : Déterminez l'effet sur l'équation comptable pour chaque opération. Une opération n'influe sur les flux de trésorerie nets que si les postes de la trésorerie sont touchés [la trésorerie, les dépôts à vue, les placements courants très liquides].)

_____ 1. Paiement en espèces pour l'achat d'actif immobilisé

_____ 2. Achat d'un stock de matières premières à crédit

_____ 3. Encaissement d'acomptes versés par des clients

_____ 4. Passation d'une écriture de régularisation pour comptabiliser une charge relative aux salaires à payer

_____ 5. Enregistrement et paiement des intérêts sur la dette aux créanciers

_____ 6. Remboursement du capital sur une dette bancaire courante

_____ 7. Paiement anticipé du loyer pour la période suivante

_____ 8. Vente d'une immobilisation d'occasion à sa valeur comptable contre espèces

_____ 9. Paiements aux fournisseurs

_____ 10. Rachat d'actions subalternes

E12-4

⊕ **1•2**

15 minutes

Hewlett-Packard

La détermination de l'incidence de certaines opérations sur le tableau des flux de trésorerie

Hewlett-Packard est le chef de file du domaine de la fabrication d'équipement informatique pour les entreprises et les consommateurs. Indiquez si chacune des opérations récentes présentées ci-dessous modifie les encaissements (ou les décaissements) nets de trésorerie liés aux activités opérationnelles (EDNO), aux activités d'investissement (EDNI) ou aux activités de financement (EDNF), et s'il s'agit d'en encaissement (+) ou d'un décaissement (–). Inscrivez s.o. (pour «sans objet») s'il n'y a aucun effet sur la trésorerie. (Conseil : Déterminez l'incidence sur l'équation comptable pour chaque opération. Une opération n'a une incidence sur les flux de trésorerie nets que si les comptes de la trésorerie sont touchés.)

_____ 1. Achat de stock de matières premières à crédit

_____ 2. Paiement du loyer de la prochaine période

_____ 3. Achat d'un nouvel équipement contre la signature d'un billet de trois ans au vendeur

_____ 4. Passation d'une écriture de régularisation concernant le transfert d'une charge payée d'avance à une charge opérationnelle

_____ 5. Enregistrement et paiement des impôts au gouvernement fédéral

_____ 6. Achat en espèces de titres de placements

_____ 7. Émission d'actions ordinaires contre espèces

_____ 8. Encaissement de sommes dues par des clients

_____ 9. Vente d'équipement à sa valeur comptable contre espèces

_____ 10. Émission d'obligations contre espèces

12

E12-5

La comparaison entre la méthode directe et la méthode indirecte

Pour comparer la méthode directe à la méthode indirecte de présentation des activités opérationnelles du tableau des flux de trésorerie, indiquez par des marques de pointage les éléments auxquels chaque méthode s'applique.

	Tableau des flux de trésorerie	
Flux de trésorerie (et variations afférentes)	Méthode directe	Méthode indirecte
1. Augmentation ou diminution des comptes fournisseurs		
2. Augmentation ou diminution des salaires à payer		
3. Paiements aux fournisseurs		
4. Sommes reçues des clients		
5. Résultat net		
6. Charge d'amortissement		
7. Augmentation ou diminution des comptes clients		
8. Augmentation ou diminution des stocks		
9. Salaires versés aux employés		
10. Flux de trésorerie liés aux activités opérationnelles		
11. Flux de trésorerie liés aux activités d'investissement		
12. Flux de trésorerie liés aux activités de financement		
13. Variation nette de la trésorerie au cours de la période		

E12-6

L'enregistrement des flux de trésorerie liés aux opérations (selon la méthode indirecte)

Les renseignements suivants concernent la société Dahlia. Tous les montants sont en dollars canadiens.

		2012
État du résultat global		
Chiffre d'affaires		90 000
Charges :		
Coût des ventes	40 000	
Amortissement	8 000	
Salaires	19 000	(67 000)
Résultat net		23 000

	2012	2011
États de la situation financière partiels comparatifs		
Clients	16 000	12 000
Stock	10 000	16 000
Salaires à payer	2 500	2 000

Travail à faire

Établissez la section des activités opérationnelles du tableau des flux de trésorerie de la société Dahlia en employant la méthode de présentation indirecte.

12

E12-7

2

20 minutes

La présentation et l'interprétation des flux de trésorerie liés aux activités opérationnelles du point de vue des analystes (selon la méthode indirecte)

En établissant son état du résultat global et son état de la situation financière pour la période 2012, la société Coquelicot a fourni les renseignements suivants (en dollars canadiens):

		2012
État du résultat global		
Chiffres d'affaires		63 000
Charges:		
Salaires	48 000	
Amortissement des immobilisations	10 000	
Amortissement des droits d'auteur	1 500	
Autres charges	12 500	(72 000)
Résultat net		(9 000)

	2012	2011
États de la situation financière partiels comparatifs		
Clients	9 000	21 000
Salaires à payer	13 000	5 000
Charges courantes à payer	2 000	4 000

De plus, Coquelicot a fait l'achat d'une petite machine distributrice pour la somme de 5 000 $, payés en espèces.

Travail à faire

1. Présentez la section des activités opérationnelles du tableau des flux de trésorerie de la société Coquelicot en employant la méthode indirecte.

2. Quelles sont les principales raisons pour lesquelles l'entreprise a pu enregistrer un résultat net négatif, mais des flux de trésorerie liés aux activités opérationnelles positifs? Pourquoi les raisons d'une telle différence entre les flux de trésorerie liés aux opérations et le résultat net sont-elles importantes pour les analystes financiers?

E12-8

2

20 minutes

Rogers Communications

La présentation et l'interprétation des flux de trésorerie liés aux activités opérationnelles du point de vue des analystes (selon la méthode indirecte)

Rogers Communications inc. exploite notamment un important réseau de câblodistribution et de téléphonie sans fil en Amérique du Nord, et offre divers produits et services liés aux médias. La société est aussi propriétaire des Blue Jays de Toronto, de Wireless (dont Fido) et de Microcell Communications. Un rapport annuel de l'entreprise renferme les renseignements partiels suivants (en millions de dollars canadiens):

Résultat net	1 478
Amortissement	1 730
Dépréciation du goodwill	18
Diminution des débiteurs (clients)	93
Intérêts payés	632
Augmentation des créditeurs et des charges courantes à payer	50
Augmentation des produits différés courants	45
Acquisition de droits de diffusion	185
Diminution des autres actifs courants	76

12

Émission de titres d'emprunts à long terme	2 875
Autres amortissements et redressements sans effet sur la trésorerie	300
Dividendes versés	704
Acquisition de placements dans Cogeco	163

Les charges d'intérêts sont classées comme des activités opérationnelles, et les dividendes versés, comme des activités de financement.

Travail à faire

1. D'après ces renseignements, calculez les flux de trésorerie liés aux activités opérationnelles en employant la méthode indirecte.

2. Quelles principales raisons expliquent la différence entre le résultat net et les flux de trésorerie liés aux activités opérationnelles? Pourquoi les raisons d'une telle différence entre les flux de trésorerie liés aux activités opérationnelles et le résultat net sont-elles importantes pour les analystes financiers?

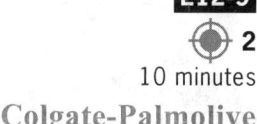

10 minutes

Colgate-Palmolive

La détermination des variations des postes de l'état de la situation financière d'après les renseignements du tableau des flux de trésorerie (selon la méthode indirecte)

Les renseignements suivants (en millions de dollars états-uniens) sont tirés d'un tableau des flux de trésorerie de Colgate-Palmolive:

Activités opérationnelles	
Résultat net	2 291
Éléments sans effets sur la trésorerie:	
Amortissement et dépréciation	351
Gains sur cession d'actifs	(5)
Autres	76
Variation de certains actifs et passifs courants hors trésorerie:	
Clients	57
Stocks	44
Autres actifs	169
Fournisseurs et charges courantes à payer	294
Flux de trésorerie liés aux activités opérationnelles	3 277

Travail à faire

À l'aide des renseignements fournis dans le tableau des flux de trésorerie de l'entreprise, déterminez si le solde des comptes suivants a augmenté ou diminué au cours de la période: Clients, Stocks, Autres actifs, Fournisseurs et charges courantes à payer.

15 minutes

Apple

La détermination des variations des postes de l'état de la situation financière d'après les renseignements du tableau des flux de trésorerie (selon la méthode indirecte)

Un tableau des flux de trésorerie de la société Apple renferme les renseignements ci-après (en millions de dollars états-uniens).

12

Activités opérationnelles	
Résultat net	5 704
Éléments sans effet sur la trésorerie :	
Amortissement et dépréciation	703
Charge pour rémunération à base d'actions	710
Perte sur cession d'actifs immobilisés	26
Autres	(519)
Variation de certains actifs et passifs non courants hors trésorerie :	
Clients	(939)
Stocks	54
Autres actifs	(2 396)
Fournisseurs	92
Produits différés	6 908
Autres passifs	(184)
Flux de trésorerie liés aux activités opérationnelles	10 159

Travail à faire

Pour chacun des comptes d'actif et de passif courants apparaissant dans le tableau des flux de trésorerie, indiquez si le solde a augmenté ou diminué au cours de la période.

E12-11

4

10 minutes

La détermination des flux de trésorerie provenant de la vente d'actifs immobilisés

Au cours des trois dernières périodes financières, A. Klein inc. a vendu des immobilisations comme suit, en milliers de dollars canadiens.

	Année 3	Année 2	Année 1
Immobilisations (au coût historique)	54 000	8 000	11 000
Amortissement cumulé – immobilisations	29 500	3 690	9 200
Encaissement de la cession	14 800	11 620	1 800
Gain (perte) sur la cession	(9 700)	7 310	–

Travail à faire

1. Pour chacune des périodes, indiquez quels flux de trésorerie provenant de la vente des immobilisations on pourrait trouver dans la section des activités d'investissement du tableau des flux de trésorerie.

2. La société A. Klein utilise la méthode indirecte pour présenter les flux de trésorerie liés aux opérations dans le tableau des flux de trésorerie. Pour chacune des périodes, quel montant relatif à la vente des actifs immobilisés devrait être ajouté (soustrait) dans le calcul des flux de trésorerie liés aux activités opérationnelles ?

E12-12

4

25 minutes

La détermination des flux de trésorerie provenant de la vente de matériel

Au cours de sa période financière, la société Primevère a vendu à perte du matériel superflu. Voici quelques renseignements tirés des registres comptables de l'entreprise. Les montants sont en milliers de dollars canadiens.

État du résultat global	
Charge d'amortissement	640
Perte sur la cession de matériel	2 500
État de la situation financière	
Solde du compte Matériel, au coût, à l'ouverture de la période	13 500
Solde du compte Matériel, au coût, à la clôture de la période	7 900
Solde du compte Amortissement cumulé à l'ouverture de la période	1 900
Solde du compte Amortissement cumulé à la clôture de la période	2 000

Aucun nouveau matériel n'a été acheté au cours de la période.

Travail à faire

1. En tenant compte uniquement du matériel cédé, déterminez son coût initial, son amortissement cumulé et le montant reçu en contrepartie de la cession. (Utilisez les comptes Matériel au coût et Amortissement cumulé pour trouver la valeur comptable du matériel cédé.)

2. Si la société Primevère utilise la méthode indirecte, quel montant, en lien avec la vente, devrait être ajouté ou soustrait dans le calcul des flux de trésorerie liés aux activités opérationnelles?

3. Quel montant, en lien avec la vente, devrait être ajouté ou soustrait dans le calcul des flux de trésorerie liés aux investissements?

E12-13

2 • 3

25 minutes

PepsiCo

L'analyse des flux de trésorerie liés aux opérations et l'interprétation du ratio de la qualité du résultat

Voici les renseignements que contenait un rapport annuel de PepsiCo pour la période en cours (en millions de dollars états-uniens):

Résultat net	5 979
Amortissement et dépréciation	1 635
Autres éléments sans effets sur la trésorerie à soustraire du résultat net	801
Diminution des comptes clients	188
Diminution des stocks	17
Augmentation des charges payées d'avance	127
Diminution des comptes fournisseurs	133
Augmentation des impôts exigibles	319
Diminution des autres passifs	281
Paiement de dividendes en espèces	2 732
Rachat d'actions préférentielles	7

Travail à faire

1. Calculez les flux de trésorerie liés aux activités opérationnelles de PepsiCo en employant la méthode indirecte et en posant l'hypothèse que la société classe les dividendes versés en espèces comme des activités de financement.

2. Calculez le ratio de la qualité du résultat.

3. Quelles sont les principales raisons pour lesquelles le ratio de la qualité du résultat de l'entreprise n'est pas égal à 1,00?

12

E12-14

⊕ **4•6**

20 minutes

Sears Canada

L'enregistrement des flux de trésorerie liés aux activités d'investissement et aux activités de financement

Sears Canada inc. est un important détaillant de marchandises et de services au Canada. Au cours d'une période passée, cette entreprise a enregistré les opérations suivantes (en millions de dollars canadiens):

Résultat net	94,1
Acquisition d'immobilisations en espèces	143,4
Émission d'actions contre espèces	2,1
Sommes en espèces reçues des clients	6 796,5
Remboursement d'obligations à long terme	110,6
Acquisition d'une entreprise en espèces	23,5
Vente d'immobilisations contre espèces	17,7
Dividendes versés en espèces	25,6
Acquisition en espèces de placements non courants et autres	7,3
Paiement d'intérêts	56,6
Émission d'obligations non courantes contre espèces	200,0
Encaissement net d'autres actifs non courants	42,7

Travail à faire

À partir de ces renseignements, établissez les flux de trésorerie des sections des activités d'investissement et des activités de financement du tableau des flux de trésorerie de l'entreprise. Posez l'hypothèse que les intérêts versés sont classés comme une activité opérationnelle et que les dividendes versés le sont comme une activité de financement.

E12-15

⊕ **2•4•6**

25 minutes

La présentation du tableau des flux de trésorerie (selon la méthode indirecte)

La société Plongeons inc. a démarré ses activités il y a quelques années lorsque deux instructeurs de plongeon ont décidé de se lancer en affaires. Voici l'information relative à l'état de la situation financière au 31 décembre, l'état du résultat global (sommaire) et d'autres renseignements (simplifiés) qui ont été sélectionnés dans les états financiers de Plongeons inc. Tous les chiffres sont en dollars canadiens.

	2013	2012
États sommaires de la situation financière		
Trésorerie	2 780	3 700
Clients	800	550
Charges payées d'avance	200	150
Actifs courants	3 780	4 400
Matériel (net)	1 120	800
Total de l'actif	4 900	5 200
Salaires à payer	420	1 860
Capital social	1 300	1 000
Résultats non distribués	3 180	2 340
Total du passif et des capitaux propres	4 900	5 200

12

	2013
État sommaire du résultat global	
Produits des cours	45 350
Salaires	(39 000)
Amortissement du matériel	(80)
Autres charges	(5 430)
Résultat net	840

Renseignements supplémentaires :

a) Les charges payées d'avance comprennent le loyer payé à l'avance.

b) Les autres charges ont été versées en espèces.

c) À la clôture de 2012, la société a acquis pour 400 $ de matériel qui sera utilisé dès le début de 2013.

d) L'un des propriétaires a versé 300 $ en espèces en échange d'actions ordinaires de la société.

Travail à faire

Préparez le tableau des flux de trésorerie pour la période close le 31 décembre 2013 en utilisant la méthode indirecte.

E12-16

4•5•6

25 minutes

Normiska Corporation

La présentation et l'interprétation des flux de trésorerie liés aux activités d'investissement et aux activités de financement, et l'analyse de la stratégie de la direction

La société Normiska Corporation est un fournisseur canadien d'articles d'horticulture. Elle se spécialise dans la fabrication de sphaigne (mousse des tourbières) ainsi que dans la récolte et la transformation d'écorce. Elle exerce ses activités en Ontario, au Québec et aux États-Unis. Au cours d'une période passée, cette entreprise a enregistré les opérations suivantes (en milliers de dollars canadiens) :

Paiements reçus des clients	8 932,2
Achat d'immobilisations corporelles en espèces	411,9
Augmentation de la dette bancaire	812,9
Achat en espèces de droits miniers	25,0
Émission d'actions ordinaires contre espèces	1 938,0
Intérêts versés	445,2
Remboursement de la dette non courante	716,2
Émission d'un billet à payer contre espèces	50,0
Remboursement d'un billet à payer	75,0
Paiement anticipé de charges différées non courantes	177,9
Remboursement d'obligations convertibles sans garantie	190,8
Paiements aux fournisseurs	9 964,9
Émission d'une dette non courante contre espèces	273,8
Flux de trésorerie affectés aux activités opérationnelles	(1 477,9)

Travail à faire

1. En vous servant de ces renseignements, établissez les flux de trésorerie des sections des activités d'investissement et des activités de financement du tableau des flux de trésorerie. Posez l'hypothèse que les intérêts versés sont classés dans les activités de financement.

12

2. Calculez le ratio d'acquisition des capitaux (avec les immobilisations corporelles). Que vous dit le ratio à propos de la capacité de Normiska à financer les achats d'actifs immobilisés à même les flux de trésorerie liés aux activités opérationnelles?

3. À votre avis, quel était le plan de la direction de Normiska relativement à l'utilisation de la trésorerie qui a été engendrée grâce à l'émission d'actions ordinaires?

E12-17

 **5•6**

15 minutes

Rio Tinto

L'analyse et l'interprétation du ratio d'acquisition de capitaux

Les rapports annuels de l'entreprise Rio Tinto, société mère australienne de la société canadienne Alcan inc., active dans l'industrie de l'acier, renferme les données suivantes relatives à trois années consécutives (en millions de dollars états-uniens):

	2009	2008	2007
Flux de trésorerie liés aux activités opérationnelles	9 212	14 883	8 491
Flux de trésorerie liés aux activités d'investissement	(3 357)	(6 181)	(42 742)
Flux de trésorerie liés aux activités de financement	(2 463)	(9 108)	35 097
Acquisition de nouvelles immobilisations au comptant	5 388	8 574	5 000

Travail à faire

1. Calculez le ratio d'acquisition de capitaux de cette période de trois ans.

2. Que permet de mesurer le ratio d'acquisition de capitaux? Quelle proportion des activités d'investissement de l'entreprise a été financée par des sources extérieures ou des soldes de trésorerie déjà existants au cours de cette période de trois ans?

3. Quelle est, à votre avis, l'explication plausible de la croissance des flux de trésorerie liés aux activités de financement en 2007?

E12-18

 **5•7**

15 minutes

La présentation des éléments hors trésorerie dans le tableau des flux de trésorerie et l'interprétation de leur incidence sur le ratio d'acquisition de capitaux

Une analyse des comptes d'actifs immobilisés de la société Laviolette fournit les renseignements suivants:

a) Acquisition d'une machine au coût de 26 000 $, payés au vendeur au moyen d'un billet de 15 000 $ portant intérêt au taux de 12 % et venant à échéance dans deux ans, ainsi que de 500 actions ordinaires de l'entreprise ayant un prix du marché de 22 $ chacune.

b) Acquisition d'une autre machine au coût de 8 700 $, payés intégralement grâce au transfert au vendeur d'un terrain ayant une valeur comptable de 8 700 $.

Travail à faire

1. Expliquez comment il faudrait présenter ces renseignements dans le tableau des flux de trésorerie.

2. Quel serait l'effet de ces opérations sur le ratio d'acquisition de capitaux? Comment pourraient-elles fausser l'interprétation de ce ratio?

E12-19

15 minutes

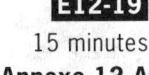 **Annexe 12-A**

La présentation des flux de trésorerie liés aux activités opérationnelles du point de vue des analystes (selon la méthode directe)

Utilisez l'information présentée à l'exercice E12-6 au sujet de la société Dahlia.

Travail à faire

Établissez la section des activités opérationnelles du tableau des flux de trésorerie de la société Dahlia en employant la méthode de présentation directe.

E12-20
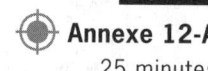
Annexe 12-A
20 minutes

La présentation et l'interprétation des flux de trésorerie liés aux activités opérationnelles du point de vue des analystes (selon la méthode directe)

Utilisez l'information présentée à l'exercice E12-7 au sujet de la société Coquelicot.

Travail à faire

1. Présentez la section des activités opérationnelles du tableau des flux de trésorerie de la société Coquelicot en employant la méthode directe. Posez l'hypothèse que les charges courantes à payer font référence aux autres charges de l'état du résultat global.

2. Quelles sont les principales raisons pour lesquelles l'entreprise a pu enregistrer un résultat net négatif, mais des flux de trésorerie liés aux opérations positifs? Pourquoi les raisons d'une telle différence entre les flux de trésorerie liés aux opérations et le résultat net sont-elles importantes pour les analystes financiers?

E12-21
Annexe 12-A
25 minutes

La présentation et l'interprétation des flux de trésorerie liés aux activités opérationnelles du point de vue des analystes (selon la méthode directe)

Utiliser les renseignements relatifs à l'état du résultat global (sommaire), et d'autres renseignements (simplifiés) qui ont été sélectionnés dans les états financiers de Sissou inc. au 31 décembre 2012. Tous les montants sont en dollars canadiens.

État du résultat global (sommaire)		Renseignements supplémentaires	
Chiffre d'affaires	5 608 200	Diminution des comptes clients	15 490
Coûts des ventes	(797 850)	Augmentation des stocks	30 000
Charges de vente	(883 620)	Augmentation des charges payées d'avance	59 300
Charges administratives	(2 192 630)		
Amortissement	(1 092 550)	Augmentation des comptes fournisseurs	5 025
Dépréciation	(88 330)		
Autres charges*	(566 480)	Augmentation des charges courantes à payer	8 500
Résultat net de la période	(13 260)	Diminution des produits différés	1 810

* Des charges d'intérêts de 180 000 $ sont incluses dans le poste Autres charges. La société classe les charges d'intérêts comme une activité de financement.

Travail à faire

1. À l'aide des renseignements fournis ci-dessus, calculez les flux de trésorerie liés aux activités opérationnelles en employant la méthode directe. Posez l'hypothèse que les charges payées d'avance et les charges courantes à payer sont liées aux autres charges.

2. Quelles sont les principales raisons pour lesquelles Sissou a pu enregistrer un résultat net négatif, mais des flux de trésorerie liés aux activités opérationnelles positifs? Pourquoi les raisons d'une telle différence entre les flux de trésorerie liés aux activités opérationnelles et le résultat net sont-elles importantes pour les analystes financiers?

E12-22

Annexe 12-B
40 minutes

La préparation du tableau des flux de trésorerie selon la méthode indirecte à l'aide du chiffrier

L'analyse des registres de la société Halibout révèle ce qui suit:

a) Achat de 20 000 $ d'équipement et émission d'actions ordinaires en guise de paiement au propriétaire

b) Achat de placements non courants pour un montant en espèces de 15 000 $

c) Dividendes de 12 000 $ payés en espèces

d) Vente d'équipements utilisés dans la production pour un montant net de 7 000 $ en espèces (coût de 21 000 $, amortissement cumulé de 15 000 $)

e) Émission de 500 actions à 12 $ chacune, contre espèces

État du résultat global sommaire (en dollars canadiens)	
Ventes	140 000
Coût des ventes	(59 000)
Amortissement	(3 000)
Salaires	(29 000)
Intérêts	(5 000)
Gains sur cession d'équipements	(1 000)
Autres charges	(15 800)
Impôts sur le résultat	(9 000)
Résultat net	20 200

CHIFFRIER (en dollars canadiens)	Solde à l'ouverture de la période	Analyse des variations		Solde à la clôture de la période
		Débits	Crédits	
État de la situation financière				
Trésorerie	20 500			19 200
Clients	22 000			22 000
Stocks	68 000			75 000
Placements non courants				15 000
Équipements (coût)	114 500			113 500
Total des débits	225 000			244 700
Amortissement cumulé*	32 000			20 000
Fournisseurs	17 000			14 000
Salaires à payer	2 500			1 500
Impôts exigibles	3 000			4 500
Obligations à payer	54 000			54 000
Actions ordinaires	100 000			126 000
Résultats non distribués	16 500			24 700
Total des crédits	225 000			244 700

	Entrées	Sorties	Total
Tableau des flux de trésorerie			
Flux de trésorerie liés aux activités opérationnelles :			
Résultat net			
Éléments sans effet sur la trésorerie			
Variation des actifs et passifs courants hors trésorerie			
Flux de trésorerie liés aux activités d'investissement			
Flux de trésorerie liés aux activités de financement			
Variation nette de la trésorerie et équivalents de trésorerie			
Totaux			

* Dans le chiffrier, l'amortissement cumulé est classé du côté des crédits. Ce n'est pas pour autant un passif.

La société Halibout a choisi de classer les charges d'intérêts comme une activité opérationnelle et les dividendes versés, comme une activité de financement.

Travail à faire

Reportez-vous à l'annexe 12-B (*voir la page 826*) pour remplir la partie inférieure du chiffrier afin de préparer le tableau des flux de trésorerie. Servez-vous du logiciel Excel pour préparer ce chiffrier.

PROBLÈMES

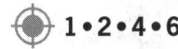
35 minutes
(PS12-1)

L'établissement du tableau des flux de trésorerie (selon la méthode indirecte)

Métro Vidéo inc. prépare ses états financiers pour la période close le 31 décembre 2011. Les états sommaires de la situation financière comparatifs et l'état sommaire du résultat global ont été établis comme suit. Tous les montants sont en dollars canadiens.

	2011	2010
États sommaires de la situation financière		
Trésorerie	68 250	65 500
Clients	15 250	22 250
Stocks	22 250	18 000
Immobilisations, au coût	209 250	150 000
Amortissement cumulé	(59 000)	(45 750)
Total de l'actif	256 000	210 000
Fournisseurs	9 000	19 000
Salaires à payer	4 000	1 200
Dette non courante	59 500	71 000
Capital social	98 500	65 900
Résultats non distribués	85 000	52 900
Total du passif et des capitaux propres	256 000	210 000

	2011
État sommaire du résultat global	
Ventes	195 000
Coût des ventes	(92 000)
Amortissement	(13 250)
Intérêts	(3 000)
Autres charges	(28 000)
Impôts sur le résultat	(12 000)
Résultat net	46 750

Voici l'analyse de quelques soldes de comptes et certaines opérations de la période 2011:

a) L'entreprise a acheté de l'équipement pour 59 250 $ en espèces.

b) Elle a remboursé 11 500 $ sur la dette non courante.

c) Métro Vidéo a émis des actions ordinaires contre 32 600 $ en espèces. Le capital social comprend uniquement des actions ordinaires.

d) Un dividende de 14 650 $ a été déclaré et payé en espèces.

e) Les autres charges se rapportent uniquement aux salaires.

f) Les comptes fournisseurs proviennent uniquement des achats de stocks à crédit.

g) La société classe la charge d'intérêts comme une activité de financement. Cette charge correspond aux intérêts versés.

Travail à faire

1. Préparez le tableau des flux de trésorerie dela période close le 31 décembre 2011 en employant la méthode indirecte. Vous pouvez utiliser le chiffrier Excel pour accomplir cette tâche.

2. Interprétez le tableau des flux de trésorerie.

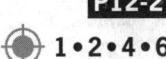

45 minutes
(PS12-2)

L'établissement du tableau des flux de trésorerie (selon la méthode indirecte)

Avantage inc., société canadienne ouverte, prépare actuellement ses états financiers de 2014. Voici les états de la situation financière comparatifs et l'état consolidé du résultat global qu'elle vient de compiler :

Avantage inc. États consolidés de la situation financière comparatifs au 31 décembre (en milliers de dollars canadiens)		
	2014	**2013**
Actif		
Courants		
Trésorerie	34 000	29 000
Clients	35 000	28 000
Stocks	41 000	38 000
Actifs courants	110 000	95 000
Non courants		
Immeuble et équipement, au coût	121 000	100 000
Amortissement cumulé	(30 000)	(25 000)
Actifs non courants	91 000	75 000
Total de l'actif	201 000	170 000
Passif et capitaux propres		
Passif		
Courants		
Fournisseurs	36 000	27 000
Charges courantes à payer	1 200	1 400
Portion courante de la dette à long terme courante	3 000	3 000
Passifs courants	40 200	31 400
Non courants		
Dette à long terme (moins portion courante)	35 000	41 000
Total du passif	75 200	72 400
Capitaux propres		
Capital social	88 600	72 600
Résultats non distribués	37 200	25 000
Total des capitaux propres	125 800	97 600
Total du passif et des capitaux propres	201 000	170 000

Avantage inc.
État consolidé du résultat global
Période close le 31 décembre 2014
(en milliers de dollars canadiens)

Chiffre d'affaires	120 000
Coût des ventes	(70 000)
Marge brute	50 000
Salaires	(20 000)
Amortissement	(5 000)
Autres charges	(4 800)
Résultat opérationnel	20 200
Charge d'intérêts	(2 000)
Résultat avant impôts	18 200
Charge d'impôts sur le résultat	(6 000)
Résultat net	12 200

Voici l'analyse de quelques soldes de comptes et certaines opérations de 2014 :

a) Avantage a acheté pour 21 000 $ d'équipement, payés en espèces.

b) Elle a remboursé 6 000 $ sur la dette à long terme.

c) L'entreprise a émis des actions ordinaires contre 16 000 $ en espèces. Le capital social comprend uniquement des actions ordinaires.

d) Aucun dividende n'a été déclaré ou versé durant l'année.

e) Le compte Fournisseurs comprend uniquement les achats de stocks à crédit.

f) Puisqu'il n'y a pas de charges à payer en lien avec les impôts, les intérêts et les autres charges, posez l'hypothèse que ces dépenses ont été entièrement décaissées.

h) La société a choisi de classer les charges d'intérêts comme une activité opérationnelle. Cette charge correspond aux intérêts versés.

Travail à faire

1. Préparez le tableau des flux de trésorerie pour la période close le 31 décembre 2014 en employant la méthode indirecte. Vous pouvez vous servir du chiffrier Excel pour accomplir cette tâche.

2. Interprétez le tableau des flux de trésorerie.

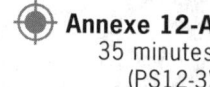

Annexe 12-A
35 minutes
(PS12-3)

La préparation du tableau des flux de trésorerie (selon la méthode directe)

Utilisez l'information présentée au problème P12-1 au sujet de Métro Vidéo inc.

Travail à faire

1. Préparez le tableau des flux de trésorerie de la période close le 31 décembre 2011 en employant la méthode directe.

2. Interprétez le tableau des flux de trésorerie.

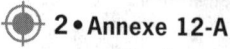

2•Annexe 12-A
40 minutes

La comparaison des flux de trésorerie liés aux activités opérationnelles (selon les méthodes directe et indirecte)

La société Beta inc. présente l'information sommaire suivante pour la période 2012, en milliers de dollars canadiens.

<table>
<tr><td colspan="2" align="center">**Beta inc.**
État sommaire du résultat global
période close le 31 décembre 2012
(en milliers de dollars canadiens)</td></tr>
</table>

Chiffre d'affaires		21 000
Coût des ventes		(9 500)
Marge brute		11 500
Charges :		
Amortissement	2 500	
Salaires	5 100	
Loyer	2 600	
Assurances	500	
Électricité et téléphone	610	
Intérêts sur obligations	600	
Perte sur vente d'équipement	500	
Impôts	400	(12 810)
Résultat net		(1 310)

<table>
<tr><td colspan="3" align="center">**Beta inc.**
Éléments tirés des états
de la situation financière
(en milliers de dollars canadiens)</td></tr>
</table>

	2011	**2012**
Stocks	65	84
Clients	530	440
Fournisseurs	215	250
Salaires à payer	20	30
Loyer à payer	6	2
Loyer payé d'avance	7	2
Assurances payées d'avance	5	14

Renseignements supplémentaires :

a) La société a émis une obligation de 20 000 $ portant intérêt au taux de 8 % au cours de la période 2012.

b) La société a choisi de classer les intérêts versés comme une activité opérationnelle.

Travail à faire

1. Préparez la section des activités opérationnelles du tableau des flux de trésorerie en employant la méthode directe.

2. Préparez cette même section en employant la méthode indirecte.

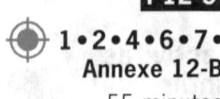

P12-5
1•2•4•6•7•
Annexe 12-B
55 minutes

La préparation du chiffrier en vue de l'établissement du tableau des flux de trésorerie (selon la méthode indirecte)

La société Hunter prépare ses états financiers pour la période close le 31 décembre 2013. Les états sommaires de la situation financière comparatifs et l'état sommaire du résultat global sont résumés comme suit. Tous les montants sont en dollars canadiens.

	2013	2012
États sommaires de la situation financière		
Trésorerie	44 000	18 000
Clients	27 000	29 000
Stocks	30 000	36 000
Immobilisations, solde net	75 000	72 000
Total de l'actif	176 000	155 000
Fournisseurs	25 000	22 000
Salaires à payer	800	1 000
Dette non courante	38 000	48 000
Capital social	80 000	60 000
Résultats non distribués	32 200	24 000
Total du passif et des capitaux propres	176 000	155 000

	2013
État sommaire du résultat global	
Ventes	100 000
Coût des ventes	(61 000)
Charges	(27 000)
Résultat net	12 000

Renseignements supplémentaires :

a) Hunter a acheté des immobilisations pour 9 000 $, payés en espèces.

b) Elle a remboursé 10 000 $ sur la dette non courante.

c) L'entreprise a émis des actions ordinaires contre 20 000 $ en espèces. Le capital social comprend uniquement des actions ordinaires.

d) Un dividende de 3 800 $ a été déclaré et payé en espèces.

e) Les charges comprennent l'amortissement de 6 000 $, les salaires de 10 000 $, les impôts de 3 000 $, les intérêts de 2 500 $ et d'autres charges de 5 500 $. La charge d'intérêts et la charge d'impôts correspondent aux montants versés.

f) La société a choisi de présenter les intérêts et les dividendes versés comme des activités opérationnelles.

Travail à faire

1. Préparez le chiffrier du tableau des flux de trésorerie pour la période close le 31 décembre 2013 afin de présenter les flux de trésorerie liés aux activités opérationnelles en employant la méthode indirecte. Servez-vous du logiciel Excel.

2. Présentez le tableau des flux de trésorerie.

3. Dressez un tableau des activités d'investissement et de financement hors trésorerie, si nécessaire.

PROBLÈMES SUPPLÉMENTAIRES

PS12-1

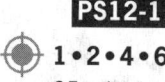 1 • 2 • 4 • 6

35 minutes
(P12-1)

L'établissement du tableau des flux de trésorerie (selon la méthode indirecte)

L'entreprise de construction McPherson ltée prépare ses états financiers pour la période close le 31 décembre 2012. Les états sommaires de la situation financière comparatifs et l'état sommaire du résultat global sont résumés comme suit. Tous les montants sont en dollars canadiens.

	2012	2011
États sommaires de la situation financière au 31 décembre		
Trésorerie	34 000	29 000
Clients	45 000	28 000
Stocks	31 000	38 000
Immobilisations, au coût	121 000	100 000
Amortissement cumulé	(30 000)	(25 000)
Total de l'actif	201 000	170 000
Fournisseurs	36 000	27 000
Salaires à payer	1 200	1 400
Dette non courante	38 000	44 000
Capital social	88 600	72 600
Résultats non distribués	37 200	25 000
Total du passif et des capitaux propres	201 000	170 000

	2012
État sommaire du résultat global	
Ventes	130 000
Coût des ventes	(70 000)
Autres charges	(37 800)
Résultat net	22 200

Renseignements supplémentaires:

a) McPherson a acheté des immobilisations pour 21 000 $, payés en espèces.

b) Elle a remboursé 6 000 $ sur la dette non courante.

c) L'entreprise a émis des actions ordinaires contre 16 000 $ en espèces. Le capital social comprend uniquement des actions ordinaires.

d) Un dividende de 10 000 $ a été déclaré et payé en espèces.

e) Les autres charges comprennent l'amortissement de 5 000 $, les salaires de 20 000 $, les impôts de 6 000 $, les intérêts de 1 500 $ et d'autres charges de 5 300 $. La charge d'intérêts et la charge d'impôts correspondent aux montants versés.

f) Les comptes fournisseurs ne comprennent que les achats de stocks faits à crédit. Comme il n'y a pas de comptes à payer relativement aux impôts, aux intérêts et aux autres charges, posez l'hypothèse que ces charges ont été payées en espèces.

g) La société a choisi de présenter les intérêts versés comme une activité opérationnelle, et les dividendes versés, comme une activité de financement.

Travail à faire

1. Préparez le tableau des flux de trésorerie pour la période close le 31 décembre 2012 en employant la méthode indirecte.

2. Interprétez le tableau des flux de trésorerie.

PS12-2

1•2•4•6

35 minutes
(P12-2)

L'établissement du tableau des flux de trésorerie (selon la méthode indirecte)

L'entreprise La cité de l'audio prépare ses états financiers pour la période close le 31 décembre 2014. Les états sommaires de la situation financière comparatifs et l'état sommaire du résultat global sont résumés comme suit. Tous les montants sont en dollars canadiens.

	2014	2013
États sommaires de la situation financière au 31 décembre		
Trésorerie	60 000	68 000
Clients	14 000	19 000
Stocks	24 000	22 000
Total des actifs courants	98 000	109 000
Immobilisations, au coût	230 000	170 000
Amortissement cumulé	(65 000)	(50 000)
Total des actifs non courants	165 000	120 000
Total de l'actif	263 000	229 000
Fournisseurs	10 000	17 000
Impôts à payer	1 500	800
Portion courante de la dette à long terme	10 000	10 000
Total des passifs courants	21 500	27 800
Dette à long terme	82 000	72 000
Capital social	80 000	75 000
Résultats non distribués	79 500	54 200
Total du passif et des capitaux propres	263 000	229 000

	2014
État sommaire du résultat global	
Chiffre d'affaires	210 000
Coût des ventes	(95 000)
Marge brute	115 000
Charges d'opération	(83 700)
Résultat net	31 300

Renseignements supplémentaires :

a) La cité de l'audio a acheté 60 000 $ d'équipement, payés en espèces.

b) Elle a demandé un nouvel emprunt de 10 000 $ en signant un effet à payer non courant.

c) L'entreprise a émis des actions ordinaires contre 5 000 $ en espèces.

d) Un dividende de 6 000 $ a été déclaré et payé en espèces.

e) Les charges d'opération comprennent l'amortissement de 15 000 $, les salaires de 55 000 $, les impôts de 10 700 $ et les intérêts de 3 000 $. La charge d'intérêts et la charge d'impôts correspondent aux montants versés.

f) Les comptes fournisseurs ne comprennent que les achats de stocks faits à crédit. Comme il n'y a pas de comptes à payer relativement aux salaires, aux intérêts et aux autres charges, posez l'hypothèse que ces charges ont été payées en espèces.

g) La société a choisi de présenter les intérêts et dividendes versés comme des activités de financement.

12

Travail à faire

1. Préparez le tableau des flux de trésorerie pour la période close le 31 décembre 2014 en employant la méthode indirecte.

2. Interprétez le tableau des flux de trésorerie.

Annexe 12-A

35 minutes

(P12-3)

L'établissement du tableau des flux de trésorerie (selon la méthode directe)

Utilisez l'information présentée au problème PS12-1 au sujet de l'entreprise de construction McPherson ltée.

Travail à faire

1. Préparez le tableau des flux de trésorerie pour la période close le 31 décembre 2012 en employant la méthode directe.

2. Interprétez le tableau des flux de trésorerie.

CAS — INFORMATION FINANCIÈRE

CP12-1

 2•4•6

20 minutes

L'Oréal

La recherche d'information financière

Reportez-vous aux états financiers de la société L'Oréal *(voir l'annexe B à la fin de ce manuel)*. Pour chacune des questions, indiquez l'endroit où vous avez trouvé l'information.

Travail à faire

1. Pour la période la plus récente, quel a été le redressement le plus important qui a été effectué pour rapprocher le résultat net des flux de trésorerie liés aux opérations? Quelle a été la plus grande variation des éléments d'actifs et de passifs hors trésorerie? Expliquez l'effet (+ ou –) de chacun d'eux sur le rapprochement.

2. Examinez les sections d'investissement et de financement du tableau des flux de trésorerie. Énumérez les trois principaux usages de la trésorerie au cours des deux dernières périodes qui sont présentées. Pour la période la plus récente, quelles ont été les deux plus importantes sources de trésorerie? Quels sont les plans de l'entreprise en matière de financement des dépenses à venir? Comment le savez-vous?

3. À combien se chiffraient les flux de trésorerie disponibles pour la période la plus récente? Qu'est-ce que ce montant indique au sujet de la flexibilité financière de l'entreprise?

CP12-2

 2•4•6

15 minutes

Inter Parfums

La recherche d'information financière

Reportez-vous aux états financiers de la société Inter Parfums *(voir l'annexe C à la fin de ce manuel)*. Pour chacune des questions, indiquez l'endroit où vous avez trouvé l'information.

Travail à faire

1. Laquelle des deux principales méthodes de communication de l'information financière relative aux flux de trésorerie liés aux opérations l'entreprise a-t-elle adoptée? À quoi le voyez-vous?

2. Quel montant l'entreprise a-t-elle versé en impôts au cours de la période la plus récente?

3. Expliquez pourquoi, en 2008, on a réintégré les plus-values ou les moins-values sur cession d'actif et l'amortissement dans le rapprochement du résultat net et des flux de trésorerie liés aux opérations.

12

4. À combien s'élevaient les flux de trésorerie disponibles pour la période la plus récente? À quoi peut servir un montant si important?

5. L'entreprise a-t-elle versé des dividendes en espèces au cours des deux dernières périodes qui sont présentées? Comment le savez-vous?

CP12-3

⊕ **3•5**

25 minutes

L'Oréal

Inter Parfums

La comparaison d'entreprises d'un même secteur d'activité

Reportez-vous aux états financiers de la société L'Oréal, à ceux de la société Inter Parfums ainsi qu'au rapport sur les ratios de ce secteur d'activité (*voir les annexes B, C et D à la fin de ce manuel*).

Travail à faire

1. Calculez le ratio de la qualité du résultat de chacune des deux entreprises pour les deux périodes qui sont présentées. Laquelle présente le meilleur ratio de la qualité du résultat?

2. Comparez le ratio de la qualité du résultat de la période courante de chacune des deux entreprises à la moyenne de leur secteur d'activité. Ces entreprises produisent-elles plus ou moins de flux de trésorerie liés aux opérations par rapport à leur résultat net que la moyenne des entreprises de leur secteur? La comparaison entre le taux de croissance du chiffre d'affaires de chacune de ces entreprises et la moyenne de leur secteur permet-elle de comprendre pourquoi leur ratio de la qualité du résultat est supérieur ou inférieur au taux moyen du secteur? Expliquez votre réponse. (Note : Taux de croissance du chiffre d'affaires = [Chiffre d'affaires de la période en cours – Chiffre d'affaires de la période précédente] ÷ Chiffre d'affaires de la période précédente)

3. Calculez le ratio d'acquisition de capitaux de chacune des deux entreprises pour les deux périodes qui sont présentées en utilisant comme dénominateurs les acquisitions d'actifs corporels et incorporels. Comparez les capacités de l'une et de l'autre à financer des achats d'immobilisations au moyen de la trésorerie liée aux activités opérationnelles.

4. Comparez le ratio d'acquisition de capitaux de la période courante des deux entreprises au ratio moyen de leur secteur d'activité. Comment la capacité de chacune d'elles à financer des achats d'immobilisations au moyen de la trésorerie liée aux activités opérationnelles se compare-t-elle à celle du reste de leur secteur?

CP12-4

⊕ **2•4•6**

35 minutes

Rocky Mountain Chocolate Factory

L'établissement d'un tableau des flux de trésorerie complexe (selon la méthode indirecte)

Rocky Mountain Chocolate Factory inc. fabrique des chocolats de luxe. Elle vend ses produits à ses franchisés et à ses propres magasins à travers les États-Unis. Son état de la situation financière du premier trimestre d'une période récente est présenté ci-après, accompagné d'une analyse de comptes et d'opérations sélectionnées.

Rocky Mountain Chocolate Factory inc.
États de la situation financière
(en dollars états-uniens)

	Au 31 mai (non vérifiés)	Au 29 février
Actif		
Courants		
Trésorerie	921 505	528 787
Clients, moins la provision pour dépréciation de 43 196$ au 31 mai et celle de 28 196$ au 29 février	1 602 582	1 463 901
Stocks	2 748 788	2 504 908
Impôts à recouvrer	59 219	59 219
Autres	581 508	224 001
Actifs courants	5 913 602	4 780 816
Non courants		
Immobilisations, au coût	14 010 796	12 929 675
Amortissement cumulé	(2 744 388)	(2 468 084)
Notes et comptes clients dus après un an	100 206	111 588
Goodwill, net d'une dépréciation de 259 641$ au 31 mai et de 253 740$ au 29 février	330 359	336 260
Autres	574 130	624 185
Actifs non courants	12 271 103	11 533 624
Total de l'actif	18 184 705	16 314 440
Passif et capitaux propres		
Passif		
Courants		
Emprunts courants	0	1 000 000
Portion courante de la dette à long terme	429 562	134 538
Fournisseurs	1 279 455	998 520
Charges courantes à payer	714 473	550 386
Impôts exigibles	11 198	54 229
Passifs courants	2 434 688	2 737 673
Non courants		
Dette à long terme, moins portion courante	4 193 290	2 183 877
Impôts différés	275 508	275 508
Passifs non courants	4 468 798	2 459 385
Total du passif	6 903 486	5 197 058
Capitaux propres		
Capital social	91 029	91 029
Prime d'émission	9 703 985	9 703 985
Résultats non distribués	2 502 104	2 338 267
	12 297 118	12 133 281
Actions propres détenues	(1 015 899)	(1 015 899)
Total des capitaux propres	11 281 219	11 117 382
Total du passif et des capitaux propres	18 184 705	16 314 440

Les notes font partie intégrante des états financiers.

Voici l'analyse de quelques soldes de comptes et certaines opérations :

a) Le résultat net a été de 163 837 $. Les notes et les comptes clients dus après un an ont trait aux opérations.

b) La charge d'amortissement et de dépréciation totalisait 282 205 $.

c) Aucun autre actif non courant (lié aux activités d'investissement) n'a été acquis durant la période.

d) Aucun actif immobilisé n'a été vendu durant la période. Aucun goodwill n'a été acquis ou vendu.

e) Les sommes encaissées à la suite de l'émission d'une dette à long terme a été de 4 659 466 $ et le remboursement du capital sur la dette à long terme a été de 2 355 029 $ (Indice : Vous devez additionner les échéances courantes à la dette à long terme dans votre analyse).

f) Aucun dividende n'a été déclaré ou versé durant la période.

Travail à faire

Préparez le tableau des flux de trésorerie de la période close le 31 mai en employant la méthode indirecte. Ignorez les impôts différés.

35 minutes

La prise de décision à titre d'analyste financier : l'analyse des flux de trésorerie d'une nouvelle entreprise

Fondée récemment, la société Golf Suprême conçoit et met en marché une gamme de vêtements de golf pour homme. Elle s'engage par contrat à les fabriquer et à les vendre. Voici un extrait du tableau des flux de trésorerie de cette entreprise pour la période la plus récente. Tous les chiffres sont en dollars canadiens.

Activités opérationnelles	
Résultat net	(400 000)
Amortissement	3 500
Compensation autre qu'en espèces (sous forme d'actions)	250 000
Acomptes versés aux fournisseurs	(405 000)
Augmentation des charges payées d'avance	(42 000)
Augmentation des comptes fournisseurs	80 000
Augmentation des charges courantes à payer	25 000
Flux de trésorerie liés aux activités opérationnelles	(488 500)

La direction s'attend à une importante augmentation du chiffre d'affaires dans un avenir rapproché. Pour soutenir l'augmentation des ventes, elle projette d'accroître ses stocks d'une quantité équivalant à 2,5 millions de dollars. Toutefois, elle n'a pas divulgué ses prévisions de vente. À la fin de la période, l'entreprise disposait de moins de 3 000 $ en banque. Il n'est pas rare de voir une nouvelle entreprise enregistrer un résultat net négatif et des flux de trésorerie négatifs durant sa période de démarrage.

Travail à faire

Vous travaillez à titre d'analyste financier pour une importante banque d'affaires. Votre patron vous demande de rédiger un bref rapport dans lequel vous évaluerez les problèmes qui se posent chez Golf Suprême. Insistez sur les sources de financement typiques dont l'entreprise pourrait (ou non) tirer parti afin de soutenir sa croissance.

12

CP12-6

2•6•7

35 minutes

Une décision éthique : un exemple réel

Le 19 février 2004, la Security and Exchange Commission des États-Unis, équivalent de l'Autorité des marchés financiers du Québec, a publié un communiqué de presse qui décrivait un certain nombre de transactions frauduleuses élaborées par les dirigeants d'Enron dans un ultime effort pour atteindre les objectifs financiers de l'entreprise. L'une des astuces bien connues, nommée opération « Nigerian barge » (péniche nigérienne), est apparue au quatrième trimestre de 1999. Selon les documents de la Cour, Enron a organisé la vente de trois péniches, alimentées électriquement et amarrées près de la côte du Nigeria, à une très grande société d'investissement bien connue, Merrill Lynch. Bien que la société Enron ait inclus cette transaction dans son chiffre d'affaires à l'état du résultat global, il s'avère que cette vente était hors de l'ordinaire. Merrill Lynch ne voulait pas de ces péniches et consentait à les acheter uniquement parce qu'Enron avait garanti, dans une entente secrète latérale, qu'elle organiserait le rachat des péniches de Merrill Lynch dans un délai de six mois suivant la transaction initiale. De plus, Enron avait promis de payer à Merrill Lynch un forfait très intéressant pour conclure cette entente. Dans une entrevue donnée à la radio le 17 août 2002, le sénateur du Michigan, Carl Levin, déclarait : « La transaction des péniches nigériennes est, par définition, un prêt. »

Travail à faire

1. Expliquez pourquoi la transaction des péniches nigériennes aurait dû être traitée comme un prêt plutôt que comme une vente. Dans votre explication, répondez aux questions suivantes : Le paiement de Merrill Lynch à Enron, qui a eu lieu au moment de la transaction initiale, ne fait-il pas de cette transaction une vente et non un prêt ? Quels sont les aspects de cette transaction qui sont similaires à un prêt ? Quels aspects suggèrent que les quatre critères pour comptabiliser un produit (*voir la fin du chapitre 3 pour un sommaire*) ne sont pas respectés ?

2. L'inscription d'une vente plutôt que celle d'un prêt a eu une incidence évidente sur l'état du résultat global : Enron a pu augmenter son chiffre d'affaires et son résultat net. Toutefois, ce qui n'est pas aussi évident, mais est aussi important, ce sont les effets sur le tableau des flux de trésorerie. Décrivez comment l'enregistrement de cette opération comme une vente plutôt que comme un prêt peut modifier le tableau des flux de trésorerie.

3. Comment les deux tableaux des flux de trésorerie (qui résultent des deux possibilités de présentation de la transaction) peuvent-ils être interprétés par les utilisateurs de l'information financière ?

12

CP12-7

Un projet d'équipe : l'analyse des flux de trésorerie

En équipe, choisissez un secteur d'activité à analyser. Vous en trouverez une liste sur le site de SEDAR (www.sedar.com). Cliquez sur « Recherche dans la base de données », puis « Recherche de documents de sociétés ouvertes », et choisissez un secteur. Chaque membre de l'équipe doit se procurer le rapport annuel d'une société ouverte de ce secteur, différente de celles que les autres membres ont choisies. Consultez par exemple le service SEDAR ou le site Web des entreprises choisies. Vous pouvez également choisir une société française cotée à la Bourse de Paris.

Travail à faire

Individuellement, chacun doit rédiger un bref rapport répondant aux questions ci-après au sujet de l'entreprise choisie. Analysez toute répétition des mêmes caractéristiques que vous observez dans les entreprises choisies par les membres de l'équipe. Ensuite, rédigez ensemble un bref rapport dans lequel vous soulignerez les ressemblances et différences existant entre ces entreprises d'après ces caractéristiques. Fournissez des explications des différences que vous avez relevées.

1. Laquelle des deux méthodes de base de présentation de l'information concernant les flux de trésorerie liés aux opérations l'entreprise a-t-elle adoptée ? À quoi le voyez-vous ?

2. Quel est le ratio de la qualité du résultat de la période la plus récente ? Quelles sont les principales raisons des différences existant entre le résultat net et les flux de trésorerie liés aux opérations ?

3. Quel est le ratio d'acquisition de capitaux des trois dernières années ? Comment l'entreprise finance-t-elle ses acquisitions d'immobilisations ?

4. Pour la période en cours, quelle proportion des flux de trésorerie liés aux opérations est versée aux actionnaires sous forme de dividendes ?

5. Outre l'acquisition d'immobilisations, énumérez les trois principaux usages qui ont été faits de la trésorerie au cours des deux dernières périodes financières.

6. Quels sont les plans de l'entreprise en matière de financement des dépenses à venir ? Comment le savez-vous ?

12

Chapitre

13 L'ANALYSE
DES ÉTATS FINANCIERS

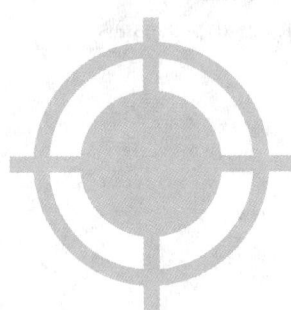

GROUPE **CARREFOUR**
Rassemblons toutes les données
www.carrefour.com

Carrefour est un groupe français du secteur de la grande distribution. En 2009, l'entreprise était le deuxième groupe mondial de ce secteur sur le plan du chiffre d'affaires, derrière la société états-unienne Wal-Mart[1]. La société Carrefour existe depuis 1959 et couvre les quatre zones géographiques suivantes : la France, le reste de l'Europe, l'Amérique du Sud et l'Asie. Elle évolue également dans d'autres parties du monde sous forme de partenariat local (par exemple, au Japon).

Carrefour est une pionnière du concept d'hypermarché, mais elle exploite d'autres formats de grande distribution tels les supermarchés (Carrefour Market) et les maxi-discomptes (Dia et Ed) pour donner au consommateur une grande liberté de choix en lui offrant le meilleur rapport qualité-prix. Dans ses hypermarchés, on trouve des articles alimentaires et non alimentaires, vendus aussi par des boutiques spécialisées. La gamme de produits offerte est très variée : articles de culture, de sports et de loisirs, objets pour la maison et le jardin, électroménagers, articles multimédias. Un service de voyages et de spectacles ainsi que des services financiers allant des prêts à l'assurance sont également offerts à la clientèle. En fait, on peut tout y trouver sous le même toit. La nouvelle bannière Carrefour City offre des services dans les villes ou les banlieues de façon à correspondre au rythme de vie d'une clientèle pressée et mobile (heures d'ouverture plus longues, aliments prêts à consommer « tout de suite » et « plus tard » à tendance santé, bio et équitable). Tous ces marchés offrent une gamme importante de marques Carrefour qui doivent répondre aux critères de qualité établis par l'entreprise, dont le développement durable.

On peut également commander en ligne ; le site du groupe accueille plus de 5,3 millions de visiteurs par mois. Finalement, le « Cash & Carry » est un libre-service dédié aux professionnels de la restauration et de l'alimentation, qui propose des services annexes, telle la formation sur l'hygiène et la qualité.

Pour démontrer l'importance de ce groupe, rappelons qu'il y avait 8 025 magasins intégrés Carrefour dans le monde en 2009, avec un chiffre d'affaires global de 107,2 milliards d'euros. Carrefour est le septième employeur privé mondial, avec 475 000 collaborateurs,

---

1 « Exit the dragon ? », *The Economist*, 8 octobre 2009, [en ligne], www.economist.com (page consultée le 5 décembre 2010).

et le premier en France. Le groupe est présent dans 34 pays, avec 3 milliards de passes en caisse par an, soit l'équivalent de près de la moitié de la population mondiale.

Les états financiers comparatifs de Carrefour pour la période 2009 sont présentés dans le tableau 13.1. Comme on peut le constater, la croissance de l'entreprise semble stable en 2008 et 2009. Cette dernière année, le chiffre d'affaires a accusé une légère baisse de 1,2 % et le résultat opérationnel a chuté de 38,9 % comparativement à 2008.

Connaissant ces résultats, voudriez-vous investir dans Carrefour ? Quelques analystes financiers pensent que vous devriez le faire. L'un deux affirme qu'une guerre des prix exercera de la pression sur les marges des entreprises de ce secteur et que Carrefour est en meilleure position concurrentielle pour y résister[2]. D'autres affirment devoir réviser le prix de l'action à la baisse en raison de la diminution des prévisions pour 2010, annoncée à deux reprises par Carrefour au cours de cette année[3].

Les analystes professionnels tiennent compte de nombreux facteurs pour faire leurs recommandations, y compris l'information contenue dans les états financiers. Dans ce chapitre, nous utilisons l'information comptable et une variété d'outils d'analyse afin d'étudier Carrefour et son compétiteur majeur, Wal-Mart. Nous sommes conscients que la comparaison entre Carrefour et Wal-Mart présente des lacunes, entre autres le fait que ces sociétés n'utilisent pas les mêmes principes comptables. Cela dit, de nombreux aspects similaires rendent la comparaison idéale.

● **Parlons affaires**

Au Canada comme partout ailleurs, les entreprises dépensent chaque année des millions de dollars pour dresser, auditer et publier leurs états financiers destinés aux investisseurs actuels et potentiels. Le *Document de référence 2009* de Carrefour contient à lui seul 205 pages concernant cette année financière, et présente, entre autres, des états financiers et l'analyse que fait la direction des chiffres rapportés. Le site Internet du groupe présente de nombreux autres rapports, diffusés par l'entreprise, dont le plan stratégique, les communiqués de presse et le rapport annuel ; on y présente également une description des produits et une grande variété de données pertinentes sur la société.

La raison pour laquelle les sociétés consacrent tant d'argent pour fournir de l'information aux investisseurs est simple : les états financiers aident les gens à prendre de meilleures décisions économiques. En fait, les états financiers publiés sont destinés à satisfaire les besoins des décideurs externes à l'entreprise, y compris les propriétaires actuels et potentiels, les analystes financiers et les créanciers.

---

2 « Carrefour : Aurel BGC reste à l'achat, vise 47E », dans ZONEBOURSE.COM, [en ligne], www.zonebourse. com/CARREFOUR-4626/actualite/CARREFOUR-Aurel-BGC-reste-a-l-achat-vise-47E-13481739 (page consultée le 9 décembre 2010).

3 « Carrefour : double dégradation de la part d'AlphaValue », dans ZONEBOURSE.COM, [en ligne], www.zone bourse.com/CARREFOUR-4626/actualite/CARREFOUR-double-degradation-de-la-part-d-AlphaValue-13515663 (page sonsultée le 9 décembre 2010).

TABLEAU 13.1 • ÉTATS FINANCIERS DE CARREFOUR

Carrefour
État de la situation financière consolidé
au 31 décembre
(en millions d'euros)

	Notes	2009	2008	2007
Actif				
Goodwill	14	11 473	11 363	11 674
Autres immobilisations incorporelles	14	1 083	1 055	1 173
Immobilisations corporelles	15	15 044	14 809	14 751
Autres actifs financiers non courants	16	1 314	1 312	1 119
Titres mis en équivalence	16	201	429	436
Impôts différés actifs	17	712	681	944
Immeubles de placement	18	455	346	500
En-cours clients des sociétés financières – part à plus d'un an	28	2 004	2 096	1 958
Actifs non courants		32 286	32 091	32 555
Stocks	19	6 670	6 891	6 867
Créances commerciales	20	2 238	3 156	3 424
En-cours clients des sociétés financières – part à moins d'un an	28	3 215	2 708	2 713
Autres actifs financiers courants	21	2 051	245	–
Actifs d'impôts exigibles		563	673	582
Autres actifs	22	989	1 058	956
Trésorerie et équivalents de trésorerie	23	3 301	5 317	4 164
Actifs non courants détenus en vue de la vente		240	149	671
Actifs courants		19 267	20 197	19 377
Total de l'actif		51 553	52 288	51 932
Passif et capitaux propres				
Capital social	24	1 762	1 762	1 762
Réserves consolidées (y compris résultat)		8 553	8 370	8 901
Capitaux propres – part du groupe		10 315	10 132	10 663
Intérêts minoritaires		800	791	1 107
Total des capitaux propres		11 115	10 923	11 770
Emprunts – part à plus d'un an	26	9 794	9 506	8 276
Provisions	25	2 520	2 320	2 147
Impôts différés passifs	17	496	424	462
Refinancement des en-cours clients – part à plus d'un an	27	592	450	430
Passifs non courants		13 402	12 700	11 315
Emprunts – part à moins d'un an	26	2 018	2 709	3 247
Fournisseurs et autres créditeurs	28	16 800	17 545	17 077
Refinancement des en-cours clients – part à moins d'un an	27	4 061	4 044	3 989
Passifs d'impôts exigibles		1 324	1 467	1 193
Autres passifs		2 740	2 877	3 114
Passifs non courants détenus en vue de la vente		93	23	227
Passifs courants		27 036	28 665	28 847
Total du passif et des capitaux propres		51 553	52 288	51 932

13

TABLEAU 13.1 • ÉTATS FINANCIERS DE CARREFOUR (*SUITE*)

Carrefour
Compte de résultat consolidé
au 31 décembre
(en millions d'euros)

	Notes	2009	2008	Progression
Chiffre d'affaires hors taxes	4	85 963	86 967	(1,2 %)
Programme de fidélisation		(604)	(626)	(3,5 %)
Chiffre d'affaires hors taxes, net de la fidélisation		85 359	86 341	(1,1 %)
Autres revenus	5	2 020	1 898	6,4 %
Revenus totaux		87 379	88 239	(1,0 %)
Prix de revient des ventes	6	(68 098)	(68 719)	(0,9 %)
Marges des activités courantes		19 281	19 520	(1,2 %)
Frais généraux	7	(14 625)	(14 352)	1,9 %
Amortissements et provisions	8	(1 879)	(1 861)	1,0 %
Résultat opérationnel avant éléments non courants		2 777	3 307	(16,0 %)
Produits et charges non courants	9	(1 072)	(518)	–
Résultat opérationnel		1 705	2 789	(38,9 %)
Produits financiers		147	383	(61,6 %)
Charges financières		(757)	(944)	(19,9 %)
Résultat financier		(610)	(561)	8,7 %
Résultat avant impôts		1 095	2 228	(50,9 %)
Impôts sur les résultats	11	(638)	(740)	(13,8 %)
Résultat net des activités poursuivies des sociétés intégrées		457	1 488	(69,3 %)
Quote-part des résultats nets des sociétés mises en équivalence		37	52	(27,2 %)
Résultat net des activités poursuivies		494	1 540	(67,9 %)
Résultat net des activités abandonnées	12	(57)	(5)	–
Résultat net total		437	1 535	(71,5 %)
Dont résultat net – part du groupe		327	1 269	(74,2 %)
Dont résultat net – part des minoritaires		110	266	(58,7 %)
Dont résultat des activités poursuivies – part du groupe		385	1 274	(69,8 %)
Résultat net des activités poursuivies par action de base et dilué (en euros)		0,56	1,86	(69,8 %)

13

TABLEAU 13.1 • ÉTATS FINANCIERS DE CARREFOUR (*SUITE*)

Carrefour
État du résultat global consolidé
période close le 31 décembre
(en millions d'euros)

	2009	2008
Résultat net total	437	1 535
Part efficace de la couverture de flux de trésorerie	(9)	(39)
Variation des actifs disponibles à la vente	7	–
Variation des écarts de conversion	577	(828)
Résultat global total	1 012	668
Dont part du groupe	886	463
Dont part des minoritaires	126	205

Carrefour
Tableau des flux de trésorerie consolidé
période close le 31 décembre
(en millions d'euros)

	2009	2008
Opérations d'exploitation		
Résultat avant impôts	1 095	2 228
Impôts	(622)	(624)
Dotations aux amortissements	1 984	1 946
Plus et moins-values sur cessions d'actifs	8	(225)
Variation des provisions et impairment*	942	642
Dividendes des sociétés mises en équivalence	38	50
Impact des activités abandonnées	(27)	(12)
Autofinancement	3 418	4 005
Variation du besoin en fonds de roulement	320	971
Autres éléments	(254)	(89)
Variation de la trésorerie issue des opérations d'exploitation	3 484	4 887
Opérations d'investissement		
Acquisitions d'immobilisations corporelles et incorporelles	(2 137)	(2 908)
Acquisitions d'actifs financiers	(38)	(143)
Acquisitions de filiales	(116)	(296)
Cessions de filiales	47	191
Cessions d'immobilisations	128	742
Cessions de titres de participation	7	12
Autres éléments	(275)	(194)
Variation de la trésorerie issue des investissements	(2 384)	(2 596)
Opérations de financement		
Augmentation de capital	7	3
Dividendes versés par Carrefour (société mère)	(741)	(740)
Dividendes versés par les sociétés consolidées aux intérêts hors groupe	(161)	(202)
Variation des actions propres et autres instruments	1	(404)
Variation des actifs financiers courants	(1 834)	(233)
Variation de l'endettement	(470)	561
Impact des activités abandonnées	34	(13)
Variation de la trésorerie issue du financement	(3 164)	(1 028)
Variation nette de la trésorerie avant effet change	(2 064)	1 263
Incidence des variations de change	48	(110)
Variation nette de la trésorerie	(2 016)	1 153
Trésorerie à l'ouverture de la période	5 317	4 164
Trésorerie à la clôture de la période	3 301	5 317

* Terme utilisé dans les états financiers de la société et signifiant « dépréciation ».

13

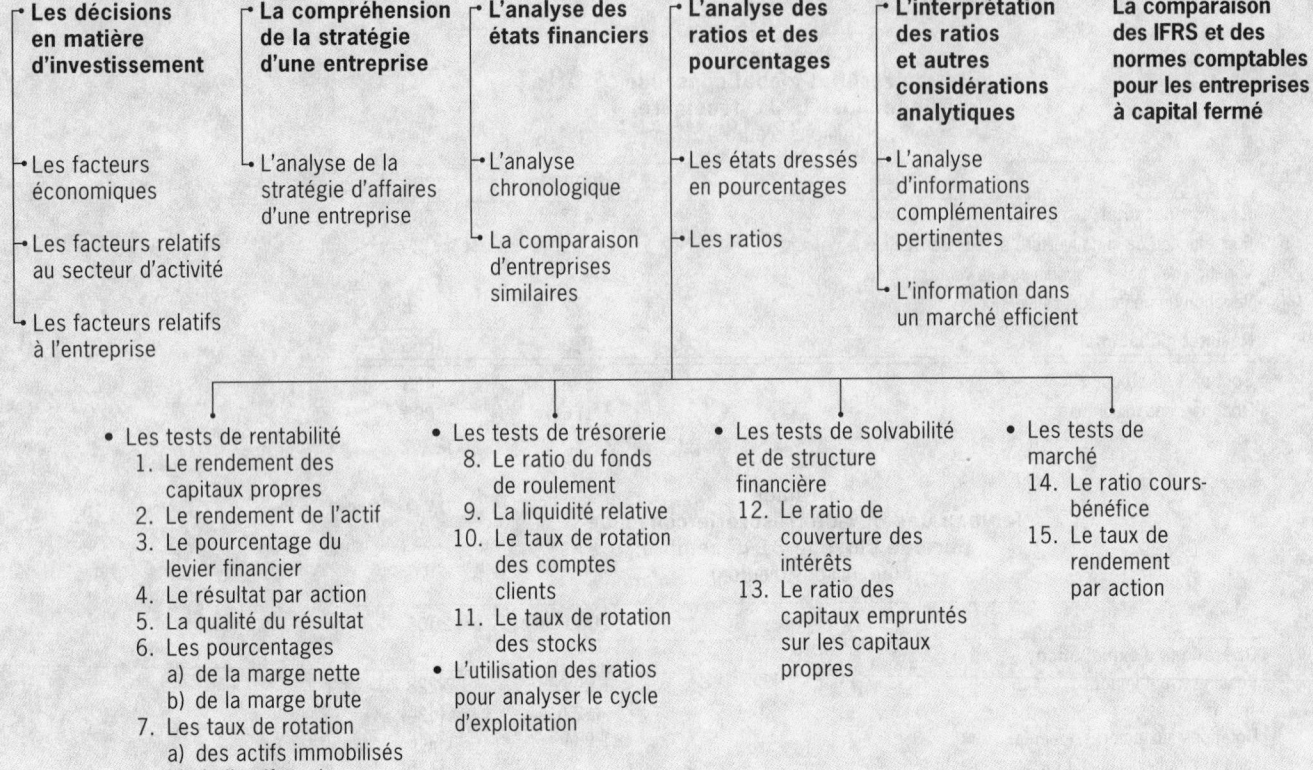

- **Les décisions en matière d'investissement**
  - Les facteurs économiques
  - Les facteurs relatifs au secteur d'activité
  - Les facteurs relatifs à l'entreprise

- **La compréhension de la stratégie d'une entreprise**
  - L'analyse de la stratégie d'affaires d'une entreprise

- **L'analyse des états financiers**
  - L'analyse chronologique
  - La comparaison d'entreprises similaires

- **L'analyse des ratios et des pourcentages**
  - Les états dressés en pourcentages
  - Les ratios

- **L'interprétation des ratios et autres considérations analytiques**
  - L'analyse d'informations complémentaires pertinentes
  - L'information dans un marché efficient

- **La comparaison des IFRS et des normes comptables pour les entreprises à capital fermé**

- Les tests de rentabilité
  1. Le rendement des capitaux propres
  2. Le rendement de l'actif
  3. Le pourcentage du levier financier
  4. Le résultat par action
  5. La qualité du résultat
  6. Les pourcentages
     a) de la marge nette
     b) de la marge brute
  7. Les taux de rotation
     a) des actifs immobilisés
     b) de l'actif total

- Les tests de trésorerie
  8. Le ratio du fonds de roulement
  9. La liquidité relative
  10. Le taux de rotation des comptes clients
  11. Le taux de rotation des stocks
- L'utilisation des ratios pour analyser le cycle d'exploitation

- Les tests de solvabilité et de structure financière
  12. Le ratio de couverture des intérêts
  13. Le ratio des capitaux empruntés sur les capitaux propres

- Les tests de marché
  14. Le ratio cours-bénéfice
  15. Le taux de rendement par action

13.1 Les décisions en matière d'investissement

Les investisseurs actuels et potentiels constituent sans doute le groupe le plus important d'utilisateurs des états financiers. Souvent, ils se fient aux conseils des analystes financiers, qui font des recommandations d'investissement dans les actions des entreprises les plus connues telles Carrefour et Wal-Mart. Ainsi, la majorité des investisseurs privés utilisent les rapports des analystes et suivent les recommandations de ceux-ci. Rappelons que les analystes financiers peuvent être en désaccord sur un même titre. Au moment d'écrire le présent chapitre, les analystes professionnels avaient émis les recommandations d'investissement suivantes concernant Carrefour.

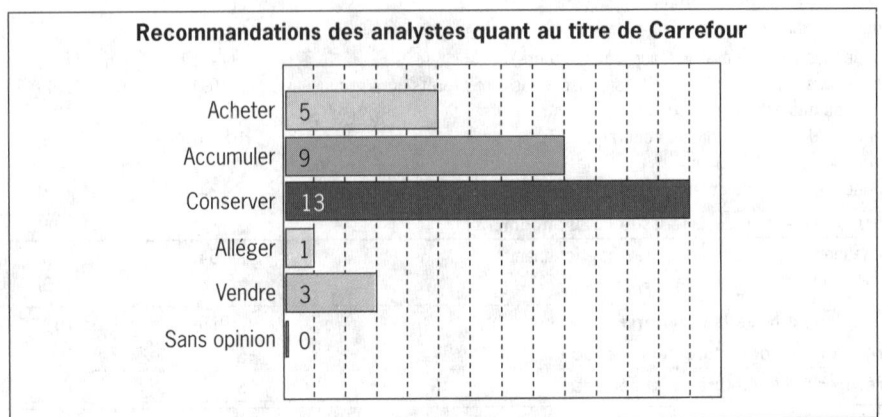

Recommandations des analystes quant au titre de Carrefour

Acheter	5
Accumuler	9
Conserver	13
Alléger	1
Vendre	3
Sans opinion	0

Source : Adapté de « Carrefour (CA) », dans ZONEBOURSE.COM, [en ligne], www.zonebourse.com/carrefour-4626/consensus (page consultée le 10 décembre 2010).

Le point le plus important à retenir est sans doute le degré de discorde. On voit que 5 analystes recommandent d'acheter le titre, tandis que 13 recommandent de le conserver si on le détient déjà. Il y a même 3 analystes qui recommandent de vendre le titre. Ce genre de désaccord démontre que l'analyse financière est à la fois un art et une science.

Lorsque l'investisseur veut acheter des actions d'une entreprise, il doit évaluer le résultat à venir et le potentiel de croissance de l'entreprise qui l'intéresse en fonction de trois facteurs :

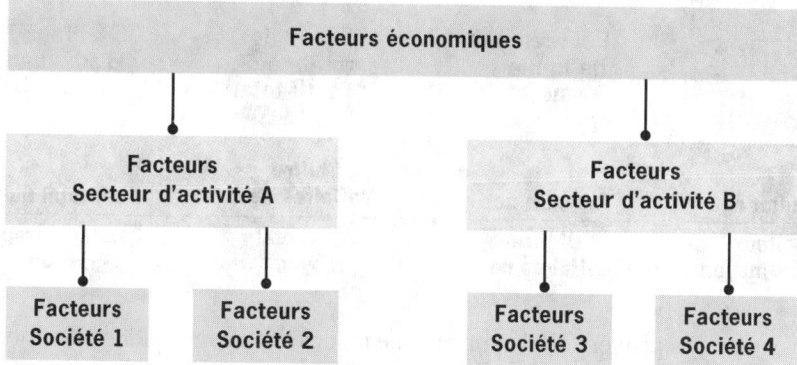

13.1.1 Les facteurs économiques

En général, la santé globale de l'économie a des conséquences directes sur le rendement d'une entreprise. Les investisseurs doivent considérer des données comme le taux de chômage, le taux d'inflation général et les variations des taux d'intérêt. Par exemple, lorsque les taux d'intérêts sont à la hausse, la croissance économique tend à ralentir, puisque les consommateurs sont moins portés à acheter des biens à crédit.

13.1.2 Les facteurs relatifs au secteur d'activité

Certains événements ont une grande incidence sur les entreprises d'un secteur d'activité particulier, mais influent peu sur d'autres entreprises d'un autre domaine. Par exemple, une importante sécheresse peut être dommageable pour le secteur de l'alimentation, mais peut n'avoir aucun effet sur celui de l'électronique.

13.1.3 Les facteurs relatifs à l'entreprise

Pour bien analyser une entreprise, il faut obtenir le plus de renseignements possible sur celle-ci. Les analystes chevronnés ne se fient pas uniquement à l'information contenue dans les états financiers. Ils visitent l'entreprise, s'informent sur ses produits et lisent tout ce qui la concerne dans la presse d'affaires, écrite ou électronique. Si vous évaluez McDonald's, vous devez estimer la qualité de son état de la situation financière tout comme celle de son Big Mac.

Outre le fait de tenir compte de ces facteurs, les investisseurs doivent comprendre la stratégie d'investissement de la société lorsqu'ils évaluent ses états financiers. Avant d'aborder les techniques d'analyse, nous expliquons en quoi la stratégie d'affaires d'une entreprise peut influer sur ses états financiers.

13.2 La compréhension de la stratégie d'une entreprise

OBJECTIF D'APPRENTISSAGE

Expliquer en quoi la stratégie d'une entreprise a une incidence sur l'analyse financière.

L'analyse des états financiers ne se limite pas aux calculs mathématiques. Avant d'examiner les chiffres, il faut savoir ce que l'on cherche. Bien que les états financiers présentent des transactions qui ont déjà eu lieu, chacune de ces transactions reflète les décisions opérationnelles d'une entreprise en fonction de sa stratégie d'affaires.

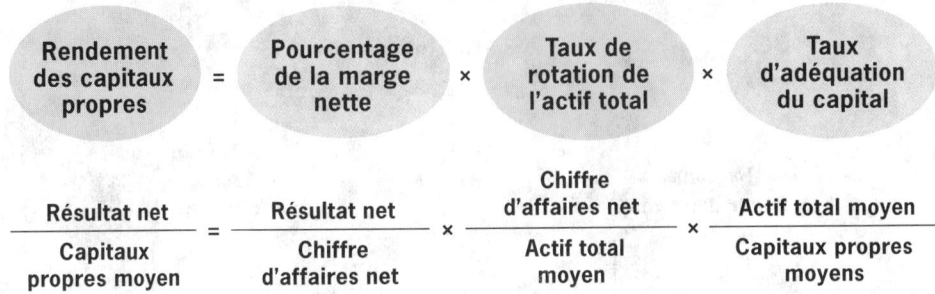

| Stratégie d'affaires | → | Décision opérationnelle | → | Transactions | → | États financiers |

Le modèle du rendement des capitaux propres qui est exposé dans la figure 5.4 (*voir la page 305*) nous aide à comprendre que diverses stratégies d'affaires influent sur la rentabilité d'une entreprise. Le modèle se présente ainsi :

$$\text{Rendement des capitaux propres} = \text{Pourcentage de la marge nette} \times \text{Taux de rotation de l'actif total} \times \text{Taux d'adéquation du capital}$$

$$\frac{\text{Résultat net}}{\text{Capitaux propres moyen}} = \frac{\text{Résultat net}}{\text{Chiffre d'affaires net}} \times \frac{\text{Chiffre d'affaires net}}{\text{Actif total moyen}} \times \frac{\text{Actif total moyen}}{\text{Capitaux propres moyens}}$$

Les entreprises peuvent obtenir un taux de rendement élevé en adoptant différentes stratégies. Deux stratégies fondamentales sont décrites ci-après.

13.2.1 L'analyse de la stratégie d'affaires d'une entreprise

Lorsque les entreprises adoptent la stratégie de **différenciation des produits,** elles mettent sur le marché des biens qui sont en quelque sorte uniques. Elles offrent notamment une qualité élevée, des fonctions ou des styles inhabituels, ce qui leur permet d'exiger des prix plus élevés. En général, de tels prix entraînent une marge nette plus élevée, ce qui, selon le modèle du taux de rendement des capitaux propres, produit un rendement plus élevé.

Lorsque les entreprises adoptent la stratégie de **l'avantage concurrentiel par les coûts,** elles tentent de gérer leurs activités plus efficacement que leurs compétiteurs. Cette capacité de rendement leur permet d'offrir des prix plus bas pour attirer les clients. L'usage efficace des ressources se traduit par un taux de rotation de l'actif total plus élevé. Le modèle du taux de rendement des capitaux propres indique qu'un taux de rotation de l'actif plus élevé permet aussi d'obtenir un rendement supérieur.

On sait que plusieurs entreprises ont adopté l'une de ces deux stratégies de base. En voici quelques exemples :

Différenciation basée sur la qualité	Différenciation basée sur les coûts
Automobiles	**Automobiles**
• Cadillac	• Ford Focus
• Mercedes	• Chevrolet Aveo
• Lincoln	• Toyota Yaris
Magasins de détail	**Magasins de détail**
• Holt Renfrew	• Wal-Mart
• Brown	• Zellers
• Birks	• Dollarama

Le meilleur point de départ de l'analyse consiste à acquérir une compréhension solide de la stratégie d'affaires d'une entreprise. Pour évaluer la santé d'une société, il faut connaître les objectifs de ses administrateurs. La lecture complète du rapport annuel, tout particulièrement le message du président aux actionnaires, l'analyse que fait la direction de l'information financière sélectionnée ou l'aperçu des activités permet d'obtenir de nombreux renseignements sur la stratégie de l'entreprise. Il est aussi utile de lire des articles sur l'entreprise, publiés dans la presse d'affaires.

Dans un document présenté aux analystes en 2009[4], le président de Carrefour élabore un plan de transformation de trois ans selon le slogan suivant : « En avant! Culture client, transformation, innovation ». Ce plan vise, entre autres :

a) à réduire les coûts. En effet, Carrefour doit pouvoir acheter de la marchandise à des coûts plus bas pour battre la compétition. On vise donc une meilleure performance d'achat, que l'on peut atteindre en améliorant l'organisation, et en développant davantage le management et le leadership. Les gains visés sont donc l'amélioration des conditions d'achat et la réduction des frais de fonctionnement (au moyen de la réduction des coûts d'approvisionnement, des magasins, des fonctions de soutien et des frais généraux);

b) à augmenter le chiffre d'affaires grâce à une stratégie de réduction des prix. Afin de couvrir les coûts d'opérations des grands magasins, Carrefour doit être en mesure de générer un volume d'affaires important;

c) à poursuivre la convergence des enseignes. Cela permet de créer un sentiment d'appartenance au groupe et de mieux cibler la publicité;

d) à optimiser les investissements en capitaux et en stocks. La transformation nécessitera des investissements en capitaux et l'engagement de charges exceptionnelles. On vise aussi à réduire le délai d'écoulement des stocks de sept jours.

En comprenant la stratégie de l'entreprise, on peut maintenant attacher plus d'importance à certains renseignements des états financiers de Carrefour.

13.3 L'analyse des états financiers

Il est impossible d'analyser les données financières sans disposer d'une base de comparaison. Par exemple, seriez-vous impressionné si une entreprise avait enregistré un résultat net de un million de dollars l'année dernière? Sans doute pensez-vous que la réponse à cette question dépend de certains facteurs. Un résultat net de un million de dollars est excellent dans le cas d'une entreprise qui a perdu de l'argent l'année antérieure. Toutefois, il peut ne pas l'être pour une entreprise qui a enregistré 500 millions de dollars de résultat net au cours de la période précédente. Ce montant peut être intéressant si l'entreprise est petite, mais moins si elle est très grande. De même, ce montant peut être favorable si toutes les autres entreprises du secteur ont perdu de l'argent, mais ne pas l'être si elles ont toutes rapporté un résultat net beaucoup plus élevé.

Comme on peut le constater dans cet exemple simple, on ne peut évaluer les états financiers sans tenir compte d'autres facteurs. Il convient de procéder aux comparaisons appropriées pour analyser correctement les données présentées dans les états financiers. La recherche d'une base de comparaison adéquate exige du jugement, et cette tâche n'est pas toujours facile. C'est pour cette raison que l'analyse des états financiers est un travail complexe plutôt qu'un processus mécanique.

On utilise principalement deux techniques de comparaison : l'analyse chronologique (analyse de la tendance dans le temps) et la comparaison avec des entreprises similaires (les compétiteurs).

13.3.1 L'analyse chronologique

Dans l'analyse chronologique, qu'on appelle aussi « analyse de la tendance dans le temps », les données portant sur une seule entreprise sont comparées pour différentes périodes financières. Pour la majorité des entreprises, la variation annuelle du chiffre d'affaires est une importante mesure de performance. Le graphique d'analyse chronologique de Carrefour qui est présenté en marge démontre que la croissance du chiffre d'affaires hors taxes s'est faite progressivement, de 2005 à 2008, à des taux variant de 5% à 7%. Par contre, en 2009, le chiffre d'affaires hors taxes a accusé un recul de 1,2%.

OBJECTIF D'APPRENTISSAGE

Expliquer la façon dont les analystes financiers utilisent les états financiers.

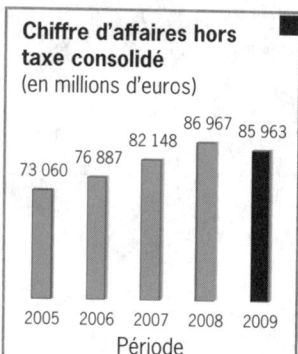

Chiffre d'affaires hors taxe consolidé
(en millions d'euros)

2005 — 73 060
2006 — 76 887
2007 — 82 148
2008 — 86 967
2009 — 85 963

Période

---

4 Lars OLOFSSON, *Carrefour : un plan de transformation à 3 ans*, [en ligne], www.carrefour.com (page consultée le 9 décembre 2010).

13

Les analystes s'intéressent à cette tendance. Ces données chronologiques les incitent à étudier les facteurs qui ont causé la réduction des ventes en 2009. Le *Document de référence* présente de l'information qui nous aide à comprendre la situation.

dans l'actualité
CARREFOUR
DOCUMENT DE RÉFÉRENCE

«En France, le chiffre d'affaires est en baisse. La part de marché [...] progresse de 20 points de base sur l'année, dynamisée par les excellentes performances du réseau supermarchés dont la conversion à l'enseigne Carrefour Market est quasiment achevée à la fin 2009. En Europe, le chiffre d'affaires est en repli de [–5,4 %], les ventes sont affectées par les mauvaises conditions économiques et par la déflation en Espagne. La croissance du chiffre d'affaires en Amérique latine est restée soutenue [à +11,9 %] sous l'effet d'une forte croissance à magasins comparables en Argentine et au Brésil, et d'une expansion soutenue dans l'ensemble de la zone. La croissance en Asie est de [8,4 %] portée par un rythme d'expansion toujours soutenu.»

Source : CARREFOUR, *Document de référence 2009*, p. 6.

13.3.2 La comparaison d'entreprises similaires

Les facteurs économiques en général et ceux qui sont liés aux secteurs particuliers influent souvent sur les résultats financiers. En comparant une entreprise à une autre évoluant dans le même secteur d'activité (un compétiteur), les analystes peuvent obtenir un meilleur aperçu du rendement de l'entreprise. Le graphique ci-dessous, présentant diverses mesures de Carrefour et de Wal-Mart, montre peu de différences dans la croissance du chiffre d'affaires, ce qui suggère que les deux entreprises sont affectées par les mêmes conditions du secteur. On voit cependant que Wal-Mart gère mieux ses coûts, avec des marges brutes et nettes plus favorables. Par contre, le marché européen dans lequel a lieu la plus grande partie des opérations de Carrefour peut présenter une situation économique différente de celle de l'Amérique du Nord, où Wal-Mart exploite la majorité de ses magasins.

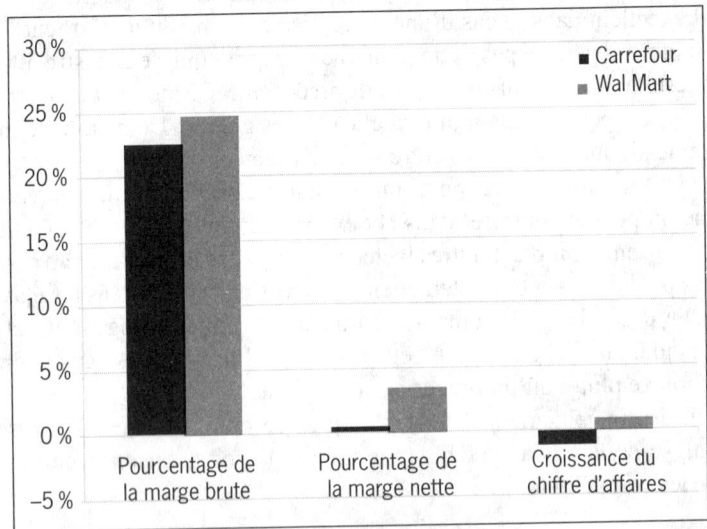

Il est souvent difficile de trouver des entreprises comparables. Bombardier est une société bien connue qui évolue dans plusieurs domaines d'activité, dont l'aéronautique, le matériel de transport sur rail, les services financiers, et les services liés à ses produits et à son expertise. Aucune autre entreprise ne vend ce même ensemble de produits et services. Il faut être prudent lorsqu'on compare des entreprises, même si elles font partie du même secteur d'activité. Best Western, Days Inn, Ritz-Carlton et Motel La Siesta évoluent tous dans le secteur de l'hôtellerie. Toutefois, ces sociétés ne sont pas toutes considérées comme des entreprises comparables à des fins d'analyse financière. Ces hôtels offrent différents niveaux de qualité et répondent aux besoins de diverses clientèles.

Depuis 1997, le Canada, le Mexique et les États-Unis ont établi un code de classification commun intitulé «Système de classification des industries de l'Amérique du Nord» (SCIAN) ou, en anglais, «*North American Industry Classification System*» (NAICS) pour toutes les statistiques économiques que produisent les pays, dont celles de Statistique Canada. Ce système attribue un code industriel à chaque entreprise en fonction de ses activités. De plus, les services d'information financière fournissent des moyennes concernant bon nombre de ratios financiers courants pour différents secteurs d'activité. L'un de ces services est Dun & Bradstreet, lequel utilise un code industriel de classification (*Standard Industrial Classification* – SIC) pour classer les sociétés. En ce qui concerne Standard & Poor's et Morgan Stanley Capital International, un code GICS (*Global Industry Classification Standard*) est utilisé; la Bourse de Toronto utilise également ce code. En raison de la diversité des entreprises inclues dans chaque classement industriel et des différents classements qui existent, il faut utiliser ces données avec beaucoup de prudence. C'est pour cette raison que certains analystes préfèrent comparer deux entreprises très similaires plutôt que de faire des comparaisons à l'échelle de l'industrie. On peut obtenir le nom des entreprises canadiennes d'un même secteur d'activité en consultant le site Internet SEDAR (Système électronique de données, d'analyse et de recherche), au www.sedar.com.

13.4 L'analyse des ratios et des pourcentages

OBJECTIF D'APPRENTISSAGE

Présenter et interpréter les états financiers dressés en pourcentages.

Tous les analystes financiers utilisent les ratios financiers ou les pourcentages pour évaluer les entreprises. Les **ratios financiers** expriment la relation proportionnelle qui existe entre différents montants. On les calcule en divisant une quantité par une autre. Le résultat peut être un pourcentage ou une autre relation numérique; il permet de faire aisément des comparaisons. Par exemple, le fait qu'une entreprise ait réalisé un résultat net de 500 000 $ revêt plus d'importance lorsqu'on compare le résultat net à l'investissement de l'actionnaire dans l'entreprise. Si l'on suppose que les capitaux propres s'élèvent à 5 millions de dollars, la relation entre le résultat net et l'investissement de l'actionnaire est de 10 % (500 000 $ ÷ 5 000 000 $ = 0,10). Cette mesure indique un rendement qui serait différent si les capitaux propres s'étaient élevés à 250 millions de dollars. L'analyse au moyen de ratios aide les décideurs à déterminer quelles sont les relations importantes entre les données financières et à comparer les entreprises de manière plus réaliste que s'ils analysaient de simples montants.

Ratio financier
Outil d'analyse obtenu à l'aide de calculs qui permettent de mesurer les relations proportionnelles existant entre divers montants qui figurent aux états financiers.

On peut calculer les ratios en utilisant les montants qui figurent à un seul état financier, comme l'état du résultat global, ou à plusieurs états, comme l'état du résultat global et l'état de la situation financière. De plus, les montants d'un seul état financier peuvent être exprimés en fonction d'un pourcentage d'un montant de base.

13.4.1 Les états dressés en pourcentages

Les analystes préparent souvent des **états dressés en pourcentages**, lesquels expriment chacun des postes qui figurent à un état particulier sous forme de pourcentage de l'un des éléments qui fait partie de cet état. Cet élément sert d'indice de référence, c'est-à-dire de dénominateur du ratio. Par exemple, pour l'analyse procentuelle de l'état du résultat global, le chiffre d'affaires net est utilisé comme indice de référence. Ainsi, chaque charge est exprimée sous forme de pourcentage du chiffre d'affaires net. À l'état de la situation financière, l'indice de référence est normalement le total de l'actif; on détermine les pourcentages en divisant chacun des comptes de l'état de la situation financière par le total de l'actif. En révisant tout simplement les montants présentés à l'état du résultat global, on peut s'inquiéter d'une charge plus importante d'une année à l'autre. Mais en les ramenant à un pourcentage, on voit souvent que les charges suivent la croissance des ventes. Par exemple, le coût des ventes de Wal-Mart en 2007[5]

États dressés en pourcentages (ou analyse procentuelle, ou analyse en chiffres relatifs, ou analyse verticale)
États financiers où chacun des postes est exprimé sous forme de pourcentage de l'un des éléments qui fait partie de ces états.

5 La fin de période de Wal-Mart est le 31 janvier. Il s'agit donc des états financiers présentés au 31 janvier 2008, mais que nous avons libellés pour 2007, car 11 des 12 mois étaient en 2007. Il en est de même de tous les chiffres de Wal-Mart que nous présentons dans ce chapitre.

était de 284 millions de dollars et celui de 2008, de 304 millions de dollars, soit une augmentation de 7%. Quand on ramène ces chiffres en pourcentages des ventes respectives de chaque année, le coût des ventes représente 76,0% des ventes en 2007 et 75,8% en 2008. Donc, le coût des ventes a suivi le niveau des ventes et s'est même amélioré légèrement.

Il est difficile de déterminer les relations importantes entre les données du compte de résultat de Carrefour (*voir le tableau 13.1 à la page 864*) et de dégager des tendances si l'on ne dresse pas d'états financiers en pourcentages. Le résultat opérationnel accuse un recul de 38,9% de 2008 (2 789 millions d'euros) à 2009 (1 705 millions d'euros), ce qui semble désastreux. Toutefois, un analyste peut difficilement évaluer l'efficacité des opérations courantes de Carrefour en fonction des seuls chiffres présentés à cet état du résultat global.

Le tableau 13.2 présente le compte de résultat de Carrefour, dressé en pourcentages du chiffre d'affaires. Cette présentation permet mieux de constater que l'entreprise a contrôlé ses coûts de façon efficace, car la marge brute en terme du pourcentage des ventes est restée la même à 22,6%, malgré une diminution des ventes de un milliard d'euros. Comme nous l'avons déjà mentionné, l'un des éléments clés de la stratégie de Carrefour consiste à contrôler ses coûts pour rester compétitive (vendre les marchandises à des prix plus bas) et augmenter son marché. La stabilité du ratio de la marge brute est une indication positive du degré de succès du groupe dans l'application de sa stratégie.

TABLEAU 13.2 • COMPTE DE RÉSULTAT CONSOLIDÉ COMPARATIF DE CARREFOUR DRESSÉ EN POURCENTAGES*

Carrefour
Compte de résultat consolidé
période close le 31 décembre
(en pourcentages)

	2009	2008
Chiffre d'affaires net	100,0	100,0
Autres revenus	+2,4	+2,2
Revenus totaux	102,4	102,2
Prix de revient des ventes (ou coût des ventes)	79,8	79,6
Marge brute	22,6	22,6
Frais généraux	17,1	16,6
Amortissements et provisions	2,2	2,2
Produits et charges non courants	1,3	0,6
Résultat opérationnel	2,0	3,2
Produits financiers	+0,1	+0,5
Charges financières	0,9	1,1
Résultat avant impôts	1,2	2,6
Impôts sur les résultats	0,7	0,9
Résultat net des activités poursuivies	0,5	1,7
Quote-part des sociétés mises en équivalence	+0,1	+0,1
Résultat net des activités poursuivies	0,6	1,8
Résultat net – part des minoritaires	0,1	0,3
Résultat net	0,5	1,5

* Certains postes ont été regroupés.

13

L'analyse procentuelle de l'état du résultat global de Carrefour (*voir le tableau 13.2*) soulève des questions supplémentaires importantes :

1. Le pourcentage des frais généraux a augmenté, passant de 16,6 % à 17,1 % du chiffre d'affaires, et ce, malgré une diminution du volume des ventes de 1,2 % (*voir la progression du chiffre d'affaires au tableau 13.1*). Dans son *Document de référence 2009*[6], la direction explique que les frais généraux «augmentent sous la pression des coûts d'expansion et de l'inflation» (augmentation des frais d'électricité, des taxes diverses, des locations immobilières, etc.). La légère augmentation de 0,5 % démontre que ces frais demeurent néanmoins sous contrôle.

2. Certaines variations en pourcentages peuvent sembler insignifiantes, mais représentent des sommes d'argent importantes. L'amélioration des charges financières sous forme de pourcentage des ventes, passant de 1,1 % à 0,9 %, constitue un ajout de plus de 187 millions d'euros de résultat avant impôts en 2009.

3. Les produits et charges non courants ont doublé d'une année à l'autre, passant de 0,6 % à 1,3 % du chiffre d'affaires. Ces coûts font partie du plan de transformation annoncé par Carrefour pour restructurer l'entreprise : fermeture de certains magasins, dépréciation du goodwill en Italie, etc. Ces charges sont en principe non récurrentes et ne doivent pas être prises en compte pour prédire l'efficacité d'exploitation future de l'entreprise. Il en est de même des résultats d'activités non poursuivies ou abandonnées.

4. Une importante stabilité dans toutes les relations entre les données de l'état du résultat indique que l'entreprise est bien gérée. Il en est ainsi d'une entreprise bien établie comme Carrefour, dont la majorité des charges opérationnelles a très peu varié en matière de pourcentages.

Plusieurs analystes utilisent des logiciels graphiques lorsqu'ils étudient les résultats financiers. La représentation graphique est très utile pour communiquer les résultats au cours de réunions ou dans les publications. Un résumé graphique des principales données de 2009 de Carrefour, présenté dans la marge, établit la comparaison avec les données de Wal-Mart, un compétiteur.

En plus de l'analyse procentuelle des états financiers, les analystes utilisent une grande quantité de ratios pour comparer les postes connexes des états financiers. Ils peuvent calculer bon nombre de ratios à partir d'un seul ensemble d'états financiers, mais seuls quelques-uns d'entre eux peuvent être utiles dans une situation donnée. Il n'est jamais pertinent de comparer le coût des ventes aux immobilisations corporelles, puisque ces postes n'ont aucune relation réelle entre eux. Une approche courante consiste à calculer certains ratios largement utilisés, puis à déterminer quels ratios supplémentaires permettraient de faciliter la prise de décision. Par exemple, les frais de recherche et développement sous forme de pourcentage des ventes ne constituent pas un ratio courant, mais celui-ci est utile dans certaines situations. On peut souhaiter examiner ce ratio si l'on doit évaluer une entreprise qui dépend de produits nouveaux, par exemple les fabricants de produits pharmaceutiques ou informatiques. Ces entreprises peuvent perdre leur avantage compétitif si elles ne restent pas à la fine pointe de la technologie.

Dans le calcul des ratios, il ne faut pas oublier un fait de base concernant les états financiers. Les montants qui figurent à l'état de la situation financière portent sur un moment précis dans le temps, alors que les montants à l'état du résultat global sont plutôt liés à une période. Par conséquent, si l'on compare un compte de l'état du résultat global à un montant qui figure à l'état de la situation financière, on doit utiliser un montant moyen de l'état de la situation financière pour refléter les changements qui sont survenus durant la période visée. Les montants présentés dans les états de la situation financière à l'ouverture et à la clôture sont utilisés pour obtenir la moyenne de la donnée sélectionnée. Souvent, les analystes utilisent simplement les données de l'état de la situation financière à la clôture (année courante). Cette approche n'est appropriée que lorsque le montant est relativement stable d'une année à l'autre. Par souci de cohérence, nous utilisons toujours des montants moyens tout au long du présent chapitre.

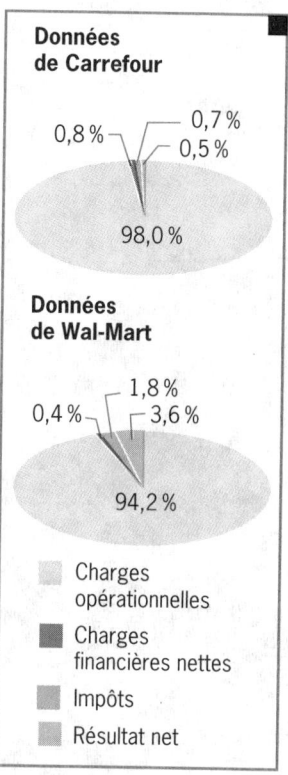

Données de Carrefour

0,8 % — 0,7 %
0,5 %
98,0 %

Données de Wal-Mart

1,8 %
0,4 % — 3,6 %
94,2 %

Charges opérationnelles

Charges financières nettes

Impôts

Résultat net

---

6 CARREFOUR, *Document de référence 2009*, p. 5 et p. 90.

13

L'analyse des états financiers est un processus basé sur le jugement. Il n'est pas possible de déterminer un seul ratio qui serait approprié dans toutes les circonstances. En effet, chacune des situations analysées peut exiger le calcul de plusieurs ratios. Nous étudions donc un certain nombre de ratios qui conviennent à plusieurs contextes, ratios que nous avons regroupés en catégories (*voir le tableau 13.3*).

**OBJECTIF
D'APPRENTISSAGE**

**Calculer et interpréter
les ratios de rentabilité.**

Tests de rentabilité
Tests qui permettent de comparer le résultat avec une ou plusieurs activités de base de l'entreprise.

13.4.2 **Les tests de rentabilité**

La rentabilité est l'une des principales mesures permettant d'évaluer le succès global d'une entreprise. En effet, cette condition est essentielle à la survie de celle-ci. Plusieurs **tests de rentabilité** mesurent si le résultat est suffisant en le comparant à divers éléments présentés aux états financiers. Le rendement des capitaux propres est un taux largement utilisé pour mesurer la rentabilité.

1. **Le rendement des capitaux propres**

Le rendement des capitaux propres (RCP, ou ROE pour *return on equity*[7]) est un ratio de rentabilité fondamental. Il établit le lien entre le résultat et l'investissement effectué par les propriétaires pour gagner des revenus. Il reflète le simple fait que les investisseurs s'attendent à gagner plus d'argent s'ils investissent davantage. Deux placements qui offrent un profit de 10 000 $ ne sont pas comparables si l'un exige un investissement de 100 000 $ et l'autre, un investissement de 250 000 $. Le rendement des capitaux propres se calcule ainsi[8] :

$$\text{Rendement des capitaux propres} = \frac{\text{Résultat net*}}{\text{Capitaux propres moyens}}$$

$$\text{Carrefour 2009} = \frac{385 \text{ M€}}{11\ 019 \text{ M€**}} = 3,5\%$$

* Lorsqu'on fait mention du résultat net, on doit normalement utiliser le résultat net des activités poursuivies – part du groupe. Cela permet d'évaluer leur incidence sur les résultats. Il n'est pas approprié de prendre des décisions concernant l'avenir en se basant sur les résultats des activités abandonnées.
** On doit utiliser la moyenne[9] des capitaux propres lorsque celle-ci est disponible. Dans le cas de Carrefour, on la calcule ainsi : (11 115 M€ + 10 923 M€) ÷ 2 = 11 019 M€.

En 2009, Carrefour a réalisé un rendement de 3,5 % sur l'investissement fourni par les propriétaires. Ce rendement est-il élevé ou faible ? On ne peut répondre à cette question qu'en comparant ce taux à celui d'entreprises similaires.

Analyse comparative		
Rendement des capitaux propres	2009	2008
Carrefour	3,5 %	11,2 %
Wal-Mart	20,6	20,1

7 Nous présentons les termes anglais pour faciliter votre recherche dans les bases de données. L'annexe 13-A (*voir la page 898*) présente la liste de tous les termes anglais.

8 Les montants utilisés dans ces exemples de calculs des ratios sont tirés des états financiers de la société Carrefour (*voir le tableau 13.1 aux pages 863 à 865*) et présentés en millions d'euros (la fin de son année financière est fixée au 31 décembre). Les ratios comparatifs du compétiteur ont été calculés à partir de l'information tirée des états financiers de Wal-Mart, présentés en millions de dollars (la fin de son année financière est fixée au 31 janvier, les états financiers de 2010 sont en fait des résultats de 2009 ; la comparaison avec Carrefour est donc valable). Certains chiffres proviennent de notes aux états financiers qui ne sont pas présentées ici ; toutefois, elles sont disponibles dans les rapports annuels des entreprises.

9 Le résultat net comprend les activités d'une année complète. De ce fait, la moyenne des capitaux propres, que l'on veut comparer au résultat net, se calcule ainsi : on additionne le solde au début et le solde à la fin de la période, puis on le divise par deux. Il s'agit d'une moyenne simple.

TABLEAU 13.3 • RATIOS FINANCIERS LARGEMENT UTILISÉS

Ratio	Calcul
Tests de rentabilité	
1. Rendement des capitaux propres (RCP)	$\dfrac{\text{Résultat net*}}{\text{Capitaux propres moyens}}$
2. Rendement de l'actif (RA)	$\dfrac{\text{Résultat net*}}{\text{Actif total moyen}}$
3. Pourcentage du levier financier	RCP – RA
4. Résultat par action (RPA)	$\dfrac{\text{Résultat net*}}{\text{Nombre moyen pondéré d'actions ordinaires en circulation}}$
5. Qualité du résultat	$\dfrac{\text{Flux de trésorerie liés aux opérations}}{\text{Résultat net*}}$
6. Pourcentage de la marge :	
a) nette	$\dfrac{\text{Résultat net*}}{\text{Chiffre d'affaires net}}$
b) brute	$\dfrac{\text{Marge brute}}{\text{Chiffre d'affaires net}}$
7. Taux de rotation :	
a) des actifs immobilisés	$\dfrac{\text{Chiffre d'affaires net}}{\text{Actifs immobilisés moyens}}$
b) de l'actif total	$\dfrac{\text{Chiffre d'affaires net}}{\text{Actif total moyen}}$
Tests de trésorerie	
8. Ratio du fonds de roulement (ou liquidité générale)	$\dfrac{\text{Actif courant}}{\text{Passif courant}}$
9. Liquidité relative	$\dfrac{\text{Actifs disponibles et réalisables**}}{\text{Passif courant}}$
10. Taux de rotation des comptes clients	$\dfrac{\text{Chiffre d'affaires net à crédit}}{\text{Comptes clients nets moyens}}$
11. Taux de rotation des stocks	$\dfrac{\text{Coût des ventes}}{\text{Stocks moyens}}$
Tests de solvabilité et de structure financière	
12. Ratio de couverture des intérêts	$\dfrac{\text{Résultat net + Charges d'intérêts + Charge fiscale}}{\text{Charges d'intérêts}}$
13. Ratio des capitaux empruntés sur les capitaux propres	$\dfrac{\text{Passif total}}{\text{Capitaux propres}}$
Tests de marché	
14. Ratio cours-bénéfice	$\dfrac{\text{Cours de l'action}}{\text{Résultat par action}}$
15. Taux de rendement par action	$\dfrac{\text{Dividende par action}}{\text{Cours de l'action}}$

* Chaque fois que le résultat net est mentionné, il s'agit du résultat net des activités poursuivies – part du groupe.
** Les actifs disponibles et réalisables comprennent la trésorerie, les placements courants et les comptes clients (montant net).

On voit dans l'analyse comparative de la page 874 que le rendement des capitaux propres de Carrefour a diminué de 2008 à 2009 ; cela s'explique par des conditions économiques difficiles en Europe. Ce n'est pas le cas de Wal-Mart, dont le taux de rendement a augmenté légèrement. Par ailleurs, le taux de rendement de Wal-Mart est de loin supérieur à celui de Carrefour.

Lorsqu'on compare des entreprises les unes aux autres, on doit être très vigilant. Dans le cas présent, même si les entreprises évoluent dans le même secteur opérationnel, elles le font dans des régions géographiques différentes. Wal-Mart est surtout présente sur le continent nord-américain, tandis que Carrefour l'est surtout en Europe, où le contexte économique est tout autre. Par ailleurs, Wal-Mart fonctionne sous une seule bannière, très connue du public. Carrefour s'efforce actuellement de consolider toutes ses bannières pour donner une seule image à sa clientèle. De plus, le taux d'imposition est très différent d'une société à l'autre ; celui de Carrefour est de 58,3 %, alors qu'il n'est que de 32,5 % pour Wal-Mart, ce qui donne une importance significative au résultat net.

2. Le rendement de l'actif

Le concept de rendement du capital investi peut être examiné d'un autre œil si l'on établit la relation entre le résultat net et l'actif total (c'est-à-dire le total des investissements ou des ressources) utilisé pour produire des revenus. Plusieurs analystes considèrent le rendement de l'actif (RA, également appelé « rendement du capital investi » – RCI [*return on investment* – ROI]) comme une meilleure mesure de la capacité de la direction à utiliser ses actifs, car les méthodes de financement des actifs n'influent pas sur cette mesure. Par exemple, le rendement des capitaux propres d'une entreprise lourdement endettée pourrait être élevé comparativement à celui d'une entreprise qui présente le même rendement pour un montant équivalent d'actif, mais qui est beaucoup moins endettée. Le rendement de l'actif se calcule ainsi :

$$\text{Rendement de l'actif} = \frac{\text{Résultat net}}{\text{Actif total moyen}}$$

$$\text{Carrefour 2009} = \frac{385 \text{ M}€}{51\ 921 \text{ M}€^*} = 0,0074, \text{ ou } 0,7\%$$

* On doit utiliser la moyenne du total de l'actif. Pour Carrefour, cette moyenne est (51 553 M€ + 52 288 M€) ÷ 2 = 51 921 M€.

Analyse comparative

Rendement de l'actif	2009	2008
Carrefour	0,7 %	2,4 %
Wal-Mart	8,6	8,1

En 2009, Carrefour a réalisé un rendement de 0,7 % (2,4 % en 2008) sur le total des ressources utilisées au cours de la période financière. Comme on peut s'y attendre, le rendement de l'actif est habituellement plus faible que le rendement des capitaux propres, l'actif total représentant un montant plus élevé que les capitaux propres. On observe les mêmes relations entre les taux de rendement de l'actif que celles qui ont été constatées dans le calcul du rendement des capitaux propres. L'analyse comparative nous montre encore une fois que Carrefour utilise moins bien ses actifs que Wal-Mart.

Une autre formule qui est parfois utilisée consiste à additionner au numérateur la charge financière nette d'impôts :

$$\text{Rendement de l'actif modifié} = \frac{\text{Résultat net + Charge d'intérêts (nette d'impôts)}}{\text{Actif total moyen}}$$

Selon cette formule modifiée du rendement de l'actif, l'investissement total provient des ressources que fournissent les propriétaires et les créanciers. Par conséquent, la mesure du rendement inclut à la fois le rendement des capitaux des propriétaires et de ceux des créanciers. Pour calculer le rendement de l'actif modifié, on ajoute la charge d'intérêts (déduction faite des impôts) au résultat net, puisque les intérêts représentent le rendement des sommes investies par les créanciers. Il faut les ajouter, car les intérêts ont précédemment été déduits pour calculer le résultat net. Après cette opération, le numérateur représente le rendement total disponible pour tous les fournisseurs de fonds, c'est-à-dire les propriétaires et les créanciers. On mesure la charge d'intérêts nette d'impôts, car elle représente les frais nets que la société doit engager pour obtenir des fonds de la part des créanciers. Le dénominateur représente le total des ressources fournies par les deux parties (créanciers et actionnaires). Dans le cas de Carrefour, le rendement de l'actif modifié pour 2009 ainsi calculé est de 1,4 %, ce qui représente une différence de 0,7 % par rapport au calcul selon l'autre formule. Wal-Mart passe de 8,6 % à 9,3 %, soit une différence de 0,7 %. Cet écart peut s'avérer plus grand dans le cas de sociétés dont la charge financière est élevée.

3. Le pourcentage du levier financier

Le pourcentage du levier financier (*financial leverage percentage*) est l'avantage ou le désavantage qui découle d'un rendement des capitaux propres différent du rendement de l'actif (c'est-à-dire le rendement des capitaux propres moins le rendement de l'actif). Il décrit donc la relation qui existe entre le rendement des capitaux propres et le rendement de l'actif. Une entreprise a un levier positif lorsque son taux de rendement de l'actif est plus élevé que son taux d'intérêt moyen après impôts sur les fonds empruntés. Essentiellement, la société emprunte à un certain taux et investit à un autre taux, plus élevé. La plupart des entreprises ont des leviers positifs.

On peut mesurer le pourcentage du levier financier en comparant les deux rendements du capital investi :

Pourcentage du levier financier	=	Rendement des capitaux propres	−	Rendement de l'actif

Carrefour = 3,5 % − 0,7 % = 2,8 %

Analyse comparative		
Pourcentage du levier financier	2009	2008
Carrefour	2,8 %	8,8 %
Wal-Mart	12,0	12,0

Lorsqu'une société est en mesure d'emprunter des fonds à un certain taux d'intérêt après impôts et de les investir pour gagner un taux de rendement après impôts plus élevé, la différence est inscrite au profit des propriétaires. La différence entre l'argent gagné par la société et le montant qu'elle paie en intérêts à ses créanciers est disponible pour les propriétaires de Carrefour. On peut arriver au taux moyen d'emprunt de Carrefour en divisant la charge financière (après impôts) par la dette moyenne (courante et non courante), comme suit : [757 M€ × (1 − 0,58)] ÷ [(11 812 M€[10] + 12 215 M€) ÷ 2] = 2,7 %. Carrefour a investi des sommes empruntées à 2,7 % dans des actifs qui ont rapporté 0,7 %, performance qui laisse place à l'amélioration. Pour Wal-Mart, le taux moyen d'emprunt, calculé de la même façon, est de 3,2 %, alors que le rendement des actifs est de 8,6 %,

10 Pour calculer la dette de 2009, il faut additionner la portion non courante de 9 794 M€ à la portion courante de 2 018 M€, ce qui donne 11 812 M€. On procède de la même façon pour obtenir la dette totale de 2008 (12 215 M€) afin d'en dégager une moyenne.

performance nettement meilleure. La différence entre les revenus gagnés à partir des fonds empruntés et les intérêts payés aux créanciers est disponible pour les propriétaires de Wal-Mart. Le levier financier est la principale raison pour laquelle la plupart des entreprises obtiennent une importante quantité de ressources de leurs créanciers plutôt qu'au moyen de la vente de leurs actions. On peut améliorer les leviers financiers de deux façons : on investit de façon efficace (en obtenant un taux de rendement élevé sur les sommes investies) ou on emprunte de façon efficace (en payant un faible taux d'intérêt).

En principe, un compétiteur qui affiche un meilleur pourcentage de levier financier utilise davantage de dettes pour établir sa structure de capital.

4. Le résultat par action

Le résultat par action (RPA, ou *earnings per share* – EPS) est une mesure basée sur le nombre d'actions en circulation plutôt que sur les sommes monétaires inscrites à l'état de la situation financière. Dans le plus simple des cas[11], on calcule le résultat par action ainsi :

$$\text{Résultat par action} = \frac{\text{Résultat net}}{\text{Nombre moyen pondéré d'actions ordinaires en circulation}}$$

$$\text{Carrefour 2009} = \frac{385\ 000\ 000\ \text{€}}{685\ 674\ 840\ \text{actions*}} = 0{,}56\ \text{€ l'action}$$

* Cette information est présentée dans la note 24 des états financiers.

Le résultat par action est sans doute le ratio que surveillent le plus les investisseurs et les analystes financiers. En général, les sociétés déclarent leur résultat par action chaque trimestre en le publiant dans la presse d'affaires. Ce montant figure également à l'état du résultat global.

Il faut noter que le résultat par action de chacun des résultats figurant à l'état du résultat global doit être présenté : activités poursuivies, activités abandonnées et total.

dans l'actualité
BOURSIER.COM

CARREFOUR

Carrefour : du pain sur la planche en 2011...

« [À la suite] du « warning »[12] émis la semaine dernière par Carrefour (CA.NX), CA Cheuvreux considère que le groupe de distribution manque de visibilité et est affaibli à court terme, notamment en raison des incertitudes au Brésil et des ventes décevantes en France aux mois de septembre et octobre. En outre, le marché a été plus difficile qu'attendu en Europe méridionale. Carrefour a donc réduit de 6,5 % ses prévisions moyennes de bénéfice par action [BPA] 2011-2015. Malgré cela, CA Cheuvreux demeure confiant dans le plan de transformation engagé par le groupe, et anticipe une croissance à deux chiffres du BPA de Carrefour sur la période 2010-2015. Avec une croissance moyenne de 16 %, ce serait "une des meilleures tendances dans le secteur", estime l'analyste Arnaud Joly.

Carrefour conserve son potentiel de croissance à moyen terme, mais CA Cheuvreux préfère requalifier son positionnement. Le broker sort donc la valeur de sa liste de valeurs françaises favorites tout en recommandant de "surpondérer" l'action. CA Cheuvreux reste donc acheteur du dossier, mais ramène de 50 euros à 42 euros son objectif de cours sur Carrefour, dans une approche se voulant "plus prudente".

En effet selon CA Cheuvreux, 2011 sera révélateur du véritable potentiel du plan de transformation du groupe et, en cas d'échec, il sera assez difficile de trouver un plan B pour relancer les fondamentaux. "La tâche est difficile, mais pas impossible ", conclut l'analyste de CA Cheuvreux. »

Source : BOURSIER.COM, « Carrefour : du pain sur la planche en 2011... », 10 décembre 2010, dans YAHOO! FINANCE, [en ligne], http://fr.finance.yahoo.com/actualites/Carrefour (page consultée le 10 décembre 2010).

11 La société doit présenter le résultat de *base* par action, le résultat *dilué* par action et tout résultat par action pour ses activités poursuivies et ses activités abandonnées. Par ailleurs, l'existence d'actions privilégiées ou autres et une distribution de dividendes sur ces actions rendent le calcul du résultat par action plus difficile. Nous n'abordons pas ces calculs dans le présent manuel, car des notions avancées en comptabilité sont nécessaires à leur compréhension.

12 Il s'agit ici d'un communiqué de presse dans lequel Carrefour révise à la baisse ses projections de résultats.

Dans le tableau ci-dessous, on remarque que le ratio de Carrefour diminue d'une année à l'autre, qu'il est moins bon que celui de Wal-Mart et que ce dernier est en croissance.

Analyse comparative		
Résultat par action de base	2009	2008
Carrefour	0,56 €	1,86 €
Wal-Mart	3,73	3,36

Lorsque le titre de l'action est sous-évalué à la Bourse et que l'entreprise dispose d'un surplus de trésorerie, elle rachète souvent de ses actions sur le marché pour les annuler ; par conséquent, le ratio du résultat par action augmente, si le niveau de résultat est maintenu, bien sûr.

5. La qualité du résultat

Nombreux sont les analystes financiers qui s'inquiètent de la qualité des résultats d'une société, car certaines pratiques comptables qui génèrent des résultats plus élevés peuvent être adoptées. Par exemple, l'utilisation d'une durée de vie utile plus courte pour l'amortissement des actifs immobilisés rapporte un résultat net moins élevé que l'utilisation d'une durée de vie utile plus longue. La mesure de la qualité du résultat (*quality of income*) d'une entreprise consiste à comparer le résultat net aux flux de trésorerie liés aux opérations de la manière suivante :

$$\text{Qualité du résultat} = \frac{\text{Flux de trésorerie liés aux opérations}}{\text{Résultat net}}$$

$$\text{Carrefour 2009} = \frac{3\,484\,\text{M} €}{385\,\text{M} €} = 9,1$$

On considère qu'un ratio supérieur à 1 indique des résultats de qualité plus élevée, puisque chaque dollar de résultat est soutenu par au moins 1 $ provenant des flux de trésorerie. Un ratio inférieur à 1 représente des résultats de qualité inférieure.

Analyse comparative		
Qualité du résultat	2009	2008
Carrefour	9,1	3,8
Wal-Mart	1,8	1,7

Carrefour a gagné du terrain de 2008 à 2009, et Wal-Mart s'est maintenue. Les deux sociétés présentent un taux supérieur à 1, donc une bonne qualité du résultat. Il ne leur est pas nécessaire d'aller chercher du financement extérieur pour soutenir leurs activités. Le taux plus élevé de Carrefour semble indiquer qu'elle utilise des méthodes comptables plus prudentes que Wal-Mart.

6. Les pourcentages de la marge

La marge mesure le pourcentage de profit que génère chaque dollar de vente. On peut calculer le pourcentage du résultat net (la marge nette) et le pourcentage du résultat brut (la marge brute).

13

A) LE POURCENTAGE DE LA MARGE NETTE

Le pourcentage de la marge nette (*profit margin*) est basé sur deux montants qui figurent à l'état du résultat global. On le calcule de la manière suivante :

$$\text{Pourcentage de la marge nette} = \frac{\text{Résultat net}}{\text{Chiffre d'affaires net}}$$

$$\text{Carrefour 2009} = \frac{385 \text{ M€}}{85\,359 \text{ M€}} = 0,005, \text{ ou } 0,5\%$$

Cette mesure de la rentabilité représente le résultat net moyen (en pourcentage) réalisé par chaque dollar de ventes. Dans le cas de Carrefour, chaque euro de ventes a produit un profit de 0,50 € en 2009 (1,50 € en 2008), ce qui constitue une diminution par rapport à l'année précédente.

Analyse comparative		
Pourcentage de la marge nette	2009	2008
Carrefour	0,5 %	1,5 %
Wal-Mart	3,6	3,3

Si l'on compare Carrefour avec Wal-Mart, il y a place à l'amélioration, le pourcentage de la marge nette de Wal-Mart étant plus du double de celui de Carrefour en 2008 et plus de sept fois plus élevé en 2009.

On doit être prudent lorsqu'on analyse la marge nette, puisqu'elle ne tient pas compte du montant des ressources employées (par exemple, le total des investissements ou l'actif total) afin de gagner des revenus. La comparaison des marges d'entreprises qui évoluent dans des secteurs différents est non significative. Par exemple, les marges des entreprises du secteur de l'alimentation sont faibles, tandis que celles des sociétés du secteur de la bijouterie sont élevées. Ces deux types d'entreprises peuvent être très rentables, car un volume de ventes important peut compenser une marge nette peu élevée. Les épiceries ont des marges faibles, mais elles produisent un volume de ventes élevé à partir de magasins sobres et de stocks relativement bon marché. Les bijouteries peuvent gagner des profits plus élevés pour chaque dollar de ventes, mais elles doivent effectuer d'importants placements dans des boutiques luxueuses et maintenir des stocks très coûteux. On peut donc énoncer cette relation entre la marge nette et le volume des ventes en termes très simples : préféreriez-vous gagner 5 % de 1 000 000 $ ou 10 % de 100 000 $? Comme vous pouvez le constater, un pourcentage élevé n'est pas toujours le meilleur choix.

B) LE POURCENTAGE DE LA MARGE BRUTE

Pour calculer la marge brute, on soustrait le coût des ventes du chiffre d'affaires net. On calcule le pourcentage de la marge brute (*gross profit margin*) ainsi :

$$\text{Pourcentage de la marge brute} = \frac{\text{Marge brute}}{\text{Chiffre d'affaires net}}$$

$$\text{Carrefour 2009} = \frac{19\,281 \text{ M€}}{85\,359 \text{ M€}} = 22,6\%$$

Analyse comparative		
Pourcentage de la marge brute	2009	2008
Carrefour	22,6 %	22,6 %
Wal-Mart	24,8	24,2

En 2009, Carrefour a maintenu sa marge brute malgré un marché compétitif et des conditions économiques défavorables en Europe. Il en a été de même pour Wal-Mart, laquelle a montré une marge brute un peu supérieure à celle de sa concurrente et s'améliorant légèrement d'une année à l'autre. Rappelons-nous cependant que le chiffre d'affaires de Carrefour a diminué, ce qui démontre que la société a fait des efforts supplémentaires pour contrôler ses dépenses en maintenant son pourcentage de la marge brute.

7. Les taux de rotation des actifs

Un autre indicateur clé de l'efficacité de la direction est sa capacité à utiliser au mieux les ressources dont elle dispose. Le taux de rotation des actifs immobilisés (*fixed asset turnover ratio*) et le taux de rotation de l'actif total (*total asset turnover ratio*) mesurent la capacité de la direction à réaliser des ventes à partir d'un niveau donné d'investissement dans les actifs. Dans le contexte du calcul de ce ratio, l'expression «actifs immobilisés» est synonyme d'«immobilisations **corporelles**». On calcule ces taux de la manière suivante :

a)

$$\text{Taux de rotation des actifs immobilisés} = \frac{\text{Chiffre d'affaires net}}{\text{Actifs immobilisés moyens}}$$

$$\text{Carrefour 2009} = \frac{85\ 359\ \text{M€}}{14\ 927\ \text{M€*}} = 5,7$$

* La moyenne des immobilisations corporelles (solde net) est de (15 044 M€ + 14 809 M€) ÷ 2 = 14 927 M€.

b)

$$\text{Taux de rotation de l'actif total} = \frac{\text{Chiffre d'affaires net}}{\text{Actif total moyen}}$$

$$\text{Carrefour 2009} = \frac{85\ 359\ \text{M€}}{51\ 921\ \text{M€*}} = 1,6$$

* La moyenne de l'actif total est de (51 553 M€ + 52 288 M€) ÷ 2 = 51 921 M€.

Le taux de rotation des actifs immobilisés est largement utilisé pour analyser les sociétés très capitalisées (qui possèdent beaucoup d'actifs immobilisés), comme les compagnies aériennes et les services d'électricité. Le taux de rotation de l'actif total est utilisé dans le cas des entreprises qui ont de plus grandes quantités de stocks et de comptes clients, ou de toute autre société.

	Analyse comparative			
Taux de rotation	des actifs immobilisés		de l'actif total	
	2009	2008	2009	2008
Carrefour	5,7	5,8	1,6	1,7
Wal-Mart	4,2	4,3	2,4	2,5

13

Le taux de rotation des actifs immobilisés de Carrefour est supérieur à celui de Wal-Mart. En termes simples, Carrefour a un avantage concurrentiel sur Wal-Mart grâce à sa capacité à utiliser efficacement ses immobilisations corporelles afin de produire des revenus. Pour chaque euro que Carrefour a investi dans ses immobilisations, elle a été en mesure de gagner 5,70 € de chiffre d'affaires en 2009. Wal-Mart n'a gagné que 4,20 $ pour chaque dollar investi. Cette comparaison est importante, car elle révèle que la direction de Carrefour est capable de gérer ses immobilisations plus efficacement que son compétiteur. Cependant, quand on analyse le taux de rotation de l'actif total, Wal-Mart est en tête, ce qui signifie qu'elle gère mieux l'ensemble de ses actifs que Carrefour.

Certains analystes considèrent l'amélioration du taux de rotation de l'actif total dans le temps comme une indication de la qualité de la direction. Dans le cas des deux sociétés, les taux ont diminué d'une année à l'autre.

TEST D'AUTOÉVALUATION

Donnez l'équation permettant de calculer les ratios suivants :

1. Le rendement des capitaux propres ;

2. Le rendement de l'actif ;

3. Le pourcentage de la marge nette.

Vérifiez vos réponses à l'aide des solutions présentées en bas de page*.

OBJECTIF D'APPRENTISSAGE

Calculer et interpréter les ratios de trésorerie.

Tests de trésorerie
Tests servant à mesurer la capacité d'une entreprise à respecter ses obligations lorsque celles-ci arrivent à échéance.

13.4.3 Les tests de trésorerie

La trésorerie doit être suffisante pour permettre à une entreprise de rembourser ses dettes arrivées à échéance. Les **tests de trésorerie** portent sur la relation qui existe entre l'actif courant et le passif courant. La capacité d'une entreprise à régler ses dettes courantes constitue un important facteur pour évaluer ses forces financières courantes. Par exemple, une société ne disposant pas de trésorerie pour payer ses achats au moment convenu perdra ses escomptes de caisse. De plus, ses fournisseurs risqueront de lui retirer son crédit. On utilise deux ratios pour mesurer la trésorerie : le ratio du fonds de roulement (ou ratio de liquidité générale) et le ratio de liquidité relative. On ne doit pas oublier que le fonds de roulement **net** (*working capital*) n'est pas un ratio, car il représente la différence en monnaie entre le total de l'actif courant et le total du passif courant. Le fonds de roulement *net* est différent du *ratio* du fonds de roulement (*current ratio*), que nous examinons ci-après.

8. Le ratio du fonds de roulement

Le ratio du fonds de roulement, ou ratio de **liquidité générale** (*current ratio*), mesure la relation qui existe entre le total de l'actif courant et le total du passif courant à une date précise.

On le calcule de la manière suivante :

$$\text{Ratio du fonds de roulement (ou liquidité générale)} = \frac{\text{Actif courant}}{\text{Passif courant}}$$

$$\text{Carrefour 2009} = \frac{19\,267\,\text{M€}}{27\,036\,\text{M€}} = 0,71$$

---

* **Solutions du test d'autoévaluation**
1. Résultat net* ÷ Capitaux propres moyens
2. Résultat net* ÷ Actif total moyen
3. Résultat net* ÷ Chiffre d'affaires net

* Dans tous les cas, le résultat net du groupe est celui qui provient des activités poursuivies.

Analyse comparative		
Ratio du fonds de roulement (liquidité générale)	**2009**	**2008**
Carrefour	0,71	0,70
Wal-Mart	0,87	0,88

Le ratio du fonds de roulement mesure la marge de manœuvre que maintiennent les entreprises afin de pallier les inévitables inégalités des flux monétaires liés aux postes du fonds de roulement. C'est la raison pour laquelle on appelle ce rapport, la plupart du temps, «ratio du fonds de roulement» plutôt que «ratio de liquidité générale». À la fin de la période, l'actif courant de Carrefour représentait 0,71 fois le passif courant, ce qui signifie que, pour 1 € de passif courant, il y avait 0,71 € d'actif courant. Le ratio de Wal-Mart était de 0,87. Dans les deux cas, les actifs courants ne suffisaient pas à couvrir les passifs courants. Y a-t-il lieu ici de s'alarmer?

Pour les entreprises qui génèrent suffisamment de trésorerie tous les jours, il n'y a pas à s'inquiéter. En effet, Wal-Mart et Carrefour font très peu de ventes à crédit (lorsqu'un client paie avec une carte de crédit, les entreprises reçoivent tout de suite l'argent de la compagnie émettrice de la carte; ces ventes ne sont donc pas considérées comme des ventes à crédit).

Un ratio peut-il alors être trop élevé? Dans le cas d'une entreprise comme Wal-Mart ou Carrefour, un ratio de 2 serait très élevé, compte tenu de la capacité de l'entreprise à produire de la trésorerie. En effet, il est possible que le ratio du fonds de roulement soit trop élevé. On considère généralement qu'il est inefficace d'immobiliser trop d'argent dans les stocks ou les comptes clients. Si l'un des magasins de Carrefour vend 100 marteaux durant le mois, aucune raison ne justifie qu'il en conserve 1 000 en stock. Un ratio du fonds de roulement très élevé peut également indiquer des problèmes d'exploitation importants.

Pour interpréter judicieusement le ratio du fonds de roulement, les analystes doivent comprendre la nature des affaires d'une entreprise. La plupart des sociétés ont élaboré un système complexe pour réduire la quantité de stocks qu'elles doivent détenir. Dans les entreprises de production, une méthode qu'on nomme «**juste-à-temps**» permet d'obtenir les matières au moment où elles servent dans la production; cette pratique permet aux entreprises d'éviter le maintien de stocks élevés, ce qui est très coûteux, et donc de réduire leurs coûts de production. Par contre, les clients s'attendent à obtenir immédiatement les biens qu'ils souhaitent acheter, et le comportement des consommateurs est difficile à prévoir avec précision. En conséquence, la plupart des détaillants ont d'importantes quantités de stocks, ce qui fait augmenter le ratio du fonds de roulement.

En général, les analystes considèrent un ratio du fonds de roulement de 2 comme prudent. En fait, la plupart des entreprises ont des ratios du fonds de roulement inférieurs à 2. Le niveau optimal pour le ratio du fonds de roulement est fonction du secteur d'activité dans lequel la société évolue. Si les flux de trésorerie sont prévisibles et stables (par exemple, dans le cas d'une entreprise de services publics), le ratio du fonds de roulement gravite autour de 1 et peut même être inférieur à 1. S'il s'agit d'une entreprise qui a des flux de trésorerie très variables, par exemple les compagnies aériennes, un ratio du fonds de roulement plus près de 2 peut être souhaitable.

9. La liquidité relative

Le ratio de **liquidité relative** (*quick ratio*) est similaire au ratio du fonds de roulement, sauf qu'il constitue un ratio plus rigoureux de la trésorerie courante. Le solde des comptes en banque, les placements courants ainsi que les comptes clients nets sont des actifs disponibles et réalisables, car ils sont rapidement convertibles en trésorerie. Les stocks ne sont généralement pas considérés comme des actifs disponibles et réalisables, parce que le moment de leur réalisation en trésorerie est incertain.

Il n'est pas possible de prévoir précisément quand les stocks seront vendus. Les charges payées d'avance sont aussi exclues des actifs disponibles et réalisables, de même que les actifs d'impôts différés courants. On calcule ce ratio de la manière suivante :

$$\text{Liquidité relative} = \frac{\text{Actifs disponibles et réalisables}}{\text{Passif courant}}$$

$$\text{Carrefour 2009} = \frac{3\ 301\ \text{M€} + 2\ 238\ \text{M€} + 2\ 051\ \text{M€} + 3\ 215\ \text{M€}}{27\ 036\ \text{M€}} = 0{,}40$$

Analyse comparative

Liquidité relative	2009	2008
Carrefour	0,40	0,40
Wal-Mart	0,22	0,20

Le ratio de liquidité relative indique qu'à la fin de 2009, Carrefour disposait de 0,40 € en trésorerie et équivalents de trésorerie ainsi qu'en comptes clients pour chaque euro de passif courant. Il s'agit d'une marge de sécurité acceptable pour l'industrie ; elle ne constitue pas une source de préoccupation pour les analystes, d'autant plus que la société a produit une importante trésorerie à partir de ses activités opérationnelles. En comparaison, le ratio de liquidité relative de Wal-Mart semble insuffisant, mais la société a aussi généré suffisamment de trésorerie à même ses activités opérationnelles.

Les analystes se préoccuperaient-ils d'un ratio plus faible de Carrefour ? La réponse à cette question doit être nuancée. Le tableau des flux de trésorerie de Carrefour (*voir le tableau 13.1 à la page 865*) montre que, durant l'année, la société a produit une très grande quantité de trésorerie à partir de ses activités opérationnelles. Si l'entreprise peut continuer à produire une telle trésorerie, elle ne sera pas obligée de conserver de grandes quantités de fonds en réserve pour répondre à des besoins imprévus. Par ailleurs, la plupart des analystes croient qu'il n'est pas prudent d'avoir un ratio de liquidité relative trop élevé, car le fait de détenir une trésorerie excédentaire est en général peu économique. Il est de loin préférable d'investir la trésorerie dans des actifs productifs ou de réduire les dettes de l'entreprise.

La trésorerie ainsi que l'efficacité de la direction en matière d'exploitation peuvent se mesurer en fonction du taux de rotation de certains actifs courants. Deux ratios supplémentaires permettent de mesurer la rapidité de la transformation des actifs en trésorerie. Il s'agit du taux de rotation des comptes clients et du taux de rotation des stocks.

10. Le taux de rotation des comptes clients

Les comptes clients sont liés de près à la trésorerie ainsi qu'à l'efficacité des opérations. Une société qui peut récupérer rapidement les sommes dues par ses clients présente une meilleure liquidité qu'une société qui éprouve des difficultés à récupérer ces sommes, car ses fonds sont ainsi retenus dans des actifs non productifs. Le taux de rotation des comptes clients (*receivable turnover ratio*) mesure le nombre de fois que les comptes clients ont été générés et payés durant l'année, et se calcule de la manière suivante :

$$\frac{\text{Taux de rotation}}{\text{des comptes clients}} = \frac{\text{Chiffre d'affaires net à crédit*}}{\text{Comptes clients nets moyens}}$$

$$\text{Carrefour 2009} = \frac{85\ 359\ \text{M€}}{2\ 697\ \text{M€**}} = 31{,}6\ \text{fois}$$

  * Lorsque le chiffre d'affaires net à *crédit* n'est pas disponible, on utilise le chiffre d'affaires net comme approximation. Cependant, cette substitution ne permet pas d'obtenir un ratio précis.

  ** La moyenne des comptes clients nets est de (2 238 M€ + 3 156 M€) ÷ 2 = 2 697 M€.

13

Un taux de rotation des comptes clients élevé laisse entendre que la société gère ses activités de crédit et de recouvrement avec efficacité. Lorsqu'une entreprise accorde du crédit à des clients dont le risque de crédit est élevé et qu'elle déploie des efforts de recouvrement inefficaces, ce ratio diminue. Un très faible ratio révèle de toute évidence des problèmes, mais un ratio très élevé peut aussi dévoiler des difficultés. En effet, lorsque le ratio est très élevé, cela signifie peut-être que l'entreprise adopte une ligne de conduite trop sévère en matière de crédit, ce qui peut provoquer des pertes dans le cas des ventes et des profits.

Analyse comparative		
Taux de rotation des comptes clients[13]	2009	2008
Carrefour	31,6	26,2
Wal-Mart	100,6	106,3

Le taux de rotation des comptes clients est souvent converti en une base temporelle appelée « **délai moyen de recouvrement des comptes clients** » (*average age of receivables*). On calcule ce délai de la manière suivante :

$$\text{Délai moyen de recouvrement des comptes clients} = \frac{365}{\text{Taux de rotation des comptes clients}}$$

$$\text{Carrefour 2009} = \frac{365}{31,6} = 11,5 \text{ jours de crédit aux clients}$$

L'efficacité des activités de crédit et de recouvrement est parfois jugée à l'aide d'une règle générale. Selon cette règle, le délai moyen de recouvrement ne doit pas excéder une fois et demie les modalités de crédit. Par exemple, si les modalités de crédit exigent un paiement dans les 30 jours, le délai de recouvrement des comptes clients ne doit pas dépasser 45 jours (autrement dit, pas plus de 15 jours après la date d'exigibilité). Cette règle, comme toutes les règles générales, comporte de nombreuses exceptions.

Lorsque vous évaluez des états financiers, vous devez toujours réfléchir à l'aspect raisonnable des montants calculés. Bien que, normalement, le ratio de rotation des comptes clients dévoile des renseignements utiles, celui de Carrefour (et celui de Wal-Mart) n'est pas utile. Il est très peu probable que Carrefour récupère les sommes des clients auxquels elle a accordé du crédit en seulement 11,5 jours, en moyenne. Nous ne connaissons pas le montant des ventes à crédit de Carrefour. Le fait d'avoir utilisé le chiffre d'affaires total au lieu du chiffre d'affaires à crédit était une approximation ; dans ce cas, elle n'était pas raisonnable. Pensez à la dernière fois où vous avez vu un client acheter de la marchandise à crédit dans un magasin au détail. La majorité des ventes se font contre espèces ou au moyen d'une carte de crédit bancaire comme MasterCard ou Visa, que l'on traite comme des espèces (il ne faut pas oublier qu'une vente faite au moyen d'une carte de crédit ne crée pas de comptes clients dans les livres du vendeur, mais plutôt dans les livres de la société émettrice de la carte de crédit). Dans ce cas-ci, le taux de rotation des comptes clients n'est donc pas important, car il comprend peu de comptes clients. Carrefour et Wal-Mart ne sont pas de très bons exemples pour illustrer ce ratio. Des entreprises de fabrication qui vendent à crédit à leurs clients constitueraient de meilleurs exemples pour illustrer ces propos.

---

13 Dans le cas de Carrefour et de Wal-Mart (entreprises de vente au détail), ces taux ne sont pas très utiles, car très peu de ventes sont faites à crédit. Pour les besoins de l'explication, nous avons posé l'hypothèse selon laquelle toutes les ventes étaient faites à crédit, faute d'information précise sur le montant des ventes qui se font effectivement à crédit.

13

11. Le taux de rotation des stocks

Comme le taux de rotation des comptes clients, le taux de rotation des stocks (*inventory turnover ratio*) est une mesure de la liquidité et de l'efficacité opérationnelle. Ce ratio reflète la relation qui existe entre les stocks et le volume de marchandises vendues durant la période. On le calcule de la manière suivante :

$$\text{Taux de rotation des stocks} = \frac{\text{Coût des ventes}}{\text{Stocks moyens}}$$

$$\text{Carrefour 2009} = \frac{68\ 098\ \text{M€}}{6\ 781\ \text{M€*}} = 10 \text{ fois}$$

* (6 670 M€ + 6 891 M€) ÷ 2 = 6 781 M€

Les stocks de Carrefour ont connu une rotation de 10 au cours de la période. Puisque des profits sont normalement enregistrés chaque fois que les stocks sont vendus (qu'ils ont donc effectué une rotation), une augmentation du ratio est en général favorable. Cependant, si celui-ci est trop élevé, il est possible que la société perde des ventes, car les articles ne sont plus en stock. Le coût d'une vente perdue est souvent plus élevé que le profit perdu. Lorsqu'une entreprise n'a pas la marchandise que désire le consommateur, ce dernier peut se rendre chez un compétiteur pour se la procurer. Cette visite peut permettre au compétiteur d'établir un lien d'affaire avec le client. Ainsi, le coût lié au fait de manquer de stock peut se solder par une perte de profit futur à cause de la perte d'un client.

Un bon taux de rotation des stocks est essentiel à Carrefour et est directement en lien avec sa stratégie pour gagner des parts de marché. Il en est de même des entreprises de vente au détail lorsqu'elles veulent améliorer leur service, ce qui signifie répondre promptement à la demande des clients et offrir des prix inférieurs à ceux des compétiteurs. Si Carrefour ne gère pas de manière efficace son niveau de stocks, elle devra engager des frais supplémentaires, que devront assumer les clients. Il est donc important, pour cette entreprise, de disposer de systèmes informatiques performants pour le transfert rapide des données, car cela peut faire en sorte de maintenir ou d'accroître son taux de rotation des stocks.

Les taux de rotation des stocks varient considérablement selon le classement industriel. Les sociétés évoluant dans le secteur de l'alimentation (les épiceries et les restaurants) ont des taux de rotation des stocks élevés, puisque leurs stocks subissent une détérioration rapide de la qualité. Les sociétés qui vendent des marchandises coûteuses (les concessionnaires d'automobiles et les créateurs de vêtements de haute couture) ont des taux beaucoup plus faibles, car les ventes de ces articles sont rares et les clients souhaitent pouvoir choisir parmi une gamme de produits lorsqu'ils font leurs achats.

Le taux de rotation des stocks est souvent converti sous une forme temporelle appelée « **délai moyen d'écoulement des stocks** » (*average days supply in inventory*). Ce délai se calcule de la manière suivante :

$$\text{Délai moyen d'écoulement des stocks} = \frac{365}{\text{Taux de rotation des stocks}}$$

$$\text{Carrefour 2009} = \frac{365}{10} = 36,5 \text{ jours}$$

Dans le cas de Carrefour, ce délai est probablement raisonnable, si l'on tient compte de la diversité de la marchandise, laquelle va des produits alimentaires aux électroménagers. Il ne fait aucun doute qu'à l'interne, Carrefour calcule ce ratio par département afin de gérer efficacement ses stocks.

13.4.4 L'utilisation des ratios pour analyser le cycle d'exploitation

Au chapitre 3, nous avons présenté la notion de cycle d'exploitation, lequel représente le temps que prend une société à payer ses fournisseurs, vendre ses biens à ses clients et récupérer les sommes dues par ceux-ci. Les analystes s'intéressent au cycle d'exploitation car, pour chaque entreprise, il permet d'évaluer ses besoins en trésorerie et l'efficacité de ses administrateurs.

Le cycle d'exploitation de chaque entreprise comprend normalement trois phases distinctes : l'achat de stocks, la vente de stocks et l'encaissement des sommes dues par les clients. Voici quelques ratios utiles pour analyser le cycle d'exploitation d'une entreprise :

Ratio	Activités opérationnelles
Taux de rotation des comptes fournisseurs	Achat de stocks
Taux de rotation des stocks	Vente de stocks
Taux de rotation des comptes clients	Recouvrement des sommes dues par les clients

Chacun de ces ratios permet de mesurer le nombre de jours qu'il faut, en moyenne, pour compléter le cycle d'exploitation. Deux d'entre eux ont été calculés pour Carrefour. Si l'on calcule à présent le **taux de rotation des comptes fournisseurs** (*payable turnover ratio*) et le **délai moyen de paiement des comptes fournisseurs** (*average age of payables*), on peut analyser le cycle d'exploitation.

$$\frac{\textbf{Taux de rotation}}{\textbf{des comptes fournisseurs}} = \frac{\textbf{Coût des ventes}}{\textbf{Comptes fournisseurs moyens}}$$

$$\textbf{Carrefour 2009} = \frac{\textbf{68 098 M€}}{\textbf{17 173 M€*}} = \textbf{4 fois}$$

* (16 800 M€ + 17 545 M€) ÷ 2 = 17 173 M€

$$\frac{\textbf{Délai moyen de paiement}}{\textbf{des comptes fournisseurs}} = \frac{\textbf{365}}{\textbf{Taux de rotation des comptes fournisseurs}}$$

$$\textbf{Carrefour 2009} = \frac{\textbf{365}}{\textbf{4}} = \textbf{91 jours pour payer les fournisseurs}$$

La durée des composantes du cycle d'exploitation de Carrefour et de Wal-Mart se présente ainsi :

Ratio pour 2009	Carrefour	Wal-Mart
Délai moyen de paiement des comptes fournisseurs	91,0 jours	35,5 jours
Délai moyen d'écoulement des stocks	36,5	40,5
Délai moyen de recouvrement des comptes clients	11,5	3,6

Les composantes du cycle d'exploitation aident à comprendre les besoins en trésorerie de la société. Carrefour paie en moyenne sa marchandise 91 jours après l'avoir reçue. Elle prend en moyenne 48 jours (36,5 + 11,5) pour vendre et récupérer les sommes dues par ses clients. Ainsi, Carrefour finance ses activités opérationnelles grâce à ses fournisseurs durant 43 jours (91 − 48), entre le moment où elle encaisse les sommes dues par

13

ses clients et celui où elle paie ses fournisseurs. En général, cela n'est pas la situation idéale, car on risque de compromettre la relation avec les fournisseurs en retardant les paiements. Pour la majorité des sociétés, la situation est inverse. C'est le cas de Wal-Mart, laquelle prend 44 jours pour vendre et récupérer les sommes dues par ses clients et 35,5 jours pour payer ses fournisseurs. Dans ce contexte, les sociétés préfèrent minimiser le délai entre le paiement aux fournisseurs et l'encaissement des sommes dues par les clients, car la trésorerie est ainsi disponible pour d'autres activités productives.

TEST D'AUTOÉVALUATION

Donnez l'équation permettant de calculer les ratios suivants :

1. La qualité du résultat ;

2. La liquidité relative ;

3. Le taux de rotation des comptes clients.

Vérifiez vos réponses à l'aide des solutions présentées en bas de page*.

OBJECTIF D'APPRENTISSAGE

Calculer et interpréter les ratios de solvabilité et de structure financière.

Tests de solvabilité
Tests comprenant des ratios qui permettent de mesurer la capacité d'une société à satisfaire à ses obligations non courantes et à évaluer le risque.

13.4.5 Les tests de solvabilité et de structure financière

La solvabilité désigne la capacité d'une entreprise à satisfaire à ses obligations non courantes. Les tests de solvabilité permettent de mesurer cette capacité. Ces mesures comprennent le ratio de couverture des intérêts et celui des capitaux empruntés sur les capitaux propres.

12. Le ratio de couverture des intérêts

Les paiements d'intérêts sont des obligations fixes pour l'entreprise. À la suite d'un manquement aux paiements requis des intérêts, les créanciers peuvent acculer une entreprise à la faillite. En raison de l'importance des paiements d'intérêts, les analystes calculent souvent un ratio appelé « ratio de couverture des intérêts » (*times interest earned*). Ce ratio se calcule de la manière suivante :

$$\text{Ratio de couverture des intérêts} = \frac{\text{Résultat net + Charges d'intérêts + Charge fiscale}}{\text{Charges d'intérêts}}$$

$$\text{Carrefour 2009} = \frac{385\,\text{M€} + 757\,\text{M€} + 638\,\text{M€}}{757\,\text{M€}} = 2,4 \text{ fois}$$

Ce ratio permet de comparer le montant des résultats réalisés au cours de la période aux intérêts engagés durant la même période. Il représente la marge de protection des créanciers. Carrefour a engendré 2,40 € de résultat pour chaque euro de charges financières en 2009, comparativement à 3,10 € en 2008.

Analyse comparative		
Ratio de couverture des intérêts	**2009**	**2008**
Carrefour	2,4 fois	3,1 fois
Wal-Mart	13,1	11,8

---

* **Solutions du test d'autoévaluation**
1. Flux de trésorerie liés aux opérations ÷ Résultat net*
2. Actifs disponibles et réalisables ÷ Passif courant
3. Chiffre d'affaires net à crédit ÷ Comptes clients nets moyens

* Il s'agit du résultat net des activités poursuivies.

13

La société Carrefour est assez endettée, ce qui signifie que le risque est plus élevé pour les investisseurs. Par contre, la trésorerie générée par ses activités opérationnelles suffit à financer en partie l'entreprise pour le moment. Cette dernière n'est cependant pas en mesure de s'endetter de façon importante à l'avenir pour financer une expansion plus grande. Wal-Mart est dans une position plus favorable que Carrefour, car elle couvre amplement la charge d'intérêts à même son résultat; elle est donc en meilleure posture pour obtenir du financement en vue d'une expansion future.

Certains analystes préfèrent calculer le ratio de couverture des intérêts en incluant tous les paiements requis selon les contrats, ce qui englobe les paiements de capital sur les dettes ainsi que les obligations locatives en vertu des contrats de location.

D'autres analystes estiment que ce ratio est sans fondement parce que la charge financière de même que les autres obligations sont payées en espèces et non au moyen du résultat net. Ils préfèrent calculer le **ratio de couverture de la trésorerie,** lequel consiste à diviser les flux de trésorerie générés par les opérations, avant les intérêts et les impôts payés, par les intérêts payés. Carrefour ne divulgue pas les intérêts qu'elle verse, mais, pour Wal-Mart, le calcul de ce ratio donne 16,7 fois ([26 249 M$ + 7 389 M$ + 2 141 M$] ÷ 2 141 M$), ce qui indique que la société a produit presque 17$ en espèces pour chaque dollar d'intérêts versés. Il s'agit d'une excellente couverture. Il faut noter que les paiements d'intérêts et d'impôts sont divulgués au tableau des flux de trésorerie plutôt qu'à l'état du résultat global. Le montant des intérêts payés et celui de la charge d'intérêts sont normalement semblables, mais parfois différents en raison des intérêts courus calculés en fin de période.

13. Le ratio des capitaux empruntés sur les capitaux propres

Le ratio des capitaux empruntés sur les capitaux propres (*debt-to-equity ratio*) exprime la proportion entre les dettes et les capitaux propres. On le calcule de la manière suivante:

$$\text{Ratio des capitaux empruntés sur les capitaux propres} = \frac{\text{Passif total}}{\text{Capitaux propres}}$$

$$\text{Carrefour 2009} = \frac{40\,438\,\text{M}€}{11\,115\,\text{M}€} = 3,6$$

Analyse comparative		
Ratio des capitaux empruntés sur les capitaux propres	2009	2008
Carrefour	3,6	3,8
Wal-Mart	1,3	1,4

Ce ratio signifie qu'en 2009, pour chaque euro de capitaux propres de Carrefour, il y avait 3,60 € de passif. En comparaison, pour chaque dollar de capitaux propres de Wal-Mart, il y avait 1,30 $ de passif. Dans les deux cas, ce ratio s'était légèrement amélioré par rapport à l'année précédente.

Les dettes sont risquées pour une société, car elles imposent des obligations contractuelles importantes, par exemple: 1) des dates d'échéance précises pour le remboursement du capital et 2) des paiements d'intérêts fixes qui doivent être effectués. Les obligations découlant de la dette sont recouvrables ou exécutoires en vertu de la loi et ne sont pas fonction des résultats de l'entreprise. Par ailleurs, le versement d'un dividende aux actionnaires est toujours laissé à la discrétion de celle-ci; il n'est pas légalement exigible avant que le conseil d'administration ne le déclare. Les capitaux propres constituent le capital «permanent», sans date d'échéance. Ainsi, ils sont en général considérés par une entreprise comme beaucoup moins risqués que la dette.

13

En dépit des risques liés à la dette, la plupart des entreprises obtiennent des quantités importantes de ressources de leurs créanciers en raison des avantages qu'elles tirent du levier financier, que nous avons abordé plus tôt dans le présent chapitre. De plus, les intérêts représentent une charge déductible dans la déclaration de revenus. En choisissant une structure financière, une société doit tenter de trouver un équilibre entre les rendements plus élevés que lui offre le levier et les risques plus élevés rattachés à la dette. En raison de l'importance de la relation existant entre le risque et le rendement, la plupart des analystes estiment que les ratios d'endettement constituent une composante clé de l'évaluation d'une entreprise.

La comparaison des ratios nous permet également de voir comment une structure financière peut changer rapidement, soit à cause d'une émission d'actions ou d'une augmentation de la dette non courante, soit en raison d'un remboursement important de la dette lorsque les flux de trésorerie générés par les opérations le permettent.

OBJECTIF D'APPRENTISSAGE

Calculer et interpréter les tests de marché.

Tests de marché
Tests comprenant des ratios qui mesurent la tendance de la valeur du marché d'une action.

13.4.6 Les tests de marché

Plusieurs ratios, souvent désignés comme **tests de marché**, établissent un lien entre le cours actuel d'une action et un indicateur du rendement qui pourrait revenir à l'investisseur. Les analystes et les investisseurs préfèrent ces ratios, car ils sont basés sur la valeur courante de l'investissement des propriétaires dans l'entreprise.

14. Le ratio cours-bénéfice

Le ratio cours-bénéfice (*price/earnings ratio* – PE) permet de mesurer la relation qui existe entre la valeur du marché d'une action (la valeur en Bourse) et le résultat par action. Le prix d'une action ordinaire de Carrefour était de 31,76 €[14] au 10 décembre 2010; le résultat par action est estimé au même montant qu'il était au 31 décembre 2009 (à défaut d'information plus récente). Le ratio cours-bénéfice se calcule de la manière suivante:

$$\text{Ratio cours-bénéfice} = \frac{\text{Cours de l'action}}{\text{Résultat par action}}$$

$$\text{Carrefour 2010} = \frac{31,76 €}{0,56 €} = 56,7$$

Analyse comparative		
Ratio cours-bénéfice*	2010	2009
Carrefour	56,7	56,3
Wal-Mart	13,5	13,8

* **Source des cours:** YAHOO! FINANCE, [en ligne], http://finance.yahoo.com (page consultée le 10 décembre 2010).

Au 10 décembre 2010, les actions de Carrefour se vendaient 56,7 fois le résultat par action. Ce ratio reflète l'évaluation que fait le marché boursier du rendement futur d'une société. Un ratio cours-bénéfice élevé indique que le marché s'attend à ce que les résultats croissent rapidement. Si l'on se reporte aux recommandations des analystes quant au titre de Carrefour (*voir la page 866*), au 10 décembre 2010, la moyenne des analystes financiers recommandait de conserver le titre (par rapport à un achat ou à une vente). Le graphique suivant montre cependant une chute du cours boursier au

---

14 BOURSE DE PARIS, [en ligne], www.boursorama.com/cours (page consultée le 11 décembre 2010).

cours des trois semaines précédentes à cause du niveau de résultat prévisionnel, révisé à la baisse par les analystes financiers. Ce graphique montre également la valeur de l'action de Wal-Mart, laquelle semble stable. Le ratio de Wal-Mart indique que le prix de l'action se vendait 13,5 fois son résultat par action. Le marché croit donc que Carrefour a un potentiel de croissance plus élevé que Wal-Mart.

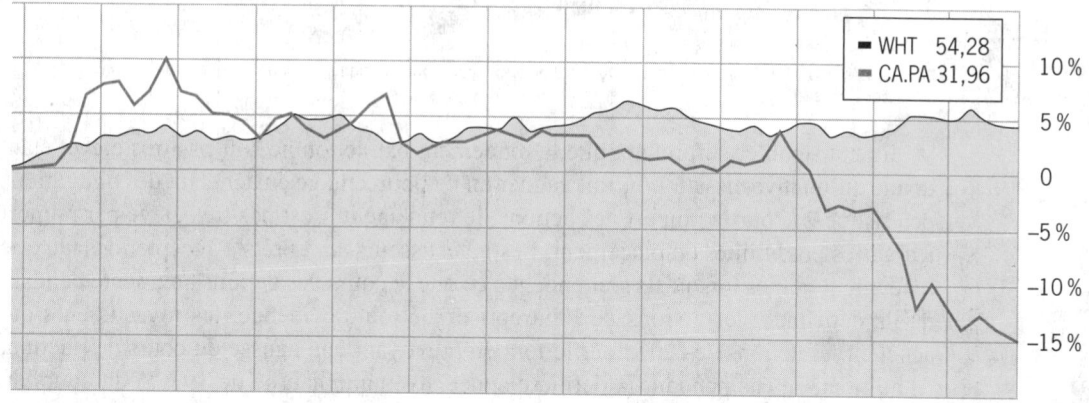

| ■ WHT | 54,28 |
| ■ CA.PA | 31,96 |

2010 20 Sept. 27 Sept. 4 Oct. 11 Oct. 18 Oct. 25 Oct. 1 Nov. 8 Nov. 15 Nov. 22 Nov. 29 Nov. 6 Déc.

Source : Adapté de YAHOO! FINANCE, [en ligne], http://fr.finance.yahoo.com (page consultée le 10 décembre 2010).

Du point de vue économique, la valeur des actions est liée à la valeur actualisée des résultats futurs d'une entreprise. Une société qui s'attend à accroître ses résultats à l'avenir vaut davantage qu'une société qui ne peut les faire croître (tous les autres facteurs étant les mêmes). Bien qu'une entreprise présente un ratio cours-bénéfice élevé et qu'on s'attende à une croissance future, elle comporte des risques[15]. Lorsqu'une société qui affiche un ratio cours-bénéfice élevé n'atteint pas le niveau de résultat attendu par le marché, l'incidence négative sur le cours de son action peut être dramatique.

Le ratio cours-bénéfice est-il dépassé ?

«S'il y a un ratio financier très utilisé par les investisseurs, c'est bien celui du cours-bénéfice. Mais dernièrement, une avalanche de réévaluations des déclarations de bénéfices a transformé le dénominateur du ratio, soit le résultat par action, en un indicateur peu fiable de la rentabilité réelle d'un nombre croissant des plus grandes entreprises américaines. Cela a passablement terni le célèbre ratio.

Pas étonnant dans ces conditions que certains gestionnaires de fonds communs de placement y pensent à deux fois avant d'utiliser le ratio cours-bénéfice, même à titre de première étape de choix d'actions.»

Source : Daniel ALTMAN, *The New York Times*, cité dans «Le ratio cours-bénéfice est-il dépassé ?», *La Presse*, 5 août 2002, p. D4.

**dans
l'actualité
*LA PRESSE***

15. Le taux de rendement par action

Lorsque les investisseurs achètent des actions, ils s'attendent à ce que leurs rendements proviennent de deux sources : l'appréciation du cours des actions et les produits tirés des dividendes. Le taux de rendement par action (*dividend yield ratio*) permet de mesurer la relation qui existe entre le dividende par action et le cours de l'action. Carrefour a payé 1,08 € en dividende par action le 12 mai 2010, alors que la valeur du marché de l'action était de 35,67 €.

....

15 Le ratio cours-bénéfice, même s'il est bien utilisé, n'est pas une panacée. Quelques précautions s'imposent, comme le rapporte l'article de journal présenté ci-dessus.

13

Le taux de rendement par action se calcule de la manière suivante :

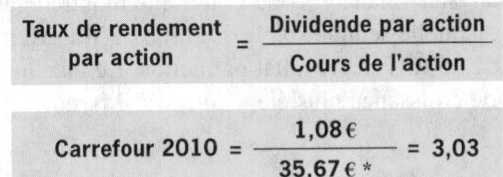

$$\text{Taux de rendement par action} = \frac{\text{Dividende par action}}{\text{Cours de l'action}}$$

$$\text{Carrefour 2010} = \frac{1,08\,€}{35,67\,€\,*} = 3,03$$

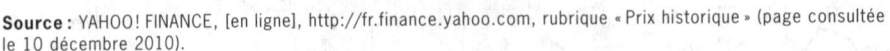

Source : YAHOO! FINANCE, [en ligne], http://fr.finance.yahoo.com, rubrique « Prix historique » (page consultée le 10 décembre 2010).

Il peut sembler surprenant que le rendement par action ne soit pas très élevé, étant donné qu'un investisseur pourrait gagner un tel pourcentage en achetant des obligations peu risquées. Pour la plupart des actions, le rendement n'est pas très élevé par rapport à d'autres possibilités de placement. Les investisseurs sont prêts à accepter des taux de rendement faibles lorsqu'ils s'attendent à ce que le cours des actions augmente pendant qu'ils détiennent les actions de l'entreprise. De toute évidence, les investisseurs qui achètent les actions de Carrefour le font en prévoyant une hausse du cours de l'action, ce qui a été le cas pendant la dernière année, avec une hausse de 19,6 % du cours du titre du 31 décembre 2009 au 14 octobre 2010 (de 33,56 € à 40,13 € l'action). Le dividende courant représente sans doute un faible facteur dans leur décision. Les actions présentant un faible potentiel de croissance offrent en général des taux de rendement beaucoup plus élevés que les actions affichant des taux de croissance élevés. Elles attirent les investisseurs qui sont à la retraite et qui ont besoin d'un revenu immédiat plutôt que d'un potentiel de croissance future. Le graphique de la marge présente certains exemples des taux de rendement par action en date du 10 décembre 2010[16].

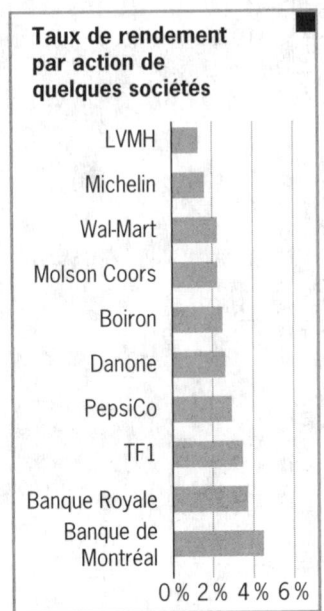

Taux de rendement par action de quelques sociétés

LVMH
Michelin
Wal-Mart
Molson Coors
Boiron
Danone
PepsiCo
TF1
Banque Royale
Banque de Montréal

0 % 2 % 4 % 6 %

TEST D'AUTOÉVALUATION
....

Donnez l'équation permettant de calculer les ratios suivants :

1. Le ratio de couverture des intérêts ;

2. Le taux de rotation des stocks ;

3. Le ratio cours-bénéfice.

Vérifiez vos réponses à l'aide des solutions présentées en bas de page*.

13.5 L'interprétation des ratios et autres considérations analytiques

À l'exception du ratio cours-bénéfice et du résultat par action, le calcul d'un ratio en particulier n'est pas normalisé au sein de la communauté financière. Ni les membres de la profession comptable, ni les analystes financiers n'ont prescrit la façon de calculer un ratio. Par conséquent, les utilisateurs des états financiers peuvent calculer divers ratios en fonction de leurs objectifs décisionnels. Avant d'interpréter les ratios publiés par certains organismes, les analystes examinent donc la formule qui a été retenue pour effectuer le calcul.

....

16 Les sites Yahoo! Finance de la France, du Canada et des États-Unis ont été consultés le 11 décembre 2010 pour obtenir ces données.

---

* **Solutions du test d'autoévaluation**
1. (Résultat net + Charges d'intérêts + Charge fiscale) ÷ Charges d'intérêts
2. Coût des ventes ÷ Stocks moyens
3. Cours de l'action ÷ Résultat par action

Comme nous l'avons vu précédemment, pour interpréter un ratio, il faut le comparer à un autre, ou à une norme qui représente une valeur optimale ou souhaitable. Certains ratios, à cause de leurs caractéristiques, sont défavorables s'ils sont trop élevés ou trop faibles. Par exemple, l'analyse peut révéler qu'un ratio du fonds de roulement très bas indique un risque d'incapacité à régler les dettes arrivant à échéance. Un ratio très élevé peut révéler que des fonds excédentaires demeurent dans la trésorerie plutôt que d'être utilisés de façon profitable. De plus, un ratio optimal pour une entreprise peut ne pas l'être pour une autre. La comparaison des ratios de plusieurs entreprises n'est appropriée que si celles-ci sont effectivement comparables. Les différences valables relativement au secteur d'activité, à la nature des activités, à la taille des entreprises et aux conventions comptables employées peuvent rendre douteuse la valeur de bon nombre de comparaisons.

La plupart des ratios sont obtenus de chiffres regroupés. Par conséquent, ils peuvent obscurcir des facteurs sous-jacents qui sont susceptibles d'intéresser les analystes. Pour illustrer ce cas, mentionnons qu'un ratio du fonds de roulement considéré comme optimal dans un secteur donné peut camoufler un problème de trésorerie à court terme. C'est le cas lorsqu'une société dispose d'une très grande quantité de stocks et d'une somme minimale de trésorerie pour régler ses dettes quand elles arrivent à échéance. Une analyse prudente peut permettre de découvrir des problèmes de trésorerie.

Dans d'autres cas, une analyse prudente ne peut parvenir à faire ressortir les problèmes camouflés. Par exemple, les états financiers consolidés incluent de l'information financière regroupée sur la société mère et ses filiales. La société mère peut avoir un ratio du fonds de roulement élevé, et une filiale, un ratio faible. Cependant, lorsque les états sont consolidés, le ratio du fonds de roulement présente une moyenne et, par conséquent, la situation peut sembler acceptable. Ainsi, le fait que la filiale soit peut-être aux prises avec de sérieux problèmes de trésorerie demeure caché.

En dépit de ces limites, l'analyse au moyen de ratios constitue un outil efficace. Les ratios financiers peuvent permettre de prédire les faillites. Le tableau 13.4 présente le ratio du fonds de roulement ainsi que le ratio des capitaux empruntés sur les capitaux propres de Braniff International (une compagnie aérienne américaine) pour chaque année avant qu'elle ne déclare faillite. Il faut noter le déclin de ces ratios d'année en année. Les analystes qui ont étudié ces ratios financiers n'ont sans doute pas été surpris par la faillite de Braniff. Après avoir vendu bon nombre de ses actifs et avoir subi une restructuration financière complète, la société a été en mesure de poursuivre des activités de vol réduites. Toutefois, elle a dû déclarer faillite une deuxième fois après avoir de nouveau éprouvé des difficultés financières.

Les états financiers représentent une source d'information pour tous les investisseurs, qu'ils soient expérimentés ou non. Cependant, les utilisateurs qui possèdent des notions de base en comptabilité peuvent analyser plus efficacement l'information contenue dans les états financiers. L'étude du présent manuel vous aura permis d'acquérir

TABLEAU 13.4 • RATIOS FINANCIERS SÉLECTIONNÉS DE BRANIFF INTERNATIONAL

coup d'oeil sur
**BRANIFF
INTERNATIONAL**

	Années avant la faillite				
	5	4	3	2	1
Fonds de roulement	1,20	0,91	0,74	0,60	0,49
Capitaux empruntés sur les capitaux propres	2,03	2,45	4,88	15,67	s.o.*

* s.o.: sans objet. Au cours de la période précédant sa faillite, Braniff a déclaré des capitaux propres négatifs par suite d'une importante perte nette qui a entraîné un solde négatif dans les résultats non distribués (un déficit). Les dettes aux créanciers excédaient le total des capitaux propres.

13

une meilleure connaissance du vocabulaire de la comptabilité. Cette connaissance est essentielle à la compréhension des états financiers.

La connaissance parfaite des concepts sous-jacents de la comptabilité est aussi primordiale pour faire une analyse appropriée des états financiers. Certains utilisateurs peu renseignés ne comprennent pas le principe de la valeur d'acquisition. Ils croient que tous les actifs à l'état de la situation financière sont comptabilisés à leur juste valeur. Nous avons mis l'accent sur les normes comptables tout au long du présent manuel parce qu'il est impossible d'interpréter les chiffres comptables sans maîtriser les concepts qui les sous-tendent.

En comparant des sociétés, vous découvrirez qu'elles adoptent rarement exactement les mêmes méthodes comptables. Pour rendre les comparaisons valables, l'analyste doit par conséquent comprendre l'incidence du choix des méthodes comptables des entreprises. Une société peut avoir recours à des méthodes prudentes, telles que l'amortissement accéléré et la méthode du coût moyen, alors qu'une autre peut préférer des méthodes lui permettant d'accroître au maximum ses résultats, telles que la méthode de l'amortissement linéaire et la méthode du premier entré, premier sorti (PEPS). Les utilisateurs qui ne saisissent pas les conséquences de l'emploi des différentes méthodes comptables sont susceptibles d'interpréter les résultats financiers de façon erronée. La tâche la plus importante au début de l'analyse des états financiers consiste sans doute à examiner les méthodes comptables adoptées par la société. Cette information est divulguée dans une note aux états financiers.

13.5.1 L'analyse d'informations complémentaires pertinentes

Les ratios abordés jusqu'à maintenant sont d'usage général. Ils ont leur utilité dans la plupart des analyses financières. Toutefois, chaque entreprise étant différente, il importe de faire preuve de jugement professionnel au moment d'une évaluation.

Pour illustrer cette situation, examinons certains facteurs particuliers qui pourraient influer sur l'analyse de Carrefour.

La croissance future

La croissance du chiffre d'affaires n'est pas toujours gage de succès. Les ventes des nouveaux établissements peuvent camoufler le fait que les magasins existants ne satisfont pas les besoins des clients et qu'on s'attend à une baisse de leurs ventes. En réalisant son plan de transformation, Carrefour ferme certaines succursales moins rentables, restructure ses magasins existants et en exploite de nouveaux dans les marchés en expansion (comme la Chine et le Brésil). Il est intéressant de constater quelques statistiques de croissance de ses magasins.

coup d'oeil sur CARREFOUR

	2009	2008	2007	2006
Chiffre d'affaires (en M€)	85 963	86 967	82 142	77 901
Nombre de magasins intégrés	8 025	8 006	7 906	7 358
Chiffre d'affaires par magasin (en M€)	10,7	10,9	10,4	10,6

Nous pouvons remarquer que, de 2006 à 2007 et de 2008 à 2009, la croissance du nombre de magasins a résulté en une diminution du chiffre d'affaires par magasin. Les analystes peuvent donc s'interroger sur la stratégie de croissance de l'entreprise.

Dans d'autres sociétés, la croissance à court et à long terme dépend de la recherche et développement. Certaines entreprises doivent maintenir leur avantage compétitif en améliorant leur produit, et en étant les premières à découvrir de nouvelles technologies qui pourraient s'avérer moins coûteuses et plus simples ou répondre à d'autres besoins. Ainsi, pour ces entreprises, le pourcentage de la recherche et développement en relation avec le chiffre d'affaires constitue un bon indicateur de santé financière. Les sociétés pharmaceutiques et les sociétés de technologie de l'information en sont de bons exemples.

Une expansion coûteuse

Certaines sociétés orientées vers la croissance ouvrent des magasins dans des endroits qui ne sont pas les meilleurs quand elles ne peuvent bien déterminer leurs marchés géographiques optimaux. Une telle décision peut causer un déclin du niveau de productivité moyenne. Une mesure de productivité employée dans l'industrie du détail est le volume des ventes par mètre carré d'espace de vente. Nous n'avons pas ces statistiques pour Carrefour, mais les voici pour Wal-Mart[17] :

Année (au 1er janvier)	Nombre de magasins	Ventes par pied carré
2010	8 416	425 $
2009	7 863	437
2008	7 239	437
2007	6 756	428
2006	6 014	417

coup d'oeil sur
CARREFOUR

Ainsi, de 2006 à 2008, l'augmentation du nombre de magasins a aussi été gage de croissance de la productivité de chacun. En 2009, malgré une hausse du nombre de magasins, la rentabilité moyenne par pied carré est restée la même, alors qu'en 2010, elle a été moins élevée. Voici un élément de la stratégie de croissance de Wal-Mart :

Les occasions de croissance continuent

« Nous sommes plus que jamais engagés à aider les clients à épargner dans chaque section du magasin afin qu'ils puissent mieux vivre. Notre stratégie dominante pour aborder le marché reste le leadership des prix. Notre programme de modernisation vise toujours l'amélioration de l'expérience d'achat du client. La croissance aux États-Unis viendra d'une plus grande pénétration des marchés urbains, de nouveaux formats ainsi que d'une intégration du marché en ligne. L'an passé, l'achalandage de Walmart.com a dépassé le milliard de visiteurs, avec une croissance de plus de 15 % par rapport à l'année précédente. »

Source : *Wal-Mart 2010 Annual Report*, p. 5, [en ligne], http://investors.walmartstores.com (page consultée le 11 décembre 2010) [Traduction libre].

dans l'actualité
WAL-MART
RAPPORT ANNUEL

Les facteurs subjectifs

Il est important de ne pas oublier que le rapport annuel omet parfois certaines données essentielles concernant une entreprise. L'un des objectifs de Carrefour consiste à « devenir le commerçant préféré ». Il est possible de vérifier cette stratégie en s'adressant à quelques-uns de ses clients. On pourrait ainsi déterminer leur niveau de satisfaction. La visite d'un magasin pourrait aussi s'avérer très informative. Au Canada, on peut très certainement faire la visite de la compétition, soit Wal-Mart, afin de vérifier sa stratégie de pénétration des marchés (leadership des prix).

Les données sur le personnel ont également avantage à être vérifiées. Dans le rapport annuel de Carrefour, on constate que le personnel augmente et qu'il détient 10 % du capital social émis par l'entreprise. On peut aussi consulter les articles de journaux qui donnent de l'information sur l'entreprise. La responsabilité sociale de celle-ci se révèle aussi un aspect important pour plusieurs consommateurs. On peut chercher cette information dans le rapport annuel de l'entreprise ou dans les journaux. L'article de presse qui suit traite du développement durable et de l'engagement de Carrefour.

Comme l'illustrent ces exemples, aucune approche unique ne peut être employée pour analyser toutes les entreprises. De plus, une analyse efficace ne peut couvrir uniquement les données contenues dans un rapport annuel.

17 Il s'agit bien sûr de ventes par pied carré et non par mètre carré dans le cas de Wal-Mart.

13

Le groupe Carrefour reçoit le Prix du Meilleur Rapport Développement Durable 2008

«Pour la 10ᵉ année consécutive, le Conseil Supérieur de l'Ordre des Experts-Comptables remettait hier après-midi son Trophée de la qualité des informations environnementales et sociales [...] destiné à récompenser les entreprises qui publient leurs enjeux, actions et performances environnementales et sociales dans un rapport spécifique ou intégré au rapport annuel, de façon pertinente, transparente et fiable.

Distingué par le Prix Spécial du Jury en 2009, le groupe Carrefour a cette année été récompensé par le Prix du Meilleur Rapport Développement Durable 2008 [...]

Le jury [...] a particulièrement apprécié la clarté, la structure et le niveau de documentation, la rigueur dans le suivi des indicateurs, la mise en évidence des dilemmes rencontrés ainsi que l'excellence dans le reporting [...]

Attentif à son évolution dans plus de 30 pays, le groupe Carrefour a très tôt pris conscience des enjeux et su intégrer le développement durable dans sa politique globale [...] La stratégie Développement Durable du groupe Carrefour est fondée sur 2 axes : l'intégration des enjeux de développement durable dans ses activités et la promotion du développement durable [par] son offre et sa communication vis-à-vis des clients.»

Source : «Le groupe Carrefour reçoit le Prix du Meilleur Rapport Développement Durable 2008», 13 février 2010, dans WINPLANET.ORG, [en ligne], www.winplanet.org/magasins/20100213,Le-groupe-Carrefour-recoit-le-Prix-du-Meilleur-Rapport-Developpement-Durable-2008.htm (page consultée le 11 décembre 2010).

13.5.2 L'information dans un marché efficient

Plusieurs recherches ont été menées sur la façon dont les marchés boursiers réagissent à l'information nouvelle. Elles ont démontré que, en grande partie, ils bougent très rapidement et d'une manière non biaisée (les marchés ne réagissent pas systématiquement de façon extrême à l'information nouvelle). Un marché qui réagit ainsi est appelé «marché efficient». Dans un tel marché, le cours d'un titre reflète de manière complète toute l'information disponible.

Marché efficient
Marché des valeurs mobilières dans lequel les prix reflètent entièrement l'information disponible.

question d'éthique

L'INFORMATION PRIVILÉGIÉE

Les états financiers constituent une importante source d'information pour les investisseurs. La déclaration d'une augmentation ou d'une diminution imprévue des résultats peut provoquer un important mouvement dans le cours de l'action d'une entreprise.

Les comptables d'une entreprise peuvent être au courant d'une information financière importante avant qu'elle ne soit communiquée au grand public. Ce genre de donnée s'appelle «information privilégiée». Il peut être tentant pour certaines personnes d'acheter ou de vendre des actions en fonction d'une information privilégiée, mais un tel geste constitue un grave délit. L'Autorité des marché financiers a intenté plusieurs poursuites contre des personnes qui effectuaient des délits d'initié, ce qui a mené à d'importantes amendes et à des peines d'emprisonnement. Le film *Wall Street*, de la Twentieth Century Fox, mettant en vedette Michael Douglas et Charlie Sheen, illustre très bien ce genre de situation.

Dans certains cas, il peut être difficile de déterminer si certaines données constituent ou non une information privilégiée. Une personne pourrait simplement entendre un commentaire émis entre deux cadres dans l'ascenseur de l'entreprise. Un courtier très respecté de Wall Street a donné un bon conseil : «Si vous n'êtes pas certain de la moralité d'un acte, appliquez le test de la une des journaux. Demandez-vous quelle serait votre réaction si votre famille et vos amis apprenaient ce que vous avez fait par les journaux.» Chose intéressante, bon nombre de personnes emprisonnées et ayant perdu beaucoup d'argent parce qu'elles ont été reconnues coupables de délits d'initié estiment que le plus difficile a été de l'annoncer à leur famille.

Pour respecter des normes d'éthique professionnelle très élevées, de nombreux cabinets d'experts-comptables imposent des règles aux membres de leur équipe professionnelle. Ces règles empêchent ceux-ci d'investir dans des entreprises auditées par ces mêmes cabinets. Elles sont conçues pour s'assurer que les auditeurs ne seront pas tentés d'effectuer des délits d'initié.

Il n'est pas surprenant que les marchés boursiers réagissent rapidement à l'information nouvelle. De nombreux investisseurs professionnels gèrent des portefeuilles d'actions évalués à des centaines de millions de dollars. Ils sont très motivés financièrement à trouver de l'information nouvelle et pertinente sur une entreprise, et à négocier rapidement les actions à partir de cette information.

Les recherches effectuées sur les marchés efficients ont des conséquences importantes sur l'analyse financière. Il n'est sans doute pas avantageux d'étudier de l'information ancienne (par exemple, un rapport annuel qui a été publié six mois plus tôt) pour déceler une sous-évaluation de l'action par le marché. Dans un marché efficient, le prix de l'action reflète toute l'information contenue dans le rapport annuel peu de temps après sa diffusion. Dans un tel marché, une entreprise ne devrait pas pouvoir manipuler le prix de ses actions en modifiant ses méthodes comptables. Le marché doit être en mesure de faire la distinction entre une entreprise dont les revenus augmentent en raison d'une productivité accrue et une entreprise dont les revenus augmentent parce qu'elle passe de méthodes comptables prudentes à des méthodes plus audacieuses. Rappelons que les changements de méthode comptable doivent être divulgués par voie de notes aux états financiers.

L'efficience des marchés boursiers repose sur la confiance des investisseurs. Lorsque cette confiance est ébranlée, comme on le constate actuellement à cause des nombreuses fraudes et des pratiques comptables douteuses de certaines entreprises, plusieurs investisseurs se retirent du marché boursier. Il en résulte des comportements irrationnels qui perturbent l'efficience des marchés.

LA COMPARAISON DES IFRS ET DES NORMES COMPTABLES POUR LES ENTREPRISES À CAPITAL FERMÉ

Tout au long du présent manuel, nous avons relevé plusieurs ressemblances et différences existant entre les normes comptables internationales (partie I du *Manuel de l'ICCA*) pour les entreprises canadiennes qui ont une obligation d'information du public et les normes comptables canadiennes pour les entreprises à capital fermé (NCECF, partie II du *Manuel de l'ICCA*).

Ces différences peuvent avoir des incidences directes sur le calcul de plusieurs ratios, car elles peuvent affecter tant le numérateur que le dénominateur des équations, parfois même les deux. Si la différence ne touche que le numérateur, il est facile d'en tenir compte dans l'analyse. Il en est ainsi, par exemple, du ratio du fonds de roulement, où l'actif courant peut différer d'un référentiel à l'autre sans que cela affecte le passif courant.

Lorsque les différences entre les deux référentiels amènent des effets contraires dans les chiffres servant au calcul des ratios, l'analyse est moins facile. Par exemple, le résultat net est utilisé dans plusieurs calculs comme numérateur, mais il varie selon que l'entreprise utilise les normes IFRS ou les NCECF. Les tests de rentabilité, entre autres, en sont affectés.

Les analystes financiers doivent aussi tenir compte de certaines différences fondamentales entre les IFRS et les NCECF :

- L'une de ces différences est la plus grande utilisation qui est faite de la juste valeur (souvent facultative) dans le cas des IFRS. L'évaluation à la juste valeur a une incidence sur les postes de l'état de la situation financière. Plusieurs ratios financiers sont touchés par la comptabilisation à la juste valeur, notamment ceux qui font appel à certains postes d'actif et de passif.
- Selon les IFRS, certains profits ou pertes non matérialisés sont comptabilisés au résultat net ; d'autres le sont selon une méthode de dépréciation ou en tant qu'autre élément du résultat global. Ces règles en matière de calcul du résultat net affectent plusieurs ratios financiers.
- Les règles en matière de consolidation des états financiers divergent quant au traitement de la participation ne donnant pas le contrôle, ce qui influe sur les ratios financiers. Par exemple, la participation sans contrôle n'est pas soustraite du résultat net selon les IFRS, alors qu'elle l'est selon les NCECF. Par conséquent, les différentes mesures du résultat net affectent le calcul de plusieurs ratios financiers.
- Bien que certaines normes soient semblables, leur application peut être différente. Il en est ainsi de l'amortissement de la prime ou de l'escompte sur les obligations, pour lequel les NCECF permettent l'utilisation de la méthode de l'amortissement linéaire. Les normes relatives aux contrats de location ne s'appliquent pas non plus de la même manière selon qu'elles sont tirées d'un référentiel ou de l'autre.

entreprises à capital fermé

8 OBJECTIF D'APPRENTISSAGE

Comparer les IFRS et les normes comptables pour les entreprises à capital fermé.

13

Dans l'ensemble, le tableau des flux de trésorerie n'est pas touché par les différences qu'il y a entre les deux référentiels comptables, car tout est ramené à une base de trésorerie. Seule sa présentation peut varier en fonction des normes suivies par l'entreprise. Bien que les notes aux états financiers soient plus étoffées selon les IFRS, permettant ainsi une meilleure analyse complémentaire aux ratios, il n'en demeure pas moins que l'exercice peut prendre plus de temps.

En conclusion, l'analyse comparative devient très difficile dans le cas de sociétés qui utilisent des référentiels comptables différents, et ce, même si elles appartiennent au même secteur d'activité.

Les ratios : une liste de termes en français et en anglais

Pour la recherche dans Internet ou en bibliothèque, les bases de données sont très souvent en anglais. Nous avons donc préparé ce tableau des termes équivalents en français et en anglais afin de faciliter vos recherches.

Annexe 13-A

Termes en français	Termes en anglais
Tests de rentabilité	*Tests of profitability*
1. Rendement des capitaux propres (RCP)	*Return on equity (ROE)*
2. Rendement de l'actif (RA)	*Return on investment (ROI)* *Return on assets (ROA)*
3. Pourcentage du levier financier	*Financial leverage percentage*
4. Résultat par action (RPA)	*Earnings per share (EPS)*
5. Qualité du résultat	*Quality of income*
6. Pourcentage de la marge nette	*Profit margin*
Pourcentage de la marge brute	*Gross profit margin*
7. Taux de rotation des actifs immobilisés	*Fixed asset turnover ratio*
Taux de rotation de l'actif total	*Total asset turnover ratio*
Tests de trésorerie	*Tests of liquidity*
8. Ratio du fonds de roulement (ou liquidité générale)	*Current ratio*
9. Liquidité relative	*Quick ratio*
10. Taux de rotation des comptes clients	*Receivable turnover ratio*
11. Taux de rotation des stocks	*Inventory turnover ratio*
Tests de solvabilité et de structure financière	*Tests of solvency and financial structure*
12. Ratio de couverture des intérêts	*Times interest earned*
13. Ratio de capitaux empruntés sur les capitaux propres	*Debt-to-equity ratio*
Tests de marché	*Market tests*
14. Ratio cours-bénéfice	*Price/earnings ratio (PER)*
15. Taux de rendement par action	*Dividend yield ratio*

13

POINTS SAILLANTS DU CHAPITRE

1. **Expliquer en quoi la stratégie d'une entreprise a une incidence sur l'analyse financière** (*voir la page 867*).

   En termes simples, l'entreprise adopte une stratégie d'affaires dans le but d'atteindre les objectifs qu'elle s'est fixée. La meilleure mesure de performance s'obtient en comparant les résultats financiers aux objectifs que l'entreprise visait au départ. Comprendre la stratégie d'une société aide à mieux cerner le contexte et permet de mener à bien l'analyse des états financiers.

2. **Expliquer la façon dont les analystes financiers utilisent les états financiers** (*voir la page 869*).

   Les analystes utilisent les états financiers pour comprendre les conditions actuelles et le rendement passé de l'entreprise, et pour prédire son rendement futur. Les états financiers procurent de l'information importante qui aide les utilisateurs à saisir et à évaluer la stratégie d'une entreprise. On peut utiliser les données publiées dans les états financiers pour effectuer des analyses chronologiques (évaluation d'une entreprise au fil du temps) ou pour faire des comparaisons avec des entreprises similaires à un moment précis (analyse des compétiteurs). La plupart des analystes calculent des pourcentages et des ratios lorsqu'ils interprètent des états financiers.

3. **Présenter et interpréter les états financiers dressés en pourcentages** (*voir la page 871*).

   Pour calculer le pourcentage des composantes de l'état du résultat global, le chiffre d'affaires net est le montant de référence. Chacune des charges est exprimée sous forme de pourcentage du chiffre d'affaires net. L'actif total est le montant de référence de l'état de la situation financière ; chaque élément de celui-ci est divisé par l'actif total. La comparaison des états financiers dressés en pourcentages se fait au moyen de l'analyse chronologique et de l'analyse comparative.

4. **Calculer et interpréter les ratios de rentabilité** (*voir la page 874*).

   Plusieurs tests de rendement permettent de savoir si le résultat net est suffisant en le comparant à d'autres éléments des états financiers. Le tableau 13.3 (*voir la page 875*) présente ces ratios et montre la façon de les calculer. Les ratios de rentabilité sont analysés de façon chronologique et comparative. Le résultat net des activités poursuivies est la meilleure mesure pour faire des prévisions.

5. **Calculer et interpréter les ratios de trésorerie** (*voir la page 882*).

   Les tests de trésorerie permettent de mesurer la capacité d'une entreprise à rembourser ses dettes à l'échéance (*voir le tableau 13.3*). Les ratios de trésorerie sont analysés de façon chronologique et comparative.

6. **Calculer et interpréter les ratios de solvabilité et de structure financière** (*voir la page 888*).

   Les ratios de solvabilité servent à mesurer la capacité d'une entreprise à satisfaire à ses obligations non courantes à l'échéance (*voir le tableau 13.3*). Les ratios de solvabilité et de structure financière sont analysés de façon chronologique et comparative.

7. Calculer et interpréter les tests de marché (*voir la page 890*).

Les tests de marché permettent d'établir un lien entre le cours d'une action et un indicateur du rendement qui pourrait revenir à l'investisseur (*voir le tableau 13.3*). Les tests de marché sont analysés de façon chronologique et comparative.

8. Comparer les IFRS et les normes comptables pour les entreprises à capital fermé (*voir la page 897*).

Les différences existant entre les IFRS et les NCECF affectent la comparaison des ratios financiers d'entreprises qui utilisent l'un ou l'autre de ces référentiels. Des différences fondamentales (utilisation de la juste valeur, règles pour déterminer le résultat net, application différente de normes semblables, traitement divergeant de la participation ne donnant pas le contrôle et présentation de l'information) peuvent affecter le numérateur, le dénominateur ou les deux parties de l'équation servant au calcul des ratios financiers. L'analyse comparative devient alors très difficile dans le cas de sociétés qui utilisent des référentiels différents, et ce, même si elles appartiennent au même secteur d'activité.

Pour trouver l'information financière

ÉTAT DE LA SITUATION FINANCIÈRE

Les ratios ne sont pas présentés à l'état de la situation financière, mais les analystes utilisent l'information de cet état financier pour calculer de nombreux ratios. La plupart d'entre eux font une moyenne des montants à l'ouverture et à la clôture de la période des comptes de l'état de la situation financière quand le ratio demande une comparaison avec des comptes de l'état du résultat global.

ÉTAT DU RÉSULTAT GLOBAL

Le résultat par action est le seul ratio qui doit être présenté aux états financiers. On le trouve généralement au bas de l'état du résultat global. Plusieurs montants de cet état servent à calculer d'autres ratios.

ÉTAT DES VARIATIONS DES CAPITAUX PROPRES

Les ratios ne sont pas présentés dans cet état, mais il faut utiliser certains montants de celui-ci pour calculer les ratios.

TABLEAU DES FLUX DE TRÉSORERIE

Les ratios ne sont pas présentés dans cet état, mais il faut utiliser certains montants de celui-ci pour calculer les ratios.

NOTES

Principales méthodes comptables

Cette note ne contient pas d'information portant directement sur les ratios, mais il est important de comprendre les différences comptables au moment de comparer deux entreprises.

Changements de méthodes comptables

L'information contenue dans cette note permet de déterminer les incidences des changements de méthodes comptables sur les chiffres présentés dans les états financiers.

Dans une note distincte

Plusieurs entreprises présentent un résumé financier sur 10 ans dans une note distincte. Ce résumé englobe des données sur les principaux comptes, quelques ratios financiers et des données non comptables. Certains montants inscrits dans les notes complémentaires sont utilisés pour calculer des ratios.

13

Mots clés

ACTIVITÉS D'APPRENTISSAGE

QUESTIONS

1. Quels principaux éléments des états financiers intéressent particulièrement les créanciers?

2. Expliquez la raison pour laquelle les notes aux états financiers sont importantes pour les preneurs de décisions.

3. Quel est le but premier des états financiers comparatifs?

4. Pourquoi les utilisateurs des états financiers s'intéressent-ils aux résumés financiers portant sur plusieurs années? Quelle est la principale limite des résumés à long terme?

5. Expliquez ce qu'est l'analyse au moyen de ratios. Pourquoi est-elle utile?

6. Expliquez ce qu'est l'analyse procentuelle. Pourquoi est-elle utile?

7. Expliquez les deux concepts faisant partie du rendement du capital investi.

8. Qu'est-ce que le pourcentage du levier financier? Comment le mesure-t-on?

9. Le pourcentage de la marge nette est-il une mesure de rentabilité utile? Expliquez votre réponse.

10. Comparez le ratio du fonds de roulement au ratio de liquidité relative.

11. Que reflète le ratio des capitaux empruntés sur les capitaux propres?

12. Expliquez ce que sont les tests de marché.

13. Nommez deux facteurs qui limitent l'efficacité de l'analyse à l'aide des ratios.

QUESTIONS À CHOIX MULTIPLES

1. Une société présente un actif total de 500 000 $ et des actifs non courants de 400 000 $. Ses dettes courantes sont de 40 000 $. Quel est son ratio du fonds de roulement?
   a) 12,5
   b) 10
   c) 2,5
   d) On ne peut le déterminer sans information supplémentaire.

2. Pour une entreprise de vente au détail détail, lequel des éléments suivants n'aurait aucune incidence sur le taux de rotation des comptes clients?
   a) L'augmentation du prix de détail des stocks
   b) Le changement dans la politique de crédit
   c) L'augmentation du coût d'acquisition des stocks
   d) Aucun des éléments énumérés ci-dessus

3. Lequel des ratios suivants est utilisé pour faire l'analyse de la trésorerie?
   a) Le résultat par action
   b) Le ratio des capitaux empruntés sur les capitaux propres
   c) Le ratio du fonds de roulement
   d) a) et c) à la fois

4. Un levier financier positif indique:
   a) un influx monétaire positif des activités de financement;
   b) un ratio des capitaux empruntés sur les capitaux propres plus élevé que 1;
   c) un rendement de l'actif qui dépasse le taux d'intérêt sur la dette;

   d) un pourcentage de la marge nette d'une période supérieur à celui de la période précédente.

5. Supposez qu'un investisseur potentiel analyse trois entreprises du même secteur, mais ne désire investir que dans l'une d'elles. Parmi les ratios suivants, lequel est le moins susceptible d'influer sur sa décision?
   a) La liquidité relative
   b) Le résultat par action
   c) Le ratio cours-bénéfice
   d) Le taux de rendement par action

6. Une société présente des actifs disponibles et réalisables de 300 000 $ et un passif courant de 150 000 $. Elle décide d'acheter 50 000 $ de stocks à crédit. Après cet achat, son ratio de liquidité relative est de:
   a) 2,0
   b) 2,3
   c) 1,5
   d) 1,75

7. Le délai moyen d'écoulement des stocks de la société Aliments naturels est de 14,6 jours. La société rapporte un coût des ventes pour la période de 1 500 000 $ et un chiffre d'affaires de 2 500 000 $. Quel est le montant moyen des stocks d'Aliments naturels?
   a) 102 740 $
   b) 171 233 $
   c) 100 000 $
   d) 60 000 $

8. Voici les ratios de quatre entreprises. À l'aide de cette information, déterminez celle qui est le moins

13

susceptible d'éprouver des difficultés à rembourser ses dettes courantes.

	Liquidité relative	Taux de rotation des comptes clients
a)	1,2	58
b)	1,2	45
c)	1,0	55
d)	0,5	60

9. Parmi les ratios suivants, lequel subirait l'influence d'une diminution des charges de vente et d'administration?

a) Le ratio du fonds de roulement

b) Le ratio de couverture des intérêts

c) Le taux de rotation des actifs immobilisés

d) Le ratio des capitaux empruntés sur les capitaux propres

10. Supposez qu'un créancier analyse une société qui a des emprunts à long terme. Parmi les ratios suivants, lequel est le moins susceptible de lui être utile?

a) La liquidité relative

b) Le ratio des capitaux empruntés sur les capitaux propres

c) Le ratio de couverture des intérêts

d) Le pourcentage de la marge nette

MINI-EXERCICES

M13-1

 3

5 minutes

La recherche d'information financière au moyen du calcul des pourcentages

Un important détaillant a déclaré un chiffre d'affaires de 1 665 000$. Le pourcentage de la marge brute de l'entreprise était de 44%. Quel montant l'entreprise a-t-elle comptabilisé au coût des ventes?

M13-2

3

5 minutes

La recherche d'information financière au moyen du calcul des pourcentages

Une entreprise de biens de consommation a déclaré une augmentation de 5,4% de son chiffre d'affaires de 2012 à 2013. Les ventes se sont élevées en 2012 à 29 600$. En 2013, l'entreprise a inscrit un coût des ventes de 9 107$. Quel était le pourcentage de la marge brute en 2013?

M13-3

4

5 minutes

Le calcul du taux de rendement des capitaux propres

À partir des données suivantes, calculez le taux de rendement des capitaux propres de 2012.

	2012	2011
Résultat net	183 000$	159 000$
Capitaux propres	1 100 000	1 250 000
Total de l'actif	2 460 000	2 630 000
Charges d'intérêts	42 000	32 000

M13-4

 4

5 minutes

La recherche d'information financière

À partir des données suivantes, calculez le pourcentage du levier financier de 2012.

	2012	2011
Rendement des capitaux propres	21%	26%
Rendement de l'actif	6	8
Pourcentage de la marge nette	12	12

M13-5

5

5 minutes

L'analyse du taux de rotation des stocks

Un fabricant avait un taux de rotation des stocks de 8,6 en 2012. En 2013, la direction a implanté un nouveau système de contrôle censé réduire le niveau moyen des stocks de 25% sans influer sur le volume des ventes. En tenant compte de ce qui précède, le taux de rotation des stocks devrait-il augmenter ou diminuer en 2013? Expliquez votre réponse.

M13-6

5

5 minutes

La recherche d'information financière au moyen d'un ratio

La société Leblanc a déclaré un actif total de 1 400 000 $ et un actif non courant total de 480 000 $. L'entreprise a aussi inscrit un ratio du fonds de roulement de 3,5. Quel montant l'entreprise a-t-elle présenté à titre de passif courant ?

M13-7

4•5

5 minutes

L'analyse des relations financières

La société Dolitos a préparé un projet de résultats financiers, que les comptables examinent actuellement. Vous avez remarqué que le pourcentage du levier financier est négatif. Vous avez également constaté que le ratio du fonds de roulement est de 2,4 et le ratio de liquidité relative, de 3,7. Or, vous savez que ce genre de rapport est inhabituel. Une erreur a-t-elle nécessairement été commise ? Expliquez votre réponse.

M13-8

7

5 minutes

La recherche d'information financière au moyen d'un ratio

En 2011, la société Drago a déclaré un résultat par action de 9,50 $, alors que son action se vendait 228 $. En 2012, son résultat net a augmenté de 13 %. Si toutes les autres relations demeurent constantes, quel est le prix de l'action en 2012 ? Expliquez votre réponse.

M13-9

7

5 minutes

La recherche d'information financière au moyen d'un ratio

Une société faisant affaire dans Internet a obtenu un résultat de 6,50 $ l'action et versé des dividendes de 3,50 $ l'action. L'entreprise a annoncé un rendement par action de 5 %. Quel était le prix de l'action ?

M13-10

3•4•5

5 minutes

L'analyse de l'incidence des méthodes comptables

La société Lexis envisage de modifier sa comptabilisation des stocks en passant de la méthode du premier entré, premier sorti (PEPS) à la méthode du coût moyen. Elle voudrait évaluer l'incidence de ce changement sur certains ratios. D'une façon générale, quelle serait l'incidence sur les éléments suivants : le pourcentage de la marge nette, le taux de rotation des actifs immobilisés, le ratio du fonds de roulement et le ratio de liquidité relative ? Posez l'hypothèse selon laquelle les prix des produits de Lexis sont toujours à la hausse.

EXERCICES

E13-1

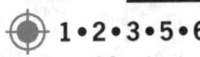

1•2•3•5•6

20 minutes

L'utilisation de l'information financière pour trouver des entreprises mystères

Les données financières suivantes concernent quatre sociétés inconnues.

	Société			
	1	2	3	4
Données de l'état de la situation financière (en pourcentages)				
Trésorerie	3,5	4,7	8,2	11,7
Clients (montant net)	16,9	28,9	16,8	51,9
Stocks	46,8	35,6	57,3	4,8
Immobilisations corporelles	18,3	21,7	7,6	18,7
Données de l'état du résultat global (en pourcentages)				
Marge brute	22,0	22,5	44,8	s.o.*
Résultat avant impôts	2,1	0,7	1,2	3,2
Ratios sélectionnés :				
Ratio du fonds de roulement	1,3	1,5	1,6	1,2
Taux de rotation des stocks	3,6	9,8	1,5	s. o.
Ratio des capitaux empruntés sur les capitaux propres	2,6	2,6	3,2	3,2

* s.o. : sans objet

13

Ces renseignements concernent les entreprises suivantes :

a) Un magasin de vente de fourrures au détail ;
b) Une agence de publicité ;
c) Un grossiste en confiserie ;
d) Un fabricant d'automobiles.

Travail à faire

Associez chacune de ces entreprises aux renseignements qui lui conviennent le mieux.

E13-2

1 • 2 • 3 • 5 • 6

20 minutes

L'utilisation de l'information financière pour trouver des entreprises mystères

Les données financières suivantes concernent quatre sociétés inconnues.

	Société			
	1	**2**	**3**	**4**
Données de l'état de la situation financière (en pourcentages)				
Trésorerie	7,3	21,6	6,1	11,3
Clients (montant net)	28,2	39,7	3,2	22,9
Stocks	21,6	0,6	1,8	27,5
Immobilisations corporelles	32,1	18,0	74,6	25,1
Données de l'état du résultat global (en pourcentages)				
Marge brute	15,3	s.o.*	s.o.	43,4
Résultat avant impôts	1,7	3,2	2,4	6,9
Ratios sélectionnés :				
Ratio du fonds de roulement	1,5	1,2	0,6	1,9
Taux de rotation des stocks	27,4	s.o.	s.o.	3,3
Ratio des capitaux empruntés sur les capitaux propres	1,7	2,2	5,7	1,3

* s.o. : sans objet

Ces renseignements concernent les entreprises suivantes :

a) Une agence de voyage ;
b) Un hôtel ;
c) Une société d'emballage de viande ;
d) Une société pharmaceutique.

Travail à faire

Associez chacune de ces entreprises aux renseignements qui lui conviennent le mieux.

E13-3

1 • 2 • 3 • 5 • 6

20 minutes

L'utilisation de l'information financière pour trouver des entreprises mystères

Les données financières suivantes concernent quatre sociétés inconnues.

	Société			
	1	**2**	**3**	**4**
Données de l'état de la situation financière (en pourcentages)				
Trésorerie	5,1	8,8	6,3	10,4
Clients (montant net)	13,1	41,5	13,8	4,9
Stocks	4,6	3,6	65,1	35,8
Immobilisations corporelles	53,1	23,0	8,8	35,7

13

	Société			
	1	2	3	4
Données de l'état du résultat global (en pourcentages)				
Marge brute	s.o.*	s.o.	45,2	22,5
Résultat avant impôts	0,3	16,0	3,9	1,5
Ratios sélectionnés :				
Ratio du fonds de roulement	0,7	2,2	1,9	1,4
Taux de rotation des stocks	s.o.	s.o.	1,4	15,5
Ratio des capitaux empruntés sur les capitaux propres	2,5	0,9	1,7	2,3

* s. o. : sans objet

Ces renseignements concernent les entreprises suivantes :

a) Un câblodistributeur ;

b) Une épicerie ;

c) Un cabinet d'experts-comptables ;

d) Une bijouterie (vente au détail).

Travail à faire

Associez chacune des entreprises aux renseignements qui lui conviennent le mieux.

E13-4

1•2•3•5•6
25 minutes

L'utilisation de l'information financière pour trouver des entreprises mystères

Les données financières suivantes concernent quatre sociétés inconnues.

	Société			
	1	2	3	4
Données de l'état de la situation financière (en pourcentages)				
Trésorerie	11,6	6,6	5,4	7,1
Clients (montant net)	4,6	18,9	8,8	35,6
Stocks	7,0	45,8	65,7	26,0
Immobilisations corporelles	56,0	20,3	10,1	21,9
Données de l'état du résultat global (en pourcentages)				
Marge brute	56,7	36,4	14,1	15,8
Résultat avant impôts	2,7	1,4	1,1	0,9
Ratios sélectionnés :				
Ratio du fonds de roulement	0,7	2,1	1,2	1,3
Taux de rotation des stocks	30,0	3,5	5,6	16,7
Ratio des capitaux empruntés sur les capitaux propres	3,3	1,8	3,8	3,1

Ces renseignements concernent les entreprises suivantes :

a) Un magasin à rayons ;

b) Un grossiste en poissons ;

c) Un concessionnaire d'automobiles (voitures neuves et d'occasion) ;

d) Un restaurant.

Travail à faire

Associez chacune des entreprises aux renseignements qui lui conviennent le mieux.

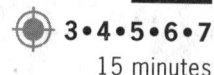

E13-5

3•4•5•6•7

15 minutes

L'association de formules aux ratios correspondants

Associez chaque formule de la colonne de droite au ratio ou au pourcentage qu'elle permet de calculer. Écrivez la bonne lettre dans l'espace réservé à cet effet.

Ratio	Formule de calcul
_____ 1. Pourcentage de la marge nette	A. Résultat net ÷ Chiffre d'affaires net
_____ 2. Taux de rotation des stocks	B. 365 ÷ Taux de rotation des comptes clients
_____ 3. Délai moyen de recouvrement des comptes clients	C. Résultat net ÷ Capitaux propres moyens
_____ 4. Rendement par action	D. Résultat net ÷ Nombre moyen pondéré d'actions ordinaires en circulation au cours de la période
_____ 5. Rendement des capitaux propres	E. Rendement des capitaux propres – Rendement de l'actif
_____ 6. Ratio du fonds de roulement	F. Actifs disponibles et réalisables ÷ Passif courant
_____ 7. Ratio des capitaux empruntés sur les capitaux propres	G. Actif courant ÷ Passif courant
_____ 8. Ratio cours-bénéfice	H. Coût des ventes ÷ Stocks moyens
_____ 9. Pourcentage du levier financier	I. Chiffre d'affaires net à crédit ÷ Comptes clients nets moyens
_____ 10. Taux de rotation des comptes clients	J. 365 ÷ Taux de rotation des stocks
_____ 11. Délai moyen d'écoulement des stocks	K. Passif total ÷ Capitaux propres
_____ 12. Résultat par action	L. Dividende par action ÷ Cours de l'action
_____ 13. Rendement de l'actif	M. Cours de l'action ÷ Résultat par action
_____ 14. Liquidité relative	N. Résultat net ÷ Actif total moyen
_____ 15. Ratio de couverture des intérêts	O. Chiffre d'affaires net ÷ Actifs immobilisés moyens
_____ 16. Taux de rotation des actifs immobilisés	P. (Résultat net + Charges d'intérêts + Charge fiscale) ÷ Charges d'intérêts

E13-6

 3

20 minutes

Le Groupe Jean Coutu (PJC)

L'utilisation des pourcentages des composantes dans l'élaboration d'un état financier

Le Groupe Jean Coutu (PJC) inc. exerce ses activités au sein de l'industrie canadienne de la pharmacie au détail, essentiellement dans l'est du Canada, par l'entremise d'établissements franchisés (370 établissements) et grâce à Pro Doc ltée, filiale située au Québec, spécialisée dans la fabrication de médicaments génériques. PJC détient également une participation importante dans Rite Aid Corporation, chaîne de pharmacies nationale aux États-Unis qui compte près de 4 800 établissements situés dans 31 États. Un extrait du rapport annuel 2010 de PJC est présenté à la page suivante.

Le Groupe Jean Coutu (PJC) inc. État du résultat global* (en millions de dollars canadiens, sauf indication contraire)			
		Période close le	
	Notes	**27 février 2010**	**28 février 2009**
Chiffre d'affaires		2 298,4	2 131,9
Autres produits**	3	244,7	237,4
		2 543,1	2 369,3
Charges opérationnelles			
Coût des ventes		2 068,9	1 940,3
Frais généraux et frais d'opération		218,1	203,6
Amortissement des immobilisations corporelles		17,6	16,1
		2 304,6	2 160,0
Résultat opérationnel		238,5	209,3
Charges (produits financiers)***	4	(4,2)	12,6
Résultat avant les éléments suivants		242,7	196,7
Quote-part de la perte dans la société satellite Rite Aid	7a	55,2	1 327,0
Impôts sur les résultats	5	74,9	61,8
Résultat net		112,6	(1 192,1)
Résultat de base et dilué par action (en dollars)	6	0,48	(4,92)
Moyenne pondérée des actions en circulation (en millions d'actions)		236,2	242,4

* Nous avons modifié la terminologie utilisée dans cet état financier pour adopter celle mise en avant par les IFRS. Cependant, les états financiers ont été préparés selon les principes comptables généralement reconnus (PCGR) canadiens en vigueur en 2010.

** Les autres produits comprennent les redevances, les loyers, la publicité et autres. Ces revenus sont récurrents.

*** La charge d'intérêts est de 2,4 millions de dollars en 2010 et 8,4 millions en 2009.

Travail à faire

Dressez l'état des résultats en pourcentages et analysez les résultats (le chiffre d'affaires est la base de référence).

E13-7 L'analyse de l'incidence d'opérations sélectionnées sur le ratio du fonds de roulement

L'actif courant de la société Blazo se chiffre à 54 000 $, et son ratio du fonds de roulement, à 1,5. Supposez que les opérations suivantes ont été effectuées :

a) Achat de 7 000 $ de marchandises à crédit courant ;

b) Achat d'un camion de livraison de 12 000 $ au moyen d'un versement de 3 000 $ au comptant et de la signature d'un billet portant intérêt sur deux ans pour le solde.

Travail à faire

Calculez le ratio du fonds de roulement cumulatif après chaque opération.

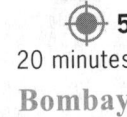

E13-8 L'analyse de l'incidence d'opérations sélectionnées sur le ratio du fonds de roulement

La société Bombay offrait une gamme de produits à travers un réseau de magasins de vente au détail aux États-Unis et au Canada. Elle vendait de gros meubles, des meubles d'occasion, des décorations murales, et des accessoires de décoration classiques et traditionnels. Elle faisait directement affaire avec le client et possédait des licences internationales. La société, qui faisait face à une compétition grandissante, a éprouvé des difficultés financières durant plusieurs années. Elle a été forcée de déclarer faillite en 2008 et a été liquidée par la suite.

Dans son dernier état financier avant la faillite, Bombay avait comptabilisé un actif courant de 161 604 000 $ et un passif courant de 113 909 000 $.

Travail à faire

Déterminez l'incidence (augmentation ou diminution) de chacune des opérations suivantes sur le ratio du fonds de roulement cumulatif de la société Bombay :

1. La vente d'actifs non courants qui représentaient une capacité excédentaire ;

2. Une indemnité de cessation d'emploi et des avantages sociaux à payer aux employés qui seront licenciés ;

3. La réduction de la valeur comptable de certains articles en stock qui ont été déclarés désuets ;

4. L'acquisition de nouveaux stocks – le fournisseur n'ayant pas voulu accorder les modalités de crédit normales, un billet portant intérêt sur 18 mois a été signé.

E13-9

20 minutes

George Weston

L'analyse de l'incidence d'opérations sélectionnées sur les comptes clients et la rotation des stocks

La société George Weston est une grande entreprise canadienne qui prépare et vend à des détaillants de nombreux produits alimentaires de consommation courante. En 2009, le chiffre d'affaires de la société s'élevait à 31 820 millions de dollars. Le rapport annuel ne dévoilant pas le montant des ventes à crédit, on suppose que 30 % des ventes étaient de ce type. Le pourcentage de la marge brute était de 24,5 %. À la fin de 2009, les soldes des comptes étaient les suivants (en millions de dollars) :

	Ouverture	Clôture
Comptes clients (montant net)	958	851
Stocks	2 307	2 210

Travail à faire

Calculez le taux rotation des comptes clients et le taux de rotation des stocks, ainsi que le délai moyen de recouvrement des comptes clients et le délai moyen d'écoulement des stocks.

E13-10

20 minutes

TELUS

Le calcul du pourcentage du levier financier

TELUS est l'une des principales entreprises de télécommunications canadiennes. Elle a un chiffre d'affaires de 9,6 milliards de dollars et 12 millions de connexions clients. Elle offre un vaste éventail de produits et de services, dont des services de données, IP, voix, divertissement et vidéo. Ses états financiers comportaient ce qui suit en fin de période (en millions de dollars) :

	2009	2008
Total de l'actif	19 219	19 021
Total du passif (moyenne d'intérêts de 7,7 %)	11 644	11 913
Total des capitaux propres	7 575	7 108
Résultat net (taux d'imposition moyen de 30,5 %)	1 002	1 131

Travail à faire

Calculez le pourcentage du levier financier. Est-il positif ou négatif ?

13

L'analyse de l'incidence d'opérations sélectionnées sur le ratio du fonds de roulement

5

20 minutes

L'actif courant de la société Valmir se chiffre à 100 000 $, et son ratio du fonds de roulement s'élève à 1,5. Supposez que les opérations suivantes ont été effectuées :

a) Paiement de 6 000 $ pour des marchandises achetées à crédit courant ;

b) Achat d'un camion de livraison pour 11 000 $ au comptant ;

c) Élimination d'un compte client irrécouvrable de 3 000 $;

d) Paiement de 28 000 $ en dividendes, précédemment déclarés.

Travail à faire

Calculez le ratio du fonds de roulement cumulatif après chaque opération.

La déduction de l'information financière

4•5

20 minutes

Danier Leather

La société Danier Leather est une entreprise canadienne qui fabrique et vend des vêtements mode en cuir et en suède. Avec ses 90 magasins, elle se dit le plus important détaillant spécialisé dans les vêtements et accessoires en cuir. En 2010, la société a présenté un stock moyen de 23 792 000 $ et un taux de rotation des stocks de 3,25. Les actifs immobilisés moyens étaient de 16 980 000 $, et le taux de rotation des actifs immobilisés s'élevait à 9,67.

Travail à faire

Déterminez la marge brute et le pourcentage de la marge brute de la société Danier Leather.

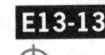

Le calcul des ratios

4•5

20 minutes

Le chiffre d'affaires net de la société Lantil pour la période s'est élevé à 1 000 000 $, dont 50 % étaient à crédit. Le pourcentage de la marge brute atteignait 50 % du chiffre d'affaires net. Les soldes des comptes sont les suivants :

	Ouverture	Clôture
Clients (montant net)	45 000 $	60 000 $
Stocks	70 000	25 000

Travail à faire

Calculez le taux de rotation des comptes clients et le taux de rotation des stocks, le délai moyen de recouvrement des comptes clients ainsi que le délai moyen d'écoulement des stocks.

L'analyse de l'incidence d'opérations sélectionnées sur le ratio du fonds de roulement

5

25 minutes

L'actif courant de la société JBond se chiffre à 410 000 $, et son ratio du fonds de roulement s'élève à 2,0. De plus, la société utilise la méthode de l'inventaire périodique. Supposez que les opérations suivantes ont été effectuées :

a) Vente de 11 000 $ de marchandises à crédit courant ;

b) Déclaration de dividendes de 50 000 $, encore impayés ;

c) Paiement anticipé du loyer de 12 000 $ (Loyer payé d'avance) ;

d) Paiement des dividendes précédemment déclarés de 50 000 $;

e) Recouvrement d'un compte client de 11 000 $;

f) Reclassement de 30 000 $ de dettes non courantes à titre de passif courant.

Travail à faire

Calculez le ratio du fonds de roulement cumulatif après chaque opération.

13

Le calcul des ratios de trésorerie

Costco Wholesale Corporation (Costco) possède une chaîne de 566 entrepôts de marchandises répartis dans 40 États et à Porto Rico, dans 9 provinces canadiennes, au Royaume-Uni, en Corée, à Taïwan, au Japon, en Australie et au Mexique (coentreprises). Les actions de la société sont négociées sur le NASDAQ et ont offert aux investisseurs des rendements importants au cours des dernières années. Quelques données de l'état de la situation financière de la société sont présentées ci-dessous. En 2009, Costco a inscrit des ventes de 69 889 millions de dollars et un coût des ventes de 62 335 millions de dollars.

Costco Extrait de l'état de la situation financière (en millions de dollars états-uniens)		
	2009	**2008**
Trésorerie et équivalents de trésorerie	3 157	2 619
Titres négociables	570	656
Clients (montant net)	834	748
Stock de marchandises	5 405	5 039
Impôts différés et autres actifs courants	371	400
Emprunts courants	16	134
Fournisseurs	5 450	5 225
Rémunérations à payer	1 418	1 321
Taxes de vente à payer	302	283
Produits des cartes de membres annuelles différés	824	748
Partie courante de la dette à long terme	81	6
Autres passifs courants	1 190	1 157

Travail à faire

Pour la période 2009, calculez le ratio du fonds de roulement, le ratio de liquidité relative, le taux de rotation des stocks et le taux de rotation des comptes clients (en supposant que 12 % des ventes sont faites à crédit).

PROBLÈMES

L'analyse d'un investissement basée sur la comparaison de certains ratios

Vous avez l'occasion d'investir 10 000 $ dans l'une ou l'autre de deux sociétés du même secteur d'activité. L'information présentée ici est la seule dont vous disposez. Le terme « élevé » fait référence aux sociétés classées dans le premier tiers du secteur, le terme « moyen », à celles du deuxième tiers et le terme « bas », à celles du dernier tiers.

Ratio	Société A	Société B
Ratio du fonds de roulement	Élevé	Moyen
Liquidité relative	Bas	Moyen
Ratio des capitaux empruntés sur les capitaux propres	Élevé	Moyen
Taux de rotation des stocks	Bas	Moyen
Ratio cours-bénéfice	Bas	Moyen
Rendement par action	Élevé	Moyen

Travail à faire

Quels sont les éléments à considérer pour choisir une société. Rédigez un court texte pour expliquer vos recommandations.

P13-2

5•6•7

45 minutes
(PS13-2)

L'analyse d'un investissement basée sur la comparaison de certains ratios

Vous avez l'occasion d'investir 10 000 $ dans l'une ou l'autre de deux sociétés du même secteur d'activité. L'information présentée ici est la seule dont vous disposez. Le terme « élevé » fait référence aux sociétés classées dans le premier tiers du secteur, le terme « moyen », à celles du deuxième tiers, et le terme « bas », à celles du dernier tiers.

Ratio	Société A	Société B
Ratio du fonds de roulement	Bas	Moyen
Liquidité relative	Moyen	Moyen
Ratio des capitaux empruntés sur les capitaux propres	Bas	Moyen
Taux de rotation des stocks	Élevé	Moyen
Ratio cours-bénéfice	Élevé	Moyen
Rendement par action	Bas	Moyen

Travail à faire

Quels sont les éléments à considérer pour choisir une société. Rédigez un court texte pour expliquer vos recommandations.

P13-3

7

60 minutes

La détermination d'entreprises en fonction du ratio cours-bénéfice

Le ratio cours-bénéfice fournit de l'information importante sur l'évaluation du marché boursier pour ce qui est du potentiel de croissance d'une entreprise. Voici les ratios cours-bénéfice de certaines entreprises au 16 décembre 2010, tels qu'ils sont présentés sur le site Yahoo! Finance.

Entreprise		Ratio cours-bénéfice	
_____	1. Goodyear Tire	A.	9,45
_____	2. Quebecor	B.	19,38
_____	3. Eastman Kodak	C.	24,45
_____	4. GE (General Electric)	D.	41,19
_____	5. Dollar General	E.	18,94
_____	6. Costco	F.	142,03
_____	7. The Home Depot	G.	23,65
_____	8. General Motors (GM)	H.	12,99
_____	9. BCE (Bell Canada Entreprises)	I.	4,10
_____	10. Tim Hortons	J.	21,26

Travail à faire

Faites correspondre chaque ratio à la bonne entreprise. Si vous ne connaissez pas une entreprise, visitez son site Web.

P13-4

4•5•6•7

20 minutes
(PS13-3)

Sears Canada
RONA

L'analyse des ratios

Sears Canada et RONA sont deux géants du secteur de la vente au détail. Les deux sociétés offrent des lignes complètes de marchandise à prix modérés. Les ventes annuelles de Sears ont totalisé 5,2 milliards de dollars pour la période terminée le 30 janvier 2010. Quant à RONA, son chiffre d'affaires pour la période terminée le 31 décembre 2009 est d'un peu moins de 4,7 milliards de dollars.

13

	Sears (30 janvier 2010)	Rona (31 décembre 2009)
Ratio cours-bénéfice	10,8*	12,4*
Pourcentage de la marge nette	4,5 %	3,0 %
Liquidité relative	1,1	1,1
Ratio du fonds de roulement	1,8	2,8
Ratio des capitaux empruntés sur les capitaux propres	1,1	0,5
Rendement des capitaux propres	15,0 %	8,5 %
Rendement de l'actif	7,1 %	5,3 %
Rendement par action	0 %	0 %

* **Source :** YAHOO ! FINANCE, [en ligne], http://qc.finance.yahoo.com (page consultée le 16 décembre 2010).

Travail à faire

En vous basant sur les ratios ci-dessus, calculés à partir des états financiers de ces périodes, comparez les deux sociétés en vue d'un investissement potentiel.

P13-5

4•5•6•7

60 minutes
(PS13-4)

La comparaison d'occasions d'investissement
Voici des données concernant les sociétés Armand et Bélanger en 2012, en dollars.

	Armand	Bélanger
Sommaire de l'état de la situation financière		
Trésorerie	41 000	21 000
Clients (montant net)	38 000	31 000
Stocks	99 000	40 000
Actifs immobilisés (montant net)	140 000	401 000
Autres actifs	84 000	305 000
Total de l'actif	402 000	798 000
Fournisseurs	99 000	49 000
Dette non courante (10 %)	65 000	60 000
Actions ordinaires (valeur nominale de 10 $)	148 000	512 000
Surplus	29 000	106 000
Résultats non distribués	61 000	71 000
Total du passif et des capitaux propres	402 000	798 000
Sommaire de l'état du résultat global		
Chiffre d'affaires net (un tiers à crédit)	447 000	802 000
Coût des ventes	(241 000)	(398 000)
Charges (y compris les intérêts et les impôts)	(161 000)	(311 000)
Résultat net	45 000	93 000
Données tirées des états de 2011		
Clients (montant net)	18 000	38 000
Stocks	94 000	44 000
Dette non courante	60 000	48 000
Autres données		
Cours de l'action à la clôture de la période (prix de l'offre)	17	15
Taux d'imposition moyen	30 %	30 %
Dividendes déclarés et payés	33 000	148 000

13

Ces sociétés évoluent dans le même secteur d'activité et sont en compétition directe dans une grande région métropolitaine. Toutes deux sont en affaires depuis environ 10 ans et ont affiché un taux de croissance régulier. La direction de chacune d'elles prône un mode de gestion différent à certains égards. La société Bélanger est beaucoup plus prudente. Comme le dit son président : « Nous évitons de prendre des risques injustifiés. » Aucune de ces deux sociétés ne fait publiquement appel à l'épargne. La société Armand procède annuellement à un audit, effectué par un comptable agréé, mais ce n'est pas le cas de la société Bélanger.

Travail à faire

1. Dressez un tableau comparatif présentant une analyse basée sur les ratios de chaque société. Calculez les ratios dont il a été question dans le tableau 13.3 (*voir la page 875*).

2. L'un de vos clients a l'occasion d'acquérir 10 % des actions de l'une ou l'autre de ces sociétés au prix par action donné dans le tableau précédent. En vous basant sur les données disponibles, rédigez une évaluation comparative de l'analyse financière que vous avez effectuée au moyen de ratios (et de toute autre information dont vous disposez). Ensuite, proposez des recommandations, avec explications à l'appui.

P13-6

3•5

30 minutes
(PS13-5)

L'analyse des états financiers comparatifs au moyen de pourcentages

Les états financiers comparatifs de la société Poisson rouge, dressés au 31 décembre 2013, présentent les données suivantes, en dollars :

	2013	2012
Sommaire de l'état du résultat global		
Chiffre d'affaires	190 000	167 000
Coût des ventes	112 000	100 000
Marge brute	78 000	67 000
Charges opérationnelles et financières	56 000	53 000
Résultats avant impôts	22 000	14 000
Impôts	8 000	4 000
Résultat net	14 000	10 000
Sommaire de l'état de la situation financière		
Trésorerie	4 000	7 000
Clients (montant net)	14 000	18 000
Stocks	40 000	34 000
Actifs immobilisés (solde net)	45 000	38 000
Total de l'actif	103 000	97 000
Fournisseurs	16 000	17 000
Passif non courant (10 % d'intérêt)	45 000	45 000
Actions ordinaires	30 000	30 000
Résultats non distribués*	12 000	5 000
Total du passif et des capitaux propres	103 000	97 000

* Au cours de 2013, un dividende en espèces totalisant 3 000 $ a été déclaré et versé ; 6 000 actions étaient en circulation. Le cours de l'action était de 28 $.

Travail à faire

1. Remplissez les colonnes suivantes pour chaque poste des états financiers comparatifs de la page précédente.

Augmentation (diminution) 2013 par rapport à 2012	
Montant	**Pourcentage**

2. Quel est le montant des encaissements tirés du chiffre d'affaires en 2013 ? Calculez le montant de la variation du fonds de roulement net de 2012 à 2013.

P13-7

3•4•5•6

60 minutes
(PS13-6)

L'utilisation de ratios et de pourcentages dans l'analyse des états financiers comparatifs

Utilisez les données du problème P13-6 concernant la société Poisson rouge.

Travail à faire

1. Présentez les chiffres de 2013 en pourcentages.
2. Répondez aux questions suivantes pour 2013.
    a) Quel est le pourcentage de la marge brute?
    b) Quel est le taux d'imposition moyen?
    c) Calculez le pourcentage de la marge nette. Constitue-t-il un bon ou un mauvais indicateur du rendement? Expliquez votre réponse.
    d) Quel pourcentage du total des ressources a été investi dans les actifs immobilisés?
    e) Calculez le ratio des capitaux empruntés sur les capitaux propres. Est-il favorable ou non? Expliquez votre réponse.
    f) Quel est le rendement des capitaux propres?
    g) Quel est le rendement de l'actif total?
    h) Calculez le pourcentage du levier financier. Est-il positif ou négatif? Expliquez votre réponse.

P13-8

4•5•6•7

30 minutes

L'analyse des états financiers au moyen de ratios

Utilisez les données du problème P13-6 concernant la société Poisson rouge. Supposez que le prix de l'action est de 28 $ et que le tiers du chiffre d'affaires concernait des ventes à crédit.

Travail à faire

Calculez les ratios appropriés en 2013 en consultant le tableau 13.3 (*voir la page 875*) et expliquez la signification de chacun. Calculez aussi le délai moyen de recouvrement des comptes clients et le délai moyen d'écoulement des stocks.

P13-9

4•5•6

20 minutes

L'analyse de l'incidence des méthodes d'évaluation des stocks sur les ratios

La société A utilise la méthode PEPS et la société B, la méthode du coût moyen pondéré (CMP). Ces deux sociétés sont semblables, sauf en ce qui a trait à leur méthode d'évaluation des stocks. Le coût des articles en stock a augmenté progressivement au cours des dernières années, et les deux sociétés ont vu leurs stocks s'accroître tous les ans. Chaque société a payé ses impôts sur le résultat pour l'année en cours (et pour toutes les années précédentes). De plus, elles utilisent les mêmes méthodes comptables pour présenter leurs rapports et leurs déclarations de revenus.

Travail à faire

Déterminez quelle société inscrira le montant le plus élevé pour chacun des ratios suivants (si cela est impossible, expliquez pourquoi):

1. La liquidité générale;
2. La liquidité relative;
3. Le ratio des capitaux empruntés sur les capitaux propres;
4. Le rendement des capitaux propres;
5. Le résultat par action;
6. La qualité du résultat.

13

L'analyse des états financiers au moyen des ratios appropriés

Hershey's est un nom familier lorsqu'il s'agit de collations. La société fabrique des produits de confiserie présentés dans des emballages différents, et leur mise en marché se fait sous plus de 50 marques.

L'information suivante a été inscrite dans un rapport annuel.

Hershey's
État du résultat global
période close le 31 décembre
(en milliers de dollars états-uniens, sauf pour les données par action)

	2006	2005	2004
Ventes nettes	4 944 230	4 819 827	4 416 389
Charges			
Coût des ventes	3 076 718	2 956 682	2 672 716
Ventes et administration	860 378	912 986	867 104
Restructuration et dévaluation des actifs, net	14 576	96 537	–
Total des coûts et des charges	3 951 672	3 966 205	3 539 820
Résultat avant intérêts et impôts	992 558	853 622	876 569
Intérêts (montant net)	116 056	87 985	66 533
Résultat avant impôts	876 502	765 637	810 036
Provision pour impôts	317 441	277 090	235 399
Résultat net	559 061	488 547	574 637
Résultat par action de base – actions ordinaires	2,44	2,05	2,31
Résultat par action de base – actions ordinaires classe B	2,19	1,85	2,11
Résultat par action – dilué	2,34	1,97	2,24
Dividende en espèces payé par action :			
Actions ordinaires	1,03	0,93	0,8350
Actions ordinaires classe B	0,925	0,84	0,7576

Hershey's
État de la situation financière
au 31 décembre
(en milliers de dollars états-uniens)

	2006	2005
Actif		
Trésorerie et équivalents de trésorerie	97 141	67 183
Clients (montant net)	522 673	507 119
Stocks	648 820	634 910
Impôts différés courants	61 360	73 203
Charges payées d'avance et autres	87 818	93 988
Total actifs courants	1 417 812	1 376 403
Immobilisations corporelles (montant net)	1 651 300	1 659 138
Goodwill	501 955	487 338
Autres actifs incorporels	140 314	142 626
Autres actifs	446 184	597 194
Total de l'actif	4 157 565	4 262 699

Passif et capitaux propres		
Fournisseurs	155 517	167 812
Charges courantes à payer	454 023	486 832
Impôts exigibles à payer	–	16 623
Emprunts courants	655 233	819 059
Portion courante de la dette à long terme	188 765	56
Total passifs courants	1 453 538	1 490 382
Dette à long terme	1 248 128	942 755
Autres passifs non courants	486 473	412 929
Impôts différés non courants	286 003	400 253
Total du passif	3 474 142	3 246 319
Engagements et éventuels	–	–
Capitaux propres		
Actions ordinaires, 299 085 666 actions émises en 2006 et 299 083 266 en 2005	299 085	299 083
Actions ordinaires de classe B, 60 816 078 actions émises en 2006 et 60 818 478 en 2005	60 816	60 818
Surplus	298 243	252 374
Rémunération reportée	–	(3 193)
Résultats non distribués	3 965 415	3 641 483
Actions propres détenues, 129 638 183 actions en 2006 et 119 377 690 actions en 2005	(3 801 947)	(3 224 863)
Résultat global accumulé	(138 189)	(9 322)
Total des capitaux propres	683 423	1 016 380
Total du passif et des capitaux propres	4 157 565	4 262 699

Travail à faire

Pour la période la plus récente, calculez les ratios présentés dans le tableau 13.3 du (*voir la page 875*), à l'exception du résultat par action. Calculez aussi le délai moyen de recouvrement des comptes clients et le délai moyen d'écoulement des stocks. Si vous croyez que l'information est insuffisante, écrivez ce qui manque et expliquez comment vous procéderiez.

PROBLÈMES SUPPLÉMENTAIRES

PS13-1

4•5•6•7

60 minutes
(P13-1)

L'analyse d'un investissement basée sur la comparaison de certains ratios

Vous avez l'occasion d'investir 10 000 $ dans l'une ou l'autre de deux sociétés du même secteur d'activité. L'information présentée ici est la seule dont vous disposez. Le terme « élevé » fait référence aux sociétés classées dans le premier tiers du secteur, le terme « moyen », à celles du deuxième tiers, et le terme « bas », à celles du dernier tiers.

Ratio	Société A	Société B
Résultat par action	Élevé	Bas
Rendement de l'actif	Bas	Élevé
Ratio des capitaux empruntés sur les capitaux propres	Élevé	Moyen
Ratio du fonds de roulement	Bas	Moyen
Ratio cours-bénéfice	Bas	Élevé
Rendement par action	Élevé	Moyen

13

Travail à faire

Quels sont les éléments à considérer pour choisir un société. Rédigez un court texte pour expliquer vos recommandations.

PS13-2

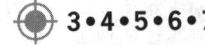

4 • 5 • 6 • 7

45 minutes
(P13-2)

L'analyse d'un investissement basée sur la comparaison de certains ratios

Vous avez l'occasion d'investir 10 000 $ dans l'une ou l'autre de deux sociétés du même secteur d'activité. L'information présentée ici est la seule dont vous disposez. Le terme « élevé » fait référence aux sociétés classées dans le premier tiers du secteur, le terme « moyen », à celles du deuxième tiers, et le terme « bas », à celles du dernier tiers.

Ratio	Société A	Société B
Rendement de l'actif	Élevé	Moyen
Pourcentage de la marge nette	Élevé	Bas
Pourcentage du levier financier	Élevé	Bas
Ratio du fonds de roulement	Bas	Élevé
Ratio cours-bénéfice	Élevé	Moyen
Ratio des capitaux empruntés sur les capitaux propres	Élevé	Bas

Travail à faire

Quels sont les éléments à considérer pour choisir un société. Rédigez un court texte pour expliquer vos recommandations.

PS13-3

3 • 4 • 5 • 6 • 7

20 minutes
(P13-4)

Coca-Cola

PepsiCo

L'analyse de ratios

Coke et Pepsi sont des marques reconnues mondialement. Coca-Cola vend pour un peu moins de 31 milliards de dollars états-uniens de boissons gazeuses et autres produits chaque année, alors que les ventes annuelles de PepsiCo dépassent les 43 milliards de dollars états-uniens.

Ratio	Coca-Cola	PepsiCo
Ratio cours-bénéfice*	20,05	16,56
Pourcentage de la marge brute	64,22 %	53,51 %
Pourcentage de la marge nette	22,02 %	13,75 %
Liquidité relative	0,95	1,00
Ratio du fonds de roulement	1,28	1,44
Ratio des capitaux empruntés sur les capitaux propres	0,83	1,28
Taux de rotation des stocks	4,88	7,82
Rendement des capitaux propres	29,5 %	39,8 %
Rendement de l'actif	15,3 %	15,7 %
Rendement par action*	1,76 %	1,92 %

* **Source :** YAHOO ! FINANCE, [en ligne], http://finance.yahoo.com (page consultée le 16 décembre 2010).

Travail à faire

En vous basant sur les ratios ci-dessus, calculés à partir des états financiers de 2009, comparez les deux sociétés en vue d'un investissement potentiel.

13

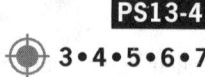
L'analyse des états financiers au moyen de ratios

La société Tremblay vient de clôturer ses états financiers comparatifs pour la période terminée le 31 décembre 2013. À cette date, certains processus analytiques et interprétatifs doivent être entrepris. Les données sommaires des états financiers sont les suivantes, en dollars :

	2013	2012
Sommaire de l'état du résultat global		
Chiffre d'affaires (dont 40 % à crédit)	453 000	447 000
Coût des ventes	250 000	241 000
Marge brute	203 000	206 000
Charges opérationnelles et charges d'intérêts sur les obligations	167 000	168 000
Résultat avant impôts	36 000	38 000
Impôts	10 800	11 400
Résultat net	25 200	26 600
Sommaire de l'état de la situation financière		
Trésorerie	6 800	3 900
Clients (montant net)	42 000	29 000
Stocks	25 000	18 000
Charges payées d'avance	200	100
Actifs immobilisés (montant net)	130 000	120 000
Total de l'actif	204 000	171 000
Fournisseurs	17 000	18 000
Impôts courants à payer	1 000	1 000
Emprunts obligataires (taux d'intérêt de 10 %)*	70 000	50 000
Actions ordinaires**	100 000	100 000
Résultats non distribués***	16 000	2 000
Total du passif et des capitaux propres	204 000	171 000

* Le 1er janvier 2013, 20 000 $ d'emprunts obligataires ont été émis.
** Le cours de l'action à la fin de la période 2013 s'élevait à 18 $, et 20 000 actions étaient en circulation.
*** Durant la période 2012, un dividende en espèces totalisant 9 000 $ a été déclaré et versé.

Travail à faire

1. Calculez les ratios décrits dans le tableau 13.3 (*voir la page 875*) pour 2013. Calculez aussi le délai moyen de recouvrement des comptes clients et le délai moyen d'écoulement des stocks. Expliquez la signification de chacun.

2. Répondez aux questions suivantes pour la période 2013 :

   a) Évaluez le pourcentage du levier financier. Expliquez sa signification en utilisant les montants calculés précédemment.

   b) Évaluez la marge nette et expliquez la façon dont un actionnaire pourrait l'utiliser.

   c) Expliquez à un actionnaire la raison pour laquelle le ratio du fonds de roulement et le ratio de liquidité relative sont différents. Observez-vous des problèmes de trésorerie ? Expliquez votre réponse.

   d) Supposez que les modalités de crédit sont de 1/10, n/30. Croyez-vous que la situation de la société est défavorable en ce qui concerne les ventes à crédit ? Expliquez votre réponse.

L'analyse des états financiers basée sur les ratios et les variations en pourcentages

La société Taber vient tout juste de dresser les états financiers annuels comparatifs qui suivent pour 2013.

Taber État du résultat global période close le 31 décembre (en dollars canadiens)		
	2013	**2012**
Chiffre d'affaires (la moitié à crédit)	110 000	99 000
Coût des ventes	(52 000)	(48 000)
Marge brute	58 000	51 000
Charges (y compris 4 000 $ d'intérêts par année)	(40 000)	(37 000)
Résultats avant impôts	18 000	14 000
Impôts sur résultat opérationnel (30 %)	(5 400)	(4 200)
Résultat des activités poursuivies	12 600	9 800
Résultat des activités abandonnées, net des impôts	(1 400)	2 100
Résultat net	11 200	11 900

Taber État de la situation financière condensé au 31 décembre (en dollars canadiens)		
	2013	**2012**
Actif		
Trésorerie	49 500	18 000
Clients (montant net, modalités 1/10, n/30)	37 000	32 000
Stocks	25 000	38 000
Actifs immobilisés (montant net)	95 000	105 000
Total de l'actif	206 500	193 000
Passif		
Fournisseurs	42 000	35 000
Impôts courants à payer	1 000	500
Effets à payer non courants	40 000	40 000
Capitaux propres		
Actions ordinaires, 9 000 actions émises et en circulation	90 000	90 000
Résultat non distribués	33 500	27 500
Total du passif et des capitaux propres	206 500	193 000

Travail à faire

Pour tous les ratios et les pourcentages, arrondissez à deux décimales près.

1. Pour 2013, calculez les ratios a) des tests de rentabilité ; b) des tests de trésorerie ; c) des tests de solvabilité et de structure financière ; d) des tests de marché (*voir le tableau 13.3 à la page 875*). Calculez aussi le délai moyen de recouvrement des comptes clients et le délai moyen d'écoulement des stocks. Supposez que la cote boursière moyenne de l'action est de 23 $ en 2013. Les dividendes déclarés et payés en 2013 sont de 6 750 $, et les flux de trésoreries générés par les opérations s'élèvent à 37 800 $.

13

2. a) Pour 2013, calculez les variations (en pourcentages) des éléments suivants : le chiffre d'affaires, le résultat des activités poursuivies, le résultat net, la trésorerie, les stocks et le passif total.

   b) Quel semble être le taux d'intérêt avant impôts sur les effets à payer ?

3. Nommez au moins deux problèmes auxquels la société doit faire face et que vous avez découverts dans vos réponses aux questions 1 et 2.

PS13-6
⊕ **3•4•5**
30 minutes
(P13-7)

L'utilisation de ratios dans l'analyse de données financières réparties sur plusieurs périodes

Supposez que l'information qui suit se trouve dans les états financiers annuels de la société Des Pins. Celle-ci a commencé ses opérations le 1er janvier 2010. Supposez aussi qu'à cette date, il n'y avait que des soldes dans les comptes Trésorerie et Actions ordinaires. Tous les montants sont présentés en milliers de dollars.

	2010	2011	2012	2013
Clients (montant net, modalités n/30)	11	12	18	24
Stock de marchandises	12	14	20	30
Chiffre d'affaires net (les trois quarts à crédit)	44	66	80	100
Coût des ventes	28	40	55	62
Résultat net	(8)	5	12	11

Travail à faire

1. Remplissez le tableau suivant :

Ratio	2010	2011	2012	2013
a) Pourcentage de la marge nette				
b) Pourcentage de la marge brute				
c) Charges (hormis le coût des ventes) sous forme de pourcentage des ventes				
d) Taux de rotation des stocks				
e) Délai moyen d'écoulement des stocks				
f) Taux de rotation des comptes clients				
g) Délai moyen de recouvrement des comptes clients				

2. Évaluez les résultats des ratios qui sont liés en a), en b) et en c), puis déterminez les facteurs qui sont favorables ou non. Faites des recommandations pour améliorer les opérations de l'entreprise.

3. Évaluez les résultats des ratios d), e), f) et g), puis déterminez les facteurs qui sont favorables ou non. Faites des recommandations pour améliorer les opérations de l'entreprise.

PS13-7
⊕ **4•5•6•7**
40 minutes
(P13-10)
Dell

L'analyse des états financiers basée sur les ratios appropriés

Dell est une société qui conçoit, développe, fabrique et vend plusieurs systèmes informatiques en plus de fournir du soutien technique. La clientèle qu'elle dessert est répandue à travers le monde. Ses produits comprennent des ordinateurs de bureau, des produits mobiles (portables et appareils MP3) et une foule d'autres produits (logiciels, périphériques, projecteurs, accessoires, produits pour réseaux et sans fil, caméras numériques, adaptateurs, numériseurs, etc.). L'information qui suit est tirée d'états financiers récents de la société.

13

Dell			
État du résultat global consolidé			
(en millions de dollars états-uniens)			
	2 février 2007	**2 février 2006**	**28 janvier 2005**
Chiffre d'affaires net	57 420	55 788	49 121
Coût des ventes	47 904	45 897	40 103
Marge brute	9 516	9 891	9 018
Charges de vente, charges d'administration et frais généraux	5 948	5 051	4 352
Recherche, développement et ingénierie	498	458	460
Total des charges opérationnelles	6 446	5 509	4 812
Résultat opérationnel	3 070	4 382	4 206
Produit (charge) d'intérêts (net)	275	226	197
Résultat avant la charge d'impôts	3 345	4 608	4 403
Charge d'impôts	762	1 006	1 385
Résultat net	2 583	3 602	3 018

Dell		
État de la situation financière consolidé		
(en millions de dollars états-uniens)		
	2 février 2007	**3 février 2006**
Actif		
Courants		
Trésorerie	9 546	7 054
Titres négociables	752	2 016
Clients (montant net)	4 622	4 082
Clients financiers	1 530	1 366
Stock	660	588
Autres actifs courants	2 829	2 688
Total de l'actif courant	19 939	17 794
Non courants		
Immobilisations corporelles, nettes	2 409	1 993
Placements	2 147	2 686
Clients financiers non courants	323	325
Autres actifs non courants	817	454
Total de l'actif	25 635	23 252
Passif		
Courants		
Prêts courants	188	65
Fournisseurs	10 430	9 868
Charges courantes à payer	7 173	6 240
Total du passif courant	17 791	16 173
Non courants		
Dette à long terme	569	625
Autres passifs non courants	2 836	2 407
Total du passif	21 196	19 205

13

Engagements et éventualités (note 9)		
Autres	111	–
Capitaux propres		
Actions ordinaires en circulation : 2 226 et 2 330 actions, respectivement	10 107	9 503
Actions propres détenues : 606 et 488 actions, respectivement	(21 033)	(18 007)
Résultats non distribués	15 282	12 699
Autres éléments du résultat global	(28)	(101)
Autres	–	(47)
Total des capitaux propres	4 328	4 047
Total du passif et des capitaux propres	25 635	23 252

Travail à faire

Calculez les ratios présentés dans le tableau 13.3 (*voir la page 875*). Calculez aussi le délai moyen de recouvrement des comptes clients et le délai moyen d'écoulement des stocks. S'il n'y a pas suffisamment d'information, décrivez ce qui manque. Commentez la rentabilité, la gestion de la liquidité, et la rotation des comptes clients et des stocks.

CAS — INFORMATION FINANCIÈRE

CP13-1

4 • 5 • 6 • 7
40 minutes
L'Oréal

L'analyse d'états financiers

Reportez-vous aux états financiers de la société L'Oréal (*voir l'annexe B à la fin de ce manuel*). Le prix de l'action* au 31 décembre 2008 et 2009 était de 62,30 € et de 79,77 €, respectivement. Le dividende par action* en 2008 et 2009 était de 1,44 € et de 1,50 €, respectivement.

* **Source :** L'ORÉAL, [en ligne], www.loreal-finance.com (page consultée le 18 décembre 2010).

Travail à faire

Pour les deux périodes financières les plus récentes, calculez les ratios suivants lorsque l'information est disponible : rendement des capitaux propres, rendement de l'actif, résultat par action, pourcentage de la marge brute et de la marge nette, ratio du fonds de roulement, taux de rotation des stocks, ratio des capitaux empruntés sur les capitaux propres, ratio cours-bénéfice et rendement par action.

CP13-2

4 • 5 • 6 • 7
40 minutes
Inter Parfums

L'analyse d'états financiers

Reportez-vous aux états financiers de la société Inter Parfums (*voir l'annexe C à la fin de ce manuel*). Le prix de l'action* au 31 décembre 2008 et 2009 était de 7,68 € et de 12,17 €, respectivement. Le dividende par action* en 2008 et 2009 était de 0,38 € et de 0,39 €, respectivement.

* **Source :** YAHOO ! FINANCE, [en ligne], http://fr.finance.yahoo.com (page consultée le 18 décembre 2010).

Travail à faire

Pour les deux périodes financières les plus récentes, calculez les ratios suivants lorsque l'information est disponible : rendement des capitaux propres, rendement de l'actif, résultat par action, pourcentage de la marge brute et de la marge nette, ratio du fonds de roulement, taux de rotation des stocks, ratio des capitaux empruntés sur les capitaux propres, ratio cours-bénéfice et rendement par action.

13

CP13-3

4•5•6•7

40 minutes

L'Oréal

Inter Parfums

La comparaison de sociétés du même secteur d'activité

Reportez-vous aux états financiers des sociétés L'Oréal et Inter Parfums ainsi qu'au rapport sur les ratios de ce secteur d'activité (*voir les annexes B, C et D à la fin de ce manuel*).

Travail à faire

Utilisez les résultats de vos calculs aux deux cas précédents (CP13-1 et CP13-2) pour l'année la plus récente. Comparez les ratios de chaque société aux ratios moyens du secteur d'activité et faites-en l'analyse.

CP13-4

1

45 minutes

La recherche d'information à partir du modèle du taux de rendement des capitaux propres

Dans le présent chapitre, nous avons abordé le modèle du rendement des capitaux propres. À l'aide de ce modèle, trouvez le montant manquant dans chacun des cas ci-dessous.

Cas 1 : Taux de rendement des capitaux propres : 10 % ; résultat net : 200 000 $; taux de rotation de l'actif : 5 ; chiffre d'affaires net : 1 000 000 $. Quels sont les capitaux propres moyens ?

Cas 2 : Résultat net : 1 500 000 $; chiffre d'affaires net : 8 000 000 $; capitaux propres moyens : 12 000 000 $; taux de rendement des capitaux propres : 22 % ; taux de rotation de l'actif : 8. Quel est l'actif total moyen ?

Cas 3 : Taux de rendement des capitaux propres : 15 % ; pourcentage de la marge nette : 10 % ; taux de rotation de l'actif : 5 ; actif total moyen : 1 000 000 $. Quels sont les capitaux propres moyens ?

Cas 4 : Résultat net : 500 000 $; rendement des capitaux propres : 15 % ; taux de rotation de l'actif total : 5 ; chiffre d'affaires net : 1 000 000 $; taux d'adéquation du capital : 2 %. Quel est l'actif total moyen ?

CP13-5

1•4•5•6•7

20 minutes

L'interprétation de résultats financiers en fonction de la stratégie d'entreprise

Dans le présent chapitre, nous avons souligné l'importance de comprendre la stratégie d'affaires d'une société afin d'analyser ses résultats financiers. En utilisant le modèle du rendement des capitaux propres, nous avons illustré la façon dont diverses stratégies peuvent produire des rendements élevés pour les investisseurs.

Supposez que deux sociétés évoluent dans le même secteur d'activité et optent pour des stratégies d'entreprise fondamentalement différentes. L'une produit des appareils électroniques de grande qualité destinés aux consommateurs. Ses produits sont fabriqués grâce à une technologie de pointe, et l'entreprise offre un service en magasin et après-vente hors pair. La seconde entreprise mise plutôt sur un produit de coût moindre mais de bonne qualité. Ses produits sont fabriqués au moyen d'une technologie éprouvée, mais ne sont jamais novateurs. Ils sont vendus dans des entrepôts à grande surface en libre-service, et les clients doivent faire eux-mêmes l'installation en se fiant aux instructions.

Travail à faire

Quels ratios, étudiés dans le présent chapitre, pourraient différer d'une entreprise à l'autre compte tenu du fait qu'elles adoptent des stratégies d'affaires différentes ?

CP13-6

1•4•5•6•7

20 minutes

Nordstrom

JCPenney

L'interprétation de résultats financiers en fonction de la stratégie d'entreprise

Dans le présent chapitre, nous avons souligné l'importance de comprendre la stratégie d'affaires d'une société afin d'analyser ses résultats financiers. En utilisant le modèle du rendement des capitaux propres, nous avons illustré la façon dont diverses stratégies peuvent produire des rendements élevés pour les investisseurs.

Les sociétés Nordstrom et JCPenney évoluent dans le secteur de la vente au détail aux États-Unis. D'un côté, Nordstrom, détaillant de vêtements spécialisés, est présent dans 28 États du pays. Ses produits annuels dépassent les 8,2 milliards de dollars. Ses magasins ont la réputation d'offrir des vêtements de grande qualité et un excellent service à la clientèle.

13

D'un autre côté, JCPenney est un détaillant de gamme étendue qui attire les consommateurs à revenu moyen. La société offre de la marchandise à prix modéré, mais son service à la clientèle n'est pas aussi avantageux. Vous trouverez ci-dessous divers ratios pour chaque entreprise.

Ratio	Société A	Société B
Pourcentage de la marge brute	34,4 %	23,1 %
Pourcentage de la marge nette	4,0 %	1,7 %
Ratio du fonds de roulement	1,8	1,6
Ratio des capitaux empruntés sur les capitaux propres	0,8	1,4
Rendement des capitaux propres	15,9 %	7,5 %
Rendement de l'actif	6,5 %	2,3 %
Ratio cours-bénéfice	15,3	9,3

Travail à faire

1. Déterminez quelle société (A ou B) est Nordstrom et quelle société est JCPenney.

2. Selon vous, sur quels ratios les différentes stratégies influeront-elles ?

CP13-7

3 • 4 • 5 • 6 • 7

40 minutes

Home Depot

L'interprétation de publications financières

Les rapports des analystes publiés par la plupart des plus importantes sociétés d'investissement constituent une source d'information précieuse pour les investisseurs. Vous pouvez consulter un rapport d'analyste professionnel (Reuters Limited) rédigé pour The Home Depot à l'adresse Internet suivante : www.reuters.com/finance/stocks/companyProfile?symbol=HD.

Travail à faire

Après avoir consulté ce document, faites un résumé de l'utilisation de l'information financière qui est présentée dans ce rapport.

CAS — ANALYSE CRITIQUE

CP13-8

5

30 minutes

L'évaluation d'un problème d'éthique

La société Quasi Faillie a sollicité un prêt assez considérable auprès de la Banque Nationale dans le but d'acquérir un vaste terrain pour une expansion future. La société a déclaré un actif courant de 1 900 000 $ (dont 430 000 $ de trésorerie) et un passif courant de 1 075 000 $. La Banque a refusé de lui accorder le prêt pour plusieurs raisons, l'une d'elles étant que le ratio du fonds de roulement de l'entreprise était inférieur à 2. Lorsque Quasi Faillie a appris que le prêt lui avait été refusé, le contrôleur de la société a immédiatement versé aux fournisseurs le montant de 420 000 $ qu'elle leur devait. Il a ensuite demandé à la Banque Nationale d'étudier la demande une seconde fois.

Travail à faire

En vous basant sur ce résumé des faits, seriez-vous d'accord pour que la Banque approuve la demande ? Expliquez votre réponse. Le contrôleur a-t-il respecté l'éthique ?

13

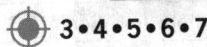

Un projet d'équipe : l'étude d'un rapport annuel

En équipe, choisissez le secteur d'activité que vous voulez analyser. Chaque membre de l'équipe doit se procurer le rapport annuel d'une société ouverte de ce secteur, chacun devant choisir une société différente (la bibliothèque, le service SEDAR [www.sedar.com] ou le site Internet de la société choisie sont de bonnes sources d'information).

Travail à faire

1. Chaque membre doit rédiger individuellement un bref rapport où il analyse la société choisie à l'aide des ratios abordés dans le présent chapitre (*voir le tableau 13.3 à la page 875*). Vous trouverez l'information pertinente dans les états financiers, les notes qui s'y rapportent, le sommaire de l'information financière (pour les cinq dernières périodes financières ou plus) et l'analyse de la direction.

2. En équipe, discutez de certains aspects communs que vous avez relevés relativement à ces sociétés.

3. Toujours en équipe, rédigez un bref énoncé comparant et différenciant les sociétés choisies.

4. Ensemble, donnez des explications des différences que vous avez observées, s'il y a lieu.

13

Annexe A – Table des valeurs actualisées et capitalisées

TABLE A.1 • VALEUR ACTUALISÉE DE 1 $

Période	2 %	3 %	3,75 %	4 %	4,25 %	5 %	6 %	7 %	8 %
1	0,9804	0,9709	0,9639	0,9615	0,9592	0,9524	0,9434	0,9346	0,9259
2	0,9612	0,9426	0,9290	0,9246	0,9201	0,9070	0,8900	0,8734	0,8573
3	0,9423	0,9151	0,8954	0,8890	0,8826	0,8638	0,8396	0,8163	0,7938
4	0,9238	0,8885	0,8631	0,8548	0,8466	0,8227	0,7921	0,7629	0,7350
5	0,9057	0,8626	0,8319	0,8219	0,8121	0,7835	0,7473	0,7130	0,6806
6	0,8880	0,8375	0,8018	0,7903	0,7790	0,7462	0,7050	0,6663	0,6302
7	0,8706	0,8131	0,7728	0,7599	0,7473	0,7107	0,6651	0,6227	0,5835
8	0,8535	0,7894	0,7449	0,7307	0,7168	0,6768	0,6274	0,5820	0,5403
9	0,8368	0,7664	0,7180	0,7026	0,6876	0,6446	0,5919	0,5439	0,5002
10	0,8203	0,7441	0,6920	0,6756	0,6595	0,6139	0,5584	0,5083	0,4632
20	0,6730	0,5537	0,4789	0,4564	0,4350	0,3769	0,3118	0,2584	0,2145

Période	9 %	10 %	11 %	12 %	13 %	14 %	15 %	20 %	25 %
1	0,9174	0,9091	0,9009	0,8929	0,8850	0,8772	0,8696	0,8333	0,8000
2	0,8417	0,8264	0,8116	0,7972	0,7831	0,7695	0,7561	0,6944	0,6400
3	0,7722	0,7513	0,7312	0,7118	0,6931	0,6750	0,6575	0,5787	0,5120
4	0,7084	0,6830	0,6587	0,6355	0,6133	0,5921	0,5718	0,4823	0,4096
5	0,6499	0,6209	0,5935	0,5674	0,5428	0,5194	0,4972	0,4019	0,3277
6	0,5963	0,5645	0,5346	0,5066	0,4803	0,4556	0,4323	0,3349	0,2621
7	0,5470	0,5132	0,4817	0,4523	0,4251	0,3996	0,3759	0,2791	0,2097
8	0,5019	0,4665	0,4339	0,4039	0,3762	0,3506	0,3269	0,2326	0,1678
9	0,4604	0,4241	0,3909	0,3606	0,3329	0,3075	0,2843	0,1938	0,1342
10	0,4224	0,3855	0,3522	0,3220	0,2946	0,2697	0,2472	0,1615	0,1074
20	0,1784	0,1486	0,1240	0,1037	0,0868	0,0728	0,0611	0,0261	0,0115

TABLE A.2 • VALEUR ACTUALISÉE DE VERSEMENTS PÉRIODIQUES ÉGAUX DE 1 $

Période*	2 %	3 %	3,75 %	4 %	4,25 %	5 %	6 %	7 %	8 %
1	0,9804	0,9709	0,9639	0,9615	0,9592	0,9524	0,9434	0,9346	0,9259
2	1,9416	1,9135	1,8929	1,8861	1,8794	1,8594	1,8334	1,8080	1,7833
3	2,8839	2,8286	2,7883	2,7751	2,7620	2,7232	2,6730	2,6243	2,5771
4	3,8077	3,7171	3,6514	3,6299	3,6086	3,5460	3,4651	3,3872	3,3121
5	4,7135	4,5797	4,4833	4,4518	4,4207	4,3295	4,2124	4,1002	3,9927
6	5,6014	5,4172	5,2851	5,2421	5,1997	5,0757	4,9173	4,7665	4,6229
7	6,4720	6,2303	6,0579	6,0021	5,9470	5,7864	5,5824	5,3893	5,2064
8	7,3255	7,0197	6,8028	6,7327	6,6638	6,4632	6,2098	5,9713	5,7466
9	8,1622	7,7861	7,5208	7,4353	7,3513	7,1078	6,8017	6,5152	6,2469
10	8,9826	8,5302	8,2128	8,1109	8,0109	7,7217	7,3601	7,0236	6,7101
20	16,3514	14,8775	13,8962	13,5903	13,2944	12,4622	11,4699	10,5940	9,8181

Période*	9 %	10 %	11 %	12 %	13 %	14 %	15 %	20 %	25 %
1	0,9174	0,9091	0,9009	0,8929	0,8550	0,8772	0,8696	0,8333	0,8000
2	1,7591	1,7355	1,7125	1,6901	1,6681	1,6467	1,6257	1,5278	1,4400
3	2,5313	2,4869	2,4437	2,4018	2,3612	2,3216	2,2832	2,1065	1,9520
4	3,2397	3,1699	3,1024	3,0373	2,9745	2,9137	2,8550	2,5887	2,3616
5	3,8897	3,7908	3,6959	3,6048	3,5172	3,4331	3,3522	2,9906	2,6893
6	4,4859	4,3553	4,2305	4,1114	3,9975	3,8887	3,7845	3,3255	2,9514
7	5,0330	4,8684	4,7122	4,5638	4,4226	4,2883	4,1604	3,6046	3,1611
8	5,5348	5,3349	5,1461	4,9676	4,7988	4,6389	4,4873	3,8372	3,3289
9	5,9952	5,7590	5,5370	5,3282	4,1317	4,9464	4,7716	4,0310	3,4631
10	6,4177	6,1446	5,8892	5,6502	5,4262	5,2161	5,0188	4,1925	3,5705
20	9,1285	8,5136	7,9633	7,4694	7,0248	6,6231	6,2593	4,8696	3,9539

* Il n'y a qu'un seul paiement par période.

TABLE A.3 • VALEUR CAPITALISÉE DE 1 $

Période	2 %	3 %	3,75 %	4 %	4,25 %	5 %	6 %	7 %	8 %
0	1	1	1	1	1	1	1	1	1
1	1,02	1,03	1,0375	1,04	1,0425	1,05	1,06	1,07	1,08
2	1,0404	1,0609	1,0764	1,0816	1,0868	1,1025	1,1236	1,1449	1,1664
3	1,0612	1,0927	1,1168	1,1249	1,1330	1,1576	1,1910	1,2250	1,2597
4	1,0824	1,1255	1,1587	1,1699	1,1811	1,2155	1,2625	1,3108	1,3605
5	1,1041	1,1593	1,2021	1,2167	1,2313	1,2763	1,3382	1,4026	1,4693
6	1,1262	1,1941	1,2472	1,2653	1,2837	1,3401	1,4185	1,5007	1,5869
7	1,1487	1,2299	1,2939	1,3159	1,3382	1,4071	1,5036	1,6058	1,7138
8	1,1717	1,2668	1,3425	1,3686	1,3951	1,4775	1,5938	1,7182	1,8509
9	1,1951	1,3048	1,3928	1,4233	1,4544	1,5513	1,6895	1,8385	1,9990
10	1,2190	1,3439	1,4450	1,4802	1,5162	1,6289	1,7908	1,9672	2,1589
20	1,4859	1,8061	2,0882	2,1911	2,2989	2,6533	3,2071	3,8697	4,6610

Période	9 %	10 %	11 %	12 %	13 %	14 %	15 %	20 %	25 %
0	1	1	1	1	1	1	1	1	1
1	1,09	1,10	1,11	1,12	1,13	1,14	1,15	1,20	1,25
2	1,1881	1,2100	1,2321	1,2544	1,2769	1,2996	1,3225	1,4400	1,5625
3	1,2950	1,3310	1,3676	1,4049	1,4429	1,4815	1,5209	1,7280	1,9531
4	1,4116	1,4641	1,5181	1,5735	1,6305	1,6890	1,7490	2,0736	2,4414
5	1,5386	1,6105	1,6851	1,7623	1,8424	1,9254	2,0114	2,4883	3,0518
6	1,6771	1,7716	1,8704	1,9738	2,0820	2,1950	2,3131	2,9860	3,8147
7	1,8280	1,9487	2,0762	2,2107	2,3526	2,5023	2,6600	3,5832	4,7684
8	1,9926	2,1436	2,3045	2,4760	2,6584	2,8526	3,0590	5,1598	7,4506
9	2,1719	2,3579	2,5580	2,7731	3,0040	3,2519	3,5179	5,1598	7,4506
10	2,3674	2,5937	2,8394	3,1058	3,3946	3,7072	4,0456	6,1917	9,3132
20	5,6044	6,7275	8,0623	9,6463	11,5231	13,7435	16,3665	38,3376	86,7362

TABLE A.4 • VALEUR CAPITALISÉE DE VERSEMENTS PÉRIODIQUES ÉGAUX DE 1 $

Période*	2 %	3 %	3,75 %	4 %	4,25 %	5 %	6 %	7 %	8 %
1	1	1	1	1	1	1	1	1	1
2	2,02	2,03	2,0375	2,04	2,0425	2,05	2,06	2,07	2,08
3	3,0604	3,0909	3,1139	3,1216	3,1293	3,1525	3,1836	3,2149	3,2464
4	4,1216	4,1836	4,2307	4,2465	4,2623	4,3101	4,3746	4,4399	4,5061
5	5,2040	5,3091	5,3893	5,4163	5,4434	5,5256	5,6371	5,7507	5,8666
6	6,3081	6,4684	6,5914	6,6330	6,6748	6,8019	6,9753	7,1533	7,3359
7	7,4343	7,6625	7,8386	7,8983	7,9585	8,1420	8,3938	8,6540	8,9228
8	8,5830	8,8923	9,1326	9,2142	9,2967	9,5491	9,8975	10,2598	10,6366
9	9,7546	10,1591	10,4750	10,5828	10,6918	11,0266	11,4913	11,9780	12,4876
10	10,9497	11,4639	11,8678	12,0061	12,1462	12,5779	13,1808	13,8164	14,4866
20	24,2974	26,8704	29,0174	29,7781	30,5625	33,0660	36,7856	40,9955	45,7620

Période*	9 %	10 %	11 %	12 %	13 %	14 %	15 %	20 %	25 %
1	1	1	1	1	1	1	1	1	1
2	2,09	2,10	2,11	2,12	2,13	2,14	2,15	2,20	2,25
3	3,2781	3,3100	3,3421	3,3744	3,4069	3,4396	3,4725	3,6400	3,8125
4	4,5731	4,6410	4,7097	4,7793	4,8498	4,9211	4,9934	5,3680	5,7656
5	5,9847	6,1051	6,2278	6,3528	6,4803	6,6101	6,7424	7,4416	8,2070
6	7,5233	7,7156	7,9129	8,1152	8,3227	8,5355	8,7537	9,9299	11,2588
7	9,2004	9,4872	9,7833	10,0890	10,4047	10,7305	11,0668	12,9159	15,0735
8	11,0285	11,4359	11,8594	12,2997	12,7573	13,2328	13,7268	16,4991	19,8419
9	13,0210	13,5975	14,1640	14,7757	15,4157	16,0853	16,7858	20,7989	25,8023
10	15,1929	15,9374	16,7220	17,5487	18,4197	19,3373	20,3037	25,9587	33,2529
20	51,1601	57,2750	64,2028	72,0524	80,9468	91,0249	102,4436	186,6880	342,9447

* Il n'y a qu'un seul paiement par période.

COMPTES 2009

Rapport de Gestion du Conseil d'Administration
Informations complémentaires pour le Document de Référence

L'ORÉAL

L'annexe B présente des extraits du document de référence 2009 de L'Oréal.
Le document complet est disponible au www.cheneliere.ca/libby.

1

Comptes consolidés 2009 *

* *Ces informations font partie intégrante du Rapport Financier Annuel tel que prévu par l'article L.451-1-2 du Code monétaire et financier.*

1.1.   Comptes de résultat consolidés comparés

En millions d'euros	Notes	2009	2008 [1]	2007 [1]
Chiffre d'affaires	3	**17 472,6**	17 541,8	17 062,6
Coût des ventes		- 5 161,6	- 5 187,2	- 4 923,3
Marge brute		**12 311,0**	12 354,6	12 139,3
Frais de recherche et développement		- 609,2	- 587,5	- 571,3
Frais publi-promotionnels		- 5 388,7	- 5 269,1	- 5 124,8
Frais commerciaux et administratifs		- 3 735,5	- 3 773,4	- 3 616,0
Résultat d'exploitation		**2 577,6**	2 724,6	2 827,2
Plus value de cession Sanofi-Aventis	7			642.8
Autres produits et charges	7	- 277,6	- 156,3	- 21,2
Résultat opérationnel		**2 299,9**	2 568,3	3 448,8
Coût de l'endettement financier brut		- 92,0	- 208,8	- 207,5
Produits de la trésorerie et équivalents de trésorerie		16	34.6	33
Coût de l'endettement financier net		**- 76,0**	**- 174,2**	**- 174,5**
Autres produits et charges financiers	8	- 13,0	- 7,2	- 7,6
Dividendes Sanofi-Aventis		260.1	244.7	250.3
Quote-part du résultat net des sociétés mises en équivalence		-	-	0.1
Résultat avant impôt		**2 471,0**	**2 631,6**	**3 517,2**
Impôts sur les résultats	9	- 676,1	- 680,7	-859,7
Résultat net		**1 794,9**	**1 950,9**	**2 657,5**
Dont :				
- part du groupe		1 792,2	1 948,3	2 656,0
- part des minoritaires		2.7	2.6	1.5
Résultat net par action part du groupe (euros)	10	3.07	3.31	4.42
Résultat net dilué par action part du groupe (euros)	10	3.07	3.3	4.38
Résultat net par action hors éléments non récurrents part du groupe (euros)	10	3.42	3.5	3.39
Résultat net dilué par action hors éléments non récurrents part du groupe (euros)	10	**3.42**	**3.49**	**3.36**

(1) Les pertes et gains de change ont été reclassés dans les différentes lignes composant le résultat d'exploitation. Le chiffre d'affaires et le résultat d'exploitation restent inchangés. (Voir notes 1 et 6).

1.2. Etats consolidés du résultat net et des gains et pertes comptabilisés directement en capitaux propres

En millions d'euros	2009	2008	2007
Résultat net consolidé de l'exercice	**1 794,9**	**1 950,9**	**2 657,5**
Actifs financiers disponibles à la vente	*1 142,5*	*- 2 083,9*	*- 1 716,5*
Couverture des flux de trésorerie	*- 154,3*	*88,3*	*38,7*
Gains et pertes actuariels	*- 142,9*	*- 160,4*	*165,2*
Effet d'impôts sur les éléments directement reconnus en capitaux propres [1]	*61,4*	*78,6*	*- 35,1*
Réserves de conversion	*6,5*	*- 124,5*	*- 364,6*
Variation des gains et pertes comptabilisés directement en capitaux propres	**913,2**	**- 2 201,9**	**- 1 912,3**
Total du résultat net et des gains et pertes comptabilisés directement en capitaux propres	**2 708,1**	**- 251,0**	**745,2**
Dont :			
- part du groupe	2 705,4	- 253,6	743,7
- part des minoritaires	2,7	2,6	1,5

(1) L'effet d'impôt se décline comme suit :

En millions d'euros	2009	2008	2007
Actifs financiers disponibles à la vente	- 19,8	37,7	30,6
Couverture des flux de trésorerie	39,6	- 17,4	- 10,8
Gains et pertes actuariels	41,6	58,3	- 54,9
Total	**61,4**	**78,6**	**- 35,1**

1.3. Bilans consolidés comparés

Actif

En millions d'euros	Notes	31.12.2009	31.12.2008[1]	31.12.2007[1]	01.01.2007[1]
Actifs non courants		**17 350,4**	**16 380,3**	**17 029,6**	**19 250,8**
Ecarts d'acquisition	11	5 466,0	5 532,5	4 344,4	4 053,9
Autres immobilisations incorporelles	12	2 042,4	2 038,2	1 959,2	1 792,8
Immobilisations corporelles	14	2 599,0	2 753,3	2 651,1	2 628,4
Actifs financiers non courants	15	6 672,2	5 557,4	7 608,9	10 168,5
Titres mis en équivalence					82.0
Impôts différés actifs	9	570.8	498.9	466.0	525.2
Actifs courants		**5 941,1**	**6 526,5**	**6 102,1**	**5 505,9**
Stocks	16	1 476,7	1 635,5	1 547,6	1 404,4
Créances clients	17	2 443,3	2 694,6	2 617,5	2 558,5
Autres actifs courants	18	732.8	985.8	807.9	730.1
Impôts sur les bénéfices		115.2	133.6	42.5	31.7
Trésorerie et équivalents de trésorerie	19	1 173,1	1 077,1	1 086,7	781.2
Total		**23 291,5**	**22 906,9**	**23 131,7**	**24 756,6**

(1) Les bilans au 01.01.2007, 31.12.2007 et au 31.12.2008 ont été retraités pour tenir compte des changements de méthodes comptables relatifs aux frais publi-promotionnels, aux programmers de fidélisation clients et à la reconnaissance des écarts actuariels liés aux engagements sociaux (Voir note 1.1.).

Passif

En millions d'euros	Notes	31.12.2009	31.12.2008[1]	31.12.2007[1]	01.01.2007[1]
Capitaux propres	20	**13 598,3**	**11 562,5**	**13 462,7**	**14 348,6**
Capital		119.8	120.5	123.6	127.9
Primes		996.5	965.5	963.2	958.5
Autres réserves		10 141,3	9 232,1	8 598,9	8 877,5
Eléments constatés directement en capitaux propres		2 169,92	1 263,2	3 340,7	4 888,3
Réserve de conversion		- 552,9	- 559,4	- 434,9	- 70,3
Actions auto-détenues		- 1 071,6	- 1 410,6	- 1 787,2	- 2 496,3
Résultat net part du groupe		1 792,2	1 948,3	2 656,0	2 061,0
Capitaux propres – part du groupe		**13 595,2**	**11 559,6**	**13 460,3**	**14 346,6**
Intérêts minoritaires		3.1	2.8	2.4	2.0
Passifs non courants		**4 306,6**	**3 978,0**	**4 059,7**	**3 636,4**
Provisions pour retraites et autres avantages	21	1 021,4	961.6	856.7	1 110,3
Provisions pour risques et charges	22	125.6	111.4	148.5	154.1
Impôts différés passifs	9	418.0	398.4	471.5	479.6
Emprunts et dettes financières non courants	23	2 741,6	2 506,6	2 583,0	1 892,4
Passifs courants		**5 386,5**	**7 366,4**	**5 609,3**	**6 771,6**
Dettes fournisseurs		2 603,1	2 656,6	2 528,7	2 485,0
Provisions pour risques et charges	22	510.0	431.1	285.7	272.0
Autres passifs courants	25	1 750,5	1 848,4	1 741,7	1 623,6
Impôts sur les bénéfices		133.2	159.7	176.5	173.0
Emprunts et dettes financières courants	23	389.7	2 270,6	876.8	2 218,0
Total		**23 291,5**	**22 906,9**	**23 131,7**	**24 756,6**

(1) Les bilans au 01.01.2007, 31.12.2007 et au 31.12.2008 ont été retraités pour tenir compte des changements de méthodes comptables relatifs aux frais publi-promotionnels, aux programmers de fidélisation clients et à la reconnaissance des écarts actuariels liés aux engagements sociaux (Voir note 1.1.).

1.4. Tableaux de variations des capitaux propres consolidés

En millions d'euros	Nombre d'actions en circulation	Capital	Primes	Autres réserves et résultat	Eléments comptabilisés directement en capitaux propres	Actions auto-détenues	Réserves de conversion	Capitaux propres part du groupe	Intérêts minori-taires	Capitaux propres
Situation au 31.12.2006	605 722 110	**127.9**	**958.5**	**11 035,4**	**5 066,9**	**- 2 496,3**	**- 70,3**	**14 622,1**	**2.1**	**14 624,2**
Changements de méthodes comptables au 01.01.2007				- 96,9	- 178,6			- 275,5	- 0,1	- 275,6
Situation au 01.01.2007 [(1)]	605 722 110	**127.9**	**958.5**	**10 938,5**	**4 888,3**	**- 2 496,3**	**- 70,3**	**14 346,6**	**2.0**	**14 348,6**
Résultat consolidé de l'exercice				2 656,0				2 656,0	1.5	2 657,5
Actifs financiers disponibles à la vente					*- 1 685,9*			*- 1 685,9*		*- 1 685,9*
Couverture des flux de trésorerie					*27.9*			*27.9*		*27.9*
Gains et pertes actuariels					*110.3*			*110.3*		*110.3*
Réserves de conversion							*- 364,6*	*- 364,6*		*- 364,6*
Variations des gains et pertes comptabilisés directement en capitaux propres					- 1 547,7		- 364,6	- 1 912,3		- 1 912,3
Total du résultat net et des gains et pertes comptabilisés directement en capitaux propres				**2 656,0**	**- 1 547,7**		**- 364,6**	**743.7**	**1.5**	**745.2**
Augmentation de capital	75 050		4.7					4.7		4.7
Annulation d'actions auto-détenues				- 1 704,8		- 1 709,1				
Dividendes versés (hors actions propres)				- 711,6				- 711,6	- 0,9	- 712,5
Rémunérations payées en actions				69.1				69.1		69.1
Variation nette des titres L'Oréal auto-détenus	-10 486 487			- 1,6		- 1 000,0		- 1 001,6		- 1 001,6
Autres variations				9.3				9.3	- 0,1	9.2
Situation au 31.12.2007 [(1)]	595 310 673	**123.6**	**963.2**	**11 254,9**	**3 340,6**	**- 1 787,2**	**- 434,9**	**13 460,2**	**2.4**	**13 462,7**
Résultat consolidé de l'exercice				1 948,3				1 948,3	2.6	1 950,9
Actifs financiers disponibles à la vente					*- 2 046,2*			*- 2 046,2*		*- 2 046,2*
Couverture des flux de trésorerie					*70.9*			*70.9*		*70.9*
Gains et pertes actuariels					*- 102,1*			*- 102,1*		*- 102,1*
Réserves de conversion							*- 124,5*	*- 124,5*		*- 124,5*
Variations des gains et pertes comptabilisés directement en capitaux propres					- 2 077,4		- 124,5	- 2 201,9		- 2 201,9
Total du résultat net et des gains et pertes comptabilisés directement en capitaux propres				**1 948,3**	**- 2 077,4**		**- 124,5**	**- 253,6**	**2.6**	**- 251,0**
Augmentation de capital	37 600		2.3					2.3		2.3
Annulation d'actions auto-détenues		- 3,1		- 1 285,8		1 288,9				
Dividendes versés (hors actions propres)				- 817,1				- 817,1	- 1,1	- 818,2
Rémunérations payées en actions				85.9				85.9		85.9
Variation nette des titres L'Oréal auto-détenus	- 12 207 805			- 0,2		- 912,3		- 912,5		- 912,5
Autres variations				- 5,6				- 5,6	- 1,1	- 6,7
Situation au 31.12.2008 [(1)]	583 140 468	**120.5**	**965.5**	**11 180,4**	**1 263,2**	**- 1 410,6**	**- 559,4**	**11 559,6**	**2.8**	**11 562,5**
Résultat consolidé de l'exercice				1 792,2				1 792,2	2.7	1 794,9
Actifs financiers disponibles à la vente					*1 122,7*			*1 122,7*		*1 122,7*
Couverture des flux de trésorerie					*- 114,7*			*- 114,7*		*- 114,7*
Gains et pertes actuariels					*- 101,3*			*- 101,3*		*- 101,3*
Réserves de conversion							*6.5*	*6.5*		*6.5*
Variations des gains et pertes comptabilisés directement en capitaux propres					906.7		6.5	913.2		913.2
Total du résultat net et des gains et pertes comptabilisés directement en capitaux propres				**1 792,2**	**906.7**		**6.5**	**2 705,4**	**2.7**	**2 708,1**
Augmentation de capital	527 200	0.1	31.0					31.1		31.1
Annulation d'actions auto-détenues		- 0,8		-271,5		272.3		-		
Dividendes versés (hors actions propres)				- 839,7				- 839,7	- 2,4	- 842,1
Rémunérations payées en actions				76.7				76.7		76.7
Variation nette des titres L'Oréal auto-détenus	1 067 992			- 1,7		66.7		65.0		65.0
Autres variations				- 2,9				- 2,9		- 2,9
Situation au 31.12.2009	584 735 660	**119.8**	**996.5**	**11 933,5**	**2 169,9**	**- 1071,6**	**- 552,9**	**13 595,4**	**3.1**	**13 598,3**

(1) Aprés prise en complte des changements de methodes comptable (voir note 1.1.).

1.5   Tableaux des flux de trésorerie consolidés comparés

En millions d'euros	Notes	2009	2008	2007
Flux de trésorerie liés à l'activité				
Résultat net part du groupe		1 792,2	1 948,3	2 656,0
Intérêts minoritaiesr		2.7	2.6	1.5
Elimination des charges et des produits sans incidence sur la trésorerie ou non liés a l' activité :				
• amortissements et provisions		834.0	706.1	598.5
• variation des impôts différés		51.7	6.6	38.3
• charge de rémunération des plans de stock-options	20.3	76.7	85.9	69.1
• plus ou moins values de cessions d'actifs	10	0.9	- 3,6	- 11,7
• plus-value de cession Sanofi-Aventis nette d'impôt		-	-	- 631,9
• quote-part de résultat des sociétés mises en équivalence nette des dividendes reçus		-	-	0.5
Marge brute d'autofinancement		**2 758,2**	**2 745,9**	**2 720,4**
Variation du besoin en fonds de roulement lié à l'activité	27	466.3	- 148,8	- 76,3
Flux de trésorerie généré par l'activité (A)		**3 224,5**	**2 597,1**	**2 644,0**
Flux de trésorerie liés aux opérations d'investissement				
Acquisitions d'immobilisations corporelles et incorporelles		- 628,0	- 745,9	- 776,0
Cessions d'immobilisations corporelles et incorporelles		27.5	9.2	30.1
Cession Sanofi-Aventis nette d'impôt		-	-	1 465,3
Variation des autres actifs financiers (y compris les titres non consolidés)		36.7	- 9,4	- 10,2
Incidence des variations de périmètre	28	- 160,2	- 1 299,1	- 604,4
Flux net de trésorerie lié aux opérations d'investissement (B)		**- 723,9**	**- 2 045,2**	**104,8**
Flux de trésorerie liés aux opérations de financement				
Dividendes versés		- 851,5	- 849,5	- 725,7
Augmentation de capital de la société mère		31.1	2.3	4.7
Valeur de cession/(acquisition) des actions propres		65.0	- 912,6	- 1 001,6
Emission (remboursement) d'emprunts à court terme		- 1 886,0	1 262,5	- 1 439,1
Emission d'emprunts long terme		350.3	1.1	753.2
Remboursement d'emprunts long terme		- 98,4	- 62,8	- 10,1
Flux net de trésorerie lié aux opérations de financement (C)		**- 2 389,4**	**- 558,7**	**- 2 418,7**
Incidence des variations de cours des devises et de juste valeur (D)		- 15,3	- 2,8	- 24,6
Variation de trésorerie (A+B+C+D)		**96.0**	**- 9.6**	**305.5**
Trésorerie d'ouverture (E)		**1 077,1**	**1 086,7**	**781.2**
Trésorerie de clôture (A+B+C+D+E)	19	**1 173,1**	**1 077,1**	**1 086,7**

Les impôts payés s' élèvent à 613,9 millions d' euros, 823,6 millions d' euros et 820,9 millions d' euros respectivement pour les exercices 2009, 2008 et 2007

Les intérêts payés s' élevent à 105,0 millions d' euros, 209,4 millions d' euros et 201,1 millions d' euros respectivement pour les exercices 2009, 2008 et 2007

Les dividendes reçus s' élèvent à 260,1 millions d' euros, 244,7 millions d' euros et 250,3 millions d' euros respectivement pour les exercices 2009, 2008 et 2007. Ceux-ci font partie de la marge brute d'autofinancement.

1.6. Notes annexes

NOTE 1 Principes comptables

Les comptes consolidés de L'Oréal et de ses filiales (« le Groupe ») qui sont publiés au titre de l'exercice 2009, sont établis conformément au référentiel IFRS, *International Financial Reporting Standards*, tel qu'adopté dans l'Union européenne au 31 décembre 2009.

Le Conseil d'Administration a arrêté les états financiers consolidés au 31 décembre 2009, le 15 février 2010. Les comptes ne seront définitifs qu'après leur approbation par l'Assemblée Générale des actionnaires qui se tiendra le 27 avril 2010.

Le Groupe n'a pas anticipé de normes et interprétations dont l'application n'est pas obligatoire en 2009.

La norme IFRS 8 « Segments Opérationnels » applicable au 1er janvier 2009 n'a pas eu d'effet sur la structure des segments opérationnels présentés dans l'information sectorielle.

La norme IAS 23 révisée requiert la comptabilisation des coûts d'emprunts encourus pendant la phase de construction ou de développement des actifs dits « éligibles ». Dans la pratique pour le Groupe, il s'agit essentiellement d'actifs immobiliers ou de projets informatiques dont la période de développement est longue (plus de 12 mois) démarrés après le 1er janvier 2009. En l'absence de projet éligible, aucun coût d'emprunt n'a été capitalisé à ce titre en 2009.

Les autres normes, amendements ou interprétations de normes publiées et applicables au 1er janvier 2009 en dehors des changements de méthode comptable ou de présentation décrits dans la note 1.1 ne concernent pas le Groupe.

Par ailleurs, le Groupe est concerné par les révisions d'IFRS 3 et d'IAS 27, applicables pour les regroupements d'entreprises intervenant à une date postérieure à la première période annuelle ouverte à compter du 1er juillet 2009. Ces révisions de normes adoptées par l'Union européenne en juin 2009, n'ont pas été anticipées au 31 décembre 2009.

Le Groupe pourrait également être concerné par la norme IFRS 9 « Instruments financiers » phase 1 « classement et valorisation », applicable à compter du 1er janvier 2013. Cette nouvelle norme n'a pas encore été adoptée par l'Union européenne.

1.1. Changements de méthodes comptables appliqués à compter du 1er janvier 2009

1.1.1. Frais publi-promotionnels

Le texte « Améliorations des IFRS » a clarifié la disposition de la norme IAS 38 concernant les dépenses de publicité. Les échantillons, PLV et catalogues de vente par correspondance, précédemment constatés en charges lors de la diffusion aux clients finaux, sont désormais constatés en charges dès qu'ils sont mis à la disposition du Groupe.

Les impacts de ce changement de méthode sur les bilans au 31 décembre 2008, 31 décembre 2007 et 1er janvier 2007 sont les suivants :

En millions d'euros	31.12.2008	31.12.2007	01.01.2007
Autres actifs courants (publicité sur le lieu de vente, échantillons)	- 121,7	- 118,5	- 121,7
Impôts différés actifs	26,4	25,6	25,9
Impôts différés passifs	- 6,0	- 5,4	- 6,0
Capitaux propres	**- 89,3**	**- 87,5**	**- 89,8**

L'adoption de cette nouvelle méthode comptable n'a pas d'impact significatif sur les résultats des périodes présentées en raison de la stabilité des charges constatées d'avance. En conséquence, les comptes de résultat des exercices 2007 et 2008 n'ont pas été retraités.

1.1.2. Reconnaissance immédiate en capitaux propres des écarts actuariels liés aux engagements sociaux

Le Groupe a choisi d'adopter, à compter du 1er janvier 2009, l'option d'IAS 19 qui permet une comptabilisation immédiate en capitaux propres des pertes et gains actuariels, en lieu et place de la méthode du corridor.

Les impacts de ce changement de méthode sur les bilans au 31 décembre 2008, 31 décembre 2007 et 1er janvier 2007 sont les suivants :

En millions d'euros	31.12.2008	31.12.2007	01.01.2007
Provision pour retraite	267,2	101,4	272,4
Impôts différés actifs	43,8	22,4	67,4
Impôts différés passifs	- 54,0	- 14,4	- 26,4
Capitaux propres	**- 169,4**	**- 64,6**	**- 178,6**

L'impact de cette nouvelle méthode comptable sur les résultats des périodes présentées n'a pas été jugé significatif. En conséquence, ceux-ci n'ont pas été retraités.

1.1.3. Programmes de fidélisation clients

La comptabilisation des programmes de fidélisation a fait l'objet d'une clarification de l'IASB sous la forme d'une interprétation IFRIC 13 applicable au 1er janvier 2009.

Les opérations concernées sont pour l'essentiel les programmes de fidélité organisés par une marque en faveur du consommateur dans lesquels l'entité commerciale fournit directement au consommateur un produit gratuit ou un cadeau. Cela concerne essentiellement les boutiques en propre et tout spécifiquement la marque The Body Shop.

Cette interprétation induit un décalage dans la constatation du chiffre d'affaires et de la marge lorsque le programme offre un produit gratuit.

Les impacts de ce changement de méthode sur les bilans au 31 décembre 2008, 31 décembre 2007 et 1er janvier 2007 sont les suivants :

En millions d'euros	31.12.2008	31.12.2007	01.01.2007
Autres dettes courantes	10,0	9,2	9,7
Impôts différés actifs	1,6	2,0	2,1
Impôts différés passifs	- 1,0	- 0,3	- 0,4
Capitaux propres	**- 7,4**	**- 6,9**	**- 7,2**

Compte tenu de la croissance raisonnable des programmes concernés, les comptes de résultat des périodes présentées sont faiblement impactés et en conséquence, n'ont pas été retraités.

1.2. Présentation des états financiers

1.2.1. Etat consolidé du résultat net et des gains et pertes comptabilisés directement en capitaux propres

La norme IAS 1 a été révisée avec effet au 1er janvier 2009.

Le principal changement concerne la présentation d'un état de synthèse consolidé supplémentaire intitulé « Etat consolidé du résultat net et des gains et pertes comptabilisés directement en capitaux propres ». Cet état reprend le résultat de la période et détaille ensuite les éléments de produits et charges constatés directement en capitaux propres.

1.2.2. Reclassement des pertes et gains de change au compte de résultat

Afin de donner une meilleure lecture de la performance, les pertes et gains de change, précédemment présentés sur une ligne distincte avant le résultat d'exploitation, sont désormais affectés aux différentes lignes du compte de résultat auxquelles ils se rapportent. Les comptes de résultat des exercices 2008 et 2007 ont été retraités en conséquence. Ce reclassement est sans effet sur les lignes *chiffres d'affaires et résultat d'exploitation* (note 6).

1.3. Utilisation d'estimations

L'établissement des états financiers consolidés conformément aux normes comptables internationales, nécessite que le Groupe procède à des estimations et utilise certaines hypothèses susceptibles d'impacter la valeur des actifs, passifs, capitaux propres et résultat du Groupe.

Ces estimations et hypothèses portent essentiellement sur les évaluations des écarts d'acquisition et des autres actifs incorporels, les provisions, les engagements de retraite, les impôts différés et la valorisation des paiements en actions. Les estimations utilisées par le Groupe sur ces différents thèmes sont élaborées sur la base des informations disponibles à la date d'établissement des comptes et détaillées dans les notes spécifiques se rapportant à chaque problématique.

1.4. Périmètre et méthodes de consolidation

Toutes les sociétés comprises dans le périmètre clôturent leur exercice ou procèdent à un arrêté au 31 décembre.

Les sociétés du Groupe dans lesquelles la société mère L'Oréal exerce directement ou indirectement un contrôle exclusif sont consolidées par intégration globale.

Les sociétés du Groupe contrôlées conjointement, avec un nombre limité d'autres actionnaires en vertu d'un accord contractuel, sont consolidées par intégration proportionnelle.

Les sociétés sur lesquelles le Groupe exerce une influence notable sont consolidées par mise en équivalence.

1.5. Méthode de conversion

1.5.1. Comptabilisation des opérations en devises dans les comptes des sociétés consolidées

Les transactions libellées en devises sont converties au taux de change en vigueur au moment de la transaction.

Les créances et les dettes libellées en devises sont converties au taux de change en vigueur à la clôture. Les écarts de conversion en résultant sont inscrits en résultat.

En matière de change, des contrats à terme et des options sont négociés afin de couvrir les transactions commerciales comptabilisées au bilan comme couvertures de juste valeur et les flux de trésorerie sur opérations commerciales futures comptabilisés comme couvertures de flux futurs dont la réalisation est jugée hautement probable.

Tous les instruments dérivés de couverture de change sont comptabilisés au bilan à leur valeur de marché, même ceux couvrant les achats et ventes de la période suivante. Si la relation de couverture de flux futurs est dûment documentée et l'efficacité démontrée, la variation de juste valeur de ces instruments de couverture est comptabilisée de la façon suivante :

- la variation de la valeur de marché liée aux variations de la valeur temps (points de terme pour les changes à terme et valeur temps des options) est comptabilisée en résultat ;

- la variation de la valeur de marché liée aux variations du cours comptant entre la date de mise en place de la couverture et la date de clôture est comptabilisée en capitaux propres et le montant accumulé en capitaux propres impacte le résultat à la date de réalisation des transactions couvertes. Toute inefficacité résiduelle est reconnue directement en résultat.

En application de la comptabilité de couverture, l'écart de change relatif aux stocks non encore vendus est différé au bilan dans les stocks. De même, lorsque les immobilisations achetées en devise font l'objet d'une couverture de change, elles sont valorisées au bilan sur la base du cours de couverture.

Le Groupe peut être amené à couvrir certains investissements dans des entreprises étrangères. Les pertes ou gains de change relatifs à ces couvertures affectent directement les capitaux propres consolidés, dans le poste *Réserves de conversion*.

1.5.2. Conversion des états financiers des filiales étrangères

Les actifs et passifs des filiales étrangères sont convertis sur la base des cours de change constatés à la clôture. Les éléments de leur compte de résultat sont convertis au cours moyen de la période.

La différence de conversion qui en résulte est portée directement en capitaux propres au poste *Réserves de conversion*, pour la part revenant au Groupe et au poste *Intérêts minoritaires*, pour la part revenant aux tiers. Cette différence n'impacte le résultat qu'au moment de la cession de la Société.

1.5.3. Evaluation des écarts d'acquisition en devise

Les écarts d'acquisition dégagés sur des sociétés étrangères sont considérés comme des actifs et passifs de la société étrangère et sont donc exprimés dans la monnaie de fonctionnement de l'entité et convertis au cours de clôture. Les écarts d'acquisition constatés antérieurement au 1er janvier 2004 ont été conservés en euros.

1.6. Chiffre d'affaires

Le chiffre d'affaires est reconnu dès lors que les risques et avantages inhérents à la propriété des biens ont été transférés au client.

Les remises, ristournes et retours de produits sont comptabilisés en déduction du chiffre d'affaires, tout comme les avantages accordés aux distributeurs ou consommateurs, résultant en une sortie de trésorerie tels que la coopération commerciale, les coupons, les escomptes et les programmes de fidélisation.

Les remises, ristournes, provisions pour retours et avantages accordés aux clients sont comptabilisés simultanément à la reconnaissance des ventes, lorsqu'ils peuvent être estimés de façon raisonnablement fiable, en se basant sur les données statistiques issues de l'expérience passée et sur les conditions contractuelles.

1.7. Coût des ventes

Le coût de revient des ventes comprend principalement le coût de revient industriel des produits vendus, les coûts de distribution des produits aux clients y compris les frais de transports et de livraison des marchandises vers les clients, soit directement soit indirectement par l'intermédiaire de dépôts, ainsi que les coûts de dépréciation des stocks et les redevances versées à des tiers.

1.8. Frais de recherche et de développement

Les dépenses engagées pendant la phase de recherche sont comptabilisées en charges de la période au cours de laquelle elles sont encourues.

Les dépenses engagées pendant la phase de développement sont activées en *Immobilisations incorporelles* uniquement si elles satisfont l'ensemble des critères suivants conformément à la norme IAS 38 :

- le projet est clairement identifié et les coûts qui s'y rapportent sont individualisés et suivis de façon fiable ;

- la faisabilité technique du projet est démontrée ;

- l'intention et la capacité de terminer le projet et d'utiliser ou vendre les produits issus de ce projet, sont démontrées ;

- les ressources nécessaires pour mener le projet à son terme et pour l'utiliser ou le vendre sont disponibles ;

- le Groupe peut démontrer que le projet générera des avantages économiques futurs probables, comme l'existence d'un marché potentiel pour la production issue de ce projet ou son utilité en interne est démontrée.

Compte tenu du nombre très important de projets de développement et des aléas liés à la décision du lancement des produits concernés par ces projets, L'Oréal considère que certains critères d'activation ne sont dès lors pas remplis.

Les frais de développement des logiciels à usage interne sont capitalisés pour les phases de programmation, de codification et de tests. Les coûts des mises à jour importantes et des améliorations donnant lieu à des fonctionnalités supplémentaires sont également activés.

Les frais de développement capitalisés sont amortis à compter de la mise à disposition des logiciels dans l'entité concernée, sur la durée de vie probable d'utilisation, généralement entre 5 et 7 ans.

1.9. Frais publi-promotionnels

Ils incluent principalement les dépenses engagées pour faire connaître et assurer la promotion des produits auprès des clients ou des consommateurs. Ces coûts sont comptabilisés dans les charges de l'exercice au cours duquel ils sont encourus.

1.10. Frais commerciaux et administratifs

Ils regroupent essentiellement les forces de vente et leur encadrement, les équipes marketing, les services administratifs ainsi que les frais généraux et les charges de stocks options.

1.11. Pertes et gains de change

Les pertes et gains de change constatés sur les charges et produits d'exploitation en devises résultant de l'écart entre la valorisation au cours du jour de la transaction et le cours du jour du règlement, après prise en compte des dérivés de couverture sont affectés directement aux différentes lignes de charges et produits concernés. En outre, la variation de la valeur temps des instruments dérivés de couverture est systématiquement comptabilisée en résultat, y compris pour les primes d'options (note 1.5.).

1.12. Résultat d'exploitation

Le résultat d'exploitation correspond à la marge brute diminuée des frais de recherche et développement, des frais publi-promotionnels et des frais commerciaux et administratifs.

1.13. Autres produits et charges

Le poste *Autres produits et charges* inclut les résultats sur cessions des immobilisations corporelles et incorporelles, les dépréciations d'actifs et les coûts de restructuration.

Le coût des opérations de restructuration est intégralement provisionné dès lors qu'il résulte d'une obligation du Groupe, vis-à-vis de tiers, ayant pour origine la décision prise par l'organe compétent et matérialisée avant la date de clôture par l'annonce de cette décision aux tiers concernés. Ce coût correspond essentiellement aux indemnités de licenciement, aux pré-retraites, aux coûts des préavis non effectués et coûts de formation des personnes devant partir et aux autres coûts liés aux fermetures de sites. Les mises au rebut d'immobilisations, dépréciations de stocks et autres actifs, liées directement à des mesures de restructuration, sont également comptabilisées dans les coûts de restructuration.

1.14. Résultat opérationnel

Le résultat opérationnel se calcule à partir du résultat d'exploitation et intègre les autres produits et charges tels que les résultats sur cessions des immobilisations corporelles et incorporelles, les dépréciations d'actifs et les coûts de restructuration.

1.15. Coût de l'endettement financier net

L'endettement financier net est constitué de l'ensemble des emprunts et dettes financières courants et non courants, diminué de la trésorerie et équivalents de trésorerie.

Le coût de l'endettement financier net est constitué des charges et des produits générés par les éléments constitutifs de l'endettement financier net pendant la période, y compris les résultats de couverture de taux d'intérêt et de change y afférents. Les instruments dérivés en couverture de taux d'intérêt étant pleinement efficaces, aucune inefficacité n'impacte le coût de l'endettement.

1.16. Impôt sur les résultats

La charge d'impôt sur les résultats correspond à la somme des impôts exigibles de chaque entité fiscale consolidée, corrigée des impositions différées. Celles-ci sont calculées sur toutes les différences temporelles entre la base fiscale et la base comptable consolidée des actifs et passifs, selon une approche bilantielle avec application du report variable.

Le retraitement des actifs et passifs liés aux contrats de location-financement donne lieu à comptabilisation d'un impôt différé.

Les impôts différés incluent les impôts non récupérables portant sur des distributions décidées ou probables. Ils sont évalués en utilisant le taux d'impôt et les règles fiscales en vigueur à la clôture et applicables lorsque les différences temporaires se résorberont. Les impôts différés actifs ne sont constatés sur des pertes fiscales reportables des entités consolidées que s'il est probable que les entités pourront les récupérer grâce à l'existence d'un bénéfice imposable attendu au cours de la période de validité des actifs d'impôts différés.

Le régime français d'intégration fiscale permet à certaines sociétés françaises du Groupe de compenser leurs résultats imposables pour la détermination de la charge d'impôt d'ensemble, dont seule la société mère intégrante, L'Oréal, reste redevable. Il existe par ailleurs des régimes d'intégration fiscale hors de la France.

1.17. Immobilisations incorporelles

1.17.1. Ecarts d'acquisition

Les regroupements d'entreprises sont comptabilisés selon la méthode de l'acquisition. Les actifs, passifs et passifs éventuels de l'entreprise acquise sont évalués à leur juste valeur à la date d'acquisition. Les écarts d'évaluation identifiés lors de l'acquisition sont comptabilisés dans les postes d'actifs et passifs concernés.

L'écart résiduel représentatif de la différence entre le coût d'acquisition des titres et la quote-part du Groupe dans l'évaluation à la juste valeur des actifs et des passifs identifiés est comptabilisé en *Ecarts d'acquisition*.

Les écarts d'acquisition dégagés lors de l'acquisition d'une société mise en équivalence sont présentés sur la ligne *Titres mis en équivalence*.

Les écarts d'acquisition ne sont plus amortis conformément à la norme IFRS 3 « Regroupements d'entreprise ». Ils font l'objet d'un test de perte de valeur lorsqu'un événement défavorable intervient, et au moins une fois par an, au cours du quatrième trimestre. Les éléments défavorables peuvent résulter entre autres d'une hausse des taux d'intérêt du marché ou d'une baisse du chiffre d'affaires ou du résultat opérationnel réalisés par rapport aux prévisions.

Les tests de dépréciation consistent à comparer les actifs nets comptables y compris les écarts d'acquisition et la valeur recouvrable de chaque Unité Génératrice de Trésorerie. Une Unité Génératrice de Trésorerie correspond à une ou plusieurs signatures mondiales. Les valeurs recouvrables sont déterminées à partir des projections actualisées des flux de trésorerie futurs d'exploitation sur une durée de 10 ans (période nécessaire au positionnement stratégique d'une acquisition) et d'une valeur terminale. Les flux de trésorerie sont établis dans les devises des pays concernés et convertis ainsi que les actifs nets comptables auxquels ils sont comparés, aux cours de change estimés pour l'exercice suivant. Le taux d'actualisation retenu pour ces calculs est le coût moyen pondéré du capital du Groupe, s'élevant à 7,9 % pour 2009, à 8,5 % pour 2008 et à 8,6 % pour 2007, ajusté d'une prime de risque pays si nécessaire. Ces taux d'actualisation sont des taux après impôts appliqués à des flux de trésorerie après impôts. Leur utilisation aboutit à la détermination de valeurs recouvrables identiques à celles obtenues en utilisant des taux avant impôts à des flux de trésorerie non fiscalisés. Les hypothèses retenues en terme de progression de l'activité et de valeurs terminales sont raisonnables et cohérentes avec les données de marché disponibles (de l'ordre de 3 % en général pour les valeurs terminales sauf cas spécifique).

L'utilisation des projections actualisées des flux de trésorerie futurs est privilégiée pour déterminer la valeur recouvrable, à défaut de référence de transactions récentes similaires facilement disponibles.

Les dépréciations relatives aux écarts d'acquisition ne sont pas réversibles.

1.17.2. Autres immobilisations incorporelles

Les immobilisations incorporelles figurent au bilan à leur prix de revient. Les éléments incorporels identifiés lors d'une acquisition sont inclus dans ce poste. Il s'agit principalement de marques, de gammes de produits ainsi que de formules ou brevets.

En ce qui concerne les marques, l'utilisation de la méthode des « flux de trésorerie actualisés » est privilégiée afin de faciliter le suivi de la valeur d'utilité après acquisition. Deux approches ont été mises en œuvre à ce jour :

- l'approche par la prime : cette méthode consiste à estimer la part des flux futurs générés par la marque par comparaison avec les flux futurs que l'activité pourrait générer sans la marque ;

- l'approche par les redevances : elle consiste à estimer la valeur de la marque par référence à des niveaux de redevances qui sont exigés pour l'utilisation de marques

comparables. Elle s'appuie sur des projections de chiffres d'affaires établies par le Groupe.

Ces approches s'appuient sur une analyse qualitative de la marque qui assure la pertinence des hypothèses retenues. Le taux d'actualisation retenu se réfère au coût moyen pondéré du capital (WACC) de la cible acquise. Le taux de croissance à l'infini est conforme aux données de marché disponibles (de l'ordre de 3 % en général, sauf cas spécifique).

Une marque peut avoir une durée de vie finie ou indéfinie.

Les marques locales destinées à être progressivement remplacées par une marque internationale déjà existante dans le Groupe sont à durée de vie finie.

Elles sont amorties sur la durée de vie estimée à la date d'acquisition.

Les marques à vocation internationale ont une durée de vie indéfinie. Elles font l'objet de tests de perte de valeur lorsqu'un événement défavorable intervient et au moins une fois par an, au cours du quatrième trimestre. Les éléments défavorables peuvent résulter entre autres d'une hausse des taux d'intérêt du marché ou d'une baisse du chiffre d'affaires ou du résultat opérationnel réalisés par rapport aux prévisions.

Le test de perte de valeur consiste à calculer la valeur recouvrable de la marque sur la base du modèle utilisé lors de l'acquisition.

En ce qui concerne les gammes de produits, cette notion recouvre tous les éléments qui constituent une franchise : le concept du produit, son nom complémentaire à celui de la signature, les formules et brevets utilisés, son packaging, ses logos, son empreinte publicitaire…

La durée de vie d'une gamme de produits est limitée : une gamme arrive en fin de vie le jour où les principaux éléments sous-jacents tels que packaging, nom, formules et brevets ne sont plus utilisés. A ce titre, les gammes de produits sont amorties sur leur durée de vie résiduelle, estimée à la date d'acquisition.

Le Groupe peut être amené à identifier et valoriser des brevets et formules qu'il souhaite développer.

La valeur d'un brevet ou d'une formule est évaluée à partir des bénéfices futurs qui sont attendus de sa propriété dans le futur, selon l'approche par les redevances.

La durée d'amortissement des brevets correspond à la durée de protection juridique. Les formules, qui ne font pas l'objet d'une protection juridique, sont amorties sur une durée maximum de 5 ans.

Les parts de marché et les fonds de commerce comptabilisés dans les comptes consolidés établis selon les principes comptables français ne répondent pas à la définition d'un actif incorporel séparable et ont été reclassés en *Ecarts d'acquisition* lors du passage aux normes IFRS au 1er janvier 2004.

1.18. Immobilisations corporelles

Les immobilisations corporelles figurent au bilan pour leur coût d'acquisition. Elles ne font l'objet d'aucune réévaluation.

Les biens d'importance significative financés par des contrats de location financement, qui en substance transfèrent au Groupe les risques et avantages inhérents à leur propriété, sont comptabilisés à l'actif du bilan. La dette correspondante est inscrite au passif dans les *Dettes financières*.

Les subventions d'investissement sont présentées au passif dans les *Autres passifs courants*.

Les composantes d'une immobilisation sont comptabilisées séparément lorsque leurs durées d'utilité estimées, et donc leurs durées d'amortissement, sont significativement différentes.

Les immobilisations corporelles sont amorties selon le mode linéaire, sur les durées de vie économiques suivantes :

Constructions	10/40 ans
Matériels industriels	5/15 ans
Publicité sur le lieu de vente, stands et présentoirs	3/5 ans
Autres immobilisations corporelles	3/10 ans

Les amortissements et dépréciations sont présentés au compte de résultat selon la destination de l'immobilisation.

Compte tenu de la typologie des actifs corporels, aucune valeur n'a été considérée à l'issue des durées de vie économique présentées ci-dessus.

1.19. Actifs financiers non courants

Les actifs financiers non courants comprennent les titres de participation et les prêts et créances financiers qui ont une échéance supérieure à douze mois.

Les titres de participation sont qualifiés de titres disponibles à la vente. En conséquence, ils sont valorisés à leur juste valeur, et les pertes et gains latents sont enregistrés directement en capitaux propres en *Éléments comptabilisés directement en capitaux propres*.

Leur juste valeur est déterminée sur la base du cours de Bourse à la date de clôture pour les titres cotés. Pour les titres non cotés, si la juste valeur n'est pas déterminable de façon fiable, ils sont valorisés à leur coût d'acquisition.

Lorsque la perte latente enregistrée en capitaux propres est représentative d'une baisse durable, cette perte est comptabilisée en résultat.

Les prêts et créances financiers sont qualifiés d'actifs générés par l'activité. En conséquence, ils sont évalués au coût amorti. Ils font l'objet d'une provision pour dépréciation dès qu'il existe une indication de perte de valeur.

1.20. Stocks

Les stocks sont évalués au plus bas du prix de revient ou de leur valeur nette de réalisation. Le prix de revient est calculé selon les méthodes du coût moyen pondéré ou du « premier entré, premier sorti ».

Les stocks obsolètes ou à rotation lente font l'objet de provisions pour dépréciation, en fonction de leur valeur nette de réalisation probable évaluée sur la base de données historiques et prévisionnelles.

1.21. Créances clients

Les créances clients sont enregistrées à leur valeur nominale, qui correspond à leur juste valeur.

Les créances considérées comme douteuses font l'objet de provisions pour dépréciation déterminées en fonction de leur risque de non-recouvrement.

La politique du Groupe est de recommander une couverture d'assurance client dans la mesure où les conditions locales le permettent.

1.22. Trésorerie et équivalents de trésorerie

La trésorerie et équivalents de trésorerie comprennent des liquidités en comptes bancaires, des parts d'OPCVM de trésorerie et des placements à court terme, liquides, présentant un risque négligeable de changement de valeur et dont la date de réalisation à leur date d'acquisition est inférieure à trois mois.

Les placements en actions et les liquidités bloquées à plus de trois mois sont exclus de la trésorerie et présentés dans les *Autres actifs courants*.

Les découverts bancaires, assimilés à un financement, sont présentés dans les *Emprunts et Dettes financières courants*.

Les parts d'OPCVM sont qualifiées d'actifs disponibles à la vente. En conséquence, elles sont valorisées au bilan à leur valeur de marché au jour de la clôture. Les gains latents ainsi dégagés sont enregistrés directement dans les capitaux propres sur la ligne *Éléments constatés directement en capitaux propres*.

La valeur comptable des dépôts bancaires constitue une approximation raisonnable de leur juste valeur.

1.23. Actions auto-détenues

Les actions auto-détenues sont inscrites pour leur coût d'acquisition en diminution des capitaux propres. Les résultats de cession de ces titres nets d'impôt sont imputés directement dans les capitaux propres et ne contribuent pas au résultat de l'exercice.

1.24. Rémunérations en actions : Options de souscription ou d'achat d'actions – Actions gratuites

Conformément aux prescriptions de la norme IFRS 2 « Paiement en actions », la valeur des options ou actions gratuites accordées calculée à la date d'attribution des droits est comptabilisée en charges sur la période d'acquisition des droits, généralement 5 ans pour les options et 4 ans pour les actions gratuites.

La juste valeur des stock-options est déterminée sur la base du modèle de *Black & Scholes*. Ce dernier prend en compte les caractéristiques du plan tels que prix d'exercice et période d'exercice, les données de marché lors de l'attribution tels que taux sans risque, cours de l'action, volatilité, dividendes attendus et une hypothèse comportementale des bénéficiaires.

La juste valeur des actions gratuites correspond à la valeur de l'action au jour de l'attribution sous déduction de l'hypothèse de distribution de dividendes pendant la période d'acquisition. Pour les résidents français, la période de conservation de 2 ans supplémentaires a donné lieu à la valorisation d'un coût d'illiquidité sur la base d'un taux de prêt consenti au salarié équivalent au taux que consentirait une banque à un particulier de profil financier moyen.

Seuls les plans émis après le 7 novembre 2002 pour lesquels des droits permettant l'exercice des options restent à acquérir au 1er janvier 2005, sont comptabilisés selon la norme IFRS 2.

L'impact sur le résultat de la période de l'application de la norme IFRS 2 est pris en compte sur la ligne du compte de résultat *Frais commerciaux et administratifs* globalement au niveau du Groupe et n'est pas alloué aux divisions ni aux zones géographiques.

1.25. Provisions pour retraites, aménagements de fin de carrière et autres avantages consentis aux salariés

Le Groupe participe, selon les lois et usages de chaque pays, à des régimes de retraite, d'aménagement de fin de carrière ainsi qu'à des régimes accordant d'autres avantages aux salariés.

Pour les régimes de base et autres régimes à cotisations définies, le Groupe comptabilise en charges les cotisations à payer lorsqu'elles sont dues et aucune provision n'est comptabilisée, le Groupe n'étant pas engagé au-delà des cotisations versées. Pour les régimes à prestations définies,

les caractéristiques des régimes en vigueur au sein du Groupe sont les suivantes :

- en France, les obligations conventionnelles prévoient des indemnités de fin de carrière spécifiques. Par ailleurs, il a été mis en place un régime de congé de fin de carrière ainsi qu'un régime de retraite à prestations définies. Il existe de plus dans certaines sociétés du Groupe une couverture médicale partiellement prise en charge par le Groupe et bénéficiant aux retraités.

  A l'exception de la prévoyance médicale des retraités, ces engagements font l'objet d'une couverture financière externe partielle ;

- à l'étranger, lorsqu'il existe des régimes de retraites ou d'autres engagements spécifiques à prestations définies, les engagements actuariels correspondants, nets des fonds capitalisés affectés à leur couverture, sont également pris en charge sur la base des droits acquis par les salariés.

Le Groupe a choisi d'adopter, à compter du 1er janvier 2009, l'option d'IAS 19 qui permet une comptabilisation immédiate en capitaux propres des pertes et gains actuariels pour les régimes à prestations définies postérieurs à l'emploi, en lieu et place de la méthode du corridor.

La charge comptabilisée en résultat au cours de l'exercice intègre :

- les droits supplémentaires acquis par les salariés au cours de cet exercice ;

- la variation de l'actualisation des droits existant en début d'exercice, compte tenu de l'écoulement de l'année ;

- le produit des fonds externes calculé sur la base du rendement normalisé des placements à long terme ;

- l'incidence des modifications éventuelles de régimes sur les années antérieures ou de nouveaux régimes.

Pour déterminer la valeur actualisée de l'obligation au titre de chaque régime, le Groupe utilise la méthode rétrospective avec projection de salaire de fin de carrière selon la méthode dite des unités de crédit projetées. La valorisation des engagements et des actifs de couverture est effectuée chaque année et tient compte, notamment pour la valorisation des engagements, de l'ancienneté, de l'espérance de vie, du taux de rotation du personnel par catégorie ainsi que des hypothèses économiques telles que taux d'inflation et taux d'actualisation.

Les écarts actuariels constatés sur les autres avantages tels que jubilés, médailles… sont immédiatement comptabilisés au compte de résultat.

La dette relative à l'engagement net de la Société concernant le personnel est constatée au passif du bilan, dans la rubrique *Provisions pour retraites et autres avantages*.

1.26. Provisions pour risques et charges

Les provisions pour risques et charges sont constituées pour faire face à des sorties de ressources probables au profit de tiers, sans contrepartie pour le Groupe. Elles comprennent notamment des provisions destinées à faire face à des risques et litiges de nature fiscale, des risques industriels et commerciaux liés à l'exploitation tels que ruptures de contrats, reprises de produits et des risques sociaux.

Elles sont estimées en tenant compte des hypothèses les plus probables ou en utilisant des méthodes statistiques, selon la nature des provisions.

Les provisions pour risques et charges sont classées selon leur nature en *Passifs non courants* ou en *Passifs courants*. Les provisions concernant des risques ou litiges devant se régler dans les douze mois suivant la clôture ou celles liées au cycle normal d'exploitation (i.e. retours produits) sont présentées dans les *Passifs courants*. Les autres provisions pour risques et charges sont présentées dans les *Passifs non courants*.

1.27. Emprunts et dettes financières

Ils sont évalués au coût amorti sur la base d'un taux d'intérêt effectif.

Conformément au principe de comptabilisation des couvertures de juste valeur, les emprunts et dettes financières à taux fixe « *swappés* » à taux variable sont valorisés au bilan à leur valeur de marché. Les variations de valeur qui en résultent sont comptabilisées en coût de l'endettement financier et sont compensées par les variations de valeur des swaps de taux attachés.

La juste valeur des dettes à taux fixe est déterminée par actualisation des *cash flows* futurs, en retenant les courbes de taux d'intérêt obligataire à la clôture, avec prise en compte du « *spread* » correspondant à la classe de risque du Groupe.

La valeur comptable des dettes à taux variable constitue une approximation raisonnable de leur juste valeur.

Les emprunts et dettes financières à moyen et long terme sont présentés dans les *Passifs non courants*. Les emprunts et dettes financières à court terme, ainsi que la part remboursable à moins de un an des emprunts et dettes financières à moyen et long terme, sont présentés dans les *Passifs courants*.

1.28. Instruments dérivés

Selon les règles du Groupe, les différentes sociétés consolidées ne doivent prendre aucune position spéculative en matière financière. Par conséquent, tous les instruments dérivés conclus par les sociétés du Groupe ne le sont qu'à des fins de couverture et suivent ainsi le principe de la comptabilité de couverture.

En matière de risque de change, les principes comptables applicables sont détaillés en note 1.5.

S'agissant du risque de taux, les dettes et prêts financiers à taux fixe couverts par des swaps de taux sont valorisés au bilan à leur valeur de marché. Les variations de juste valeur de ces dettes sont enregistrées dans le coût de l'endettement financier, et compensées par la comptabilisation des variations de juste valeur des dérivés de couverture attachés. Les dettes et prêts financiers à taux variable sont valorisés au coût qui correspond à leur valeur de marché. Les swaps ou caps qui les couvrent sont valorisés au bilan à leur valeur de marché et les variations de valeur sont enregistrées directement en capitaux propres sur la ligne *Éléments constatés directement en capitaux propres*.

La juste valeur des instruments dérivés de taux est leur valeur de marché. Cette valeur de marché est calculée par actualisation des flux futurs au taux d'intérêt en vigueur à la clôture.

1.29. Résultats par action

Le calcul des résultats nets par action est établi selon les règles édictées par IAS 33.

Les résultats nets par action sont obtenus à partir du nombre moyen pondéré d'actions en circulation au cours de l'exercice, déduction faite du nombre moyen d'actions auto-détenues et portées en minoration des capitaux propres.

Les résultats nets par action dilués prennent en compte le cas échéant les options de souscription et d'achat d'actions ayant un effet dilutif selon la « méthode du rachat d'actions » : les fonds qui seront recueillis lors de l'exercice ou de l'achat sont supposés être affectés en priorité au rachat d'actions au prix du marché.

NOTE 2   Variations de périmètre

2.1.   Année 2009

Le 9 avril 2009, L'Oréal USA a signé un accord en vue de l'acquisition d'Idaho Barber and Beauty Supply (IBB), distributeur de produits professionnels aux salons de coiffure de plusieurs états du Nord-Ouest des Etats-Unis, notamment Idaho, Montana et Washington. Idaho Barber and Beauty Supply est consolidée par intégration globale à compter du 1er juin 2009.

Le 31 décembre 2009, L'Oréal USA a acquis Maly's Midwest et Marshall Salon Services, distributeurs de produits professionnels aux salons de coiffure répartis sur 8 états du Middle West des Etats-Unis. Maly's Midwest et Marshall Salon Services sont consolidées par intégration globale à compter du 31 décembre 2009.

Ces acquisitions ont réalisé sur année pleine un chiffre d'affaires 2009 d'environ 150 millions de dollars et un résultat d'exploitation de 8 millions de dollars. Le chiffre d'affaires additionnel pour le Groupe se serait élevé à 93,5 millions de dollars en année pleine 2009.

Le coût de ces nouvelles acquisitions s'établit à environ 60,4 millions d'euros. Le montant total des écarts d'acquisition et des autres actifs incorporels résultant de ces acquisitions s'établit provisoirement à 46,2 millions d'euros.

2.2.   Année 2008

En novembre 2007, L'Oréal a signé un accord en vue d'acquérir 100 % du capital de la société turque de produits capillaires Canan.

Créée en 1981, Canan a réalisé un chiffre d'affaires de 28 millions d'euros en 2007, essentiellement à travers sa marque Ipek qui occupe la 4e position sur le marché des produits capillaires de grande diffusion en Turquie.

L'acquisition a été finalisée en janvier 2008 et Canan est consolidée par intégration globale à compter du 1er janvier 2008.

Début janvier 2008, L'Oréal USA a acquis 100 % du capital de la société Columbia Beauty Supply. L'acquisition de Columbia Beauty Supply fait suite au rachat des sociétés Beauty Alliance et Maly's West par L'Oréal USA en avril et juillet 2007.

Implantée dans quatre états du sud-est des Etats-Unis, Columbia Beauty Supply a réalisé un chiffre d'affaires d'environ 60 millions de dollars en 2007.

Columbia Beauty Supply est consolidée par intégration globale à compter du 4 janvier 2008.

Le 23 janvier 2008, L'Oréal a adressé à PPR une offre ferme à l'effet de :

- acquérir les actions de YSL Beauté Holding, ainsi que la marque Roger & Gallet, pour un prix en valeur d'entreprise de 1 150 millions d'euros ;

- obtenir une licence mondiale d'exploitation exclusive et de très longue durée des marques Yves Saint Laurent et Boucheron, dans le domaine des parfums et cosmétiques, à des conditions conformes aux usages du marché ;

- reprendre les licences dans le domaine des parfums et cosmétiques des marques Stella McCartney, Oscar de la Renta, et Ermenegildo Zegna.

L'acquisition a été finalisée le 30 juin 2008 et YSL Beauté est consolidée par intégration globale à compter de cette date.

YSL Beauté a réalisé en 2007 un chiffre d'affaires d'environ 650 millions d'euros avec la marque Yves Saint Laurent et les marques Roger & Gallet, Boucheron, Stella McCartney, Oscar de la Renta, Ermenegildo Zegna.

Les principaux éléments du bilan d'acquisition au 30 juin 2008 de YSL Beauté retenus pour l'affectation définitive du prix d'acquisition se décomposent ainsi :

En millions d'euros

Actifs non courants [1]	141,8
Actifs courants	318,6
Passifs non courants	- 83,8
Passifs courants	- 279,9
Total situation nette acquise	**96,7**

(1) *Dont 32,0 millions d'euros d'actifs incorporels résultant de l'acquisition. L'écart d'acquisition de 1 014,0 millions d'euros a été affecté à hauteur de 579,0 millions d'euros sur l'Unité Génératrice de Trésorerie YSL et le solde réparti entre les différentes UGT de la Division Produits de Luxe concernées en fonction des synergies attendues.*

Le 26 février 2008, Galderma Pharma S.A., et CollaGenex Pharmaceuticals, Inc. ont annoncé la conclusion d'un accord aux termes duquel la société Galderma Laboratories, Inc., filiale américaine de Galderma, a proposé d'acheter l'intégralité des actions de CollaGenex au prix unitaire de 16,60 $, en numéraire, représentant un montant total d'environ 420 millions de dollars pour l'intégralité des titres de CollaGenex.

L'opération d'acquisition de CollaGenex par Galderma s'est déroulée en deux phases. La première a consisté en une offre d'achat en numéraire en vue d'acquérir toutes les actions ordinaires de CollaGenex au prix de 16,60 $ par action. Lors de la deuxième phase, l'offre d'achat a été suivie d'une fusion entre CollaGenex et Galderma Acquisition Inc., filiale à 100 % de Galderma Laboratories, au cours de laquelle les détenteurs des actions ordinaires de CollaGenex non apportées dans le cadre de l'offre se sont vus proposer le même prix par action que celui payé à l'occasion de l'offre d'achat.

L'offre d'achat a expiré le 4 avril 2008 et à cette date un total d'environ 21 millions d'actions ordinaires avait été présenté à l'offre et représentaient environ 97 % des titres de CollaGenex en circulation.

La deuxième phase s'est achevée le 10 avril 2008 et CollaGenex est devenue à cette date une filiale à 100 % de Galderma Laboratories Inc.

CollaGenex Pharmaceuticals, Inc. est un laboratoire pharmaceutique dédié au développement et à la commercialisation de spécialités thérapeutiques innovantes en dermatologie. Le chiffre d'affaires de CollaGenex en 2007 a été de $ 63,6 millions, une augmentation de 141 % comparé aux $ 26,4 millions enregistrés en 2006, qui s'explique pour une grande part par la progression des ventes d'Oracea®. En juillet 2006, CollaGenex a mis sur le marché Oracea®, le premier produit de traitement de la rosacée par voie orale autorisé par la FDA (*Food and Drug Administration*).

Cette société a été consolidée par intégration proportionnelle à compter du 10 avril 2008.

En mai 2008, le Groupe L'Oréal et la société 3 Suisses International ont finalisé l'accord aux termes duquel L'Oréal a racheté les 50 % du capital du Club des Créateurs de Beauté détenus par 3 Suisses International.

Créé en 1987 par L'Oréal et la société 3 Suisses International, Le Club des Créateurs de Beauté est spécialisé dans la vente à distance de produits cosmétiques de créateurs. La société commercialise ses produits par catalogue et *via* internet.

Les principales marques du Club des Créateurs de Beauté sont Agnès b., Cosmence, Pr. Christine Poelman.

La société est particulièrement implantée en France et au Japon.

La société est désormais consolidée par intégration globale à compter du 1er juin 2008.

Le coût des nouvelles acquisitions hors YSL Beauté s'établit à environ 238,0 millions d'euros. Le montant total des écarts d'acquisition et des autres actifs incorporels résultant de ces acquisitions hors YSL Beauté s'établit après affectation définitive du coût d'acquisition pour CollaGenex respectivement à 113,8 millions d'euros et 125,2 millions d'euros.

2.3. Année 2007

Mi-avril 2007, L'Oréal USA Inc. a acquis 100 % du capital de la société Beauty Alliance, dans laquelle elle avait pris une participation minoritaire de 30 % en juillet 2006. Cette participation est consolidée par intégration globale à compter du 12 avril 2007, après avoir été mise en équivalence jusqu'à cette date. Les actifs et passifs ont donné lieu à une nouvelle évaluation lors de la prise de contrôle.

Le chiffre d'affaires de Beauty Alliance s'est élevé à 372 millions de dollars en 2006. L'Oréal USA Inc. a réalisé un chiffre d'affaires de 124 millions de dollars en 2006 avec Beauty Alliance.

Début mai 2007, L'Oréal USA Inc. a acquis 100 % de la société PureOlogy Research.

Basée en Californie, la société commercialise, dans les salons de coiffure, des gammes de soins capillaires haute performance destinées aux coloristes et à la revente en salons.

Le chiffre d'affaires de PureOlogy s'est élevé à 57 millions de dollars sur les 12 derniers mois. La société est consolidée par intégration globale depuis le 8 mai 2007.

Mi-juillet 2007, L'Oréal USA Inc. a acquis 100 % du capital de la Société Maly's West.

Maly's West est le 3e distributeur de produits professionnels aux Etats-Unis. Implantée dans les états de l'Ouest des Etats-Unis, la Société fournit 30 000 salons de coiffure à travers un réseau de 340 représentants et plus de 100 points de vente réservés aux professionnels.

Maly's West, qui a réalisé un chiffre d'affaires de 187 millions de dollars en 2006, est consolidée par intégration globale à compter du 1er août 2007.

Le coût total des acquisitions s'établit à environ 618,5 millions d'euros. Le montant total des écarts d'acquisition et des autres actifs incorporels résultant de ces acquisitions s'établit respectivement à 406,4 millions d'euros et 236,4 millions d'euros.

NOTE 3   Information sectorielle

3.1. Informations par secteur d'activité

La branche **Cosmétique** est organisée en quatre secteurs, s'adressant chacun à des circuits de distribution spécifiques :

- Division **Produits Professionnels** : produits utilisés mais aussi vendus dans les salons de coiffure ;

- Division **Produits Grand Public** : produits commercialisés dans les circuits de grande distribution ;

- Division **Produits de Luxe** : produits commercialisés dans la distribution sélective, c'est-à-dire grands magasins, parfumeries, *travel retail* et boutiques en propre ;

- Division **Cosmétique Active** : soins dermocosmétiques vendus en pharmacie et dans les espaces spécialisés des parapharmacies.

Le *Non alloué* correspond aux frais des Directions Fonctionnelles, de Recherche Fondamentale et aux charges de stock-options non affectés aux divisions cosmétiques.

En outre, cette rubrique inclut les activités annexes aux métiers du Groupe, telles que les activités d'assurance, de réassurance et bancaire.

La branche « **The Body Shop** » : The Body Shop offre une large gamme de produits cosmétiques et de toilette d'inspiration naturelle. D'origine britannique, la marque distribue ses produits et exprime ses valeurs à travers un large réseau de boutiques exclusives dans plus de 50 pays. Des circuits de distribution complémentaires tels que la vente à domicile et la vente par Internet renforcent la diffusion des produits The Body Shop. Le chiffre d'affaires et le résultat d'exploitation de The Body Shop sont caractérisés par une forte saisonnalité liée à un haut niveau d'activité durant les derniers mois de l'année.

La branche **Dermatologie** constituée par Galderma, joint-venture entre L'Oréal et Nestlé, répond aux besoins des dermatologues et de leurs patients.

Les données par branche et division sont établies en suivant les mêmes principes comptables que ceux utilisés pour l'établissement des états financiers consolidés.

La mesure de la performance de chaque branche ou de chaque division est basée sur le *résultat d'exploitation*.

En millions d'euros **2009**	Chiffre d'affaires	Résultat d'exploitation	Actif opérationnel [(1)]	Investissements corporels et incorporels	Dotations aux amortissements et provisions
Produits Professionnels	2 388,5	476,9	2 417,8	60,4	112,4
Produits Grand Public	8 555,2	1 576,9	5 364,5	317,0	379,5
Produits de Luxe	4 079,6	617,3	3 601,2	103,2	202,8
Cosmétique Active	1 233,8	249,8	737,3	21,6	45,3
Total des divisions cosmétiques	**16 257,2**	**2 920,8**	**12 120,8**	**502,2**	**740,0**
Non alloué		- 482,0	371,6	53,2	79,3
Branche cosmétique	**16 257,2**	**2 438,8**	**12 492,4**	**555,4**	**819,3**
Branche « The Body Shop »	**726,3**	**53,8**	**1 075,9**	**13,5**	**40,9**
Branche dermatologie	**489,1**	**85,0**	**551,0**	**31,9**	**35,8**
Groupe	**17 472,6**	**2 577,6**	**14 119,3**	**600,8**	**895,9**

(1) *L'actif opérationnel comprend les écarts d'acquisition, les immobilisations incorporelles et corporelles, les clients, les stocks, les cadeaux promotionnels.*

En millions d'euros 2008	Chiffre d'affaires	Résultat d'exploitation	Actif opérationnel [1][3]	Investissements corporels et incorporels	Dotations aux amortissements et provisions
Produits Professionnels	2 471,7	518,8	2 506,4	64,6	95,1
Produits Grand Public [2]	8 426,0	1 566,4	5 545,5	369,1	354,5
Produits de Luxe	4 169,6	766,5	3 997,1	153,6	189,4
Cosmétique Active	1 289,3	259,1	791,6	32,7	47,8
Divers cosmétiques [2]	2,4	- 0,4	-	-	-
Total des divisions cosmétiques	**16 358,9**	**3 110,3**	**12 840,6**	**620,0**	**686,7**
Non alloué		- 501,9	380,6	79,2	78,8
Branche cosmétique	**16 358,9**	**2 608,4**	**13 221,1**	**699,2**	**765,4**
Branche « The Body Shop »	**756,0**	**36,2**	**1 028,3**	**40,6**	**42,1**
Branche dermatologie	**426,9**	**80,0**	**518,9**	**18,9**	**36,2**
Groupe	**17 541,8**	**2 724,6**	**14 768,3**	**758,7**	**843,8**

En millions d'euros 2007	Chiffre d'affaires	Résultat d'exploitation	Actif opérationnel [1][3]	Investissements corporels et incorporels	Dotations aux amortissements et provisions
Produits professionnels	2 391,9	501,7	2 428,6	64,2	80,8
Produits Grand Public [2]	8 335,8	1 578,7	5 358,8	375,4	368,7
Produits de Luxe	3 927,9	843,8	2 634,4	175,7	145,9
Cosmétique Active	1 248,1	255,8	793,2	32,1	40,8
Divers cosmétiques [2]	4,7	0,3	-	-	-
Total des divisions cosmétiques	**15 908,3**	**3 180,4**	**11 215,0**	**647,4**	**636,2**
Non alloué		- 478,9	363,5	51,8	67,0
Branche cosmétique	**15 908,3**	**2 701,5**	**11 578,5**	**699,2**	**703,2**
Branche « The Body Shop »	**786,9**	**63,8**	**1 271,2**	**58,0**	**52,9**
Branche dermatologie	**367,5**	**62,0**	**340,5**	**33,1**	**26,7**
Groupe	**17 062,6**	**2 827,2**	**13 190,3**	**790,3**	**782,8**

(1) L'actif opérationnel comprend les écarts d'acquisition, les immobilisations incorporelles et corporelles, les clients, les stocks, les cadeaux promotionnels.
(2) Après reclassement de l'activité « Vente à distance » dans la Division Produits Grand Public.
(3) Chiffres retraités conformément au changement de méthode décrit en note 1.1.1. Frais publi-promotionnels.

L'actif opérationnel se raccorde comme suit aux bilans 2009, 2008 et 2007 :

En millions d'euros	2009	2008	2007
Actif opérationnel [1]	**14 119,3**	**14 768,3**	**13 190,3**
Actifs financiers non courants	6 672,2	5 557,4	7 608,9
Impôts différés actifs [1]	570,8	498,9	466,0
Autres éléments courants	756,1	1 005,2	779,8
Trésorerie et équivalents de trésorerie	1 173,1	1 077,1	1 086,7
Actif non ventilé	**9 172,2**	**8 138,6**	**9 941,3**
Total Actif [1]	**23 291,5**	**22 906,9**	**23 131,7**

(1) Chiffres retraités conformément aux changements de méthode décrits en note 1.1.

3.2. Informations par zone géographique – Groupe

Toutes les informations sont présentées par zone d'implantation géographique des filiales.

3.2.1. Chiffre d'affaires consolidé par zone géographique

	2009		Croissance (en %)		2008		2007	
	En millions d'euros	Poids en %	A données publiées	hors effets monétaires	En millions d'euros	Poids en %	En millions d'euros	Poids en %
Europe de l'Ouest	7 621,3	43,6 %	- 4,6 %	- 2,8 %	7 984,7	45,5 %	7 851,8	46,0 %
dont France	2 276,7	13,0 %	- 1,8 %	- 1,8 %	2 318,0	13,2 %	2 222,3	13,0 %
Amérique du Nord	4 262,9	24,4 %	2,3 %	- 2,0 %	4 167,5	23,8 %	4 426,0	25,9 %
Reste du monde	5 588,4	32,0 %	3,7 %	8,6 %	5 389,6	30,7 %	4 784,7	28,0 %
Groupe	**17 472,6**	**100,0 %**	**- 0,4 %**	**0,8 %**	**17 541,8**	**100,0 %**	**17 062,6**	**100,0 %**

3.2.2. Chiffre d'affaires cosmétique par zone géographique

	2009		Croissance (en %)		2008		2007	
	En millions d'euros	Poids en %	A données publiées	Hors effets monétaires	En millions d'euros	Poids en %	En millions d'euros	Poids en %
Europe de l'Ouest	7 036,6	43,3 %	- 4,7 %	- 3,4 %	7 381,5	45,1 %	7 250,4	45,6 %
dont France	2 213,1	13,6 %	- 2,1 %	- 2,1 %	2 260,7	13,8 %	2 174,3	13,7 %
Amérique du Nord	3 801,9	23,4 %	1,7 %	- 2,6 %	3 739,3	22,9 %	4 003,5	25,2 %
Reste du monde dont :	5 418,7	33,3 %	3,4 %	8,5 %	5 238,1	32,0 %	4 654,3	29,3 %
Asie	2 147,8	13,2 %	16,5 %	9,7 %	1 844,3	11,3 %	1 580,3	9,9 %
Amérique Latine	1 138,4	7,0 %	- 1,1 %	11,2 %	1 151,2	7,0 %	1 123,8	7,1 %
Europe de l'Est	1 212,8	7,5 %	- 12,1 %	4,1 %	1 380,3	8,4 %	1 142,4	7,2 %
Autres pays	919,7	5,7 %	6,7 %	8,6 %	862,2	5,3 %	807,8	5,1 %
Branche cosmétique	**16 257,2**	**100,0 %**	**- 0,6 %**	**0,5 %**	**16 358,9**	**100,0 %**	**15 908,2**	**100,0 %**

3.2.3. Ventilation du résultat d'exploitation de la branche cosmétique par zone géographique

En millions d'euros	2009	2008	2007
Europe de l'Ouest	1 470,4	1 633,6	1 633,1
Amérique du Nord	554,4	593,0	773,5
Reste du monde	896,0	883,7	773,9
Total des divisions cosmétiques	**2 920,8**	**3 110,3**	**3 180,4**
Non alloué	- 482,0	- 501,9	- 478,9
Branche cosmétique	**2 438,8**	**2 608,4**	**2 701,5**

3.2.4. Ventilation de l'actif opérationnel et des investissements consolidés par zone géographique

	2009		2008		2007	
En millions d'euros	Actif opérationnel	Investissements corporels et incorporels	Actif opérationnel	Investissements corporels et incorporels	Actif opérationnel	Investissements corporels et incorporels
Europe de l'Ouest	7 593,9	255,3	7 972,8	312,7	6 963,2	342,0
Amérique du Nord	3 602,4	152,8	3 854,5	196,7	3 578,2	213,3
Reste du monde	2 551,4	139,5	2 560,5	170,1	2 285,4	183,2
Non alloué	371,6	53,2	380,6	79,2	363,5	51,8
Groupe	**14 119,3**	**600,8**	**14 768,3**	**758,7**	**13 190,3**	**790,3**

| NOTE 4 | **Frais de personnel et effectifs** |

4.1. Effectif [1]

	31.12.2009	31.12.2008	31.12.2007
Europe de l'Ouest	29 439	30 956	28 012
Amérique du Nord	14 127	15 305	15 107
Reste du monde	21 077	21 401	20 239
Total [2]	**64 643**	**67 662**	**63 358**

(1) Après prise en compte des sociétés consolidées par intégration proportionnelle et hors effectifs temporaires de The Body Shop.
(2) Dont 3 378 au titre d'YSL Beauté en 2008.

4.2. Frais de personnel

En millions d'euros	2009	2008	2007
Frais de personnel (charges sociales incluses)	**3 517,1**	**3 429,4**	**3 318,3**

Les frais de personnel incluent les rémunérations liées aux stock-options ainsi que les impôts et taxes sur rémunérations.

4.3. Rémunération des dirigeants

Les charges enregistrées au titre des rémunérations et avantages assimilés accordés au Comité de Direction et au Conseil d'Administration se ventilent comme suit :

En millions d'euros	2009	2008	2007
Jetons de présence	1,1	1,0	1,0
Salaires et avantages en nature y compris charges patronales	23,3	23,8	26,3
Charges de retraite	6,5	9,4	11,2
Charges de stock-options	30,0	32,5	29,0

Le nombre des dirigeants, membres du Comité de Direction, est de 13 membres au 31 décembre 2009 comme aux 31 décembre 2008 et 2007.

| NOTE 5 | **Dotations aux amortissements** |

Les dotations aux amortissements des immobilisations corporelles et incorporelles incluses dans les charges opérationnelles s'élèvent à 780,8, 704,5 et 657,8 millions d'euros respectivement pour 2009, 2008 et 2007.

9.2. Analyse de la charge d'impôt

La charge d'impôt sur les résultats s'analyse comme suit :

En millions d'euros	2009	2008	2007
Résultat avant impôt	**2 471,0**	**2 631,6**	**3 517,2**
Taux théorique d'imposition	29,83 %	29,81 %	31,95 %
Charge d'impôt attendue	**737,0**	**784,5**	**1 123,6**
Effet des différences permanentes	82,6	75,3	45,0
Effet des différences de taux d'impôts [1]	- 91,4	- 100,4	- 291,5
Variation des impôts différés non constatés	- 8,8	5,6	- 2,0
Autres [2]	- 43,3	- 84,3	- 15,4
Charge d'impôt Groupe	**676,1**	**680,7**	**859,7**

(1) Inclut pour 2007 l'effet du différentiel de taux sur la cession des titres Sanofi-Aventis réalisée le 14 novembre 2007.
(2) Dont crédits d'impôts, impôts sur distribution, redressements fiscaux et provisions pour risques fiscaux. L'évolution 2008/2007 se justifie principalement par l'augmentation des crédits d'impôt recherche et le dénouement favorable de contrôles fiscaux en 2008.

La charge d'impôt attendue est le cumul du produit pour chaque pays, du résultat avant impôt et du taux normal d'imposition. Le taux théorique d'imposition est le quotient du cumul de la charge d'impôt attendue par le résultat consolidé avant impôt.

9.3. Impôts différés au bilan

La variation nette des impositions différées (situation active et passive) s'analyse comme suit :

En millions d'euros	
Solde d'impôts différés actif au 31 décembre 2006 [1]	**525,2**
Solde d'impôts différés passif au 31 décembre 2006 [1]	**- 479,6**
Effet résultat [1]	- 80,1
Effet change [1]	18,1
Autres effets	10,9
Solde d'impôts différés actif au 31 décembre 2007 [1]	**466,0**
Solde d'impôts différés passif au 31 décembre 2007 [1]	**- 471,5**
Effet résultat [1]	52,9
Effet change [1]	28,8
Autres effets	24,3
Solde d'impôts différés actif au 31 décembre 2008 [1]	**498,9**
Solde d'impôts différés passif au 31 décembre 2008 [1]	**- 398,4**
Effet résultat	- 51,6
Effet change	- 6,1
Autres effets	108,6
Solde d'impôts différés actif au 31 décembre 2009	**570,8**
Solde d'impôts différés passif au 31 décembre 2009	**- 418,0**

(1) Chiffres retraités conformément aux changements de méthode décrits en note 1.1.

Les impôts différés actif et passif enregistrés au bilan se ventilent par nature comme suit :

En millions d'euros	31.12.2009		31.12.2008 [1]		31.12.2007 [1]	
	Impôts différés actif	Impôts différés passif	Impôts différés actif	Impôts différés passif	Impôts différés actif	Impôts différés passif
Différences temporaires	540,9	313,2	470,2	313,3	458,3	350,6
Impôt différé passif sur réévaluation Sanofi-Aventis		104,8		85,1		120,9
Crédits d'impôts et reports fiscaux déficitaires	29,9		28,7		7,7	
Total impôts différés	**570,8**	**418,0**	**498,9**	**398,4**	**466,0**	**471,5**

(1) Chiffres retraités conformément aux changements de méthode décrits en note 1.1.

Les impôts différés actif relatifs aux différences temporaires concernent essentiellement les pensions et indemnités de départ en retraite (297,4 millions d'euros, 190,2 millions d'euros et 216,3 millions d'euros respectivement à fin 2009, à fin 2008 et à fin 2007), les provisions pour risques et charges (180,5 millions d'euros, 133,2 millions d'euros et 112,4 millions d'euros respectivement à fin 2009, à fin 2008 et à fin 2007).

Les impôts différés passif relatifs aux différences temporaires concernent essentiellement les actifs incorporels acquis dans le cadre des regroupements d'entreprise hormis les écarts d'acquisition non déductibles fiscalement.

Les actifs d'impôts différés dont la récupération n'est pas jugée probable ne sont pas enregistrés dans les états financiers ; ils s'élèvent à 91,0 millions d'euros au 31 décembre 2009 contre 111,6 millions d'euros au 31 décembre 2008 et 74,3 millions d'euros au 31 décembre 2007.

NOTE 10 — Résultat net hors éléments non récurrents part du groupe – Résultat par action

10.1. Réconciliation avec le résultat net

Le résultat net hors éléments non récurrents – part du groupe se réconcilie comme suit avec le résultat net part du groupe :

En millions d'euros	2009	2008	2007
Résultat net part du groupe	**1 792,2**	**1 948,3**	**2 656,0**
Plus ou moins values de cessions d'actifs corporels et incorporels	0,9	- 3,6	- 11,8
Plus value de cession Sanofi-Aventis	-	-	- 642,8
Dépréciation des actifs corporels et incorporels	53,8	23,6	1,4
Coût de restructuration	222,9	136,3	31,6
Effet impôt sur plus value de cession Sanofi-Aventis	-	-	11,0
Effet impôt sur les éléments non récurrents	- 73,1	- 40,8	- 6,8
Intérêts minoritaires	-	- 0,2	-
Résultat net hors éléments non récurrents – part du groupe	**1 996,7**	**2 063,6**	**2 038,6**

10.2. Résultat net par action

Les tableaux ci-dessous détaillent le résultat net – part du groupe par action :

2009	Résultat net part du Groupe *En millions d'euros*	Nombre d'actions	Résultat net part du Groupe par action *En euros*
Résultat net par action	1 792,2	583 388 024	3,07
Options d'achats et de souscriptions – Actions gratuites	-	409 542	
Résultat net dilué par action	**1 792,2**	**583 797 566**	**3,07**

2008	Résultat net part du Groupe *En millions d'euros*	Nombre d'actions	Résultat net part du Groupe par action *En euros*
Résultat net par action	1 948,3	588 812 611	3,31
Options d'achats et de souscriptions	-	2 107 467	
Résultat net dilué par action	**1 948,3**	**590 920 078**	**3,30**

2007	Résultat net part du Groupe *En millions d'euros*	Nombre d'actions	Résultat net part du Groupe par action *En euros*
Résultat net par action	2 656,0	600 492 348	4,42
Options d'achats et de souscriptions	-	5 520 123	
Résultat net dilué par action	**2 656,0**	**606 012 471**	**4,38**

10.3. Résultat net hors éléments non récurrents par action

Les tableaux ci-dessous détaillent le résultat net hors éléments non récurrents – part du groupe par action :

2009	Résultat net hors éléments non récurrents part du Groupe *En millions d'euros*	Nombre d'actions	Résultat net hors éléments non récurrents part du Groupe par action *En euros*
Résultat net hors éléments non récurrents par action	1 996,7	583 388 024	3,42
Options d'achats et de souscriptions – Actions gratuites	-	409 542	
Résultat net hors éléments non récurrents dilué par action	**1 996,7**	**583 797 566**	**3,42**

2008	Résultat net hors éléments non récurrents part du Groupe *En millions d'euros*	Nombre d'actions	Résultat net hors éléments non récurrents part du Groupe par action *En euros*
Résultat net hors éléments non récurrents par action	2 063,6	588 812 611	3,50
Options d'achats et de souscriptions	-	2 107 467	
Résultat net hors éléments non récurrents dilué par action	**2 063,6**	**590 920 078**	**3,49**

2007	Résultat net hors éléments non récurrents part du Groupe *En millions d'euros*	Nombre d'actions	Résultat net hors éléments non récurrents part du Groupe par action *En euros*
Résultat net hors éléments non récurrents par action	2 038,6	600 492 348	3,39
Options d'achats et de souscriptions	-	5 520 123	
Résultat net hors éléments non récurrents dilué par action	**2 038,6**	**606 012 471**	**3,36**

NOTE 11   Ecarts d'acquisition

Les écarts d'acquisition sont affectés par Unités Génératrices de Trésorerie ou regroupements d'Unités Génératrices de Trésorerie. Une Unité Génératrice de Trésorerie correspond à une ou plusieurs signatures mondiales. La méthodologie des tests de dépréciation est décrite en note 1.

En millions d'euros 2009	31.12.2008	Acquisitions/ Cessions	Autres mouvements	31.12.2009
L'Oréal Professionnel/Kérastase	334,2		- 5,6	328,6
Matrix	272,2		- 5,9	266,3
Redken/PureOlogy	428,8	2,2	- 11,6	419,4
Autres	-	41,5	- 1,5	40,0
Total Produits Professionnels	**1 035,2**	**43,7**	**- 24,6**	**1 054,3**
L'Oréal Paris	756,4		0,2	756,6
Maybelline/Garnier	1 003,5		- 10,7	992,8
SoftSheen Carson	72,6		- 21,7	50,9
Autres [1]	35,5		- 0,3	35,2
Total Produits Grand Public	**1 868,0**		**- 32,5**	**1 835,5**
Lancôme	773,0		- 5,4	767,6
Shu Uemura	130,6		- 6,9	123,7
YSL Beauté	588,5	0,1	- 22,6	565,9
Parfums	335,9		- 1,9	334,0
Autres	75,3		- 12,4	62,9
Total Produits de Luxe	**1 903,1**	**0,1**	**- 49,1**	**1 854,1**
Vichy/Dermablend	228,9		- 1,6	227,3
Autres	142,8		- 11,8	131,0
Total Cosmétique Active	**371,8**		**- 13,4**	**358,3**
Autres [1]	9,2			9,2
The Body Shop	**292,1**	**5,6**	**14,8**	**312,5**
Dermatologie	**53,1**		**- 10,9**	**42,2**
Total Groupe	**5 532,5**	**49,4**	**- 115,9**	**5 466,0**

(1) Après reclassement de l'activité « Vente à distance » dans la Division Produits Grand Public.

Les acquisitions de l'exercice 2009 concernent principalement Idaho Barber and Beauty Supply, Maly's Midwest et Marshall Salon Services à hauteur de 43,7 millions d'euros. Aucune cession n'est intervenue sur l'exercice. Les autres mouvements incluent pour l'essentiel la variation négative des taux de change pour 37,0 millions d'euros, des pertes de valeur pour 13,9 millions d'euros sur Yue Sai (inclus dans le *autres* de la Division Produits de Luxe), 19,6 millions d'euros sur Softsheen Carson et 10,0 millions d'euros sur Sanoflore (inclus dans le *autres* de la Division Cosmétique Active), ainsi que l'effet de la reconnaissance d'impôts différés actifs sur YSL Beauté et CollaGenex (Dermatologie).

Le cumul des dépréciations sur Softsheen Carson, Yue Sai et Sanoflore s'élève à respectivement 85,0, 24,7, et 10,0 millions d'euros au 31 décembre 2009.

En millions d'euros **2008**	**31.12.2007**	**Acquisitions/ Cessions**	**Autres mouvements**	**31.12.2008**
L'Oréal Professionnel/Kérastase	326,9		7,3	334,2
Matrix	263,1		9,1	272,2
Redken/PureOlogy	398,3	13,2	17,3	428,8
Total Produits Professionnels	**988,2**	**13,2**	**33,7**	**1 035,2**
L'Oréal Paris	738,5	12,0	5,9	756,4
Maybelline/Garnier	959,8	11,1	32,6	1 003,5
SoftSheen Carson	68,4		4,3	72,6
Autres [1]	1,9	32,2	1,4	35,5
Total Produits Grand Public	**1 768,6**	**55,3**	**44,2**	**1 868,0**
Lancôme	559,6	205,0	8,4	773,0
Shu Uemura	102,2		28,3	130,6
YSL Beauté		582,7	5,8	588,5
Parfums	159,7	176,0	0,2	335,9
Autres	31,1	54,0	- 9,9	75,3
Total Produits de Luxe	**852,6**	**1 017,6**	**32,9**	**1 903,1**
Vichy/Dermablend	226,5		2,5	228,9
Autres	139,6		3,2	142,8
Total Cosmétique Active	**366,1**		**5,7**	**371,8**
Autres [1]	5,4	3,8		9,2
The Body Shop	**363,6**	**7,0**	**- 78,5**	**292,1**
Dermatologie		**46,5**	**6,6**	**53,1**
Total Groupe	**4 344,4**	**1 143,5**	**44,6**	**5 532,5**

(1) Après reclassement de l'activité « Vente à distance » dans la Division Produits Grand Public.

Les acquisitions de l'exercice 2008 concernent principalement YSL Beauté et CollaGenex à hauteur de 1 064,2 millions d'euros. L'écart d'acquisition provisoire de 1 017,6 millions d'euros résultant de l'acquisition YSL Beauté a été affecté à l'Unité Génératrice de Trésorerie YSL Beauté à hauteur de 582,7 millions d'euros et le solde a été réparti entre les différentes Unités Génératrices de Trésorerie de la Division Produits de Luxe concernées en fonction des synergies attendues. Aucune cession n'est intervenue sur l'exercice. Les autres mouvements incluent pour l'essentiel la variation positive des taux de change pour 55,5 millions d'euros en partie compensée par 10,9 millions d'euros de perte de valeur sur Yue Sai (inclus dans le *autres* de la Division Produits de Luxe).

Le cumul des dépréciations sur Softsheen Carson et Yue Sai s'élève à respectivement 64,8 et 11,8 millions d'euros au 31 décembre 2008.

En millions d'euros 2007	31.12.2006	Acquisitions/ Cessions	Autres mouvements	31.12.2007
L'Oréal Professionnel/Kérastase	304,3	29,3	- 6,8	326,9
Matrix	180,6	80,8	1,7	263,1
Redken/PureOlogy	101,4	290,6	6,3	398,3
Total Produits Professionnels	**586,3**	**400,7**	**1,1**	**988,2**
L'Oréal Paris	741,1		- 2,6	738,5
Maybelline/Garnier	1 016,4	1,0	- 57,7	959,8
SoftSheen Carson	76,5		- 8,1	68,4
Autres	2,0		- 0,1	1,9
Total Produits Grand Public	**1 836,0**	**1,0**	**- 68,5**	**1 768,5**
Lancôme	562,4		- 2,8	559,6
Shu Uemura	109,4		- 7,2	102,2
Parfums	159,8		- 0,1	159,7
Autres	33,2		- 2,1	31,1
Total Produits de Luxe	**864,8**		**- 12,1**	**852,6**
Vichy/Dermablend	203,2		23,3	226,5
Autres	172,5		- 32,9	139,6
Total Cosmétique Active	**375,7**		**- 9,6**	**366,1**
Autres	5,3		0,1	5,4
The Body Shop	**385,8**	**8,2**	**- 30,4**	**363,6**
Total Groupe	**4 053,9**	**409,9**	**- 119,4**	**4 344,4**

Les acquisitions de l'exercice 2007 concernent Maly's West, Beauty Alliance et PureOlogy à hauteur de 402,6 millions d'euros. Aucune cession n'est intervenue sur l'exercice. Les autres mouvements incluent pour l'essentiel la variation négative des taux de change pour 184,5 millions d'euros, en partie compensée par 63,8 millions d'euros correspondant au reclassement de l'écart d'acquisition lié à l'acquisition de 30 % de Beauty Alliance comptabilisés en Titres mis en équivalence à fin 2006.

Le cumul des dépréciations sur Softsheen Carson s'élève à 66,0 millions d'euros au 31 décembre 2007.

NOTE 12 Autres immobilisations incorporelles

En millions d'euros 2009	31.12.2008	Acquisitions/ Dotations	Cessions/ Reprises	Variations de périmètre [1]	Autres mouvements	31.12.2009
Marques à durée de vie indéfinie [2]	1 174,0				9,1	1 183,1
Marques et gammes de produits amortissables	62,1	1,7			- 1,2	62,6
Concessions, brevets, licences	608,2	43,4			11,3	662,9
Autres	745,0	63,5	- 23,8	2,5	- 11,0	776,2
Valeurs brutes	**2 589,2**	**108,7**	**- 23,8**	**2,5**	**8,2**	**2 684,8**
Marques à durée de vie indéfinie [3]	27,9	10,3			- 0,9	37,3
Marques et gammes de produits amortissables	29,6	3,7			- 0,9	32,4
Concessions, brevets, licences	188,8	29,6			- 0,6	217,8
Autres	304,8	81,1	- 23,4		- 7,6	354,9
Amortissements et provisions	**551,1**	**124,7**	**- 23,4**		**- 10,0**	**642,4**
Autres immobilisations incorporelles nettes	**2 038,2**	**- 16,0**	**- 0,4**	**2,5**	**18,2**	**2 042,4**

(1) Il s'agit essentiellement des variations de périmètre : Idaho Barber and Beauty Supply.
(2) Au 31 décembre 2009, les marques à durée de vie indéfinie concernent pour l'essentiel les marques The Body Shop (466,7 millions d'euros), Matrix (259,5 millions d'euros), Kiehl's (116,9 millions d'euros) et Shu Uemura (104,7 millions d'euros).
(3) Les marques Yue Sai et Biomedic ont fait l'objet d'une dépréciation de respectivement 7,6 millions d'euros et 2,7 millions d'euros sur l'exercice.

Les autres mouvements incluent pour l'essentiel la variation des taux de change sur la période.

Le cumul des dépréciations s'élève à 14,0 millions d'euros sur Biomedic et 23,3 millions d'euros sur Yue Sai au 31 décembre 2009.

En millions d'euros 2008	31.12.2007	Acquisitions/ Dotations	Cessions/ Reprises	Variations de périmètre [1]	Autres mouvements	31.12.2008
Marques à durée de vie indéfinie [2]	1 228,6			26,3	- 81,0	1 174,0
Marques et gammes de produits amortissables	52,1	0,4		7,3	2,4	62,1
Concessions, brevets, licences	478,7	6,3	- 1,1	89,6	34,8	608,2
Autres	627,1	71,1	- 8,5	54,8	0,4	745,0
Valeurs brutes	**2 386,6**	**77,8**	**- 9,6**	**178,0**	**- 43,4**	**2 589,2**
Marques à durée de vie indéfinie [3]	14,6	11,3			2,0	27,9
Marques et gammes de produits amortissables	22,8	4,5			2,4	29,6
Concessions, brevets, licences	156,9	26,4	- 1,1	0,3	6,3	188,8
Autres	233,2	69,6	- 8,5	17,0	- 6,5	304,8
Amortissements et provisions	**427,4**	**111,7**	**- 9,6**	**17,3**	**4,2**	**551,1**
Autres immobilisations incorporelles nettes	**1 959,2**	**- 34,0**	**-**	**160,7**	**- 47,7**	**2 038,2**

(1) Il s'agit essentiellement des variations de périmètre : CollaGenex, Roger & Gallet (YSL) et Canan.
(2) Au 31 décembre 2008, les marques à durée de vie indéfinie concernent pour l'essentiel les marques The Body Shop (437,1 millions d'euros), Matrix (267,1 millions d'euros), Kiehl's (120,0 millions d'euros) et Shu Uemura (109,3 millions d'euros).
(3) La marque Biomedic a fait l'objet d'une dépréciation de 11,3 millions d'euros sur l'exercice.

Les autres mouvements incluent pour l'essentiel la variation des taux de change sur la période.

Le cumul des dépréciations s'élève à 11,3 millions d'euros sur Biomedic et 16,6 millions d'euros sur Yue Sai au 31 décembre 2008.

En millions d'euros 2007	31.12.2006	Acquisitions/ Dotations	Cessions/ Reprises	Variations de périmètre [1]	Autres mouvements	31.12.2007
Marques à durée de vie indéfinie [2]	1 268,8			60,6	- 100,8	1 228,6
Marques et gammes de produits amortissables	49,6	1,5	- 0,1	1,9	- 0,8	52,1
Concessions, brevets, licences	458,1	35,6	- 5,0	1,1	- 11,1	478,7
Autres	381,0	57,2	- 8,5	172,8	24,7	627,1
Valeurs brutes	**2 157,5**	**94,3**	**- 13,6**	**236,4**	**- 88,0**	**2 386,6**
Marques à durée de vie indéfinie	15,3					14,6
Marques et gammes de produits amortissables	18,8	6,0	- 0,1		- 0,7	
Concessions, brevets, licences	143,6	20,1	- 3,0		- 1,9	22,8
Autres	187,1	57,5	- 8,5		- 3,8	156,9
Amortissements et provisions	**364,8**	**83,5**	**- 11,5**		**- 3,0**	**233,2**
Autres immobilisations incorporelles nettes	**1 792,8**	**10,8**	**- 2,1**	**236,4**	**- 9,4**	**427,4**
					- 78,7	**1 959,2**

(1) Il s'agit essentiellement des variations de périmètre Maly's West, Beauty Alliance et PureOlogy.
(2) Au 31 décembre 2007, les marques à durée de vie indéfinie concernent pour l'essentiel les marques The Body Shop (565,8 millions d'euros), Matrix (255,3 millions d'euros), Kiehl's (115,3 millions d'euros) et Shu Uemura (90,5 millions d'euros).

Les autres mouvements incluent pour l'essentiel la variation des taux de change sur la période.

Le cumul des dépréciations s'élève à 14,6 millions d'euros sur Yue Sai au 31 décembre 2007.

| NOTE 13 | Test de dépréciation des actifs incorporels |

Les tests de dépréciation des écarts d'acquisition et des marques à durée de vie indéfinie pour les Unités Génératrices de Trésorerie pour lesquelles les écarts d'acquisition et marques non amortissables sont significatifs sont réalisés à partir des données et hypothèses suivantes :

| | | Taux d'actualisation en % | |
En millions d'euros	Valeur nette comptable des écarts d'acquisition et des marques à durée de vie indéfinie	International hors Etats-Unis	Etats-Unis
Test 2009			
Lancôme	767,6	7,9	8,9
YSL Beauté	589,1	7,9	(1)
Matrix	525,8	7,9	8,9
L'Oréal Paris	756,6	7,9	8,9
Maybelline/Garnier	992,8	7,9	8,9
The Body Shop	779,2	7,9	(1)
Test 2008			
Lancôme	773,0	8,5	8,9
Matrix	539,3	8,5	8,9
L'Oréal Paris	756,4	8,5	8,9
Maybelline/Garnier	1 003,5	8,5	8,9
The Body Shop	729,2	8,9	(1)
Test 2007			
Lancôme	559,6	8,6	9,1
Matrix	518,4	8,6	9,1
L'Oréal Paris	738,5	8,6	9,1
Maybelline/Garnier	959,8	8,6	9,1
The Body Shop	929,4	9,4	(1)

(1) Les flux en USD des Unités Génératrices de Trésorerie YSL Beauté et The Body Shop n'étant pas significatifs, aucun taux spécifique n'est utilisé pour les actualiser.

Au 31 décembre 2009, l'effet de la hausse des taux d'actualisation de 1 % sur l'ensemble des Unités Génératrices de Trésorerie engendrerait un risque de perte de valeur de 123 millions d'euros dont 86 millions d'euros sur Matrix.

Le taux de croissance à l'infini est conforme aux données de marché soit 3 %.

L'effet de la baisse des taux de croissance à l'infini de 1 % sur l'ensemble des Unités Génératrices de Trésorerie engendrerait un risque de perte de valeur de 72 millions d'euros dont 50 millions d'euros sur Matrix.

NOTE 14   **Immobilisations corporelles**

En millions d'euros

2009	31.12.2008	Acquisitions/ Dotations	Cessions/ Reprises	Ecarts de change	Autres mouvements [1]	31.12.2009
Terrains et constructions	1 608,5	34,1	- 45,3	14,2	52,2	1 663,7
Installations techniques, matériel et outillage	2 459,8	115,3	- 141,5	12,3	49,2	2 495,1
PLV, stands et présentoirs	1 081,5	151,4	- 163,9	6,3	5,4	1 080,7
Autres immobilisations corporelles et en-cours	1 161,4	216,6	- 76,8	- 3,8	- 133,3	1 164,1
Valeurs brutes	**6 311,2**	**517,4**	**- 427,5**	**29,0**	**- 26,5**	**6 403,6**
Terrains et constructions	819,8	75,5	- 26,3	5,8	- 3,2	871,6
Installations techniques, matériel et outillage	1 525,5	242,6	- 137,0	5,5	- 19,0	1 617,6
PLV, stands et présentoirs	637,3	233,5	- 161,2	3,2	5,9	718,6
Autres immobilisations corporelles et en-cours	575,4	114,8	- 74,5	- 0,5	- 18,4	596,8
Amortissements et provisions	**3 557,9**	**666,4**	**- 399,0**	**14,0**	**- 34,7**	**3 804,6**
Immobilisations corporelles nettes	**2 753,3**	**- 149,0**	**- 28,5**	**15,0**	**8,2**	**2 599,0**

(1) Il s'agit essentiellement de l'incidence des variations du périmètre et des immobilisations en cours affectées dans les autres postes d'immobilisations.

En millions d'euros

2008	31.12.2007	Acquisitions/ Dotations	Cessions/ Reprises	Ecarts de change	Autres mouvements [1]	31.12.2008
Terrains et constructions	1 536,9	31,2	- 15,5	- 31,8	87,7	1 608,5
Installations techniques, matériel et outillage	2 260,1	149,0	- 131,5	- 21,4	203,7	2 459,8
PLV, stands et présentoirs	883,5	261,8	- 100,3	- 32,8	69,3	1 081,5
Autres immobilisations corporelles et en-cours	1 165,0	239,1	- 82,5	- 3,2	- 157,0	1 161,4
Valeurs brutes	**5 845,5**	**681,1**	**- 329,8**	**- 89,2**	**203,7**	**6 311,2**
Terrains et constructions	764,1	73,5	- 14,0	- 11,9	8,1	819,8
Installations techniques, matériel et outillage	1 366,9	218,6	- 129,2	- 8,0	77,3	1 525,5
PLV, stands et présentoirs	510,7	212,3	- 100,1	- 21,8	36,2	637,3
Autres immobilisations corporelles et en-cours	552,6	101,0	- 81,5	- 7,0	10,3	575,4
Amortissements et provisions	**3 194,3**	**605,4**	**- 324,8**	**- 48,8**	**131,8**	**3 557,9**
Immobilisations corporelles nettes	**2 651,2**	**75,7**	**- 5,1**	**- 40,4**	**71,9**	**2 753,3**

(1) Il s'agit essentiellement de l'incidence des variations du périmètre et des immobilisations en cours affectées dans les autres postes d'immobilisations.

En millions d'euros

2007	31.12.2006	Acquisitions/ Dotations	Cessions/ Reprises	Ecarts de change	Autres mouvements [1]	31.12.2007
Terrains et constructions	1 533,4	36,8	- 47,3	- 31,4	45,4	1 536,9
Installations techniques, matériel et outillage	2 176,1	140,3	- 69,6	- 65,4	78,7	2 260,1
PLV, stands et présentoirs	839,1	239,9	- 159,9	- 41,9	6,2	883,5
Autres immobilisations corporelles et en-cours	1 106,7	280,7	- 52,1	- 54,3	- 116,0	1 165,0
Valeurs brutes	**5 655,3**	**697,7**	**- 328,9**	**- 193,0**	**14,3**	**5 845,5**
Terrains et constructions	733,8	70,4	- 37,0	- 15,6	12,5	764,1
Installations techniques, matériel et outillage	1 271,5	209,0	- 67,4	- 37,5	- 8,7	1 366,9
PLV, stands et présentoirs	492,7	201,1	- 159,7	- 22,2	- 1,2	510,7
Autres immobilisations corporelles et en-cours	528,9	95,1	- 49,5	- 24,5	2,6	552,6
Amortissements et provisions	**3 026,9**	**575,6**	**- 313,6**	**- 99,8**	**5,2**	**3 194,3**
Immobilisations corporelles nettes	**2 628,4**	**122,1**	**- 15,3**	**- 93,2**	**9,1**	**2 651,2**

(1) Il s'agit essentiellement de l'incidence des variations du périmètre et des immobilisations en cours affectées dans les autres postes d'immobilisations.

Les immobilisations corporelles comprennent des contrats de location-financement pour les montants suivants :

En millions d'euros	31.12.2009	31.12.2008	31.12.2007
Terrains et constructions	112,6	111,1	109,2
Installations techniques, matériel et outillage	5,5	6,4	2,8
Autres immobilisations corporelles et en-cours	20,9	20,9	22,2
Valeurs brutes	139,0	138,4	134,2
Amortissements	62,3	56,7	54,8
Valeurs nettes	**76,7**	**81,7**	**79,4**

NOTE 15   Actifs financiers non courants

	31.12.2009		31.12.2008		31.12.2007	
En millions d'euros	Valeur bilan	Coût d'acquisition	Valeur bilan	Coût d'acquisition	Valeur bilan	Coût d'acquisition
Actifs financiers disponibles à la vente						
• Sanofi-Aventis [1]	6 509,6	4 033,5	5 367,5	4 033,5	7 446,0	4 033,5
• Titres non cotés [2]	4,1	4,9	4,8	5,7	4,5	5,7
Actifs financiers au coût amorti						
Prêts et créances financiers non courants	158,5	168,9	185,1	194,8	158,4	168,8
Total	**6 672,2**	**4 207,3**	**5 557,4**	**4 234,0**	**7 608,9**	**4 208,0**

(1) La participation de L'Oréal dans Sanofi-Aventis s'élève à 8,97 % au 31 décembre 2009. La valeur au 31 décembre 2007, au 31 décembre 2008 et au 31 décembre 2009 respectivement de 7 446,0 millions d'euros, de 5 367,5 millions d'euros et de 6 509,6 millions d'euros correspond à la valeur boursière des titres sur la base du cours de Bourse au 31 décembre 2007, 2008 et 2009 respectivement de 62,98 euros, 45,40 euros et 55,06 euros. Le coût d'acquisition de 4 033,5 millions d'euros correspond à un coût d'entrée de 34,12 euros.

(2) Leur juste valeur n'étant pas déterminable de façon fiable, ils sont enregistrés à leur coût d'acquisition éventuellement déprécié.

NOTE 16   Stocks

En millions d'euros	31.12.2009	31.12.2008	31.12.2007
Produits finis et marchandises	1 326,4	1 479,9	1 369,7
Matières premières, articles de conditionnement et en cours	357,1	372,7	323,3
Valeurs brutes	1 683,5	1 852,6	1 693,0
Provisions pour dépréciation	206,8	217,1	145,4
Stocks et en-cours nets	**1 476,7**	**1 635,5**	**1 547,6**

NOTE 17 — Créances clients

En millions d'euros	31.12.2009	31.12.2008	31.12.2007
Valeur brute	2 493,5	2 739,9	2 658,3
Provisions pour dépréciation	50,2	45,3	40,8
Valeur nette	**2 443,3**	**2 694,6**	**2 617,5**

Les créances clients ont une échéance inférieure à un an. La politique du Groupe est de recommander une couverture d'assurance client dans la mesure où les conditions locales le permettent. En conséquence, le risque de non-recouvrement des créances clients est minimisé d'autant, ce que traduit le niveau de provisionnement qui reste limité à 2 % des créances brutes.

NOTE 18 — Autres actifs courants

En millions d'euros	31.12.2009	31.12.2008 [1]	31.12.2007 [1]	01.01.2007 [1]
Créances fiscales (hors impôts sur les bénéfices) et sociales	268,3	256,7	223,5	221,4
Charges constatées d'avance	168,1	139,6	148,5	167,0
Instruments dérivés	65,4	267,1	177,2	109,1
Autres actifs courants [1]	231,0	322,4	258,7	232,6
Total	**732,8**	**985,8**	**807,9**	**730,1**

(1) Chiffres retraités conformément au changement de méthode décrit en note 1.1.1. Frais publi-promotionnels.

NOTE 19 — Trésorerie et équivalents de trésorerie

En millions d'euros	31.12.2009		31.12.2008		31.12.2007	
	Valeur au bilan	Coût d'acquisition	Valeur au bilan	Coût d'acquisition	Valeur au bilan	Coût d'acquisition
Valeurs mobilières de placements	83,3	82,9	82,8	82,7	135,5	130,0
Comptes bancaires et autres disponibilités	1 089,8	1 089,8	994,3	994,3	951,2	951,2
Total	**1 173,1**	**1 172,7**	**1 077,1**	**1 077,0**	**1 086,7**	**1 081,2**

Les valeurs mobilières de placement comprennent essentiellement des SICAV monétaires et des fonds communs de placement (rémunérés sur la base de l'EONIA) ainsi que des placements à court terme. Elles sont considérées comme des actifs financiers disponibles à la vente. Au 31 décembre 2009, il s'agit exclusivement de placements investis en titres d'état de la zone euro au travers de fonds commun de placement.

Les gains latents constatés sur la période s'élèvent à 0,4 million d'euros contre 0,1 et 5,5 millions d'euros respectivement en 2008 et en 2007 et sont enregistrés directement en capitaux propres.

NOTE 20 **Capitaux propres**

20.1. Capital et primes

Le capital se compose de 598 972 410 actions de 0,20 euro au 31 décembre 2009 suite à la décision du Conseil d'Administration du 16 février 2009 d'annuler 3 970 600 actions et aux levées d'options de souscription à hauteur de 527 200 actions.

Le capital se composait de 602 415 810 actions de 0,20 euro au 31 décembre 2008 suite à la décision des Conseils d'Administration du 13 février et du 28 août 2008 d'annuler respectivement 7 187 000 et 8 410 400 actions et aux levées d'options de souscription à hauteur de 37 600 actions.

Le capital se composait de 617 975 610 actions de 0,20 euro au 31 décembre 2007 suite à la décision des Conseils d'Administration du 14 février et du 30 août 2007 d'annuler respectivement 13 490 750 et 8 225 100 actions et aux levées d'options de souscription à hauteur de 75 050 actions.

20.2. Actions auto-détenues

Les actions correspondant au programme de rachat d'actions L'Oréal autorisé par l'Assemblée Générale des actionnaires sont portées en diminution des capitaux propres consolidés. Les résultats de cession nets d'impôts relatifs aux transactions sur ces actions sont également inscrits en capitaux propres.

a) Année 2009

Le nombre d'actions a évolué de la façon suivante au cours de l'année 2009 :

En nombre d'actions	Capital social	Actions auto-détenues	En circulation
Au 01.01.2009	**602 415 810**	**- 19 275 342**	**583 140 468**
Annulation	- 3 970 600	3 970 600	
Levées options	527 200	1 064 242	1 591 442
Rachats d'actions propres		3 750	3 750
Au 31.12.2009	**598 972 410**	**- 14 236 750**	**584 735 660**

Les actions auto détenues ont évolué de la façon suivante au cours de l'année 2009 :

En nombre d'actions	Programme de rachat	Affectées au plan de SO	Total	En millions d'euros
Au 01.01.2009	**3 808 000**	**15 467 342**	**19 275 342**	**1 410,6**
Annulation	- 3 808 000	- 162 600	- 3 970 600	- 272,3
Levées options		- 1 064 242	- 1 064 242	- 66,5
Rachats d'actions propres	-	- 3 750	- 3 750	- 0,3
Au 31.12.2009		**14 236 750**	**14 236 750**	**1 071,6**
En millions d'euros		1 071,6	1 071,6	

b) Année 2008

Le nombre d'actions a évolué de la façon suivante au cours de l'année 2008 :

En nombre d'actions	Capital social	Actions auto-détenues	En circulation
Au 01.01.2008	**617 975 610**	**- 22 664 937**	**595 310 673**
Annulation	- 15 597 400	15 597 400	
Levées options	37 600	579 195	616 795
Rachats d'actions propres		- 12 787 000	- 12 787 000
Au 31.12.2008	**602 415 810**	**- 19 275 342**	**583 140 468**

Les actions auto détenues ont évolué de la façon suivante au cours de l'année 2008 :

En nombre d'actions	Programme de rachat	Affectées au plan de SO	Total	En millions d'euros
Au 01.01.2008	**6 281 000**	**16 383 937**	**22 664 937**	**1 787,2**
Annulation	- 15 260 000	- 337 400	- 15 597 400	- 1 288,9
Levées options		- 579 195	- 579 195	- 32,1
Rachats d'actions propres	12 787 000		12 787 000	944,4
Au 31.12.2008	**3 808 000**	**15 467 342**	**19 275 342**	**1 410,6**
En millions d'euros	**259,6**	**1 151,0**	**1 410,6**	

c) Année 2007

Le nombre d'actions a évolué de la façon suivante au cours de l'année 2007 :

En nombre d'actions	Capital social	Actions auto-détenues	En circulation
Au 01.01.2007	**639 616 410**	**- 33 894 300**	**605 722 110**
Annulation	- 21 715 850	21 715 850	
Levées options	75 050	4 886 613	4 961 663
Rachats d'actions propres		- 15 373 100	- 15 373 100
Au 31.12.2007	**617 975 610**	**- 22 664 937**	**595 310 673**

Les actions auto-détenues ont évolué de la façon suivante au cours de l'année 2007 :

En nombre d'actions	Programme de rachat	Affectées au plan de SO	Total	En millions d'euros
Au 01.01.2007	**12 393 000**	**21 501 300**	**33 894 300**	**2 496,3**
Annulation	- 21 485 100	- 230 750	- 21 715 850	- 1 709,1
Levées options		- 4 886 613	- 4 886 613	- 337,4
Rachats d'actions propres	15 373 100		15 373 100	1 337,4
Au 31.12.2007	**6 281 000**	**16 383 937**	**22 664 937**	**1 787,2**
En millions d'euros	**578,7**	**1 208,5**	**1 787,2**	

NOTE 21 — Avantages postérieurs à l'emploi, indemnités de fin de carrière et autres avantages à long terme

Le Groupe participe, selon les lois et usages de chaque pays, à des régimes de retraite, d'aménagement de fin de carrière ainsi qu'à des régimes accordant d'autres avantages aux salariés.

Pour les régimes de base et autres régimes à cotisations définies, le Groupe comptabilise en charges les cotisations à payer lorsqu'elles sont dues et aucune provision n'est comptabilisée, le Groupe n'étant pas engagé au-delà des cotisations versées.

Pour les régimes à prestations définies, les caractéristiques des régimes en vigueur au sein du Groupe sont les suivantes :

- en France, les obligations conventionnelles prévoient des indemnités de fin de carrière spécifiques. Par ailleurs, il a été mis en place un régime de congé de fin de carrière ainsi qu'un régime de retraite à prestations définies. Il existe de plus dans certaines sociétés du Groupe une couverture médicale partiellement prise en charge par le Groupe et bénéficiant aux retraités.

A l'exception de la prévoyance médicale des retraités, ces engagements font l'objet d'une couverture financière externe partielle ;

- à l'étranger, lorsqu'il existe des régimes de retraites ou d'autres engagements spécifiques à prestations définies, les engagements actuariels correspondants, nets des fonds capitalisés affectés à leur couverture, sont également pris en charge sur la base des droits acquis par les salariés.

Les engagements de retraite sont déterminés et comptabilisés en accord avec les principes comptables présentés en note 1.25. En particulier le Groupe a choisi d'adopter à compter du 1er janvier 2009, l'option d'IAS 19 qui permet une comptabilisation immédiate en capitaux propres des pertes et gains actuariels en lieu et place de la méthode du corridor. (voir note 1.1.2.)

Les hypothèses utilisées pour le calcul des engagements tiennent compte des conditions économiques propres à chaque pays ou société du Groupe. Les hypothèses moyennes pondérées se déclinent comme suit pour le Groupe :

	31.12.2009	31.12.2008	31.12.2007
Taux d'actualisation	5,3 %	5,8 %	5,3 %
Taux de progression des salaires	4,9 %	4,8 %	4,8 %
Taux de rendement long terme attendu sur les actifs	5,9 %	6,2 %	6,0 %

	31.12.2009			31.12.2008			31.12.2007		
	Taux initial	Taux final	Application du taux final	Taux initial	Taux final	Application du taux final	Taux initial	Taux final	Application du taux final
Taux d'évolution des coûts médicaux	6,3 %	4,1 %	2016	7,0 %	4,8 %	2016	6,1 %	5,0 %	2013

Les taux d'actualisation retenus sont obtenus par référence au taux de rendement des obligations des émetteurs privés, de très bonne qualité de signature, de maturité correspondant à celle de l'engagement.

Ils se déclinent comme suit par zone géographique :

En %	2009	2008	2007
Moyenne pondérée tous pays	**5,3 %**	**5,8 %**	**5,3 %**
Dont :			
zone euro	5,2 %	5,9 %	5,2 %
Etats-Unis	5,8 %	6,3 %	6,0 %
Royaume-Uni	5,8 %	6,3 %	5,5 %

Une baisse de 50 points de base des taux d'actualisation entraînerait une augmentation des engagements de 139 millions d'euros sur la zone euro, de 28 millions d'euros sur les Etats-Unis et de 31 millions d'euros sur le Royaume-Uni.

NOTE 23 **Emprunts et dettes financières**

Le Groupe se finance à moyen terme par des emprunts bancaires, et à court terme par l'émission de billets de trésorerie en France et de papier commercial aux Etats-Unis. Aucune de ces dettes ne comporte de clauses de remboursement anticipé lié au respect de ratios financiers.

23.1. Analyse de la dette par nature

En millions d'euros	31.12.2009		31.12.2008		31.12.2007	
	Non courants	Courants	Non courants	Courants	Non courants	Courants
Billets de trésorerie	-	115,5	-	1 896,2	-	584,1
Emprunts bancaires MLT	2 664,4	100,0	2 414,6	71,5	2 484,9	52,7
Dettes financières de location-financement	57,4	11,1	69,3	13,2	69,3	10,1
Concours bancaires	-	36,0	-	63,6	-	103,1
Autres emprunts et dettes financières	19,8	127,1	22,7	226,1	28,8	126,8
Total	**2 741,6**	**389,7**	**2 506,6**	**2 270,6**	**2 583,0**	**876,8**

23.2. Analyse de la dette par maturité

En millions d'euros	31.12.2009	31.12.2008	31.12.2007
Inférieure à 1 an	389,7	2 270,6	876,8
De 1 à 5 ans	2 709,3	2 463,6	2 534,5
Supérieure à 5 ans	32,3	43,0	48,5
Total	**3 131,3**	**4 777,2**	**3 459,8**

Les flux d'intérêts financiers attendus à fin 2009 sont de l'ordre de 28,3 millions d'euros en 2010, 33,0 millions d'euros pour la période 2011 à 2014 et 1,4 millions d'euros au-delà de 2014.

Les flux d'intérêts financiers attendus à fin 2008 sont de l'ordre de 113,6 millions d'euros en 2009, 174,7 millions d'euros pour la période 2010 à 2013 et 0,9 million d'euros au-delà de 2013.

Les flux d'intérêts financiers attendus à fin 2007 sont de l'ordre de 125,4 millions d'euros en 2008, 314,5 millions d'euros pour la période 2009 à 2012 et 0,1 million d'euros au-delà de 2012.

Ces évaluations sont faites sur la base du taux effectif à la fin de l'exercice, après prise en compte des instruments de couverture et sans renouvellement des dettes arrivant à échéance.

23.3. Analyse de la dette par devise
(après prise en compte des instruments de couverture de change)

En millions d'euros	31.12.2009	31.12.2008	31.12.2007
Euro (EUR)	2 579,0	3 812,9	2 570,8
US dollar (USD)	158,5	552,5	606,7
Yen (JPY)	71,5	90,2	47,2
Rouble (RUB)	59,3	33,7	-
Dollar Canadien (CAD)	56,0	42,8	62,9
Yuan (CNY)	41,5	51,0	43,4
Autres	165,5	194,1	128,8
Total	**3 131,3**	**4 777,2**	**3 459,8**

23.4. Répartition de la dette taux fixe – taux variable
(après prise en compte des instruments de couverture de taux)

En millions d'euros	31.12.2009	31.12.2008	31.12.2007
Taux variable	3 052,2	4 677,4	3 373,1
Taux fixe	79,1	99,8	86,7
Total	**3 131,3**	**4 777,2**	**3 459,8**

23.5. Taux d'intérêt effectif

Les taux d'intérêt effectif de la dette, après prise en compte des instruments de couverture, s'élèvent respectivement à 4,32 % en 2007, 3,26 % en 2008 et 0,21 % en 2009 pour les billets de trésorerie, et à 4,83 % en 2007, 4,48 % en 2008 et 1,02 % en 2009 pour les emprunts bancaires.

Au 31 décembre 2009, la juste valeur des dettes s'élève à 3 131,7 millions d'euros. Au 31 décembre 2008, la juste valeur des dettes s'élevait à 4 777,8 millions d'euros. Au 31 décembre 2007, la juste valeur des dettes s'élevait à 3 464,2 millions d'euros.

23.6. Taux moyen de la dette

Les taux moyens de la dette, après prise en compte des instruments de couverture, s'élèvent respectivement à 4,35 % en 2007, 4,77 % en 2008 et 1,63 % en 2009 pour l'euro et respectivement à 5,03 % en 2007, 2,91 % en 2008 et 0,53 % en 2009 pour l'US dollar.

23.8. Dettes couvertes par des sûretés réelles

Il n'existe pas de dette couverte par des sûretés réelles de montants significatifs au 31 décembre 2009, 2008 et 2007.

23.9. Lignes de crédit confirmées

Au 31 décembre 2009, L'Oréal et ses filiales ont 2 425 millions d'euros de lignes de crédit confirmées non utilisées contre 2 461 au 31 décembre 2008 et 2 625 millions d'euros au 31 décembre 2007.

Les échéances des lignes s'étalent comme suit :

23.7. Juste valeur des emprunts et dettes financières

La juste valeur des dettes à taux fixe est déterminée pour chaque emprunt par actualisation des cash-flows futurs, en retenant les courbes de taux d'intérêt obligataire à la clôture de l'exercice et avec prise en compte du spread correspondant à la classe de risque du Groupe.

La valeur nette comptable des concours bancaires courants et autres emprunts à taux variable constitue une approximation raisonnable de leur juste valeur.

- 325 millions d'euros à moins d'un an ;

- 1 100 millions d'euros compris entre un an et 5 ans ;

- 1 000 millions d'euros au-delà de 5 ans.

NOTE 24 **Instruments dérivés et exposition aux risques de marché**

Afin de gérer son exposition aux risques de change et de taux d'intérêt qui découle de ses opérations courantes, le Groupe utilise des instruments dérivés négociés avec des contreparties de premier plan.

Conformément aux règles du Groupe, ces instruments dérivés de change et de taux d'intérêt sont mis en place exclusivement à des fins de couverture.

24.1. Couverture du risque de change

Le Groupe est exposé au risque de change sur des transactions commerciales comptabilisées au bilan et sur des transactions futures ayant un caractère hautement probable.

La politique du Groupe en matière d'exposition au risque de change sur ses opérations commerciales futures est de couvrir en fin d'année une part très significative du risque de change de l'année suivante par des instruments dérivés sur la base des budgets d'exploitation de chaque filiale.

26.3. Passifs éventuels

Dans le cadre normal de ses activités, le Groupe est impliqué dans des actions judiciaires et est soumis à des contrôles fiscaux, douaniers et administratifs. Le Groupe constitue une provision chaque fois qu'un risque est déterminé et qu'une estimation du coût est possible.

Il n'existe actuellement aucun fait exceptionnel ni affaire contentieuse risquant d'affecter significativement et avec une probabilité sérieuse, les résultats, la situation financière, le patrimoine ou l'activité de la Société et du Groupe L'Oréal.

26.4. Risques environnementaux

Le Groupe veille à analyser l'évolution des règlements et des lois relatifs à la protection de l'environnement et n'anticipe pas pour le futur d'incidence significative sur l'activité, la situation financière, les résultats ou le patrimoine du Groupe.

NOTE 27 — Variations du besoin en fonds de roulement lié à l'activité

Elles s'élèvent à 466,3, - 148,8 et - 76,3 millions d'euros respectivement pour l'exercice 2009, 2008 et 2007 et se ventilent de la façon suivante :

En millions d'euros	2009	2008	2007
Stocks	169,6	- 22,3	- 137,8
Clients	312,3	- 8,0	- 102,3
Fournisseurs	- 89,3	- 8,5	79,0
Autres créances et dettes	73,7	- 110,0	84,8
Total	**466,3**	**- 148,8**	**- 76,3**

NOTE 28 — Incidences des variations de périmètre dans le tableau de flux de trésorerie

Pour 2009, elles concernent essentiellement les acquisitions des distributeurs américains ainsi que le rachat des minoritaires de Shu Uemura.

Pour 2008, elles concernent essentiellement les acquisitions de Canan, CollaGenex, Columbia Beauty Supply, Le Club des Créateurs de beauté et YSL Beauté.

Pour 2007, elles concernent essentiellement les acquisitions de Maly's West, Beauty Alliance et PureOlogy.

NOTE 29 **Transactions entre parties liées**

29.1. Co-entreprises

Les transactions envers les entreprises consolidées en intégration proportionnelle sont détaillées comme suit :

En millions d'euros	2009	2008	2007
Ventes de biens et de services	0,8	3,2	5,4
Charges et produits financiers	1,4	3,4	1,6

Les créances et dettes inscrites au bilan relatives aux parties liées sont les suivantes :

En millions d'euros	31.12.2009	31.12.2008	31.12.2007
Créances d'exploitation	3,6	5,6	3,1
Dettes	0,3	0,5	0,3
Créances financières	92,7	68,9	34,7

29.2. Parties liées ayant une influence notable sur le Groupe

Il n'existe pas d'opération significative conclue avec un membre des organes de direction ou un actionnaire ayant une influence notable sur le Groupe.

29.3. Entreprises associées

Du 1er janvier au 12 avril 2007, L'Oréal USA Inc. a vendu pour 35,6 millions d'euros à Beauty Alliance International, société dans laquelle le Groupe détenait 30 % jusqu'en avril 2007 (note 2).

Il n'existe pas de transaction significative avec une société mise en équivalence, au cours des exercices 2008 et 2009.

29.4. Informations supplémentaires sur les entités sous contrôle conjoint

Les informations présentées ci-dessous sont en quote-part de détention du Groupe.

En millions d'euros 2009	Actifs courants	Actifs non courants	Passifs courants	Passifs non courants	Produits se rapportant à ces participations	Charges se rapportant à ces participations	Résultat d'exploitation
Galderma	176,4	450,2	288,6	62,7	489,1	- 404,1	85,0
Innéov	7,9	0,7	15,6	0,1	27,7	- 29,5	- 1,8

En millions d'euros 2008	Actifs courants	Actifs non courants	Passifs courants	Passifs non courants	Produits se rapportant à ces participations	Charges se rapportant à ces participations	Résultat d'exploitation
Galderma	226,3	423,6	319,4	48,3	426,9	- 346,9	80,0
Innéov	6,2	0,3	10,8	0,1	27,8	- 28,3	- 0,5

En millions d'euros 2007	Actifs courants	Actifs non courants	Passifs courants	Passifs non courants	Produits se rapportant à ces participations	Charges se rapportant à ces participations	Résultat d'exploitation
Galderma	188,0	267,6	168,6	43,0	367,5	- 305,5	62,0
Innéov	4,9	0,2	10,3	0,0	22,0	- 24,0	- 2,0
Club des Créateurs de Beauté	14,6	2,8	23,0	0,6	55,6	- 59,3	- 3,7

NOTE 30	**Honoraires des Commissaires aux Comptes et membres de leurs réseaux pris en charge par le Groupe**

	PricewaterhouseCoopers Audit				Deloitte & Associés			
	Montant		En %		Montant		En %	
En millions d'euros HT	2009	2008	2009	2008	2009	2008	2009	2008
Audit								
Commissariat aux Comptes	5,5	5,8	85 %	86 %	5,3	5,5	81 %	78 %
L'Oréal	1,0	1,0	15 %	15 %	0,9	1,0	14 %	14 %
Filiales intégrées globalement	4,5	4,8	70 %	71 %	4,4	4,5	67 %	64 %
Autres diligences et prestations directement liées à la mission du Commissaire aux Comptes	0,7	0,5	11 %	7 %	0,9	1,3	14 %	19 %
L'Oréal	0,0	0,1	0 %	1 %	0,4	0,8	6 %	12 %
Filiales intégrées globalement	0,7	0,4	10 %	6 %	0,5	0,5	8 %	7 %
Sous-total Audit	6,2	6,2	95 %	93 %	6,2	6,8	95 %	97 %
Autres prestations								
Autres prestations (juridique, fiscal, social, autres)	0,3	0,4	5 %	7 %	0,3	0,2	5 %	3 %
Total	6,5	6,7	100 %	100 %	6,5	7,0	100 %	100 %

NOTE 31	**Evénements post-clôture**

Aucun événement n'est intervenu entre la date de clôture et la date d'arrêté des comptes consolidés par le Conseil d'Administration.

1.7. Liste des sociétés consolidées au 31 décembre 2009

1.7.1. Sociétés consolidées par intégration globale [1]

Sociétés	Siège	% intérêt	% contrôle [2]
Areca & Cie	France	100,00	
Avenamite S.A.	Espagne	100,00	
Beauté Créateurs	France	100,00	
Beautycos International Co. Limited	Chine	100,00	
Beautylux International Cosmetics (Shanghai) Co. Ltd	Chine	100,00	
Beautytech International Cosmetics (Yichang) Co. Ltd	Chine	100,00	
Belcos Ltd	Japon	100,00	
Biotherm	Monaco	100,00	
Canan Kozmetik Sanayi Ve Ticaret A.S.	Turquie	100,00	
Canan Tuketim Urunleri Pazarlama A.S.	Turquie	100,00	
Centre Logistique d'Essigny	France	100,00	
Centrex	France	100,00	
Chimex	France	100,00	
Cobelsa Cosmeticos, S.A.	Espagne	100,00	
Colainaf	Maroc	100,00	
Compagnie Thermale Hôtelière et Financière	France	99,98	
Consortium Général de Publicité	France	100,00	
Cosbel S.A. de C.V.	Mexique	100,00	
Cosmelor KK	Japon	100,00	
Cosmelor Ltd	Japon	100,00	
Cosmephil Holdings Corporation Philippines	Philippines	100,00	
Cosmetil	Maroc	49,80	100,00
Cosmétique Active Belgilux	Belgique	100,00	
Cosmétique Active France	France	100,00	
Cosmétique Active International	France	100,00	
Cosmétique Active Ireland Ltd	Irlande	100,00	
Cosmétique Active Nederland B.V.	Pays-Bas	100,00	
Cosmétique Active Production	France	100,00	
Cosmétique Active (Suisse) S.A.	Suisse	100,00	
Egyptelor LLC	Egypte	100,00	
Elebelle (Pty) Ltd	Afrique du Sud	100,00	
EpiSkin	France	100,00	
EpiSkin Biomatériaux	France	100,00	
Erwiton S.A.	Uruguay	100,00	
Exclusive Signatures International	France	100,00	
Fapagau & Cie	France	100,00	
Faprogi	France	100,00	
Finval	France	100,00	
Frabel S.A. de C.V.	Mexique	100,00	
Garnier New Zealand Ltd	Nouvelle-Zélande	100,00	
Gemey Maybelline Garnier	France	100,00	
Gemey Paris – Maybelline New York	France	100,00	
Goldys International	France	100,00	
Helena Rubinstein	France	100,00	

(1) En application des dispositions prévues à l'article D. 248-12 sur les sociétés commerciales, il est précisé que certaines des informations présentées ci-dessus ont un caractère incomplet.
(2) Equivalent au pourcentage d'intérêt sauf exceptions indiquées.

Sociétés	Siège	% intérêt	% contrôle [2]
Helena Rubinstein Italia S.p.A	Italie	100,00	
Holdial	France	100,00	
Kosmepol Sp z.o.o	Pologne	100,00	
L & J Ré	France	100,00	
La Roche-Posay Dermato-Cosmétique	France	99,98	
La Roche-Posay Laboratoire Pharmaceutique	France	99,98	
Laboratoire Bioexigence	France	100,00	
Laboratoire Garnier & Cie	France	100,00	
Laboratoire Sanoflore	France	100,00	
Lai Mei Cosmetics International Trading (Shanghai) Co. Ltd	Chine	100,00	
Lancôme Parfums & Beauté & Cie	France	100,00	
Lancos Ltd	Japon	100,00	
LaScad	France	100,00	
Le Club des Créateurs Cosmetic Versand Verwaltungs GmbH	Allemagne	100,00	
Le Club des Créateurs Cosmeticversand Gmbh & Co	Allemagne	100,00	
Le Club des Créateurs de Beauté	Belgique	100,00	
Le Club des Créateurs de Beauté Taiwan Co. Ltd	Taiwan	100,00	
Lehoux et Jacque	France	100,00	
L'Oréal Adria d.o.o.	Croatie	100,00	
L'Oréal Argentina S.A.	Argentine	100,00	
L'Oréal Australia Pty Ltd	Australie	100,00	
L'Oréal Balkan d.o.o.	Serbie	100,00	
L'Oréal Baltic SIA	Lettonie	100,00	
L'Oréal Belgilux S.A.	Belgique	100,00	
L'Oréal Brasil Comercial de Cosméticos Ltda	Brésil	100,00	
L'Oréal Bulgaria EOOD	Bulgarie	100,00	
L'Oréal Canada, Inc.	Canada	100,00	
L'Oréal Ceska Republika s.r.o	République Tchèque	100,00	
L'Oréal Chile S.A.	Chili	100,00	
L'Oréal (China) Co. Ltd	Chine	100,00	
L'Oréal Colombia S.A.	Colombie	100,00	
L'Oréal Danmark A/S	Danemark	100,00	
L'Oréal Deutschland GmbH	Allemagne	100,00	
L'Oréal Egypt LLC	Egypte	100,00	
L'Oréal España S.A.	Espagne	100,00	
L'Oréal Finland Oy	Finlande	100,00	
L'Oréal Guatemala S.A.	Guatemala	100,00	
L'Oréal Hellas S.A.	Grèce	100,00	
L'Oréal Hong Kong Ltd	Hong-Kong	100,00	
L'Oréal India Pvt Ltd	Inde	100,00	
L'Oréal Investments B.V.	Pays-Bas	100,00	
L'Oréal Israel Ltd	Israël	92,97	
L'Oréal Italia S.p.A	Italie	100,00	
L'Oréal Japan Ltd	Japon	100,00	
L'Oréal Kazakhstan Llp	Kazakhstan	100,00	
L'Oréal Korea Ltd	Corée	100,00	
L'Oréal Liban SAL	Liban	99,88	
L'Oréal Libramont	Belgique	100,00	
L'Oréal Magyarorszag Kozmetikai Kft	Hongrie	100,00	
L'Oréal Malaysia SDN BHD	Malaisie	96,53	
L'Oréal Manufacturing Midrand Pty Ltd	Afrique du Sud	100,00	

(1) En application des dispositions prévues à l'article D. 248-12 sur les sociétés commerciales, il est précisé que certaines des informations présentées ci-dessus ont un caractère incomplet.

(2) Equivalent au pourcentage d'intérêt sauf exceptions indiquées.

Sociétés	Siège	% intérêt	% contrôle [2]
L'Oréal Maroc	Maroc	50,00	100,00
L'Oréal Mexico S.A. de C.V.	Mexique	100,00	
L'Oréal Mexico Servicios S.A. de C.V.	Mexique	100,00	
L'Oréal Middle East	Emirats arabes unis	100,00	
L'Oréal Nederland B.V.	Pays-Bas	100,00	
L'Oréal New Zealand Ltd	Nouvelle-Zélande	100,00	
L'Oréal Norge A/S	Norvège	100,00	
L'Oréal Österreich GmbH	Autriche	100,00	
L'Oréal Pakistan Private Limited	Pakistan	100,00	
L'Oréal Panama S.A.	Panama	100,00	
L'Oréal Peru S.A.	Pérou	100,00	
L'Oréal Philippines, Inc.	Philippines	100,00	
L'Oréal Polska Sp z.o.o	Pologne	100,00	
L'Oréal Portugal, Lda	Portugal	100,00	
L'Oréal Produits de Luxe Belgilux	Belgique	100,00	
L'Oréal Produits de Luxe France	France	100,00	
L'Oréal Produits de Luxe International	France	100,00	
L'Oréal Produits de Luxe Suisse S.A.	Suisse	100,00	
L'Oréal Produktion Deutschland Beteiligung GmbH	Allemagne	100,00	
L'Oréal Produktion Deutschland GmbH & Co. Kg	Allemagne	100,00	
L'Oréal Romania SRL	Roumanie	100,00	
L'Oréal Saipo Industriale S.p.A	Italie	100,00	
L'Oréal Singapore Pte Ltd	Singapour	100,00	
L'Oréal Slovenija Kozmetika d.o.o	Slovénie	100,00	
L'Oréal Slovensko s.r.o	Slovaquie	100,00	
L'Oréal South Africa Holdings Pty Ltd	Afrique du Sud	100,00	
L'Oréal Suisse S.A.	Suisse	100,00	
L'Oréal Sverige AB	Suède	100,00	
L'Oréal Taiwan Co. Ltd	Taiwan	100,00	
L'Oréal Thailand Ltd	Thaïlande	100,00	
L'Oréal Turkiye Kozmetik Sanayi Ve Ticaret Anonim Sirketi	Turquie	100,00	
L'Oréal Uk Ltd	Grande-Bretagne	100,00	
L'Oréal Ukraine	Ukraine	100,00	
L'Oréal Uruguay S.A.	Uruguay	100,00	
L'Oréal USA, Inc.	Etats-Unis	100,00	
L'Oréal Venezuela, C.A.	Venezuela	100,00	
L'Oréal Vietnam Co. Ltd	Vietnam	100,00	
Marigny Manufacturing Australia Pty Ltd	Australie	100,00	
Masrelor LLC	Egypte	100,00	
Maybelline (Suzhou) Cosmetics Ltd	Chine	100,00	
Nihon L'Oréal K.K.	Japon	100,00	
NLO K.K.	Japon	100,00	
P.T. L'Oréal Indonesia	Indonésie	100,00	
P.T. Yasulor Indonesia	Indonésie	100,00	
Par Bleue	France	100,00	
Parbel of Florida, Inc.	Etats-Unis	100,00	
Parfums Cacharel & Cie	France	100,00	
Parfums Guy Laroche	France	100,00	
Parfums Paloma Picasso & Cie	France	100,00	
Parfums Ralph Lauren	France	100,00	
Prestige et Collections International	France	100,00	

(1) En application des dispositions prévues à l'article D. 248-12 sur les sociétés commerciales, il est précisé que certaines des informations présentées ci-dessus ont un caractère incomplet.
(2) Equivalent au pourcentage d'intérêt sauf exceptions indiquées.

Nature de la délégation	Autorisations en cours				Autorisations proposées à l'Assemblée Générale du 27 avril 2010		
	Date de l'Assemblée Générale (n° de résolution)	Durée (date d'expiration)	Montant maximum autorisé	Utilisation au cours de l'exercice 2009	Numéro de résolution	Durée	Plafond maximum
Augmentation du capital social							
Augmentation du capital par émission d'actions avec maintien du droit préférentiel de souscription ou par incorporation de primes, réserves, bénéfices ou autres	16 avril 2009 (11°)	26 mois (16 juin 2011)	Porter le capital social à 175 000 000 €	Néant			Néant
Augmentation du capital social réservée aux salariés	16 avril 2009 (14°)	26 mois (16 juin 2011)	1 % du capital à la date de l'Assemblée Générale (soit un maximum de 5 984 452 actions)	Néant			Néant
Rachat par la Société de ses propres actions							
Achat par la Société de ses propres actions (prix maximum d'achat autorisé : 130 €)	16 avril 2009 (10°)	18 mois (16 octobre 2010)	10 % du capital social à la date de réalisation des achats (soit 59 897 241 actions au 31 décembre 2009)	Néant (Capital auto-détenu au 31 décembre 2009 2,38 % du capital social)	13	18 mois (27 octobre 2011)	10 % du capital social à la date de réalisation des achats (soit 59 897 241 actions au 31 décembre 2009)
Réduction du capital social par annulation d'actions							
Annulation d'actions acquises par la Société dans le cadre de l'article L. 225-209 du Code de commerce	22 avril 2008 (8°)	26 mois (22 juin 2010)	10 % du capital social au jour de l'annulation par périodes de 24 mois	3 808 000 actions (soit 0,63 % du capital lors de l'opération)	14	26 mois (27 juin 2012)	10 % du capital social au jour de l'annulation par périodes de 24 mois
Annulation d'actions acquises par la Société dans le cadre de l'article L. 225-208 du Code de commerce	22 avril 2008 (8°)	26 mois (22 juin 2010)	500 000 actions	162 600 actions	14	26 mois (27 juin 2012)	500 000 actions
Stock-options et attributions gratuites							
Attribution de stock-options d'achat ou de souscription d'actions (prix d'exercice sans décote)	16 avril 2009 (12°)	26 mois (16 juin 2011)	2 % du capital social au jour de la décision d'attribution	3 650 000 options de souscription			Néant
Attribution gratuite aux salariés d'actions existantes ou à émettre	16 avril 2009 (13°)	26 mois (16 juin 2011)	0,2 % du capital social au jour de la décision d'attribution	270 000 actions			Néant

Au 31 décembre 2009, 26 547 600 options de souscription étaient attribuées, toutes dans le cadre d'autorisations précédentes à celle votée par l'Assemblée Générale du 16 avril 2009. Toutes ces options sont exerçables à raison d'une action nouvelle par option, et sont donc susceptibles d'entraîner la création d'un nombre égal d'actions. De sorte que le capital potentiel de la Société s'élève à 125 104 002,00 €, divisé en 625 520 010 actions de 0,20 € de valeur nominale.

Il n'existe pas de titres émis par la Société donnant accès indirectement au capital.

2.6.3. Historique des variations du capital au cours des cinq dernières années

Date	Nature de l'opération	Montant de la variation du capital	Prime d'émission, d'apport ou de fusion	Montant du capital à l'issue de l'opération	Nombre d'actions créées ou annulées	Nombre d'actions après l'opération
31.12.2004	-	-	-	135 212 432 €	-	676 062 160
26.04.2005	Annulation d'actions	- 3 460 000 €	-	131 752 432 €	- 17 300 000	658 762 160
27.04 au 31.12.2005	Levées d'options de souscription	1 500 €	433 750,00 €	131 753 932 €	7 500	658 769 660
01.01 au 24.04.2006	Levées d'options de souscription	5 600 €	1 683 395,00 €	131 759 532 €	28 000	658 797 660
25.04.2006	Annulation d'actions	- 3 845 850 €	-	127 913 682 €	- 19 229 250	639 568 410
26.04 au 31.12.2006	Levées d'options de souscription	9 600 €	2 906 710,00 €	127 923 282 €	48 000	639 616 410
01.01 au 14.02.2007	Levées d'options de souscription	250 €	78 525,00 €	127 923 532 €	1 250	639 617 660
14.02.2007	Annulation d'actions	- 2 698 150 €	-	125 225 382 €	- 13 490 750	626 126 910
15.02 au 30.08.2007	Levées d'options de souscription	11 290 €	3 516 221,50 €	125 236 672 €	56 450	626 183 360
30.08.2007	Annulation d'actions	- 1 645 020 €	-	123 591 652 €	- 8 225 100	617 958 260
31.08 au 31.12.2007	Levées d'options de souscription	3 470 €	1 090 637,00 €	123 595 122 €	17 350	617 975 610
13.02.2008	Annulation d'actions	- 1 437 400 €	-	122 157 722 €	- 7 187 000	610 788 610
14.02 au 27.08.2008	Levées d'options de souscription	6 920 €	2 087 532,00 €	122 164 642 €	34 600	610 823 210
28.08.2008	Annulation d'actions	- 1 682 080 €	-	120 482 562 €	- 8 410 400	602 412 810
29.08 au 31.12.2008	Levées d'options de souscription	600 €	185 572,50 €	120 483 162 €	3 000	602 415 810
16.02.2009	Annulation d'actions	- 794 120 €	-	119 689 042 €	- 3 970 600	598 445 210
17.02 au 31.12.2009	Levées d'options de souscription	105 440 €	31 026 370,50 €	119 794 482 €	527 200	598 972 410

2.6.4. Personnes physiques ou morales exerçant, à la connaissance de la Société, un contrôle sur elle

La Famille Bettencourt, d'une part, et Nestlé S.A., d'autre part, sont actionnaires de la Société et ont déclaré agir de concert (voir ci-après *Evolution de la répartition du capital et des droits de vote* et *Accords d'actionnaires portant sur les titres composant le capital de la Société*).

2.6.5. Evolution de la répartition du capital et des droits de vote au cours des trois dernières années

Au cours des trois dernières années, la répartition du capital et des droits de vote a évolué de la manière suivante :

	31.12.2007				31.12.2008				31.12.2009			
	Nombre d'actions	% du capital	% des droits de vote [3]	% des droits de vote [4]	Nombre d'actions	% du capital	% des droits de vote [3]	% des droits de vote [4]	Nombre d'actions	% du capital	% des droits de vote [3]	% des droits de vote [4]
Famille Bettencourt [1] [2]	185 661 879	30,04	30,04	31,19	185 661 879	30,82	30,82	31,84	185 661 879	31,00	31,00	31,75
Nestlé S.A. [2]	178 381 021	28,87	28,87	29,96	178 381 021	29,61	29,61	30,59	178 381 021	29,78	29,78	30,51
Plan d'Epargne d'Entreprise	3 511 015	0,57	0,57	0,59	3 870 953	0,64	0,64	0,66	4 307 998	0,72	0,72	0,74
Public	227 756 758	36,85	36,85	38,26	215 226 615	35,73	35,73	36,91	216 384 762	36,12	36,12	37,00
Actions auto-détenues	22 664 937	3,67			19 275 342	3,20			14 236 750	2,38		
Total	**617 975 610**	**100,00**	**96,33**	**100,00**	**602 415 810**	**100,00**	**96,80**	**100,00**	**598 972 410**	**100,00**	**97,62**	**100,00**

(1) Dont 185 654 833 actions L'Oréal détenues en pleine propriété ou en usufruit par Téthys, société par actions simplifiée dont Mme Liliane Bettencourt est Présidente et dont elle détient en usufruit la quasi-totalité des actions et des droits de vote attachés. Mme Françoise Bettencourt-Meyers est nue propriétaire de 76 440 541 actions L'Oréal dont l'usufruit est détenu par Téthys.
(2) La Famille Bettencourt et Nestlé S.A. agissent de concert (voir ci-après Accords d'actionnaires portant sur les titres composant le capital de la Société).
(3) Calculés conformément à l'article 223-16 du Règlement général de l'Autorité des Marchés Financiers.
(4) Aux Assemblées Générales : il est rappelé que, statutairement, chaque action donne droit à une voix dans les Assemblées Générales d'actionnaires, et que, de par la loi, les actions auto-détenues sont dépourvues de droits de vote.

A la connaissance de la Société, au 31 décembre 2009, les membres du Comité de Direction détenaient moins de 1 % du capital.

Le nombre d'actions détenues par chacun des membres du Conseil d'Administration figure dans l'annexe du Rapport de Gestion à la rubrique *Mandataires sociaux*, pages 109 à 119 du présent document.

La Société est autorisée à opérer en Bourse ou autrement sur ses propres actions conformément aux articles L. 225-209 et suivants du Code de commerce, dans les limites et selon les finalités définies par les autorisations qui lui sont conférées par son Assemblée Générale. Au 31 décembre 2009, la Société détenait à ce titre 14 236 750 de ses propres actions (2,38 % du capital), qui, évaluées à leurs cours d'achat, représentaient 1 071,6 M€ et, après provisions, 1 048,7 M€, toutes affectées à la couverture de plans d'options d'achat d'actions attribuées à des salariés et mandataires sociaux des sociétés du Groupe.

2.6.6. Participation des salariés dans le capital

La participation du personnel de la Société et des sociétés qui lui sont liées, par le biais du Plan d'Epargne d'Entreprise (PEE), s'établit, au 31 décembre 2009, à 4 307 998 actions, soit 0,72 % du capital.

A cette date cette participation est détenue par 9 689 salariés participants au PEE du Groupe.

2.6.7. Franchissements de seuils légaux déclarés à la Société

Au cours de l'exercice 2009, la Société n'a été avisée d'aucun franchissement de seuils légaux de détention de ses actions ou de ses droits de vote.

2.6.8. Accords d'actionnaires portant sur les titres composant le capital de la Société

La Société n'a pas connaissance d'autres accords d'actionnaires portant sur les titres composant son capital que celui décrit ci-dessous.

Un protocole d'accord a été signé le 3 février 2004 entre, d'une part Madame Liliane Bettencourt et sa famille, et d'autre part Nestlé, prévoyant la fusion absorption de Gesparal par L'Oréal et contenant en outre les clauses suivantes :

2.6.8.1. Clauses relatives à la gestion des actions détenues dans le capital de L'Oréal

Clause de plafonnement

Les parties se sont engagées à ne pas augmenter directement ou indirectement leurs participations en capital ou en droits de vote dans L'Oréal, par quelque moyen que ce soit, pendant une durée minimum de trois ans à compter du 29 avril 2004, et en tout état de cause pas avant six mois après le décès de Madame Bettencourt.

Egalité professionnelle
Engagements en faveur de l'Egalité professionnelle entre les hommes et les femmes

L'Oréal conduit depuis de nombreuses années, une politique sociale active en faveur de l'égalité professionnelle entre les hommes et les femmes et a développé très tôt des avantages de parentalité permettant d'offrir des conditions favorables pour une meilleure conciliation entre vie familiale et vie professionnelle.

La situation comparée des conditions générales d'emploi et de formation des femmes et des hommes dans l'entreprise est présentée une fois par an au niveau de chaque Comité d'Etablissement dans le cadre de la commission « Formation Professionnelle et de l'emploi ».

Elle fait également l'objet d'un rapport examiné chaque année dans le cadre de la négociation annuelle obligatoire. Ce rapport, établi conformément aux dispositions de l'article L. 2323-57 du Code du travail, porte, par catégorie professionnelle (c'est-à-dire cadres, agents de maîtrise, employés, ouvriers et VRP), sur la situation respective des hommes et des femmes en matière d'embauche, de formation, de promotion professionnelle, de qualification et de classification, de rémunération effective et de conditions de travail.

En 2008, la Direction de L'Oréal a souhaité formaliser ses engagements en faveur de l'égalité professionnelle entre les hommes et les femmes dans un accord d'entreprise signé le 4 décembre 2008 avec l'ensemble des Organisations Syndicales.

Marquant la volonté conjointe de respecter le principe de l'égalité de traitement entre les hommes et les femmes et de faire de la maternité et de la parentalité des situations ne devant pas être préjudiciables au déroulement de carrière des femmes et des hommes dans l'entreprise, cet accord définit les principes d'égalité professionnelle entre les hommes et les femmes que L'Oréal entend garantir. Il contractualise également les avantages ou les mesures déjà existantes à L'Oréal en la matière et formalise des engagements nouveaux dans le but de favoriser la conciliation entre la vie professionnelle et la vie familiale et personnelle et faire progresser les principes de l'égalité professionnelle.

Cinq crèches inter-entreprises (dont 3 dédiées à L'Oréal S.A.) viennent compléter la politique de parentalité développée depuis plus de 30 ans dans le Groupe L'Oréal. Elles comptent 75 berceaux dont 54 réservés aux seuls salariés de L'Oréal S.A.

2.7.2.4. Relations professionnelles et bilan des accords collectifs

Relations professionnelles

La qualité du « climat social » au sein de L'Oréal est le fruit d'un dialogue permanent entre la Direction, les salariés et leurs représentants.

La structure de représentation est très décentralisée pour être au plus près du terrain.

Composition du Comité Central d'Entreprise par collège

Depuis 2005, faute d'accord unanime entre les organisations syndicales, la Direction Départementale du Travail, de l'Emploi et de la Formation Professionnelle a fixé la composition du CCE conformément aux strictes dispositions légales, alors que précédemment elle était 3 fois plus importante.

Nombre de représentants (titulaires) par collège	2009
Cadres	2
Agents de maîtrise et techniciens/VRP	1
Employés/Ouvriers	1

Nombre de réunions du CCE et de ses commissions : 9

Bilan des accords collectifs
Dates de signatures et objets des accords signés dans l'Entreprise
Emploi des Seniors

L'Oréal est attentif à l'évolution des carrières et des conditions de travail de ses collaborateurs et s'attache à développer une politique de gestion des Ressources Humaines adaptée à chaque période de la vie professionnelle, quel que soit son âge.

Par la signature le 3 décembre 2009 d'un accord d'entreprise relatif à l'emploi des Seniors, L'Oréal entend poursuivre cette démarche.

L'ambition de L'Oréal est de promouvoir une politique de gestion des Ressources Humaines, globale et volontariste favorisant le maintien dans l'emploi de tous ses collaborateurs et tout particulièrement des collaborateurs seniors.

Avec cet accord signé par la CFE-CGC et la CFDT, L'Oréal a souhaité contractualiser les avantages et les mesures existants dans l'entreprise en faveur des seniors, mieux faire connaître certaines dispositions existantes notamment relatives aux aménagements de fin de carrière, et formaliser des engagements nouveaux dans le but de favoriser le maintien dans l'emploi des seniors dans l'entreprise.

De nombreuses dispositions telles que le bilan d'étape professionnel, des mesures de tutorat et de transmission des savoirs, un recours plus développé au télétravail, des facilités pour aménager sa fin de carrière… donnent ainsi à chacun l'opportunité de développer et de poursuivre, selon ses aspirations individuelles, sa vie professionnelle dans les meilleures conditions.

Participation et intéressement
- Accord de Participation de Groupe Dérogatoire 2009-2010-2011 signé le 12.06.2009.

- Accord d'Intéressement de Groupe 2009-2010-2011 signé le 12.06.2009.

- Avenant n° 2 au PEE signé le 12.06.2009.

Date d'autorisation par l'Assemblée	01.06.1999	01.06.1999	01.06.1999	01.06.1999	01.06.1999	01.06.1999	01.06.1999	01.06.1999	22.05.2003
Date du Conseil d'Administration	05.04.2000	28.09.2000	07.12.2000	28.03.2001	18.09.2001	08.10.2001	26.03.2002	04.09.2002	03.12.2003 (2)
Nombre total de bénéficiaires	234	707	109	521	441	109	410	394	693
Nombre total d'actions pouvant être souscrites ou achetées	1 200 000	3 800 000	450 000	2 500 000	2 500 000	225 000	2 500 000	2 500 000	5 000 000
Dont le nombre pouvant être souscrites ou achetées par les mandataires sociaux :									
Sir Lindsay Owen-Jones	0	150 000	0	200 000	300 000	0	0	0	1 000 000
Point de départ d'exercice des options	06.04.2005	29.09.2005	08.12.2005	29.03.2006	19.09.2006	09.10.2006	27.03.2007	05.09.2007	04.12.2008
Date d'expiration	05.04.2010	28.09.2010	07.12.2010	28.03.2011	18.09.2011	08.10.2011	26.03.2012	04.09.2012	03.12.2013
Prix de souscription ou d'achat *(en euros)*	65,90 (A)	83,00 (A)	89,90 (A)	79,60 (A)	77,60 (A)	76,50 (A)	81,65 (A)	76,88 (A)	63,02 (S) 71,90 (A)
Nombre d'options exercées au 31.12.2009	710 100	801 700	18 000	573 400	470 500	35 500	414 450	505 500	266 250
Dont souscrites	*0*	*0*	*0*	*0*	*0*	*0*	*0*	*0*	*181 500*
Nombre cumulé d'options de souscription ou d'achat d'actions annulées ou caduques	204 000	707 000	99 000	379 500	440 000	45 000	349 500	259 000	568 500
Nombre de souscription ou d'achat d'actions restantes en fin d'exercice	285 900	2 291 300	333 000	1 547 100	1 589 500	144 500	1 736 050	1 735 500	4 165 250

Date d'autorisation par l'Assemblée	22.05.2003	22.05.2003	22.05.2003	22.05.2003	25.04.2006	25.04.2006	24.04.2007	24.04.2007
Date du Conseil d'Administration	24.03.2004	01.12.2004	29.06.2005	30.11.2005 (3)	25.04.2006	01.12.2006	30.11.2007	25.03.2009
Nombre total de bénéficiaires	257	274	3	771	1	788	839	634
Nombre total d'actions pouvant être souscrites ou achetées	2 000 000	4 000 000	400 000	6 000 000	2 000 000	5 500 000	4 000 000	3 650 000
Dont le nombre pouvant être souscrites ou achetées par les mandataires sociaux :								
Sir Lindsay Owen-Jones	0	1 000 000	0	1 000 000	2 000 000			
M. Jean-Paul Agon						500 000	350 000	0
Point de départ d'exercice des options	25.03.2009	02.12.2009	30.06.2010	01.12.2010	26.04.2011	2.12.2011	1.12.2012	26.03.2014
Date d'expiration	24.03.2014	01.12.2014	29.06.2015	30.11.2015	25.04.2016	1.12.2016	30.11.2017	25.03.2019
Prix de souscription ou d'achat *(en euros)*	64,69 (S)	55,54 (S)	60,17 (S)	61,37 (S) 62,94 (A)	72,60 (S)	78,06 (S)	91,66 (S)	50,11 (S)
Nombre d'options exercées au 31.12.2009	123 000	358 200	0	74 500	0	8 500	0	0
Dont souscrites	*123 000*	*358 200*	*0*	*52 150*	*0*	*8 500*	*0*	*0*
Nombre cumulé d'options de souscription ou d'achat d'actions annulées ou caduques	119 000	144 750	0	209 500	0	187 750	101 900	0
Nombre de souscription ou d'achat d'actions restantes en fin d'exercice	1 758 000	3 497 050	400 000	5 716 000	2 000 000	5 303 750	3 898 100	3 650 000

(1) Il n'y a chez L'Oréal aucun plan d'options d'achat ou de souscription d'actions dans les sociétés filiales de L'Oréal.

(2) Le plan d'options du 3 décembre 2003 est composé, pour moitié, d'une offre d'options de souscription d'actions au prix de 63,02 € (S) et, pour moitié, d'une offre d'options d'achat d'actions au prix de 71,90 € (A). Chaque bénéficiaire a reçu une offre composée, à parts égales, d'options de souscription et d'options d'achat d'actions.

(3) Le plan d'options du 30 novembre 2005 est composé, pour 70 %, d'une offre d'options de souscription d'actions au prix de 61,37 € (S) et, pour 30 %, d'une offre d'options d'achat d'actions au prix de 62,94 € (A). Chaque bénéficiaire a reçu une offre composée, dans cette proportion, d'options de souscription et d'options d'achat d'actions. Il n'y a eu aucun rompu.

NB : Les nombres d'options et les prix d'acquisition mentionnés tiennent compte des ajustements liés aux opérations financières réalisées sur le capital, telles que la division du nominal de l'action par dix en 2000. Ces attributions d'options n'ont pas d'impact en matière de dilution, dans la mesure où le Conseil d'Administration a autorisé la Société à racheter ses propres actions pour les annuler.

— **Rapports des Commissaires aux Comptes et Attestation**
Rapport des Commissaires aux Comptes, établi en application de l'article L. 225-235 du Code de commerce, sur le Rapport du Président du Conseil d'Administration

7

7.3. Rapport des Commissaires aux Comptes, établi en application de l'article L. 225-235 du Code de commerce, sur le Rapport du Président du Conseil d'Administration

(Exercice clos le 31 décembre 2009)

En notre qualité de Commissaires aux Comptes de la Société L'Oréal et en application des dispositions de l'article L. 225-235 du Code de commerce, nous vous présentons notre rapport sur le rapport établi par le Président de votre société conformément aux dispositions de l'article L. 225-37 du Code de commerce au titre de l'exercice clos le 31 décembre 2009.

Il appartient au Président d'établir et de soumettre à l'approbation du Conseil d'Administration un rapport rendant compte des procédures de contrôle interne et de gestion des risques mises en place au sein de la Société et donnant les autres informations requises par l'article L. 225-37 du Code de commerce relatives notamment au dispositif en matière de gouvernement d'entreprise.

Il nous appartient :

- de vous communiquer les observations qu'appellent de notre part les informations contenues dans le Rapport du Président, concernant les procédures de contrôle interne et de gestion des risques relatives à l'élaboration et au traitement de l'information comptable et financière ; et

- d'attester que le rapport comporte les autres informations requises par l'article L. 225-37 du Code de commerce, étant précisé qu'il ne nous appartient pas de vérifier la sincérité de ces autres informations.

Nous avons effectué nos travaux conformément aux normes d'exercice professionnel applicables en France.

Informations concernant les procédures de contrôle interne et de gestion des risques relatives à l'élaboration et au traitement de l'information comptable et financière

Les normes d'exercice professionnel requièrent la mise en œuvre de diligences destinées à apprécier la sincérité des informations concernant les procédures de contrôle interne et de gestion des risques relatives à l'élaboration et au traitement de l'information comptable et financière contenues dans le Rapport du Président. Ces diligences consistent notamment à :

- prendre connaissance des procédures de contrôle interne et de gestion des risques relatives à l'élaboration et au traitement de l'information comptable et financière sous-tendant les informations présentées dans le Rapport du Président ainsi que de la documentation existante ;

- prendre connaissance des travaux ayant permis d'élaborer ces informations et de la documentation existante ;

- déterminer si les déficiences majeures du contrôle interne relatif à l'élaboration et au traitement de l'information comptable et financière que nous aurions relevées dans le cadre de notre mission font l'objet d'une information appropriée dans le Rapport du Président.

Sur la base de ces travaux, nous n'avons pas d'observation à formuler sur les informations concernant les procédures de contrôle interne et de gestion des risques de la Société relatives à l'élaboration et au traitement de l'information comptable et financière contenues dans le Rapport du Président du Conseil d'Administration, établi en application des dispositions de l'article L. 225-37 du Code de commerce.

Autres informations

Nous attestons que le Rapport du Président du Conseil d'Administration comporte les autres informations requises à l'article L. 225-37 du Code de commerce.

Fait à Neuilly-sur-Seine, le 19 février 2010
Les Commissaires aux Comptes

PricewaterhouseCoopers Audit
Etienne Boris

Deloitte & Associés
David Dupont-Noel

Burberry. Jimmy Choo. Lanvin. Montblanc. Nickel. Paul Smith. S.T. Dupont. Van Cleef & Arpels.

interparfums

Rapport annuel deux mille neuf

L'annexe C présente des extraits du document de référence 2009 d'Interparfums.
Le document complet est disponible au www.cheneliere.ca/libby.

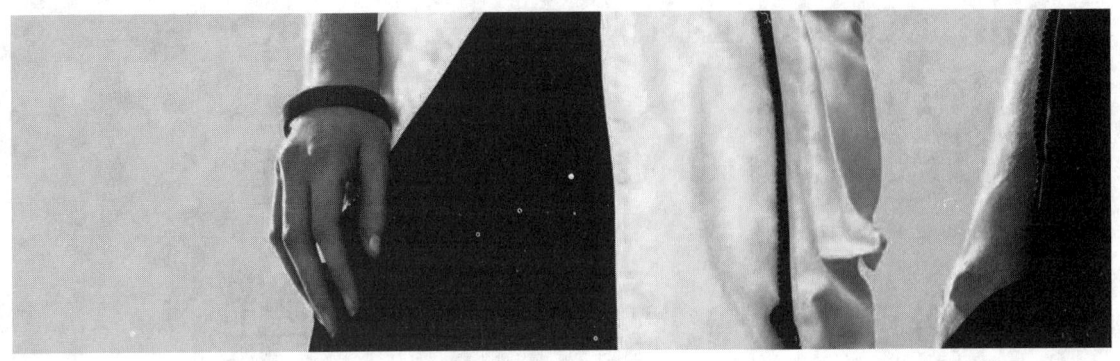

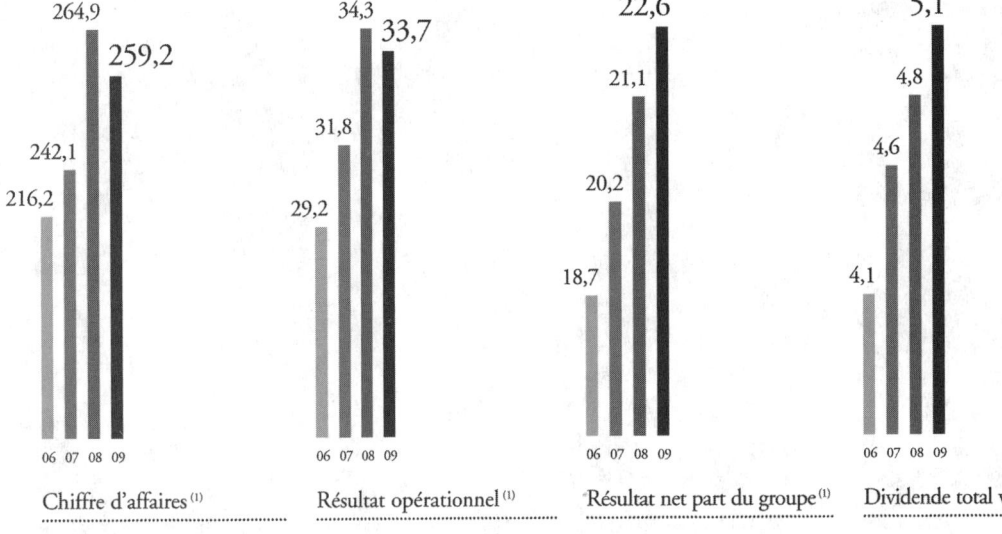

264,9

259,2

242,1

216,2

06 07 08 09

Chiffre d'affaires [1]

34,3

33,7

31,8

29,2

06 07 08 09

Résultat opérationnel [1]

22,6

21,1

20,2

18,7

06 07 08 09

Résultat net part du groupe [1]

5,1

4,8

4,6

4,1

06 07 08 09

Dividende total versé

(en milliers d'euros)	2005	2006	2007	2008	2009
Chiffre d'affaires	194 442	216 235	242 123	264 864	259 165
% à l'international	*92 %*	*92 %*	*91 %*	*90 %*	*90 %*
Résultat opérationnel	25 913	29 182	31 812	34 259	33 683
% du chiffre d'affaires	*13,3 %*	*13,5 %*	*13,1 %*	*12,9 %*	*13,0 %*
Résultat net part du groupe	16 295	18 694	20 193	21 119	22 647
% du chiffre d'affaires	*8,4 %*	*8,6 %*	*8,3 %*	*8,0 %*	*8,7 %*
Capitaux propres part du groupe	98 049	115 795	134 233	154 436	169 939
Trésorerie nette	34 390	44 072	56 113	26 304	66 201
Total du bilan	172 078	223 401	271 544	260 572	253 674
Effectif (au 31 décembre)	112	128	145	152	171

4   Rapport annuel deux mille neuf Inter Parfums. Chiffres clés

Inter Parfums en tant qu'utilisateur en aval de substances n'est pas soumis à l'enregistrement, mais a souhaité rester actif afin de s'assurer du bon déroulement des enregistrements et de la continuité d'approvisionnement des substances chimiques présentes dans ses produits.

Inter Parfums a pris l'initiative de contacter ses différents sous-traitants et fournisseurs d'articles afin que de leur côté, ils respectent efficacement et fassent respecter par les acteurs en amont de leur chaîne d'approvisionnement, les enregistrements, notifications ou demandes d'autorisations nécessaires. Inter Parfums a demandé à tous ses fournisseurs de s'engager à fournir des articles ne contenant aucune substance listée à l'annexe XIV (substances dites extrêmement préoccupantes). À ce jour, aucun fournisseur

n'a déclaré la présence de substances candidates à l'autorisation dans les articles fournis à Inter Parfums.

Les informations relatives à REACH notamment les mesures de gestion des risques transmises via les fiches de données de sécurité seront prises en charge par Inter Parfums ou ses fournisseurs et ce au fil du temps.

Pour rappel, les échéances de la mise en application du règlement REACH s'étalent du 1er juin 2008 au 1er juin 2018.

Dans cet esprit de responsabilité, Inter Parfums entend aller au-delà de son simple rôle de coordination, en sensibilisant ses partenaires aux problématiques environnementales et en s'informant davantage de la pratique de ses sous-traitants et fournisseurs au titre de leur engagement de préservation de l'environnement.

6.
DIVIDENDES

La politique de distribution de dividendes, mise en place depuis 1998, représente aujourd'hui près de 25 % du résultat net consolidé, permettant d'assurer une rémunération aux actionnaires, tout en les associant à la croissance du groupe. Début mai 2009, il a été versé un dividende de 0,38 euro par titre soit un total de 5,0 millions d'euros.

Évolution du dividende

Année	2005	2006	2007	2008	2009
Dividende par action [1]	0,23 €	0,26 €	0,29 €	0,32 €	0,39 €
Variation annuelle [1]	+ 10 %	+ 13 %	+ 10 %	+ 10 %	+ 23 %
Nombre moyen d'actions [2]	8 974 298	10 421 965	11 480 164	12 719 676	14 880 583

(1) Ajustés des attributions gratuites.
(2) Hors actions propres.

54   Document de référence deux mille neuf Inter Parfums. Rapport de gestion consolidé

EXTRAITS DU DOCUMENT DE RÉFÉRENCE 2009 D'INTERPARFUMS • 981

Comptes consolidés

État du résultat global consolidé

En milliers d'euros (sauf résultats par action exprimés en unités)	Notes	2008	2009
Chiffre d'affaires	4.1	**264 864**	**259 199**
Coût des ventes	4.2	(112 308)	(106 958)
Marge brute		**152 556**	**152 241**
% du chiffre d'affaires		*57,6 %*	*58,7 %*
Charges commerciales	4.3	(110 007)	(107 199)
Charges administratives	4.4	(7 724)	(9 774)
Résultat opérationnel courant		**34 825**	**35 268**
% du chiffre d'affaires		*13,1 %*	*13,6 %*
Autres produits et charges opérationnels	4.5	(566)	(1 585)
Résultat opérationnel		**34 259**	**33 683**
% du chiffre d'affaires		*12,9 %*	*13,0 %*
Produits financiers		1 246	403
Coût de l'endettement financier brut		(2 891)	(1 579)
Coût de l'endettement financier net		**(1 645)**	**(1 176)**
Autres produits et charges financières		(1 107)	2 257
Résultat financier	4.6	**(2 752)**	**1 081**
Résultat avant impôt		**31 507**	**34 764**
% du chiffre d'affaires		*11,9 %*	*13,4 %*
Impôt sur les bénéfices	4.7	(10 924)	(11 972)
Taux d'impôt réel		*34,7 %*	*33,6 %*
Résultat net		**20 583**	**22 792**
% du chiffre d'affaires		*7,8 %*	*8,8 %*
Dont part des intérêts minoritaires		(536)	145
Dont part du groupe		**21 119**	**22 647**
% du chiffre d'affaires		*8,0 %*	*8,7 %*
Résultat net par action [1]	4.8	1,66	1,52
Résultat net dilué par action [1]	4.8	1,65	1,52

(1) Non retraité des attributions gratuites d'actions.

Document de référence deux mille neuf Inter Parfums. Comptes consolidés   59

EXTRAITS DU DOCUMENT DE RÉFÉRENCE 2009 D'INTERPARFUMS • **983**

État des produits et pertes reconnus de la période

En milliers d'euros	2008	2009
Actifs disponibles à la vente	(129)	-
Couvertures de change	6 436	(6 436)
Revenu brut reconnu en capitaux propres	**6 307**	**(6 436)**
Impôts différés	(2 171)	2 216
Revenu net reconnu en capitaux propres	**4 136**	**(4 220)**
Résultat net consolidé de la période	20 583	22 792
Total des produits et pertes reconnus de la période	**24 719**	**18 572**
Dont part des intérêts minoritaires	(536)	145
Dont part du groupe	**25 255**	**18 427**

État de situation financière consolidée

Actif

En milliers d'euros	Notes	2008 [1]	2009
Actifs non courants			
Marques et autres immobilisations incorporelles, nettes	3.1	59 557	56 455
Écart d'acquisition, net	3.2	3 814	2 613
Immobilisations corporelles, nettes	3.3	4 162	5 515
Immobilisations financières		408	816
Actifs financiers non courants		70	70
Actifs d'impôt différé	3.11	2 527	2 620
Total actifs non courants		70 538	68 089
Actifs courants			
Stocks et en-cours	3.4	68 518	45 110
Clients et comptes rattachés	3.5	80 054	66 033
Impôts sur les sociétés		969	-
Autres créances	3.6	10 113	7 480
Trésorerie et équivalents de trésorerie	3.7	30 380	66 873
Total actifs courants		190 034	185 496
Total actifs		260 572	253 585

Passif

En milliers d'euros	Notes	2008 [1]	2009
Capitaux propres			
Capital		40 176	48 671
Primes d'émission		265	1 205
Réserves		92 876	97 327
Résultat de l'exercice		21 119	22 647
Total capitaux propres part du groupe		154 436	169 850
Intérêts minoritaires		(166)	109
Total capitaux propres	3.8	154 270	169 959
Passifs non courants			
Provisions pour charges à plus d'un an	3.9	712	1 131
Emprunts et dettes financières à plus d'un an	3.10	19 803	11 896
Passifs d'impôt différé	3.11	3 636	2 185
Total passifs non courants		24 151	15 212
Passifs courants			
Fournisseurs et comptes rattachés		52 866	41 809
Emprunts et dettes financières à moins d'un an	3.10	10 271	8 647
Provisions pour risques et charges	3.9	2 280	1 063
Impôts sur les sociétés		309	1 100
Concours bancaires	3.10	4 076	672
Autres dettes	3.12	12 349	15 123
Total passifs courants		82 151	68 414
Total capitaux propres et passifs		260 572	253 585

(1) La situation financière consolidée a été retraitée de l'application de l'amendement d'IAS 38 « Immobilisations Incorporelles », rétroactive au 1er janvier 2008. Voir note 1.3 de l'annexe aux comptes consolidés.

État de variation des capitaux propres consolidés

En milliers d'euros	Nombre d'actions	Capital	Primes	Réserves et résultats	Total des capitaux propres		
					Part du groupe	Intérêts minoritaires	Total
Au 31 décembre 2007 [1]	12 087 747	36 301	1 046	96 886	134 233	(342)	133 891
Effet de l'application de l'amendement d'IAS 38	-	-	-	(1 492)	(1 492)	-	(1 492)
Au 31 décembre 2007 retraité [1]	12 087 747	36 301	1 046	95 394	132 741	(342)	132 399
Attribution gratuite d'actions	1 214 545	3 644	(1 671)	(1 973)	-	-	-
Conversion d'options de souscription d'actions	77 068	231	890	-	1 121	-	1 121
Résultat net 2008	-	-	-	21 119	21 119	(536)	20 583
Dividende 2007 versé en 2008	-	-	-	(4 580)	(4 580)	-	(4 580)
Actions propres	(27 755)	-	-	(485)	(485)	-	(485)
Coût des programmes de stocks options	-	-	-	298	298	-	298
Variation de juste valeur des instruments financiers	-	-	-	4 135	4 135	-	4 135
Variations de périmètre	-	-	-	-	-	701	701
Autres variations	-	-	-	87	87	11	98
Au 31 décembre 2008 [1]	13 351 605	40 176	265	113 995	154 436	(166)	154 270
Attribution gratuite d'actions	2 678 942	8 037	(286)	(7 751)	-	-	-
Conversion d'options de souscription d'actions	152 591	458	1 226	-	1 684	-	1 684
Résultat net 2009	-	-	-	22 647	22 647	145	22 792
Dividende 2008 versé en 2009	-	-	-	(5 061)	(5 061)	-	(5 061)
Actions propres	3 177	-	-	162	162	-	162
Coût des programmes de stocks options	-	-	-	208	208	-	208
Variation de juste valeur des instruments financiers	-	-	-	(4 220)	(4 220)	-	(4 220)
Variations de périmètre	-	-	-	-	-	135	135
Autres variations	-	-	-	(6)	(6)	(5)	(11)
Au 31 décembre 2009 [1]	16 186 315	48 671	1 205	119 974	169 850	109	169 959

(1) Hors actions Inter Parfums détenues par la société.

Tableau de financement

En milliers d'euros	2008	2009
Opérations d'exploitation		
Résultat net	20 583	22 792
Amortissements, provisions pour dépréciation et autres	4 697	4 621
Plus ou moins values de cession d'actif	164	-
Coût de l'endettement financier net	(1 645)	(1 176)
Charge d'impôt de la période	10 924	11 972
Capacité d'autofinancement générée par l'activité	**34 723**	**38 209**
Intérêts financiers payés	(2 343)	(1 759)
Impôts payés	(13 186)	(9 304)
Capacité d'autofinancement après intérêts financiers et impôts	**19 194**	**27 146**
Variation des stocks et en-cours	(14 979)	24 598
Variation des créances clients et comptes rattachés	(4 799)	14 485
Variation des autres créances	2 244	(1 241)
Variation des fournisseurs et comptes rattachés	(12 329)	(11 057)
Variation des autres dettes	(1 582)	2 371
Variation du besoin en fonds de roulement d'exploitation	**(31 445)**	**29 156**
Flux net lié aux opérations d'exploitation	**(12 251)**	**56 302**
Opérations d'investissement		
Acquisitions d'immobilisations incorporelles	(782)	(614)
Acquisitions d'immobilisations corporelles	(2 120)	(2 876)
Incidence des variations de périmètres	701	135
Variation des immobilisations financières	(231)	(408)
Cession d'actifs immobilisés	-	-
Flux net lié aux opérations d'investissement	**(2 432)**	**(3 763)**
Opérations de financement		
Émission d'emprunts et nouvelles dettes financières	-	-
Remboursement d'emprunts	(11 100)	(9 470)
Dividendes versés aux actionnaires	(4 588)	(5 061)
Augmentation de capital	1 121	1 684
Actions propres	(564)	205
Autres opérations de financement	5	0
Flux net lié aux opérations de financement	**(15 126)**	**(12 642)**
Variation nette de trésorerie	**(29 809)**	**39 897**
Trésorerie à l'ouverture de l'exercice	56 113	26 304
Trésorerie à la clôture de l'exercice	**26 304**	**66 201**

Le rapprochement de la trésorerie nette s'effectue comme suit :

En milliers d'euros	2008	2009
Trésorerie et équivalents de trésorerie	30 380	66 873
Concours bancaires	(4 076)	(672)
Trésorerie nette en fin de période	**26 304**	**66 201**

Document de référence deux mille neuf Inter Parfums. Comptes consolidés   63

EXTRAITS DU DOCUMENT DE RÉFÉRENCE 2009 D'INTERPARFUMS • 987

ANNEXE AUX COMPTES CONSOLIDÉS

1. PRINCIPES COMPTABLES

1.1 Général

En vertu des règlements européens 1606/2002 du 19 juillet 2002 sur les normes internationales, les comptes consolidés de la société Inter Parfums au titre de l'exercice 2009 sont établis selon les normes comptables internationales IAS/IFRS applicables depuis 2005 telles qu'approuvées par l'Union Européenne. En particulier, les comptes consolidés au 31 décembre 2008 ont été retraités des effets de l'amendement d'IAS 38 « Immobilisations Incorporelles » portant sur la comptabilisation des frais de publicité et de promotion, appliqué rétrospectivement à partir du 1er janvier 2008. Ces normes sont appliquées de façon constante sur les exercices présentés.

La base de préparation de ces informations financières résulte :

- des normes et interprétations IFRS applicables de manière obligatoire depuis 2005 ;

- des options retenues et des exemptions utilisées qui sont celles que le groupe a retenu pour l'établissement de ses comptes consolidés IFRS.

Les comptes consolidés au 31 décembre 2009 ont été arrêtés par le Conseil d'Administration du 8 mars 2010. Ils ne seront définitifs que lorsque l'Assemblée générale ordinaire du 23 avril 2010 les aura approuvés.

1.2 Évolutions du référentiel comptable

Les normes, amendements et interprétations suivants, en vigueur à compter du 1er janvier 2009, ont été appliqués par la société dans ses comptes consolidés :

- IFRS 8 « Secteurs opérationnels » ;
- Amendement d'IAS 1 « Présentation des états financiers » ;
- Amendement d'IAS 23 « Comptabilisation des coûts d'emprunt » ;
- Amendement d'IAS 38 « Immobilisations Incorporelles » ;
- Amendement d'IFRS 2 « Conditions d'acquisition des droits et annulations » ;
- Amendements d'IFRS 1 et IAS 27 « Coût d'une participation dans une filiale, une joint venture ou entreprise associée » ;
- Amendements d'IFRS 1 « Première adoption des IFRS-révision de la structure de la norme »(entrée en vigueur au 1er juillet 2009, application par anticipation) ;
- Amendement d'IFRS 7 et IAS 39 « Reclassement des actifs financiers » (entrée en vigueur le 1er juillet 2008).

Les normes, amendements et interprétations suivants, en vigueur à compter du 1er juillet 2009, ont été appliqués par la société dans ses comptes consolidés :

- IFRS 3 et IAS 27 révisées « Regroupement d'entreprises » ;
- Amendement d'IAS 39 « Instruments financiers - Éligibilité des instruments couverts ».

Ces textes n'ont pas d'impacts significatifs sur les états financiers consolidés de la société.

Les normes, amendements et interprétations suivants ne sont ou ne seront pas applicables dans les comptes consolidés du fait de l'activité de la société :

- Amendement d'IAS 32 « Classement des émissions de droit » ;
- Amendements d' IAS 32 et IAS 1 « Instruments financiers remboursables au gré du porteur » ;
- IFRIC 9 et IAS 39 « Dérivés incorporés » ;
- IFRIC 12 « Concessions de services publics » ;
- IFRIC 13 « Programmes de fidélisation des clients » ;
- IFRIC 14, IAS 19 « Limitation de l'actif au titre de prestations définies, obligations de financement minimum et leur interaction » ;
- IFRIC 15 « Contrats de construction immobilière » ;
- IFRIC 16 « Couverture d'un investissement net » ;
- IFRIC 17 « Distribution d'actifs non monétaires aux actionnaires » ;
- IFRIC 18 « Comptabilisation des contributions reçues de clients sous forme de transferts d'actifs » ;
- IFRIC 19 « Extinction de passifs financiers au moyen d'instruments de capitaux propres ».

1.3 Application de l'amendement d'IAS 38 « Immobilisations Incorporelles »

À compter du 1er janvier 2009, les frais de publicité et promotion sont enregistrés lors de leur réception ou de leur production s'il s'agit de biens ou lors de la réalisation des prestations s'il s'agit de services. L'effet du changement de méthode sur les capitaux propres au 1er janvier 2008 est de 1 492 milliers d'euros et s'analyse comme suit :

En milliers d'euros	Impact au 01/01/2008
Stocks et en-cours	(2 276)
Impôts différés	784
Capitaux propres consolidés	(1 492)

Les résultats au 30 juin 2008 et au 31 décembre 2008 n'ont pas été retraités, l'effet de l'application de l'amendement d'IAS 38 par rapport à celui constaté au 1er janvier 2008 étant considéré comme non significatif. Les annexes présentées ci-après ont été retraitées des effets de l'application rétrospective de l'amendement d'IAS 38.

1.4
Première adoption des IFRS

Pour sa première adoption des normes IFRS, sur les comptes établis au 31 décembre 2005 avec une date de transition au 1er janvier 2004, Inter Parfums, comme autorisé par IFRS 1, a choisi pour son application des normes IFRS, les exemptions suivantes, pour les normes qui concernent la société :

- Immobilisations : le groupe a choisi de maintenir la valeur historique comme base de valorisation pour les immobilisations corporelles ;

- Paiement en actions et assimilés : pour les plans dénoués en actions, le groupe a choisi d'appliquer la norme IFRS 2 pour les plans octroyés après le 7 novembre 2002 dont les droits n'étaient pas encore acquis au 1er janvier 2005.

1.5
Principes et périmètre de consolidation

Au 1er janvier 2007, la société Inter Parfums a mis en place de nouvelles structures de distribution sur quatre marchés majeurs européens (Allemagne, Espagne, Italie, Royaume-Uni). Ces structures sont détenues à 51 % par Inter Parfums et à 49 % par les distributeurs locaux. Du fait du contrôle exclusif exercé sur ces sociétés, elles sont consolidées par intégration globale.

Au cours du 2e trimestre 2007, la société Inter Parfums a racheté les parts de la société Nickel appartenant aux minoritaires (cf. note 3.2) et est désormais propriétaire à 100 % de la société. Les actionnaires minoritaires de la société Nickel ainsi que la société Inter Parfums, bénéficiaient d'une promesse contractuelle bilatérale d'achat ou de vente des titres des minoritaires,

exerçable par l'une ou l'autre des parties pendant la période du 1er janvier 2007 au 30 juin 2007.

Au 1er juillet 2007, la société Inter Parfums a absorbé par « Transmission Universelle de Patrimoine » les sociétés Inter Parfums Trademark et Inter Parfums Grand Public qu'elle détenait à 100 %, sans impact dans les comptes consolidés.

Le 16 juin 2008, Inter Parfums a créé une nouvelle société en Suisse détenu à 100 % à laquelle elle lui a apporté, dans le même temps, les dépôts de marques Lanvin qu'elle détenait en propre. Le 1er juillet 2008, un contrat exclusif de licence a été mis en place entre Inter Parfums Suisse et Inter Parfums. Cette opération n'a aucun impact sur les états financiers inclus dans le présent rapport.

Au 1er octobre 2008, la société Inter Parfums a absorbé, par « Transmission Universelle de Patrimoine », la société Nickel qu'elle détenait à 100 %, sans impact dans les comptes consolidés.

L'ensemble des sociétés détenues par le groupe est consolidé par intégration globale. Il s'agit des sociétés Inter Parfums Deutschland GmbH, Inter España Parfums et Cosmetiques SL, Inter Parfums Srl, Inter Parfums Ltd et Inter Parfums Suisse Sarl.

Inter Parfums SA		
Inter Parfums Suisse Sarl	Suisse	100 %
Inter Parfums Deutschland GmbH	Allemagne	51 %
Inter España Parfums et Cosmetiques SL	Espagne	51 %
Inter Parfums Srl	Italie	51 %
Inter Parfums Ltd	Royaume-Uni	51 %

Les états financiers des filiales sont établis sur la même période comptable que celle de la société mère. L'exercice comptable est de 12 mois et se termine le 31 décembre.

1.6
Méthodes de conversion

La monnaie de fonctionnement et de présentation des comptes est l'euro.

Les transactions réalisées en devises étrangères sont converties au cours des devises à la date des transactions. Les dettes et créances en devises sont converties aux cours en vigueur au 31 décembre 2009. Les pertes et profits résultant de la conversion des soldes concernés au cours du 31 décembre 2009 sont portés au compte de résultat. Les transactions qui font l'objet de couvertures de change sont converties aux cours négociés.

Les principaux cours retenus, par rapport à l'euro, sont les suivants :

Devises	Taux de clôture		Taux moyen	
	2008	2009	2008	2009
Dollar US (USD)	1,3917	1,4406	1,4707	1,3948
Livre Sterling (GBP)	0,9525	0,8881	0,7963	0,8909
Franc Suisse (CHF)	1,4850	1,4836	1,5689[1]	1,5100

(1) Taux moyen annuel calculé à partir du 1er juillet 2008, date des premières opérations de la filiale Suisse.

1.7
Utilisation d'estimation

Dans le cadre du processus d'établissement des comptes consolidés, l'évaluation de certains soldes du bilan ou du compte de résultat nécessite l'utilisation d'hypothèses, estimations ou appréciations. Il s'agit notamment de la valorisation des actifs incorporels, de la détermination du montant des provisions pour risques et charges, des provisions pour dépréciation des stocks et des impôts différés actifs. Ces hypothèses, estimations ou appréciations sont établies sur la base d'informations ou situations existantes à la date d'établissement des comptes, qui peuvent se révéler, dans le futur, différentes de la réalité.

1.8
Chiffre d'affaires

Le chiffre d'affaires inclut principalement des ventes départ usine vers nos distributeurs et agents et des ventes gros local aux détaillants pour la part d'activité réalisée par les filiales du groupe.

Ces ventes de produits de parfums et cosmétiques sont présentées nettes de toutes formes de remises et ristournes.

La reconnaissance du chiffre d'affaires est effectuée sur la base des conditions de transfert à l'acheteur des principaux risques et avantages inhérents à la propriété du bien. Les facturations de fin d'année dont le transfert de propriété est effectif sur l'année suivante ne sont pas prises en compte dans le chiffre d'affaires de l'année en cours.

1.9
Marques, autres immobilisations incorporelles et écart d'acquisition

Marques et autres immobilisations incorporelles

Les marques et autres immobilisations incorporelles sont comptabilisées à leur coût d'acquisition, qu'il s'agisse de marques sous contrat de licence ou de marques acquises.

Ces marques, de notoriété internationale, bénéficient d'une protection juridique et ont une durée d'utilité indéfinie. Elles ne sont pas amorties.

Les immobilisations incorporelles à durée d'utilité finie, comme les droits d'entrée pour acquisition des licences, sont amorties de façon linéaire sur la durée de la licence.

Le droit d'utilisation dont la société bénéficie sur les moules verrerie est classé en immobilisations incorporelles. Ces immobilisations sont à durée d'utilité finie et amorties sur une durée de trois à cinq ans.

Les licences et les droits d'entrée de licences font l'objet d'une évaluation au minimum annuelle selon la méthode des flux de trésorerie prévisionnels actualisés sur la durée de vie des licences qui seront générés par ces actifs. Les données utilisées dans ce cadre proviennent des budgets annuels et plans pluriannuels établis sur la durée de vie des licences par la Direction. Le taux d'actualisation avant impôt retenu pour ces évaluations est le coût moyen pondéré du capital (WACC) de 7,84 % au 31 décembre 2009. Une provision pour dépréciation est comptabilisée dès lors que la valeur ainsi déterminée est inférieure à la valeur comptable.

Les marques en nom propre font l'objet d'une évaluation au minimum annuelle. La valeur nette comptable est comparée à sa valeur recouvrable qui est le maximum entre sa valeur d'utilité estimée à partir des flux prévisionnels actualisés à l'infini et la juste valeur net de frais de cession basée sur la valeur de marché déterminée par la méthode des multiples de chiffre d'affaires par référence à des transactions similaires.

Le taux d'actualisation avant impôt retenu pour ces évaluations est le coût moyen pondéré du capital (WACC) de 7,84 % au 31 décembre 2009 contre 9,5 % au 31 décembre 2008. Ce taux a été déterminé à partir d'un taux d'intérêt long terme de 3,61 % correspondant à la moyenne des OAT échéance 10 ans du dernier trimestre, du taux de rendement attendu par un investisseur dans ce secteur et de la prime de risque propre à l'activité de ce secteur. Le taux de croissance à l'infini retenu est de 0,9 % au 31 décembre 2009 contre 1,0 % pour l'exercice précédent.

Une provision pour dépréciation est comptabilisée dès lors que la valeur ainsi déterminée est inférieure à la valeur comptable.

Dans le cadre de la norme IAS 38.27b révisée en 2004, les frais générés au moment de l'acquisition, analysés comme des frais accessoires directs, sont incorporés au coût de l'actif acquis.

Les autres immobilisations incorporelles sont amorties sur leur durée d'utilité et sont soumises à des tests s'il existe un indicateur de perte de valeur qui pourrait entraîner une dépréciation.

Écart d'acquisition

L'écart d'acquisition représente la différence entre le prix d'acquisition de titres de sociétés consolidées, et la part du groupe dans leur actif net retraité à cette date après évaluation de la juste valeur des actifs et passifs acquis.

Un écart d'acquisition positif a été constaté au bilan lors de l'achat de la société Nickel.

Cet écart d'acquisition fait l'objet d'une évaluation au moins annuelle, ou dès lors qu'un indice de perte potentielle de valeur existe. Lorsque la valeur nette comptable de cet écart devient supérieure au montant le plus élevé de sa valeur d'utilité ou de marché, une dépréciation est enregistrée du montant de la différence. La valeur d'utilité est fondée sur les flux de trésorerie futurs actualisés qui seront générés par ces actifs. La valeur de marché est déterminée par référence à des transactions similaires récentes ou à des évaluations réalisées par des experts indépendants dans une perspective de cession. La valeur nette comptable de Nickel étant devenu supérieure au montant le plus élevé de la valeur d'utilité ou de marché, une dépréciation a été constatée du montant de la différence (cf. note 3.2) et comptabilisée dans le poste « Autres produits et charges opérationnels ».

1.10
Immobilisations corporelles

Les immobilisations corporelles sont évaluées à leur coût d'acquisition (prix d'achat et frais accessoires) et sont amorties sur leur durée d'utilisation économique estimée de façon linéaire (2 à 5 ans). Les immobilisations corporelles incluent les moules relatifs aux capots.

1.11
Stocks et en-cours

Les stocks sont valorisés au plus bas de leur prix de revient ou de leur valeur probable de réalisation. Une provision pour dépréciation est pratiqué au cas par cas lorsque la valeur probable de réalisation est inférieure à la valeur comptable.

Le prix de revient des matières premières et approvisionnements est déterminé sur la base des prix moyens pondérés.

Le prix de revient des produits finis est déterminé en incorporant au coût des matières consommées les dépenses de production ainsi qu'une quote-part de charges indirectes évaluées sur la base d'un taux standard.

À la fin de chaque exercice, ces taux standard font l'objet d'une comparaison avec le taux effectivement obtenu sur la base des données réelles de fin d'année.

1.12
Actifs financiers non courants

Les valeurs mobilières de placement sont comptabilisées initialement au coût d'acquisition puis, à chaque clôture, à la juste valeur correspondant à la valeur de marché.

Toutes les valeurs mobilières du groupe ont été classifiées en « actifs disponibles à la vente » et présentées en « Trésorerie et équivalents de trésorerie ».

En application de la norme IAS 39.55, les variations de valeur de marché à la clôture des « Actifs disponibles à la vente » sont enregistrées en capitaux propres. Toutefois, en application de la norme IAS 39.67, une baisse significative ou prolongée de la juste valeur en deçà du coût d'acquisition des titres, serait comptabilisée en résultat.

Au 31 décembre 2009, la perte de valeur relative aux « actifs destinés à la vente », classés au bilan en « actifs financiers non courants » a été enregistrée en résultat.

1.13
Créances

Les créances sont valorisées à leur valeur nominale. Une provision pour perte de valeur est pratiquée, au cas par cas, lorsque la valeur probable de réalisation est inférieure à la valeur comptable.

1.14
Impôts différés

Les impôts différés correspondant aux différences temporaires entre les bases fiscales et comptables des actifs et passifs consolidés ainsi que les impôts sur retraitements de consolidation sont calculés selon la méthode du report variable qui tient compte des conditions d'imposition connues à la fin de l'exercice.

Les économies d'impôt résultant de déficits fiscaux reportables sont enregistrées en impôts différés actifs et dépréciées le cas échéant, seuls les montants dont l'utilisation est probable étant maintenus à l'actif du bilan.

1.15
Trésorerie et équivalents de trésorerie

La ligne « Trésorerie et équivalents de trésorerie » inclus les disponibilités et les titres de placement présentant une liquidité inférieure à 3 mois, facilement convertibles en un montant connu de trésorerie et dont la valeur présente un risque de variation négligeable.

1.16
Actions propres

Les actions Inter Parfums détenues par le groupe sont comptabilisées en déduction des capitaux propres consolidés, à leur coût d'acquisition.

En cas de cession, les résultats de cession sont inscrits directement en capitaux propres pour leur montant net d'impôt.

1.17
Provisions pour risques et charges

Pour indemnités de départ en retraite

Cette provision est destinée à faire face aux engagements correspondant à la valeur actuelle des droits acquis par les salariés relatifs aux indemnités conventionnelles auxquelles ils seront en mesure de prétendre lors de leur départ à la retraite. Pour l'évaluation des indemnités de départ à la retraite 2009, Inter Parfums a retenu le mode de rupture conventionnelle instauré par l'arrêté du 23 juillet 2008 portant extension de l'accord interprofessionnel du 11 janvier 2008. Cette rupture résultera systématiquement d'une convention, signée entre l'employeur et le salarié, stipulant les conditions de la rupture. Le mode de départ, l'année passée, étant la mise à la retraite d'office, l'impact lié à cette modification d'hypothèse a été traité en coût des services passés. La méthode de calcul retenue est la méthode des unités de crédit projetées. Cette méthode prend en compte les droits et les salaires projetés au terme, la probabilité de versement ainsi que le prorata d'ancienneté permettant de ramener les engagements à hauteur des services déjà rendus par les salariés.

Ainsi, le calcul des engagements au titre des indemnités de fin de carrière consiste à estimer la valeur actuelle probable des prestations futures (VAP), c'est-à-dire les droits des salariés lors de leur départ en retraite en tenant compte de la probabilité de départ et de décès de ces salariés avant l'échéance ainsi que des facteurs de revalorisation et d'actualisation. Cette valeur actuelle probable est ensuite proratisée pour tenir compte de l'ancienneté acquise au sein de la société à la date de calcul.

Pour autres risques et charges

Les risques et charges nettement précisés quant à leur objet et que des événements survenus ou en cours rendent probables, entraînent la constitution des provisions. Ces provisions sont ré-estimées à chaque clôture en fonction de l'évolution de ces risques.

1.18
Instruments dérivés et de couverture

Les instruments dérivés et de couverture mis en place par le groupe visent à limiter l'exposition aux risques de taux ainsi qu'aux risques de change, sans vocation spéculative.

Un swap de taux visant à couvrir les risques de fluctuation des taux de l'emprunt Lanvin 2007 dont les intérêts sont basés sur l'Euribor 3 mois a été mis en place lors de la signature du contrat de prêt. Dans le cadre de la norme IAS39, cet instrument de couverture est comptabilisé en charges ou produits financiers pour la différence entre la valeur de marché de cet couverture et son notionnel.

Des contrats de couvertures de change visant à couvrir des flux de trésorerie futurs ont été mis en place. Il s'agit de contrats couvrant 3 à 6 mois de créances en devises (essentiellement le Dollar Américain et la Livre Sterling). Les pertes et les gains de change liés à ces contrats sont comptabilisés en résultat.

Par ailleurs, des contrats de couverture visant à couvrir les ventes futures réalisées en Dollar Américain, ont été mis en place fin 2008. Ces contrats ont permis de couvrir environ 80 % du chiffre d'affaires 2009 dans cette devise. En application de la norme IAS39, ces couvertures de flux prévisionnels ont été traitées comme des couvertures de flux futurs (Cash Flow Hedge). La comptabilité de couverture est applicable si d'une part, la couverture est clairement définie et documentée à la date de mise en place et d'autre part, l'efficacité de la relation de couverture est démontrée dès son origine, et tant qu'elle perdure. À la clôture, les instruments de couverture correspondant à ces contrats sont enregistrés au bilan à leur juste valeur. Les variations de valeurs liées à ces contrats sont comptabilisées en résultat pour la partie non efficace de la couverture et en capitaux propres pour la partie efficace. En 2009, le chiffre d'affaires a été corrigé de l'impact de ces couvertures.

1.19
Emprunts

Lors de la comptabilisation initiale, les emprunts sont comptabilisés à leur juste valeur sur laquelle sont imputés les coûts de transaction directement attribuables à l'émission du passif.

À la clôture, les emprunts sont évalués au coût amorti, basé sur la méthode du taux d'intérêt effectif.

1.20
Autres dettes

Les autres dettes financières et d'exploitation sont initialement comptabilisées au bilan à la juste valeur. Celle-ci correspond généralement au montant de la facture lorsqu'il s'agit de dettes à court terme.

1.21
Stocks options

La norme IFRS2 requiert la constatation en résultat, en contrepartie des réserves, d'une charge équivalente à l'avantage accordé aux salariés lors de l'attribution de stocks options. Pour valoriser ces avantages, la société utilise le modèle Black&Scholes. Ce modèle permet de tenir compte des caractéristiques des plans (prix d'exercice, période d'exercice), des données du marché lors de l'attribution (taux sans risque, cours de l'action, volatilité, dividendes attendus) et d'une hypothèse comportementale des bénéficiaires. Les évolutions de valeur postérieures à la date d'octroi sont sans incidence sur cette évaluation initiale. La valeur des options est notamment fonction de leur durée de vie attendue, que la société estime correspondre à leur période d'indisponibilité fiscale. Cette charge est étalée sur la période d'acquisition des droits.

1.22
Frais de dépôts des marques

Dans le cadre de la norme IAS38, les dépenses relatives aux dépôts des noms de chaque marque ne sont pas immobilisables. Elles sont prises en charge en tant que « frais de recherches et Conseils ».

1.23
Résultat par action

Le résultat par action est calculé sur la base du nombre moyen pondéré d'actions en circulation durant l'exercice, sous déduction des actions propres inscrites en diminution des capitaux propres.

Le résultat par action après dilution est établi sur la base du nombre moyen pondéré d'actions en circulation durant l'exercice, sous déduction des seules actions propres pour lesquelles il est envisagé une détention de longue durée, et majoré du nombre moyen pondéré d'actions qui résulterait de la levée, durant l'exercice, des options de souscription existantes.

2.
PRINCIPES DE PRÉSENTATION

2.1
Présentation du compte de résultat

Le compte de résultat consolidé du groupe présenté
par destination. Cette présentation a pour effet de
ventiler les charges et les produits en fonction de leur
destination (coût des ventes, charges commerciales,
charges administratives) et non pas en fonction
de la nature d'origine des charges et produits.

2.2
Présentation du bilan

Le bilan consolidé est présenté en fonction
de la liquidité des actifs et passifs.

2.3
Information sectorielle

L'information sectorielle présentée est élaborée
à partir de celle utilisée par le management au titre
du suivi de l'activité du groupe.

2.3.1
Premier niveau d'information
sectorielle : les métiers

Le groupe est organisé et piloté autour de deux
centres de profits : les parfums sélectifs et les
cosmétiques. Le secteur de la cosmétique,
représentant aujourd'hui moins de 10 % de l'activité,
est amené à se développer dans les années à venir.

Le groupe présente donc le détail de ces deux secteurs
dont elle maîtrise les indices de performances.

2.3.2
Deuxième niveau d'information
sectorielle : les secteurs géographiques

Le groupe a une activité internationale et analyse
son chiffre d'affaires par zone géographique.

Les actifs nécessaires à l'activité sont principalement
situés en France.

3.
NOTES ANNEXES AU BILAN

3.1
Marques et autres immobilisations incorporelles

3.1.1
Nature des immobilisations incorporelles

En milliers d'euros	2008	+	-	2009
Brut				
Immobilisations incorporelles à durée de vie indéterminée				
Marque Nickel	2 133	-	-	2 133
Marque Lanvin	36 323	-	-	36 323
Immobilisations incorporelles à durée de vie définie				
Droit d'entrée licence S.T. Dupont	1 219	-	-	1 219
Droit d'entrée licence Burberry	5 000	-	-	5 000
Droit d'entrée licence Van Cleef & Arpels	18 250	-	-	18 250
Frais d'acquisition licence Quiksilver	490	-	-	490
Autres immobilisations incorporelles				
Droits sur moules et outillages verrerie	8 716	554	-	9 270
Dépôts de marques	440	-	-	440
Autres	489	60	-	549
Total brut	73 060	614	-	73 674
Amortissements et dépréciations				
Immobilisations incorporelles à durée indéterminée				
Marque Nickel	-	(384)	-	(384)
Immobilisations incorporelles à durée de vie définie				
Droit d'entrée licence S.T. Dupont	(1 060)	(64)	-	(1 124)
Droit d'entrée licence Burberry	(1 576)	(450)	-	(2 026)
Droit d'entrée licence Van Cleef & Arpels	(3 042)	(1 521)	-	(4 563)
Frais d'acquisition Quiksilver	(98)	(175)	-	(273)
Autres immobilisations incorporelles				
Droits sur moules et outillages verrerie	(6 915)	(1 063)	-	(7 978)
Dépôts de marques	(440)	-	-	(440)
Autres	(372)	(59)	-	(431)
Total amortissements et dépréciations	(13 503)	(3 716)	-	(17 219)
Total net	59 557	(3 102)	-	56 455

Marque Nickel

La société Inter Parfums étant propriétaire de la marque Nickel, acquise le 1er avril 2004, aucun amortissement n'est constaté dans les comptes. La marque fait l'objet d'une évaluation, une fois par an, au 31 décembre.

Marque Lanvin

La marque Lanvin, ayant été acquise en classe 3 en juillet 2007, aucun amortissement n'est constaté dans les comptes. La marque fait l'objet d'une évaluation, une fois par an, au 31 décembre.

Droit d'entrée licence S.T. Dupont

Un droit d'entrée de 869 milliers d'euros a été versé au 1er avril 1997 et est amorti sur la durée de vie de la licence S.T. Dupont soit 11 ans. Un droit d'entrée complémentaire de 350 milliers d'euros a été versé en mars 2006 et amorti sur la durée restante du contrat de licence.

Droit d'entrée licence Burberry

Un droit d'entrée de 3 millions d'euros a été versé au 1er juillet 2004 et est amorti sur la durée de vie de la licence Burberry soit 12,5 ans. Un droit d'entrée complémentaire de 2 millions d'euros a été versé en septembre 2006 et amorti sur la durée restante du contrat de licence.

Droit d'entrée licence Van Cleef & Arpels

Un droit d'entrée de 18 millions d'euros a été versé au 1ᵉʳ janvier 2007 et est amorti sur la durée de vie de la licence Van Cleef & Arpels soit 12 ans.

Frais d'acquisition Quiksilver

Les frais générés par l'acquisition de la licence Quiksilver pour 490 milliers d'euros sont amortis sur 12 ans, durée de vie de la licence. En raison de l'arrêt anticipé de la licence en date du 30 juin 2010, l'amortissement constaté dans les comptes 2009 a été accéléré.

Droits relatifs aux moules et outillages verrerie

Les droits relatifs aux moules verrerie sont amortis sur 5 ans. Les frais de design y afférents sont amortis sur 3 ans.

3.1.2
Tests de valeur

Marque Nickel

Une évaluation a été réalisée, en date du 31 décembre 2009, basée sur la méthode des redevances futures actualisées à l'infini. Une provision de 384 milliers d'euros a été constatée sur l'exercice.

Marque Lanvin

Une évaluation a été réalisée, en date du 31 décembre 2009, basée sur la méthode des cash-flows futurs actualisés à l'infini et la méthode des multiples de chiffre d'affaires. Aucune des deux méthodes ne fait ressortir de provision à constater.

Droits d'entrée des licences

L'ensemble des droits d'entrée a fait l'objet d'une évaluation, en date du 31 décembre 2009, basée sur la méthode des cash-flows futurs actualisés. Aucune provision n'a été constatée.

Pour l'ensemble des actualisations, le taux retenu est un coût moyen pondéré du capital (WACC) de 7,84 %.

Analyse de sensibilité

Une variation d'un point du taux d'actualisation avant impôt ou du taux de croissance à l'infini n'entraînerait pas de dépréciations des marques et autres immobilisations incorporelles.

3.2
Écart d'acquisition

Un écart d'acquisition relatif à la participation de 100 % dans la société Nickel figure dans les comptes au 31 décembre 2007. Cet écart d'acquisition correspond à une première prise de participation en juin 2004 à hauteur de 67,57 % pour un montant de 6 910 milliers d'euros et à une deuxième prise de participation en juin 2007 à hauteur de 32,43 % pour un montant de 3 518 milliers d'euros.

Au 31 décembre 2007, l'affectation définitive du coût d'acquisition se décompose comme suit :

En milliers d'euros	
Coût d'acquisition	10 428
Situation nette rachetée	2 879
Allocation aux actifs incorporels	2 133
Allocation aux impôts différés actifs	969
Allocation aux impôts différés passifs	(755)
Juste valeur des actifs et passifs acquis	(5 226)
Écart d'acquisition	5 202

Cet écart d'acquisition a fait l'objet d'un test de valeur au 31 décembre 2009. Ce test a conduit à la constatation d'une dépréciation complémentaire de 1 201 milliers d'euros. La provision totale constatée au bilan s'élève à 2 589 milliers d'euros.

3.3
Immobilisations corporelles

En milliers d'euros	2008	+	-	2009
Installations générales	3 719	2 439	(486)	5 672
Matériel de bureau, informatique, mobilier	1 391	217	(112)	1 496
Moules et outillage capots	5 282	831	-	6 113
Autres [(1)]	763	274	(369)	668
Total brut	11 155	3 761	(967)	13 949
Amortissements et dépréciations [(1)]	(6 993)	(2 206)	765	(8 434)
Total net	4 162	1 555	(202)	5 515

(1) Dont immobilisations en location-financement (véhicules) pour un montant brut de 354 milliers d'euros et un amortissement cumulé de 91 milliers d'euros.

Document de référence deux mille neuf Inter Parfums. Comptes consolidés 71

EXTRAITS DU DOCUMENT DE RÉFÉRENCE 2009 D'INTERPARFUMS • 995

3.4
Stocks et en-cours

En milliers d'euros	2008 [1]	2009
Matières premières et composants	23 570	16 538
Produits finis	49 778	32 487
Total brut	**73 348**	**49 025**
Provisions sur matières premières	(1 924)	(129)
Provisions sur produits finis	(2 906)	(3 786)
Total provisions	**(4 830)**	**(3 915)**
Total net	**68 518**	**45 110**

(1) Voir note 1.3 « Application de l'amendement d'IAS 38 ».

3.5
Créances clients et comptes rattachés

En milliers d'euros	2008	2009
Total brut	80 766	67 251
Provisions	(712)	(1 218)
Total net	**80 054**	**66 033**

Les échéances des créances clients s'analysent comme suit :

En milliers d'euros	2008	2009
Non échues	56 870	50 545
De 0 à 90 jours	17 748	14 767
De 91 à 180 jours	3 088	687
De 181 à 360 jours	77	816
Plus de 360 jours	2 983	436
Total brut	**80 766**	**67 251**

3.6
Autres créances

En milliers d'euros	2008	2009
Charges constatées d'avance	2 090	1 130
Comptes courants groupe	1 306	528
Taxe sur la valeur ajoutée	1 145	1 093
Instruments de couvertures	4 836	3 912
Autres	736	817
Total	**10 113**	**7 480**

Les instruments de couvertures comprennent la valeur de marché des couvertures mises en place fin 2008 pour couvrir le chiffre d'affaires 2009 en US Dollar.

3.7
Trésorerie et équivalents de trésorerie

En milliers d'euros	2008	2009
Certificats de dépôt à moins de trois mois	12 000	44 629
Sicav et Fcp monétaires	14 239	16 823
Comptes bancaires	4 141	5 421
Trésorerie et équivalents de trésorerie	**30 380**	**66 873**

3.8
Capitaux propres

3.8.1
Capital social

Au 31 décembre 2009, le capital de la société Inter Parfums est composé de 16 223 513 actions entièrement libérées d'une valeur nominale de 3 euros, détenu à 74,6 % par la société Inter Parfums Holding.

Les augmentations de capital de l'exercice 2009 sont dues à la levée d'options de souscription d'actions et à l'augmentation de capital par attribution gratuite d'actions du 15 juin 2009 à hauteur d'une action nouvelle pour cinq actions anciennes.

3.8.2
Plans d'options de souscription d'actions

Les membres du personnel, salariés de la société et de ses filiales, bénéficient régulièrement de plans d'options de souscription.

En décembre 2009, un nouveau plan a été émis pour 87 000 options de souscriptions au prix de 17,60 euros. L'ensemble des salariés du groupe en a bénéficié. Ces options sont bloquées pendant une période de 4 ans.

Les caractéristiques des plans en vie sont les suivantes :

Plans	Nombre de bénéficiaires	Nombre d'options attribuées à l'origine	Date d'attribution	Période d'acquisition des droits	Prix d'exercice[1]
Plan 2004	74	47 000	25/03/2004	4 ans	18,40 €
Plan 2005	85	112 700	26/05/2005	4 ans	17,20 €
Plan 2006	84	98 800	01/06/2006	4 ans	21,90 €
Plan 2008 (IP Inc)	96	84 500	14/02/2008	4 ans	11,30 $
Plan 2009	135	87 000	17/12/2009	4 ans	17,60 €

(1) Prix de souscription corrigé des émissions d'actions gratuites.

Durant la période, les mouvements des plans émis par Inter Parfums SA s'analysent comme suit :

Plans	Nombre d'options en vie au 31/12/2008	Conversions de l'exercice	Attributions de l'exercice	Attributions d'actions gratuites	Annulations de l'exercice	Nombre d'options en vie au 31/12/2009
Plan 2002	43 119	(51 368)	-	8 249	-	-
Plan 2003	83 313	(99 828)	-	16 515	-	-
Plan 2004	128 917	(987)	-	25 806	-	153 736
Plan 2005	130 665	(408)	-	25 798	(1 759)	154 296
Plan 2006	128 075	-	-	25 426	(1 065)	152 436
Plan 2009	-	-	87 000	-	-	87 000
	514 089	(152 591)	87 000	101 794	(2 824)	547 468

Au 31 décembre 2009, le nombre potentiel d'actions Inter Parfums S'à créer est de 547 468 titres.

L'ensemble des salariés du groupe a bénéficié, en février 2008, d'un plan de souscription d'actions émis par la société mère Inter Parfums Inc. Ce plan a été comptabilisé selon IFRIC 11 et sera facturé à Inter Parfums SA par la société mère.

L'avantage accordé aux salariés lors de l'attribution de stocks options a été calculé suivant le modèle Black&Scholes, en application de la norme IFRS 2. L'impact de ce calcul, incluant le plan américain, représente une charge étalée sur la durée d'acquisition des droits. Elle s'élève à 397 milliers d'euros pour l'année 2009 et à 524 milliers d'euros pour l'année 2008.

L'estimation de la juste valeur de chaque option de souscription d'actions, basée sur le modèle Black&Scholes, a été calculée à la date d'attribution avec les hypothèses suivantes :

Plans	Juste valeur de l'option	Taux d'intérêts sans risque	Rendement du dividende	Taux de volatilité	Cours de bourse de l'action retenu pour l'évaluation
Plan 2002	10,96 €	3,00 %	1,00 %	35 %	31,97 €
Plan 2003	14,62 €	3,00 %	1,00 %	41 %	44,00 €
Plan 2004	12,48 €	4,20 %	1,00 %	23 %	64,75 €
Plan 2005	6,76 €	4,50 %	1,00 %	22 %	30,25 €
Plan 2006	10,37 €	4,60 %	0,94 %	25 %	35,00 €
Plan 2008 [1]	3,96 $	2,72 %	1,20 %	39 %	11,59 $
Plan 2009	4,27 €	3,56 %	2,67 %	30 %	17,60 €

(1) Le plan 2008 a été émis par la maison mère Inter Parfums Inc.

La durée de vie des options est de 6 ans pour l'ensemble des plans.

3.8.3
Actions propres

Dans le cadre du programme de rachat d'actions visé par l'Assemblée générale en date du 24 avril 2009, 37 198 actions Inter Parfums sont détenues par la société au 31 décembre 2009.

Les mouvements sur la période se décomposent comme suit :

En milliers d'euros	Nombre de titres	Valeur
Au 31 décembre 2008	40 375	834
Acquisition	108 855	1 786
Attribution gratuite du 15 juin 2009	6 425	-
Cession	(118 457)	(1 972)
Au 31 décembre 2009	37 198	648

La gestion du programme de rachat est effectuée par un prestataire de services d'investissement, dans le cadre d'un contrat de liquidité conformément à la charte de déontologie de l'AFEI.

Les actions acquises dans ce cadre le seront dans les limites suivantes :

- le prix maximum d'achat est fixé à 45 euros par action, hors frais d'acquisition ;
- le total des actions détenues ne dépassera pas 5 % du nombre d'actions composant le capital de la société.

3.8.4
Intérêts minoritaires

Les intérêts minoritaires sont relatifs à la part non détenue (49 %) dans les filiales européennes (Inter Parfums Deutschland GmbH, Inter España Parfums et Cosmetiques SL, Inter Parfums Srl et Inter Parfums Ltd).
Ils se décomposent comme suit :

En milliers d'euros	31/12/2008	31/12/2009
Part des réserves des minoritaires	370	(36)
Part de résultat des minoritaires	(536)	145
Intérêts minoritaires	(166)	109

Les minoritaires ont une obligation irrévocable de compenser les pertes par un investissement complémentaire et ont la capacité de le faire.

3.8.5
Stratégie capitalistique

La société n'est soumise à aucune obligation spécifique d'ordre réglementaire ou contractuel en matière de capital social.

Conformément aux dispositions de l'article L. 225-123 du Code de commerce, l'Assemblée générale du 29 septembre 1995 a décidé de créer des actions ayant un droit de vote double. Ces actions doivent être entièrement libérées et inscrites sur le Registre des actions de la société, sous la forme nominative, depuis trois ans minimum.

La politique de distribution de dividendes, mise en place depuis 1998, représente aujourd'hui environ 25 % du résultat net consolidé, permettant d'assurer une rémunération aux actionnaires, tout en les associant à la croissance du groupe. Début mai 2009, il a été versé un dividende de 0,38 euro par titre soit un total de 5,0 millions d'euros.

En matière de financement, du fait du niveau important des capitaux propres du groupe et d'un taux d'endettement faible, le financement des opérations importantes auxquelles a dû faire face le groupe a été réalisé auprès des établissements de crédit par le biais d'emprunts à moyen terme.

Outre l'engagement de la société pris auprès des établissements de crédit de respecter les covenants contractuels, le niveau des capitaux propres consolidés est régulièrement suivi afin de s'assurer d'une flexibilité financière suffisante permettant à la société d'étudier toute opportunité en terme de croissance externe.

3.9
Provisions pour risques et charges

En milliers d'euros	2008	Dotations	Reprises utilisées	Reprises non utilisées	2009
Provision indemnités de départ en retraite	712	419	-	-	1 131
Total provisions pour risques et charges à + d'un an	712	419	-	-	1 131
Provisions pour risques	2 280	1 010	(1 453)	(774)	1 063
Total provisions pour risques et charges à - d'un an	2 992	1 429	(1 453)	(774)	2 194

Depuis 2008, l'évaluation des indemnités de départ à la retraite est calculée selon le mode de rupture conventionnelle instauré par l'arrêté du 23 juillet 2008 portant extension de l'accord interprofessionnel du 11 janvier 2008.

Pour l'année 2009, les hypothèses suivantes ont été retenues : une rupture conventionnelle à l'âge de 65 ans, un taux de charges sociales patronales de 45 % pour l'ensemble des salariés, un taux de revalorisation annuelle des salaires de 5 %, un taux de rotation annuel de l'ensemble du personnel de 5 % pour les âges inférieurs à 55 ans et nul au-delà, les tables de mortalité TH 00-02 pour les hommes et TF 00-02 pour les femmes, un taux d'actualisation de 3,96 %.

Le montant des coûts des services passés non comptabilisés a été enregistré en engagement hors bilan pour 585 milliers d'euros au 31 décembre 2009.

À partir de ces hypothèses, la charge annuelle de 420 milliers d'euros enregistrée en résultat courant se décompose comme suit :

- Coût des services rendus : 162 milliers d'euros ;
- Coût financier : 41 milliers d'euros ;
- Coût des écarts actuariels : 217 milliers d'euros.

Les provisions pour risques sont principalement constituées de provisions pour litige relatives à des discussions contractuelles. La reprise sur provision pour litige correspond à l'accord intervenu entre Inter Parfums et son distributeur relatif à des conditions commerciales.

3.10
Emprunts et dettes financières à plus ou moins d'un an

3.10.1 Ventilation des dettes financières par échéances et par taux

En milliers d'euros	Total	- d'un an	1 à 5 ans	5 ans et +
Emprunts à taux variables (Euribor 3M)	12 622	4 811	7 811	-
Emprunts à taux fixe	7 643	3 744	3 899	-
Crédit bail sur véhicules	278	92	186	-
Découverts bancaires	672	672	-	-
Total au 31 décembre 2009	21 215	9 319	11 896	-

En milliers d'euros	Total	- d'un an	1 à 5 ans	5 ans et +
Emprunts à taux variables (Euribor 3M)	18 683	6 583	12 100	-
Emprunts à taux fixe	11 238	3 594	7 644	-
Crédit bail sur véhicules	153	94	59	-
Découverts bancaires	4 076	4 076	-	-
Total au 31 décembre 2008	34 150	14 347	19 803	-

L'ensemble de ces emprunts a été contracté en euros.

3.10.2 Analyse des dettes financières

	Lanvin 2004	Lanvin 2007	Van Cleef & Arpels
Date de mise en place	30/06/2004	28/09/2007	01/01/2007
Montant initial (milliers d'euros)	16 000	22 000	18 000
Durée de l'emprunt	5 ans	5 ans	5 ans
Taux	Variable	Variable	Fixe
	Euribor-3M + 0,60 %	Euribor-3M +0,40 %	4,1 %
Remboursements	Trimestriel	Trimestriel	Trimestriel
Montant dû au 31/12/2009 (milliers d'euros)	-	12 100	7 643

3.10.3
Dispositions particulières

L'emprunt Lanvin 2004, contracté en juin 2004, a été adossé à un swap au taux Euribor 12 mois fin de période limité à 2,10 % en borne basse et 3,85 % en borne haute.

Au 30 juin 2009, l'emprunt était remboursé dans sa totalité et le contrat de swap y afférent est clos.

L'emprunt Lanvin 2007, contracté en septembre 2007 a été adossé à un swap taux fixe de 4,42 %.

Au 31 décembre 2009, sur la base d'un notionnel de 12,1 millions d'euros, la variation de valeur positive de 61 milliers d'euros de ce swap a été enregistrée en résultat, le groupe n'appliquant pas la comptabilité de couverture selon IAS39.
La valeur de marché du swap au 31 décembre 2009 est de 522 milliers d'euros en défaveur de la société.

3.10.4
Covenants

Les covenants attachés aux emprunts contractés par la société mère sont les suivants :

- rapport endettement financier/situation nette ;
- rapport endettement financier/capacité d'autofinancement.

Chaque année, la société procède au calcul de ces ratios.

En 2009, l'ensemble de ces covenants sont respectés. Le niveau actuel des ratios est très éloigné des seuils contractuels, de telle sorte que le groupe dispose d'une flexibilité financière élevée au regard de ces engagements.

3.11
Impôts différés

Les impôts différés représentés principalement par les différences temporaires entre comptabilité et fiscalité, les impôts différés sur les retraitements de consolidation et les impôts différés enregistrés sur la base des déficits reportables lorsqu'ils sont récupérables se présentent comme suit :

En milliers d'euros	2008 [1]	Variations par réserves	Variations par résultat	2009
Impôts différés passif				
Différences temporaires comptabilité/fiscalité	48	-	(40)	8
Frais d'acquisition	761	-	(67)	694
Couverture de change	2 022	(2 216)	901	707
Stocks options	-	109	(109)	-
Plus-values sur actions propres	-	43	(43)	-
Swap sur emprunt	-	-	-	-
Écart d'évaluation	734	-	-	734
Autres	71	-	(29)	42
Total impôts différés passif	**3 636**	**(2 064)**	**613**	**2 185**
Impôts différés actif				
Différences temporaires comptabilité/fiscalité	748	-	176	924
Swap sur emprunt	201	-	(21)	180
Marge sur stocks	753	-	(64)	689
Frais de publicité et promotion [1]	784	-	(31)	753
Valeur de marché des titres	-		46	46
Autres	41		(13)	28
Total impôts différés actif avant dépréciation	**2 527**	**-**	**93**	**2 620**
Dépréciation d'impôts différés	-	-	-	-
Total impôts différés actif nets	**2 527**	**-**	**93**	**2 620**
Total impôts différés nets	**1 109**	**(2 064)**	**520**	**(435)**

(1) Voir note 1.3 « Application de l'amendement d'IAS 38 ».

3.12
Autres dettes à moins d'un an

En milliers d'euros	2008	2009
Avoirs à établir	3 006	2 884
Comptes courants	-	-
Dettes fiscales et sociales	6 072	8 362
Autre dettes	3 271	3 877
Total	**12 349**	**15 123**

Document de référence deux mille neuf Inter Parfums. Comptes consolidés   77

EXTRAITS DU DOCUMENT DE RÉFÉRENCE 2009 D'INTERPARFUMS • 1001

3.13
Instruments financiers

Les tableaux ci-dessous présentent les instruments financiers au bilan selon les catégories d'évaluation définies par la norme IAS 39.

Au 31 décembre 2009 En milliers d'euros	Notes	Valeur au bilan	Juste valeur	Juste valeur par résultat	Actifs disponibles à la vente	Prêts et créances ou dettes	Instruments dérivés
Actifs financiers non courants		886	886	-	70	816	-
Clients et comptes rattachés	3.5	66 033	66 033	-	-	67 888	(1 855)
Autres créances	3.6	7 480	7 480	-	-	3 568	3 912
Trésorerie et équivalent	3.7	66 873	66 873	-	-	66 873	-
Actifs		**141 272**	**141 272**	**-**	**70**	**139 145**	**2 057**
Emprunts et dettes financières	3.10	20 543	20 391	522	-	20 021	-
Frs et comptes rattachés		41 809	41 809	-	-	41 809	-
Concours bancaires	3.10	672	672	-	-	672	-
Autres dettes	3.12	15 123	15 123	-	-	15 123	-
Passifs		**78 147**	**77 995**	**522**	**-**	**77 625**	**-**

Au 31 décembre 2008 En milliers d'euros	Notes	Valeur au bilan	Juste valeur	Juste valeur par résultat	Actifs disponibles à la vente	Prêts et créances ou dettes	Instruments dérivés
Actifs financiers non courants		478	478	-	70	408	-
Clients et comptes rattachés	3.5	80 054	80 054	-	-	79 025	1 029
Autres créances	3.6	10 113	10 113	-	-	5 277	4 836
Trésorerie et équivalent	3.7	30 380	30 380	-	-	30 380	-
Actifs		**121 025**	**121 025**	**-**	**70**	**115 090**	**5 865**
Emprunts et dettes financières	3.10	30 074	29 160	583	-	29 491	-
Frs et comptes rattachés		52 866	52 866	-	-	52 866	-
Concours bancaires	3.10	4 076	4 076	-	-	4 076	-
Autres dettes	3.12	12 349	12 349	-	-	12 349	-
Passifs		**99 365**	**98 451**	**583**	**-**	**98 782**	**-**

La juste valeur de l'ensemble des actifs et passifs courants (créances clients, dettes fournisseurs, prêts et dettes à court terme, trésorerie et découverts bancaires) est considérée comme étant équivalente à leur valeur comptable compte tenu de leur échéance à court terme. La juste valeur des dettes financières long terme est déterminée à partir d'une estimation des flux de trésorerie futurs, emprunt par emprunt, en actualisant ces flux à la fin de l'année sur la base du taux observé sur le marché à la clôture pour des types d'emprunts similaires, tel que présenté dans le tableau ci-dessus.

3.14
Gestion des risques

Les principaux risques liés à l'activité et à la structure du groupe portent sur l'exposition aux risques de taux ainsi qu'aux risques de change pour lesquels le groupe utilise des instruments dérivés. Les autres risques auxquels le groupe pourrait être exposé n'entraînent pas la détermination d'éléments chiffrés significatifs.

3.14.1
Exposition aux risques de taux

L'exposition du groupe aux variations de taux d'intérêt est due principalement à son endettement. La politique menée par le groupe a pour but la sécurisation des frais financiers par la mise en place de couvertures, sous forme de contrats d'échanges de taux d'intérêt (swaps taux fixe) et des garanties de taux plancher et plafond (floor et caps).

Ces instruments financiers n'ont pas été qualifiés de couverture au regard de la norme IAS 39. Le groupe considère, néanmoins, que ces opérations ne présentent pas de caractère spéculatif et sont nécessaires à la gestion efficace de son exposition au risque de taux d'intérêt.

Sensibilité aux taux d'intérêt

La charge d'intérêt enregistrée dans les comptes 2009 au titre des dettes moyen terme représente la charge maximale possible compte tenu du taux plafond prévu dans les conditions du swap taux fixe.

3.14.2
Exposition aux risques de liquidité

La position nette des actifs et passifs financiers par échéance se décompose comme suit :

En milliers d'euros	- d'un an	1 à 5 ans	5 ans et +
Actifs financiers	61 452	70	-
Passifs financiers	(8 236)	(11 785)	-
Position nette avant gestion	53 216	(11 715)	-
Gestion des actifs et passifs (swaps)	(411)	(111)	-
Position nette après gestion	52 805	(11 826)	-

Les passifs financiers par année se décomposent comme suit :

En milliers d'euros Au 31 décembre 2009	2010	2011	2012	Total
Dette à taux variable - nominal	4 400	4 400	3 300	12 100
Dette à taux variable - intérêts	543	314	86	943
Dette à taux fixe - nominal	3 744	3 900	-	7 643
Dette à taux fixe - intérêts	256	100	-	356
Swap de taux d'intérêts	411	102	8	522

En milliers d'euros Au 31 décembre 2008	2009	2010	2011	2012	Total
Dette à taux variable - nominal	6 000	4 400	4 400	3 300	18 100
Dette à taux variable - intérêts	787	543	314	86	1 730
Dette à taux fixe - nominal	3 594	3 744	3 900	-	11 238
Dette à taux fixe - intérêts	406	256	100	-	762
Swap de taux d'intérêts	300	169	86	28	583

3.14.3
Exposition aux risques de change

Les positions nettes du groupe dans les principales devises étrangères sont les suivantes :

En milliers d'euros	USD	GBP	YEN	CAD
Actifs	19 353	3 492	1 041	44
Passifs	(927)	(502)	(10)	-
Position nette	18 426	2 990	1 031	44
Couvertures de change	1 855	(93)	-	-
Position nette après gestion	20 281	2 897	1 031	44

Par ailleurs, le groupe réalise une part importante de son chiffre d'affaires en devises et supporte donc un risque de change lié à l'évolution du cours de ces devises, principalement sur le Dollar Américain (34,6 % des ventes) et dans une moindre mesure sur la Livre Sterling (8,6 % des ventes) et sur le Yen Japonais (2,7 % des ventes).

Politique de risques de change

La politique de risque de change du groupe vise à couvrir les expositions budgétaires hautement probables, liées principalement aux flux monétaires résultant de l'activité réalisée en Dollar Américain, ainsi que les créances commerciales de l'exercice en Dollar Américain et en Livre Sterling.

Pour ce faire, le groupe utilise des contrats de ventes à terme, selon des procédures interdisant toute opération spéculative :

- Toute opération de couverture de change est adossée, en montant et en maturité, à un sous-jacent économique identifié ;

- Toute exposition budgétaire identifiée est couverte à hauteur de 80 %.

Au 31 décembre 2009, le groupe a couvert 100 % de ses positions en Dollar Américain et en Livre Sterling liées aux créances clients enregistrées.

Le budget des ventes 2009 a été couvert à hauteur de 80 %, des ventes à terme additionnelles étant contractées pour la partie complémentaire.

Les montants nominaux des couvertures en cours, basés sur les créances clients, valorisées aux cours de clôture, sont les suivants :

En milliers d'euros	2008	2009
Ventes à terme en Dollar Américain	26 026	27 866
Ventes à terme en Livre Sterling	5 010	5 906
Ventes à terme en Yen Japonais	745	-
Écart valeur de marché/ valeur comptable	-	-

Document de référence deux mille neuf Inter Parfums. Comptes consolidés 79

EXTRAITS DU DOCUMENT DE RÉFÉRENCE 2009 D'INTERPARFUMS • 1003

Sensibilité aux risques de change

Le groupe estime qu'une variation de 10 %
de la parité dollar US contre euro est un changement
de variable de risque pertinent et raisonnablement
possible dans une année. Une hausse instantanée
des cours de change (Dollar Américain et Livre
Sterling) de 10 % conduirait à constater une hausse
maximale du chiffre d'affaires de 7,0 millions d'euros
et du résultat opérationnel de 5,9 millions d'euros.
Une baisse de 10 % de ces mêmes parités aurait un
impact symétrique avec les mêmes montants mais
dans le sens opposé.

3.14.4
Exposition aux risques de contrepartie

Les instruments financiers utilisés par le groupe
pour gérer ses risques de taux d'intérêts et de change
sont contractés avec des contreparties disposant
d'une notation de référence. Au 31 décembre 2009,
les contreparties (selon Standard & Poor's) sont
notées AA.

Les dépôts de trésorerie sont effectués auprès
d'institutions financières disposant d'une notation
émanant d'une agence spécialisés. Au 31 décembre
2009, les contreparties (selon Standard & Poor's)
sont notées AA pour 81 %.

4.
NOTES ANNEXES AU COMPTE DE RÉSULTAT

4.1
Répartition du chiffre d'affaires consolidé par marque

En milliers d'euros	2008	2009
Burberry	169 031	166 242
Lanvin	38 967	40 634
Van Cleef & Arpels	21 018	20 158
Paul Smith	13 403	12 789
S.T. Dupont	11 464	11 512
Roxy	7 379	3 691
Nickel	2 657	2 305
Christian Lacroix	1 274	-
Autres	(329)	1 868
Total	264 864	259 199

4.2
Coût des ventes

En milliers d'euros	2008	2009
Achats de matières premières, marchandises et emballages	(118 152)	(76 123)
Variation de stocks et dépréciations	16 069	(22 171)
PLV (Publicité sur le Lieu de Vente)	(5 626)	(4 395)
Transport sur achats	(1 031)	(490)
Autres charges liées au coût des ventes	(3 568)	(3 779)
Total coût des ventes	(112 308)	(106 958)

4.3
Charges commerciales

En milliers d'euros	2008	2009
Publicité	(44 647)	(39 359)
Redevances	(25 164)	(25 000)
Salaires	(11 224)	(12 755)
Sous-traitance	(14 367)	(14 820)
Transport	(3 407)	(3 002)
Commissions	(2 086)	(1 746)
Voyages et déplacements	(2 235)	(1 951)
Dotations et reprises amortissement/dépréciations	(2 340)	(3 495)
Autres charges liées à la fonction commerciale	(4 537)	(5 071)
Total charges commerciales	(110 007)	(107 199)

80   Document de référence deux mille neuf Inter Parfums. Comptes consolidés

1004 • ANNEXE C

4.4
Charges administratives

En milliers d'euros	2008	2009
Achats et charges externes	(2 658)	(2 777)
Salaires	(2 854)	(3 546)
Impôts et taxes	(459)	(367)
Dotations et reprises amortissement/dépréciations	(794)	(1 344)
Autres charges liées à la fonction administrative	(959)	(1 740)
Total charges administratives	(7 724)	(9 774)

4.5
Autres produits et charges opérationnelles

La comparaison entre la valeur de marché de l'activité Nickel estimée au 31 décembre 2009 et sa valeur comptable a conduit à constater une perte de valeur complémentaire affectée à l'écart d'acquisition constaté lors de la prise de participation dans la société Nickel à hauteur de 1 201 milliers d'euros enregistrée dans le poste « Autres produits et charges opérationnelles ».

4.6
Résultat financier

En milliers d'euros	2008	2009
Produits financiers	1 246	403
Intérêts et charges assimilées	(2 891)	(1 579)
Coût de l'endettement financier net	(1 645)	(1 176)
Résultat de change	(942)	2 302
Autres charges et produits financiers	(165)	(45)
Total résultat financier	(2 752)	(1 081)

4.7
Impôts sur les bénéfices

4.7.1
Ventilation de l'impôt sur les bénéfices

En milliers d'euros	2008	2009
Impôt courant	(10 531)	(11 453)
Impôts différés sur différences temporaires	115	216
Impôts différés sur retraitements de consolidation	(508)	(735)
Total impôts sur les bénéfices	(10 924)	(11 972)

4.7.2
Rapprochement entre la charge d'impôt comptabilisée et la charge d'impôt théorique

Plusieurs éléments expliquent la différence entre la charge effective d'impôt et la charge théorique calculée par application sur le résultat avant impôt du taux d'imposition actuellement en vigueur en France (34,4 %) pour les années 2009 et 2008.

En milliers d'euros	2008	2009
Base d'imposition	31 507	34 764
Impôt théorique calculé au taux normal	(10 848)	(11 969)
Effet de changement de taux sur les impôts différés	309	615
Actifs d'impôt sur déficits reportables	(147)	42
Différences permanentes non déductibles	(238)	(660)
Impôt sur les bénéfices	(10 924)	(11 972)

Document de référence deux mille neuf Inter Parfums. Comptes consolidés 81

EXTRAITS DU DOCUMENT DE RÉFÉRENCE 2009 D'INTERPARFUMS • 1005

4.8
Résultats par action

En milliers d'euros, sauf nombre d'actions et résultats par action en euros	2008	2009
Résultat net consolidé	21 119	22 647
Nombre moyen d'actions	12 719 676	14 880 583
Résultat net par action [1]	**1,66**	**1,52**
Effet dilutif sur options de souscription d'actions :		
Nombre d'actions complémentaires potentielles	66 499	-
Nombre moyen d'actions après effet des conversions potentielles	12 786 175	14 880 583
Résultat net par action dilué [1]	**1,65**	**1,52**

(1) Non retraité des actions gratuites attribuées sur les années 2008 et 2009.

5.
INFORMATIONS SECTORIELLES

5.1
Premier niveau : les métiers

En milliers d'euros	Parfums	Cosmétiques	2008 Total	Parfums	Cosmétiques	2009 Total
Chiffre d'affaires	262 207	2 657	264 864	255 889	3 310	259 199
Résultat opérationnel	35 242	(417)	34 825	36 089	(821)	35 268
Pertes de valeur	-	(566)	(566)	-	(1 585)	(1 585)
Marques, licences et écarts d'acquisition	57 877	5 494	63 371	57 222	1 846	59 068
Stocks	67 118	1 400	68 518	44 415	695	45 110
Autres actifs opérationnels	126 517	1 382	127 899	149 096	400	149 496
Total actifs opérationnels	**252 296**	**8 276**	**260 572**	**250 733**	**2 941**	**253 674**
Passifs opérationnels	**80 989**	**1 162**	**82 151**	**68 293**	**121**	**68 414**

Les actifs et passifs d'exploitation sont principalement employés en France.

5.2
Deuxième niveau : les secteurs géographiques

Le chiffre d'affaires par secteurs géographiques se décompose comme suit :

En milliers d'euros	2008	2009
Amérique du Nord	49 632	43 766
Amérique du Sud	17 785	17 452
Asie	33 911	37 448
Europe de l'Est	26 294	18 420
Europe de l'Ouest	85 263	85 135
France	25 638	26 466
Moyen Orient	24 187	28 672
Autres	2 154	1 840
Total	**264 864**	**259 199**

6.
AUTRES INFORMATIONS

6.1
Engagements hors bilan

6.1.1
Synthèse des engagements donnés

En milliers d'euros	2008	2009
Minima garantis sur les redevances de marque	220 299	203 087
Loyers sur locaux du siège	7 652	6 113
Minima garantis sur entrepôts de stockage et de logistique	7 950	5 150
Commandes fermes de composants (stocks à disposition)	4 124	2 914
Engagements de retraites	607	585
Total des engagements donnés	240 632	217 849

6.1.2
Engagements donnés par échéance au 31 décembre 2009

En milliers d'euros	Total	À - d'1 an	1 à 5 ans	5 ans et +
Minima garantis sur les redevances de marque	203 087	24 612	107 420	71 055
Loyers sur locaux du siège	6 113	1 321	3 806	986
Minima garantis sur entrepôts de stockage et de logistique	5 150	2 900	2 250	-
Total obligations contractuelles	214 350	28 833	113 476	72 041
Commandes fermes de composants (stocks à disposition)	2 914	2 914	-	-
Engagements de retraites	585	22	87	476
Total autres engagements	3 499	2 936	87	476
Total des engagements donnés	217 849	31 769	113 563	72 517

Les échéances sont définies en fonction de la durée des contrats (contrats de licences, de bail, de logistique…).

6.1.3
Autres engagements

Le montant de l'engagement sur les ventes à terme en devises au 31 décembre 2009 s'élèvent à 36 436 milliers de Dollar Américain et 5 388 milliers de Livre Sterling.

La loi 2004-391 du 4 mai 2005 reconnaissant aux salariés un Droit Individuel à la Formation (D.I.F.), la société est engagée sur la base de 21 heures par an et par salarié. Le nombre d'heures de formation acquis au titre du D.I.F. par les salariés du groupe s'élève à 6 894 au 31 décembre 2009. Le nombre d'heures de formation consommées au titre du D.I.F. par les salariés du groupe au cours de l'année 2009 a été de 939.

Pour répondre aux obligations de droit allemand, Inter Parfums, par l'émission d'une lettre de confort fin juin 2007, s'est engagé sans restrictions à veiller à ce que sa filiale Inter Parfums GmbH, soit dirigée et dotée financièrement de façon qu'elle soit à tout moment en mesure d'honorer toutes ses obligations de paiement envers tous les créanciers.

Fin juillet 2007, la société Inter Parfums a acquis la propriété des marques Lanvin pour les produits de parfums et de maquillages auprès de la société Jeanne Lanvin. La société Lanvin bénéficie d'une option de rachat des marques, exerçable au 1er juillet 2025.

6.1.4
Engagements reçus

Le montant de l'engagement reçu sur les achats à terme en devises au 31 décembre 2009 s'élèvent à 27 866 milliers d'euros pour les couvertures en Dollar Américain et 5 906 milliers d'euros pour les couvertures en Livre Sterling soit un total d'engagements de 33 772 milliers d'euros.

Document de référence deux mille neuf Inter Parfums. Comptes consolidés   83

EXTRAITS DU DOCUMENT DE RÉFÉRENCE 2009 D'INTERPARFUMS • 1007

6.2
Accords de licence

	Contrat	Date de début de concession	Durée	Date de fin
Burberry	Origine	Juillet 1993	13 ans et 6 mois	-
	Renouvellement	Juillet 2004	12 ans et 6 mois	Décembre 2016
S.T. Dupont	Origine	Juillet 1997	11 ans	-
	Renouvellement	Janvier 2006	5 ans et 6 mois	Juin 2011
Paul Smith	Origine	Janvier 1999	12 ans	-
	Renouvellement	Juillet 2008	7 ans	Décembre 2017
Christian Lacroix	Origine	Mars 1999	10 ans et 10 mois	Décembre 2010
Quiksilver	Origine	Avril 2006	11 ans et 9 mois	Anticipée Juin 2010
Van Cleef & Arpels	Origine	Janvier 2007	12 ans	Décembre 2018
Jimmy Choo	Origine	Janvier 2010	12 ans	Décembre 2021

Le renouvellement de la licence Burberry au 1er juillet 2004 est assorti d'une option de 5 années supplémentaires et d'une option de rachat de la licence par Burberry Ltd à la valeur de marché au 31 décembre 2011.

Les sociétés Quiksilver et Inter Parfums ont décidé d'un commun accord, en date du 1er septembre 2009, de mettre fin à leur contrat de licence par anticipation au 30 juin 2010, sans impact financier pour les parties.

6.3
Marques en propres

Lanvin

En juin 2004, la société Inter Parfums a conclu un contrat de licence exclusif avec la société Lanvin à effet au 1er juillet 2004 pour le développement, la fabrication et la distribution mondiale de parfums pour une période de 15 ans.

Fin juillet 2007, la société Inter Parfums a acquis la propriété des marques Lanvin pour les produits de parfums et de maquillages auprès de la société Jeanne Lanvin.

Les sociétés Inter Parfums et Lanvin ont résilié d'un commun accord avec effet immédiat le contrat de licence signé en juin 2004 et ont parallèlement conclu un accord d'assistance technique et créative pour le développement de nouveaux parfums, effectif jusqu'au 30 juin 2019 et fonction des niveaux de vente. La société Lanvin bénéficie d'une option de rachat des marques, exerçable au 1er juillet 2025.

Nickel

En avril 2004, Inter Parfums a pris une participation majoritaire dans la société de cosmétiques pour hommes Nickel.

En juin 2007, Inter parfums est devenu propriétaire à 100 % de la marque.

6.4
Assurance

Le capital d'un contrat d'assurance vie concernant le Président-Directeur Général ayant la société Inter Parfums comme bénéficiaire s'élève à 15 millions d'euros.

6.5
Données sociales

6.5.1
Effectifs par catégorie

Présents au	31/12/2008	31/12/2009
Cadres	82	84
Agents de maîtrise	9	9
Employés	61	78
Total	**152**	**171**

6.5.2
Effectifs par département

Présents au	31/12/2008	31/12/2009
Direction générale	2	2
Production & Opérations	22	24
Burberry Fragrances	27	31
Luxe & Fashion	25	24
France	49	59
Finances & Juridique	27	31
Total	**152**	**171**

6.5.3
Charges de personnel

En milliers d'euros	2008	2009
Charges de personnel (participation et charges sociales incluses)	15 946	18 428
Dont rémunération Comité de Direction - salaires, bonus et charges sociales	2 923	3 027
Dont rémunération Comité de Direction - coût des paiements en actions	208	135

Par ailleurs, pour l'année 2009, un montant de 119 milliers d'euros a été versé par la société au titre de la retraite complémentaire des dirigeants.

6.6
Informations relatives aux parties liées

6.6.1
Comité de Direction

Les sept membres du Comité de Direction ont des responsabilités en termes de stratégie, direction et contrôle. Ils sont titulaires d'un contrat de travail et perçoivent à ce titre une rémunération se décomposant comme suit :

En milliers d'euros	2008	2009
Salaires, bonus et charges sociales	2 923	3 027
Coût des paiements en actions	208	135

Les dirigeants, M. Philippe Benacin et M. Jean Madar, co-fondateurs, de la société Inter Parfums SA sont également dirigeants et actionnaires majoritaires de la société mère Inter Parfums Inc.

6.6.2
Conseil d'Administration

Les dix membres du Conseil d'Administration ont, des responsabilités en termes de stratégie, conseil, croissance externe et contrôle. Seuls les administrateurs externes perçoivent des jetons de présence se décomposant comme suit :

En milliers d'euros	2008	2009
Jetons de présence perçus [1]	35	45

(1) Calculés en fonction de la présence effective à chacun des Conseils d'Administration.

6.6.3
Relations avec la société mère

Les comptes de la société Inter Parfums et de ses filiales, par l'intermédiaire de leur société mère Inter Parfums Holding, sont consolidés par intégration globale dans les comptes de la société Inter Parfums Inc. - 551 Fifth Avenue - New York NY 10176, États-Unis. Il n'existe pas de transactions significatives entre Inter Parfums et Inter Parfums Inc.

6.6.4
Relations avec les filiales

La société Inter Parfums consolide, par intégration globale, les comptes de ses filiales Inter Parfums Deutschland GmbH, Inter España Parfums et Cosmetiques SL, Inter Parfums Srl, Inter Parfums Ltd et Inter Parfums Suisse Sarl. Les principales transactions sont de nature commerciale et sont constituées des ventes de produits de la société mère vers ses filiales qui se chargent de la commercialisation de ces derniers sur les marchés concernés. Ces transactions génèrent également des opérations de trésorerie entre les filiales et la société mère. L'activité des filiales représente environ 15 % de l'activité totale du groupe.

Document de référence deux mille neuf Inter Parfums. Comptes consolidés   85

EXTRAITS DU DOCUMENT DE RÉFÉRENCE 2009 D'INTERPARFUMS • 1009

6.7
Honoraires des Commissaires aux Comptes

Le montant total des honoraires de Commissariat aux Comptes porté au compte de résultat relatif au contrôle légal des comptes se décompose comme suit :

En milliers d'euros				MAZARS
	2008	%	2009	%
Commissariat et certification des comptes individuels et consolidés :				
De l'émetteur	250	74 %	250	75 %
De ses filiales intégrées globalement	90	26 %	83	26 %
Autres prestations directement liées	-		-	
Autres prestations rendues par les réseaux aux filiales intégrées globalement	-	-	-	-
Total	340	100 %	333	100 %

En milliers d'euros				SFECO & FIDUCIA
	2008	%	2009	%
Commissariat et certification des comptes individuels et consolidés :				
De l'émetteur	84	97 %	87	97 %
De ses filiales intégrées globalement	-	-	-	-
Autres prestations directement liées	3	3 %	3	3 %
Autres prestations rendues par les réseaux aux filiales intégrées globalement	-	-	-	-
Total	87	100 %	90	100 %

6.8
Événements postérieurs à la clôture

Le 22 janvier 2010, les sociétés Montblanc International GmbH et Inter Parfums SA ont signé un accord mondial de licence pour la création, la fabrication et la distribution de parfums et de produits dérivés sous la marque Montblanc. Ce contrat d'une durée de 10 ans et demi entrera en vigueur le 1er juillet 2010.

7.
RAPPORT DES COMMISSAIRES AUX COMPTES
SUR LES COMPTES CONSOLIDÉS

Aux actionnaires,

En exécution de la mission qui nous a été confiée par votre Assemblée Générale, nous vous présentons notre rapport relatif à l'exercice clos le 31 décembre 2009 sur :

- le contrôle des comptes consolidés de la société Inter Parfums SA, tels qu'ils sont joints au présent rapport ;
- la justification de nos appréciations ;
- la vérification spécifique prévue par la loi.

Les comptes consolidés ont été arrêtés par le Conseil d'Administration. Il nous appartient, sur la base de notre audit, d'exprimer une opinion sur ces comptes.

Ces comptes ont été préparés conformément au référentiel IFRS tel qu'adopté dans l'Union Européenne. Ils comprennent à titre comparatif les données relatives à l'exercice 2008 retraitées selon les mêmes règles.

I.
Opinion sur les comptes consolidés

Nous avons effectué notre audit selon les normes d'exercice professionnel applicables en France ; ces normes requièrent la mise en œuvre de diligences permettant d'obtenir l'assurance raisonnable que les comptes consolidés ne comportent pas d'anomalies significatives. Un audit consiste à vérifier par sondages ou au moyen d'autres méthodes de sélection, les éléments justifiant des montants et informations figurant dans les comptes consolidés. Il consiste également à apprécier les principes comptables suivis, les estimations significatives retenues et la présentation d'ensemble des comptes. Nous estimons que les éléments que nous avons collectés sont suffisants et appropriés pour fonder notre opinion.

Nous certifions que les comptes consolidés sont, au regard du référentiel IFRS, tel qu'adopté dans l'Union européenne, réguliers et sincères et donnent une image fidèle du patrimoine, de la situation financière, ainsi que du résultat de l'ensemble constitué par les personnes et entités comprises dans la consolidation.

Sans remettre en cause la conclusion exprimée ci-dessus, nous attirons votre attention sur les notes 1.2 et 1.3 de l'annexe aux comptes consolidés qui exposent le changement de méthode comptable résultant de l'application à compter du 1er janvier 2009 d'un amendement à une norme appliquée par votre société.

II.
Justification des appréciations

En application des dispositions de l'article L. 823-9 du Code de commerce relatives à la justification de nos appréciations, nous portons à votre connaissance les éléments suivants :

Nous avons procédé à l'appréciation des approches retenues par la société pour l'évaluation des actifs incorporels et écarts d'acquisitions, des stocks, des créances clients, des impôts différés et des provisions pour risques et charges telles que respectivement décrites dans les notes 1.9 ; 1.11 ; 1.13 ; 1.14 et 1.17 de l'annexe. Nos travaux ont consisté à apprécier le caractère raisonnable des données et hypothèses sur lesquelles se fondent ces éléments et à revoir les calculs effectués par la société.

Les appréciations ainsi portées s'inscrivent dans le cadre de notre démarche d'audit des comptes consolidés, pris dans leur ensemble, et ont donc contribué à la formation de notre opinion exprimée dans la première partie de ce rapport.

III.
Vérification spécifique

Nous avons également procédé, conformément aux normes d'exercice professionnel applicables en France, à la vérification spécifique prévue par la loi des informations données dans le rapport sur la gestion du groupe.

Nous n'avons pas d'observation à formuler sur leur sincérité et leur concordance avec les comptes consolidés.

Fait à Courbevoie et à Paris, le 30 mars 2010

Les Commissaires aux Comptes

Mazars
Denis Grison

SFECO & Fiducia Audit
Gilbert Métoudi

5.
Dividende

La politique de distribution de dividendes, mise en place depuis 1998, représente aujourd'hui entre 20 %
et 25 % du résultat net consolidé, permettant d'assurer une rémunération aux actionnaires, tout en les associant
à la croissance du groupe. Début mai 2009, il a été versé un dividende de 0,38 euro par titre soit un total
de 5,0 millions d'euros.

6.
Pactes d'actionnaires

Il n'existe aucun pacte d'actionnaires au niveau de la société Inter Parfums Holding.

7.
Franchissements de seuils

Conformément à l'article L. 233-7 du Code de commerce, tout actionnaire, venant à posséder un nombre
de titres franchissant à la hausse ou à la baisse les seuils légaux est tenu d'en informer la société et l'Autorité
des Marchés Financiers dans un délai de cinq jours de Bourse. À défaut d'avoir été déclarés dans les conditions
légales, la société appliquerait les dispositions de l'article L. 233-14 relatives à la suppression des droits de vote.
Au cours de l'année 2009, aucun franchissement de seuils n'a été porté à la connaissance de la société.

8.
Principales données boursières

En nombre d'actions et en euros	2005	2006	2007	2008	2009
Nombre d'actions au 31/12	9 734 659	10 881 080	12 100 367	13 391 980	16 223 513
Capitalisation boursière au 31/12	334 M€	386 M€	380 M€	242 M€	292 M€
Cours plus haut [1]	35,10	41,88	38,00	31,55	20,49
Cours plus bas [1]	26,65	31,52	25,82	17,00	13,06
Cours moyen [1]	31,20	35,25	34,04	23,63	16,67
Dernier cours [1]	34,29	35,43	31,32	18,05	18,01
Volume moyen quotidien [1]	8 093	7 785	11 204	6 220	6 022
Résultat par action [1]	1,82	1,79	1,76	1,66	1,52
Dividende par action [1]	0,37	0,38	0,38	0,38	0,39
Nombre moyen d'actions sur l'exercice [2]	8 968 569	10 421 965	11 480 164	12 719 676	14 880 583

(1) Données historiques (non retraitées des attributions gratuites d'actions intervenues chaque année).
(2) Hors actions propres.

9.
Cours de Bourse

Dans un contexte boursier extrêmement perturbé, le titre Inter Parfums a suivi l'évolution des principaux indices
boursiers tout au long du premier semestre 2009. Les anticipations de révision à la baisse de l'objectif de chiffre
d'affaires pour l'exercice ont pesé sur le cours avec un plus bas autour de 13 euros dans le courant du mois de juillet.

La publication de résultats solides au début du mois de septembre a rassuré la communauté financière avec un
retour du cours de Bourse sur les 20 euros en octobre et un rattrapage de ces mêmes indices.

Les incertitudes économiques ont limité cette tendance sur la fin de l'année avec un cours de clôture de l'année
2009 à 18,01 euros. Sur l'ensemble de l'année, le cours aura néanmoins progressé de près de 20 % dans des
volumes de transaction moyen de 6 000 titres par jour.

10.
Évolution du cours de Bourse et des volumes depuis 2007

En euros	Cours le plus haut	Cours le plus bas	Transaction en titres	Transaction en M€
2007				
Janvier	35,70	33,00	224 882	7 815
Février	36,00	32,85	169 928	5 925
Mars	37,00	30,78	305 034	10 501
Avril	36,65	35,22	172 533	6 238
Mai	38,00	36,01	250 701	9 361
Juin	37,43	34,13	205 181	6 874
Juillet	34,99	33,20	142 542	4 661
Août	34,00	30,70	155 143	4 948
Septembre	35,55	32,64	279 239	9 554
Octobre	35,86	32,70	298 271	10 254
Novembre	33,05	27,75	257 857	7 904
Décembre	31,90	25,82	395 719	11 228
2008				
Janvier	31,55	23,20	450 739	12 831
Février	27,53	23,95	295 168	7 428
Mars	29,15	25,00	164 250	4 604
Avril	27,97	26,89	105 044	2 881
Mai	28,13	25,35	103 781	2 742
Juin	26,60	22,70	77 309	1 884
Juillet	23,10	21,98	68 650	1 548
Août	22,98	21,85	25 937	580
Septembre	24,20	21,00	64 077	1 444
Octobre	21,81	17,00	151 693	2 981
Novembre	20,00	17,60	41 679	773
Décembre	19,20	18,00	44 008	815
2009				
Janvier	18,70	15,40	58 359	968
Février	15,75	14,95	62 188	961
Mars	16,34	14,32	63 169	979
Avril	17,20	15,29	122 492	1 999
Mai	18,50	16,57	55 915	975
Juin	18,93	14,27	94 351	1 416
Juillet	14,86	13,06	159 945	2 241
Août	15,60	14,50	111 347	1 685
Septembre	19,20	15,16	331 382	5 731
Octobre	20,49	19,35	197 296	3 895
Novembre	19,40	17,23	107 910	1 944
Décembre	18,01	17,10	171 186	2 997
2010				
Janvier	18,90	17,55	140 550	2 555
Février	18,22	17,19	138 609	2 463

Données historiques (non retraitées des attributions gratuites d'actions intervenues chaque année entre 2000 et 2009).

Une augmentation de capital par attribution d'actions gratuites d'une action nouvelle pour dix actions anciennes a eu lieu en juin 2007. Le cours de Bourse a été mécaniquement divisé par 1,10 à compter de cette date.

Une augmentation de capital par attribution d'actions gratuites d'une action nouvelle pour dix actions anciennes a eu lieu en juin 2008. Le cours de Bourse a été mécaniquement divisé par 1,10 à compter de cette date.

Une augmentation de capital par attribution d'actions gratuites d'une action nouvelle pour cinq actions anciennes a eu lieu en juin 2009. Le cours de Bourse a été mécaniquement divisé par 1,20 à compter de cette date.

Annexe D – Liste des ratios financiers du secteur de la fabrication de parfums et de produits de la toilette

« Fabrication de parfums et de produits de la toilette » (C3245C – France)
« Perfumes, Cosmetics, and Other Toilet Preparations » (SIC Code: 2844)

Ratios de liquidité

Fonds de roulement (liquidité générale)	1,41
Liquidité relative	0,59

Ratios de rentabilité

Pourcentage de la marge brute	40,90 %
Pourcentage de la marge opérationnelle (EBITDA)	10,60 %
Pourcentage de la marge nette	5,10 %
Rendement des capitaux propres	15,60 %
Rendement de l'actif	6,53 %

Taux de rotation

Rotation des stocks	5,40
Délai moyen d'écoulement des stocks	67,59 jours
Rotation des comptes clients	7,96
Délai moyen de recouvrement des comptes clients	45,85 jours
Rotation des actifs immobilisés	5,84
Rotation de l'actif total	1,27
Rotation des comptes fournisseurs	8,81

Ratios de solvabilité et structure financière

Couverture des intérêts	6,70
Capitaux empruntés sur les capitaux propres	1,37
Adéquation du capital	2,38

Ratios du marché

Rendement par action*	1,69 %
Cours-bénéfice*	26,58

Autres ratios

Croissance du chiffre d'affaires*	–2,00 %
Qualité du résultat*	1,54
Acquisition des capitaux*	**5,79 ou 3,20

La plupart des ratios ont été calculés en fonction des chiffres de l'industrie en 2007, à l'aide des montants d'actifs, passifs, capitaux propres et de quelques données de l'état du résultat global publiés par Prime Industry Reports (www.primeindustryreports.com, en ligne le 21 juillet 2010) pour le secteur « Perfumes, Cosmetics and Other Toilet Preparations », SIC Code 2844.

* Ces ratios ont été calculés à partir des états financiers des cinq plus grandes entreprises du secteur « Fabrication de parfums et de produits de la toilette », Code C3245C, en France (www.Boursorama.com, en ligne le 21 juillet 2010).

** Le ratio calculé à partir des cinq entreprises du secteur donne 5,79. Cependant, si on enlève le ratio anormalement élevé de l'une de ces entreprises, le ratio du secteur tombe à 3,20.

GLOSSAIRE

Plusieurs définitions du glossaire sont tirées du *Manuel de l'ICCA* (M) ainsi que du *Dictionnaire de la comptabilité et de la gestion financière* (DC) de Louis Ménard, 3ᵉ édition, Toronto, Institut canadien des comptables agréés, 2011.

Actif Ressource contrôlée par l'entité du fait d'événements passés et dont des avantages économiques futurs sont attendus par l'entité. (M)

Actif courant Moyen financier qu'une entité peut utiliser sans restriction pour son exploitation, ainsi que tout autre actif qui, dans le cours normal des activités, sera converti en trésorerie ou équivalent de trésorerie, vendu, consommé ou réalisé d'ici un an ou au cours du cycle d'exploitation normal de l'entité s'il excède douze mois. (DC)

Actions autorisées Nombre maximal d'actions qu'une société peut émettre, en vertu de sa charte, dans chacune des catégories d'actions qui y sont décrites.

Actions émises Nombre total d'actions vendues.

Actions en circulation Nombre total d'actions que possèdent les actionnaires à une date donnée.

Actions ordinaires Actions de base avec droit de vote émises par les sociétés de capitaux.

Actions préférentielles Actions accordant des privilèges définis dans le capital social autorisé, par exemple une priorité pour le paiement des dividendes et en cas de liquidation des actifs.

Actions préférentielles convertibles Actions que le porteur peut convertir en actions ordinaires à son gré.

Actions préférentielles rachetables Actions qui prévoient le rachat des actions à l'avenir, à des dates déterminées ou non, soit au gré de l'émetteur, soit au gré du porteur.

Actions propres détenues Actions déjà émises qu'une société rachète sur le marché et qu'elle détient en vue de les annuler ou de les revendre. (M)

Actions sans valeur nominale Actions dont la valeur nominale n'est pas précisée dans la charte de la société.

Actions souscrites Actions pour lesquelles les investisseurs ont effectué ou irrévocablement promis d'effectuer un paiement lors d'une émission d'actions.

Activités abandonnées Résultat net provenant de l'abandon ou de la cession-vente d'une partie des activités de l'entreprise.

Activités d'investissement et de financement hors trésorerie Opérations qui n'ont aucun effet direct sur les flux de trésorerie. On les présente en guise de supplément d'information dans le tableau des flux de trésorerie, sous forme de texte ou de tableau complémentaire dans les notes aux états financiers.

Ajustement ou retraitement rétrospectif Montant que l'on affecte directement aux résultats non distribués pour corriger une erreur comptable commise à une période précédente ou pour illustrer l'effet d'un changement de méthode comptable sur les périodes antérieures.

Amortissement Répartition systématique du montant amortissable d'un actif sur sa durée d'utilité. (M)

Amortissement accéléré Méthode d'amortissement qui a pour effet de produire des charges d'amortissement plus élevées au cours des premières années d'utilisation.

Amortissement dégressif à taux constant Méthode d'amortissement qui consiste à répartir le coût d'une immobilisation sur plusieurs périodes grâce à l'application d'un taux à la valeur comptable de l'actif.

Amortissement des unités de production Méthode d'amortissement consistant à répartir le montant amortissable d'une immobilisation sur sa durée d'utilité en fonction de son utilisation.

Amortissement linéaire Méthode d'amortissement qui consiste à répartir le montant amortissable d'une immobilisation en montants égaux d'une période à l'autre.

Analyse des opérations Étude des opérations en vue de déterminer leurs effets économiques sur l'entreprise et sur l'équation comptable.

Approche par composants Approche exigeant que chaque partie d'une immobilisation corporelle ayant un coût significatif soit comptabilisée séparément.

Arriéré de dividendes Montant des dividendes cumulatifs sur les actions privilégiés qui n'ont pas été versés dans le passé.

Audit Examen des rapports financiers pour s'assurer qu'ils reflètent fidèlement la situation financière de l'entreprise et ses résultats, et qu'ils sont conformes aux normes comptables.

Autres éléments du résultat global Cumul des éléments présentés après le résultat net à l'état du résultat global.

Balance de vérification Liste de tous les comptes du grand livre, avec leur solde débiteur ou créditeur. Elle permet de vérifier l'égalité des débits et des crédits.

Balance de vérification après clôture Liste des comptes du grand livre établie après avoir procédé à la clôture des comptes afin de vérifier que les crédits sont égaux aux débits et que tous les comptes temporaires ont un solde de zéro.

Brevet Titre accordé par l'État pour une invention. Il s'agit d'un droit exclusif qui permet à son détenteur d'utiliser, de fabriquer ou de vendre l'objet de ce brevet.

Capital d'une obligation Montant remboursable à l'échéance de l'obligation et d'après lequel on calcule les paiements d'intérêts périodiques en espèces.

Capital social (ou capital) Capital investi par les actionnaires dans l'entreprise.

Capitaux propres Fonds provenant des actionnaires et des activités de l'entreprise.

Certificat d'obligation Document remis à chaque obligataire.

Charges Diminutions d'avantages économiques au cours d'une période qui ont pour résultat de diminuer les capitaux propres autrement que par une distribution aux propriétaires.

Charges courantes à payer Charges qui font l'objet d'une écriture de régularisation en fin de période pour comptabiliser la charge engagée et le décaissement futur.

Charges estimatives Charges découlant de la dépréciation d'un actif ou de son utilisation durant une période financière.

Charges payées d'avance Sommes versées et comptabilisées dans un compte d'actif à titre d'avantages futurs pour l'entreprise jusqu'à ce qu'elles soient utilisées.

Communiqué Annonce publique écrite, diffusée par l'entreprise et généralement distribuée aux principaux services de nouvelles.

Comparabilité La comparabilité permet de comparer deux phénomènes économiques, et d'en relever les ressemblances et les différences.

Compréhensibilité La compréhensibilité est possible si l'information est classée, définie et présentée de façon claire et concise.

Comptabilité Système d'information permettant de rassembler et de communiquer des informations à caractère essentiellement financier, le plus souvent chiffrées en unités monétaires, concernant l'activité économique des entreprises et des organismes. Ces informations sont destinées à aider les personnes intéressées à prendre des décisions économiques, notamment en matière de répartition des ressources. (DC)

Comptabilité d'engagement Méthode qui consiste à comptabiliser les effets des opérations et autres événements économiques au moment où ils se produisent, sans considération du moment où ils font l'objet d'une entrée ou d'une sortie de trésorerie. (DC)

Compte Tableau normalisé que les entreprises utilisent pour accumuler les effets monétaires des opérations sur chacun des postes des états financiers.

Compte de sens contraire Compte dans lequel on inscrit les sommes à défalquer du solde d'un compte correspondant. (DC)

Compte en T Mode simplifié de présentation d'un compte prenant la forme de la lettre *T* et comportant l'intitulé du compte au-dessus de la ligne horizontale. (DC)

Comptes clients (ou Clients) Comptes d'actif où figurent les sommes à recouvrer des clients à la suite de la vente de marchandises ou de la prestation de services.

Comptes permanents Comptes d'actif, de passif et de capitaux propres. Leur solde est reporté d'une période à l'autre.

Comptes temporaires Comptes servant à l'enregistrement des produits et des charges d'une période financière. Ces comptes sont soldés à la fin de chaque période.

Concept de l'entité Concept stipulant que les activités de l'entreprise sont séparées et distinctes de celles de ses propriétaires.

Concession Droit contractuel de vendre certains produits ou services, d'utiliser certaines marques de commerce ou d'effectuer certaines activités dans une région géographique donnée.

Conseil d'administration Groupe de représentants élus par les actionnaires pour défendre leurs intérêts, il est responsable de maintenir un système de contrôle interne garantissant la fiabilité des rapports financiers.

Continuité de l'exploitation Hypothèse présumant que l'entité poursuivra ses activités dans un avenir prévisible.

Contrat bilatéral Contrat lié à l'émission d'obligations et qui en précise les clauses légales.

Contrat de location-financement Contrat qui transfère au preneur la quasi-totalité des risques et des avantages inhérents à la propriété. Par conséquent, il faut inscrire un actif et un passif à l'état de la situation financière.

Contrat de location simple Contrat qui ne transfère pas au preneur la quasi-totalité des risques et des avantages inhérents à la propriété et qui, par conséquent, ne nécessite pas l'enregistrement d'un actif ni d'un passif.

Contrôle interne Ensemble des moyens conçus et mis en œuvre par les responsables de la gouvernance, par la direction, et par d'autres membres du personnel afin de procurer un certain niveau d'assurance quant à l'atteinte des objectifs de l'entité en matière de fiabilité de l'information financière, d'efficacité et d'efficience du fonctionnement et de conformité aux lois et aux règlements applicables. (DC)

Coût de la main-d'œuvre directe
Salaire des employés qui travaillent directement au processus de transformation des produits.

Coût de remplacement Prix d'achat qu'il faudrait payer aujourd'hui afin de se procurer des articles identiques à ceux en stock.

Coût des biens disponibles à la vente Coût des stocks au début de la période plus les achats (ou les éléments transférés aux produits finis) de la période.

Coût historique Convention exigeant que les actifs soient comptabilisés pour le montant de trésorerie payé ou pour la juste valeur de la contrepartie donnée au moment de leur acquisition. (M)

Coûts d'emprunt Intérêts et autres coûts qu'une entité engage dans le cadre d'un emprunt de fonds. (M)

Créances douteuses Comptes clients dont le recouvrement est jugé incertain.

Créances irrécouvrables Comptes clients qui ne seront pas encaissés en raison de l'insolvabilité du client.

Créancier Fournisseur ou établissement financier qui prête de l'argent aux entreprises.

Crédit (ct) Le côté droit d'un compte.

Cycle comptable Processus que suit l'entreprise pour analyser et comptabiliser les opérations, régulariser les comptes en fin de période, dresser les états financiers et préparer les comptes pour la période suivante.

Cycle d'exploitation Période qui s'écoule entre l'achat de matières premières ou de marchandises, et le recouvrement du prix des produits ou des marchandises vendues. (DC)

Date de déclaration Date à laquelle le conseil d'administration approuve la distribution d'un dividende.

Date de paiement Date à laquelle la société verse un dividende aux actionnaires inscrits au registre.

Date d'inscription (ou date d'enregistrement) Date à laquelle la société dresse la liste des actionnaires actuels en fonction du registre des actionnaires. Le dividende est distribué aux personnes qui possèdent des actions à cette date.

Débit (dt) Le côté gauche d'un compte.

Dépense d'exploitation Dépense procurant des avantages pendant la période en cours uniquement, de sorte qu'il convient de la passer immédiatement en charge à l'état du résultat global.

Dépense en capital Dépense effectuée en vue d'accroître le potentiel de service d'une immobilisation. Elle procure des avantages économiques au cours d'un certain nombre de périodes futures et est inscrite à l'actif.

Dette estimative Obligation actuelle dont le montant ou la date d'échéance est incertain, et qu'il faut estimer en tenant compte de toutes les indications disponibles.

Différences permanentes Différences provenant d'éléments qui ne seront jamais pris en considération, soit dans le bénéfice comptable, soit dans le bénéfice imposable.

Différences temporelles Différences provenant d'un décalage dans le temps entre le moment de la prise en compte des éléments dans le bénéfice comptable et dans le bénéfice imposable.

Dividende cumulatif Dividende qu'une société doit verser aux détenteurs d'actions préférentielles, calculé à un taux annuel fixe. En cas de non-versement, les dividendes arriérés s'accumulent et devront être versés en priorité aux détenteurs d'actions préférentielles au moment du versement futur de dividendes.

Dividende en actions Distribution d'actions aux actionnaires à partir des comptes de capital d'une société.

Droits d'auteur Droits exclusifs de publier, d'utiliser et de vendre une œuvre littéraire, musicale ou artistique.

Droits prioritaires sur les dividendes courants Caractéristique des actions préférentielles qui accorde la priorité au versement de dividendes aux détenteurs d'actions préférentielles sur les détenteurs d'actions ordinaires.

Durée d'utilité Temps pendant lequel on prévoit qu'un actif sera utile à l'entreprise.

Écriture de journal Méthode comptable qui permet d'enregistrer une opération dans les comptes de l'entreprise sous la forme «débit égale crédit».

Écriture de régularisation Écriture qu'il faut passer à la fin d'une période financière pour bien mesurer tous les produits et toutes les charges de cette période.

Écritures de clôture Écritures journalisées à la fin de l'exercice afin de virer les soldes des comptes de produits et de charges au compte Sommaire des résultats et, de là, au compte Résultats non distribués ou Capital. (DC)

Effet à recevoir Promesse écrite par laquelle une partie s'engage à payer ce qu'elle doit à une entreprise en respectant des conditions précises (montant, échéance et intérêts).

Entité comptable Unité comptable ou ensemble d'unités comptables formant un tout aux fins de la publication des états financiers. (DC)

Entreprise associée Entité dont les politiques stratégiques relatives aux activités d'exploitation, d'investissement et de financement subissent l'influence notable d'une autre entité qui, toutefois, ne la contrôle pas. (DC)

Équation comptable
Actif = Passif + Capitaux propres

Équation du coût des ventes
$SO + A - SC = CV$

Équivalents de trésorerie Placements à court terme très liquides, qui sont facilement convertibles en trésorerie pour un montant connu dont la valeur ne risque pas de changer de façon significative. (DC)

Escompte d'émission d'obligations Différence entre le prix de vente et la valeur nominale lorsque les obligations sont vendues à un montant inférieur à cette valeur.

Escompte sur achat Réduction du montant à payer en raison du paiement rapide d'un compte.

Escompte sur carte de crédit Frais réclamés par la société émettrice de la carte pour ses services.

Escompte sur vente (ou escompte de caisse) Escompte en argent offert aux acheteurs pour encourager le paiement rapide des comptes clients.

État de la situation financière État financier exposant à une date donnée la situation financière et le patrimoine d'une entité, dans lequel figurent la liste des actifs et des passifs ainsi que la différence qui correspond aux capitaux propres. (DC)

État des variations des capitaux propres État financier résumant les changements survenus dans chacune des composantes des capitaux propres de la société au cours de la période.

États dressés en pourcentages (ou analyse procentuelle, ou analyse en chiffres relatifs, ou analyse verticale) États financiers où chacun des postes est exprimé sous forme de pourcentage de l'un des éléments qui fait partie de ces états.

État du résultat global État financier où figurent les produits et les charges d'une période; il fait également ressortir d'autres éléments qui augmentent ou diminuent le résultat global de l'entreprise.

États financiers consolidés États combinés de deux ou de plusieurs entreprises (société mère et filiales) en un seul ensemble d'états financiers, comme si ces sociétés n'en constituaient qu'une seule.

Évaluation au plus faible du coût et de la valeur nette de réalisation Méthode d'évaluation qui diffère de la convention du coût historique. Elle sert à constater une perte lorsque la valeur nette de réalisation devient inférieure au coût historique.

Fidélité La fidélité permet de décrire un phénomène économique de façon complète, neutre et exempt d'erreurs significatives.

Fiduciaire Personne indépendante désignée pour représenter les obligataires.

Filiale Société dont la majorité des titres comportant des droits de vote est détenue par une société mère.

Flux de trésorerie disponibles Flux de trésorerie liés aux opérations: 1) Dividendes; 2) Dépenses en capital.

Flux de trésorerie liés aux activités de financement Entrées et sorties de fonds liées aux activités qui entraînent des changements dans le montant et la composition du capital apporté et des emprunts de l'entreprise.

Flux de trésorerie liés aux activités d'investissement Entrées et sorties de fonds liées à l'acquisition ou à la cession d'actifs non courants et de placements qui ne sont pas inclus dans les équivalents de trésorerie.

Flux de trésorerie liés aux activités opérationnelles Entrées et sorties de trésorerie directement liées aux principales activités génératrices de produits de l'entreprise et à toutes les autres activités qui ne sont pas des activités d'investissement ou de financement.

Fonds de roulement net Différence, en dollars, entre l'actif courant et le passif courant.

Fractionnement d'actions Augmentation du nombre total d'actions en circulation selon un ratio prédéterminé; il ne fait pas diminuer le montant des résultats non distribués.

Frais généraux de production Coûts de production qui ne sont pas des matières premières ou des coûts de main-d'œuvre directe.

Fusion Achat par une société de tout l'actif net d'une autre entreprise lorsque celle-ci est dissoute.

Goodwill Excédent du coût d'une entreprise acquise sur la juste valeur de ses actifs et de ses passifs.

Immobilisations Éléments d'actifs corporels et incorporels que l'entreprise détient et utilise de façon durable dans le contexte de ses activités, mais qui ne sont pas destinés à être vendus.

Immobilisations corporelles Actifs non monétaires ayant une existence physique.

Immobilisations incorporelles Actifs non monétaires n'ayant pas d'existence physique, mais conférant des droits particuliers.

Importance relative La notion d'importance relative fait référence à certains éléments ou montants dont l'omission peut influencer les décisions des utilisateurs.

Impôts différés Montants d'impôt que l'on reporte dans le futur et qui proviennent des différences temporelles entre la présentation des produits et des charges à l'état du résultat global selon les normes comptables et selon les lois fiscales dans la préparation des déclarations de revenus.

Indépendance des périodes Hypothèse fondamentale selon laquelle l'activité économique d'une entité peut être découpée en périodes égales et arbitraires qu'on appelle «exercices». (DC)

Influence notable Influence qui se manifeste lorsque la société participante peut influencer les décisions financières et opérationnelles de la société émettrice.

Investisseur institutionnel Gestionnaire d'une caisse de retraite, d'un fonds commun de placement, d'une fondation privée ou publique, ou d'une autre société de gestion de portefeuille qui investit pour le compte d'autres personnes.

Investisseur privé Personne qui achète et vend des actions de sociétés.

Juste valeur Montant, à une date donnée, pour lequel un titre peut être échangé entre des «parties bien informées, consentantes, et agissant dans des conditions de concurrence normale». (M)

Marché efficient Marché des valeurs mobilières dans lequel les prix reflètent entièrement l'information disponible.

Marge brute Excédent du chiffre d'affaires sur le coût des ventes.

Marque Droit juridique exclusif d'utiliser un signe distinctif (un nom, une image, un slogan, un sigle, etc.).

Mauvaises créances Créances douteuses et créances irrécouvrables.

Méthode de la comptabilité de caisse Comptabilisation des produits au moment où ils sont encaissés et des charges au moment où elles sont payées.

Méthode de la comptabilité d'engagement Comptabilisation des produits quand ils sont gagnés et des charges quand elles sont engagées, sans considération du moment où les opérations sont réglées par un encaissement ou un décaissement.

Méthode de l'acquisition Méthode qui exige que les actifs et les passifs acquis au moment d'une fusion ou d'une acquisition soient comptabilisés à leur juste valeur.

Méthode de l'épuisement à rebours (ou méthode du dernier entré, premier sorti – DEPS) Méthode comptable des stocks qui repose sur l'hypothèse selon laquelle les articles achetés en dernier (derniers entrés) sont vendus en premier (premiers sortis).

Méthode de l'épuisement successif (ou méthode du premier entré, premier sorti – PEPS) Méthode selon laquelle on pose l'hypothèse que les premiers biens achetés (premiers entrés) sont les premiers biens vendus (premiers sortis).

Méthode de l'identification spécifique du coût Méthode qui permet d'évaluer le coût précis de chacun des articles qui ont été vendus.

Méthode de l'intérêt effectif Méthode pour amortir l'escompte ou la prime d'émission d'obligations sur la base du taux d'intérêts effectif; seule méthode autorisée par les IFRS.

Méthode de mise en équivalence Méthode utilisée lorsque la société participante peut exercer une influence notable sur la société émettrice (associée); cette méthode permet d'inscrire comme produits financiers, la quote-part de la société participante dans le résultat net de la société émettrice.

Méthode directe Méthode de présentation de la section des activités opérationnelles du tableau des flux de trésorerie qui consiste à présenter les montants bruts des principales catégories d'entrées et de sorties de trésorerie.

Méthode du coût amorti Méthode qui présente les placements dans les titres détenus jusqu'à l'échéance à leur coût ajusté, en tenant compte de toute prime ou de tout escompte.

Méthode du coût moyen pondéré (CMP) Méthode qui utilise le coût unitaire moyen pondéré des biens disponibles à la vente afin de déterminer à la fois le coût des ventes et le stock de clôture.

Méthode d'une opération unique Méthode selon laquelle on comptabilise le rachat d'actions propres détenues en déduction des capitaux propres à leur coût d'acquisition au moment du rachat. À l'annulation ou à la revente de ces actions, l'opération est complétée par la comptabilisation d'un gain ou d'une perte.

Méthode fondée sur le classement chronologique des comptes clients Estimation des créances irrécouvrables d'après l'âge de chacun des comptes clients.

Méthode indirecte Méthode de présentation des activités opérationnelles du tableau des flux de trésorerie qui consiste à ajuster le résultat net des transactions sans effet sur la trésorerie, des variations qui sont survenues dans certains actifs et passifs courants hors trésorerie, et d'autres éléments classés dans les activités d'investissement ou de financement.

Montant amortissable Coût d'un actif moins sa valeur résiduelle.

Normes comptables Normes et règles utilisées pour déterminer les renseignements qui figurent aux états financiers.

Normes internationales d'information financière (IFRS) Ensemble de normes adoptées par une centaine de pays en vue d'harmoniser la présentation de l'information financière partout dans le monde.

Notes Les notes aux états financiers (ou les notes complémentaires) contiennent des renseignements supplémentaires sur la situation financière d'une société. Sans ces notes, il ne serait pas possible de comprendre entièrement les états financiers.

Objectif de l'information financière Communication de l'information utile sur une entité pour aider les utilisateurs externes à prendre des décisions financières éclairées.

Obligation Titre de créance négociable émis par une société, une collectivité publique ou un autre organisme dans le cadre d'un emprunt et remis au prêteur, appelé «obligataire», en représentation de sa créance. (DC)

Obligation convertible Obligation qui peut être convertie en un autre titre de l'émetteur (normalement des actions ordinaires).

Obligation garantie (ou obligation avec recours) Obligation pour laquelle un actif précis est donné en gage pour garantir le remboursement.

Obligation non garantie (ou débenture, ou obligation sans recours) Obligation pour laquelle aucun actif n'est précisément donné en gage pour garantir le remboursement.

Obligation remboursable par anticipation Obligation qui peut être remboursée avant l'échéance, au gré de l'émetteur.

Opération 1) Échange d'actifs, de services ou de promesses de payer entre une entreprise et une ou plusieurs tierces parties ; *ou* 2) Événement interne mesurable, comme l'utilisation des actifs pour les activités opérationnelles.

Opinion non modifiée Déclaration des auditeurs énonçant, sans aucune restriction, que les états financiers donnent une image fidèle de la situation financière et des résultats de l'entreprise conformément aux normes comptables en vigueur.

Passif Obligation actuelle de l'entité résultant d'événements passés et dont l'extinction devrait se traduire pour l'entité par une sortie de ressources représentatives d'avantages économiques. (M)

Passif courant Obligation dont l'entité devra s'acquitter dans un délai relativement court, généralement de moins d'un an, ou au cours du cycle normal d'exploitation de l'entité s'il excède douze mois. (DC)

Passif éventuel Obligation potentielle résultant d'événements passés et dont l'existence ne sera confirmée que par la survenance ou la non-survenance d'un ou de plusieurs événements futurs incertains qui échappent en partie au contrôle de l'entité. (M)

Passif financier Obligation contractuelle qui implique de céder à l'autre partie soit de la trésorerie, soit un autre actif financier. (M)

Passif financier à la juste valeur par le biais du résultat net Passif utilisé pour financer des activités de transaction (en vue d'être vendu ou racheté dans un avenir proche) et désigné comme tel par la direction. (M)

Passif non courant (ou dette à long terme) Toutes les obligations d'une entité qui ne sont pas classées dans la catégorie des éléments de passif courant.

Passif non financier Obligation qui ne sera pas réglée à même les actifs financiers, mais plutôt au moyen de la prestation de services ou de la remise d'un actif non financier.

Période financière Période, généralement d'une durée d'un an, au terme de laquelle l'entité procède à la clôture de ses comptes et à l'établissement de ses états financiers annuels. (DC)

Pertinence La pertinence d'une information dépend de sa valeur prédictive et de sa valeur de confirmation. Une information pertinente peut influer sur les décisions économiques que les utilisateurs sont appelés à prendre.

Placement *à la juste valeur par le biais du résultat net* Titres que l'on acquiert et détient principalement dans le but de réaliser une plus-value pour les revendre ensuite dans un temps relativement court.

Placement dans des titres *disponibles à la vente* Placement non stratégique autre qu'un placement dans les titres désignés *à la juste valeur par le biais du résultat net*. Il peut être classé comme un actif courant ou non courant.

Placement détenu jusqu'à l'échéance Placement dans des titres de passif détenus jusqu'à l'échéance comprenant les obligations que l'entreprise a l'intention et la capacité de conserver jusqu'à leur échéance.

Placement non stratégique Placement dans des titres de sociétés qui ne permet pas d'exercer une influence ou un contrôle sur les politiques financières et opérationnelles d'une entreprise.

Prévision de résultats Détermination, par anticipation, des résultats d'exploitation les plus probables de l'entité pour un ou plusieurs exercices futurs. (DC)

Prime d'émission d'actions Excédent du produit d'une émission d'actions sur sa valeur nominale.

Prime d'émission d'obligations Différence entre le prix de vente et la valeur nominale lorsque les obligations sont vendues à un montant supérieur à cette valeur.

Produits Accroissements des avantages économiques au cours d'une période qui donnent lieu à des augmentations des capitaux propres autres que les augmentations provenant des propriétaires. (M)

Produits à recevoir Produits qui ont été gagnés avant la fin de la période financière en cours, mais qui seront encaissés à une période future.

Produits différés Produits encaissés qui figurent au passif et qui doivent être régularisés à la fin de la période financière pour refléter les produits gagnés.

Produits différés ou produits non réalisés, revenus reportés ou produits perçus d'avance Produits qui ont été encaissés, mais non réalisés. Ils constituent des éléments de passif jusqu'à ce que les marchandises soient livrées ou les services, fournis.

Profit/perte latent Montant (non réalisé) sur les placements associés à la variation de la valeur des titres disponibles à la vente que détient l'entreprise. On le présente comme Autres éléments du résultat global.

Provision pour dépréciation Estimation de la perte de valeur des comptes clients.

Provision pour dépréciation des stocks Montant de l'excédent du coût historique sur la valeur nette de réalisation des biens.

Rapidité La rapidité répond au besoin de rendre l'information accessible aux décideurs rapidement.

Rapport coûts-avantages L'information financière entraîne des coûts ; les avantages qu'elle procure devraient justifier ces coûts. C'est ce qu'on appelle « rapport coûts-avantages ».

Rapport de la direction Rapport faisant état de la responsabilité première de la direction à l'égard des états financiers et autre information financière contenue dans le rapport annuel, ainsi que du processus permettant d'assurer la fiabilité de cette information.

Rapport de l'auditeur Rapport contenant essentiellement l'opinion de l'auditeur sur la fidélité des déclarations figurant aux états financiers et une

description sommaire du travail effectué pour fonder cette opinion.

Rapprochement bancaire Processus qui consiste à vérifier l'exactitude du relevé bancaire et des comptes de trésorerie d'une entreprise.

Ratio financier Outil d'analyse obtenu à l'aide de calculs qui permettent de mesurer les relations proportionnelles existant entre divers montants qui figurent aux états financiers.

Rattachement des charges aux produits Concept déterminant le moment où les coûts doivent être passés en charges et rapprochés des produits qu'ils ont contribué à créer.

Relevé bancaire Rapport mensuel émis par les banques indiquant les dépôts enregistrés, les chèques compensés, d'autres retraits ou dépôts, ainsi que le solde en banque à la fin de la période couverte par le relevé.

Rendus et rabais sur ventes Réduction du chiffre d'affaires due aux retours ou aux rabais consentis sur des marchandises pour diverses raisons.

Réparations et entretien Coûts engagés pour l'exploitation normale des immobilisations.

Reprise de dépréciation des stocks Montant qui renverse une dépréciation précédente lorsque les circonstances font en sorte que la valeur nette de réalisation augmente. La reprise est limitée au montant de la dépréciation initiale.

Réserves Sommes amassées par l'entreprise au fil du temps. Elles se composent essentiellement des quatre éléments suivants : la prime d'émission, les résultats non distribués, les résultats non distribués affectés et les autres éléments du résultat global.

Résultat avant impôts Excédent des produits sur toutes les charges à l'exception des impôts.

Résultat global Résultat net plus tous les autres éléments qui ont contribué à l'augmentation ou à la diminution des capitaux propres désignés comme « autres éléments du résultat global ».

Résultat opérationnel Excédent du chiffre d'affaires sur les charges opérationnelles.

Résultats non distribués Résultats cumulatifs qui n'ont pas été distribués aux actionnaires et qui sont réinvestis dans l'entreprise.

Résultats non distribués affectés Sommes que l'entreprise ne peut distribuer aux actionnaires à la suite de restrictions imposées par la loi ou par des contrats, ou sommes que l'entreprise peut mettre de côté pour des besoins futurs particuliers.

Retours et rabais sur achats Réduction du coût d'achat en raison de marchandises non acceptables.

Société émettrice Société qui a émis les actions détenues par une autre société.

Société englobée Société qui disparaît à la suite d'une fusion.

Société mère Société qui détient le contrôle d'une autre société, appelée « filiale ».

Société participante Société qui détient des actions avec droit de vote d'une autre société.

Sommaire des résultats Compte temporaire où sont virés les soldes des comptes de produits et de charges à la fin d'une période en vue de déterminer le résultat net de la période. (DC)

Stocks Actifs que détient une entreprise en vue de la vente dans le cours normal des activités, en cours de production pour une telle vente, ou sous forme de matières premières ou de fournitures devant être consommées dans le processus de production ou de prestation de services.

Stock de marchandises (ou de biens) Actif comprenant les biens achetés et détenus en vue de la revente dans le cours normal des activités.

Stock de matières premières Actif comprenant les éléments achetés à des fins de transformation en produits finis.

Stock de produits en cours Actif comprenant les produits qui sont en cours de transformation dans le processus de fabrication.

Stock de produits finis Actif comprenant les produits fabriqués dont la transformation est terminée et qui sont prêts à être vendus.

Structure financière Composition du financement de l'entreprise, incluant les fournisseurs et autres dettes d'exploitation, les emprunts à court terme, les dettes à long terme ainsi que les capitaux propres. (DC)

Système d'inventaire périodique Système qui prévoit un dénombrement des stocks afin de déterminer les stocks de clôture et le coût des ventes à la fin de la période financière.

Système d'inventaire permanent Système qui consiste à tenir un registre d'inventaire détaillé dans lequel sont inscrits, au cours de la période financière, chacun des achats et chacune des ventes.

Tableau des flux de trésorerie État financier présentant les encaissements et décaissements survenus au cours d'une période, et qui sont attribuables aux activités opérationnelles, aux activités d'investissement et aux activités de financement.

Taux d'intérêt contractuel (ou taux d'intérêt nominal, ou coupon) Taux d'intérêt périodique en espèces inscrit au contrat d'emprunt ou à l'acte de fiducie.

Taux d'intérêt effectif (ou taux de rendement, ou taux d'intérêt réel, ou taux du marché) Taux d'intérêt actuel du marché sur une dette au moment où elle est engagée.

Technologie Immobilisation incorporelle incluant les coûts de développement des logiciels et des sites Web.

Test de dépréciation Test qui consiste à comparer la juste valeur du goodwill avec sa valeur comptable pour constater une perte de valeur s'il y a lieu.

Tests de marché Tests comprenant des ratios qui mesurent la tendance de la valeur du marché d'une action.

Tests de rentabilité Tests qui permettent de comparer le résultat avec une ou plusieurs activités de base de l'entreprise.

Tests de solvabilité Tests comprenant des ratios qui permettent de mesurer la capacité d'une société à satisfaire à ses obligations non courantes et à évaluer le risque.

Tests de trésorerie Tests servant à mesurer la capacité d'une entreprise à respecter ses obligations lorsque celles-ci arrivent à échéance.

Trésorerie Poste du bilan où figure l'ensemble des moyens de paiement qu'une entité peut utiliser immédiatement pour effectuer des règlements et qui comprennent en général les fonds en caisse et les dépôts à vue auprès d'établissements financiers. (DC)

Valeur actualisée (ou valeur présente) Valeur actuelle d'un montant qu'on recevra ou déboursera à l'avenir ; ce montant futur est actualisé en tenant compte des intérêts composés.

Valeur attribuée Valeur des actions au moment de leur émission quand il n'y a pas de valeur nominale.

Valeur boursière Valeur du marché d'une action établie par les Bourses. Cette valeur fluctue en fonction des transactions journalières du titre.

Valeur capitalisée (ou valeur future) Somme que représente un montant investi lorsqu'on y additionne les intérêts composés qu'il rapportera.

Valeur comptable Montant attribué à un élément dans les comptes ou les états financiers. (DC)

Valeur comptable brute Valeur correspondant au coût d'acquisition, auquel on ajoute les dépenses en capital qui sont engagées.

Valeur nette de réalisation Prix de vente estimé dans le cours normal des activités, diminué des coûts estimés pour l'achèvement et des coûts estimés nécessaires pour réaliser la vente.

Valeur nominale des obligations (ou valeur à l'échéance ou valeur au pair) Autre façon de désigner le capital d'une obligation ou le montant que représente celle-ci à sa date d'échéance.

Valeur nominale d'une action Valeur par action précisée dans la charte de la société, le cas échéant.

Valeur résiduelle Valeur que prévoit récupérer l'entreprise à la fin de la durée d'utilité d'un actif immobilisé.

Valeur temporelle de l'argent Notion exprimant la relation économique entre le temps et l'argent. (DC)

Vérifiabilité La vérifiabilité suppose que différents observateurs informés et indépendants pourraient en venir à un consensus quant à la façon de représenter un phénomène économique.

Versements périodiques (ou annuités) Série d'encaissements ou de paiements périodiques de montants égaux à chaque période d'intérêt.

RATIOS UTILISÉS POUR L'ANALYSE FINANCIÈRE

Nom des ratios	Formules	Chapitres
Taux d'adéquation du capital	$\dfrac{\text{Actif total moyen*}}{\text{Capitaux propres moyens}}$	2
Taux de rotation de l'actif total	$\dfrac{\text{Chiffre d'affaires net}}{\text{Actif total moyen}}$	3
Pourcentage de la marge nette	$\dfrac{\text{Résultat net}}{\text{Chiffre d'affaires net}}$	4
Rendement des capitaux propres	$\dfrac{\text{Résultat net}}{\text{Capitaux propres moyens}}$	5
Pourcentage de la marge brute	$\dfrac{\text{Marge brute}}{\text{Chiffre d'affaires net}}$	6
Taux de rotation des comptes clients	$\dfrac{\text{Chiffre d'affaires net à crédit}}{\text{Comptes clients nets moyens}}$	6
Taux de rotation des stocks	$\dfrac{\text{Coût des ventes}}{\text{Stocks moyens}}$	7
Taux de rotation des actifs immobilisés	$\dfrac{\text{Chiffre d'affaires net}}{\text{Actifs immobilisés moyens}}$	8
Ratio du fonds de roulement (liquidité générale)	$\dfrac{\text{Actifs courants}}{\text{Passifs courants}}$	9
Taux de rotation des fournisseurs	$\dfrac{\text{Coût des ventes}}{\text{Comptes fournisseurs moyens}}$	9
Capitaux empruntés sur les capitaux propres	$\dfrac{\text{Passif total}}{\text{Capitaux propres}}$	9
Couverture des intérêts	$\dfrac{\text{Résultat net + charge intérêts + charge fiscale}}{\text{Charge d'intérêts}}$	9
Résultat par action	$\dfrac{\text{Résultat net}}{\text{Nombre moyen pondéré d'actions ordinaires en circulation au cours de la période}}$	10
Taux de rendement par action	$\dfrac{\text{Dividende par action}}{\text{Cours de l'action}}$	10
Taux de rendement de l'actif	$\dfrac{\text{Résultat net}}{\text{Actif total moyen}}$	11
Qualité du résultat	$\dfrac{\text{Flux de trésorerie liés aux activités opérationnelles}}{\text{Résultat net}}$	12
Acquisition de capitaux	$\dfrac{\text{Flux de trésorerie liés aux activités opérationnelles}}{\text{Acquisition d'immobilisations en espèces}}$	12
Pourcentage de levier	$\dfrac{\text{Rendement des capitaux propres}}{\text{Rendement de l'actif}}$	13
Liquidité relative	$\dfrac{\text{Actifs disponibles et réalisables}}{\text{Passif courant}}$	13
Cours-bénéfice	$\dfrac{\text{Cours de l'action}}{\text{Résultat par action}}$	13

* Lorsqu'il est question d'un montant moyen, on le calcule comme suit :
(Montant de la période précédente + Montant de la période courante) ÷ 2